Strafverfolgung nationalsozialistischer Verbrechen in der Bundesrepublik Deutschland und Berlin (West)

Rechtshistorische Reihe

Band 497

Zur Qualitätssicherung und Peer Review der vorliegenden Publikation

Die Qualität der in dieser Reihe erscheinenden Arbeiten wird vor der Publikation durch einen der Herausgeber der Reihe geprüft.

Notes on the quality assurance and peer review of this publication

Prior to publication, the quality of the work published in this series is reviewed by one of the editors of the series.

Werner Schubert (Hrsg.)

Strafverfolgung nationalsozialistischer Verbrechen in der Bundesrepublik Deutschland und Berlin (West)

Die Protokolle der Staatsanwaltstagungen der Zentralen Stelle der Landesjustizverwaltungen in Ludwigsburg (1964-1970, 1988-1995) und der Tagungen der Sonderkommissionen der Landeskriminalämter (1961-1966)

PETER LANG

Bibliografische Information der Deutschen Nationalbibliothek
Die Deutsche Nationalbibliothek verzeichnet diese Publikation in der Deutschen Nationalbibliografie; detaillierte bibliografische Daten sind im Internet über http://dnb.d-nb.de abrufbar.

Umschlagabbildung:
Justitia. Allegorie der Gerechtigkeit. Druck aus dem 17. Jahrhundert.

ISSN 0344-290X
ISBN 978-3-631-86949-9 (Print)
E-ISBN 978-3-631-87921-4 (E-PDF)
E-ISBN 978-3-631-87922-1 (EPUB)
DOI 10.3726/b19881

Peter Lang – Berlin · Bern · Bruxelles · New York · Oxford · Warszawa · Wien

Diese Publikation wurde begutachtet.

www.peterlang.com

Inhalt

Einleitung

Die vorliegende Quellensammlung enthält zunächst die Niederschriften der Zentralen Stelle der Landesjustizverwaltungen zur Aufklärung nationalsozialistischer Verbrechen in Ludwigsburg (ZSt.) von 1958–1965 sowie die hierzu getroffene Verwaltungsvereinbarung und die Niederschriften der von der ZSt. ausgerichteten Arbeitstagungen von 1988, 1990 und 1995 – die Niederschrift von 1992 war nicht auffindbar. Es folgen im Anhang die Protokolle der Justizministerkonferenz über die Einrichtung der Zentralen Stelle. Den Abschluss bilden die Protokolle der Leiter der Sonderkommissionen der Kriminalpolizei der Länder (1961–1966). Auf eine Darstellung der Entstehung und der Arbeiten der ZSt. konnte verzichtet werden, da hierzu außer mehreren Abhandlungen, die allerdings nicht primär *rechts*historischen Monografien von *Annette Weinke,* Eine Gesellschaft ermittelt gegen sich selbst. Die Geschichte der Zentralen Stelle in Ludwigsburg 1958–2008, Darmstadt 2008, und von *Kerstin Hofmann,* „Ein Versuch nur – immerhin ein Versuch". Die Zentrale Stelle in Ludwigsburg unter der Leitung von Erwin Schüle und Adalbert Rückerl (1958–1984), Berlin 2018, vorliegen. Sehr informativ sind auch die Darstellungen von *Adalbert Rückerl,* NS-Verbrechen vor Gericht. Versuch einer Vergangenheitsbewältigung, Heidelberg 1982, S. 139 ff., und von *Michael Greve,* Der justizielle Umgang mit den NS-Gewaltverbrechen in den 60er Jahren, Frankfurt/Main 2001, S. 43 ff. sowie von *Mark von Miquel,* Ahnden oder Amnestieren? Westdeutsche Justiz und Vergangenheitspolitik in den 60er Jahren, Göttingen 2004, S. 146 ff., 265 ff. (vgl. auch *Thomas Vormbaum,* Einführung in die moderne Strafrechtsgeschichte, 4. Aufl. 2019, S. 221).

Nach der Verwaltungsvereinbarung der Landesjustizverwaltungen vom 6.11.1958 sollte sich die Tätigkeit der (auf einen Antrag Baden-Württembergs beruhenden) ZSt. erstrecken „vorwiegend auf solche Verbrechen, für die im Bundesgebiet ein Gerichtsstand des Tatorts nicht gegeben ist, und zwar auf die Verbrechen, die a) im Zusammenhang mit den Kriegsereignissen gegenüber Zivilpersonen außerhalb der eigentlichen Kriegshandlungen, insbesondere bei der Tätigkeit der so genannten Einsatzkommandos, b) außerhalb des Bundesgebiets in Konzentrationslagern und ähnlichen Lagern begangen worden sind". Nicht zuständig war die ZSt. zunächst für die „Aufklärung echter Kriegsverbrechen, soweit diese nicht in untrennbarem Zusammenhang mit den aus nationalsozialistischer Gesinnung begangenen Verbrechen standen" (*Rückerl,* S. 143). Alle Verfahren gegen Angehörige des Reichssicherheitshauptamts fielen in den Zuständigkeitsbereich der Berliner StA. Ab Dezember 1964 war die ZSt. auch zuständig für die „Vorermittlungen wegen solcher Verbrechen, die im Bundesgebiet während der nationalsozialistischen Herrschaft von den Gewalthabern des Dritten Reiches oder in deren Auftrag außerhalb der eigentlichen Kriegshandlungen begangen worden sind". Zu den Aufgaben der ZSt. gehörte es, das erreichbare Material zu sammeln, sichten und auszuwerten. Waren für einen Tatkomplex die „verfolgbaren Täter und die zuständige StA festgestellt", so hatte die ZSt. den Vorgang dem jeweils zuständigen GStA zuzuleiten. Ausführliche Richtlinien für die Weiterarbeit der ZSt. für die Zeit nach dem 8.5.1965 beschloss die Justizministerkonferenz am 27./28.4.1965 (vgl. unten S. 636 ff.)

Leiter der ZSt. war zunächst *Erwin Schüle* (1913–1993): Nach Ablegung des 2. Staatsexamens im Januar 1941 Kriegsdienst zunächst an der West-, seit Ende 1941 an der Ostfront, 1943 erneut in Frankreich. 1944 Ernennung zum AG-Rat. 1945–1950 in sowjetischer Kriegsgefangenschaft. 1950 AG-Rat in Ulm, dort ab Dez. 1950 bei der dortigen StA; Nov. 1951 StA in Stuttgart, 1955 Erster StA in Ulm. Plädoyer im Ulmer Prozess gegen das Einsatzkommando Tilsit am 1.8.1958 (bei *K. Hofmann*, S. 449 ff. abgedruckt). Vom 1.12.1958 bis Sommer 1966 Leiter der ZSt. Im Febr. 1965 gab die Ost-Berliner Nachrichtenagentur ADN die NS- und SS-Mitgliedschaft Schüles bekannt (zumindest ersteres war 1958 allen Justizministern und dem BMJ vom Stuttgarter Justizministerium mitgeteilt worden). Sept. 1965 unterrichtete das Moskauer Außenministerium die Bundesregierung in einer Note, in der schwere Beschuldigungen gegen Schüle erhoben wurden (Teilnahme an der Ermordung „friedlicher Sowjetbürger“ sowie an Plünderungen; *Hofmann,* S. 270 ff.). Sept. 1966 Leiter der Stuttgarter StA. Sept. 1967 Einstellung des Ermittlungsverfahrens gegen Schüle. April 1970 Verleihung des „Ehrentitels“ Generalstaatsanwalt bei der Staatsanwaltschaft am LG Stuttgart (vgl. *A. Weinke,* S. 13 ff., 86 ff.; *K. Hofmann,* S. 270 ff.). – Nachfolger Schüles war *Adalbert Rückerl* (1925–1986) mit folgender Dienstlaufbahn: 1943 Abitur, anschl. Kriegsdienst. 1946–1949 Studium der Rechtswissenschaft (1952 2. jur. Staatsprüfung). 1951 Promotion bei *Heinrich Mitteis.* 1957 StA in Bielefeld (1965 Erster StA). Mai 1961 nach Ludwigsburg abgeordnet. 1.9.1966–1984 Leiter der ZSt. Ludwigsburg (vgl. *K. Hofmann,* S. 301 ff.).

Ein wichtiges Thema der Tagungen der Staatsanwälte war die Frage der Verjährung der NS-Gewalttaten. Am 8.5.1960 waren Totschlag, Körperverletzung mit Todesfolge und Raub verjährt. Bis zu diesem Zeitpunkt war allerdings in vielen Fällen die Verjährung entsprechend § 69 StGB [1953] unterbrochen worden. Ein Antrag der SPD-Fraktion, die Verjährung mit dem 9.5.1945 erst mit dem 16.9.1949 eintreten zu lassen, war im Rechtsausschuss und im Bundestag gescheitert. Am 25.3.1965 verabschiedete der Bundestag nach einer grundlegenden Debatte das Gesetz über die Berechnung strafrechtlicher Verjährungsfristen (BGBl. I 315), nach dem die Verjährungsfrist für die Verfolgung von mit lebenslangem Zuchthaus bedrohten Verbrechen erst am 31.12.1969 verjähren sollte. Anträge der SPD-Fraktion, Mord und Völkermord nicht verjähren zu lassen, hatten keine Mehrheit gefunden. Am 26.7.1969 beschloss der Bundestag mit mehr als zwei Dritteln der Stimmen die Strafverfolgung von Verbrechen nach § 220 a StGB (Völkermord) von der Strafverfolgungsverjährung auszunehmen. Die Strafverfolgung von Verbrechen, die lebenslanger Freiheitsstrafe bedroht waren, sollte in 30 Jahren verjähren (§ 67 Abs. 1). Erst durch das 16. Strafrechtsänderungsgesetz wurde nach eingehenden Beratungen im Bundestag die Verjährung für Verbrechen des Mordes aufgehoben (BGBl. I, 1979, 1046).

Hinzuweisen ist noch auf die sog. „kalte Verjährung“ entspr. § 50 Abs. 2 StGB, der im Einführungsgesetz zum Ordnungswidrigkeitengesetz von 1968 enthalten ist. Nach der Neufassung des § 50 Abs. 2 war die Strafe des Gehilfen (u.a. Schreibtischtätern) zu mildern, wenn bei ihnen „besondere persönliche Eigenschaften, Verhältnisse oder Umstände (besondere persönliche Merkmale)“, fehlten, „welche die Strafbarkeit des Täters begründen“. Dieses führte dazu, dass mit der Änderung § 50 Abs. 2 StGB „rückwirkend“ zum 8.5.1960 die Verjährung eintrat, falls diese nicht bereits vorher unterbrochen worden war (zu dieser „irreparablen Fehlleistung des Gesetzgebers“ ausführlich *Greve,* S. 358 ff.; vgl. BGH 5 StR 658/68 vom 20.5.1969, NJW 1969, 1182).

In den Arbeitstagungen von 1964–1970 wurden außer den Verjährungsfragen besprochen: Befehlsnotstand, Strafmaß in NS-Verbrechen, Abgrenzung von Täterschaft und Teilnahme, Zusammenarbeit mit den Sonderkommissionen, Verjährung bei Exzessivtätern, Rechtshilfe-Verkehr mit dem Ausland, insbes. mit Israel und den Ostblockstaaten, Zeugenvernehmungen in Israel, den USA und in Kanada, Berichte über die Tagungen der Arbeitsgruppen (1965, 1968), Probleme des Überleitungsvertrags von 1950, Zeugenbefragungen vor Schwurgerichten in Verfahren wegen NS-Verbrechen, Auswertung von archivalischen Quellen und Erfahrungen eines Anklagevertreters in einem großen NS-Prozess. Über die Besprechungen in den ad hoc gebildeten Arbeitsgruppen liegen bis auf eine Ausnahme (vgl. unten S. 422 f.) keine separaten Aufzeichnungen vor, sondern nur kurze Berichte eines Mitglieds der jeweiligen Arbeitsgruppe.

In den Besprechungen der ZSt. von 1988, 1990 und 1995 kamen zur Sprache die Überprüfung der Fahndungslisten der UNWCC, Ermittlungsergebnisse und Ermittlungsschwierigkeiten sowie die Überprüfung der Unterlagen der Stasi anhand ihres NS-Archivs.

Über die Arbeit der ZSt. ab Mitte der 1980er Jahre unterrichtet eine Abhandlung von *Kurt Schremm/Joachim Riedl* in den Vierteljahrsheften für Zeitgeschichte 2008, S. 525 ff. – Die ZSt. wurde von 1984 bis 1996 geleitet von *Alfred Streim* (1932–1996), der von der Hamburger StA 1963 nach Ludwigsburg gekommen war. Sein Nachfolger von 1996–2000 war *Willi Dreßen* (geb. 1935 in Eschweiler, seit 1967 bei der ZSt.; 1985 Stellvertreter des Behördenchefs). *Alfred Schrimm* (geb. 1949 in Stuttgart) der 1979 in den Justizdienst Baden-Württembergs eingetreten (1982 StA in Stuttgart, 1998 OStA) war, war von Sept. 2000 bis Ende Sept. 2015 Leiter der ZSt. (2009 als Ltd. OStA). Der Co-Autor des genannten Beitrags, *Joachim Riedl,* kam ebenfalls aus dem baden-württembergischen Justizdienst und war von 1991 bis 1996 tätig bei der Arbeitsgruppe „Regierungskriminalität der DDR“ (1999–2009 stellv. Leiter der ZSt.). 2015 erhielt *Jens Rommel* und anschließend im Okt. 2020 *Thomas Will* (seit 17 Jahren bei der ZSt.) die Leitung der ZSt.

In ihrer Abhandlung erläutern *Schrimm/Riedl* zunächst die Zentralkartei der ZSt., deren Geschäftsentwicklung bis Ende 2007 (bis dahin 7617 Vorermittlungen) sowie die neuen Aufgaben der Stelle seit Mitte der 1980er Jahre. Von 1987 bis 1992 ging es um die Auswertung der UNWCC-Unterlagen (30.000 Namen) und ab 1990 um die Durcharbeitung des NS-Archivs der DDR (6500 Meter laufende Akten; heute im BA; teilweise an die Länder abgegeben). Ab 1994 befasste sich die ZSt. mit NS-Verbrechen in Italien (mit Ausnahme der Kriegsverbrechen). Seit 1998 erteilte die ZSt. über 20.000 Auskünfte an die Versorgungsämter, die über eine Überprüfung der Versorgungsrenten aus der NS-Zeit entspr. § 1 a des Bundesversorgungsgesetzes (Fassung v. 14.1.1998, BGBl. I 1998, 66) zu entscheiden hatten entspr. folgender Regelung: „Leistungen sind zu versagen, wenn der Berechtigte oder derjenige, von dem sich die Berechtigung ableitet, während der Herrschaft des Nationalsozialismus gegen die Grundsätze der Menschlichkeit oder Rechtsstaatlichkeit verstoßen hat ... Anhaltspunkte für eine besonders intensive Prüfung erforderlich machen, ob ein Berechtigter durch sein individuelles Verhalten gegen Grundsätze der Menschlichkeit oder Rechtsstaatlichkeit verstoßen hat, können sich insbesondere aus einer freiwilligen Mitgliedschaft des Berechtigten in der SS ...".

Über die Tätigkeit der *Sonderkommissionen der Landeskriminalpolizeiämter zur Bearbeitung von NS-Gewaltverbrechen* (die wohl 1959/60 begründet worden waren), ist in der Literatur bisher kaum berichtet worden. Die Protokolle über die Tagungen der Leiter der Sonderkommissionen, die von den jeweiligen gastgebenden Landeskriminalämtern angefertigt wurden, stammen von der ZSt. in Ludwigsburg. Die letzte Tagung hat im Mai 1966 stattgefunden. Nicht wiedergegeben wurden die Teile der Protokolle, die sich mit der Beschaffung von Informationen und Materialien (Aufenthaltsermittlungen, Fernsprechverkehr, Fahndungsausschreiben, Document Center, Aufgaben der Archive) befassen. Wichtig erschienen vor allem die Angaben über die Stärke der jeweiligen Sonderkommissionen und die von ihnen bearbeiteten Verbrechenskomplexe. Hingewiesen sei auch auf die jeweiligen Berichte von Schüle sowie die Referate über Einsatzkommandos, den Eichmann-Prozess, den Befehlsnotstand (hierzu umfangreicher Aktenbestand im Bundesarchiv Außenstelle Ludwigsburg, B 162), Vernehmungen im Ausland (USA, Kanada, Israel), Strafanzeigen der Oststaaten und über die kriminalpolitischen Probleme der Haftverschonung auch bei Mordverdacht. Der Frankfurter GStA *Bauer* sprach 1963 über grundsätzliche Fragen zu den laufenden NSG-Verfahren, der Mittäterschaft in Abgrenzung zur Beihilfe, die NSG-Vernehmungen und den Befehlsnotstand. Wegen weiterer Einzelheiten sei auf das Inhaltsverzeichnis und das Sachregister verwiesen.

Der Frage, inwieweit die Landesarchive eigene Aktenbestände der NSG-Sonderkommissionen verwahren, müsste noch im Einzelnen nachgegangen werden. Dies gilt auch für die Biografien der Leiter und wichtigsten Mitarbeiter der Sonderkommissionen.

Zwei *„Zentralstellen"* zur Bearbeitung von Ermittlungsverfahren wegen NS-Gewaltverbrechen wurden von Nordrhein-Westfalen in Dortmund und Köln im September/Oktober 1961 eingerichtet. Die Zentralstelle in Köln bearbeitete die „Massenverbrechen" in nationalsozialistischen Konzentrationslagern; hinzu kamen 1978/83 sämtliche Verfahren wegen nationalsozialistischer Gewalttaten aus den OLG-Bezirken Köln und Düsseldorf wegen NS-Gewalttaten, soweit sie „im Zusammenhang mit in KZ begangenen Massenverbrechen entstanden". Die seit dem 31.8.1997 anhängig gewordenen Ermittlungsverfahren wegen nationalsozialistischer Gewaltverbrechen wurden, soweit diese nach den bisherigen Verfügungen der Kölner Zentralstelle übertragen waren, der Zentralstelle Dortmund übertragen, die bis heute noch besteht. Ferner war bereits 1956 bei der StA Bochum eine Zentralstelle für die Bearbeitung der in Griechenland begangenen Kriegsverbrechen begründet worden. Über die Zentralstellen in Nordrhein-Westfalen unterrichtet ausführlich Bd. 9 „Juristische Zeitgeschichte NRW": Die Zentralstelle zur Verfolgung nationalsozialistischer Gewaltverbrechen – Versuch einer Bilanz, hrsg. vom Justizministerium des Landes NRW, 2001 (mit einem Überblick über die Tätigkeit und die Verfahrensgegenstände). Der Band enthält ferner Beiträge zur ZSt. in Ludwigsburg (*G. Pauli*), über Probleme bei der Beurteilung von Zeugenaussagen in Verfahren wegen NS-Verbrechen (*K. Schacht*) und von *H.-E. Niermann* über den Kölner GStA Werner Pfromm und die Arbeit der Zentralstelle Köln.

Keine Zentralstelle bestand in Hamburg, obwohl die dortige StA „zu den bedeutendsten auf dem Gebiet der Verfahren wegen NS-Gewaltverbrechen" gehört hat (*Helge Grabitz*/Justizbehörde Hamburg [Hrsg.], Täter und Gehilfen des Erlösungswahns. Hamburger Verfahren wegen NS-Gewaltverbrechen 1946–1996, Hamburg 1999, S. 25). Noch im Juni 1968 hatte die Hamburger Bürgerschaft 26 neue Planstellen für StA für die Ermittlungen in NS-Sachen geschaffen. Ähnlich umfangreich war auch die Zahl der in Bayern mit der Ermittlung in NS-Strafsachen befassten StA. Für Hessen vgl. die Darstellung von *Friedrich Hoffmann*, Die Verfolgung der nationalsozialistischen Verbrechen, Baden-Baden 2001.

Erster Teil

Niederschriften über die Arbeitstagungen der in der Bundesrepublik mit der Strafverfolgung von NS-Gewaltverbrechen befassten Staatsanwälte von 1964–1971

I. 1 Arbeitstagung in der Staatlichen Akademie in Calw vom 7.-9.4.1964

An der Tagung (Beginn: 7.4.1964, vormittags 10 Uhr) nahmen teil:

BMJ: ORR Dr. Schätzler
Zentrale Stelle der Landesjustizverwaltungen: OStA Schüle, EStA Dr. Artzt, StA Dr. Rückerl, StA Hinrichsen, StA Zeug, StA Engelhard, Gerichtsass. Streim, StA Blank, JR Dr. Noack
Bayern:
OStA Dr. Heermann, StA b. LG Weiden; OStA Dr. Nolten, StA b. LG Regensburg; OStA Lossos, StA b. OLG München; OStA Schrenk, StA b. LG Hof; EStA Dr. Berger, StA b. LG Amberg; EStA Dr. Grethlein, StA b. LG Ansbach; EStA Dr. Lehmair, StA b. LG München I; EStA Rupp, StA b. LG Bamberg; EStA Ruppert, StA b. LG Würzburg; StA Amberg, StA b. LG Aschaffenburg; StA Huber, StA b. LG München II
Berlin:
OStA Neumann, StA u. EStA Radtke, EStA Severin, EStA Selle, StAin Bilstein, b. KG bzw. LG Berlin; LG-Rat Krüger, LG Berlin
Bremen:
EStA Dr. Höffler, StA b. LG Bremen
Hamburg:
Gerichtsass. Kraemer, StA b. LG Hamburg
Hessen:
OStA Metzner, StA b. OLG Frankfurt; OStA Wentzke, EStA Dr. Großmann, StA b. LG Frankfurt; EStA Hoppmann, StA b. LG Darmstadt; StA Dr. Wagner, StA b. LG Wiesbaden
Niedersachsen:
EStA Dr. Goetz, StA b. LG Hannover; StA Hoffmann, StA b. LG Aurich; StA Retemeyer, StA b. LG Braunschweig
Nordrhein-Westfalen:
OStA Pottgiesser, StA b. LG Hamm; OStA Feld, StA b. OLG Köln; OStA Dr. Nachtweh, StA Barbrock, StA Rauschendorf, StA Obluda, Zentralstelle b. d. Ltd. OStA in Dortmund; OStA Dr. Gierlich, StA Jäger, StA Dr. Korsch, Ass. Hartmann, Zentralstelle b. d. Ltd. OStA in Köln
Rheinland-Pfalz:
StA Bornscheuer, StA Hinzmann, StA b. LG Mainz; StA Born, StA b. LG Koblenz; EStA Dr. Fischer, StA b. LG Frankenthal
Saarland:
StA Kapf, StA Wagner, StA b. LG Saarbrücken
Schleswig-Holstein:
StA Plath, StA b. LG Flensburg; StA Bauer, StA b. LG Kiel; StA Böttcher, StA b. LG Lübeck; StA Thiemke, StA b. OLG Schleswig

Baden-Württemberg:
MinRat Roth, JMin., ORR Maier, ORR Weidner, JMin. Baden-Württemberg, Stuttgart; EStA Rive, StA b. LG Waldshut; EStA Dr. Trips, StA b. LG Karlsruhe; Gerichtsass. Dr. Klass, StA b. LG Mannheim; EStA Dr. Schneider, StA Dr. Gauss, StA EStA Dr. Koch, StA b. LG Stuttgart

MinRat Roth eröffnete mit Begrüßungsworten an die Teilnehmer die Tagung und bat den Leiter der Staatlichen Akademie Calw, Herrn Dr. Bran, das Wort zu ergreifen.

Dr. Bran gab seiner besonderen Freude über die Wahl Calws als Tagungsort Ausdruck und machte die Tagungsteilnehmer mit der Geschichte und der Landschaft von Calw vertraut. Er wies besonders darauf hin, dass bei der Staatlichen Akademie Calw im Rahmen der Lehrerfortbildung besonderer Wert auf die Erörterung der Zeitgeschichte auch hinsichtlich der sogenannten Bewältigung der Vergangenheit gelegt werde, und wünschte der Tagung einen erfolgreichen Verlauf.

MinRat Roth sprach Herrn Dr. Brun zugleich im Rahmen der Tagungsteilnehmer seinen Dank aus und wandte sich dann an die Teilnehmer. Er dankte ihnen dafür, dass sie zum ersten Male aus dem Bundesgebiet zusammengekommen seien, um aus gemeinsamen Erfahrungen neue Erkenntnisse zu erarbeiten. – Er wies darauf hin, dass die Tagung von dem Herrn Justizminister des Landes Nordrhein-Westfalen angeregt worden sei und dass sie dem Erfahrungsaustausch der Intensivierung der Zusammenarbeit, der Beseitigung von Mängeln und der gemeinsamen Besprechung von Rechtsproblemen diene. Ziel dieser gemeinsamen Tagung sei aber vor allem, eine beschleunigte Abwicklung dieser Verfahren zu ermöglichen.

Hierauf erteilte *MinRat Roth* Herrn EStA Dr. Artzt das Wort.

EStA Dr. Artzt referierte über das Thema: *„Zusammenarbeit zwischen Staatsanwaltschaften und Zentraler Stelle“:* Wenn die ZSt. gebeten hat, das Thema Zusammenarbeit auf die Tagesordnung zu setzen, so nicht nur deshalb, weil eine gute Zusammenarbeit zwischen uns die Voraussetzung für eine erfolgreiche und sachlich fundierte gemeinsame Arbeit ist, sondern weil eine reibungslose funktionierende Zusammenarbeit für die vor uns liegende Zeit, die uns dem Ende unserer Tätigkeit näher bringen soll, besonders wichtig ist. Deshalb scheint es nötig und zweckmäßig, dass wir uns einmal über unsere bisherigen Erfahrungen in dieser Richtung miteinander aussprechen und klarstellen, was gut oder weniger gut war, was man besser machen kann oder was nicht hätte sein sollen.

Allen Ausführungen voran darf ich aber die grundsätzliche Bemerkung stellen, dass die Zusammenarbeit im Ganzen von uns aus gesehen als erfreulich, gut und harmonisch bezeichnet werden darf. Wir freuen uns z.B., wenn selbst ein Vertreter einer großen StA, die längt in der Verfolgung der NS-Gewaltverbrechen auf eigenen Füßen steht, meint, dass die ZSt. für sie so etwas wie ein „Mutterhaus“ wäre, in das man gerne komme und das man doch auch nicht entbehren könne, solange draußen diese Prozesse geführt werden müssten. – Für das gute Verhältnis spricht auch der rege Besuch von Kollegen – seien es Staatsanwälte oder Untersuchungsrichter -. In manchen Fällen wurde aufgrund des persönlichen Kontaktes an gegenseitiger Hilfeleistung von beiden Seiten mehr getan und geleistet, als das Gesetz es befahl. – Ein Gesetz ist es allerdings nicht, dass unsere gegenseitigen Beziehungen regelt, aber die Verwaltungsvereinbarung enthält nicht nur die Vorschriften über die Errichtung, Organisation, Zuständigkeit und Aufgaben der ZSt., sondern auch Richtlinien und Hinweise für die StA darüber, wann und wie sie mit uns verkehren sollen.

Erlauben Sie mir, diese Stellen der Verwaltungsvereinbarung, die Ihnen ja alle bekannt sind, doch einmal zu zitieren. So heißt es im Abschnitt III Ziff. 6: „Die Staatsanwaltschaften unterrichten die Zentrale Stelle über die abgeschlossenen, anhängigen und anhängig werdenden Verfahren, unabhängig davon, ob der Tatort im Bundesgebiet liegt. Die Zentrale Stelle ist berechtigt, ergänzende Auskünfte oder die Vorlage der Akten zu verlangen. Die Staatsanwaltschaften können die Zentrale Stelle ersuchen, ihre Ermittlungen zu unterstützen." Es heißt: Die StA unterrichten ... Also unterrichten und nicht: können, sollen oder dürfen unterrichten, allerdings auch nicht müssen oder sind verpflichtet oder Ähnliches. Doch meine ich, wenn in einer Vereinbarung der Landesjustizminister diese Formulierung gewählt ist, so ist darin eine klare Weisung an die StA zu sehen, die eine Mitteilungspflicht an die ZSt. begründet, mit anderen Worten, die ZSt. hat ihrerseits ein Recht darauf, unterrichtet zu werden. Dies ergibt sich auch aus der klaren anschließenden Feststellung, dass die ZSt. berechtigt ist, ergänzende Auskünfte oder die Vorlage der Akten zu verlangen. – Über den Inhalt dieser Mitteilungspflicht ist in demselben Satz gesagt, dass sie sich auf die abgeschlossenen, anhängigen und anhängig werdenden Verfahren erstreckt, und zwar unabhängig davon, ob der Tatort im Bundesgebiet liegt, das heißt also: auch dann, wenn der Tatort im Bundesgebiet liegt. Dieser Zusatz war nötig, da in Abschnitt VI ausdrücklich bestimmt wurde, dass die Tätigkeit der ZSt. sich vorwiegend auf die Verbrechen erstreckt, für die im Bundesgebiet der Gerichtsstand des Tatortes nicht gegeben ist. – Das bedeutet, dass die ZSt. auch über Verfahren zu unterrichten ist, die bei den StA ohne Mitwirkung der ZSt. anhängig werden oder bei denen der Tatort auch im Bundesgebiet liegt.

Diese Ausdehnung der Mitteilungspflicht auch auf diese Verfahren wird zuweilen übersehen. Sie findet aber ihre gute Begründung in der Aufgabe der ZSt., eine koordinierende Tätigkeit auszuüben. Ohne dieses Fundament einer vollständigen Unterrichtung ist die ZSt. nicht in der Lage, diese Aufgabe zu erfüllen und z.B. eine aktuelle Übersicht der Verfahren zu erstellen. Im Laufe der Jahre ist darüber hinaus heute der ZSt. noch eine Aufgabe zugefallen, die einen immer größeren Umfang annimmt und unsere Zeit und Kräfte strapaziert: Das ist die Erteilung von Auskünften an andere Behörden und Dienststellen wie z.B. Innenministerien, Verfassungsschutzämter, Justizbehörden, da es heute zur Gepflogenheit geworden ist, bei bestimmten Anlässen hinsichtlich bestimmter Beamter (Beförderung) bei uns anzufragen, ob der Beamte oder seine Einheit bei uns in Erscheinung getreten ist. Eine Rückfrage bei der ZSt. ist zu einer gewissen Rückendeckung und Rückversicherung geworden. Diese Anfragen, die in der Regel als AR-Sachen bei uns geführt werden, haben sich heute – gegenüber derselben Zeit des vorigen Jahres – bereits um das Doppelte, nämlich von ca. 300 auf 600 erhöht.

Wie und worüber ist die ZSt. zu unterrichten? Hierzu gibt Ziff. 7 des Abschnitts III der Verwaltungsvereinbarung die Anweisung: „Die Staatsanwaltschaften übersenden der Zentralen Stelle Abschriften ihrer Abschlussverfügungen und der gerichtlichen Entscheidungen." Somit müsste die ZSt. in jedem Falle mindestens von der Einleitung eines Verfahrens und seiner Beendigung Nachricht erhalten.

Eine koordinierende Auswertung der Verfahren in der Bundesrepublik ist aber nur dann möglich, wenn wir auch von den bei den StA anfallenden Erkenntnissen Mitteilung erhalten. So hat es sich seit Jahren eingebürgert und in der Hauptsache auch bewährt, dass wir bei Abgabe einer Sache mit Abschlussbericht in jedem Begleitschreiben die Bitte hinzufügen, dass wir von den weiteren Vernehmungen und sonstigen wesentlichen Erkenntnissen Abschriften erhalten. So geschieht es auch in der Regel und nur so ist es möglich, dass wir Zeugen oder auch Beschuldigte, die in einem Komplex ausführlich vernommen werden und nach ihrem Einsatz im Kriege auch für andere Verfahren in Betracht kommen, anderen StA zur Kenntnis bringen können.

Ausnahmen bestätigen zwar die Regel, aber in diesem Falle reißen sie in die zu erstrebende Vollständigkeit der Aufklärung von NS-Gewaltverbrechen empfindliche Lücken. Wenn ich nun an einigen Beispielen darlegen möchte, welche Schwierigkeiten durch die Unterlassung oder Vernachlässigung der Mitteilungspflicht auftreten können, so geschieht es nicht, um anhand einiger herausgesuchter Fälle zu kritisieren, sondern um unsere Bitte zu begründen und anschaulich zu machen, dass Sie diese Mitteilungspflichten trotz aller Arbeitsüberlastung gerade für die kommende Zeit nicht übersehen möchten.

Zunächst ein Beispiel für die Unterlassung einer Mitteilung, dass überhaupt ein Ermittlungsverfahren geführt wird: Das Bundesamt für Verfassungsschutz teilt uns mit, dass ein Herr G. im Rahmen seines zukünftigen Aufgabengebietes in der Industrie zum Umgang mit Verschlusssachen ermächtigt werden soll. Angeblich sei er 1962 im Zusammenhang mit seinem Einsatz in Dänemark in Untersuchungshaft gewesen. Es wird um Mitteilung gebeten, ob G. strafrechtlich belastet ist. – Das Ermittlungsverfahren gegen den ehemaligen Polizeirat G. ist uns zufällig 1962 aus einer fernschriftlichen Anfrage der zuständigen Sonderkommission bekannt geworden. Die StA selbst machte niemals eine Mitteilung über die Einleitung des Verfahrens gegen den Polizeirat, nicht über die Haft, auch nicht über die – vermutliche – Beendigung des Verfahrens, so dass wir hinsichtlich dieses Mannes und der ihm vorgeworfenen Straftaten ohne jede Nachricht geblieben sind. – Hätten wir nicht aus der Anfrage der Sonderkommission entnehmen können, dass gegen G. ein staatsanwaltschaftliches Ermittlungsverfahren läuft oder lief, so hätten wir die Anfrage des Bundesamtes für Verfassungsschutz absolut negativ beantworten müssen. Dieses hätte sich wohl damit begnügt.

Ebenso wichtig ist es, uns mitzuteilen, dass ein Beschuldigter ermittelt und festgenommen wurde, wie folgendes Beispiel zeigt: Im Rahmen von Vorermittlungen werden von uns umfangreiche und zeitraubende Ermittlungen angestellt, um den Aufenthalt eines SS-Standartenführers zu ermitteln. Nach DC-Anfrage und anschließender Anfrage bei der Bundesversicherungsanstalt wurde schließlich die Anschrift eines der Kinder des Beschuldigten ermittelt. Dies führte dann zur Feststellung des Wohnsitzes des Beschuldigten. Als nun die Sonderkommission von uns mit der Vernehmung des Beschuldigten beauftragt wurde, stellte sich heraus, dass sich dieser nicht mehr an seinem Wohnsitz aufhielt, sondern bereits in anderer Sache – ebenfalls wegen NS-Gewaltverbrechen – in Haft saß. Diese andere Sache war zuvor an eine StA abgegeben worden. Ihr konnte der Name des Beschuldigten nur unzureichend angegeben werden, trotzdem hatte diese StA ihn schließlich gefunden und verhaftet. Leider hatte sie die ZSt. über die richtige Schreibweise des Namens des Beschuldigten, über seine genauen Personalien und über seine Verhaftung ebenso wenig unterrichtet, wie auch sonst seit Abgabe des Verfahrens irgendetwas von sich hören lassen. Eine im Übrigen sehr lückenhafte Unterrichtung erfolgte erst auf eine dringende Anfrage.

Oder: Eine StA führte z.B. ein Verfahren gegen einen Beschuldigten A. und eine andere StA gegen den Beschuldigten B., wobei der Tatkomplex beider Verfahren genau derselbe ist. Zur Aufklärung der in diesem Ort begangenen Verbrechen leitete aber auch die ZSt. Vorermittlungen ein. Im Rahmen dieser Vorermittlungen werden diese staatsanwaltschaftlichen Verfahren schließlich bekannt. – Wären diese Verfahren uns gemeldet worden, wären unsere Vorermittlungen zumindest teilweise entbehrlich und eine Koordinierung der Verfahren möglich gewesen.

Ein anderes Beispiel: Eine Sonderkommission übersendet Durchschriften von Vernehmungen aus einem Ermittlungsverfahren der StA, das uns bis dahin ebenfalls unbekannt war, weil wir Ermittlungen und Vernehmungen in Österreich vermitteln sollen. – Einige Wochen später kommt eine Anfrage einer ganz anderen StA hinsichtlich dieses Beschuldigten. Bei ihr lief ein Ermittlungsverfahren wegen eines Teiles der strafbaren Handlungen dieses Beschuldigten, auf die sich jedoch schon das andere Verfahren erstreckte. Lediglich durch die Inanspruchnahme der ZSt. durch die Sonderkommission war es möglich, unsere Kenntnis von diesem Verfahren der anfragenden StA mitzuteilen, so dass diese ihr Verfahren einstellen konnte, da insoweit bereits ein Verfahren anhängig war.

Bei der Aufstellung der Übersicht fiel mir auf, dass manche Vorfahren, in denen wir längere Zeit keine Nachricht erhalten hatten, doch irgendwie abgeschlossen sein müssten. Bei der großen Anzahl der Verfahren ist es für uns eine nicht durchführbare Arbeit, in jedem solcher Verfahren nach dem Sachstand anzufragen. Die Tatsache, dass sie in den uns übersandten Gesamtübersichten nicht enthalten sind, lässt noch keinen Schluss zu, auf welche Weise sie sich erledigt haben. So kommt es, dass jetzt nach Verbreitung der Übersicht Mitteilungen einlaufen, dass dieses oder jenes von uns angeführte Verfahren z.B. schon im April oder im November 1962 eingestellt worden ist. Wäre damals eine Mitteilung ergangen, würde das Verfahren in der Übersicht nicht mehr aufgeführt worden sein. In einem Falle wird dabei darauf hingewiesen, dass die Einstellung des Verfahrens mit Bericht vom selben Tage dem BMJ auf dem Dienstwege mitgeteilt worden sei. Das ersetzt aber die Mitteilung an die ZSt. nicht, da schließlich der BMJ seinerseits keine Veranlassung hat, die Einstellung uns mitzuteilen.

Diese Beispiele stellen, wie ich schon sagte, Ausnahmen von der Regel dar, aber sie können im Einzelfall doch erheblich in ihren Folgen ins Gewicht fallen, sie verursachen bei uns und bei Ihnen unnütze Mehrarbeit, die wir gern entbehren können. Schließlich führen sie auch objektiv zu falschen Ergebnissen und Auskünften, die ihrerseits bei den Anfragen der Behörden unerfreuliche Konsequenzen haben können. – Zu dem Satz: „Die Staatsanwaltschaften können die Zentrale Stelle ersuchen, ihre Ermittlungen zu unterstützen," hat es sich in der nunmehr jahrelangen Praxis ergeben, dass wir unsere abgegebenen Sachen auch von uns aus weiterhin unterstützen, ohne dass wir darum ausdrücklich gebeten wurden. Das Auftauchen neuen Dokumentenmaterials oder neuer Quellen zur Ermittlung und Aufklärung sowohl für den einzelnen Komplex als auch allgemein wird von uns weitergegeben.

Wir haben seit 1.1. dieses Jahres zu diesem Zweck die Rundschreiben eingerichtet, die Mitteilungen von allgemeinen Interessen für ihre Ermittlungstätigkeit in NSG-Verfahren allen Beteiligten zugänglich machen sollen, um diese Dinge nicht in jedem Einzelverfahren an die verschiedenen StA jeweils mitteilen zu müssen. – Wir wären aber dankbar, wenn auch Sie an diesem Rundschreiben dadurch mitarbeiten würden, dass Sie die Erfahrungen und Kenntnisse, die Sie in der Durchführung ihrer Prozesse gesammelt haben und die für uns alle von Interesse sind, uns mitteilen würden, damit wir sie auf diesem Wege allen zugänglich machen können. Ebenso nehmen wir gern Anregungen und Wünsche entgegen, welche Fragen für Sie von allgemeinem Interesse sein könnten, die eine Beantwortung und Klärung in diesem Rundschreiben finden könnten.

Diese Rundschreiben bieten praktisch die Gelegenheit zu einer Zusammenarbeit aller Staatsanwälte, die sich mit NSG-Verfahren beschäftigen müssen. Sie können zu einem Mittel der gegenseitigen Unterrichtung über alle Fragen gemeinsamen Interesses werden und sie können vor allem dem einzelnen Sachbearbeiter Arbeit und Zeit ersparen helfen, wenn er auf diese Weise von den Erfahrungen der anderen Kollegen Kenntnis erhält, die diese bereits gesammelt haben. Letzten Endes sollen sie aber auf längere Sicht gesehen dazu dienen, die ZSt. eines Tages auch als Auskunftsquelle entbehrlich zu machen. Deshalb darf ich meine Bitte wiederholen: Behalten Sie Erfahrungen und Kenntnisse, die auch für Ihre Kollegen von allgemeinem Interesse und Wert sein könnten, nicht für sich, sondern stellen Sie sie auf diesem Wege allen zur Verfügung.

Was nun die Ersuchen um Ermittlungsunterstützung im Einzelfalle anbetrifft, so habe ich auch hier eine Bitte: Kommen Sie bitte mit Fragen um Material zu bestimmten Komplexen im Rahmen Ihres Ermittlungsverfahrens möglichst frühzeitig zu uns und nicht erst – wie wir es hin und wieder erleben -, wenn die Hauptverhandlung beginnt oder bereits im Laufen ist. Dieses gilt natürlich nicht für Dinge, die erst in der Hauptverhandlung neu vorgebracht oder aufgetreten sind. Es kommt aber auch vor, dass nach Beginn der Hauptverhandlung von uns Dokumente und Material verlangt werden, deren Vorhandensein schon bei den Ermittlungen bekannt gewesen ist und die sich mit Zeit und Ruhe hätten zusammenstellen, finden und fotokopieren lassen, als dass sie nun von einem Tag zum anderen zusammengerafft mit Eilboten in die Hauptverhandlung gejagt werden müssen. Dies ist für uns dann eine besondere Belastung, wenn der jeweilige Sachbearbeiter dieses Gebiets gerade auf Dienstreise oder aus anderen Gründen nicht anwesend ist und nun ein anderer die hier vorhandenen Vorgänge und Unterlagen durchlesen und durchstöbern muss, um irgendeine Angabe oder Aussage zu der gewünschten Frage zu finden. – Oft haben wir ein Urteil des BGH oder eines Schwurgerichts, das in den Fragen der Rechtsprechung noch angefordert wird, nur in einer Ausfertigung, die dann oftmals in der Kürze der Zeit nicht wieder herangeschafft werden kann, weil sie bereits anderwärts vergeben ist.

Schließlich darf ich mir noch den Hinweis gestatten, dass es in Ziff. 6 des Abschnitts III der Verwaltungsvereinbarung heißt, dass die StA die ZSt. um Unterstützung ihrer Ermittlungen ersuchen können. Ich betone hierbei das Wort Unterstützung, das man meines Erachtens nicht im Sinne von Rückübernahme zu weiteren Ermittlungen auslegen kann. Zu dieser Bemerkung besteht Anlass, weil es in letzter Zeit wiederholt vorgekommen ist, dass StA, die in einem von uns vor Jahren abgegebenen Komplex nun nach Durchführung verschiedener Ermittlungen die Akten wieder an uns zur Vornahme weiterer Vorermittlungen gegen einen bestimmten Beschuldigten, für dessen Verfolgung sie sich nicht für zuständig halten, zurückgeben.

Hier werden wir offenbar mit einer StA verwechselt, die wir doch, wie jeder weiß, nicht sind.

Hierzu folgende Beispiele: Am 20.4.1961 übersandte die ZSt. eine Strafanzeige wegen Tötung von russischen Kriegsgefangenen gegen einen Lagerarzt, der an den russischen Kriegsgefangenen medizinische Versuche, an denen sie sterben mussten, vorgenommen haben sollte, an eine StA. Die Abgabe erfolgte, da die ZSt. im Rahmen der Verwaltungsvereinbarung für eine weitere Ermittlungstätigkeit nicht zuständig war. In den folgenden Jahren wird nun zunächst durch eine StA ein Ermittlungsverfahren gegen zwei Mitbeschuldigte geführt und schließlich eingestellt. Anschließend führt eine andere StA gegen den Anzeigeerstatter als Mitbeschuldigten ein Ermittlungsverfahren durch, das ebenfalls eingestellt wird. Der Hauptbeschuldigte soll nach einer vertraulichen Mitteilung in der Ostzone wohnhaft sein. Die letzte StA sendet deshalb 1964 die Akten an die ZSt. zurück, da sie nunmehr zur Verfolgung dieses Arztes nicht mehr zuständig sei. Sie übersieht hierbei, dass wir im April 1961 abgegeben haben, weil wir nach der Verwaltungsvereinbarung schon damals nicht zuständig waren. Sie übersieht hierbei aber auch, dass wir keine StA sind, die diesen Vorgang nunmehr etwa wegen Abwesenheit des Beschuldigten durch Verfügung vorläufig einstellen kann. – Sie übersieht hierbei nach unserer Meinung, dass sie wegen Sachzusammenhangs mit den von den Mitbeschuldigten begangenen strafbaren Handlungen auch zu einer Entschließung gegen den Hauptbeschuldigten zuständig gewesen wäre. Schließlich hätte sie, falls sie ihre Zuständigkeit keinesfalls für gegeben hielt, von sich aus dem

Generalbundesanwalt die Akten mit der Anregung vorlegen können, das zuständige Gericht durch den BGH bestimmen zu lassen, denn für eine Vorlage an den Generalbundesanwalt durch die ZSt. nach Ziff. 3 Abschnitt III der Verwaltungsvereinbarung besteht für uns keine Zuständigkeit, da es sich eben nicht um die Verfolgung von NS-Gewaltverbrechen handelte.

Ein anderes Beispiel: Im November 1959 übernahm eine StA die Ermittlungen gegen den Leiter eines großen Einsatzkommandos. Im März 1960 erlaubten wir uns, darauf hinzuweisen, dass die ZSt. aufgrund der Verwaltungsvereinbarung davon ausgehe, dass die StA sämtliche Angehörige des EK verfolgen und auch gegen alle bisher bekannten Angehörigen dieses Kommandos die Verjährung unterbrechen lassen werde. – Die StA teilte uns umgehend mit, dass sie die Ermittlungen auf weitere Beschuldigte ausdehnen werde, sobald anzunehmen sei, dass gegen den Leiter des EK eingeschritten werden könne. Im Mai 1960 erlässt das AG Haftbefehle gegen die Leiter dieses Einsatzkommandos und vier weitere Führer. Gleichzeitig wurde gegen 28 weitere Angehörige, die namentlich bekannt waren, die Verjährung unterbrochen. Im April 1961 gibt diese StA das Verfahren an eine andere StA zuständigkeitshalber ab, da dieses Verfahren entgegen der bisherigen Absicht einer Verbindung mit einer bereits anhängigen Voruntersuchungssache gegen den Hauptbeschuldigten nicht verbunden werden kann. Nunmehr werden die Ermittlungen gegen den Leiter des Einsatzkommandos und gegen die weiteren Angehörigen durch die zweite StA geführt und im August 1963 werden der Leiter des EK und drei weitere Beschuldigte durch das Schwurgericht verurteilt. Da jedoch in diese Ermittlungen offenbar nicht sämtliche Angehörige des EK, die als Beschuldigte in Frage kommen, einbezogen worden waren, so wird anschließend ein weiteres Ermittlungsverfahren durchgeführt, dessen Hauptbeschuldigter jedoch nach Inhaftnahme durch Selbstmord ausscheidet. Jetzt – 1964 – werden die Akten der ZSt. in Ludwigsburg zurückgegeben und wird gebeten, gegen die noch nicht erfassten Angehörigen des EK Vorermittlungen durchzuführen.

Wir werden die Vorgänge, nachdem wir sie ausgewertet haben, wieder zurückgeben müssen, da es meines Erachtens nicht die Aufgabe der ZSt. sein kann, nach nahezu fünf Jahren wieder Vorermittlungen in einem Komplex aufzunehmen, der bereits bei drei StA anhängig war und dort als ein geschlossener Tatkomplex ausermittelt werden musste. Selbst wenn die letzte StA für die Verfolgung der weiteren Beschuldigten sich nicht für zuständig hält, so ist sie heute nach Einarbeitung der Sonderkommission und aufgrund der in diesen Verfahren gewonnenen Erkenntnisse und der allen StA bekannten Grundlage dieser Komplexe ohne weiteres in der Lage, die Ermittlungen nach den bisher nicht erfassten Tätern und ihrer Beteiligung mindestens soweit zu betreiben, bis sie einen Beschuldigten ermittelt hat, dessen Wohnsitz die Zuständigkeit einer anderen StA begründen kann.

Die ZSt. könnte aber nie zu Ende kommen, wenn sie nach Durchführung von staatsanwaltschaftlichen Ermittlungsverfahren hinsichtlich übrig gebliebener Beschuldigter wieder von neuem Vorermittlungen führen müsste. Eine Rücknahme von Verfahren nach fünf Jahren bedeutet eine so starke Behinderung unserer Tätigkeit, dass wir bei der sparsamen personellen Besetzung unserer Dienststelle nicht in der Lage sein würden, die noch anhängigen Vorermittlungskomplexe rechtzeitig abzuschließen. Wir sind gern bereit, die weiteren Ermittlungen, so gut wir können zu unterstützen, aber wir können nicht nach dem Motto: „Aus alt mach neu" nun plötzlich wieder ein größeres Vorermittlungsverfahren aufziehen.

In diesem Zusammenhang darf ich mir erlauben, auch noch auf eine andere Bestimmung der Verwaltungsvereinbarung hinzuweisen, die für die StA bestimmt ist. In Ziff. 2 des Abschnitts III heißt es: „Die Staatsanwaltschaft soll das Verfahren grundsätzlich weder ganz noch teilweise an eine andere Staatsanwaltschaft abgeben. Hält sie eine Abgabe gleichwohl für erforderlich, so berichtet sie zuvor der Landesjustizverwaltung." NS-Gewaltverbrechen stellen in der Regel größere und kleinere Tatkomplexe dar, zu denen mehrere Beschuldigte gehören. Es ist selbstverständlich, dass dem Umfang eines großen Tatkomplexes äußere Grenzen der technischen Möglichkeiten der Anklage aller Beschuldigter in einem Verfahren gesetzt sind. – Wenn aber z.B. ein Verfahren bei einer StA gegen einen KdS als Hauptbeschuldigten anhängig ist und in diesem umfangreiche Ermittlungen auch gegen die ihm unterstellten Führer geführt werden, so sollte dann letzten Endes das Verfahren nicht so laufen, dass nach Beendigung des Verfahrens gegen acht Hauptbeschuldigte nunmehr die Verfahren gegen die weiteren Beschuldigten an die nach dem Wohnsitz zuständigen StA einzeln abgegeben werden. – Auch hier wäre es zweckmäßig gewesen, wenn die ZSt. von der Einleitung und sofortigen Abgabe dieser Ermittlungsverfahren wenigstens eine Mitteilung erhalten hätte.

Die Folge davon war, dass die Mehrzahl der betroffenen StA bei der ZSt. anfragt, ob und wie viel Verfahren aus diesem Ermittlungsverfahren entstanden sind und bei welchen StA sie anhängig sind. Diesen Anfragen wurde dann u.a. noch folgende Bemerkung hinzugefügt: „Da zwischen den Nachfolgeverfahren aus dem Verfahren gegen A. – jedenfalls teilweise – Sachzusammenhang gegeben erscheint, und um nicht vertretbare Mehrarbeit und mehrfache Inanspruchnahme von Zeugen zu vermeiden, wird unter Bezugnahme auf die in dem Bezugschreiben als geboten erklärte Zusammenfassung von einschlägigen Komplexen gebeten, zu erwägen, ob nicht im Interesse einer Vereinfachung der Verfahren die Nachfolgeverfahren aus dem Verfahren gegen A. bei einer StA geführt werden sollten."

Die ZSt. hat hierauf nur Folgendes antworten können: „Die Zentrale Stelle der Landesjustizverwaltungen ist nicht darüber unterrichtet worden, gegen welche Personen, die in dem Verfahren gegen A. bekannt geworden waren, von der StA Ermittlungsverfahren eingeleitet und dann anschließend sofort an andere StA abgegeben wurden. Ich kann mich deshalb auch nicht dazu äußern, welche dieser Nachfolgeverfahren u.U. gemeinsam bearbeitet werden können und bei welchen nach Herausnahme der Haupttäter kein Zusammenhang mehr besteht. – Die Zentrale Stelle der Landesjustizverwaltungen hat keine Befugnis, eine solche Aufsplitterung in Einzelverfahren zu verhindern. Es besteht lediglich die Möglichkeit, dass Sie unter Hinweis auf die in Ihrem Schreiben zitierten Entschließungen sowie auf Abschnitt III Ziff. 2 der Verwaltungsvereinbarungen der Landesjustizverwaltungen vom Okt. 1958 bei dem Herrn Generalstaatsanwalt oder beim Justizministerium Baden-Württemberg in Stuttgart vorstellig werden oder eine Entscheidung des

Herrn Generalbundesanwalts gemäß § 143 GVG herbeizuführen versuchen. Zu Ihrer Unterrichtung füge ich die Fotokopie eines Schreibens des Herrn Generalstaatsanwalts bei dem Landgericht B. bei, dem ich im gleichen Sinne geantwortet habe."

Ergänzend darf ich hierzu noch bemerken, dass die an die StA abgegebenen neuen Ermittlungsakten nach unserer Kenntnis nicht das Material enthielten, das den neuen Sachbearbeiter über das Geschehen, das dem einzelnen Beschuldigten zum Vorwurf gemacht wurde, ausreichend informiert hätte. So mussten sich die Sachbearbeiter der StA entweder die Akten des Hauptverfahrens, die aber infolge Revision nicht entbehrlich waren, kommen lassen oder wiederum die ZSt. um entsprechende Unterstützung bitten. – Dieses Beispiel sollte zeigen, dass eine Aufsplitterung der Verfahren nach Möglichkeit vermieden werden muss.

So scheint mir nicht unbegründet, wenn ich am Schluss meiner Ausführungen in Erinnerung bringen darf, dass die ZSt. als eine vorübergehende Einrichtung gedacht war und es auch sein will. Der Erfolg und das Ziel unserer guten Zusammenarbeit soll und muss doch schließlich der sein, dass die ZSt. ihre Aufgabe nicht nur im Rahmen der Aufklärung von NS-Gewaltverbrechen erfüllt hat, sondern auch von Ihnen als Mittler von Erkenntnissen und Auskunftsquellen nicht mehr benötigt wird, weil Sie selbst inzwischen im Besitz aller Erkenntnisse und aller Werkzeuge sind, die zur Verfolgung der NSG-Verbrechen benötigt werden. Je weniger aber hierbei Missverständnisse oder Pannen auftreten, umso zügiger wird sich das Ziel, dass nämlich aus der Zusammenarbeit zwischen StA und ZSt. eine gut funktionierende Zusammenarbeit aller StA ohne ZSt. geworden ist, erreichen lassen.

In der anschließenden *Diskussion* ergriff zunächst *OStA Schüle* das Wort und führte u.a. aus, dass er jetzt nicht als Leiter der ZSt., sondern als Leiter der größten StA des Landes Baden-Württemberg spreche, bei der die Strafverfolgung von NS-Gewaltverbrechen für den gesamten OLG-Bezirk Stuttgart konzentriert sei. Er nahm zur Frage der Aufsplitterung der Verfahren durch die StA Stellung und lehnte für die von ihm geleitete Stuttgarter StA eine Aufteilung in Splitterverfahren ab. Er führte hierzu das bei der StA Stuttgart anhängige Galizien-Verfahren als Beispiel an. In diesem Verfahren würden etwa 50 Beschuldigte verfolgt. In einem so umfangreichen Verfahren, das von einem Schwurgericht nicht als Ganzes verhandelt werden kann, empfahl Herr OStA Schüle die Bildung von Teilkomplexen mit je einem Hauptbeschuldigten. So habe man das Galizien-Verfahren in drei Verfahren aufgeteilt, die aber alle bei der StA Stuttgart verblieben seien. Bei der Prüfung, ob und wie man einige Teilverfahren bilde, habe sich wohl ergeben, dass diese auch von anderen StA durchgeführt werden könnten. Wenn die Verfahren aber aufgesplittert würden, würde die Justiz mit der ihr gestellten Aufgabe niemals fertig werden. Die Verwaltungsvereinbarung, in der die Bildung von Gesamtkomplexen grundsätzlich vorgesehen sei, müsse für alle StA als „magna charta" Geltung haben.

Er weise hierbei auch auf das Beispiel der StA München I hin, die dazu bestimmt worden sei, die Tätigkeit der gesamten Einsatzgruppe D einschließlich der Sonderkommandos und Teilkommandos zu untersuchen. Dieser Komplex sei noch größer als das Galizien-Verfahren. Auch der Auschwitz-Prozess in Frankfurt/M. zeige, dass das gesamte Geschehen zusammengefasst werden müsse, ganz gleich, ob im Jahre 1941, 1943 oder 1944 die Leitung des KZ Auschwitz gewechselt habe.

Wenn er nunmehr in seiner Eigenschaft als Leiter der ZSt. spreche, so müsse er mit Bezug auf das soeben gehaltene Referat darauf hinweisen, dass eine Zurückgabe von Teilverfahren an die ZSt. nicht möglich sei. Er empfehle den StA, die nach Erhebung der Anklage gegen einige Beschuldigte eine eigene Zuständigkeit für das restliche Verfahren verneinten, eine Entscheidung des BGH herbeizuführen, falls nicht die Zuständigkeit einer anderen StA offenkundig sei. Der ZSt. sei eine Anrufung des BGH nur im Umfange des Abschnitts III, Ziff. 3 der Verwaltungsvereinbarung gestattet. Es müsse immer wieder herausgestellt werden, dass grundsätzlich das gesamte historische Geschehen erfasst werden müsse und eine Abgabe von Teilverfahren gegen einzelne Beschuldigte nach Möglichkeit vermieden werden müsse. – Als Leiter der ZSt. spreche er den Tagungsteilnehmern der StA seinen herzlichen Dank für die bisherige gute Zusammenarbeit in den vergangenen Jahren aus. Auf dieser Tagung solle versucht werden, die gegenseitigen Sorgen und Nöte zu bereinigen; er bitte, auch den Ludwigsburgern zu sagen, was sie besser machen könnten.

OStA Dr. Nolten (Regensburg) warf die Frage auf, wie verfahren werden solle, wenn der Beschuldigte in mehreren Konzentrationslagern Straftaten begangen habe.

OStA Schüle antwortete hierauf, dass jede StA die Vorgänge aus dem KZ bearbeiten solle, für das sie nach dem Tatort zuständig sei, weil anderenfalls der Schuldnachweis gegen den Beschuldigten viel schwieriger sei.

EStA Dr. Großmann (Frankfurt) vertrat mit Entschiedenheit denselben Standpunkt und hielt es für ausgeschlossen, dass eine andere StA ohne Kenntnis der gesamten Hintergründe der Vorgänge in einem Konzentrationslager nur gegen einen Beschuldigten ermitteln könne.

EStA Dr. Goetz (Hannover) erinnerte hierbei an die außerordentliche Belastung der Schwurgerichte durch Verfahren mit großen Komplexen und meinte, dass es besser sei, die Hauptbeschuldigten zunächst herauszunehmen, damit der Überblick nicht verloren gehe. Eine Abtrennung sei dann nicht zu vermeiden, wenn der Sachzusammenhang verloren gegangen sei.

OStA Schüle warnte nochmals vor der Aufsplitterung der Verfahrenskomplexe, die ungleich mehr Arbeit nach sich ziehe, weil dann mehrere StA die Grundtatbestände erforschen müssten. Er wies darauf hin, dass die StA Stuttgart beim Galizien-Komplex die Möglichkeit gehabt habe, zwei Verfahren abzugeben. Sie habe es nicht getan. Aus dem ersten Verfahren sei ein Hauptbeschuldigter für das zweite Verfahren aufgespart worden. Der dritte Beschuldigte sei dann für das dritte Verfahren als Hauptbeschuldigter genommen worden. Bei einer Aufsplitterung der Verfahren könne der Fall eintreten, dass viele Staatsanwälte sich neu einarbeiten müssten, obwohl jeder einzelne dieser Staatsanwälte noch andere Verfahren habe, deren Bearbeitung dann darunter leiden müsste. Auch rechtspolitische Gründe seien dafür maßgebend, dass man zu einem Schluss mit diesen Verfahren kommen müsse und dass man einmal sagen könne: Die Justiz hat die Vergangenheit bewältigt. – Mit diesen Verfahren werde man jedoch niemals fertig, wenn sie aufgesplittert würden. Schließlich bringe auch die Zusammenfassung in Großkomplexen im Ergebnis eine allgemeine Entlastung, da die StA sich gegenseitig Arbeit abnehmen würden.

StA Dr. Wagner (Wiesbaden) wies ebenfalls auf die Notwendigkeit hin, Großkomplexe zu bilden. Sie seien letzten Endes auch besser zu ermitteln und sie allein würden der gestellten Aufgabe der Aufklärung und Verfolgung nationalsozialistischer Verbrechen gerecht.

OStA Neumann (Berlin) führte aus, dass solche Komplex-Verfahren unter Umständen schwierige Probleme aufwerfen würden. Wenn man einen Beschuldigten habe, ganz gleich welchen, so müsse genau genommen, der erste Beschuldigte, der gefasst würde und sich dann in Untersuchungshaft befinde, solange warten, bis die anderen Beschuldigten gefunden würden. Man müsse aber bemüht sein, die Dauer der Untersuchungshaft nach Möglichkeit zu verkürzen und einzuschränken. Man müsse gegebenenfalls also den Mann, der gefasst sei, zur Aburteilung zu bringen, auch wenn er nur ein Teilkommandoführer gewesen sei. Die Bildung von Großkomplexen bedeute zu viel Arbeit.

MinRat Roth erläuterte die Anliegen und Vorstellungen, die zur Einrichtung der ZSt. geführt hätten. Bei der Gründung der ZSt. sei davon ausgegangen worden, dass diese ihre originären Verfahren als Gesamtkomplex an die StA abgebe. Deshalb sei nur die Handhabung, wie sie Herr OStA Schüle und Herr EStA Dr. Grossmann hier vorgetragen hätten, möglich. So sei es auch bisher in der Regel geschehen. Im Übrigen habe er rechtliche Zweifel, ob es überhaupt möglich sei, dass man im Rahmen eines Ermittlungsverfahrens, in dem man die Vorgänge hinsichtlich weiterer Beschuldigter unermittelt gelassen habe und aus irgendwelchen Gründen nur die Hauptbeschuldigten zur Anklage gebracht habe, nunmehr diese Teilverfahren wieder an die ZSt. zurückgeben könne, weil diese keine StA sei. Hier komme es eben auf den guten Willen aller Beteiligten an.

StA Bornscheuer (Koblenz) erklärte, es sei ein Unterschied, ob der BGH gemäß § 13 a StPO einen ganzen Komplex bei einer bestimmten StA anhängig gemacht habe oder ob sich die Zuständigkeit nach dem Wohnsitz des Hauptbeschuldigten richte. Im ersten Falle bleibe gemäß § 13 a StPO die zuständige StA auch für die abgetrennten Verfahren zuständig, soweit sie noch zu dem Komplex gehörten. Im zweiten Falle sei es durchaus möglich, dass nach Abschluss des Verfahrens gegen die Hauptbeteiligten nunmehr gegen die Randfiguren nach der StPO keine Zuständigkeit mehr bestehe. In diesem Falle müsse das Verfahren an die für den Wohnsitz der weiteren Beschuldigten zuständigen StA abgegeben werden.

Er stelle deshalb die Frage, ob die ZSt solche Verfahren zurücknehme.

OStA Schüle antwortete hierauf, dass eine Rücknahme jetzt nicht mehr in Betracht komme. Er wies besonders darauf hin, dass die StA nach jahrelanger Tätigkeit in NSG-Verfahren nunmehr selbst über die notwendigen Kenntnisse und

Erfahrungen verfügten, um in eigener Verantwortung die schwebenden Verfahren abschließen zu können, während die ZSt. vor der Notwendigkeit stehe, rechtzeitig vor dem Eintritt der Verjährung die noch in Vorermittlung befindlichen Sachen an die StA abzugeben. Er dürfe nochmals auf das Beispiel des Galizien-Verfahrens Bezug nehmen, das heute 50 Beschuldigte aufweise. Man könne in solchen Komplexen nicht anders praktizieren. Er müsse insoweit nochmals auf die Verwaltungsvereinbarung hinweisen.

EStA Dr. Artzt erwiderte, dass die Tätigkeit eines Einsatzkommandos das klassische Beispiel für einen Gesamtkomplex sei, der alle Straftaten der Kommando-Angehörigen von Beginn bis Ende ihrer Tätigkeit umfassen müsse. Ein solches Tatgeschehen müsse von einer StA als Ganzes behandelt werden. Es sei unmöglich, dass ein solches Verfahren fünf Jahre nach Beginn der staatsanwaltschaftlichen Ermittlungen wieder an die ZSt. zur Aufnahme von Vorermittlungen gegen Beschuldigte, auf die man die Ermittlungen nicht ausgedehnt habe, zurückgegeben werde.

StA Bornscheuer (Mainz) erwiderte hierauf, dass ein solches Verfahren nach dreijährigen Ermittlungen dann etwa 200 Kommandoangehörige umfasse. Man müsse sich zunächst auf die Leute konzentrieren, die in Haft genommen seien, so dass man notwendigerweise bei den Ermittlungen zunächst nur das Material gegen diese Leute zusammentrage und die anderen Beschuldigten unberücksichtigt lasse. So könne es notwendig werden, dass nach Aburteilung der in Haft befindlichen Hauptbeschuldigten wieder Vorermittlungen gegen die übrigen Beschuldigten durchgeführt werden müssten, wenn die bisherige StA für ihre Strafverfolgung nicht mehr zuständig sei.

EStA Dr. Grossmann (Frankfurt) erwiderte darauf, dass dann die StA eben das Verfahren an die StA abgeben müsse, bei der der ranghöchste Beschuldigte seinen Wohnsitz habe.

OStA Schüle erklärte hierzu, dass eventuell auch die Möglichkeit bestehe, durch den BGH eine StA bestimmen zu lassen. Dieser würde die Verfahren nicht zerschlagen, sondern sie insgesamt einem Gericht zuweisen. Dann ergebe sich auch hieraus die Zuständigkeit einer StA. Eine Rückgabe an die ZSt. in Ludwigsburg sei weder prozessual noch nach der Verwaltungsvereinbarung möglich. Wenn die ZSt. solche Verfahren zu Vorermittlungen zurücknehme, würde sie niemals fertig werden.

MinRat Roth stellte nochmals die Aufgaben der ZSt. heraus, durch Aufklärung des historischen Geschehens Tatkomplexe nach Ort, Zeit und Täterkreis unter Sammlung, Sichtung und Auswertung des erreichbaren Materials herauszuarbeiten. – Er wiederholte, dass gerade die hier auftauchenden Schwierigkeiten am besten durch den guten Willen aller Beteiligten überwunden werden könnten.

Da weitere Wortmeldungen nicht vorlagen, schloss Herr MinRat Roth die Diskussion.

Die Tagung wurde um 14.00 Uhr mit dem Referat von Herrn *OStA Dr. Nachtweh „Einrichtung einer Zentralkartei“* fortgesetzt: Dieser Besprechungspunkt ist – allerdings in der Fassung: Errichtung *einer* zentralen Kartei zur Erfassung von Beweismitteln – auf Vorschlag der Zentralstelle in Dortmund auf die Tagesordnung gesetzt worden, weil von einigen ihrer Mitarbeiter die Auffassung vertreten wird, die Errichtung einer zentralen Beweismittelsammelstelle, wie ich sie nennen möchte, könne einem echten Bedürfnis aller mit der Bearbeitung von NSG-Verfahren befassten StA Rechnung tragen. – Hierzu soll und kann jedoch nur eine Anregung als Diskussionsgrundlage gegeben werden, wozu ich noch bemerken muss, dass derjenige Kollege, für den der Vorschlag ein besonderes Anliegen darstellt, z.Zt. als Anklagevertreter in einer HV vor dem Schwurgericht tätig und infolgedessen leider verhindert ist, seine Gedanken selbst vorzutragen. Wenn ich es für ihn tue, so – das darf ich von vornherein zur Klarstellung sagen – durchaus in der Erwartung, dass sie auf Widerspruch und Gegenargumente stoßen werden.

Es ist eine allgemeine Erfahrungstatsache, dass fast in allen Verfahren urkundliche Beweismittel für die Ermittlung von Tatbeteiligten und für ihre Überführung eine wesentliche Rolle spielen. Allein in den zahlreichen Verfahren gegen Führer und Angehörige der ehemaligen Polizeibataillone muss eine Fülle von Befehlen, Ereignismeldungen, Anweisungen und Richtlinien zusammengetragen werden, um die notwendigen Feststellungen zur Klärung des Sachverhalts in objektiver und subjektiver Hinsicht treffen zu können. Bei anderen Tatkomplexen wie zum Beispiel bei der Frage der Beteiligung der zivilen Verwaltung des Generalgouvernements an der Judenvernichtung durch die sog. „Aussiedlung" im Rahmen der Aktion Reinhard oder bei der Partisanenbekämpfung bedarf es der Herbeischaffung einer Vielzahl sich auf die betreffenden Vorgänge beziehenden urkundlichen Unterlagen von amtlichen Erlassen und Verfügungen oder Wehrmachtsbefehlen bis zu dokumentarischen Berichten, Verhandlungsprotokollen, amtlichem Schriftwechsel und dergl. mehr. – Es wird aber auch bekannt sein, wie mühevoll und langwierig die Beschaffung aller dieser Beweismittel bei den dafür in Frage kommenden Stellen wie Archiven und Instituten, oft auch solchen des Auslandes, ist.

Deshalb wird es als ein dringendes Erfordernis angesehen, dass solche Beweismittel, wenn sie einmal in irgendeinem Verfahren aufgefunden und zur Verfügung gestellt worden sind, auch anderen Strafverfolgungsbehörden für einschlägige Verfahren zugänglich gemacht werden, ohne dass der betreffende Sachbearbeiter sich ebenfalls erst der schwierigen Beschaffungsprozedur unterziehen muss. – Die ZSt. in Ludwigsburg hat bereits in dankenswerter Weise in mancherlei Hinsicht Beweismaterial gesammelt und die StA darauf hingewiesen, welche Beweisdokumente durch sie zur Verfügung gestellt werden können. Ich denke z.B. an die Dokumentenaufstellung in den von ihr herausgegebenen Bänden „Einsatzgruppen in Polen", an das Verzeichnis der in Alexandria (USA) verfilmten Dokumente und an das Verzeichnis der anlässlich des Heuser-Prozesses in Koblenz von einer sowjetrussischen Delegation vorgelegten Dokumente. Es erscheint aber wichtig, auch das urkundliche Beweismaterial zu erfassen, das nach Abschluss der Vorermittlungen der ZSt. im Verlaufe der Ermittlungen bei der bearbeitenden StA oder in solchen Verfahren anfällt, die nicht durch die ZSt. vermittelt worden sind. Seine zentrale Sammlung würde manchem StA die Sachbearbeitung erleichtern und – darauf kommt es vor allem an – es ihm ersparen, auf umständliche Art und Weise nach Urkunden zu suchen, die ein anderer längst ermittelt und in seinen Verfahren vorliegen hat. Häufig stößt man nur durch einen Zufall auf wichtige Urkunden, nach denen bislang vergeblich geforscht wurde, und würde anderen, die sie ebenfalls benötigen, zu einem bedeutenden Beweismittel verhelfen, wenn eine Zentrale Stelle von dem Vorhandensein solcher Urkunden Kenntnis hätte und diese anfragenden Stellen weiter vermitteln könnte.

Eine zentrale Sammelstelle sollte sich aber nicht nur auf die Sammlung von Urkunden beschränken, sondern auch auf die Sammlung von Rechtsgutachten von grundsätzlicher Bedeutung erstrecken, die in einem NSG-Verfahren erstattet worden sind, wie z.B. das in der Strafsache Deppner – I b Js 968/60 StA München I – erstattete Gutachten von *Prof. Dr. Maurach* über das Repressalienrecht und den Befehlsnotstand oder das Gutachten des Instituts für ausländisches und internationales Strafrecht in Freiburg zur Frage der Anwendbarkeit des deutschen Strafrechts auf Volksdeutsche. – Die Möglichkeit, auf solche Gutachten zurückgreifen zu können, würde nicht zuletzt auch Zeit- und Kostenersparnis bedeuten.

Ich darf aber die Notwendigkeit einer zentralen Beweismittelsammelstelle nicht nur mit Vereinfachung und Erleichterung der Verfahrensbearbeitung, sondern auch mit dem Hinweis begründen, dass der Anklagevertreter in der Hauptverhandlung nicht selten Verteidigern gegenübersteht und in der Zukunft immer häufiger gegenüberstehen wird, die bereits Erfahrungen in derartigen Verfahren besitzen und selbst über Beweisunterlagen verfügen, die u.U. umfangreicher und lückenloser sind als die, die die StA dem Gericht vorgelegt hat. Der Gefahr, in der HV durch unbekannte Beweismittel der Verteidigung überrascht zu werden, könnte wahrscheinlich leichter begegnet werden, wenn dem StA mit Hilfe einer zentralen Beweismittelsammelstelle von vornherein erschöpfendes Beweismaterial zur Verfügung stünde.

Die Frage, in welcher Weise diese zentrale Beweismittelsammelstelle einzurichten wäre, wird naturgemäß eingehender Überlegungen bedürfen. Sie lässt sich aber, vielleicht schon in einer Aussprache in diesem Kreise klären, sofern überhaupt die Notwendigkeit ihrer Einrichtung bejaht wird. Sie kann sicherlich nach verschiedenen Gesichtspunkten erfolgen. Grundsätzlich sollte nach meinem Dafürhalten das anfallende Material in der Form von Ablichtungen, möglicherweise aber auch von Originalen, gesammelt und außerdem karteimäßig erfasst werden. Das wiederum müsste so geschehen, dass stets eine klare Übersicht gegeben wäre und jederzeit die Möglichkeit bestünde, über das Vorhandensein oder Nichtvorhandensein eines gesuchten Beweismittels Auskunft geben zu können. Das würde vor allem für die Kartei gelten müssen. Unter Verwendung entsprechender Stichworte könnte man hier nach Täterkreisen wie Polizeieinheiten im Einsatz, BdS- und KdS-Dienststellen, Zivilverwaltungen im Generalgouvernement oder in anderen besetzten Gebieten usw. unterscheiden. Möglicherweise empfiehlt sich auch eine räumliche Aufteilung nach Tatorten oder Tatortgebieten. Wesentliche Voraussetzung aber ist selbstverständlich, dass die Sammelstelle laufend mit geeignetem Material versehen wird. Dazu müssten die mit den Verfahren befassten StA gehalten sein, sämtliche urkundlichen Beweismittel, in deren Besitz sie gelangt sind, der Sammelstelle unter Beifügung von Ablichtungen oder Originalen und unter Angabe der Fundstellen zu melden. Diese Meldepflicht müsste sich allerdings nicht nur auf in Zukunft anfallendes Material, sondern auch auf solches, das bereits in der Vergangenheit ermittelt worden ist, erstrecken.

Als Letztes bleibt zu erörtern, wo die Beweismittelsammelstelle einzurichten wäre. Ich bin der Auffassung, dass hierfür allein die ZSt. in Ludwigsburg in Betracht kommt, zumal sie bereits bei Abgabe der von ihr vorermittelten Verfahren an die zuständige StA in ihrem Schlussbericht auf die von ihr erfassten Beweismittel im Einzelnen hinweisen könnte. – Allerdings bin ich mir darüber im Klaren, dass die Einrichtung und Führung der Sammlung und ihre karteimäßige Erfassung ein erhebliches Maß an zusätzlicher Arbeit erfordern, gleichgültig, wo sie erfolgt. Möglicherweise scheitert daher die Verwirklichung der vorgetragenen Gedanken allein an der Personalfrage, doch sollte auch sie im Hinblick auf die mit einer solchen Sammelstelle für alle verbundenen Vorteile ernsthaft und sorgfältig geprüft werden. Dazu möchte ich hiermit die Anregung gegeben haben.

MinRat Roth eröffnete sodann die Diskussion, indem er zunächst Herrn OStA Schüle bat, zu dem Referat Stellung zu nehmen.

OStA Schüle erklärte hierzu, dass man sich darüber klar sein müsse, dass eine solche Sammelstelle unendlich viel Arbeit bringe und dass es eines Beschlusses der Minister bedürfe, wenn diese Sammelstelle bei der ZSt. eingerichtet werden solle. Die Notwendigkeit einer solchen Stelle würde von Ludwigsburg aus durchaus bejaht. Die Einrichtung einer solchen Sammelstelle würde allerdings eine Änderung der Verwaltungsvereinbarung voraussetzen, die man zweifellos herbeiführen könne. Die ZSt. habe auch für die Zeit nach dem 8.5.1965, wenn sie frei von Vorermittlungen werde, mehr die Möglichkeit, sich als Auskunftsstelle zu betätigen. Er wies auf darauf hin, dass bei der ZSt. im Rahmen der Zentralkartei bereits eine Personen-, Tatort- und Einheitenkartei vorhanden sei und erwähnte auch das bei der ZSt. bereits gesammelte Dokumentenmaterial, das den StA zur Kenntnis gebracht worden sei. – Das ganze Problem sei zweifellos ein Personalproblem; an der Notwendigkeit der Erfassung der Dokumente zu zweifeln, gerade wenn Ludwigsburg aufhören werde, Vorermittlungen durchzuführen, komme wohl niemandem in den Sinn. Die Frage sei nur, wo diese Stelle zu verwirklichen sei. – Neben der ZSt. könne man auch an die Errichtung einer zentralen Erfassungsstelle für Dokumente beim Bundesarchiv in Koblenz oder beim Institut für Zeitgeschichte denken.

OStA Dr. Nachtweh (Dortmund) konkretisierte seine Anregung hierauf nochmals dahin, dass nur das bei den StA vorhandene, noch nicht allgemein bekannte Dokumentenmaterial in einer Zentralkartei erfasst werden solle. Es handle sich bei seinem Vorschlag nicht darum, eine Dokumentenzentrale mit einer Kartei, die alle in den Archiven vorhandenen Dokumente aufweisen solle, zu errichten.

MinRat Roth bat darum, die Wünsche aus dem Kreise der Tagungsteilnehmer vorzutragen und anzuregen, was man für notwendig erachte, um die Prozesse nachher so gut wie möglich durchzuführen.

StA Dr. Wagner (Wiesbaden) meinte hierzu, dass man nicht mehr am Anfang, sondern im letzten Drittel der Strafverfolgung der NS-Verbrechen stehe. Es sei deshalb zu spät für die Einrichtung einer solchen zentralen Sammelstelle.

EStA Dr. Artzt erklärte hierzu, dass die ZSt. bisher etwa 473 Komplexe an die StA abgegeben habe. Davon seien bisher ca. 70 Verfahren durch Urteile erledigt worden. 140 Vorermittlungsverfahren seien noch bei der ZSt. anhängig. Es gehe nicht nur darum, dass diese Zentralkartei nur den StA für ihre Ermittlungen zur Verfügung stände, sondern dass diese gerade für die Gerichte bis in die HV hinein von großer Bedeutung wäre, wie sich aus den zahlreichen Anfragen der Gerichte nach Übersendung von Dokumenten usw. ergebe. Wenn auch die Errichtung einer solchen zentralen Sammelstelle spät käme, so sei es doch noch keineswegs zu spät dazu.

OStA Schüle führte hierzu noch aus, dass die StA wüssten, über welches Material die ZSt. verfüge. Dieses Material sei karteimäßig erfasst und werde auch herausgegeben. Es sei aber sehr schade, dass das Material, das draußen von den Kollegen gefunden werde und der ZSt. nicht mitgeteilt werde, verlorengehe oder in den Akten abgelegt werde. Wenn man daher eine Lösung suche, dann müsse eine justizeigene Stelle geschaffen werden.

EStA Dr. Grossmann (Frankfurt) machte hierzu den Vorschlag, dass die ZSt. die Beschuldigtenkartei ausbauen und über alles mitgeteilt werden solle, was dort noch nicht bekannt sei. Die ZSt. solle die Kartei der Einheiten und der Tatorte ergänzen. Außerdem sollten der ZSt. alle bisher erstatteten Gutachten mitgeteilt werden, damit sie eine Kartei hierüber anlegen könne. Insgesamt würde es sich hierbei in der Bundesrepublik um nur vielleicht 200 bis 300 Gutachten handeln. Schließlich könne man evtl. noch privat ermitteltes Material hinzu nehmen, das mit Sicherheit sonst nirgendwo vorhanden sei. Eine größere Dokumentenzentrale, etwa beim Bundesarchiv oder beim Institut für Zeitgeschichte, würde darüber hinaus nicht benötigt.

OStA Dr. Nachtwch (Dortmund) ergänzte diese Ausführungen, indem er erwähnte, dass gerade alles das verwertet werden müsse, was ein StA aufgrund eigener Initiative gefunden habe.

MinRat Roth erklärte, dass der zweckmäßigste Weg wohl der sei, die Ludwigsburger Kartei auszubauen. Es sei dann die Sorge der ZSt., das gesammelte Material allen StA bekanntzumachen.

StA Zeug wies darauf hin, dass die ZSt. zurzeit nur über acht Referenten verfüge. Dies sei mit Rücksicht auf die vordringliche Aufgabe der Bearbeitung der rechtzeitig vor dem Verjährungsstichtag abzuschließenden 140 Verfahren sehr wenig. Wenn eine solche zentrale Sammelstelle für Dokumente geschaffen werde, dann mache er den Vorschlag, in dieser Kartei auch die wichtigsten Dokumente generell zu erfassen. – Hierbei würde es sich um etwa 3000 bis 4000 Dokumente handeln. Die Erfassung sei notwendig, da die Existenz dieser Dokumente und ihr Verbleib oft nur einzelnen Referenten bekannt sei. Durch den auch bei der ZSt. stattfindenden Wechsel der Referenten gehe aber dort ebenfalls dieses Wissen mit der Zeit verloren.

EStA Dr. Artzt ergänzte diese Ausführungen mit dem Hinweis, dass die Referenten der ZSt. nicht nur durch die Bearbeitung der baldigst abzuschließenden 140 Vorermittlungssachen, sondern auch durch die Beantwortung der im ständigen Steigen begriffenen Auskunftsersuchen an Behörden und Dienststellen belastet seien. Die Feststellungen zu solchen Anfragen und deren Beantwortung hätten eine zusätzliche Mehrbelastung der Referenten gebracht. Wenn nun der ZSt. noch die Aufgabe der Errichtung einer zentralen Dokumentensammelstelle zugewiesen würde, so sei eine sachgemäße Durchführung dieser Aufgabe ohne personelle Verstärkung der ZSt. ausgeschlossen.

MinRat Roth führte hierzu aus, dass diese Aufgabe von der ZSt. in L. übernommen werden könne, ohne dass es hierzu eine Änderung der Verwaltungsvereinbarung oder eines neuen besonderen Beschlusses der Justizministerkonferenz bedürfe. Die Errichtung dieser Dokumentensammelstelle bei der ZSt. liege im Rahmen der Aufgaben, wie sie im Abschnitt III der Verwaltungsvereinbarung festgelegt seien. Dort heiße es ausdrücklich: „Die ZSt. wird das erreichbare Material sammeln, sichten und auswerten." Hierbei müsse selbstverständlich dafür Sorge getragen werden, dass die ZSt. personell verstärkt werde. Dies dürfte jedoch ohne weiteres möglich sein.

Im Verlaufe der weiteren Diskussion bestand bei allen Tagungsteilnehmern Übereinstimmung darin, dass die zentrale Erfassung des bei den StA befindlichen Dokumentenmaterials im Interesse einer beschleunigten Durchführung der Prozesse liege und dass eine entsprechende Dokumentenkartei bei der ZSt. in L. einzurichten sei, die zu diesem Zweck personell verstärkt werden müsse.

Gleichzeitig wurde der allgemeine Wunsch geäußert, dass alle, die mit den einschlägigen Verfahren beschäftigt seien, Tatsachen, von denen sie annehmen müssten, dass sie von allgemeiner Bedeutung seien, der ZSt. mitteilen sollten.

MinRat Roth betonte abschließend nochmals, dass auch bei diesem Punkt der Zusammenarbeit der Erfolg von dem guten Willen der StA, die diese Sachen bearbeiteten, abhängig sei. Alle StA sollten auch allgemein wichtige neu gewonnene Erkenntnisse der ZSt. mitteilen, deren Aufgabe es dann sein werde, dieses Material allen zugänglich zu machen.

MinRat Roth [erteilte sodann] Herrn *StA Jäger* das Wort zu seinem Referat: *„Parallelermittlungen"*. Bei der Durchführung unserer Ermittlungsverfahren, insbesondere soweit sie in Konzentrationslagern begangene Straftaten betreffen, erfahren wir nicht selten, dass wegen derselben Taten bereits von anderen StA Ermittlungen durchgeführt worden sind oder gerade durchgeführt werden. Sei es, dass bei einem Verbrechen, an dem sich mehrere Personen beteiligt haben, nur bezüglich eines Täters ermittelt wird, sei es, dass sogar der Tatbeitrag der von uns verfolgten Beschuldigten selbst Gegenstand eines anderen Verfahrens gewesen ist. Neben diesen Parallelermittlungen im engeren Sinne gibt es noch die Parallelermittlungen im weiteren Sinne, d.h., zwei Behörden ermitteln unabhängig voneinander bezüglich verschiedener Taten, die aber in demselben Lager begangen worden sind.

Es liegt auf der Hand, dass derartige Fälle der fehlenden Koordinierung erhebliche Gefahren in sich bergen und wenig erfreuliche Auswirkungen haben. Zunächst macht sich der oft doppelte Zeit- und Arbeitsaufwand bei den an sich schon zeitraubenden Ermittlungen der genauen Personalien und Anschriften der Zeugen und Beschuldigten unangenehm bemerkbar. Bald aber ergeben sich weitere Schwierigkeiten, wenn man z.B. feststellt, dass der Beschuldigte in dem anderen Verfahren als Zeuge richterlich vernommen worden ist, weil man sich auf einen Beschuldigten beschränkte, gegen den zufällig eine Strafanzeige erstattet worden war. In diesen Fällen ist die Vernehmung der Beschuldigten sehr schwierig, da bezüglich seiner Einlassung durch die frühere Aussage die Marschroute festgelegt ist und der Beschuldigte trotz Vorbehalten hinsichtlich von Nebenpunkten und Randerscheinungen der Tat schwerlich andere Angaben machen wird, weil er anderenfalls noch befürchten muss, wegen Falschaussage bestraft zu werden. Weniger schön ist es, wenn der Sachbearbeiter erst bei der Vernehmung eines Zeugen oder eines Beschuldigten erfährt, dass er wegen desselben Falles bereits vernommen worden ist.

Oft erfahren wir auch erst während der Ermittlungen, dass generelle Fragen wie z.B. der Aufbau und die Einrichtung der Dienststellen eines bestimmten Konzentrationslagers, bereits in einem anderen Verfahren geklärt worden sind.

Zu den Missständen, die bei Parallelermittlungen auftreten, gehören insbesondere die Vernehmungen von Zeugen in zahlreichen Verfahren, die ein und dasselbe Lager betreffen. So haben bislang ca. 50 Verfahren stattgefunden, die im KL Sachsenhausen begangene Straftaten betreffen. Rechnet man, dass die wichtigsten Zeugen – ehemalige Häftlinge – in jedem Verfahren dreimal vernommen worden sind, so versteht man, dass manche Zeugen aussagemüde werden und schließlich nur noch erklären, dass sie doch bereits alles gesagt hätten. Ein ehemaliger Lagerältester des KL Sachsenhausen, der auch in anderen Lagern war, hat dem zuständigen Sachbearbeiter angegeben, dass er bisher 400mal vernommen worden sei. Er reist also als Berufszeuge von Ort zu Ort und kann seinen Beruf kaum ausüben. Hinzu kommt noch die menschliche Seite! Viele ehemalige Häftlinge sind bemüht, die schreckliche Zeit ihres Aufenthalts in den Konzentrationslagern zu vergessen, so dass man durch die ständigen Vernehmungen oft unnötig seelische Erschütterungen verursacht. Aber selbst wenn man noch aussagewillige Zeugen findet, so ergeben sich bei mehreren Vernehmungen zu Vorfällen, die der Zeuge in einem Lager erlebt hat, angesichts der verstrichenen Zeit Abweichungen in den einzelnen Bekundungen zum Randgeschehen, so dass man selbst geneigt ist, die Aussage als wenig zuverlässig zu werten.

Es stellt sich mithin die Frage, wie die Unzulänglichkeiten, die sich bei den Parallelermittlungen ergeben, behoben werden können. Genauer gesagt, was ist bis jetzt getan worden, die Unzulänglichkeiten zu beseitigen und was kann noch getan werden? – Ein Tatort, der in der Bundesrepublik liegt, so dass eine einheitliche Behandlung der in einem Lager begangenen Verbrechen möglich ist, besteht nur in wenigen Fällen. In allen anderen Fällen hat man einen Beschuldigten gefunden und das Verfahren an die für den Wohnsitz zuständige StA abgegeben. Es ist nicht selten vorgekommen, dass der Kollege bezüglich der von ihm verfolgten Beschuldigten, der in seinem Wohnsitz wohnt, das Verfahren einstellte und das Verfahren an die für einen anderen Beschuldigten zuständige StA abgab oder gar an mehrere StA, indem er Verfahren gegen mehrere Beschuldigte aus dem Ursprungsverfahren abtrennte, weil es sich zwar um Straftaten handelte, die in einem Lage begangen waren, aber kein Sachzusammenhang im Sinne von § 13 StPO bestand. Um diesen Leerlauf zu vermeiden, werden bei der Zentralstelle in Köln nach Möglichkeit die Ermittlungen gegen alle Personen geführt, die als Beschuldigte in Betracht kommen, selbst wenn im Falle der Anklage ein Gericht in Nordrhein-Westfalen überhaupt nicht zuständig wäre. Das bedeutet, dass erst nach Abschluss der Ermittlungen Austrennungen und Abgaben an die zuständigen StA erfolgen. Sind bei anderen StA bereit Ermittlungsverfahren gegen andere Beschuldigte, die aber im selben Lager gewesen sind, anhängig, so hat es sich als zweckmäßig erwiesen, dass die Ermittlungen teilweise von einer Behörde geführt werden. Das Verfahren wird nicht übernommen, sondern nur die Ermittlungen und insbesondere die Vernehmungen der Zeugen werden im Wege der Amtshilfe durchgeführt. Damit ist aber auch gesagt, dass eine derartige Verfahrensweise nur dann praktiziert werden kann, wenn das bei unserer ZSt. anhängige Verfahren sich im Anfangsstadium befindet, wenn wir selbst noch Zeugen vernehmen müssen.

Durch eine solche zentrale Befragung von Zeugen zu einem Sammelvorgang ist schon viel gewonnen. Es erhebt sich aber sofort die Frage, ob man bei der Koordinierung der Ermittlungen nicht noch einen Schritt weitergehen soll. Es erscheint tatsächlich zweckmäßig, so zu verfahren, dass es für ein bestimmtes Konzentrationslager oder eine bestimmte Einsatzgruppe nur eine Ermittlungszuständigkeit gibt. Die insoweit auszuwählenden StA sollten dann sämtliche Verfahren, die ein bestimmtes KL betreffen, zunächst ohne Rücksicht auf die örtliche Zuständigkeit bis zum Abschluss der Ermittlungen bearbeiten. Es liegt auf der Hand, dass damit die unliebsamen Begleiterscheinungen der Parallelermittlungen völlig ausgeschaltet würden. In diesem Falle könnten auch sämtliche Verfahren, die bereits stattgefunden haben, zentral ausgewertet werden, man kann eine Beschuldigtenkartei anlegen, die unnötige Nachfragen bzw. Nachforschungen ausschließt und man kann aufgrund der Sachkenntnis besser und schneller ermitteln. – Problematisch bleibt allerdings die Forderung mancher Kollegen, dass die sogenannte Ermittlungsbehörde im Falle einer Abgabe wegen Unzuständigkeit nicht nur ein abgeschlossenes Ermittlungsverfahren, sondern auch einen Anklageentwurf übersenden solle. Es ist richtig, dass bezüglich anderer Zentralstellen in Nordrhein-Westfalen aufgrund ministerieller Zuweisung so verfahren werden soll, aber es ist bereits zu Streitigkeiten gekommen, weil der Kollege, der das Verfahren mit Anklageentwurf übernommen hat, den Anklageentwurf nicht billigte. Ich wollte damit nur auf diese Problematik hinweisen, nicht aber dieses Verfahren ablehnen. Auf jeden Fall sollten aber, selbst wenn man der Ansicht ist, die Beifügung des Anklageentwurfs sei nicht erforderlich, im Falle der Abgabe die Ermittlungen tatsächlich abgeschlossen und eine Art Schlussbericht beigefügt sein. – Eine in der aufgezeichneten Weise durchgeführte Koordination bedeutet nicht nur eine wesentliche Arbeitserleichterung und Rationalisierung, sondern sie bietet auch die beste Möglichkeit, vor dem 8.5.1965 alle notwendigen Vorkehrungen zur Unterbrechung der Verjährung zu treffen.

MinRat Roth stellte bei der Eröffnung der *Diskussion* fest, dass sich zu diesem Thema kaum allgemeine Regeln aufstellen ließen.

StA Dr. Wagner führte hierzu noch aus, dass das Problem der Parallelermittlungen auch eine Frage der personellen Besetzung der StA sei. Dies gelte weniger für die Referenten als für das Hilfspersonal in den Geschäftsstellen. Um die Übersicht in den Verfahren jederzeit zu gewährleisten, sei die ständige Auswertung von Akten in Form von Karteien und anderem durch Hilfspersonal erforderlich. Stehe dies einem Referenten nicht zur Verfügung, verliere er leicht den Überblick.

MinRat Roth sowie auch weitere Tagungsteilnehmer gaben der Ansicht Ausdruck, dass der persönliche Kontakt zwischen den mit NSG-Verfahren befassten Staatsanwälten das beste Mittel sei und die sicherste Gewähr biete, um Doppelermittlungen und oft wochenlange unnötige Arbeit zu vermeiden.

Nach Abschluss der Diskussion zu diesem Referat bat MinRat Roth *StA Dr. Korsch,* über sein Thema *„Möglichkeiten der Fahndung, dargestellt an Einzelfällen"* zu referieren: Im Gegensatz zu gewöhnlichen Ermittlungssachen nimmt bei der Verfolgung von NS-Verbrechen der Fahndungsaufwand einen ungewöhnlich breiten Rahmen ein. Dies beruht ganz einfach auf der Tatsache, dass die Tatorte nicht im unmittelbaren Bereich der örtlichen Zuständigkeit liegen und mit Rücksicht auf den langen zeitlichen Abstand zur Tat, Täter und Zeugen über ganz Deutschland, teilweise Europa und die Welt verstreut sind. – Ich darf vorausschicken, dass die Probleme und die Technik der Fahndung gleich sind für Beschuldigte wie für Zeugen. Es handelt sich lediglich darum, eine bestimmte Person zu finden. Mit dieser Formulierung „bestimmte Person" sind wir aber schon bei der größten Schwierigkeit angelangt. Sehr häufig ist diese Person nur unter einem Nachnamen und evtl. einem Dienstrang oder einer Häftlingseigenschaft bekannt. Von noch hoffnungsloseren Fällen sehe ich bewusst ab. Mit diesen Angaben allein sind kaum Chancen zur Auffindung gegeben. Es gilt also, die Personalangaben auf das übliche Mindestschema von Name, Vorname, Geburtstag und -ort zu komplettieren.

An dieser Stelle ist nach meinen Erfahrungen nachdrücklich davor zu warnen, die Schreibweise des Namens ohne weiteres als richtig zu unterstellen. Die Zeugen reproduzieren häufig lediglich ein phonetisches Erinnerungsbild. Auch Ähnlichkeitsverwechslungen sind sehr leicht möglich. So habe ich beispielsweise lange ergebnislos nach einem jüdischen Zeugen namens Silberberg gefahndet. In Wahrheit hieß der Mann aber „Goldstein". Von allen mir bekannten Karteien hat lediglich diejenige des Internationalen Suchdienstes in Arolsen jede mögliche Phonetik und Ähnlichkeits-Schreibweise berücksichtigt. – Die Möglichkeiten der Personalien-Komplettierung bestehen zunächst in der Befragung von weiteren Zeugen und Mittätern, wobei aus taktischen Gründen häufig auf eine genaue Bezeichnung des Zweckes verzichtet werden sollte. Es ist z.B. meist untunlich, ehemalige SS-Männer nach weiteren SS-Mittätern zu befragen. – Aussichtsreich ist dieses Verfahren jedoch nur bei Vorhandensein einer Zeugen- und Täterkartei. Bei Inangriffnahme eines jeden NS-Komplexes sollte daher zunächst eine getrennte Zeugen- und Beschuldigtenkartei angelegt werden, die dauernd auf dem Laufenden zu halten ist. Die Begriffe Zeugen und Beschuldigter sind dabei nur ein Etikett. Auch diejenigen, die zunächst nur als Randfiguren auftreten, sollten eingetragen werden, da die Bedeutung einer Person im Spiel [sic] häufig noch nicht überblickt werden kann. Besonders NS-Komplexe tragen nämlich die Tendenz zur Ausweitung in sich.

Anhand der Beschuldigten- und Zeugenkartei kann überdies jede Personalienbefragung eines bestimmten Kreises rationell ohne Belastung des Sachbearbeiters durch ein vervielfältigtes und versandtes Befragungsschema durchgeführt werden. Ratsam ist hier auch ein Blick in die Schlagwortregister von KZ-Literatur, etwa Kogon oder ähnliche Dokumentationen, die es heute praktisch für jeden in Betracht kommenden NS-Komplex gibt. – Ferner sind in diesem Stadium die Kriegsverbrecherlisten und Fahndungslisten der früheren Militärregierungen einzusehen. Ich weise darauf hin, dass das Amerikanische Hauptquartier in Heidelberg eine alphabetische, wenngleich sehr unzuverlässige Kartei aller Personen besitzt, die in amerikanischen Kriegsverbrecher-Verfahren jemals eine Rolle gespielt haben.

Die Möglichkeiten der Personalienkomplettierung sind dabei praktisch schon erschöpft. Leider haben wir in Deutschland keine zentrale Personalregistratur mit durchnummerierter Bevölkerung. Erstmals wird ein solches Unternehmen, für das heute ja alle technischen Voraussetzungen gegeben sind, in den Vereinigten Staaten durchgeführt. Es gibt natürlich noch die theoretische Möglichkeit, sich an Presse, Rundfunk und Fernsehen zu wenden. Ebenso wirksam wie diese Möglichkeit dürften aber die Bedenken und die Abneigung von Ministerien und GStA gegen solche Art von Justizpublizität in NS-Sachen sein. – In Ausnahmefällen dürfte aber die Veröffentlichung entsprechender Anfrageartikel in den KZ-Verbandszeitungen des In- und Auslandes zu empfehlen sein.

Bei halbwegs kompletten Personalangaben kann nunmehr der jedem StA vertraute allgemeine Fahndungsapparat in Tätigkeit gesetzt werden. Seine Stufen sind herkömmlicherweise folgende: 1. Aufenthaltsanfrage beim Einwohnermeldeamt. Hier sollte man aber nie auch die Anfrage an das Einwohnermeldeamt des Geburtsortes versäumen, da die Fluktuation der Bevölkerung überschätzt wird und auch heute durchaus keine totale ist. – 2. Suchvermerk zum Strafregister. – 3. Ausschreibung im deutschen Fahndungsbuch zur Aufenthaltsermittlung oder Festnahme. – Es mag vertretbar sein, sich im ordentlichen Dezernat mit diesen Fahndungsmaßnahmen zu begnügen. Für die Ermittlung in NS-Verfahren würde es jedoch leichtfertiges Handeln bedeuten.

Ich selbst habe leider schon Akten gesehen, wo in früheren Jahren die Fahndung nach einem vielfachen NS-Mörder mit der Niederlegung des Suchvermerks endete. – Es steht uns heute nämlich darüber hinaus noch eine breite Skala von Fahndungsmöglichkeiten zur Verfügung, die durch hektographiertes Schema anzuordnen kaum Mühe, aber große Aussicht auf Erfolg bedeutet.

Im Rahmen dieser Darlegung darf ich mich mit ihrer Aufzählung ohne Angabe der verschiedenen Wirksamkeitsgrade begnügen: 4. Anfrage beim KfzBA Flensburg, 5. Anfrage beim DRK, 6. Anfrage bei der WAST, 7. Anfrage beim Notaufnahmelager Gießen, 8. Anfrage beim Grenzdurchgangslager Friedland, 9. Anfrage beim Bundesnotaufnahmeverfahren Berlin-Marienfelde.

Ich darf davon ausgehen, dass es sich hier um bereits bekannte und weithin praktizierte Fahndungsmaßnahmen handelt. Weniger bekannt, aber nicht weniger wirksam sind folgende: 10. Anfrage bei allen Landesversicherungsanstalten und der Bundesversicherungsanstalt für Angestellte Berlin, 11. Anfrage bei den Landsmannschaften und Heimatortkarteien, 12. Anfrage bei Arbeitsämtern, 13. Anforderung einer Sterbeurkunde beim Standesamt des Geburtsortes. Hierdurch erhält man wenigstens ein Negativattest.

Alle diese Anfragen bringen kaum mehr Arbeit für den Dezernenten, sondern lediglich für die Kanzlei. – Von besonderer Bedeutung sind die Anfragen bei der ZSt. in Ludwigsburg, bei dem Document Center in Berlin sowie bei dem Internationalen Suchdienst in Arolsen. Über die verdienstvolle Tätigkeit der Ludwigsburger ZSt. sind Ausführungen müßig. Die vom Document Center übersandten Unterlagen über NS-Täter sind nicht nur als Beweismaterial von Bedeutung, sondern zunächst lassen sich hier Anhaltspunkte für das gewinnen, was ich als Individualfahndung bezeichne. Regelmäßig erhalten wir hier die zur Identifizierung des Täters so wichtigen Lichtbilder aus der Tatzeit. Heutige Bilder sind, besonders mangels Uniform, mit Rücksicht auf den langen Zeitablauf meist unbrauchbar. Einschalten möchte ich an dieser Stelle, dass auch Haussuchungen solche alten Lichtbilder zutage bringen können, da viele Menschen sich nur sehr ungern von den Erinnerungsstücken an ihre „größte Zeit" trennen.

Aus den DC-Unterlagen ergeben sich für uns die so sehr bedeutsamen Hinweise auf frühere Vorgesetzte und Untergebene, Bekannte, Verwandte, Bräute, Ehefrauen, den früheren Wohnsitz sowie den früheren Arbeitgeber. Im Besitz aller dieser Angaben und Zeugen kann häufig von der Peripherie her auf die gesuchte Person vorgestoßen werden. – Besonders wichtig ist die Überprüfung und ggs. sogar die Überwachung der Ehefrau. Ich erinnere mich hier an einen Fall, in welchem der untergetauchte Ehemann als neuer Ehemann wieder aufgetaucht war. Eine Kontrolle und Überführung ist hier aufgrund des beim DC gewonnenen Schriftvergleichsmaterials leicht möglich. Todeserklärungsfälle sind evtl. wieder aufzurollen, oder es ist zu fragen, warum eine Todeserklärung unterblieb. Auch kann das letzte Gehaltskonto der Gebührniskarte zur Ermittlung des heutigen Aufenthaltes der gesuchten Person führen.

Falls es sich bei der gesuchten Person um einen früheren KL-Häftling handelt, kommen die Auskünfte des Internationalen Suchdienstes in Arolsen in Betracht. Im Gegensatz zum Document Center funktioniert die Zusammenarbeit mit Arolsen völlig reibungslos aufgrund eines außerordentlichen Entgegenkommens dieser Stelle. Da hier Originalmaterial aus allen Konzentrationslagern in ungeheurem Umfang lagert, ist der ITS eine unerschöpfliche Fundgrube für die Individualfahndung. – Die intensive Fahndung der ZSt. nach einem Zeugen schlesischer Herkunft führte hier einmal zur Zusammenführung von Eltern und Kindern, die ungeachtet aller Bemühungen fast zwei Jahrzehnte lang getrennt geblieben waren. Ein Fall, der wenigstens vorübergehend mit dem desolaten Charakter unserer Arbeit versöhnte. Mit Rücksicht auf die hohe Arbeitsbelastung von DC und ITS empfiehlt sich in umfangreichen Sachen die persönliche Auswertung des Materials durch den Dezernenten und die Mitnahme von Schreibkraft oder Diktiergerät nach Berlin oder Arolsen. Während die eingangs dargestellten Fahndungsmaßnahmen keinen besonderen Aufwand erforderten, ist die Individualfahndung sehr mühevoll und langwierig. Gleichwohl muss sie in allen bedeutsamen Sachen durchgeführt werden.

Als letzter Schritt ist ferner der Einsatz der Kriminalpolizei bzw. der hierfür vorgesehenen Sonderkommisionen bei den LKA für Aufgaben mit besonderer kriminalistischer Note, sog. „Fahndung am Mann", zu erwähnen. Ich meine hier insbesondere die Fahndung nach den untergetauchten und unter falschem Namen lebenden Personen, die sich allein vom Schreibtisch aus nicht durchführen lassen. Zum Zwecke der Fahndung im Ausland können ferner noch eingeschaltet werden: Die Österreichische Sonderkommission beim Innenministerium unter Polizeirat Wiesinger. Diese Stelle, mit der gute Zusammenarbeit möglich ist, hat z.B. die Möglichkeit, mittels Fernschreiben an alle Polizeidienststellen Blitzauskünfte zu erhalten und zu erteilen. Nicht uninteressant ist die Möglichkeit, unter Einschaltung des World Jewish Congress in New York den Eisernen Vorhang vor den Ostblockstaaten zu umgehen. Dieses Institut kann in Einzelfällen durch seine Verbindungen zu den östlichen Synagogengemeinden wertvolle Auskünfte geben. So konnte ich den in Polen lebenden früheren Schreiber des Tagebuches der Fleckfieberversuchsstation in Buchenwald binnen kurzem ermitteln. Über den offiziellen Verkehr mit den Behörden in der sowjetischen Besatzungszone und den Ostblockstaaten dürfte gesondert berichtet werden.

Ich will nicht verhehlen, dass die Erfolge der auf diese Art durchgeführten Fahndung 60 % im Mittel selten überschreiten. Mit den heute zur Verfügung stehenden sachlichen und personellen Mitteln kann aber kaum mehr geleistet werden. Insbesondere fehlen alle Voraussetzungen für eine erfolgreiche Fahndung nach untergetauchten Personen.

MinRat Roth erklärte hierzu, dass sich eine ausführliche Diskussion mit Rücksicht auf dieses eingehende und umfassende Referat wohl erübrige.

EStA Dr. Goetz erläuterte den Teilnehmern ergänzend zum Referat noch einen Fall der „Fehlfahndung". So sei es vorgekommen, dass ein Beschuldigter gesucht wurde, den man anhand der DC-Unterlagen usw. schließlich auch ermittelt zu haben glaubte. Der Gefundene habe denselben Vornamen und Namen und dieselben Geburtsdaten wie der Beschuldigte gehabt. Bei der Gegenüberstellung mit Zeugen hätten diese erklärt, dass dieser nicht der richtige Beschuldigte sei, denn der Richtige habe einen großen Schmiss im Gesicht gehabt. Auf diese Weise sei der fälschlich verdächtigte Beschuldigte von weiteren Unannehmlichkeiten bewahrt geblieben, zumal es dann doch noch gelungen sei, den Richtigen zu ermitteln.

Hieraus solle man die Lehre ziehen, dass man auch bei Ermittlungen von Beschuldigten auf Einzelheiten, wie besondere körperliche Merkmale, Wert legen solle.

Da weitere Wortmeldungen nicht vorlagen, erteilte *MinRat Roth* sodann Herrn *StA Zeug* das Wort zu seinem Referat: *„Unterbrechung der Verjährung der Strafverfolgung bei flüchtigen oder im Ausland lebenden Tätern"*: Ende des letzten Jahres wurde durch den Herrn GStA in Frankfurt a.M. der ZSt. eine Liste von Personen übersandt, die verdächtig sind, NS-Gewaltverbrechen begangen zu haben, und die sich angeblich heute im Nahen Osten aufhalten. Die Liste wurde durch die ZSt. überprüft, und es ergab sich, dass nicht in allen Fällen, in denen dies erforderlich erschien, bereits etwas zur Unterbrechung der Verjährung veranlasst worden war. – Bei einer hierauf erfolgten Befragung der Sachbearbeiter der ZSt. zeigte es sich vielmehr, dass es offensichtlich darüber hinaus noch eine Zahl von weiteren Fällen gibt, in denen die Verjährung noch nicht unterbrochen worden ist.

Als Praktiker überrascht uns dies nicht. Denken Sie nur an die Fälle aus der täglichen Arbeit: a) Irgendein Beschuldigter befindet sich im Ausland, und zwar in einem Staat wie zum Beispiel den Ländern des Nahen Ostens oder Südamerikas, einem Staat, bei dem Auslieferungsbegehren von vornherein erfolglos erscheinen, oder b) es ist zwar bekannt, dass der Beschuldigte sich im Ausland aufhält, der genaue Aufenthaltsort im Ausland steht jedoch nicht mit Sicherheit fest und ist auch ohne Mithilfe von Interpol kaum zu ermitteln.

In diesen Fällen neigt man dazu, schon wegen des großen Maßes an sonstiger Arbeit zu erfolgversprechenderen Fällen überzugehen. Man hat ja noch „genügend" Beschuldigte, die im Inland leben und bei denen Zeit und Arbeit besser angewandt erscheinen. – Nun ist aber in der Zwischenzeit der Eintritt der Strafverfolgungsverjährung im Jahre 1965 in greifbare Nähe gerückt, und es erhebt sich die Frage, ob es nicht erforderlich ist, zumindest in einer gewissen Zahl dieser Fälle, die man zunächst zur Seite gelegt hat, etwas zu unternehmen.

Wann die Strafverfolgungsverjährung eintritt, dürfte Ihnen allen bekannt sein. Ich möchte daher nur nochmals kurz zusammenfassen (*Anmerkung:* Der Referent wurde von einigen Tagungsteilnehmern darauf aufmerksam gemacht, dass inzwischen verschiedene Entscheidungen vorliegen, die allgemein vom 8.5.1945 bzw. 8.5.1965 ausgehen.): a) In den Ländern der ehemaligen britischen und französischen Zone begann die zwanzigjährige Verjährung am Tage der Wiederaufnahme der Tätigkeit der Gerichte, bei denen die Sache anhängig gemacht wird, zu laufen, frühestens jedoch am 8.5.1945 (dies ergibt sich aus den verschiedenen Ahndungsgesetzen und § 69 StGB). – b) In den Ländern der ehemaligen amerikanischen Zone begann die Strafverfolgungsverjährung ebenfalls mit dem Tätigwerden der Gerichte zu laufen, hier jedoch frühestens ab dem 2.7.1945, einem Zeitpunkt, der sich aus den verschiedenen zoneneinheitlichen Ahndungsgesetzen ergibt. Wir haben daher mit einem Stichtag zu rechnen, der auf jeden Fall nicht vor dem 8.5.1965 liegt.

Bekanntlich gilt dieser Stichtag sowohl für Mord als auch für Beihilfe zum Mord. Dies war im Jahre 1960 zunächst noch zweifelhaft, weshalb wir uns damals schon bemühten, in möglichst vielen Fällen, in denen Beihilfe zum Mord in

Betracht kommen konnte, die Verjährung zu unterbrechen. Inzwischen ist jedoch durch zahlreiche OLG und auch durch den BGH mehrfach ausdrücklich bestätigt worden, dass auch Beihilfe zum Mord in unseren Fällen noch nicht verjährt ist. Bekanntlich war die „Mussvorschrift" der §§ 55 Abs. 1 und 49 Abs. 2 StGB durch § 4 VO gegen Gewaltverbrecher vom 5.12.1939 in eine „Kannvorschrift" umgewandelt worden. Damit verjährte auch Beihilfe zum Mord, soweit sie nach dem 5.12.1939 begangen worden war, in 20 Jahren, da diese Bestimmung nicht nur für Gewaltverbrecher, sondern für den gesamten Bereich des Strafrechts galt.

Wenn ich nun zu der Frage komme, in welchen Fällen und in welchem Umfang die Verjährung unterbrochen werden sollte, so wird man dies verschieden betrachten müssen, und zwar 1. einmal von der StA her, also unter Berücksichtigung des Legalitätsprinzips im Hinblick auf bestimmte bereits anhängige Verfahren, 2. zum anderen aus dem Blickwinkel der ZSt. Aufgabe der ZSt. ist es in erster Linie – wie auch bisher – die bei ihr noch anhängigen Vorermittlungsverfahren möglichst bald und möglichst rechtzeitig vor dem 8.5.1945 an die StA abzugeben. – Der einzelne StA wird schon aus dem Gesichtspunkt des Legalitätsprinzips bemüht sein müssen, in den bei ihm anhängigen Verfahren möglichst umfassend für eine Unterbrechung der Verjährung zu sorgen. So lautet auch Abs. 1 Satz 1 der Ziff. 23 der Richtlinien für das Strafverfahren: „Der Staatsanwalt hat während des ganzen Verfahrens darauf zu achten, dass die Verjährung rechtzeitig unterbrochen wird, besonders wenn kürzere Verjährungsfristen laufen." Dies wird noch näher erläutert durch den Abs. 2: „Ist das Verfahren wegen Abwesenheit des Beschuldigten oder aus anderen Gründen durch Verfügung des Staatsanwalts oder durch Gerichtsbeschluss vorläufig eingestellt worden, so wird je nach den Umständen des Einzelfalles, vor allem, wenn die Verfolgung der Tat im öffentlichen Interesse liegt, die Verjährung durch eine eigene hierauf gerichtete Handlung zu unterbrechen sein. Dabei ist jedoch der Grundgedanke der Verjährung zu berücksichtigen und deren Eintritt nicht wahllos, namentlich nicht in minder schweren Fällen, die erst nach Jahren zur Aburteilung kämen, zu verhindern."

Auch in unseren Verfahren kann es einige Ausnahmefälle geben, in denen es vielleicht vertretbar ist, von einer Unterbrechung der Verjährung abzusehen. Es ist jedoch kaum möglich, hierfür allgemeine Richtlinien aufzustellen. Es dürfte jeweils ganz auf den Einzelfall ankommen: 1. Wie schwer sind die Beschuldigungen? 2. Inwieweit richten sie sich konkret gegen bestimmte Beschuldigte? 3. Eine Rolle kann auch das Alter der Beschuldigten spielen. 4. Von Bedeutung sind insoweit eventuell auch die Möglichkeiten, die noch für die Aufklärung des Falles bestehen. – Grundsätzlich wird jedoch jeder Kollege bemüht sein müssen, in möglichst allen erreichbaren Fällen die Verjährung unterbrechen zu lassen. Hierbei darf man auch Folgendes nicht übersehen:

In vielen Fällen handelt es sich bei den Beschuldigten, die sich im Ausland aufhalten, die flüchtig sind oder deren Schicksal überhaupt ungewiss ist, gerade um historisch besonders bekannte Hauptbeschuldigte, also Befehlsgeber insbesondere aus den höheren Dienststellen, und außerdem um Exzesstäter, die ebenfalls oft immer wieder in der Literatur genannt werden. Soweit deren Schicksal noch nicht mit Sicherheit geklärt ist, ist es vor allem auch ein rechtspolitisches Anliegen, Vorkehrungen dagegen zu treffen, dass nicht ein solcher Beschuldigter nach dem Stichtag im Jahre 1965 plötzlich auftaucht und unbehelligt bleiben muss, da nichts zur Unterbrechung der Verjährung geschehen ist. Man würde uns anderenfalls – mit Recht – fragen, ob wir eigentlich während der ganzen letzten Jahre „geschlafen" haben.

Als Beispiel möchte ich Ihnen hierzu kurz den Fall des ehemaligen SS-Oberführers Ludolf von Alvensleben nennen. Von Alvesleben war bekanntlich Führer des Selbstschutzes von Westpreußen mit dem Sitz in Bromberg. In etwa 20 kleineren Verfahren verschiedener StA wird er jeweils schwer belastet. Trotzdem scheint in keinem dieser Verfahren bis vor kurzen ein Haftbefehl bestanden zu haben. Auf jeden Fall wurde die ZSt. vor kurzem von einer Organisation darauf aufmerksam gemacht, dass von Alvesleben im Sommer 1963 von Südamerika zu einem Familientreffen nach Deutschland gekommen war. Er konnte unbehelligt ein- und wieder ausreisen (Herr EStA *Dr. Lehmair* von der StA bei dem LG München I teilte bei dieser Gelegenheit mit, dass in einem bei ihm anhängigen Verfahren seit etwa 14 Tagen ein Haftbefehl gegen von Alvesleben bestehe).

Bei der zweiten Kategorie der besonders bekannten Exzesstäter denke ich an Fälle wie zum Beispiel den des *Felix Landau,* der als ehemaliger Angehöriger der Dienststelle der Sicherheitspolizei in Drohhobycz/Galizien durch sein Tagebuch besonders bekannt geworden ist. Landau war bekanntlich in Drohobycz für den jüdischen Arbeitseinsatz zuständig und hat hierbei wahllos Juden ermordet. Vor einiger Zeit ist er deswegen durch das Schwurgericht in Stuttgart zu lebenslangem Zuchthaus verurteilt worden.

Wenn man die Akten daraufhin durchsieht, in welchen Fällen etwas zu veranlassen ist, sollte man auch Fälle der folgenden Art nicht übersehen: 1. Es handelt sich um einen Beschuldigten – oft ist es ein prominenter Hauptbeschuldigter -, der allgemein für tot gehalten wird. Wahrscheinlich ist er auch tot, es bestehen aber noch gewisse Zweifel. – 2. Ein Beschuldigter ist zwar bereits schon einmal durch die Alliierten abgeurteilt worden, jedoch nur hinsichtlich eines Teiles der von ihm begangenen Straftaten, etwa nur wegen des Einsatzes in Dachau oder Buchenwald, nicht jedoch wegen der zu einer anderen Zeit in Auschwitz oder Majdanek begangenen Verbrechen. – 3. Ein Beschuldigter hält sich etwa in der SBZ auf, die dortigen Justizorgane sind bis jetzt jedoch nicht darauf aufmerksam gemacht worden, da eine rechtsstaatliche Bearbeitung nicht gewährleistet erscheint.

Hinzu kommt jedoch noch eine weitere Zahl von sehr wichtigen Fällen, die ich ebenfalls an einem Beispiel erläutern möchte: Den meisten von Ihnen dürfte der ehemalige Höhere SS- und Polizeiführer für das Generalgouvernement Friedrich Wilhelm Krüger ein Begriff sein. Krüger hat von Herbst 1939 bis Herbst 1943 von Krakau aus ganz maßgeblich eingewirkt auf die umfangreichen Judentötungen usw. im Generalgouvernement. Es handelt sich hierbei um einen Hauptbeschuldigten, der zweifelsohne zur ersten Kategorie gehört und dessen Tod noch nicht mit Sicherheit feststeht. Der hier anwesende Kollege von der StA Wiesbaden, Herr StA Dr. Wagner, wird jetzt wohl einwenden, dass er ja gegen Krüger bereits ein Verfahren führt. Aber, und das ist gerade der wichtige Punkt, dieses Verfahren betrifft – mit Recht – nur die Mitwirkung des Krüger an einer einzigen Massenerschießung von einigen hundert Juden im November 1939 im Distrikt Warschau. Herr Dr. Wagner hat, und das ist sehr verdienstvoll, sich nicht nur damit begnügt, diese Massenerschießung aufzuklären. Er hat vielmehr auch nachgeforscht, wer die höheren Befehlsgeber waren und ist hierbei auf Krüger gestoßen. Erforderlich ist es jedoch gerade bei einem Beschuldigten wie Krüger, die Verjährung auch in allen anderen ähnlichen Verfahren zu unterbrechen.

Ich würde es für äußerst wichtig halten, dass jeder Kollege seine Akten gerade auf solche Fälle von höheren Befehlsgebern durchsieht. Es handelt sich um Fälle, die man manchmal aus den verschiedensten Gründen übersieht. Es dürfte besser sein, die Verjährung lieber einmal mehr als zu wenig zu unterbrechen. – Über die Maßnahmen, die zur Unterbrechung der Verjährung erforderlich sind, kann ich mir wohl Ausführungen ersparen. Sollte die Erwirkung eines Haftbefehls ausnahmsweise nicht möglich sein, müsste – wie auch schon 1960 gehandhabt – etwa ein Mitbeschuldigter oder Zeuge umfassend richterlich vernommen werden.

Abschließend möchte ich meine Anregungen wie folgt zusammenfassen:

1. Eine Unterbrechung der Verjährung muss schon aus dem Gesichtspunkt des Legalitätsprinzips möglichst umfassend und möglichst in allen bekannten Fällen erfolgen. – 2. Der einzelne Staatsanwalt sollte hierbei ganz besonders darauf achten, dass er höhere Befehlsgeber, deren Schicksal noch nicht mit Sicherheit geklärt ist, nicht übersieht. – 3. Die notwendigen Maßnahmen sollten vorsorglich spätestens bis zum 8.5.1965 erfolgen. – 4. Es wäre außerdem zweckmäßig, wenn die einzelnen StA die ZSt. von den erfolgten Unterbrechungshandlungen in Kenntnis setzen könnten. Dies hätte u.a. den Vorteil, dass – wenn ein Beschuldigter plötzlich auftauchen sollte – im Zweifelsfall zumindest in Ludwigsburg bekannt wäre, wo eine Unterbrechungshandlung erfolgt ist. (*Anm.:* Der Referent hatte als Beispiel dafür, dass das Alter der Beschuldigten bei der Frage, ob die Verjährung unterbrochen werden soll, eine Rolle spielen kann, die verschiedenen Befehlshaber der Ordnungspolizei (BdO) für das Generalgouvernement genannt. Es handelt sich hierbei um sieben ehemalige höhere Polizeioffiziere, die sämtlich noch am Leben sind, jedoch den Jahrgängen 1885–1890 angehören. Lediglich der seinerzeitige Generalmajor der Ordnungspolizei Grünwald [BdO von August 1943-März 1944] ist im Jahre 1898 geboren.)

In der anschließenden *Diskussion* wies *OStA Schüle* ergänzend darauf hin, dass bei der Unterbrechung der Verjährung insbesondere auf die höheren Befehlsgeber geachtet werden sollte, deren Aufenthalt noch unbekannt sei bzw. die sich im Ausland befänden und gegen die noch kein Verfahren eingeleitet worden sei. Jeder Sachbearbeiter sollte seine Verfahren daraufhin nachprüfen, ob gegen die Vorgesetzten seiner Beschuldigten bereits Verfahren anhängig seien. Wenn nicht, so seien die betreffenden Befehlsgeber in die jeweiligen Verfahren einzubeziehen. Auf diese Weise setze man sich nicht der Gefahr aus, dass nach der Verjährung ehemalige Befehlsgeber wieder auftauchten und unverfolgt blieben.

StA Plath (Flensburg) begrüßte diese Anregung von Herrn OStA Schüle. Er gab jedoch zu bedenken, dass auf diese Weise gegen einen Beschuldigten bei verschiedenen StA eine Reihe von Verfahren anhängig würden; dies könne problematisch werden, wenn dann der Beschuldigte wirklich auftauche. Es sei vielleicht zu überlegen, ob man nicht doch besser die verstreut anhängigen Verfahren zusammenfasse und von der ZSt. überwachen lasse.

OStA Schüle erwiderte darauf, dass eine Zusammenfassung der Verfahren vor Auftauchen des Beschuldigten nicht notwendig sei. Jede StA könne ihre Verfahren durch entsprechende Fahndungsmaßnahmen überwachen. Erst nach Auftauchen des Beschuldigten sei zu überlegen, welche StA aus Zweckmäßigkeitsgründen die einzelnen Verfahren zusammenfassen und übernehmen müsse. – Die ZSt. sei davon abgekommen, gegen einzelne Prominente Einzelverfahren einzuleiten. Hierzu bestehe auch kein Anlass, da jeder Sachbearbeiter einer StA in seinen Verfahren sich fragen muss, wer der höhere Befehlsgeber war und auch diesen in die Ermittlungen mit einbeziehen müsse. Wenn so verfahren würde, würde auch die Verjährung gegen ihn unterbrochen. So müssten aber die StA verfahren, da sie aufgrund des Legalitätsprinzips dazu verpflichtet seien. Man setze sich auch nicht der Gefahr aus, dass der höhere Befehlsgeber nach der Verjährung auftauchen und zum Beispiel noch Pension beantragen könne.

Ein Beispiel für eine solche Handhabung sei der Fall des HSSPF *Krüger*, der in vielen Einzelverfahren als höherer Befehlsgeber und Beschuldigter verfolgt werden müsse. Es schade nichts, wenn gegen Krüger drei bis vier Haftbefehle mit bestimmten konkreten Beschuldigungen vorlägen. – Wenn die ZSt. ein Einzelverfahren gegen Krüger als Konserve anlege, so könne diese Akte nur aus wenigen Blättern bestehen, auf denen die Verfolgungsmaßnahmen und anderes geschildert seien. Dieser Vorgang sei gegenüber den Einzelverfahren mit ihren konkreten Sachverhalten relativ farblos.

EStA Dr. Höffler (Bremen) schloss sich den Ausführungen von Herrn OStA Schüle an und betonte, dass mehrere Haftbefehle gegen einen Beschuldigten immer von Vorteil seien. Man müsse nach dem bekannten Grundsatz handeln: „Getrennt marschieren und vereint schlagen."

Im Übrigen wies Herr Dr. Höffler im Zusammenhang mit der Verjährung darauf hin, dass vielfach die Ansicht vertreten werde, durch die Bestimmung des Gerichtsstandes durch den BGH gemäß § 13 a StPO werde bereits die Verjährung unterbrochen; diese Ansicht sei aber streitig. Deshalb sei darauf zu achten, dass die Verjährung rechtzeitig durch eine andere richterliche Handlung unterbrochen werde.

Am Schlusse der Diskussion bestand bei allen Tagungsteilnehmern Übereinstimmung darin, dass es Angelegenheit und Aufgabe der StA ist, für die rechtzeitige Unterbrechung der Verjährung in den laufenden Verfahren zu sorgen und hierbei auch die Strafverfolgung gegen flüchtige oder im Ausland lebende höhere Befehlsgeber einzubeziehen und deren Verjährung rechtzeitig unterbrechen zu lassen.

Weitere Wortmeldungen lagen nicht vor. *MinRat Roth* schloss deshalb die Diskussion.

Die Tagung am 7.4.1964 war um 18.30 Uhr beendet. Die Tagung wurde am 8.4.1964, 9.00 Uhr fortgesetzt.

ORR Weidner erteilte *StA Barbrock (Zentralstelle Dortmund)* das Wort, der über das Thema: *„Der Befehlsnotstand in der staatsanwaltschaftlichen und gerichtlichen Praxis"* referierte:

In den Verfahren wegen nationalsozialistischer Gewaltverbrechen verteidigen sich die Beschuldigten mit monotoner Regelmäßigkeit auch mit dem Argument, sie hätten auf Befehl gehandelt und keine andere Wahl gehabt, als zu gehorchen. Die Auseinandersetzung mit diesem Vorbringen hat daher in der Praxis der StA und Gerichte immer wieder im Vordergrund zum Teil recht schwieriger Erörterungen gestanden. – Die Schwierigkeiten ergeben sich vor allem aus der mühevollen und häufig kaum lösbaren Aufgabe, nach so langer Zeit und bei vielfach sehr verwickeltem Sachverhalt die äußere und innere Gesamtsituation des Täters mit der in einem Strafverfahren erforderlichen Genauigkeit zu bestimmen.

Rechtlich ist eine den Voraussetzungen der hier in Betracht kommenden Notstandsregelung der §§ 52, 54 StGB entsprechende Situation nur dann gegeben, wenn sich der Befehlsempfänger in einer Konfliktlage befunden hat, in der ihm die Mitwirkung an der Tat durch eine gegenwärtige Gefahr für Leib oder Leben abgenötigt und in der sein Wille durch das Bewusstsein dieser Gefahr gebeugt worden ist. Anders ausgedrückt: Dem Untergebenen muss bei Nichtbefolgung des Befehls objektiv eine Gefahr in dem bezeichneten Sinne gedroht haben; darüber hinaus darf er sich aber auch subjektiv zur Ausführung des Befehls nur entschlossen haben, weil ihm eine andere Möglichkeit zur Abwendung der Gefahr nicht zur Verfügung stand (BGHSt Bd. 3 S. 272, 275).

Diese Erfordernisse sind aus guten Gründen verhältnismäßig eng gefasst, scheinen aber auf die besonderen Verhältnisse der einschlägigen Verfahren nicht immer soweit zugeschnitten zu sein. Daraus ergeben sich naturgemäß weitere Schwierigkeiten. – Ob sie gegeben sind oder nicht, lässt sich daher umso mehr nur nach sorgfältiger Prüfung aller Umstände und unter möglichster Vermeidung generalisierender Aussagen beantworten. – Zumindest bei der Behandlung bei der objektiven Voraussetzung des Notstandes lässt sich aber in der Praxis eine gewisse Neigung zu verallgemeinernden Feststellungen nicht verkennen.

Das gilt nicht nur für die gelegentlich vertretene Auffassung, auch unter der Herrschaft des Nationalsozialismus habe „niemand" für die Verweigerung eines verbrecherischen Befehls unzumutbare Nachteile in Kauf nehmen müssen (vgl. dazu etwa die verhältnismäßig weitgehenden Entscheidungen SchwG Berlin, Urteil v. 9.3.1960 -/500/3 PKs 1/57 und KG Beschluss v. 22.8.1960 – 1 AR 1105/58 -). Ebenso erscheint auch die Ansicht nicht unbedenklich, damals sei ein „allgemeiner Befehlsnotstand" gegeben gewesen (vgl. dazu etwa *Roesen* in NJW, 135).

Es ist leider ein charakteristisches Merkmal der einschlägigen Verfahren, dass man oft schon der Frage, ob eine Sachlage vorgelegen habe, die bei natürlicher Weiterentwicklung der Dinge den Eintritt einer Schädigung wahrscheinlich oder doch höchstwahrscheinlich machte („gegenwärtige Gefahr“: BGH Urteil v. 15.6.1962 – 2 StR 531/61 -), nur schwer auf den Grund gelangt. Das setzt nämlich die Aufklärung zum Teil nicht recht fassbarer Sachverhalte voraus. Es mag unter Umständen nicht schwierig sein, sich ein hinlänglich zutreffendes Bild von der Stellung eines Untergebenen und von der Mentalität seiner Vorgesetzten zu verschaffen. Soll aber bestimmt werden, was bei einer Gehorsamsverweigerung auch der hier in Rede stehenden Art wirklich, wahrscheinlich oder wenigstens höchstwahrscheinlich eingetreten wäre, so ist es nach allen Erfahrungen nicht immer einfach, bloße Vermutungen zu vermeiden.

So wird immer wieder, häufig mit Folgerungen überwiegend spekulativen Charakters, auf das Fehlen von Fällen hingewiesen, in denen einem Befehlsempfänger aus der Verweigerung eines verbrecherischen Befehls, sei es gerichtlich oder außergerichtlich, Gefahren in dem hier erforderlichen Sinne entstanden wären. – Das ist allerdings umso bemerkenswerter, als auch auf diesem Gebiet von den verschiedensten Seiten (s. etwa die Tätigkeit des Gutachters Dr. Seraphim) und im Laufe einer Vielzahl von Strafverfahren durch die ZSt., die StA und die Gerichte eine umfangreiche Aufklärungsarbeit geleistet worden ist. Aber wie das negative Umstände so an sich haben, hört mit der Feststellung, Fälle dieser Art seien bis heute nicht bekannt, das vom Tatsächlichen her Aussagbare auch schon auf. – Will man diesen Gesichtspunkt im Einzelfall gegen einen sich auf Befehlsnotstand berufenen Untergebenen verwerten, so kann das nur im unterstützenden Sinne geschehen. Jedenfalls ist es kaum angängig, nur aus diesem Grunde den allgemeinen Schluss zu ziehen, die Verweigerung eines verbrecherischen Befehls habe zu der damaligen Zeit keine Gefahr für Leib oder Leben eines Befehlsempfängers zur Folge gehabt.

Auch der oft herangezogene Fall Dr. Hornig (Aussage vom 18.10.1960 in Ks 2/57 StA Ulm) vermag zur Klärung der damaligen Verhältnisse nur wenig beizutragen. Zwar hat man hier einen Sachverhalt vor sich, in dem einem Untergebenen im Anschluss an eine Befehlsverweigerung der hier fraglichen Art Nachteile in dem erforderlichen Sinne entstanden sein mögen. Es muss aber berücksichtigt werden, dass Dr. Hornig die ihm angesonnene Mitwirkung an der Exekution von Kriegsgefangenen nicht nur schlicht abgelehnt hat. Daher ist nicht auszuschließen, dass die Nachteile, die er erlitten hat, auf die Begleitumstände seines Verhaltens zurückzuführen sind. – Das zeigt aber auch zugleich, auf welch schwankendem Boden man sich in den einschlägigen Verfahren mitunter befindet. Denn ebenso ist die Möglichkeit in Betracht zu ziehen, dass das Gesamtverhalten Dr. Hornigs als Vorwand gedient hat, um wegen der mit Rücksicht auf § 47 MilStGB nach außen hin nicht fassbaren Befehlsverweigerung schließlich doch noch zum gewünschten Ergebnis zu kommen.

Die Erwähnung des § 47 MilStGB erinnert daran, dass vielfach Militärstrafrecht anwendbar gewesen ist. Insoweit liegt es jedoch gewissermaßen umgekehrt wie eben. Denn daraus allein lässt sich nicht schon der allgemeine Schluss herleiten, eine Gehorsamsverweigerung auch der hier in Betracht kommenden Art habe zu einer Ahndung nach Militärstrafrecht (§§ 92, 94 MilStGB) geführt und daher u.a. die Gefahr der Todesstrafe mit sich gebracht. Allerdings lässt sich das nicht mit dem bloßen Hinweis verneinen, eine solche Gefahr habe schon deshalb nicht bestanden, weil derartige Folgen zum Gehorsam verpflichtende Befehle zur Voraussetzung gehabt hätten (vgl. dazu BGH Urteil v. 5.5.1954 – 3 StR 603/54 -). Denn man kann nicht gut behaupten, in der damaligen Zeit – mag das hier und da auch der Fall gewesen sein – sei die jederzeitige Gewähr einer rechtsstaatlichen Verfahrensweise gegeben gewesen. Das in der Sammlung „Befehlsnotstand" der ZSt. zitierte Urteil des Feldgerichts des SS- und Polizeigerichts III Berlin vom 30.4.1940 – St.L. 14/40 -, das eine rechtswidrige Beschlagnahme in jüdischen Geschäften zum Gegenstand hatte und in dem § 47 MilStGB gegen die damaligen Angeklagten angewandt worden ist, hat demgegenüber allein noch keine entscheidende Bedeutung. Die Anwendung des § 47 MilStGB gegen die „Befehlsführer" in diesem Einzelfall besagt noch nichts darüber, ob in einem anderen Falle eine Anwendung zugunsten eines Befehlsverweigerers zu erwarten gewesen wäre.

Auch dass sich der damalige Reichsführer SS nach den bisherigen Erkenntnissen offenbar einen weitgehenden und die Gefahr eines willkürlichen Verfahrens herabmindernden Einfluss auf die Strafverfolgung gegen Angehörige der SS und Polizei vorbehalten hatte, kann allein ebenso wenig überzeugen wie die sicher bemerkenswerte Tatsache, dass nach den bisher bekannt gewordenen Urteilen nur wenig dafür spricht, dass die Rechtsprechung der SS- und Polizeigerichte so rigoros gewesen ist, wie es heute behauptet wird. Es reicht eben nicht aus, unter nunmehr anderen psychologischen Umständen den formellen Rechtszustand, dem noch nicht ohne weiteres etwas für die Art seiner Handhabung in der Wirklichkeit des Einzelfalles zu entnehmen ist, und eine gewisse Anzahl von Gerichtsentscheidungen isoliert zu betrachten. Entscheidend kann nur sein, ob in der damaligen Zeit von der Art, in der Strafverfolgungen normalerweise betrieben wurden und von der Rechtsprechung der SS- und Polizeigerichte eine auch den im konkreten Fall möglichen Verweigerer eines verbrecherischen „abschreckende" Drohung ausging, und wenn ja, welche Intensität sie dann hatte.

Zur Verdeutlichung darf auf zwei gerichtliche Entscheidungen hingewiesen werden: – Der 3. Strafsenat des BGH hat im Urteil vom 11.3.1954 (3 StR 701/53) mit der Begründung, die Gestapo sei schließlich „kein Zusammenschluss terrorisierter Bürger" gewesen, angenommen, die Auffassung, für jeden ihrer Angehörigen habe wegen der Unterstellung unter das Militärstrafrecht eine Zwangslage im Sinne des § 52 bestanden, sei „in dieser Allgemeinheit nicht unbedenklich". Das lässt die Möglichkeit auch anders gelagerter Verhältnisse im Einzelfall offen. In neuerer Zeit hat das Schwurgericht in Freiburg in einem Verfahren gegen ehemalige Angehörige eines Polizeibataillons angenommen, wegen der Belehrung über die Folgen einer Befehlsverweigerung und wegen der von der SS-Führung erzeugten Atmosphäre der Angst habe „allgemein" die „ersichtlich" auch die Befehle zur Judenausrottung betreffende Drohung bestanden, eine Befehlsverweigerung ziehe die Todesstrafe nach sich, und zwar obgleich es nach dem damals geltenden Recht nicht zulässig gewesen wäre, die Todesstrafe wegen einer solchen Befehlsverweigerung zu verhängen (vgl. SchwG Freiburg, Urteil vom 12.7.1963 – AK 3/

63 -). – Diese in dieser Formulierung recht weitgehende Entscheidung dürfte nur vom besonders gelagerten Sachverhalt her verständlich sein, wie er in Verfahren gegen Angehörige von Polizeibataillonen vielfach gegeben ist. Der 1. Strafsenat des BGH hat sie denn auch durch Urteil vom 14.1.1964 – 1 StR 498/63 – mit dem ausdrücklichen Hinweis bestätigt, die Anwendung des § 52 StGB halte sich an die Auslegung, die der BGH „gerade auch für Fälle dieser Art" entwickelt habe (vgl. dazu BGHSt 18, 311; BGH Urteil vom 15.6.1962 – 2 StR 531/61).

Ist nun eine Gefahrenlage in dem hier erforderlichen Sinne als gegeben anzusehen oder muss in Anwendung des GG „in dubio pro reo" von ihrem Vorliegen ausgegangen werden (vgl. dazu BGH vom 15.6.1962 – 2 StR 531/61), so taucht vor allem in Verfahren etwa gegen Angehörige der Sicherheitspolizei häufig auch die Frage auf, ob die Lage, die einen anderen Ausweg nicht zuließ, von dem Untergebenen selbst verschuldet war. Insoweit hat jedoch der 5. Strafsenat des BGH im Urteil vom 14.12.1954 (5 StR 353/54) entschieden, dass für eine Nichtanwendung des § 54 StGB nicht schon die Feststellung ausreiche, der Täter habe (z.B. im Zeitpunkt seines Beitritts zur Gestapo) damit gerechnet, möglicherweise aufgrund von Befehlen gegen die Rechtsordnung verstoßen zu müssen. Ein verschuldeter Notstand kann daher nur angenommen werden, wenn der Untergebene damit gerechnet hat oder damit hätte rechnen müssen, dass ihm „gerade die Begehung von Verbrechen" zugemutet werden könne. Im Rahmen des § 52 StGB ist das Verschulden – das hier um der Vollständigkeit halber erwähnt werden soll – nur insofern von Bedeutung, als den, der sich in vorwerfbarer Weise einer Zwangslage ausgesetzt hat, in der Regel andere Maßnahmen zur Abwendung der Gefahr zuzumuten sind, als wenn er unverschuldet in die Zwangslage geraten wäre (BGH Urteil vom 3.12.1953 – 4 StR 212/53 und 213/53 -).

Da es sich im den einschlägigen Verfahren immer auch um schwerste Verbrechen handelt, ist die Frage, ob die Notstandslage nicht auf andere Weise abwendbar gewesen ist, einer besonders strengen Prüfung zu unterziehen. – Der 3. Strafsenat des BGH hat diese Notwendigkeit in einer Entscheidung vom 21.6.1951 (StR 341/51) sogar mit der nur wenig Spielraum lassenden Forderung zu erhärten gesucht, das Gericht habe alle Möglichkeiten (u.a. Gegenvorstellung, standhafte Weigerung, Anwendung von List, getarnte oder offene Flucht) zu erörtern und „im Einzelnen" darzulegen, warum der Bedrohte davon keinen Gebrauch gemacht hat. Das gleiche Urteil stellt jedoch auch klar, dass Heldenmut nicht verlangt werde und die Rechtsordnung nur erwarte, dass der Bedrohte die Maßnahmen ergriffen hat, „die der durchschnittliche sittlich denkende Mensch unter den gegebenen Begleitumständen" ergriffen hätte. Auf dem Hintergrund dieses Maßstabes muss man die genannte Forderung wohl sehen. Dass dabei der Bedrohte auch den mit einem gewissen Risiko verbundenen Weg wählen muss (vgl. dazu BGH-Urteil vom 6.11.1951 – 1 StR 27/50), ergibt sich zwangslos aus den Anforderungen, die unter Berücksichtigung der Schwere der Taten gestellt werden dürfen, und aus dem Gedanken der Zumutbarkeit, der keine zur Vernichtung eines anderen Lebens führende Handlung zulässt, solange noch eine „nicht fernliegende Möglichkeit" besteht, die dem Täter drohende Gefahr auf andere Weise abzuwenden (BGH Urteil vom 14.12.1954 – 5 StR 353/54 -).

Dass sich der strengen Prüfung einer etwaigen Möglichkeit zur Abwendung der Notstandslage in der Praxis immer wieder erhebliche Hindernisse entgegenstellen, bedarf hier kaum einer Erwähnung. Diese Dinge sind auch so vom Einzelfall abhängig, dass es schwer fällt, darüber etwas Verbindliches auszusagen. Grundsätzlich lässt sich nur feststellen, dass es neben der allgemeinen Tatsituation vor allem auch auf die Stellung des Untergebenen und darauf ankommt, wer sein Vorgesetzter gewesen ist. Handelte es sich z.B. um eine nur dem Untergebenen angesonnene Tat, wird der Sachverhalt möglicherweise anders zu beurteilen sein, als etwa der Fall eines Polizeibeamten, der an einer Exekution gewissermaßen „in Reih und Glied" teilgenommen hat. Auch liegen die Verhältnisse in aller Regel verschieden, je nachdem ob es sich um Verbrechen von Angehörigen der Partei und ihrer Gliederungen, der Sicherheitspolizei, des Sicherheitsdienstes, des Personals eines KZ oder Arbeitslagers, der Ordnungspolizei, der Gendarmerie, der Waffen-SS oder etwa auch der Wehrmacht handelt. Handelte es sich bei dem Befehlsempfänger um einen Führungsdienstgrad, wird man die zu stellenden Anforderungen höher schrauben müssen als die, die an den einfachen und letzten Befehlsempfänger gestellt werden können. Auch insoweit lässt sich nichts verallgemeinern. Daher können auch die bisher in den verschiedensten Verfahren herangezogenen Zeugenaussagen (soweit sie nicht überhaupt mit Vorsicht betrachtet werden müssen und ernst genommen werden dürfen), denen die Möglichkeit eines Auswegs etwa durch Gegenvorstellung, durch Bitte um Freistellung, durch ausdrückliche Weigerung und durch Betreiben der Versetzung oder Entlassung entnommen werden kann, im Einzelfall immer nur dazu dienen, die bereits erarbeiteten Erkenntnisse im Übrigen noch zu einem Gesamtbild abzurunden.

Gelegentlich wird schon im Ermittlungsverfahren übersehen, dass es hinsichtlich des Auswegs, der hätte gewählt werden können, auf die Vorstellung des Bedrohten ankommt. Wenn dieser nämlich einen bestimmten Ausweg nicht gewählt hat, so kann ihm das nur vorgeworfen werden, wenn er „zumindest als möglich erkannt hatte, dass sich ihm dieser Ausweg bot". War das nicht der Fall, so liegt ein Irrtum über eine tatsächliche Voraussetzung des Notstandes vor, so dass wegen vorsätzlichen Handelns nicht mehr bestraft werden kann (vgl. dazu BGHSt 5, 371, 374; BGH Urteil vom 15.6.1962 – 2 StR 531/61 -; BGH Urteil v. 29.3.1963 – 4 StR 500/62 -). Die Rechtsprechung des BGH scheint insoweit jedoch nicht ganz eindeutig zu sein. Denn der 5. Strafsenat nimmt offenbar im Urteil vom 8.10.1963 – 5 StR 344/63 – einen Verbotsirrtum an.

Sehr oft sieht man sich in den einschlägigen Verfahren der Behauptung gegenüber, eine jede Gegenvorstellung sei wegen der Mentalität des Vorgesetzten aussichtslos gewesen. Soweit ersichtlich, ist dazu bisher keine höchstrichterliche Stellungnahme ergangen. Lediglich in der bereits genannten Entscheidung des 5. Strafsenats des BGH (./. Fellenz) findet sich in diesem Zusammenhang die kurze Bemerkung „... solche Bemühung wäre nicht von vornherein aussichtslos gewesen." Diese Lücke dürfte nunmehr durch das schon erwähnte und vom BGH bestätigte

Urteil des SchwG Freiburg vom 12.7.1963 geschlossen sein. Darin ist ausgeführt, dass derjenige, der die Aussichtslosigkeit einer Gegenvorstellung oder einer noch nachdrücklicheren Einwendung erkennt, nicht verpflichtet sei, solche Gegenvorstellungen und Einwendungen „lediglich zum Zwecke einer besonders nachdrücklichen Demonstration seines dem Befehl entgegenstehenden Willens" zu erheben.

Dem dürfte beizutreten sein. Denn bei vernünftiger Betrachtungsweise sollte vom Befehlsempfänger nur die Gegenmaßnahme erwartet werden, die auch sinnvoll ist oder zumindest als sinnvoll angesehen werden kann. Auch das LG München I hat in einem Beschluss vom 30.1.1964 (IV 58/63 – 22 Js 68/61 StA München -), mag dieser auch im Übrigen zu gewissen Bedenken Anlass geben, in Anwendung natürlich auf den konkreten Fall ausgeführt, dass die Möglichkeit, den Gewissenskonflikt dem Vorgesetzten (hier einem Lagerkommandanten) vorzutragen, von der Angeschuldigten als ein wenig Erfolg versprechender Weg habe angesehen werden müssen.

Zur inneren Tatseite sei noch einmal wiederholt, dass der Untergebene durch die Gefahrenlage zu seinem Verhalten „bestimmt" worden sein muss (vgl. dazu auch BGH Urteil vom 18.12.1961 – 4 StR 417/61 -). Wenn er daher aus einem „falsch verstandenen Pflichtgefühl heraus" geglaubt hat, auch einem verbrecherischen Befehl gehorchen zu müssen (blinder Gehorsam), dann ist die Annahme ausgeschlossen, er habe unter dem Druck der ihm drohenden Gefahr gehandelt (BGH Urteil vom 2.10.1963 – 2 StR 269/63 -).

Hier muss jedoch – was gelegentlich nicht einfach ist – genauer differenziert werden. Nach aller Erfahrung dürfte nämlich in der damaligen Wirklichkeit die Motivation des Täters nicht immer eindeutig gewesen sein. War der Untergebene etwa allgemein der Auffassung, auch ein auf die Begehung des Verbrechens zielender Befehl sei zu befolgen, so schließt das allgemein noch nicht aus, dass für ihn im konkreten Fall dennoch die Furcht vor einer Gefährdung in dem hier erforderlichen Sinne bestimmend gewesen ist.

In den einschlägigen Verfahren fragt man sich oft, warum aus dem Gesichtspunkt des objektiven Notstands auch da entschieden worden ist, wo eine Entscheidung aus den Gründen des Putativnotstandes überzeugender und sachlich richtiger gewesen wäre. Dabei kann man sich manchmal des Eindrucks nicht erwehren, als handle es sich um eine Auswirkung des überkommenden Konzepts, nach dem einer Entscheidung aus objektiven Gründen der Vorzug zu geben ist. Das ist aber schon im Normalfall nicht immer richtig.

Vielmehr spricht nach den bisher vorliegenden Erkenntnissen eigentlich alles dafür, dass in der Mehrzahl der in Betracht kommenden Fälle bestenfalls verschiedene Tatsachen (die bloße Einbildung würde auch nicht genügen: BGH Urteil v. 29.3.1963 – 4 StR 500/62) dem Befehlsempfänger ein Gesamtbild vor Augen gestellt haben, aufgrund dessen er sich mit einer gegenwärtigen Gefahr für Leib oder Leben bedroht fühlte. Lag es aber so oder muss wegen bestehenden Zweifels davon ausgegangen werden, besteht keine Möglichkeit, darauf lediglich im Wege der Hilfserörterung einzugehen, ganz so, als handle es sich beim Putativnotstand um eine Notstandsform gewissermaßen [Lücke im Original].

StA Hinrichsen stimmte Herrn StA Barbrock darin zu, dass sich allein aus einzelnen Gesichtspunkten – wie z.B. daraus, dass keine Fälle bekannt seien, in denen einem Befehlsempfänger aus der Nichtausführung eines verbrecherischen Befehls Gefahr für Leib oder Leben erwachsen wären – keine zwingende Schlüsse ziehen ließen, ob solche Gefahren bestanden hätten oder nicht. Eine Beantwortung der Frage sei vielmehr nur möglich, wenn in einer Gesamtschau alle Gesichtspunkte umfassend berücksichtigt und gewürdigt würden. Diesem Zweck solle auch eine zusammenfassende Darstellung über den „Befehlsnotstand" unter Berücksichtigung der bisher gewonnenen tatsächlichen und rechtlichen Erkenntnisse dienen, die die ZSt. erarbeitet habe. Die Darstellung solle kein Ersatz für ein zeitgeschichtliches Gutachten sein, sondern nur das bisher vorhandene Material in systematischer Ordnung zusammenfassen. – Die Darstellung führe zu dem Ergebnis, dass ein genereller „Befehlsnotstand" nicht bestanden habe. Das beweise zwar nicht, dass in keinem Falle ein „Befehlsnotstand" vorgelegen haben könne.

Doch bedeute es immerhin, dass, wenn gleichwohl im Einzelfall ein „Befehlsnotstand" angenommen werden sollte, dafür schon sehr konkrete Tatsachen gegeben sein müssten, bloße allgemeine Annahmen wie die, dass der jeweilige Vorgesetzte ein besonders fanatischer Nationalsozialist oder brutaler Vorgesetzter gewesen sei oder dass die SS- und Polizeigerichtsbarkeit in den Händen von SS-Justizführern gelegen habe, die nicht dem Recht, sondern der nationalsozialistischen Ideologie verpflichtet gewesen seien, reichten dazu nicht aus.

Ergänzend sei zu dem Referat zu bemerken, dass nach dem Urteil des BGH vom 14.1.1964 (1 StR 498/63) in der Sache Uhl (vgl. SchwG Freiburg, Urteil vom 12.7.1963, Ks 3/63) verschiedentlich angenommen werde, der BGH habe bestätigt, dass eine Befehlsverweigerung eine Gefahr für Leib oder Leben zur Folge gehabt habe. Diese Annahme sei jedoch unrichtig. Sie verkenne, dass der BGH gar keine tatsächlichen Feststellungen in dieser Richtung treffen könne. Aufgabe des BGH sei es vielmehr nur nachzuprüfen, ob die tatsächlichen Feststellungen des Schwurgerichts die Annahme eines Befehlsnotstandes in rechtlicher und erfahrungssätzlicher Hinsicht tragen. Diese Nachprüfung sei von dem BGH vorgenommen worden mit dem Ergebnis, dass die tatsächlichen und rechtlichen Feststellungen des SchwG Freiburg als haltbar angesehen worden seien. Nach seiner Meinung könnten allerdings die Urteilsgründe, die sich im Wesentlichen auf hypothetische Überlegungen, die sich ihrerseits auf ebenso hypothetische Angaben von Zeugen wie Best, v. Bombard und Bradfisch stützten, nicht überzeugen. Das Freiburger Urteil stelle im Wesentlichen folgende Erwägungen an: Bei der Verweigerung der Ausführung eines verbrecherischen Befehls habe es hinsichtlich der Folgen für die SS-Führung drei Möglichkeiten gegeben: 1. Der Befehlsempfänger wäre entweder gar nicht bestraft oder nur mit milden Maßregeln – wie Versetzung – belegt worden; diese Möglichkeit wäre jedoch nicht in Betracht gekommen, da sich dies herumgesprochen hätte und schließlich keiner mehr hätte schießen wollen; 2. der Befehlsempfänger wäre vor ein SS- und Polizeigericht gestellt worden; dies sei jedoch im Hinblick auf die Schwierigkeiten, die sich aus § 47 MStGB ergeben hätten, nicht recht möglich gewesen. – Hieraus ziehe das Schwurgericht den Schluss, dass nach allem als Folge der Befehlsverweigerung nur noch die 3. Möglichkeit übriggeblieben sei, nämlich: 3. der Befehlsempfänger wäre liquidiert worden.

Hierzu führte Herr StA Hinrichsen aus, dass das Gericht bezüglich der ersten Möglichkeit außer Acht gelassen habe, dass es eine Reihe von Fällen gegeben habe, in denen Befehlsempfänger rechtswidrige Befehle nicht ausgeführt hätten, ohne dass sie bestraft worden seien. Bezüglich der dritten Möglichkeit habe das Schwurgericht zwei Fälle erörtert, die jedoch für diese Möglichkeit keine rechten Beispiele seien. Es seien dieses die Fälle Hornig und Ambros. Hinsichtlich des Falles Hornig verweise er auf die Ausführungen des Herrn StA Barbrock; zum Fall Ambros habe in der Hauptverhandlung vor dem SchwG Freiburg der Angeklagte Riebel behauptet, er habe 1941 in Bialystok gehört, dass der Polizeihauptmann Ambros sich geweigert habe, Juden erschießen zu lassen, und daraufhin selbst erschossen worden sei. Diese Behauptung Riebels habe das Schwurgericht für unwiderlegbar gehalten. Die ZSt. habe den Fall Ambros inzwischen nachgeprüft. Dabei sei Folgendes festgestellt worden: Ambros sei nicht erschossen worden, schon gar nicht 1941, denn er habe nachweislich noch 1943 gelebt. Ambros sei vielmehr s.Zt. durch ein SS- und Polizeigericht wegen Mordes, Nötigung u.a. verurteilt worden, weil er 1939 nach einer Vernehmung einen „Partisanen“ erschossen habe (vgl. ausführlicher in Anschreiben zur Sammlung „Befehlsnotstand“ vom 6.4.1964). – Dieser Fall zeige wieder einmal, dass man angeblichen „Fällen“ gegenüber skeptisch sein müsse.

Im Zusammenhang hiermit seien auch die Ausführungen des Rechtsanwalts *Dr. Roesen*, Düsseldorf, über „Rechtsfragen der Einsatzgruppen-Prozesse“ in NJW 64, 133 ff. zu erwähnen. Roesen behaupte ganz allgemein, es seien Fälle bewiesen, in denen Widersetzlichkeit gegen einen Befehl mit Tod oder KZ oder Bewährungseinheit geahndet worden sei, ohne jedoch diese Fälle konkreter zu bezeichnen. Durch einen Wissenschaftler, der sich an Roesen gewandt habe, habe die ZSt. erfahren, dass Roesen sich auf folgende „Fälle“ stütze:

1. Fall eines Ordnungspolizisten in Holland. Ein Zeuge habe vor dem Wuppertaler Schwurgericht in dem Verfahren gegen ehemalige Angehörige des Einsatzkommandos 6 ausgesagt, dass ein Oberwachtmeister im März 1945 erschossen worden sei, weil er bei einer Exekution von Geiseln erklärt habe, er werde an den Erschießungen nicht teilnehmen. – Es handle sich dabei um den bekannten, aber bisher unbestätigten Fall eines Ordnungspolizisten in Holland (vgl. ausführlich in „Zum Problem des sog. Befehlsnotstandes in NSG-Verfahren“, S. 33 ff.).

2. Fall Stegemann: Der Zeuge zu 1. habe ferner berichtet, ein gewisser Stegemann sei „untergetaucht“, weil er bei der Judenverfolgung nicht habe mitmachen wollen, sei jedoch später festgenommen und nach Neuengamme verbracht worden, wo er sich erhängt habe. – Hier habe es sich nicht um die Folge der Nichtausführung eines verbrecherischen Befehls, sondern offensichtlich um Fahnenflucht gehandelt.

3. Fall Schöber: Der Vizepräsident des VG Münster, Goecke, habe als Zeuge ebenfalls im Verfahren gegen ehemalige Angehörige des EK 6 in Wuppertal ausgesagt, dass in einem Dienststrafverfahren ein Kriminalbeamter Schöber sich darauf berufen habe, in Holland seien Polizeiangehörige wegen Befehlsverweigerung erhängt worden. Ein SS-Führer habe der Einheit mit entsichertem Revolver erklärt, wer nicht mitmachen wolle, der möge vortreten. – Es sei völlig offen geblieben, was für einen Befehl die Polizeiangehörigen verweigert hätten. Im Übrigen seien bloße Berufungen auf derartige Fälle naturgemäß häufig, aber nicht beweiskräftig.

4. Fall Nosske: Nach der Aussage des Zeugen Huesmann im Wuppertaler Verfahren sei ein Mann namens Nossek wegen Befehlsverweigerung zu einem „Himmelfahrtskommando" versetzt worden. – Das angebliche „Himmelfahrtskommando" sei ein Artillerie-Ausbildungs- und Ersatzregiment in Prag gewesen (vgl. ausführlich in „Zum Problem des sog. Befehlsnotstandes in NSG-Verfahren, S. 49 ff.).

5. Fall Tetzel: Nach einem Zeugen Rother im Wuppertaler Schwurgerichtsverfahren soll ein Kriminalkommissar Tetzel sich erschossen haben, um nicht an Geiselerschießungen teilnehmen zu müssen. Außerdem soll ein Polizeioberassistent im KZ Posen einen Juden haben laufen lassen und deshalb erschossen worden sein. – Es handle sich nicht um Folgen der Nichtausführung verbrecherischer Befehle (vgl. ausführlich im Anschreiben zur „Sammlung Befehlsnotstand" vom 6.4.1964).

6. Fall Hilgenhoff: Nach der Aussage eines ehemaligen Häftlings aus Sachsenhausen sei ein SS-Unterscharführer Hilgenhoff ins KZ eingeliefert, degradiert und verprügelt worden, weil er Häftlingsbriefe aus dem Lager geschmuggelt habe. Am nächsten Tag sei er als tot gemeldet worden. – Dieser Fall sei bisher, soweit bekannt, von keiner Seite bestätigt worden, im Übrigen aber auch kein Fall der Nichtausführung eines verbrecherischen Befehls (vgl. ausführlich in „Zum Problem des sog. Befehlsnotstandes in NSG-Verfahren", S. 66).

Ein weiteres Beispiel dafür, wie sehr Skepsis gegenüber angeblichen „Fällen" angebracht sei, liefere ein Schriftsatz des Hamburger Rechtsanwalts *Justus Warburg* vom 29.3.1962 in der Strafsache gegen Pieck u.a. (Az. 141 Js 220/61). Der Schriftsatz enthalte neben konkreten Behauptungen, für die auch Beweis angetreten werde, eine Anzahl angeblicher Fälle, für die keine Beweismittel benannt würden, und bei denen es sich offensichtlich um einige der Fälle handle, die von Bomhard zur Ausarbeitung „Höherer Befehl und Zwangslage" beigesteuert habe (vgl. Anlage zum Anschreiben vom 1.6.1963 zur Sammlung „Befehlsnotstand", S. 5 ff., Ziff. 6). Allerdings seien diese Fälle in dem Schriftsatz mit einigen kleinen, aber bedeutsamen Abweichungen wiedergegeben. So seien Zeitangaben, die gegen die Annahme sprächen, es könne sich um Judenerschießungen gehandelt haben, fortgelassen worden; in einem Falle sei ein Generalmajor der Feuerschutzpolizei unzutreffend als Generalmajor der Schutzpolizei aufgeführt worden. Insbesondere aber sei in mehreren Fällen die Behauptung hinzugefügt worden, dass den behaupteten Maßregelungen die Verweigerung von Judenerschießungen zugrunde gelegen habe, obwohl selbst von Bombard diese Behauptung nie aufgestellt habe. Hiernach läsen sich die Fälle wie folgt (Anm.: Die Fälle Hornig und Woesler sind ausgelassen; die wesentlichen Auslassungen, Einfügungen oder Änderungen sind unterstrichen):

Bei *von Bomhard:* „*Jürgens*, Franz, Oberstl. d. Sch., April 1945 standrechtlich erschossen. – *Restorff*, Heinrich, Mjr. d. Sch., April 1945 durch SS erschossen wegen Befehlsverweigerung gegenüber SS. – *Schneider*, Walther, Mjr. d. Sch., Wehrzersetzung SS Pol. Gerichts-Urt. 4 ½ Jahre Zuchthaus, Selbstmord im KZ Dachau 1944. – *Ohrt*, Detlef, Mjr. d. Sch., Befehlsverweigerung. SS-Pol. Gerichtsurt. 11 Monate Gefängnis, degradiert, Strafkomp., gefallen 1944. – *Goldbach*, Generalmjr. d. F. Sch. P., Befehlsverweigerung gegenüber SS, von SS sofort erschossen (Berlin). *Wydrowski*, Adolf, Mjr. d.Sch., Befehlsverweigerung, 1945 erschossen."

Bei *Warburg:* [Jürgens] „Der Oberstleutnant der Schutzpolizei F. J. wurde erschossen, weil er sich weigerte, auf Juden schießen zu lassen. – [Restorff] Der Major der Schutzpolizei H. R. wurde wegen Befehlsverweigerung von Judenerschießungen gegenüber der SS selbst erschossen. – [Schneider] Der Major der Schutzpolizei W. S. wurde wegen Wehrkraftzersetzung der SS aus gleichen Gründen der Befehlsverweigerung zu 4 ½ Jahren Zuchthaus verurteilt. Er beging im KZ Dachau Selbstmord. – [Ohrt] Der Major der Schutzpolizei D. O. wurde wegen Befehlsverweigerung degradiert, erhielt 11 Monate Gefängnis und fiel in der Strafkompanie. – [Goldbach] Der Generalmajor der Schutzpolizei G. [Goldbach] wurde wegen Befehlsverweigerung gegenüber der SS aus den gleichen Gründen erschossen. – [Wydrowski] Das gleiche Schicksal ereilte den Major der Schutzpolizei A. W. – Und so gibt es noch unendlich viele Fallbeispiele, die ganz deutlich zeigen, dass alle diejenigen, die sich geweigert haben, Judenerschießungsbefehle zu befolgen, mit den härtesten Maßnahmen selbst rechnen mussten."

Im Übrigen wies Herr StA Hinrichsen darauf hin, dass der leider eingebürgerte Ausdruck „Befehlsverweigerung" irreführend sei. Er spitze das Problem auf die dramatische Alternative Befehlsausführung oder ausdrückliche Verweigerung des Befehls zu, während tatsächlich auch andere Möglichkeiten, einem verbrecherischen Befehl auszuweichen, in Betracht zu ziehen seien, und zwar, da es sich um unkonventionelle Befehle gehandelt habe, auch unkonventionelle Ausweichmöglichkeiten. Es sollte daher zutreffender nur von „Nichtausführung" eines Befehls gesprochen werden. Ebenso sei der Ausdruck „Befehlsnotstand" unglücklich und unzutreffend. Einmal werde viel häufiger ein Nötigungsstand als ein Notstand behauptet. Vor allem aber begründe nicht der Befehl einen Notstand oder Nötigungsstand, sondern nur die Gefahr für Leib oder Leben, die bei Nichtausführung des Befehls angeblich bestanden habe. Das sei nicht nur eine Frage der begrifflichen Klarheit, sondern habe eine nicht zu unterschätzende psychologische Bedeutung: Das Schlagwort „Befehlsnotstand" habe zur Folge, dass die Berufung auf einen Befehl sogleich die Assoziation „Notstand" wecke.

EStA Dr. Goetz (Hannover) erklärte, er sei davon überzeugt, dass es einen generellen Befehlsnotstand nicht gegeben habe. Doch sei es in den meisten Fällen prozessual schwierig, dem Täter nachzuweisen, dass im konkreten Fall kein Befehlsnotstand vorgelegen habe. Man müsse versuchen, mit Hilfe anderer

Tatsachen den Nachweis zu erbringen, dass nicht die Furcht um Leib oder Leben, sondern andere Motive den Täter bestimmt hätten.

Hierzu führte Herr EStA Dr. Goetz einige Beispiele an. *StA Hinrichsen* stimmte Herrn EStA Dr. Goetz zu. In der Mehrzahl der Urteile werde tatsächlich auch festgestellt, dass nicht die Furcht um Leib oder Leben, sondern andere Motive bestimmend gewesen seien. Das sei sicher auch zutreffend; sehr viele Beschuldigte, die sich heute auf „Befehlsnotstand" beriefen, hätten seinerzeit aus ganz anderen Beweggründen gehandelt.

GerAss. Dr. Klaas (Mannheim) vertrat die Ansicht, dass das Problem des Befehlsnotstandes hinsichtlich der ehemaligen Angehörigen des Selbstschutzes in Westpreußen weit schwieriger sei. Ihre Einlassungen seien schwer zu widerlegen. Die ehemaligen Angehörigen des Selbstschutzes beriefen sich darauf, dass sie an den Ausschreitungen hätten teilnehmen müssen, um als Volksdeutsche anerkannt zu werden; anderenfalls hätte man sie erschossen. Diese Einlassungen könnten in manchen Fällen zutreffen, da die sog. Kreisführer hätten bestimmen können, wer als Volksdeutscher und wer als Pole anzusehen gewesen sei.

StA Dr. Rückerl erwiderte, dass er aufgrund der Erkenntnisse aus sämtlichen Selbstschutzverfahren zu dem Ergebnis gekommen sei, dass das Problem des Befehlsnotstandes bei dem Selbstschutz ernsthaft keine Rolle gespielt habe. – Nur in einem Fall hätte der als „Blut-Meier" bekannte ehemalige Sturmbannführer Meier erwähnt, dass mehrere Selbstschutzführer wegen Befehlsverweigerung in ein KZ gekommen seien. Nähere Angaben habe er jedoch nicht gemacht. Seine Einlassung sei von anderen Selbstschutzführern nicht bestätigt worden.

StA Bornscheuer (Mainz) wies darauf hin, dass im Prozess auch noch neuen Einwänden zu begegnen sei, wie z.B. der Behauptung, dass der HSSPF Jeckeln ein so wilder und gefährlicher Mann gewesen sei, dass eine Befehlsverweigerung ihm gegenüber die Liquidierung zur Folge gehabt habe. Hier müsse es Aufgabe der ZSt. sein, den StA so schnell als möglich Material über solche Leute zur Verfügung zu stellen, aus denen sich ein Charakterbild über die Persönlichkeit eines solchen Mannes und über sein mögliches Verhalten gegenüber der Nichtausführung eines Befehls ergeben könne.

EStA Dr. Artzt entgegnete darauf, dass dies soweit als möglich auch geschehe, wie z.B. im Falle des BdS Ukraine, Dr. Thomas, dem man zunächst auch völlige Unnachgiebigkeit und große Härte nachgesagt habe. Ein solches Persönlichkeitsbild könne jedoch nur dann erstellt werden, wenn die StA die ZSt. laufend mit Vernehmungsniederschriften und sonstigen Erkenntnissen aus ihren Ermittlungsverfahren versorgten. Nur dann könne anderen StA das Material zur Verfügung gestellt werden.

EStA Dr. Goetz (Hannover) wies darauf hin, dass die Verteidiger in NSG-Verfahren einen Informationsdienst eingerichtet hätten, durch den sie Material, insbesondere „Fälle des Befehlsnotstandes" untereinander austauschten. So würden z.B. „neue Fälle" des Befehlsnotstandes unter diesen Verteidigern schneller bekannt als unter den StA. Zur besseren Information oder StA seien daher alle Fälle, in denen das

Problem des Befehlsnotstandes auftauche, der ZSt. mitzuteilen, die dann weiteres veranlasse.

StA Hinrichsen fügte hinzu, dass ein solcher Austausch offenbar schon seit langem stattfinde; denn jeder einmal benannte „Befehlsnotstands"-Zeuge trete regelmäßig alsbald auch in allen möglichen anderen Prozessen auf. Umso notwendiger sei es, dass auch die ZSt. über alles einschlägige Material unterrichtet werde, damit sie ihrerseits die beteiligten StA informieren könne. Herr StA Hinrichsen wiederholte daher die dringende Bitte, der ZSt. alle einschlägigen Fälle mitzuteilen, und zwar insbesondere auch solche, die nur in den Hauptverhandlungen vorgetragen würden. Neben Fällen, in denen die Nichtausführung eines verbrecherischen Befehls ohne schwerwiegende Folgen geblieben seien, interessierten vor allem auch solche Fälle, in denen die Nichtausführung eines verbrecherischen Befehls angeblich eine Schädigung an Leib oder Leben nach sich gezogen habe. Die ZSt. werde bemüht sein, diese Fälle zu überprüfen, wie es auch schon bisher geschehen sei. In zwei Fällen (Herder und Vlothoerbäumer) habe diese Überprüfung bereits zu rechtskräftigen Verurteilungen wegen Meineides geführt. Es sei in diesem Zusammenhang bemerkenswert, dass dies – neben dem Fall Dr. Hornig – die einzigen Fälle gewesen seien, in denen Zeugen behauptet hätten, aus eigener Wissenschaft über schwere Folgen der Nichtausführung verbrecherischer Befehle berichten zu können. Alle übrigen Zeugen berichteten stets nur über (angeblich) Gehörtes.

Da weitere Wortmeldungen zur Diskussion nicht vorlagen, erteilte *ORR Weidner StA Dr. Rückerl,* ZSt. Ludwigsburg, das Wort zu seinem Referat: *„Strafmaß in NS-Verbrecherprozessen":* Als im Herbst 1958 nach Jahren einer gewissen Stagnation bekannt wurde, dass auf die Gerichte der Bundesrepublik eine Welle neuer Strafverfahren wegen NS-Gewaltverbrechen – nicht zuletzt ausgelöst durch den Ulmer-Einsatzgruppen-Prozess – und die darauf folgende Errichtung der ZSt. in Ludwigsburg zukam, setzte gleichzeitig eine heftige Kritik ein. Diese Kritik richtete sich im Wesentlichen gegen die Durchführung solcher Verfahren ganz allgemein. Bis heute ist diese Kritik nicht verstummt. Zu einem geringen Teil stützt sie sich auf sachliche Argumente. Ich verweise in diesem Zusammenhang auf die vor einiger Zeit von einem Kreis evangelischer Strafanstaltspfarrer beschlossene Empfehlung, die sich unter dem Hinweis auf eine allgemeine Schuldverflechtung für die Einstellung der NS-Strafprozesse ausspricht. Zum großen Teil bedienen sich die Kritiker jedoch unsachlicher Argumente. Sie können diese Art von Kritik beispielsweise in nahezu jeder Nummer der „National- und Soldatenzeitung" finden.

Die Frage nach den Gründen, die für oder gegen eine Einstellung der Strafverfahren wegen NS-Gewaltverbrechen, d.h. für oder gegen eine Amnestie für solche Verbrechen sprechen, richtet sich nicht zuletzt an die Politiker. Sie kann im Rahmen dieser Tagung erst in zweiter Linie von Interesse sein. Von Interesse ist jedoch eine Kritik ganz anderer Art, nämlich die Kritik an der Höhe der in den NS-Prozessen erkannten Strafen. Auch diese Kritik setzt schon sehr frühzeitig – praktisch mit dem Bekanntwerden der ersten Urteile aus solchen Verfahren – ein. Sie erreichte bisher einen gewissen Höhepunkt in einem Brief des Deutschen

Koordinierungsrates der Gesellschaften für christlich-jüdische Zusammenarbeit vom 12.3.1963, der an sämtliche Strafrechtslehrer an den deutschen Universitäten gerichtet war.

Da ich annehme, dass zumindest einem Teil der Anwesenden der Inhalt dieses Briefes nicht bekannt ist, möchte ich einige Sätze daraus zitieren. Am Anfang des Briefes wird mit Besorgnis festgestellt, dass von den Schwurgerichten der Bundesrepublik Gewaltverbrechen aus nationalsozialistischer Zeit mit einer gewissen Häufigkeit anders behandelt werden als gewöhnliche Mordfälle. Es heißt dann an dieser Stelle: „Im Hinblick auf die Bedeutung und große Zahl der noch bevorstehenden Prozesse erscheint es nötig, so rechtzeitig und nachdrücklich wie möglich auf die Gefahren hinzuweisen, die mit einer solchen Entwicklung der Rechtsprechung verbunden sind. Insbesondere könnte in der Öffentlichkeit der Eindruck entstehen, dass nunmehr auch Staat und Justiz dem begangenen Unrecht nicht mehr diejenige Bewertung widerfahren lassen, die ihm nach unserer Rechtsprechung eindeutig zukommt. Damit könnte einer Neigung zur Verharmlosung der nationalsozialistischen Untaten Vorschub geleistet werden, wie sie schon seit Jahren in weiten Kreisen der Bevölkerung festzustellen ist. Außerdem besteht die Gefahr, dass sich dem allgemeinen Rechtsbewusstsein mehr und mehr die Vorstellung einprägt, Verbrechen im Auftrage einer Staatsführung seien keine wirklichen Verbrechen und staatlich befohlener oder gebilligter Mord sei weniger als Mord. Bereits jetzt werden selbst solche Fälle der Beteiligung am Massenmord, die mit einem erheblichen Maß an Aktivität, Eigeninitiative und Entscheidungsfreiheit des Angeklagten verbunden sind, mit Mindeststrafen für „Beihilfe zum Mord" bedacht, die in den Augen der Allgemeinheit die Mitwirkung am Massenmord zu einem Delikt von der Größenordnung etwa des schweren Diebstahls oder gewerbsmäßigen Hehlerei herabmindern. Auch aus Gründen der Gerechtigkeit ist es unerträglich, die Mitwirkung am Massenmord mit Strafen zu belegen, die in krassem Missverhältnis zur Aburteilung aller sonstigen Verbrechen, insbesondere auch des Mordes stehen ...".

Im Folgenden werden dann zwölf Schwurgerichtsurteile aus den Jahren 1961 bis 1963 genannt – u.a. die Urteile gegen *Ehrlinger* und *Bradfisch* – wobei jeweils eine kurze Sachverhaltsdarstellung gegeben wird. – In einem der Fälle – es handelte sich um ein Urteil gegen Teilnehmer an einer Erschießungsaktion, der mindestens 162 Männer, Frauen und Kinder zum Opfer fielen – sieht diese Darstellung so aus: „P. hat auf seinen ausdrücklichen Wunsch hin an der Aktion teilgenommen und die Angehörigen des Exekutions-Kommandos zum Durchhalten ermuntert. Außerdem hat P. fotografische Aufnahmen von der Erschießung gemacht, die nach Feststellung des Gerichts besonders grausame Vorgänge mit sich brachten. – Das Schwurgericht verurteilte wegen Beihilfe zum Mord und hielt trotz der festgestellten *besonders* grausamen Vorgänge für jeden Fall der Beihilfe eine Zuchthausstrafe von drei Jahren (also die überhaupt zulässige Mindeststrafe) für die angemessene Sühne. Erschreckend und angesichts der allgemeinen Strafrechtspraxis bei Mord völlig unverständlich ist hier, dass diese ohnehin schon niedrige Einsatzstrafe für die weiteren 161 Fälle nur um drei Monate erhöht wird. ..." – Am Ende des Briefes werden die Strafrechtslehrer der deutschen Universitäten gebeten, „zu diesen Urteilen bald und in möglichst deutlicher Weise Stellung zu nehmen." – Welchen Erfolg dieser Brief hatte, ist mir bisher nicht bekannt geworden.

Vor wenigen Wochen hatte ich Gelegenheit, vor Studenten der Universität Heidelberg über Probleme der strafrechtlichen Verfolgung von NS-Gewaltverbrechen zu sprechen. Bei der anschließenden Diskussion meldete sich ein Student zu Wort und wies darauf hin, dass das Schwurgericht in Hamburg wegen eines vor 16 Jahren begangenen Mordes zu lebenslangem Zuchthaus verurteilt habe. Es habe sich um einen Indizienbeweis gehandelt, der sich u.a. auf die Aussagen von Zeugen gestützt habe, die bekundet hatten, welchen Mantel die Angeklagte an einem bestimmten Zeitpunkt vor 16 Jahren getragen habe. In einem NS-Prozess habe ein anderes Gericht Bedenken gehabt, ob das Erinnerungsvermögen eines Zeugen, der Einzelheiten einer Tötungsaktion geschildert habe, nach 20 Jahren noch zuverlässig sei, dass darauf eine Verurteilung wegen Mordes gestützt werden könne. Das Gericht habe mit dieser Argumentation einen von diesem Zeugen geschilderten Exzess des Angeklagten nicht für erwiesen angesehen und habe den Angeklagten nur wegen Beihilfe zum Mord verurteilt. – An diese Gegenüberstellung knüpft nun der Student – unter dem Beifall des gesamten Auditoriums – die Frage, ob ich auch der Meinung sei oder es doch für möglich halte, dass dieses zuletzt genannte Urteil ebenso wie die oft unverständlich milden Strafen in anderen NS-Prozessen ihre Erklärung in der noch unbewältigten Vergangenheit innerhalb der Justiz selbst finden würden.

Der Brief des Koordinierungsrates der Gesellschaften für christlich-jüdische Zusammenarbeit und das eben geschilderte Erlebnis erscheinen mir beispielhaft dafür, wie die Urteile in NS-Prozessen von einem großen Teil der Öffentlichkeit aufgenommen werden. – Es kann und darf nicht die Aufgabe der Justiz sein, populäre Entscheidungen zu treffen (hierzu ist allerdings zu sagen, dass milde Urteile bei einem gewissen Kreis in interessierten Personen durchaus als populär gelten können). Es bedarf keiner weiteren Erklärung, dass auch in NS-Prozessen die Gerichte ausschließlich die Aufgabe haben, Gerechtigkeit zu üben und die Rechtssicherheit zu wahren. Aber vielmehr noch als in anderen Verfahren erscheint es in NS-Prozessen erforderlich, dass sich das Gericht alle Mühe gibt, seine Entscheidung der Öffentlichkeit *verständlich* zu machen. Das gilt insbesondere im Hinblick auf die Strafzumessung.

Ich bin mir dessen bewusst, dass meine Ausführungen eigentlich mehr an die Adresse der Richter gehen sollten. Aus diesem Grunde war ich auch nicht besonders glücklich, als ich den Auftrag erhielt, für diese Tagung ein Referat zu Fragen der Strafzumessung vorzubereiten. Da aber nach den Richtlinien für das Strafverfahren auch der Staatsanwalt verpflichtet ist, seine Anträge vor dem Gericht und vor der Öffentlichkeit zu begründen, haben insoweit für ihn die gleichen Grundsätze zu gelten wie für das erkennende Gericht. In der Zeit vom 29.8.1958 – dem Tag der Urteilsverkündung im Ulmer Einsatzgruppen-Prozess – bis zum 31.12.1963 sind nach den bis zu diesem Zeitpunkt bei der ZSt. vorliegenden Unterlagen in 71 Strafverfahren wegen NS-Gewaltverbrechen Urteile ergangen.

Angeklagt waren insgesamt 167 Personen: zu lebenslangen oder zeitigen Freiheitsstrafen wurden verurteilt: 130; davon zu lebenslänglichen Zuchthausstrafen 23; zu zeitigen Zuchthausstrafen 100; zu Gefängnisstrafen 7; freigesprochen wurden 31. In sechs Fällen wurde aufgrund von § 42 Abs. 2 MilStGB von Strafe abgesehen.

1. Soweit Freisprechungen erfolgten, wurden in den Urteilen folgende Gründe genannt: a) Nichterweislichkeit einer Tatbeteiligung, b) Befehlsnotstand, c) Verjährung (im Falle der Feststellung, dass lediglich Totschlag vorliegt, d) Absehen von Strafe wegen geringer Schuld gemäß § 47 Abs. 2 MilStGB i.d. Fassung der VO über die Neufassung des MilStGB vom 10.10.1940 (RGBl. I, S. 1347).

Soweit ein Gericht einen Angeklagten des Mordes schuldig spricht, scheiden im Hinblick auf die absolute Strafdrohung des Gesetzes alle Strafzumessungserwägungen aus. – In allen anderen Fällen – soweit sie für NS-Prozesse von Bedeutung sind – erstreckt sich der Strafrahmen auf 15 Jahre Zuchthaus für Beihilfe zum Mord oder für Totschlag in besonders schweren Fällen, bis zu eineinhalb Monaten Gefängnis für Beihilfe zum Totschlag unter Zubilligung mildernder Umstände nach § 213 StGB.

Zur Vorbereitung dieses Referates habe ich sämtliche der ZSt. vorliegenden Urteile gelesen. Das Ergebnis dieser Lektüre war einigermaßen verwirrend. – Da meine nachfolgenden Ausführungen eine Kritik an Gedanken und Formulierungen enthalten, die sich in verschiedenen Urteilen finden, halte ich es für erforderlich, schon an dieser Stelle mit Nachdruck zu erklären, dass es mir fernliegt, die jeweilige gerichtliche Entscheidung als Ganzes anzugreifen oder gar die Möglichkeit anzudeuten, dass ein oft unangemessen mild erscheinendes Urteil auf den mangelnden Willen des Gerichts beruht, die vor zwanzig Jahren unter dem NS-Regime begangenen Verbrechen zu sühnen. – Die Gerichte stehen in NS-Prozessen vor einer sehr schweren Aufgabe und es besteht kein Zweifel darüber, dass sie bemüht sind, ihr nach Kräften gerecht zu werden. Die Höhe der Strafen in den einzelnen Fällen soll und kann deshalb auch gar nicht Gegenstand meiner Erörterungen sein. Ich bin mir dessen bewusst, dass nur der befugt ist, über die in einem bestimmten Verfahren erkannte Strafe zu diskutieren, der einerseits eine genügende Sachkenntnis hat und andererseits bei der Hauptverhandlung ohne Unterbrechung anwesend gewesen ist.

Soweit in den nachfolgenden Ausführungen Kritik geübt wird, soll sie ganz allein dazu dienen, die Problematik gewisser Erwägungen und Formulierungen aufzuzeigen – Erwägungen, auf die in der Urteilsbegründung häufig überhaupt verzichtet werden könnte, ohne dass die Entscheidung an Überzeugungskraft verlöre. – Es soll außerdem versucht werden darzulegen, dass eine Urteilsbegründung – hier insbesondere eine Strafmaßbegründung -, die für sich allein durchaus verständlich erscheint, plötzlich an Überzeugungskraft verliert, wenn sie mit einer anderen Entscheidung gegenübergestellt wird, die für sich allein gesehen ebenfalls einleuchtend erscheint.

Auf die Gesichtspunkte, die zur Ablehnung der Täterschaft und zur Feststellung der Beihilfe zum Mord herangezogen wurde, soll hier nicht näher eingegangen werden. Bemerkenswert erscheint jedoch die Tatsache, dass in *allen* Urteilen solche Umstände, die zur Begründung der Ablehnung der Täterschaft und zur Feststellung einer Beihilfe angeführt wurden – Handeln auf Befehl, mangelnde Tatherrschaft, geringe eigene Initiative, Bemühung um Ablösung von dem Tötungskommando – ein zweites Mal im Rahmen der Strafmilderungsgründe zugunsten der Verurteilten gewertet wurden. – Als strafschärfend sahen die Gerichte durchweg das Ausmaß der Tötungsaktion, deren rohe und brutale Durchführung und die bewusste Missachtung der Persönlichkeit der Opfer an. – Ein Gericht wertete als Strafschärfungsgrund die Tatsache, dass es sich bei den Angeklagten um Polizei- und SD-Angehörige handelte, „deren Aufgabe die Überwachung und Aufrechterhaltung von Ruhe, Ordnung, Recht und Gerechtigkeit ist. Da die Angeklagten sonach ein besonders scharfes Empfinden für Recht und Gerechtigkeit hätten haben müssen, wiegt es besonders schwer, dass ausgerechnet sie versagt und bei der Durchführung der schweren Verbrechen mitgewirkt haben."

In demselben Urteil findet sich auch folgende Argumentation: „Schwerwiegend sind auch die Folgen dieser Maßnahmen für das deutsche Volk. Für Generationen ist das Ansehen Deutschlands schwer getroffen. Die Massenmorde haben den Morgenthau-Plan als natürliche Reaktion des Hasses auf das schwerwiegende Unrecht hin, das vor allem an dem jüdischen Volk geschehen ist, ausgelöst. Schwer haben darunter auch die deutschen Kriegsgefangenen leiden müssen." – Allgemein wurde von den Gerichten als straferschwerend angesehen, wenn ein Angeklagter mit besonderem Eifer an den Tötungsaktionen teilgenommen und sich – in einzelnen Fällen – selbst als Schütze betätigt hatte, obwohl er das seiner Dienststellung nach nicht hätte zu tun brauchen. – Auch der Umstand, dass ein Angeklagter sich nicht um eine Ablösung von dem Tötungskommando bemühte, wurde zu seinen Ungunsten gewertet. – Ein Gericht sah es als besonders verwerflich an, dass sich der Angeklagte nicht darum bemüht hatte, wenigstens Frauen und Kinder von den Tötungsaktionen auszunehmen. – Aus der Tatsache, dass einzelne Angeklagte Wertsachen aus dem früheren Eigentum ihrer Opfer erwarben, schloss ein Gericht auf eine besondere Gefühllosigkeit und Rücksichtslosigkeit. – In einem Urteil wird bei den Strafverschärfungsgründen ausgeführt: „Die Angeklagten" (ein SS-Unterscharführer und ein SS-Sturmscharführer), „können sich nicht als „kleine Befehlsempfänger" bezeichnen; denn kleine Befehlsempfänger waren sie nur in der Hierarchie der Organisation der Sipo und des SD gewesen. ... Andererseits waren sie aber den Opfern gegenüber geradezu Herren über Leben und Tod."

Als strafmildernd wurden von den Gerichten in Verfahren wegen NS-Gewaltverbrechen zunächst die Gesichtspunkte gewertet, die sich auch in allen anderen Strafverfahren zugunsten der Angeklagten auswirken, nämlich bisherige Straflosigkeit, echte Reue, Geständnis und Unterstützung der Gerichte und Strafverfolgungsbehörden bei der Aufklärung der Straftaten. Dazu kommen noch persönliche Eigenschaften wie mangelnde Intelligenz, schlechter Gesundheitszustand und Kriegsbeschädigung. – In einzelnen Urteilen wurde das jugendliche Alter zur Tatzeit, in anderen Urteilen das hohe Alter im Zeitpunkt der Verurteilung als

Milderungsgrund angesehen. – In fast allen Fällen, in denen von den Gerichten entsprechende Feststellungen getroffen wurden, hat man die nachstehend genannten Umstände als Strafmilderungsgründe herangezogen: Die Angeklagten seien ohne eigenes Zutun zu den Einsatzgruppen der Sicherheitspolizei, zum KZ-Personal oder zu Tötungskommandos gekommen; sie hätten sich um Ablösung von den betreffenden Kommandos bemüht; die Taten seien aus einem falsch verstandenen Pflichtgefühl zu erklären; die Angeklagten hätten nur auf Befehl gehandelt und hätten keine überdurchschnittliche eigene Initiative entwickelt; es hätte eines besonderen Mutes bedurft, Befehle zu verweigern; es habe sich – in bestimmten Fällen – bei den Angeklagten um die letzten Glieder einer Befehlskette gehandelt; sie hätten die Gewaltmaßnahmen nur mit innerem Widerstreben ausgeführt und in Einzelfällen die Durchführung verzögert.

In einem Fall wertete das Gericht strafmildernd, dass der Angeklagte zu der Dienststelle, bei der er die Straftaten begangen hatte, strafversetzt worden sei und dass er deshalb geglaubt habe, alle Befehle seiner Vorgesetzten nunmehr gewissenhaft ausführen zu sollen. – Strafmildernd wurde auch die Tatsache angesehen, dass ein Angeklagter aufgrund seiner Kenntnis der Landessprache von seinen Vorgesetzten besonders häufig zur Mitwirkung bei Tötungsaktionen herangezogen wurde. – Die Tatsache, dass ein Angeklagter, der an Massentötungen von Juden beteiligt war, einen ganz bestimmten Juden verschonte, wird ebenfalls von einem Gericht als Strafmilderungsgrund anerkannt. – Als einleuchtender Strafmilderungsgrund mag die Feststellung eines Gerichts gelten, dass ein Angeklagter nach seiner unwiderlegten Einlassung geglaubt habe, die Opfer hätten ein todeswürdiges Verbrechen begangen.

Im Falle eines weniger intelligenten Angeklagten wertet das Gericht die Tatsache zu seinen Gunsten, dass sein Vater sich als Gegner des NS-Regimes hervorgetan habe und deswegen von der Gestapo misshandelt worden sei. Das Gericht hielt dem Angeklagten zugute, dass sich durch dieses Ereignis in ihm die Erkenntnis von der Macht und der Brutalität der NS-Gewalthaber festgesetzt habe. – In zahlreichen Fällen wurden das Schicksal und die Verhältnisse der Angeklagten in der Zeit nach 1945 bei den Strafmilderungsgründen herangezogen. Gefangenschaft und Internierungshaft, der durch das Strafverfahren bewirkte Verlust der Versorgungsbezüge und die Flüchtlingseigenschaft wurden den Angeklagten zugutegehalten. In einem besonderen Fall wirkte es sich strafmildernd für den Angeklagten aus, dass seine Frau Selbstmord beging, nachdem sie von den gegen ihren Ehemann erhobenen strafrechtlichen Vorwürfen Kenntnis erlangt hatte.

Bei den Strafmilderungsgründen allgemeiner Art wurde von mehreren Gerichten der Gedanke herausgestellt, dass während des Krieges unter dem Einfluss einer dauernden Propaganda und unter dem Einfluss der Kriegsverhältnisse (Bombenkrieg usw.) die Achtung vor dem Leben und der Würde des Menschen immer mehr zurückgedrängt und das Gewissen der Täter dadurch abgestumpft worden sei. – Die Mitgliedschaft bei der NSDAP wird in einem Urteil als Strafmilderungsgrund angesehen und zwar mit der Argumentation, dass die dort jahrelang propagierte

Gefolgschaftstreue sich in der Weise auswirkte, dass Befehle von Vorgesetzten sofort widerspruchslos hingenommen wurden. Im Gegensatz dazu wird in einem anderen Fall strafmildernd bewertet, dass es der Angeklagte abgelehnt habe, in die NSDAP einzutreten.

Ein Gericht sieht die Tatsache, dass der Angeklagte Antisemit war, als strafmildernd an. Es führt dazu aus, dass die Voreingenommenheit gegen die Juden als eine Folge der lang andauernden Propaganda anzusehen sei, der der Angeklagte schließlich erlegen sei. Im Gegensatz dazu wird in einem anderen Urteil die Tatsache, dass der Angeklagte nach der Ansicht des Gerichts trotz seiner massiven, gegen die Juden gerichteten Handlungen im Grunde keine antisemitischen Gefühle hegte, als strafmildernd gewertet. – Etwas eigenartig mutet der Satz aus den Strafzumessungsgründen im Urteil gegen einen ehemaligen Blockführer in einem KZ an: „Dort gehörte er nicht zu den brutalsten Schlägern."

Problematisch erscheint auch die Argumentation des Gerichts in einem Urteil gegen den Adjutanten eines KZ-Lagerführers. Es heißt dort: „Die Tätigkeit des Angeklagten spielte sich zum größten Teil am Schreibtisch ab. Er war an der unmittelbaren Tötung der Opfer nicht beteiligt; er brauchte die Morde selbst nicht mit anzusehen, das Zeichen zu ihrer Ausführung zu geben oder selbst zu schießen. Sicherlich brauchte er deswegen für seine Mitwirkung weniger verbrecherische Energie zur Überwindung innerer Hemmungen als die eigentlichen Henker. ..." Hier wird also dem Angeklagten zugutegehalten, dass er die Mordtaten nicht mit eigener Hand ausgeführt, sondern lediglich die dazu erforderlichen Befehle erteilt oder weitergeleitet hat. Im Gegensatz dazu wird – wie oben schon erwähnt – in anderen Fällen zugunsten des Tatausführenden erklärt, er habe den Tötungsbefehl über eine Reihe von Vorgesetzten erhalten und sei selbst nur letztes Glied der Befehlskette gewesen.

Recht eigenartig erscheint folgendes Argument in einer Urteilsbegründung: „Bei allen Angeklagten ist strafmildernd berücksichtigt worden, dass sie sich nach dem Zusammenbruch mit einer erheblich veränderten Situation abfinden mussten. Der Angeklagte K. (vorher Major der Schutzpolizei; Anm. d. Ref.) arbeitete zunächst für die Amerikaner und betrieb später eine Mitfahrerzentrale. Der Angeklagte H. musste vor seinem Wiedereintritt in den Polizeidienst jahrelang als Handelsvertreter arbeiten. Der Angeklagte P. musste wieder als Dreher arbeiten, obwohl er durch die Verletzungen an seiner rechten Hand stark behindert ist. ..."

Dazu ist zu fragen, wie viele Leute sich wohl unmittelbar nach dem Zusammenbruch mit einer erheblich veränderten Situation abfinden mussten. Die Rechtsprechung ist sich darüber einig, dass zur Feststellung des Tatbestandes des Notdiebstahls nach § 248 a StGB eine allgemeine wirtschaftliche Notlage nicht ausreicht. Analog dazu müsste man doch zu dem Ergebnis kommen, dass bei einer allgemeinen nachteiligen Veränderung der Situation unmittelbar nach dem Zusammenbruch das noch nicht einmal besonders schwere Schicksal der genannten Angeklagten kein Argument für eine Strafmilderung sein kann. Die Lektüre der oben zitierten Sätze dieses Urteils könnten bei einem sehr kritischen Leser den Eindruck erwecken, als sehe es das Gericht als eine besondere Benachteiligung an, dass diese Angeklagten, die während des Krieges an der Tötung unschuldiger Menschen mitgewirkt haben, nicht unmittelbar nach dem Kriege sofort wieder in den Polizeidienst gekommen sind.

Das bei weitem eigentümlichste Argument für eine Strafmilderung lautete wörtlich: „Ein weiterer mildernder Umstand liegt darin, dass seit der Begehung der Taten mehr als 22 Jahre verflossen sind und dass der Angeklagte, wäre nicht kurz vor dem Eintritt der Verjährung eine die Verjährung unterbrechende richterliche Handlung vorgenommen worden, nicht mehr bestraft werden könnte." Das Gericht stellte in diesem Verfahren fest, dass der Angeklagte, ein SS-Obersturmführer, als Selbstschutzführer in Polen nach seiner unwiderlegten Einlassung auf Befehl eines Vorgesetzten zehn Polen erschossen hat, von denen er glaubte, dass sie sich schwerer Verbrechen gegen Volksdeutsche schuldig gemacht hätten. Die Erschießung erfolgte in der Weise, dass der Angeklagte durch die geöffnete Zellentüre wahllos mit einer Maschinenpistole auf die dort eingesperrten Polen schoss. Unter Anwendung mildernder Umstände gemäß § 213 StGB verurteilte das Gericht den Angeklagten wegen Beihilfe zum Totschlag zu einer Gesamtstrafe von 15 Monaten Gefängnis. Die Strafe galt durch die Untersuchungshaft teilweise als verbüßt. Die Reststrafe wurde zur Bewährung ausgesetzt. Das Urteil wurde rechtskräftig.

Eine Strafe von 15 Monaten Gefängnis trifft heute einen betrunkenen Kraftfahrer, der im Straßenverkehr *fahrlässig* den Tod eines Menschen verursacht. – Dieses Urteil hat in verschiedenen deutschen Zeitungen einen sehr bezeichnenden Niederschlag gefunden. Es erschien dort eine Karikatur, die Vera Brühne darstellte, wie sie mit abgezehrtem Gesicht aus einem Gefängnisfenster schaut. Ein draußen vorbeigehender Mann in SS-Uniform ruft ihr zu: „Polen hätt'ste erschießen sollen." In der Bildunterschrift erschien der Name des betreffenden SS-Führers. – Mit dem zuletzt genannten Beispiel habe ich bereits den zweiten Abschnitt meines Referats angeschnitten:

Der Zeitablauf als Strafmilderungsgrund: Die Verjährung ist ein formelles Prozesshindernis. Das ergibt sich allein schon aus dem Gesetz, nämlich aus der Bestimmung des § 263 StPO. Dort ist ausdrücklich festgelegt, dass für die Entscheidung über Schuldfrage und die Bemessung der Strafe die 2/3-Mehrheit erforderlich ist, während für die Entscheidung über die Verjährung die einfache Mehrheit genügt. Das Gesetz lässt die Unterbrechung der Verjährung zu und bestimmt, dass nach der Unterbrechung die Verjährungsfrist von vorne zu laufen beginnt, ohne dass gleichzeitig der Strafrahmen für die einzelnen Straftaten geändert wird. – Auch daran ist zu denken, dass ein Mörder entsprechend der absoluten Strafdrohung des Gesetzes auch, falls die Verjährung am 7.5.1965 unterbrochen würde, noch am 7.5.1985 zu lebenslangem Zuchthaus verurteilt werden müsste, ohne dass eine Strafmilderung überhaupt möglich wäre. – Es bedarf keiner Erklärung, dass es in diesem wie auch in allen anderen Fällen nicht erlaubt ist, Strafzumessungserwägungen für die Entscheidung über die Feststellung von Täterschaft oder Beihilfe heranzuziehen. – Niemand würde auch auf den Gedanken kommen, die Strafe für eine Übertretung nur deshalb herabzusetzen, weil die die Verjährung unterbrechende richterliche

Handlung (z.B. Eröffnungsbeschluss) erst unmittelbar vor Ablauf der Dreimonatsfrist erfolgte.

Die Tatsache, dass die Verjährung erst unmittelbar vor dem Ablauf der Verjährungsfrist unterbrochen worden ist, mag vielleicht nach erfolgter Verurteilung in dem einen oder anderen Fall noch in den Rahmen der Erwägungen über eine eventuelle Begnadigung passen. Eine Berücksichtigung bei der Strafzumessung erscheint mir jedoch im Hinblick auf meine vorhergehenden Ausführungen äußerst bedenklich. – In einem Urteil findet sich bei den Strafzumessungsgründen folgender Satz: „Endlich ist das Sühnebedürfnis fast zwanzig Jahre nach Begehung der Straftat nicht mehr so groß. Die Zeit hat gnädig einen Schleier des Vergessens über die Leiden der Opfer und die Tränen der Angehörigen gezogen."

Ich glaube, es lohnt sich, sich Gedanken darüber zu machen, wie wohl ein solcher Satz bei der Öffentlichkeit, insbesondere bei den Opfern und deren Angehörigen ankommt. Wenn seitens der Opfer der NS Verbrechen eine derartige Feststellung getroffen würde, hätten wir allen Grund, dies als einen Ausdruck des Verzeihens dankbar hinzunehmen. Wenn jedoch ein deutsches Gericht in dieser Weise argumentiert, so besteht nur allzu leicht die Gefahr, dass dies von anderer Seite als eine Provokation angesehen wird. Die Tatsache, dass sich die Opfer von damals heute mit uns zusammen wieder an einen Tisch setzen und dass die Bundesrepublik bemüht ist, einen materiellen Schaden weitgehend wiedergutzumachen, gibt uns noch kein Recht zu der Annahme, die Wunden seien vernarbt. – Das Sprichwort „Zeit heilt Wunden" gilt nicht immer und überall. Denken Sie nur an unsere Heimatvertriebenen, denen sicherlich ebenfalls Unrecht widerfahren ist. Ein Blick in die Zeitungen der Vertriebenenverbände wird Sie davon überzeugen, dass auch diese Wunden keineswegs verheilt sind. Wenn in der Bundesrepublik wiederholt erklärt wird, dass das nach dem Kriege den Deutschen in den Ostgebieten angetane Unrecht nicht vergessen werden kann, darf man gerechterweise bei den Opfern der NS-Verfolgung nicht einfach eine andere Einstellung voraussetzen.

Neben dem Strafzweck der Sühne spielt in NS-Prozessen der Gedanke der Abschreckung eine beherrschende Rolle. Es dürfte unbestritten sein, dass der Gedanke der Spezialprävention in diesem Zusammenhang bedeutungslos ist, ebenso bedeutungslos wie bei den Mördern „herkömmlicher Art". Jeder Kriminologe wird Ihnen bestätigen können, dass Mörder oder Totschläger nur in ganz besonderen Ausnahmefällen rückfällig werden. – Von ausschlaggebender Bedeutung ist jedoch der Gedanke der Generalprävention. Es kann der Öffentlichkeit und insbesondere der Jugend durch eine rückhaltlose Bestrafung der NS-Verbrecher vor Augen geführt werden, dass in einem Rechtsstaat ein Verstoß gegen ein Strafgesetz auch dann geahndet wird, wenn diese Gesetzesverletzung von der Obrigkeit geduldet, gewünscht oder sogar befohlen wurde. Wenn dieses Bewusstsein in der Öffentlichkeit wachgerufen wird, kann die Gefahr einer Wiederholung solcher Untaten verringert werden, und das gerade ist doch der Sinn der Generalprävention, wenn auch einer Generalprävention im weiteren Sinne.

Um wieder auf den Zeitablauf als Strafmilderungsgrund zurückzukommen: Das Bedürfnis einer Generalprävention im o.g. Sinne ist in den letzten Jahren keineswegs geringer geworden. Die Tatsache, dass gewisse Interessengruppen heute bereits in aller Öffentlichkeit dazu übergehen, die NS-Verbrechen zu bagatellisieren, lässt den Strafzweck der Generalprävention heute aktueller denn je erscheinen.

Anwendung ausländischen Strafrechts: In einem Verfahren vor dem Schwurgericht Stuttgart tauchte vor kurzem eine Frage auf, die sicherlich demnächst in mehreren NS-Prozessen von Bedeutung sein wird. Es handelt sich hierbei um die Anwendung des § 4 StGB i.d. Fassung vom 24.4.1934. Diese Bestimmung lautet – soweit sie hier von Interesse ist – wörtlich wie folgt: „*§ 4.* (I) Wegen der im Ausland begangenen Verbrechen und Vergehen findet in der Regel keine Verfolgung statt. – (II) Jedoch kann nach den Strafgesetzen des Deutschen Reiches verfolgt werden. ...3. Ein Deutscher, welcher im Ausland eine Handlung begangen hat, die nach den Gesetzen des Deutschen Reiches als Verbrechen oder Vergehen anzusehen und durch die Gesetze des Ortes, an welchem sie begangen wurde, mit Strafe bedroht ist. Die Verfolgung ist auch zulässig, wenn der Täter bei der Begehung der Handlung noch nicht Deutscher war. In diesem Falle bedarf es jedoch eines Antrages der zuständigen Behörde des Landes, in welchem die strafbare Handlung begangen worden, und das ausländische Strafrecht ist anzuwenden, soweit dies milder ist. ...“

In diesem Zusammenhang ist noch der *§ 5 a.F.* von Bedeutung: „Im Falle des § 4 Nr. 3 bleibt die Verfolgung ausgeschlossen, wenn 1. von den Gerichten des Auslandes über die Handlung rechtskräftig erkannt und entweder eine Freisprechung erfolgt oder die ausgesprochene Strafe vollzogen, 2. die Strafverfolgung oder die Strafvollstreckung nach den Gesetzen des Auslandes verjährt oder die Strafe erlassen ist.“

In dem Stuttgarter Verfahren handelte es sich darum, dass im November 1939 in Westpreußen drei Angehörige des volksdeutschen Selbstschutzes mehrere Juden und Polen erschossen hatten. – Es waren nun folgende Fragen zu klären: a) Gehörte der Tatort im Zeitpunkt der Tat zum Deutschen Reich; b) waren die Täter zur Tatzeit ihrer Staatsangehörigkeit nach Deutsche oder Polen – ggf. wann haben sie die deutsche Staatsangehörigkeit erlangt? Das Institut für ausländisches und internationales Strafrecht in Freiburg hat in einem Gutachten die Meinung vertreten, dass der Tatort als Ausland anzusehen sei, obwohl die Eingliederung dieses Gebietes in das Deutsche Reich schon einen Monat vorher erfolgt war. Die Täter seien nach der Ansicht der Gutachter zur Zeit der Tat auch noch nicht deutsche Staatsangehörige gewesen, obwohl ihnen aufgrund des Erlasses vom 25.11.1939 die deutsche Staatsangehörigkeit rückwirkend zum 26.10.1939 zuerkannt worden sei. Da also der Tatort im Ausland lag und die Täter zur Tatzeit noch keine deutschen Staatsangehörigen waren, ergab sich die weitere Frage, ob in Anwendung des § 4 StGB a.F. ein Strafantrag der polnischen Regierung notwendige Voraussetzung für eine Strafverfolgung sei.

Diese Frage wurde von den Gutachtern verneint. Es würde zu weit führen, im Rahmen dieses Referats auf die Einzelheiten des Gutachtens einzugehen. Die ZSt. hat – wie durch Rundschreiben schon bekanntgegeben wurde – das Gutachten vervielfältigt. Es können dort im Bedarfsfalle Exemplare angefordert werden. – Von entscheidender Bedeutung ist nun in diesem Zusammenhang die Tatsache, dass in einem Fall wie dem oben genannten – und das trifft beispielsweise für sämtliche Verfahren gegen Angehörige des volksdeutschen Selbstschutzes zu – das ausländische Strafrecht anzuwenden ist, soweit es sich dabei um das mildere Gesetz handelt. – Nach Art. 225 des polnischen Strafgesetzbuchs wird die Tötung eines Menschen mit Gefängnis nicht unter fünf Jahren oder mit lebenslangem Gefängnis oder mit dem Tod bestraft. Die Verjährung tritt gemäß Art. 86 nach 20 Jahren ein. Aber selbst dann, wenn innerhalb dieser Frist von 20 Jahren eine Unterbrechung der Verjährung durch eine richterliche Handlung erfolgte, ist nach Art. 87 die Strafverfolgung ausgeschlossen, wenn seit der Tat 25 Jahre vergangen sind. Die Verjährung ruht jedoch nach der Rechtsprechung polnischer Obergerichte – nicht aufgrund einer gesetzlichen Regelung – während der deutschen Besetzung. – Ich darf auch insoweit auf das Gutachten verweisen, das Ihnen auf Anforderung zur Verfügung gestellt wird.

Der § 4 StGB a.F. galt bis zum 6.5.1940. Für Straftaten, die nach diesem Zeitpunkt begangen wurden, gilt der § 4 – abgesehen von hier nicht interessierenden Einzelbestimmungen – in seiner heutigen Fassung.

4. Zuletzt möchte ich noch auf ein Urteil eingehen, in dem – soweit mir bekannt – erstmalig in einem NS-Prozess der § 47 Abs: 2 MilStGB vom 10.10.1940 angewendet wurde. Es handelt sich um das Urteil des Schwurgerichts Bonn im sog. „Kulmhof-Prozess". Der § 47 lautet: „1. Wird durch die Ausführung eines Befehls in Dienstsachen ein Strafgesetz verletzt, so ist dafür der befehlende Vorgesetzte allein verantwortlich. Es trifft jedoch den gehorchenden Untergebenen die Strafe als Teilnehmer 1. wenn er den erteilten Befehl überschritten hat, oder 2. wenn ihm bekannt gewesen ist, dass der Befehl des Vorgesetzten eine Handlung betraf, welche ein allgemeines oder militärisches Verbrechen oder Vergehen bezweckte. – 2. Ist die Schuld des Untergebenen gering, so kann von seiner Bestrafung abgesehen werden."

Unter Bezugnahme auf diese Bestimmung hat das Schwurgericht im Falle von sechs Angeklagten von Strafe abgesehen. Es hat über die bereits erörterten, auch anderen Angeklagten zugebilligten Strafmilderungsgründe hinaus folgende Gesichtspunkte zugunsten dieser sechs Angeklagten herausgestellt: „Sie waren ihrer dienstlichen Stellung nach die letzten Befehlsempfänger, die selbst keinerlei Befehlsbefugnis hatten, sondern nur ausführten, was ihre Vorgesetzten anordneten. Bei ihrem äußerst dürftigen geistigen Vermögen und ihrem teilweise noch jungen Alter unterlagen sie ... einem fast übermächtigen Befehlsdruck ... Zudem erscheint ihre Prüfungspflicht gegenüber dem Inhalt der Befehle in Anbetracht der besonderen Gegebenheiten geringer, als sie dem Regelfall des § 47 MilStGB entspricht. Denn die Angeklagten wurden nicht von einem einzelnen Vorgesetzten zur Vornahme einer oder mehrerer verbrecherischer Handlungen befohlen, sondern sie wurden aufgrund eines „Führerbefehls" und unter Mitwirkung zahlreicher höherer Dienststellen und Vorgesetzten im Rahmen eines ganzen Kommandos zur Vernichtung der jüdischen Menschen eingesetzt. Überdies lag es nahe, dass die Angeklagten, soweit sie reine Bewachungsaufgaben wahrnahmen ..., sich in die

Vorstellung flüchteten, dass die gesamte Aktion auch ohne ihr Zutun abliefe und dass sie nichts täten, was zu den Tötungen beitrage. ..."

Hinsichtlich der Anwendung des § 47 Abs. 2 MilStGB führte das Gericht weiter aus: „Alle angeführten Milderungsgründe, soweit sie sich auf den Schuldvorwurf beziehen, lassen diesen als gering erscheinen und gebieten die Anwendung des § 47 Abs. 2 MilStGB. Denn das Versagen der Angeklagten in einer Situation, die sie fast überforderte, wiegt nicht so schwer, dass eine Bestrafung nach Maßgabe des gesetzlichen Strafrahmens erforderlich oder auch nur vertretbar gewesen wäre. Vielmehr besteht zwischen der in Betracht kommenden gerechten Strafe für ihr Fehlverhalten und der gesetzlichen Mindeststrafe von drei Jahren Zuchthaus ein derart krasses Missverhältnis, dass die Verhängung der letzteren eine ungerechtfertigte und nicht vertretbare Härte darstellen würde. Wenn aber die gesetzliche Mindeststrafe einen derartigen Härtetatbestand schaffen würde und es andererseits nicht zulässig ist, auf eine vorgestellte geringere Strafe zu erkennen, so ist von einer Bestrafung gänzlich abzusehen. ..."

Gegen das Urteil haben sowohl die Angeklagten als auch die StA Revision eingelegt. Die StA wendet sich u.a. auch gegen die Anwendung des § 47 Abs. 2 MilStGB. Eine Entscheidung des BGH ist bisher nicht ergangen. Soviel mir jedoch durch eine telefonische Mitteilung bekannt geworden ist, werden die Erfolgsaussichten der Revision in diesem speziellen Punkt nicht sehr hoch eingeschätzt.

Die Bestimmung des § 47 Abs. 2 MilStGB ist für unsere Arbeit deshalb sehr interessant, weil es mit der in dem „Kulmhof-Urteil" gegebenen Begründung möglich ist, dass die StA gemäß § 153 a StPO mit Zustimmung des Gerichts in den Fällen von der Erhebung der öffentlichen Anklage absieht, in denen die Täter als einfache Schützen im Rahmen ihrer Einheit – z.B. bei Polizeibataillonen – bei Tötungsaktionen eingesetzt waren oder auch nur Absperrdienst leisteten. Es wäre deshalb nicht erforderlich, dass man Putativnotstand heranzieht, um die sog. „kleinen Leute" aus der Strafverfolgung zu entlassen, zumal bei den strengen Anforderungen, die der BGH an die Feststellung des Putativnotstandes stellt, eine solche Begründung nicht immer ganz leicht zu geben ist.

Andererseits wird man zu überlegen haben, ob es angängig ist, im Falle einer Beihilfe zum Mord – und sei es auch in einem besonders mild zu bewertenden Fall – gewissermaßen „wegen Geringfügigkeit" das Verfahren einzustellen. – Es ist zu hoffen, dass das Urteil des BGH im „Kulmhof-Prozess" auf diese Fragen Antwort gibt. Nach dem Vorliegen des BGH-Urteils wird Ihnen die ZSt. im Rahmen der Rundschreiben bzw. der Sammlung „Rechtsprechung" die Entscheidungsgründe zugänglich machen.

ORR Weidner stellte fest, dass der Referent das Thema so umfassend und erschöpfend behandelt habe, dass sich wohl eine weitere Diskussion erübrige.

Da Wortmeldungen nicht erfolgten, wurde die Tagung um 12.00 Uhr geschlossen. – Am Nachmittag dieses Tages nahmen die Teilnehmer an einer Fahrt durch den Schwarzwald über Baden-Baden – Schwarzwaldhochstraße – Freudenstadt teil.

Am 9.4.1964, 9.00 Uhr wurde die Tagung fortgesetzt.

Nach einleitenden Worten erteilte *MinRat Roth ORR Schätzler*, BJM in Bonn, das Wort zu seinem Referat: *„Beschaffung von Beweismitteln aus der SBZ und aus Ostblockstaaten“*

I. 1. Die Schauplätze der nach der Zahl der Opfer größten Verbrechen der NS-Zeit liegen im Gebiet des heutigen Ostblocks, vornehmlich in Russland und Polen.

StA und Gerichten stellt sich daher immer wieder die Frage, wie die in den Ostblockstaaten vorhandenen oder vermuteten Urkunden, Zeugen und anderen Beweismittel für die Strafverfolgung nutzbar gemacht werden können. – Das Bestreben, die Tatkomplexe aufzuhellen, die Schuldigen zu finden und zu überführen, stößt hier auf besondere Schwierigkeiten, ja Grenzen, die nicht rechtlicher, sondern politischer Natur sind. Lassen Sie mich zunächst einen Vorgang in Bonn aus der jüngsten Zeit kurz darstellen, der schlaglichtartig das besonders Heikle, das Diffizile der Lage beleuchtet. Aus Anlass der Vorgänge um den ehemaligen Bundesminister Krüger hatte die SPD eine Kleine Anfrage betreffend den Schutz des Ansehens der Bundesrepublik Deutschland gestellt. Eine der Fragen lautete: „Was hat die Bundesrepublik bisher unternommen und was wird sie tun, um das außerhalb des Bundesgebiets vorhandene Dokumentenmaterial so gründlich auszuwerten, dass ihr feindlich gesinnte Kräfte nicht mehr von Fall zu Fall Schaden zufügen können?“

Für die Bundesrepublik antwortete der Bundesminister des Innern im Einvernehmen mit den beteiligten Ressorts (AA und BMJ) am 21.2.1964 wie folgt: „Das im westlichen Machtbereich vorhandene Dokumentenmaterial hat schon immer zur Auswertung zur Verfügung gestanden und ist inzwischen zum größten Teil als Archivmaterial dem Bund übergeben worden. Wie den Fragestellern bekannt ist, wird von diesem Material stets Gebrauch gemacht. – Um die Heranziehung des noch im kommunistischen Machtbereich befindlichen Dokumentenmaterials hat sich die Bundesregierung, wie bekannt ist, nachhaltig bemüht. Sie hat den östlichen Machthabern angeboten, das Material *den* Behörden in der Bundesrepublik zu übergeben, die Gewähr für eine sachgerechte Verwaltung und objektive Auswertung bieten. Diesem Ersuchen ist bisher leider nicht entsprochen worden. Offenbar wird das Dokumentenmaterial in der bekannten politischen Absicht zurückgehalten. Die Bundesregierung hält dennoch ihr Angebot auf Übernahme des gesamten Materials aufrecht und bleibt weiter um die Heranschaffung bemüht.“

Mit dieser Antwort waren die Fragesteller nicht zufrieden. In einer erneuten Kleinen Anfrage (vom 3.3.1964) fragten sie u.a.: „Ist die Bundesregierung bereit, erneut und nunmehr auch besser geeignete Schritte zu unternehmen, um das im kommunistischen Machtbereich befindliche Dokumentationsmaterial lückenlos zu erschließen und damit weiterem Missbrauch vorzubeugen?“ Der Bundesminister des Innern antwortete, indem er zunächst auf seine bereits früher erteilte Antwort verwies und dann ausführte: „Sie“ (die Bundesregierung) „wird auch in Zukunft jede Möglichkeit prüfen und nutzen, um in den Besitz dieses Materials zu gelangen. – Ich habe ferner bereits darauf hingewiesen, dass das Dokumentenmaterial offenbar in der bekannten politischen Absicht zurückgehalten wird. – Die sich daraus ergebenden Schwierigkeiten sollten auch von den Fragestellern nicht verkannt werden."

2 a) Diese Vorgänge machen deutlich, welche Erschwernis darin liegt, dass das Urkundenmaterial einen politischen Wert hat, den auszunutzen die östliche Seite bestrebt ist. Hierin sieht sie sich umso weniger gehindert, als ihr diplomatische Rücksichten weitgehend entbehrlich erscheinen. – Diplomatische Beziehungen unterhält die Bundesrepublik Deutschland zwar zu einem Ostblockstaat, der Sowjetunion. Zu den übrigen Ostblockstaaten bestehen aber keine diplomatischen Beziehungen. – Von einer gewissen Eigenart ist das Verhältnis der Bundesrepublik zu Jugoslawien. Nach dem Abbruch der diplomatischen Beziehungen ist diplomatischer Verkehr nur noch über die Schutzmacht möglich. Schutzmacht ist für uns Frankreich. Bei der Botschaft der französischen Republik in Belgrad besteht eine besondere Dienststelle zur Wahrnehmung deutscher Interessen, der deutsche Angehörige des auswärtigen Dienstes zugehören.

b) Die mangelnden diplomatischen Beziehungen sind nicht die einzige Ursache dafür, dass Beweismittel aus dem Ostblock schwer zu beschaffen sind. Ein weiterer Grund ist, dass mit keinem der Ostblockstaaten, also auch nicht der Sowjetunion, Rechtshilfeverträge bestehen. Trotzdem hat die Sowjetunion in gewissem Umfang in einzelnen Fällen Hilfe geleistet, bei der die Botschaft der Bundesrepublik in Moskau eingeschaltet ist. Mit Jugoslawien besteht Auslieferungs- und Rechtshilfeverkehr auf vertragloser Grundlage. – Da nach internationaler Auffassung bei einer Rechtshilfe auf vertragloser Grundlage der Gesichtspunkt der Gegenseitigkeit bedeutsam ist (vgl. auch § 41 DAG), ergeben sich hier die Bedenken der verantwortlichen Ressorts der Bundesregierung, also das AA, des BMJ und, mit Bezug auf die SBZ, des Bundesministeriums für gesamtdeutsche Fragen, die im Wesentlichen in außenpolitischen Überlegungen wurzeln.

Um Ihnen diese Gedankengänge näher zu bringen, möchte ich eine kurze Darstellung vortragen, die unser Referat für Auslieferung und zwischenstaatliche Rechtshilfe erarbeitet hat. Diese Darstellung berücksichtigt die letzten vier Jahre. Vielleicht ist es am Platze, sich zu vergegenwärtigen, dass in der uns beschäftigenden Frage ein statisches Bild sich ohnehin schlecht geben lässt, weil die außenpolitischen Gegebenheiten ebenso einem Wechsel unterworfen sind wie die Rangfolge und das justizpolitische Gewicht unserer Wünsche. Diese Dinge sind beständig im Fluss, und wir können ohne Zweifel feststellen, dass die Intensivierung der Verfolgung von NS-Gewaltverbrechen in die Rechtshilfefrage einen gewissen Impetus gebracht hat; das lässt sich auch von den Beweisproblemen sagen, die im Zusammenhang mit den Vorwürfen gegen Richter und StA wegen ihrer Tätigkeit in der Strafrechtspflege während der NS-Zeit entstanden sind.

In der erwähnten Darstellung wird ausgeführt: Auf der 28. JMK in Hamburg am 14.10.1959 ist aus Anlass der Notwendigkeit einer wirksamen Aufklärung nationalsozialistischer Verbrechen besprochen worden, ob der Rechtshilfeverkehr mit Polen und der Tschechoslowakei aufgenommen werden sollte. Eine Entschließung ist damals nicht gefasst worden. Wiederholte Erörterungen der Frage mit dem AA haben zu dem Ergebnis geführt, dass die Aufnahme des Rechtshilfeverkehrs mit diesen und den anderen Ländern des Ostblocks (ausgenommen Jugoslawien) aus rechtlichen und politischen Gründen unerwünscht ist. Hierfür sind im Wesentlichen folgende Überlegungen maßgebend gewesen: Zwischen der Bundesregierung und den Staaten des Ostblocks bestehen keine Rechtshilfeverträge. Würde die Bundesregierung einen dieser Staaten um Übersendung von Akten oder sonstigen Schriftstücken ersuchen, so ginge sie zwar keine unmittelbare Verpflichtung ein, in einem gleichen Fall auch ihrerseits Rechtshilfe zu leisten. Der andere Staat könnte aber, einer internationalen Übung entsprechend, hieraus schließen, dass die Bundesregierung bereit sei, Gegenseitigkeit zu gewähren. Schon der Eindruck einer solchen Bereitschaft muss aber vermieden werden, weil sonst unerwünschte außenpolitische Folgerungen daran geknüpft werden könnten.

Da Verträge nicht bestehen, müsste bei Rechtshilfeersuchen aus Ostblockstaaten jeweils die Gegenseitigkeit verbürgt werden (§ 41 Abs. 1 DAG). Diese Staaten haben es bisher aber immer abgelehnt, gegenüber der Bundesregierung völkerrechtlich verbindliche Gegenseitigkeitserklärungen abzugeben. – Schließlich wird es wegen der Eigenart der Strafrechtssysteme und der besonderen Justizverhältnisse in den Ostblockstaaten (Stellung der Strafverfolgungsbehörden, Beweiswert von Zeugenvernehmungen u.a.) nicht für vertretbar gehalten, Rechtshilfe in dieser oder jener Form, auch nicht aus Anlass eines Einzelfalles, zu gewähren. Dabei ist besonders zu berücksichtigen, dass bei Rechtshilfeersuchen aus diesen Staaten nicht erkennbar ist, ob das dem jeweiligen Ersuchen zugrunde liegende Verfahren nicht etwa aus politischen Gründen geführt wird.

Da es grundsätzlich nicht möglich erscheint, einerseits Rechtshilfe zu verweigern, sie andererseits aber in Anspruch zu nehmen, kann die Aufnahme eines Rechtshilfeverkehrs in Strafsachen mit Staaten des Ostblocks – insbesondere soweit die Bundesrepublik mit ihnen keine diplomatischen Beziehungen unterhält – nicht in Betracht kommen. – Soweit es sich um Ermittlungs- oder Strafverfahren gegen deutsche Richter und StA handelt, ist in einem vom AA mit geprüften Rundschreiben an die LJVW vom 29.9.1960 Folgendes ausgeführt worden: „Im Hinblick auf die politische Bedeutung der gegen Richter und StA erhobenen Vorwürfe hat die Bundesregierung ausnahmsweise ihre Bedenken zurückgestellt. Sie hat, wie ich in meinem Schreiben vom 24.3.1960 zum Ausdruck gebracht habe, keine Einwendungen gegen eine unmittelbare Fühlungnahme zwischen den LJVW und der polnischen bzw. tschechoslowakischen Militärmission in Westberlin in Strafverfahren erhoben, die sich gegen jetzt in der Bundesrepublik amtierende Richter oder Justizbeamte wegen ihres Verhaltens während der nationalsozialistischen Zeit richten. Dabei ist die Bundesregierung davon ausgegangen, dass im Rahmen der bestehenden Möglichkeiten nichts unversucht bleiben sollte, um die Unterlagen zu beschaffen, die zur Überprüfung der Vorwürfe benötigt werden. Insbesondere sollten Angebote von Behörden der Ostblockstaaten, einschlägiges Beweismaterial zur Verfügung zu stellen, angenommen werden, zumal wenn die Beschaffung des Beweismaterials auch im Interesse der Beschuldigten bzw. Verdächtigen liegen kann.

Um jedoch der Ansicht vorzubeugen, dass die Bundesregierung durch die Annahme solcher Angebote oder die unmittelbare Fühlungnahme mit Militärmissionen in Westberlin irgendwelche Verpflichtungen eingehen will, hat sie in ihren Fällen den LJVW die Entscheidung überlassen. Auf die Notwendigkeit, bei der Abfassung der Rechtshilfeersuchen den Eindruck zu vermeiden, als ob die deutschen Behörden zu Gegenleistungen bereit sein würden, habe ich bereits in meinem Schreiben vom 24.3.1960 hingewiesen. Es müsste aber weiter unbedingt sichergestellt werden, dass das Beweismaterial den Behörden der Bundesrepublik oder Westberlin zugesandt oder wenigstens in diesen Gebieten zur Einsicht zur Verfügung gestellt wird. Dagegen ist es nicht zu vertreten, dass das Beweismaterial von einem deutschen Richter oder StA in dem anderen Staat eingesehen wird. Ist dieser nicht bereit, das Material in die Bundesrepublik oder nach Westberlin zu übersenden, muss auf die Einsichtnahme verzichtet werden. Die Akten oder sonstigen Schriftstücke dürften damit unerreichbar im Sinne des § 244 Abs. 3 Satz 2 StPO sein. Für den Fall der Vernehmung von Zeugen, die in Polen oder in den von Polen verwalteten Gebieten Deutschlands wohnen, hat der BGH dies bereits ausgesprochen (GA 1954 S. 374)".

In einem weiteren Rundschreiben an die LJVW vom 10.10.1960 hat sich das BMJ in Übereinstimmung mit dem AA auf den Standpunkt gestellt, jede dienstliche Tätigkeit eines Richters oder Justizbeamten außerhalb des Hoheitsgebiets der Bundesrepublik sei eine Amtshandlung, die die Souveränität des fremden Staates beeinträchtige. Da es sich um eine hoheitsrechtliche Frage im Verhältnis zwischen zwei Staaten handle, berühre sie die auswärtigen Beziehungen der Bundesrepublik. Die Pflege der Beziehungen zu auswärtigen Staaten sei Sache des Bundes (Art. 32 Abs. 1 GG). Das bedeute, dass die Bundesregierung das Recht habe, unter außenpolitischen Gesichtspunkten bei der Entscheidung über eine Dienstreise in das Ausland mitzusprechen. Erst wenn die Bundesregierung keine Bedenken gegen die beabsichtigte Auslandsreise habe, könne der Richter oder Justizbeamte die Reise antreten.

Eine Reihe von Einzelfällen hat in letzter Zeit Anlass gegeben, die Frage der strafrechtlichen Beziehungen zu den Ostblockstaaten erneut zu prüfen. In einem Fall ergab sich aus der Mitteilung einer LJVW über Besprechungen zwischen dem Vertreter einer Landesjustizbehörde und einem Mitglied der polnischen Kriegsverbrecherkommission (Prof. Sehn) in Frankfurt/M., dass deutsche Gerichte oder StA polnische Staatsangehörige durch Vermittlung der USA-Botschaft in Warschau als Zeugen geladen hatten. In einem Rundschreiben vom 24.5.1962 an die LJVW – 9360 P 4 – 27 022/62 – hat die Bundesregierung ihr Befremden über das Vorgehen der LJVW zum Ausdruck gebracht und nochmals ausdrücklich auf den früher dargelegten Standpunkt hingewiesen.

In der Folgezeit haben LJVW verschiedentlich die Stellungnahme der Bundesregierung zu beabsichtigten Ersuchen an polnische Dienststellen erbeten. Diese ist in jedem Einzelfall im Einvernehmen mit dem AA erteilt worden. Um eine einheitliche Linie zu bekommen, hat das AA aufgrund der bisher gesammelten Erfahrungen zu dem Fragenkomplex mit Schreiben vom 18.1.1963 Folgendes mitgeteilt: „Die

Frage der Zulässigkeit eines Rechtshilfeverkehrs in Strafsachen mit den Ostblockstaaten ist schon dem dortigen Schreiben vom 29.9.1960 – 4000 – 2 – 20/366/60 mit Recht verneint worden. Eine Ausnahme ist bisher nur in den Strafverfahren zugelassen worden, die gegen deutsche Richter und StA eingeleitet wurden. Man wird aber in Zukunft dazu übergehen müssen, auch im Falle der Verfolgung von NS-Gewaltverbrechen von der bisherigen Praxis abzugehen und unter Umständen auch in diesen Fällen zuzulassen, dass die LJVW die polnische und tschechoslowakische Militärmission in Berlin um Rechtshilfe bitten, wobei man nicht übersehen darf, dass die aus Ländern des Ostblocks stammenden Zeugen, selbst wenn sie es wollten, niemals frei aussagen können, sondern von den zuständigen Behörden ihres Heimatlandes die Ausreisegenehmigung natürlich nur erhalten, wenn sie politisch absolut zuverlässig sind. Zu beachten ist, dass die Rechtshilfe des Ostblocks immer mit einer politischen Aktion verbunden ist und häufig nur geleistet wird, um mit dem Nachweis weiterer Gewaltverbrechen nicht nur vergangene Untaten zu sühnen, wogegen nicht das Allermindeste einzuwenden ist, sondern die Bundesrepublik Deutschland zu belasten und zu diskriminieren. Es sollten daher gewisse Gesichtspunkte bei der Stellung von Rechtshilfeersuchen beachtet werden:

1. Es sollten ausschließlich die Justizbehörden der Länder nach in jedem Einzelfall vorheriger Unterrichtung des Justizministers und des AA an die polnische oder tschechoslowakische Militärmission oder eine sonstige Behörde der osteuropäischen Satellitenstaaten mit der Bitte um Rechtshilfe im Falle eines NS-Gewaltverbrechens herantreten. – 2. Eine unmittelbare Fühlungnahme der Justizbehörden der Länder mit den Verbänden der antifaschistischen Widerstandskämpfer in Prag und Warschau sollte nur stattfinden, wenn sie absolut unumgänglich erscheint. Auch in diesem Fall sollten Ihr Haus und das AA vorher rechtzeitig eingeschaltet werden. – 3. Zeugen aus dem Ostblock sollten nicht von einem ersuchten polnischen oder tschechoslowakischen Richter vernommen werden, sondern selber in der HV vor dem deutschen Richter erscheinen. Nur in diesem Fall ist eine geringe Gewähr dafür gegeben, dass das deutsche Gericht die Persönlichkeit des Zeugen und seine Aussage richtig werten kann. – 4. Die Prüfung der Echtheit öffentlicher Unterlagen muss besonders sorgfältig durchgeführt werden. – 5. Auf die Einsichtnahme in Originaldokumente, die sich in den Archiven eines Ostblockstaates befinden, sollte nicht insistiert werden, wenn die Justizbehörden des betreffenden Landes die Übersendung von Fotokopien dieser Dokumente oder die Übersendung von Akten an deutsche Justizbehörden zur Einsichtnahme ablehnen.

Darüber hinaus muss natürlich gewährleistet sein, dass auf jeden Fall der Eindruck vermieden wird, die Bundesregierung sei bereit, Gegenseitigkeit zu gewähren, weil sonst unerwünschte politische Folgerungen daran geknüpft werden könnten."

II. 1. Die Rechts- und Amtshilfe im Verkehr mit der SBZ bietet ein etwas anderes Bild. Hier haben wir das Gesetz über den innerdeutschen Rechts- und Amtshilfeverkehr in Strafsachen und hier liegt eine Fülle praktischer Erfahrungen vor, auf die vielleicht in der Diskussion näher eingegangen werden kann. Ich möchte zwei wesentliche Punkte hervorheben:

a) Es besteht eine besonders große Gefahr, dass die Zonenbehörden Schritte der Justizbehörden der Bundesrepublik zu propagandistischen Aktionen gegen die Bundesrepublik oder die Bundesregierung ausnützen. Bei allen Maßnahmen, seien es Ersuchen oder Angebote, wird daher darauf Bedacht zu nehmen sein, dass solche Rückwirkungen nach Möglichkeit vermieden werden. – b) Ferner gilt es, alle Schritte und Äußerungen zu vermeiden, die „im Vorfeld der staatlichen Anerkennung" der SBZ liegen oder denen von den dortigen Machthabern die Bedeutung einer solchen Anerkennung unterlegt werden könnte.

2 a) Die SBZ hat den politischen Wert des Beweismaterials in ihren Händen erkannt und sie nützt ihn auch aus, ermutigt durch mehrere Fälle, die sie als „Abschüsse" verbucht haben wird. Im Juli 1962 hat sich das Bundeskabinett anlässlich des Falles Fränkel und des allgemein gehaltenen Angebots des GStA Streit mit der Heranziehung von Dokumenten aus der SBZ befasst. Das Ergebnis war eine öffentliche Erklärung des Sprechers der Bundesregierung. StS von Hase erklärte am 25.7.1962 vor der Presse in Bonn Folgendes: „Grundsätzlich ist festzustellen, dass es sich bei dem Brief des GStA der sowjetischen Besatzungszone, Streit, um eine politisch-propagandistische Aktion handelt. Von der Bundesrepublik ist immer und immer wieder die Forderung gestellt worden, dass das Material von drüben zugänglich gemacht wird. Die Sowjetzone betrachtet jeden Fall als Propagandaaktion, nicht um in der Bundesrepublik sozusagen an der Rechtsstaatlichkeit mitzuwirken, sondern um im Trüben zu fischen. Der Brief des sowjetzonalen GStA wird nicht beantwortet werden. Das Bundesarchiv in Koblenz ist bereit, Aktenmaterial entgegenzunehmen. Dieses Aktenmaterial wird wie bisher sorgfältig und rasch ausgewertet werden. Es ist zu hoffen, dass in kurzer Zeit sämtliches Material zur Verfügung gestellt werden wird, damit auf diese Weise auf diesem Sektor endlich eine Beruhigung eintritt und weiteren propagandistischen Schritten der Boden entzogen wird."

Auf eine Frage antwortete StS von Hase weiter: „Es hat sich bisher in sehr vielen Fällen herausgestellt, dass es sich in der Tat um authentische Dokumente handelt. In anderen Fällen ist gefälschtes Propagandamaterial vorgelegt worden. Sie ersehen daraus, wie schwierig der ganze Komplex ist. Sie mögen aus der Tatsache, dass die Bundesregierung dieses ganze Einsichtsersuchen nicht a priori von sich weist, sondern hier sozusagen einen Weg geöffnet hat, über den es zur Kenntnis genommen wird, ersehen, mit welcher rechtsstaatlichen Gründlichkeit und mit welcher hohen Rechtsmoral die Bundesregierung an die Lösung dieser Frage herangeht." – StS von Hase erklärte auf Fragen zum Schluss nochmals mit Nachdruck, die Bundesregierung hoffe, dass das Material recht bald zur Verfügung gestellt wird und dass das Bundesarchiv in Koblenz bereit ist, das Material entgegenzunehmen. – Bisher haben die Behörden der SBZ kein Material abgeliefert.

Eine besondere Rolle spielt die Frage, ob Richter oder Beamte zur Einsicht in Akten in die SBZ oder in die Ostblockstaaten entsandt werden können. Im Zusammenhang mit § 116 DRiG ist dieses Problem aktuell geworden. Es ist aber bedeutsam für die Verfolgung von NS-Gewaltverbrechen. Bundestag und Bundesregierung haben sich mit der Frage beschäftigt. Vor einem Jahr hat der Rechtsausschuss des Bundestages den BJM gebeten zu prüfen, ob Beamte in die SBZ und in die Ostblockstaaten entsandt werden dürfen, um die dort vorhandenen Akten auf untragbare Todesurteile, die in der Bundesrepublik amtierenden Richtern vorzuwerfen sind, durchzusehen. Zur Vorbereitung einer Stellungnahme ist die Frage, welche Möglichkeiten für eine Entsendung von Beamten bestehen, mit allen beteiligten Ressorts der Bundesregierung erörtert worden. Das Ergebnis war: Einer Entsendung von Beamten zur generellen Durchsicht von Akten, losgelöst von Einzelfällen, kann nicht zugestimmt werden. Gegen eine solche Entsendung sprechen einmal politische Gründe, zum anderen könnte die sog. Dunkelziffer nicht geklärt werden, weil die östlichen Stellen nicht das gesamte Material vorlegen werden. Der politische Wert des Materials ist viel zu hoch, als dass mit einer vollständigen Offenlegung gerechnet werden kann. Schließlich würde es nicht genügen, einzelne Beamte zu einer Durchsicht des Aktenmaterials zu entsenden. Wenn die Aktion erfolgreich sein soll, müsste eine Arbeitsgruppe, bestehend aus mehreren Beamten, voraussichtlich eine längere Zeit tätig sein, um das Material auszuwerten und Fotokopien anzufertigen. Dadurch würde der Aktion ein viel zu großes politisches Gewicht beigelegt.

Wird im Zusammenhang mit Vorwürfen gegen bestimmte Richter Aktenmaterial angeboten, so sollen die östlichen Stellen zunächst gebeten werden, das Material zu übersenden. Wird dies abgelehnt, so sollte eine Entsendung von Beamten in die SBZ oder in die Ostblockstaaten nicht von vornherein abgelehnt werden. Es kommt vielmehr auf die Umstände des Einzelfalles an, ob ausnahmsweise eine Entsendung gerechtfertigt erscheint (z.B. auch aus der Fürsorgepflicht, wenn das Material der Entlastung dienen könnte). Verfahrensgemäß müssten die Länder dem BMJ die beabsichtigte Entsendung mitteilen, damit zwischen den beteiligten Ressorts erörtert werden kann, ob ausnahmsweise eine Entsendung gerechtfertigt erscheint.

Diesen Grundsätzen, insbesondere auch dem Verfahren, haben die Landesjustizminister am 17.5.1963 in Karlsruhe zugestimmt. Der hessische Justizminister hat dabei ergänzend darauf hingewiesen, dass auch die Erfahrungen mit den beiden hessischen StA, die in jüngster Zeit in Ostberlin Akten eingesehen haben, nicht gegen eine Entsendung von Beamten in Ausnahmefällen sprechen. Die Reise der beiden hessischen StA ist nicht durch eine Initiative der SBZ-Stellen, sondern durch Veröffentlichungen in der westdeutschen Presse zuerst bekannt geworden. Daraufhin haben sich nach Darstellung des hessischen Justizministers die SBZ-Stellen ebenfalls zu Presseveröffentlichungen veranlasst gesehen.

Nachdem auf diese Weise Übereinstimmung auch mit den LJVW erzielt war, hat der BJM die Billigung des Bundeskabinetts zu folgenden drei Grundsätzen erbeten und erhalten: 1. Einer Entsendung von Beamten zur generellen Durchsicht von Akten, losgelöst von Einzelfällen, wird nicht zugestimmt. – 2. Bieten Stellen der SBZ oder von Ostblockstaaten im Einzelfall Aktenmaterial zur Einsichtnahme an, so kann, wenn die Umstände des Einzelfalles es rechtfertigen, einer Entsendung von Beamten ausnahmsweise zugestimmt werden. – 3. Vor einer etwaigen Entsendung im Einzelfall unterrichtet das zuständige Land den Bund, der im Zusammenwirken mit dem Land über die Entsendung entscheidet.

Zusammenfassend können wir wohl feststellen, dass gerade in der letzten Zeit in der Frage der Beschaffung von Beweismitteln aus dem Ostblock und der SBZ eine gewisse Auflockerung eingetreten ist. Die Entscheidung, wie mangels fester Richtlinien im Einzelfall zu verfahren ist, hängt sowohl von außenpolitischen Erwägungen als auch von dem justizpolitischen Gewicht der einzelnen Sache ab.

MinRat Roth dankte dem Referenten für seine Ausführungen, die für die Tagungsteilnehmer besonders wertvoll gewesen seien, weil sich die erörterten Probleme aus der Sicht der StA und Gerichte in manchen Fällen anders darstellten, als aus der Sicht der Bundesregierung.

Anschließend begrüßte *MinRat Roth GStA Schabel*, Stuttgart, und dankte ihm für sein Erscheinen.

OStA Dr. Gierlich (Köln) berichtete über seine *Erfahrungen über den unmittelbaren Verkehr mit sowjetzonalen Behörden.* – Er wies zunächst darauf hin, dass die Zentralstelle Köln mehrere Verfahren führe, in denen Verbrechen untersucht würden, die in den im Gebiet der jetzigen SBZ gelegenen KZ begangen worden seien. Schon deshalb sei die ZSt. in manchen Fällen auf die Unterstützung der in der SBZ befindlichen, an sich ja örtlich zuständigen Gerichte und Polizeidienststellen angewiesen. In solchen Fällen sei die ZSt. in Dortmund jeweils an diese örtlich zuständigen Stellen herangetreten, habe jedoch meist von dem GStA der SBZ Antwort erhalten. Dieser habe in seinen Antwortschreiben mehrfach unter Bezugnahme auf die Zweistaatentheorie gerügt, dass die örtlichen Stellen angeschrieben worden seien. Falls in solchen Sachen weitere Korrespondenz erforderlich geworden sei und der GStA der SBZ in den ersten Antwortschreiben erklärt gehabt habe, dass er die Bearbeitung der Sache übernommen habe, sei die weitere Korrespondenz mit ihm geführt worden.

Seit etwa einem Monat teilte der GStA der SBZ jeweils Folgendes mit: „Ihr Ersuchen wurde mir zugeleitet. Hier besteht eine Zentralstelle für die Verfolgung von NS-Gewaltverbrechen. Es wird gebeten, sich künftighin an diese Zentralstelle zu wenden." In aller Regel seien die Ersuchen an die SBZ ausgeführt worden, soweit um Vernehmung von Zeugen oder um Feststellungen aus Standesamtsbüchern gebeten worden sei. Die Behörden der SBZ nähmen jedoch offenbar eine andere Haltung ein, wenn es um die Beschaffung von Dokumenten oder Akten gehe. Im Verlaufe des wegen der Ermordung von *Thälmann* eingeleiteten Ermittlungsverfahrens habe die Zentralstelle Köln erfahren, dass in der SBZ schon im Jahre 1948 ein Verfahren gegen die Mörder *Thälmanns* gelaufen sei. Sie habe deshalb die zuständige StA der SBZ gebeten, diese Akte zur Auswertung zu übersenden. Dies sei nicht geschehen. Es sei zunächst nur eine Ablichtung der Aussage des Hauptbelastungszeugen übersandt worden. Erst nach mehrmaligen Erinnerungen habe die Zentralstelle Köln Ablichtungen eines Teiles der Akten erhalten. Gefehlt habe zumindest die Einleitungs- und Abschlussverfügung. Auch im Übrigen sei der

Eindruck entstanden, dass die Akte nicht vollständig kopiert worden sei. Nachdem die Zentralstelle Köln das Verfahren gegen die des Mordes an Thälmann Beschuldigten schließlich eingestellt habe, sei auch seitens des GStA der SBZ protestiert worden. Von dieser Seite sei besonders betont worden, dass das Angebot, Dokumente und Akten an Ort und Stelle in der SBZ einzusehen, von der Zentralstelle Köln nicht angenommen worden sei. Zu diesem Vorwurf sei jedoch festzustellen, dass zumindest in diesem Ermittlungsverfahren ein solches Angebot von den Behörden der SBZ in keinem Zeitpunkt gemacht worden sei.

MinRat Roth empfahl, der ZSt. in Ludwigsburg alles mitzuteilen, was über die neugegründete Zentralstelle der SBZ bekannt geworden sei oder künftig bekannt werde.

Gerichtsass. Kraemer befasste sich mit der Übersendung von *Rechthilfeersuchen an die Sowjetunion.* Die StA Hamburg habe im Dezember 1963 auf dem Dienstwege zwei Rechtshilfeersuchen an die Sowjetunion vorgelegt. In diesen Ersuchen sei gebeten worden, die in verschiedenen Archiven der UdSSR befindlichen Akten ehemaliger NS-Behörden und Dienststellen in Riga und Weißruthenien einsehen zu dürfen. Außerdem sei die Bereitschaft erklärt worden, zum Zwecke dieser Einsichtnahme einen StA in die dortigen Archive zu entsenden. Das BMJ habe sich bisher nur zu einem dieser Ersuchen geäußert. Es habe Anfang April 1964 mitgeteilt, dass nach Rücksprache mit dem Auswärtigen Amt die grundsätzliche Bereitschaft zur Weiterleitung des Rechtshilfeersuchens bestehe, jedoch nur in der Form, dass die deutsche Botschaft in Moskau ersucht werde „in geeigneter Weise“ an die russischen Behörden heranzutreten. Nach dieser Äußerung sei zu bezweifeln, ob eine erfolgreiche Erledigung des Ersuchens ermöglicht werden würde. Die Entsendung von StA, die mit dem Sachverhalt vertraut seien, erscheine erforderlich, weil nur solche Personen imstande seien, die Archive in wirksamer Weise nach dem benötigten Material zu durchsuchen. Es sei zu fragen, weshalb in Verfahren gegen belastete Richter und StA in die Bereitschaft des Auswärtigen Amtes, Ermittlungsersuchen an die Ostblockstaaten weiterzuleiten, größer sei als in Verfahren gegen Angehörige der Polizei oder der Innenverwaltung.

ORR Schätzler erwiderte, dass in Bezug auf die Sowjetunion zwischen Ersuchen in NSG-Sachen und in Sachen belasteter Richter und StA kein Unterschied gemacht worden sei. Die Entsendung von Beamten in die SBZ werde abgelehnt, es sei denn, es lägen im Einzelfall ganz besondere Umstände vor, so etwa wenn die Entlastung eines belasteten Richters von einer Einsichtnahme in anders nicht zugängliche Akten abhängen könne. Bei Rechtshilfeersuchen an die UdSSR sei der diplomatische Weg einzuhalten (Landesjustizverwaltung – BMJ – AA – Deutsche Botschaft in Moskau). Das Ersuchen werde den sowjetischen Behörden vornehmlich mündlich übermittelt. Er halte es für ausgeschlossen, dass hierbei Übertragungsfehler entstehen.

StA Bornscheuer (Mainz) stellte die Frage, warum da Auswärtige Amt es vorziehe, Rechtshilfeersuchen an das Außenministerium der Sowjetunion durch die Botschaft in Moskau mündlich übermitteln zu lassen.

ORR Schätzler bemerkte hierzu, dass das AA sich auf eine mündliche Übermittlung keineswegs festgelegt habe. Wenn die Übermittlung im Einzelfall mündlich erfolge, so könne dies möglicherweise darauf zurückzuführen sein, dass man sich davon mehr Erfolg verspreche.

StA Bornscheuer (Mainz) stellte die weitere Frage, wie Abgesandte von Ostblockstaaten, die beabsichtigen Dokumente zu überbringen, in Zukunft zu behandeln seien, insbesondere ob solche Personen die erforderlichen Visa erhalten würden.

ORR Schätzler wies darauf hin, dass nach der Erklärung des Sprechers der Bundesregierung solche Personen nicht mehr empfangen werden sollten.

ORR Maier knüpfte an das Referat von ORR Schätzler an und betonte, dass über den Rechtshilfeverkehr mit *Jugoslawien* während der Zeit, in der diplomatische Beziehungen mit diesem Staat bestanden hätten, verschiedene Abmachungen getroffen und Gegenseitigkeitserklärungen ausgetauscht worden seien, nach denen auch heute noch verfahren werde. Hier bestünden somit nach seinen bisherigen Eindrücken vielleicht sogar weniger Schwierigkeiten als im Verkehr mit der *Sowjetunion*, mit der ein offizieller Rechtshilfeverkehr z. Zt. nicht stattfindet. In letzter Zeit habe die Bundesrepublik jedoch in Einzelfällen auch Ersuchen an die UdSSR gerichtet. So hätten sich im Bereich der Justizverwaltung Baden-Württemberg nacheinander folgende Fälle ergeben: Im ersten Falle habe das AA die Weiterleitung des Rechtshilfeersuchens abgelehnt. Im zweiten Falle habe das AA zugesagt, dass man „in geeigneter Weise“ in Moskau vorstellig werden wolle. Die deutsche Botschaft in Moskau hat inzwischen in dieser Sache eine Verbalnote an das Außenministerium der UdSSR gerichtet. Im dritten Falle habe man ein unmittelbar an das sowjetische Justizministerium gerichtetes Ermittlungsersuchen dem AA vorgelegt und um Weiterleitung gebeten. In diesem Falle habe das AA mitgeteilt, es habe die deutsche Botschaft in Moskau angewiesen, das Rechtshilfeersuchen an das Justizministerium der UdSSR weiterzuleiten.

Im Rechtshilfeverkehr mit *Polen* seien in jüngster Zeit drei Wege beschritten worden. In einem Falle sei *Prof. Sehn* angeschrieben und gebeten worden, bestimmte Zeugen aufzufordern, sich über die US-Botschaft in Warschau ein Visum zu beschaffen und sich in der Bundesrepublik vernehmen zu lassen. Das BMJ und das AA seien mit diesem Weg einverstanden gewesen. Jedoch hätten weder Prof. Sehn noch die Zeugen geantwortet. Daraufhin habe man, ebenfalls im Einverständnis mit dem BMJ und dem AA, ein Ersuchen an die polnische Militärmission in Westberlin gerichtet. Bisher sei jedoch auch in diesem Falle noch keine Antwort eingegangen. Schließlich habe das Justizministerium Baden-Württemberg um die Ermächtigung gebeten, Zeugen in Polen unmittelbar anschreiben lassen zu dürfen. Das BMJ und das AA hätten sich jedoch dazu noch nicht geäußert. – Allgemein sei zu beachten, dass polnische Zeugen, die beabsichtigen würden, in die Bundesrepublik einzureisen, bi der amerikanischen Botschaft in Warschau das Einreisevisum für die Bundesrepublik beantragen müssten. Dieses werde jedoch erst nach Rückfrage bei der Bundesregierung erteilt. Deshalb sei es erforderlich, dass die Bundesregierung unterrichtet werde, ehe auf irgendeine Weise Zeugenladungen in

Polen vorgenommen würden. Er stellte die Frage, ob nicht auch zu vermuten sei, dass diese Zeugen „präpariert" würden.

OStA Dr. Gierlich (Köln) wies mit Nachdruck darauf hin, dass die Frage, auf welche Weise Zeugen aus Polen geladen werden könnten, dringend der Klärung bedürfe. Es sei sonst bei der Vorbereitung von Hauptverhandlungen mit großen Schwierigkeiten zu rechnen. Im Übrigen könne er feststellen, dass die Zentralstelle Köln in Bezug auf die Qualität der von polnischen und tschechischen Richtern durchgeführten Vernehmungen sehr gute Erfahrungen gemacht habe. Deshalb erscheine es ihm möglich, in manchen Fällen mit solchen Vernehmungen auszukommen.

EStA Dr. Großmann (Frankfurt) berichtet, dass die StA Frankfurt gute Erfahrungen mit der Ladung von polnischen Zeugen auf dem Wege über Prof. Sehn gemacht habe. Zwar würden die Zeugen auch über die polnische Militärmission geladen werden können, doch erfordere dieser Weg sehr viel mehr Zeit. Deshalb habe die StA Frankfurt im Auschwitz-Prozess den erstgenannten Weg vorgezogen. Das AA sei damit einverstanden gewesen. – Bisher seien zehn polnische Zeugen vernommen worden. Nur ein einziger, ein Journalist, habe eine offenbar politisch präparierte Aussage gemacht. Die übrigen neun geistig hochstehenden Zeugen seien politisch völlig neutral gewesen und hätten ihre Aussage zu keinerlei Ausfällen gegen die Bundesregierung missbraucht.

OStA Schüle vertrat ebenfalls die Auffassung, dass der Weg über die polnische Militärmission als sehr zeitraubend und unsicher bezeichnet werden müsse. Zu der Überbringung von Dokumenten durch Abgesandte von Ostblockstaaten sei auf den Fall hingewiesen, der sich während des Heuser-Prozesses in Koblenz ereignet habe. Die Delegation habe zunächst nur die den Fall Heuser betreffenden Dokumente an die StA Koblenz übergehen und die Herausgabe weiterer mitgeführter Dokumente mit der Begründung verweigert, dass hierfür die ZSt. in Ludwigsburg zuständig sei. Durch Verhandlungen sei erreicht worden, dass unter Mitwirkung der ZSt. im Bundesarchiv Ablichtungen weiterer Dokumente gefertigt worden seien. Anschließend hätten die russischen Abgesandten, ein Strafrechtsprofessor und ein Diplomat, zu Besprechungen über die künftige Beschaffung von Dokumenten nach Ludwigsburg kommen wollen. Dies sei ihnen jedoch nicht ermöglicht worden, obwohl das BMJ einverstanden gewesen sei. Vielmehr sei das den Russen bereits erteilte Visum widerrufen worden, so dass sie hätten abreisen müssen, ohne zuvor die Besprechung über die weitere Beschaffung von Dokumenten führen zu können. Warum der Widerruf des Visums erfolgt sei, habe sich nicht klar ergeben. Die beabsichtigte grundsätzliche Erörterung über die vorhandenen Möglichkeiten der Beschaffung von Dokumenten hätte jedenfalls die Interessen der Bundesregierung nicht verletzen können. Möglicherweise hätten [Lücke im Original] ergeben, die auch für die Entscheidungen der Bundesregierung in Rechtshilfesachen von Wert gewesen wären. Die besondere Stellung der ZSt. in Ludwigsburg hätte eine irgendwie geartete Verpflichtung der Bundesregierung ausgeschlossen. So habe das Verhalten gegenüber den russischen Abgesandten ganz unnötig einen sehr wenig erfreulichen und peinlichen Eindruck entstehen lassen. Man habe zudem Anhaltspunkte dafür gehabt, dass die Russen eine Anzahl weiterer Dokumente bei sich gehabt und beabsichtigt hätten, auch diese noch zu übergeben. Dazu hätten sie aber mehr Zeit benötigt. Sie seien offenbar überstürzt angewiesen worden, zum Prozess nach Koblenz zu fahren und hätten erst in diesen Tagen Gelegenheit gehabt, die ihnen mitgegebenen Dokumente zu sichten.

In Bezug auf die geplanten, aber nicht zustande gekommenen Besprechungen mit der sowjetischen Delegation sei vergleichend darauf hinzuweisen, dass es aufgrund der besonderen Stellung der ZSt. schon vor längerer Zeit möglich gewesen sei, mit Israel eine Abmachung über den Rechtshilfeverkehr zu treffen. Diese Abmachung sei bisher allen Wünschen gerecht geworden. – Vor kurzem habe der russische Ankläger im Nürnberger Prozess, *General Rudenko,* der ZSt. Material angeboten. Dieses Material habe sich auf die Tätigkeit der Einsatzgruppe D bezogen.

MinRat Roth betonte, dass das BJM stets große Aufgeschlossenheit für die Wünsche der Praxis gezeigt habe. Die erwähnte unglückliche Behandlung der russischen Delegation gehe, wie OStA Schüle bereits angedeutet habe, vermutlich nicht auf das BJM zurück.

EStA Dr. Lehmaier (München I) teilte mit, dass er von dem Angebot des Generals Rudenko durch die ZSt. unterrichtet worden sei, weil das Material angeblich das in München anhängige Verfahren Einsatzgruppe D betreffe. Das Material sei jedoch noch nicht eingetroffen. Es sei ihm bekannt, dass in Krasnodar nach dem Kriege ein Prozess gegen ehemalige Angehörige der Einsatzgruppe D anhängig gewesen sei. Er sei im Besitz eines in englischer Sprache gehaltenen Prozessberichts, aus dem hervorgehe, dass in diesem Verfahren zahlreiche Augenzeugen und auch Sachverständige vernommen worden seien, die bei der Exhumierung der Leichen beteiligt gewesen seien. Die StA München I stehe deshalb vor dem Problem, ob und wie solche Zeugen und Sachverständige in die Hauptverhandlung vor einem bundesdeutschen Gericht gebracht werden könnten. Er habe unter anderem in Bezug auf den Krasnodar-Prozess ein Rechtshilfeersuchen auf diplomatischem Wege an die UdSSR gerichtet, in welchem um Überlassung der Prozessakten gebeten worden sei. Dieses Ersuchen sei jedoch bisher unbeantwortet geblieben. Dieser sehr umfangreiche und komplizierte Fall gebe besonderen Anlass zu der Frage, ob der *mündliche* Vortrag eines solchen Rechtshilfeersuchens durch die deutsche Botschaft in Moskau überhaupt einen Sinn habe.

ORR Schätzler brachte nochmals zum Ausdruck, dass nicht in jedem Falle die Form der mündlichen Übermittlung von Rechtshilfeersuchen gewählt werde.

StA Dr. Wagner (Wiesbaden) stellte zur Diskussion, ob alles getan worden sei, damit sich in eventuellen künftigen Fällen ähnliche Geschehnisse wie die anlässlich des Besuchs der russischen Abordnung in Koblenz nicht mehr ereignen könnten. Im Übrigen teile er die Ansicht, dass die Zeugen aus den Ostblockstaaten in der Regel nicht politisch präpariert seien. – In Bezug auf den Verkehr mit den Behörden der SBZ habe er den Eindruck, dass das Risiko einer propagandistischen oder politischen Auswertung bei der Entsendung von Beamten in NSG-Sachen weit geringer sei als in Sachen belasteter Richter oder Prominenter. Es sei deshalb zu fordern, auch in NSG-Sachen die Einreise in die SBZ zuzulassen.

ORR Schätzler erklärte dazu, dass ein Unterschied dieser Art von der Bundesregierung nicht gemacht worden sei.

OStA Dr. Gierlich (Köln) unterstrich nochmals die Glaubwürdigkeit von Ostblockzeugen und erwähnte beispielsweise die Aussage eines tschechischen Zeugen, der erklärte, es gäbe ein Foto, auf welchem der Beschuldigte am Tatort zu sehen sei; kurze Zeit darauf sei ihm genau dieses Foto von anderer Seite in die Hand gekommen. Herr OStA Dr. Gierlich stellte sodann an Herrn OStA Schüle die Frage, was er von der Echtheit eines Films halte, den angeblich der sowjetische General Rudenko zum Verfahren betreffend Riga (StA Hamburg) übermittelt habe.

OStA Schüle bat Herrn StA Dr. Rückerl um Beantwortung der zuletzt gestellten Frage, da er sich selbst mit der Echtheit des Films noch nicht befasst habe.

StA Dr. Rückerl bezeichnete den Film zwar als zweifellos echt, betonte jedoch, dass er offenbar unter dem einseitigen Gesichtspunkt gemacht worden sei, Propagandamaterial gegen die lettischen Kollaborateure zusammenzustellen. Für das Riga-Verfahren interessierten nur einige Standfotos, die echt seien und unter anderem einige Beschuldigte erkennen ließen.

StA Bornscheuer (Mainz) ging nochmals auf die Frage der Übermittlung von Rechtshilfeersuchen an die Sowjetregierung ein und unterstrich, dass die mündliche Weitergabe von ihm als unzweckmäßig erachtet werde. Zu der Frage der Echtheitsprüfung von Dokumenten erklärte er, es habe sich als sehr vorteilhaft erwiesen, dass die von der Sowjetdelegation zum Heuser-Prozess überbrachten Dokumente sofort von Archivrat Dr. Boberach (BA Koblenz) als Sachverständiger begutachtet und ausnahmslos als echt befunden wurden. Dr. Boberach könne nun jeweils auch beim Vorliegen von Fotokopien als sachverständiger Zeuge verbindliche Angaben über die Echtheit machen. Es könne deshalb nur empfohlen werden, dass auch in Zukunft sofort bei der Übergabe von Dokumenten sachverständige Zeugen hinzugezogen würden. StA Bornscheuer fügte hinzu, er habe aus Leningrad erfahren, dass Prof. Alexejew eine neue Zusammenstellung von belastendem dokumentarischen Material vorbereite.

EStA Dr. Artzt führte hierzu beispielsweise an, dass die sowjetische Regierung im vergangenen Jahr eine Anzahl Dokumente dem AA mit der ausdrücklichen Bitte um Weiterleitung an die ZSt. in Ludwigsburg übersandt habe. Diese Dokumente seien zunächst ziemlich lange beim AA liegen geblieben und schließlich nicht der ZSt., sondern dem Bundesarchiv übersandt worden.

StA Dr. Rückerl sagte, die Unsicherheit in Fragen des Rechtshilfeverkehrs mit Ostblockstaaten, die bei den Justizbehörden der Bundesrepublik zu beobachten sei, habe in einigen Fällen zu erstaunlichen Ergebnissen geführt, und schilderte das Vorgehen einer StA, die unmittelbar eine StA in Polen um Vernehmung einiger namentlich benannter Zeugen gebeten hatte. Als nach Ablauf von drei Monaten keine Antwort eingetroffen war, habe man erinnert, und nach kurzer Zeit seien die Aussagen aus Polen eingetroffen. Dann habe man von deutscher Seite aus bemängelt, dass die in den Aussagen benannten weiteren Zeugen nicht sofort ebenfalls vernommen worden seien, und hierauf sei alsbald auch diesem Ersuchen entsprochen worden.

StA Bornscheuer (Mainz) bat nochmals um Feststellung, ob Übereinstimmung darüber bestehe, dass die Übermittlung von Rechtshilfeersuchen in mündlicher Form durch die deutsche Botschaft in Moskau an die sowjetische Regierung als nicht geeignet angesehen werde.

ORR Schätzler erklärte, der Form dürfe nicht zu viel Gewicht beigemessen werden, zumal sie sich, wie er wiederholt betont habe, durchaus nach den Besonderheiten des Einzelfalles richten. Er bat um Verständnis dafür, dass man mit Rücksicht auf die Gegenseitigkeit möglichst wenig Schriftliches in diesem Rechtshilfeverkehr haben möchte. Im Übrigen bedaure er, dass kein Vertreter des AA anwesend sei. Das AA habe durch das BJM Kenntnis von dieser Tagung erhalten, nachdem das Justizministerium Nordrhein-Westfalen in seinem Vorschlag zur Tagesordnung eine Mitwirkung des AA als erwünscht bezeichnet hatte.

StA Huber (München II) befürwortete den Verkehr mit der neuerrichteten Zentralstelle bei dem GStA der SBZ, da bisher eine propagandistische Auswertung der Korrespondenz durch die Zonenregierung nicht erfolgt sei. StA Huber teilte ferner mit, dass Prof. Sehn sich in dem von der StA München gegen Obergruppenführer *Wolff* geführten Ermittlungsverfahren keineswegs an einer Unterstützung interessiert gezeigt habe. Prof. Sehn habe sich offenbar auf die Unterstützung des Auschwitz-Prozesses spezialisiert, und die Beschaffung von Zeugen über ihn verlaufe reibungslos nur im Auschwitz-Verfahren. StA Huber schloss sich der Ansicht von StA Bornscheuer an, dass jedenfalls in NSG-Verfahren die schriftliche Übermittlung von Rechtshilfeersuchen an das sowjetische Außenministerium erforderlich sei. Er begründete dies mit dem Hinweis, dass wir damit ggf. in der Lage seien, den schriftlichen Beweis für rechtzeitig, aber vergeblich gestellte Rechtshilfeersuchen zu führen, wenn während der Hauptverhandlung verspätet mit politischer Zielsetzung Material vom Osten vorgelegt werde. – Schließlich forderte StA Huber zum Schutze der Sachbearbeiter der StA eine generelle und offizielle Regelung des zulässigen Rechtshilfeverkehrs mit den Ostblockstaaten, damit nicht das Vorgehen einzelner StA als illegal erscheine und die Gefahr bestehe, dass StA persönlich zur Verantwortung gezogen würden, wenn sich Unzuträglichkeiten ergeben. – Wenn jetzt keine Mittel und Wege gefunden würden, die Quellen des Ostblocks auszuschöpfen, sei nach Eintritt der Verjährung mit Vorwürfen zu rechnen. Auch die bereits Verurteilten würden sich vermutlich auf diese Untätigkeit berufen und ihrer Forderung nach einer allgemeinen Amnestie dadurch Nachdruck verleihen. Es verursache jedenfalls Unbehagen, dass ganze Archive noch unausgewertet seien. Diese Tatsache stelle einen Unsicherheitsfaktor dar, der stärkere Beachtung verdiene.

MinRat Roth entgegnete, er sehe in der Frage der Verantwortung des einzelnen Sachbearbeiters keineswegs so schwarz. Er würde empfehlen, auf jeden Fall nicht ohne den OStA zu handeln. Im Übrigen aber habe ja gerade der Eichmann-Prozess gezeigt, dass es im Wesentlichen gelungen sei, die begangenen Verbrechen zu erfassen, so dass auch aus den östlichen Archiven nicht zu erwarten sei, dass bisher noch völlig unbekannte Großkomplexe auftauchen würden.

EStA Dr. Großmann (Frankfurt) gab als Grund dafür, dass Prof. Sehn sich um andere Verfahren nicht intensiv kümmere, an, dass Prof. Sehn der Untersuchungsrichter im polnischen Auschwitz-Verfahren gewesen sei und es ihm arbeitsmäßig schlechterdings unmöglich sei, auch in anderen Ermittlungsverfahren tätig zu werden. Dr. Großmann bezeichnete es als abwegig, die Zentralstelle beim GStA der SBZ bei der Übermittlung von Rechtshilfeersuchen in die Ostblockstaaten einzuschalten, und warnte vor der Unterstellung, dass die Ostblockstaaten gerne mit der Sowjetzonenregierung verkehrten. Das Verhalten der Sowjetzone in NSG-Sachen sei sehr unterschiedlich. Es gäbe bisweilen recht gute richterliche Vernehmungen, es käme aber auch vor, dass Rechtshilfeersuchen rein politisch ausgenutzt würden. Auch Rechtsanwalt Dr. Kaul habe in Frankfurt noch keinerlei sachliches Material aus der Sowjetzone zum Prozess beigesteuert. Die Sowjetzone sei nicht unbedingt an der Unterstützung des Auschwitz-Prozesses interessiert. Dr. Großmann bezeichnete die zu beobachtende Unsicherheit und Unschlüssigkeit der sowjetzonalen Behörden, die offenbar fürchteten, dass auch dort Belastete in staatlichen Stellungen entlarvt werden können, als günstige Gelegenheit, um den unmittelbaren Verkehr mit den Unterbehörden der Sowjetzone zu intensivieren.

EStA Dr. Goetz (Hannover) wies auf einen bisher noch nicht erwähnten weiteren Weg des Verkehrs mit Polen hin. Er habe sich an Herrn Direktor *Gumkowski* in Warschau gewandt und diesen um Vermittlung von Zeugen gebeten. Gumkowski sei der Direktor eines historischen Instituts in Warschau, das sich auch mit NS-Verbrechen befasst habe. Gleichzeitig sei *Dr. Robinson* vom World Jewish Congress angeschrieben und gebeten worden, bei Herrn Direktor Gumkowski ebenfalls auf die Durchführung des Rechtshilfeersuchens hinzuwirken. Dies sei dann auch geschehen. Möglicherweise sei der Erfolg dieser Rechtshilfeersuchen mit auf die Einschaltung des World Jewish Congress zurückzuführen. Ferner schnitt Dr. Goetz das Problem an, wie gegen Beschuldigte zu verfahren sei, die in der Sowjetzone wohnhaft sind. Er nannte als Beispiel den Fall der Ermordung eines Karlsbader Professors durch ein Schlägerkommando der SA im Jahre 1933. Man habe festgestellt, dass der einzige noch lebende Angehörige dieses Kommandos in der SBZ wohnhaft sei. Die StA Hannover habe aber Anweisung erhalten, die Vorgänge der zuständigen sowjetzonalen StA nicht zu übergeben, und zwar mit der generellen Begründung, dass eine rechtsstaatliche Aburteilung des Täters nicht gewährleistet sei. Diese Auffassung sei wohl jedenfalls in dem geschilderten Einzelfall anfechtbar, und eine spezifizierte Betrachtungsweise sei wünschenswert.

MinRat Roth nannte das zuletzt angeschnittene Problem ein Politikum, welches in der Diskussion nicht zu lösen sei.

StA Bornscheuer (Mainz) fügte hinzu, dass dieses Problem auch bei freien Staaten auftauchte, wie Kanada und USA, wohin beispielsweise zahlreiche Letten durch Vermittlung der UNRRA ausgewandert seien, die an NS-Gewaltverbrechen in Russland teilgenommen hätten.

MinRat Roth versprach, das Problem auf der nächsten Justizministerkonferenz vorzutragen.

Da weitere Wortmeldungen zur Diskussion nicht vorlagen, wurde die Tagung geschlossen.

Die Tagung wurde um 14.30 Uhr fortgesetzt.

MinRat Roth bat *OStA Schüle* das Wort zu seinem Referat „Abwicklung der Zentralen Stelle“ zu ergreifen: Ich darf Ihnen einige kurze Gedanken zur Abwicklung der ZSt. vortragen. Einen Teil der Überlegungen meiner Mitarbeiter und meine eigenen Vorstellungen haben Sie ja schon in der Diskussion erfahren. Ich kann mich daher verhältnismäßig kurz fassen. Meine jetzigen Ausführungen sollen eine Ergänzung der Diskussionsbeiträge sein und dazu dienen, Ihnen selbst Gelegenheit zu geben, zu diesen Überlegungen Stellung zu nehmen und eigene Anregungen zu bringen, denn was wir hier erarbeiten, muss ja auf der Konferenz der Justizminister und -Senatoren vorgetragen, von diesen geprüft und schließlich gebilligt worden, da ja von den LJVW die ZSt. getragen wird.

Nachdem das HansOLG Bremen und der BGH den Standpunkt vertreten, dass es sich bei der Gerichtsstandbestimmung nach § 13 a StPO um eine rechtsneutrale Entscheidung handelt, sind wir nicht mehr in der Lage, wie im Jahre 1960 einschlägige Verfahren vor Ablauf der Verjährungsfrist dem BGH vorzulegen, um einen Gerichtsstand bestimmen zu lassen, da eine solche Zuständigkeitsbestimmung keine die Verjährung unterbrechende Verfolgungshandlung darstellt. Wir müssen also die bei der ZSt noch verbliebenen restlichen 140 Vorermittlungsverfahren so rasch als möglich abschließen, um sie den zuständigen StA zu übergeben, damit diese die erforderlichen Unterbrechungshandlungen rechtzeitig vornehmen können. Dies bedingt eine Umstellung unserer bisherigen Arbeitsweise. Während wir bis Ende des Jahres 1963 im Interesse der StA möglichst eingehend und in möglichst großem Umfang den Sachverhalt aufzuklären versucht haben, sind wir nunmehr gezwungen, die Vorermittlungen so zu führen, dass wir zu einem möglichst frühen Zeitpunkt, auch wenn der gesamte Umfang des Tatgeschehens noch nicht feststeht, das Tatgeschehen sich aber doch hinreichend umreißen lässt, nach den für das Tatgeschehen Hauptverantwortlichen suchen und alsdann das Verfahren abgeben.

Haben Sie also bitte dafür Verständnis, dass Sie in den folgenden Wochen und Monaten nicht mehr so weit vorbereitete Verfahren bekommen, wie Sie das bisher gewöhnt waren. Wir werden uns selbstverständlich bemühen, die abschließenden Berichte so zu halten, dass Sie etwas damit anfangen können. Allerdings mit der Einschränkung, dass wir etwas unter Zeitdruck arbeiten. Unter Zeitdruck nicht nur im Hinblick auf den 8.5.1965, sondern auch deshalb, weil wir durch den Wegfall zweier Mitarbeiter nur noch acht Referenten sind. Mich selbst können Sie nicht mitzählen, weil meine Hauptarbeit in Stuttgart liegt. Es ist mir leider nur möglich, zwei- bis dreimal wöchentlich nach Ludwigsburg zu kommen. Die gesamte Arbeitslast muss mein ständiger Vertreter übernehmen. Bei den AR-Anfragen ist im ersten Vierteljahr 1964 gegenüber demselben Zeitraum des Vorjahres ein Zuwachs von 100 % zu verzeichnen (am 1.4.1963 300 AR-Anfragen, am 1.4.1964 600 AR-Anfragen). Es handelt sich um eine zusätzliche Belastung, durch die ein großer Teil unserer Arbeitskraft in Anspruch genommen wird. Nunmehr fragen Behörden des Bundes und der Länder bei uns an und verlangen Auskunft über Personen, die schon früher im Dienst waren, bei denen aber bei Durchsicht der Personalakten Zweifel gekommen sind. Die Beantwortung solcher Anfragen erfordert unendlich viel Arbeit, denn die Folgen einer falschen Auskunft sind für den Betroffenen von erheblicher Bedeutung, und nicht nur für den Betroffenen selbst, sondern auch für die ZSt. und die anfragende Dienststelle. Es spricht für die Gründlichkeit meiner Referenten, dass es bis jetzt zu keiner einzigen Beanstandung wegen einer etwa falsch oder ungenau erteilten Auskunft gekommen wäre.

Der 8.5.1965 wird der Wendepunkt in der Geschichte der ZSt. werden, wobei bis jetzt ungewiss ist, ob und in welchem Umfange die Herren Justizminister und – Senatoren die Notwendigkeit des Weiterbestehens der ZSt. beschließen und wie viele Sachbearbeiter nach diesem Zeitpunkt noch in Ludwigsburg verbleiben. Wir beabsichtigen, als Abschluss unserer Tätigkeit Veröffentlichungen, – nur für den Dienstgebrauch – herauszugeben, in denen jeder der Herren Referenten der ZSt. seine im Laufe der Jahre gesammelten Erfahrungen auf seinem speziellen Arbeitsgebiet niederlegen wird. Diese Veröffentlichungen sollen als Handbücher zu Ihnen kommen, um Sie in die Lage zu versetzen, anhand des Stichwortverzeichnisses festzustellen, welche Erkenntnisse über die einzelnen Gebiete vorliegen und bei welchen StA einschlägige Verfahren und Erkenntnisse vorliegen. Das bedeutet eine erhebliche Arbeit. Wir sind uns jedoch darüber im Klaren, dass, wenn die Tätigkeit der ZSt. im Jahre 1965 auf eine Auskunftsstelle zurückgeführt werden wird, solche Veröffentlichungen notwendig sind.

Dass die LJVW bereit sein werden, einer vollen Besetzung der ZSt. über einen längeren Zeitraum hinaus zuzustimmen, glaube ich nicht. Es wird zwar sicherlich von den verantwortlichen Ministern und Senatoren eingesehen werden, dass gerade die Herren, die seit dem Aufbau der Dienststelle in Ludwigsburg tätig waren, am längsten benötigt werden, da sie aufgrund ihres Wissens in der Lage sind, innerhalb kürzester Frist die erbetenen Auskünfte zu erteilen. Aus den Erklärungen vieler Kollegen anlässlich dieser Tagung habe ich entnommen, wie wichtig die unterstützende Tätigkeit der ZSt. für die StA ist. Zweifellos hängt das Weiterbestehen der ZSt. als Auskunftsstelle von den Bedürfnissen der StA ab. Sie selbst haben aus unseren Erfahrungsberichten entnehmen können, wie oft wir aus den HV heraus um Auskünfte und um Klärung neu aufgetretener Probleme sowie um Beschaffung von Dokumentenmaterial in kürzester Frist gebeten worden sind. Ich darf an dieser Stelle noch einmal die früher geäußerte Bitte wiederholen, schon vor Eintritt in die HV noch einmal zu überprüfen, ob alles Dokumentenmaterial vorhanden ist oder ob Sie noch weitere Dokumente benötigen. Meine Bitte ist begründet, denn es sind bei uns wiederholt solche Dokumente aus der HV heraus angefordert worden, deren Vorhandensein aus unseren Zusammenstellungen, die bei jeder StA aufliegen, bekannt gewesen sein müsste.

Lassen Sie mich zusammenfassend sagen: Wie die ZSt. nach dem 8.5.1965 aussehen wird, kann ich Ihnen noch nicht sagen. Diese Frage hängt allein von der Entschließung der Herren Minister und Senatoren ab. Ich werde Gelegenheit haben, über dasselbe Thema im Juni ds. Js. auf der Konferenz der Herren GStA zu referieren, und hoffe, dass die Anregungen, die von Ihnen und den Herren GStA ausgehen, eine brauchbare Diskussionsgrundlage für die nächste Justizministerkonferenz ergeben.

Ich möchte diese Ausführungen nicht schließen, ohne den einzelnen Sachbearbeitern der StA für das Vertrauen, das sie uns in all diesen Jahren entgegengebracht haben, und für die gute Zusammenarbeit zu danken.

EStA Dr. Grethlein (Ansbach) führte in der anschließenden Diskussion aus, dass eine zu frühzeitige Auflösung der ZSt. nicht wünschenswert sei. Die Zentralstellen in Nordrhein-Westfalen oder die großen StA wie Frankfurt und München könnten schließlich ohne die ZSt. in Ludwigsburg auskommen. Dies könne aber für die anderen StA, die auf sich selbst gestellt seien, nicht gelten. Gerade die kleineren StA seien aber bei der Durchführung ihrer Ermittlungsverfahren und ihrer Prozesse ohne ZSt. dann gänzlich hilflos. – Diese Auffassung fand die allgemeine Zustimmung der Tagungsteilnehmer. – Da eine weitere Aussprache hierzu nicht für erforderlich gehalten wurde, wurde die Diskussion geschlossen.

MinRat Roth dankte allen Referenten und Diskussions- und Tagungsteilnehmern für Ihre Mitarbeit und stellte fest, dass diese Tagung für die Zusammenarbeit fruchtbare Ergebnisse hervorgebracht habe. Mit Rücksicht auf dieses gute Ergebnis der Tagung und die allgemeine Zustimmung, die sie bei allen Teilnehmern gefunden habe, könne schon jetzt eine Wiederholung etwa für das Frühjahr 1965 in Aussicht genommen werden.

Anschließend sprach *OStA Dr. Gierlich* (Köln) im Namen aller Tagungsteilnehmer Herrn MinRat Roth und Herrn ORR Weidner vom Justizministerium Baden-Württemberg für die Leitung, Vorbereitung und Organisation der Tagung seinen Dank aus. Die Tagungsteilnehmer blieben sodann noch bis 19.00 Uhr in der Akademie in Calw zu Einzelgesprächen und Einzelbesprechungen zusammen.

II. Niederschrift über die 2. Arbeitstagung in Stuttgart vom 31.5.-4.7.1965

Teilnehmerliste:

Bundesjustizministerium: RegDir. Götz
Baden-Württemberg:
MinRat Roth u. ORR Maier, JMin B.W.
EStA Hempel, StA b.d. LG Baden-Baden
EStA Trips, StA b.d. LG Karlsruhe
EStA Straub, StA b.d. LG Konstanz
EStA Dr. Schneider, StA b.d. LG Stuttgart
StA Brauns, StA b.d. LG Heidelberg
StA Kühn u. StA Dr. Klass, StA b.d. LG Mannheim
StA Wiedemann, StA b.d. LG Offenburg
StA Rohn, StA b.d. LG Waldshut
StA Sichting, StA Wieser, StA Dr. Rall,
GerAss. Schreitmüller, StA b.d. LG Stuttgart
LG-Rat Kollrack, LG Baden-Baden
LG-Rat von Au, LG Karlsruhe
Bayern:
OStA Dr. Berger, StA b.d. LG Amberg
OStA Dr. Heermann, StA b.d. LG Weiden
OStA Dr. Nolten, StA b.d. LG Regensburg
OStA Dr. Ostheimer u. OStA Witschel, StA b.d. LG Bamberg
EStA Frank, StA b.d. LG Coburg
EStA Dr. Grethlein, StA b.d. LG Ansbach
EStA Dr. Heiligmann, StA b.d. LG Augsburg
EStA Huber, StA b.d. LG München
EStA Ruppert, StA b.d. LG Würzburg
StA Manger, StA b.d. LG Nürnberg-Fürth
StA Dr. Schrödter, StA Straßer, GerAss. Dr. Bayerlein,
StA b.d. LG München
Berlin:
OStA Severin, StA b.d. KG Berlin
EStA Radke, EStA Selle, StAin Bilstein, StA Zippel,
StA kr. A. Stamer, StA b.d. LG Berlin
Bremen:
EStA Dr. Höffler u. StA Reichenbach, StA b.d. LG Bremen
Hamburg:
StA Kraemer, StA b.d. LG Hamburg
LG-Rat Eden, LG Hamburg

Hessen:
OStA Dr. Großmann, StA Pfeiffer, StA Ott,
StA b.d. LG Frankfurt
StA Warlo, GStA b.d. OLG Frankfurt
LG-Rat Dr. Düx, LG Frankfurt
EStA Hoppmann, StA b.d. LG Darmstadt
StA Dr. Wagner, StA b.d. LG Wiesbaden
Niedersachsen:
StA Dr. Kintzi, StA b.d. LG Braunschweig
StA Ihle, StA b.d. LG Hannover
StA Wächter, StA b.d. LG Osnabrück
Nordrhein-Westfalen:
OStA Dr. Gierlich, StA Pfeufer, StA Dr. Korsch, StA Jäger,
Zentralstelle b.d. Ltd. OStA in Köln
EStA Jordan, StA Denzin, StA Obluda, GerAss. Weissing,
Zentralstelle b.d. Ltd. OStA in Dortmund
Rheinland-Pfalz:
StA Born, StA b.d. LG Koblenz
StA Hinzmann, StA b.d. LG Mainz
Saarland:
StA Kaps, StA Wagner, StA b.d. LG Saarbrücken
Schleswig-Holstein:
EStA Pries, StA Bauer, StA b.d. LG Kiel
StA Joachim, StA b.d. LG Lübeck
StA Platz, StA b.d. LG Flensburg
StA Jans, StA b.d. LG Itzehoe
StA Thiemke, StA b.d. Schl.-Holst. OLG
Zentrale Stelle der Landesjustizverwaltungen:
OStA Schüle
EStA Dr. Artzt
StA Blank
StA Hinrichsen
StA Dr. Rückerl
StA Zeug

StA Richter	(31.5.-3.6.)
StA Schlösser	(2. u. 3.6.)
StA Winter	(1.-3.6.)
AG-Rat Matschl	(31.5.-2.6.)
AG-Rat Dr. Schäfer	(31.5.-2.6. u. 4.6.)
GerAss. Boeckmann	(3. u. 4.6.)
GerAss. Braun	(31.5.-3.6.)
GerAss. Dietz	(1. u. 3.6.)
GerAss. Hoffmann	(31.5. u. 1.6.)
GerAss. Mittendorf	(2.6.-4.6.)

GerAss. Pfaff	(3. u. 4.6.)
GerAss. Reichel	(31.5. u. 3.6.)
GerAss. Sonnet	(31.5., 3. u. 4.6.)
GerAss. Dr. Wettstein	(1.-3.6.)

Sonderkommissionen der Landeskriminalämter:
Kriminalrat Weida, Ludwigsburg

MinRat Roth eröffnete die Tagung und hieß die Teilnehmer im Namen des z.Zt. in Urlaub befindlichen Herrn Justizminister Dr. Wolfgang Haußmann willkommen. Besonders begrüßte er den Leiter der ZSt., *OStA Schüle,* und als Vertreter der Sonderkommissionen den Leiter der Sonderkommission Baden-Württemberg, *Kriminalrat Weida.* Er dankte auch dem Herrn Innenminister Dr. Filbinger für die Zurverfügungstellung des Tagungsraumes.

Im Anschluss daran gab MinRat Roth einen Überblick über das Tagungsprogramm, insbesondere über die beabsichtigte Einsetzung von vier Arbeitsgruppen.

Sodann erteilte er *EStA Dr. Artzt* (ZSt.) das Wort zu dem Referat *„Die neuen Aufgaben der ZSt. und die weitere Zusammenarbeit mit den StA."*

Wenn ich am Beginn dieser zweiten Tagung den Reigen der Referate wieder wie bei unserer ersten Zusammenkunft in Calw mit Ausführungen über die ZSt. und unsere gemeinsame Zusammenarbeit eröffne, so geschieht dies nicht deshalb, weil mir dies zu einer lieben Gewohnheit geworden ist, sondern weil die Ereignisse des letzten halben Jahres für die ZSt. eine völlig neue Entwicklung gebracht oder – besser gesagt – erst eingeleitet haben, die uns zwingt, über die neue Situation und die sich aus ihr ergebenden Folgen für unsere Zusammenarbeit zu sprechen und sie zur Diskussion zu stellen.

Man kann heute die Tätigkeit der ZSt. nach ihrer zeitlichen Begrenzung, ihrem Aufgabengebiet und ihrer Organisation in *vier Phasen* sehen.

Die *erste Phase* ist allgemein bekannt. Sie begann am 1.12.1958 und umfasste die Zeit, in der ausschließlich gemäß Verwaltungsvereinbarung die Aufklärung nur der NS-Gewaltverbrechen, die außerhalb des Bundesgebietes begangen worden waren, betrieben wurde. Sie endete am 11.12.1964. Zahlenmäßig umschloss dieser Zeitraum die Bearbeitung von ca. 700 Vorermittlungsverfahren, die von einem in seiner Besetzung zwar hin und wieder wechselnden, im Großen und Ganzen aber konstant bleibendem Team von zehn und oft weniger Referenten geleistet wurde. Heute könnte man sie rückschauend schon fast „die gute alte Zeit" nennen.

Die Sturm- und Drangperiode der weltweiten Auseinandersetzungen über den Ablauf der Verjährungsfrist führte uns schließlich in die *zweite Phase.* Sie begann am 11.12.1964 und endete am 28.4.1965. Im Dezember 1964 wurde der Verwaltungsvereinbarung ein Abschnitt II a über „Erweiterte Zuständigkeit" hinzugefügt, in dem es heißt: „Die Zentrale Stelle führt ab 11.12.1964 *auch* Vorermittlungen wegen solcher Verbrechen, die *im* Bundesgebiet während der nationalsozialistischen Herrschaft von den Gewalthabern des Dritten Reiches oder in deren Auftrag außerhalb der eigentlichen Kriegshandlungen begangen worden sind. Ausgenommen sind die zur Aufklärung des Tatkomplexes „Reichssicherheitshauptamt" notwendigen

Vorermittlungen. Diese Ermittlungen werden auch weiterhin vom GStA beim KG in Berlin geführt." Damit wurde die ZSt. für alle NS-Gewaltverbrechen, die in- und außerhalb des Bundesgebietes begangen worden waren, zuständig. – Hiervon waren nur noch der Komplex „Reichssicherheitshauptamt" und Kriegsverbrechen ausgenommen.

Mit dieser Erweiterung der Zuständigkeit war eine Erhöhung der Zahl der Referenten von zehn auf 23 und eine gewisse Verstärkung des übrigen Personals verbunden. Dies wiederum bedingte auch eine wesentliche räumliche Erweiterung und eine neue Organisation der ZSt. Letztere wurde Ihnen mit dem Geschäftsverteilungsplan vom Januar 1965, der den Rundschreiben beigefügt war, bekannt gemacht. Ursache dieser Maßnahmen war hierbei der Gedanke, es sei vielleicht möglich, dass bis zum 8.5.1965 hinsichtlich der Unterbrechung der Verjährung noch alles getan werden könne, um ein Bedürfnis für eine Verlängerung der Verjährungsfrist guten Gewissens verneinen zu können.

Mit einem solchen Auftrag war die ZSt. von vornherein schon mit Rücksicht auf die Kürze der zur Verfügung stehenden Zeit und die Einarbeitung von 13 neuen Referenten überfordert. Sie wissen selbst, dass wir versucht haben, in allen Fällen, in denen es möglich erschien, Verjährungsunterbrechungen herbeiführen zu lassen. Wir haben Vorermittlungen mit dem Sachstand wie er eben war, abgegeben, um noch Raum und Zeit für staatsanwaltschaftliches Einarbeiten und prozessuale Maßnahmen zu gewinnen. Aber schon die Überprüfung des Komplexes „Inland" nur insoweit, dass bis zum 8.5.1965 die Verjährung gegen alle noch vorhandenen potentiellen Täter unterbrochen werden konnte, erwies sich als undurchführbar. – Hinzu kam die Auswertung der polnischen Archive, die vor Weihnachten zwar eingeleitet worden war, aber naturgemäß erst später zur Auswirkung kam.

Schließlich kam das Gesetz, das den *Verjährungsstichtag* auf den 31.12.1969 festsetzte. Damit trat die ZSt. in die *dritte Phase* ein. Man kann ihren Beginn auf den 28.4.1965 datieren, d.h. auf den Zeitpunkt der Justizministerkonferenz in Bonn, die sich ausführlich mit der Weiterarbeit der ZSt. nach dem 8.5.1965 befasste und hierzu über folgende Punkte wichtige Beschlüsse fasste: 1. Zuständigkeit der ZSt., 2. Aufklärungsmethode, 3. Umfang der Aufklärung, 4. Übernahme bereits anhängiger Verfahren, 5. Abgabe eines von der ZSt. übernommenen Verfahrens an eine andere StA, 6. Berücksichtigung bisheriger Verfahren bei Einleitung eines neuen Verfahrens, 7. Auswertung ausländischer Archive, 8. Verbesserung der technischen Einrichtungen der ZSt., 9. Verstärkung des Personalbestandes der ZSt.

Die Auswertung ausländischer Archive und Fragen der Dokumentation darf ich ausklammern, weil sich meine Kollegen in besonderen Referaten damit befassen werden. Lassen Sie mich mit dem letzten Punkt – Verstärkung des Personalbestandes – beginnen, um zu zeigen, dass wir tatsächlich erst am Beginn der dritten Phase stehen; die erst mit dem *Tage X* ihr Ende finden wird, d.h. mit dem Tage, an dem wir gemäß diesen Beschlüssen der Ministerkonferenz – neu organisiert – wieder voll funktionsfähig sein werden. Ich verstehe darunter, dass von diesem Tage an jeder alte und neue Referent in der Lage ist, selbständig und eingearbeitet in seinem – meist neuen – Referat tätig sein zu können. Sie werden mich besser verstehen, wenn ich Ihnen zeige, wie künftig die ZSt. aussehen soll:

Sie wird folgenden Personalbestand aufweisen: 50 Referenten (bisher 23), 15 Kriminalbeamte (neu), 3 Beamte aus dem gehobenen Dienst (bisher 2), 14 Beamte aus dem mittleren Dienst (bisher 6), 3 Beamte aus dem einfachen Dienst (bisher 1), 30 Angestellte (bisher 19, tatsächlich z.Zt. 14), 1 Dolmetscher (neu). = 116 Personen (bisher 46 nach Verstärkung zur Jahreswende).

Das bedeutet – nur technisch gesehen -: Entlassung wegen Raummangels aus dem Landesgefängnis in Ludwigsburg und Suche nach neuen Räumen in Ludwigsburg, Umzug und Neueinrichtung. Erst wenn neue Räume zur Verfügung stehen und eingerichtet sind, ist es möglich, die neuen Mitarbeiter aufzunehmen. – Organisatorisch heißt es, dass die Geschäftsverteilung vollkommen neu gestaltet werden muss, und zwar möglichst so, dass diese Neuorganisation Bestand für die nächsten Jahre hat, damit sich unsere weitere Zusammenarbeit wieder auf gewohnten und nicht auf immer wieder verlegten Gleisen abspielen kann.

Wir denken daran, die ZSt. in fünf Abteilungen zu gliedern: Die *bisherige Abteilung I* (Ausland) wird in zwei Abteilungen geteilt: Ost und West – oder genauer gesagt = Nicht-Ost -, da auch der Norden wie Norwegen, Dänemark und der Süden: Italien und Jugoslawien dazugehören sollen. – Die *jetzige Abteilung II* (Inland) wird sich ebenfalls in zwei Abteilungen spalten: 1. Oberste Reichsbehörden und 2. Konzentrationslager und Euthanasie. Die *Abteilung III* – Dokumentation und Auswertung – wird voraussichtlich als neue Abteilung V bestehen bleiben.

Das Problem der Beschaffung neuer Räume soll theoretisch gelöst sein; die praktische Auswirkung dürfte vor August oder September nicht zu erwarten sein. – Erst dann können die neuen Mitarbeiter kommen; sie werden einige Zeit nötig haben, sich einzuarbeiten, bis ihnen die Arbeit gewohnt und selbständig von der Hand geht. Sie werden wohl auch nicht auf einen Schlag da sein, sondern nach und nach erscheinen. – Wenn also der Tag X und damit der Beginn der vierten Phase im Oktober oder November 1965 liegen sollte, dann werden meine Kollegen mir den Vorwurf einer leichtfertigen, optimistischen Prognose sicher nicht ersparen.

Sie sehen: Die ZSt. ist zurzeit nicht mehr das geschlossene Ganze, als das sie sich zu unserer ersten Tagung präsentieren konnte. – Lassen Sie mich nun unsere künftige Arbeit und unsere Zusammenarbeit im Rahmen der – geänderten – Verwaltungsvereinbarung und der in der Ministerkonferenz vom 28.4.1965 erarbeiteten Richtlinien darstellen.

Über die alten Zuständigkeiten der ZSt. aus der ersten Phase brauche ich nicht mehr zu sprechen. Die Erweiterung in Abschnitt II a brachte einige Zweifelsfragen mit sich. Die erste Frage, die die Ministerkonferenz nach vorangegangener Referentenberatung beantwortete, lautete wie folgt: „Soll die ZSt. weiterhin zuständig sein, Vorermittlungen auch dann zu führen, wenn für die Straftat im Inland ein Gerichtsstand des Tatortes und damit eine örtliche zuständige StA vorhanden ist? Bejahendenfalls: Soll die ZSt. für *alle* Inlandsstraftaten zuständig sein, nämlich für a) die Komplexe der obersten Reichsbehörden; b) die Komplexe der im Bundesgebiet gelegenen Konzentrationslager und Anstalten; c) sonst alle denkbaren

Einzelfälle. – Oder sollte durch die Erweiterung der Verwaltungsvereinbarung nur ermöglicht werden, solche Tatkomplexe aufzuklären, für die an sich die StA Berlin zuständig wäre, die aber von ihr personell nicht bewältigt werden können?"

Die hierzu beschlossene Richtlinie der Minister lautet: „Die ZSt. soll Vorermittlungen wegen aller NS-Gewaltverbrechen führen, namentlich auch wegen a) der Komplexe der Obersten Reichsbehörden und der Dienststellen der NSDAP und ihrer Gliederungen; b) der Komplexe der im Bundesgebiet gelegenen Konzentrationslager und Anstalten."

Aus den vorangegangenen Besprechungen und Beratungen sollen jedoch folgende Gedanken und Gesichtspunkte hervorgehoben werden: Die Justizminister wollten mit der Zuständigkeitserweiterung vom 11.12.1964 erreichen, dass sämtliche Angehörige aller Behörden, die für nationalsozialistische Verbrechen in Betracht kämen, erfasst wurden. Dieses Ziel kann dadurch am besten erreicht werden, dass keine neue ZSt. errichtet, sondern die Zuständigkeit der bestehenden erweitert wird. Aus der Entstehungsgeschichte und dem Sinn der Erweiterung der Verwaltungsvereinbarung (Abschnitt II a) folgt, dass sie extensiv auszulegen ist. – Die Erweiterung bezieht sich deshalb nicht nur auf die obersten Reichsbehörden, sondern auf alle Inlandstaaten.

Im Zusammenhang mit der Frage, *wann* Einzelkomplexe (z.B. Einzeltaten im Inland) abgegeben werden sollen, ist noch eine weitere Richtlinie erarbeitet worden, auf die ich noch zu sprechen kommen werde.

Eine weitere Zuständigkeitszweifelsfrage hatte sich hinsichtlich der *eigentlichen Kriegsverbrechen* ergeben. – Die Frage: „Soll die ZSt. auch bezüglich eigentlicher Kriegsverbrechen Vorermittlungen führen?" war nach der Erweiterung der Zuständigkeit deshalb aktuell geworden, weil nun auch die Verbrechen an Kriegsgefangenen im In- und Ausland zu unserer Zuständigkeit gehören konnten. Die bisherige Praxis der ZSt. bei Kriegsverbrechen erschöpfte sich in der Sammlung und Auswertung des Materials und der Vorlage bei dem GBA. Die ministerielle Richtlinie hierzu lautet: „Für *eigentliche* Kriegsverbrechen soll die ZSt. *grundsätzlich nicht* zuständig sein. Sie soll sie an den Generalbundesanwalt zur Bestimmung eines Gerichtsstandes durch den BGH übersenden. *Soweit jedoch* bei Kriegsverbrechen Oberste Reichsbehörden beteiligt sind, soll die ZSt. für diese die Vorermittlungen führen."

Nach einer allgemeinen Definition sind Kriegsverbrechen solche Verbrechen, die unter Verletzung des Kriegsbrauches begangen wurden. Hierunter fallen demnach auch die Verbrechen, die an Kriegsgefangenen allgemein und aufgrund der Einsatzbefehle 8, 9 und 14 begangen worden sind. – Nach den Richtlinien der Justizminister und -senatoren ist die ZSt. für die Aufklärung von Verbrechen an Kriegsgefangenen grundsätzlich nicht mehr zuständig; nur soweit Oberste Reichsbehörden an Kriegsverbrechen beteiligt waren, ist unsere Zuständigkeit für Verfahren wegen Verbrechen an Kriegsgefangenen begründet. – In der Praxis bedeutet das, dass die Zuständigkeit der ZSt. für die Aufklärung von Verbrechen an Kriegsgefangenen nur in den Fällen begründet ist, in denen Kriegsgefangene aus der Gefangenschaft entlassen und unmittelbar nach der Entlassung dem SD zum Zwecke der Liquidierung überstellt wurden (z.B. Geschlechtsverkehr mit deutschen Frauen, Verweigerung der Arbeit etc.), und in denen Oberste Reichsbehörden an Verbrechen gegenüber Kriegsgefangenen beteiligt waren (z.B. OKW bezügl. des Kommandobefehls, des sog. Kommissarbefehls, des Befehls betr. die Vernichtung ausländischer Militärmissionen etc.). – Für sonstige Verbrechen an Kriegsgefangenen ist nach den Richtlinien der Justizminister und -senatoren die Zuständigkeit der ZSt. nicht begründet.

In der Beratung wurde die Frage, wie zu entscheiden sei, wenn Zweifel bestünden – ob NS-Gewaltverbrechen oder Kriegsverbrechen –, dahin geklärt, dass *Mischsachverhalte* zur Zuständigkeit der ZSt. gehören, da ein Hin- und Herschieben der Akten vermieden werden müsse. Eine Auslegung der obigen Richtlinien in diesem Sinne wurde zugesichert.

Die nächsten Richtlinien befassen sich mit der *Methode und dem Umfang der Aufklärung* durch die ZSt. Es wurden die bisherige Arbeitsweise der ZSt. und die „Berliner Methode (RSHA)" gegenübergestellt. – Hierbei wurde mit Recht betont, dass es falsch wäre, die eine oder die andere Methode ausschließlich anzuwenden. Vielmehr müsse man jeweils die wählen, die die beste Aufklärung verspreche. Es wurde darauf hingewiesen, dass nur solche Abteilungen überprüft werden sollen, aus denen potentielle Täter hervorgegangen sein können, oder anders ausgedrückt, der mutmaßliche Täterkreis muss auf den ersten Blick eine gewisse Beziehung zu dem Tatkomplex haben. An sich sollte von der Abteilung ausgegangen werden, durch die man auf die Opfer käme. Wenn man aber wie in den meisten Fällen die Opfer kennt, kann auch von dort aus nach dem Täter gesucht werden.

Nachdem nochmals zum Ausdruck gebracht worden war, dass, wenn die Untersuchung vom Opfer her rascher zur Aufklärung führe, diese Methode gewählt werden solle, billigten die Minister folgende Richtlinie: „Die ZSt. soll ihre Vorermittlungen *bei den Komplexen* „Oberste Reichsbehörden" u.a. grundsätzlich von einem potentiellen Täterkreis aus systematisch anstellen. Das gleiche Verfahren soll angewendet werden bei den Stäben der Konzentrationslager, soweit das noch nicht geschehen ist." – Aus alledem darf geschlossen werden, dass der ZSt. für ihre allgemeine Aufklärungsarbeit im Rahmen der Vorermittlungen eine bestimmte Methode nicht anheimgestellt wurde.

Befasste sich diese Frage mit der Methode der Ermittlung, so wurde im Folgenden erörtert, wie lange die ZSt. vorermitteln solle. Hierzu ist grundsätzlich zu sagen, dass die ZSt. so weiter arbeiten soll, wie sie es bis zu dem Augenblick getan hat, als die Erörterungen um die Verjährung begonnen hatten. Ich wies bei der Erwähnung der Inlandseinzeltaten bereits darauf hin, dass die Frage des Zeitpunktes der Abgabe der Verfahren noch besonders erörtert worden ist.

Die Richtlinie lautet hierzu: „Die ZSt. soll die Einzelkomplexe „Oberste Reichsbehörden", „Konzentrationslager" u.a. in der *bisherigen Weise* vorermitteln. Bei *Einzelverfahren* sollen die Vorermittlungen dagegen frühzeitiger abgeschlossen und nach Auswertung des bei der ZSt. vorhandenen Materials an die örtlich zuständigen StA abgegeben werden; diese sollen bei ihren Ermittlungen von der ZSt. unterstützt werden." – Das bedeutet, dass es bei der grundsätzlichen Regelung des

Abschnitts III Ziff. 1 und 2 der Verwaltungsvereinbarung mit der Ergänzung, dass bei Einzeltaten früher abgegeben werden darf, bleibt. Für die Inlandseinzeltaten, für die meist von vornherein die Zuständigkeit einer StA gegeben ist, ist dies von besonderer Bedeutung.

Aus der Praxis heraus stellte sich die Frage, ob eine StA, die Ermittlungen als JS-Sache eingetragen hatte, die Akten der ZSt. „zur weiteren Veranlassung zuständigkeitshalber" auf den Tisch legen kann, wenn sie sich nicht mehr für zuständig hält.

Die Frage: „Kann – und soll – die ZSt. Verfahren übernehmen, die bereits bei einer StA anhängig sind?" ist in der entsprechenden Richtlinie wie folgt beantwortet worden: „Verfahren, die die ZSt. an eine örtliche StA abgegeben hat, können an die ZSt. nicht zurückgegeben werden." Das dürfte ein wichtiger Grundsatz sein. Die damit zusammenhängende Frage, ob und wann die StA an eine andere StA abgeben kann, wird noch besonders behandelt werden.

Es geht also nicht mehr an, dass man der ZSt. die Akten wieder zurückschickt nach dem Motto: „Ohne mich" oder „Suche Dir eine andere StA". Eine solche Handhabung hatte an sich auch schon bisher der Verwaltungsvereinbarung widersprochen, wonach die sich für unzuständig haltende StA nach Abschnitt III Ziff. 2 nach vorherigem Bericht an ihre Justizverwaltung an eine andere StA abgeben konnte.

Hierzu seien mir noch folgende Bemerkungen erlaubt: Auseinandersetzungen über die Frage der Zuständigkeit müssen von den beteiligten StA auf dem in der StPO bzw. im GVG vorgesehenen Weg ausgetragen werden. Dieser Standpunkt wird auch durch die Erwägung gestützt, dass die Übersendung der Vorermittlungsakten durch die ZSt., die keine StA ist, strafprozessual eine Anzeigeerstattung im Sinne des § 158 StPO darstellt. Diese Vorschrift schließt die Pflicht der StA zur Entgegennahme der Anzeige ein, unbeschadet der in der eigenen Verantwortung der StA liegenden Pflicht zur Prüfung der Zuständigkeit und evtl. Weiterleitung des Vorganges an die StA, die sie für zuständig hält. Es ist ja auch sonst nicht üblich und rechtens, eine Anzeige an den Anzeigeerstatter zurückzuschicken, weil die StA sich nach dem Tatort oder Wohnsitz oder aus einem sonstigen Grund nicht für zuständig hält oder ihre Zuständigkeit weggefallen ist. Sie gibt die Anzeige an die nach ihrer Meinung nunmehr zuständige StA weiter. In unserem Bereich der NS-Gewaltverbrechen ist ein langer Zuständigkeitsstreit zwischen StA und ZSt. besonders bedenklich, weil für diese Zeit – nach Abschlussbericht der ZSt. – keine sich für das Verfahren und evtl. für eine zu treffende sichernde Maßnahme verantwortlich fühlende StA vorhanden ist. Dieser strittige Punkt dürfte mit diesen Richtlinien nun endgültig geregelt sein.

Bevor ich aber auf die praktische Durchführung bei Kompetenzstreit zu sprechen komme, muss ich zu dem obigen Grundsatz: „Verfahren, die die ZSt. an eine örtliche StA abgegeben hat, können nicht an die ZSt. zurückgegeben werden", noch die Ausnahmen berichten. Es heißt in diesen Richtlinien weiter: „Handelt es sich um *Einzelfälle aus den Komplexen* „Oberste Reichsbehörden", „Konzentrationslager" und „Anstalten", so können die Sachen, auch wenn sie im Js-Register eingetragen sind, der ZSt. zur Vorermittlung zugeleitet werden. Die ZSt. leistet

Unterstützung in der Form der Vorermittlung und gibt die Sache nach Abschluss an die StA zurück. Die StA übernimmt dabei das Verfahren auch gegen die weiter zutage getretenen Beschuldigten."

Nun zur Frage, wie kann eine StA ein von der ZSt. an sie abgegebenes Verfahren, das sie nicht an die ZSt. mehr zurückgeben kann, an eine andere StA loswerden? Die Antwort lautet schlicht: „Grundsätzlich gar nicht", denn in Satz 1 der hierzu beschlossenen Richtlinie heißt es: „Die StA, die ein Verfahren von der ZSt. übernommen hat, soll es nicht an eine andere StA abgeben."

Doch auch diese grundsätzliche Regel ist nicht ohne Ausnahme, denn in der Richtlinie heißt es weiter: „Stellt sich nach *Anklagereife* heraus, dass der *Schwerpunkt* der Sache nicht mehr bei der bearbeitenden, sondern bei einer anderen StA liegt, soll der GStA der Behörde, bei der das Verfahren anhängig ist, mit dem GStA der Behörde, an die das Verfahren abgegeben werden soll, Fühlung aufnehmen. Ein gleiches Verfahren soll stattfinden, wenn die ZSt. ein Verfahren abgeben will, bei dem sich voraussichtlich Zuständigkeitsschwierigkeiten ergeben könnten." – Es folgt noch eine besondere Regelung für Berlin: „Berlin führt das Verfahren gegen das RSHA durch und übernimmt alle Verfahren gegen den Volksgerichtshof. Neue (noch nicht anhängige) NSG-Sachen werden nur dann in Berlin durchgeführt, wenn die Berliner StA ausschließlich zuständig ist." Diese Fühlungnahme von GStA zu GStA steht nun neben der bisherigen Bestimmung – Abgabe nur nach vorherigem Bericht an die Landesjustizverwaltung -. Die Landesjustizverwaltungen sollen nur noch in Härtefällen – wie es in den Beratungen hieß – um eine Entscheidung gebeten werden.

Sehr wichtig scheinen mir die Worte: *Nach Anklagereife* und *Schwerpunkt,* d.h. also, nicht schon mit Eingang der Akten und vor Aufnahme der Ermittlungen soll der Kompetenzstreit ausbrechen, sondern die StA soll erst einmal ermitteln, und zwar soweit und so viel, dass die Anklage erhoben werden kann und müsste. Stellt sich zu diesem Zeitpunkt heraus, dass der Schwerpunkt der Sache die Zuständigkeit einer anderen StA begründen würde, dann soll die Fühlungnahme wegen Übernahme durch die GStA erfolgen.

Die ZSt. hat nun aber auch von sich aus die Möglichkeit, bei voraussehbaren Zuständigkeitsschwierigkeiten die Zuständigkeit von vornherein durch das Verfahren – beide GStA an einen Tisch – klären zu helfen. Es kommt vor, dass sich bei Erstellung eines Abschlussberichts zeigt, dass zwei oder gar mehr Zuständigkeitsmöglichkeiten gegeben sind, etwa einmal nur nach dem hohen Dienstgrad eines Befehlsgebers oder aufgrund der Tatsache, dass eine größere Anzahl Beschuldigter nebst Zeugen in einem anderen Bezirk sitzen und den Schwerpunkt des Tatgeschehens bilden. – Hier würden wir dann so verfahren, dass wir jedem GStA unseren Abschlussbericht – mit einer Darstellung über die möglichen Zuständigkeiten – vorlegen und bitten, ohne oder mit uns untereinander Fühlung aufzunehmen, um von vornherein eine Einigung über die Zuständigkeit herbeizuführen. – Dies wäre nun noch der einzige Fall, an dem die ZSt. bei oder besser vor einem Kompetenzstreit beteiligt sein kann. – Ein Fall, der in der Praxis häufig vorkommt und vielleicht noch häufiger werden wird, scheint nach dem Wortlaut der Richtlinie – Verfahren, die die ZSt. an eine örtliche StA abgegeben hat, können an die ZSt. nicht zurückgegeben werden – nicht einbezogen zu sein.

Wie ist es nämlich, wenn im Rahmen eines Ermittlungsverfahrens, einer Voruntersuchung, ja noch in der Hauptverhandlung strafbare Handlungen und Beschuldigte bekannt werden, ohne dass die Straftaten dieser Beschuldigten mit den Straftaten, die den Gegenstand dieses Verfahrens bilden, in irgendeinem Zusammenhang stehen? Oder es werden weitere Straftaten bekannt, für die es zumindest noch keine greifbaren Beschuldigten gibt, was sogar häufiger der Fall sein dürfte.

Ist es nun zulässig, die Vernehmungsniederschriften oder sonstigen Unterlagen (Dokumente) der ZSt. „zur Veranlassung des Weiteren" zu übersenden, da für die betreffende StA keine Zuständigkeit besteht? – Wenn ein StA von einer neuen strafbaren Handlung, die mit dem Gegenstand des bisherigen Ermittlungsverfahrens selbst nichts zu tun hat, Kenntnis bekommt, dann legt er einen neuen Vorgang an, trennt ab und gibt, wenn ein Tatort oder der Wohnsitz des Beschuldigten bekannt ist, an die hierfür zuständige StA ab. Wenn aber nichts von alledem sofort bei der Hand ist, müssen Ermittlungen geführt werden, bis sich eine Zuständigkeit abzeichnet. – In jedem Fall aber besteht für ihn aufgrund des Legalitätsprinzips die Pflicht zur Einleitung eines Ermittlungsverfahrens. – Warum es bei der Strafverfolgung von NS-Gewaltverbrechen anders sein soll, ist nicht einzusehen. Die StA müssen auch hier genauso verfahren, d.h. einen *neuen – übrigens möglichst in sich verständlichen – Vorgang anlegen und ein neues Ermittlungsverfahren einleiten.* Wenn die StA dann mit der Aufklärung des Tatgeschehens nicht weiterkommt, kann sie dieses Verfahren uns zur Unterstützung der Ermittlungen oder zu Vorermittlungen übersenden. – Die ZSt. wird aber dann nach Abschluss ihrer Ermittlungen die Sache an die StA, die das Ermittlungsverfahren eingeleitet hat, wieder zurückgeben. Wurde der Tatort oder der Wohnsitz des Beschuldigten hierbei ermittelt, steht einer Abgabe an die nunmehr zuständige StA nichts im Wege. Nach den Beratungen in der Justizministerkonferenz war auch dieser Fall mit in die getroffene Regelung einbezogen und es bestand Einigkeit darüber, dass die StA verpflichtet sind, Ermittlungsverfahren einzuleiten und nach eventuellen weiteren Ermittlungen durch uns wieder zurückzunehmen. Es schien mir aber notwendig, auf diesen Fall noch einmal ausdrücklich hinzuweisen, denn man könnte nach dem Studium des Wortlautes der Richtlinien auf den Gedanken kommen, dass dieser Fall mangels ausdrücklicher Erwähnung oder schriftlicher Fixierung nicht mit erfasst werden sollte. Dies widerspräche dem Sinn und Zweck dieser Richtlinien, die doch erreichen wollen, dass die ZSt. von Kompetenzstreitigkeiten frei bleiben und auch nicht damit belastet werden soll, dass sie aus laufenden Sachen immer neue Vorermittlungen einleiten muss, für die sie dann später erst eine StA suchen muss.

Mit der Einleitung von Ermittlungsverfahren, die entweder auf Vorermittlungen durch die ZSt. zurückgehen oder von der StA unmittelbar veranlasst worden sind, ergibt sich oft ein weiteres Problem, das für die Zukunft einer klaren Regelung bedurfte. – Wie kann sichergestellt werden, dass bei Einleitung neuer Verfahren alsbald festgestellt werden kann, ob wegen dieses Sachverhalts bereits ein staatsanwaltschaftliches Verfahren anhängig ist oder gewesen ist und was dieses Verfahren erbracht hat?

Hierzu besagen die Richtlinien der Justizministerkonferenz: „Die ZSt. wird ihre Dokumenten- und Zeugenkartei dahin vervollständigen, dass sie eine *Verfahrenskartei* einrichtet. Das BJM wird sein Material der ZSt. zur Auswertung zur Verfügung stellen. Die Landesjustizverwaltungen werden nach vorheriger Absprache mit der ZSt. ihre Unterlagen für die vom BJM erstellte Kartei der ZSt. zur Verfügung stellen, soweit das noch nicht geschehen ist. Die Landesjustizverwaltungen werden die mit NSG-Sachen befassten StA erneut darauf hinweisen, dass von jeder Zeugen- und Beschuldigtenvernehmung auch des Untersuchungsrichters, sowie von Abschlussverfügungen der StA, von Urteilen und abschließenden Beschlüssen alsbald ein Durchschlag der ZSt. übersandt wird."

Zu diesem Punkt darf ergänzend bemerkt werden, dass das BJM aufgrund der Mitteilungen der Landesjustizverwaltungen über Verfahren in NSG-Sachen eine Kartei angelegt hat, die etwa 65.000 Namen umfasst; in der Kartei sind die Namen der Beschuldigten, der Komplexe und das Aktenzeichen der StA vermerkt. Diese Kartei wird uns zur Auswertung überlassen werden, ebenso sollen die Unterlagen der Landesjustizverwaltungen selbst, soweit noch nicht geschehen, uns überlassen werden.

Zusammen mit unseren Unterlagen wird dann eine neue Verfahrenskartei von uns erstellt werden. – Hierbei müssen auch die Verfahren erfasst werden, die bereits vor unserem Bestehen eingeleitet worden sind. Gerade diese früheren Verfahren sind oftmals wichtig für die laufenden Verfahren, weil in den früheren Akten zum Teil Originaldokumente vorhanden sind, die von den Amerikanern oder anderen Besatzungsmächten seinerzeit übergeben wurden und dann in den Akten geblieben sind.

Diese Regelung enthält an sich nichts Neues. Ich denke hierbei an die Verwaltungsvereinbarung Abschnitt III, Ziff. 6, in dem es heißt: „Die StA unterrichten die ZSt. über die abgeschlossenen, anhängig und anhängig werdenden Verfahren unabhängig davon, ob der Tatort im Bundesgebiet liegt." – Sowie Ziff. 7: „Die StA übersenden der ZSt. Abschriften ihrer Abschlussverfügungen und der gerichtlichen Entscheidungen."

An dieser Stelle könnte ich mühelos den Übergang zu meinem früheren Referat bei der ersten Tagung in Calw finden und all das wiederholen, was ich damals über die Zusammenarbeit der ZSt. mit den StA sagte. Ich möchte hier nur feststellen, dass sich zwar manche Kollegen unsere Bitten zu Herzen genommen haben, dass aber eine entscheidende Änderung eigentlich nicht eingetreten ist.

Es wird also nötig sein, dass diese Richtlinie *von allen* befolgt wird, wenn wirklich eine 100 % zuverlässige Verfahrenskartei, die doch als ein wichtiges Hilfsmittel auch Ihnen die Arbeit erleichtern wird, erstellt werden soll. Es wird noch davon gesprochen werden, ob die technischen Einrichtungen der ZSt. durch Anschaffung einer Datenverarbeitungsmaschine verbessert werden kann.

Hierzu werden an anderer Stelle (StA Blank) noch Ausführungen gemacht werden. Aber bei allem Wunder der Technik steht eins fest: Auch die Maschine gibt – unter welchen Gesichtspunkten auch immer von ihr geordnet oder verteilt – nur das heraus, was ihr vorher eingegeben worden ist.

Nicht anders ist es doch bei der ZSt. selbst. Was uns nicht mitgeteilt worden ist, können wir im Rahmen der verlangten Auskünfte – gleichgültig unter welchen Gesichtspunkten – auch nicht wieder von uns geben. Für die zu erstellende Verfahrenskartei gilt das in besonderem Maße. Es gilt ebenso allgemein für unsere Aufgabe der Koordinierung wie auch für unsere Materialiensammlungen z.B. Befehlsnotstand. Zur Frage der Mitteilungen oder der Erteilung von Auskünften habe ich noch einige Bitten, die ich nochmals vorbringen möchte und die noch erheblich Bedeutung gewinnen, wenn die ZSt. am Tage X mit dem großen Apparat funktionieren soll, wie ich Ihnen eingangs schilderte. Bei der Übersendung von Mitteilungen, Vernehmungsabschriften und anderem wird oft übersehen, dass auch die ZSt. ein Aktenzeichen und bereits einen Vorgang dazu hat. Es wird sehr oft nicht angegeben. Dies wirkt sich besonders unangenehm aus, wenn z.B. bei der Übersendung einer Vernehmungsniederschrift kein Begleitschreiben, aus dem sich nähere Anhaltspunkte ergeben könnten, zu welcher Sache oder zu welchem Komplex der Eingang gehört, dabei ist. Wenn also ein Aktenzeichen der ZSt. bekannt oder in ihren Vorgängen festzustellen ist, vergessen Sie es bitte nicht, vor allem dann nicht, wenn dabei noch auf ein Schreiben von uns Bezug genommen wird. Dies gilt nicht nur für die StA, sondern ebenso auch für die Untersuchungsrichter und die Sonderkommissionen. Wenn aber noch kein Aktenzeichen der ZSt. vorhanden ist, weil wir hierzu noch keinen Vorgang haben, dann sollte vermerkt werden, woher die Abschrift stammt, weshalb sie übersandt wird und um welchen Tatort es sich handelt. Ergibt sich der Tatort mit einem Blick aus der Übersendung, dann ist die Zuteilung für den, der den Eingang zu verteilen hat, in das betreffende Referat schneller möglich, als wenn er, der mit der Sache nicht befasst ist, die ganze Vernehmung lesen muss, um herauszufinden, worum es sich eigentlich handelt und welches Referat dafür in Betracht kommt.

Diese Kennzeichnung ist für uns wichtiger als der meist nie vergessene Zusatz: „Wegen Mordes oder Beihilfe zum Mord (NSG)“. Wie gesagt, wenn einmal die Eingänge für 50 Referenten geordnet und verteilt werden müssen, wird uns die Erfüllung dieser Bitte viel Zeit und auch „Irrläufer“ ersparen helfen.

Noch eine Bitte darf ich wiederholen: Fernschreiben und die erbetene Antwort mit FS sollten nur dann benutzt werden, wenn die Sache wirklich brandeilig ist (Haftsachen!), aber nicht auch dann, wenn zumindest die Antwort auch einige Tage später zurechtkommt oder gebraucht wird. Dies sage ich nicht nur aus unserem Interesse, sondern auch mit Rücksicht auf die Polizeidienststellen, die diese Fernschreiben zu übermitteln haben und deren unnötige Inanspruchnahme vermieden werden sollte.

Ich weiß, dass einige Kollegen ungehalten sind und vielleicht auch anhand von Beispielen darüber Klage führen können, das die ZSt. zurzeit manchmal nicht mehr so rasch arbeitet wie früher – ich hörte einmal das Wort: „FP 1 antwortet nicht mehr“ -. Hierzu muss ich nochmals daran erinnern, was ich anfangs über die Entwicklung der ZSt. seit Dezember 1964 bis heute sagte. – Wir sind seitdem in ständiger Änderung und Umorganisation begriffen. Das bedeutet nicht nur, dass neue Referenten sich in neue Referate so schnell wie möglich einarbeiten mussten, das bedeutet auch, dass die Mitarbeiter auf der zweiten Ebene ebenso oft erneuert, ergänzt worden sind oder gewechselt haben. Der bisherige Sollbestand an Schreibkräften ist nicht erreicht worden. – Unter all diesen Umständen müssen dann noch besondere Brocken mitverarbeitet werden, so z.B. ca. 4000 Eingänge aus Polen, in denen ehemalige Häftlinge Wiedergutmachungsansprüche stellen. Diese Anträge können nicht einfach durch Weiterleitung an das zuständige Entschädigungsamt erledigt werden. Sie müssen ausgewertet und die Personen, die als Zeugen für verschiedene Verfahren in Betracht kommen können, müssen herausgesucht und den StA bekanntgemacht werden. Diese Arbeit belastet einen Referenten schwer und nimmt mindestens einen Justizangestellten voll in Anspruch.

Diese Arbeit ist heute noch nicht beendet, denn noch über 2000 Eingänge müssen bearbeitet werden. – Oder ein anderes Beispiel: Eine einzige Bezirksfinanzdirektion richtet an uns seit November 1964 aus laufenden Rentenverfahren weit über 3000 Anfragen hinsichtlich bestimmter Personen. Sie sind inzwischen sämtlich beantwortet worden.

Bedenken Sie bei alledem, dass wir nur noch wenige Kollegen – gemessen an dem jetzigen und zukünftigen Bestand von neuen Referenten – sind, die schon längere Zeit bei der ZSt. tätig sind und denen nebenher auch die Aufgabe zufällt, den neuen Kollegen mit Auskunft und Rat zur Seite zu stehen. Auch das kostet Zeit. Es ist also ganz unvermeidbar, dass die Um- und Neuorganisation Sand in das Getriebe gebracht hat und bringt. – Es ist unser Bemühen, ihn so schnell wie möglich zu beseitigen. Wenn das aber geschehen ist, und die ZSt. in ihrer neuen Form und Gestalt voll funktionsfähig sein wird, dann wird der einwandfreie Lauf dieses neuen, größeren Getriebes nur möglich sein, wenn auch unsere Zusammenarbeit für die nächsten Jahre in allen Punkten reibungslos verläuft. Ich verstehe hierbei unter reibungslos eine Zusammenarbeit, die sich korrekt an die Regeln der Verwaltungsvereinbarung und der oben besprochenen Richtlinien der Ministerkonferenz, aber auch an die in die Praxis umzusetzenden Ergebnisse unserer Aussprachen und Vereinbarungen auf dieser Tagung hält. Nicht alles kann für unsere Zusammenarbeit schriftlich fixiert oder reglementiert werden; manches Problem ist eben nur mit gutem Willen aller Beteiligten zu lösen. Bisher hat es an diesem guten Willen weder bei Ihnen noch bei uns gefehlt. Deshalb glaube ich mit der Feststellung schließen zu dürfen, dass unser gemeinsamer guter Wille die beste und sicherste Grundlage für unsere künftige Zusammenarbeit ist."

In der anschließenden Diskussion ergriff zunächst *OStA Dr. Gierlich* (Köln) das Wort und wies darauf hin, dass mitunter bei einer StA ein Verfahren anhängig werde, ohne dass zunächst Tatort oder ein Beschuldigter bekannt seien. Die ZSt. unterstütze zwar die StA bei ihren Ermittlungen, gebe aber früher oder später das Verfahren an die StA zurück, die das Verfahren geleitet habe. Es stellten sich dann zwei Fragen: a) Solle die StA nach Ermittlung des Tatorts und des Beschuldigten das Verfahren an eine andere StA abgeben, wenn eine Zuständigkeit bei ihr nicht begründet sei – sei es, dass der Beschuldigte im Bereich einer anderen StA wohne, sei es, dass er sich ständig im Ausland aufhalte –? Gelte das auch, wenn im Rahmen eines Komplexes eine Einzeltat anklagereif aufgeklärt worden sei, für die aber bei der StA keine Zuständigkeit bestehe? Solle bei einer Abgabe in diesen Fällen der GStA eingeschaltet werden? – b) Das System der Verteilung ermittelter Komplexe durch die ZSt. rufe eine gewisse Besorgnis der Überlastung hervor für die Zentralstellen in Nordrhein-Westfalen. Würde bei einer Abgabe unter Einschaltung der GStA nicht die Gefahr einer zusätzlichen Belastung der Zentralstellen auftauchen? Gälten also auch insoweit die Regeln über die Abgabe?

MinRat Roth wies darauf hin, dass die von den Justizministern am 27./28.4.1965 beschlossenen Grundsätze über die Weiterführung der ZSt. nur *Richtlinien* darstellten, die einzuhalten den StA nur empfohlen werden könne. Die Abgabe von NSG-Verfahren erfordere wegen deren Umfangs und der damit verbundenen tatsächlichen und rechtlichen Schwierigkeiten eine Einschaltung von vorgesetzten Dienststellen, um – wie schon seit 1958 – eine autoritäre Stelle entscheiden zu lassen. Darauf könne verzichtet werden in Fällen, in denen die Zuständigkeit einer StA offensichtlich nicht gegeben sei, so dass das Verfahren ohne Einschaltung der GStA abgegeben werden könne. In Zweifelsfällen sei eine Einschaltung der GStA vorzuziehen, zumal dann eine schnellere Entscheidung zu erzielen sei als bei einem Streit zwischen den StA selbst.

EStA Dr. Artzt (ZSt.) erwiderte, die ZSt. suche die Zuständigkeit einer StA zu begründen, die ihr am besten untermauert zu sein scheine. Hierzu sei sie verpflichtet und sie tue dies nur nach sachlichen Gesichtspunkten. In Zukunft würde die ZSt. in Zweifelsfällen die StA unter Vorlage des jeweiligen Abschlussberichts und unter Einschaltung der GStA rechtzeitig zu einer Klärung der Kompetenzfrage zu bewegen suchen.

EStA Jordan (Dortmund) wies auf die besonderen Schwierigkeiten hin, die sich bei einer Zuständigkeitsbegründung gemäß § 13 a StPO ergäben. Eine Abgabe sei nach Ermittlung des Aufenthaltsortes des Hauptbeschuldigten im Zuständigkeitsbereich einer anderen StA kaum möglich, weil von der irrigen Vorstellung ausgegangen werde, die Gerichtsstandsbegründung gemäß § 13 a StPO sei endgültig. Er halte eine Berufung auf den Wortlaut von Paragraphen und Richtlinien für unzweckmäßig, desgleichen aber auch eine Weiterführung der Ermittlungen durch eine unzuständige StA bis zur Anklagereife.

OStA Dr. Gierlich (Köln) erwiderte, er sehe hierin kein Problem, denn im Rahmen der Zuständigkeit dürften nicht Zweckmäßigkeitserwägungen im Vordergrund stehen, weil es sich in erster Linie um eine Frage des Rechts handle. Die Frage nach der Zuständigkeit lasse sich von daher stets eindeutig beantworten.

MinRat Roth gab zu bedenken, dass man für das Ziel der „Anklagereife“ bei der Abgabe von Ermittlungsverfahren nach den Richtlinien die erforderliche Konzentrierung der Ermittlungen im Auge gehabt habe.

StA Dr. Klass (Mannheim) berichtete, die StA Mannheim gebe alle Verfahren ab, sobald ihre Unzuständigkeit feststehe. Sie schalte hierbei nicht die vorgesetzten Dienststellen ein.

EStA Selle (Berlin) warnte davor, dass eine StA das Verfahren in erster Linie gegen den in ihrem Zuständigkeitsbereich wohnenden Beschuldigten betreibe mit dem Ziele der Einstellung, um es danach an eine andere StA abzugeben. Er lege die Richtlinien dahin aus, dass in diesem Falle die StA gehalten sei, das gesamte Verfahren bis zur „Anklagereife" fortzuführen.

MinRat Roth stimmte dieser Auffassung zu.

EStA Pries (Kiel) vertrat demgegenüber die Meinung, die StA dürfe keine Ermittlungen führen, sobald sie nicht mehr zuständig sei; sie sei dann vielmehr gehalten, das Verfahren ohne Rücksicht auf den Sachstand abzugeben.

MinRat Roth widersprach dieser Auffassung. Im Interesse der Beschleunigung solle die StA, die das Verfahren einmal bearbeitet habe, die Ermittlungen bis zum Abschluss führen, auch wenn ihre Zuständigkeit plötzlich, z.B. durch den Tod des Hauptbeschuldigten, weggefallen sei. Es gebe keine Bestimmung in der StPO, die der StA die Fortführung der Ermittlungen untersage.

OStA Witschel (Bamberg) vertrat die Auffassung, die StA leite ihre Zuständigkeit von der des Gerichts an; fehle es an dieser, dürfe sie selbst auch nicht mehr tätig werden.

EStA Pries (Kiel) führte aus, die Richtlinien gingen nach seiner Auffassung davon aus, es seien Schwerpunkte bei der Ermittlungstätigkeit zu bilden und es sie die Zuständigkeit zwischen mehreren an sich zuständigen StA zu klären. Die Richtlinien beträfen nicht die Fälle, in denen eine Zuständigkeit überhaupt nicht – mehr – gegeben sei. Hier sei stets die Abgabe des Verfahrens erforderlich, die überdies auch zweckmäßig sei, um dem neuen Sachbearbeiter die stets erforderliche Einarbeitung zu erleichtern, die bei einer frühzeitigen Übernahme leichter falle als unmittelbar vor der Abschlussverfügung.

StA Dr. Klass (Mannheim) stimmte diesen Ausführungen zu und ergänzte, es sei z.B. sehr zweckmäßig, dass der neue Sachbearbeiter die Zeugen selbst vernehme und die weiteren Ermittlungen leite.

StA Pfeufer (Köln) wies darauf hin, dass die Bearbeitung durch eine unzuständige StA den Ländern und insbesondere den Sonderkommissionen zusätzliche personelle Belastungen und Kosten aufbürde.

MinRat Roth erklärte, er wolle seine bisherige Auffassung nicht aufrechterhalten. Wenn eine Zuständigkeit absolut entfallen sei, müsse die StA das Verfahren an die nächstzuständige StA abgeben. Denn wie sich aus der Bestimmung des § 143 GVG ergäbe, dürfe eine unzuständige StA nur bei Gefahr im Verzug noch weitere Amtshandlungen vornehmen.

EStA Dr. Schneider (Stuttgart) wies darauf hin, dass eine StA nach der Einstellung des Verfahrens bezüglich eines Beschuldigten das Verfahren nicht abgeben solle, wenn es insgesamt einstellungsreif sei.

OStA Dr. Gierlich (Köln) vertrat die Auffassung, es sei eine Frage der Einstellung des jeweiligen Sachbearbeiters, ob und wann er ein Verfahren abgebe. Die Richtlinien seien in jedem Falle so auszulegen, dass die StA ihre Zuständigkeit nicht durch einen Trick beseitigen dürften. Eventuell sollten sie mit einer teilweisen

Einstellung des Verfahrens warten, bis auch die übrigen Ermittlungen abgeschlossen seien.

EStA Dr. Artzt (ZSt.) zeigte anhand eines Beispiels, dass die Praxis dem nicht immer entspreche.

EStA Selle (Berlin) meinte, die Frage, wann und ob abgegeben werde, sei weitgehend von dem guten Willen der befassten StA abhängig. In den Fällen des Todes des Beschuldigten o.ä., in denen die Zuständigkeit abrupt ende, sei eine sofortige Abgabe unumgänglich, in den Fällen der – teilweisen – Einstellung solle die Zuständigkeit einer anderen StA erst begründet werden, wenn die gesamten Ermittlungen weitgehend abgeschlossen seien.

StA Dr. Klass (Mannheim) sprach sich für eine Differenzierung aus. So sei z.B. in Fällen, in denen der Beschuldigte bereits aufgrund einer anderen Verurteilung eine lebenslange Zuchthausstrafe verbüße, eine Einstellung nach § 154 StPO und eine rasche Abgabe des Ermittlungsverfahrens erwägenswert. Es könne aber auch zweckmäßig sein, trotz der erfolgten Verurteilung nochmals Anklage zu erheben.

StA Schrödter (München) warnte nachdrücklich vor der Zerschlagung eines umfangreichen Komplexes durch die Abgabe einzelner Verfahrensteile an eine Vielzahl von StA. Bei einem solchen Vorgehen bestehe die Gefahr, dass die einzelnen Teilverfahren im Sande verliefen.

StA Dr. Klass (Mannheim) bat um Klärung, ob a) Vernehmungsniederschriften auch von solchen Verfahren der ZSt. übersandt werden sollen, die nur die Aufenthaltsbestimmung von Personen oder Taten ohne jeden Bezugswert auf andere Komplexe zum Gegenstand hätten, b) die ZSt. nicht in Fällen, in denen das ursprüngliche Verfahren durch Abtrennen einzelner Teilkomplexe aufgeteilt worden sei, für jedes dieser Verfahren ein gesondertes Aktenzeichen führen könne?

EStA Dr. Artzt (ZSt.) erklärte hierzu, die häufigen Personalanfragen von StA und Verwaltungsbehörden erforderten eine Übersendung aller Vernehmungsniederschriften, weil nur dadurch eine vollständige und richtige Auskunftserteilung möglich sei. Das Führen mehrerer Aktenzeichen bei der ZSt. nach Abtrennung von Teilverfahren bei den StA sei nicht zweckmäßig. Im Übrigen sei es auch erforderlich, dass die StA Vernehmungsdurchschriften von solchen Verfahren übersenden, die bei ihnen aufgrund von Privatanzeigen anhängig seien.

Kriminalrat Weida (Ludwigsburg) regte eine grundsätzliche Klärung an, ob die StA oder die Sonderkommissionen für die Übersendung der Vernehmungsdurchschriften an die ZSt. verantwortlich sein sollten.

MinRat Roth sagte die Klärung dieser Frage im Verlaufe der Tagung zu.

StA Pfeufer (Köln) stellte die Frage, ob nicht die StA Ermittlungsanregungen der ZSt. zur weiteren Veranlassung übersenden könnten. Es sei nämlich durchaus möglich, dass im Rahmen eines Ermittlungsverfahrens ein Hinweis auftauche, dass in einem anderen Falle, der mit dem anhängigen Komplex in keinem Zusammenhang stehe, ebenfalls strafbare Handlungen vorlägen, ohne dass Tatort oder Beschuldigte erkennbar seien. Es sei nicht einzusehen, warum die StA auch insoweit Ermittlungen führen solle. Außerdem bäte er um eine Klärung, ob der gesamte Schriftverkehr mit der ZSt. über die GStA laufen müsse.

EStA Dr. Artzt (ZSt.) nahm hierzu Stellung und erklärte, die Übermittlung von Ermittlungsanregungen durch die StA an die ZSt. sei nicht zulässig, weil eine derartige Handhabung praktisch auf eine Abgabe an die ZSt., die keine StA sei, hinauslaufe. Dies widerspreche den Verwaltungsvereinbarungen der Landesjustizverwaltungen und den Richtlinien der Justizministerkonferenz vom 27./28.4.1965. Das Legalitätsprinzip verpflichte die StA von sich aus jeder Möglichkeit, eine strafbare Handlung zu verfolgen, nachzugehen. Dieser Verpflichtung könne sie sich nicht durch eine Übersendung der entsprechenden Unterlagen an die ZSt. „zur weiteren Veranlassung" entziehen.

Was den Schriftverkehr zwischen der ZSt. und den StA angehe, so erscheine die Einschaltung der GStA in Nebensächlichkeiten vielleicht überflüssig und unzweckmäßig. Die Frage bedürfe jedoch einer eingehenden Prüfung und grundsätzlichen Klärung, die wiederum durch die Justizverwaltungen und die GStA erfolgen müsse.

MinRat Roth erklärte, er wolle diesen Punkt bei künftigen Besprechungen berücksichtigen und bat die Teilnehmer, auch mit weiteren Anregungen nicht zurückhaltend zu sein, weil diese eine wertvolle Grundlage für die Entschließungen der Landesjustizverwaltungen seien.

Es meldete sich sodann *StA Dr. Klass* (Mannheim) zu Wort und regte an, die GStA nur bei der Abgabe von Verfahren durch die ZSt. einzuhalten, weil sie im Übrigen durch die Berichte und Übersendung der Abschlussverfügungen über den Stand der Verfahren unterrichtet würden.

RegDir. Götz (BJM) kam nochmals auf die Möglichkeiten der Abgabe von Verfahren zu sprechen, bei der man drei Gruppen unterscheiden müsse: a) Die StA sei mit Rücksicht auf den Tatort zuständig: Eine Abgabe scheide hier aus der Natur der Sache aus. b) Die Zuständigkeit der StA sei gemäß § 13 a StPO bestimmt worden: Hierfür sei Voraussetzung, dass noch *kein* Beschuldigter ermittelt sei. Dann bestehe die Zuständigkeit auch fort, wenn später der Aufenthaltsort eines Beschuldigten im Bereich einer anderen StA ermittelt werde. Auch wenn eine Abgabe nicht kraft Gesetzes ausgeschlossen sei, halte er aus Zweckmäßigkeitserwägungen eine Abgabe in Verfahren betr. NSG-Verbrechen für unzulässig. c) Die StA sei mit Rücksicht auf den Wohnort eines Beschuldigten in ihrem Bereich zuständig: Wenn dieser Beschuldigte aus dem Verfahren ausscheide und auch die Zuständigkeit der StA nicht durch die Person eines anderen Beschuldigten oder aus sonst einem der in den §§ 7–10 StPO aufgezählten Gründe bestehe, so sei die Abgabe des Ermittlungsverfahrens trotz der evtl. Unzweckmäßigkeit eines solchen Vorgehens wegen der Vorschrift des § 343 GVG unumgänglich.

Die Tagung wurde fortgesetzt mit dem Kurzreferat von *MinRat Roth* über das Thema *„Wie wirkt sich das StPÄG auf Ermittlungen wegen NS-Gewaltverbrechen aus? Durch welche praktischen Maßnahmen kann der StA der Gefahr einer unangemessenen Dauer der Ermittlungsverfahren entgegenwirken?"* Der Vortragende wies eingangs darauf hin, dass er seine Aufgabe allein darin sehe, in einem *einleitenden* Kurzreferat die Probleme anzusprechen, die sich nach seiner Sicht aufgrund des StPÄG und des GVG vom 19.12.1964 [BGBl. I 1067] besonders für Strafverfahren wegen NS-Gewaltverbrechen ergeben. Hier wiederum würden sich seine Ausführungen – bedingt durch den Kreis der Tagungsteilnehmer – auf das „Vorverfahren" beschränken. Er bleibe bei seinen Ausführungen bewusst im Theoretischen, da es Aufgabe der nachfolgenden, hoffentlich sehr eingehenden Diskussion sei, die bisherigen praktischen Erfahrungen aufzuzeigen, die seit der Geltung des StPÄG von den Tagungsteilnehmern gemacht wurden. Im Übrigen sei es bis zu einer durch das StPÄG notwendig gewordenen bundeseinheitlichen Änderung der RiStV ausschließlich Sache der Landesjustizverwaltungen, ihr nachgeordneten StA im Bedarfsfall mit bestimmten Weisungen bezüglich der praktischen Anwendung des StPÄG zu versehen. Der Vortragende wolle mit seinen Ausführungen keineswegs in die Kompetenz anderer LJV eingreifen. Dies schließe jedoch nicht aus, zu einigen Punkten die im Lande Baden-Württemberg zusammen mit den GStA, einigen OStA und den leitenden Kriminalpolizeibeamten das Landes erarbeitete Auffassung darzulegen.

Zunächst ging der Vortragende auf die Grundkonzeption des Entwurfs ein und führte hierzu aus: „Die Strafprozessnovelle hat sich zur Aufgabe gestellt, hinsichtlich der Untersuchungshaft, der Rechtsstellung des Beschuldigten und des Verteidigers sowie der Gestaltung des Vorverfahrens, des Zwischenverfahrens und des Hauptverfahrens den dringendsten Reformanliegen zu entsprechen. Hierbei ging es vor allem um den Ausbau der Freiheitsposition des Einzelnen in ihrer Polarität zur Machtstellung des Staates, somit also um eine verfassungskonformere Ausgestaltung des Strafverfahrens. Insoweit kann man die Novelle als ein Ausführungsgesetz zum GG, insbesondere zu dessen Art. 1 und 2, auf dem strafprozessualen Sektor bezeichnen.

Ob das StPÄG in diesem Bestreben über das Ziel hinausgeschossen ist, kann erst die Zukunft zeigen. Sicher ist, dass die endgültige Gestaltung der Novelle durch die zuständigen Gremien des Bundestags nicht unwesentlich beeinflusst worden ist durch einige aufsehenerregende Strafverfahren bzw. Ermittlungsverfahren, die – sagen wir es einmal ganz schlicht – von Seiten der Anklagebehörde aus gesehen schief gelaufen sind."

Im Anschluss daran kam der Vortragende auf nachstehende, bei der Verfolgung von NS-Gewaltverbrechen praktisch bedeutsamsten Einzelfragen der Strafprozessnovelle zu sprechen: 1. Zeitpunkt der Belehrungsfrist der Beschuldigten und der Zeugen nach § 163 a Abs. 2 StPO, 2. Durchführung des Schlussgehörs (§§ 169 a ff. StPO), 3. Anwesenheit des Verteidigers bei Vernehmungen durch die StA und durch die Polizei.

Nach einer Erläuterung der Entstehungsgeschichte sowie der rechtspolitischen und strafprozessualen Zielsetzung dieser Bestimmungen wies der Referent darauf hin, dass die in § 169 a Abs. 2 i.V. mit § 136 Abs. 1 StPO vorgeschriebene *Belehrungspflicht* des Beschuldigten die Ermittlungsbehörden in vielen Fällen zwingen würde, ihre Taktik und ihre Praxis bei der Durchführung von Ermittlungsverfahren wegen NS-Gewaltverbrechen zu ändern, da es sich mehr noch als bisher empfehle, den Beschuldigten erst gegen Ende der angelaufenen Ermittlungen zu vernehmen. Abgesehen davon sei es im Einzelfall oft recht schwierig, den Zeitpunkt festzustellen, ab welchem aus der Anhörung einer Person eine Beschuldigtenvernehmung werde. Man könne hierfür nur allgemeine Richtlinien aufstellen. Entscheidend sei wohl der Augenblick, in dem nach Auffassung des vernehmenden Beamten die Vernehmung Anhaltspunkte für einen konkreten Tatverdacht der vernommenen Person ergebe. Solange keine Anhaltspunkte für einen solchen konkreten Tatverdacht vorliegen, bestehe weder das Recht noch die Pflicht, eine zu vernehmende Person im Hinblick auf die Belehrungspflicht als Beschuldigten im Sinne von § 136 Abs. 2 StPO zu behandeln. StA und Polizei seien vielmehr befugt, jeden Bürger, bei dem zu erwarten sei, dass er sachliche Angaben machen könne, im Rahmen der den staatlichen Ermittlungsbehörden obliegenden Pflicht zur Erforschung des inkriminierten Sachverhalts dritte Personen zu befragen. Der Vortragende erläuterte dies sodann an einigen konkreten Beispielen.

Bei der Vernehmung von Zeugen sei in den einschlägigen Ermittlungsverfahren nunmehr in der Regel i.V. mit § 163 a Abs. 5 eine Belehrung nach § 55 StPO geboten, was keiner näheren Erläuterung bedürfe.

Im Anschluss daran behandelte der Referent den Zweck und die Ausgestaltung des *Schlussgehörs,* von dem noch ungewiss ist, ob von ihm in der Praxis viel Gebrauch gemacht werde. Insbesondere wies der Referent darauf hin, dass der Gesetzgeber für die Durchführung des Schlussgehörs im Einzelnen keine besonderen Vorschriften erlassen habe. Es komme im Übrigen völlig auf den Einzelfall an, wie sich der StA auf das Schlussgehör am zweckmäßigsten vorbereite, sei es durch eine kurze Niederschrift über die beabsichtigten Anklagepunkte. Je umfangreicher die Anklage sei, desto mehr empfehle es sich für den StA, vor Gewährung des Schlussgehörs schon eine Skizze der beabsichtigten Anklage auszuarbeiten. Da über die zweckmäßigste Art der Durchführung des Schlussgehörs erst praktische Erfahrungen gesammelt werden müssen, habe man in Baden-Württemberg in Übereinstimmung mit den GStA davon abgesehen, schon jetzt hierfür verbindliche Richtlinien auszuarbeiten.

Bezüglich der *Anwesenheit des Verteidigers bei staatsanwaltschaftlichen Vernehmungen* vertrat der Referent die Auffassung, dass eine solche zulässig sei, auch wenn sie das Gesetz nicht vorsehe. Eine solche Anwesenheit sei sicherlich dann zweckmäßig, wenn der Beschuldigte von vornherein erkläre, nur in Anwesenheit seines Verteidigers vor der StA Angaben zu machen. Nach seiner Auffassung könne auch in Ausnahmefällen eine Anwesenheit des Verteidigers bei einer polizeilichen Vernehmung in Frage kommen. In Baden-Württemberg habe man eine solche Anwesenheit jedoch von der vorherigen Zustimmung des zuständigen staatsanwaltschaftlichen Sachbearbeiters abhängig gemacht.

In der anschließenden Diskussion wurde Folgendes ausgeführt:

StA Ihle (Hannover) berichtete, im Bezirk des OLG Celle werde bereits seit zwei Jahren der Beschuldigte nach § 55 StPO vor der Vernehmung durch den StA oder Kripobeamten belehrt. Dies sei in aller Regel der Durchführung der Ermittlungen nicht hinderlich gewesen. Es sei auch nicht von Nachteil, dass dem Beschuldigten vor Beginn der Vernehmung die Beschuldigung vorgehalten werden müsse. Dies habe sich nämlich seit jeher als notwendig erwiesen. Ebenso sei es im Bereich der

StA Hannover schon immer üblich gewesen, den Beschuldigten auf sein Aussageverweigerungsrecht hinzuweisen. In NS-Verfahren habe bisher kein Beschuldigter die Einlassung verweigert. Auch in Zukunft seien in dieser Hinsicht keine Schwierigkeiten zu erwarten. In den allgemeinen Dezernaten seien etwa in 10 % aller Fälle die Einlassungen verweigert worden.

Probleme schaffe jedoch die Verpflichtung, den Beschuldigten darauf hinzuweisen, dass er schon zu Beginn des Verfahrens einen RA hinzuziehen kann. Dies habe sich in einem bei der StA Hannover anhängigen Verfahren erwiesen. Da keine anderen Ermittlungsmöglichkeiten bestanden hätten, sei in diesem Verfahren der Beschuldigte schon gleich zu Beginn zur Vernehmung geladen worden. Er habe jedoch erklärt, er wolle nur in Gegenwart seines Anwalts aussagen, der aber verreist sei und erst in sechs Wochen wieder zurückkehre; außerdem werde der Anwalt die Verteidigung nur dann übernehmen, wenn ihm schon vor der Vernehmung des Beschuldigten Akteneinsicht gewährt werden würde. Aus diesem Fall folge, dass der Beschuldigte, soweit möglich, erst vernommen werden sollte, wenn sich das Verfahren bereits in einem fortgeschrittenen Stadium befindet. Zu diesem Zeitpunkt könne dann auch großzügig Akteneinsicht gewährt werden. Hierbei verfahre die StA Hannover so, dass das wesentliche Ermittlungsergebnis in gedrängter Form dargestellt werde. Dieses werde dem Verteidiger zur Verfügung gestellt, um ihm die Durcharbeitung umfangreicher Akten zu ersparen. – In allen Fällen habe die Erfahrung gelehrt, dass der Beschuldigte sich stets zur Sache einlässt, wenn die Ermittlungen schon weit fortgeschritten sind. – Hinsichtlich der Belehrung, dass der Beschuldigte von vornherein einen Verteidiger beauftragen könne, werde bei der StA Hannover so verfahren, dass diese Belehrung bereits in die Ladung aufgenommen werde. Gleichzeitig enthalte die Ladung eine kurze Sachverhaltsschilderung. Zwischen Ladung und Termin bestehe eine Frist von vier Wochen.

EStA Jordan (Dortmund) stellte die Frage, wer in einem Verfahren wegen NS-Gewaltverbrechen überhaupt als Beschuldigter oder als Zeuge in Frage komme. Diese Frage sei nicht immer ohne weiteres zu beantworten. Wenn beispielsweise ein Polizeibataillon an Erschießungen beteiligt gewesen sei, so wären alle Angehörigen dieser Einheit wohl als Beschuldigte zu behandeln. In diesem Falle könne es geschehen, dass alle Beteiligten die Aussage verweigern, auch wenn man sie lediglich als Zeugen vernehme.

EStA Trips (Karlsruhe) wies darauf hin, dass es nicht immer möglich sei, den Beschuldigten erst zum Schluss des Ermittlungsverfahrens zu vernehmen. Dies sei insbesondere dann der Fall, wenn wegen hohen Alters des Beschuldigten mit seinem baldigen Ableben zu rechnen sei. Dann empfehle sich eine sofortige Vernehmung, da diese für die Verfolgung weiterer Beschuldigter von Bedeutung sein könne.

StA Zippel (Berlin) vertrat die Ansicht, dass man in NSG-Verfahren die Tatverdächtigen nicht als Beschuldigte bezeichnen müsse, solange sich ein konkreter Verdacht noch nicht ergeben habe. Dann sei eine Belehrung gemäß § 44 StPO nicht erforderlich. – Zur Frage der Beweisanträge, die der Beschuldigte während des

Ermittlungsverfahrens stellen könne, sei zu bemerken, dass § 244 StPO hier nicht analog angewendet werden müsse. Auch aus anderen Gründen als den in dieser Vorschrift genannten, könne ein Beweisantrag abgelehnt werden. – Daraus, dass der Beschuldigte sich schon zu Beginn des Verfahrens eines Verteidigers bedienen könne, folge nicht, dass dieser das Recht habe, bei der Vernehmung zugegen zu sein. – Von besonderer Bedeutung für NSG-Verfahren sei, dass durch das StPÄG in Mordfällen die Voraussetzungen für den Erlass eines Haftbefehls gegenüber dem früheren Rechtszustand verringert worden seien, da bei Mord keine Fluchtgefahr zu bestehen brauche. In diesen Fällen könne auch keine Haftverschonung mit Auflagen gewährt werden. Eine Entlassung aus der Untersuchungshaft sei nur dann möglich, wenn mangels Tatverdachts der Haftbefehl aufgehoben werde.

MinRat Roth wies hierzu auf die Vorschrift des § 163 a StPO [Vernehmungen im Ermittlungsverfahren] hin.

StA Dr. Klass (Mannheim) nahm nochmals zu den Fragen Stellung, die sich daraus ergeben, dass der Beschuldigte bei seiner ersten Vernehmung darauf hinzuweisen ist, dass er einen Verteidiger bestellen kann. Es sei zu vermeiden, den Verdächtigen zu einem frühen Zeitpunkt als Beschuldigten zu vernehmen. Allerdings gebe es in der StPO den Begriff des Verdächtigen, der nicht belehrt zu werden braucht, nicht. Es empfiehlt sich jedoch, nur den Hauptbeschuldigten als Beschuldigten zu vernehmen; alle anderen Tatverdächtigen könnten dann als Zeugen vernommen werden, bis eine prozessuale Maßnahme wie Haftbefehl oder Durchsuchung erforderlich werde.

StA Dr. Kintzi (Braunschweig) erwiderte, dass gegen dieses Verfahren Bedenken bestünden. Wer Beschuldigter sei, werde in der StPO definiert. Der Begriff des Verdächtigen existiere dort nicht. Es bestehe jedoch eine Möglichkeit, unbedeutende Tatverdächtige als Zeugen zu vernehmen. Diese könnten nämlich gemäß § 47 Abs. 2 MilStGB von Strafe freigestellt werden. Danach könnten sie als Zeugen vernommen werden. Der Weg, den StA Dr. Klass vorgeschlagen habe, sei nicht gangbar. – Im Übrigen sei auch in Mordfällen Haftverschonung möglich. Die Bestimmung des § 112 Abs. 4 StPO enthalte lediglich eine widerlegliche Vermutung. Allerdings werde in NSG-Verfahren Haftverschonung nur selten möglich sein, da angesichts der Schwere der Tat und der zu erwartenden Strafe meist Fluchtgefahr bestehe. Es müsse jedoch, um die Dauer der Untersuchungshaft in Grenzen zu halten, vermieden werden, den Beschuldigten vorzeitig zu verhaften.

EStA Jordan (Dortmund) nahm zur Frage der Haftverschonung Stellung. Er führte aus, nach der jetzigen Bestimmung des § 112 Abs. 4 StPO [U-Haft bei Verbrechen nach §§ 211 f. StGB] sei es verhältnismäßig einfach, einen Beschuldigten in NSG-Verfahren in Haft zu nehmen. Es gäbe aber Fälle, in denen eine Haftverschonung durchaus angebracht sei; wegen der genannten Vorschrift bestehe indessen nicht die Möglichkeit, den Beschuldigten aus der Untersuchungshaft freizulassen. Dies führe zu besonderen Härten in Fällen, in denen der Beschuldigte bereits jahrelang in Untersuchungshaft sei. Nach Ansicht des Kommentars zur StPO von Schwarz sei in Mordfällen außer dem dringenden Tatverdacht ein weiterer Haftgrund eben nicht erforderlich. Es sei weiter die Frage zu stellen, ob in

Fällen der Beihilfe zum Mord Haftverschonung möglich sei, wie dies ein Gericht – allerdings ohne weitere Begründung – angenommen habe.

MinRat Roth wies darauf hin, dass das Haftrecht unter dem Grundsatz der Verhältnismäßigkeit stehe. In Mordfällen sei es jedoch unmöglich, unter Berufung auf diesen Grundsatz einen Beschuldigten von der Untersuchungshaft zu verschonen. Es sei bei der Interpretation der Bestimmungen des neuen Haftrechts davon auszugehen, dass es der Zweck des StPÄG gewesen sei, die Verhaftungsmöglichkeiten einzuschränken. In den Beratungen des Rechtsausschusses des Bundestages zu diesem Gesetz sei jedoch der Gedanke aufgekommen, dass bei Mord die Voraussetzungen für eine Inhaftierung erleichtert werden müssten, da in der Öffentlichkeit kein Verständnis dafür bestehe, wenn sich ein Mordverdächtiger auf freiem Fuße befinde. Trotzdem sei immer davon auszugehen, dass das neue Haftrecht unter dem Grundsatz der Verhältnismäßigkeit stehe. Es stehe im Übrigen fest, dass § 112 Abs. 4 StPO alleiniger Haftgrund sei.

StA Ihle (Hannover) berichtete, dass früher die Polizei des Landes Niedersachsen von einer Unterscheidung Verdächtigter-Beschuldigter ausgegangen sei. Gegen diese Praxis habe sich ein Erlass des niedersächsischen Innenministeriums gewandt, in dem angeordnet wurde, dass ein Verdächtigter gleich wie ein Beschuldigter zu behandeln sei. Diese Ansicht sei richtig. – Zum Recht des Beschuldigten, sich in jeder Lage des Verfahrens eines Verteidigers zu bedienen, sei Folgendes auszuführen: Wenn der vernehmende Beamte dem Verteidiger nicht gestatte, bei der Vernehmung des Beschuldigten zugegen zu sein, so werde in aller Regel der Anwalt dem Beschuldigten dazu raten, keine Einlassung zu geben. Insbesondere werde der Anwalt in diesen Fällen stets davon abraten, sich durch die Kriminalpolizei vernehmen zu lassen. Überhaupt empfehle es sich, in NSG-Verfahren die Vernehmung des Beschuldigten durch den StA oder Richter durchzuführen. – Eine gewisse Erschwerung der Ermittlungen werde durch das vom StPÄG neu eingeführte Schlussgehör herbeigeführt. Dies sei insbesondere dann der Fall, wenn mehrere Beschuldigte vorhanden seien. Es sei daher zweckmäßig, vor dem Schlussgehör den Anklageentwurf fertigzustellen und dem Verteidiger des Beschuldigten vorzulegen.

LG-Rat Eden (Hamburg) erklärte, dass er als Untersuchungsrichter schon seit vielen Jahren Beschuldigte gemäß § 55 StPO zu belehren habe. In keinem Fall sei es zu einer Aussageverweigerung gekommen. Es empfehle sich, in Fällen mit mehreren Beschuldigten die Voruntersuchung gegen einen Beschuldigten zu beantragen, die anderen Beschuldigten könnten dann in der Voruntersuchung als Zeugen vernommen werden. Außerdem seien die Fälle selten, in denen Anwälte dem Beschuldigten zur Aussageverweigerung rieten.

MinRat Roth wies darauf hin, dass die Situation der StA anders sei als die des Untersuchungsrichters.

StA Dr. Wagner (Wiesbaden) nahm ebenfalls zur Frage des Schlussgehörs Stellung. Nach seiner Ansicht sei damit zu rechnen, dass die Verteidiger in NSG-Verfahren im Regelfall das Schlussgehör beantragen würden. Es empfehle sich, vor dem Schlussgehör einen Entwurf der Anklage zu fertigen. Es sei damit zu rechnen, dass die Verteidiger im Schlussgehör umfangreiche Beweisanträge stellen werden. Dies könne das Verfahren über Monate hinaus verzögern, insbesondere deshalb, weil gegen die Ablehnung des Beweisantrages Dienstaufsichtsbeschwerde eingelegt werden könne.

Von Bedeutung sei auch, in welcher Weise das Schlussgehör aktenkundig zu machen sei. Grundsätzlich genüge die Aufnahme eines Aktenvermerks. Dabei bestehe allerdings die Gefahr, dass der Angeklagte in der Hauptverhandlung behauptet, er habe die eine oder die andere Äußerung bereits beim Schlussgehör gemacht, dies sei jedoch nicht aktenkundig geworden. Dadurch sei es unter Umständen der Verteidigung möglich, während der Hauptverhandlung auf die Ersetzung des Anklagevertreters durch einen anderen StA hinzuwirken. Man habe daher schon erwogen, das Schlussgehör durch Referendare abhalten zu lassen.

MinRat Roth war ebenfalls der Ansicht, dass vor dem Schlussgehör die Anklage im Entwurf fertigzustellen sei. Ein Aktenvermerk über das Schlussgehör genüge – insbesondere in NSG-Verfahren – oftmals nicht. In diesen Fällen sei es erforderlich, ein förmliches Protokoll über den Hergang des Schlussgehörs zu erstellen.

StA Ihle (Hannover) nahm zu den Ausführungen von StA Dr. Wagner Stellung. Die Gefahr, dass durch Beweisanträge im Schlussgehör das Verfahren verzögert werde, sei nicht sehr groß. Er forderte während des Schlussgehörs den Verteidiger auf, zum Anklageentwurf schriftlich Stellung zu nehmen und eventuelle Beweisanträge sofort zu stellen.

StA Dr. Kintzi (Braunschweig) hielt es für erforderlich in jedem Fall ein förmliches Protokoll über das Schlussgehör aufzunehmen. Dieses müsse vor allem eine Erklärung des Verteidigers enthalten, ob Beweisanträge gestellt werden oder nicht. Sowohl der Beschuldigte als auch der Verteidiger müssten das Protokoll unterschreiben.

OStA Schüle stellte nunmehr die Frage, was mit den Tätern geschehen solle, die lediglich einen geringen Tatbeitrag geleistet hätten. Es könnte erwogen werden, dass für solche Täter auf gesetzlichem Wege die Möglichkeit zur Einstellung des Verfahrens geschaffen werde. Jedenfalls müsse die Möglichkeit bestehen, gegenüber den „kleinen Tätern" großzügig zu verfahren.

StA Blank (ZSt.) bemerkte, dass insbesondere bei größeren Einheiten, wie bei Polizei-Bataillonen das Verfahren gegen die kleinen Schützen frühzeitig, und zwar noch bevor sie vernommen worden seien, eingestellt werden müsse.

MinRat Roth führte aus, dass die von Herrn OStA Schüle angeschnittene Frage auch im Rechtsausschuss des Bundestages erörtert worden sei. Der Abg. Dr. Güde habe den Vorschlag gemacht, durch Gesetz die Täter, die nur einen unwesentlichen Tatbeitrag leisteten, außer Verfolgung zu setzen. Hierzu seien OStA Schüle und OStA Dr. Gierlich als Sachverständige vom Rechtsausschuss des Bundestages gehört worden.

OStA Dr. Gierlich (Köln) bemerkte, er habe vor dem Rechtsausschuss des Bundestages die Meinung vertreten, man könne auch bei der jetzigen Rechtslage des Verfahrens gegen die „kleinen Täter" einstellen.

MinRat Roth stellte die Frage, wie die StA im Einzelnen hinsichtlich der „kleinen Täter" vorgingen?

StA Hinzmann (Mainz) führte dazu aus, dass er die „kleinen Täter" stets als Zeugen vernehme. Er erkläre diesen allerdings vor der Vernehmung, es bestehe die Möglichkeit, dass sie möglicherweise als Beschuldigte in Frage kommen könnten.

OStA Dr. Nolten (Regensburg) vertrat die Ansicht, dass in Verfahren gegen Angehörige von Bewachungsmannschaften eines KZ zunächst nicht festzustellen sei, wer Haupttäter und wer nur „kleiner Täter" sei. Es sei nicht möglich, schon zu Beginn des Verfahrens sie „kleinen Täter" zu eliminieren. Es verbleibe allenfalls die Möglichkeit, das Verfahren unter Anwendung von § 47 Abs. 2 MilStGB einzustellen.

StA Kraemer (Hamburg) berichtete, bei der StA in Hamburg sei ein Verfahren gegen die Angehörigen eines Polizei-Bataillons anhängig. Es sei geplant gewesen, nur gegen fünfzehn Angehörige des Bataillons, die als Haupttäter in Frage kämen, den Antrag auf Voruntersuchung zu stellen. Noch bevor dies habe geschehen können, habe ein Angehöriger des Polizei-Bataillons sämtliche anderen Angehörigen dieser Einheit schwer belastet, indem er angegeben habe, alle hätten sich freiwillig zu den Erschießungen gemeldet. – In diesem Fall habe sich noch eine weitere Schwierigkeit dadurch ergeben, dass der Untersuchungsrichter die Absicht gehabt habe, den StA, der in diesem Verfahren die Ermittlungen geführt hatte, als Zeugen zu vernehmen. Der StA hatte dann in der Hauptverhandlung nicht mehr auftreten können. – Zur Frage der Akteneinsicht durch den Verteidiger vertrete er im Gegensatz zu StA Ihle die Ansicht, dass es untunlich sei, dem Verteidiger eine Zusammenfassung des Ermittlungsergebnisses zur Verfügung zu stellen. Dieser könne dann nämlich in der Hauptverhandlung behaupten, in dieser Zusammenfassung sei Wesentliches unterschlagen worden. Außerdem sei es unpraktisch, die Anklage bereits vor dem Schlussgehör zu entwerfen, da nämlich beim Schlussgehör neue Gesichtspunkte auftreten könnten.

StA Dr. Kintzi (Braunschweig) führte aus, dass bei der StA Braunschweig ein Verfahren gegen Angehörige eines Polizei-Bataillons anhängig sei. Vom Zugführer an aufwärts seien alle Beteiligten angeklagt worden. Bei den anderen Angehörigen des Bataillons habe man das Verfahren unter Anwendung von § 47 Abs. 2 MilStGB eingestellt. Bei diesen sei das Verschulden gering gewesen.

OStA Dr. Grossmann (Frankfurt) vertrat die Meinung, dass eine Unterscheidung zwischen Haupttätern und „kleinen Tätern" sehr schwierig sei. Im Übrigen sei die Unterscheidung überflüssig. Das Verfahren könne ggf. aus den Gesichtspunkten des Notstandes, des Putativnotstandes und der Vorschrift des § 47 Abs. 2 MilStGB eingestellt werden. Bei der StA Frankfurt verfahre man so, dass gegen den Hauptbeschuldigten frühzeitig die Einleitung der Voruntersuchung beantragt werde. Gegen die anderen in Frage kommenden Täter trenne man die Verfahren ab und stelle in geeigneten Fällen gegen diese ein. Es bestehe in diesen Fällen die Möglichkeit, das Verfahren jederzeit wieder aufzunehmen. Im Übrigen sei es nicht sachgemäß, einen Tatverdächtigen lediglich als Zeugen zu behandeln.

Kriminalrat Weida (Ludwigsburg) stellte die Frage, wie die Kripo verfahren solle, wenn nicht feststehe, ob der zu Vernehmende Beschuldiger oder Zeuge sei. – Weiter führte er aus, dass die Aussage selten verweigert worden sei. Es sei jedoch oft vorgekommen, dass der Beschuldigte nach Rücksprache mit einem Verteidiger keine verwertbaren Aussagen mehr mache. – Es sei.

OStA Schüle wies darauf hin, dass es Fälle gebe, in denen die Rechtsinstitute des Notstandes, des Putativnotstandes und des § 47 Abs. 2 MilStGB nicht anwendbar seien, gleichwohl aber nur ein sehr geringes Verschulden des Täters vorliege. Dies sei beispielsweise bei den Krankenschwestern, die an der sog. Euthanasie mitgewirkt hätten, der Fall.

StA Dr. Klass (Mannheim) bemerkte, dass hierzu auch die Fälle gehörten, in denen kein „Befehl in Dienstsachen" vorgelegen habe.

OStA Dr. Grossmann (Frankfurt) vertrat die Ansicht, dass es in solchen Fällen keine Möglichkeit gebe, das Verfahren einzustellen. Allerdings sei es manchmal möglich, dass das Verfahren deshalb einzustellen sei, weil es an der subjektiven Tatseite fehle.

EStA Tripp (Karlsruhe) wies darauf hin, dass es sich bei den Beschuldigten, die lediglich einen geringen Tatbeitrag geleistet haben, nicht nur um solche handle, die unmittelbar an der Tötungshandlung beteiligt gewesen seien, sondern auch um solche, die etwa lediglich das Gelände abgesperrt hätten. In solchen Fällen könne meist nicht bewiesen werden, dass diese Tatbeteiligten die Förderung der Tat betrieben hätten. Das Verfahren sei aus diesem Grunde einzustellen.

EStA Selle (Berlin) führte aus, dass die Möglichkeit, gegen die „kleinen Täter" Verfahren einzustellen, nicht immer gegeben sei. Trotzdem sei eine konkrete gesetzliche Vorschrift in dieser Hinsicht nicht zu begrüßen, da ein solches Gesetz nicht auf jeden Einzelfall zutreffen könne. Im Übrigen sei die Abgrenzung zwischen Haupttäter und „kleinen Tätern" oftmals fast unmöglich.

OStA Dr. Gierlich (Köln) bemerkte, dass nicht davon auszugehen sei, wie man das Verfahren gegen sog. „kleine Täter" einstellen könne. Die StA habe in jedem Fall die Verpflichtung, NS-Mordverbrechen zu verfolgen, sofern sie verfolgungswürdig seien. Das Verfahren gegen „kleine Täter" könne nur bei äußerst geringem Verschulden eingestellt werden. Um den Grad des Verschuldens festzustellen, müssten stets umfangreiche Ermittlungen geführt werden. In besonderen Härtefällen könne immer noch der Gnadenweg beschritten werden.

StA Joachim (Lübeck) erklärte, dass man bei einer größeren Zahl von Beschuldigten diese zunächst zur Person vernehmen könne. Solange sie nicht zur Sache vernommen würden, sondern nur zur Person und über ihren Einsatz allgemein, könne man sie als Zeugen vernehmen. Nach Durchführung dieser Vernehmungen bestehe die Möglichkeit, zahlreiche ursprünglich Tatverdächtige aus den Ermittlungen auszuscheiden.

StA Dr. Klass (Mannheim) berichtete, man sei bei der StA Mannheim so verfahren, dass das Verfahren gegen die „kleinen Täter" abgetrennt worden sei; man warte dann ab, ob sich in der Hauptverhandlung gegen die Haupttäter Hinweise ergeben, die für das Verfahren gegen die „kleinen Täter“ von Bedeutung sein könnten.

MinRat Roth stellte die Frage, ob man als Ergebnis feststellen könne, dass in der Mehrzahl der Fälle das Verfahren gegen die sog. „kleinen Täter“ eingestellt werde.

EStA Dr. Grethlein (Ansbach) antwortete, dass, soweit ihm bekannt, Verfahren gegen „kleine Täter“ immer eingestellt worden seien.

MinRat Roth bemerkte, dass die Frage, wie das Verfahren gegen Täter, deren Verschulden sehr gering sei, eingestellt werden könnte, oftmals offen bleiben müsse.

OStA Dr. Gierlich (Köln) führte aus, dass das Verfahren allein deshalb, weil einen Täter nur ein geringes Verschulden treffe, jedenfalls bei KZ-Verfahren nicht eingestellt werden könne.

EStA Dr. Grethlein (Ansbach) fügte hinzu, es könne oftmals nicht nachgewiesen werden, dass der Täter die Tatbestandsmerkmale des Mordes erkannt habe.

MinRat Roth kam zu dem Ergebnis, dass sich das Problem des sog. „kleinen Täters“ immer wieder anders stelle, je nachdem, um welche Art von Verbrechen es sich handle. Die Frage sei beispielsweise bei dem Angehörigen der Bewachungsmannschaft eines KZ oder dem Angehörigen eines Einsatzkommandos anders zu stellen als bei einem Schreibtischtäter. Die Diskussion habe gezeigt, dass die Praxis bezüglich der sog. „kleinen Täter“ bei den StA nicht einheitlich sei. Im Übrigen sei es aber auch nicht Aufgabe der Tagung, verbindliche Beschlüsse darüber zu fassen, wie die einzelnen Fälle behandelt werden sollten. Die Diskussion habe dem Meinungs- und Erfahrungsaustausch gedient.

Wie sich das StPÄG im Einzelnen auswirke, könne bis jetzt noch nicht festgestellt werden. Ein Erfahrungsaustausch sei nicht vor Anfang des Jahres 1966 möglich.

Am zweiten Tag der Tagung fanden sich die Teilnehmer in vier Arbeitsgruppen zusammen, deren Beratungsergebnisse dem Plenum vorgetragen wurden.

Zunächst berichtete *OStA Dr. Gierlich* (Köln) über das Ergebnis der Erörterungen in der Arbeitsgruppe A, die das Thema *„Praktische Fragen der Zusammenarbeit bei der Aufklärung von KL-Verbrechen“* behandelte: „Ich möchte Ihnen den Bericht über die gestrige Arbeitssitzung der Arbeitsgruppe A erstatten. Die Hauptdiskussion drehte sich um Probleme, die sich aus dem der StA oder den StAen erteilten Auftrag ergeben, die NS-Gewaltverbrechen – hier speziell im Fall der Gruppe A, NS-Gewaltverbrechen in Konzentrationslagern – restlos innerhalb der jetzt noch zur Verfügung stehenden Zeit aufzuklären. Die Erörterung drehte sich also um die Frage: Was muss geschehen, was muss getan werden, diese Aufgabe zu erfüllen? Und sie drehte sich dann noch einmal speziell darum, wie die Zusammenarbeit mit der ZSt. in Ludwigsburg gestaltet werden soll? – Dies auf besonderen Wunsch der ZSt., die ja auch sich plötzlich nach den Richtlinien der JMK vor diese Aufgabe gestellt sieht, nach den Richtlinien, in denen es unter I. heißt, dass die ZSt. die Vorermittlung wegen aller NS-Gewaltverbrechen führen soll, namentlich auch wegen der Komplexe – ich zitiere jetzt auszugsweise – ‚der im Bundesgebiet gelegenen Konzentrationslager‘.

Wie wir von Herrn StA Hinrichsen in Vertretung der ZSt. hörten, ist vorgesehen, dass die ZSt., wenn sie personell voll aufgefüllt und voll arbeitsfähig ist, etwa zehn Sachbearbeiter für die Bearbeitung der KZ einsetzen wird. Das ist eine nicht allzu große Zahl, und die Aufgabe, die noch vor der ZSt. und auch vor uns liegt, ist riesengroß. Es ist diskutiert worden – ich wiederhole -, was nun getan werden muss, um dem erteilten Auftrag gerecht zu werden. Zunächst möchte ich hierzu sagen, dass nach wohl einhelliger Meinung aller Teilnehmer an dieser Arbeitsgruppe es am schönsten wäre, wenn eine zentrale StA für das ganze Bundesgebiet mit der Durchführung dieser Aufgabe betraut werden könnte. Aber ich brauche mich wohl nicht weiter darüber auszulassen, dass das nur ein frommer Wunsch ist, an dessen Verwirklichung nicht zu denken ist. Wir müssen uns also mit den Gegebenheiten abfinden und versuchen, aus dem, was gegeben ist, das Beste zu machen. Die Diskussion ist sehr eingehend und sehr gründlich geführt worden. Zunächst bestand die einhellige Meinung, dass man sich, um überhaupt festzustellen, was zu tun ist, ein Bild machen muss von dem, was bereits geschehen ist, bzw. was geschieht. Mit anderen Worten: Die Teilnehmer an der Diskussion waren einhellig der Auffassung, dass es unbedingt vonnöten ist, eine – ich möchte es nennen – Bestandsaufnahme zu machen, d.h. es müsste festgestellt werden 1. welche KZ sind – ich möchte jetzt den Ausdruck gebrauchen – durchermittelt, d.h. welche sind schon soweit aufgeklärt, dass nach menschlichem Ermessen nichts Wesentliches mehr an Aufklärung zu erwarten ist. Zu dieser Gruppe gehören auch die Lager, bei denen diese Ermittlungen zurzeit geführt werden. Demgegenüber steht die andere Gruppe von KZs, bei denen diese Ermittlungen noch geführt werden müssen.

Es bestand auch einhellige Meinung dahin, dass eine solche Bestandsaufnahme nur durch die ZSt. in L. gemacht werden könnte. Diese hat zum Teil schon die Unterlagen. Sie wird nunmehr auch die Unterlagen des BJM zur Verfügung haben, die von den StA anlässlich der Dokumentation zur Verlängerung der Verjährungsfrist beigebracht worden sind. Ich möchte ergänzend darauf hinweisen, dass bei dieser Bestandsaufnahme auch berücksichtigt werden muss, welche Verfahren bereits von den Alliierten geführt worden sind, denn dies ist ja sehr wichtig, vor allem im Hinblick auf die Bestimmungen des Überleitungsvertrages. Es herrscht doch, so konnte man m.E. feststellen, noch weitgehend Unklarheit, welche Verfahren und in welchem Umfang solche Verfahren geführt worden sind.

Anschließend fand eine kurze Ansprache statt, in der schon einige KZ namhaft gemacht werden konnten, bei denen bereits durchermittelt ist. Diese Liste ist natürlich nicht vollständig, da bei der Arbeitsgruppe nicht sämtliche StA vertreten waren. Es wurde festgestellt, dass als bereits durchermittelt angesehen werden können die KZ bzw. ihre Nebenlager, die ich jetzt nenne: Auschwitz, Natzweiler, Flossenbürg, Bremen-Farge, Dachau, Sachsenhausen, Buchenwald, Majdanek, Wieder Neuendorf, Mauthausen nebst Gusen I, Dora und Wevelsburg. Ich möchte noch ausdrücklich betonen – das wurde auch bei der Erörterung zur Sprache gebracht -, dass zu diesen genannten KZ nicht unbedingt die Nebenlager und die Außenkommandos gehören. Wohl aber sind bei den einzelnen Lagern jeweils die evtl. Evakuierungsmärsche mit erörtert.

Die *zweite Frage,* die nunmehr zur Diskussion gestellt wurde, bezog sich auf die *Definition des Begriffs der ,systematischen Ermittlung'.* In diesem Zusammenhang scheint die Formulierung von Bedeutung, die die Justizminister und –senatoren in Ziffer 3 der Richtlinien vom 27./28.4.1965 gefunden haben. Danach soll die ZSt. ihre Vorermittlungen bei den Komplexen ,Oberste Reichsbehörden und andere' – worunter also auch wohl die KZ zu verstehen sind – grundsätzlich von einem ,potentiellen Täterkreis' aus systematisch anstellen. Die Diskussion drehte sich also um die Frage, was unter einem potentiellen Täterkreis zu verstehen ist, wie also letztlich der Kreis der Beschuldigten abgeschafft werden soll.

Es schienen sich hier zunächst verschiedene Auffassungen darzustellen: Eine Minderheit ging davon aus, dass die KZ grundsätzlich verbrecherische Institutionen waren, dass also grundsätzlich jeder – ich will jetzt sagen – SS-Mann, der in und um das Lager tätig war, als potentieller Täter, als Beschuldigter eines NS-Gewaltverbrechens anzusehen sei. Die andere Meinung ging dahin, dass aus den SS-Leuten, die in und um das Lager tätig waren, unter Berücksichtigung der Art und Besonderheit des Lagers, unter Berücksichtigung ihrer Funktion einschließlich der Dauer ihrer Zugehörigkeit zum Lager und ihrer Beziehung – oder der möglichen Beziehung – zu gewissen Sachvorgängen – hierunter verstehe ich z.B. Exekutionen, irgendwelche besonderen Aktionen, wie z.B. 14 f 13 [Euthanasie] – also unter Berücksichtigung aller dieser Umstände diejenigen aus der Zahl der bekannten SS-Leute auszuwählen sind, bei denen sich eine gewisse Wahrscheinlichkeit ergibt, dass sie an vorgekommenen NS-Gewaltverbrechen beteiligt gewesen sind. Diese Diskussion drehte sich also um die Frage der Auslegung des § 152 Abs. 2 StPO, um die Frage der zureichenden Anhaltspunkte. Man geht davon aus – das stellte sich in der Diskussion nun heraus -, dass man einerseits natürlich vollkommen aufzuklären versuchen muss, dass man aber andererseits sich an die Gegebenheiten des Gesetzes, also der StPO, halten muss. Es geht nicht an, dass hier nun eine – ich möchte es sehr überspitzt sagen – Hexenjagd oder eine zweite Entnazifizierung veranstaltet wird. Es müssen vielmehr die staatsanwaltschaftlichen Pflichten erfüllt werden, d.h. der durch § 152 StPO gesetzten Verpflichtung nachzukommen, einzuschreiten, wenn ausreichende Anhaltspunkte vorliegen. Es heißt aber andererseits – das ist dieser Vorschrift auch zu entnehmen – dass sie, die StA, nicht einschreiten darf, wenn keine zureichenden Anhaltspunkte vorliegen. Es wurde schließlich eine Übereinstimmung dahingehend erzielt, dass es jetzt – ausgerichtet an der Praxis – erforderlich ist, die in und um das Lager tätig gewesenen SS-Leute karteimäßig zu erfassen, soweit das möglich ist. Als Beschuldigte sind nur diejenigen zu behandeln, bezüglich derer zureichende Anhaltspunkte im Sinne des § 152 Abs. 2 StPO vorliegen. Und solche Anhaltspunkte liegen dann vor, wenn die Voraussetzungen gegeben sind, die ich eben bei der Darlegung der zweiten Meinung erörtert habe. Es herrschte schließlich, wie gesagt, Übereinstimmung, das möchte ich noch einmal betonen, dahin, dass nicht hier ganz extensiv jeder SS-Mann, der einmal in oder um ein KZ tätig war, als Beschuldigter angesehen werden darf und als solcher behandelt wird.

Die nächste Erörterung kreiste um die Frage, welche Aufgaben *der ZSt.* nach Meinung der vertretenen StA im Rahmen dieser Aufgabe zufallen sollten. Es herrschte Übereinstimmung darüber, dass es keinesfalls Aufgabe der ZSt. sein könnte, auch nicht Aufgabe der StA, die Verfahren und die KZ, wenn ich mich so ausdrücken soll, die bereits durchermittelt sind, noch einmal zu überprüfen. Das zu erwartende Ergebnis einer solchen Überprüfung würde in gar keinem Verhältnis zu dem Aufwand stehen, der erforderlich wäre. Wir müssen ja eines berücksichtigen, die Großen, wenn ich sie mal so nennen soll, die Spitzen, die am meisten Verantwortlichkeit innerhalb der KZ sind aber bereits in den allermeisten Fällen erfasst. Es laufen Ermittlungen, die Fahndungen laufen in den Fällen, wo sie noch unbekannten Aufenthaltes sind. Es könnte also allenfalls noch die eine oder andere Tat irgendeines kleinen, wenn ich mal sagen soll, SS-Mannes an das Tageslicht kommen. Dafür wäre aber ein Riesenaufwand an Arbeit erforderlich, so dass man hier aus diesen, ich möchte fast sagen, Opportunitätserwägungen davon absehen kann, das alles noch einmal zu durchforsten. Das liegt auch durchaus innerhalb der Legalität, denn es ist ja tatsächlich so, dass konkrete zureichende Anhaltspunkte für irgendwelche strafbare und noch verfolgbare Handlungen nicht vorliegen. Natürlich: Sollten sich im Laufe anderer Verfahren jetzt noch Anhaltspunkte hierfür ergeben, dann ist es selbstverständlich, dass dann die Ermittlungen aufgenommen werden müssten.

Es herrschte weiter Einmütigkeit darüber, dass bei den noch verbliebenen KZ, also bei denen noch Ermittlungen erforderlich sind, eine Trennung vorgenommen werden sollte, und zwar hauptsächlich aus prozessualen Erwägungen heraus: Das sind einmal die KZ, die innerhalb des Bundesgebietes gelegen sind. Bei ihnen besteht der Gerichtsstand des Tatortes. Für diese Fälle waren die Mitglieder der Arbeitsgruppe A einhellig der Meinung, dass die Vorermittlungen durch die ZSt. hier nicht allzu sehr ausgedehnt werden sollten. Es muss – darüber herrschte allerdings auch Einmütigkeit – der Anstoß für die neuen Ermittlungen von der ZSt. kommen. Sie sollte aber ihre Vorermittlungen in einem möglichst frühen Stadium an die örtlich zuständige StA abgeben. Hierfür sprechen besondere Zweckmäßigkeitsgründe. So würde nämlich die StA, die später eine etwaige Hauptverhandlung wahrnehmen müsste, zu einem ziemlich frühen Zeitpunkt mit Ermittlungen befasst, was bedeutet, dass der Sachbearbeiter, der nachher in die Sitzung gehen muss, schon ein unschätzbares Wissen um die ganzen Vorgänge erwerben kann, ein Schatz, dessen Wert, wie wir aus Erfahrung wissen, nicht hoch genug veranschlagt werden kann. Bei den übrigen KZ, also denjenigen, die außerhalb des Bundesgebietes liegen, sollte wie bisher die ZSt. – das war auch die Meinung aller Anwesenden – die Vorermittlungen möglichst lange führen. Hierdurch würde das unerfreuliche Ergebnis vermieden, dass irgendein kleiner Beschuldigter ermittelt wird, an den die örtliche Zuständigkeit für ein großes Verfahren angehängt wird.

Eines wäre noch ergänzend zu dem Ergebnis der Diskussion zu sagen: Es ist also nicht oder es sollte nicht vorgesehen sein, es wird nicht erwartet, dass die ZSt. außer den Haupt-KZ alle Nebenlager und Außenkommandos durchforstet. Bei den letzteren, den kleineren Nebenlagern und Außenkommandos, müssen doch schon ganz konkrete Anhaltspunkte für das Vorliegen einer strafbaren und noch verfolgbaren Handlung vorliegen. Ich meine, dass zu dieser Beschränkung die personelle Lage der ZSt. zwingt, überhaupt die personelle Lage auch der StA. Auch hier wird m.E. nicht gegen das Legalitätsprinzip verstoßen, denn es soll ja eben nur dann vorgegangen werden, wenn zureichende Anhaltspunkte vorhanden sind. Solange solche nicht vorhanden sind, wird eben in diesem Punkte nichts getan.

Damit war dieser Punkt der Erörterung abgeschlossen. Die nächsten Erörterungen bezogen sich auf die praktische *Durchführung eines umfassenden Ermittlungsverfahrens,* und zwar wurde dies – wenn auch kurz – anhand eines praktischen Beispiels erläutert, nämlich anhand des Vorgehens der Zentralstelle in Köln bezüglich des KZ Sachsenhauses. Ich möchte auf die Einzelheiten hier nicht eingehen. Es wurde im Einzelnen besprochen, dass eine Schrift zusammengestellt worden ist. Es wurde dargetan, wie die Polizei angeschrieben worden ist, wie die Vernehmung gehandhabt wurde, wie die Auswertung vor sich geht. Es wurde auch erörtert, welcher personelle und materielle Aufwand erforderlich ist, um eben diese Ermittlungen auf die Beine zu stellen. Es kam zur Sprache, dass diejenigen StA, die nicht an der gestrigen Arbeitstagung teilgenommen haben und die sich für die Verfahrensweise interessieren, sich jederzeit mit der Zentralstelle in Köln in Verbindung setzen können, wo ihnen dann jede Unterstützung zuteil wird, soweit es sich um diesen Punkt handelt.

Im Folgenden fanden dann Einzelaussprachen statt, so möchte ich es nennen. Es wurden einzelne Probleme der Bearbeitung von Verfahren erörtert, die sich vor allen Dingen nur auf die Koordinierung bezogen, auf die Auskunftserteilung durch eine StA, die bereits einschlägige Erfahrungen und Kenntnisse und Daten gesammelt hat, an eine andere, die diese Erkenntnis ebenfalls erwerben kann. Dabei stellte sich nun Folgendes heraus: Grundsätzlich sollte die ZSt. in L. in der Lage sein, diese Auskünfte zu erteilen, oder zumindest Hinweise zu geben, wo Auskünfte erteilt werden können. Das ist ihr aber nicht immer in allen Fällen möglich. Einmal deshalb, weil ihr nicht alles das, was mitgeteilt werden sollte, mitgeteilt worden ist, wie bereits vorgestern von Herrn EStA Dr. Artzt erörtert wurde. Zum anderen aber handelt es sich auch wohl um spezielle Anliegen, über die Erkenntnisse bei der ZSt. nicht gespeichert werden können. Um nun hier die Möglichkeit zu einer sachgemäßen und fruchtbaren Zusammenarbeit zu geben, hat sich Herr StA Hinrichsen von der ZSt. dankenswerterweise bereit erklärt, etwaige Anfragen dieser Art, vorausgesetzt, dass sie einen diskutablen Umfang haben, in die Rundschreiben der ZSt. aufzunehmen. Ich möchte sagen, es soll so eine Art Kummerkasten eingerichtet werden. Es wurde nun erörtert, dass aus einem gewissen, wie soll ich es nennen, Trägheitsprinzip heraus, die Beantwortung von solchen Anfragen möglicherweise unterbleibt, schon allein, wenn man sich dann vorstellt, dass man unter Umständen Gott weiß was schreiben müsste. Es wurde angeregt, dass die Beantwortung dieser Anfragen sich dann so abspielen könnte, dass derjenige, der etwas hat, den Anfragenden, ggf. telefonisch, unterrichtet, sich mit ihm telefonisch ausspricht und ihm sagt, wir haben hier das und dies und jenes, wir können uns mal zusammensetzen oder du kannst hierher kommen und bei uns die

Vorgänge einsehen. Das wäre m.E. eine recht praktikable Lösung, die doch sehr die Zusammenarbeit fördern könnte. Es muss also, wie gesagt, auch in diesem Zusammenhang noch einmal darauf hingewiesen werden, dass es doch für alle von Bedeutung ist, dass nun – so wie es in den Richtlinien vorgesehen ist – alle Erkenntnisse der ZSt. mitgeteilt werden.

Zum Schluss möchte ich betonen, dass diese Arbeitssitzung der Gruppe A bezüglich der KZ nach – ich glaube wohl sagen zu können – einhelliger Meinung recht fruchtbar war. Sie war auch, dies möchte ich betonen, von einer hohen Verantwortung getragen. Es wurden nicht etwa in die Debatte geworfen Fragen der Besoldung oder der Behandlung der StA. Man war sich darüber einig, dass man eben diese Pflicht als StA auch in diesem Punkte zu erfüllen hat, dass man versuchen muss, sie möglichst gut und möglichst umfassend zu erfüllen. Ich möchte hierzu noch sagen: Es herrscht doch wohl auch die einhellige Meinung, dass man in der Praxis versuchen sollte, eine Sache, die an einen herangetragen wird, nicht in dem Sinne zu bearbeiten, wie komme ich wieder davon herunter, oder wie kann ich sie abwehren, wie kann ich sie einstellen, sondern dass man untersuchen sollte, wie kann ich sie halten. Ich weiß, das ist eine idealistische Forderung, die in der rauen Wirklichkeit der Praxis oft sehr anders aussieht. Aber ich glaube, es ist doch schon sehr viel wert, wenn man einmal sich selbst dieses Ziel gestellt hat, und ich glaube, dass, wenn man dieses Ziel vor Augen hat und sich daran immer erinnert, doch vieles anders und besser werden kann. – Ich möchte also noch einmal betonen, dass diese Arbeitsgruppe jedenfalls sich als sehr zweckmäßig und sehr fruchtbar herausgestellt hat. Es ist mein persönlicher Vorschlag, dass bei der nächsten Tagung eine solche Arbeitsgruppe wiederum eingerichtet werden sollte."

StA Hinrichsen (ZSt.) erklärte unter Bezugnahme auf den Bericht von OStA Dr. Gierlich, er sei bereit, Anfragen einzelner StA, die breit gestreut werden sollten, in die von der ZSt. herausgegebenen Rundschreiben aufzunehmen, sofern sie nicht zu umfangreich seien. Umfangreiche Anfragen (Fragebogen o.ä.) könnten als Anlage den Rundschreiben beigefügt werden; die erforderliche Zahl dieser Anlagen (z.Zt. 330 Stück) müsse dann aber die anfragende StA zur Verfügung stellen.

Hierauf ergriff *EStA Dr. Jordan* (Dortmund) das Wort zu seinem Bericht über das Ergebnis der Erörterungen in der Arbeitsgruppe B, die das Thema *„Praktische Fragen der Zusammenarbeit bei der Aufklärung von beweglichen Einheiten"* behandelte: „Nach Begrüßung der Diskussionsteilnehmer erörterte *EStA Dr. Artzt* die Problematik der *Aufklärung von beweglichen Einheiten* anhand der Vorermittlungen gegen das Sonderkommando 4 a. In dem Abschlussbericht über die Vorermittlungen zu SK 4 a ist eine umfassende Gesamtdarstellung aller historischen Vorgänge und Dokumente über die Einsatzgruppen gegeben worden. EStA Dr. Artzt wies darauf hin, dass mit dem Eingang von Erkenntnissen aus dem Ostblock nicht zu rechnen sei. Man könnte nicht unbedingt davon ausgehen, dass bisher alle beweglichen Einheiten erfasst seien. Belastungsmaterial sei u.a. hinsichtlich der Polizeibataillone und der Einheiten der Geheimen Feldpolizei zu erwarten. In jüngster Zeit seien Dokumente aus der Tschechoslowakei eingegangen, die weitere

Rückschlüsse auf bestimmte Einheiten zulassen. Mit dem Eingang weiteren Belastungsmaterials sei zu rechnen.

Die weitere Diskussion wandte sich dann der Frage zu, wie die Ermittlungen rationalisiert werden könnten. Der Vertreter einer kleineren StA wies darauf hin, dass seine Behörde der Bearbeitung von sog. Mammutverfahren personell nicht gewachsen sei. In diesem Zusammenhang wurde der Gedanke der Einrichtung von Zentr. St. in den Bundesländern diskutiert. Die JMK hat den Ländern die Anregung gegeben, diese Frage zu prüfen.

Übereinstimmung wurde darüber erzielt, dass die Aufsplitterung eines umfassenden, aber einheitlichen Komplexes in verschiedene Vorgänge unzweckmäßig sei. Daraus erwachse die Gefahr, dass die einzelnen Behörden dazu neigten, ihre Verfahren an andere StA abzugeben. Es komme hinzu, dass bei einer solchen Handhabung Beschuldigte und Zeugen mehrfach wegen desselben Komplexes vernommen würden und sich bei ihnen Ermüdungserscheinungen hinsichtlich der Aussagewilligkeit bemerkbar machten.

Der Bedarf an zusätzlichen StA bei den einzelnen Behörden für die Bearbeitung von NSG-Verfahren ist – wie die Diskussion ergab – nach wie vor groß. Es muss Aufgabe der einzelnen StA sein, durch Berichte an die vorgesetzten Behörden darauf hinzuwirken, diesem Personalmangel nach Möglichkeit abzuhelfen. – Im weiteren Verlauf der Diskussion wurde die Frage der Beteiligung fremdländischer Einheiten an Massenverbrechen angeschnitten. Als Ergebnis wurde festgehalten, dass insoweit noch keine befriedigenden Erkenntnisse vorliegen.

EStA Dr. Artzt teilte ergänzend mit, dass in Zukunft noch mit dem Eingang von bisher nicht bekannten Urkunden aus dem Osten gerechnet werden könne. So können möglicherweise Kriegstagebücher hinreichenden Aufschluss über die Beteiligung einzelner Angehöriger an Massenverbrechen geben. Es sei auch nicht ausgeschlossen, dass aus der Sowjetunion Dokumente in die Bundesrepublik gelangten. – Der Rechtshilfeverkehr mit Russland sei nicht ohne Erfolg geblieben. Über entsprechende Erfahrungen berichteten die Vertreter der StA Hamburg und die der StA Karlsruhe. Indessen sei die Beobachtung gemacht worden, dass das eingehende Material zumeist dürftig gewesen sei und eine systematische Auswertung vermissen lasse.

Ein weiterer Gegenstand der Diskussion war die Frage, wie man in Sachen von geringerer Bedeutung den Verkehr der StA mit den obersten Behörden des Bundes und der Länder vereinfachen könne. Die Vertreter der einzelnen Behörden machten geltend, dass durch die Einhaltung des Instanzenweges oft genug unnötige Zeit verloren gehe, die besser für die eigentliche Bearbeitung der Verfahren angewandt würde. Schließlich wurde auf die Notwendigkeit des Austausches von Erfahrungen derjenigen Dezernenten verwiesen, die gleichgelagerte oder vergleichbare Ermittlungsvorgänge gegen bewegliche Einheiten bearbeiten. Es sei notwendig, dass sich diese Dezernenten über den Stand ihrer jeweiligen Verfahren unterrichten und insbesondere den Aufenthalt von Beschuldigten und Zeugen mitteilen. Um aber überhaupt eine Kenntnis der schwebenden Verfahren in der Bundesrepublik zu erlangen, sei es zweckmäßig, dass durch die ZSt. in Ludwigsburg eine neue

Verfahrensübersicht herausgegeben werde. Eine wertvolle Hilfeleistung werde voraussichtlich die Verfahrenskartei sein, die von der ZSt. neu erstellt werde. – Aus den Reihen des Diskussionsteilnehmer kam die weitere Anregung, dass die einzelnen StA die ZSt. in L. durch entsprechende Vermerke über den Stand ihrer Verfahren von Zeit zu Zeit unterrichten, damit die ZSt. ihrerseits in der Lage ist, Anfragen anderer Behörden unter Hinweis auf die Sachstandsvermerke zu beantworten.

Im weiteren Verlauf der Besprechung gab jeder einzelne Dezernent eine kurze Darstellung der von ihm bearbeiteten Verfahren. Eine *Sitzungspause* bot den Beteiligten Gelegenheit, Berührungspunkte bei der Bearbeitung von Verfahren zu erörtern und dadurch neue Erkenntnisse für die weitere Förderung der einzelnen Strafsachen zu gewinnen. Schließlich wurde die Anregung vorgetragen, dass sich die Sachbearbeiter von vergleichbaren Ermittlungsverfahren zu Besprechungen zum Zwecke des Erfahrungsaustausches zusammenfinden. EStA Dr. Artzt erklärte, dass es nützlich sei, bei derartigen Besprechungen die zuständigen – vor allem neuen – Referenten der ZSt. hinzuziehen. Ein weiteres Diskussionsthema war die Frage der Abgrenzung von Beschuldigten und Zeugen. Es wurde Übereinstimmung darüber erzielt, dass Angehörige von beweglichen Einheiten solange als Zeugen behandelt werden sollten, solange sich nicht ein hinreichender Tatverdacht gegen sie ergebe.

Gegenstand der Besprechung war auch die Frage, ob die in Israel lebenden jüdischen Zeugen generell Anspruch auf Glaubwürdigkeit hätten. Die Dezernenten, die auf diesem Gebiet über Erfahrung verfügen, erklärten, dass die Zuverlässigkeit der jüdischen Zeugenaussagen fast durchweg zu bejahen sei und dass es sich empfehle, die jüdischen Zeugen, soweit überhaupt möglich, zu den in Betracht kommenden Hauptverhandlungen zu laden. Dadurch würde der Eindruck des Gerichts über das Tatgeschehen unmittelbarer und wirke sich bei der Urteilsfindung sachgerecht aus."

EStA Selle (Berlin) regte an, die Dezernenten, die bei verschiedenen StA Parallelverfahren bearbeiteten, sollten von Zeit zu Zeit mit den zuständigen Sachbearbeitern der ZSt. zusammentreffen, um Fragen von gemeinsamem Interesse zu besprechen. Zur Vorbereitung derartiger Besprechungen könne das von der ZSt. herausgegebene Rundschreiben in Anspruch genommen werden.

MinRat Roth stimmte diesem Vorschlag zu und regte an, von der durch die Rundschreiben der ZSt. gebotenen Möglichkeit der Unterrichtung aller mit der Bearbeitung von NSG-Verbrechen befassten StA in noch stärkerem Maße als bisher Gebrauch zu machen.

Er erteilte daraufhin *OStA Severin* (Berlin) das Wort zu seinem Bericht über das Ergebnis der Erörterungen in der Arbeitsgruppe C, die das Thema *„Praktische Fragen der Zusammenarbeit bei der Aufklärung der Komplexe ‚Oberste Reichs- und Parteibehörden'"* behandelte: „Gestatten Sie mir vorweg die Bemerkung, dass bei unserer Aussprache in der Gruppe C andere Voraussetzungen verlangen als bei den anderen Arbeitsgruppen. Die praktischen Fragen der Zusammenarbeit bei den Verfahren der Gruppen A, B und D sind sicher viel eingehender behandelt worden als bei uns. Dies schon deshalb, weil bei ihnen über eine Vielzahl von Verfahren, die bei den einzelnen StA anhängig sind, diskutiert werden musste, und weil eine Koordinierung dieser Verfahren und die Zusammenarbeit unter den einzelnen StA viel vordringlicher ist. Die Probleme, die für die anderen Gruppen zu behandeln waren – wie meine Herren Vorredner bereits ausgeführt haben -, treten bei uns grundsätzlich nicht auf, zumindest jedenfalls zurzeit nicht. Ermittlungsverfahren, wie sie Gegenstand der Besprechung bei den anderen Arbeitsgruppen waren – für uns also Komplexverfahren gegen Angehörige ‚Oberster Reichs- oder Parteibehörden' -, sind mit Ausnahme der in Berlin geführten 20 Ermittlungsverfahren gegen Angehörige des Reichssicherheitshauptamtes zurzeit überhaupt noch nicht anhängig.

Die ZSt. ist, wie Ihnen sicher allen bekannt sein wird, erst vor einiger Zeit aufgrund des Beschlusses der LJM und der Justizsenatoren damit betraut worden, nun auch Vorermittlungen gegen Angehörige der anderen ‚Obersten Reichsbehörden' durchzuführen. Soweit bereits gegen einige Angehörige ‚Oberster Reichsbehörden' bei einzelnen StA Ermittlungsverfahren anhängig waren oder noch sind – ich vermag die genaue Zahl nicht anzugeben –, handelt es sich nur um Einzelverfahren, also um einzelne Ermittlungen, die einer systematischen Überprüfung aller Straftaten und aller in Frage kommenden Täter entbehren.

Auch die Nürnberger Nebenprozesse – ich darf an den Wilhelmstraßen-Prozess, den OKW-Prozess und auch an den Prozess gegen das Wirtschafts- und Verwaltungshauptamt erinnern – stellen keine Verfahren dar, in denen systematisch die einzelnen Reichsbehörden oder SS-Hauptämter überprüft worden sind. Sie ersehen daraus, dass wir uns somit tatsächlich bei der Überprüfung der ‚Obersten Reichsbehörden' noch in den Anfängen befinden.

Das eigentliche Thema, mit dem wir uns zu befassen hatten, nämlich praktische Fragen der Zusammenarbeit bei der Aufklärung der Komplexe ‚Oberster Reichs- und Parteibehörden', konnte daher nicht so eingehend besprochen werden, wie dies, wie wir bereits gehört haben, bei den anderen Arbeitsgruppen der Fall war. Wir konnten uns jedoch gegenseitig wertvolle Hinweise für die weitere Aufklärung der in Frage stehenden Komplexe geben und uns insbesondere über die zukünftige Zusammenarbeit Gedanken machen. Um überhaupt eine Grundlage für eine Zusammenarbeit zu gewinnen, haben wir zunächst einmal klären müssen, welche ‚Obersten Reichs- und Parteibehörden' noch einer, und zwar einer systematischen Überprüfung bedürfen, und auf welche Art diese Überprüfung vorgenommen werden soll.

Herr Kollege Matschl von der ZSt. hat uns einen anschaulichen Bericht über die noch zu überprüfenden Reichsbehörden und über die Art der beabsichtigten Überprüfung gegeben. Dass gegen das von der ZSt. beabsichtigte Vorgehen bei der Überprüfung – teilweise jedenfalls, insbesondere von den Berliner Kollegen – Bedenken geltend gemacht worden sind, liegt m.E. im Wesentlichen daran, dass man sich über das System des Vorgehens nicht ganz einig werden konnte. Während die einen meinten, man solle die Archive systematisch durchkämmen – also ähnlich wie wir es in Berlin mit dem RSHA-Verfahren gemacht haben -, glaubten die anderen, zunächst – unterschiedlich nach dem jeweiligen Komplex – anders vorgehen, und zwar zunächst diejenigen Verfahren erfassen zu sollen, die bereits gegen irgendwelche Einzeltäter anhängig gewesen bzw. noch anhängig sind, um so zunächst einen allgemeinen Überblick und allgemeine Erkenntnisse darüber zu gewinnen, welche strafbaren Handlungen unter Umständen vorliegen, und welche Komplexe überhaupt noch zu ermitteln sind. Ich glaube, dass man hier keine generellen Richtlinien geben kann, sondern dass man es jeweils auf den Einzelfall abstellen sollte, und zwar so wie es sich bei jeder ‚Obersten Reichsbehörde' anbietet; und ich meine auch, dass man versuchen sollte, auf dem schnellsten Wege irgendwie zum Ziel zu kommen. Und gerade dies – den schnellsten Weg einzuschlagen – ist m.E. unbedingt erforderlich. Denn berücksichtigt man, dass die in Frage kommenden Täter in unseren Verfahren, also in Verfahren gegen Angehörige der ‚Obersten Reichs- und Parteibehörden', etwa zur Tatzeit 35 bis 40 Jahre alt waren, so muss man davon ausgehen, dass diese Täter heute bereits 55–60 Jahre alt sind. Wenn man dann noch die Ermittlungsarbeit hinzurechnet und die Voruntersuchung berücksichtigt, kommt man schließlich zu dem Ergebnis, dass die angeklagten Täter in der Hauptverhandlung das 65. Lebensjahr etwa erreicht haben dürften.

Werden die Ermittlungen nicht beschleunigt vorangetrieben, müssen wir – und darüber sind wir uns auch in der Arbeitsgruppe C einig gewesen – damit rechnen, dass der weitaus größte Teil dieser Täter nicht mehr zur Verantwortung gezogen werden kann. Diese meine letzten Ausführungen betreffen im Übrigen nur die Angehörigen der SS-Hauptämter; bei den Ministerialbehörden, insbesondere also z.B. bei dem AA und bei dem früheren Reichsinnenministerium, dürfte das Alter der in Frage kommenden Täter sogar noch wesentlich höher sein. Die Täter waren zur Tatzeit sicher schon etwa 45–50, so dass ihr Alter heute schon bei 65–70 liegt. Des Weiteren haben wir bei der gestrigen Arbeitstagung auch gewisse Abgrenzungen zwischen der von der ZSt. vorzunehmenden Überprüfung und den von der Arbeitsgruppe RSHA Berlin durchzuführenden Ermittlungen vorgenommen. Es gibt selbstverständlich gewisse Überschneidungen der Arbeitsgebiete. Wir haben klargestellt, dass Berlin grundsätzlich nur die Ermittlungen gegen Angehörige des ehemaligen RSHA führt, die ihre Tätigkeit in Berlin – also im RSHA selbst – ausgeführt haben. Es herrschte auch Einigkeit darüber, dass die Tätigkeit der dem RSHA nachgeordneten Behörden wie z.B. der Stapoleitstellen oder einzelner Stapostellen usw. nicht im Rahmen der RSHA-Verfahren mit überprüft werden kann. Soweit wir bei unseren Ermittlungen Erkenntnisse gewinnen sollten, die sich auf irgendwelche dem RSHA nachgeordnete Behörden beziehen und einen Straftatbestand darstellen, werden wir – und wir haben es ja auch zum Teil schon getan – den betreffenden StA diese Erkenntnisse zuleiten, so dass gewährleistet ist, dass auch insoweit eine Strafverfolgung stattfinden kann. Berlin hat sich auf Anregung der ZSt. jedoch bereit erklärt, zumindest die sog. Judenberater, die in den einzelnen Ländern tätig geworden sind, mit in ihre Verfahren einzubeziehen, soweit nicht bereits anderweitig Verfahren gegen sie anhängig sind. Eine Einbeziehung der Polizeiattachés in die RSHA-Verfahren ist jedoch nicht vorgesehen.

Was nun das eigentliche Thema unserer Arbeitstagung, nämlich die Zusammenarbeit anbelangt, so habe ich bereits eingangs dargelegt, dass die praktischen Fragen einer Zusammenarbeit für unsere Arbeitsgruppe nicht so problematisch wie bei den anderen Gruppen sind, da wir erst am Beginn unserer Ermittlungen (bzw. – für Ludwigsburg – Vorermittlungen) stehen. Wir sind uns aber darüber klar geworden, dass es unbedingt erforderlich ist, dass wir alle, die wir mit Ermittlungen gegen Angehörige ‚Oberster Reichsbehörden' befasst sind, uns gegenseitig weitgehendst fördern müssen, schon um zu einem schnellen Abschluss dieser Verfahren zu gelangen. Die Gründe hierfür habe ich bereits dargelegt. Wir halten es auch für unbedingt erforderlich, dass wir uns gegenseitig umfassend unterrichten, und zwar nicht die ZSt. und Berlin – die zurzeit jedenfalls die einzigen Behörden sind, die mit derartigen Verfahren befasst sind –, sondern auch später die StA, an die Ludwigsburg die einzelnen Verfahren abgeben wird und auch die StA, die bereits jetzt mit ähnlichen Verfahren, allerdings auf unterer oder mittlerer Ebene – ich darf insoweit an das bei der StA München II anhängige Verfahren wegen der Judenverfolgung in Holland hinweisen -, befasst sind. Wir sind der Meinung, dass hier persönliche Kontakte sicher am schnellsten und auch am besten zum Ziele führen werden. Wir sind weiterhin der Auffassung, dass es unumgänglich ist, dass gerade auf unserem Sachgebiet jede StA wissen muss, was bei der anderen StA geschieht, insbesondere natürlich bei der ZSt. Ludwigsburg, die schon aufgrund ihrer Stellung als ZSt. der Landesjustizverwaltungen dazu berufen ist, für die Unterrichtung und eine gewisse Koordinierung der Verfahren Sorge zu tragen. Sicher werden im Laufe der weiteren Ermittlungen neue Probleme und neue Fragen der Zusammenarbeit auf uns zukommen, die wir heute noch nicht überblicken können, die wir dann aber lösen müssen. Wir glauben, dass die gegenseitige Unterrichtung und insbesondere auch der persönliche Kontakt immer noch das beste Mittel ist, um wirklich zu einer echten Zusammenarbeit zu kommen."

Hierauf berichtete *EStA Prien* (Kiel) über das Ergebnis der Erörterungen in der Arbeitsgruppe D, die das Thema *„Mitwirkung der Verwaltungsstellen bei der Endlösung der Judenfrage"* behandelte: „Die Arbeitsgruppe D hat sich mit den Problemen befasst, die im Zusammenhang mit den Verfahren gegen Angehörige ziviler Verwaltungsstellen stehen. Auch wir haben mit Hilfe der Herren der ZSt., die an dieser Tagung teilgenommen haben, zunächst einmal eine Art Bestandsaufnahme vorgenommen und wir sind uns darüber klar geworden, dass die Situation bei diesen Verfahren ebenfalls dadurch gekennzeichnet ist, dass sie im Wesentlichen noch in den Anfängen stecken. Herr Dr. Schäfer hat uns vorgetragen, dass hinsichtlich der Verfahren gegen *Gebietskommissare,* die ja einen wesentlichen Teil der Verfahren ausmachen, insgesamt 70 Gebietskommissariate in Betracht kommen, dass aber erst etwa zwölf Verfahren bei den einzelnen StA geführt werden. Die Vorermittlungen in diesen Sachen laufen, wie wir hörten, ‚peu à peu' an. Nach dem, was uns Herr Dr. Schäfer gesagt hat, können wir damit rechnen, dass gegen Ende des Jahres diese Verfahren auf uns zukommen. Zu begrüßen ist die Erkenntnis, dass sich die Aufklärungsarbeit der einzelnen StA auf ein Gebietskommissariat begrenzen muss. Eine StA wäre überfordert, wenn sie etwa den Personenkreis eines

Distriktkommissariats in ihre Ermittlungen einbeziehen müsste. Es ist so, dass der Personenkreis, der in den einzelnen Gebietskommissariaten zu berücksichtigen ist, sich auf etwa 150 Personen beschränkt. Dabei ist das Personal der Verwaltungsbehörde ebenso berücksichtigt wie die Gendarmerie des Gebietes, das Personal der Arbeitsämter, die Sonderführer und – sofern vorhanden – die Angehörigen der Sicherheitspolizeinebenstellen. Erfreulich ist im Übrigen, dass der Befehlsweg, die Basis für die Ermittlungen, in diesen Fällen verhältnismäßig unkompliziert ist. Es wird also im Einzelfalle nicht erforderlich sein, umfangreiches dokumentarisches Material als Grundlage für diese Verfahren zusammenzutragen. So können wir am Ende nur wünschen und darum bitten, dass die Vorermittlungen der ZSt. sachlich und zeitlich nicht übermäßig ausgedehnt werden, und dass auch diese weiteren Verfahren möglichst bald an die StA herangetragen werden, damit die einzelnen Sachbearbeiter sich in die Materie selbst hineinarbeiten können.

Wesentlich anders liegen die Dinge leider bei den Verfahren, die die *Kreishauptleute* im *Generalgouvernement* und in *Galizien* betreffen. Die dabei zutage getretenen Probleme und Sorgen sind der Hauptgegenstand unserer Erörterungen im Rahmen der gestrigen Tagung gewesen. Diese Verfahren sind, soweit sie bisher zu den einzelnen StA gekommen sind, von der ZSt. im Jahre 1963, wie so schön gesagt worden ist, ‚herausgebügelt' worden, ohne dass wesentliche Vorermittlungen geführt waren, und ohne dass die einzelnen Vorgänge mit dokumentarischem Material ausgestattet waren. Es liegt mir fern, damit einen Vorwurf zu erheben. Ich weiß, welche sachlichen Notwendigkeiten für die Abgabe dieser Verfahren bestanden. Immerhin standen aber die Sachbearbeiter dieser Verfahren zunächst im Wesentlichen vor dem Nichts. Da es hier darauf ankommt, die Beteiligung der Kreishauptleute an der Vernichtung der Juden im Gebiet des Generalgouvernements und in Galizien zu beweisen, setzen die Ermittlungen das Vorhandensein umfangreichen dokumentarischen Materials voraus. Komplizierte Gesetzes- und Verwaltungsvorschriften sind zu erforschen und zusammenzustellen. Eine Unmasse von Dokumenten muss beschafft werden, um die Tätigkeit und die Stellung der Kreishauptleute im Gefüge der Verwaltung dieser Gebiete festzustellen und ihre Beteiligung an den gegen die Juden durchgeführten Maßnahmen zu beweisen.

Die Schwierigkeiten, die mit diesen Vorarbeiten für die einzelnen Sachbearbeiter auftraten, bestanden im Wesentlichen darin, dass das dokumentarische Material nicht nur von den einzelnen dafür in Betracht kommenden Stellen herangezogen werden musste, sondern dass auch Archivmaterial zusammengetragen werden musste, was eine Durchforstung der größeren Archive voraussetzte. Die Erkenntnis, dass die einzelnen Sachbearbeiter damit an die Grenze ihrer Möglichkeiten gelangt waren, die Erkenntnis aber auch, dass im Übrigen bei der Auswertung umfangreicher Nebenverfahren Doppelarbeit geleistet wurde, weil die Grundlage für die Erkenntnisse im Wesentlichen in diesen Verfahren immer die gleichen waren, hat zunächst einmal dazu geführt, dass sich die Sachbearbeiter der Verfahren gegen die Kreishauptleute in Galizien, also ein engerer Kreis der in Betracht kommenden Sachbearbeiter, im April 1965 zu einer Arbeitstagung zusammengefunden haben. Diese Tagung hat auf Anregung des GStA bei dem LG in Berlin mit Unterstützung des Justizsenators und unter Beteiligung auch des GStA bei dem KG stattgefunden. Die Sachbearbeiter der Verfahren gegen Kreishauptleute haben dort Möglichkeiten einer internen Zusammenarbeit zur Vermeidung von Mehrarbeit durch Koordinierung der notwendigen Ermittlungen erörtert und sind, soweit es sich um Vernehmungen von Zeugen und um die Auswertung anderer Verfahren handelt, zu praktischen Ergebnissen gekommen. Sie bestehen insbesondere im unmittelbaren Austausch des Ermittlungsmaterials, so dass insoweit die ZSt. auch in gewissem Umfange entlastet worden ist.

Andererseits sind sich die Teilnehmer an dieser Tagung aber auch darüber klar geworden, dass bei der weiteren Durchforstung größerer Archive keine interne Regelung möglich ist, weil wir ja nicht eine eigene kleine zentrale Stelle bilden konnten und wollten. Es hätte auch keinen Sinn gehabt, diese von dem einzelnen Sachbearbeiter nicht zu bewältigende Arbeit auf irgendeinen Beteiligten zu überlasten, der dann im Grunde genommen die Arbeit für die anderen hätte mitmachen müssen. So ist schon damals in Berlin der einmütige Wunsch hervorgetreten, die ZSt. möge hier eine begrenzte Hilfe leisten. Die Ergebnisse dieser Tagung und die damit verbundenen Wünsche sind von Herrn Radtke in einem Bericht zusammengefasst und der ZSt. übersandt worden. Eine Antwort auf diese Anregung und Wünsche steht jedoch bisher noch aus.

Wir haben gestern die Frage der Mithilfe der ZSt. in den Mittelpunkt unserer Erörterungen gestellt. Die Teilnehmer an dieser Arbeitsgruppe sind sich darüber einig, dass die Bitte um begrenzte Mithilfe der ZSt. bei der Zusammenfassung und Ergänzung des dokumentarischen Materials erneut vorgetragen werden müsse. Wir haben auch bestimmte Vorstellungen darüber entwickelt, wie diese Mithilfe der ZSt. unter Berücksichtigung der jetzt durch die JMK gegebenen Richtlinien erfolgen könnte. Es ist selbstverständlich, dass die StA die Hauptlast der Ermittlungen weiterzutragen haben, und wir glauben, dass wir insoweit auch zu Rande kommen. Aber gerade bei der Sichtung und Zusammentragung des dokumentarischen Materials brauchen wir Hilfe. Dieses Material wird im Zuge der weiteren Tätigkeit der ZSt. erfasst werden müssen. Vorübergehend müsste ein Referat oder Hilfsreferat, also eine Stelle geschaffen werden, bei der das dokumentarische Material zusammengebracht, in einheitlicher Richtung auf diese Verfahren ausgewertet und dann den einzelnen StA übergeben würde. Ich glaube, dass die Einrichtung einer solchen vorübergehenden Stelle auch aus dem Gesichtspunkt der Bedeutung dieser Verfahren durchaus gerechtfertigt wäre. Man hat uns gestern allerdings entgegengehalten, dass die Verfahren gegen die Kreishauptleute nach den bisherigen Ergebnissen und nach den zu erwartenden Ergebnissen nicht so ‚fündig' sein würden, wie die gegen die Gebietskommissariate. Es sei eine Wolke, aus der vielleicht keine Blitze zu erwarten wären. Nun, wir haben auch daran gedacht, dass es Wolken gibt, die auch ohne Blitze Regen produzieren. Es kommt ja nicht ausschließlich darauf an, zu einer Anklage gegen die Betroffenen zu gelangen. Auch die Einstellung von Verfahren gegen Kreishauptleute setzt Ermittlungen voraus, durch die der Sachverhalt weitgehend aufgeklärt wird. Der hier beteiligte Personenkreis setzt sich zum Teil aus Leuten zusammen, die auch heute im öffentlichen Leben der Bundesrepublik eine gehobene Stellung einnehmen. Ein erhebliches Interesse von außen her an diesen Verfahren ist zu erwarten. Würde unseren Vorschlägen entsprechend ein solches Referat geschaffen, dann müssten die beteiligten StA das schon bei ihnen vorhandene dokumentarische Material an dieses Referat abgeben. Dort würde es gesichtet, nach einheitlichen Gesichtspunkten zusammengestellt und um jenes Material ergänzt, das bereits aus Polen eingegangen ist und das von dort noch kommen wird. Ich denke da in erster Linie an Akten, bei denen sich vielleicht die immer noch schmerzlich vermissten Berichte der Kreishauptleute befinden könnten. Ich denke auch evtl. an das Frank'sche Tagebuch. Im Übrigen müsste es die Hauptaufgabe dieses Referats sein, das aus dem Bundesarchiv und der militärgeschichtlichen Forschungsstelle noch zu erwartende Material im Hinblick auf diese Verfahren zu sichten und in das dokumentarische Material einzufügen. Dann hätten die Sachbearbeiter dieser Verfahren eine Basis, auf der sie sachliche Ermittlungen weiterführen könnten. Ich glaube, nur dann, wenn das alles geschähe, könnten wir auf diesem Gebiet zu befriedigenden Ergebnissen kommen.

Schließlich ist erörtert worden, dass der Ausbau oder Aufbau einer Ortskartei, einer Kartei also, in der die Angehörigen der einzelnen Stellen der Ortskommandantur, der Gendarmerie, der Sicherheitspolizei und die übrigen Unterlagen nach örtlichen Gesichtspunkten zusammengefasst würden, eine wesentliche Hilfe für die Sachbearbeiter dieser Verfahren darstellen würden. Diese Ortskartei müsste nach unserer Meinung ergänzt werden durch eine Verfahrensliste, die auch eine Liste der in den einzelnen Verfahren erfassten Dienststellen enthalten müsste. – In diesem Zusammenhang möchten wir an die ZSt. die Bitte herantragen, die allgemeine Verfahrensliste, die ja – wie wir gehört haben – nicht mehr vollständig ist, erneut herauszugeben. Wir bitten darum, dass, wenn dies geschieht, auch die eingestellten Verfahren in diese Liste aufgenommen werden. Dann hätte der einzelne Sachbearbeiter die Möglichkeit, die ihn interessierenden Vorgänge herauszusuchen. – Im Übrigen sind auch wir der Meinung, dass Zusammenkünfte der Sachbearbeiter dieser Verfahren in Zukunft notwendig sein werden, um den Erfahrungsaustausch zu intensivieren. Wir könnten uns vorstellen, dass bei einer Beteiligung der ZSt. an diesen Zusammenkünften sich manche Frage ohne große bürokratische Schwierigkeiten lösen ließe.

Am Ende sind wir in der frohen Erwartung auseinandergegangen, dass unsere, wie wir meinen, bescheidene Bitte um Mithilfe der ZSt. angesichts der zu erwartenden personellen Verstärkung der ZSt. ein offenes Ohr und – wenn möglich – auch Erfüllung finden möge."

StA Dr. Rückerl (ZSt.) führte hierzu aus, er halte es durchaus für sinnvoll, wenn bei der ZSt. i. Ludw. Sonderreferate für besondere Verfahrensgruppen gebildet würden. Dies sei jedoch im Hinblick auf den Personalbestand der ZSt. in Vergangenheit und Gegenwart bislang nicht möglich gewesen. Der Vorschlag, sämtliche Archive nach besonderen Gesichtspunkten auszuwerten, sei – zumindest was ausländische Archive betreffe – undurchführbar. Dies habe er bei seinem letzten Aufenthalt in Warschau festgestellt. Die Situation sei dort so, dass die Vertreter der ZSt.

die Dokumente einsehen und überprüfen könnten, die ihnen vorgelegt würden. Zwar könnten im Einzelfall besondere Wünsche geäußert werden; eine systematische Überprüfung nach festliegenden Gesichtspunkten sei jedoch nicht möglich. Er nehme an, dass die Situation in anderen ausländischen Archiven ähnlich sei.

EStA Pries (Kiel) erwiderte, die Archive sollten zwar nach allgemeinen Gesichtspunkten ausgewertet werden. Bei der Auswahl der benötigten Dokumente müssten aber auch die besonderen Gesichtspunkte der einzelnen StA berücksichtigt werden. – Es sei zu hoffen, dass die bei der ZSt. in L. vorhandene Ortskartei nach der geplanten personellen Verstärkung vervollständigt werden könne und dann ebenfalls ein wertvolles Hilfsmittel darstellen werde.

StA Blank (ZSt.) erklärte, die ZSt. habe gegen die Kreishauptleute im Generalgouvernement in aller Regel keine gesonderten Vorermittlungsverfahren geführt. Dies werde auch künftig nicht geschehen. Die Strafverfolgung der Kreishauptleute hänge davon ab, dass zunächst die Verbrechen der Sicherheitspolizei und sonstiger Polizeidienststellen aufgeklärt würden. Die Kreishauptleute hätten diese Vernichtungsaktionen ja nicht selbständig durchgeführt. Es handle sich um Maßnahmen der SS- und Polizeiführer, der Sicherheitspolizei, der Gendarmerie und der Schutzpolizei, an denen die Kreishauptleute nur mitgewirkt hätten. Es sei also wesentlich, dass diese Verfahren regional aufgebaut würden. – In der Arbeitsgemeinschaft habe sich nun ergeben, dass eine Studie über die Zivilverwaltung im Generalgouvernement unter besonderer Berücksichtigung der Stellung der Kreishauptleute benötigt werde und dass in dieser Studie die bereits vorhandenen und noch zu erwartenden Dokumente zusammengefasst dargestellt werden müssten.

Er sei der Auffassung, dass man diese Studie nicht unbedingt „Studie" oder „Materialsammlung" oder „Ausarbeitung" zu nennen brauche, sondern auch als „Gutachten" bezeichnen und die Erstellung dieses Gutachtens einem Historiker übertragen könne. Man müsse nicht alles selbst machen wollen. Die angespannte Personallage der Justiz zwinge eigentlich sogar dazu, sich solcher Arbeiten zu entledigen, die ein Historiker mindestens ebenso gut, vielleicht sogar noch besser machen könne. Er denke hier an das Gutachten „Nationalsozialistische Polenpolitik" von Dr. Martin Broszat vom Institut für Zeitgeschichte in München, das für die StA Frankfurt im Auschwitz-Verfahren erstattet worden sei. Dr. Broszat habe sich sowohl in diesem Gutachten als auch in seinem Buch gleichen Titels bereits eingehend mit dem Aufbau der Verwaltung im Generalgouvernement befasst. Er brauche also das bereits bei ihm vorliegende Material nur zu ergänzen und weiter auszuarbeiten. Die StA und die ZSt. könnten Dr. Broszat das ihnen vorliegende Dokumentenmaterial zur Verfügung stellen. Die Beauftragung eines Gutachters hätte den Vorteil, dass sie sofort geschehen könne, wogegen die Einrichtung des vorgeschlagenen Sonderreferats der ZSt. von der zeitlich noch nicht festliegenden Verstärkung der ZSt. abhänge.

StA Dr. Rückerl (ZSt.) teilte mit, die Dokumente, die die Auswertergruppe der ZSt. bei ihrem letzten Aufenthalt in Warschau ausgewählt habe, seien inzwischen bei der ZSt. in L. eingetroffen. Er rechnet damit, dass die Dokumente, die in Lublin ausgewählt worden seien, in etwa 2–3 Wochen eintreffen würden.

LG-Rat Eden (Hamburg) sprach sich nachdrücklich dafür aus, die ZSt. besser auszustatten, damit sie mehr als bisher leisten könne. – Darüber hinaus müsse die ZSt. eine gesetzlich fundierte Stellung erhalten. Es sei ein beklagenswerter Zustand, dass die ZSt. nur Vorermittlungen führe. Dadurch seien ihr die Hände gebunden.

OStA Schüle erwiderte, es treffe nicht zu, dass der ZSt. die Hände gebunden seien. Von ihr seien bislang immerhin 700 große Verfahren ausgegangen. Im Übrigen sei es aber zu begrüßen, dass ein Untersuchungsrichter diese Worte gesprochen habe. Die ZSt. könne ihre erweiterten Aufgaben nur bewältigen, wenn sie personell verstärkt werde.

MinRat Roth wies darauf hin, dass nach den Berichten der einzelnen Landesjustizverwaltungen die StA im Allgemeinen nicht sehr daran interessiert seien, sich zur ZSt. abordnen zu lassen. – Er sei im Übrigen der Meinung, dass aus verfassungsrechtlichen Gründen kein Sonderrecht für die ZSt. geschaffen werden könne, da nach dem GG die Regelung von Angelegenheiten der Justiz Sache der Länder sei. Ein Gesetz, wonach die Bearbeitung aller NSG-Verbrechen einer bestimmten StA und evtl. auch bestimmten Gerichten zugeteilt würde, sei mit dem geltenden Verfassungsrecht unvereinbar.

LG-Rat Kollrack (Baden-Baden) warf nunmehr die Frage auf, in welchem Zeitpunkt des Ermittlungsverfahrens der Antrag auf Eröffnung der gerichtlichen Voruntersuchung gestellt werden solle, insbesondere, ob die StA diesen Antrag sofort nach Eingang des Abschlussberichts der ZSt. über das Ergebnis der von ihr geführten Vorermittlungen stellen oder zuvor selbst noch Ermittlungen anstellen solle.

OStA Dr. Gierlich (Köln) erwiderte, die Zentralstelle in Köln sei u.a. gegründet worden, um die Durchführung umfangreicher gerichtlicher Voruntersuchungen zu ersparen. Die Zentralstelle pflege den Antrag auf Eröffnung der gerichtlichen Voruntersuchung erst dann zu stellen, wenn sie selbst schon alle Ermittlungen durchgeführt habe. Die Voruntersuchung habe dann nur noch formalen Charakter. Ihm sei ein Fall bekannt, in dem ein Untersuchungsrichter alle bereits von der StA vernommenen Zeugen nochmals vernommen habe, wodurch das Verfahren erheblich verzögert worden sei. Die Zentralstelle in Köln versuche deshalb jetzt sogar, die Voruntersuchung nach Möglichkeit ganz zu vermeiden.

EStA Dr. Artzt (ZSt.) vertrat die Meinung, es hänge von der Persönlichkeit des Untersuchungsrichters ab, ob eine Voruntersuchung sinnvoll sei oder nicht.

MinRath Roth schloss sich der Auffassung von EStA Dr. Artzt an.

Anschließend referierte *StA Blank* (ZSt.) über das Thema *„Mittel und Methoden der Aufklärung von NS-Gewaltverbrechen“*.

„I. 1. Ein wesentlicher Teil der Ermittlungen in NSG-Verfahren ist darauf gerichtet, den Verbleib derjenigen Personen zu ermitteln, die als Beschuldigte oder Zeugen in Betracht kommen. Welcher Mittel wir uns dazu bedienen können, dürfte den Anwesenden weitgehend bekannt sein. Das Protokoll dieser Tagung soll jedoch besonders den künftig neu mit dieser Materie befassten Sachbearbeitern nützlich werden. Ich bitte deshalb um Nachsicht, wenn ich wenigstens kurz diejenigen Auskunftsquellen hervorhebe, die in der Praxis von besonderer Bedeutung sind. In der nachfolgenden Diskussion könnten dann vielleicht spezielle Ermittlungsmöglichkeiten zur Sprache kommen, die sich evtl. aus der Praxis der StA neuerdings entwickelt haben. – Wenn es um die Feststellung der Personalien und des Aufenthalts ehemaliger Angehöriger der SS und der Partei geht, ist das *Document Center,* Berlin, in erster Linie zu nennen. Neben Personalunterlagen der SS-Angehörigen befindet sich im DC die NSDAP-Mitgliedskartei, aus der die Personalien, der Beruf und der Wohnort der NSDAP-Mitglieder ersichtlich sind. Z.T. sind diese Mitgliedskarten mit Lichtbildern versehen.

Bei der Auswertung der DC-Unterlagen sollte man sich möglichst für den gesamten Kriegseinsatz des Betreffenden interessieren. Evtl. findet man in den SS-Personalunterlagen Hinweise, die zwar nicht für das eigene, aber für andere Verfahren von Bedeutung sein können. So ist es schon vorgekommen, dass jemand als Angehöriger eines Einsatzkommandos, das im Jahre 1941 in Russland eingesetzt war, gesucht wurde, dieser Einsatz aus den DC-Unterlagen auch hervorging, aber außerdem eine dienstliche Beurteilung aus dem Jahre 1943 vorlag, aus der sich ergab, dass der Gesuchte seit Sommer 1942 einer Dienststelle der Sicherheitspolizei in Polen angehört hat. In solchen Fällen sollte die ZSt. unterrichtet werden.

Mit den Ergebnissen der Auswertung der DC-Unterlagen ist eine Anfrage bei der *WASt* möglich. Die WASt besitzt nicht nur Unterlagen über Wehrmachtsangehörige, sondern auch über ehemalige Angehörige der Waffen-SS und der Polizei. Es ist z.T. möglich, von der WASt Namenslisten von Angehörigen von Polizeieinheiten zu erhalten. Feldpostnummern kann die WASt entschlüsseln. In vielen Fällen sind der WASt Anschriften von Angehörigen bekannt. Sie ist z.T. auch über Todeserklärungen unterrichtet. Die WASt registriert alle Anfragen, die sich auf die gesuchten Personen beziehen. Auf diese Weise erhält man z.B. Kenntnis von Anfragen von Versorgungsämtern. Erforderlichenfalls kann man von diesen Versorgungsämtern weitere Aufklärung über den Gesuchten erhalten. Ebenso werden Anfragen von Polizeidienststellen, StA und Gerichten registriert.

Eine weitere wichtige Auskunftsquelle ist die *Bundesversicherungsanstalt für Angestellte.* Anfragen bei dieser Stelle setzen jedoch voraus, dass das Geburtsdatum und der Geburtsort bekannt sind. Bei der BfA sind alle Personen registriert, die jemals der Angestelltenversicherung angehört haben. Auch wenn es sich um Beamte handelt, ist eine Anfrage bei der BfA sinnvoll, weil die Möglichkeit besteht, dass der Gesuchte früher bei der BfA versichert war. Die BfA ist aus Anträgen auf Witwen- und Waisenrente in vielen Fällen über den Tod des Versicherten, ein evtl. Todeserklärungsverfahren und ggf. über die Anschrift der Witwe bzw. der Waisen unterrichtet. – Wenn etwa aus den DC-Unterlagen die Personalien der Ehefrau des Gesuchten bekannt sind, kann es sich empfehlen, auch wegen der Anschrift der Ehefrau bei der BfA anzufragen. Ähnliches gilt für inzwischen erwachsene Kinder, deren Personalien z.T. auch aus den DC-Unterlagen hervorgehen.

Eine Zentralkartei der Mitglieder der Arbeiter-Rentenversicherung besteht nicht. Falls alle anderen Möglichkeiten versagt haben, kommt deshalb eine Anfrage bei den einzelnen *Landesversicherungsanstalten* und den *Knappschaftsversicherungen* in Betracht. – Die Einholung des *Strafregisterauszuges* kann ebenfalls zur Auffindung des Gesuchten führen.

Um diese Aufzählung nicht allzu eintönig zu gestalten, greife ich nun einen Fall heraus, der zurzeit in meinem Referat bearbeitet wird. Gesucht wird der als verschollen geltende SS-Unterführer Alfred P., der ehemalige Kommandant eines Arbeitslagers, das er im Auftrag seines SS- und Polizeiführers verwaltet hat und der beschuldigt wird, eine Anzahl von Häftlingen erschossen oder sonst wie getötet zu haben. Zunächst waren Vor- und Nachname bekannt, außerdem, etwas verstümmelt, seine damalige Heimatanschrift im jetzt polnisch besetzten Reichsgebiet. Die Personalien konnten durch eine Anfrage beim *DC* festgestellt werden. Es lagen mehrere NSDAP-Mitgliedskarten von Personen gleichen Namens vor. Die Identifizierung wurde jedoch durch die Heimatanschrift ermöglicht. Eine Anfrage bei der WASt ergab, dass sich P. im Februar 1945 im Standortlazarett M. befunden hat. In M. wurde festgestellt, dass das Sterberegister des Standesamts keine Eintragung aufweist und dass die Krankenunterlagen des Standortslazaretts nach Mitteilung des letzten Chefarztes bis zur Auflösung des Lazaretts einige Zeit nach Kriegsende ordnungsgemäß geführt und alle Sterbefälle ordnungsgemäß beim Standesamt registriert wurden. Es ergab sich außerdem, dass die Krankenunterlagen zunächst in einem Ort im Sauerland und schließlich bei einer „Zentralstelle in Koblenz" deponiert worden waren.

Daraufhin wurde beim *Bundesarchiv in Koblenz* angefragt. Das Bundesarchiv teilte mit, dass die Krankenunterlagen an eines der *Krankenbuchlager in Kassel, Berlin* oder *München* weitergeleitet worden seien. – Es wurde zunächst beim Krankenbuchlager in Kassel angefragt. Dort befanden sich jedoch die Krankenunterlagen des Standortlazaretts M. nicht. Das Krankenbuchlager Kassel verfügte jedoch über Unterlagen, die auf das Krankenbuchlager Berlin hinwiesen und leitete die Anfrage dorthin weiter. Nunmehr wurde Folgendes festgestellt: P. hatte sich nur kurze Zeit im Standortlazarett M. befunden. Nach seiner Entlassung aus diesem Lazarett hatte er am 7.4.1945 einen doppelten Bruch des Schienbeins erlitten und war deshalb in das Res.-Lazarett K. eingeliefert worden. Aus diesem Lazarett hatte er sich am 10.7.1945 ohne Erlaubnis entfernt. Damit stand nun fest, dass der Gesuchte den Krieg überlebt hat. In K. hat er sich jedoch polizeilich nicht angemeldet. Da die Möglichkeit bestand, dass P. in dem dortigen Bundesland interniert worden war, wurde überprüft, ob Spruchgerichtsakten vorhanden seien, jedoch ohne Ergebnis.

Inzwischen wurden weitere Erkenntnisse über die *Heimatortskartei* erlangt. Es wurden die Personalien des verstorbenen Vaters bekannt, der vor seinem Tode im Jahre 1951 in B. gewohnt hatte. Polizeiliche Ermittlungen in B. ergaben, dass die Mutter des Gesuchten in F. wohnt. Nunmehr wurde die Mutter befragt. Sie gab an, von ihrem Sohn im Mai 1944 eine letzte Nachricht aus dem Osten erhalten zu haben. Hausbewohnern hatte sie jedoch früher erzählt, sie habe etwa seit 1951 mit ihrem Sohn keine Verbindung mehr. Damals habe ihr Sohn in E. gewohnt. Die Nachforschungen in E. verliefen negativ. Es wurden nunmehr weitere Auskunftsquellen angeschrieben, und zwar die *Landesversicherungsanstalten*, die zuständige

Heimatauskunftsstelle, das *Kraftfahrtbundesamt* und der *Suchdienst des Deutschen Roten Kreuzes in München*. Auch diese Anfragen blieben ohne Ergebnis.

Bei Anfragen an den Suchdienst des DRK in München sind einige Gesichtspunkte zu beachten, über die sich die ZSt. in einem Rundschreiben vom 2.10.1964 an die Herren GStA geäußert hat. Da es sich bei diesem Rundschreiben um eine Verschlusssache handelt, kann hier nur Bezug genommen werden. Es wird jedoch dringend gebeten, entsprechend den Ausführungen in diesem Rundschreiben zu verfahren, weil sonst die Gefahr besteht, dass das Rote Kreuz seine Mitarbeit versagt.

Im Falle Alfred P. war die Suche also ergebnislos verlaufen. Wir stehen deshalb vor der Frage, was noch unternommen werden kann.

Beim *Bundesverwaltungsamt* befindet sich eine Kartei derjenigen Beamten, die nach dem Gesetz Art. 131 Anspruch auf Wiederverwendung hatten oder haben. Im Falle P., der nie Beamter war, kommt eine solche Anfrage nicht in Betracht. Auch eine Anfrage beim *Standesamt des Geburtsortes*, die in anderen Fällen zur Erlangung der Anschrift führen kann, scheidet im vorliegenden Falle aus, weil das Standesamt im polnisch besetzten Gebiet lag. Sinnvoll wäre evtl. eine *Umfrage bei den Sonderkommissionen*, die ja auch Karteien führen. Es wäre immerhin denkbar, dass P. bereits in einem anderen Verfahren – vielleicht als Zeuge – gesucht und gefunden worden ist. – Erforderlich wäre auch eine Anfrage an alle Behörden, die *Spruchkammer-* und *Spruchgerichtsakten* aufbewahren. Wenn Hinweise darauf vorlägen, dass gegen P. ein Strafverfahren oder ein Auslieferungsverfahren vor einem amerikanischen oder britischen Militärgericht durchgeführt worden wäre, könnte man sich an das *US-Hauptquartier in Heidelberg* oder an die *Britische Botschaft in Bonn* wenden. Falls nun alle diese Möglichkeiten erschöpft sind, bleibt nichts anderes übrig, als einen Haftbefehl zu erwirken und den Beschuldigten im Fahndungsbuch zur Festnahme ausschreiben zu lassen. Es muss jetzt aber auch damit gerechnet werden, dass der Beschuldigte unter falschem Namen lebt. In diesem Falle stehen wir vor ganz besonderen Schwierigkeiten. Gibt es überhaupt Mittel und Methoden, an solche untergetauchten Beschuldigten heranzukommen? Dies wäre ein Punkt, der in der anschließenden Diskussion zur Sprache kommen sollte.

Soweit solche Fälle bisher überhaupt bekannt geworden sind, konnten sie nur zum Teil gelöst werden. Oft haben dabei ganz besondere Umstände mitgewirkt, aus denen sich irgendwelche Regeln für die Auffindung solcher Beschuldigter kaum ableiten lassen. Ganz allgemein lässt sich aber zu diesem Problem aufgrund der bisherigen Erfahrungen Folgendes sagen: Zunächst sind genaue Feststellungen über die Familienangehörigen erforderlich. Zu überprüfen ist stets der Ehemann der angeblichen Witwe des Beschuldigten. Möglicherweise handelt es sich nämlich bei ihm um den Beschuldigten selbst. Außerdem kann der Beschuldigte als Onkel oder Neffe oder sonstiger Verwandter oder gar Hausfreund in Erscheinung treten. Wenn diese Überprüfungen negativ verlaufen, wäre an eine Postbeschlagnahme zu denken.

Aus den DC-Unterlagen ergeben sich z.T. während des Krieges oder schon früher vorgenommene Eindeutschungen von ausländischen Namen. Falls ein solcher

Hinweis vorliegt, ist zu prüfen, ob der Beschuldigte inzwischen seinen früheren Namen wieder angenommen hat und evtl. im Übrigen unter seinen richtigen Personalien lebt. Diese Möglichkeiten bieten natürlich alle keine Gewähr für einen Erfolg. Man sollte deshalb auch die früheren Angehörigen der Dienststelle oder der Einheit des Beschuldigten eingehend vernehmen. Manchmal erhält man bei Unterhaltungen über die Nachkriegsschicksale der Dienststellen- oder Einheitsangehörigen Hinweise auf Alias-Namen oder wenigstens den Wohnort oder den ausgeübten Beruf oder evtl. sogar die Firma, bei der der Beschuldigte tätig war. Von besonderem Interesse sind natürlich solche ehemaligen Dienststellen- oder Einheitsangehörige, die früher auch untergetaucht waren und inzwischen wieder ihren legalen Namen führen. Es kann sinnvoll sein, Feststellungen darüber zu treffen, welchen Bekanntenkreis diese Leute hatten oder haben. Irgendwelche Richtlinien, die einen Erfolg gewährleisten, lassen sich aber keinesfalls aufstellen.

2. Nun noch einige Sonderfälle: Die Anschrift von Ärzten oder Rechtsanwälten kann über die *ärztlichen Suchdienste* oder *Kassenärztlichen Vereinigungen* bzw. das *Anwaltsverzeichnis* beschafft werden. Bei Richtern oder StA geben möglicherweise die *Handbücher der Justiz* Auskunft. Man wird in diesen Fällen allerdings auch auf frühere Ausgaben zurückgreifen. Bei Verwaltungsbeamten ist es manchmal von Wert, das *Nachschlagewerk „Die Bundesrepublik"*, das ebenfalls in mehreren Auflagen existiert, heranzuziehen. Wenn Angehörige von Polizeibataillonen gesucht werden und es sich um ein Polizeibataillon handelt, das im Gebiet der Bundesrepublik aufgestellt worden ist, sollte man stets an die zuständige Polizeiverwaltung herantreten. Es ist durchaus möglich, dass dort Personalunterlagen und sonstige Urkunden vorliegen, die über den Einsatz und die Angehörigen des betr. Polizeibataillons Auskunft geben. Es ist allerdings schon vorgekommen, dass die Polizeiverwaltungen auf Anfragen nach solchen Unterlagen nur sehr zögernd reagiert haben und dass die Nachforschungen auch nicht so gründlich durchgeführt worden sind, wie dies erforderlich gewesen wäre. Deshalb ist es in solchen Fällen notwendig, dass der Sachbearbeiter diese Nachforschungen selbst betreibt. Bei Polizeioffizieren können Erkenntnisse über die Personalien auch aus den *Polizeiranglisten* entnommen werden.

3. Bei der Beschaffung der Anschriften jüdischer Zeugen stehen uns eine ganze Reihe von Hilfsquellen zur Verfügung: a) die *Untersuchungsstelle für NS-Gewaltverbrechen beim Landesstab der Polizei in Israel*, die zugleich Vernehmungen durchführt, soweit die von ihr ermittelten Zeugen in Israel wohnen, b) der *Internationale Suchdienst des Roten Kreuzes (IST)* in Arolsen, der z.T. auch von Arbeitslagern und Ghettos im Osten Zeugenlisten besitzt oder zusammenstellen kann, c) die *Bundeszentralkartei in Düsseldorf*, Kannenstr. 26, die alle Personen erfasst, die Entschädigungsanträge gestellt haben. Die dortige Kartei ist allerdings nicht nach den Namen, sondern nach den Geburtsdaten geordnet. Anfragen sind also nur dann sinnvoll, wenn das Geburtsdatum feststeht, d) die *Entschädigungsämter*, e) die *jüdischen Gemeinden* in der Bundesrepublik, f) der *World Jewish Congress* bzw. das *Institut of Jewish Affairs in New York* und g) das *Institut Yad Vashem*. – Wenn der ITS Arolsen die Personalien des Zeugen mitgeteilt hat, kann man durch

eine Anfrage bei der Bundeszentralkartei das Entschädigungsamt und das Az. des Entschädigungsverfahrens feststellen, aus dem in der Regel eine neuere Anschrift hervorgeht.

4. Mit der Auswertung der in den Archiven lagernden Dokumente werden sich nachfolgende Referate befassen. Diese nunmehr angelaufenen Auswertungen machen jedoch gesonderte Anfragen bei einzelnen Archiven, die auf den Einzelfall abgestimmt sind, nicht immer überflüssig. Es kann durchaus wertvoll sein, sich mit den Mitarbeitern solcher Archive im Einzelfall persönlich in Verbindung zu setzen und sich auf solche Weise die oft langjährige Erfahrung dieser Personen nutzbar zu machen.

5. Die Anschriften der o.g. und sonst bekannten Auskunftsstellen und Archive ergeben sich aus dem Anschriftenverzeichnis der ZSt., das den StA vorliege. Dieses Verzeichnis soll demnächst verbessert und neu aufgelegt werden.

II. Im Verlauf der Ermittlungen in NSG-Sachen sind eine ganze Reihe von praktischen Problemen zu lösen. In dem vorliegenden Referat können nicht alle diese Probleme erörtert werden. Es erscheint auch nicht sinnvoll, den Versuch zu machen, eine bestimmte Methode für die Durchführung der Ermittlungen auszuarbeiten, weil eine solche Methode an der Verschiedenartigkeit der Verfahren in der Praxis doch scheitern müsste. Im Folgenden sollen daher nur einige dieser praktischen Probleme herausgegriffen werden.

1. Das Ergebnis der Ermittlungen hängt weitgehend davon ab, ob es gelingt, den Umfang des Verfahrens möglichst von Anfang an sachgemäß abzugrenzen. In diesem Sinne hat Herr OStA Schüle seit Beginn der Tätigkeit der ZSt. immer wieder gefordert, sog. Komplexe zu bilden. Bei beweglichen Einheiten, also z.B. Einsatzkommandos, Polizeibataillonen und Polizeiregimentern macht dies weniger Schwierigkeiten. Es ist mittlerweile schon fast selbstverständlich, dass ein solches Verfahren das Ziel haben muss, den gesamten Einsatz dieser Einheit zu erforschen. Bei Polizeiregimentern ist es allerdings in der Regel zweckmäßig, jeweils den Einsatz der zu diesem Regiment kommandierten Bataillone gesondert zu untersuchen und außerdem ein wiederum davon getrenntes Verfahren gegen den Regimentsstab durchzuführen. Es ist dann natürlich erforderlich, die Ermittlungen gegen die einzelnen Bataillone und den Regimentsstab fortlaufend zu koordinieren. Als Beispiel wird auf die Verfahren hingewiesen, die sich auf das Polizeiregiment 25 in Lublin beziehen. Zu diesem Regiment haben elf Polizeieinheiten gehört, deren Einsatz jeweils in einem gesonderten Verfahren überprüft wird. Ein weiteres Verfahren richtet sich gegen den Regimentsstab.

Die Ermittlungen sind besonders dadurch erschwert, dass ein Teil dieser Bataillone nur vorübergehend dem Polizeiregiment 25 unterstellt war. Die Anzahl dieser Polizeieinheiten zeigt, dass ein gemeinsames Verfahren schon an technischen Schwierigkeiten scheitern müsste. Aus diesem Grunde sind die Verfahren bei verschiedenen StA anhängig gemacht worden, die untereinander ihre Ergebnisse austauschen. Ein weiteres Verfahren wird gegen den Stab des Polizeiregiments 25 geführt. In diesem Zusammenhang soll wenigstens mit einigen Sätzen darauf eingegangen werden, dass die Bedeutung der Verfahren gegen

Polizeieinheiten in der jüngsten Zeit zunehmend unterbewertet sind. Dies beruht besonders auf dem bekannten Ausgang des Verfahrens der Strafsache gegen *Uhl* u.a., das in Freiburg anhängig war. Es handelt sich um das Polizeibatl. 322. Inzwischen sind allerdings eine Reihe von Dokumenten über den Einsatz dieses Bataillons bekanntgeworden, die vermutlich das Urteil des Freiburger Schwurgerichts entscheidend beeinflusst hätten, wenn sie bereits damals vorgelegen hätten. Es handelt sich u.a. um einen mit Zahlenangaben versehenen Bericht über eine Massenexekution in Mogilow und eine Aufstellung für den Monat Oktober 1941 über vorgenommene Erschießungen, aus der zu entnehmen ist, dass allein in diesem Zeitraum 682 russische Kriegsgefangene, 19 russische Zivilisten, 150 jüdische Männer und 228 jüdische Frauen erschossen worden sind. Man kann auch nicht generell davon ausgehen, dass die Angehörigen von Polizeieinheiten die Erschießungen stets nur auf Befehl und unter Drohungen durchgeführt hätten. Auf die Erfahrungen, die Herr StA Krämer in Bezug auf das Polizeibatl. 101 gemacht hat und die in der Diskussion bereits zur Sprache gekommen sind, nehme ich Bezug.

Die Festlegung des Umfangs eines Verfahrens macht hingegen bei stationären Dienststellen z.T. erhebliche Schwierigkeiten. Es ist ja in der Regel so, dass in einem bestimmten Bezirk nicht nur eine, sondern mehrere Dienststellen mit der Vernichtung der dort ansässigen jüdischen Bevölkerung befasst waren. Eine planmäßige Untersuchung der Geschehnisse in einem solchen Bezirk setzt deshalb voraus, dass man sich bei den Ermittlungen nicht auf eine Dienststelle beschränkt, sondern alle in diesem Bezirk bestehenden Dienststellen überprüft. Als Beispiel wäre etwa ein Kreis im ehem. Generalgouvernement zu erwähnen, in dem es evtl. eine Dienststelle der Sicherheitspolizei, einen Gendarmeriezug, ein Schutzpolizeikommando und eine Kreishauptmannschaft gegeben hat. Am Anfang eines solchen Verfahrens ist an die Feststellung des Sachzusammenhangs ein großzügiger Maßstab anzulegen. Es hat sich mehrfach gezeigt, dass sich die Einzelheiten der Zusammenarbeit der verschiedenen Dienststellen nur dann aufdecken lassen, wenn die Ermittlungen vom ersten Tag an das Ziel haben, alle in diesem Gebiet begangenen NS-Gewaltverbrechen aufzuklären.

2. Diese Frage der Bildung von Komplexen, also der sachgemäßen Abgrenzung des Umfangs eines Verfahrens ist eng verbunden mit der Frage, wie weit die ZSt. ihre Vorermittlungen ausdehnen kann. Bereits während der Tagung in Calw wurde von dem Leiter der ZSt. darauf hingewiesen, dass die Vorermittlungen eingeschränkt werden mussten. Die inzwischen erfolgte Verstärkung der ZSt. ist durch die neu hinzugekommenen Aufgaben mehr als wettgemacht worden. Ob insoweit eine grundsätzliche Änderung eintritt, bleibt abzuwarten. Fest steht jedenfalls, dass auch künftig die StA die Hauptlast der Ermittlungen tragen müssen. Diese Situation hat zur Folge, dass möglicherweise bei Abgabe der Verfahren an die StA das Zusammenwirken der in einem bestimmten Gebiet stationierten Dienststellen bei der Vernichtung der jüdischen Bevölkerung in seinen Einzelheiten noch nicht bekannt ist. Es bleibt daher gar nichts anderes übrig, als einen konkret belasteten Beschuldigten herauszugreifen und zu erwarten, dass die zuständige StA ihre

Ermittlungen nicht auf diesen Beschuldigten beschränkt, sondern sich um die Aufklärung aller in diesem Bezirk begangenen Verbrechen bemüht.

Manche StA führen dann bittere Klage. Nach dem erprobten Grundsatz ‚Hauptbeschuldigter ist immer derjenige Beschuldigte, der im Bezirk der anderen StA wohnt', fühlen sie sich übervorteilt. Manchmal möchte man solchen Klagen auf den ersten Blick auch Recht geben. Als Beispiel erwähne ich einen Fall, der die Aufklärung von NS-Gewaltverbrechen in einem polnischen Kreis zum Gegenstand hat. Beschuldigt wurden in erster Linie der Leiter der örtlichen Dienststelle der Sicherheitspolizei und sein Judensachbearbeiter. Beide sind aber nicht mehr am Leben oder jedenfalls verschollen. Außerdem wird ein Kriminalassistent mehrfach konkret beschuldigt, einzelne Juden erschossen zu haben. Gegen den ermittelten Gendarmeriepostenführer und den ebenfalls ermittelten Kreishauptmann liegen bisher keine konkreten Beschuldigungen vor. Es besteht allerdings aus den in Parallelverfahren gewonnenen Erkenntnissen der allgemeine Verdacht einer Beteiligung an den Vernichtungsmaßnahmen. Die ZSt. hat nunmehr der für den Wohnort des Kriminalassistenten zuständigen StA zugemutet, das gesamte Verfahren mit dem Ziel zu übernehmen, alle in diesem Kreis begangenen NS-Gewaltverbrechen aufzuklären. Dagegen wehrt sich diese StA mit der Begründung, dass ihr Beschuldigter nicht der ‚Hauptbeschuldigte' sei.

Zunächst muss man dazu immer wieder betonen: Die ZSt. ist keine StA. Ihre Vorermittlungen müssen in der Regel dann beendet werden, wenn Exekutivmaßnahmen zu ergreifen sind, also z.B. Haftbefehle oder Hausdurchsuchungen infrage stehen. Sie müssen aber auch dann beendet werden, wenn ein Sondersachbearbeiter erforderlich ist, der sich dem Verfahren ganz widmen kann, der einen Kreis von evtl. miteinander in Verbindung stehenden Zeugen und Beschuldigten in rascher Folge selbst vernehmen kann. Die ZSt. kann keinen Sondersachbearbeiter für ein Verfahren einsetzen, weil auf jeden Sachbearbeiter – ganz abgesehen von der vielgestaltigen und sehr zeitraubenden Erteilung von Auskünften jeder Art – eine ganze Reihe von Vorermittlungsverfahren entfallen. Schon aus diesen Gründen kann man mit dem Begriff des ‚Hauptbeschuldigten' im Zeitpunkt der Abgabe des Verfahrens oft nur wenig anfangen.

Für den Zeitpunkt des *Abschlusses der Vorermittlungen durch die ZSt.* kommt es außerdem mehr darauf an, denjenigen Beschuldigten herauszustellen, der konkret belastet ist und der oft aus taktischen Gründen voraussichtlich bis auf weiteres im Zentrum der Ermittlungen und strafprozessualen Maßnahmen stehen sollte. Es ist immerhin bezeichnend, dass der Begriff ‚Hauptbeschuldigter' weder in der StPO noch in der Verwaltungsvereinbarung über die Errichtung der ZSt. vorkommt.

Man hat der ZSt. oft vorgeworfen, dass sie bei ihren Vorermittlungen allzu sehr an der unmittelbar an der Tat Beteiligten verhaftet bleibe. Man hat auf das Beispiel des RSHA-Verfahrens hingewiesen, wo – angeblich – ein ganz entgegengesetzter Weg eingeschlagen worden sei. Dieser Vorwurf trifft in dieser allgemeinen Form gewiss nicht zu. Wir haben es viele Male erlebt, dass man erst von überführten, in der Hierarchie etwas tiefer stehenden Tätern diejenigen Hinweise erhalten hat, die dann auch den Vorgesetzten zu Fall gebracht haben. So sind etwa konkrete

Vorwürfe gegen einen höheren SS-Führer aus dem Stab eines SSPF nur dadurch bekanntgeworden, dass einer seiner Untergebenen, ein SS-Oberscharführer, der zeitweise ein Arbeitslager geleitet hatte, wegen dieser Tätigkeit zur Verantwortung gezogen wurde. Im selben Fall wurden wesentliche Erkenntnisse zu der besonders schwierigen subjektiven Tatseite erst dann gewonnen, als sich ein diesem SS-Führer unterstehender SS-Untersturmführer rechtfertigen musste. Diese Reihenfolge gilt ebenso im Verhältnis von Polizeiangehörigen zu leitenden Verwaltungsbeamten innerhalb von deren Bezirk. Das Bedauern, nicht weit genug ‚nach oben' vorgestoßen zu sein, muss also in erster Linie als Forderung an die StA interpretiert werden, auf den manchmal zwangsläufig auf tieferer Ebene ansetzenden Vorermittlungen der ZSt. weiterzubauen und das Ziel, besonders Schreibtischtäter zu überführen, konsequent zu verfolgen.

Um auf das RSHA-Verfahren zurückzukommen: Der Unterschied zwischen diesem Verfahren und den Vorermittlungen der ZSt. scheint mir weniger in der Methode als in dem natürlich positiv zu bewertenden Aufwand zu liegen. Auch die ZSt. ist in einer ganzen Reihe von Fällen, ebenso wie dies im RSHA-Verfahren geschieht, nicht von einer bestimmten Tat, sondern von einem bestimmten Kreis von Verdächtigen ausgegangen. Dies gilt z.B. für viele Verfahren, die sich gegen Angehörige von Dienststellen richten, die im sog. Generalgouvernement stationiert waren, z.T. auch für Einsatzkommandos. Auch die jetzt der ZSt. übertragene Untersuchung der Tätigkeit verschiedener oberster Reichsbehörden hat diese Grundlage. Dem Aufgabenbereich dieser Behörden entsprechend umfasst der Kreis der Verdächtigen anders als im RSHA-Verfahren allerdings nicht die gesamte Behörde, sondern jeweils nur eine oder einige Abteilungen.

Als bei uns bekannt wurde, mit welcher Gründlichkeit und Großzügigkeit in Berlin gegen die Angehörigen des RSHA ermittelt werde, haben natürlich auch wir uns gefragt, ob wir unsere Vorermittlungen nicht doch auch im gleichen Maßstab anlegen und ausdehnen könnten. Die Antwort war, dass wir das keinesfalls können, weil wir uns dann auf einen Komplex von allenfalls der halben Größe des RSHA-Verfahrens hätten beschränken müssen. Die ZSt. hatte damals neun Sachbearbeiter, die einen großen Teil ihrer Zeit für die Beantwortung von Anfragen verwenden mussten, während für das RSHA-Verfahren über 20 Sachbearbeiter tätig waren. Wir mussten also den schon früher eingeschlagenen Weg weitergehen. Die Erhebungen der ZSt., die ja als ‚Vorermittlungen' bezeichnet werden, bewirken keine abschließende Klärung der Tatgeschehen und sollen das auch nicht. Sie haben die Aufgabe, Ansätze zu liefern und zuständige StA zu finden. Das heißt nun nicht, dass sich die ZSt. nicht mehr darum bemühen wird, den Wirkungsgrad ihrer Arbeit zu verbessern. Sie muss aber dabei in ihren Grenzen bleiben, wenn sie Erfolg haben will.

4. Nun zu verschiedenen im Laufe der Verfahren auftretenden spezielleren Problemen: Einen wichtigen Teil der Ermittlungen stellt die Identifizierung von Beschuldigten durch Zeugenaussagen dar. Es geht entweder darum, festzustellen, ob die ermittelte Person einer bestimmten Dienststelle oder Einheit angehört hat oder ob es sich wirklich um denjenigen Beschuldigten handelt, dem eine bestimmte

Tat vorgeworfen wird. Besonders im letzteren Fall ist die Anwendung größtmöglicher Sorgfalt notwendig. Es muss vermieden werden, dass der Zeuge mit dem Verdächtigen, sei es in Gestalt von Lichtbildern oder bei einer Gegenüberstellung, einzeln konfrontiert wird, weil sonst die Gefahr besteht, dass sich das ja schon vor vielen Jahren entstandene Erinnerungsbild des Zeugen verfälscht und er in der ihm gegenübergestellten Person evtl. zu Unrecht den Beschuldigten wiedererkennt. Falls diese Gefahr nicht vermieden wird, muss man in der späteren Hauptverhandlung mit schwerwiegenden Einwänden des Verteidigers rechnen. – Um an sich unbegründeten, aber evtl. lästigen Einwänden der Verteidigung vorzubeugen, wird es sich auch empfehlen, Lichtbildmappen, die der Israel-Polizei zum Zwecke von Identifizierungen übersandt werden, nicht mit dem Namen der Beschuldigten, sondern nur mit einer Nummerierung zu versehen.

Ehe die Identifizierung mittels Lichtbildern versucht werden kann, muss man allerdings solche Lichtbilder erst erlangt haben. Die in den DC-Unterlagen enthaltenen Fotos sind z.T. von schlechter Qualität. Außerdem stammen sie oft aus den 30er Jahren. Es kommt auch darauf an, mehrere Aufnahmen des Beschuldigten zu besitzen. Deshalb ist es erforderlich, an die sog. Familienalben heranzukommen, die häufig sogar Fotos ehemaliger Kameraden enthalten. Eine Hausdurchsuchung wird man also in der Regel nicht vermeiden können.

5. Bei der Beschaffung von Anschriften jüdischer Zeugen ist es schon häufig vorgekommen, dass die betr. jüdische Organisation nicht nur die Anschrift des Zeugen mitteilt, sondern auch eine eidesstattliche Versicherung oder eine sonstige Erklärung des Zeugen über den Sachverhalt beigefügt hat. Solche Erklärungen haben den Nachteil, dass sich der Zeuge auf eine Aussage festlegt, in der eigene Erlebnisse vom Hörensagen nicht sauber genug getrennt sind, und dass durch ungenügende Beherrschung der deutschen Sprache Missverständnisse möglich werden, die später als Widersprüche ausgelegt werden können. Es ist daher zweckmäßig, bereits in dem ersten Schreiben an die betr. jüdische Organisation darauf hinzuweisen, dass nur die Anschrift, nicht aber eine Erklärung des Zeugen benötigt werde, weil der Zeuge später ohnedies durch das Konsulat oder den Sachbearbeiter selbst vernommen werde. Auch sollte der Gegenstand des Verfahrens nicht im Einzelnen dargestellt werden. Es genügt völlig, wenn nach Zeugen gefragt wird, die zu einer bestimmten Zeit in einem bestimmten Ghetto oder Lager waren.

6. Jüdische Zeugen aus östlichen Ländern verfügen oft über Kenntnisse in der deutschen Sprache. Diese Sprachkenntnisse sind aber nicht nur von Vorteil, sondern manchmal die Ursache von später auftretenden Widersprüchen. Dazu kann es dann kommen, wenn sich die Zeugen zwar in der deutschen Sprache verständigen können, sie aber nicht wirklich beherrschen. Manchmal scheuen sich solche Zeugen auch zuzugeben, dass die Schwierigkeiten haben, ein deutsch abgefasstes Protokoll durchzulesen. In Zweifelsfällen dürfte es sich daher empfehlen, einen Dolmetscher zuzuziehen.

Als Beispiel führe ich einen selbst erlebten Fall an. Auf den Vorhalt einer von einem anderen Zeugen abgegebenen Tatschilderung hat mir ein aus Polen stammender Zeuge sofort wiederholt beteuert, dass er Augenzeuge gewesen sei. Ich habe den Zeugen dann weiter gefragt, von wo aus er die Tat beobachtet habe. Er sagte mir, er sei auf dem jüdischen Friedhof gewesen. Dies erschien mir sehr fraglich, weil dieser Friedhof am Stadtrand lag, während sich die Tat an der Grenze des Ghettos noch innerhalb der Stadt ereignet haben sollte. Ich fragte deshalb, wie weit er vom Tatort entfernt gewesen sei und erhielt die Antwort, er habe daneben gestanden. Das Frage- und Antwortspiel hat sich noch länger hingezogen. Heraus kam schließlich, dass der Zeuge im Auftrag des Judenrates das Grab geschaufelt hatte, dass nach Fertigstellung der Arbeit die Leiche des Erschossenen zusammen mit anderen Leichen herangeschafft worden war und dass der Zeuge von anderen Insassen des Ghettos *gehört* hatte, dass der Beschuldigte die Erschießung vorgenommen habe.

In einem anderen Fall erhielt ich die Antwort, dass der Leiter einer Sipo-Dienststelle eine Erschießung eigenhändig vorgenommen habe. Heraus kam schließlich, dass der Zeuge den Begriff ‚eigenhändig' etwa in dem Sinne gebrauchte, dass der Beschuldigte für die Tat ‚persönlich verantwortlich' sei. Es wäre ganz falsch, solche Missverständnisse den Zeugen zum Vorwurf zu machen.

Die Schwierigkeiten, mit denen manche Zeugen zu kämpfen haben, wenn es um den sprachlichen Ausdruck geht, werden durch die Erregung noch gesteigert, in die sie jede solche Vernehmung versetzt. – Es kommt deshalb darauf an, bei solchen Vernehmungen Geduld zu haben, damit Missverständnisse, deren Beseitigung später sehr viel Zeit kosten würde, gar nicht erst ins Protokoll kommen.

7. Damit steht die Frage in Zusammenhang, ob es erforderlich ist, dass der Sachbearbeiter der StA oder auch der Untersuchungsrichter Vernehmungen im Ausland selbst durchführen. Ich will dem späteren Referat von Herrn Rückerl nicht vorgreifen, aber erst vor wenigen Tagen habe ich in dem Schreiben eines Sachbearbeiters einer StA folgenden, vielleicht allgemein interessierenden, Satz gelesen: ‚Aufgrund der von mir selbst durchgeführten Zeugenvernehmungen in New York und Toronto werde ich das Verfahren voraussichtlich bereits Ende dieses Jahres zur Anklage bringen können.' Es ist dazu noch zu bemerken, dass ursprünglich mit einem sehr viel längeren Zeitraum gerechnet worden war.

Es geht aber nicht nur um Zeitgewinn und Kostenersparnis, obwohl sich eine solche Reise, besonders eine solche in überseeische Länder, ja schon dann aus Kostengründen lohnt, wenn es dem Sachbearbeiter gelingt, nur zwei oder drei Zeugen auszuscheiden, die sonst zur Hauptverhandlung hätten geladen werden müssen. Wesentlicher als diese Gründe ist aber der Zwang, dem Gericht unverfälschte Tatsachen zu unterbreiten und das Verfahren so auf eine zuverlässige Grundlage zu stellen. Dafür trägt der Sachbearbeiter der StA in erster Linie die Verantwortung. Man wird daher seinen Standpunkt hören müssen, wenn es darum geht, ob man sich mit eidesstattlichen Versicherungen oder konsularischen Vernehmungen begnügen kann. Nach meinen Erfahrungen sind die Konsulate in der Regel überfordert, wenn es sich um Vernehmungen in NSG-Sachen handelt. Nach mehr als zwanzig Jahren ist es notwendig, dass solche Vernehmungen von Personen durchgeführt werden, die das Verfahren in allen Einzelheiten kennen, die einen Überblick haben und damit auch zu einer kritischen Betrachtung der Aussage fähig sind. Dies ist zugleich die Voraussetzung für die Erkennung der bereits erörterten möglichen sprachlichen Missverständnisse.

8. Ein anderes Problem sind die *sog. Parallelverfahren,* also solche Verfahren, die zwar nicht den gleichen, aber einen sachlich oder örtlich benachbarten Gegenstand haben. Solange die Vorermittlungen der ZSt. laufen, ist es Sache der ZSt., die Erkenntnisse aus diesen Parallelverfahren auszuwerten und nutzbar zu machen. Es ist jedoch die Regel, dass auch während des Ermittlungsverfahrens oder während der Voruntersuchung Parallelverfahren anhängig oder bekannt werden. Die ZSt. wird auf solche Verfahren hinweisen, muss es aber im Übrigen der betreffenden StA überlassen, die Akten des Parallelverfahrens auszuwerten. Dies sollte dann möglichst rasch geschehen, weil sich häufig Zeugenaussagen oder Dokumente finden, die zumindest von indiziellem Wert sind. Auch die personellen Erkenntnisse können z.T. auf diesem Weg vervollständigt werden. Wesentlich ist es auch, über den Fortgang des Verfahrens auf dem Laufenden zu bleiben. Dies ist natürlich leichter gesagt als getan. In der Regel haben wir es nämlich mit einer ganzen Reihe von solchen parallel laufenden Verfahren zu tun. Vom Tatgeschehen und von der Behördenorganisation aus betrachtet, müssen z.B. nahezu alle Verfahren, die u.a. ‚Aussiedlungen' im Generalgouvernement zum Gegenstand haben, koordiniert werden. Ganz unerlässlich ist die Koordinierung der Verfahren, die sich z.B. auf das Geschehen innerhalb eines Distrikts des Generalgouvernements beziehen. Die StA und die ZSt. haben sich bisher nach Kräften um eine solche Koordinierung bemüht. Trotzdem meine ich, dass auf diesem Gebiet nicht genug geschehen ist. Hier werden mir m.E. neue Methoden finden müssen. Man sollte zunächst damit beginnen, die Sachbearbeiter der parallel laufenden Verfahren in kürzeren Abständen an einen Tisch zu bringen, ihnen Gelegenheit zu geben, ihre speziellen Erfahrungen auszutauschen und konkrete Entschlüsse zu fassen, auf welche Weise die fortlaufende Unterrichtung geschehen soll. Die Vervielfältigung aller Vernehmungsniederschriften würde wahrscheinlich eine zu große Belastung bedeuten. Man könnte sich aber evtl. dahin einigen, dass fortlaufend zu ergänzende Aufstellungen der vernommenen Personen mit stichwortartiger Angabe des Inhalts der Vernehmungen in jedem Verfahren gefertigt und entsprechend oft vervielfältigt werden und dass ebenso mit Dokumenten verfahren wird, die in den einzelnen Verfahren bekannt werden. Die Vervielfältigung des gesamten Textes von Protokollen und Dokumenten könnte dann auf spezielle Anforderung erfolgen. Diese Arbeiten könnte die ZSt. allerdings erst nach erfolgter Verstärkung übernehmen.

9. Mit den soeben behandelten Fragen steht ein weiteres Problem in Zusammenhang, von dem man zunächst glauben möchte, dass die ZSt. damit gar nichts zu tun haben könne. Ich meine die *Vorbereitung der HV.* Die ZSt. ist davon aber betroffen, weil bereits in einer ganzen Reihe von Fällen aus den HV heraus ganz besonders eilige Anfragen eingegangen sind, von denen man sich des Ergebnisses wegen gewünscht hätte, das sie schon sehr viel früher eingegangen wären. Gewiss lässt sich nicht immer voraussehen, welche Probleme in der HV auftauchen werden. Seitens der StA sollte aber evtl. mehr als bisher bedacht werden, dass die ZSt. nicht in allen Fällen das erforderliche Material in so kurzer Zeit herbeischaffen

kann. Ich sage dies nicht, um StA zu kritisieren, sondern als Bitte, auch für die Lage der ZSt. Verständnis zu haben.

Ein Beispiel einer solchen Anfrage: Schon während eines Ermittlungsverfahrens war fortwährend davon die Rede, dass die Beschuldigten, Angehörige einer Gestapodienststelle im Osten, Festgenommene in grausamster Weise gefoltert hatten. Die Beschuldigten haben sich darauf berufen, diese Folterungen seien ihnen als sog. ‚verschärfte Vernehmungen' befohlen gewesen. Der Tötungsvorsatz war nicht nachweisbar. Trotzdem waren diese Folterungen für die Beurteilung der Persönlichkeit der Beschuldigten und auch ihrer Einstellung zu Tötungshandlungen von Bedeutung. In der HV ist nun die Frage aufgetaucht, ob und ggf. welche Vorschriften über die Durchführung verschärfter Vernehmungen den Beschuldigten vorlagen. Dieses Problem konnte gerade noch rechtzeitig gelöst werden. Es hätte der ZSt. aber schon Monate zuvor vorgelegt werden können.

In der Regel tauchen in den Hauptverhandlungen auch Fragen des sog. Befehlsnotstandes auf. Hierfür gilt im Wesentlichen dasselbe. Darüber hinaus musste schon wiederholt festgestellt werden, dass den StA nicht einmal die Sammlung ‚Befehlsnotstand' vollständig und geordnet vorlag. Es muss hier auch betont werden, dass die ZSt. diese Sammlung, die ja fortlaufend ergänzt wird, nur dann auf dem neuesten Stand halten kann, wenn die StA wirklich alle Erkenntnisse rechtzeitig mitteilen. Daran fehlt es zum Teil sehr. Dabei ist zu berücksichtigen, dass die Überprüfung von Aussagen sog. Befehlsnotstandszeugen oft Monate dauern kann. Aussagen dieser Art, die erstmals in einer HV gemacht werden, müssen also der ZSt. möglichst rasch zugehen, damit die Ergebnisse einer evtl. erforderlichen Überprüfung wenigstens für die nächste HV vorliegen.

10. Im Anschluss an die Ministerkonferenz im April dieses Jahres hat die Presse bereits darüber berichtet, dass geprüft werde, ob für die ZSt. eine Datenverarbeitungsanlage beschafft werden solle. Inzwischen haben bereits Verhandlungen zwischen der ZSt. und der Firma IBM begonnen. Erwartungsgemäß hat sich ergeben, dass die Errichtung einer solchen Anlage umfangreiche technische und natürlich auch finanzielle und personelle Probleme aufwerfen würde. Schwierigkeiten würde besonders die Programmierung bereiten, aber auch die Frage, auf welche Weise die unzähligen einzelnen Daten der Maschine eingegeben werden könnten. Eine Entscheidung ist bisher nicht getroffen worden. Es steht aber bereits fest, dass eine solche Anlage frühestens in zwei bis zweieinhalb Jahren ihre Tätigkeit aufnehmen könnte. – Darauf können wir also nicht warten. Das gilt besonders für die Vervollständigung der Kartei der ZSt., die ja auch den StA in den laufenden Verfahren dienen soll. Es sollte m.E. geprüft werden, auf welche Art und Weise er Inhalt der Karteien der Sonderkommissionen, aber auch der vielen Handkarteien der Sachbearbeiter der StA möglichst rasch der Kartei der ZSt. einverleibt werden könnte. Am günstigsten wäre es wohl, Kopien im Format der Karteikarten der ZSt. herstellen zu lassen."

StA Krämer (Hamburg) zeigte in der anschließenden Diskussion an einigen Beispielen die oft unüberwindlichen Schwierigkeiten auf, die sich bei der Suche nach untergetauchten oder verschollenen Beschuldigten ergeben. – Er habe auch die

Erfahrung gemacht, dass Auskünfte des DC in Berlin häufig dann negativ ausgefallen seien, wenn die betreffende Person nach dem Kriege für einen westlichen Nachrichtendienst gearbeitet habe. Er rege deshalb an, die ZSt. solle an das DC herantreten, damit in Zukunft auch in solchen Fällen brauchbare Auskünfte erteilt würden. – Mehrfach habe er festgestellt, dass in Vernehmungsprotokollen Hinweise auf andere Straftaten enthalten seien, die mit den den Gegenstand der betreffenden Vernehmung billigenden Straftaten nicht in Zusammenhang stünden. In einem solchen Falle sei es seines Erachtens Sache der ZSt., die entsprechenden Vorermittlungen zu führen, weshalb die betreffende StA die ZSt. entsprechend unterrichten solle.

OStA Schüle erwiderte hierauf, maßgebend seien die von den Justizministern und Justizsenatoren der Bundesländer am 27./28.4.1965 aufgestellten „Richtlinien für die Weiterarbeit der ZSt. nach dem 8.5.1965". Danach habe die StA, bei der durch eine Beschuldigten- oder eine Zeugenaussage neue Verbrechen bekannt würden, ein Ermittlungsverfahren einzuleiten. Sie könne den Vorgang der ZSt. zur Durchführung von Vorermittlungen zuleiten. Die ZSt. werde jedoch nach Abschluss der Vorermittlungen die Akten wieder derselben StA zurückgeben. Damit sei es ausgeschlossen, dass die ZSt. in einen Kompetenzkonflikt verwickelt werde.

StA Dr. Wagner (Wiesbaden) erörterte die Schwierigkeiten, die sich für die StA durch die Zuweisung zu umfangreicher Tatkomplexe ergäben. So richte sich ein Verfahren der StA Wiesbaden sowohl gegen die ehemaligen Angehörigen einer ortsfesten Dienststelle einschließlich ihrer Außenstellen als auch gegen die ehemaligen Angehörigen von nicht weniger als zehn mobilen Einheiten, die zeitweise im Bereich dieser Dienststelle tätig geworden seien. Nach seiner Auffassung wäre es zweckmäßiger gewesen, wegen der Außendienststellen und der mobilen Einheiten (Polizeibataillone) von vornherein jeweils besondere Verfahren einzuleiten.

StA Zeug (ZSt.) erwiderte, die ZSt *müsse* Tatkomplexe bilden, weil sie sonst nicht sinnvoll arbeiten könne.

MinRat Roth warf die Frage auf, in welcher Weise die ZSt. überhaupt ein Vorermittlungsverfahren an die zuständige StA abgeben solle.

EStA Dr. Artzt (ZSt.) wies darauf hin, dass es für die ZSt. schwierig sei, eine zuständige StA zu finden, wenn sie aus einem Gesamtkomplex zunächst nur einzelne Teilverfahren abgebe.

StA Zeug (ZSt.) gab zu bedenken, dass die StA dazu neigten, in derartigen Fällen nur gegen einzelne Personen zu ermitteln, und die weiteren, sachlich mit dem Gegenstand ihrer Ermittlungen zusammenhängenden Vorgänge zu vernachlässigen.

AG-Rat Dr. Schäfer (ZSt.) fügte hinzu, dass es heute möglich sei, für die meisten Polizeibataillone anzugeben, bei welcher StA ein Verfahren gegen deren Angehörige anhängig sei, so dass eine Verbindung von Verfahren gegen ehemalige Angehörige von Polizeibataillonen mit Verfahren gegen ehemalige Angehörige ortsfester Dienststellen sich vermeiden lasse.

MinRat Roth regte an, die StA sollten dann, wenn die ZSt. einen Tatkomplex an sie abgegeben habe, sich aber später zeige, dass eine Reihe weiterer

Ermittlungsverfahren einzuleiten sei, die Akten dem zuständigen GStA vorlegen, der dann zu entscheiden habe, welche StA die weiteren Einzelermittlungsverfahren durchführen müsse. In dieser Weise sei im Lande Baden-Württemberg schon mehrfach verfahren worden.

Die Tagung wurde fortgesetzt mit einem Kurzreferat von *StA Richter* (ZSt.) über das Thema *„Probleme des Art. 3 Abs. 3 b des Überleitungsvertrages“*

a) Ist die deutsche Gerichtsbarkeit nach Art. 3 Abs. 3 b des Überleitungsvertrages für die von einem Beschuldigten während des Krieges in Polen begangenen Straftaten ausgeschlossen, wenn nach dem Kriege ein britisches oder amerikanisches Auslieferungstribunal den Auslieferungsantrag der polnischen Regierung abgelehnt hatte? b) Ist die deutsche Strafgerichtsbarkeit nach Art. 3 Abs. 3 b des Überleitungsvertrages ausgeschlossen, wenn der Beschuldigte von einem französischen Militärgericht durch Abwesenheitsurteil verurteilt worden ist?

I. Abwesenheitsurteile. A) Die praktische Problemstellung: Durch französische Militärgerichte ist eine Vielzahl von Angehörigen der deutschen Besatzung in Abwesenheit zum Tode oder zu hohen Freiheitsstrafen wegen Tötungsdelikten verurteilt worden. Der ZSt. liegen bisher Listen über einen Teil dieser Verurteilungen vor, nämlich von den Militärgerichten Paris, Rennes, Straßburg, Dijon, Clermont-Ferrand und Toulouse. Allein von diesen Gerichten sind 141 Personen wegen Tötungsdelikten in absentia verurteilt worden. Die Frage, ob die französische Abwesenheitsverurteilung einem erneuten Verfahren in Deutschland entgegensteht, ist bereits in einigen Fällen aktuell geworden, zuletzt in der Sache Hempen. – Hempen wurde vor dem Schwurgericht Oldenburg des Mordes in sechs Fällen an französischen Gefangenen des Forts Queuleu angeklagt. Erst während der HV stellte sich heraus, dass Hempen bereits 1951 durch das Militärgericht in Metz wegen der gleichen Taten in Abwesenheit zum Tode verurteilt worden war. – Das Schwurgericht setzte die Verhandlung aus. Das OLG verwarf eine Haftbeschwerde des Verurteilten mit der Begründung, der Überleitungsvertrag stehe der erneuten Verhandlung gegen Hempen nicht entgegen. Ohne an diese Rechtsauffassung des OLG gebunden zu sein, stellte das Schwurgericht Oldenburg mit Urteil vom 14.9.1964 das Verfahren ein; das französische Urteil i.V. mit dem Überleitungsvertrag stelle ein Verfahrenshindernis dar. Über eine Revision gegen dieses Urteil ist bislang vom BGH noch nicht entschieden worden. – Von der Auslegung des Überleitungsvertrages und der Regelung des Abwesenheitsverfahrens nach französischem Recht hängt es ab, ob in diesen Fällen noch eine Strafverfolgung möglich ist.

Der Überleitungsvertrag – genau ‚Vertrag zur Regelung aus Krieg und Besatzung entstandener Fragen‘ vom 26.5.1952 – besagt in seinen hier einschlägigen Vorschriften dem Inhalte nach: Art. 3 Abs. 2: Soweit nicht Abs. 3 entgegensteht, wird den deutschen Justizbehörden keine Zuständigkeit eingeräumt, die über ihre bisherige Kompetenz hinausgeht (mit anderen Worten: Wo die deutschen Justizbehörden bisher unzuständig waren, sind sie es auch weiterhin). – Art. 3 Abs. 3 b. Die deutsche Gerichtsbarkeit kann ausgeübt werden, soweit nicht bereits eine abgeschlossene Untersuchung der Strafverfolgungsbehörden der drei Mächte vorliegt. – Art. 7 Abs. 1 besagt, dass die in Deutschland gefällten Urteile in Strafsachen der drei Mächte auch nach deutschem Recht rechtskräftig seien. – Von Bedeutung ist in diesem Zusammenhang weiter Art. 6, der Verbrechen gegen die Menschlichkeit und Kriegsverbrechen betrifft. Dort heißt es im Abs. 11, dass auf die in diesem Artikel behandelten Angelegenheiten Art. 7 keine Anwendung findet.

B) Judikate zu Art. 3 des Überleitungsvertrages sowie Stellungnahmen der Wissenschaft

a) Der Entscheidung des 5. Senats des BGH vom 9.9.1958 (BGHSt 12, 36 ff.) lag folgender Sachverhalt zugrunde: Der Angeklagte erschoss aus niedrigen Beweggründen einen französischen Kriegsgefangenen. Das Tribunal Général in Rastatt verurteilte ihn im kontradiktorischen Verfahren wegen Kriegsverbrechens zu lebenslanger Zwangsarbeit. Er entfloh im Jahre 1953 aus der Strafanstalt in Wittlich. – Der BGH entschied, dass das französische Urteil einer erneuten Verurteilung nach deutschem Recht wegen der gleichen Tat nicht entgegenstehe. – Die deutschen Gerichte seien zur Aburteilung bereits vor Inkrafttreten des Überleitungsvertrages zuständig gewesen, so dass Art. 3 Abs. 2 des Überleitungsvertrages dem jetzigen Verfahren nicht entgegenstehe. Art. 3 Abs. 3 b betreffe nicht rechtskräftige Urteile. Eine nähere Begründung für diese Feststellung gibt der BGH nicht, obschon das Argument nahegelegen hätte, dass eine rechtskräftige Verurteilung stets eine abgeschlossene Untersuchung der Strafverfolgungsbehörde einschließe. – Schließlich führt der BGH aus, Art. 7 Abs. 1 stehe dem Verfahren nicht entgegen; es handle sich um eine Verurteilung wegen eines Kriegsverbrechens und Art. 7 sei durch Art. 6 Abs. 11 ausgeschlossen. Wenn man dieser Entscheidung des BGH folgt, so hindern weder Abwesenheitsurteile noch Urteile im kontradiktorischen Verfahren eine erneute Aburteilung durch deutsche Gerichte.

In der im 14. Band der amtlichen Sammlung abgedruckten Entscheidung des BGH (BGHSt 14, 137 ff.) – einem Wirtschaftsprozess – ist die Entscheidungskompetenz mit der Erwägung in Frage gestellt worden, dass die Tat bei der ‚Leistung von Diensten' für die drei Mächte begangen worden sei.

Ist eine Tat bei der ‚Leistung von Diensten' begangen worden, so ist die deutsche Gerichtsbarkeit ebenso wie im Falle einer abgeschlossenen Untersuchung nach Art. 3 Abs. 3 b nicht gegeben. Der BGH entnahm die Entscheidungskompetenz – wie im zuvor erörterten Fall – dem Art. 3 Abs. 2 des Überleitungsvertrages, begründete jedoch hier seine Auffassung im Näheren.

Der BGH interpretierte die Vorschriften dahin, dass nach dem Willen der Vertragsschließenden die deutsche Gerichtsbarkeit in dem bisherigen Umfang weiter habe bestehen sollen. Die von den drei Mächten geschlossenen Verträge hätten keine Einschränkungen der Souveränität Deutschland zum Ziel gehabt. Dies ergebe sich bereits aus der amtlichen Begründung (abgedruckt in der BT-Ds. I Wahlperiode 1949, Nr. 3500, 1953, Anlage 4, S. 45/46).

Hiervon ausgehend, sei Art. 3 Abs. 3 b als Ausnahmefall zu dem Abs. 2 zu verstehen, und zwar derart, dass Abs. 3 ausschließlich in den Fällen zur Anwendung gelange, in denen nach Abs. 2 eine Zuständigkeit der deutschen Justizbehörden nicht bestehe. Mit anderen Worten: Abs. 3 gewähre über Abs. 2 hinaus eine weitergehende Kompetenz und schränke die nach Abs. 2 gegebene Kompetenz der deutschen Justizbehörden keinesfalls ein. Hieraus folge, dass nur dann, wenn nach Abs. 2 eine Kompetenz verneint werde, zu prüfen sei, ob nach Abs. 3 im Ausnahmewege die Zuständigkeit eröffnet sei. Im konkreten Fall bejahte der BGH die Zuständigkeit nach Abs. 2 und konnte es somit dahingestellt sein lassen, ob ein Ausnahmetatbestand nach Abs. 3 gegeben war.

Das LG Essen zog in seinem Beschluss vom 18.1.1962 (29 Ks 1/60) – in der Sache gegen Horst Wagner und Friedrich Wilhelm Meurer – dagegen Art. 3 Abs. 3 des Überleitungsvertrages heran. Beiden Angeklagten wurde Beihilfe zum Mord an dem französischen General Mesny zur Last gelegt. Das ständige Militärgericht von Paris hatte durch Beschluss vom 18.11.1952 den dort der gleichen Tat beschuldigten Horst Wagner mangels Beweisen außer Verfolgung gesetzt. Die Einstellung des Verfahrens gemäß § 206 a StPO gründete das LG auf Art. 3 Abs. 3 b des Überleitungsvertrages; auch eine außer Verfolgungssetzung sei ein endgültiger Abschluss der Untersuchung.

Schließlich stellte die ZSt. Dortmund in dem Komplex Lammerding und Kahn das Verfahren gegen den Letztgenannten mit der Erwägung ein, gegen ihn sei bereits wegen der gleichen Taten ein Abwesenheitsurteil des Tribunal Militaire Permanent in Bordeaux ergangen; die diesem Urteil vorausgegangene Anklageerhebung stelle den Abschluss der Ermittlungen i.S. des Art. 3 Abs. 3 b dar (Einst. Verf. v. 12.3.1964 in 45 Js 2/62).

b) Das rechtswissenschaftliche Schrifttum. Schorn (JR 1961, 330) äußert sich zustimmend zu der Rechtsprechung des BGH, meint aber, man werde prüfen müssen, wie unter Wahrung des Grundsatzes ‚ne bis in idem' dem Gerechtigkeitsempfinden Rechnung getragen werden könne. – Ähnliches habe der BJM in der FAZ vom 20.12.1960 bereits zum Ausdruck gebracht. Dieser Weg sei aber nicht im Wege der Interpretation, sondern lediglich im Wege der Abänderung des Überleitungsvertrages möglich. – Im Ergebnis weiter übereinstimmend mit der Rechtsprechung des BGH äußern sich *[H.] Maier* und *[A.] Tobler* in Das Deutsche Bundesrecht (IN 50, S. 50), ohne allerdings eine nähere Begründung zu geben. – Gleichfalls führt *[Hans] Kutscher* in dem Kommentar zum Bonner Vertrag [Vertrag über die Beziehungen zwischen der BRD und den Drei Mächten ...] und den Zusatzvereinbarungen (Art. 3 ÜV Anm. III) [München 1954] aus, dass Abs. 3 eine Ausnahme bringe, die die Zuständigkeit der deutschen Stelle erweitere.

c) Gutachterliche Stellungnahmen. Prof. Jescheck vom Institut für Ausländisches und Internationales Strafrecht in Freiburg hat in einem Gutachten vom 15.11.1963 im Strafverfahren gegen Karl Friedrich Wolff (10 a Js 39/60 der StA München II) Art. 3 Abs. 3 b daraufhin geprüft, ob bei seiner Anwendung die gleiche Unterscheidung wie in den Art. 6 und 7 zwischen einerseits Verfahren wegen Kriegsverbrechen und Verbrechen gegen die Menschlichkeit und andererseits sonstigen Straftaten zu machen sei. Er führt aus, dass zwar das Argumentum a maiore ad minus naheliege, dass jedoch der eindeutige Vertragstext auch unter Berücksichtigung der Interpretationsregeln völkerrechtlicher Verträge eine Abweichung nicht zulasse. Die Westmächte seien bestrebt gewesen, Eingriffe deutscher Behörden in ihre Hoheitsakte weitgehend auszuschließen. Diese Einstellung lasse es als nicht unvernünftig erscheinen, wenn sie bei Art. 3 den deutschen Interessen hinsichtlich der Behandlung der Kriegsverbrecher nicht im gleichen Umfang nachgegeben haben, wie es bei Art. 6 und 7 geschehen ist. Jescheck kommt damit zu dem Ergebnis, dass Art. 3 Abs. 3 sich auf Untersuchungen wegen Verbrechen aller Art bezieht.

In einem *weiteren Gutachten,* das *Prof. Jescheck* am 19.2.1964 in dem Strafverfahren gegen Hempen erstattet hat, kommt er zu dem Ergebnis, dass Art. 3 Abs. 2 die Zuständigkeit des deutschen Gerichtes begründe, weil auch vor Inkrafttreten der Verträge eine deutsche Zuständigkeit gegeben gewesen sei. – In Übereinstimmung mit der Entscheidung des BGH (BGHSt 14, 137 ff.) führt Jescheck aus, dass es bei dieser Rechtslage auf Art. 3 Abs. 3 b nicht mehr ankomme, weil diese Vorschrift Ausnahmetatbestand zu dem Abs. 2 sei.

Simon kommt in einer Ausarbeitung vom 15.2.1962 zum Thema ‚Deutsche Gerichtsbarkeit bei Kriegsverbrechen, die Gegenstand von Verfahren der drei Mächte waren', zu den Ergebnissen, dass 1. (abweichend von der allgemeinen Meinung und der des BGH) eine deutsche Entscheidungskompetenz zur Aburteilung von Kriegsverbrechen vor dem 5.5.1965 nicht bestanden habe, so dass aus Art. 3 Abs. 2 eine Zuständigkeit nicht herzuleiten sei und 2. Art. 3 Abs. 3 b nicht nur als Ausnahmevorschrift zu dem Abs. 2 aufzufassen sei, sondern auch für Fälle Anwendung finde, in denen gemäß Abs. 2 die deutsche Entscheidungskompetenz bereits vor dem Inkrafttreten des Vertragswerkes gegeben gewesen sei. – Simon weicht somit auch in diesem Punkte von der Auffassung des BGH ab. – Zu Abs. 3 des Art. 3 argumentiert Simon, für die Auffassung des BGH finde sich im Vertragswerk keine Stütze. Die Verträge enthielten auch sonst Einschränkungen der deutschen Befugnisse im Verhältnis zu dem bisherigen Rechtszustand. Ein neues Strafverfahren trotz Vorliegens einer abgeschlossenen Untersuchung der drei alliierten Mächte würde im Widerspruch zu dem Sinn der Verträge stehen.

C) Eigene Stellungnahme

a) Anwendungsbereich des Art. 3 Abs. 3 b des ÜV. Nach der Auffassung des BGH (BGHSt 14, 137 ff.) ist für eine Prüfung der Voraussetzung des Art. 3 Abs. 3 b kein Raum mehr, wenn die deutsche Entscheidungskompetenz bereits aus Abs. 2 hergeleitet werden kann. Die Begründung, dass das Vertragswerk keine Einschränkung der deutschen Gerichtsbarkeit zum Ziel gehabt habe, schließt Zweifel nicht aus. Es kann nicht verkannt werden, dass – wie Simon ausführt – auch an anderer Stelle der Verträge Einschränkungen der deutschen Befugnisse im Verhältnis zu der bisherigen Rechtslage erfolgt sind. So z.B. dehnt Art. 3 Abs. 1 des ÜV das Diskriminierungsverbot gegenüber Kollaborateuren im Gegensatz zu der früheren Regelung (Gesetz Nr. 62 der Alliierten Hohen Kommission) auch auf die Verbündeten der Alliierten aus. – In Betracht käme das Argument, dass Ausnahmeregeln grundsätzlich eng auszulegen sind. Im Art. 1 Abs. 2 enthält der Vertrag über die Beziehungen zwischen der Bundesrepublik Deutschland und den drei Mächten (Bonner Vertrag) den Grundsatz: ‚Die Bundesrepublik wird … die volle Macht eines souveränen

Staates ... haben'. Vorschriften, die die Befugnisse der deutschen Gerichtsbarkeit einschränken, sind somit Ausnahmen von diesem Grundsatz. Die Regel der engen Interpretation von Ausnahmeregeln kann aber nur dann Anwendung finden, wenn die Ausnahmeregel sog. irreguläres, d.h. systemfremdes Recht enthält. Dies kann von den Einschränkungen der deutschen Befugnisse nicht gesagt werden. Wie vielfach in den zitierten Entscheidungen zum Ausdruck gebracht wurde, ist das Vertragswerk Ergebnis eines beiderseitigen Nachgebens gewesen. Das Interesse der Drei Mächte lag u.a. auch darin, bei endgültigen Entscheidungen ihrer Strafverfolgungsbehörden durch Entscheidungen deutscher Behörden in den gleichen Fällen nicht ‚desavouiert' zu werden. – Eine Regelung, die diesem Gedanken Rücksicht trägt, vermag nicht ‚irregulär' genannt zu werden. Schließlich erscheint es recht fraglich, ob überhaupt auf einen derart zustande gekommenen völkerrechtlichen Vertrag die herkömmlichen Auslegungsgrundsätze angewandt werden dürften.

Als weiteres Argument für die Auffassung des BGH (und gegen die Auffassung Simons) könnte es sein, dass bei der die deutsche Gerichtsbarkeit einengenden Auslegungen des Abs. 3 der Abs. 2 gegenstandslos würde und kein Anwendungsbereich für ihn mehr verbliebe, so dass eine Prüfung der vorvertraglichen Gerichtsbarkeit in jedem Falle überflüssig wäre, weil die Zuständigkeit sich in jedem Falle aus dem Abs. 3 ergeben müsste. Auch dieses Argument hält nicht stand. Bereits bei Kodifikationen, die von einem einheitlichen Grundprinzip getragen sind, vermag dieses Argument nicht den Ausschlag zu geben; umso weniger können bei einem dreisprachig formulierten internationalen Vertrag Redaktionsungenauigkeiten ausgeschlossen werden.

Nach allem versagt eine Interpretation im Sinne der Ausdehnung der deutschen Gerichtsbarkeit. Somit ist vom Wortsinn der Vorschrift auszugehen; dieser besagt, dass die deutsche Gerichtsbarkeit grundsätzlich gegeben ist, ‚es sei denn, dass die Untersuchung wegen der angeblichen Straftaten von der Strafverfolgungsbehörde der betreffenden Macht endgültig abgeschlossen war ...' (Art. 3 Abs. 3 b ÜV). Der Auffassung des BGH (St 14, 137 ff.) vermag nicht gefolgt zu werden.

b) Begriff der endgültig abgeschlossenen Untersuchung im Sinne des Art. 3 Abs. 3 b des ÜV. Jescheck kommt in seinem genannten Gutachten im Wolff-Prozess für das anglo-amerikanische Recht zu dem Ergebnis, dass eine endgültig abgeschlossene Untersuchung erst dann vorliege, wenn die amerikanische Anklagebehörde an ihre Anklageentscheidung gebunden sei. Wenn dieses der Fall ist, so folgert Jescheck, seien nach Sinn und Zweck des ÜV die deutschen Behörden gleichermaßen gebunden. Dieses sei aufgrund amerikanischen Strafprozessrechts der Fall, wenn entweder der StA ein ‚nollo prosequi' ausgesprochen habe oder wenn das Gericht in die Beweisaufnahme eingetreten sei. – Simon sieht als endgültigen Abschluss der Untersuchung u.a. auch die Anklageerhebung an, ohne im Näheren auf ausländisches Recht einzugehen.

Die Gesichtspunkte beider Autoren können nicht unmittelbar auf das französische Recht und insbesondere auf die Abwesenheitsurteile der französischen Militärgerichte übertragen werden. Auf den Zeitpunkt der Bindung des französischen

StA abzustellen, ist nicht angängig. – Mit der Erhebung des öffentlichen Strafanspruchs (‚action publique') verliert der französische StA das Recht der Verfügung über das Verfahren; d.h. von diesem Zeitpunkt an vermag er nicht mehr das Verfahren aus eigener Entschließung einzustellen. Die Erhebung des öffentlichen Strafanspruchs erfolgt durch einen sog. ‚requisitoire introductif' (einleitende Anklageschrift), das er an den Untersuchungsrichter richtet, welcher in sämtlichen Verbrechenssachen vor dem französischen Schwurgericht (Cour d'Assisses) das Beweismaterial zusammenzutragen hat (s. *[F.] Goyet*, ‚Le Ministère Public en Matière Civile et en Matière Repressive ...', S. 288. Ferner *André Vitu*, ‚Procédure Pénale [Paris 1957], S. 274 ff.). – Der Zeitpunkt der Erhebung der einleitenden Anklage kann keinesfalls als Abschluss der Untersuchung gewertet werden; mit ihr beginnt erst die Untersuchung. – Der französische Untersuchungsrichter schließt seine Untersuchungen mit einer ‚Ordonnance de soit-Communiqué' und legt die Akten des StA vor, die dann ihre Anträge an das Gericht stellt.

In ihren Untersuchungen entspricht diese Regelung der Voruntersuchung nach deutschem Recht; eine Abweichung liegt nur darin, dass eine Anklage auch dann erhoben werden kann, wenn der Angeschuldigte abwesend ist. Einer derartigen Abwesenheitsklage nach französischem Strafprozessrecht kommt – wie im Weiteren noch gezeigt werden soll – kein größeres Gewicht zu als – nach deutschem Recht – einem Haftbefehlsantrag, verbunden mit dem Antrag, das Verfahren wegen Abwesenheit des Angeschuldigten vorläufig einzustellen. – In einem solchen Falle ist die Untersuchung zwar insofern abgeschlossen, als z.Zt. keine weiteren Ermittlungen möglich sind, es liegt aber kein endgültiger Abschluss des Verfahrens i.S. des Art. 3 Abs. 3 b ÜV vor. – Der Begriff des endgültigen Abschlusses der Untersuchung ist dahin zu definieren, dass eine abschließende Entscheidung zur Tat- und zur Rechtsfrage getroffen sein muss.

Die ergibt die Interpretation des Abs. 3 nach seinem erkennbar gewordenen Sinn: Hoheitsakte der Drei Mächte sollen durch die deutschen Behörden nicht angetastet, nicht ‚desavouiert' werden. Diese Gefahr besteht bei der Anklage im Abwesenheitsverfahren nach französischem Recht nicht, da die Anklage keine endgültige Stellungnahme der StA ist, ebenso wenig, wie es bei der Einstellung wegen Abwesenheit nach deutschem Recht der Fall ist. Dies zeigt im Weiteren auch die Gestaltung des Abwesenheitsverfahrens nach französischem Prozessrecht. Stellt sich der Angeklagte nicht binnen bestimmter Fristen dem Gericht, so wird über ihn ohne Anhörung von Zeugen unter Ausschluss der Verteidigung im Abwesenheitsverfahren geurteilt. – Bei dem Abwesenheitsurteil (‚Jugement par Contumace') wird allein auf den Akteninhalt zurückgegriffen. Mildernde Umstände sind von Gesetzes wegen bei diesem Urteilsverfahren ausgeschlossen.

In den der ZSt. bekannten Fällen sind Abwesenheitsurteile ergangen, ohne dass der Angeklagte auch nur polizeilich im Vorverfahren gehört worden wäre, ohne dass seine vollen Personalien bekannt gewesen wären (z.B.: es war der Vorname unbekannt, selbst die Schreibweise des Nachnamens war zweifelhaft). – In vielen Fällen lautete das Urteil auf die Todesstrafe oder auf lebenslängliche Zwangsarbeit. – Die Eigentümlichkeit dieser Urteile besteht darin, dass sie nie vollstreckt werden können, sie sind auflösend bedingt. Werden die französischen Behörden des Verurteilten habhaft, so wird das Abwesenheitsurteil ‚ipso iure' hinfällig (‚anéanti de plein droit'), ohne dass es hierfür eines Richterspruches bedürfte (Ein Beispiel hierfür ist der Prozess Gath vor dem Militärgericht Metz. Gath wurde zunächst in Abwesenheit zum Tode verurteilt, am 9.12.1964 jedoch, nachdem die franz. Behörden seiner habhaft geworden waren, im kontradiktorischen Verfahren freigesprochen.). Es ist dann eine erneute Hauptverhandlung durchzuführen, wobei sämtliche Beweise erneut erhoben werden. Das Gesetz sieht zwar keine Ergänzung der Voruntersuchung und insbesondere keine weiteren Ermittlungen der StA vor, die Rechtsprechung lässt jedoch eine Ergänzung auf Anordnung des Vorsitzenden des Schwurgerichts zu (so *[René] Garraud,* Traité „d'Instruction Criminelle et de Procédure Pénale", IV. Band, [Paris] 1926, S. 536 m.w.H.). (Die vorstehende Darstellung des Abwesenheitsverfahrens begründet sich auf die Art. 627–641 des ‚Code de Procédure Pénale' in der jetzt geltenden Fassung. Die in Frankreich abgeurteilten deutschen Besatzungsangehörigen sind zwar auf Grund einer VO vom 28.8.1944 vor die Militärgerichte gestellt werden, für die der ‚Code de Justice Militaire' galt; im Prinzip stimmen jedoch die seinerzeit anwendbare und die heutige Regelung des Abwesenheitsverfahrens überein.)

Angesichts des französischen Abwesenheitsverfahrens fragt man sich vergeblich, wozu überhaupt eine Strafe ausgeworfen wird. – Die Regelung ist in ihren wesentlichen Zügen einer Ordonnance aus dem Jahre 1670 entnommen (*Garraud,* aaO., S. 498). Sie kann gewiss als ein Relikt juristischer Urzeit bezeichnet werden; die Wurzeln des Abwesenheitsverfahrens liegen im germanischen Recht; vogelfrei war, wer sich dem Gericht nicht stellte. Jedermann konnte das gegen ihn gesprochene Urteil vollziehen (vgl. *Garraud,* aaO.). – Bei dieser Rechtssituation wird man weder das französische Abwesenheitsurteil und noch weniger die vorangegangene Anklage als endgültigen Abschluss der Untersuchung bezeichnen können.

Als Ergebnis kann zusammengefasst werden:

1. Art. 3 Abs. 3 b ÜB schränkt die Gerichtsbarkeit der deutschen Justizbehörden bei endgültig abgeschlossenen Untersuchungen der Strafverfolgungsbehörden der Drei Mächte auch dann ein, wenn eine deutsche Gerichtsbarkeit vor Inkrafttreten des Vertragswerkes bereits gegeben war.

2. Bei Anklagen im französischen Abwesenheitsverfahren liegt eine abgeschlossene Untersuchung nicht vor.

II. Auslieferungsverfahren

A. Engl. Auslieferungsrecht. Zwischen ‚Großbritannien und Polen ist im Jahre 1932 ein Auslieferungsvertrag geschlossen worden, der durch ein ‚Order in Connell' 1934 auch innerstaatlich für Großbritannien verbindlich geworden ist. Das englische Auslieferungsverfahren ist durch die ‚Extradition Acts' von 1870, 1873, 1895, 1906, 1932 und 1935 im Einzelnen geregelt worden. Die Grundzüge dieses Verfahren sind folgende: Die Person, deren Auslieferung begehrt wird, wird dem ‚Police Magistrate' vorgeführt, der die Beweise – soweit zugänglich – überprüft. Sofern der ‚Police Magistrate' einen Prima-facie-Beweis für die dem Beschuldigten zur Last gelegte Tat für erbracht ansieht, ordnet er dessen Haft an; andernfalls erklärt er ihn für entlastet und eine Auslieferung kann nicht erfolgen. – Das Gewicht der gegen den Beschuldigten vorliegenden Beweise muss vergleichsweise den Verdachtsgründen entsprechen, die es rechtfertigen würden, ihn vor ein englisches Gericht zu stellen, sofern er die Tat auf dem Territorium Großbritanniens begangen hätte (s. zu Vorstehendem *Halsbury,* The Laws of England, 3. Aufl., Bd. 1, S. 559 ff.).

B) Amerikanisches Auslieferungsrecht. Grundsätzlich müssen für eine Auslieferung nach amerikanischem Recht zwei Voraussetzungen erfüllt sein. a) Der Verdacht der Begehung eines Verbrechens und b) die Flucht des Betroffenen aus dem die Auslieferung ersuchenden Staat (s. *[Heinrich] Grützner,* Internationaler Rechtshilfeverkehr [in Strafsachen, Loseblattausgabe 1955 Hamburg, später Heidelberg], Teil USA). – Über die Auslieferung hat der Gouverneur des amerikanischen Staates zu befinden, in dem die auszuliefernde Person betroffen wird. Vielfach wird jedoch der Gouverneur eine Auslieferung ‚on the merits of a particular Case' verweigern (s. *[R.C.] Donnely-[Joseph] Goldstein-[Richard D.J.] Schwarz,* Criminal Law [New York], 1962, S. 389 ff.). Die Praxis läuft – den Ausführungen der genannten Autoren zufolge – darauf hinaus, dass aus Billigkeitsgründen (equitable pleas) verweigert wird, wenn anzunehmen ist, dass das Verfahren im ersuchenden Staat keinen gerechten oder billigenswerten Zweck verfolgen würde, so z.B., wenn dem Beschuldigten eine unfaire und grausame Behandlung im ersuchenden Staat drohen würde (s. *Donelly-Goldstein-Schartz,* aaO.).

C) Die vorstehende Darstellung basiert auf dem jetzt geltenden Auslieferungsrecht Großbritanniens und der Vereinigten Staaten. Für in der Vergangenheit – insbesondere in den ersten Jahren nach 1945 – liegenden Fälle bleibt zu prüfen, ob Sondervorschriften speziell für Kriegsverbrechen bestanden haben. – Im Ergebnis kann vom geltenden Auslieferungsrecht her gesagt werden, dass eine Ablehnung der Auslieferung generell nicht als endgültiger Abschluss der Untersuchung i.S. des Art. 3 Abs. 3 des ÜV angesehen werden kann, denn die Auslieferungsentscheidung wird in der Regel der Fälle auf das Fehlen eines hinreichenden Beweises abstellen, ohne sämtliche dem ersuchenden Staat zur Verfügung stehenden Beweismittel zu erschöpfen, oder aber sich auf Billigkeitserwägungen (s. die Ausführungen zum amerikanischen Recht) gründen, die lediglich zum Abschluss des Auslieferungsverfahrens – nicht aber der strafrechtlichen Untersuchung führen. Allein in Ausnahmefällen kann zugleich ein endgültiger Abschluss der Untersuchung vorliegen, nämlich z.B. dann, wenn im Auslieferungsverfahren das Fehlen der Identität des Gesuchten mit der überprüften Person eindeutig festgestellt wird oder aber, dass er sich zur Tatzeit nicht in dem ersuchenden Staate befunden hat. Lediglich in Fällen dieser Art liegt eine endgültige Entscheidung zur Tat- und Rechtsfrage vor."

RegDir. Götz (BJM) nahm zu den Ausführungen von StA Richter wie folgt Stellung: Zur Frage der französischen Abwesenheitsurteile: Es sei zwar richtig, dass ein solches Urteil hinfällig werde, sobald der Verurteilte zurückkehre. Das Urteil habe aber vermögensrechtliche Wirkungen; mit dem Ergehen des Urteils werde nämlich das Vermögen des Verurteilten unter Sequester gestellt (Art. 633 c.p.p.). Es sei auch von Bedeutung wegen der Verjährung; denn sobald das Urteil ergangen sei, laufe die Frist für die Strafverfolgungsverjährung, die in Frankreich auch bei den schwersten Verbrechen nur zehn Jahre betrage, nicht mehr. Der entscheidende Punkt sei aber wohl, dass, wenn der Verurteilte zurückkehre, nicht etwa ein neues Ermittlungsverfahren einsetze, sondern nur erneut zur HV geschritten werden müsse, weil das Abwesenheitsverfahren ja voraussetze, dass zuvor ein Eröffnungsbeschluss ergangen sei (Art. 627 i.V.m. Art. 214 Abs. 1 c.p.p.). Die staatsanwaltschaftliche Tätigkeit müsse mit der Anklageerhebung normalerweise als angeschlossen gelten; denn die StA könne den Antrag auf Eröffnung des Hauptverfahrens und Aburteilung in contumacia – weil ja nach Aktenlage entschieden werden müsse – vernünftigerweise erst stellen, wenn sie ihre Ermittlungen abgeschlossen habe und darauf komme es nach dem ÜV an. Das BJM vertrete daher die Ansicht, dass ein Ermittlungsverfahren im Sinne des ÜV endgültig abgeschlossen sei, und dass der ÜV jeder weiteren Strafverfolgung durch die deutsche Justiz entgegenstehe, wenn ein französisches Abwesenheitsurteil vorliege. Im Übrigen sei (in der Strafsache gegen Hempen des Schwurgerichts Oldenburg) demnächst eine Entscheidung des BGH und damit eine höchstrichterliche Klärung dieser Frage zu erwarten.

Zur Frage des „endgültig abgeschlossenen Verfahrens“: In einem Verfahren habe eine StA die Ansicht vertreten, ein Verfahren sei dann nicht abgeschlossen im Sinne des ÜV, wenn ein Urteil ergangen sei. Das BJM vertrete demgegenüber die Auffassung, dass, wenn immer ein rechtskräftiges Urteil ergangen sei, die Sache auch als abgeschlossen im Sinne des ÜV angesehen werden müsse.

Zur Frage der *Auslieferung:* Die meisten Auslieferungssachen dürften nach dem Kontrollratsgesetz Nr. 10 behandelt worden sein, das eine ganze Reihe von Möglichkeiten, die Auslieferung zu verweigern, vorgesehen habe; diese Entscheidungen seien übrigens keine Gerichtsentscheidungen gewesen, sondern nach Art. IV Nr. 1 Abs. 2 KRG 10 durch den Zonenbefehlshaber oder das Justizdirektorium des Kontrollrats getroffen worden. Ablehnungsgründe seien beispielsweise gewesen: „Der Zonenbefehlshaber kann sich nicht davon überzeugen, dass dem Auslieferungsantrag entsprochen werden sollte“. Oder: „Der Zonenbefehlshaber ist der Ansicht, dass der Auszuliefernde von einem internationalen Militärgerichtshof (oder „von einem Besatzungsgericht“ oder „in einem anderen Staat“) als Zeuge benötigt wird“. Oder: Der Zonenbefehlshaber ist der Ansicht, dass der Beschuldigte zur Aburteilung in Deutschland von einem Besatzungsgericht oder dem internationalen Militärgerichtshof benötigt wird“. Oder (Art. IV Nr. 2 KRG 10): „Der Ausschuss der Hauptankläger hat der Auslieferung nicht zugestimmt“. Oder: „Die Rücklieferung nach der ausländischen Verhandlung ist nicht sichergestellt“. Oder: „Ein anderer Staat hat Auslieferungsvorrang, weil der Beschuldigte dessen Staatsangehörigkeit besitzt“ (dabei sei nicht Voraussetzung gewesen, dass dieser Vorrangstaat schon die Auslieferung beantragt habe). Oder: „Ein anderer Staat hat Vorrang, weil er die schwerste durch Beweismaterial gerechtfertigte Anklage vorbringt“. In all diesen Fällen lasse sich nicht generell entscheiden, ob die Ermittlungen abgeschlossen gewesen seien oder nicht; das müsse vielmehr im Einzelfall geprüft werden. Wenn der Beschuldigte als Zeuge benötigt worden sei, werde normalerweise das

Verfahren gegen ihn selbst, sofern ein solches überhaupt eingeleitet gewesen sei, nicht abgeschlossen gewesen sein. Wenn der Beschuldigte zur Aburteilung benötigt werden sei, oder wenn entschieden worden sei, dass ein anderer Staat eine schwerere, durch Beweismaterial gerechtfertigte Anklage vorbringe, so werde das regelmäßig ein Indiz dafür sein, dass ein Verfahren gegen ihn geführt worden sei; ob es endgültig abgeschlossen gewesen sei, könne aber wieder nur die Prüfung im Einzelfall ergeben.

In diesem Zusammenhang sei auf Folgendes hinzuweisen. Im ÜV sei vorgesehen, dass über die Frage, ob eine Untersuchung endgültig abgeschlossen sei, eine Bescheinigung des Botschafters der betreffenden Macht eingeholt werden könne. Das sei jedoch heute aus Gründen der Souveränität unerwünscht, weil eine solche Bescheinigung nach dem Vertrag bindende Wirkung habe. Die Bundesregierung sehe deshalb allgemein davon ab, eine solche Bescheinigung einzuholen, und habe dies in keinem Fall getan. Es gebe andere Möglichkeiten – auch im Wege der Rechtshilfe mit den Vereinigten Staaten und England – diese Frage zu klären; unter Umständen könne man auch die Akten des ausländischen Verfahrens bekommen.

StA Dr. Rückerl (ZSt.) teilte dazu mit, die Auswertungsgruppe der ZSt. habe in Polen Entscheidungen der Zonenbefehlshaber nicht gefunden. Der Gruppe seien in Warschau etwa 3000 Untersuchungsakten der polnischen Hauptkommission vorgelegt worden, die zum großen Teil die Ersuchen um Auslieferung bestimmter Personen zum Gegenstand gehabt hätten. In der Mehrzahl der Fälle sei die Auslieferung nicht erfolgt, weil der Aufenthalt der gesuchten Personen bis 1949 nicht festgestellt werden konnte. Soweit ein Ersuchen um Auslieferung abgelehnt worden sei, sei es mit der Begründung geschehen, die angebotenen Beweismittel reichten nicht aus. In diesen Fällen befände sich bei den Vorgängen jeweils ein Protokoll, das u.a. die Namen der an der Entscheidung mitwirkenden Personen, des Anklagevertreters und des Verteidigers enthalte. Bei den in diesen Protokollen genannten Personen habe es sich durchweg um alliierte Offiziere gehandelt. Die genannten Fälle seien unter dem Gesichtspunkt des Art. 3 Abs. 3 b des ÜV von Interesse.

RegDir. Götz (BJM) erklärte, das BJM sei bereit, sich zu diesen Fällen zu äußern, es müsse aber beachtet werden, dass es sich dabei immer nur um Stellungnahmen zum einzelnen Fall handeln könne, die sich nicht verallgemeinern ließen.

StA Dr. Rückerl (ZSt.) ergänzte seinen Bericht dahin, dass nach Auskunft der zuständigen polnischen Stellen in Polen etwa 5000 Auslieferungsakten vorhanden seien, und dass diese nach Möglichkeit von der nächsten Auswertungsgruppe eingesehen werden sollten.

OStA Dr. Gierlich (Köln) vertrat die Auffassung, die Entscheidung über die Auslieferung sei nur eine Entscheidung darüber gewesen, ob die vorgelegten Beweismittel die Auslieferung gerechtfertigt hätten, nicht aber eine abschließende Entscheidung über die Schuldfrage. Er sehe deswegen nicht, warum die Entscheidung als solche im Sinne von Art. 3 Abs. 3 b des ÜV gelten solle.

RegDir. Götz (BJM) entgegnete, dass die Entscheidung über einen Auslieferungsantrag auch die Frage zum Gegenstand gehabt habe, ob der Beschuldigte von der Besatzungsmacht benötigt würde, insbesondere, ob für die Besatzungsmacht Anlass bestehe, gegen ihn vorzugehen. Deswegen könne die Entscheidung über den Auslieferungsantrag auch eine Entscheidung im Sinne von Art. 3 Abs. 3 b des ÜV sein; das müsse aber in jedem Einzelfall geprüft werden.

MinRat Roth berichtete, die zuständigen Abteilungen des BJM hätten die Auffassung vertreten, dass der ÜV schon nach seiner Entstehungsgeschichte eng auszulegen sei. Es seien dann aber bei der ZSt. wiederholt Hinweise auf bereits besatzungsgerichtlich abgeurteilte Personen eingegangen, die – wenn man ihnen hätte nachgehen müssen – die Tätigkeit der ZSt. mehr oder minder blockiert hätten. Das habe Anlass gegeben, nach nochmaliger rechtlicher Überprüfung den Überleitungsvertrag weiter auszulegen. – Er rege an, Zweifelsfälle dem BJM vorzulegen, das sich dazu gutachtlich äußern werde; diese Äußerungen könnten dann durch die Rundschreiben der ZSt. allen StA zugänglich gemacht werden.

Anschließend referierte *ORR Maier* (JMin. Baden-Württemberg) über die Frage *„Ist das Gesetz über die Berechnung strafrechtlicher Verjährungsfristen vom 13.4.1965 [BGBl. 1965, 315] auch bei solchen Straftaten wirksam, deren Strafverfolgung den deutschen Strafverfolgungsbehörden nach 1945 nicht entzogen war (NS-Gewaltverbrechen zum Nachteil Deutscher)?"*: Mein Referat beschäftigt sich mit der Frage, ob das Gesetz über die Berechnung strafrechtlicher Verjährungsfristen vom 13.4.1965 auch bei solchen Straftaten anwendbar ist, deren Strafverfolgung den deutschen Behörden nach 1945 nicht entzogen war. Es geht also um die Frage der Anwendbarkeit des Gesetzes auf Straftaten, die zum Nachteil von deutschen Staatsangehörigen begangen worden sind; Straftaten, die die deutsche Justiz schon vor dem Inkrafttreten des Gesetzes Nr. 13 der Alliierten Hohen Kommission am 1.1.1950 verfolgen konnte. Wir haben diese Frage auf die Tagesordnung gesetzt, nachdem sie von einigen Tagungsteilnehmern vor der Tagung aufgeworfen worden ist und wir dadurch den Eindruck gewonnen haben, dass in der Praxis Zweifel über den Umfang der Anwendbarkeit des Gesetzes v. 13.4.1965 bestehen. Wir im Justizministerium hatten diese Zweifel nie. Wir waren immer der Auffassung, dass die aufgeworfene Frage sich schon ganz eindeutig aus dem Wortlaut des Gesetzes beantworten lässt. Das Gesetz macht nämlich keinen Unterschied, welcher Staatsangehörigkeit das Opfer der Straftat war, sondern bestimmt generell, dass die Verjährung von 1945–1949 geruht hat.

Aber anscheinend ist der Wortlaut des Gesetzes doch nicht so eindeutig wie wir angenommen haben, so dass es angezeigt erscheint, Ihnen kurz die Entstehungsgeschichte des Gesetzes darzulegen, aus der Sie ersehen können, dass gar kein Zweifel darüber bestehen kann, dass der Gesetzgeber das Ruhen der Verjährung für alle vor dem 1.1.1950 begangenen, mit lebenslangem Zuchthaus bedrohten und noch nicht verjährten Straftaten bestimmen wollte.

Die Diskussion über die Verlängerung der Verjährung hat – wie Sie wissen – Ende letzten Jahres begonnen. Der Senat der Freien und Hansestadt Hamburg war es, der den ersten Gesetzentwurf vorlegt. Es war der Entwurf eines Gesetzes zur Verlängerung der Strafverfolgungsverjährung bei Mord und Völkermord. Der Gesetzentwurf sah eine Verlängerung der Verjährungsfrist von 20 auf 30 Jahre für alle Verbrechen vor, die ausschließlich mit lebenslangem Zuchthaus bedroht sind. Der Gesetzentwurf sah keinerlei Differenzierung vor, bestimmte vielmehr ganz generell die Verlängerung der Verjährung für Mord und Völkermord. – Auch der zweite Gesetzentwurf, der in die Debatte geworfen worden ist, sah eine Differenzierung nicht vor. Es handelt sich um den Entwurf der Abgeordneten Benda und Genossen. Er war bezeichnet als Entwurf eines 8. StRÄndG und sah eine Verlängerung der Verjährungsfrist von 20 auf 30 Jahre für die mit lebenslangem Zuchthaus bedrohten Verbrechen vor. Der Abgeordnete Benda wollte diese Regelung durch eine Änderung des § 67 des StGB erreichen. Zu diesen zwei Entwürfen, die echte Verlängerungen der Verjährungsfristen vorsahen, kam nun einen Tag vor der Verjährungsdebatte im Deutschen Bundestag am 10.3.1965 ein Antrag des Landes Schleswig-Holstein, der im Bundesrat eingebracht worden ist. Er war bezeichnet als Entwurf eines Gesetzes zur Änderung des ersten Gesetzes zur Aufhebung des Besatzungsrechts vom 30.5.1956. Dieser Gesetzentwurf von Schleswig-Holstein bestimmte in einem Artikel unter § 1 Folgendes: „Abweichend von § 5 Abs. 1 des ersten Gesetzes zur Aufhebung des Besatzungsrechts von 1956 hat die Verjährungsfrist bei nationalsozialistischen Mordtaten an Deutschen und Staatenlosen nicht vor dem 1.1.1946, bei solchen Taten an fremden Staatsangehörigen nicht vor dem 1. Januar 1950 zu laufen begonnen." Der Gesetzentwurf von Schleswig-Holstein sah also eine Differenzierung hinsichtlich der Opfer der Straftat vor und bestimmte unterschiedliche Termine für den Beginn der Verjährung, je nachdem, ob die Opfer von Straftaten ausländischer oder inländischer Staatsangehörigkeit waren. Wahrscheinlich resultieren aus diesem Gesetzentwurf die Zweifel bezüglich der Auslegung des Gesetzes vom 13.4.1965. Der schleswig-holsteinische Gesetzentwurf ist nun aber vom Bundesrat nicht verabschiedet worden. Der Bundesrat hat den Entwurf – wie übrigens auch den Entwurf des Landes Hamburg – dem Bundestag nur als Material für seine weiteren Beratungen überwiesen.

Im Bundestag selbst kamen zu dem Entwurf des Abg. Benda in der Plenardebatte am 10.3.1965 noch zwei Gesetzentwürfe der SPD-Fraktion: Ein Entwurf eines Gesetzes zur Änderung des GG, der die Einführung eines Art. 102 a in das GG vorsah mit der Bestimmung, dass die Strafverfolgung von Mord und Völkermord überhaupt nicht verjährt, und parallel dazu den Entwurf eines 8. StRÄndG, der durch einfache Gesetzesänderung, und zwar durch Einfügung eines § 66 a und eine Änderung des § 67 des StGB erreichen wollte, dass Mord und Völkermord überhaupt nicht verjähren.

Diese beiden Gesetzentwürfe der SPD hat nun der Abg. Benda zum Anlass genommen, seinen Antrag zu ändern. In der Debatte des Deutschen Bundestages am 10.3.1965 hat er seinen alten Antrag fallen lassen und einen neuen Antrag eingebracht, der vorsah, dass bei Verbrechen, die mit lebenslangem Zuchthaus bedroht sind, die Strafverfolgungsverjährung überhaupt nicht mehr eintritt. Der Bundestag hat nun diese drei Gesetzentwürfe – die zwei SPD-Gesetzentwürfe und den Antrag Benda „neu" – an den Rechtsausschuss überwiesen.

Im Rechtsausschuss wurden die drei Entwürfe beraten. Der Rechtsausschuss hat nun aber noch einen neuen Gedanken erörtert, der auf den Abg. Dr. Güde zurückging: Die gesetzliche Bestimmung des Ruhens der Verjährung. Nach interfraktionellen Beratungen hat man einem Gesetzentwurf, der das Ruhen der Verjährung bestimmt, die meisten Chancen eingeräumt, im Bundestag eine breite Mehrheit zu finden. Der Rechtsausschuss hat deshalb in dem dann später verabschiedeten Gesetz vom 13.4.1965 eine Bestimmung vorgeschlagen, nach der bei der Berechnung der Verjährungsfrist für die Verfolgung von Verbrechen, die mit lebenslangem Zuchthaus bedroht sind, die Zeit vom 8.5.1945 bis zum 31.12.1949 außer Ansatz bleibt. In dieser Zeit hat die Verjährung der Verfolgung dieser Verbrechen geruht. In einem § 2 wird bestimmt, dass insoweit die Verjährung nach § 1 geruht hat, § 5 Abs. 1 des ersten Gesetzes zur Aufhebung des Besatzungsrechts vom 30.5.1956 keine Anwendung findet. Man war sich im Rechtsausschuss darüber im Klaren, dass sich diese Regelung vom Entwurf Schleswig-Holstein unterscheidet. Es war eindeutig, dass der Rechtsausschuss eine generelle Regelung beabsichtigt hat. Die Regelung sollte nicht nur die Fälle umfassen, in denen die deutsche Gerichtsbarkeit bis 1949 nicht gegeben war, sie sollte vielmehr auch die NSG-Verbrechen zum Nachteil Deutscher umfassen. Sie sollte sogar weiter umfassen die mit lebenslangem Zuchthaus bedrohten Verbrechen, die nichts mit der nationalsozialistischen Gewaltherrschaft zu tun haben. Demnach ruht also die Verjährung bei einem Eifersuchtsmord genauso wie bei einem NSG-Verbrechen. Der Rechtsausschuss des Bundestages hat dann neben diesem Gesetzentwurf dem Plenum noch empfohlen, den Antrag des Abg. Benda zu verabschieden und nun bezeichnenderweise nicht in den Antrag Benda „neu" mit der Aufhebung der Verjährungsfrist, sondern wieder den Antrag Benda „alt", der eine Verlängerung der Verjährung von 20 auf 30 Jahre vorsah. Das Plenum des Bundestages hat dann in seiner Sitzung vom 25.3.1965 nur den Entwurf des Gesetzes über Berechnung strafrechtlicher Verjährungsfristen angenommen und den Entwurf Benda „alt" nochmals an den Rechtsausschuss zurückverwiesen, so dass also die Verlängerung der Verjährungsfrist von 20 auf 30 Jahre vom Bundestag an sich nicht endgültig abgelehnt worden ist, sondern der Gesetzentwurf wie auch der auf den Abg. Dr. Güde zurückgehende ursprüngliche § 3 des Gesetzes über die Berechnung strafrechtlicher Verjährungsfristen im Rechtsausschuss des Deutschen Bundestages noch anhängig ist.

Meine Herren, aus dieser Entstehungsgeschichte des Gesetzes haben Sie wohl ersehen können, dass es eindeutig ist, dass der Bundesgesetzgeber alle mit lebenslangem Zuchthaus bedrohten Verbrechen so behandelt wissen will, dass die Verjährung von 1945–1949 geruht hat.

StA Dr. Kintzi (Braunschweig) stellte die Frage, welche Staaten zu den „Alliierten" zu rechnen seien.

RegDir. Götz (BMJ) erwiderte, „Alliierte" seien alle Staaten, die sich bis zum 8.5.1945 mit Deutschland im Kriegszustand befunden hätten.

Hiernach hielt *StA Dr. Klaß* (Mannheim) ein Kurzreferat über die *„Abgrenzung zwischen Täterschaft und Teilnahme, einschließlich Konnivenz.* Wie Sie alle wissen, ist das Problem der Abgrenzung zwischen Täterschaft und Teilnahme eines der schwierigsten Probleme im Strafrecht überhaupt, und ich brauche keine großen

Worte darüber zu verlieren, dass sich dieses Problem bei NSG-Taten in ganz erheblichem Maße noch verschärft. Es kann daher nicht die Aufgabe eines Kurzreferats sein, hier erschöpfende Ausführungen über dieses allgemeine Strafrechtsproblem, auch speziell auf dem Gebiet der Anwendung für NSG-Taten, zu bieten. Ich möchte mich darauf beschränken, einige Probleme hier kurz aufzuwerfen und dann auf das Spezialthema einzugehen, nämlich auf die Frage der Konnivenz.

Sie kennen die Rechtsprechung des BGH, der im Anschluss an die RG-Entscheidungen – nach einer anfänglichen Tendenz zu einer mehr objektiven Abgrenzung zwischen Täterschaft und Teilnahme – zurückgekehrt ist zu einer rein subjektiven Teilnahmelehre (vgl. BGHSt 13, 162 [166]; 16, 12 [14]; 18, 87 ff.). Sie wissen, dass der BGH in mehreren Entscheidungen ausgesprochen hat, dass für die Abgrenzung zwischen Täterschaft und Teilnahme allein entscheidend ist die Willensrichtung der Beteiligten, also der Täterwille oder der Gehilfenwille, und dass der BGH in Ergänzung dazu mehrfach ausgesprochen hat, dass alle objektiven Merkmale, insbesondere auch die Tatherrschaft, lediglich Indizien für die subjektive Willensrichtung, also für den animus auctoris oder den animus socii seien. Was bedeutet das nun in der Praxis? Es bedeutet Folgendes: Da einmal ein direkter Beweis in Bezug auf den Täterwillen nie geführt werden kann, jedenfalls in der Praxis nicht, haben wir es bei dem Beweis der Täterschaft, im Gegensatz zum Beweis der Beihilfe, stets mit einem Indizienbeweis zu tun. Und dies bedeutet daraus folgend weiterhin, dass in sehr vielen Fällen Beihilfe angenommen werden muss aufgrund des Grundsatzes in dubio pro reo.

Andererseits hat nun der BGH selbst einen Katalog von zahlreichen objektiven Indizien für den Täterwillen und damit für die Täterschaft entwickelt. Ich möchte hier einen Hinweis geben nur auf einige dieser Indizien. Sie werden Ihnen wahrscheinlich zum größten Teil bekannt sein. Derartige objektive Merkmale für den Täterwillen sollen nach dem BGH sein: die Dauer der Zugehörigkeit und die Stellung des Beteiligten innerhalb des NS-Systems, der Umstand, dass der Beteiligte für seine Stellung zur Tatzeit besonders ausgewählt worden sei, und das außerhalb der Tat von dem Beteiligten an den Tag gelegte Verhalten (vgl. BGH in Sammlung „Befehlsnotstand“ I D 27, Bl. 6). Der BGH hat weiter in mehreren Entscheidungen ausgesprochen, dass regelmäßig derjenige Mittäter sei, der von vornherein eigenen Antrieben folgt, der von Anfang an gewillt ist, Befehle blindlings auszuführen, um sich seinen Vorgesetzten willfährig zu zeigen, ferner, wer in seinem Dienst- oder Einflussbereich dafür sorgt, dass rechtswidrige Befehle rückhaltlos vollzogen werden, oder wer dabei anderweitig einverständlichen oder gar fanatischen Eifer zeigt (BGH in Sammlung „Befehlsnotstand“ I D 6; III 12 Bl. 5; III, 15).

Ich möchte mit diesem kleinen Überblick lediglich zum Ausdruck gebracht haben, dass zahlreiche objektive Merkmale vorhanden sind, die uns hier weiterhelfen beim Nachweis des Täterwillens. Von ganz besonderer Bedeutung innerhalb dieses Katalogs sind aber meiner Meinung nach zwei Gesichtspunkte: Der erste Gesichtspunkt ist das unabhängig von der eigentlichen Tat von dem Beschuldigten an den Tag gelegte Verhalten in Bezug auf die Bevölkerungsgruppe, der die jeweiligen Opfer entstammen. Aus diesem Verhalten des Beteiligten und des

Beschuldigten kann am ehesten mit einiger Sicherheit auf seine Willensrichtung geschlossen werden. Dieser Gesichtspunkt zwingt aber in unseren NSG-Verfahren zu einer Durchleuchtung des Verhaltens des Beschuldigten teilweise über einen sehr langen Zeitraum. Es müssen zahlreiche Einzeltatsachen, insbesondere zahlreiche einzelne Auftritte des Beschuldigten rekonstruiert werden. Es müssen seine Reden, seine Ansprachen durchleuchtet werden, ja Einzelgespräche mit noch greifbaren Zeugen. Dies mag auf den ersten Blick als umständlich und eigentlich neben der Sache liegend empfunden werden. Dies ist auch in den NSG-Prozessen häufig, insbesondere seitens der Berichterstattung der Presse der Fall, und es mag Zeit – insbesondere in der HV – kosten, es lohnt sich aber. Als Beispiel möchte ich das Verfahren gegen Mocek und andere (1 Ks 1/64 StA Mannheim) anführen, den von der Presse sog. Tuchel-Prozess.

In diesem Verfahren, dessen Sachbearbeiter bei der StA Mannheim ich war, waren angeklagt der Inspektionsführer, der Kreisführer und zwei volksdeutsche Angehörige des Selbstschutzes Westpreußen. Es waren angeklagt in mehreren Punkten die beiden Erstbeschuldigten, also der Inspektionsführer und der Kreisführer, wegen Täterschaft. In diesem Verfahren haben wir von der siebenwöchigen Beweisaufnahme die Hälfte der Zeit darauf verwendet, das Verhalten des Angeklagten R. (des Kreisführers), außerhalb der eigentlichen Tat unter Beweis zu stellen. Seine Auftritte und sein Verhalten außerhalb der den Gegenstand der Anklage bildenden Taten wurden eingehend durch zahlreiche Zeugen rekonstruiert. Insbesondere ein Ausspruch, den ein Zeuge wiedergegeben hat – und der durch andere Zeugenaussagen noch gestützt wurde – gab wohl m.E. den Ausschlag dafür, dass das Schwurgericht schließlich dann auch auf Täterschaft erkannt hat. Es gelang nämlich, zu beweisen, dass R. zu einer Zeit, die nicht unerheblich vor der eigentlichen Tatzeit lag, und an einem ganz anderen Ort, erklärt hat (das ist das wörtliche Zitat von ihm, das wörtlich oder jedenfalls in etwa wörtlich so gefallen ist): ‚Es ist für die Polen eine Ehre, mit ihrem Kadaver die deutsche Erde zu düngen'.

Der zweite wesentliche Gesichtspunkt für die Abgrenzung der Täterschaft und Beihilfe in objektiver Hinsicht ist der Ermessensspielraum, den die Beschuldigen hatten, und zwar insbesondere hinsichtlich des Umfanges der Tat, der Konkretisierung der Opfer, des Zeitpunktes der Tat, des Ortes der Tat und der Bestimmung der die Tat unmittelbar ausführenden Personen, mit anderen Worten: die Tatherrschaft. Mehr will ich zu allgemeinen Fragen hier nicht sagen, es mag der Diskussion überlassen bleiben, hierauf näher einzugehen.

Ich komme jetzt zu dem Sonderproblem der Konnivenz, also zu § 357 StGB. § 357 Abs. 1 StGB, ich darf mir gestatten, ihn hier zu zitieren, lautet: ‚Ein Amtsvorgesetzter, welcher seine Untergebenen zu einer strafbaren Handlung im Amte vorsätzlich verleitet, oder zu verleiten unternimmt, oder eine solche strafbare Handlung seiner Untergebenen wissentlich geschehen lässt, hat die auf diese strafbare Handlung angedrohte Strafe verwirkt.' Materiell bedeutet also Konnivenz Anstiftung oder Beihilfe, für die wegen des Vorgesetzten-Verhältnisses Täterstrafe eintritt. Man sollte nun meinen, dass gerade § 357 StGB in NSG-Verfahren eine besondere Bedeutung erlangt habe, und zwar zumal deshalb, weil er als Auffangtatbestand für die Fälle dienen kann, in denen eine Täterschaft nicht mit letzter Sicherheit nachweisbar ist. Eigenartigerweise ist das aber in der täglichen Praxis nicht der Fall. Als ich mich zum ersten Mal mit § 357 StGB bei NSG-Verfahren befasste, stellte ich trotz umfangreicher Nachforschungen nur einen einzigen Fall fest, in dem eine Anklage auf § 357 StGB gestützt war. Es handelte sich um ein Verfahren der StA Flensburg aus dem Jahre 1953. Verurteilungen aus § 357 sind mir überhaupt nicht bekannt geworden. Auch eine ausdrücklich von der ZSt. in ihre Rundschreiben ausgenommene Anfrage führte zu keinem Ergebnis, so dass ich wohl davon ausgehen kann, dass meine Feststellungen insoweit vollständig sind. Ich möchte also zunächst zur Diskussion stellen: Warum wird § 357 StGB in NSG-Verfahren nicht angewendet? Hierzu zunächst einige Gesichtspunkte, die das Problem abgrenzen mögen.

§ 357 setzt voraus, dass wir ein Vorgesetzten-Untergebenen-Verhältnis haben zwischen Beamten im strafrechtlichen Sinn. Dies ist nun zwar bei zahlreichen NSG-Tätern, wie ich keineswegs verkenne, nicht der Fall, wohl aber bei sehr vielen. Ich erinnere an die Angehörigen der Polizeibataillone und –regimenter, die weitaus meisten Angehörigen der Einsatzgruppen der Sipo, insbesondere der Gestapo, der Orpo, die Amtsärzte und wohl auch alle Angehörigen der Zivilverwaltungen bei dem Personal der KZ.

Der zweite Gesichtspunkt ist der, dass § 357 StGB nur weiterhilft, wenn der Untergebene Täter ist. Mit anderen Worten, er bietet nur eine Handhabe gegen Vorgesetzte von solchen Beteiligten, die der Täterschaft überführt werden können. – Dagegen ist, was manchmal verkannt wird, § 357 StGB nicht vom Vorliegen eines Amtsdeliktes im eigentlichen Sinne abhängig. Wie der BGH in seiner Entscheidung im 3. Band, S. 349 ff., erklärt hat – und ihm ist in dieser Hinsicht die strafrechtliche Literatur nahezu vollständig gefolgt – ist die Anwendung des § 357 nicht davon abhängig, dass die von dem Untergebenen im Amt begangene Handlung ein Amtsdelikt im Sinne des 28. Abschnitts des StGB ist. Vielmehr ist jede Beihilfe, die ein Amtsvorgesetzter zu einer im Amt begangenen strafbaren Handlung seines Untergebenen leistet, insbesondere also auch zu einem Mord, nach § 357 StGB mit der Täterstrafe bedroht.

Eine Problematik – insoweit liefere ich zu meinem eigenen Kurzreferat gleichzeitig einen Diskussionsbeitrag – ergibt sich allerdings m.E. aus der ratio legis des § 357 StGB. Man könnte folgendermaßen argumentieren: Sinn der Vorschrift des § 357 StGB ist es, die Dienstaufsichtspflicht des Vorgesetzten als besonders geschütztes Rechtsgut herauszustellen. Wo ein Dienstvorgesetzter entgegen dieser Pflicht handelt, soll ihn schwerere Strafe treffen.

Dagegen war in der NS-Hierarchie der Dienstvorgesetzte immer oder in sehr zahlreichen Fällen – und zwar gerade bei den uns hier interessierenden Dienststellen, Einheiten und Einrichtungen – dazu eingesetzt, um die befehlsgemäße Ausführung der von oben angeordneten Verbrechen zu überwachen und hatte damit im Rahmen und mit Mitteln der Dienstaufsicht keine Möglichkeit zu ihrer Verhinderung. Aus diesen Gesichtspunkten heraus wäre eine höchstrichterliche Entscheidung über die Frage der Anwendbarkeit des § 357 StGB in NSG-Verfahren wünschenswert und von diesem Standpunkt aus ist es bedauerlich, dass auch mein Verfahren gegen Mocek eine solche Entscheidung nicht herbeiführen kann, obwohl ich ursprünglich beabsichtigt hatte, dieses Problem, falls es zu einer Ablehnung des § 357 StGB durch das Schwurgericht kommen werde, zum BGH zu bringen. Ich muss hierzu ganz kurz erläutern, dass ich Mocek, also meinen Hauptangeklagten, bezüglich einer Tat angeklagt hatte wegen Konnivenz, dass dann aber im Laufe der Hauptverhandlung das Belastungsmaterial gegen ihn sich häufte, und ich infolgedessen schon in meinem Plädoyer von der Konnivenz übergehen konnte zur Täterschaft und das Schwurgericht dem dann folgte."

Ein weiteres Kurzreferat von *StA Dr. Klaß* (Mannheim) behandelte die *„Abgrenzung von Beihilfe und strafloser Tat.* Wie sich schon aus diesem Thema ergibt, handelt es sich hier in erster Linie um ein Problem der peripheren Beteiligung. Um ein Problem also, das wir an sich am Montag bereits recht ausgiebig diskutiert haben. Ausgangspunkt ist die These des BGH, dass Beihilfe jede die Tat fördernde Handlung sei. Irgendwelche Unterstützungs- oder Förderungshandlungen, die objektiv nicht als Beihilfe zu beurteilen sind, sind daher bereits gar nicht denkbar. Sie haben nun in NSG-Verfahren zahlreiche Leute, die man als periphere Beteiligte oder auch, m.E. missverständlich, als Nebentäter bezeichnet. Bei den Erschießungsaktionen etwa sind es die Angehörigen der Räumungskommandos, Überwachungskommandos, der Transportkommandos, die Leute, die die LKW mit den Opfern entladen haben, die die Opfer zu den Gruben geführt haben, die die Absperrung nach außen gegen Unbefugte vorgenommen haben und die Absperrung nach innen gegen die Flucht der Opfer, diejenigen, die als Wachmänner bereits vorher beim Zuschaufeln der Grube die Überwachung geführt haben, schließlich die, die LKW mit den Opfern und diejenigen mit den Schützen zum Tatort gefahren haben, die Chlorkalk und Munition herbeigeschafft haben, die die Karabiner nachgeladen haben usw., usw. Sie alle sind objektiv Gehilfen. Aus der Strafbarkeit scheiden viele von ihnen allerdings aus subjektiven Gründen aus, nämlich insbesondere dann, wenn nicht nachweisbar ist, dass sie den Zweck ihres Tatbeitrages überhaupt erkannt haben, oder aber auch dann, wenn sie sich des Förderungseffektes ihres Tatbeitrages nicht bewusst waren. Andere scheiden aus, weil bei ihnen die am Montag im Mittelpunkt der Diskussion gestandenen Gründe vorliegen, nämlich Befehlsnotstand oder Putativnotstand gegeben sind oder die Voraussetzungen des § 47 Abs. 1 Satz 2 des MilStGB fehlen. Dieser Gesichtspunkt greift allerdings nur dann ein, wenn der Beschuldigte überhaupt dem Militärstrafrecht unterstellt war.

Es bleiben bei strengen Maßstäben zahlreiche Beteiligte übrig, bei denen es fraglich erscheint, ob die Verfolgung dieser Leute, der kleinen Leute, insbesondere im Vergleich zu den wirklich Verantwortlichen, die sich durch geschickte Einlassungen der Verfolgung häufig entziehen können, Sinn und Ziel unserer Arbeit sein kann. Zu diesen peripheren Beteiligten, die ich zu Anfang genannt habe, mag man – was im Einzelnen sicher schon verschieden beurteilt wird – auch die sog. ‚kleinen Schützen' hinzunehmen, also diejenigen, die ohne eigene Entscheidung und Befehlsgewalt in Reih und Glied geschossen haben. Bei allen diesen Beteiligten liegt sicher in der Regel nur verhältnismäßig geringe Schuld vor. Sie erschöpft sich häufig im Mangel an Zivilcourage, im Untertanendenken oder im Unterliegen der Massenpsychologie. Zwar fordern wir, wie die Anwendung der Entschuldigungsgründe des Befehlsnotstandes und des Putativnotstandes zeigen, in keinem Fall von den einzelnen Beteiligten Heldentum. Aber auch zwischen der Einstellung zum Vorgesetzten und zum Staat, die wir heute als unumgänglich notwendig fordern, also zwischen der selbstverantwortlich entscheidenden Persönlichkeit, dem Staatsbürger, wie wir ihn uns heute vorstellen, einerseits, und dem Kriminellen andererseits, besteht ein sehr, sehr weiter Spielraum.

Er ist ausgefüllt von menschlicher Schwäche und menschlichem Versagen, das in dem uns hier interessierenden Ausmaß zwar nicht entschuldbar ist, wohl aber verständlich. Eine großzügige Handhabung der Gnadenpraxis ist hier m.E. kein Ausweg. Für einen weiten Kreis ergibt sich eine Lösungsmöglichkeit aus § 47 Abs. 2 MilStGB, also aus dem Absehen von Strafe und damit Einstellung nach § 153 a StPO. Für einen weiteren Kreis gibt es diese Möglichkeit aber nicht aus den Gründen, die schon am Montag erörtert worden sind, nämlich weil dieser Kreis entweder nicht zu dem Personenkreis gehört, auf den das MilStGB anwendbar ist, oder aber, weil der einzelne Beschuldigte nicht auf ausdrücklichen Befehl in Dienstsachen in dem engen Sinne des § 47 Abs. 1 Satz 1 MilStGB gehandelt hat. Hier kommt es, wie ich auch aus meiner Praxis sagen kann, häufig zu Gewissenskonflikten beim Sachbearbeiter zwischen der Pflicht zur Menschlichkeit und zur Verfolgung von wirklich nur strafwürdigem Unrecht einerseits und dem Legalitätsprinzip andererseits. Lösungsmöglichkeiten, die in einer Nichteinleitung eines Verfahrens bzw. Nicht- oder Nichtweiterermittlung in Bezug auf diese Beschuldigten oder aber auch in einer ‚weiten Auslegung' von Entschuldigungsgründen, insbesondere von Notstand oder Putativnotstand liegen, sind m.E. uns als StA nicht zuzumuten, und zwar deshalb nicht, weil wir uns damit jedenfalls in die Nähe einer Begünstigung im Amt begeben würden. Der Gesetzgeber hat daher m.E. keine Veranlassung, sich etwa damit zufriedenzugeben, dass die Justiz mit diesem Problem ohnehin fertig geworden sei und auch weiter fertig werden wird.

Wie wir wissen, liegt dem Bundestag der Entwurf Güde [oben S. 163 f.] vor. Ich muss gestehen, ich kenne den Entwurf nicht in seinem Wortlaut, ich glaube auch, in dem Wortlaut, in dem er ursprünglich eingebracht worden ist, ist er wohl nicht mehr aktuell. Es sind aber durch die Presseveröffentlichungen wohl die wesentlichen Grundzüge, die auch heute noch aktuell sind, bekannt geworden. Und ich muss sagen, schon bei diesen wesentlichen Grundzügen wird es mir unbehaglich. Ich fürchte, der Kreis der Beteiligten, die aus dem Verfolgungszwang entlassen werden sollen, ist bei Zugrundelegung dieses Entwurfes zu groß.

Das Problem ist m.E. nicht zu lösen mit einer Abstellung auf die Abgrenzung Täterschaft und Beihilfe. Entscheidungsmaßstab kann m.E. nur sein ein Abstellen auf das Maß der Schuld im Einzelfall. Richtig und zweckmäßig an den laufenden Bestrebungen ist sicher, dass nicht eine Amnestie, sondern dass fakultative Ausnahmen vom Verfolgungszwang der Ansatzpunkt sein sollten. Ein Ermessensspielraum und eine Einzelentscheidung bzw. ein Einzelantrag der Strafverfolgungsbehörde ist notwendig, weil einmal eine vollständige Erfassung der nicht mehr unbedingt strafwürdigen peripheren Beteiligten – aber auch *nur* dieser Leute – m.E. gesetzestechnisch nicht möglich ist, und weil zweitens m.E. verhindert werden muss, dass durch den Grundsatz in dubio pro reo Leute in diese Gruppe der peripheren Beteiligten, bei denen der Strafverfolgungszwang gelockert oder aufgehoben werden soll, geraten, die dort nicht hingehören. Die vorgesehene Entscheidung durch eine höhere Instanz als dem nach allgemeinem Strafrecht zuständigen Richter auf Antrag der sachbearbeitenden StA (vgl. § 153 Abs. 2 StPO) halte ich dagegen für unzweckmäßig und auch für unnötig. Man kann allenfalls daran denken, zur Herbeiführung einer einheitlichen Praxis die Zustimmung des GStA zum Einstellungsantrag der StA zu fordern. Die Entschließung, ob im Einzelfall angeklagt werden soll oder nicht, muss dagegen *zunächst* von dem sachbearbeitenden StA ausgehen. Nur er kennt den Fall in allen Einzelheiten und ist daher zu einer derartigen Entschließung in der Lage. Der GStA mag dann zwar das Recht haben, die Zustimmung zum Einstellungsantrag zu *versagen*.

Es wäre aber m.E. nicht sachgerecht, einer höheren Stelle – sei es einem Gericht oder dem GStA – die Befugnis einzuräumen, ein Verfahren *gegen* den Willen des Sachbearbeiters einzustellen oder eine derartige Einstellung herbeizuführen. Im Grunde muss m.E. die erstrebte Lösung oder die zu erstrebende Lösung generell eine ähnliche Handhabe bieten, wie sie jetzt § 47 Abs. 2 MilStGB gibt, mit folgenden Modalitäten: Einmal ohne die Beschränkung auf diejenigen Personen, die dem MilStGB unterstanden, zweitens ohne die strengen Voraussetzungen eines Befehls in Dienstsachen, an deren Stelle m.E. ein Handeln im Rahmen von Seiten höherer Stelle angeordneter nationalsozialistischer Gewaltverbrechen treten könnte, und drittens mit einer zusätzlichen Einschränkung, die wenigstens in groben Zügen den Kreis der peripheren Beteiligten umreißt."

OStA Dr. Gierlich (Köln) erklärte, der Schwerpunkt der Diskussion solle auf der Frage liegen, ob es überhaupt nötig sei, dass der Gesetzgeber Möglichkeiten schaffe, von der Verfolgung sog. „kleiner Täter" abzusehen.

MinRat Roth gab hierzu den Inhalt der Gesetzentwürfe des Bundestagsabgeordneten Dr. Güde und des Landes Baden-Württemberg bekannt. Der *Entwurf* des *Abg. Dr. Güde* hat folgenden Wortlaut:

§ 3. Verfahrensvorschriften (1) Hat ein Strafverfahren Straftaten zum Gegenstand, die in der Zeit vom 30.1.1933 bis zum 31.7.1945 begangen worden sind, so gelten folgende besonderen Vorschriften:

1. Der StA erhebt die öffentliche Klage durch Einreichen einer Anklageschrift nur dann, wenn dringender Tatverdacht besteht. Das Gericht lässt die Anklage nur bei dringendem Tatverdacht zu. – 2. Hat der Beschuldigte bei Begehung der Tat in untergeordneter Stellung Anweisungen oder Befehle von Vorgesetzten befolgt und ist seine Schuld im Hinblick auf seine beschränkte Entschlussfreiheit erheblich gemindert, so kann der GStA beim OLG mit Zustimmung des OLG anordnen, dass von der Erhebung der öffentlichen Klage abzusehen ist. – 3. Ist die Klage bereits erhoben, so kann das OLG mit Zustimmung des GStA beim OLG das Verfahren bis zum Beginn der HV oder – wenn die HV unterbrochen oder ausgesetzt ist – unter den in der Nr. 2 bezeichneten Voraussetzungen durch Beschluss einstellen. – 4. Im

Revisionsverfahren tritt für die Entscheidung nach der Nr. 3 an die Stelle des OLG der BGH. Er bedarf zur Einstellung des Verfahrens nicht der Zustimmung der StA. – 5. In Fällen der Nrn. 2 bis 4 ist die Nebenklage und ein Antrag nach § 172 StPO nicht zulässig.

Der *Entwurf des Landes Baden-Württemberg lautet:*

§ 2 a. Verfahrensvorschriften. Hat ein Strafverfahren Straftaten zum Gegenstand, die in der Zeit vom 30.1.1933 bis zum 31.7.1945 begangen worden sind, so gelten folgende besonderen Vorschriften:

1. Hat der Beschuldigte a) bei Begehung der Tat in untergeordneter Stellung nicht aus eigenem Antrieb, sondern auf Anweisung oder auf Befehl von Vorgesetzten handelt, ohne nach Art und Umfang darüber hinausgegangen zu sein, und ist seine Schuld im Hinblick auf seine beschränkte Entschlussfreiheit erheblich gemindert, oder b) ist die selbständige Verantwortung des Beschuldigten im Hinblick auf seine Dienststellung und die Art oder das Maß seiner Beteiligung an den ihm zur Last gelegten Taten verhältnismäßig gering, so hat der GStA beim OLG mit Zustimmung des OLG anzuordnen, dass von der Erhebung der öffentlichen Klage abzusehen ist.

2. Ist die Klage bereits erhoben, so stellt das OLG mit Zustimmung des GStA beim OLG das Verfahren bis zum Beginn der Hauptverhandlung oder – wenn die Hauptverhandlung unterbrochen oder ausgesetzt ist – unter den in der Nr. 1 bezeichneten Voraussetzungen durch Beschluss ein.

3. Im Revisionsverfahren tritt für die Entscheidung nach der Nr. 2 an die Stelle des OLG der BGH. Er bedarf zur Einstellung des Verfahrens nicht der Zustimmung der StA.

4. In den Fällen der Nrn. 1 bis 3 ist die Nebenklage und ein Antrag nach § 172 StPO nicht zulässig.

5. Durch die Gesetzgebung eines Landes, in dem mehrere OLG errichtet sind, können die Aufgaben, die nach den Nrn. 1 und 2 den OLG und den bei diesen bestehenden StA zugewiesen sind, ausschließlich einem der OLG und der bei diesem bestehenden StA oder an deren Stelle dem obersten Bundesgericht und der bei diesem bestehenden StA übertragen werden.

OStA Dr. Gierlich (Köln) bemerkte anschließend, es sei gefährlich und unzweckmäßig, die vorgesehenen Regelungen zu treffen. Man rede in der Öffentlichkeit vom „kleinen Täter“ und weise auch darauf hin, dass vielfach kein aktuelles Sühnebedürfnis bestehe. Bei diesen Überlegungen würden aber die Taten und die Opfer vergessen. Wenn man sich frage, wer denn ein „kleiner Täter“ sei, so könne es nur derjenige sein, der auf Befehl im Sinne des MilStGB gehandelt habe. Wer Ermessensspielraum gehabt habe, sei nicht als „kleiner Täter“ anzusehen. Wenn man von dieser Abgrenzung ausgehe, komme man mit § 47 MilStGB aus. Es sei auch so, dass im Hinblick auf die gegebene Abgrenzung der in Frage kommenden Personenkreis gering sei. Schließlich bestehe ja auch die Möglichkeit des Gnadenweges. – OstA Dr. Gierlich wies darauf hin, dass man bei einer gesetzlichen Regelung im Sinne eines der zitierten Entwürfe Gefahr laufe, im Ausland jeden Kredit zu verlieren.

EStA Jordan (Dortmund) erklärte, es sei begründet, wenn Güde auf das Erfordernis des dringenden Tatverdachts hinweise; denn es gebe eine ganze Reihe von Fällen, in denen eine Anklage auf schmaler Basis stehe. – Der Fall der Krankenschwestern in München beweise, dass § 47 MilStGB nicht ausreiche. – Man müsse berücksichtigen, dass viele „Nebentäter" damals 20–21 Jahre alt gewesen seien. Ihre Erziehung habe sie den schmalen Grat zwischen Recht und Unrecht nicht erkennen lassen.

EStA Trips (Karlsruhe) widersprach ebenfalls OStA Dr. Gierlich und trat für eine gesetzliche Regelung zugunsten der „kleinen" Beschuldigten ein. Anderenfalls sehe er eine Gefahr für die Gerechtigkeit und den Gleichbehandlungsgrundsatz.

EStA Dr. Höffler (Bremen) äußerte sich sodann zur Frage der Unterscheidung zwischen hinreichendem und dringendem Tatverdacht. Aus Literatur und Gesetzesmaterialien ergebe sich, dass der Begriff des „dringenden" Tatverdachts nicht fest umschrieben sei, sondern sich im Laufe des Verfahrens wandle. Aus den Gesetzesmaterialien zur StPO sei ersichtlich, dass die damaligen Ausschüsse unabhängig voneinander mit „hinreichendem" und „dringendem" Tatverdacht jeweils etwa dasselbe hätten ausdrücken wollen.

OStA Schüle erklärte, beim Lesen der Einstellungsverfügungen, soweit sie zur Kenntnis der ZSt. gelangten, entstehe der Eindruck, dass manchmal mit einem gewissen „Dreh" versucht werde, aus einem Gewissenskonflikt herauszukommen. Deshalb trete er für eine gesetzliche Regelung ein, auch wenn nur ein einziger Fall dafür Anlass wäre. Ein derartiger Schritt diene auch der Glaubwürdigkeit unserer Arbeit in der Öffentlichkeit. Man könne auch schwerlich die Täter mit Befehlsgewalt überführen, wenn man die kleinen Täter nicht ausscheiden könne.

EStA Pries (Kiel) fügte hinzu, man komme nicht umhin, dass § 47 MilStGB nicht in allen Fällen helfe. Aus Gründen der Gleichbehandlung aller Täter müsse eine legale Möglichkeit der Hilfe geschaffen werden.

EStA Selle (Berlin) entgegnete, er sehe keine Möglichkeit festzulegen, wer ein „kleiner Täter" sei. Die Entscheidung sei vom Einzelfall abhängig.

StA Kraemer (Hamburg) bemerkte, er müsse OStA Dr. Gierlich zur Seite treten. Die über Notstand, Putativnotstand und § 47 MilStGB gegebenen Möglichkeiten seien ausreichend. Die angestrebte gesetzliche Regelung sei gefährlich. Jeder werde sich darauf berufen, ein „kleiner Täter" zu sein. Es sei auch eine Illusion zu glauben, das Gesetz sei für den StA eine Hilfe. Die Entscheidung falle letztlich doch wieder auf den Sachbearbeiter zurück. Er trete dafür ein, die bisherigen Möglichkeiten als Grundlage für Einstellungen bei „kleinen Tätern" zu nutzen.

StA Joachim (Lübeck) schnitt die Frage an, was bei der gesetzlichen Regelung mit den „kleinen Tätern" geschehe, die bereits verurteilt seien. Diese müssten logischerweise dann Straferlass erlangen.

EStA Frank (Coburg) führte aus, man dürfe nicht von Zweckmäßigkeitsfragen ausgehen, sondern vom rechtsstaatlichen Denken. Deshalb sei eine gesetzliche Regelung erforderlich, auch wenn sie mit Schwierigkeiten verbunden sei.

OStA Witschel (Bamberg) hielt ebenfalls eine gesetzliche Regelung für dringend erforderlich. Er wies darauf hin, dass man § 153 StPO durch die Worte „und

Verbrechen“ ergänzen könne. Natürlich solle auf die Möglichkeiten eines Gnadenerweises im Einzelfall nicht verzichtet werden. Es gehe jedoch nicht an, dass man mit Rücksicht darauf Anklagen erhebe und die Lösung dann dem Gnadenverfahren überlasse.

StA Plath (Flensburg) trat dafür ein, zugunsten bestimmter Täterkreise § 47 Abs. 2 MilStGB analog anzuwenden.

Gerichtsass. Dr. Bayerlein (München) äußerte Bedenken gegen eine analoge Anwendung des § 47 MilStGB. Einmal sei es eine Spezialvorschrift, zum anderen habe er auch Bedenken wegen der bei einer Analogie notwendigen Gleichartigkeit der Situation. Es habe z.B. bei den an den Euthanasie beteiligten Krankenschwestern kein militärisches Abhängigkeitsverhältnis bestanden.

OStA Dr. Gierlich (Köln) wies nochmals darauf hin, dass er aus rechtsstaatlichen Erwägungen gegen ein gesetzliches Ausnahmerecht sei. Er frage sich, ob nicht eher eine Amnestie anzustreben sei; denn die angestrebte Regelung laufe auf eine versteckte Amnestie hinaus.

OStA Schüle bemerkte dazu, es sie häufig erst in der Hauptverhandlung erkennbar, ob jemand ein kleiner Täter sei. Das spreche gegen eine Amnestie.

StA Pfeufer (Köln): Es komme bei der angestrebten Regelung, nach der die GStA über die Einstellung befinden sollen, auf die Mentalität des jeweiligen GStA an. Es müsse aber eine bundeseinheitliche Handhabung erreicht werden. Er denke dabei an die Möglichkeit, die Entscheidung über die Einstellung der ZSt. in Ludwigsburg zu übertragen.

StA Dr. Klass (Mannheim) erwiderte, es sei kein Wunder, dass sich insbesondere diejenigen Herren, die ausschließlich oder in erster Linie mit KL-Verfahren befasst seien oder gewesen seien, *gegen* eine Lockerung des Verfolgungszwanges ausgesprochen hätten. Seines Erachtens beruhe das auf zwei Gesichtspunkten: Einmal darauf, dass sich in den KL-Verfahren wohl am wenigsten der Typ des peripheren Beteiligten oder des „kleinen Täters“ finde, und zum anderen darauf, dass in diesen Fällen *immer* die Möglichkeit des § 47 Abs. 2 MilStGB, als des Absehens von Strafe in Fällen geringer Schuld, gegeben sei. Das Problem der Auflockerung des Verfolgungszwanges sei dagegen am weitaus aktuellsten dort, wo diese Möglichkeit des § 47 Abs. 2 MilStGB nicht besteh. Der in Betracht kommende Personenkreis sei sicher kleiner als die Hälfte oder ein Drittel aller NS-Täter, aber es sei kein unerheblicher Personenkreis: Es sei der Selbstschutz, es seien die Verwaltungsbeamten, es sei das Pflegepersonal in den Krankenanstalten, und es handle sich auch im Angehörige der SS und Polizei in Bezug auf Taten vor dem 30.11.1939. Dieser Ausgangspunkt bringe es seines Erachtens mit sich, dass die Regelung möglichst *nicht* eine völlige Neuregelung sein, etwas völlig Neues bringen solle, sondern sich nach Möglichkeit anschließen solle an bereits bestehende Rechtseinrichtungen. Die Möglichkeit der analogen Anwendung des § 47 Abs. 2 MilStGB bei der jetzigen Rechtslage, also ohne Gesetz, scheide sicher aus, und zwar aus den Gründen, die der Kollege aus München vorgetragen habe und die durchaus überzeugend seien. Aber durch das Gesetz könne eine ähnliche Regelung geschaffen werden, wie sie in § 47 Abs. 2 MilStGB enthalten sei, unabhängig vom Befehlsrecht, also anwendbar auf NS-Täter aller Gruppen. Dieser Lösungsvorschlag hätte s.E. gegenüber den jetzigen Gesetzesentwürfen ganz erhebliche Vorteile. Und auch die andere Lösungsmöglichkeit, die hier in der Diskussion zum ersten Mal aufgetaucht sei, nämlich § 153 Abs. 2 StPO schlechthin auch für Verbrechen anwendbar zu erklären, sei durchaus diskutabel. Diese Möglichkeit hätte den unschätzbaren Vorteil, dass kein Sonderstatus für NS-Täter geschaffen würde. Sie setze allerdings – auf Seiten des Gesetzgebers und auf Seiten der Landesjustizverwaltungen – ein ganz erhebliches Maß an Vertrauen in die einzelnen StA und die Richter voraus.

Anschließend referierte *StA Kühn* (Mannheim) über *„Verjährung bei Exzesstätern:* Am vergangenen Mittwoch während meines Urlaubs habe ich zu meiner nicht großen Freude – Sie werden das verstehen – gehört, dass ich Ihnen heute über das Thema ‚Verjährung bei Exzesstätern' kurz referieren soll. Deshalb erbitte ich Ihr Verständnis dafür, dass Sie von mir kein tiefschürfendes und die Problematik voll ausschöpfendes Referat erwarten können, vor allen Dingen nicht erwarten dürfen, dass am Ende meines Referats Thesen stehen. Nur Fragen will ich stellen und meine eigene Auffassung bewusst zurückhalten. – Drei Fälle möchte ich voranstellen, die in der Diskussion vielleicht eine Abgrenzung erleichtern.

Fall 1: Im Altreich wird ein Sexualmord begangen. Die umfangreichen Ermittlungen nach dem Täter verlaufen erfolglos. Der Kripo und StA ist ebenso wenig wie der Täter bekannt gewesen, dass das Opfer eine Jüdin war. Das Glaubensbekenntnis des Opfers war also weder für den Täter Beweggrund der Tat noch für die Strafverfolgungsbehörde Anlass, den Täter keiner Bestrafung zuzuführen, sondern für diese ausschließlich der rein tatsächlichem Umstand der Nichtermittlung des Mörders.

Fall 2: Kurz nach Einmarsch der deutschen Truppen wird im September 1939 in einer Kleinstadt im ehemaligen polnischen Korridor eine Jüdin ermordet. Sie pflog wechselnde Liebschaften und hatte u.a. auch mit dem Vater des Täters intime Beziehungen, weshalb es zwischen Vater und Mutter häufig zu Spannungen gekommen war. Deshalb erklärte die Mutter ihrem Sohn nach der Besetzung des Gebietes, er solle das Mädchen ‚irgendwie beiseiteschaffen'. Dieser (ein Volksdeutscher, der nicht einmal dem Selbstschutz angehörte) überwindet seine anfänglichen Bedenken gegen eine Tötung, nachdem er einen Selbstschutzführer in einer Ansprache erklären hört, es sei an der Zeit, die Juden restlos zu beseitigen. Ob wegen der Tat Strafanzeige erstattet oder von den örtlichen Polizeibehörden Ermittlungen geführt worden sind, ist unbekannt.

Fall 3: Ein Angehöriger einer Sipo-Außendienststelle in Galizien, der bei ‚Aussiedlungsaktionen' und auch bei Massenexekutionen von Juden an Ort und Stelle als Schütze teilgenommen hat, fordert außerhalb einer solchen Aktion von einem Judenratsmitglied für sich persönlich Wertsachen. Aus Verärgerung darüber, dass er das Verlangte nicht auf der Stelle bekommt und um seiner fortbestehenden Forderung Nachdruck zu verleihen, erschießt er die Tochter des Judenratsmitgliedes spontan an Ort und Stelle. – Bei meinen Überlegungen will ich die Ahndungsgesetze der Länder zunächst außer Betracht lassen, weil es einmal nicht in allen Ländern solche Gesetze gibt (Berlin), zum anderen nicht alle Ahndungsgesetze eine generelle Hemmung der Verjährung bis zum 8.5. bzw. 30.6.1945 festsetzen (nämlich die Gesetze der ehemals französisch besetzten Zone: Rheinland-Pfalz, Südbaden und Württemberg-Hohenzollern). Schließlich aber auch, weil die Rechtsprechung (BVerfGE 1/148, BGHSt 18/367 = NJW 63, 1627) davon ausgeht, das Ruhen der Verjährung primär aus § 69 StGB herzuleiten sei – auch dort, wo Ahndungsgesetze zu Gebote stehen.

Sie wissen, dass sich die Rechtsprechung der Anwendung des § 69 StGB auf die NS-Gewaltverbrechen einer Analogie bedient, indem aus dem Grundgedanken des Gesetzes gefolgert wird, der ‚gesetzlichen Vorschrift' i.S. des § 69 Abs. 1 StGB müsse der ‚als Gesetz geachtete Führerwille' gleichgestellt werden. In dem Urteil des 1. Strafsenats vom 2.10.1962 (BGHSt 18/38 = NJW 62, 2308) heißt es: ‚Es kommt nicht darauf an, ob die Tat überhaupt aufgedeckt war, ob beim Unterbleiben einer Strafanzeige möglicherweise auch andere Erwägungen eine Rolle spielten oder ob von hoher Hand in ein bereits eingeleitetes Strafverfahren eingegriffen wurde, sondern allein darauf, ob der als Gesetz eingeschätzte ‚Führerwille' der Strafverfolgung ... objektiv entgegenstand.'

Und in der Entscheidung vom 28.5.1963 (NJW 62, 1627 = BGHSt 18/367) wiederholt der 1. Strafsenat: ‚Es kann vielmehr bloß darauf ankommen, ob es sich im Einzelfall um eine Straftat handelt, deren Verfolgung der als Gesetz geachtete ‚Führerwille' objektiv entgegenstand.' Danach muss also in jedem Einzelfall festgestellt werden, ob der Strafverfolgung ein ‚Führerwille' objektiv entgegenstand. Was aber ist unter diesem Begriff zu verstehen? Welche Anforderungen sind an den Nachweis eines solchen Willens zu stellen und welche Willensäußerungen sind unter diesen Begriff zu subsumieren? Mir drängen sich folgende zwei Alternativfragen auf:

1. a) Bedarf es des Nachweises eines *Befehls* (Geheimerlass oder dgl.) des Führers, eine bestimmte Personengruppe umzubringen oder einer *Anordnung,* an Angehörigen einer solchen Gruppe begangene Taten nicht zu verfolgen? oder b) Kann aus der stillschweigenden Duldung der von der nationalsozialistischen Organisationen begangenen Verbrechen und dem Untätigbleiben der Verfolgungsbehörden ihnen gegenüber ein Führerwille in dieser Richtung vermutet werden ohne Rücksicht darauf, ob das Untätigbleiben tatsächlich einem schriftlich oder mündlich ausgesprochenen ‚Führerwillen' entsprach? – Und

2. a) Ist ein ‚Führerwille' nachweisbar, genügt dann der generelle Wille, eine bestimmte Personengruppe umzubringen, zur Feststellung des Ruhens der Verjährung? – Oder b) muss der insoweit bestehende Wille auf seinen *Umfang* (etwa: welcher Täterkreis durfte straflos töten, unter welchen Voraussetzungen durfte das geschehen) ausgelotet werden?

Die Entscheidungen des BGH ergeben zu diesen Fragen, soweit ich sehe, unmittelbar nichts. Allenfalls könnte man aus den zugrunde liegenden Sachverhalten eine Antwort herauszulesen versuchen. Sie könnte der zu dem Urteil des 1. Strafsenats vom 2.10.1962 in NJW 62, 2308 mitgeteilte Sachverhalt auf die Alternativen 1 b) und 2 a) hinweisen. In jenem Fall hatte im Frühjahr 1942 in Russland der Feldwebel einer Sanitätskompanie einem ihm untergebenen Gefreiten befohlen, einen ‚allgemein als Juden angesehenen Kriegsgefangenen', der bei der Kompanie als Dolmetscher eingesetzt war, zu erschießen, weil er diesen für einen Spion hielt. Der BGH ist hier weder auf die Frage eingeganen, ob der auf die ‚Judenvernichtung' gerichtete ‚Führerwille' sich auch auf lediglich als Juden *angesehene* Personen erstreckte, noch darauf, ob trotz des generellen Vernichtungswillens Hitlers hinsichtlich der Juden die Stellung und der Aufgabenbereich des Täters (Sanitätskompanien waren sicherlich nicht mit der Durchführung der ‚Endlösung der Judenfrage' beauftragt) bei der Beurteilung eine Rolle spielten.

Hinsichtlich der Alternativen zu Frage 1 muss jedenfalls darauf hingewiesen werden, dass bei der Alternative b) unversehens aus dem *als Gesetz* ‚eingeschätzten', ‚geachteten' (tatsächlich vorhandenen) Führerwillen ein vom *Täter* oder der *Strafverfolgungsbehörde* (möglicherweise sogar irrtümlich) angenommener, *vermuteter* ‚Führerwille' wird. Einen solchen bloß vermuteten Führerwillen wird man gewiss dann nicht mehr der ‚gesetzlichen Vorschrift' i.S. des § 69 StGB gleichsetzen können, wenn es nachweislich einen solchen ‚Führerwillen' nicht gegeben hat.

Aus der Sicht meiner Frage 1 wäre in meinen drei Beispielsfällen das Ruhen der Verjährung auf jeden Fall festzuhalten; denn der Wille Hitlers, die Juden zu ‚vernichten', steht ohne jeden Zeifel fest. Insoweit beginnen die Schwierigkeiten erst, wenn man anstelle der jüdischen Opfer Angehörige einer anderen Volks-, Rassen- oder Religionsgruppe setzt. Ebenso wichtig erscheint mir die Frage 2. Ich habe in meinen drei Beispielsfällen absichtlich Juden als Opfer angenommen, weil hinsichtlich der angeordneten ‚Judenausrottung' genauere Anordnungen der NS-Machthaber über die Durchführung bekannt sind.

Vielen von Ihnen werden aus der Praxis Fälle bekannt sein, in denen SS- oder Polizeiangehörige wegen der Ermordung von Juden bestraft worden sind, nämlich dann, wenn es sich im Einzelfall um eine Exzesstat handelte. Darauf möchte ich hier nur hinweisen. Zitieren möchte ich zwei Befehle Himmlers, die Buchheim in seinem Ihnen unlängst wohl allen zugegangenen Gutachten („Das Problem des Befehlsnotstandes bei den vom nationalsozialistischen Regime befohlenen Verbrechen in historischer Sicht", S. 60 u. 74) mitgeteilt hat. In dem SS-Befehl Himmlers vom 16.8.1935 heißt es: ‚1. Ich verbiete aufs Schärfste jede Einzelaktion irgendeines SS-Angehörigen gegen Juden. – 2. Die Lösung der Judenfrage ist, wie auch bisher die Lösung aller Fragen, eine Sorge des Führers und nicht eine Sorge von Einzelnen. – 3. Zuwiderhandlungen, auch in der leisesten Form, werden mit der Ausstoßung aus der SS bestraft.'

Der Entscheid Himmlers vom Herbst 1942 auf Anfrage des Hauptamtes SS-Gericht lautet: ‚Maßgebend für die Frage, ob und welche Bestrafung bei Judenerschießungen ohne Befehl und Befugnis zu erfolgen hat, sind die Beweggründe: 1. Bei rein politischen Motiven erfolgt keine Bestrafung, es sei denn, dass die Aufrechterhaltung der Ordnung eine solche erfordert. Ist letzteres der Fall, dann kann je nach Lage des Falles gerichtliche Verurteilung aus § 90 oder § 79 MilStGB oder aber disziplinare Ahndung stattfinden. – 2. Bei eigensüchtigen oder sadistischen bzw. sexuellen Motiven erfolgt gerichtliche Ahndung, und zwar ggf. auch wegen Mordes bzw. Totschlags.'

Gewiss: Der Wortlaut der Befehle zeigt in diesen Fällen, dass ihr Grund in der Sorge um die ‚Disziplin' in der SS und Polizei zu suchen ist, nicht in der Erkenntnis, dass es sich um Verbrechen des Mordes oder Totschlags handelt. Immerhin zeigen doch diese Befehle, dass selbst die NS-Organisationen, die an sich vornehmlich mit der Durchführung des ‚Endlösung' betraut waren, bei der Ausführung gewissen Schranken unterlagen. Jedenfalls ergibt sich hieraus m.E., dass selbst der auf Tötung der Juden gerichtete ‚Führerwille' nicht jeder Verfolgung eines Judenmordes entgegenstand, er vielmehr, was die Durchführung anbelangt, hinsichtlich verschiedener Merkmale abgegrenzt und eingeengt war. So gesehen, wird zumindest in meinen Beispielsfällen 1 und 2 fraglich, ob der Verfolgung der Taten wirklich der ‚Führerwille' entgegenstand.

Wenn es nun bei der Anwendung des § 69 StGB Schwierigkeiten geben würde, so ist immer noch ein Ausweichen auf die Ahndungsgesetze möglich. Ich darf hier nur beispielsweise das Württ.-Bad. Gesetz Nr. 28 vom 31.5.1946 zitieren, in dessen Art. 1 es heißt: ‚Verbrechen und Vergehen, insbesondere Verbrechen und Vergehen, die mit Gewalttaten und Verfolgungen aus politischen, rassischen oder religionsfeindlichen Gründen verbunden sind und die während der nationalsozialistischen Gewaltherrschaft aus politischen, rassischen oder religionsfeindlichen Gründen nicht bestraft wurden, sind zu verfolgen, wenn Grundsätze der Gerechtigkeit, insbesondere die Gleichheit aller vor dem Gesetz, die nachträgliche Sühne verlangen.'

In diesen Gesetzen ist also nicht der Führerwille – jedenfalls nicht allein und primär – maßgebend, sondern dass eine Bestrafung aus den aufgeführten Gründen unterblieb. Ob Hitler von hoher Hand oder irgendeine NS-Instanz die Aburteilung verhinderte, spielt dabei keine Rolle.

Ich will Ihnen nun offenbaren, dass mein Beispielsfall 2 sich tatsächlich zugetragen hat. Der BGH hat dazu in seinem Urteil vom 10.11.1964 (5 StR 418/64, unveröffentlicht) ausgeführt: ‚Die Revision bekämpft ferner erfolglos die Anwendung des Art. 1 § 1 der VO zur Beseitigung nationalsozialistischer Eingriffe in die Strafrechtspflege vom 23.5.1947 (VOBlBrZ S. 65). „... Die vom Angeklagten in der zweiten Hälfte des Monats September 1939 getötete Jüdin M.E. wurde in der kleinen polnischen Stadt V. bald vermisst. Man sprach darüber und brachte den Angeklagten mit ihrem Verschwinden in Verbindung. Trotzdem wurde er nicht verfolgt. Es gab damals zwar in V. zunächst nur einen vorläufigen deutschen Bürgermeister und einen deutschen Selbstschutz, eine bürgerwehrähnliche Hilfspolizeitruppe, die anfangs dem Bürgermeister und später einem SS-Standartenführer in der Kreisstadt unterstand. Aus dem Urteil geht aber weiter hervor, dass ‚sich im Oktober/November 1939 die Verhältnisse in V. wieder normalisierten und deutsche Polizei für Ordnung sorgte'. Seitdem bestand also die Möglichkeit einer ordnungsmäßigen Strafverfolgung. Nach der Überzeugung des Senats unterblieb sie, weil unter der nun in V. eingesetzten nationalsozialistischen Herrschaft weder eine Privatperson ein Interesse und den Mut hatte, eine Strafanzeige wegen der Tötung einer Jüdin zu erstatten, noch die örtliche Polizei, wenn sie von dem Verdacht eines solchen Verbrechens Kenntnis erhalten haben sollte, einen Grund sah, ihm von

Amts wegen nachzugehen. Die Tat ist daher i.S. des Art. 1 § 1 der VO vom 23.5.1947 aus politischen Gründen nicht bestraft worden'."

Warum leitet der BGH hier plötzlich wieder das Ruhen der Verjährung aus dem Ahndungsgesetz des Landes her? Es wäre doch für den Senat ein Leichtes gewesen, statt seiner langen Ausführungen zum Landesahndungsgesetz lapidar zu sagen: ‚Es kann dahingestellt bleiben, ob die Verordnung vom 23.5.1947 hier anwendbar ist, denn das Ruhen der Verjährung ergibt sich schon aus § 69 StGB'. Dem hätte nur hinzugefügt werden müssen, was der BGH in dem von mir geschilderten ‚Sanitäter-Fall' fast wörtlich gesagt hat: ‚Dass der als Gesetz eingeschätzte ‚Führerwille' der Strafverfolgung objektiv entgegenstand, kann angesichts der auf Hitlers Geheiß betriebenen planmäßigen Ausrottung der Juden keinem Zweifel unterliegen.' Wenn er das nicht tat, so könnte der Grund m.E. darin liegen, dass der Senat Bedenken hatte, hier mit dem der Strafverfolgung entgegenstehenden Führerwillen zu operieren. Zu gerne wüsste ich, was der Senat wohl gesagt hätte, wenn der Angeklagte zufällig statt in Niedersachsen etwa in Berlin gelebt hätte und deshalb in Berlin abgeurteilt worden wäre.

Damit komme ich zurück auf die Landesahndungsgesetze, die es – wie gesagt – nicht in allen Bundesländern gibt und die nicht in allen Ländern einheitliche Bestimmungen über die Verjährungshemmung enthalten. Aus dieser Tatsache drängt sich für mich die Frage auf, wann diese Gesetze im Einzelfall anwendbar sind. Dabei denke ich an die für uns häufigen Komplexverfahren. Wäre etwa ein solches Verfahren in Mannheim wegen im Ausland begangener Taten anhängig, wo wäre das Ahndungsgesetz wohl auf den in Mannheim wohnenden Beschuldigten anwendbar? Aber auch auf die in Berlin und Ludwigshafen lebenden Mittäter? Sofern ein Fall denkbar ist, in welchem das Ruhen der Verjährung nicht aus § 69 StGB herzuleiten ist, bekäme diese Frage aktuelle Bedeutung, denn dann müsste ein in Berlin geführtes Ermittlungsverfahren doch zumindest gegen den in Berlin wohnenden Täter wegen Verjährung eingestellt werden. Sollte dieselbe Tat, nur weil sich daraus ein Gerichtsstand des Sachzusammenhangs ergibt, die Tat des in Berlin wohnenden Beschuldigten nun nicht verjährt sein? Damit rühre ich an schwierige und umstrittene Probleme, auf die ich schon aus Zeitgründen nicht eingehen kann. Sie aber auch aus dieser Sicht zu überdenken, erscheint mir nützlich.

Sie sehen, meine Dame und meine Herren, ich habe Ihnen Fragen geliefert, vielleicht ergibt die Diskussion einige brauchbare Antworten."

StA Zippel (Berlin) stellte fest, dass sich das BVerfG bereits früh mit der Frage befasst habe. Es komme darauf an, ob die NS-Machthaber die Tat gefördert hätten oder ob es in ihrem Interesse gelegen habe, dass eine Tat nicht verfolgt würde. Bei den Selbstschutzfällen liege z.B. die Annahme nahe, dass der „Führerwille" der Strafverfolgung entgegen stand.

OStA Dr. Gierlich (Köln) stellte die Frage, ob das angeschnittene Problem noch von praktischer Bedeutung sei. Seiner Meinung habe es nur noch für Totschlagsfälle Bedeutung, in denen die Verjährung unterbrochen sei.

Gerichtsass. Dr. Bayerlein (München) entgegnete, das Problem sei noch aktuell. Er erläuterte es an einem Beispielfall. Dr. Bayerlein stellte fest, er habe zu der

Frage, wie es sei, wenn der „Führerwille“ irrtümlich angenommen worden sei, bisher nichts gefunden.

StA Warle (Frankfurt) stellte die Frage, welches Ahndungsgesetz im Einzelfall anzuwenden sei, wenn der Beschuldigte nicht in dem Land wohne, in dem das erkennende Gericht seinen Sitz habe.

MinRat Roth erwiderte, dass das Gericht jeweils nur das Gesetz seines Landes anzuwenden habe.

Es folgte ein Kurzreferat von *StA Hinrichsen* (ZSt.) über das Thema: *„Probleme der Schuld bei Ausführung eines verbrecherischen Befehls (§ 47 MilStGB), insbesondere: a) Nichterkennen des verbrecherischen Zwecks, obwohl wesentliche Umstände auf einen solchen hindeuten, b) Ausführung des Befehls trotz Erkennens des verbrecherischen Zwecks in der Annahme, der Befehl sei trotzdem bindend.*

Das Thema, das mir aufgegeben ist, ist nicht von der ZSt. vorgeschlagen worden. Soweit mir bekannt, kommt der Vorschlag, wenn ich so sagen darf, aus der Praxis. Ich verstehe auch durchaus, dass die angesprochenen Fragen in der Praxis Schwierigkeiten machen können. Indessen meine ich, dass diese Schwierigkeiten weniger auf rechtlichem als auf tatsächlichem Gebiet liegen, und dass sie letztlich nur im Einzelfall gelöst werden können. Ich fürchte deswegen, dass ich zur Behebung dieser Schwierigkeiten nicht viel werde beitragen können. Eher schon wird, wie ich glaube, der Erfahrungsaustausch in der Diskussion dazu von Nutzen sein können. Ich möchte deswegen meine Aufgabe mehr darin sehen, einen vorbereitenden Diskussionsbeitrag dadurch zu leisten, dass ich über die Rechtsprechung des BGH zu den angeschnittenen Fragen berichte. Dabei beschränke ich micht auf diejenigen Entscheidungen des BGH, die in der Sammlung ‚Befehlsnotstand‘ enthalten sind, und von denen ich annehmen darf, dass sie Ihnen leicht zugänglich sein werden.

Dem Militärstrafrecht waren, wie Ihnen bekannt ist, nicht nur die Angehörigen der Wehrmacht unterworfen, sondern – mit einigen Einschränkungen, die hier außer Betracht bleiben können – auch die Angehörigen der SS und der Polizei (vgl. „Mitteilungen über die SS- und Polizeigerichtsbarkeit“, Bd. I Heft 1 S. 2 ff. [amerikanisches Dokumentenmaterial Film III Bild 1092–1106] für die Rechtslage im Juli 1940; in der Folgezeit wurde die Zuständigkeit der SS- und Polizeigerichte und damit die Anwendbarkeit des Militärstrafrechts wiederholt erweitert. – Vgl. auch BGH in Sammlung „Befehlsnotstand“ D 15, 23, 30, 39.]).

Das trifft insbesondere auch für die weitaus meisten der Beschuldigten in NSG-Verfahren zu und ist hier von unmittelbarer praktischer Bedeutung vor allem im Hinblick auf § 47 MilStGB, dessen Abs. 1 ich in Erinnerung bringen darf. Er lautet: „Wird durch die Ausführung eines Befehls in Dienstsachen (zum Begriff „Befehl in Dienstsachen“ vgl. BGH in Sammlung Befehlsnotstand“ D 22, auch 28, 32, auszugsweise auch in „Zum Problem des sog. Befehlsnotstandes in NSG-Verfahren“ S. 27, Fn. 34) ein Strafgesetz verletzt, so ist dafür der befehlende Vorgesetzte allein verantwortlich. Es trifft jedoch den Untergebenen die Strafe des Teilnehmers 1. wenn er den erteilten Befehl überschritten hat, oder 2. wenn ihm bekannt gewesen ist, dass der Befehl des Vorgesetzten eine Handlung betraf, welche ein allgemeines militärisches Verbrechen oder Vergehen bezweckte.“

Hier interessiert die zweite Alternative, der Fall des verbrecherischen Befehls oder genauer: des Befehls, der ein Verbrechen oder Vergehen bezweckt. Ich weiß nicht, was den Gesetzgeber bewogen haben mag, hier ohne Not das Wort Zweck zu verwenden. Aber jedenfalls ist darunter ‚nicht zu verstehen, dass der strafrechtswidrige Erfolg der anbefohlenen Handlung oder gar deren Rechtswidrigkeit Beweggrund oder Endzweck des Befehls gewesen sind' (BGH, aaO., D 21 [Bl. 4]).

Verbrecherisch im Sinne von § 47 MilStGB ist ein Befehl vielmehr schon dann – soweit ich sehe, gibt es darüber wohl auch keine Meinungsverschiedenheiten –, wenn die befohlene Handlung den Tatbestand eines Verbrechens oder Vergehens erfüllt. – Ob ein Befehl objektiv verbrecherisch ist, ist bei den eigentlichen NS-Gewaltverbrechen wohl nur selten zweifelhaft. Eher schon wird sich die Frage bei Kriegsverbrechen stellen (z.B. bei Repressalien). Wo sich die Frage nach dem verbrecherischen Zweck des Befehls stellt, wird man naturgemäß auch schwerlich nachweisen können, dass der Befehlsempfänger den verbrecherischen Zweck erkannt hat, wie es § 47 Abs. 1 Satz 2 Nr. 2 MilStGB verlangt.

Diese Unrechtskenntnis setzt aber ‚nicht etwa eine juristisch qualifizierte Kenntnis voraus' (BGH, aaO., D. 24 [Bl. 2], auch 29 [Bl. 1], 31 [Bl. 4]). Es genügt vielmehr, „wenn der Untergebene in seiner Vorstellungs- und Begriffswelt aufgrund der ihm eigenen und geläufigen Denkweise zu dem Bewusstsein durchgedrungen ist, dass die befohlene Handlung etwas Unrechts darstellt, dass sie „nicht in Ordnung" ist" (BGH, aaO., D 22 [Bl. 4]). Dieses Bewusstsein muss allerdings positiv vorhanden gewesen sein. ‚Ein bloßer Zweifel an der Rechtmäßigkeit genügt ebenso wenig wie es ausreicht, dass der Untergebene den verbrecherischen Zweck hätte erkennen können oder müssen. Befand sich der Angeklagte in einem – wenngleich vermeidbaren – Irrtum über den verbrecherischen Befehlszweck, so ist er nach § 47 Abs. 1 Nr. 2 MilStGB strafrechtlich nicht verantwortlich.' (BGH, aaO., D 33 [Bl. 2]).

Das ist recht eigentlich auch schon die ganze Antwort auf die Rechtsfrage, die der erste Teil des mir aufgegebenen Themas aufwirft. Ich darf aber noch Folgendes hinzufügen: Im Irrtum über den verbrecherischen Befehlszweck befand sich der Untergebene nicht etwa schon dann, wenn er sich darauf verließ, „dass der Befehl von einer höheren Stelle kam, die im nationalsozialistischen Staate die Macht hatte, solche Vernichtungsaktionen anzuordnen, sie durchzusetzen und jede strafgerichtliche Verfolgung zu verhindern. An die Rechtmäßigkeit glaubte der Angeklagte vielmehr erst dann, wenn er annahm, der Befehl widerspreche trotz seines ungeheuerlichen Inhalts nicht der *Rechts*ordnung" (BGH, aaO., D 33 [Bl. 2]).

Den Untergebenen trifft hier eine gewisse Prüfungspflicht, über die der BGH sagt: „Es wird ihm also zugemutet, sich mit den Mitteln seiner Vorstellungs- und Begriffswelt und aufgrund der ihm eigenen und geläufigen Denkweise den Zweck vorzustellen, den der Befehlende mit seiner Anordnung verfolgt, und sich vor seinem Gewissen Rechenschaft darüber zu geben, ob das mit dem Befehl beabsichtigte Tun mit den Geboten des rechtlichen Sollens vereinbar oder nach der allgemeinen Rechtsüberzeugung Unrecht ist. Dazu gehört, dass der Untergebene innerlich dazu bereit ist, eine solche von den Werturteilen des Befehlenden unabhängige Befragung des *eigenen* Gewissens vorzunehmen. Diese innere Bereitschaft macht das Gesetz dem Untergebenen zur Pflicht. Wenn er auch die Befehle des Vorgesetzten nicht allgemein daraufhin zu untersuchen hat, ob sie auf die Ausführung von etwas strafrechtlich Verbotenem gerichtet sind (vgl. Schwinge, Anm. I zu § 47 MilStGB), so besteht eine solche Prüfungspflicht doch unzweifelhaft gegenüber solchen Befehlen, deren Ausführung gegen elementare Grundsätze menschlichen Zusammenlebens und gegen die allgemein anerkannten Vorstellungen von Recht und Unrecht verstoßen würde. In solchen Fällen zeigt es sich, dass § 47 Abs. 1 Satz 2 Nr. 2 MilStGB eine Ausnahme von dem Grundsatz aufstellt, dass eine Prüfung des Befehls auf seine Zulässigkeit durch den Untergebenen ausgeschlossen ist (vgl. *[Martin] Rittau,* MilStGB, Berlin 1941] Anm. 8 zu § 47 MilStGB; RMG 8, 140). Dieser Prüfungspflicht gegenüber konnte sich im Geltungsbereich des § 47 MilStGB ein Untergebener weder auf ein „allgemeines Absinken der Moral" (UA 39), noch darauf berufen, dass die Erziehung der Gestapo zu bedingungslosem Gehorsam „seinen Kritikwillen gegenüber Befehlen immer mehr" habe „erlahmen" lassen (UA 42). So hat auch der 1. Senat in seinem die Erschießung von Kriegsgefangenen behandelnden Urteil vom 22.4.1955 – 1 StR 653/54 – ausgesprochen, dass der Glaube an eine unbedingte Gehorsamspflicht gegenüber dem „Führer" den Befehlsempfänger nicht von der Verpflichtung entband, sich vor seinem Gewissen darüber Rechenschaft zu geben, ob das beabsichtigte Tun mit den Geboten des rechtlichen Sollens vereinbar war, und dazu auf BGHSt 2, 194 (201) verwiesen" (BGH aaO., D 29 [Bl. 2].

In derselben Entscheidung heißt es später: „Zu den Umständen, welche das Unrechtsbewusstsein der Angeklagten „erschüttert und verdunkelt" haben, gehört nach der Meinung des Schwurgerichts aus „die Verringerung der Achtung vor dem menschlichen Leben, die durch das Wüten der nationalsozialistischen Gewalthaber unterstützt' wurde. Wenn die Angeklagten sich etwa von Anfang an mit den nationalsozialistischen Machthabern identifizieren und ihr Wüten gegen das andersdenkende Volk freiwillig mitmachten, könnten sie sich nicht auf § 47 MilStGB mit der Begründung berufen, dass „dieser Umstand ihre Erkenntnis von der sittlichen Wertung des menschlichen Lebens erschüttert" habe und sie sich des verbrecherischen Zweckes der Exekutionsbefehle „nicht voll" bewusst gewesen seien. Wer nach Anlage, Herkunft und Erziehung früher in der Lage war, den Zweck eines Befehls als verbrecherisch zu erkennen, wird nicht durch § 47 Abs. 1 Nr. 2 MilStGB geschützt, wenn er – um politischer Ziele willen, die er gutheißt – zu einem bestimmten Zeitpunkt beschlossen hat, sich dem Willen eines anderen ausnahmslos unterzuordnen, einem „Führer" bedingungslosen Gehorsam zu versprechen, und deshalb die Stimme seines Gewissens gegenüber dessen Befehlen schlechthin ausschaltet" (BGH, aaO. D 29 [Bl. 3].

Das ist sicherlich ein interessanter und richtiger Gedanke. Für die Praxis wird er jedoch, wie ich fürchte, weniger ergiebig sein. Denn es wird sich schwerlich je feststellen lassen, dass ein Untergebener in diesem Sinne zu einem bestimmten Zeitpunkt beschlossen hat, bedingungslosen Gehorsam zu leisten. In diesem Zusammenhang darf ich in Erinnerung bringen, dass die Phrase vom ‚bedingungslosen Gehorsam' eine durchsichtige Zweckbehauptung ist. ‚Bedingungsloser

Gehorsam‘ wurde weder geschuldet noch verlangt. Ich habe schon früher in der Sammlung ‚Befehlsnotstand‘ darauf hingewiesen, dass z.B. die Anleitungen, die das Hauptamt SS–Gericht für die Belehrung der SS- und Polizeiangehörigen herausgab, jeweils ausdrücklich vermerkten, dass Befehle, die Verbrechen zum Gegenstand hätten, nicht befolgt werden dürften („Mitteilungen über die SS- und Polizeigerichtsbarkeit“ Bd. I Heft 5 [‚Pflichtenlehre‘] und Bd. II Heft 1 [‚Eine Stunde Dienstunterricht‘], vgl. Sammlung „Befehlsnotstand“ A 2 [Bl. 6 bzw. 11]).

In der Sammlung ‚Befehlsnotstand‘ finden Sie auch eine Entscheidung eines SS- und Polizeigerichts, in der § 47 Abs. 1 Satz 2 Nr. 2 MilStGB angewendet wurde, was unter der Annahme eines ‚bedingungslosen Gehorsams‘ schlechterdings unmöglich gewesen wäre (Sammlung „Befehlsnotstand“ A 5). – Die Möglichkeit, einem Befehlsempfänger den Schutz des § 47 MilStGB aus den oben zitierten Erwägungen zu versagen, scheint mir hiernach mehr theoretischer Natur zu sein. – In der Praxis führt regelmäßig kein Weg an der Notwendigkeit vorbei nachzuweisen, dass der Untergebene den verbrecherischen Zweck des Befehls erkannt hat. Das ist einfach, wenn der Untergebene diese Kenntnis einräumt. Das kann aber schwierig sein, wenn er diese Kenntnis bestreitet.

Am relativ einfachsten lässt sich dieser Nachweis führen, wenn der verbrecherische Zweck des Befehls offenkundig war. ‚Offenkundig ist, was jedermann bekannt ist. Die Offenkundigkeit würde den Schluss erlauben, dass die Rechtswidrigkeit der befohlenen Erschießungen auch dem Angeklagten ... bekannt war‘ (BGH, aaO., D 21 [Bl. 4]). – In diesem Fall, der die Erschießung der gesamten jüdischen Bevölkerung eines Ortes als Repressalie zum Gegenstand hatte, hat der BGH die Rechtswidrigkeit der Maßnahme als offenkundig bezeichnet, weil auch die Kinder in sie einbezogen wurden. Dieser Gesichtspunkt wird auch in anderen Verfahren vielfach verwendbar sein.

Aber auch aus anderen Umständen kann sich die Offenkundigkeit des verbrecherischen Befehlszwecks ergeben. So heißt es in einer Entscheidung, die die Deportation von Juden zum Gegenstand hatte: „Die Frage, ob ein an der Verschleppung Mitwirkender den Verbrechens- oder Vergehenszweck des Befehls kannte, hängt nach der Rechtsprechung des BGH bei mehr untergeordneten Beteiligten wesentlich auch von der Art und Weise der Durchführung der Zwangsverschickung und von dem eigenen Verhalten des Beteiligten ab, weil diese Umstände auf diese Kenntnis ein bezeichnendes Licht werfen können (vgl. BGH 1 StR 563/51 v. 29.1.1952, 3 StR 81/55 v. 18.5.1955). Selbst eine Freiheitsentziehung, die sich auf geschriebenes „Recht“ stützt, kann durch eine entwürdigende und unmenschliche Art der Durchführung dennoch für jedermann offensichtlich ihr wahres Wesen als staatliches Unrecht enthüllen. Erst recht kann dies zutreffen, wenn ein Beteiligter dabei selbst in verwerflicher Weise vorgeht ... Aus dem angefochtenen Urteil geht hervor, dass die jeweils betroffenen Juden ohne Rücksicht auf Alter, Gesundheit, Transportfähigkeit und Krankheit innerhalb kurzer Frist massenweise zusammengetrieben, aus ihren bisherigen Lebensbedingungen herausgerissen und in fremde Länder verschickt wurden, wo in keiner Weise für sie gesorgt war. Dabei wurde, wie das Urteil ebenfalls ergibt, in missachtender und menschenunwürdiger Weise mit ihnen verfahren, wovon die Angeklagten Kenntnis hatten und woran sie mitwirkten. ... Das Schwurgericht hat verantwortlich darüber zu befinden, welche Schlüsse diese Tatsachen auf die Unrechtskenntnis des einen oder anderen Angeklagten zulassen oder gebieten. Dabei hat eine umfassende Würdigung aller Umstände stattzufinden, die sich mit diesen Tatsachen gebührend auseinandergesetzt und ihrer Bedeutung gerecht wird" (BGH, aaO., D 25 [Bl. 2]; auch 20 [Bl. 2].

Was hier in Bezug auf Deportationen ausgeführt wird, hat in mindestens demselben Maße auch für Tötungsverbrechen zu gelten und wird bei diesem noch weit eher zur Feststellung der Unrechtskenntnis führen können. Es wird zwar gelegentlich so getan, als sei es eher eine seltene Ausnahme gewesen, dass ein Untergebener sich über Tötungsbefehle überhaupt irgendwelche Gedanken gemacht hätte, so dass dann auch die Unrechtskenntnis eine rare Ausnahme wäre. Eine solche Betrachtung erscheint mir indessen reichlich weltfremd. Auch zur damaligen Zeit war das Töten – außerhalb des eigentlichen Kampfgeschehens – keineswegs ein so alltäglicher Vorgang, dass nicht selbst ein Mensch mit nur primitiven Vorstellungen von Recht und Unrecht von der Frage nach der Berechtigung der Tötungsbefehle geradezu angesprungen worden sein muss. Man mag dem entgegenhalten, dass es Leute gibt, für die das Töten in der Tat ein alltägliches Geschäft war, etwa Angehörige der Einsatzkommandos oder der Vernichtungslager. Aber auch für sie war dieses Geschäft nicht von vornherein alltäglich. Auch sie standen zu irgendeinem Zeitpunkt erstmalig vor dieser Aufgabe und damit vor der Frage nach der *Recht*mäßigkeit derartiger Tötungsbefehle. Und gerade für sie kann die Antwort auf diese Frage nicht zweifelhaft gewesen sein. Denn wir können uns zwar nur unvollkommen vorstellen, wie es gerade bei diesen Massentötungen durch Einsatzkommandos und in Vernichtungslagern zugegangen ist, aber wir wissen doch immerhin einiges darüber, und man muss sich fragen, wie denn wohl die Vorstellungs- und Begriffswelt eines Menschen beschaffen gewesen sein müsste, der sich nicht nach der Rechtmäßigkeit dieser Befehle gefragt und der womöglich angenommen haben sollte, dass die nicht der Rechtsordnung widersprächen.

Gerade für die Massentötungen durch Einsatzkommandos und in Vernichtungslagern wird man deswegen in aller Regel – ohne dem Sachverhalt auch nur den mindesten Zwang anzutun – zu dem Ergebnis kommen können und müssen, dass der verbrecherische Befehlszweck offenkundig war und auch von den Befehlsempfängern erkannt worden ist. Bei anderen Massentötungen, wie etwa bei den massenhaften Erschießungen von Kriegsgefangenen in KZs, kann es kaum wesentlich anders sein, und soweit ich sehe, wird in der Rechtsprechung wohl auch regelmäßig so verfahren. (Es darf an dieser Stelle beiläufig noch auf Folgendes hingewiesen werden: Staatliches Töten vollzieht sich von je her und bis in die jüngste Zeit unter spezifischen, wenn auch je nach den Umständen wechselnden Förmlichkeiten, die dem Vorgang ein gewisses rituelles Gepräge geben und vielfach durch Reglement oder sachliche Notwendigkeit nicht hinreichend erklärbar sind [vgl. dazu (*[Hans] von Hentig*, Die Strafe, [Berlin] 1955, insbes. Bd. II)]. Solche Förmlichkeiten als gleichsam essentielle Elemente staatlichen Tötens entsprechen auch einer tief verwurzelten Vorstellung des Laien. Es ist bemerkenswert, dass derartige Förmlichkeiten nicht nur bei der Vollstreckung administrativ verhängter „Todesurteile" („Sonderbehandlung") gewahrt wurden, sondern selbst noch gelegentlich bei Massenexekutionen, so stellt das Urteil in der Strafsache gegen Fischer-Schweder u.a. [Az.: Ks 2/57 Schwurgericht Ulm] für einige der behandelten Massenexekutionen ausdrücklich fest, dass zuvor jeweils eine Art „Urteilsformel" verkündet worden sei. Es wird deswegen auch das Fehlen jeder derartigen Förmlichkeit bei [Massen- oder Einzel-]Tötungen als Indiz für die Offenkundigkeit des verbrecherischen Befehlszwecks gewertet werden können.)

Eher schon kann die Frage nach der Offenkundigkeit des verbrecherischen Befehlszwecks zweifelhaft sein bei Einzeltötungen, z.B. bei der ‚Sonderbehandlung' von – womöglich straffällig gewordenen – Fremdarbeitern, die im Allgemeinen in einer gewissen formalen Ordnung und vielfach sogar öffentlich vollzogen wurden. In diesen Fällen muss die Unrechtskenntnis individuell festgestellt werden. Dabei kommt es, wie bereits mehrfach zitiert, auf die Vorstellungs- und Begriffswelt des Untergebenen und auf die ihm eigene und geläufige Denkweise an. Eine so individuelle Prüfung bringt es mit sich, dass das Ergebnis selbst bei gleichartigem oder sogar demselben Sachverhalt unterschiedlich sein kann. Ein Jurist oder ein aktiver, mit Recht und Gesetz vertrauter Polizeibeamter wird den verbrecherischen Befehlszweck eher erkannt haben als etwa ein notdienstverpflichteter Stapo-Angehöriger oder ein Polizeireservist. Hier ist aber schon der Punkt erreicht, an dem sich das Problem genereller Betrachtung entzieht und nur noch die vom BGH verlangte ‚umfassende Würdigung aller Umstände' im Einzelfall, für die die zitierten Entscheidungen immerhin einige Hinweise geben mögen, zu einem Ergebnis führen kann.

Lässt sich nicht feststellen, dass der Untergebene den verbrecherischen Befehlszweck sicher erkannt hat, so ist er strafrechtlich nicht verantwortlich; etwaige Zweifel schlagen zugunsten des Untergebenen aus. Hat der Untergebene den verbrecherischen Befehlszweck erkannt, so trifft ihn die Strafe des Teilnehmers, die auch die Strafe des Mittäters sein kann (BGH, aaO., D 27, 31).

Eine weitere Möglichkeit eröffnet § 47 Abs. 2 MilStGB, der lautet: Ist die Schuld des Untergebenen gering, so kann von seiner Bestrafung abgesehen werden.

Diese Möglichkeit kann für die strafrechtliche Behandlung untergeordneter Befehlsempfänger in Betracht kommen, wie dies auch bereits in vorangegangenen Diskussionen wiederholt erörtert worden ist. Soweit ich sehe, ist davon aber durch ein Gericht bisher nur einmal Gebrauch gemacht worden (Strafsache gegen Laabe u.a. wegen Mordes – 8 Ks 3/62 Schwurgericht Bonn). Das Gericht hatte von der Bestrafung einiger Angeklagter deswegen abgesehen, weil nach seiner Auffassung selbst noch die angedrohte Mindeststrafe in krassem Missverhältnis zu der Schuld dieser Angeklagten gestanden haben würde. Die StA hatte dagegen die Auffassung vertreten, dass eine Vorschrift, die das Absehen von Strafe erlaubt, damit zugleich auch den Ausspruch einer geringeren als der gesetzlichen Mindeststrafe gestatte. Leider hat der BGH in seiner Revisionsentscheidung (BGH in Sammlung „Befehlsnotstand" D 44) zu allen diesen Fragen nicht Stellung genommen.

Der BGH brauchte das allerdings auch nicht, weil das Gericht übersehen hatte, dass es die Strafe aus dem Gesichtspunkt des (vermeidbaren) Verbotsirrtums, den es diesen Angeklagten zugebilligt hatte, hätte mildern und damit die angenommene Diskrepanz zwischen Schuld und Strafe hätte vermeiden können. Diese Möglichkeit, im Falle eines (vermeidbaren) Verbotsirrtums die Strafe entsprechend den Vorschriften über die Strafbarkeit des Versuchs zu ermäßigen (BGH, aaO., D 35 [Bl. 3], 42 [Bl. 4], 44), wird übrigens – wenn ich das hier einfügen darf – von den Gerichten des Öfteren übersehen.

Um ein *Problem des Verbotsirrtums* handelt es sich auch bei dem zweiten Teil des mir aufgegebenen Themas, nämlich bei der Ausführung eines als verbrecherisch erkannten Befehls in der Annahme, er sei trotzdem verbindlich. Diese Frage war bereits Gegenstand einer Entscheidung des BGH, so dass ich mich darauf beschränken kann, aus dieser Entscheidung zu zitieren; es heißt dort, nach § 47 Abs. 1 MilStGB sei „der Untergebene dann vor Strafe geschützt, wenn er den verbrecherischen Zweck des ihm erteilten Befehls verkannte, nicht aber auch dann, wenn er diesen zwar erkannte, gleichwohl aber glaubte, den Befehl ausführen zu müssen, weil er aus einer falsch verstandenen Gehorsams- oder Treuepflicht auch Befehle für bindend hielt, die ihm die Begehung von Verbrechen oder Vergehen ansannen. Ein solcher Irrtum betraf weder die strafrechtliche Tatbestandsmäßigkeit der anbefohlenen Tat noch einen in der Rechtsordnung anerkannten oder auch nur möglichen Rechtfertigungsgrund. Denn keine den Geboten der Gerechtigkeit und Menschlichkeit verpflichtete Rechtsordnung kann bestimmen, dass eine alle Merkmale einer strafbaren Handlung erfüllende Tat allein um deswillen kein Unrecht sei, weil sie von einer bestimmten Person, mag sie auch der alleinige Machthaber im Staate sein, ausgeführt oder befohlen wird. Das gilt im besonderen Maße für solche Taten, die – wie die willkürliche Erschießung von Kriegsgefangenen – nicht nur nach dem Strafgesetz der eigenen Rechtsordnung, sondern nach der in zwischenstaatlichen Verträgen zum Ausdruck gebrachten Rechtsüberzeugung aller zivilisierten Völker zu den Verbrechen schwerster Art gehören. – Der Angeklagte könnte daher nicht aufgrund es § 47 Abs. 1 Satz 2 Nr. 2 MilStGB straflos bleiben, wenn er den verbrecherischen Zweck des Erschießungsbefehls erkannt, sich aber trotzdem für verpflichtet gehalten hätte, ihn zu befolgen, weil er jeden „Führerbefehl" als unbedingt bindend ansah. *Dieser* Irrtum könnte nur im Rahmen der Grundsätze Beachtung finden, die der Große Senat für Strafsachen in seinem Beschluss vom 18. März (BGHSt 2, 194 ff.) zum Verbotsirrtum entwickelt hat. Da der Irrtum nicht die Voraussetzungen eines von der Rechtsordnung anerkannten, sondern die Vorstellung eines überhaupt nicht möglichen Rechtfertigungsgrundes zum Gegenstand hatte, kann er auch nicht als Tatbestandsirrtum i.S. den § 59 StGB behandelt werden (vgl. BGH 1 StR 708/51 vom 6.6.1952; BGHSt 3, 194; BGH NJW 1954, 480 Nr. 9 einerseits und BGH 1 StR 791/51 vom 14.10.1952; BGHSt 3, 271; BGHSt 3, 357, 365 andererseits). Im Übrigen sei in diesem Zusammenhang nur bemerkt, dass bei der Prüfung der Frage, ob ein etwaiger Irrtum des Angeklagten über die Rechtswidrigkeit seines Tatbeitrages verschuldet war, davon auszugehen ist, dass der Glaube an eine unbedingte Gehorsamspflicht gegenüber dem „Führer" den Angeklagten nicht von der Verpflichtung entband, sich vor seinem Gewissen darüber Rechenschaft zu geben, ob das beabsichtigte Tun mit den Geboten des rechtlichen Sollens vereinbar war (vgl. BGHSt 2, 194, 201)' (BGH aaO., D 20 [Bl. 1] „– Weitere Fälle des Verbotsirrtums sind behandelt in BGH, aaO. D 22 [Irrtum über die Rechtmäßigkeit einer Anordnung, die kein „Befehl in Dienstsachen" war], D 36 [Irrtum über die strafrechtliche Bedeutung eines Tatbeitrages; Irrtum, dass bereits die entfernte Möglichkeit einer Gefahr für Leib oder Leben entschuldige], D 42 [Irrtum über den Umfang der Rechtspflicht, einem verbrecherischen Befehl auszuweichen].

Rechtlich bietet also auch die Frage, die der zweite Teil des mir aufgegebenen Themas aufwirft, keine Schwierigkeiten. In tatsächlicher Hinsicht kann dagegen schwierig sein, ob ein Verbotsirrtum vermeidbar oder unvermeidbar war. Entscheidungen in NSG-Sachen, die für dieses Problem ergiebig wären, sind mir jedoch bislang nicht bekannt geworden. Es ist hier indessen wohl auch nur wenig Raum für generalisierende Erörterungen, die für mehr oder minder zahlreiche NSG-Verfahren in gleicher Weise Geltung beanspruchen könnten. Ob ein Verbotsirrtum vermeidbar oder unvermeidbar war, hängt vielmehr vom konkreten Fall und von der Person des einzelnen Täters ab. Die dafür gültigen Maßstäbe hat der BGH – allerdings ohne spezifischen Bezug auf NSG-Verfahren – in seiner Rechtsprechung zum Verbotsirrtum gesetzt, die Ihnen bekannt ist, und über die es deswegen an dieser Stelle allgemeiner Ausführungen nicht bedarf."

OStA Dr. Gierlich (Köln) stellte klar, dass es ihm und seinen Kollegen beim Vorschlag dieses Themas nicht um die Rechtsfragen als vielmehr um eine Erörterung der praktischen Fragen des Problems gegangen sei. – Wir müssten diejenigen SS-Leute sehen, die nicht aus Überzeugung der SS beigetreten seien, sondern um Arbeit zu finden. Nicht alle SS-Angehörigen seien deshalb Überzeugungstäter gewesen. Wenn z.B. im KZ Sachsenhausen 10.000 Kriegsgefangene erschossen worden seien, könne niemand verborgen geblieben sein, dass hier Unrecht geschehe. Es sei deshalb auch versucht worden, diese Verbrechen auf eine höhere Ebene zu stellen und mit den Interessen Deutschlands zu rechtfertigen. Hieraus ergebe sich die Frage, ob man bei der Beurteilung des Unrechtsbewusstseins der Täter von den damals geltenden Maßstäben, nämlich denen der überwertigen Interessen des Staates, oder von der Haltung aller billig und gerecht Denkenden ausgehen müsse.

StA Pfeufer (Köln) meinte, man könne die Beurteilung des Erkennens der Rechtswidrigkeit nicht unbedingt auf den Einzelfall abstellen. – Man müsse den Maßstab aller billig und gerecht Denkenden anlegen. Sonst würden die Überzeugungstäter, die schon aufgrund ihrer Bejahung des sog. geschichtlichen Auftrags von vornherein alle Verbrechen für gerechtfertigt gehalten hätten, besser gestellt als diejenigen, welche die Rechtswidrigkeit eines Befehls wenigstens erwogen hätten.

StA Klaß (Mannheim) warf ein, es sei damals doch deutlich genug zum Ausdruck gebracht worden, dass die Tötungen zwar rechtswidrig, jedoch zweckmäßig und sogar notwendig seien.

StA Jäger (Köln) vertrat die Ansicht, es sei zu prüfen, ob sich der Untergebene nicht gesagt habe, was von oben als Befehl komme, sei bindend *und* rechtmäßig.

Die Frage sei, ob sich dies trennen lasse. – Weiter sei zu fragen, ob überhaupt eine Pflicht zur Prüfung eines Befehls auf seine Rechtmäßigkeit hin bestehe. Der Wortlaut des § 47 MilStGB verlange nur die Kenntnis von der Rechtswidrigkeit. Seiner Ansicht nach könne daher eine solche Prüfungspflicht nicht verlangt werden.

EStA Huber (München) gab zu bedenken, dass für den Beschuldigten als Erschießungsteilnehmer die Rechtswidrigkeit eines Erschießungsbefehls nicht immer offenkundig gewesen sei. Es sei daher zu prüfen, ob der Beschuldigte tatsächlich die Rechtswidrigkeit eines Erschießungsbefehls erkennen konnte und erkannt hat. – Soweit es sich um die Vernichtung von Juden handle, sei zu fragen, ob der Irrtum über den sog. geschichtlichen Auftrag zur Judenvernichtung zu beachten sei. Dieser Irrtum sei jedoch unbeachtlich, sowohl bei den Überzeugungstätern, die den „geschichtlichen Auftrag" angenommen, sich also von vornherein zum Mitmachen bereit erklärt hätten, als auch bei denjenigen Tätern, welche ihr Gewissen mit dem Argument des „geschichtlichen Auftrags" beruhigt hätten. Beide Motive würden von der Rechtsprechung nicht als beachtlicher Irrtum anerkannt. Die Frage des Erkennens der Rechtswidrigkeit stelle sich bei diesen Tätergruppen gar nicht, denn sie hätten die Rechtswidrigkeit ihres Handelns erkannt und nur anderweit zu rechtfertigen versucht. Die Frage des Erkennens der Rechtswidrigkeit stelle sich deshalb nur dort, wo der Täter keine Kenntnis über den sog. geschichtlichen Auftrag gehabt hätte.

OStA Dr. Nolten (Regensburg) legte dar, dass es sich bei den NS-Gewaltverbrechen weitgehend um einen Teil von Wertblindheit gehandelt habe. – Man müsse in jedem Einzelfall feststellen, ob das Unrechtsbewusstsein, nämlich das Wertempfinden, vorhanden gewesen sei. Man müsse dabei jedoch davon ausgehen, dass das Wertempfinden nicht ganz verloren gewesen sein könne.

MinRat Roth stellte abschließend fest, dass zwar nicht in der Methode, aber im Ergebnis Einigkeit bestehe. Es sei in jedem Einzelfall zu erforschen, was sich der Einzelne bei seiner Tat gedacht habe.

Nunmehr nahm *StA Dr. Rückerl* (ZSt.) das Wort zu dem Referat: *„Verkehr mit dem Ausland:* Jeder StA oder Richter, der sich mit der Aufklärung nationalsozialistischer Gewaltverbrechen befasst, steht über kurz oder lang vor der Notwendigkeit, Beweismittel in Anspruch zu nehmen, die sich außerhalb des Gebietes der Bundesrepublik Deutschland befinden. Er wird sich fragen, auf welche Weise es zu ermöglichen ist, den Aufenthalt bekannter oder oft auch nur vermuteter Zeugen im Ausland festzustellen und ihre Vernehmung herbeizuführen. Er wird sich Gedanken darüber machen, auf welchem Wege er an Beweisdokumente herankommt, von denen er weiß oder hinsichtlich derer er vermutet, dass sie sich im Ausland befinden. – Zunächst wird er dabei auf die Möglichkeiten zurückgreifen, die sich ihm aus den zahlreichen Bestimmungen über den Rechtshilfeverkehr mit dem Ausland anbieten.

Es kann nicht der Sinn dieses Referats sein, auf den Inhalt dieser Bestimmungen im Einzelnen einzugehen. Um zu prüfen, in welcher Form und unter welchen Voraussetzungen ein Rechtshilfeverkehr zwischen der Bundesrepublik und fremden Staaten möglich ist, steht uns die ausgezeichnete Sammlung von *Grützner*, ,Intern.

Rechtshilfeverkehr mit dem Ausland in Strafsachen‘ (ab 1953) zur Verfügung, die bereits drei Ordner umfasst. Wir können darin finden, ob und ggf. mit welchen Einschränkungen ein anderer Staat Rechtshilfe gewährt. Wir können daraus ersehen, wo Konsulate der Bundesrepublik bestehen und ob sie berechtigt sind, Vernehmungen ausländischer Zeugen vorzunehmen.

Als Beispiele darf ich einige Staaten nennen, die nach den bisher gemachten Erfahrungen für unsere Arbeit hinsichtlich der Rechtshilfebeziehungen von besonderer Bedeutung sind:

Von Konsuln der Bundesrepublik können *deutsche und ausländische Zeugen* – soweit sie freiwillig erscheinen – vernommen werden in den Niederlanden, Schweden, USA, Kanada, England (mit gewissen Einschränkungen), Argentinien. – Ausschließlich *deutsche Zeugen* können von Konsuln der Bundesrepublik vernommen werden in Frankreich, Belgien, Italien (insoweit nur in dringenden Fällen) und in Brasilien. – Eine Zeugenvernehmung durch Konsuln der Bundesrepublik ist ausgeschlossen in Dänemark, Norwegen, Luxemburg, Österreich und der Schweiz. – Am einfachsten liegt der Fall dort, wo der Aufenthalt eines Zeugen im Ausland bekannt ist und in dem betreffenden Land eine konsularische Vertretung der Bundesrepublik besteht, die die Möglichkeit hat, deutsche und ausländische Zeugen – letztere nur, soweit sie freiwillig kommen – zu vernehmen.

Die Ergebnisse von Vernehmungen, die durch konsularische Beamte durchgeführt werden, fallen hinsichtlich ihrer praktischen Verwertbarkeit nach unseren Erfahrungen recht unterschiedlich aus. Zunächst wird es darauf ankommen, den Vernehmenden in möglichst großem Umfange mit Informationsmaterial zu versorgen, um ihn überhaupt erst in die Lage zu versetzen, sachgemäße Fragen zu stellen und die Bekundungen des Vernommenen nicht widerspruchslos hinnehmen zu müssen. Wir haben bei der ZSt. schon Klagen von Angehörigen deutscher Vertretungen im Ausland darüber gehört, dass sie mangels ausreichender Unterlagen offensichtlich falsche Aussagen hinnehmen mussten, ohne dem Vernommenen entsprechend entgegentreten zu können. Es ist auch schon vorgekommen, dass Zeugen, die vorher im Ausland von nicht genügend sachkundigen Beamten vernommen worden waren, in der HV vor den Schwurgerichten Aussagen machten, die inhaltlich in völligem Widerspruch zu ihren Bekundungen im Vorverfahren standen. Auf entsprechende Vorhalte erklärten diese Zeugen, sie seien bei ihrer damaligen Vernehmung zu wesentlichen Punkten überhaupt nicht gefragt worden. Solchen Unsicherheitsfaktoren lässt sich durch eine ausreichende Unterrichtung des Vernehmenden weitgehend entgegenwirken.

Anders ist es mit Umständen, die außerhalb unserer Einwirkungsmöglichkeit liegen. Ich erinnere mich an eine Vernehmungsniederschrift, die bei einem Konsulat der Bundesrepublik in einem südostasiatischen Staat vor etwa zwei Jahren aufgenommen worden war. Sie beginnt etwa mit den Worten: ‚Es erscheint der XX. Er ist dem Vernehmenden aufgrund gesellschaftlicher Verbindungen und familiärer Begegnungen seit Jahren bekannt‘. Der Zeuge, der nach der Darstellung anderer, bereits vernommener Personen als Erkenntnisquelle par excellence galt, und der aufgrund seiner Stellung und seiner Tätigkeit während des Krieges eine ausgezeichnete Sachkenntnis haben musste, ohne selbst erkennbar belastet zu sein, erklärt in fünf Zeilen, dass er während seines Einsatzes im Osten von Judenerschießungen niemals etwas gehört habe. Auf weiteren drei Seiten macht er dann Ausführungen darüber, was Hitler wohl anderes hätte tun können, um mit der Partisanenplage fertig zu werden. Am Schluss des Protokolls befindet sich noch ein Vermerk des Vernehmenden mit dem Inhalt, der Vernommene genieße bei allen dort wohnenden Deutschen bestes Ansehen und sei als glaubwürdig anzusehen.

Es handelt sich bei diesem Beispiel sicherlich um ein Extrem. Aber es führt zu der Frage hin, wie man solchen Dingen begegnen kann. Sie alle wissen, dass unter Umständen durch eine einzige unsachgemäße oder ungeschickte Ermittlungshandlung vielversprechende Erkenntnisquellen endgültig verschüttet werden können.

Um solche Pannen zu vermeiden, scheint der offenbar einzig zuverlässige und auch schon vielfach beschrittene Weg der zu sein, dass der sachbearbeitende StA oder Untersuchungsrichter bei der Vernehmung wichtiger Zeugen im Ausland selbst anwesend ist. Inwieweit er die Vernehmung selbst gestalten kann, scheint in den verschiedenen Ländern unterschiedlich zu sein. Es ist bekannt, dass die deutschen Konsulate in den USA größten Wert darauf legen, dass sachkundige StA oder Richter bei den Vernehmungen mitwirken, allein schon, um die Konsulatsbeamten zu entlasten. Die Mitwirkungsmöglichkeiten sollen nach den von verschiedenen Kollegen gemachten Erfahrungen in den USA – etwa im Gegensatz zu den Verhältnissen in Kanada – sehr weitgehend sein.

Es wäre wünschenswert, wenn hier anwesende Kollegen, die bei solchen Vernehmungen bereits mitgewirkt haben, anschließend ihre Erfahrungen schildern würden.

In den Fällen, in denen konsularische Vertretungen der Bundesrepublik Zeugen nicht vernehmen können, oder in denen es die Zeugen ablehnen, sich von deutschen Konsulatsbeamten vernehmen zu lassen, bleibt die Möglichkeit, auf dem offiziellen, mit vielen Formalien gepflasterten Weg an die Justizorgane der betreffenden fremden Staaten heranzutreten. Dieser Weg ist auch immer dann zu beschreiten, wenn es sich darum handelt, die Überlassung von Beweisdokumenten zu erwirken, die sich im Ausland im Besitze amtlicher Stellen befinden.

Soweit zwischen ausländischen Staaten und der Bundesrepublik Rechtshilfeverträge bestehen, ist man einerseits verpflichtet, sich daran zu halten; man hat andererseits aber auch die Möglichkeit, auf die dort getroffenen Vereinbarungen zu pochen. Eine Schwierigkeit kann sich auch in diesen Fällen noch ergeben: In Rechtshilfeverträgen ist häufig festgelegt, dass in Verfahren vorwiegend politischen Charakters keine Verpflichtung zur Leistung von Rechtshilfe besteht. Es ist bekannt, dass Strafverfahren wegen NS-Gewaltverbrechen als politische Verfahren angesehen worden sind. Man wird es im Einzelfall darauf ankommen lassen müssen, wie sich der ersuchte Staat verhält.

Falls ein Land um Rechtshilfe angegangen werden soll, mit dem zwar diplomatische Beziehungen unterhalten werden, aber keine Rechtshilfeverträge bestehen, spielt die Frage der Versicherung der Gegenseitigkeit eine große Rolle. Nach den Richtlinien für den Rechtshilfeverkehr mit dem Ausland – an die sich allerdings, wie es scheint, Untersuchungsrichter manchmal nicht gebunden fühlen -, wird in diesen Fällen ohnehin meist der Bundesminister der Justiz einzuschalten sein, der diese Frage genau prüfen und bei bestehenden Bedenken von der Weiterleitung des Rechtshilfeersuchens absehen wird.

Besondere Probleme ergeben sich in allen den Fällen, in denen sich die für die Aufklärung und Verfolgung von NS-Gewaltverbrechen erforderlichen Beweismittel – Zeugen und Dokumente – in solchen Ländern befinden, zu denen die Bundesrepublik Deutschland keine diplomatischen Beziehungen unterhält. Neben den Ostblockstaaten – außer der Sowjetunion – handelte es sich bisher dabei im Wesentlichen, soweit es unsere Arbeit anlangt, nur um Israel. Inzwischen ist die Aufnahme diplomatischer Beziehungen zu Israel beschlossen worden. Dagegen haben zehn arabische Staaten ihre Beziehungen zur Bundesrepublik abgebrochen.

Mit Israel bestand, wie Sie wissen, schon vor Aufnahme der diplomatischen Beziehungen ein reger Rechtshilfeverkehr. Einzelne Gerichte und StA hatten sich mit ihren Ersuchen unmittelbar an die Israel-Mission in Köln-Ehrenfeld oder auch direkt an israelische Gerichte und StA gewandt. Dieser Weg erscheint – so erfolgreich er im Einzelfall auch gewesen sein mag – äußerst bedenklich. Die Bedenken bestehen darin, dass Israel in diesem Vorgehen die Zusicherung der Gegenseitigkeit erblicken könnte. Der korrekte Weg führt bisher allein über die ZSt. in Ludwigsburg, die in einer zwischen deutschen und israelischen Behörden am 20.2.1960 getroffenen Vereinbarung ermächtigt wurde, mit israelischen Gerichten, StA und Polizeibehörden über die Mission in Köln-Ehrenfeld zu verkehren, ohne dass seitens des Staates Israel daraus ein Anspruch auf Gegenseitigkeit hergeleitet werden sollte.

Wie sich die Verhältnisse auf diesem Gebiet nach der Arbeitsaufnahme der deutschen diplomatischen Vertretung gestalten werden, bleibt abzuwarten. Es besteht die Möglichkeit, dass sich der Rechtshilfeverkehr mit Israel in Zukunft auch in NSG-Sachen in der gleichen Form abzuwickeln hat, wie er mit anderen Staaten praktiziert wird, zu denen zwar diplomatische Beziehungen unterhalten werden, aber keine Rechtshilfeverträge bestehen. Dieser – sicher etwas umständliche – Weg würde über die beiderseitigen Justizministerien führen. Es wäre die andere Möglichkeit gegeben, dass man es bei dem bisherigen Verfahren belässt, dass also die ZSt. und über sie die deutschen Gerichte und StA ohne Rücksicht auf Fragen der Gegenseitigkeit in NSG-Sachen mit israelischen Stellen verkehren können. Die dritte und für alle Beteiligten sicherlich die einfachste Lösung wäre es, wenn die der ZSt. erteilte Ermächtigung – wiederum ausschließlich soweit es NSG-Sachen betrifft – auf die StA und Gerichte der Bundesrepublik ausgedehnt werden könnte.

Solange keine anderslautenden Vorschriften erlassen werden, wird davon auszugehen sein, dass es bei der bisher geltenden Regelung verbleibt. Glauben Sie jedoch bitte nicht, dass die ZSt. großes Interesse daran hat, in den Rechtshilfeweg zwischen deutschen Gerichten und StA und *israelischen Stellen* eingeschaltet zu sein bzw. zu bleiben. Eine solche Regelung bringt für uns nur eine Mehrarbeit mit sich, auf die wir gerne verzichten können. – Eines erscheint in diesem

Zusammenhang sicher zu sein: Der Verkehr zwischen deutschen Justizbehörden und israelischen *Polizei*organen wird sich wohl entsprechend der Vereinbarung vom 20.2.1960 nach wie vor über die ZSt. abwickeln müssen. Die in der Bundesrepublik geltenden Rechtshilfebestimmungen sehen zwar in einigen besonders geregelten Fällen einen direkten Verkehr zwischen deutschen und ausländischen Justizbehörden vor, in keinem Fall jedoch einen Verkehr zwischen deutschen Justizbehörden und ausländischen Polizeiorganen.

In diesem Zusammenhang erscheint es angebracht, nochmals auf eine Anregung hinzuweisen, die schon im vergangenen Herbst von dem Leiter der Untersuchungsstelle für NS-Verbrechen beim Landesstab der Israelpolizei, Oberstleutnant Dr. Liff, gekommen ist. Er brachte damals vor, von deutschen Gerichten und StA würden häufig Vernehmungsersuchen an israelische Gerichte gesandt, die ganze Listen zu vernehmender Zeugen enthalten. Die Namen der Zeugen stammten anscheinend aus Wiedergutmachungsakten. Bei der Zusammenstellung der Listen habe man offenbar keine Kenntnis davon gehabt, ob und in welchem Umfang die Zeugen zu dem für das Verfahren allein interessanten Sachverhalt Angaben machen könnten. In vielen Fällen könnten die Zeugen zu dem in ihr Wissen gestellten Sachverhalt überhaupt nichts sagen. Für die israelischen Gerichte ergebe sich daraus oft ein erheblicher Leerlauf. *Dr. Liff* schlägt vor, die deutschen Justizbehörden sollten sich in solchen Fällen zunächst über die ZSt. in Ludwigsburg an die Untersuchungsstelle für NS-Verbrechen beim Landesstab der Israelpolizei wenden. Sie könne durch Vorermittlungen klären, welche Zeugen überhaupt zu einem bestimmten Sachverhalt Aussagen machen könnten. Die richterliche Vernehmung nur dieser Zeugen könne dann veranlasst werden.

Nach einer Mitteilung der Israel-Mission bestehen seitens der israelischen Stellen keine Bedenken gegen die Anwesenheit deutscher StA oder Richter bei Vernehmungen von Zeugen durch israelische Justiz- oder Polizeiorgane in NSG-Sachen. Es bedürfe dazu keines besonderen Antrags. Die Beantragung eines Visums – wobei ohnehin der Zweck der Reise anzugeben ist – sei ausreichend. Der Bundesminister der Justiz, der dieses Schreiben der Israel-Mission den Landesjustizverwaltungen zugeleitet hat, hat dazu erklärt, er bitte in solchen Fällen um vorherige Unterrichtung, um Gelegenheit zur Stellungnahme zu haben. – Von Kollegen, die an richterlichen Vernehmungen in Israel teilgenommen haben, ist uns berichtet worden, dass es wegen der Eigenart der dort geübten Vernehmungsmethode und insbesondere der Eigenart der Protokollierung wenig sinnvoll erscheint, auf die Anwesenheit bei Zeugenvernehmungen durch einen israelischen Vernehmungsrichter besonderen Wert zu legen. Eine Möglichkeit, während der Vernehmung klärend einzugreifen, besteht für den deutschen StA oder Untersuchungsrichter kaum. Dagegen soll die Zusammenarbeit bei polizeilichen Vernehmungen zwischen den israelischen Polizeiorganen und den deutschen StA und Richtern durchweg ausgezeichnet gewesen sein.

Hinsichtlich des Rechtshilfeverkehrs mit den Ostblockstaaten in NSG-Verfahren hat der BMJ in seinem Rundschreiben vom 19.12.1964 an die Landesjustizverwaltungen gewisse Richtlinien gegeben, die Ihnen vermutlich in Einzelheiten bekannt sind. Sie sind in dem Rundschreiben der ZSt. vom 29.3.1965 wörtlich wiedergegeben. Von ihrem Inhalt her gesehen stellen sie offensichtlich eine Auflockerung des vorher vertretenen harten Standpunktes dar.

Da der Inhalt dieser Richtlinien für die anschließende Diskussion von Bedeutung sein dürfte, möchte ich sie kurz zitieren:

„a) Die Bundesregierung erklärt sich im Hinblick darauf, dass insbesondere bei den vor den Schwurgerichten anhängigen Strafverfahren wegen NS-Gewaltverbrechen in Ostblockstaaten wohnhafte Zeugen oftmals kurzfristig geladen werden müssen, bis auf weiteres allgemein damit einverstanden, dass die deutschen Gerichte und StA in Ermittlungs- und Strafverfahren wegen NS-Gewaltverbrechen Ersuchen um Zustellung von Ladungen an in Ostblockstaaten wohnhafte Personen an die Polnische bzw. Tschechoslowakische Militärmission in Berlin oder an die in Ungarn oder Rumänien zuständigen StA oder Gerichte unmittelbar richten. Jedoch bitte ich, mich von jedem derartigen Ersuchen durch Übersendung einer Abschrift oder Ablichtung alsbald zu unterrichten. Von einer unmittelbaren Fühlungnahme deutscher Justizbehörden mit den Verbänden der antifaschistischen Widerstandskämpfer und Prag und Warschau sollte grundsätzlich abgesehen werden.

b) Aus politischen Gründen, aber auch aus rechtlichen Erwägungen, sollte auch künftig in Strafverfahren wegen NS-Gewaltverbrechen nicht um die Vernehmung von Zeugen durch Justizbehörden der Ostblockstaaten ersucht werden. Sollte eine deutsche Justizbehörde jedoch der Meinung sein, dass wegen der Bedeutung der Aussage eines bestimmten Zeugen für das Verfahren auf dessen Vernehmung nicht verzichtet werden kann, und sollte ferner der Zeuge nicht bereit oder in der Lage sein, zur Vernehmung in die Bundesrepublik zu kommen, darf ich in jedem Fall bitten, zunächst die Zustimmung der Bundesregierung einzuholen, bevor ein Ersuchen um richterliche oder staatsanwaltschaftliche Vernehmung eines Zeugen durch Organe eines Ostblockstaates gestellt wird.

c) Falls in einem Ermittlungs- oder Strafverfahren wegen NS-Gewaltverbrechen ein Ostblockstaat um Übersendung von Akten oder anderem Beweismaterial ersucht werden soll, bitte ich, stets die vorherige Zustimmung der Bundesregierung einzuholen. Bei der Übermittlung derartiger Ersuchen sollte dem Buchstaben a) Abs. 1 Satz 1 entsprechend verfahren werden.

d) Für den Rechtshilfeverkehr in Strafsachen mit der UdSSR bitte ich, die gleichen Grundsätze anzuwenden. In allen Fällen muss hier aber der diplomatische Weg eingehalten werden."

Wie sich der Verkehr mit den Ostblockstaaten in der Praxis abspielt, darüber dürften wir sicher in der anschließenden Diskussion etwas hören.

Die Kollegen aus Frankfurt werden uns über Zeugenvernehmungen in Polen etwas sagen können. Die StA Hamburg erhielt vor kurzem Antwort auf ein an die Sowjetunion gerichtetes Rechtshilfeersuchen. Ich nehme an, dass dazu Herr StA Kraemer etwas berichten kann.

Aus meiner Arbeit bei der ZSt. ist mir bekannt, dass von verschiedenen StA über die polnische Militärmission in Berlin Rechtshilfeersuchen an die polnische Hauptkommission zur Aufklärung von NS-Verbrechen in Warschau gesandt wurden. Ich habe eine Anzahl solcher Ersuchen während meines Aufenthaltes in Warschau im Februar dieses Jahres im Dienstzimmer des stellv. Leiters der Glowna Komisia (Hauptkommission für die Untersuchung deutscher Verbrechen in Polen) gesehen. Dabei handelte es sich durchweg um Ersuchen um Überlassung bestimmter Dokumente. Es ist mir nicht bekannt, in welchem Umfang man polnischerseits diesen Ersuchen inzwischen nachgekommen ist. In einigen Fällen weiß ich, dass diese Ersuchen trotz höflicher Erinnerung bisher unbeantwortet geblieben sind. Aufgrund der in Warschau gemachten Erfahrungen kann ich dazu sagen, dass aus diesem Verhalten der polnischen Stellen nicht gleich auf bösen Willen geschlossen werden kann, wie man das gelegentlich zu tun geneigt scheint. Die Ersuchen sind teilweise recht umfangreich. Das in Polen befindliche Material scheint zu einem großen Teil noch nicht so geordnet zu sein, dass das Auffinden einzelner Dokumente ohne größeren Zeitaufwand möglich ist. Den Polen daraus einen Vorwurf zu machen, wäre meiner Meinung nach falsch. Ich darf in diesem Zusammenhang daran erinnern, dass sich im Bundesarchiv in Koblenz und im Archiv des militärgeschichtlichen Forschungsamtes in Freiburg ebenfalls größere Bestände befinden, über deren genauen Inhalt auch die dortigen Archivare keine Auskunft geben können. Ich werde versuchen, nächste Woche in Warschau zusammen mit meinen Kollegen, die mit nach Polen fahren werden, zu versuchen, auf eine schnelle Erledigung dieser Rechtshilfeersuchen hinzuwirken.

Nunmehr möchte ich ein weiteres Problem ansprechen, das in diesen Rahmen gehört. Es handelt sich um die Auffindung von Zeugen im Ausland und damit im Zusammenhang um die Einschaltung ausländischer Polizeiorgane in unserer Ermittlungsarbeit.

Wie bereits erwähnt, spielt sich der Rechtshilfeverkehr im Normalfall nur zwischen den Justizbehörden der Bundesrepublik und der ausländischen Staaten ab. Um den Aufenthalt bisher unbekannter Zeugen festzustellen, ist dieser Weg ungeeignet. Eine Möglichkeit, an ausländische Polizeibehörden heranzutreten, besteht – von Ausnahmen, über die gleich noch zu sprechen sein wird, abgesehen – meines Wissens nicht. Die Interpol hat es unter Berufung auf ihre Satzung bisher abgelehnt, im Rahmen von Ermittlungen in NSG-Verfahren tätig zu werden, da diese Verfahren Straftaten mit politischem oder rassischem Hintergrund zum Gegenstand haben.

Eine Einschaltung ausländischer Polizeibehörden in unsere Ermittlungen ist aufgrund besonderer Vereinbarungen lediglich möglich in Israel und in Österreich. Wegen der Verhältnisse in und zu Israel darf ich auf meine vorhergehenden Ausführungen Bezug nehmen.

Die mit der Verfolgung von NS-Verbrechen auf dem polizeilichen Sektor befasste Abteilung des österreichischen Innenministeriums hat die Möglichkeit, auf Ersuchen deutscher Strafverfolgungsbehörden hin tätig zu werden. Der Verkehr mit den deutschen Justizorganen soll sich entsprechend einer getroffenen Vereinbarung über die ZSt. in Ludwigsburg abwickeln. StA und Polizeibehörden in der Bundesrepublik sind von dieser Regelung gelegentlich abgewichen. Die österreichischen Behörden haben jedoch schon mehrfach darauf hingewiesen, dass sie auf die Einhaltung der getroffenen Vereinbarung Wert legen. Nach meiner Kenntnis hat vor einiger Zeit der Innenminister des Landes Nordrhein-Westfalen die ihm unterstellten Polizeibehörden ausdrücklich angewiesen, sich streng an diese Regelung zu halten. – Die österreichischen und israelischen Polizeibehörden sind bereit, in ihren Ländern den Aufenthalt von Zeugen zu ermitteln und Vernehmungen durchzuführen. In anderen Ländern besteht diese Möglichkeit nach meiner Kenntnis nicht. Als Ausnahme kann vielleicht noch Norwegen angesehen werden. Der norwegische Reichsanwalt hat sich persönlich dem Leiter der ZSt. gegenüber bereit erklärt, in besonderen Fällen durch die ihm unterstellten Strafverfolgungsbehörden Zeugen in NSG-Sachen ermitteln zu lassen. In größerem Umfang dürfte jedoch von dieser Möglichkeit nicht Gebrauch zu machen sein.

Als wirkungsvoll bei der Ermittlung von Zeugen in Ländern, in denen die Einschaltung der Polizei nicht möglich ist, hat sich in mehreren Fällen die Tätigkeit des World Jewish Congress erwiesen. Allerdings besteht die Gefahr, dass von Verteidigern in Strafverfahren vorgetragen wird, diese Organisation präsentiere einseitig nur Belastungszeugen.

In manchen Fällen kann eine Anfrage bei der Dienststelle es Internationalen Roten Kreuzes in Arolsen dazu führen, bisher unbekannte Anschriften im Ausland lebender Zeugen zu erfahren.

Möglicherweise wird der eine oder andere von Ihnen aus seiner Praxis noch weitere brauchbare Hinweise geben können, wie an ausländische Zeugen heranzukommen ist.

Meine Ausführungen sollten lediglich dazu dienen, eine Grundlage für die anschließende Diskussion der angeschnittenen Fragen zu bilden. Ich erhoffe von dieser Diskussion wertvolle Hinweise auf für die weitere Arbeit der ZSt."

RegDir. Götz (BJM) nahm zu den Ausführungen von StA Dr. Rückerl wie folgt Stellung: Das BJM stehe auf dem Standpunkt, dass die Pflege der auswärtigen Beziehungen Sache des Bundes sei, und dass deshalb überall dort, wo nicht besondere Vorschriften ein Abweichen gestatteten, der Weg in Rechtshilfeangelegenheiten normalerweise über das BJM gehe. Hier wiederum sei der Regelfall, dass die ausländische Behörde auf dem diplomatischen oder sonst in den Rechtshilfevereinbarungen vorgesehenen Weg – wenn keine Vereinbarung vorhanden sei, stets auf dem diplomatischen Weg – ersucht werde, die Rechthilfehandlungen durchzuführen. Der Regelfall sei also nicht, dass man sich an die deutschen Konsulate, sondern dass man sich an die ausländischen Behörden wende. – Ob bei diesen Rechtshilfehandlungen, die von ausländischen Justizbehörden vorzunehmen seien, deutsche Richter oder StA anwesend sein dürften, müsse jeweils im Einzelfall geprüft werden; allgemeine Richtlinien gebe es nicht.

In *Frankreich* habe er selbst vor einigen Jahren als Untersuchungsrichter – allerdings nicht in einem NSG-Verfahren – der Zeugenvernehmung durch den französischen Untersuchungsrichter beiwohnen und auch selbst Fragen stellen können; die Genehmigung sei über das BJM eingeholt worden. Es sei anzunehmen, dass es in geeigneten Fällen auch in NSG-Sachen auf keinen großen Widerstand stoßen werde, wenn ein deutscher Richter oder StA den Wunsch habe, bei einem

Rechtshilfetermin in Frankreich anwesend zu sein; es könne immerhin versucht werden.

Israel sei allgemein damit einverstanden, dass deutsche Richter und StA bei (richterlichen oder polizeilichen) Vernehmungen anwesend seien. Die Bundesregierung habe dagegen keine Bedenken, und der Sache werde es regelmäßig förderlich sein.

Die Frage, wann bei konsularischen Vernehmungen ein Richter oder StA anwesend sein dürfe, sei auch wieder im Einzelfall zu prüfen.

Bezüglich *England* habe die britische Regierung erst vor kurzem mit Nachdruck den Standpunkt vertreten, dass die Vernehmung durch Konsuln die Ausnahme und das normale Rechtshilfeersuchen die Regel sein müsse. Vernehmungen durch Konsuln kämen nur in besonderen, sorgsam zu begründenden Ausnahmefällen in Betracht.

Eine Ausnahmeregelung sei für die *Vereinigten Staaten* in Vorbereitung. Schon bisher habe im Staat New York eine generelle Genehmigung bestanden, dass deutsche Richter und StA bei konsularischen Vernehmungen anwesend sein dürften. Die deutsche Botschaft in Washington habe nun berichtet, dass diese Regelung auf die gesamten Vereinigten Staaten ausgedehnt werden solle, so dass dann allgemein gegen eine Anwesenheit deutscher Richter und StA bei Zeugenvernehmungen durch deutsche Konsuln in deren Amtsräumen keine Bedenken bestünden. Das BJM könne dieses Schreiben den Landesjustizverwaltungen und über diese den Gerichten und StA offiziell aber erst mitteilen, wenn die Zustimmung des Auswärtigen Amtes dazu vorliege, die demnächst erwartet werde. Es sei erwünscht, dass das BJM in jedem Einzelfall, in dem so verfahren werde, vorher unterrichtet werde, und es sei ferner notwendig – was allerdings Sache der Konsuln sei -, dass jeweils die Behörden des Gastlandes über die Anwesenheit deutscher Richter und StA unterrichtet würden.

Wegen der Rechtshilfebeziehungen zu den *Ostblockstaaten* gelte der im Rundschreiben der ZSt. vom 19.12.1964 mitgeteilte Erlass.

Nicht die Rechtshilfe mit dem Ausland betreffe die Durchführung von Vernehmungen in der *sowjetischen Besatzungszone.* Die sowjetische Besatzungszone sei Inland; die Tätigkeit von Richtern oder StA in der sowjetischen Besatzungszone sei deshalb keine auswärtige Angelegenheit, bei der der Bund federführend sei. Der Bund habe also weder das Recht noch die Absicht, den Ländern hierüber Vorschriften zu machen. Das BJM wäre aber auch insoweit den Ländern dankbar, wenn sie ihm die Absicht, einen Richter oder StA in die Zone zu entsenden, vorher mitteilen würden, das BJM wolle sich damit keine Kontrollrecht anmaßen, sondern lediglich die Möglichkeit erhalten, ggf. gewisse Hinweise geben zu können.

OStA Schüle unterrichtete die Anwesenden von der Zusage des norwegischen Riksanwalts, Vernehmungsersuchen der ZSt. an die ihm unterstehende norwegische Kriminalpolizei zur Erlediung weiterzuleiten. Den mit der Verfolgung mit NS-Verbrechen befassten StA und Untersuchungsrichtern sei daher zu empfehlen, für Norwegen bestimmte Rechtshilfeersuchen der ZSt. zu übermitteln, von wo aus sie dann dem norwegischen Riksanwalt zugeleitet würden.

StA Hinzmann (Mainz) berichtete anschließend über seine Erfahrungen anlässlich einer längeren Dienstreise nach den USA und Kanada zur Teilnahme an Zeugenvernehmungen. Das Ergebnis dieser in Amerika getätigten Ermittlungen sei sehr zufriedenstellend gewesen. Von 42 geladenen Zeugen seien 28 zur Vernehmung erschienen. – Die kanadische Regierung gestatte die Anwesenheit deutscher StA und Richter bei Vernehmungen. Allerdings beständen nur sehr begrenzte Möglichkeiten, auf den Gang der Vernehmung Einfluss zu nehmen. Es bestehe kein selbständiges Fragerecht, man könne nur „Anregungen" zur Vernehmung geben. Im Übrigen sei es den Konsulaten angenehmer, wenn die Vernehmungen durch einen „commissioner" (= Vertrauensanwalt) erfolgten. Dessen Honorar sei allerdings sehr hoch. In New York betrage es z.B. für jede angefangene Stunde 25 Dollar. – Im Gegensatz zu Kanada würden in den USA (New York) größere Mitwirkungsrechte bei konsularischen Vernehmungen eingeräumt. Im Ergebnis führe man die Vernehmungen selbst durch, teilweise sogar in Abwesenheit des Konsuls, der oftmals erst am Schluss der Vernehmung wieder erscheine und sich lediglich über die Richtigkeit des Protokolls vergewissere.

Bei wichtigen Zeugen sei es ratsam, selbst nach Amerika zu fahren. In technischer Hinsicht erhalte man durch die Konsulate jede Unterstützung. Allerdings sei es notwendig, etwa drei Monate vor Reisebeginn das jeweilige Konsulat über Zeitpunkt und Zweck der Reise zu unterrichten. Auch müsse das BJM in Kenntnis gesetzt werden. Gegen die Übung jüdischer Organisationen, durch Zeitungsanzeigen Zeugen für bestimmte Tatkomplexe ausfindig zu machen, könne er keine Einwände geltend machen. Nach seinen Beobachtungen bemühe man sich dabei um strenge Objektivität und enthalte sich jeder Einflussnahme auf die betreffenden Zeugen.

StA Wieser (Stuttgart) hielt es für notwendig, Vernehmungen in jedem Fall in den Amtsräumen des Konsuls unter Ausschluss anderer Personen vornehmen zu lassen. Auf diese Weise gelingt es eher, den Zeugen zu einer verwertbaren Aussage zu veranlassen. Er entsinne sich einer auf einem Schiff im Hafen von Dakar erfolgten Zeugenvernehmung, die infolge der Nichtbeachtung dieser Gesichtspunkte mit einem völligen Misserfolg geendet habe.

StA Runge (Berlin) stellte zur Erwägung, ob man den Prozentsatz der bei Vernehmungen im Ausland – insbesondere in Amerika – erscheinenden Zeugen nicht dadurch verbessern könne, dass man sie von Deutschland aus anschreibe und an sie die Frage richte, ob sie zur Aussage bereit seien.

StA Hinzmann (Mainz) hielt es demgegenüber für unzweckmäßig, vor Reisebeginn von Deutschland aus die Zeugen unmittelbar anzuschreiben; die Zeugenladung durch das in Frage kommende Konsulat sei ausreichend. Für den seinerzeit ihn interessierenden Tatkomplex habe er den Eindruck gewonnen, dass die Zeugen, die zur Aussage in der Lage und bereit waren, auch erschienen seien.

StA Ihle (Hannover) gab anschließend aufgrund eigener Erfahrungen zunächst einen Überblick über die bei richterlichen Vernehmungen in Israel entstehenden Schwierigkeiten. – Bei einer in seiner Gegenwart durchgeführten Vernehmung hätten z.B. dem israelischen Richter als Vernehmungsgrundlage im Einzelnen präzisierte Fragen eines deutschen Schwurgerichtsvorsitzenden gedient. Auf diese Fragen habe der Zeuge in Neu-Hebräisch geantwortet. Die Übersetzung in die deutsche Sprache sei dann nicht von einem vereidigten Dolmetscher, sondern von der Protokollführerin vorgenommen worden. Diese habe überdies nicht satzweise, sondern im Zusammenhang abschnittsweise übersetzt. Die Bitte des Verteidigers eines der Angeklagten auf Verlesung des Protokolls habe der israelische Richter abgelehnt. Erst auf sein – Ihles – Ersuchen habe er sich dann dazu bereitgefunden. Daraufhin habe die Protokollführerin – wiederum abschnittsweise – das Protokoll in das Neu-Hebräische zurückübersetzt. Erwartungsgemäß habe die Verteidigung in der HV die Zuverlässigkeit des Protokolls dann angezweifelt. Deshalb sei es zu empfehlen, Vernehmungen nicht durch israelische Gerichte, sondern durch die israelische Polizei durchführen zu lassen. Diese arbeite sehr sorgfältig.

Mit in den USA und Kanada durchgeführten konsularischen Zeugenvernehmungen habe er keine guten Erfahrungen gemacht. Die jüdischen Zeugen hätten sich bei ihren Aussagen oft einer jiddisch-polnischen Mischsprache bedient, die von den vernehmenden Konsulen öfter nicht vollständig verstanden worden sei. In einem Falle habe ein Schwurgericht bei der Urteilsfindung die Verwertung sämtlicher Aussagen jüdischer Zeugen in der HV abgelehnt, weil das Protokoll über die vorangegangene konsularische Vernehmung dieser Zeugen – wahrscheinlich infolge fehlerhafter Übersetzung – eine andere Sachdarstellung enthalten habe. Bei Vernehmung jüdischer Zeugen sei deshalb der Frage der Beiziehung von Dolmetschern der jiddischen Sprache besondere Aufmerksamkeit zu widmen. Da der Bedarf an solchen Dolmetschern ständig größer werde, die mit der Verfolgung von NS-Verbrechen befassten StA aber nur in unzureichender Weise mit den Anschriften von Dolmetschern der jiddischen Sprache versorgt seien, bitte er in diesem Zusammenhang die ZSt., den StA weitere Anschriften von Dolmetschern der jiddischen Sprache mitzuteilen. – Anstatt der Betrauung von Konsuln mit der Durchführung von Zeugenvernehmungen sei die Beauftragung eines „commissioner“ sehr zu empfehlen.

Vernehmungsersuchen, die seine Behörde an den GStA der SBZ unter der Anschrift *Berlin N 4*, Scharnhorststr. 33, gerichtet habe, sei bis vor kurzem in zufriedenstellender Form entsprochen worden. Die Bezeichnung „DDR“ habe man dabei vermieden. Inzwischen sei allerdings vom GStA in Ostberlin ein Schreiben mit der Mitteilung eingegangen, dass ein westdeutsches Vernehmungsersuchen infolge eines Versehens der Post nicht bei ihn, sondern dem GStA beim LG in Westberlin zugeleitet worden sei; der GStA in Ostberlin bitte deshalb, bei künftigen Vernehmungsersuchen oder Anschreiben seine volle Dienstbezeichnung zu verwenden, nämlich „Generalstaatsanwalt der DDR“. Eine Rückfrage bei der Post habe dann ergeben, dass Postsendungen, bei denen die Postleitzahl nicht mit einem „X“ versehen sei, nach Westberlin geschickt würden. Man versuche deshalb neuerdings durch Hinzufügung des „X“ vor die Postleitzahl die Absicht des GStA in Ostberlin, die Verwendung der Bezeichnung „DDR“ zu erreichen, zu umgehen.

ORR Maier (JM Bad.-Württ.) bestätigte die Ausführung von StA Ihle über die Vernehmungspraxis der israelischen Gerichte. Auch er empfahl, Vernehmungen nicht durch die Gerichte, sondern durch den Landesstab der israelischen Polizei (Dr. Liff) durchführen zu lassen. Abgesehen davon sollten Ersuchen um Durchführung richterlichen Vernehmungen nicht an die allgemein örtlich zuständigen Gerichte, sondern an den Direktor der israelischen Gerichte gerichtet werden. – In Israel gebe es keine gesetzlich begründete Zuständigkeit von Rechtshilfegerichten. Das israelische Justiziministerium versuche, bei der Weiterleitung der Rechtshilfeersuchen die Sprachkenntnisse der Richter zu berücksichtigen.

StA Pfeiffer (Frankfurt) berichtete über die im Auschwitz-Prozess gewonnenen Erfahrungen im Umgang mit der polnischen Justiz. Bei Vernehmungen durch den Untersuchungsrichter sei StA die Anwesenheit gestattet. Auch sei es erlaubt, im Anschluss an die Vernehmung Fragen zu stellen. Die Gerichtssprache sei polnisch; Übersetzungen würden sofort gefertigt; die Verteidiger erhielten Abschriften der Vernehmungsprotokolle. die Vernehmungen selbst seien sachlich einwandfrei und unbeeinflusst von politischen Motiven.

LG-Rat Dr. Düx (Frankfurt) war hinsichtlich des Amtshilfeverkehrs mit dem GStA in Ostberlin der Auffassung, dass künftigen Vernehmungsersuchen vom GStA in Ostberlin nur bei Verwendung der Bezeichnung „DDR“ entsprochen werde. – Ein wirksamer Rechtshilfeverkehr mit Rumänien bestehe nicht. Versuche der Frankfurter Ermittlungsbehörden, Zeugenvernehmungen durch rumänische Gerichte durchführen zu lassen, seien ebenso fehlgeschlagen wie Bemühungen, die Zeugen zu veranlassen, zu ihrer Vernehmung nach Deutschland zu reisen. Hingegen sei ein großer Teil der Zeugen dem Vorschlag, die Vernehmungen im neutralen Österreich vornehmen zu lassen, gefolgt. Auch mit Ungarn bestehe kein ordnungsgemäßer Rechtshilfeverkehr.

LG-Rat Eden (Hamburg) berichtete, dass in einem von ihm bearbeiteten Verfahren in *Kanada (Toronto)* und in den USA durchgeführte konsularische Vernehmungen sehr erfolgreich gewesen seien. Von 40 geladenen Zeugen seien 35 erschienen. Mit einer Ausnahme seien alle Aussagen verwertbar gewesen. Bei den Vernehmungen sei StA die Anwesenheit gestattet worden; diese hätten teilweise sogar die Vernehmungen selbständig durchgeführt.

Hingegen seien die Möglichkeiten in *Dänemark,* bei Zeugenvernehmungen mitzuwirken, sehr begrenzt. Zwar sei es StA erlaubt, bei richterlichen Vernehmungen anwesend zu sein. Es gebe jedoch kein Fragerecht für StA; diese hätten allenfalls die Möglichkeit, mittelbar über Polizeibeamte Fragen zu stellen. Davon abgesehen, verfielen alle Fragen, die sich mit den persönlichen Verhältnissen, insbesondere der Vergangenheit des Angeschuldigten befassten, der Ablehnung, auch wenn diese für die Strafzumessung von Bedeutung seien.

StA Ihle (Hannover) warf anschließend die Frage der Behandlung von Ermittlungsverfahren auf, die ausschließlich oder auch nur teilweise gegen in der SBZ wohnende Beschuldigte gerichtet seien. Mit der bisherigen Übung, Verfahren gegen im kommunistischen Machtbereich befindliche Personen einzustellen, könne er sich nicht einverstanden erklären. Es komme vor, dass für Verfahren gegen westdeutsche Beschuldigte in der SBZ wohnende Zeugen benötigt würden, die ebenfalls im Verdacht der Beteiligung an NS-Gewaltverbrechen stünden. Wolle man solche Personen vor einer Bestrafung durch die totalitäre kommunistische Justiz schützen, so müsse man oft notgedrungen auf ihre Zeugenvernehmung verzichten. Dies könne dann dazu führen, dass eine Überprüfung der westdeutschen Beschuldigten erschwert oder sogar unmöglich gemacht werde. Ungeklärt sei auch, wie sich die Strafverfolgungsbehörden verhalten sollten, falls in der SBZ wohnende Beschuldigte in Westdeutschland, z.B. anlässlich eines Verwandtenbesuchs, angetroffen würden.

MinRat Roth erklärte, bei den Landesjustizverwaltungen finde zurzeit über die von StA Ihle aufgeworfenen Fragen ein reger Gedankenaustausch statt. Auch zeichne sich eine Tendenz ab, die bisherige Praxis der Einstellung gegen Einwohner der SBZ gerichteter Ermittlungsverfahren aufzugeben.

RegDir. Götz (BJM) teilte mit, dass das BJM noch zu keiner abschließenden Entschließung in der Frage der Behandlung von Verfahren, die sich gegen in der SBZ wohnende Beschuldigte richten, gelangt sei. Es sei aber nicht ausgeschlossen, dass in absehbarer Zukunft „Empfehlungen" des BJM an die Landesjustizverwaltungen in dieser Frage erfolgten. – Zum Abschluss der Diskussion forderte RegDir. Götz, mit Rücksicht auf den nach westdeutscher Auffassung bestehenden Inlandsstatus der SBZ, anstatt des in der Diskussion im Zusammenhang mit der Frage der Vernehmung von in der SBZ wohnenden Zeugen des Öfteren gebrauchten Wortes „Rechtshilfe" den Begriff „Amtshilfe" zu verwenden.

Hiernach referierte *StA Zeug* (ZSt.) über das Thema *„Die Bearbeitung des anfallenden Dokumentenmaterials von der Auswahl im Archiv bis zur Verwertung im anhängigen Verfahren.*

Diejenigen von Ihnen, die im April des letzten Jahres an der Tagung in Calw teilgenommen haben, werden sich an das Referat ‚Einrichtung einer zentralen Kartei zur Erfassung von Beweismitteln', das von Herrn OStA Dr. Nachtweh von der ZSt. Dortmund gehalten wurde, erinnern. Herr OStA Dr. Nachtweh hatte seinerzeit ausgeführt, dass in fast allen NSG-Verfahren urkundliche Beweismittel für die Ermittlung von Tatbeteiligten und für ihre Überführung eine wesentliche Rolle spielen. Er hatte es mit Recht als dringendes Erfordernis angesehen, dass insbesondere auch solche Beweismittel, die nicht anlässlich der generellen Sichtung eines Archives, sondern unabhängig hiervon in einem Verfahren anfallen, für andere einschlägige Verfahren verwertet werden. Er hatte angeregt, dass zu diesem Zweck das bei der ZSt. oder bei den StA und Gerichten anfallende Material gesammelt und karteimäßig erfasst wird. Herr OStA Dr. Nachtweh hatte schließlich empfohlen, dass der ZSt. als Sammelstelle laufend das entsprechende Material zugeleitet werden solle.

In der anschließenden Diskussion wurden die Anregungen der ZSt. Dortmund durchweg begrüßt und schließlich im Tagungsprotokoll festgehalten, dass bei allen Tagungsteilnehmern Übereinstimmung darin bestehe, ‚dass die zentrale Erfassung des bei den StA befindlichen Dokumentenmaterials im Interesse einer beschleunigten Durchführung der Prozesse liege und dass eine entsprechende Dokumentenkartei bei der ZSt. in Ludwigsburg einzurichten sei, die zu diesem Zweck personell verstärkt werden müsse.' Gleichzeitig wurde allgemein der Wunsch geäußert, dass alle, die mit einschlägigen Verfahren beschäftigt sind, Tatsachen, von denen sie annehmen müssen, dass sie von allgemeiner Bedeutung sind, der ZSt. mitgeteilt werden.

Bedenken waren hiergegen seitens der ZSt. nur hinsichtlich der personellen Seite erhoben worden, zumal die ZSt. im April des letzten Jahres nur über acht Referenten verfügt. Ich selbst hatte damals deshalb etwas pessimistisch als Mindestzahl vorgeschlagen, wenigstens die etwa 3000–4000 wichtigsten Grundlagendokumente, die immer wieder benötigt werden, zu verkarten. – Dieser Pessimismus war erfreulicherweise nicht berechtigt. Anlässlich der Besprechung der Justizminister am 20.11.1964 in Saarbrücken wurden vielmehr der ZSt. für Zwecke der Dokumentation fünf weitere Sachbearbeiter des höheren Dienstes zugewiesen. Durch die ZSt. selbst wurde außerdem Herr StA Dr. Rückerl als Abteilungsleiter zur Verfügung gestellt, so dass die Abteilung III für Dokumentation zurzeit aus sechs Referenten besteht. Hiervon haben zwei Mitte Januar dieses Jahres die Arbeit aufgenommen, die übrigen vier Anfang Februar dieses Jahres. Die Zahl der Referenten wird noch etwas erhöht werden müssen, um die umfangreichen Aufgaben bewältigen zu können, die insbesondere die Auswertung der östlichen, vor allem der polnischen Archive mit sich bringt. Außerdem fehlt es noch an Schreibkräften und Beamten des mittleren Dienstes als Hilfskräften. Doch wird anlässlich der geplanten Vergrößerung der ZSt. auch insoweit Abhilfe geschaffen werden können.

Unsere gemeinsame Arbeit hatte bis jetzt insbesondere die folgenden Ergebnisse: 1. Es konnten bereits etwa 60.000 Kopien von Dokumenten in Leitz-Ordnern systematisch erfasst werden. 2. Hiervon wurden bis jetzt rund 22.000 Kopien verkartet. 3. Außerdem wurden bis jetzt rund 200 Mikrofilme mit zum Teil bis zu 1000 und mehr Aufnahmen erfasst, und zwar als Anfang eines besonderen Filmarchivs. Die bereits vorhandenen Mikrofilme enthalten noch mehrere 10.000 weitere Aufnahmen von Dokumenten, an deren systematischer Erfassung zurzeit gearbeitet wird.

Einige nähere Ausführungen möchte ich zunächst zur Frage der Verkartung der Dokumente machen. Ziel der Verkartung ist es, insbesondere die folgenden beiden Probleme der täglichen Praxis lösen zu helfen: 1. Sie oder wir suchen ein bestimmtes einzelnes Dokument, dessen Existenz bereits bekannt ist. Die Kartei soll es ermöglichen, festzustellen, wo sich das Original und wo sich evtl. Ablichtungen des Dokuments befinden. 2. Sie oder wir suchen zu einem bestimmten Komplex möglichst alle vorhandenen bzw. erfassten Dokumente, also gerade auch solche Dokumente, die dem einzelnen Sachbearbeiter bis jetzt nicht bekannt waren.

Um diesen beiden Aufgaben gerecht zu werden, wurde bei der Einrichtung der Kartei wie folgt vorgegangen, wobei es das Ziel war, einen möglichst großen Effekt durch möglichst einfache, zeit- und personalsparende Mittel zu erreichen. Es wurde zunächst eine Karteikarte entworfen, von der ich Ihnen ein Muster zeigen möchte. Sie sehen, dass die Karteikarte aufgeteilt ist in die Sparten Sachgebiet, Komplex (dabei ist gedacht insbesondere auch an Tatort und Einheit), Aussteller (bzw. Empfänger), Datum des Dokuments, Inhalt, Fundstelle bei der ZSt. und

Fundstelle des Originals. Wir haben uns bemüht, für die Sparten Sachgebiet und Komplex wieder bestimmte Systemschlagworte zu finden, unter denen die Karten abgelegt werden. So haben wir z.B. Sachgebiet unterteilt in die Schlagworte Juden, Polen, Kriegsgefangene, Zigeuner, KZ, Einsatzkommandos, Euthanasie, Partisanen usw. Unter dem Sachgebiet KZ finden Sie unter Komplex u.a. die Schlagorte Allgemeines, Liquidationen, medizinische Versuche, Sterilisationen usw. Jede Karteikarte wird durchweg mit mehreren Durchschlägen geschrieben. Auf den verschiedenen Exemplaren wird jeweils ein anderes Stichwort rot unterstrichen. Die Karten werden dann unter diesen verschiedenen Stichworten abgelegt. Innerhalb der verschiedenen Stichworte werden die Karten jeweils zeitlich geordnet. Wir hoffen, nach diesem System eine große Zahl von Dokumenten, die gesucht werden, ohne große Schwierigkeiten finden zu können.

Natürlich wird es noch einige Zeit dauern, bis mit der Kartei wirklich gearbeitet werden kann. Wir haben jedoch anlässlich eines kürzlichen Besuches bei der Fa. IBM in Sindelfingen mit Genugtuung zur Kenntnis genommen, dass wir weitgehend bereits nach einem System arbeiten, das uns von den dortigen Fachleuten für die elektronische Speicherung des Dokumentenmaterials empfohlen wurde. Wie Sie aus der Zahl der bereits verkarteten Kopien ersehen, beschränken wir uns nicht darauf, nur die wichtigsten, immer wieder benötigten Beweisdokumente zu verkarten. Wir bemühen uns vielmehr, nach und nach im Rahmen der zur Verfügung stehenden personellen Mittel eine möglichst umfassende Dokumentenkartei zu erstellen, die sowohl die Ergebnisse der Auswertung von Archiven als auch sonstige, insbesondere in einzelnen Verfahren anfallende Dokumente erfassen soll.

Mit der Verkartung der Dokumente ist allerdings noch nicht erreicht, dass Sie von dem Vorhandensein der Dokumente nun auch Kenntnis erhalten. Dies soll bezweckt werden durch die Herstellung von Inhaltsverzeichnissen, und zwar sowohl zu geschlossenen Dokumentengruppen als auch zu Sammlungen einzelner, aus verschiedenen Archiven bzw. Sachgebieten anfallender Dokumente. So besitzen Sie bereits Inhaltsverzeichnisse der in Alexandria/USA verfilmten Dokumente und der Dokumente, die von einer sowjetrussischen Delegation anlässlich des Heuser-Prozesses vorgelegt worden sind. Hinzugekommen sind in letzter Zeit Inhaltsverzeichnisse von Dokumenten, die sich im Staatsarchiv Prag/CSSR befinden und derjenigen Dokumente, die von der Anklagevertretung im Eichmann-Prozess in Jerusalem benutzt worden sind. Weitere Dokumentenfindbücher sind in Vorbereitung. Es werden jeweils 400 Exemplare hergestellt, etwas über 300 hiervon im Rahmen der Rundschreiben der ZSt. versandt.

Ich möchte in diesem Zusammenhang um Verständnis dafür bitten, dass wir in einigen Fällen Fristen setzen, innerhalb derer die Bestellungen möglichst bei der ZSt. eingehen sollen. Der Grund hierfür ist vor allem der, dass bei der Erledigung zahlreicher Einzelaufträge technische Schwierigkeiten bei der Fotostelle des LKA Baden-Württemberg entstehen. Es ist daher zweckmäßig, möglichst zahlreiche Bestellungen zusammenkommen zu lassen. – Günstiger ist die Lage bei der Herstellung von kompletten Abzügen längerer Filme, da hier die Stuttgarter Justiz eine sehr leistungsfähige Anlage besitzt, die bis zu 8000–10.000 Abzüge pro

Tag herstellen kann. – Erwähnen möchte ich schließlich noch, dass wir bestrebt sind, von jedem Film eine komplette Serie aller Abzüge zu besitzen, so dass Sie bei uns neben der Einsicht in die Dokumentenkartei auch Einsicht in die Dokumente selbst nehmen können.

Zum Schluss möchte ich noch die Bitte an Sie richten, der ZSt. von allen Dokumenten, die allgemein von Interesse sind, Mikrofilme oder Fotokopien zur Verfügung zu stellen. Die diesbezügliche, seinerzeit in Calw getroffene Entschließung ist leider bis jetzt nicht in dem gewünschten Umfang befolgt worden. Dies ist bedauerlich, da wir jetzt nach der personellen Verstärkung und im Hinblick auf die zu erwartende weitere Verstärkung immer mehr in der Lage sind, solche Dokumente systematisch zu erfassen und anderen Interessenten bekanntzugeben."

OStA Heermann (Weiden) regte in der *anschließenden Diskussion* eine systematische Überprüfung der Personalakten aller Polizeibeamten im Hinblick auf einen etwaigen Einsatz in den besetzten Gebieten an.

StA Dr. Rückerl (ZSt.) erklärte dazu, er habe bei seiner letzten Dienstreise nach Polen eine Liste vorgefunden, die eine namentliche Zusammenstellung aller im Distrikt Lublin eingesetzter Polizeibeamten, einschließlich der Geburtsdaten und der Dienstgrade, enthalten habe. Diese Liste umfasse den Zeitraum von mehreren Jahren. Er hoffe, noch vor der bevorstehenden weiteren Dienstreise nach Polen eine Ablichtung dieser Zusammenstellung zu erhalten. Von polnischer Seite sei ihm mitgeteilt worden, dass auch von den übrigen polnischen Distrikten Listen gleichen Inhalts vorhanden seien. Er werde sich bemühen, diese Listen zu erhalten. Möglicherweise werde dadurch eine systematische Überprüfung entbehrlich.

StA Ihle (Hannover) teilte mit, in Niedersachsen habe eine Überprüfung von Polizeibeamten, die Anträge nach Art. 131 GG gestellt hätten, stattgefunden, die wertvolle Hinweise auf eine Beteiligung verschiedener Beamter an NS-Gewaltverbrechen erbracht habe. Er stelle sich deshalb die Frage, ob nicht eine generelle Überprüfung aller Polizeibeamten, die Anträge nach Art. 131 GG gestellt hätten, erfolgen solle.

StA Zeug (ZSt.) wandte ein, dass die Möglichkeit einer generellen Überprüfung aller Polizeibeamten sowohl innerhalb der ZSt. als auch von verschiedenen Innenverwaltungen der Länder bereits erwogen worden sei. Die Bedenken hätten aber überwogen. Im Falle einer solchen Maßnahme sei mit einer starken Beunruhigung innerhalb der Polizei zu rechnen.

OStA Heermann (Weiden) entgegnete, dass die augenblickliche Verfahrensweise zu viel dem Zufall überlasse. Wiederholt habe sich nach rechtskräftigem Abschluss vom Strafverfahren herausgestellt, dass an einem bestimmten Tatkomplex weitere der gleichen Einheit angehörende Personen beteiligt gewesen seien. Der gleiche Sachverhalt habe daraufhin in einem neuen Verfahren ein weiteres Mal erörtert werden müssen. Dies sei unwirtschaftlich. Abgesehen davon widerspreche es dem allgemeinen Gerechtigkeitsgefühl, wenn – wie bei der jetzigen Handhabung der Ermittlungen die Regel – von einer Vielzahl von Tätern lediglich einer gefasst werde, die übrigen aber strafrechtlich nicht belangt würden.

StA Winter (ZSt.) erwiderte hierauf, verschiedene Innenverwaltungen, insbesondere in größerem Umfang Schleswig-Holstein, hätten damit begonnen, der ZSt. die Personalien ihrer Polizeibeamten zur Überprüfung im Hinblick auf eine etwaige Beteiligung an NS-Gewaltverbrechen zuzuleiten. So sei erst kürzlich eine Liste mit den Personalien von 56 Polizeibeamten aus Schleswig-Holstein bei der ZSt. eingegangen. Es bleibe deshalb abzuwarten, ob sich die von OStA Heermann angeregten Maßnahmen nicht erübrigten.

StA Blank (ZSt.) brachte zum Ausdruck, dass eine systematische Überprüfung der Polizeibeamten, die Anträge nach Art. 131 GG gestellt hätten, nicht in dem Umfang Bedenken unterliegen wie eine generelle Überprüfung aller im staatlichen oder kommunalen Dienst stehenden Polizeibeamten, die nur unter Hinzuziehung der Personalakten erfolgen könne. Wie das Beispiel Niedersachsen beweise, sei schon der Weg der Überprüfung der Akten aufgrund von Anträgen nach Art. 131 GG durchaus erfolgversprechend.

StA Pfeiffer (Frankfurt) berichtete, dass eine vor einiger Zeit in Frankfurt vorgenommene systematische Überprüfung der Personalakten von Angehörigen eines früheren Polizeibataillons auf starken Widerstand der Gewerkschaft ÖTV gestoßen sei.

EStA Selle (Berlin) vertrat im Hinblick auf zu erwartende Schwierigkeiten im Falle einer Auswertung der Personalakten von Polizeiangehörigen ebenfalls die Auffassung, dass eine Überprüfung sich auf solche Polizeibeamte beschränken solle, die Anträge nach Art. 131 GG gestellt hätten.

StA Zeug (ZSt.) sprach sich gegen jede systematische Überprüfung von Polizeibeamten auf eine etwaige Beteiligung an NS-Gewaltverbrechen aus, weil dies einer zweiten Entnazifizierung gleichkomme. Ausgangspunkt jeder Ermittlungstätigkeit müsse eine bestimmte Tat sein, dann sei nach den Tätern dieser Tat zu suchen. Die in der Diskussion erwähnte generelle Überprüfung aller Polizeibeamten bzw. des Teils der Beamten, die Anträge nach Art. 131 GG gestellt hätten, bedeute eine Umkehrung dieses Grundsatzes. Sie sei ferner eine Diskriminierung der deutschen Polizei.

LG-Rat von Au (Karlsruhe) wandte ein, dass eine systematische Auswertung der Personalakten nicht als Bekundung eines gegen die gesamte deutsche Polizei bestehenden Misstrauens aufgefasst werden dürfe. Eine solche Überprüfung diene weniger dazu, nach bisher unbekannten Tatkomplexen zu forschen und den Kreis der Beschuldigten zu erweitern; sie sei vielmehr ein geeignetes Mittel, um für bereits anhängige Verfahren neue Beweismittel zu erschließen. Durch diese Auswertung der Personalakten solle vornehmlich festgestellt werden, bei welcher Einheit und wo sich ein bestimmter Polizeibeamter während eines gewissen Zeitraumes aufgehalten habe.

Die Tagung wurde fortgesetzt mit dem Referat von *StA Dr. Rückerl* (ZSt.) über das Thema: *„Die bisherigen Ergebnisse und die weiterhin geplante Arbeitsweise bei der Auswertung von Archiven (insbesondere von ausländischen Archiven):* Im Anschluss an das gestern von Herrn StA Zeug gehaltene Referat über die Bearbeitung des anfallenden Dokumentenmaterials möchte ich Sie heute über unsere bisher gemachten Erfahrungen bei der Auswertung von Archiven und die auf diesem Sektor weitere geplante Arbeit zu informieren. Herr StA Zeug hat gestern schon darüber berichtet, dass bei der ZSt. eine Abt. III ‚Dokumentation und Auswertung' eingerichtet worden ist. Diese Abteilung hat die Aufgaben, a) Dokumente und Akten über NS-Verbrechen und über die an solchen Verbrechen beteiligten Personen und Organisationen in Form von Mikrofilmaufnahmen bzw. Fotoabzügen aus in- und ausländischen Archiven zu beschaffen, b) die bei der ZSt. bereits vorhanden und neu anfallenden Dokumente unter verschiedenen Gesichtspunkten karteimäßig zu erfassen, c) die Strafverfolgungsbehörden über das bei der ZSt. vorhandene und neu anfallende Material zu unterrichten (durch Anfertigung und Übersendung von entsprechenden Verzeichnissen) und auf entsprechende Bestellungen Fotoabzüge von Dokumenten zu versenden, d) Dokumente, die unmittelbar Hinweise auf NS-Verbrechen und die daran beteiligten Personen enthalten, den örtlich bzw. sachlich zuständigen Referenten bei der ZSt. – oder, falls insoweit bereits Ermittlungs- oder Strafverfahren anhängig sind – den zuständigen StA und Gerichten zuzuleiten, e) in einzelnen Fällen Auskünfte über bei der ZSt. vorhandenes Material bzw. angefallene Erkenntnisse zu erteilen.

Zurzeit ist die Abteilung mit sechs Beamten des höheren Dienstes und einigen Schreibkräften besetzt. Von Fall zu Fall wurden – insbesondere bei der Anfertigung von Dokumentenverzeichnissen – Kräfte aus anderen Abteilungen herangezogen. Es bedarf keiner weiteren Ausführungen darüber, dass die Abteilung bei ihrer derzeitigen personellen Besetzung nicht in der Lage ist, die ihr gestellten Aufgaben zufriedenstellend zu erfüllen. Dies wirkt sich besonders hinsichtlich der Frage der Sichtung und Auswertung in- und ausländischer Archive aus. – Im Zuge der personellen Vergrößerung der ZSt. soll nun die Auswertungs- und Dokumentationsabteilung nicht nur um einige Beamte des höheren Dienstes, sondern auch um eine größere Anzahl weiterer Beamter und Angestellter verstärkt werden. Mit der neuen Besetzung wird es dann möglich sein, die Bemühungen um die Auswertung der in Betracht kommenden Archive zu intensivieren.

Erlauben Sie, dass ich in diesem Zusammenhang auf einen besonderen Punkt zu sprechen komme: Zu Beginn dieser Tagung bin ich von einem Kollegen gefragt worden, was in den inländischen Archiven noch zu tun sei, zumal doch im Zuge des Verfahrens gegen Angehörige des Reichssicherheitshauptamtes – wie sich aus Berichten des BMJ an den Präsidenten des Deutschen Bundestages vom 26.2.1965 ergibt – alle einschlägigen Archive schon systematisch ausgewertet worden seien. – Die Behauptung, etwa das BA in Koblenz oder das Archiv des Militärgeschichtlichen Forschungsamtes in Freiburg seien – auch nur in den einschlägigen Abteilungen – von einer kleinen Gruppe von Personen innerhalb einiger Wochen oder Monate *systematisch* ausgewertet worden, könnte von jedem Sachkundigen nur als Hochstapelei bezeichnet werden.

Die Berliner Kollegen, die das Verfahren gegen ehemalige Angehörige des RSHA führen, haben genau angegeben, in welchem Umfang in den einzelnen Archiven die Auswertung vorgenommen worden ist. In dem oben schon genannten Bericht des Herrn BMJ wird beispielsweise genau aufgeführt, dass in den beiden großen inländischen Archiven, nämlich Koblenz und Freiburg, mehrere tausend Dokumente ausgewertet wurden, die anhand der Aktenübersichten des Nationalarchivs in Washington (den sog. Guides) herausgesucht worden waren. Jeder, der die Verhältnisse in Koblenz und Freiburg kennt, wird Ihnen sagen, dass es sich dabei nur um einen Bruchteil des Materials handelt, das für die Aufklärung von NS-Verbrechen von Bedeutung sein kann.

Ich hoffe nicht, den Eindruck erweckt zu haben, als wollte ich die wertvolle und umfangreiche Arbeit herabwürdigen, die die Kollegen der RSHA-Arbeitsgruppe in Berlin geleistet haben. Sie haben die Archive ausgewertet, soweit es für ihre spezielle Arbeit von Bedeutung war und soweit es mit den zur Verfügung stehenden Kräften, die – soweit mir bekannt ist – teilweise vorher nicht in NSG-Sachen gearbeitet haben, überhaupt möglich war. – Ich wollte mit diesen Ausführungen nur aufzeigen, dass es auch in den innerdeutschen Archiven noch eine Menge zu tun gibt.

Einzelne Beamte der ZSt. und Arbeitsgruppen, die sich aus Angehörigen der ZSt. und aus zugeteilten Kriminalbeamten zusammensetzten, haben bereits in den letzten drei Jahren mehrfach im BA in Koblenz und im Archiv des Militärgeschichtlichen Forschungsamtes in Freiburg gearbeitet. Sie konnten nur einen geringen Teil des einschlägigen Materials auswerten. Es befinden sich in Freiburg noch über 80 Tonnen Akten, von denen selbst den Archivaren nicht bekannt ist, was sie enthalten. In Koblenz befinden sich Aktengruppen, deren Provenienz zwar bekannt, deren Inhalt aber auch von den dortigen Archivaren noch nicht durchgesehen worden ist.

Es muss hier gesagt werden, dass es wenig sinnvoll erscheint, ein Archiv, wie das in Koblenz oder Freiburg, von Anfang bis zum Ende – also systematisch – durchzusehen. Man wird sich auf die Dokumentengruppen beschränken müssen, von denen aufgrund gewisser Hinweise angenommen werden darf, dass sie für unsere Arbeit brauchbares Material enthalten. Bei jeder anderen Methode wären innerhalb der zeitlich gesetzten Schranken keine brauchbaren Ergebnisse zu erzielen. Es stehen auch gar nicht die Menschen zur Verfügung, die eine solche Arbeit leisten könnten. Eine Garantie, dass aus dem durchgesehenen Material alle Dokumente, die als Beweismaterial von Bedeutung sein können, für die Verfahren nutzbar gemacht werden, kann auch bei gewissenhaftester Arbeit nicht übernommen werden. Sie alle werden mir zustimmen, wenn ich sage, dass es vielfach einer erheblichen Sachkenntnis bedarf, um über die Brauchbarkeit des Dokumentes urteilen zu können. Oft wird das im Endergebnis nur der Sachbearbeiter tun können. Hinsichtlich der ausländischen Archive ist vorweg zu sagen, dass bereits im Jahre 1960 der Leiter der ZSt. und zwei Mitarbeiter mehrere Wochen in den Archiven in Alexandria/USA gearbeitet haben. Das Ergebnis ist Ihnen bekannt. Mehrere tausend wertvolle Beweisdokumente wurden auf Mikrofilm aufgenommen. Es wurde von der ZSt. ein entsprechendes Verzeichnis gefertigt und den StA übersandt. – Inzwischen befinden sich die meisten dieser Dokumente im Original im BA in Koblenz. Im März dieses Jahres waren ein Sachbearbeiter und eine Schreibkraft der ZSt.

erneut in den USA, um die in Alexandria verbliebenen Dokumente, soweit sie für unsere Arbeit in Betracht kommen, zu sichten.

EStA Dr. Artzt war im Jahre 1963 zwei Monate in Brüssel, um dort Material für bestimmte Verfahren zu suchen. Er konnte dabei feststellen, dass es Archive, in denen sich in größerem Umfang Dokumente über die deutsche Besatzungszeit befinden, in Belgien offenbar nicht gibt. – Im Frühjahr dieses Jahres fuhr EStA Dr. Artzt zusammen mit StA Richter nach Frankreich, um in den Archiven in Paris und Meaux nach Beweisdokumenten zu forschen. Die den beiden Kollegen zur Verfügung stehende Zeit reichte im Wesentlichen nur dazu aus, sich einen Überblick über das dort vorhandene brauchbare Material zu verschaffen. Sie ließen eine große Anzahl von Dokumenten auf Mikrofilme aufnehmen, deren Auswertung bei der ZSt. zurzeit erfolgt. Schon jetzt steht fest, dass noch einige weitere Reisen nach Frankreich erforderlich sind, um das Material, dessen Existenz uns durch den ersten Besuch der beiden Kollegen in Paris und Meaux erst bekannt geworden ist, zu sichten.

Wie steht es nun mit den Archiven in den Ostblockstaaten? Aus der CSSR sind der ZSt. von einem Vertreter der tschechischen Widerstandsbewegung eine Anzahl von Dokumenten übergeben worden, die zum Teil einen erheblichen Beweiswert haben. Das Verzeichnis dieser Dokumente ist Ihnen mit dem letzten Rundschreiben der ZSt. zugegangen. Bei diesem Material soll es sich angeblich um den dreihundertsten Teil der in Prag befindlichen Dokumente über NS-Verbrechen handeln. Die Bundesregierung ist über die französische Botschaft, die die Interessen der Bundesrepublik in Prag vertritt, an die tschechische Regierung herangetreten, um die Frage zu klären, ob eine Arbeitsgruppe der ZSt. das dort befindliche Material auswerten könne. Wie mir Herr RegDir. Götz vorgestern sagte, scheint sich jetzt eine Möglichkeit für eine solche Auswertung abzuzeichnen. Es ist auch daran gedacht, dass sich die ZSt. nunmehr unmittelbar über die tschechische Militärmission an das Staatsarchiv in Prag wenden soll. Der Erfolg bleibt abzuwarten.

Ähnliche Verhandlungen sind im Gange hinsichtlich der UdSSR und Jugoslawien. – Wie Sie sich vermutlich noch erinnern, hat anlässlich des Heuser-Prozesses in Koblenz eine sowjetrussische Delegation wertvolles Beweismaterial übergeben. Es war bereits vereinbart, dass Besprechungen zwischen den Angehörigen dieser Delegation und der ZSt. stattfinden sollten, bei der man sich über den Modus der Übergabe weiteren Materials klar werden wollte. Zu diesen Besprechungen ist es jedoch nicht mehr gekommen, da die Bundesregierung die Reise-Visa für die Angehörigen der sowjetrussischen Delegation nicht verlängert hat.

Von besonderem Interesse für unsere Arbeit sind die in Polen befindlichen Dokumente. – Schon in den Jahren 1960–1962 waren der ZSt. durch die polnische Militärmission in Berlin kleinere Dokumentengruppen zugänglich gemacht worden. Die Auswertung der polnischen Archive wurde jedoch ernsthaft erst im Spätherbst des vergangenen Jahres ins Auge gefasst. – Im Dezember des vergangenen Jahres konnte ich zusammen mit dem Leiter unserer Dienststelle erstmals nach Warschau fahren. Bei dieser Reise wurde – wie vorgesehen – lediglich mit den zuständigen Herren der polnischen Hauptkommission zur Aufklärung von

NS-Verbrechen besprochen, auf welche Weise die Auswertung erfolgen solle. Es wurde eine Übereinstimmung darüber erzielt, dass eine Gruppe von sieben Personen nach Warschau fahren sollte, wo man die einschlägigen Dokumente aus dem ganzen Land zusammentragen wollte. Unser Vorschlag, ein eigenes Mikrofilmgerät mitzubringen, wurde abgelehnt. Dagegen wurde polnischerseits angeregt, wir sollten eigenes Filmmaterial mitbringen.

Am 4.2. fuhr die Arbeitsgruppe nach Warschau. Bei den vorhergehenden Visa-Verhandlungen war die Zahl der Reiseteilnehmer auf sechs beschränkt worden. Nach einer gewissen Anlaufzeit verlief die Auswertungsarbeit reibungslos. Wir hatten den Eindruck, dass man seitens der Polen bemüht war, unsere Wünsche nach Möglichkeit zu erfüllen. Die eingetretenen Verzögerungen waren offenbar auf personelle Schwierigkeiten zurückzuführen. Von einem deutschen Journalisten erfuhren wir, dass die Hauptkommission bei unserem Eintreffen 20 Personen zusätzlich zugeteilt erhalten hatte, offenbar, um das uns vorzulegende Material vorher zu ordnen und zu sichten. Während des Aufenthalts in Polen fuhr ich zusammen mit zwei Kollegen auf drei Tage nach Lublin. Auch dort war man bemüht, uns weitgehend zu unterstützen.

In Warschau wurden während des etwa dreiwöchigen Aufenthaltes von der Arbeitsgruppe ausgewertet:

1. Bei der Hauptkommission in Warschau: a) ca. 1500 Auslieferungsakten, b) fünf Ordner mit Ordensverleihungslisten, c) 22 Ordner mit Personalakten der SS-Unterführer und Mannschaften des KZ Stutthof (mit zahlreichen Hinweisen auf andere KZ, Wachsturmbann Eimann, Selbstschutz usw.), d) ca. 100 Häftlingsakten des KZ Stutthof, e) vier Akten mit Vorgängen der Gestapostelle Radom, f) zwei Akten betreffend Treblinka, g) drei Bände des ‚Frank-Tagebuchs' (überprüft auf im Nürnberger Archiv nicht vorhandene Teile), h) ca. 30 Plakate, i) acht Ordner Beweisurkunden aus dem ‚Greiser-Prozess', k) sechs Ordner Beweisurkunden aus dem ‚Forster-Prozess', l) Stellenbesetzungsliste der Verwaltung des Gen.G.ouv. einschl Kreishauptleute, m) zwei Ordner aus dem Prozess gegen den HSSPF von Danzig, Hildebrandt, n) zwei Ordner Personalakten betr. Auerswald und Schön (Ghetto-Verwaltung Warschau), o) ein Ordner betr. Ghettoverwaltung Warschau, p) zwei Bände Personalakten und ein Band Zeugenaussagen betr. den früheren Bundesvertriebenenminister Krüger, q) ca. 70 Akten betr. Disziplinarvorgänge der Stapo Warschau, r) ca. 100 Akten des Sondergerichts Zichenau, s) ca. 300 Akten der Stapostelle Zichenau, t) zwölf Ordner mit Fragebogen der poln. Gemeinden aus den Jahren 1945/46 betr. im Gemeindebereich verübte NS-Verbrechen (nicht identisch mit dem bereits seit 1960 bekannten Material), u) mehrere Fotoalben betr. Selbstschutz Bromberg und Einsatzgruppe V, v) Zeugenberichte betr. den Warschauer Aufstand 1944, w) Teile der ‚Himmler-Akten', x) mehrere Bände der sog. ‚Bühler-Akten'.

2. Beim Jüdischen Historischen Institut: a) ca. 350 Ordner der Ghetto-Verwaltungen Lodz und Warschau, b) ca. 1500 Erlebnisberichte jüdischer Zeugen.

3. In Lublin: komplette Personallisten der KZ-Wachmannschaften und KZ-Personals mit Diensteinteilungsplänen über längere Zeiträume, – Stellenbesetzungslisten sämtlicher Polizeidienststellen im Distrikt Lublin (KdS mit

Außendienststellen, Schutzpolizei und Gendarmerie herunter bis zum Polizeiposten) mit Personalveränderungsanzeigen über die Jahre 1940/41, – Kommandanturbefehle des KZ Lublin (Majdanek mit Nebenlagern), – Akten der inneren Verwaltung in Lublin, – Anordnungen betr. die Gendarmerie im Distrikt Lublin (Organisation, Befehlswege, Weisungsrecht der Verwaltungsdienststellen), – komplette Personallisten der SS-Reiterabteilung 3 über längere Zeiträume, – Akten betr. die Umsiedlerzentrale Zamoss, – Akten des Kreishauptmannes Lublin – Abt. Polizeiwesen, – Stärkemeldungen des SS-TV-Sturmbannes Lublin, – Betriebsanleitung für die Gaskammern, – Akten betr. die Aktion ‚Reinhard' (1 Ordner von mehr als 20 wurde als Muster vorgelegt), – Sterbefall-Anzeigen aus dem KZ Lublin, – zahlreiche Erlebnisberichte.

In allen Fällen handelt es sich nur um Teile des vorhandenen Materials. Es wurden von uns ca. 25.000 bis 30.000 Dokumente zur Ablichtung gegeben. Ein großer Teil der Filme ist inzwischen bereits in Ludwigsburg eingetroffen. Auch nur annähernd genaue Angaben über das in Polen befindliche, noch nicht ausgewertete Material können derzeit nicht gemacht werden – Bei der Hauptkommission in Warschau befinden sich noch große Mengen nicht ausgewerteten Materials. Die Auswertung war aus Zeitmangel oder aus technischen Gründen (Notwendigkeit einer vorherigen Aufbereitung) nicht möglich. Unter den bisher nicht ausgewerteten Dokumenten und Akten befinden sich: die sog. ‚Böttcher-Akten', die sog. ‚Reinefarth-Akten' (betr. den Warschauer Aufstand, allgemein), Akten betr. die ‚Befriedigungsaktionen' im Distrikt Lublin, ca. 40 Beweismittelbände aus dem sog. ‚Bühler-Prozess', mehrere hundert Akten betr. das Sondergericht Warschau (die Akten konnten nicht mehr rechtzeitig zur Verfügung gestellt werden), Vorgänge betr. das KZ Groß-Rosen.

Beim Jüdischen Historischen Institut befinden sich noch mehrere tausend Ordner und Akten, die aller Wahrscheinlichkeit nach brauchbares Beweismaterial enthalten. – Im Staatsarchiv in Lublin befinden sich noch weitere unausgewertete Akten, die nach der Bewertung des bereits vorgelegten Materials sehr wertvolle Beweisdokumente enthalten dürften.

Bei allen genannten Stellen wurde übereinstimmend erklärt, dass sich in den Archiven von Bialystok, Kielce, Krakau, Radom, Kattowitz, Posen, Bromberg, Danzig, Breslau und Allenstein noch Material befindet, das dem in Lublin gefundenen an Beweiswert nicht nachstehen soll. – Insgesamt wird festzustellen sein, dass bisher nur ein kleiner Teil des in Polen befindlichen Materials ausgewertet werden konnte. Es ist mit Sicherheit davon auszugehen, dass das noch nicht gesicherte Material Beweismittel enthält, die zur Einleitung zahlreicher neuer Verfahren Anlass geben. – Ergänzend ist hierzu noch zu sagen, dass sich in Breslau auch Dokumentengruppen befinden sollen, die von deutschen Dienststellen aus der Sowjetunion beim Rückzug mitgeführt und in Schlesien beim Zusammenbruch von den Polen bzw. den Sowjets aufgefunden wurden.

Am 10. Juni, also nächsten Donnerstag, werde ich Gelegenheit haben, zusammen mit einer weiteren Arbeitsgruppe der ZSt. erneut für voraussichtlich drei bis vier Wochen nach Polen zu fahren. Wir werden uns bemühen, möglichst viel Material für unsere Zwecke zu erfassen und die Verfilmung zu veranlassen.

Ich halte mich für verpflichtet, Sie in diesem Kreise auch über die Schwierigkeiten zu informieren, die im Zusammenhang mit der Auswertungsarbeit in Polen durch das Verhalten von Journalisten entstehen können. Ein dem Bundespresse- und Informationsamt nahestehender Bonner Journalist hat in einer von ihm selbst herausgegebenen Schrift einen Artikel über die Verfolgung von NS-Verbrechen in der Bundesrepublik veröffentlicht. Er schilderte darin die Schwierigkeiten, die bei der Auswertung von Archiven in Polen entstanden sind. Darin finden sich beispielsweise folgende Sätze: ‚Die polnischen Behörden lehnten es ab, den Ludwigsburger Vorschlag zu akzeptieren, mit 20 StA nach Warschau zu kommen, um die Dokumente durchzuarbeiten. Sie ließen nur eine Gruppe von fünf StA zu. ...' ‚Die StA konnten erst nach längeren Verhandlungen eigenes Rohfilmmaterial mitbringen.' Beide Behauptungen sind, wie sich aus meinen vorherigen Ausführungen schon ergibt, unwahr. Außerdem wird in dem Artikel beanstandet, dass die Polen offenbar das unserer Arbeitsgruppe vorgelegte Material vorgesichtet hätten. Ich bin der Meinung, dass man es beispielsweise auch im BA in Koblenz polnischen Juristen nicht so ohne weiteres gestatten würde, wahllos Material herauszugreifen.

Solche Veröffentlichungen sind – wie Sie sich leicht vorstellen können – nicht geeignet, die sachliche Arbeit in Polen zu fördern. Man soll doch nicht durch die Veröffentlichung sachlich unrichtiger Behauptungen den Polen Propagandamaterial gegen die Bundesrepublik in die Hände spielen und den ehrlichen Willen, die NS-Verbrecher in der Bundesrepublik zu verfolgen, auf diese Weise im Ausland in Frage zu stellen. Ich möchte deshalb den hier anwesenden Vertreter des BJM, Herrn RegDir. Götz bitten, in seinem Ministerium darauf hinzuwirken, dass man sich auch dort weiterhin bemüht, die Presse zu veranlassen, keine Berichte zu veröffentlichen, die unserer Arbeit – nach der übereinstimmend erklärten Meinung des Bundestages einem Anliegen des ganzen deutschen Volkes – schaden können."

StA Wieser (Stuttgart) ging auf das Problem der Beweisführung ein und warf die Frage auf, ob es möglich sei, für die Hauptverhandlung auch *Original*urkunden aus Polen zu beschaffen.

StA Dr. Rückerl (ZSt.) äußerte hierzu die Ansicht, dass dahingehende Bemühungen bei Einschaltung der polnischen Hauptkommission zur Aufklärung von NS-Verbrechen Aussicht auf Erfolg bieten könnten.

StA Klass (Mannheim) berichtete dazu aus seiner Prozesserfahrung, dass Urkundenbeweise auch mit Hilfe von beglaubigten Fotokopien geführt werden könnten, und schloss daran die Frage an, inwieweit im Einzelfall die Möglichkeit zu einer Beglaubigung von Fotokopien gegeben sei.

StA Dr. Rückerl (ZSt.) wies darauf hin, dass die jeweils abzulichtenden Dokumente von den Mitarbeitern der Auswertergruppe lediglich bezeichnet und anschließend von den Polen selbst verfilmt würden, so dass eine Beglaubigung von deutscher Seite nicht erfolgen könne. Unter Umständen wäre es dagegen denkbar, die Echtheit eines Dokumentes durch den einzelnen Sachbearbeiter, der die Ablichtung veranlasst habe, bestätigen zu lassen.

MinRat Roth bemerkte hierzu, ein polnisches Dokument könne zwar bestätigt, jedoch nicht wie im hier üblichen Sinne, beglaubigt werden. Dem Gericht genüge auch u.U. eine Bescheinigung desjenigen Sachbearbeiters der ZSt., der das Original habe einsehen können. Im Übrigen bestehe immer die Möglichkeit, den bestimmten Sachbearbeiter als Zeugen zu benennen. Bei der Vielzahl an Dokumenten auch noch Beglaubigungen zu verlangen, stelle eine Überforderung der polnischen zuständigen Stellen dar.

StA Dr. Schrödter (München) stellte den Vorschlag zur Diskussion, Ablichtungen von den wirklich benötigten Urkunden herzustellen und diese sodann in Polen beglaubigen zu lassen.

MinRat Roth bezweifelte, ob ein Richter in der Hauptverhandlung einer beglaubigten Fotokopie größeren Glauben schenken würde als der Bestätigung einen StA.

StA Dr. Schrödter (München) wies in diesem Zusammenhang darauf hin, dass offenbar die Dokumente aus der CSR beglaubigt seien.

StA Dr. Rückerl (ZSt.) bestätigte die Ausführungen Dr. Schrödters und führte hierzu aus, es habe sich jedoch nur um einen halboffiziellen Weg gehandelt. Die erwähnten Dokumente seien von einem Vertreter des tschechischen Widerstandsverbandes, der auch die Beglaubigung veranlasst habe, übergeben worden; die Kosten der Beglaubigungen seien von deutscher Seite getragen worden.

StA Kraemer (Hamburg) stellte die Frage, ob von der ZSt. etwas unternommen worden sei, um auch die in der UdSSR lagernden Dokumente auszuwerten.

MinRat Roth erklärte hierzu, RegDir. Götz vom BJM habe sich auf Veranlassung des damaligen BJM Dr. Bucher dieserhalb mit dem AA in Verbindung gesetzt, welches wiederum die Deutsche Botschaft in Moskau entsprechend unterrichtet habe. Ein deutscher Botschaftssekretär sei wegen der Frage der Auswertung von Dokumenten im russischen Außenministerium vorstellig geworden, wo man eine wohlwollende Prüfung zugesagt habe. Diese Bemühungen hatten jedoch bislang zu keinem Ergebnis geführt.

RegDir. Götz (BJM) ergänzte die vorstehenden Ausführungen dahin, dass das AA nochmals gebeten worden sei, sich in Moskau um einen definitiven Bescheid zu bemühen. Eine Antwort stehe jedoch noch aus.

LG-Rat Dr. Düx (Frankfurt) warf die Frage auf, ob eine Auswertung des gesamten noch nicht gesichteten Materials vor Eintritt der Verjährung möglich sei.

StA Dr. Rückerl (ZSt.) entgegnete, dass irgendwelche Garantieerklärungen nicht abgegeben werden konnten. Im Allgemeinen dauere es nicht sehr lange, bis ein in Polen bestelltes Dokument eintreffe. Allerdings sei bislang noch nicht alles anlässlich der letzten Polenreise im Februar bestellte Material im Besitz der ZSt. Im Übrigen seien die zur Auswertung des Materials zur Verfügung stehenden personellen Mittel auch zu gering.

EStA Huber (München) stellte die Frage, ob unter den in Ostblockstaaten lagernden, bislang noch nicht gesichteten Dokumenten, noch Akten oberster Reichsbehörden und Parteistellen vermutet würden.

StA Dr. Rückerl (ZSt.) entgegnete darauf, dass hiermit wohl nicht zu rechnen sei; es handle sich wahrscheinlich nur um Akten örtlicher Stellen. In den nach dem

Kriege polnisch gewordenen Gebieten befänden sich nur geringe Dokumentenbestände; der überwiegende Teil sei in russischer Hand.

StA Kraemer (Hamburg) schnitt die Frage an, ob seitens der Bundesregierung Bedenken dagegen bestehen, deutschen StA die Auswertung von sowjetischen Archiven zu gestatten.

RegDir. Götz (BJM) antwortete hierauf, dass die Auswertung durch die ZSt. unbedenklich sei. Die Frage, ob einzelne StA zu Auswertungszwecken in die UdSSR reisen dürften, könne in dieser allgemeinen Form nicht grundsätzlich beantwortet werden. Es komme jeweils auf den Einzelfall.

StA Kraemer (Hamburg) berichtete in diesem Zusammenhang von zwei an die UdSSR gerichtete Rechtshilfeersuchen der Hamburger StA, die über den zuständigen GStA an das BJM gelangt seien. Das BJM habe geantwortet, dass das Rechtshilfeersuchen in schriftlicher Form nicht weitergeleitet werden könne, sondern es vielmehr dem deutschen Botschafter vorbehalten bleiben müsse, an die russische Regierung heranzutreten. Anfang des Jahres sei nun eine Sendung sehr brauchbarer, mit einem Beglaubigungsvermerk versehener Dokumente aus Russland eingetroffen. Danach sei zu vermuten, dass die sowjetischen Archive noch sehr viele bislang unbekannte wertvolle Dokumente enthalten.

MinRat Roth führte hierzu ergänzend aus, dass nach seiner Kenntnis es in etwa 3–4 Fällen gelungen sei, Dokumente aus Russland zu erhalten.

StA Dr. Kintzi (Braunschweig) fragte, ob die Möglichkeit bestehe, auch polnische Prozessakten zur Einsichtnahme zu beschaffen, deren Inhalt u.U. für Polen selbst belastend oder unangenehm sei.

StA Dr. Rückerl (ZSt.) erwiderte hierauf, man erhalte lediglich Beweismittelbände, keine Prozessakten. Die Polen seien mit der Vorlage dieser Vorgänge sehr zurückhaltend.

StA Born (Koblenz) erkundigte sich danach, ob sich aus den der ZSt. vorliegenden Ordensverleihungslisten Hinweise auf Einsatzgruppen und Einsatzkommandos ergäben.

Gerichtsass. Pfaff (ZSt.) erklärte hierzu, dass zwar gelegentlich Mitglieder von Einsatzkommandos genannt seien, jedoch keine listenmäßige Zusammenstellung vorhanden sei, da die Ordensverleihungsvorschläge jeweils von Wehrmachtsstellen ausgingen.

StA Wiedemann (Offenburg) ging auf die Frage der Beschaffung von Material aus Jugoslawien ein und berichtete, dass bisherige Anfragen ergebnislos geblieben seien.

StA Dr. Rückerl (ZSt.) bemerkte hierzu, dass bisher mit Jugoslawien keinerlei Kontakte bestünden.

RegDir. Götz (BJM) wies darauf hin, dass zu Jugoslawien keine diplomatischen Beziehungen bestünden. Es sei zwar bei dem militärhistorischen Institut in Belgrad angefragt worden, ob die ZSt. die Genehmigung zur Auswertung der dortigen Archive erhalten könnte. Die darauf erteilte Antwort sei ausweichend – weder ja noch nein – gewesen.

ORR Maier (Justizmin. Bad.-Württ.) erklärte hierzu, dass trotz fehlenden diplomatischen Beziehungen an Jugoslawien gerichtete Rechtshilfeersuchen möglich seien.

Im Anschluss hieran stellte *MinRat Roth* noch folgende drei Fragen von allgemeinem Interesse zur Diskussion:

1. Sollen von *allen* Beschuldigten- und Zeugenvernehmungen Durchschriften an die ZSt. übersandt werden?
2. Wer soll die Versendung übernehmen (Sonderkommission, StA)?
3. Sollen die Durchschriften unmittelbar der ZSt. übersandt oder über den zuständigen GStA geleitet werden?

Die Aussprache ergab Übereinstimmung dahin, dass von allen Vernehmungen Durchschriften zu übersenden seien, und dass die Verantwortung für die ordnungsgemäße Übersendung die jeweils für das Verfahren zuständige StA tragen solle. Die Übersendung solle ohne Einschaltung des GStA unmittelbar an die ZSt. erfolgen. Die Verwaltungsvereinbarung über die Errichtung der ZSt. stehe einer solchen Regelung nicht entgegen.

Das Schlussreferat von *OStA Schüle* behandelt die *„Zusammenarbeit mit den Sonderkommissionen.* Im Verlaufe dieser Arbeitstagung wurde von Herrn Kollegen *Ihle* und Herrn *Weida* wiederholt auf die diesjährige Tagung der Leitenden Beamten der Sonderkommissionen in Hannover Bezug genommen, wobei verschiedene Probleme angesprochen worden sind. – Im Interesse der weiteren guten Zusammenarbeit mit den Sonderkommissionen möchte ich aufgrund der in Hannover geäußerten Wünsche verschiedene dieser Probleme ansprechen.

1. Erteilung von Ermittlungsaufträgen an die Sonderkommissionen. Zu diesem Punkt wurde ausgeführt, dass Ermittlungsersuchen häufig sich darauf beschränkten ... es wird gebeten, den ‚X' über seinen Kriegseinsatz zu hören ... Mit Recht beanstanden m.E. die Sonderkommissionen solche Ersuchen, denn gerade nach dem StPÄG muss ja dem zu Vernehmenden der Grund für seine Vernehmung schon in der Ladung angegeben werden. Diese Art des Ersuchens war schon vor dem Änderungsgesetz nicht in Einklang zu bringen mit Ziff. 33 der Richtlinien für das Strafverfahren. Diese bestimmen für den Beschuldigten, dass die Ladung erkennen lassen müsse, dass er als Beschuldigter vernommen werden solle, dabei muss der Gegenstand der Beschuldigung kurz angegeben werden, soweit dadurch nicht der Untersuchungszweck gefährdet wird.

Nach dem StPÄG kann es keinen Zweifel geben, dass auch der Grund der Vernehmung angegeben werden muss. Für den Zeugen bestimmen die Richtlinien Ziff. 50, dass die Ladung erkennen lassen muss, dass der Betreffende als Zeuge vernommen werden soll, ferner soll der Name des Beschuldigten und der Gegenstand der Beschuldigung angegeben werden. In diesem Zusammenhang erscheint es mir erforderlich, auf die Bestimmungen §§ 136 und 136 a StPO hinzuweisen.

Ein Ausweichen auf den Begriff des sog. ‚Verdächtigen', wie er hier vorgeschlagen wurde, erscheint mir ungesetzlich und daher unzulässig, denn die StPO kennt den Begriff des ‚Verdächtigen' nicht. Als Ergebnis dieser Überlegung ist demnach durch Sie zu entscheiden; entweder ist die zu ladende Person Beschuldigter oder Zeuge. Dementsprechend muss die Polizei – sofern ihr ein Auftrag durch die StA erteilt wird – in aller Kürze dahin unterrichtet werden, dass Herr ‚X' zu seinem Kriegseinsatz als Zeuge (als Beschuldigter) zu vernehmen sei, er stehe im Verdacht, der Einheit ‚Y' in der Zeit vom ... bis ... angehört zu haben. Die Angehörigen dieser Einheit seien verdächtig, an nationalsozialistischen Gewaltverbrechen beteiligt gewesen zu sein. – Es dürfte sich weiter empfehlen, zur Unterrichtung der Vernehmungsbeamten eine kurze Zusammenfassung des bisherigen Ermittlungsergebnisses anzuschließen (Verfahren, Komplex, bisheriges Ermittlungsergebnis). Nur so wird der vernehmende Beamte in der Lage sein, gezielte Fragen zu stellen und ein entsprechendes Ermittlungsergebnis vorzulegen.

2. Vereinzelt wurde darüber Klage geführt, dass einer Sonderkommission die Akten mit dem Ersuchen übersandt worden seien, ‚... die erforderlichen Ermittlungen anzustellen. ...' Sie haben aus dem Teilnehmerkreis hier schon gehört, dass solche Fälle in der Praxis vorgekommen sind, dass es sich also nicht um unbegründete Klagen handelt, die in Hannover vorgebracht worden sind. Wir haben auch den Grund dafür erfahren, warum von kleinen StA ein solches Verfahren gewählt wird.

Dass ein solches Ersuchen nicht gerade Freude bei der ersuchten Dienststelle erweckt, ist selbstverständlich und man kann sich des Eindrucks nicht erwehren, dass der Sachbearbeiter sich selbst nicht die Mühe gemacht hat, sich mit dem Akteninhalt überhaupt vertraut zu machen. – Mit Recht wurde m.E. in der Diskussion in Hannover darauf hingewiesen, dass ein solches Verfahren nicht mit der Stellung eines ‚Herrn des Verfahrens' in Einklang zu bringen sei. Ich habe im Laufe dieser Tagung schon darauf hingewiesen, dass, falls eine kleine StA bei der Bearbeitung eines großen Tatkomplexes beauftragt wird, weil in ihrem Bereich eine Zuständigkeit vorliegt, nur der zuständige GStA gemäß § 145 GVG Abhilfe schaffen kann.

3. Ein weiteres Beispiel, das in Hannover vorgetragen wurde, möchte ich Ihnen ebenfalls nicht vorenthalten. Der Sachbearbeiter der StA ‚X' gab der Sonderkommission in ‚Y' den Auftrag, einen untergeordneten Dienstgrad als Zeugen zu vernehmen. Da sich im Laufe der Vernehmung dieses Zeugen ergab, dass dieser selbst dringend verdächtig war, an Exzessen beteiligt gewesen zu sein, rief der vernehmende Kriminalbeamte den StA in ‚X' an und berichtete ihm kurz über das bisherige Ergebnis der Vernehmung und fragte, ob er den Betreffenden festnehmen und dem zuständigen Amtsrichter zum Erlass eines Haftbefehls vorführen solle. Der Sachbearbeiter der StA stellte die Entscheidung dieser Frage in das Ermessen des Vernehmungsbeamten. Dieser führte den Beschuldigten dem Amtsrichter vor, welcher Haftbefehl erließ. Nachdem dies geschehen war, teilte der Vernehmungsbeamte dem StA in ‚X' die Verhaftung mit und bat um Weisung, ob der Beschuldigte per Schub oder im Einzeltransport nach ‚X' gebracht werden solle. Er erhielt daraufhin die Weisung, den Inhaftierten im Einlieferungsgefängnis zu belassen, da die StA in ‚X' nunmehr insgesamt das Verfahren an die StA in ‚Y'

abgeben werde, da ja dort durch die Inhaftierung eine Zuständigkeit begründet worden sei. Ich darf in diesem Zusammenhang darauf hinweisen, dass es sich um ein größeres Verfahren (Tatkomplex) gehandelt hat. Der StA in ‚X' waren bereits eine Reihe höherer Dienstgrade mit erheblichen Belastungen bekannt, ohne dass diese Dienstgrade in Haft genommen wurden. Welchen Eindruck ein solches Vorgehen der StA in ‚X' auf die Sonderkommission in ‚Y' gemacht hat, brauche ich nicht weiter auszuführen.

4. Vernehmung von Polizeibeamten: Eine Sonderkommission erhielt den Auftrag, einen aktiven Kriminaloberrat zu vernehmen. Der zu Vernehmende bot dem Kriminalobermeister, welcher mit der Durchführung der Vernehmung beauftragt war, Räume in seiner Dienststelle an, um dort die Vernehmung durchzuführen. Abgesehen davon, dass ein Kriminalübermeister in einem solchen Fall schon dadurch überfordert ist, dass der zu Vernehmende einen höheren Dienstgrad und die weitaus größere kriminalistische Erfahrung hat, kann die psychologische Wirkung auf den Vernehmungsbeamten nicht unterschätzt werden, dass er sich in den Diensträumen des Beschuldigten befindet und dass die gesamte Atmosphäre, die ihm dort entgegenschlägt, alles andere als freundlich ist. Dass in einem solchen Falle der StA als ‚Herr des Verfahrens' die Vernehmung selbst durchführen muss, sollte eigentlich selbstverständlich sein. Der StA selbst wird es zweifellos ablehnen, einen Beschuldigten in dessen Diensträumen zu hören.

Die ganze Angelegenheit hat aber auch noch eine andere Seite. Es kann auch nicht im Interesse des zu Vernehmenden liegen, dass dieser in seiner Dienststelle gehört wird. Schon allein die Tatsache einer Vernehmung durch einen Angehörigen einer Sonderkommission oder einen StA gibt Anlass zu Gerüchten und kann die Stellung des beispielsweise nur als Zeugen vernommenen höheren Kriminalbeamten gegenüber seinen Untergebenen erschüttern. Wir sollten solche Überlegungen nicht außer Acht lassen.

Ich habe Ihnen einige in Hannover angesprochene Fälle vorgetragen nicht etwa, um Kritik zu üben, sondern Sie zu bitten, gerade auf solche Fälle zu achten und sie in Ihre Erwägungen einzubeziehen, ehe Sie einen Ermittlungsauftrag erteilen.

Lassen Sie mich abschließend zu dem Ergebnis von Hannover sagen, damit nicht ein falscher Eindruck entsteht, dass im Allgemeinen die Zusammenarbeit zwischen den Sonderkommissionen und den StA als sehr gut bezeichnet worden ist. Gerade deshalb sollten wir aus den angeführten Beispielen die Lehre ziehen, vermeidbare Ansätze zur Kritik auszuschalten."

OStA Dr. Gierlich (Köln) bekräftigte den Hinweis, dass der StA aus ihrer Stellung als Herrin des Ermittlungsverfahrens nicht nur Rechte, sondern auch Pflichten erwüchsen. – Den Sonderkommissionen sprach er für ihre aufopfernde und erfolgreiche Tätigkeit Dank und Anerkennung aus.

MinRat Roth überbrachte die Grüße des baden-württembergischen Innenministers als Hausherrn. Er lobte das gute Arbeitsklima und dankte allen Teilnehmern sowie besonders auch ORR Maier und der ZSt. Für das Jahr 1966 stellte er eine weitere Tagung in Aussicht, die zweckmäßig wiederum in Baden-Württemberg, vielleicht am Bodensee oder in Freiburg, abgehalten werden sollte.

OStA Dr. Gierlich (Köln) dankte im Namen der Tagungsteilnehmer dem Justizministerium Baden-Württemberg, insbesondere MinRat Roth und ORR Maier, sowie allen, die dazu beigetragen hätten, die Tagung zu ermöglichen, vorzubereiten und durchzuführen. Die Tagung sei sehr fruchtbar gewesen und werde für die weitere Arbeit von großem Nutzen sein.

III. Niederschrift über die 3. Arbeitstagung in Konstanz vom 27.-30.9.1966

Teilnehmerliste:

BMJ: RegDir. Pötz, RegDir. Schätzler (ab 28.9.1966)
Baden-Württemberg:
MinRat Roth (ab 28.9.1966) – RegDir. Maier, Justizmin.
OStA Dr. Giesing, StA b.d. LG Stuttgart
OStA Straub, StA b.d. LG Konstanz
EStA Bock, StA b.d. LG Mosbach
EStA Sichting, StA b.d. LG Stuttgart
EStA Dr. Trips, StA b.d. LG Karlsruhe
EStA Dr. Wieser, StA b.d. LG Stuttgart
StA Dr. Klaß, StA b.d. LG Mannheim
StA Dr. Rall, StA Dr. Riffel, StA b.d. LG Stuttgart
Bayern:
OStA Dr. Heermann, StA b.d. LG Weiden
OStA Dr. Heiligmann, StA b.d. LG Augsburg
OStA Janke, StA b.d. LG Deggendorf
OStA Dr. Kotschmar, StA b.d. LG Ansbach
OStA Ostheimer, StA b.d. LG Bamberg
OStA Rauchalles, StA b.d. OLG München
OStA Ruppert, StA b.d. LG Würzburg
EStA Beck, StA b.d. LG Kempten
EStA Bethke, StA b.d. LG Traunstein
EStA Kössinger, StA b.d. LG Memmingen
EStA Dr. Letter, StA b.d. LG Amberg
EStA Dr. Ludolph, StA b.d. LG München I
EStA Schmucker, StA b.d. LG Regensburg
EStA Treier, StA b.d. LG Schweinfurt
EStA Wüstner, StA b.d. LG Coburg
StA Dr. Bayerlein, StA b.d. LG München II
StA Hofmann, StA b.d. LG Nürnberg-Fürth
Berlin:
EStA Selle, EStA Spletzer, StA Hauswald, StA Uwe Schmidt, StA Stamer, StA Zippel, StA Hölzner – sämtlich StA b.d. LG Berlin
Bremen:
StA Reichenbach, StA b.d. LG Bremen
Hamburg:
LG-Rat Dettmer, LG Hamburg

StAin Eggers, StA Otto (ab 28.9.1966), Gerichtsassessorin Grabitz – sämtlich StA b.d. LG Hamburg

Hessen:

OStA Dr. Großmann, OStA Metzner, EStA Richter – sämtlich StA b.d. OLG Frankfurt

StA Bluhm, StA b.d. LG Darmstadt

LG-Rat Dr. Adam, LG Darmstadt

LG-Rat Bach, LG Frankfurt/m.

Niedersachsen:

EStA Dr. Goetz, StA b.d. LG Hannover

EStA Varelmann, StA b.d. LG Oldenburg

EStA Wolters (28.-29.9.1966), StA b.d. LG Göttingen

StA Focken, StA b.d. LG Braunschweig

Gerichtsass. Salge (28.-29.9.1966), StA b.d. LG Hannover

Nordrhein-Westfalen:

OStA Dr. Nachtweh, EStA Walden, StA Plitt, StA Röseler, StA Rüther, StA Westgen, Gerichtsass. Menne, ZSt. b.d. Ltd. OStA in Dortmund

StA Dichmann, StA Dr. Plümpe, ZSt. b.d. Ltd. OStA in Köln

LG-Rat Neumann, LG Köln

Rheinland-Pfalz:

StA Lattrell, StA b.d. LG Zweibrücken

LG-Rat Knodel, LG Bad Kreuznach

Saarland:

StA Wagner, StA b.d. LG Saarbrücken

Schleswig-Holstein:

ORR Dr. Begemann (ab 28.9.1966), Justizministerium

StA Böttcher, Gerichtsass. Schamerowski, StA b.d. LG Lübeck

StA Hadeler u. StA Krantz, StA b.d. LG Kiel

StA Scheske, StA b.d. LG Flensburg

StA Thiemke, StA b.d. Schl.-Holst. OLG Schleswig

LG-Rat von Maydell, LG Kiel

Zentrale Stelle der Landesjustizverwaltungen:

OStA Dr. Rückerl (ab 28.9.1966), OStA Dr. Artzt, EStA Hinrichsen, EStA Gödel, StA Streim, StA Schreitmüller, StA Dietz, StA Büschgens, Gerichtsass. Dr. Jahnknecht, Gerichtsass. Müller-Praefke, Gerichtsass. Schwippe

Bundesarchiv Koblenz:

Oberarchivrat Dr. Boberach (28.-29.9.1966)

Institut für Zeitgeschichte, München:

Prof. Dr. Buchheim (29.9.1966)

RegDir. Maier eröffnete die Tagung und hieß die Teilnehmer im Namen des wegen dringender Dienstgeschäfte verhinderten Herrn Justizminister Dr. Wolfgang Haußmann willkommen. Ferner übermittelte er Grüße des Leiters der Tagung, Herrn MinRat Roth, der bedauere, die Tagung nicht selbst eröffnen zu können. Er halte sich noch mit dem Leiter der ZSt., Herrn OStA Dr. Rückerl und Herrn RegDir.

Schätzler in Essen beim 46. DJT auf. Aus diesem Grunde sei auch eine Änderung der Tagesordnung erforderlich.

Im Anschluss hieran gab RegDir. Maier einen Überblick über das abgeänderte Tagungsprogramm. Sodann erteilte er *RegDir. Pötz* (BMJ) das Wort zu dem Referat: *„Rechtshilfeverkehr in Strafsachen mit Israel in Verfahren wegen NS-Verbrechen seit Aufnahme der diplomatischen Beziehungen."*

„Vor Aufnahme diplomatischer Beziehungen zwischen der Bundesrepublik Deutschland und Israel wurden die israelischen Interessen in der Bundesrepublik Deutschland bekanntlich von der Israel-Mission in Köln wahrgenommen. Diese Mission war auch die Vermittlungsstelle für den Rechtshilfeverkehr in Strafsachen. Soweit es sich um Rechtshilfeersuchen in Verfahren wegen NS-Gewaltverbrechen handelte, war schon zu dieser Zeit der Umfang des Rechtshilfeverkehrs beachtlich. Das Fehlen offizieller Kontakte auf der Ebene der Regierungen führte zwangsläufig zu Schwierigkeiten. Diese wurden durch eine Vereinbarung zwischen deutschen und israelischen Behörden vom 20.2.1960 wenigstens teilweise behoben: Die ZSt. der LJVW in Ludwigsburg wurde ermächtigt, mit israelischen Gerichten, StA und Polizeibehörden über die Israel-Mission in Köln zu verkehren. Dass es sich hierbei nur um eine Übergangslösung handeln konnte, ist auf Ihrer zweiten Arbeitstagung Anfang Juni 1965 in Stuttgart von Herrn Dr. Rückerl bereits ausgeführt worden. Auf diese Erörterungen darf ich Bezug nehmen.

Die Aufnahme diplomatischer Beziehungen zwischen der Bundesrepublik Deutschland und Israel und die damit verbundene Umwandlung der Israel-Mission in Köln in eine Botschaft und die Einrichtung einer deutschen Botschaft in Tel Aviv hat es erforderlich gemacht, die Praxis des Rechtshilfeverkehrs in Strafsachen mit Israel zu überprüfen. Diese Aufgabe war für die Bundesregierung aus zwei Gründen vordringlich. Einmal hat die Zahl der Rechtshilfeersuchen, insbesondere in Verfahren wegen NS-Gewaltverbrechen, in den letzten Jahren ganz erheblich zugenommen. Zum anderen hat sich in vielen Verfahren die Notwendigkeit ergeben, dass Untersuchungsrichter und Sachbearbeiter der StA, aber auch Gerichte während laufender Hauptverhandlungen, nach Israel reisen und dort an Zeugenvernehmungen teilnehmen. Wir haben deshalb in den letzten Monaten in einem eingehenden Meinungsaustausch mit der deutschen Botschaft in Tel Aviv, die ihrerseits wiederum mit den zuständigen israelischen Behörden verhandelt hat, alle Probleme erörtert, die für den Rechtshilfeverkehr in Strafsachen von Bedeutung sind. Hierbei haben sich alle Beteiligten in erster Linie von der Erwägung leiten lassen, deutsche Rechtshilfeersuchen möglichst unkompliziert und rasch abzuwickeln, um auf diese Weise zu einer wirksamen Förderung der in der Bundesrepublik Deutschland anhängigen Ermittlungs- und Strafverfahren beizutragen. Andererseits musste auch dem Umstand Rechnung getragen werden, dass die außenpolitischen Belange der Bundesrepublik Deutschland gewahrt bleiben müssen. Bei diesen Erörterungen sind wir, und das darf ich hier mit besonderem Nachdruck hervorheben, bei allen israelischen Stellen auf großes Verständnis gestoßen. Insbesondere die Untersuchungsstelle für NS-Verbrechen beim Landesstab der Polizei Israel in Tel Aviv hat größtmögliche Unterstützung zugesagt, wie sie sie bisher ja auch schon geleistet hat. Außerdem haben wir mit großem Nutzen die Berichte von Untersuchungsrichtern und StA ausgewertet, die sie über ihre Erfahrungen anlässlich von Dienstreisen nach Israel erstattet haben.

Das Ergebnis dieser Erörterungen und Absprachen wird gegenwärtig in einem Rundschreiben an die LJVW zusammengefasst, das in Kürze herausgehen soll. Aus diesem Grunde haben wir es besonders begrüßt, dass der Fragenkomplex von diesem Kreis besonders sachkundiger Richter und StA erörtert wird. Ich würde mich deshalb sehr freuen, wenn aus Ihrem Kreise zusätzliche Hinweise und Anregungen gegeben würden, denen wir im Rahmen des Möglichen vor Absendung des Rundschreibens noch gerne nachgehen würden. – Es wird unser Bestreben sein, auf die Dauer zu einer vertraglichen Regelung des Rechtshilfeverkehrs mit Israel in Strafsachen zu kommen. Hierzu kann ich aber gegenwärtig noch keine näheren Angaben machen.

Erlauben Sie mir nun, Ihnen in großen Zügen darzulegen, wie sich der Rechtshilfeverkehr in Strafsachen mit Israel in Verfahren wegen NS-Gewalttaten zukünftig abwickeln soll.

I. Zunächst darf ich Einiges zum *Geschäftsweg und zur Form der Ersuchen* sagen. Überwiegend wird es sich um Ersuchen um Leistung *gerichtlicher* Rechtshilfe handeln. Für die Übersendung derartiger Rechtshilfeersuchen ist eine Abkürzung des langwierigen diplomatischen Geschäftsweges dringend erforderlich, um eine rechtzeitige Durchführung der erbetenen Rechtshilfe zu gewährleisten. Deshalb ist vorgesehen worden, dass die an israelische Behörden gerichteten Ersuchen künftig in allen Fällen von den LJVW *unmittelbar* der Botschaft in Tel Aviv – in Eilfällen mit Infopost – übersandt werden können. Die Botschaft leitet die Rechtshilfeersuchen sodann mit einer Verbalnote an das israelische Außenministerium weiter. Durch dieses Verfahren wird einmal ein ganz wesentlicher Zeitgewinn erreicht. Zum anderen wird unsere Botschaft in Tel Aviv über alle Rechtshilfevorgänge unterrichtet; zugleich wird ihr aber auch eine Prüfung der Rechtshilfeersuchen unter außenpolitischen Gesichtspunkten ermöglicht.

In Verfahren wegen NS-Verbrechen können die beteiligten Gerichte, Untersuchungsrichter und StA darüber hinaus den *vorbereitenden Schriftwechsel* unmittelbar mit der Untersuchungsstelle für NS-Verbrechen beim Landesstab der Polizei Israel in Tel Aviv führen. Leiter dieser Stelle ist Oberstleutnant Dr. Otto Eytan Liff. Durchschriften der Rechtshilfeersuchen sollten bis auf weiteres auf dem Dienstwege dem BJM und dem AA zur Kenntnisnahme zugeleitet werden, damit auch die Bundesregierung selbst einen Überblick über Art und Umfang des Rechtshilfeverkehrs mit Israel behält. Wir werden aber zu gegebener Zeit prüfen, ob auf diese Unterrichtung verzichtet werden kann. Nach der vorgesehenen Regelung spielt sich also nunmehr der Rechtshilfeverkehr zwischen Gerichten und StA einerseits und den zuständigen Stellen in Israel andererseits unmittelbar ab, ohne dass die ZSt. in Ludwigsburg von diesen Vorgängen Kenntnis erhält. Dies erscheint unzweckmäßig. Denn die Kenntnis dieser Rechtshilfeersuchen und der sonstigen Vorgänge, die sich zwischen deutschen und israelischen Dienststellen abspielen, dürfte für die Aufgabe der Koordinierung und die Vermeidung von doppelspurigen

Erhebungen für die ZSt. von erheblicher Bedeutung sein. Wir beabsichtigen daher, den LJVW vorzuschlagen, dass auch die ZSt. Durchschriften der Rechtshilfeersuchen zur Kenntnisnahme erhält.

Da nach israelischem Recht für den Rechtshilfeverkehr in Strafsachen mit dem Ausland der Direktor der israelischen Gerichte (Director oft he Courts in Israel), d.h. eine bei dem Obersten Gericht Israels eingerichtete Zentralstelle der Justizverwaltung zuständig ist, sollten Rechtshilfeersuchen stets an diese Stelle gerichtet werden. – Den Rechtshilfeersuchen sind je zwei Übersetzungen der Ersuchen selbst und aller Unterlagen in die englische Sprache beizufügen. Sind mehrere Zeugen zu vernehmen oder zu laden, die an verschiedenen Orten wohnen, empfiehlt es sich, mehrere Ausfertigungen des Ersuchens einschließlich Übersetzungen zu versenden, damit im innerisraelischen Geschäftsverkehr kein unnötiger Zeitverlust eintritt. – In Rechtshilfeersuchen um Vernehmung von Zeugen sollten im Interesse einer beschleunigten Bearbeitung die Namen und Anschriften der Zeugen bereits im Betreff des Ersuchens aufgeführt werden.

In allen Fällen empfiehlt es sich, dass die ersuchende Behörde die Untersuchungsstelle für NS-Verbrechen in Tel Aviv von jedem beabsichtigten Rechtshilfeersuchen möglichst frühzeitig und unmittelbar unterrichtet und ihr vorab Durchschriften des Rechtshilfeersuchens zur Information übersendet. Dies ist bei Ladungen von Zeugen unerlässlich, weil die Untersuchungsstelle der israelischen Polizei über einen ausreichenden Zeitraum verfügen muss, um die Zeugen ausfindig zu machen, sie rechtzeitig zu benachrichtigen und ihnen eine Sonderbescheinigung zum Erlass der sonst fälligen Reisesteuer beschaffen.

Sollte es sich bei Zeugenvernehmungen in Israel in Anwesenheit eines deutschen Verfahrensbeteiligten ergeben, dass ein in dem Rechtshilfeersuchen noch nicht benannter Zeuge richterlich vernommen werden muss, kann ein entsprechendes zusätzliches Ersuchen über die deutsche Botschaft in Tel Aviv an den Director of the Courts in Israel gerichtet werden. Ein solcher Fall kann sich sowohl im Ermittlungsverfahren als auch in der gerichtlichen Voruntersuchung oder im Stadium der HV ergeben, wenn z.B. bei einem bisher unbekannten oder lediglich polizeilich vernommenen Zeugen nunmehr festgestellt wird, dass die Voraussetzungen des § 251 Nr. 2 u. 3 StPO vorliegen. Wegen der Durchführung einer solchen zusätzlichen Vernehmung sollte vorher aber stets mit Oberstleutnant Dr. Liff Verbindung aufgenommen werden. Ersuchen um *polizeiliche Rechtshilfe* in NS-Verbrechen sind an die Untersuchungsstelle für NS-Verbrechen in Tel Aviv zu richten und, wie die Ersuchen um gerichtliche Rechtshilfe, unmittelbar der Botschaft der Bundesrepublik Deutschland in Tel Aviv zuzuleiten. Es empfiehlt sich jedoch auch in diesen Fällen, der Untersuchungsstelle für NS-Verbrechen in Tel Aviv zugleich Durchschriften des Rechtshilfeersuchens zur Information zu übersenden. Die Ersuchen um polizeiliche Rechtshilfe bedürfen dagegen keiner Übersetzung in die englische Sprache. Sie können in deutscher Sprache versandt werden. – Bekanntlich besteht bereits seit langem ein unmittelbarer Verkehr zwischen der ZSt. der LJVW in Ludwigsburg und der Untersuchungsstelle für NS-Verbrechen in Tel Aviv in Verfahren, die von der ZSt. bearbeitet werden. Bei dieser Praxis soll es auch zukünftig bleiben. Auch in diesen Fällen sollte aber die deutsche Botschaft in Tel Aviv durch Übersendung von Durchschriften der Ersuchen unterrichtet werden.

Das israelische Recht kennt das Institut der *gerichtlichen Voruntersuchung* nicht. Das vorbereitende Verfahren wird vielmehr bis zur Erhebung der Anklage von der Polizei geführt. Gleichwohl ist den mit NSG-Sachen befassten Untersuchungsrichtern die Möglichkeit eingeräumt worden, im Wege der Rechtshilfe sowohl um die richterliche als auch um die polizeiliche Vernehmung von Zeugen in Israel zu ersuchen. Allerdings ist bei polizeilichen Vernehmungen in Israel eine Vereidigung der Zeugen nicht möglich.

II. Die Beförderung von Postsendungen auf dem Landweg und per Schiff nimmt lange Zeit in Anspruch. Der gesamte Schriftwechsel mit der Botschaft der Bundesrepublik Deutschland in Tel Aviv und der Untersuchungsstelle für NS-Verbrechen in Tel Aviv sollte daher stets mit Luftpost befördert werden. Bereits mit Luftpost sind Beförderungszeiten bis zu einer Woche üblich; gewöhnliche Post trifft nach den Erfahrungen der Botschaft im Allgemeinen erst einen Monat nach Absendung in Israel ein.

III. Ich hatte anfangs bereits ausgeführt, dass der *Anwesenheit deutscher Prozessbeteiligten bei Vernehmung in Israel* in Strafverfahren wegen NS-Verbrechen erhebliche Bedeutung zukommt. Zu einer Verminderung bisheriger Schwierigkeiten hat es beigetragen, dass sich die israelischen Behörden grundsätzlich mit der Anwesenheit deutscher Prozessbeteiligter in Strafverfahren wegen NS-Verbrechen einverstanden erklärt haben. Die Einholung der Zustimmung der israelischen Regierung im Einzelfall ist daher nicht mehr erforderlich.

Falls deutsche Richter, StA oder Verteidiger an Rechtshilfehandlungen in Israel teilnehmen wollen, muss dies ausdrücklich in dem Rechtshilfeersuchen unter Angabe von Namen, Funktion und Anschrift der am Verfahren Beteiligten angeführt werden. – Die Namen der deutschen Verfahrensbeteiligten (Richter, StA, Verteidiger, Nebenkläger), die zu Zeugenvernehmungen nach Israel reisen wollen, sollten der soeben in Bad Godesberg neu eingerichteten Botschaft von Israel unverzüglich mitgeteilt werden, damit der Einreisesichtvermerk ohne Zeitverlust erteilt werden kann. – In jedem Fall ist eine vollständige Liste aller nach Israel reisenden Verfahrensbeteiligten in dem Rechtshilfeersuchen aufzuführen oder gesondert dem Leiter der Untersuchungsstelle für NS-Verbrechen in Tel Aviv von der ersuchenden Behörde unmittelbar zu übersenden, um unnötige Rückfragen von israelischer Seite zu vermeiden.

Die Untersuchungsstelle für NS-Verbrechen in Tel Aviv, die sich – wie ich bereits sagte – bisher schon um die reibungslose Abwicklung des Rechtshilfeverkehrs sehr verdient gemacht hat, steht den deutschen Verfahrensbeteiligten auch für die Beschaffung von Quartieren zur Verfügung und wird, bei rechtzeitiger Verständigung von Ankunftsdatum, Fluglinie und Flugnummer, auch für den Empfang am Flughafen sorgen. Herr EStA Dr. Schermer wird uns sicherlich hierzu noch Einzelheiten mitteilen können.

Die an der Vernehmung teilnehmenden deutschen Richter, StA und Verteidiger sollten, wenn sich das Verfahren bereits im Stadium der HV befindet, nach

Möglichkeit in Amtstracht erscheinen. Sie haben das Recht, über den die Vernehmung leitenden israelischen Richter Fragen an die Zeugen zu stellen. Die Vernehmung findet in öffentlicher Verhandlung statt. – Sofern sich das deutsche Verfahren noch im Stadium der Vorermittlungen, Ermittlungen oder der Voruntersuchung befindet, gilt im Wesentlichen das Gleiche. Nur sind die Zeugenvernehmungen nicht öffentlich. Außerdem erscheinen der israelische Richter und die deutschen Verfahrensbeteiligten nicht in Amtstracht.

Von besonderer Bedeutung in schwierig gelagerten Fällen ist Folgendes: Hält ein deutsches Gericht die Gegenüberstellung eines wegen NS-Gewaltverbrechen Angeklagten mit einem in Israel wohnhaften Zeugen, dessen Aussage in seiner Abwesenheit in der Verhandlung verlesen wurde, zur Wahrheitsfindung für wesentlich und ersucht es hierum im Rechtshilfewege, so steht zu erwarten, dass die israelische Regierung dem Angeklagten zu diesem Zweck freies Geleit gewährt. Das gilt insbesondere für die Fälle, in denen ein in Israel lebender Zeuge wegen hohen Alters oder wegen seines Gesundheitszustandes nicht in der Lage ist, als Zeuge vor dem deutschen Gericht zu erscheinen.

IV. *Die Durchführung der Vernehmung in Israel in Strafverfahren wegen NS-Verbrechen in Anwesenheit deutscher Prozessbeteiligter* hat in der Vergangenheit gelegentlich zu Schwierigkeiten geführt. Die jetzt vorgesehene Abwicklung dürfte aber einen reibungslosen Verlauf gewährleisten.

Die Vernehmungen werden, soweit nicht unüberwindliche Hindernisse entgegenstehen (wenn z.B. kein deutschsprachiger Richter zur Verfügung steht), in deutscher Sprache geführt. Sie werden gleichfalls in deutscher Sprache protokolliert, damit sie den anwesenden deutschen Verfahrensbeteiligten alsbald ausgehändigt werden können. – Beherrscht ein Zeuge die deutsche Sprache nicht, wird seine Vernehmung mit Hilfe eines von dem Gericht bestellten beeideten Dolmetschers geführt. Die Aussage wird aber in deutscher Sprache protokolliert. – Die Vernehmungsniederschriften werden von dem israelischen Richter bestätigt, von dem Direktor der Gerichte in Jerusalem legalisiert und dem teilnehmenden rangältesten deutschen Richter oder StA übergeben.

Da in letzter Zeit die Zeugenvernehmungen in Anwesenheit deutscher Prozessbeteiligter einen sehr erheblichen Umfang angenommen haben, sind weder die israelischen Gerichte noch die Untersuchungsstelle für NS-Verbrechen beim Landesstab der israelischen Polizei in der Lage, in jedem Falle die Bereitstellung einer deutschsprachigen Schreibkraft zu gewährleisten. Nach israelischem Prozessrecht werden Zeugenaussagen, wenn überhaupt, von dem Richter selbst handschriftlich protokolliert, so dass die Gerichte für solche Zwecke ohnehin nicht über Schreibkräfte verfügen. Bisher sind daher die Vernehmungsprotokolle von Hilfskräften der Polizei geschrieben worden. Diese Möglichkeit besteht zwar auch weiterhin. Die vorhandenen Kräfte reichen jedoch für eine zusätzliche Inanspruchnahme nicht aus.

Im Interesse der Fortführung des bisherigen Verfahrens, das sich in jeder Hinsicht bewährt hat, empfiehlt es sich, dass die LJVW entsprechende Vorsorge treffen. Es erscheint zweckmäßig, dass der Richter oder StA, der an Zeugenvernehmungen in Israel teilnimmt, ermächtigt wird, die angemessenen Kosten für die Zuziehung einer ortsansässigen Schreibkraft – ggf. auch eines Dolmetschers – zu übernehmen. Inwieweit im Einzelfall Schreibkräfte wie bisher von den israelischen Behörden zur Verfügung gestellt werden können oder zusätzlich herangezogen werden müssen, lässt sich nicht in jedem Fall vorher übersehen. Deshalb werden wir den LJVW den aus ihrem Bereich zu entsendenden Richtern oder StA empfehlen, eine solche Ermächtigung generell zu erteilen und sie darüber zu unterrichten, nach welchen Sätzen die Leistungen einer deutsch- oder mehrsprachigen Schreibkraft vergütet werden können.

Ich möchte hoffen, dass wir auf diesem Weg zu einer reibungslosen Abwicklung des Rechtshilfeverkehrs mit Israel kommen. Wir begrüßen es immer sehr, wenn wir über die LJVW Kenntnis von den Berichten erhalten, die deutsche Richter und StA über ihre Erfahrungen anlässlich einer Dienstreise nach Israel erstatten. Sie vermitteln uns ein lebendiges Bild von der Situation an Ort und Stelle, und tragen auf diese Weise dazu bei, dass alle beteiligten Stellen immer wieder zu neuen Überlegungen angehalten werden."

In der anschließenden Diskussion stellte zunächst *RegDir. Maier* die Frage, ob die LJVW die Möglichkeit hätten, Gerichte und StA zu ermächtigen, Rechtshilfeersuchen unmittelbar nach Israel zu leiten.

RegDir. Pötz erwiderte, solche Ermächtigungen halte er für möglich und sinnvoll. Im Übrigen teilte er mit, dass das BMJ Sachbearbeiter abgestellt habe.

RegDir. Maier wies sodann darauf hin, dass es oft notwendig sei, in der laufenden HV Zeugen aus Israel kurzfristig zu laden. In diesem Zusammenhang tauche die Frage auf, ob in solchen Eilfällen das betreffende Gericht bzw. die StA zur Unterrichtung der Zeugen unmittelbar Kontakt mit dem Landesstab der Polizei Israel aufnehmen dürfe.

RegDir. Pötz erklärte, dass hiergegen keine Bedenken bestünden. Er halte es jedoch für erforderlich, dass die deutsche Botschaft in Tel Aviv von der Kontaktaufnahme unterrichtet werde.

EStA Dr. Goetz (Hannover) fragte, wie lange es dauere, bis eine Zeugenladung von der deutschen Botschaft in Tel Aviv dem israelischen Zeugen zugestellt sei.

RegDir. Pötz erklärte, eine bestimmte Frist könne er aus postalischen Gründen nicht angeben; man dürfe jedoch davon ausgehen, dass die Zustellung in der Regel sechs Tage benötige. Hinzuzurechnen sei noch die Zeit für die Übersendung von der Bundesrepublik nach Tel Aviv.

LG-Rat Dettmer (Hamburg) stellte die Frage, ob Zeugen durch die deutsche Botschaft in Tel Aviv vernommen werden könnten.

RegDir. Pötz wies darauf hin, dass diese Frage auf der zweiten Arbeitstagung 1965 in Stuttgart eingehend erörtert worden sei. Die Vernehmungen durch die deutsche Botschaft in Tel Aviv stellten Ausnahmefälle dar; die Regel sei die Vernehmung der Zeugen im Rechtshilfeverfahren vor israelischen Gerichten. Eine Änderung dieser Verfahrensweise sei angesichts der guten Erfahrungen mit der bisherigen Praxis nicht notwendig.

LG-Rat Dettmer bemerkte abschließend, dass bei Zeugenvernehmungen vor israelischen Gerichten nur dann ein Dolmetscher verwendet werde, wenn der Zeuge in polnischer Sprache aussage und der Richter dieser Sprache nicht mächtig sei. Bei Aussagen in Hebräisch übersetze der Richter oft selbst, ohne Verwendung eines Dolmetschers.

Anschließend referierte *EStA Walden* (Dortmund) über das Thema: *„Erfahrungen bei der Vernehmung ausländischer Zeugen in Israel.“*

„Wie aus der Programmfolge dieser Arbeitstagung ersichtlich ist, war als Referent für das Besprechungsthema ‚Erfahrungen bei der Vernehmung ausländischer Zeugen in Israel‘ ursprünglich der Kollege Dr. Schermer von der ZSt. in Dortmund vorgesehen. Herr Dr. Schermer ist jedoch wegen seiner Teilnahme als Sitzungsvertreter in der HV vor dem Schwurgericht Hagen in dem Sobibor-Verfahren, das in erstaunlicher Zähigkeit dahinfließt, verhindert, hier seine Gedanken zu dem vorgenannten Thema vorzutragen. Nach meiner Rückkehr aus dem Urlaub in diesem Monat wurde ich, für mich etwas überraschend, gebeten, als Lückenbüßer anstelle von Herrn Dr. Schermer einige Ausführungen zu diesem Besprechungspunkt zu machen.

Im Hinblick darauf, dass ich als Sitzungsvertreter gemeinsam mit den drei Berufsrichtern des Schwurgerichts Bochum und einem Verteidiger lediglich an zwei Tagen bei der Vernehmung von nur drei Zeugen in Israel durch israelische Richter zugegen war und die Vernehmungen in Bezug auf ihre Methode, Eigenart und Durchführung sowie Protokollierung sich praktisch nicht von einer durch einen ersuchten Richter in Deutschland durchgeführten Vernehmung unterschieden haben, befürchte ich, Ihnen kaum mitteilenswerte Dinge sagen zu können und Ihre Zeit unnütz in Anspruch zu nehmen. Ich bitte daher um Verständnis, wenn meine Ausführungen nur sehr kurz sind und für die meisten von Ihnen vermutlich nichts Neues enthalten.

Die Vernehmung der Zeugen in Israel erfolgte Ende März dieses Jahres im Rahmen des schon heute Morgen von mir erwähnten HV gegen die ehemaligen Angehörigen der Gestapodienststelle Neu Sandez, Distrikt Krakau. Aus den Angaben dieser Zeugen bei ihren Vernehmungen im Vorverfahren durch die israelische Polizei hatten sich schwerwiegende Vorwürfe gegen mehrere Angeklagte ergeben, die von diesen teilweise kategorisch in Abrede gestellt wurden, bzw. wurden andere Dienststellenangehörige als Täter bezeichnet.

Nach Empfang der Ladungen, die den Zeugen über die für ihre Wohnorte zuständigen Gerichte in Tel Aviv und Haifa zugestellt worden waren, teilten die Zeugen mit, dass sie aus gesundheitlichen bzw. familiären oder beruflichen Gründen der Ladung keine Folge leisten und somit nicht vor dem Schwurgericht erscheinen könnten. Mehrere an die Zeugen gerichtete Schreiben mit der Bitte, ihre ablehnende Haltung zu überprüfen und ihre Bedenken gegen eine Reise nach Deutschland zurückzustellen, hatten keinen Erfolg. Daraufhin beschloss das Schwurgericht, die Zeugen durch einen ersuchten Richter in Israel vernehmen zu lassen und die israelischen Behörden zu bitten, den drei Berufsrichtern, einem

Verteidiger und mir als Vertreter der StA die Anwesenheit bei den Vernehmungen zu gestatten.

Die Teilnahme der vorgenannten deutschen Verfahrensbeteiligten an den Vernehmungen wurde aus mehreren Gründen für erforderlich erachtet. Ein großer Teil der bereits in der HV vernommenen Zeugen hatte teils wesentlich mehr und teils in wichtigen Einzelheiten anders als bei früheren Vernehmungen ausgesagt. Dadurch gestaltete sich die Anhörung dieser Zeugen in der HV in mehreren Fällen sehr schwierig und zeitraubend. Um die Identität der von den Zeugen genannten Täter mit den Angeklagten zu klären und Personenverwechslungen auszuschließen, hatte die Vernehmung anders und in weiterem Umfange als im Vorverfahren durchgeführt und u.a. auch auf weitere, nicht angeklagte Angehörige der Dienststelle ausgedehnt werden müssen, da es nur hierdurch möglich war, die Unterschiede zu früheren Darstellungen der Zeugen oder entsprechende andere Zeugenaussagen richtig zu beurteilen.

Diese Gesichtspunkte waren auch bei der beantragten kommissarischen Vernehmung der Zeugen in Israel zu beachten. Deshalb erschien die Anwesenheit der Prozessbeteiligten bei den Vernehmungen notwendig, denn nur in diesem Fall konnten geeignete Fragen aus dem Inhalt der bisherigen Feststellungen und Erkenntnisse der HV an die Zeugen gestellt und eine möglichst weitgehende Aufklärung erreicht werden. – Dem Ersuchen um Anwesenheit der deutschen Gerichtspersonen wurde ohne weiteres entsprochen, wobei die israelische Seite die deutschen Teilnehmer bat, sie möchten zu den Vernehmungen in Israel in Roben erscheinen.

Die Vernehmung der in Tel Aviv wohnhaften Zeugen erfolgte durch den israelischen Richter Dr. Osterer. Bei der Vernehmung saßen die deutschen Richter neben dem israelischen Richter, während der Verteidiger und ich entsprechend der Sitzordnung in deutschen Gerichtssälen unsere Plätze links und rechts vor dem Richtertisch einnahmen (die Vereidigung der Zeugen erfolgte jeweils vor ihrer Vernehmung). Da sowohl der Richter als auch die Protokollführerin und die Zeugen die deutsche Sprache beherrschten, wurden die Aussagen der Zeugen in Deutsch protokolliert. Die Vernehmung selbst ging wie vor einem deutschen Gericht vor sich. Die Zeugen machten zunächst im Zusammenhang ihre Angaben, wobei der israelische Richter zwischendurch Fragen stellte. Sodann überließ er die weitere Vernehmung den deutschen Richtern, die auch das Diktat übernahmen. Anschließend wurde das Fragerecht mir und danach dem Verteidiger übertragen. – In gleicher Weise vollzog sich am darauffolgenden Tag die Vernehmung des Zeugen in Haifa. Auch hier beherrschten der israelische Richter, Herr Siegelmann, und der Zeuge die deutsche Sprache. Da als Protokollführerin dieselbe Gerichtsangestellte wie in Tel Aviv fungierte, konnte die Niederschrift der Vernehmung auch in Haifa in Deutsch erfolgen.

Erstaunlich waren die Eindringlichkeit und Gründlichkeit, mit denen die beiden israelischen Richter die Zeugen vor der Vernehmung belehrten, objektiv und sachlich zu bleiben, sich irgendwelcher Werturteile zu enthalten, und ihre Aussagen auf den Sachverhalt zu beschränken. Als ebenso positiv ist zu erwähnen, dass sich die Zeugen bemüht haben, Eigenerlebnisse von solchen Vorgängen und Ereignissen zu trennen, die ihnen nur vom Hörensagen bekannt waren. – Wie schon einleitend angedeutet, gingen die Vernehmungen den drei Zeugen in jeder Hinsicht ohne Besonderheit und ohne Schwierigkeit vor sich, so dass von keiner Seite gegen die spätere Verlesung der Protokolle in der HV irgendwelche Einwände erhoben wurden.

Mir ist bekannt, dass andere Kollegen der StA, die an Vernehmungen von Zeugen in Israel durch israelische Richter teilgenommen haben, teilweise ungünstigere Erfahrungen gemacht haben und deshalb der Auffassung sind, es empfehle sich nicht, Vernehmungen durch israelische Gerichte, sondern durch die israelische Polizei durchführen zu lassen. Hierzu vermag ich lediglich zu bemerken, dass im Rahmen einer HV die kommissarische Vernehmung durch einen Richter zu erfolgen hat. Die Qualität der Aussage eines in Anwesenheit deutscher Prozessbeteiligter kommissarisch vernommenen israelischen Zeugen und die unbedenkliche Verwertbarkeit der Vernehmungsniederschrift hängen m.E. im Wesentlichen davon ab, ob der ersuchte israelische Richter, der Protokollführer und der Zeuge der deutschen Sprache in hinreichendem Maße mächtig und bereit sind, die Vernehmung in Deutsch zu führen.

Abschließend möchte ich noch die Hilfsbereitschaft und das Entgegenkommen von Herrn Dr. Liff, dem Leiter der Untersuchungsstelle beim Landesstab der israelischen Polizei und seiner Beamten erwähnen, die die dienstliche Tätigkeit der deutschen Gerichtsabordnung in jeder Weise unterstützt haben."

In der anschließenden Diskussion ergriff zunächst *StA Schreitmüller* (ZSt.) das Wort und erklärte, er habe anlässlich einer Dienstreise nach Israel im Wesentlichen dieselben Erfahrungen gemacht wie EStA Walden. Allerdings habe bei Zeugenvernehmungen vor dem Gericht in Haifa eine Protokollführerin, die der deutschen Sprache mächtig gewesen sei, nicht zur Verfügung gestanden. Er sei deshalb gezwungen gewesen, auf eine Schreibkraft aus dem Büro eines Rechtsanwalts in Haifa gegen Bezahlung von 30 isr. Pfund zurückzugreifen.

EStA Dr. Goetz (Hannover) stellte die Frage, ob praktische Erfahrungen über freies Geleit von Angeklagten nach Israel vorhanden seien.

RegDir. Pötz und *Maier* entgegneten, dass ihnen kein Fall bekannt sei, in dem freies Geleit für einen Angeklagten nach Israel begehrt wurde.

Gerichtsass. Schamerowski (Lübeck) erkundigte sich nach den technischen Vorbereitungen, die erforderlich seien, wenn sich in der HV die Notwendigkeit der Vernehmung weiterer Zeugen in Israel ergebe.

EStA Walden (Dortmund) erwiderte, in dem von ihm angeführten Fall habe sich der Vorsitzende des Schwurgerichts mit dem Direktor des zuständigen israelischen Gerichts in Verbindung gesetzt, die Rechtshilfeersuchen übersandt, und gebeten, die Anwesenheit der beteiligten Gerichtspersonen zu gestatten sowie den Vernehmungstermin in möglichst kurzer Zeit mitzuteilen. Abschriften hiervon seien dem Justizministerium übersandt worden.

RegDir. Pötz führte hierzu noch aus, in Eilfällen könne da BJM innerhalb eines Tages die Zustimmung des AA einholen und diese den LJVW telefonisch mitteilen.

Die Anträge der LJVW würden allerdings oft mit großer Verzögerung beim BJM eintreffen.

StA Plitt (Dortmund) fragte, inwieweit StA in Ermittlungsverfahren an Vernehmungen israelischer Zeugen in Israel teilnehmen können. Er halte eine solche Teilnahme für dringend notwendig, weil in der HV von Seiten der Verteidigung immer wieder heftige Kritik an den Vernehmungsmethoden der israelischen Polizei geübt werde.

LG-Rat Neumann (Köln) erklärte, er habe in Israel Zeugen vernommen. Soweit er es beurteilen könne, gäben sich die Beamten des Landesstabes der Polizei Israel die größte Mühe, die Zeugen korrekt zu vernehmen. Die von ihnen aufgesetzten schriftlichen Vernehmungen hätten keine Abweichungen zu seinen Vernehmungen gezeigt. Er habe die Gelegenheit gehabt, in Gegenwart der Polizeibeamten die Zeugen zu vernehmen. Die Zeugen seien anfangs zum Teil etwas reserviert gewesen, hätten aber nach einiger Zeit Kontakt gewonnen, besonders, wenn sie deutsch gesprochen hätten. Wenn ein Zeuge Schwierigkeiten mache, habe man durch den Polizeibeamten eine gewisse Rückendeckung. Dieser könne härter mit seinen Landsleuten reden als der vernehmende deutsche Richter oder StA.

OStA Dr. Artzt wies in diesem Zusammenhang darauf hin, dass die Verteidiger immer mehr dazu übergingen, die Wiedergutmachungsakten der betreffenden Zeugen heranzuziehen, um die Zeugen in Widersprüche zu verwickeln. Aus den Widersprüchen werde dann generell die Unglaubwürdigkeit der Zeugen hergeleitet. Um die Widersprüche zwischen den Aussagen aus den früheren Wiedergutmachungsverfahren und den heutigen Aussagen in den Prozessen zu erklären, müsse man wissen, wie früher die Durchführung der Wiedergutmachung gehandhabt worden sei. Seinerzeit hätten den Anspruchsberechtigten nur wenige Beweismittel zur Verfügung gestanden. Es sei z.B. vorgekommen, dass ein Geschädigter in seinem Antrag auf Wiedergutmachung aus Beweisschwierigkeiten nur zwei Lager angegeben habe, obwohl er in sieben gewesen sei. Auch hätten die Geschädigten durchweg ihre Ansprüche nicht selbst verfolgt, sondern die Geltendmachung ihren Bevollmächtigten überlassen. Viele Geschädigte wüssten deshalb gar nicht, was ihre Anwälte in den Verfahren vorgebracht hätten, zumal diese sich weigerten, die Akten herauszugeben. – Diese früheren Aussagen seien deshalb aus der damaligen Situation zu verstehen, die aber der Strafrichter und der StA von heute in der Bundesrepublik meist nicht kennen könne.

Er halte es daher für erforderlich, dass bei Auftreten von Widersprüchen die StA darauf dringen sollte, dass ein Sachverständiger sich zu den damaligen Gegebenheiten der Wiedergutmachung äußere. Als Sachverständiger käme etwa ein Volljurist der Zentrale der URO [United Restitution Organization v. 1948; Wiedergutmachung nach dem Bundesentschädigungsgesetz von 1953] in Frage. – Im Übrigen erkläre dies oft auch, warum die Zeugen von heute, die aufgrund der Wiedergutmachung eine Rente erhielten, eine neue Aussage scheuten.

LG-Rat Neumann (Köln) berichtete, dass er von der Beiziehung der Wiedergutmachungsakten abgesehen habe. Es sei menschlich verständlich, wenn manche Zeugen bei Wiedergutmachungsansprüchen in der Befürchtung, wenig oder schlecht entschädigt zu werden, nicht ganz korrekt gewesen seien. Dieses könne man aber den Zeugen im Strafprozess nicht vorhalten. Ein Vergleich zwischen den Aussagen im Wiedergutmachungsprozess und denen im Strafprozess halte er für unmöglich.

EStA Sichting (Stuttgart) teilte die Auffassung von LG-Rat Neumann und führte weiter aus: Ein Grund für die Lückenhaftigkeit der Aussagen im Wiedergutmachungsverfahren sei auch darin zu sehen, dass alte Ansprüche vor 1949 oft von Büros formularmäßig bearbeitet worden seien. Die Verwertung von Aussagen dieser Verfahren im Strafprozess sei deshalb außerordentlich gefährlich. Die Wiedergutmachungsakten könnten allenfalls zur Gewinnung neuer Zeugen dienen.

OStA Dr. Nachtweh (Dortmund) meinte, auch wenn die Aussagen des Zeugen im Strafprozess von seinen Angaben in den Entschädigungsakten abweichen würden, könne man die Aussagen nicht ohne weiteres als falsch und den Zeugen als unglaubwürdig erklären. Oft hätten sich die Zeugen bei Angabe ihrer Wiedergutmachungsansprüche in einer Beweisnotlage befunden – wie OStA Dr. Artzt bereits ausgeführt habe – und ihre Aussagen dieser Tatsache angepasst.

RegDir. Maier erklärte, die ganze Frage gehöre zu dem Problem der Wahrheitserforschung im Schwurgerichtsprozess. Es sei Aufgabe des Gerichts, festzustellen, wann der Zeuge die Wahrheit gesagt habe. Würden Zweifel bestehen, so müsse es nach dem Grundsatz „in dubio pro reo“ verfahren.

EStA Dr. Goetz (Hannover) gab zu bedenken, dass man eine Beiziehung von Entschädigungsakten durch die Verteidigung nicht verhindern könne. Man solle deswegen die Initiative nicht der Verteidigung überlassen, sondern selbst die Entschädigungsakten schon während des Ermittlungsverfahrens beiziehen. Zeugen, deren Aussagen im Entschädigungsverfahren und im Ermittlungsverfahren stark voneinander abwichen, könne man auf diese Weise aus dem Verfahren ausscheiden, ohne dass sie andere jüdische Zeugen in Misskredit bringen würden.

StA Plitt (Dortmund) unterstrich diese Auffassung und meinte, es sei tunlich, Widersprüche schon im Ermittlungsverfahren zu klären. Deswegen müsse der StA die Vernehmungen in Israel selbst durchführen und dürfe sie nicht der israelischen Polizei überlassen, denn er habe als Sachbearbeiter die bessere Sachkenntnis.

RegDir. Maier führte hierzu aus, dass es ganz allgemein von Vorteil sei, wenn der StA selbst die Zeugen vernehme. In der Praxis sei dies aber nicht immer möglich. Auch sei es unglücklich, Zeugen im Ausland selbst zu vernehmen, inländische Zeugenvernehmungen aber der Polizei zu überlassen.

LG-Rat Dettmer (Hamburg) vertrat ebenfalls die Ansicht, dass es nicht möglich sei, eine Beiziehung von Entschädigungsakten durch die Verteidigung oder das Gericht zu verhindern. Das Gericht sei nun einmal verpflichtet, alles erreichbare Material bezüglich der Glaubwürdigkeit der Zeugen heranzuziehen. Bei deutschen Zeugen sei dies relativ einfach; bei ausländischen Zeugen müsse man aber auch auf die Entschädigungsakten zurückgreifen.

EStA Wieser (Stuttgart) erklärte abschließend, man könne bei Verwertung der Entschädigungsakten von der Entscheidung der Wiedergutmachungsbehörde ausgehen. Wenn der Anspruch abgelehnt worden sei, sei der Zeuge für das Strafverfahren nicht verwertbar. Bei einem positiven Bescheid der Wiedergutmachungsbehörde habe er keine Bedenken, den Zeugen in das Strafverfahren einzuführen.

Die Tagung wurde fortgesetzt mit dem Referat von *StA Dr. Rall* (Stuttgart) über das Thema: *„Erfahrungen bei Zeugenvernehmungen in USA und Kanada"*.

„Zu der Hauptverhandlung des Schwurgerichts Hechingen gegen Franz Hofmann und drei andere, die vom 5.7.1965 bis 18.3.1966 durchgeführt wurde und NSG-Verbrechen in KZ-Lagern in Estland und in den in Südwürttemberg gelegenen Außenlagern des Stammlagers Natzweiler zum Gegenstand hatte, waren zunächst 200 Zeugen geladen, davon 86 aus der Bundesrepublik, die übrigen aus elf verschiedenen Ländern der Erde, darunter auch 22 Zeugen aus USA und zehn Zeugen aus Kanada.

Etwa 50 Zeugen aus dem Ausland sind der Aufforderung, nach Hechingen zu kommen, nicht gefolgt. Da ein allseitiger Verzicht auf diese Zeugen nicht zustande kam, beschloss das Schwurgericht Hechingen die Vernehmung von acht Zeugen in USA und von fünf Zeugen in Kanada durch die zuständigen deutschen Konsuln in Anwesenheit eines Vertreters der StA und der vier Verteidiger. Ein Mitglied des Schwurgerichts Hechingen fuhr nicht mit. Erstens wurde befürchtet, der betreffende Richter könnte als Zeuge für irgendein Geschehen während der Reise benannt werden und würde dann als Richter für die weitere HV ausfallen. Zweitens sah das Schwurgericht keine prozessuale Aufgabe für ein richterliches Mitglied des Schwurgerichts, weil die jeweiligen deutschen Konsuln als ersuchte Richter die Vernehmungen durchführen sollten, zumal nur die Konsuln die Erlaubnis der ausländischen Staatsregierungen zu solchen Geschäften hatten. Drittens war die Einhaltung der 11-Tage-Frist für die Unterbrechung der HV in Hechingen nur möglich, wenn kein Richter fehlte. Die Reise nach den sieben Großstädten New York, Boston, Atlanta, Chicago, Detroit, Toronto und Montreal nahm jedoch volle zwei Wochen in Anspruch.

Wegen der weiten Entfernung zwischen diesen Städten wurde in Zusammenarbeit mit dem Reisebüro Hapag-Lloyd/Stuttgart ein genauer Reiseplan mit vorbestellten Flugverbindungen und vorbestellten Hotels aufgestellt. Mit dem durch Vernehmungen besonders stark in Anspruch genommenen Generalkonsulat in New York wurde vom Vorsitzenden des Schwurgerichts Hechingen telefonisch vereinbart, die Vernehmungen der drei dort wohnenden Zeugen am 16.11.1965 durchzuführen. Die anderen Generalkonsulate bzw. Konsulate wurden vom Schwurgericht Hechingen gebeten, die Vernehmungen jeweils an einem bestimmten, durch den Rundreiseplan festgelegten Tag durchzuführen. Von einigen Konsuln wurde angeregt, bei ähnlichen Reisen allen Konsulaten den ganzen Reiseplan mitzuteilen, damit diese bei evtl. Terminänderungen die Möglichkeit hätten, die reisende Kommission zu benachrichtigen. – Allen Konsulaten gelang es, die Zeugen zu pünktlichem Erscheinen zu bewegen, teils durch schriftliche Bitte, oft auch erst durch mehrmalige Telefongespräche. Die Vernehmungen konnten aber trotzdem nicht vollständig durchgeführt werden, weil die jeweils für eine Vernehmung vorgesehene Zeit zu knapp bemessen war.

Das Generalkonsulat in *New York* bestellte von sich aus eine der drei Zeuginnen schon auf Montag, 15.11., nachmittags und die beiden anderen Zeuginnen auf den folgenden Tag. Diese Maßnahme erwies sich als notwendig und zweckmäßig, da die Vernehmungen jeweils 3–4 Stunden in Anspruch nahmen, obwohl diese Zeuginnen ein einwandfreies Deutsch sprachen, nur in estländischen KZ-Lagern waren und daher nur über einen der vier Angeklagten Aussagen machen konnten. Die Vernehmungen erforderten jeweils etwa die doppelte Zeit wie eine Vernehmung derselben Zeugin in einer HV, da Satz für Satz der Aussage von dem vernehmenden Konsul für das Protokoll sinngemäß richtig formuliert und diktiert werden musste. Da die Vernehmungen jeweils durch Verlesung der Protokolle gem. § 251 StPO in die HV eingeführt werden sollten, musste jeder Zeuge befragt werden, ob er bereit wäre, doch noch persönlich seine Aussage vor dem Schwurgericht Hechingen zu machen oder es musste festgestellt werden, welche anderen nicht zu beseitigenden Hindernisse der Reise nach Hechingen entgegenstehen. Auf diese Frage erklärte eine Zeugin in New York ganz unverhohlen, wenn sie noch einmal nach Deutschland komme, dann nur mit einer Atombombe in der Hand. So wie man die Juden mit Stumpf und Stiel ausgerottet habe, müsse man das auch mit den Deutschen tun.

Die für die Vernehmung eines Zeugen in *Boston* vorgesehene Zeit reichte nicht aus. Die Vernehmung konnte erst um 11.00 Uhr beginnen, weil der Zeuge aus seinem etwa 200 km entfernten Wohnort herreisen musste. Der deutsche Konsul bedauerte, dass die Vernehmung auf einen deutschen Feiertag (der 17.11. war Buß- und Bettag) festgelegt war. Er stellte sich für die Verhandlung trotzdem zur Verfügung, bat aber, bei ähnlichen Reisen künftig die Feiertage zu beachten. Die Vernehmung des Zeugen in Boston musste am folgenden Tag fortgesetzt werden. Da der Zeuge nur englisch sprach, nahmen die Befragung, die Übersetzung und die Rückübersetzung des in Deutsch diktierten Protokolls viel Zeit in Anspruch. Wegen der festgelegten Weiterreise nach Atlanta musste die Vernehmung um 13.00 Uhr beendet werden, obwohl noch nicht alle Fragen gestellt und beantwortet waren. Überraschend erklärte der Zeuge am Schluss auf die Frage, aus welchen Gründen er nicht zur HV nach Hechingen gekommen war: Er fürchte sich vor einer Flugreise, wäre aber bereit, mit dem Schiff zu fahren. Da eine Schiffsreise kein ‚*nicht* zu beseitigendes Hindernis' i.S. von § 251 Abs. 2 StPO ist, war eine Verwertung dieser Zeugenaussage nur nach § 251 Ziff. 4 StPO mit Zustimmung der StA und der Verteidigung möglich. Die Verteidigung gab ihre Zustimmung zur Verlesung eines Teils des Protokolls, verweigerte die Zustimmung jedoch hinsichtlich neu erhobener Beschuldigungen, die nicht Gegenstand der Anklage waren.

Die Vernehmung eines Zeugen in der ca. 1800 km weiter südlich gelegenen Stadt *Atlanta* war weniger prozessual interessant, jedoch inhaltlich überraschend für die mit dem Prozessstoff vertrauten Reiseteilnehmer, so dass der Zeuge aus Atlanta unvermutet zu dem von der Verteidigung am häufigsten zitierten Entlastungszeugen wurde.

Die Vernehmung zweier Zeugen in *Chicago* konnte an einem Tag programmgemäß durchgeführt werden, weil beide Zeugen, die von der Verteidigung benannt waren, sich kaum noch an besondere Ereignisse und an irgendwelche Namen beteiligter SS-Angehöriger erinnern konnten.

Die Vernehmung eines Zeugen in der Autoindustriestadt *Detroit* musste auf gemeinsamen Antrag der Verteidiger und des Vertreters der StA abgebrochen werden, weil sich der Zeuge sowohl in Deutsch als auch in Englisch nur mühsam und gebrochen ausdrücken konnte und weil für das richtige Verständnis präziser Fragen sowie seiner Antworten ein Dolmetscher für die jiddische Sprache erforderlich gewesen wäre. Der Zeuge hatte als Dolmetscherin seine Ehefrau mitgebracht, die jedoch den Anforderungen, die an einen Dolmetscher gestellt werden müssen, nicht genügte. Auf diesen Zeugen wurde später in der HV in Hechingen allseits verzichtet.

In *Toronto* dauerte die Vernehmung zweier Zeugen, die verständliches Deutsch sprachen, von 10.00 Uhr bis 18.00 Uhr, wobei auf eine Mittagspause wegen Zeitmangel im Hinblick auf die festgelegte Weiterreise verzichtet wurde. Während der Verhandlung in Toronto kam es einmal zu einem heftigen Wortwechsel, weil der vernehmende Vizekonsul einige nach seiner Meinung unbedeutende Worte eines Zeugen nicht in das Protokoll aufnehmen wollte und sich verbat, dass ihm dauernd dazwischen geredet werde, während Rechtsanwalt Steinacker darauf bestand, dass die Worte des Zeugen sinngemäß und vollständig aufgenommen werden, so wie der Zeuge sie gesagt hatte. Bei dem Diktat der Niederschrift von Zeugenaussagen, besonders wenn diese nur mühsam deutsch sprachen, gab es auch bei anderen Konsulaten oft Meinungsverschiedenheiten zwischen den Verteidigern und dem Vertreter der StA darüber, was der Zeuge gesagt hatte, was er hatte sagen wollen und ob die Niederschrift sinngemäß richtig ist. Auf die Mitnahme eines Tonbandgeräts war jedoch verzichtet worden, weil ein Tonband nicht verlesen werden kann und daher nach der StPO vom erkennenden Gericht nicht verwertet werden darf.

Da die im Reiseplan vorgesehene von Toronto nach Montreal fliegende Maschine nicht mehr erreicht wurde, konnten die Reiseteilnehmer erst spät abends nach Montreal fliegen und kamen erst um 24.00 Uhr im Hotel an. In *Montreal* war die Vernehmung von drei Zeugen an einem Freitag vorgesehen. Die Zeit reichte nur zur Vernehmung eines Zeugen, der in der Voruntersuchung präzise belastende Aussagen gemacht hatte, sich jedoch nunmehr in erhebliche Widersprüche verwickelte und von den Verteidigern daher besonders scharf und eingehend befragt wurde. Gegen Ende seiner Vernehmung erregte sich dieser Zeuge, weil ein Verteidiger auf die Protokollierung einer offensichtlich irrigen Äußerung bestand und schrie, er wolle hier keine Verteidiger sehen, sondern nur Ankläger. Privat habe er zwar nichts gegen die Verteidiger, aber diese wollten ihn nur festlegen, dass er etwas Falsches sage, um behaupten zu können, er sei kein guter Zeuge. Weiter schrie der Zeuge: ‚Warum verteidigen Sie Mörder und Banditen? Die haben meine Frau und Kinder schuldlos umgebracht und bekommen wahrscheinlich nur acht oder vier oder gar nur zwei Jahre.' Dem amtierenden Konsul gelang es aber, während einer kurzen Unterbrechung der Vernehmung den Zeugen zu beruhigen, so dass die Vernehmung fortgeführt und beendet werden konnte.

Zusammenfassend kann gesagt werden, dass die Zeugenvernehmungen während der Reise nach USA und Kanada zu einem Erfolg für die Verteidigung wurden und dass diese Zeugen, die meist aus Interesselosigkeit in Hechingen nicht erschienen waren, sich nur widerwillig an ihre Erlebnisse aus der Zeit in den deutschen KZ erinnerten."

OStA Dr. Großmann (Frankfurt) wies anschließend darauf hin, dass die deutschen Konsulate in den Vereinigten Staaten die Termine zu den Vernehmungen nicht von einem Tag auf den anderen festsetzen könnten. Starke Arbeitsbelastungen stünden einer solchen Terminierung häufig im Wege. So seien z.B. bei dem Generalkonsulat in New York durchweg die Termine für mindestens sechs Monate im Voraus festgelegt. Günstiger sei die Lage bei dem Konsulat in Los Angeles, das nicht so überlastet sei. Im Hinblick auf die starke Arbeitsbelastung müssten die Vernehmungen auch kurz gehalten werden, da hierfür wenig Zeit zur Verfügung stünde. Es habe sich daher als vorteilhaft erwiesen, wenn die betreffenden StA und Verteidiger mit dem die Vernehmung durchführenden Konsul Vorbesprechungen führen würden. – Im Übrigen machte er darauf aufmerksam, dass es im Hinblick auf § 251 StPO erforderlich sei, die Erklärung eines Zeugen, er erscheine nicht zur Verhandlung, in das Protokoll aufzunehmen.

LG-Rat Neumann (Köln) erklärte, er habe die Erfahrung gemacht, dass die Vernehmungen durch die Konsulate in den Vereinigten Staaten nicht immer sachgerecht durchgeführt würden. Die Anwesenheit des StA und anderer Verfahrensbeteiligter sei deshalb erforderlich. Nach Möglichkeit habe er die Zeugen selbst vernommen. Dieses sei möglich, wenn der Konsul bei der Eröffnung der Vernehmung und bei der Verlesung des Protokolls zugegen sei.

Gerichtsass. Schamerowski (Lübeck) stellte die Frage, ob die Konsulate die Möglichkeit hätten, Zeugen zum Erscheinen beim Konsulat zu zwingen.

EStA Sichting (Stuttgart) entgegnete, dass keine Möglichkeit bestände, auf die Zeugen Zwang auszuüben.

RegDir. Pötz (BJM) führte aus, dass das Recht der Vereinigten Staaten erhebliche Schwierigkeiten im Rechtshilfeverkehr biete. Die an sich vorgesehene Vernehmung durch einen sog. Commissioner sei schwierig und zeitraubend. Man habe insoweit schlechte Erfahrungen gemacht. Mit der Regierung der Vereinigten Staaten sei daher eine ausschließliche Zuständigkeit der Konsulate durch eine dahingehende generelle Ermächtigung vereinbart worden. Inzwischen habe sich diese Praxis der Vernehmungen unter Anwesenheit der deutschen Verfahrensbeteiligten eingespielt. – Die Ausführungen Dr. Großmanns hinsichtlich der Arbeitsüberlastung des Generalkonsulats in New York könne er bestätigen. Hinzu komme, dass die Konsulatsbeamten bei den Vernehmungen vielfach überfordert seien. Es sei daher angebracht, dass StA oder Richter bei den Vernehmungen zugegen seien. Zur Unterstützung der Beamten des Generalkonsulats New York beabsichtige man im Übrigen, weitere geeignete Konsulatsbeamte nach dort abzuordnen.

RegDir. Pötz erwähnte ferner ein Schreiben des Generalkonsulats in New York, in dem auf die mehrfach an das Konsulat gestellte Forderung, Reisekostenvorschüsse zu zahlen, hingewiesen worden sei. Die Zeugen hätten ihr

Erscheinen von der Erfüllung dieser Forderung abhängig gemacht. Die LJVW seien über den Inhalt des Schreibens unterrichtet worden. Die Stellungnahmen hierzu stünden noch aus. – Schließlich unterstrich RegDir. Pötz noch einmal die Ausführungen des EStA Sichting, dass den deutschen Konsulaten gegenüber aussageunwilligen Zeugen keinerlei Zwangsmittel zur Verfügung stünden. Außerdem erklärte er, dass man darauf bedacht sein müsste, jeden Eindruck eines Zwanges zu vermeiden.

OStA Dr. Nachtweh (Dortmund) wies auf ein weiteres Schreiben des Generalkonsulats in New York hin: Auf ein Ersuchen des Ltd. OStA bei dem LG in Dortmund vom 2.9.1966 um Vernehmung von drei Zeugen habe das Generalkonsulat mit Schreiben vom 14.9.1966 mitgeteilt, die Termine für Vernehmungen seien bis einschließlich November 1966 bereits für andere Verfahren festgelegt. Zurzeit lägen ca. 400 unerledigte Ersuchen vor. Es sei von Vorteil, wenn die StA bzw. Richter in den Vernehmungen anwesend seien. Das Konsulat könnte an einem Tage nur zwei Zeugen vernehmen; bei Anwesenheit der StA oder Richter bestünde die Möglichkeit, vier Zeugen zu vernehmen.

RegDir. Maier führte hierzu aus, es sei besser, wenn das Generalkonsulat in New York das AA von den bestehenden Schwierigkeiten in Kenntnis setze als die StA, da dieses Abhilfe schaffen könne.

RegDir. Pötz stimmte den Ausführungen ReGDir. Maiers zu. Zur Frage der Vernehmung durch die Konsulate bemerkte er noch, die Konsulatsbeamten seien angewiesen, die Vernehmungen im Wesentlichen selbst durchzuführen. Auf jeden Fall sei darauf zu achten, dass die Eröffnung der Vernehmung durch den Konsulatsbeamten erfolge und dass zum Abschluss die Niederschrift über die Vernehmung durch diesen verlesen werde.

StA Stamer (Berlin) berichtete sodann über seine Erfahrungen bei Zeugenvernehmungen in New York. Er erklärte, es seien etwa 50 % der geladenen Zeugen erschienen; die Hälfte der erschienenen Zeugen habe es jedoch abgelehnt, zur HV in die Bundesrepublik zu kommen. Viele Zeugen hätten keine konkreten Angaben, insbesondere über die beteiligten Einheiten, machen können. Weiter habe er beobachtet, dass Zeugen, die zunächst aussagebereit gewesen seien, nach der notwendig gewordenen Festsetzung eines neuen Termins, nicht mehr erschienen seien. Es sei auch vorgekommen, dass Zeugen bei länger andauernden Vernehmungen einfach verschwunden seien. Zusammenfassend müsse er sagen, dass man bezüglich der Vernehmungen in den Vereinigten Staaten keine allzu hohen Erwartungen hegen sollte.

LG-Rat Dr. Adam (Darmstadt) berichtete über ähnliche Schwierigkeiten bei den Vernehmungen von Zeugen in New York. Im Übrigen bemerkte er, dass das von dem Generalkonsulat zur Verfügung gestellte Protokollpersonal unzureichend gewesen sei.

OStA Dr. Großmann (Frankfurt) legte seine Bedenken dar, die er wegen Vernehmungen bei Nichtanwesenheit des Konsulatsbeamten habe. Er führte aus, man könne die Vernehmungen nicht in der Form eines Kolloquiums durchführen. Schon im Hinblick auf Meinungsverschiedenheiten zwischen StA und Verteidiger sollte, wenn kein Richter anwesend sei, die Vernehmung nicht ohne den Konsulatsbeamten vorgenommen werden.

LG-Rat Knodel (Bad Kreuznach) teilte die von Dr. Großmann vorgebrachten Bedenken. Er vertrat die Auffassung, der *anwesende* Konsul könne den Beteiligten lediglich das Fragerecht überlassen. Wenn man anders verfahre, könne der Konsul nicht die Verantwortung für die gesamte Vernehmung übernehmen. – Für die Qualität des Vernehmungsprotokolls sei im Übrigen schon die Fassung des Rechtshilfeersuchens mitentscheidend. Ausführliche Ersuchen würden auch gute, verwertbare Protokolle ergeben.

LG-Rat Neumann (Köln) erklärte, er habe die Erfahrung gemacht, dass trotz gut abgefasster Rechtshilfeersuchen wesentliche Punkte nicht genau erklärt worden seien. Es sei daher zu erwägen, ob man bei einer evtl. Verstärkung des Personals des Generalkonsulats in New York nicht einen StA oder Richter über das AA abordnen solle.

StA Hadeler (Kiel) warf anschließend die Frage auf, ob es nicht zweckmäßig sei, den Zuständigkeitsbereich des Generalkonsulats in New York in Rechtshilfeersuchen auf das gesamte Gebiet der Vereinigten Staaten auszudehnen. Er verspreche sich hiervon eine sachgerechte Behandlung der Ersuchen. – Wortmeldungen lagen hierzu nicht vor.

Sodann referierte *EStA Sichting* (Stuttgart) über das Thema: *„Möglichkeiten, Schwierigkeiten und Grenzen der Unterstützung der Ermittlungen durch den World Jewish Congress“.*

„In einer HV wurde ich bei dem Hinweis, dass ich einen jüdischen Zeugen über World Jewish Congress ermitteln wolle, von einem Rechtsanwalt gefragt, was das denn für ein Kongress sei, wann er tage und mit welchem Gegenstand er sich befasse! Es bestehen da also recht verschwommene Vorstellungen. Andererseits wird der WJC von den Kollegen sehr häufig um Hilfe gebeten, ohne vielleicht recht zu wissen, welcher Arbeitsaufwand dadurch beim WJC ausgelöst wird. Herr *Dr. O. Karbach* vom Institute of Jewish Affairs beim WJC hat mich deshalb gebeten, vor einem größeren Kreis ein paar Worte zu diesem Thema zu sagen. Da durch die Tagung in Brüssel im August dieses Jahres der WJC zudem in den Mittelpunkt gerade des deutschen Interesses gerückt ist – ich erinnere an die Diskussion über das Verhältnis von Juden zu Deutschen heute – dürfte es angebracht sein, nicht nur zu der technischen Seite zu sprechen, sondern auch die Geschichte und Bedeutung dieser Weltorganisation kurz zu streifen. – Wenn hier von WJC die Rede ist, so meine ich speziell das Büro dieser Organisation in New York, das nicht nur im Rahmen der Organisation des WJC, sondern gerade für unsere Ermittlungen von besonderer Bedeutung ist. Das Gleiche gilt für das deutsche Generalkonsulat in New York. Das ergibt sich aus der Tatsache, dass, abgesehen von Israel, die meisten jüdischen Zeugen in New York oder im Raum New York wohnen.

Das Generalkonsulat hat die Situation etwa folgendermaßen skizziert: Als Zeugen in NS-Verbrechensprozessen kommen die etwa 250.000 Überlebenden der NS-Vernichtungsaktionen in Betracht, die nach ihrer Befreiung in der westlichen Welt sesshaft geworden sind. Von ihnen wohnen etwa 40 % in Israel, *30 % leben in New York und Umgebung*, 10 % in den übrigen Gebieten der USA und Kanada, die restlichen 20 % verteilen sich auf andere zahlreiche Gebiete, vornehmlich aber Australien und Südamerika. Der Anteil der Überlebenden, die sich in Deutschland niedergelassen haben, ist – wie Sie alle wissen – gering.

Die Vernehmung und das Aufsuchen der jüdischen Zeugen in Israel ist kein Problem, da die Polizei Israel und die israelischen Gerichte diese Aufgabe bewältigen. Die Mehrzahl aller Vernehmungen fällt daher im Bezirk des Generalkonsulats New York an. Entsprechend landet auch die Mehrzahl der Hilferufe an das Büro des WJC in New York. Hinzu kommen die Ersuchen des Generalkonsulats selbst an Ort und Stelle. Man kann sagen, dass daraus inzwischen eine Lawine geworden ist. Der erste Stein, der diese Lawine auslöste, war die Schaffung der ZSt. der LJVW in Ludwigsburg. Hinzu kommen aber auch noch unzählige Ersuchen von Entschädigungsbehörden und Gerichten. In den Jahren 1959 bis 1961 gingen beim Generalkonsulat New York 90 Ersuchen um Vernehmung von etwa 200 Zeugen ein. In der folgenden Zeit nahm die Anzahl der Zeugen allmählich zu. Sie stieg im Jahre 1965 sprunghaft auf 682. Im ersten Halbjahr 1966 sind aber beim Generalkonsulat bereits 58 Ersuchen um Vernehmung von insgesamt 494 Zeugen eingetroffen. Das Generalkonsulat rechnet für die nächsten Jahre mit bis zu 1000 weiteren Zeugen, die in New York zu vernehmen sein werden. – Dabei bereitet die rein technische Seite der Angelegenheit, die hier in Deutschland meist glatt zu gehen pflegt, nämlich die Ladung der Zeugen und ihr Erscheinen zum Termin, die größten Schwierigkeiten. Nach den bisherigen Erfahrungen des Generalkonsulats erscheinen etwa 4/7, bestenfalls die Hälfte, der geladenen Zeugen! Von den 2268 Zeugen, die in der Zeit von 1959 bis 1.7.1966 vernommen werden sollten, waren 1100 nicht erreichbar oder nicht bereit, auszusagen.

Schon aus den örtlichen Verhältnissen ergeben sich zahlreiche Schwierigkeiten. Die Zeugen wechseln oft ihre Wohnung, so dass die Ladungen sie nicht erreichen können. Ein amtliches Meldewesen gibt es in den USA nicht. Telefonbücher und sonstige Hilfsmittel müssen u Rate gezogen werden, reichen aber oft zur Auffindung nicht aus. Selbst wenn die Zeugen die Ladungen erhalten, beantworten sie diese häufig nicht. Es liegen oft Sprachschwierigkeiten vor. Die Zeugen können deutsche oder englische Briefe häufig nicht lesen, weil sie nur jiddisch lesen und schreiben usw. Oft bitten Zeugen um Änderung von Terminen. Zu den neuen Terminen bleiben sie trotzdem aus oder erscheinen zu einem anderen, nicht vorher vereinbarten Zeitpunkt; Zeitmangel, Bequemlichkeit, Scheu vor deutschen Behörden zu erscheinen – die Angst vor den Nazis wirkt nach! – Scheu, die alten Wunden wieder aufzureißen, wirken hier mit. Aussagebereite Zeugen sind bereit, auszusagen, aber nicht wiederholt. Sie können nicht verstehen, dass verschiedene StA und Gerichte für Verbrechen an ein und demselben Tatort zuständig sein können. Die Hilfe in der Not ist dann der WJC in New York! Das Generalkonsulat hat das eindeutig herausgestellt, dass das noch einigermaßen befriedigende Ergebnis bei der Herbeischaffung und Vernehmung der Zeugen neben den eigenen Bemühungen des Generalkonsulats auf die Hilfe des WJC zurückzuführen ist.

Aus dem Gesagten ergibt sich bereits, ohne dass es noch weiterer Ausführungen des WJC bedürfte, dass die Mitwirkung dieser Stelle sich als sehr brauchbar und nützlich erwiesen hat und dass diese Stelle mit den ihr bisher zur Verfügung stehenden Hilfskräften derart mit Arbeit versehen ist, dass eine Steigerung der Tätigkeit nicht erwartet werden kann und sogar mit Rückständen gerechnet werden muss. Dies ist die Folge der Doppelbelastung durch Unterstützungswünsche des Generalkonsulats auf der einen und der innerdeutschen Stellen auf der anderen Seite. In New York und im Raum um New York leben mehr als vier Millionen Juden, also mehr als im Staat Israel! Ohne ein amtliches Meldesystem Zeugen zu finden, ist deshalb außerordentlich schwierig. Ich möchte deshalb hier vor allen Dingen einige Anregungen für die Kollegen geben, die mit der eigentümlichen Ermittlungstechnik der NS-Verbrechensverfahren noch nicht so vertraut sind. Diese Hinweise sollen dazu dienen, WJC und das Generalkonsulat zu entlasten. Es ist vielleicht nur die bequemere Möglichkeit, wenn man einen inzwischen verzogenen oder sonst unerreichbar gewordenen Zeugen sucht, einfach einen Brief an WJC zu schicken, er solle die neue Anschrift ausfindig machen. *Es ist oft möglich, die neue Anschrift selbst von Deutschland aus zu ermitteln.*

Fast alle Überlebenden der NS-Verfolgung haben Anträge auf Wiedergutmachung nach dem Bundesentschädigungsgesetz (BEG) gestellt. Sehr viele von ihnen waren vor der Auswanderung in DP-Lagern oder sind in irgendwelchen IRO-Unterlagen oder sogar Häftlingslisten verzeichnet. Daraus ergeben sie Anfragen bei Landesrentenbehörde Nordrhein-Westfalen – Bundeszentralkartei – *4 Düsseldorf,* Tannenstr. 26.

In der Bundeszentralkartei sind sämtliche Antragsteller und Personen, nach denen Anträge gestellt werden, erfasst. Sämtliche Entschädigungsbehörden haben ihre Karteikarten der Zentralkartei mitgeteilt. Diese Kartei ist aber *nach den Geburtsdaten* und erst dann innerhalb des Datums alphabetisch geordnet. Es müssen also die Personalien bekannt sein. Das dürfte aber regelmäßig der Fall sein, wenn der Zeuge bereits einmal vernommen worden ist. Die Kartei teilt die Entschädigungsbehörde und deren Aktenzeichen mit. Eine Anfrage bei der Entschädigungsbehörde oder besser Einsichtnahme in die Akten ergibt dann mit einiger Sicherheit die neue Anschrift, oder die Tatsache, dass der Antragsteller verstorben ist, oder die Anschrift des Bevollmächtigten, der sicherlich noch mit dem Antragsteller in Verbindung steht, oder die Anschrift von Zeugen des Antragstellers, die seine neue Anschrift wissen könnten. Bezieht der Antragsteller eine Rente, prüft die Entschädigungsbehörde sowieso in regelmäßigen Abständen, ob Antragsteller noch am Leben ist und wo er wohnt. Auch das Bankkonto könnte ersichtlich sein. – Sind die genauen Personalien nicht bekannt, hilft eine Anfrage beim Internationalen Suchdienst des Roten Kreuzes, *3548 Arolsen*/Waldeck. Diese riesige Kartei ist im Gegensatz zur Bundeszentralkartei nach dem phonetischen Alphabet geordnet, und zwar unter Berücksichtigung der Eigentümlichkeiten mehrerer Sprachen, z.B. Szwarc (polnisch) = Schwarz. Um das Auffinden der gesuchten Personen in der Kartei zu erleichtern, sollte möglichst alles angegeben werden, was ersichtlich ist: Name der Eltern und der Kinder, Ehefrau, Geburtsort und Personalien, soweit bekannt, Haftorte während der Verfolgungszeit, Aufenthalt in DP-Lagern und Land der Auswanderung. – Da die gesuchte Person voraussichtlich Entschädigung beantragt hat, und die Bevollmächtigten oder Entschädigungsbehörden bei jedem Antragsteller, auch wenn er nicht in einem DP-Lager war und unmittelbar ausgewandert ist, routinemäßig beim Suchdienst angefragt haben, kann der Internationale Suchdienst, Arolsen, regelmäßig den Bevollmächtigten oder die Entschädigungsbehörde des Zeugen oder seiner Angehörigen angeben. Dann ergeben sich die gleichen Möglichkeiten, wie bei der Bundeszentralkartei dargelegt.

Die Entschädigungsakten beizuziehen, lohnt sich daher auch noch aus dem Grunde, dass daraus stets weitere Zeugen ersichtlich sind, die mit dem Antragsteller am gleichen Ort Verfolgung erlitten haben. – Aus den Akten der Zeugen ergeben sich wieder neue Zeugen, so dass von einer Entschädigungsakte ausgehend ein ganzer Kreis von Zeugen aufgebaut werden kann. Leider gibt es in der Bundesrepublik keine Zentralkartei nach den *Orten* und Haftstätten der Antragsteller. Ich habe während meiner Tätigkeit bei dem Landesamt für Wiedergutmachung, Stuttgart, eine solche Kartei für etwa 10.000 Antragsteller aus dem Kreis der jüdischen DPs anlegen lassen. Waren die Antragsteller an mehreren Orten in Haft, so erscheinen sie auch auf mehreren Karteikarten. Dabei ist jeweils auch die Haftzeit angegeben. Der Kreis der Erfassten ist so groß, dass es kaum einen Ort der besetzten Ostgebiete gibt, für den nicht ein Antragsteller verzeichnet wäre, dessen Akte dann an weitere Zeugen heranführt. Für die Erstellung einer solchen Ortskartei auf Bundesebene dürfte es wohl bereits zu spät sein. – Solche gezielte Ermittlungen nach noch lebenden Zeugen erscheinen auf den ersten Blick umständlich, sie sind aber sicherlich einfacher als etwa Zeugen durch Zeitungsaufrufe, Aushänge oder auf ähnliche Weise durch Massenmedien zu suchen.

Ich möchte deshalb empfehlen, an WJC erst dann heranzutreten, wenn die hier in Deutschland möglichen Ermittlungen erschöpft und ohne Ergebnis geblieben sind. Dabei bitte ich auch dem Wunsch des WJC zu entsprechen und Anfragen, auch solche an Stellen außerhalb New Yorks, an das Büro des WJC in New York zu richten, damit dieses Büro die Übersicht hat und die Ermittlungen straffen kann. Die Zentrale in New York weiß am besten, welche Stelle auch in Australien oder Uruguay den Zeugen finden kann. Aus den Darlegungen zur Situation des Generalkonsulats in New York ergab sich bereits eine neue Form der Mitwirkung des WJC bei der Vernehmung von Zeugen, die der Ladung nicht Folge leisten. *Der WJC ist vielfach nicht nur aufgefordert worden, Zeugen zu finden, sondern diese auch dazu zu bewegen, dass sie Aussagen machen.* Diese Aufgabe, bei den Zeugen die Scheu vor den deutschen Behörden oder die Angst vor den Erinnerungen an die schreckliche Zeit auszuräumen, liegt nicht mehr auf technischem, sondern einzig auf psychologischem Gebiet. Es ist keine Frage, dass eine solche Mitwirkung viel Arbeitszeit und Arbeitsintensität kostet. Herr Dr. O. Karbach, der, wie Sie alle wissen, die Unterstützung unserer Wünsche leitet, hat zu verstehen gegeben, dass heute bereits aus Verantwortungsbewusstsein von ihm in dieser Richtung gearbeitet wird, dass der WJC aber nicht in der Lage sei, hier auch formell und verbindlich seine Unterstützung zuzusagen. Die tieferen Gründe für diese Zurückhaltung sind darin zu sehen, dass eine solche Mitwirkung nur dann bei den Zeugen ankommen kann, wenn erstens eine allgemeine Atmosphäre der Bereitwilligkeit geschaffen wird und wenn die Einwirkung auf den einzelnen Zeugen so gestaltet werden kann, dass er bereits in der Richtung auf seine persönlichen Erlebnisse, die er als Zeuge schildern soll, angesprochen wird.

Für die Schaffung der allgemeinen Atmosphäre sind Vorträge, Zeitungsartikel usw. erforderlich, in denen sich aber der WJC öffentlich zu dieser Aufgabe bekennen müsste. Um solche Veröffentlichungen bringen zu können, müsste der WJC aber wissen, in welcher Richtung die großen kommenden Strafverfahren liegen und ob es ratsam ist, in dieser Angelegenheit öffentlich hervorzutreten. Bei der Einwirkung auf einzelne Zeugen müsste er sogar ungefähr wissen, zu welchen Vorwürfen und gegen welchen Beschuldigten der Zeuge Aussagen machen soll. Wie sollte der WJC sonst dem Zeugen klar machen können, dass es gerade auf sein Zeugnis ankommt und er also die Mühe der Zeugenpflicht auf sich nehmen sollte? – Es ist meine Aufgabe, diese Wünsche und Erwägungen lediglich hier vorzutragen. Ich möchte meine eigene Auffassung Ihnen aber nicht vorenthalten. – M.E. sollte sich eine solche Mitwirkung des WJC auf den Einzelfall beschränken, so wünschenswert auch eine umfassende Tätigkeit des WJC in dieser Richtung an sich auch wäre.

Wenn ein solches Ansinnen im Einzelfall an WJC gestellt wird, muss selbstverständlich auch verantwortet werden, die Einzelheiten aus dem Verfahren mitzuteilen, die es WJC ermöglichen, den Zeugen in der richtigen Weise anzufassen und sich durch Sachkenntnis auszuweisen. Es ist auch durchaus denkbar, dass es sich hier um Entlastungszeugen handelt. Wie oft erleben wir, dass ein Angeklagter sagt: ‚Ja, wenn der Herr … käme, der würde mir bestätigen, dass ich mich immer anständig verhalten habe usw.' Eine solche Einwirkung kann also auch der Konzeption der Verteidigung entsprechen. Eine weitergehende Einschaltung des WJC halte ich aus *prozessualen Gründen* für sehr gefährlich. Wir haben bei Strafverfahren wegen NS-Verbrechen bereits mehrfach erlebt, dass die Verteidiger gegen die jüdischen Zeugen den Vorwurf erheben, ihre Aussagen seien verabredet. Sie stünden untereinander in Kontakten hinter den Kulissen, die für die Verteidiger nicht durchschaubar seien. Bereits wenn Zeugen im gleichen Hotel absteigen oder gemeinsam zur Verhandlung anreisen – was meist unvermeidbar ist, einfach, weil Hotelzimmer knapp sind usw. – wird das sehr kritisch beobachtet und führt zu Beweisanträgen, der Zeuge solle darüber unter Eid vernommen werden, ob er den anderen Zeugen an einem bestimmten Ort gesehen oder gesprochen habe. Den Verteidigern ist auch bekannt, dass die Zeugen durch Zeugnis in Entschädigungssachen und durch Heimatverbände untereinander Verbindung haben oder haben könnten. Es bestünde also die Gefahr, dass hier der Vorwurf auftauchen könnte, die Zeugen würden durch WJC beeinflusst, die Aussagen der Zeugen seien manipuliert o.ä. Es würde dazu kommen, dass man zum Beweis für die Richtigkeit oder Unrichtigkeit solcher Verdächtigungen Persönlichkeiten des WJC als Zeugen in die HV zitiert u.ä. mehr. Der Vorwurf der Konspiration der Zeugen und der Koordinierung ihrer Aussagen ist so gefährlich, dass äußerste Vorsicht geboten ist. Es wird Sache der ZSt. sein, darüber zu befinden oder eine Entscheidung einzuholen, wie weit die allgemeine Information über kommende Verfahren gehen soll. Auf jeden Fall ist es vertretbar, wenn WJC regelmäßig vom Generalkonsulat über den voraussichtlichen Arbeitsanfall der kommenden Jahre unterrichtet wird, um sich personalmäßig einrichten zu können. – Auch die weiteren Informationen dürfen weitergehen als sie sonst an private Vereinigungen gegeben werden, da WJC weit über den Status einer Privatperson bzw. juristischen Person hinausragt.

Hierzu halte ich es für erforderlich, Ihnen in groben Umrissen ein Bild des WJC und seiner führenden Persönlichkeiten zu zeichnen:

Der Jüdische Weltkongress (JWK), The World Jewish Congress WJC)

I. Vorläufer. 1. Den ersten Versuch, eine Versammlung jüdischer Abgeordneter mit allen gemeinsamen Angelegenheiten zu befassen, stellten die ersten Weltkongresse der Zionistischen Organisation dar, die bekanntlich 1897 in Basel begannen und während der unmittelbar folgenden Jahre jeden Sommer stattfanden. Zu dieser Zeit wurden regelmäßig Referate erstattet, welche die Situation des Judentums in allen wichtigeren von Juden bewohnten Ländern zum Gegenstand hatten. Mit dem allmählichen Übergang des Zionismus in die Sphäre größerer Wichtigkeit traten jedoch auf diesem Forum allgemein jüdische Fragen immer mehr in den Hintergrund, da man sich auf die Verwirklichung des zionistischen Ideals zu konzentrieren begann.

2. Der Erste Weltkrieg hatte die Gründung einer Körperschaft zur Folge, die als direkter Vorläufer des heutigen JWK betrachtet werden muss. Um gemeinsame Forderungen vorzubringen, bildeten nämlich Delegationen jüdischer Körperschaften aus Palästina, den Vereinigten Staaten, Kanada, Italien und von mehreren osteuropäischen Ländern (dieses Wort wird hier im modernen Sinne gebraucht, damals rechneten sich nahezu alle diese Länder noch zu Mitteleuropa) inbegriffen Russland, am 25.3.1919 in Paris eine Vertretung bei der dort tagenden Friedenskonferenz. Diese Körperschaft führte den Namen Comité des Délégations Juives auprês de la Conférence de la Paix, wurde aber allgemein unter der Abkürzung dieses langen Titels als ‚Comité des Délégations' bekannt. Das Hauptverdienst dieser Gruppe war die Ausarbeitung und die Verwirklichung eines unter die Überwachung des Völkerbundes gestellten Minderheitenrechts für alle innerhalb einer ausgedehnten Zone in Ost- und Mitteleuropa lebenden Minderheiten, die sich später sogar bis in den Nahen Osten erstreckte.

Führend war in Paris die amerikanische jüdische Delegation, die von der US-Friedensdelegation am 2.4.1919 und sogar von Präsident Wilson vor seiner zweiten Reise nach Europa am 2.3.1919 im Weißen Haus empfangen wurde. – Die Vertreter der verschiedenen jüdischen Delegationen waren sich keineswegs einig. Es kam aber auch nicht zu einem Bruch. Es war hauptsächlich das Verdienst der amerikanischen Delegation, dass mit der Aufnahme der sog. Minderheitsklausel in die Friedensverträge ein großer Erfolg errungen wurde.

Als Muster kann der Vertrag mit Polen vom 28.6.1919 angesehen werden. Dort lautete der Art. 8: ‚Die polnischen Staatsangehörigen, die einer ethnischen, religiösen oder sprachlichen Minderheit angehören, genießen die gleichen rechtlichen und tatsächlichen Garantien wie die anderen polnischen Staatsangehörigen. Sie haben insbesondere das gleiche Recht, auf ihre Kosten Wohlfahrts-, religiöse oder soziale Einrichtungen, Schulen und andere Erziehungsanstalten zu schaffen, zu leiten und zu beaufsichtigen mit dem Recht, hier freien Gebrauch von ihrer eigenen Sprache zu machen und ihre Rechte frei zu bestätigen.' – Diese Bestimmung wurde in dieser oder ähnlicher Form von den anderen durch den Zerfall der Donaumonarchie und des Zarenreiches entstandenen Staaten aufgenommen. Die CSR unter dem Präsidenten Masaryk verankerte diese Rechte sogar in der Verfassung. Litauen, Lettland und Estland nahmen die Minderheitsklausel als Vorbedingung bei ihrer Aufnahme in den Völkerbund an. Der Völkerbund sollte über die Einhaltung der Minderheitenrechte wachen.

Das Comité des Délégations blieb auch nach der Friedenskonferenz tätig, um zu überwachen, dass die Minderheitenrechte der jüdischen Bevölkerung der Nachfolgestaaten auch tatsächlich beachtet würden. Grund genug war vorhanden. Es kam bereits während der Friedenskonferenz und auch später zu Pogromen und anderen Unzuträglichkeiten, die mit der auf dem Papier erreichten Rechtslage nicht vereinbar waren und abgewehrt werden mussten. Wachsamkeit war geboten. Die feindselige Einstellung der Ukrainer und Litauer z.B. ist uns aus den zahlreichen Verfahren wegen NS-Verbrechen bekannt und setzte sich auch nach dem Zusammenbruch des Dritten Reichs fort.

Ich bringe diese Vorgeschichte so ausführlich, weil von hier eine direkte Linie zu der Schaffung und den heutigen Aufgaben des WJC führt und weil die Durchsetzung des Rechtes der Minderheiten, die damals von dem Comité des Délégation erreicht wurde, auch heute noch für uns alle und auch gerade wieder für uns Deutsche so wichtig ist, als ein Grundpfeiler des friedlichen Zusammenlebens der Völker trotz des Bestehens der Nationalstaaten.

Entstehung des WJC: Neue Impulse zur endlichen Gründung einer weltweiten Zusammenfassung aller jüdischen Vereinigungen kamen direkt vom Erstarken der nationalsozialistischen Bewegung in Deutschland und unter den Volksdeutschen anderer Länder. Es wurde daher, zur Abwehr von Gefahren, die man schon damals deutlich erkennen konnte, eine vorbereitende Konferenz zur Gründung eines JWK im Sommer 1932 nach Genf einberufen. Obwohl sich aus verschiedenen Gründen die formale Gründung bis zum Sommer 1936 verzögerte und also erst im vierten Jahre der nationalsozialistischen Herrschaft zustande kam, ist das vorbereitende Komitee teilweise, trotz aller Schwierigkeiten der damaligen Zeit, erfolgreich hervorgetreten, z.B. in Bezug auf die Juden in der Freien Stadt Danzig und in der Saar.

Aus der Verfolgung der Juden in Deutschland und den von Deutschland besetzten Gebieten Europas und Osteuropas ergab sich von selbst, dass sich der WJC in erster Linie mit der Lage der Juden im deutschen Herrschaftsbereich zu befassen hatte. So umfassend wie die Vernichtungspolitik, so umfassend sollte auch die Gegenpolitik sein. Es galt zu helfen, zu mildern und zu kämpfen. Nur um ein paar Beispiele zu nennen: Es musste die Auswanderung und Ansiedlung von Juden aus dem deutschen Herrschaftsbereich organisiert, finanziert und durchgeführt werden. Es musste überall um Verständnis gerungen werden. In einer umfassenden

Paketaktion wurden z.B. die Juden unterstützt, die von den Deutschen in die UdSSR geflüchtet waren und in Südrussland unter kümmerlichsten Verhältnissen lebten. Die Aktion lief über Teheran. Auch heute ist die Lage der Juden in der Sowjetunion ein Hauptanliegen des WJC, weil die Juden dort zwar alle Rechte als Staatsbürger genießen, aber in ihrer religiösen, sprachlichen und kulturellen Eigenart beschränkt sind und ihnen auch die Auswanderung verwehrt wird. Gerade diesem Schutz des spezifisch jüdischen Lebens des über die weite Welt verstreuten Judentums gilt die Hauptaktivität dieser Organisation.

Die Richtigkeit dieser Auffassung ergibt sich aus einer kurzen Betrachtung des Lebenslaufes der zwei bedeutendsten Persönlichkeiten des WJC, *Rabbi Stephen Wise* und *Dr. Nachum Goldmann.* Beide sind nicht in erster Linie Politiker in unserem Sinne staatlichen Machtstrebens, sondern Kulturpolitiker. Beide stammen aus alten Rabbinerfamilien. Beide sind durch bedeutende Veröffentlichungen und durch Gründung von religiösen Einrichtungen mehr hervorgetreten denn die ‚Politiker'. Man könnte sagen, dass der WJC auch heute noch so sehr mit seinen Gründerpersönlichkeiten verbunden ist, dass diese das Gesicht der Organisation auch heute noch prägen. Einmal ist die Persönlichkeit des 1949 verstorbenen Stephen Wise noch in aller Gedächtnis lebendig und zum anderen steht in der Person des hochbetagten Dr. Nachum Goldmann auch heute noch einer der Mitbegründer und ersten Organisatoren an der Spitze. Bei der letzten Tagung des WJC in Brüssel zeigte es sich, wie sehr seine Persönlichkeit heute noch den Ausschlag gibt.

Stephen Wise (Stephan Samuel Weisz) wurde 1874 in Budapest geboren. Er entstammt einer alten europäischen Rabbinerfamilie. Sein Vater wanderte nach USA aus, so dass sein Sohn ganz im Geist des amerikanischen Liberalismus groß wurde. Wise studierte auf der Columbia Universität in New York und promovierte dort als Philosophiae doctor (Ph.D.). Wise wandte sich frühzeitig dem liberalen Judentum zu und wurde berühmt durch die Gründung der ‚Freien Synagoge' in New York (1907). Bis dahin war es so, dass es bezahlte Synagogenplätze gab und dass diese Geldgeber auch beanspruchten, auf den Inhalt der Predigt und das Gemeindeleben Einfluss zu nehmen. Er setzte die Freiheit durch. Später gründete er eine diesen Bestrebungen entsprechende Rabbinerschule, die auch Sozialfürsorger ausbildet (Jewish Institute of Religion 1927). Selbstverständlich war dieser weltoffene Geist von Anfang an auch in der zionistischen Bewegung tätig. Er war mit Dr. Herzl befreundet und gründete am 4.7.1897 die erste zionistische Vereinigung. Ebenso war er führend im American Jewish Congress. – Dadurch war er auch in dem Comité des Délégations während der Versailler Friedenskonferenz führend tätig. Unter seiner Führung zusammen mit Dr. Nachum Goldmann entwickelte sich aus dem Comité des Délégations der Jüdische Weltkongress mit Sitz in New York, also am Sitz des Völkerbundes. – Wise war ein machtvoller Redner, der es verstand, die Welt mitzureißen. Er war mit Präsident Wilson befreundet und unterstützte später F.D. Roosevelt. – Seine politische Tätigkeit als Anführer eines militanten Programms der Selbstverteidigung gegen das nationalsozialistische Deutschland hinderte ihn nicht in seiner religiösen Führerrolle. Er war bis zu seinem Tode (19.4.1949) Rabbi seiner Freien Synagoge.

Schriften: The Etics of Salomon in Gabirol (1901) (Gabirol 1021 in Spanien geboren, kann als Vorläufer Spinozas gelten, hatte Einfluss auf die Scholastiker), How to face life (1917), As I see it (1944), Challenging life (1958) (Eine nach seinem Tode herausgegebene Autobiografie unter Verwendung von ihm selbst geschriebener Texte).

Nachum Goldmann, Geb. 1895 in Wiszniew (poln. Weißrussland, südöstl. Wilna). Auch er entstammt einer Rabbinerfamilie, und zwar aus dem Einzugsgebiet der berühmten Rabbinerschule in Wilna. Er kam bereits mit sechs Jahren nach Frankfurt, weil sein Vater dorthin auswanderte. Er studierte in Heidelberg, Marburg und Berlin, promovierte zum Dr. phil. und Dr. iur. Danach betätigte er sich in Berlin als Verleger und politischer Journalist. Auch er war ein begeisterter Zionist. Im Unterschied zu Stephen Wise wurde er also nicht im amerikanischen, sondern im deutschen Kulturkreis groß. Er schreibt in einem brillanten deutschen Stil. Er trat hervor durch die Herausgabe der bekannten Encyclopaedia Judaica (Eschkol-Verlag 1928–1934). Es erschienen aber nur zehn vorzüglich ausgestattete Bände bis zum Buchstaben L, weil die Arbeit durch die Machtergreifung Hitlers ihr Ende fand. 1933–1944 war er in Genf als Vertreter der zionistischen Weltorganisation und des WJC. Bereits 1932 führte er den Vorsitz bei einer der entscheidenden vorbereitenden Tagungen. Seit 1940 lebt er in New York. Er nimmt heute die Stellung ein, die Stephen Wise innehatte. Sein Hauptanliegen in der Öffentlichkeit ist neben Wiedergutmachungsleistungen die Lage der Juden in der Sowjetunion.

Schriften: Abgesehen von der Encyclopaedia Judaica, zu der er selbst zahlreiche Artikel lieferte: Der Geist des Militarismus (1915), Von der weltkulturellen Bedeutung und Aufgabe des Judentums (1916), Zum polnisch-jüdischen Problem 1915 (Preuß. Jahrbücher). Darin der Satz: ‚Die polnische Judenheit bildet einen geschlossenen und voll entwickelten nationalen Organismus'; Die Juden in der UdSSR (1961); die Schrift wurde gemeinsam mit Martin Buber veröffentlicht.

Der WJC heute: Heute umfasst die Weltorganisation 65 angeschlossene Landeskörperschaften. Es muss hervorgehoben werden, dass der WJC keine individuellen Mitglieder besitzt, sondern lediglich eine Dachorganisation darstellt. Die Länder, deren jüdische Organisationen in dem WJC vertreten sind, gehören den verschiedensten politischen Richtungen an. So findet man Kuba und Spanien, Iran und Jugoslawien. Letzten Endes sind es aber Organisationen der freien westlichen Welt. Es fehlen Polen, Ungarn, CSR und schließlich UdSSR. – Immerhin muss hervorgehoben werden, dass der WJC politisch nicht einseitig orientiert ist. Die jüdischen Organisationen der Ostblockstaaten würden sicherlich dem WJC angehören, wenn sie es nur dürften. Zum anderen fällt auf und ist bedeutsam, dass eine Reihe der Mitgliederorganisationen öffentlich-rechtlichen Charakter im Sinne der in ihren Ländern bestehenden Gesetze besitzen, z.B. der Zentralrat der Juden in Deutschland und die jüdischen Organisationen in Italien, Österreich usw. – Zum anderen muss die Stellung des WJC im internationalen Leben berücksichtigt werden. Heute besitzt der WJC sog. konsulativen Status bei den folgenden Weltorganisationen: Seit 1947, und zwar als erste jüdische Vereinigung, bei dem Ökonomischen und Sozialen Rate der Vereinten Nationen. Der WJC unterhält bei den Vereinten

Nationen in New York eine ständige Vertretung und ist in täglichem Kontakt mit den Ereignissen, die sich dort abspielen und allen Missionen von Mitgliedsstaaten, die dort tätig sind. Ein ähnlicher Kontakt besteht auch in Genf. – Bei der Erziehungs- und Wissenschaftlichen Organisation der Vereinten Nationen (UNESCO) in Paris. – Bei der Leitung des Kinderhilfsfonds der Vereinten Nationen (UNICEF) in New York. – Bei dem Europäischen Rate in Straßburg. – Außerdem hat der WJC offizielle Beziehungen und Beobachterrang bei der Organisation Amerikanischer Staaten (OAS) in Washingotn, D.C./USA.- Aus der Aufzählung aller dieser Tatsachen geht hervor, dass sich der WJC im Hinblick auf den Charakter der ihm angeschlossenen Organisationen wie im Hinblick auf seine Stellung auch im internationalen Leben von jeder Handlung oder Propaganda streng fernhält, die ungesetzlich oder abenteuerlich wäre.

Von Bedeutung erscheint auch, dass Israel seit dem 11.5.1949 unter Nr. 39 einer der 117 Mitgliedsstaaten der UNO ist. Eines der Hauptbüros des WJC befindet sich in Jerusalem – Tel Aviv. Das Büro in New York kann als die Zentrale bezeichnet werden, während das Büro in London für Europa als Hauptquartier anzusehen ist. Ursprünglich war das Hauptquartier in Genf, wurde aber im Zusammenhang mit den Kriegsereignissen nach New York verlegt. – Die eigentliche Aufgabe, die jüdischen Interessen und Rechte wirksam zu vertreten, übt der WJC durch ein Exekutivkomitee aus, das ständig den WJC nach außen vertritt. – Im Jahre 1940 wurde das Institut of Jewish Affairs gegründet, das sich mit der Untersuchung typisch jüdischer Probleme befasst und auch Veröffentlichungen herausgibt. Die Unterstützung unserer Ermittlungen erfolgt über eben dieses Institut. – Schließlich soll kurz bemerkt werden, dass die zahlreichen Verbindungen, die der WJC nicht nur mit den ihm angeschlossenen Gruppen, sondern mit recht zahlreichen anderen Vereinigungen, Institutionen, sowie mit der gesamten jüdischen Presse auf der ganzen Welt unterhält, ihm eine wirklich weltweite Bedeutung verschaffen."

RegDir. Maier eröffnete die Diskussion mit der Frage, ob es tunlich sei, den World Jewish Congress über die anhängigen Ermittlungsverfahren zu unterrichten.

StA Dr. Klass (Mannheim) meinte, es gebe keine generelle Antwort auf diese Frage. Sie müsse vielmehr von Fall zu Fall entschieden werden. Eine Unterrichtung des WJC sei z.B. geboten, wenn es um die Ermittlung von Zeugen bezüglich eines konkreten Sachverhaltes gehe; dann könne und solle man eine ausführliche Sachdarstellung mit der Bitte um entsprechende Presseveröffentlichung an den WJC gelangen lassen. Dagegen halte er eine Unterrichtung für untunlich, wenn der Sachverhalt bereits aufgeklärt sei.

EStA Götz (Hannover) sprach sich nachdrücklich für eine generelle Information des WJC aus. Er meinte, man sei in den Verfahren auf die Mithilfe dieser Organisation angewiesen sei und er selbst habe in früheren Verfahren von dort wirksame Unterstützung erhalten. Nach seinen Erfahrungen bestehe kein Grund zur Zurückhaltung.

EStA Ludolph (München) gab zu bedenken, dass die Unterrichtung des WJC als Auskunft an die Presse anzusehen sei. Diese Auskünfte seien jedoch den

Behördenleitern vorbehalten. Man könne daher auf der Tagung keinen Beschluss über die Unterrichtung des WJC fassen.

LG-Rat Knodel (Bad Kreuznach) erklärte, die Unterstützung des WJC zur Ermittlung der Zeugen sei unentbehrlich, zumal die Anschriften aus Wiedergutmachungsakten oft nicht mehr den Tatsachen entsprächen.

EStA Sichting gab hierzu den Hinweis, dass man in vielen Fällen über den Anwalt im Wiedergutmachungsverfahren die richtige Anschrift eines Zeugen erfahren könnte.

OStA Dr. Artzt wies darauf hin, dass Dr. Karbach vom WJC seine Bitte nach genereller Unterrichtung über die NSG-Verfahren auch an die ZSt. gerichtet habe.

RegDir. Maier meinte abschließend, die Frage der generellen Unterrichtung des WJC müsse wohl durch eine entsprechende Entschließung der Justizminister geregelt werden.

Anschließend referierte *EStA Ludolph* (München I) über das Thema: *„Die Zusammenarbeit zwischen den StA und den Sonderkommissionen der LKA in NSG-Sachen.“*

„Zu Beginn meiner Ausführungen darf ich an den mit der Gründung der Sonderkommissionen beabsichtigten Zweck erinnern. Die Sonderkommissionen waren notwendig geworden, weil die örtlichen Polizeidienststellen nicht in der Lage waren, NSG-Sachen aufzuklären und weil die StA naturgemäß nicht in der Lage sind, ihre Ermittlungen allein und ohne Mitwirkung der Polizei durchzuführen. Bei den örtlichen Polizeidienststellen fehlt es in der Regel an geeigneten Sachbearbeitern, die sowohl Erfahrungen in der Aufklärung von Kapitalverbrechen besitzen, als auch Einblick in die Besonderheiten der Ermittlungen in NSG-Sachen haben. Außerdem erscheint es ausgeschlossen, dass sich Sachbearbeiter der örtlichen Polizeidienststellen, die häufig nur einen Zeugen zu vernehmen haben, in dem umfangreichen Sachverhalt des betreffenden Ermittlungsverfahrens auch nur annähernd einarbeiten können. Es ist vielmehr erforderlich, diese Verfahren in wenigen Händen zu konzentrieren. Dies ist bei der Bearbeitung durch örtliche Polizeidienststellen nicht möglich, weil die oft zahlreichen Zeugen über das ganze Bundesgebiet und darüber hinaus verstreut wohnen.

Die Sonderkommissionen sind aber auch deshalb nicht zu entbehren, weil die StA entsprechend ihren Aufgaben sachlich und personell gar nicht in der Lage sind, die Ermittlungen in NSG-Sachen allein und ohne die Hilfstätigkeit der Kripo zu führen. Allein die Ausmittlung von Beschuldigten und Zeugen ist ohne den polizeilichen Fahndungsapparat schier unmöglich, jedenfalls aber wesentlich behindert. Außerdem übernahmen jedenfalls die Beamten der Sonderkommission beim bayr. LKA häufig auch die umfangreichen technischen Kleinarbeiten, wie etwa die Führung der Akten, die Ergänzung der Namenslisten, die Führung von zentralen Beschuldigten- und Zeugenkarteien und nicht zuletzt auch die Beschaffung der erforderlichen Ablichtungen von Urkunden und Lichtbildern. Wenn ein StA, der nicht selten in seiner Hand 10–20 größere Ermittlungsverfahren vereinigt, gezwungen wäre, die technischen Kleinarbeiten alle eigenhändig auszuführen, so würde er einen nicht unerheblichen Teil seiner Arbeitszeit verlieren, die dem Fortgang des Verfahrens anderweitig dienlicher sein könnte. Schließlich ist es bei der

Vielzahl der zu vernehmenden Zeugen häufig erforderlich, eine Arbeitsteilung in der Weise vorzunehmen, dass sich der StA auf die Vernehmung der Beschuldigten und der voraussichtlich wichtigsten Zeugen beschränkt, während die Vielzahl der nur am Rande des Tatgeschehens liegenden Zeugen durch die Beamten der Sonderkommission vernommen wird. Gerade zu Beginn eines Ermittlungsverfahrens ist der Sachverhalt noch so wenig abgeklärt und der Umfang des Tatkomplexes so wenig abgrenzbar, dass die ersten Zeugenvernehmungen nur dazu dienen, einen allgemeinen Überblick zu erhalten, ohne dass bereits gezielte Befragungen möglich sind. Auch hier leistet die Sonderkommission wertvolle Vorarbeiten.

Die Ausführungen über die Zusammenarbeit mit den Sonderkommissionen können sich naturgemäß nur auf die Erfahrungen des Referenten mit dem bayr. LKA beziehen. Die Zusammenarbeit zwischen dem einzelnen StA und seinem korrespondierenden Kriminalbeamten ist weitgehend von der Persönlichkeit der Beteiligten geprägt. Ein maßvoller StA wird mit einem einsichtigen Kriminalbeamten ebenso gut zusammenarbeiten, wie ein herrschsüchtiger StA mit einem eigensinnigen Kriminalbeamten bald Schwierigkeiten bekommen wird. Wichtig ist es, einen guten persönlichen Kontakt zu bekommen, soweit dies aus räumlichen Gründen überhaupt möglich ist. – Die sachliche Zusammenarbeit zwischen den StA und den LKA ist überschattet durch die zahlenmäßige Unterbesetzung der Sonderkommissionen. Hierauf wird im Folgenden noch näher eingegangen. Das personelle Problem muss gelöst werden, wenn nicht verschiedene Ermittlungsverfahren zum Stillstand kommen sollen.

Um hier Abhilfe zu schaffen, kann man an verschiedene Möglichkeiten denken. Die beste Lösung ist zweifellos die personelle Verstärkung der Sonderkommissionen. Es ist jedoch auch eine Beteiligung örtlicher Polizeidienststellen an den Ermittlungen möglich. So können unwichtigere Zeugen im Einzelfall durch einen klar umrissenen und bis ins Einzelne ausgearbeiteten Vernehmungsauftrag auch durch die örtliche Gendarmerie vernommen werden. Eine nennenswerte Entlastung wird dadurch jedoch nicht zu erreichen sein. Wenn eine größere Anzahl von Zeugen durch ihre Wohnsitzpolizeibehörde vernommen werden müssten, so läuft das darauf hinaus, dass die Vernehmung nur anhand von Fragebogen durchgeführt werden kann. Bei diesem System kommt schon von seiner Art her nichts Vernünftiges heraus. Außerdem fehlt häufig bei den örtlichen Polizeidienststellen der erforderliche Nachdruck.

Eine weitere Möglichkeit besteht darin, dass man durch Fragebogenvernehmungen mit Hilfe der örtlichen Polizei sämtliche potentiellen Zeugen hört, sie nach ihrem Werdegang und insbesondere nach ihrem Aufenthalt im Zeitpunkt der Tat befragt. Dadurch kann man von vornherein diejenigen ausschalten, die nichts zur Sache sagen können. Diese Methode ist aber nicht ganz unbedenklich. Die Zeugen müssen nach § 69 StPO mit dem Gegenstand des Verfahrens vertraut gemacht werden. Außerdem kommt mancher Zeuge als potentieller Mitbeschuldigter in Betracht, so dass eine Belehrung nach § 55 StPO erforderlich wird. Inwieweit das im Einzelfall in Betracht kommt, kann der StA als Verfasser des

Vernehmungsfragebogens nicht absehen; ebenso wenig wird der örtliche Polizeibeamte mangels Kenntnis des Gesamtkomplexes diese Entscheidung fällen können.

Selbst wenn man sich über diese rechtlichen Bedenken hinwegsetzt, können durch die Vorvernehmung bestenfalls 50 % der potentiellen Zeugen eliminiert werden. Eine wirkliche Beseitigung der nach Ansicht des Referenten vorhandenen Misere kann letztlich nur durch eine personelle Verstärkung der Sonderkommissionen erreicht werden.

Ich möchte nunmehr auf die Schwierigkeiten bei der Zusammenarbeit mit der Sonderkommission in Bayern zu sprechen kommen. Dieses Problem ist auch der eigentliche Grund meines Referats gewesen. Während die Zahl der Verfahren erheblich gestiegen ist, hat sich die Zahl der Beamten bei der Sonderkommission des bayr. LKA nicht nur nicht vermehrt, sondern sogar vermindert. Am 1.1.1964 haben der Münchner Sonderkommission zur Bearbeitung von 62 Ermittlungsverfahren 16 Beamte zur Verfügung gestanden. Am 1.1.1965 mussten bei gleichem Personalstand 73 Fälle bearbeitet werden. Am 1.1.1966 hatten für 106 Fälle nur noch 15 Beamte bereit gestanden. Das bayr. LKA ist deshalb seit dem 1.3.1966 dazu übergegangen, Ermittlungsaufträge der StA abzulehnen. So ist es inzwischen dazu gekommen, dass sich das LKA in 26 Ermittlungsverfahren geweigert hat, einen polizeilichen Sachbearbeiter zu bestimmen und die Ermittlungen aufzunehmen. Diese Haltung widerspricht dem klaren Wortlaut des Art. 52 des bayr. Polizeiorganisationsgesetzes. Diese Bestimmung lautet: ‚Die Ermittlungsbeamten werden ferner im Einzelfall tätig, wenn das LKA von einer Polizeidienststelle des Staates oder der Gemeinden, einem Gericht oder einer StA um polizeiliche Verfolgung eines Verbrechens oder Vergehens ersucht wird, das *nach Auffassung der ersuchenden Stelle* wegen seiner besonderen Gefährlichkeit für die Allgemeinheit, wegen der räumlichen Ausdehnung der durch die Straftat herbeigeführten Bedrohung oder Schädigung der Bevölkerung oder wegen der besonderen Umstände der Begehung von den Polizeidienststellen nicht wirksam bearbeitet werden kann.' Die StA sind nicht in der Lage, die Lücke auszufüllen, die durch die Haltung der Sonderkommission entstanden ist. So führen beispielsweise bei der StA bei dem LG München I sieben Sachbearbeiter rund 70 Ermittlungsverfahren, worunter sich eine Reihe großer Komplexverfahren befindet. Die fehlende Mitarbeit der Kripo führt praktisch zu einem teilweisen Stillstand der Rechtspflege. Ich wäre dankbar, wenn in der anschließenden Diskussion von den Tagungsteilnehmern die Verhältnisse in ihrem Geschäftsbereich geschildert werden, um Vergleichsmaterial zu bekommen, damit den Wünschen der StA gegenüber dem LKA mehr Nachdruck verliehen werden kann. Auch scheint es mir zweckmäßig, der bayr. Polizeiverwaltung mit einem konkreten Lösungsvorschlag gegenübertreten zu können. Ich rege deshalb für die Diskussion die Klärung der Frage an, aus welchem Personenkreis nach den Erfahrungen der mit NSG-Sachen betrauten StA die erforderliche Verstärkung der Sonderkommission auszuwählen ist. Hierfür sehe ich drei Möglichkeiten:

1. Die Verstärkung der Sonderkommissionen durch Beamte aus anderen Abteilungen des LKA, – 2. die zeitlich begrenzte Abordnung von erfahrenen Beamten aus örtlichen Polizeidienststellen, – 3. die langfristige Abordnung ganz junger, allerdings noch unerfahrener Beamter, die dafür nach einer gewissen Einarbeitungszeit auch länger zur Verfügung stünden."

OStA Dr. Artzt bezweifelte, ob es zweckmäßig sei, diese Probleme nur auf einer Tagung der StA zu behandeln. Er rege vielmehr an, dass sich die Leiter der Sonderkommissionen mit den StA und der ZSt. zur Besprechung dieser Probleme zusammensetzten. Er habe sich über diese Frage einmal mit dem Präsidenten des hess. LKA unterhalten. Dieser sei der Ansicht, dass sich die personelle Notlage der Sonderkommissionen zum Teil aus dem zu weit gefassten Inhalt der Vernehmungsniederschriften erkläre. Häufig seien in den Vernehmungen umfangreiche Feststellungen zum Lebenslauf getroffen worden, um dann abschließend auf die Feststellung zu stoßen: „Zur Sache kann ich nichts sagen". Der Präsident habe gemeint, von den StA sollten gezielte und begrenzte Vernehmungsaufträge gegeben werden. Bei den Vernehmungen solle man eine Art Schlüssigkeitsprüfung vornehmen.

RegDir. Maier stellte den Vorschlag Dr. Artzt, gemeinsame Besprechung der Probleme durch die Sonderkommissionen und die StA, zur Diskussion.

OStA Dr. Nachtweh (Dortmund) bestritt den Wert einer solchen gemeinsamen Besprechung im Augenblick. Man müsse auch unterscheiden, ob eine Sonderkommission aus personellen Gründen nicht ermitteln könne oder ob Differenzen zu einzelnen StA bestünden. Das Erste treffe für Nordrhein-Westfalen nicht zu. Im Übrigen sei ein solches Problem nicht durch Besprechungen mit den Sonderkommissionen, sondern nur durch die Ministerien zu lösen. Was das zweite Problem angehe, so seien unterschiedliche Auffassungen in Nordrhein-Westfalen immer wieder durch Besprechungen mit den Herren der Sonderkommission geklärt worden.

OStA Dr. Großmann (Frankfurt) erklärte, dass die Zusammenarbeit in Hessen zwischen der StA Frankfurt und der Sonderkommission ausgezeichnet sei. Personell gesehen sei allerdings eine bessere Situation als in Bayern vorhanden, da beim hess. LKA 20 Sachbearbeiter tätig seien. Ihm sei bisher nicht bekannt geworden, dass in Hessen die Bearbeitung von Verfahren wie in Bayern abgelehnt worden sei. – Zu erwähnen sei noch, dass es den Beamten der hess. Sonderkommission aufgrund eines ministeriellen Erlasses untersagt sei, außerhalb Hessens tätig zu werden. Dieser Erlass würde aus dem GVG begründet. Eigentlicher Anlass seien aber wohl finanzielle Erwägungen gewesen. Er fragte, ob eine ähnliche Bestimmung auch in anderen Ländern bestehe.

EStA Dr. Goetz (Hannover) führte aus, dass in Niedersachsen von Anfang an nur wenige Leute bei der dortigen Sonderkommission tätig gewesen seien. Dadurch seien die StA schon gezwungen worden, die Beamten am „kurzen Zügel" zu halten. Zwar würde er eine Verstärkung der niedersächsischen Sonderkommission nicht ungern sehen, aber es ginge auch so. Wenn die StA Herr des Verfahrens bleibe und die Ermittlungsbeamten von Anfang an am „kurzen Zügel" führe, dann würde es nicht zu Schwierigkeiten kommen.

StA Dr. Bayerlein (München II) erklärte, dass sich die StA in München durchaus um ihre Verfahren kümmere. Das eigentliche Problem sei aber, dass in verschiedenen Fällen überhaupt nichts bei der Sonderkommission geschehe. Die StA müsse zwar das Ermittlungsverfahren in der Hand behalten, könne aber schon aus personellen Gründen nicht einige Hundert Zeugen selbst vernehmen.

RegDir. Maier erwähnte, dass die StA Mannheim vor einiger Zeit dem Justizministerium in Stuttgart berichtet habe, dass ein Verfahren offenbar wegen personeller Schwierigkeiten bei der Sonderkommission nicht erledigt werden könne. Das Justizministerium habe den Bericht an das Innenministerium geschickt und um Verstärkung der Sonderkommission gebeten. Die Sonderkommission sei daraufhin verstärkt worden.

StA Dr. Klass (Mannheim) bemerkte, dass er der Sonderkommission beim LKA Baden-Württemberg den Auftrag gegeben habe, 100 Zeugen zu bestimmten Fragen zu vernehmen. Der Auftrag sei jetzt fast ausgeführt. Er habe zwar alle Vierteljahr dem Justizministerium berichten müssen, dieser, ein bisschen lästige, Bericht habe sich jedoch für sein Verfahren als vorteilhaft erwiesen.

RegDir. Maier wies darauf hin, dass es wirkungsvoller sei, wenn einem derartigen Schreiben des Justizministeriums an das Innenministerium der Bericht der StA beigefügt werde, als wenn lediglich das Justizministerium sich in einer mehr oder weniger allgemein gehaltenen Form in der betreffenden Sache an das Innenministerium wende.

StA Plitt (Dortmund) teilte mit, dass auch in Nordrhein-Westfalen bei auftauchenden Schwierigkeiten in den Ermittlungen dem Ministerium berichtet worden sei. Die Schwierigkeiten seien danach durchweg beseitigt worden.

Zu bemängeln seien jedoch die Zustände in Hessen und Bayern, die dazu führten, dass die Sonderkommission in Nordrhein-Westfalen quasi für Hessen und Bayern zusätzlich tätig werden müsste. Er forderte, dass von dieser Tagung aus das Missfallen über die vorliegende Situation zum Ausdruck gebracht werde.

RegDir. Maier erklärte, dass nach der letzten Tagung das Protokoll der Tagung allen Justizministern zugesandt worden sei mit der Bitte, es auch an die Innenminister zu senden. Das Gleiche soll jetzt auch geschehen.

OStA Rauchalles (München) meinte abschließend, dass es nicht unnötig gewesen sei, über diese Dinge auf der Tagung zu sprechen. Denn wenn hier nicht darüber gesprochen würde, würde der Druck zu einer Änderung nicht allzu groß sein.

Die Tagung wurde fortgesetzt mit dem Referat von *OStA Straub* (Konstanz): *„Strafbarkeit des Denunzianten, durch dessen wahrheitsgemäße Anzeige ein rechtswidriges Todesurteil herbeigeführt wurde."*

„Bei der Vorbereitung des Referats fiel bei Durchsicht des einschlägigen Schrifttums auf, dass seit dem grundsätzlichen Urteil des BGH vom 8.7.1952 [NJW 1952, 1200] zur Frage der Denunziation jegliche Diskussion zu diesem Problem im Schrifttum aufhört. Bis dahin finden sich unter dem Stichwort

‚Denunziationsverbrechen' zu den Urteilen teils zustimmende, teils ablehnende Besprechungen und Abhandlungen, darunter namhafte Vertreter der Rechtslehre und Strafrechtspraxis (*Radbruch,* Gesetzl. Unrecht und übergesetzl. Recht, SJZ 46/105; *Coing,* Strafrechtl. Haftung des Richters für Anwendung naturrechtswidriger Gesetze, SJZ 47/61; *Güde,* Anwendung KRG 10 durch deutsche Gerichte, DRZ 47/112; *Henneka,* SJZ 47/525; *Weizel,* SJZ 47/649; *Lange,* KRG 10 und deutsches Recht, DRZ 48/155, 185; *V. Weber,* Verbrechen gegen die Menschlichkeit in der Rechtsprechung, MDR 49/264). Es ging vor allem um die Frage, ob die Rechtswidrigkeit einer Verurteilung in der NS-Zeit verschieden beurteilt werden könne, je nachdem ob es sich um den Strafrichter oder um den Denunzianten handelte. Wie heftig die Diskussion geführt wurde, geht vielleicht daraus hervor, dass *Weizel* in einer Kritik zu einer Entscheidung des OLG Bamberg (OLG Bamberg, 50/35), das diese Auffassung der Teilbarkeit vertrat, dem Gericht vorwarf, es messe mit zweierlei Maß und politisiere das Strafrecht (*Weizel,* DRZ 50/302). – Teilweise wurden die Denunziationen bis zum Jahre 1951 im Gültigkeitsbereich des KRG 10 als Verbrechen gegen die Menschlichkeit abgeurteilt. – In einem Überblick zu dieser Rechtsprechung des OGH in der MDR meint der Verfasser – ein Rechtsanwalt -, dass das Denunziationsverbrechen als Zangengeburt aus dem Verbrechen gegen die Menschlichkeit nach wie vor ein Schmerzenskind der Strafjustiz und Rechtslehre sei (*Kleefisch,* Die NS-Denunziation in der Rechtsprechung des OGH Br. Z., MDR 49/324).

Das genannte BGH-Urteil selbst, dessen Bedeutung heute nach 13 Jahren noch die gleiche ist, wurde – soweit ersichtlich – nur in der NJW 1952 S. 1200 besprochen (RegRat *Schweiger* in München). Der Verfasser meinte, dass der BGH mit seinem Urteil vielleicht nicht den Schlussstein hinter das Denunziationsproblem gesetzt habe, es bedeute aber sicher einen Meilenstein in der Diskussion. – Wie sich zeigte, war der Meilenstein zugleich der Schlussstein in der Diskussion. – Trotz dieses Schweigens, das auf ein Erlöschen der Aktualität schließen lassen könnte, glaube ich, dass es angebracht ist, sich darüber klar zu werden, inwieweit heute überhaupt noch eine Bestrafung des D. möglich ist. Anlass zur Befassung mit diesem Problem waren einige Anzeigen, die im Jahre 1965 bei der StA Konstanz gegen die D. – hingerichteter Priester – eingingen.

Problem der Denunziation. Denunziationen im hier verstandenen Sinne, nämlich wahre Anzeigen, aber aus rein persönlichen und verwerflichen Motiven, unter Ausnützung politischer Verhältnisse, hat es zu allen Zeiten gegeben. Die allgemeine Auffassung hat sie stets als verächtlich angesehen. Daraus ergibt sich jedoch noch nicht die Strafbarkeit. Denn auch der D. macht Gebrauch von dem formal legalen Mittel einer Anzeige wegen einer tatsächlich begangenen und nach dem Recht der Tatzeit strafbaren Handlung. Diese an sich formal erlaubte Anzeige bezieht ihren Unrechtsgehalt erst – soweit es um vorliegendes Thema geht – aus der Rechtswidrigkeit des hierdurch herbeigeführten Todesurteils, das trotz der formellen Gültigkeit der Strafrechtsnormen durch deren unrichtige Anwendung zumindest objektiv Rechtsbeugung und damit rechtswidrige Tötung ist (vgl. dagegen heute seit 1951: § 241 a StGB politische Verdächtigung). – Die Frage nach der heute noch möglichen Strafbarkeit des D. aus der NS-Zeit kann grundsätzlich zunächst dahin beantwortet werden: Da Totschlagverbrechen verjährt sind, ist eine Bestrafung des D. nur möglich, wenn sein Verhalten Mord oder Beihilfe zum Mord ist. *Mord* ist nur möglich, wenn seine verwerflichen Motive niedere Beweggründe nach § 211 Abs. 2 StGB waren *und* er am Zustandekommen des Todesurteils in irgendeiner Form der Täterschaft beteiligt war.

Beihilfe zum Mord ist nur möglich, wenn das Todesurteil wenigstens in der für die Abhängigkeit der Beihilfe von der Haupttat erforderlichen Weise Mord ist und der D. sich der etwa *beim Gericht* vorliegenden niedrigen Beweggründe bewusst gewesen ist. Zur näheren Untersuchung ist auf die Grundsätze des bereits erwähnten BGH-Urteils zurückzugreifen (BGH 3/110 – 1. Strafs. – Urteil v. 8.7.1952). Dort ging es darum, dass ein Soldat von einem Kriegsgericht Ende Februar 1945 wegen Wehrkraftzersetzung zum Tode verurteilt worden war, weil er seiner Ehefrau gegenüber abfällige Äußerungen über das NS-Regime gemacht hatte. Die Ehefrau hatte ihn hierwegen denunziert, weil sie von ihm wegen eines anderen Mannes loskommen wollte. Von ihrem Aussageverweigerungsrecht hatte sie in der HV keinen Gebrauch gemacht, obwohl sie vom Vorsitzenden belehrt wurde, dass es um den Kopf ihres Mannes gehe. – Anlässlich dieses Falles – die Frau war vom Schwurgericht Würzburg freigesprochen worden -, nahm der BGH u.a. zu drei wichtigen Fragen Stellung, nämlich 1. wann und mit welchen Wirkungen für die Beteiligten ein Todesurteil rechtswidrig ist, 2. ob das Recht zur Anzeige und zum Nichtgebrauchmachen vom Aussageverweigerungsrecht einen Rechtfertigungsgrund darstellt und 3. wie der Vorsatz und das Unrechtsbewusstsein beschaffen sein muss.

Nach dem BGH ist die erste Voraussetzung für die Strafbarkeit des D. die Rechtswidrigkeit des Todesurteils. Diese Frage kann für alle Beteiligten – Richter, StA, Polizeibeamter oder D. – nur einheitlich entschieden werden. Eine andere Auffassung würde einen denkgesetzlich wie rechtlich unlösbaren Widerspruch bedeuten. – Rechtswidrigkeit kann darauf beruhen, dass der Schuldspruch rechtswidrig ist wegen nicht gerechtfertigter Anwendung des an sich gültigen Strafgesetzes auf den Sachverhalt, oder die Strafe ist rechtswidrig, weil sie außer jedem Verhältnis zum Schuld- und Unrechtsgehalt der Tat steht (zu diesen formell gültigen Normen zählen u.a.: RundfunkVO 1.9.1939, VolksschädlVO 3.9.1939, GewaltverbrecherVO 5.12.1939, KSSVO [KriegssonderstrafrechtsVO, RGBl. I 1939, 1455] 17.8.1938, Polen- und JudenstrafrechtsVO 4.12.1941, vgl. *Maurach,* BT S. 22). *Beispiel* für unrichtige Anwendung einer Norm ist die Verurteilung wegen wehrkraftzersetzender Äußerungen nach § 5 KSSVO, wenn das Tatbestandsmerkmal der öffentlichen Begehungsweise in rechtlich nicht vertretbarer Weise ausgedehnt wurde. Beispiel für rechtswidrige Strafe ist, wenn trotz des nach dem Sachverhalt nur geringen Schuld- und Unrechtsgehalt kein minder schwerer Fall angenommen wurde, sondern die Höchststrafe (Todesstrafe) verhängt wurde. Feststellung, ob Urteil rechtswidrig ist, wird durch Überprüfung der Urteilsgründe zu treffen sein.

Falls das Todesurteil *nicht rechtswidrig* war, entfällt eine Strafbarkeit des D., trotz seiner etwa niedrigen Beweggründe (*Schweiger,* NJW 1952, 1200 a.E.). – Ist das Todesurteil *rechtswidrig,* so ist innere Tatseite beim D. zu prüfen, worüber BGH eingehende Ausführungen macht.

Vorrangig im Rahmen dieses Referats ist jedoch an dieser Stelle zunächst die Prüfung einer anderen Frage, nämlich ob ein D. *Täter oder nur Teilnehmer* an dem rechtswidrigen Tötungsverbrechen ist. Nur im Falle seiner Täterschaft können ihn *seine* etwa niedrigen Beweggründe tatbestandsmäßig belasten.

In diesem wie in BGHSt 3, 110 gelagerten Fall, in welchem die D. als Ehefrau ihren Mann belastet, kann an *mittelbare Täterschaft* gedacht werden. Tatsächlich erwähnt der BGH mittelbare Täterschaft als Möglichkeit, aber ebenso Beihilfe. Nähere Ausführungen hierzu macht er nicht. Für die mittelbare Täterschaft könnte – in einem derartigen Falle – angeführt werden, dass der D. durch sein Zeugnisverweigerungsrecht in freier Weise im Sinne der Tatherrschaft über das Ob der Verurteilung bestimmen kann. Eine solche Begründung bedeutet jedoch, das Gericht als ‚Werkzeug' des D. anzusehen und die Verantwortung für das Todesurteil allein auf den D. zu verlagern. Diese Auffassung halte ich in einem solchen Falle, in welchem ja keine Täuschung des Gerichts durch den D. vorliegt, für kaum möglich. Man sollte nicht davon abgehen, dass es letztlich das Gericht in der Hand hatte und dessen Sache gewesen wäre, zu einem richtigen Urteil zu kommen. Anders wie beim D. eines unrichtigen Sachverhalts, bei welchem mittelbare Täterschaft anzunehmen ist, fehlt dem Denunzianten eines wahren Sachverhalts die Möglichkeit der Irreführung des Gerichts und damit die Möglichkeit der Tatherrschaft (im Folgenden etwa vergleichbaren Fällen hat der *BGH* ebenfalls *Beihilfe* angenommen: Fall der schwedischen Denunziantin, die 1943 bei einem kath. Geistlichen dessen für einen schwedischen Erzbischof bestimmte Denkschrift herauslockte und der Gestapo übergab. Wegen Feindbegünstigung wurde der Priester vom VGH rechtswidrig zum Tode verurteilt – BGHSt 9, 302 – Urt. v. 28.6.1956 – 3. Strafs.). – Ebenso in BGHSt 4, 66 im Falle des in der HV zur Aussage sich drängenden Bruders des Hingerichteten. Den Verzicht auf sein Aussageverweigerungsrecht begründete er sogar damit, dass solche Leute wie sein Bruder ausgemerzt gehörten, weshalb er aussagen wolle. *Abgelehnt* wird mittelbare Täterschaft ebenfalls bei *Maurach,* AT, S. 502. *Schönke,* zu § 47 Vorbem. Anm. 14.

Aus den gleichen Gründen mangelnder Tatherrschaft ist *Mittäterschaft* abzulehnen, abgesehen davon, dass von einem hierfür erforderlichen bewussten und gewollten Zusammenwirken im Sinne einer Arbeitsteilung nicht gesprochen werden kann. Das Gericht ist nicht der Komplize eines D. (a.A. wohl *Schweiger* in NJW 1952, 1200 – wie erwähnt -, der als Einziger in einem Aufsatz sich zu BGH 3, 110 äußerte. Ohne nähere Begründung spricht er von der D. als mittelbare Täterin und meint – an späterer Stelle seines Aufsatzes – dass es unschwer zu beurteilen sei, ob bei der D. mittelbare Täterschaft, Mittäterschaft, Anstiftung oder Beihilfe vorliege).

Beihilfe zum Mord bleibt somit als einzige Möglichkeit einer Bestrafung übrig. Zu beachten hierbei, dass Haupttat – nach heutiger Rechtsprechung des BGH – nicht nur rechtswidrig und tatbestandsmäßig, sondern auch vorsätzlich begangen sein muss (BGHSt 9, 370). Die allein in Betracht kommenden Mordmerkmale beim Gericht, welches das Todesurteil verhängte, sind niedere Beweggründe, also

Motive, die nach allgemeiner sittlicher Wertung auf tiefster Stufe stehen. – Der BGH hat in erwähnten drei Urteilen (BGHSt 3, 110; 4, 66; 9, 302) immer nur von rechtswidrigen Tötungsverbrechen gesprochen. Da er hierbei aber teilweise die §§ 211 ff. zitiert hat, dürfte er die Annahme von Mord nicht für ausgeschlossen gehalten haben. In BGHSt 4, 66 (Bruder als Zeuge) wird als in Betracht kommend ausdrücklich nur Beihilfe zum Totschlag genannt. In dem krassen Fall der Verurteilung und Hinrichtung des Admirals Canaris in den letzten Kriegstagen durch ein fliegendes SS-Standgericht führte der BGH bei Aufhebung des freisprechenden Urteils des Schwurgerichts München I aus, dass Beihilfe zum Mord *oder* Totschlag in Betracht komme (BGHSt 2, 173).

Abgesehen von der überhaupt bestehenden Schwierigkeit bei den meist in Betracht kommenden ehemaligen Strafrichtern einen niedrigen Beweggrund als das beherrschende Motiv festzustellen, dürften die vielfach nur vorliegenden schriftlichen Urteilsgründe keine sichere Feststellung hierüber erlauben. Niedere Beweggründe sind ein Tatbestandsmerkmal, das täterbezogen ist (*Maurach*, BT S. 26). Zur Feststellung, ob diese Qualifizierung zutrifft, wird grundsätzlich als Zeuge (§ 55 StPO) oder als Beschuldigter auch der Richter des Todesurteils gehören. (Der ehemalige Strafrichter selbst kann aufgrund seines rechtswidrigen Todesurteils nur dann wegen eines vorsätzlichen Tötungsverbrechens verurteilt werden, wenn vorsätzliche Rechtsbeugung festzustellen ist, wozu bedingter Vorsatz nicht ausreicht [BGHSt 10, 294]. Ein Kollegialrichter macht sich einer Rechtsbeugung nur schuldig, wenn er für die von ihm als Unrecht erkannte Entscheidung gestimmt hat [BGH v. 10.12.1957, zitiert bei *Schlösser*, NJW, 1960, 946] – [Zur strafrechtlichen Verantwortlichkeit ehemaliger Richter an Sondergerichten *Schlösser*, NJW 1960, 943; *Kaiser*, NJW 1960, 1328]). Beim D. dagegen genügt bedingter Vorsatz. – Wenn davon ausgegangen werden kann, dass die Verhängung des Todesurteils im genannten Sinne Mord war, muss dem D. als Gehilfe *bewusst* gewesen sein, dass die Richter aus solchen niedrigen Beweggründen das Todesurteil sprachen (§ 59 StGB).

Außerdem gehört – was an dieser Stelle nachzuholen ist – nach dem BGH-Urteil in Bd. 3, 110 u. 4, 66 zur sonstigen *inneren Tatseite*, dass der D. ein der wirklichen Rechtslage widersprechendes Todesurteil und dessen Vollstreckung zuvor in seine Vorstellung aufgenommen und gewollt hat, mindestens mit bedingtem Vorsatz. – Ferner muss der D. hinsichtlich seines Vorgehens das *Unrechtsbewusstsein* gehabt haben. Hierzu ist wiederum auf die grundsätzlichen Ausführungen im BGH 3, 111 und 4, 66 zu verweisen, insbesondere auf die Hinweise, inwieweit auch oder gerade ‚einfache Leute' das sich vollziehende grobe Unrecht erkennen konnten. – Zurückhaltender und zugleich vorwurfsvoll gegenüber dem Schwurgericht Kassel sind in BGH 9, 302 die Ausführungen zu dem Unrechtsbewusstsein der wegen Mordbeihilfe freigesprochenen schwedischen Denunziantin: ‚Das Schwurgericht scheint die Verurteilung Dr. M.'s durch den VGH gleichsam für unausweichlich gehalten zu haben. Unter allen zur Persönlichkeit der Angeklagten festgestellten Gesamtumständen kann hiernach schwerlich angenommen werden, dass sie zur Tatzeit bei Anspannung ihrer Gewissenskräfte eine Unrechtseinsicht hätte erlangen können, die beiden Schwurgerichten nach Umfluss langer Zeit unter wieder geordneten Verhältnissen noch immer verschlossen geblieben ist.'

Kein Rechtfertigungsgrund für einen Denunzianten ist das Recht zur Anzeige und die Befugnis, vom Zeugnisverweigerungsrecht keinen Gebrauch zu machen; denn diese Rechte werden zum Missbrauch, wenn hierdurch die Bedingung zu einem Unrecht gesetzt wird. So der BGHSt 3, 110.

Der *Nachweis* des *inneren Tatbestandes* wird insbesondere bei jenen D. schwierig zu führen sein, die nicht auf der Innenseite des Machtapparates standen und nicht zugleich als Zeugen in der HV die bevorstehenden Folgen ihrer Aussage vor Augen hatten. Ihnen wird dann die Behauptung widerlegt werden müssen, dass sie nicht mit einem rechtswidrigen Todesurteil gerechnet haben. – Anders ist die Beweislast – worauf auch der BGH hinweist – in Fällen, in denen der D. aus dem Gang der HV nicht im Zweifel über das bevorstehende Todesurteil sein konnte. Falls er dessen Rechtswidrigkeit wenigstens mit bedingtem Vorsatz erkannte, wird hierdurch auch das Vorhandensein des Unrechtsbewusstseins indiziert.

Im Ergebnis wird gesagt werden können, dass – falls die Annahme von mittelbarer Täterschaft nicht möglich ist – die Schwierigkeiten eines Nachweises einer Beihilfe zum Mord beträchtlich sind. Dies hat sich auch in dem bei der StA Konstanz anhängig gewesenen Ermittlungsverfahren gezeigt, in welchem die Denunziantin ermittelt werden konnte (Todesurteil des VGH). Das Verfahren gegen den richterlichen Beisitzer des VGH – einen LGD – wegen Totschlags, war bereits 1960 vom GStA in Frankfurt mangels nachweisbarem inneren Tatbestand eingestellt worden.

Im Übrigen wurden die Anzeigen bei der StA Konstanz von einem Rechtsanwalt in Frankfurt erstattet, der sich mit dem Schicksal der deutschen Priester befasst, die hingerichtet wurden oder im KZ umkamen. Das Buch hierüber unter dem Titel ‚Priester vor Hitlers Tribunalen' ist inzwischen erschienen (*Benedicta Maria Kempner:* ‚Priester vor Hitlers Tribunalen', Verlag Rütten & Loenig, München 23 [1966], Kaulbachstr. 23, Preis 26 DM, Vorwort von Kardinal Bea). Darin wird der Leidensweg von 131 deutschen Priestern beschrieben. Von anderer Seite sind bisher keine derartigen Anzeigen bei der StA Konstanz eingegangen. Damit wird auch kaum zu rechnen sein."

Wortmeldungen lagen zu diesem Referat nicht vor.

Anschließend referierte *Oberarchivrat Dr. Boberach* (BA Koblenz) über das Thema: *„Aufgabe, Möglichkeiten und Grenzen der Archive bei der Aufklärung von NS-Verbrechen."*

„Zu den besonderen Problemen der Verfahren wegen NS-Gewaltverbrechen gehört, dass fast immer Beweise durch die Vorlage von Dokumenten zu erbringen sind. Um diese Dokumente zu beschaffen, müssen StA und Archive zusammenarbeiten, da es sich in der Regel doch um Dokumente aus Akten staatlicher Herkunft handelt, zu deren dauernder Aufbewahrung die Archive bestimmt sind. Seit Jahren vollzieht sich diese Zusammenarbeit, jedoch mit unterschiedlichem Erfolg. Es gibt Verfahren, in denen von vornherein alles dokumentarische Beweismaterial mit Sorgfalt erfasst wurde (etwa für die Berliner Ermittlungen gegen die

Angehörigen des RSHA). Es ist aber auch vorgekommen, dass erst gegen Ende der Hauptverhandlung erstmals ein Archiv nach recht wesentlichen Unterlagen befragt wurde, die dann tatsächlich vorhanden waren; der Angeklagte war zufällig bei der Lektüre eines Buches aus der Gefängnisbibliothek auf einen entsprechenden Hinweis gestoßen. Daher scheint es gerechtfertigt, zu versuchen, durch einen Überblick über Aufgaben und Bestände der Archive, die in Betracht kommen, die Voraussetzungen für die Zusammenarbeit von StA und Archivaren zu verbessern. Es sollte dahin kommen, dass schon bei Beginn von Ermittlungen Klarheit besteht, welche Archive überhaupt einschlägige Dokumente besitzen können. Eine erhebliche Anzahl von Anfragen an Archive, die von ihrer Aufgabenstellung gar nicht für die gesuchten Unterlagen zuständig sein können, würde dann unterbleiben.

Es ist daher erforderlich, zunächst Einiges über die archivische Zuständigkeit zu sagen. Anders als den Bibliotheken, die im Erwerb von Büchern weitgehend nach freiem Ermessen handeln, ist den Archiven von der jeweils obersten Staatsbehörde oder vom Gesetzgeber eine bestimmte Zuständigkeit vorgeschrieben. Jedes Archiv hat das unter historischen und rechtlichen Gesichtspunkten dauernd aufbewahrungswürdige Schriftgut einer genau umrissenen Anzahl von Behörden, Körperschaften, Einrichtungen zu übernehmen. Umgekehrt lässt sich für jedes Dokument öffentlicher Herkunft angeben, in welches Archiv es gehört; das Original eines Berichts des Deutschen Gesandten in Sofia z.B. ist immer zuerst im Politischen Archiv des AA zu suchen, und nur, wenn es dort infolge der Kriegsereignisse nicht nachweisbar ist, muss nach einer möglichen Sekundärüberlieferung gesucht werden. Dabei ist zu fragen, welche andere Behörde von ihrer Kompetenz her Kenntnis von dem gesuchten Dokument bekommen haben könnte. Ein Telegramm über die Behandlung von Juden bulgarischer Staatsangehörigkeit im Reichsgebiet wäre dann etwa auch in den Akten des Referats für Staatsangehörigkeitsfragen des Reichsinnenministeriums zu suchen. Für diese Akten ist aber ein anderes Archiv zuständig.

Die Dokumente, die als Beweismittel für NSG-Verfahren in Frage kommen, stammen überwiegend von Behörden und Einrichtungen des Deutschen Reiches, der Wehrmacht und der NSDAP mit ihren Gliederungen. Von den dafür zuständigen Archiven muss daher hier die Rede sein.

Das Bundesarchiv in Koblenz erhielt bei seiner Errichtung durch Beschluss der Bundesregierung, abgesehen von seiner Zuständigkeit für die Akten von Zonen- und Bundesbehörden, die Aufgabe, Schriftgut aus der Zeit vor 1945 aufzunehmen, das sich im Bundesgebiet befand oder von den westlichen Besatzungsmächten an die Bundesregierung zurückgegeben wurde und aus folgenden Bereichen stammte:

1. von ehemaligen obersten Reichsbehörden;
2. von zentralen Dienststellen der NSDAP und ihren Gliederungen;
3. von der Deutschen Wehrmacht mit sämtlichen Kommandostellen und Einheiten;
4. aus der deutschen Verwaltung ehemals eigegliederter und besetzter Gebiete;
5. aus der SBZ und den deutschen Ostgebieten unter fremder Verwaltung.

Dieser Zuständigkeit entsprechen die tatsächlich in Koblenz vorhandenen Bestände. Dabei ist selbstverständlich zu berücksichtigen, dass durch die Kriegsereignisse erhebliche Aktenbestände vernichtet wurden und zwar sowohl durch Feindeinwirkung, besonders bei den Luftangriffen, als auch durch Maßnahmen der Behördenangehörigen beim Zusammenbruch 1945 und nicht zuletzt durch Plünderung. Von den Akten der obersten Reichsbehörden sind infolgedessen im Bundesarchiv lediglich diejenigen der Reichskanzlei, des Reichsfinanz- und des Reichsjustizministeriums einigermaßen vollständig vorhanden. Von allen übrigen nur mehr oder weniger umfangreiche Reste. Dasselbe gilt für die NS-Dienststellen mit Ausnahme der recht vollständig überlieferten Schriftgutverwaltung des Persönlichen Stabes RFSS; die beträchtlichen Lücken in den Akten des RSHA – von dem vornehmlich Unterlagen des Marxismus-Kommunismus-Referats erhalten sind – und des Hauptamtes Ordnungspolizei werden dadurch wenigstens zum kleinen Teil ausgeglichen.

Recht groß sind die Verluste an militärischem Schriftgut, das besonders durch Kampfhandlungen gefährdet war und soweit es – bei aufgelösten Einheiten – schon vom Heeresarchiv Potsdam übernommen war, dort 1945 verbrannt ist. Die in das Reichsgebiet zurückgeführten Akten von Dienststellen in besetzten und eingegliederten Gebieten waren ohnehin nicht umfangreich und aus Mittel- und Ostdeutschland sind nur zufällig Aktensplitter in die späteren westlichen Besatzungszonen gebracht worden, z.B. vom OLG Stettin. Über alle Behörden und Dienststellen von denen Akten vorhanden sind, und deren Umfang, gibt ein gedrucktes Verzeichnis Auskunft, das im Frühjahr 1967 nach dem neuesten Stand erscheinen wird. Wer dieses Verzeichnis konsultiert, wird sich manche Anfrage sparen können. Darin soll auch auf die sog. Mikrofilm-Guides verwiesen werden, in denen alle die einzelnen Aktenbände näher beschrieben sind bis hin zum einzelnen Dokument, die von amerikanischen Historikern vor der Rückgabe für so wichtig angesehen wurden, dass man sie verfilmte, wobei ein nicht sehr strenger Maßstab galt. Das mitunter freilich mühsame Geschäft, diese Guides durchzusehen, wird sich lohnen.

Die Lücken in den Beständen des Bundesarchivs sind außer durch die Verluste jedoch auch dadurch zu erklären, dass für bestimmte Teile seiner Kompetenz noch besondere Archive bestehen. So gibt es für die in großem Umfang erhaltenen Akten des AA speziell das Politische Archiv des AA in Bonn. Es bietet in den Akten der sog. Deutschland-Abteilung wertvolles Material über Vorgänge in besetzten Gebieten; auch darüber ist ein Mikrofilm-Guide vorhanden. In Westberlin erfasste Akten von Reichsministerien verwaltet im Auftrag des Bundes das Geheime Staatsarchiv der Stiftung Preußischer Kulturbesitz in Berlin-Dahlem. Militärisches Schriftgut befindet sich nur zum kleinen Teil bei dem innerhalb des Bundesarchivs errichteten Militärarchiv, überwiegend ist es von diesem der Dokumentenzentrale des Militärgeschichtlichen Forschungsamtes in Freiburg zur Auswertung überlassen. Militärische Personalunterlagen, die in der Regel historisch wertlos sind, liegen einerseits bei der deutschen Dienststelle in Berlin, die vor allem über die bei der früheren Wehrmachtsauskunftsstelle eingegangenen Erkennungsmarkenverzeichnisse und Verlustmeldungen der Truppenteile verfügt und mit den im

Krankenbuchlager vereinigten Lazarettdokumenten verbunden ist, andererseits bei der Außenstelle Zentralnachweisstelle Kornelimünster des Bundesarchivs. Wie diese beiden Stellen dienen durch besondere Vereinbarungen noch zwei weitere fast ausschließlich der Archivierung personeller Unterlagen:

Das amerikanische *Document Center* in Berlin für den Bereich der NSDAP und ihrer Gliederungen, ergänzt durch Personalakten von Beamten, Akten über volksdeutsche Umsiedler und Verfahrensakten des Volksgerichtshofs. Den Kern der Bestände im Document Center bildet die zu 90 % erhaltene Zentralkartei der NSDAP-Mitglieder. Für NSG-Ermittlungen am wichtigsten sind die Personalakten der SS-Führer vom Untersturmführer aufwärts aus dem SS-Pers.H.Amt, zu denen noch ergänzendes Material aus dem RuSHA kommt. Die Unterlagen über die Einbürgerung von Volksdeutschen durch die EWZ [Einwohnerzentralstelle der SS zur Umsiedlung von Volksdeutschen] werden ebenfalls nicht selten von Belang sein, während die zehntausende von Dossiers über Mitglieder der Reichskulturkammer kaum in Betracht kommen. Grundsätzlich werden bei allen Anfragen jedoch sämtliche Sammlungen überprüft. Der Suchdienst in Arolsen hat die Personalakten von Häftlingen der KZ und Gefängnisse und der von der Flüchtlingsorganisation betreuten ehemaligen Fremdarbeiter gesammelt und auch durch Kopien aus Osteuropa zu vervollständigen gesucht. Er kann vor allem bei der Ermittlung von Zeugen behilflich sein. Die Abgrenzung der Bestände zwischen diesen genannten, mit besonderen Aufgaben betrauten Archiven – mit Ausnahme des Geheimen Staatsarchivs und Bundesarchivs – ist eindeutig: Anfragen nach dem Werdegang eines SS-Führers sind an das Document Center zu richten; handelt es sich um einen Wehrmachtsangehörigen, kommen Zentralnachweisstelle und Deutsche Dienststelle in Betracht, bei einem Polizeibeamten, der nicht auch SS-Führer war, dagegen das Bundesarchiv, das aber vor allem dann zu Auskünften heranzuziehen ist, wenn Sachfragen aufzuklären sind. Die Frage, die jeweils vorab zu stellen ist, muss lauten: Kann die aufzuklärende Angelegenheit in Akten der Behörden, für die das Bundesarchiv zuständig ist, einen Niederschlag gefunden haben?

Für derartige in erster Linie sachbezogene Auskünfte kann neben dem Bundesarchiv auch das *Institut für Zeitgeschichte in München* herangezogen werden. Ihm stehen einerseits Mikrofilme von Archivalien zur Verfügung, deren Originale sich in Koblenz oder Freiburg befinden, andererseits Kopien der Dokumente, die in den Nürnberger Prozessen vor dem Internationalen Militärtribunal und den amerikanischen Militärgerichten vorgelegt wurden. Weitere Sätze dieser Dokumente, die aus einer Vielzahl von Behörden stammen, befinden sich im Staatsarchiv Nürnberg und im Archivlager Göttingen; sie sind durch Karteien, diejenigen zum Flick-, Wilhelmstraßen- und OKW-Prozess außerdem durch veröffentlichte Register, erschlossen. Die Originale der Dokumente sind teils in den Gerichtsakten in den USA enthalten, teils ihrer Herkunft entsprechend in zurückgegebenen Behördenakten im Bundesarchiv, das nur in diesem Fall die Echtheit beglaubigen kann.

Wie die Originale der Nürnberger Dokumente gibt es noch umfangreiches weiteres deutsches Schriftgut aus der Zuständigkeit des Bundesarchivs außerhalb des Bundesgebiets. Dazu gehören die Bestände des Deutschen Zentralarchivs der SBZ in Potsdam, dessen Aufgaben für das in Mitteldeutschland erfasste und von russischen Truppen zurückgegebene Schriftgut denjenigen des Bundesarchivs genau entsprechen. Über Art und Umfang dieser Bestände liegen dem Bundesarchiv recht genaue Erkenntnisse vor, so dass es sich empfehlen dürfte, bei evtl. Anfragen in Potsdam das Bundesarchiv zu beteiligen. Weniger ist dagegen über die Archivalien im Institut für Marxismus-Leninismus der SED in Ostberlin bekannt, das zumindest einen Teil der in den Osten gelangten RSHA-Akten besitzt. Für westdeutsche Verfahren sind bisher nur relativ wenige Dokumente aus der SBZ zugänglich gemacht worden; der in einem Rundschreiben des BMJ an die Länderjustizverwaltungen ausgesprochenen Bitte, dem Bundesarchiv von solchen Fällen Nachricht zu geben, wird allerdings nicht immer entsprochen.

In den Archiven ehemals von Deutschland besetzter Länder ist in der Regel Schriftgut von deutschen Behörden und militärischen Einheiten zu erwarten, die in diesen Ländern eingesetzt waren. Das gilt für die polnischen Archive, deren Auswertung Herr OStA Dr. Rückerl behandeln wird, ebenso wie für das Rijksinstitut voor Oorlogsdocumentatie in Amsterdam mit seinen umfangreichen Akten aus dem Bereich des HSSPF Niederlande und der Zivilverwaltung. Ähnlich liegen die Verhältnisse, soweit man das aus Veröffentlichungen beurteilen kann, in der Sowjetunion, Norwegen, Belgien, Dänemark und Jugoslawien. In ungarischen Archiven gibt es angeblich überhaupt keine deutschen Akten, Auskünfte der italienischen Archivverwaltung liegen nicht vor.

Man muss außerdem beachten, dass ausländische Archive und Institute ebenfalls Akten von Zentralbehörden des Reiches und der NSDAP wie auch von Dienststellen besitzen, die ihren Sitz im heutigen Bundesgebiet hatten. In den Beweismittelbänden aus dem Verfahren gegen den Staatssekretär in der Regierung des GG Bühler bei der Hauptkommission in Warschau fanden sich z.B. Originalakten des HSSPF Fulda-Werra und des SD Aschaffenburg über die Prüfung der Eindeutschungsfähigkeit polnischer Zwangsarbeiter. Insbesondere verfügt die Tschechoslowakei über anscheinend umfangreiche Bestände von Akten des Kommandostabes RFSS, von SS- und Polizeieinheiten aus verschiedenen Gebieten außerhalb der CSSR und des Reichskriegsgerichts; sie dürften aus dem in der Nähe von Kolin eingerichteten Kriegsarchive der Waffen-SS stammen. In Frankreich sind neben Akten des Militärbefehlshabers und ihm nachgeordneter Dienststellen Akten des Volksgerichtshofes aus Verfahren gegen Franzosen in staatlichen Archiven nachgewiesen; es besteht jedoch außerdem Anlass zu vermuten, dass etwa Unterlagen von Gestapo-Dienststellen in der französischen Besatzungszone in die Hand der Militärregierung fielen. Das Centre de Documentation Juive Contemporaine in Paris konnte neben Schriftgut der in Frankreich eingesetzten Sipo und SD und der Botschaft Paris einen wertvollen Teil des Ministerbüros von Rosenberg an sich bringen. Weniger bedeutsam sind die deutschen Behördenakten in der Wiener Library in London, die bereitwillig Kopien an Bundesarchiv und ZSt. gegeben hat. Dass englische Behörden etwa noch Gestapo-Unterlagen aus der britischen Zone verwalten, kann nicht ausgeschlossen werden.

Während die Ostblockstaaten kaum deutsche Akten an das Bundesarchiv abgeben werden und das auch für die französischen und anderen westdeutschen Archive mit Ausnahme vielleicht Englands wenig wahrscheinlich ist, sind aus den USA noch Abgaben zu erwarten. Bei der World War II Records Division des amerikanischen Nationalarchivs in Alexandria bei Washington, wo ursprünglich alle von amerikanischen Truppen erbeuteten Akten vereinigt waren, liegt jetzt zum einen noch militärisches Schriftgut, besondere KTB, dessen Rückgabe bereits vorbereitet ist oder wird, zum anderen solche Unterlagen aus allen bisher schon abgegebenen Beständen, die als Verschlusssachen eingestuft waren. Ihr Umfang ist relativ gering, dazu gehören jedoch auch Dokumente aus dem SS- und Polizeibereich, z.B. des BdS [Befehlshaber der Sicherheitspolizei]-Pressburg.

Ein Verzeichnis wenigstens dieser Akten ist seit langem in Aussicht gestellt, die Offenlegung und Rückgabe wird noch einige Jahre dauern. Nicht zurückgegeben werden dagegen wohl die von nichtstaatlichen Institutionen in den USA erworbenen deutschen Akten, z.B. des Ostministeriums im Yivo-Institut in New York. Über diese Bestände gibt das ‚Suppelment to the Guide of Captured German Records' von Gerhard L. Weinberg Auskunft.

Die Anzahl der Archive im In- und Ausland, deren Bestände vorab für die Aufklärung von NS-Gewaltverbrechen Material bieten können, ist also nicht gering. Hinzu kommen noch die Archive der Länder und Gemeinden in der Bundesrepublik. Sie müssen in allen den Fällen herangezogen werden, in denen Verbrechen in dem Gebiet begangen wurden, für dessen Behörden sie zuständig sind. Allerdings sind bei vielen regionalen und lokalen Behörden erhebliche Bestandteile der Registratur im Krieg oder bei Kriegsende vernichtet worden, vielfach wird es aber trotzdem möglich sein, etwa die Judendeportationen aus archivierten Unterlagen von Landratsämtern und Kommunalverwaltungen zu dokumentieren. Die besonders interessierenden Akten von regionalen Gestapo-Dienststellen sind nur in zwei Fällen von Staatsarchiven übernommen worden: Düsseldorf und Würzburg; Akten der Stapo Neustadt/W. liegen bei der Bezirksverwaltung. Splitter von Akten von etwa 100 örtlichen Polizeidienststellen im Bundesgebiet sind vorerst noch im Bundesarchiv vereinigt.

Um Archivbestände für Ermittlungen mit Erfolg heranziehen zu können, scheinen neben der Kenntnis der jeweiligen Zuständigkeit auch einige Informationen über archivische Ordnung nützlich. Alle Archive, die nicht wie die Zentralnachweisstelle oder das Document Center nur Personalunterlagen verwalten, ordnen ihre Archivalien nach den Behörden oder Stellen, bei denen sie entstanden sind, sie lassen Registraturzusammenhänge bestehen, und sie verzeichnen in der Regel nicht Einzeldokumente, sondern nach sachlichen Gesichtspunkten, seltener rein chronologisch vereinigte Komplexe von Dokumenten, meist also Aktenbände. Es gibt folglich weder Karteien der vorhandenen Dokumente noch Listen der in den Akten – soweit eben nicht Personalakten – vorkommenden Personen. Anfragen, wie sie immer wieder vorkommen, nach einem Erlass des RFSS und ChDtPol von einem bestimmten Datum, dessen Betreff nicht genannt wird, oder nach allen

Unterlagen über einen Regierungsinspektor X, von dem keine Beschäftigungsbehörde angegeben ist, können von einem Archiv nicht beantwortet werden. Grundsätzlich lässt sich sagen, dass eine Auskunft umso erschöpfender sein kann, je detaillierter die bei der anfragenden Stelle schon vorhandenen Erkenntnisse mitgeteilt werden. Da Archive es mit Behördenakten zu tun haben, sind Angaben oder auch nur Vermutungen über Behörden, die mit einem Ereignis oder einer Person zu tun gehabt haben, besonders wichtig.

Bei den Dokumenten, die Archive zur Verfügung stellen können, wird es sich nur noch relativ selten um unmittelbare Zeugnisse für begangene Straftaten handeln. Sie sind am ehesten bei der Auswertung polnischer, russischer und tschechischer Archive zu erwarten. Hinsichtlich der Bestände von Archiven in der Bundesrepublik und in westlichen Ländern wird man mit einiger Sicherheit annehmen können, dass sie in dieser Hinsicht erschöpfend überprüft wurden. Einmal wurde das von den westlichen Alliierten beschlagnahmte Schriftgut unmittelbar nach Kriegsende für die Vorbereitung der Kriegsverbrecherprozesse gesichtet; in den Nürnberger Dokumentenserien liegt ein wesentliches und immer wieder herangezogenes Konzentrat dieser Ermittlungen vor. Entsprechendes lässt sich von den Beweisunterlagen der im westlichen Ausland geführten Kriegsverbrecherprozesse vermuten, deren Akten noch nicht von Archiven übernommen wurden und für die weiterhin die Justizverwaltungen verantwortlich sind. Zum anderen wurden diejenigen Bestände, die von den USA und Großbritannien zurückgegeben wurden und auch nur geringe Anhaltspunkte boten, Zeugnisse für Verbrechen zu enthalten, inzwischen von den deutschen Behörden überprüft; dabei boten die genauen Verzeichnisse des sehr großen Teils dieser Akten, die vor der Rückgabe in den USA verfilmt worden sind, eine wichtige Hilfe. Hier sind u.a. zu nennen aus dem Bundesarchiv die Akten des RSHA, des Persönlichen Stabes RFSS, des VGH, des RM Ost und von einigen hundert Dienststellen der Ordnungspolizei, der Gestapo und des SD, aus dem Militärgeschichtlichen Forschungsamt Unterlagen von militärischen Besatzungsdienststellen, die Akten des Judenreferats im AA, im Hauptstaatsarchiv Düsseldorf die Personenakten der Stapoleitstelle Düsseldorf oder die Gestaporegistratur des Preußischen Staatsministeriums im Geheimen Staatsarchiv.

In diesen Beständen sind auch Zufallsfunde, die neue Verfahren erforderlich machten, nicht mehr wahrscheinlich; so wurden etwa bei der Auswertung von im Ganzen belanglosen Akten des RSHA über die Benzinversorgung von Kraftfahrzeugen die Vorgänge über Transporte russischer Kriegsgefangener nach Auschwitz ebenso entdeckt wie im Schulungsmaterial eines in Holland 1944 stationierten Polizeibataillons das Bekenntnis eines Offiziers, er habe in Pinsk bei der Räumung des Ghettos mitgewirkt und dazu beigetragen, die Ukraine judenfrei zu machen. Wichtiger scheint es zu sein, diese einmal ermittelten Dokumente möglichst zentral für alle möglichen Interessenten nachzuweisen; es sollte sich verhindern lassen, dass mehrfach für Verfahren benutzte Akten über des EK [Einsatzkommando] 8 der Sipo und des SD im Bundesarchiv einer StA mit einem einschlägigen Verfahren unbekannt blieben. Derartige Dokumente können freilich immer noch in Akten von Behörden auftauchen, die von ihrer Funktion her nicht mit NS-Verbrechen in

Verbindung zu bringen sind; es ist nicht auszuschließen, dass etwa ein Brief eines landwirtschaftlichen Sonderführers an seine Reichsnährstanddienststelle in Hannover einen Bericht über eine Judenexekution enthält, solche Dokumente lassen ich aber nicht systematisch erfassen, Aufwand und Erfolg stünden in keinem vertretbaren Ergebnis.

Anders steht es mit den Möglichkeiten, aus Beständen von Archiven Zusammenhänge sachlicher und personeller Art aufzuklären und so bereits aus Zeugenaussagen oder anderen Dokumenten gewonnene Erkenntnisse zu bestätigen, zu widerlegen oder neu zu beleuchten. Archive können unter Umständen Erlasse allgemeiner Art beibringen, auf die sich Beschuldigte berufen, sie können aus Akten der Finanzverwaltung organisatorische Fragen oder den Zeitpunkt der Errichtung von Dienststellen klären, militärische Unterlagen können Aufschluss über das Verhältnis zur Zivilverwaltung und zur Polizei geben. Im Bundesarchiv befinden sich z.B. umfangreiche Akten der Reichskanzlei, des Reichsfinanzministeriums, des Reichspropagandaministeriums und von Rüstungsdienststellen über die Verwaltung der eingegliederten und besetzten Ostgebiete, die gewiss keine Beweise für bisher unbekannte Verbrechen liefern werden, vielleicht aber die Beurteilung vorhandener Dokumente erleichtern können. Dazu gehören die immer wieder angesprochenen Kriegstagebuch der Rüstungskommandos im Reichskomm. Ostland und Ukraine. Sie systematisch durchzusehen, lässt sich bei ihrem großen Umfang nicht vertreten, sie sollten aber geprüft werden, wo es um die Aufklärung von Tatbeständen an bekannten Orten zu bekannten Zeiten geht, etwa um den Zeitpunkt der Errichtung eines Arbeitslagers.

Namen und Personalien von Zeugen oder möglichen Beschuldigten werden in Archiven besonders häufig gesucht. Sollen für eine namentlich bereits bekannte Person nähere Angaben ermittelt werden, kommen dafür in erster Linie die Bestände des Document Center, der Zentralnachweisstelle Kornelimünster und der Deutschen Dienststelle in Betracht, andere Archive nur dann, wenn wenigstens eine Dienststelle oder Einheit feststeht, der der Betreffende angehört hat. Umgekehrt ist die Ermittlung namentlich nicht bekannter Personen, die bei einer Dienststelle oder Einheit eingesetzt waren, im Document Center nicht möglich, bei der Deutschen Dienststelle nur, wenn es sich um Einheiten der Wehrmacht und der Ordnungspolizei handelt. Primär ist stets bei dem Archiv anzufragen, das für die Akten der fraglichen Dienststelle zuständig ist. Soll also z.B. ein Angehöriger der Gendarmerie ermittelt werden, von dem bekannt ist, dass er aus Württemberg zu dem in Italien eingesetzten Gendarmeriekommando Bürger kam, müssten Anfragen gerichtet werden: an das Bundesarchiv, wo sich Akten deutscher Polizeieinheiten in Italien befinden; an das Staatsarchiv Ludwigshafen, das für die Akten über seine Abordnung zuständig ist, und an die Deutsche Dienststelle, die das Erkennungsmarkenverzeichnis besitzen könnte. Gerade für Abordnungen in die besetzten Gebiete findet sich in Akten von Länderbehörden in Staatsarchiven überraschend gutes Material.

Über die heutige Anschrift von Personen sind Archive dagegen nur ausnahmsweise unterrichtet, nämlich dann, wenn diese sich zufällig schon mit einer Anfrage dorthin gewandt haben. Archive mit Aufenthaltsermittlungen einzudecken, wie es manchmal geschieht, ist wenig aussichtsreich. Ob ein zu ermittelnder Täter noch 1945 in westalliierter Haft gewesen ist, kann sich aus den Detention Lists der CROWCASS [Central Registry of War Criminels]-Kommission ergeben, die im Rijksinstituut Amsterdam am vollständigsten gesammelt sind. Für Angehörige des öffentlichen Dienstes, die Ansprüche nach G 131 [BGBl. I 1951, 307] gestellt haben, bietet die Unterbringungskartei im Bundesverwaltungsamt bessere Möglichkeiten. Allerdings liegen im Bundesarchiv alle Fragebogen der statistischen Erhebungen über verdrängte Angehörige des öffentlichen Dienstes und Berufssoldaten aus dem Jahre 1950. Leider sind sie von den statistischen Ämtern nach den damaligen Wohnorten der Befragten geordnet, daher nicht benutzbar. Nach Auskunft des Bundesverwaltungsamtes sollen die Fragebögen mehr Namen enthalten als seine Karteien; um sie benutzen zu können, müssten sie jedoch alphabetisch geordnet werden. Das Bundesarchiv ist daran nicht interessiert, und so werden diese Unterlagen demnächst vernichtet. Erhalten bleiben dagegen die ebenfalls noch nicht benutzten Antragsformulare für den Bundesvertriebenenausweis, die nach dem Wohnsitz am 1.9.1939 geordnet sind. Aus ihnen kann festgestellt werden, ob und wo bestimmte deutsche Einwohner von Wirsitz, von Leitmeritz, aber auch Bialystok und Minsk nach 1945 im Bundesgebiet ansässig waren; die Unterlagen der entsprechenden Heimatortkarteien, soweit sie bestehen, dürften weniger vollständig sein. Das Bundesarchiv ist allerdings personell nicht in der Lage, bei Anfragen die unter Umständen für einen Ort sehr zahlreichen Bögen durchzusehen, dazu müssten ggf. Beamte es LKA von Rheinland-Pfalz herangezogen werden. Vielleicht ist aber auch eine Auswertung dieser statistischen Unterlagen gar nicht zulässig, da den Auskunftspflichtigen seinerzeit zugesichert wurde, ihre Angaben würden nur statistisch ausgewertet und unterlägen dem Amtsgeheimnis. Ähnliche Schwierigkeiten bestehen im Übrigen hinsichtlich den im Bundesarchiv gesammelten Erfahrungsberichten leitender Beamter aus den deutschen Ostgebieten und volksdeutschen Siedlungsgebieten, die nur zu wissenschaftlichen Zwecken erstattet wurden.

Bei den zuletzt genannten Unterlagen handelt es sich bereits um Archivbestände aus der Zeit nach 1945. Von diesen kommen auch noch einige andere für staatsanwaltschaftliche Ermittlungen in Frage, nämlich die bei den Staatsarchiven der Länder (in Bayern beim AG München) verwahrten Entnazifizierungsakten der Spruchkammern und Befreiungsausschüsse, und im Bundesarchiv die Akten des Obersten Gerichtshofs für die Britische Zone mit einigen hundert erstinstanzlichen Urteilen aus Verfahren deutscher Gerichte wegen Verbrechen gegen die Menschlichkeit. Die eigentlichen Verfahrensakten befinden sich in der Regel noch nicht in den Archiven, sondern bekanntlich bei den StA. Auch die Akten britischer, französischer und amerikanischer Militärgerichte in entsprechenden Verfahren sind noch nicht von den zuständigen Archivverwaltungen übernommen worden; die amerikanischen sind mehrfach in Heidelberg, wo sie sich bis 1965 befanden, die französischen in Frankreich ausgewertet worden, mit der britischen Botschaft haben Verhandlungen über die Heranziehung englischer Akten begonnen. Die Unterlagen er in der Britischen Zone geführten Spruchgerichtsverfahren gegen

Angehörige der vom IMT als verbrecherisch erklärten Organisationen verwaltet – nach Namen geordnet – die StA Bielefeld.

Schließlich ist noch darauf hinzuweisen, dass zahlreiche Dokumente nicht zuletzt aus osteuropäischen Archiven und Erlebnisberichte möglicher Zeugen auch veröffentlicht sind. Bekannt sind meist nur die Protokolle und Dokumentenbände des Nürnberger Verfahrens gegen die Hauptkriegsverbrecher, die im Übrigen sehr viel ergiebiger sind, wenn man statt des deutschen den doppelt umfangreichen Registerband der englischen Ausgabe benutzt. Schon seltener werden die sechs Bände der amerikanischen Publikation der Nürnberger Verfahren 1–12 herangezogen. Die Verwertung sonstiger Literatur ist noch seltener, vielleicht deshalb, weil die Bibliografien unbekannt sind, aus denen sie leicht zu ermitteln sind. In Betracht kommt einmal die Bibliografie zur Zeitgeschichte, die als Beilage zu den Vierteljahresheften für Zeitgeschichte erscheint und die ältere Bibliografie von Herre und Auerbach fortsetzt, zum anderen die Jahresverzeichnisse der Bibliothek für Zeitgeschichte (Weltkriegsbücherei) in Stuttgart. Bei der Ermittlung und Beschaffung polnischer und russischer Veröffentlichungen kann die Bibliothek des Herder-Instituts in Marburg gute Dienste leisten.

Ob es sich nun um die Beschaffung von Beweisen aus Veröffentlichungen oder aus Archivalien handelt; wesentlich bleibt immer die möglichst genaue Information, welches Archiv oder welches Buch für die jeweilige Angelegenheit überhaupt ergiebig sein kann, nur gezielte Fragen lassen eindeutige Antworten erwarten. Einige Informationen in dieser Hinsicht sollten diese Ausführungen geben, vielleicht aber lässt sich die Verbreitung solcher Informationen in Zusammenarbeit von Bundesarchiv und ZSt. noch intensivieren, indem der so überaus nützlichen Übersicht über die NSG-Verfahren eine entsprechend gegliederte Übersicht über die einschlägigen Dokumentenbestände an die Seite gestellt wird."

StA Hölzner (Berlin) trat der Auffassung des Referenten entgegen, die Archive der westlichen Länder enthielten kein unbekanntes Dokumentenmaterial mehr, das für die Aufklärung von NSG-Verbrechen von Bedeutung sein könnte. Man habe z.B. im Rijksinstitut voor Oologsdocumentatie in Amsterdam noch entscheidendes Material für das RSHA-Verfahren gefunden. Es handle sich hierbei um die Originalakten aus Würzburg betr. die Judendeportationen. Im Hinblick hierauf frage er, ob der Referent nur vermute oder konkret wisse, dass in Frankreich und England noch Akten aus den ehemaligen Besatzungszonen vorhanden seien.

Oberarchivrat Dr. Boberach entgegnete, dass die Dokumentenverzeichnisse des Rijksinstituts seit Jahren immer wieder den Besuchern des Bundesarchivs vorgelegt worden seien, so dass er davon habe ausgehen können, dass die dort befindlichen Dokumente allgemein bekannt seien. Unterlagen über die Würzburger Judendeportationen befänden sich im Übrigen in Kopie auch beim ISD in Arolsen. Gestapo-Akten seien, wie er aus verschiedenen Zeugenaussagen schließe, bei französischen und englischen Archiven und Dienststellen noch mit großer Wahrscheinlichkeit vorhanden. Dieses Material sei aber nach dem Kriege auch nachrichtendienstlich von Interesse gewesen und daher aus diesem Grunde z.T. nur schwer erreichbar.

StA Hadeler (Kiel) stellte die Frage, ob die in den Nürnberger Prozessen vorgelegten Dokumente karteimäßig oder in Findbüchern erfasst worden seien.

Oberarchivrat Dr. Boberach erwiderte, die Nürnberger Dokumente seien seinerzeit für die einzelnen Verfahren bereits von den Amerikanern in Dokumentenbüchern zusammengefasst worden. Außerdem bestünden noch die Dokumentenserien, die unter den Signaturen PS, NOKW usw. bekannt seien. Zu den Verfahren 5, 11 und 12 (Flick-, OKW- und Wilhelmstraßenprozess) habe ferner Dr. Seraphim vom Institut für Völkerrecht an der Universität Göttingen *Indices* [zu den 12 Nürnberger Militärgerichtsprozessen, Göttingen 1953] zusammengestellt, die veröffentlicht worden seien. Schließlich sei gemeinsam von Dr. Seraphim, dem Staatsarchiv Nürnberg und dem Institut für Zeitgeschichte in München eine Schlagwortkartei erarbeitet worden, die sich in Göttingen und beim Institut für Zeitgeschichte befinde. Eine darüber hinausgehende karteimäßige Erfassung der Dokumentenbestände sei unmöglich. Hinzuweisen sei noch auf die Mikrofilm-Guides. Die in diesen Findbüchern verzeichneten Dokumente könnten unter Angabe der entsprechenden Signatur beim Bundesarchiv oder beim Militärgeschichtlichen Forschungsamt in Freiburg angefordert werden.

OStA Dr. Artzt wies ergänzend zu dem Referat Dr. Boberachs darauf hin, dass die Akten der Militärgeschichte [gerichte?] in Frankreich nur zum Teil ausgewertet worden seien. Eine neuere Entscheidung des BGH erfordere es, auch noch den nicht ausgewerteten Teil zu überprüfen.

StA Zippel (Berlin) fragte, wie groß und wie zuverlässig die Erkenntnisse über die Bestände des Zentralarchivs in Potsdam seien und worauf diese Informationen beruhten.

Oberarchivrat Dr. Boberach gab hierzu an, dass nach dem Kriege durch Befragung von Beamten versucht worden sei, das Schicksal von ausgelagertem Schriftgut der sog. Obersten Reichsbehörden zu klären. Durch die Befragung seien die Auslagerungsorte nahezu vollständig bekannt geworden. Aufgrund der bekannt gewordenen Auslagerungsorte, habe man feststellen können, welche Dokumente in das Zentralarchiv nach Potsdam gekommen seien. Ferner besitze das Bundesarchiv eine Kopie eines nur für den Dienstgebrauch des Zentralarchivs erstellten Verzeichnisses seiner Quellen zur Geschichte des 2. Weltkrieges. Schließlich werde die gesamte Archivliteratur aus der SBZ systematisch verfolgt; so sei man z.B. auf eine Bestandsübersicht des Zentralarchivs nach dem Stande von 1956 gestoßen.

StA Plitt (Dortmund) berichtete sodann über positive Erfahrungen bei seiner Zusammenarbeit mit dem Bundesarchiv, betonte jedoch, dass die mühselige und zeitraubende Durchsicht der Archivhilfsmittel nicht dafür garantieren könne, dass auch gefunden werde, was dort angegeben sei. Die Dokumente müssten daher in jedem Falle Blatt für Blatt durchgesehen werden.

Er stellte im Anschluss daran die Frage, inwieweit das Bundesarchiv die Materialien verwertet habe oder noch verwerten wolle, die bei den deutschen Firmen in Polen und in den besetzten Gebieten angefallen seien. Diese könnten wertvolle Aufschlüsse über die Durchführung der „Endlösung“ im Einzelnen, etwa über die Beteiligung der Kreishauptleute, bieten.

OStA Dr. Rückerl regte an, diese Frage für die Diskussion in der Arbeitsgruppe C 2 zurückzustellen.

Die Tagung wurde fortgesetzt mit einem Referat von *OStA Dr. Artzt* (ZSt.) über das Thema: *„Die Situation der ZSt. der Landesjustizverwaltungen."*

„In meinem Referat bei der letzten Tagung in Stuttgart habe ich die Entwicklung und die Situation der Zst. anhand einer, wenn ich so sagen darf, vier Phasentheorie darzustellen versucht. Ich sagte damals – im April 1965 -, dass wir am Beginn der dritten Phase stehen, die erst mit dem Tage X ihr Ende finden würde. Als Tag X bezeichnete ich den Tag, an dem wir nach den Beschlüssen der JMK vom 28.4.1965 – neu organisiert – wieder voll funktionsfähig sein werden.

Die Voraussetzung hierfür war u.a., dass an diesem Tage X auch der letzte von 50 vorgesehenen zu uns gekommene Referent in der Lage ist, eingearbeitet in seinem Referat selbständig mit eigener Initiative tätig zu sein. – Wenn ich heute wieder über die Situation der ZSt. berichten soll, muss ich an diese Stuttgarter Ausführungen anknüpfen. – Hier stellt sich zuerst die Frage, wie weit die damals dargestellten Pläne inzwischen verwirklicht worden sind, oder – um im Bild zu bleiben -, in welcher Phase wir uns heute befinden. Ist dieser Tag X also inzwischen erreicht worden?

Nun, in einem Punkt war meine Voraussage, wie wir heute wissen, falsch. Ich sagte damals, dass des Problem der Beschaffung neuer Räume theoretisch gelöst, aber die praktische Auswirkung nicht vor August oder September 1965 zu erwarten wäre, und dass damit der Tag X und der Beginn der vierten Phase etwa im Oktober oder November 1965 liegen würde. Ich muss es heute bereuen, mich damals leichtfertig auf eine Jahreszahl festgelegt zu haben, anderenfalls könnte ich heute wenigstens sagen, ich hätte mich nur um einige Monate geirrt. – Die Beschaffung der neuen Räume war bekanntlich die Voraussetzung für die Unterbringung der neuen Mitarbeiter im Rahmen der Erhöhung der Zahl der Referenten, wie sie auf der Ministerkonferenz beschlossen worden war.

Die Unterbringungspläne, die im April 1965 realisierbar erschienen, hatten sich wieder zerschlagen und andere Pläne nahmen erst Ende des Jahres 1965 theoretisch greifbare und sichtbare Formen an. Ein Teil von ihnen konnte erst am 1.8.1966 verwirklicht werden. Zu diesem Zeitpunkt zogen wir in das inzwischen umgebaute Frauengefängnis um und konnten damit neue Räume gewinnen. In der Zwischenzeit mussten jedoch Zwischenlösungen gefunden werden, um die im Laufe des Jahres, vor allem zum 1.7.1966 neu hinzugekommenen Kollegen unterzubringen, die wiederum in der Erwartung, dass schon am 1.7. das neue Gebäude zur Verfügung stehen würde, angefordert worden waren. Doch dadurch hat sich nichts an der Tatsache geändert, dass unsere Dienststelle auch heute noch in vier verschiedenen Gebäuden untergebracht ist. Dieser Zustand wird endgültig erst dann behoben sein, wenn der vorgesehene Anbau an das umgebaute Frauengefängnis fertiggestellt sein wird. Diese verantwortlichen Baufachleute meinen, dass dies bis spätestens März 1967 der Fall sein würde, doch sollte ich mich nach gemachten Erfahrungen hüten, noch einmal den Propheten zu spielen. Vielleicht aber kann man so viel sagen, dass die ZSt. jedenfalls im Jahre 1967 auch eine zentrale Dienststelle haben wird.

Schneller als die räumliche Erweiterung ging jedoch die Vergrößerung des Personalbestandes vor sich. Von den zugesagten 50 Richtern und StA sind inzwischen 45 bei uns eingetroffen. – So verfügt die ZSt. heute über 5 EStA, 3 LG- bzw. AG-Räte, 1 AG-Rätin, 1 Justizrat, 15 StA, 18 Gerichtsassessoren, 1 AG-Dir. i.R., der seit 1.9.1966 im Angestelltenverhältnis freiwillig zu uns trat, um bei uns zu arbeiten, und der als Schwurgerichtsvorsitzender einen NS-Verbrecherprozess geführt hat, und schließlich noch 2 OStA. – Die Sollstärke der Angehörigen der ZSt. war auf 116 Personen festgesetzt. Die Iststärke einschließlich Halbtagskräfte und Raumpflegerinnen beträgt z.Zt. 92,5 Personen. Diese Verstärkung hat leider den Mangel an Schreibkräften nicht beseitigt. Hier sollten wir 30 Angestellte erhalten, eine Zahl, die bei 45 Referenten und 15 Kriminalbeamten nicht zu reichlich bemessen ist. Zur Verfügung stehen jedoch nur 17 Schreibkräfte und drei Halbtagskräfte, so dass etwa zwölf Schreibkräfte fehlen. Daneben fehlen z.Zt. auch noch vier Beamte des mittleren Dienstes.

Alles in allem betrachtet, müsste man die Frage, ob wir die sog. vierte Phase oder den Tag X bereits erreicht haben – sehr optimistisch gesehen – mit einem J-ein beantworten. Von räumlicher Geschlossenheit kann noch immer keine Rede sein. Personell haben wir zwar zahlenmäßig gesehen erheblich zugenommen. Die meisten neuen Kollegen sind aber erst im Laufe des Jahres 1966, die Mehrzahl am 1.7.1966 und später zu uns gekommen.

Wie sieht es nun mit der seit April 1965 bei der ZSt. geleisteten Arbeit aus? Hier interessiert wohl am meisten die Frage, was eigentlich bisher die Verlegung des Verjährungsstichtages an neuen Verfahren gebracht hat. – Sie werden vielleicht gelesen haben, dass in der Presse im April 1966 unter dem Titel ‚Erfolge durch verlängerte Verjährungsfrist' Äußerungen eines Justizministers wiedergegeben wurden, der entgegen der früheren Stellungnahme des BJM Bucher erklärt hatte, dass die Verlängerung sich doch gelohnt habe und dass eine ganze Reihe neuer Verbrechen aufgedeckt und bekannt geworden seien. – Diese Meinungsverschiedenheit führte zu einem ministeriellen Berichtsauftrag an die ZSt., die hierzu zum 15.9.1966 folgende Bilanz vorlegte:

Seit Mai 1965 bis zum 15.9.1966 sind etwa 205 Vorermittlungsverfahren neu anhängig geworden. Davon betreffen allerdings 103 Verfahren Verbrechen an Kriegsgefangenen, für deren Bearbeitung die Zuständigkeit der ZSt. erst durch den Beschluss der Ministerkonferenz vom 28.4.1965 begründet worden war.

Es wurden seit Mai 1965 Verfahren zu folgenden Komplexen eingeleitet: 13 größere Komplexe (Massentötungen über 200 Opfer) – 12 Lagerkomplexe (Vernichtungslager und KZ, in denen Tötungen größeren Umfanges vorgekommen sind) – 121 Exekutionen, d.h. Tötungshandlungen mit 10 bis 200 Opfern – 1 neu bekannt gewordene Einsatzgruppe. Der Rest umfasst sonstige Verfahren.

Stellen wir einmal zusammen und gegenüber:

Bis zum 7.5.1965 (seit 1958) waren an Vorermittlungsverfahren anhängig geworden: 847; hierzu neu ab Mai 1965 bis 15.9.1966: 205 = insgesamt 1052; hiervon waren bis 15.9.1966 abgegeben: 752; noch anhängig insgesamt *300*. Stellt man die Zahl der 847 Verfahren bis 8.5.1965 die Zahl der 205 Verfahren vom 8.5.1965 bis

15.9.1966 gegenüber, so käme man zu dem Ergebnis, dass in der Zeit von Mai 1965 bis jetzt fast ¼ der Verfahren anhängig geworden ist, die insgesamt von 1958 bis 7.6.1965 anhängig waren. Jedoch wäre bei einer solchen Betrachtung der Gesamtzahl der eingeleiteten Vorermittlungsverfahren zu berücksichtigen, dass es sich bei Mai 1965 in vielen Fällen um Sammelkomplexe mit einer großen Zahl von Beschuldigten und einer Vielzahl von Straftaten gehandelt hat. Die Zahl der von Mai 1965 bis September 1966 neu anhängig gewordenen Vorermittlungsverfahren ist zwar verhältnismäßig hoch, doch erklärt sich diese eben aus der erheblich erweiterten Zuständigkeit der ZSt. (Inlandstaten, Kriegsgefangenentötungen), die sich im Wesentlichen erst nach dem 8.5.1965 voll ausgewirkt hat. – Trotz des weitaus größeren Personalbestandes, als er bis 8.5.1965 vorhanden gewesen ist, wird die Bearbeitung der z.Zt. anhängigen und noch anhängig werdenden Vorermittlungsverfahren noch geraume Zeit in Anspruch nehmen.

Hierfür sei ein Beispiel angeführt: Die Überprüfung der ehemaligen Angehörigen der obersten Reichsbehörden und Parteidienststellen gestaltet sich erwartungsgemäß besonders langwierig, denn die prominentesten Vertreter dieser Instanzen sind durchweg bereits gestorben oder anderweitig abgeurteilt. Als Beschuldigte kommen nur noch weniger prominente Funktionäre in Betracht, die nach außen kaum oder gar nicht in Erscheinung getreten sind. Eine strafrechtlich relevante Beteiligung an noch verfolgbaren NS-Gewaltverbrechen kann ihnen allenfalls durch entsprechendes Dokumentenmaterial nachgewiesen werden. Dies ist indessen noch sehr lückenhaft. Ob und in welchem Ausmaß noch weiteres Dokumentenmaterial zugänglich werden wird, ist nicht abzusehen und hängt weitgehend von Umständen ab, auf die die ZSt. wenig oder gar keinen Einfluss hat. – Allgemein wäre zu sagen, dass nach den bisher gemachten Erfahrungen mit dem Bekanntwerden neuer Taten, evtl. neuer Tatkomplexe noch zu rechnen ist; inwieweit sie jedoch ihrer Zahl und ihrer Bedeutung nach ins Gewicht fallen, ist schwer abzuschätzen.

Es wird also innerhalb der nächsten drei Jahre noch ein erhebliches Maß von Arbeit auch bei größerem Personalbestand auf uns zukommen. Hinzu kommt, dass unsere Arbeit sich ja nicht allein auf die Vorermittlungsverfahren ausrichtet, sondern dass daneben die übrige Tätigkeit einen ganz erheblichen Raum einnimmt. Dies darf ich vielleicht einmal am Beispiel der allgemeinen Sachen (AR-Sachen) kurz demonstrieren:

Im Jahre 1963 hatten wir an angefallenen AR-Sachen 1512; im Jahre 1964 3648; im Jahre 1965 8338. – Insgesamt wurden von 1958 bis 15.9.1966 20.856 AR-Sachen bearbeitet. – Wenn auch im Jahre 1966 bis zum 15.6.1966 erst 1813 AR-Sachen angefallen sind und sie nun zahlenmäßig zurückzugehen scheinen, so haben doch unter ihnen die Personalauskünfte wesentlich zugenommen. Von den angefallenen AR-Sachen waren allein ca. 850 Personalauskünfte zu überprüfen und zu beantworten. – Unter den AR-Vorgängen befinden sich aber auch echte Vorermittlungsverfahren, die nicht von vornherein als AR-Z-Sachen geführt werden, weil sich noch nicht übersehen lässt, ob überhaupt ein strafrechtlich relevanter Tatbestand sich ergeben wird.

Hierfür sei ein Beispiel angeführt: Hinsichtlich der Überprüfung der Kreishauptleute wurde auf der Berliner Tagung 1965 in Aussicht gestellt, die Akten der Karpatenerdölgesellschaft in Celle auszuwerten. Zur Überprüfung dieses Komplexes musste ein besonderer Referent eingesetzt werden, der aber erst – wie eben angeführt – seit 1.7.1966 zu Verfügung stand. Dieser war zunächst nur damit befasst, zu prüfen, welche Kreishauptleute sich beteiligt haben. Für jede Distrikt-Regierung und Kreishauptmannschaft wurde ein AR-Vorgang angelegt, in dem alles Material zusammengetragen wurde. Hiervon waren die Kreishauptleute zu eliminieren, die nicht mehr am Leben sind oder bereits als Beschuldigte geführt werden. Daneben musste die Korrespondenz mit dem Verwalter der Akten der Karpatenerdölgesellschaft geführt werden, die inzwischen mit einem Diplom-Ingenieur in Essen verwaltet werden. Außerdem musste der Sachbearbeiter eine Dokumentensammlung aller Dokumente anlegen, die sich auf die Zivilverwaltung beziehen. Der Sachbearbeiter war deshalb inzwischen beim Bundesverwaltungsamt in Köln, beim Institut für Zeitgeschichte und wird vom 10.10. bis 14.10. beim Bundesarchiv tätig sein. Erst wenn der neue Referent sich restlos eingearbeitet hat und alle Grundlagen zusammengetragen sind, kann er mit den StA, die ebenfalls Verfahren gegen Kreishauptleute bearbeiten, zusammenarbeiten. Dieses Beispiel zeigt einmal, dass die Vorermittlungstätigkeit nicht allein an der Zahl der eingetragenen Vorermittlungsverfahren (AR-Z-Sachen) abzulesen ist und dass andererseits die ausreichende personelle Besetzung der ZSt. Voraussetzung für eine intensive Zusammenarbeit mit den StA in bestimmten Komplexen ist. Ebenso wenig kommt in der Verfahrensstatistik der ZSt. die unterstützende Tätigkeit der Referenten zum Ausdruck, die bis über 50 % der Arbeitszeit in Anspruch nimmt.

Bei den letzten Tagungen wurde der ZSt. der Auftrag gegeben, neben der Zentralkartei (Personenkartei, Ortskartei, Einheitenkartei) noch weiterhin eine Verfahrenskartei und eine Dokumentenkartei zu erstellen. Diese Aufgabe wurde inzwischen in Angriff genommen. Bis jetzt konnten insgesamt ca. 4000 Verfahren erfasst werden, die seit dem Jahre 1958 anhängig waren bzw. noch sind. Die Dokumentensammlung enthält z.Zt. rund 160.000 Blatt, die in Leitzordnern abgeheftet sind und zur Einsichtnahme offenstehen. Hiervon sind rund 35.000 Blatt nach dem 8.5.1965 angefallen. Rund 90.000 Blatt wurden auf insgesamt 273 Mikrofilmen verfilmt. In der Dokumentenkartei sind z.Zt. über 50.000 Blatt der wichtigsten Dokumente verkartet, davon 20.000 Blatt nach dem 8.5.1965. – Um die StA und Gerichte von dem Inhalt des Dokumentenbestandes zu unterrichten und ihnen Bestellungen zu ermöglichen, wurden Dokumentenverzeichnisse herausgegeben. Erschienen sind bis jetzt insgesamt 13 Verzeichnisse, davon neun seit dem 8.5.1965. In den Verzeichnissen sind rund 65.000 Blatt Dokumente erfasst und aufgrund dieser Verzeichnisse wurden seit dem 8.5.1966 bis jetzt rund 64.000 Blatt Fotokopien bestellt und versandt.

Der Vollständigkeit halber sei erwähnt, dass das auf der letzten Tagung erwähnte Projekt einer Datenverarbeitungsmaschine nicht durchgeführt werden wird, weil es nicht mehr durchführbar ist. Allein die Einrichtung einer solchen Datenverarbeitungsmaschine würde einen noch weitaus größeren Personalbestand als vorgesehen erfordern. Sie würde dann erst in ca. zwei Jahren voll gebrauchsfähig sein. Daneben müssten die bisherigen Karteien in der alten Form noch weitergeführt werden. Abgesehen von alledem bedeutete die Anschaffung und Einrichtung einer Datenverarbeitungsmaschine auch kostenmäßig eine so große Belastung, dass sie unter den geschilderten Umständen nicht vertretbar ist.

Ich habe Ihnen diesen kurzen Überblick über unsere Tätigkeit, insbesondere seit dem 8.5.1965 nicht gegeben, um darzutun, was wir für fleißige und tüchtige Kerle zu sein glauben, sondern um zu zeigen, dass die Erweiterung des Personalbestandes und die räumliche Ausweitung unter Berücksichtigung der Erweiterung unseres Aufgabengebietes seit Mai 1965 tatsächlich notwendig war und noch eine lange Zeit notwendig bleiben wird. Bei alledem soll nicht unausgesprochen bleiben, dass der strafrechtliche Erfolg einmal in umgekehrtem Verhältnis zu dieser Arbeit und zu dem Aufwand stehen kann. Aber der strafrechtliche Erfolg als das Ergebnis unserer Arbeit und des Aufwandes scheint mir nicht das entscheidende Kriterium zu sein. Ausschlaggebend dürfte die politische Aufgabe sein, die wir mit unserer Arbeit um des Ansehens unseres Rechtsstaates und unseres Volkes Willen zu erfüllen haben.

Es ist nicht in unserem Sinne, dass die ZSt. in der Öffentlichkeit – besonders in Presse, Funk und Fernsehen – heute noch als der einzige, entscheidende und wichtigste Motor auf dem Gebiet der Verfolgung und Aufklärung von NS-Gewaltverbrechen dargestellt und angesehen wird. – Ich möchte hier die Worte von Herrn OStA Dr. Rückerl, die er bei seiner Amtseinführung beim Justizministerium Stuttgart gebraucht hat, wiederholen. Er sagte, dass leider die Arbeit der StA in der Öffentlichkeit viel zu wenig gewürdigt wird und dass es viel zu wenig bekannt ist, welches Maß von Arbeit von den StA, die diese Verfahren ermitteln, vorbereiten, anklagen und in der HV vertreten, geleistet werden muss. – Es ist in der Praxis heute doch so, dass sich dieses Schwergewicht der echten Ermittlungsarbeit längst von uns auf die StA und auf die mit ihnen zusammenarbeitenden Sonderkommissionen, die nicht weniger entsagungsvolle Arbeit leisten, verlagert hat. Bei all unserer Auswertungsarbeit und unserem Bemühen systematischer Überprüfung können wir uns manchmal des Gefühls nicht ganz erwehren, dass wir die Nazis mehr verwalten, als dass wir Verbrechen konkret aufklären.

Spreche ich aber von ihrer und unserer Arbeit, dann bin ich auch wieder beim Thema Zusammenarbeit zwischen ZSt. und StA. Sie wissen, dass ich darüber bereits zweimal bei den letzten Tagungen referiert habe, und Sie müssen es mir verzeihen, dass ich es auch heute nicht lassen kann, nochmals in einigen Punkten darauf zurückzukommen. Nun, ich könnte es mir sehr einfach machen und sagen, lesen Sie sich bitte die beiden Referate der vorangegangenen Tagungen zum Thema Zusammenarbeit noch einmal langsam und laut durch. Vielleicht habe ich mich früher doch zu zurückhaltend ausgedrückt. – Allgemein wäre zu wiederholen, dass es zwar viele StA gibt, mit denen die Zusammenarbeit reibungslos vor sich geht. Es gibt aber auch manche – und leider nicht nur Ausnahmefälle -, denen die Existenz der Verwaltungsvereinbarung wie auch der ZSt. überhaupt noch nicht so recht bekannt geworden ist.

Ich weiß, dass auch wir Fehler begehen und es ist gerade auch der Sinn dieser Tagung, dass wir unsere Anliegen gegenseitig vorbringen und miteinander diskutieren. Für uns ist es gerade jetzt besonders wichtig, von Ihnen zu hören, was wir hätten besser machen können und in Zukunft besser machen sollen. Es ist nun mal bei dem häufigen Wechsel unserer Referenten, besonders auch mit Rücksicht auf die personelle Erweiterung, nicht zu vermeiden, dass im Verkehr mit Ihnen Dinge unterlaufen können, die vielleicht unserer bisherigen Übung nicht entsprechen. Dies zu erfahren und zu wissen, ist für uns deshalb wichtig, um besonders unseren neu hinzugetretenen Kollegen anhand dieser Beispiele zeigen zu können, wie sich unsererseits diese Zusammensetzung besser gestalten muss. – Wir sind keineswegs kritikempfindlich, sondern wenn es sein muss, auch hart im Nehmen. Für eines haben wir aber kein großes Verständnis, nämlich dafür, dass man über uns schlechthin ein abwertendes Urteil ‚als völlig verfehlte Institution' glaubt fällen zu müssen, weil wir in letzter Minute nicht das nach Beginn der HV nachholen können, was zuvor offenbar jahrelang versäumt wurde.

Lassen Sie mich also noch einmal einige Punkte aufgreifen, die uns am Herzen liegen oder die mir besonders aufgefallen sind. Im Wesentlichen sind es immer wieder die alten Leiden, um deren Abstellung wir schon früher gebeten haben.

Beispiel: Bei Anschriften keine Aktenzeichen, kein Hinweis auf Tatort oder Tatkomplex, dafür stets aber unvermeidbar das Zitat ‚Wegen NS-Gewaltverbrechen'. Was soll man z.B. mit einem Schreiben anfangen, das unter Betreff nur anführt: ‚Gegen Unbekannt wegen NS-Gewaltverbrechen' und dann um Stellungnahme und Sachstand zu diesem Verfahren bittet. – Verwunderung muss es auch erregen, wenn man Akten angefordert hat und dann in diesen einen Vermerk liest: ‚Nach Vortrag bei Herrn OStA keine Bedenken, dass Akten zur Einsichtnahme an ZSt. übersandt werden können'. Wie heißt es doch in der Verwaltungsvereinbarung: Die ZSt. ist berechtigt, Akteneinsicht zu verlangen und Akten anzufordern.

Mit der Unterrichtung der ZSt., so wie sie nach der Verwaltungsvereinbarung sich abspielen soll, ist es nach wie vor keineswegs überall ideal bestellt. Das hat sich besonders wieder bei der Erstellung der neuen Übersicht gezeigt. Selbst auf unmittelbare Anfragen in den einzelnen Verfahren nach Sachstand und nach Einstellung kommt oft gar keine Antwort oder erst nach wiederholter Mahnung und dann nur die lapidare Mitteilung, dass eingestellt ist, aber keine Abschrift der Einstellungsverfügung oder es kommt auf die nochmalige Bitte um Übersendung eines Einstellungsbeschlusses die Mitteilung, dass ein Einstellungsbeschluss nicht übersandt werden kann, weil ein solcher nicht mehr vorhanden sei.

Ähnlich verhält es sich auch mit der Übersendung von Vernehmungsniederschriften. Wenn wir z.B. in einem großen Verfahren nahezu vier oder fünf Jahre lang ohne Nachricht und ohne Vernehmungsniederschriften trotz Erinnerung geblieben sind und wir plötzlich bei diesem Komplex vor der Tatsache stehen, dass die Gerichtsakten 30 Leitzordner ausmachen, aber nur in einer Ausfertigung vollständig vorhanden sind, dann hilft es uns wenig, dass der letzte und an dieser Entwicklung völlig unschuldige, sachbearbeitende StA uns schriftlich versichert, dass die ZSt. hier ‚nicht ganz orthodox' behandelt worden sei. Das Ergebnis ist, dass nunmehr der Gesamtkomplex nicht mehr in diesem Verfahren einbezogen werden kann, weil sonst der ganze Prozess aufgehalten würde, sondern es muss nun der Komplex Gegenstand unserer Vorermittlungen werden und wir müssen einen Weg finden, die Erkenntnisse in diesen 30 Leitzordnern, in denen sich zahlreiche Dokumente befinden – die wir auch nicht zur Kenntnis bekommen haben – auszuwerten.

Ähnlich verhält es sich mit der Benachrichtigung von Hauptverhandlungen und mit ergangenen Urteilen. Von letzteren erfahren wir meist aus der Presse und müssen die Pressemitteilungen zur Ergänzung unserer Kartei verwenden. Von bevorstehenden Hauptverhandlungen haben wir bisher nur selten Kenntnis erhalten. Nunmehr soll jedoch die Anweisung allenthalben ergehen, dass die StA der ZSt. von den Terminen der bevorstehenden HV rechtzeitig Kenntnis geben. So hat das Justizministerium Baden-Württemberg mitgeteilt, dass die Landesjustizverwaltungen Nordrhein-Westfalen, Bremen und Hamburg, Hessen und Schleswig-Holstein bereits veranlasst haben oder veranlassen wollen, dass die HV uns mitgeteilt werden. – Hoffen wir, dass diese Veranlassungen sich in der rauen Wirklichkeit auch auswirken werden.

Ähnlich verhält es sich mit den Mitteilungen der Ergebnisse der HV. Urteile werden uns, wenn überhaupt, erst übersandt, wenn sie nach Jahr und Tag rechtskräftig geworden sind. Es dürfte m.E. doch keine Schwierigkeiten bereiten, z.B. eine Abschrift oder eine Mitteilung des Inhalts des Berichts, der doch nach jeder HV eines langen Prozesses gemacht wird, auch der ZSt. zur Kenntnis zu bringen.

Zu den Urteilen selbst möchte ich nur sozusagen am Rande einen Hinweis weitergeben, den wir kürzlich auf Israel erhielten. Es wird selbst in Israel betont, dass die Höhe der Strafe gar nicht so entscheidend ist, aber dass es besonders unangenehm empfunden wird, dass die Verurteilten gar keinen Ehrverlust oder nur von geringer Zeitdauer erhalten. Man ist dort der Meinung, dass man auch auf einen möglichst langen Ehrverlust hinwirken sollte, weil man darin gerade den Beweis der Distanzierung unserer heutigen Gesellschaft von den Angeklagten sieht.

Auch auf andere Weise könnte manchmal der Eindruck im Ausland verbessert werden. Zumindest macht es auch z.B. bei der Wiener Library in London keinen guten Eindruck, wenn Folgendes geschrieben wird: ‚Ich bestätige den Eingang Ihres obigen Schreibens und habe Ihre Zeilen mit Interesse gelesen. Ich bitte um Überprüfung der Berichte, wie Sie mir im vorletzten Absatz Ihres Schreibens mitgeteilt haben. Ich selbst bin nicht in der Lage, das Beweismaterial, welches in den Nürnberger Prozessen vorgelegen hat, einzusehen und zu sichten. Ich wäre Ihnen dankbar, wenn Sie mich in dieser Richtung unterstützen könnten.‘ – Es ist nun einmal so, dass solche Stellen sehr hellwach sind und sich viele Gedanken über solche aus ihrer Sicht nicht recht verständliche Äußerungen machen.

Wie ich bereits sagte, war es nicht der Sinn meiner Beckmesserei, Sie auch nur zu verärgern. Aber es wäre für uns alle ein leichteres Arbeiten, wenn nicht nur viele Kollegen, sondern alle Kollegen sich an die Verwaltungsvereinbarung, die Richtlinien der Justizminister und vor allem an eine Zusammenarbeit guten Willens halten würden. Ich hatte bereits hervorgehoben, dass die Front des Angriffs nicht mehr bei uns liegt, sondern bei Ihnen. Wir sind gewissermaßen nur Hinterland und Nachschub geworden. Die Unterstützung und Mitarbeit, die Sie von uns erwarten und verlangen können und auf die vor allem die kleineren StA mehr als die großen angewiesen sind, kann sachlich und vor allem auch zeitlich nur funktionieren, wenn von allen StA die Wege zwischen Front und Hinterland nicht nur offengehalten, sondern auch benutzt werden, um unserer gemeinsamen Arbeit zu einem Erfolg zu verhelfen.'

In der anschließenden Diskussion griff *StA Hadeler* (Kiel) erneut den Gedanken der Anschaffung von technischen Hilfsmitteln, insbes. einer Hollerith-Anlage, für die ZSt. auf. Er stellte die Frage, ob die ZSt. die von den StA übersandten Vernehmungsniederschriften auswerte und ob sie Anfragen schnell, leicht und zuverlässig ohne technische Hilfsmittel beantworten könne.

OStA Dr. Rückerl antwortete, dass die übersandten Niederschriften ausgewertet würden und Anfragen ohne technische Hilfsmittel beantwortet werden könnten. Er wies jedoch darauf hin, dass die Einreihung der Auswertungsergebnisse in die Zentralkartei mangels ausreichender Schreibkräfte im Rückstand sei. Die Anschaffung einer Hollerith-Anlage sei nach dem eingeholten Gutachten nicht zweckmäßig, da die Anlage erhebliche zusätzliche Arbeitskräfte erfordere und Ergebnisse erst nach etwa zwei Jahren erbringen könne.

StA Zippel (Berlin) erklärte, es sei wünschenswert, dass die StA von der ZSt. alle Niederschriften über bisherige Vernehmungen der Personen erhalte, die für sie von Interesse seien.

OStA Dr. Rückerl führte aus, dass dieses nur möglich sei, wenn gezielte Anfragen nach bestimmten Personen und deren Vernehmungen an die ZSt. erfolgen würden. Es sei insbes. für die neuen Sachbearbeiter während der Einarbeitungszeit nicht möglich zu übersehen, welche Sachen auch für andere StA von Interesse seien. Eine Besserung sei jedoch dadurch zu erwarten, dass die Abordnungszeit für die Referenten der ZSt. nunmehr in der Regel auf zwei Jahre bemessen werde.

StA Dr. Bayerlein (München II) kritisierte die Kommunikation innerhalb der ZSt. Er habe festgestellt, dass übermittelte Erkenntnisse nicht allen davon berührten Referenten der ZSt. zugänglich gemacht würden. Er erklärte ferner, dass es für Personalfragen der StA wichtig sei, frühzeitig zu erfahren, in welchem Stadium sich die Vorermittlungsverfahren befänden und wann mit einer Abgabe zu rechnen sei.

OStA Dr. Rückerl erklärte die Kritik für berechtigt. Es werde versucht, Fehler abzustellen. Die Unterrichtung der Sachbearbeiter der StA von bevorstehenden Abgaben erfolge nach Möglichkeit frühzeitig.

MinRat Roth bezeichnete die frühzeitige Unterrichtung von bevorstehenden Abgaben auch für die Personalsachbearbeiter der StA für wertvoll.

Gerichtsass. Schamerowski (Lübeck) regte an, die Rundschreiben der ZSt., die für die Sachbearbeiter wertvolle Erkenntnisse enthielten, nicht nur in einem Stück den StA zu übersenden, damit die einzelnen Sachbearbeiter die Rundschreiben nach ihren Gesichtspunkten auswerten und ordnen könnten.

EStA Hinrichsen (ZSt.) wies darauf hin, dass im 1. Rundschreiben bekannt gegeben worden sei, dass die ZSt. den StA mehrere Exemplare zusenden würde, wenn darum gebeten werde. Auch die Anlagen zu den Rundschreiben würden dann in entsprechender Anzahl beigefügt werden. Die ZSt. könne jedoch nicht von sich aus entscheiden, wie viele Exemplare bei den einzelnen StA benötigt würden.

MinRat Roth regte an, diesen Hinweis nochmals in das nächste Rundschreiben aufzunehmen.

StA Plitt (Dortmund) bat, die Rundschreiben nur einseitig zu bedrucken, damit sie zerschnitten und die Hinweise nach Sachgebieten geordnet werden könnten.

OStA Dr. Rückerl wies in diesem Zusammenhang auf die Schlagwortverzeichnisse hin, die von Zeit zu Zeit über die in den Rundschreiben behandelten Fragen herausgegeben werden.

Sodann wurde die Frage des Schriftverkehrs der StA mit der ZSt. erörtert. Es bestand die einhellige Meinung, dass die Abgabe von Verfahren über die GStA, der sonstige Schriftverkehr direkt zwischen den StA und der ZSt. erfolgen solle. MinRat Roth versprach, diese Frage in Einzelverhandlungen mit den Landesjustizverwaltungen zu besprechen.

OStA Dr. Artzt stellte zur Erörterung, ob die Notwendigkeit bestehe, dass die ZSt. bei Abgabe eines Verfahrens der zuständigen StA die Ausfertigungen der Akten übersende. Es habe sich herausgestellt, dass nicht in allen Fällen drei Ausfertigungen benötigt würden.

MinRat Roth entgegnete in Übereinstimmung mit den Tagungsteilnehmern, dass nur in den Fällen eine dreifache Ausfertigung der Akten notwendig sei, in denen man mit umfangreichen Ermittlungen zu rechnen habe.

StA Bluhm (Darmstadt) fragte in diesem Zusammenhang, wie viele Exemplare des Abschlussberichts die ZSt. bei Abgabe eines Verfahrens den Akten beifügen solle.

MinRat Roth stellte nach Erörterung mit den Teilnehmern der Tagung fest, dass grundsätzlich ein Exemplar für jede Ausfertigung der Akten genüge. Falls jedoch mit einer Anklageerhebung zu rechnen sei, sei es zweckmäßig, den Akten den Abschlussbericht in sechs Exemplaren beizufügen.

OStA Dr. Rückerl fragte hiernach, ob es erwünscht sei, dass die ZSt. in geeigneten Fällen in den Abschlussberichten die Einstellung des Verfahrens anrege.

Diese Frage wurde allgemein bejaht.

EStA Ludolph (München I) vertrat sodann die Meinung, zur Koordinierung der Arbeit der StA sei es erforderlich, dass die ZSt. jährlich ein Rundschreiben über die anhängigen Vorermittlungs- und Ermittlungsverfahren unter Angabe der Beschuldigten, der Tatzeit und des Tatorts herausgebe.

OStA Dr. Rückerl entgegnete, die Verfahrensübersicht, die auch die Tatorte angebe, werde jetzt jährlich herausgegeben. Es sei jedoch zu erwägen, ob darüber hinaus in den Rundschreiben die neu eingeleiteten Verfahren, die noch nicht in der Verfahrensübersicht enthalten seien, aufgenommen werden sollen.

MinRat Roth erklärte, dass so zu verfahren sei, wenn nicht im Einzelfall Bedenken gegen eine frühzeitige Bekanntgabe der Einleitung eines Verfahrens bestünden.

OStA Dr. Nachtweh (Dortmund) stellte die Notwendigkeit, Zweck und Umfang der Unterrichtung der ZSt. von bevorstehenden HV-Terminen zur Diskussion.

EStA Hinrichsen wies darauf hin, dass die Unterrichtung erforderlich sei, um Anfragen verschiedener Stellen, etwa des Bundesjustizministeriums in Bonn oder der Presse, beantworten zu können.

RegDir. Maier führte hierzu aus, diese Frage sei Gegenstand von Erörterungen mit den Landesjustizverwaltungen; einige LJVW hätten jedoch die ihnen unterstehenden Behörden bereits angewiesen, die ZSt. von bevorstehenden HV-Terminen zu unterrichten.

OStA Dr. Nachtweh bemerkte, dass Unklarheiten darüber bestünden, ob die ZSt. von dem Ausgang eines Verfahrens unterrichtet werden solle, bevor die schriftlichen Urteilsgründe vorliegen. Dies sei für die StA zeitraubend, da es meist längere Ausführungen (z.B. bei Abweichungen von der Anklageschrift) erfordere.

OStA Dr. Rückerl erklärte, eine Unterrichtung sei erforderlich, um Anfragen nach dem Ausgang des Verfahrens beantworten zu können.

MinRat Roth hielt die Unterrichtung der ZSt. – zumindest durch Mitteilung des Urteilstenors – ebenfalls für erforderlich, da die Absetzung des Urteils erfahrungsgemäß meist längere Zeit dauere.

EStA Dr. Goetz (Hannover) trat sodann dafür ein, dass eine Information der StA durch die ZSt. von sich aus erforderlich sei, da die StA meistens nicht wüssten, dass über verschiedene Dinge wesentliche Erkenntnisse angefallen seien.

MinRat Roth erklärte, dass Erkenntnisse von allgemeinem Interesse durch die Rundschreiben der ZSt. mitgeteilt wurden. Dieser Möglichkeit solle größere Aufmerksamkeit geschenkt werden.

StA Dr. Riffel (Stuttgart) stellte abschließend die Frage, ob polnische Stellen an die Erledigung von Rechtshilfeersuchen erinnert werden sollen.

OStA Dr. Rückerl wies darauf hin, dass die ZSt. fast jede Woche mit der polnischen Hauptkommission korrespondiere. Wenn ältere unerledigte Rechtshilfeersuchen der ZSt. bekannt seien, würde in diesen Schreiben an die Erledigung erinnert. Auch seien Abschriften von Rechtshilfeersuchen bei den Besuchen in Polen mitgenommen und besprochen worden.

MinRat Roth regte an, die ZSt. von nicht erledigten Rechtshilfeersuchen an polnische Behörden zu unterrichten, damit diese an deren Erledigung erinnern könne.

Am Nachmittag des zweiten Tages der Tagung fanden sich die Teilnehmer in vier Arbeitsgruppen zusammen, deren Beratungsergebnisse dem Plenum vorgetragen wurde.

Zunächst berichtete *EStA Hinrichsen* (ZSt.) über das Ergebnis der Erörterungen in der Arbeitsgruppe A, die das Thema *„Die Aufklärung von Verbrechen in Konzentrationslagern"* behandelte:

„Die Beratungen der Arbeitsgruppe A haben sich im Wesentlichen mit einem Problem befasst, dass zwar nicht nur, aber doch in besonderem Maße in KL-Verfahren auftritt, namentlich bei Verfahren wegen Lagern, die außerhalb des Gebietes der Bundesrepublik lagen. Wir stellen immer wieder fest, dass Zeugen zu wiederholten, manchmal zu einigen Dutzend Malen zu denselben Komplexen vernommen werden, also nicht etwa Häftlinge, die in verschiedenen Lagern waren, über diese verschiedenen Lager – das lässt sich nicht vermeiden -, sondern dieselben Häftlinge mehrfach über ein und dasselbe Lager. Das ist ein Übelstand. Denn erstens ist es unökonomisch. Zweitens ist damit die Gefahr verbunden, dass die Zeugen in den verschiedenen Vernehmungen abweichende Angaben machen, oder dass sich doch in den Vernehmungsniederschriften abweichende Angaben niederschlagen; aus ihnen könnten – vielfach sich zu Unrecht – Argumente gegen die Glaubwürdigkeit eines Zeugen abgeleitet werden. Drittens und vor allem aber werden Zeugen, die wiederholt vernommen werden, erfahrungsgemäß aussagemüde und schließlich ganz aussageunwillig; das ist verständlich, beeinträchtigt indessen die Ermittlungsergebnisse empfindlich. – Wir waren darüber im Klaren, dass wiederholte Vernehmungen auch zu denselben Komplexen nicht ganz zu vermeiden sind, jedoch möglichst eingeschränkt werden sollten. Die Beratungen darüber, wie das geschehen kann, haben erwartungsgemäß keine Patentlösung erbracht; insbesondere biete das Gesetz keine Hilfe. Indessen gibt es einige Möglichkeiten neben dem Gesetz, was nicht gleichbedeutend ist mit ‚etwas außerhalb der Legalität'. Einen ersten Vorschlag, die Ermittlungen wegen KL-Verbrechen bei einigen wenigen Zentralstellen in den Ländern zu konzentrieren, haben wir allerdings als nicht realisierbar nicht weiter verfolgt.

Eine möglichst weitgehende Konzentration von Ermittlungen – wenn auch nur im Rahmen der gegebenen Organisation – erschien uns gleichwohl als das einzig wirksame Mittel. Eine solche Konzentration ist schon heute zu einem guten Teil dadurch gegeben, dass umfassende Ermittlungen wegen einer ganzen Reihe von – insbesondere großen – Lagern von bestimmten StA geführt werden, so z.B. von der ZSt. Köln wegen der Lager Buchenwald, Dora, Mauthausen, Gusen, Sachsenhausen u.a., von der StA Frankfurt wegen des Lagers Auschwitz und von der StA Stuttgart wegen des Lagers Natzweiler. Es muss aber darüber hinaus angestrebt werden, dass auch Ermittlungen wegen weiterer, kleinerer Lager jeweils möglichst konzentriert werden.

Es kann sein, dass eine StA wegen eines Lagers, und zwar zunächst nur wegen eines begrenzten Sachverhalts und gegen einzelne Beschuldigte, ein Verfahren zu führen hat. Sie kann das mit Aussicht auf Erfolg nur tun, wenn sie umfangreiche Ermittlungen führt, die Verhältnisse im Lager aufklärt und einen großen Kreis möglicher Zeugen ausforscht und vernimmt, um so die tatsächlichen Zeugen herauszufinden. Wenn nun anderweitig weitere Erkenntnisse über dasselbe Lager, aber wegen anderer Sachverhalte und Beschuldigter, anfallen, müsste deswegen ein neues, ebenso umfangreiches Verfahren geführt werden mit allen Nachteilen, die derartige Parallelverfahren mit sich bringen. Deswegen wäre es wünschenswert, wenn die erste StA in einem solchen Fall auch diese weiteren Erkenntnisse, Beschuldigungen und Beschuldigte zunächst in ihre Ermittlungen einbezieht.

Wir waren uns darüber im Klaren, dass das nicht so sein muss; die StA kann dazu nicht gezwungen werden und könnte sich in der Regel mit Erfolg auf mangelnde Zuständigkeit berufen. Insbesondere wird gerade bei KL-Verbrechen, bei denen es sich vielfach um Einzeltaten handelt, ein Sachzusammenhang oft nicht festzustellen sein, jedenfalls nicht schon deswegen, weil die verschiedenen Taten in einem und demselben Lager begangen worden sind. Bei großzügiger Auslegung des Begriffs ‚Sachzusammenhang' und gutem Willen sollte es aber trotzdem möglich sein, die Ermittlungen auch auf andere Beschuldigungen und Beschuldigte auszudehnen. – Gelegentlich ist auch schon in der Weise prozediert worden, dass eine StA, die wegen eines Lagers ein komplexes Verfahren führt, ein kleines und als solches aussichtsloses Einzelverfahren einer anderen StA zwar mangels Zuständigkeit nicht übernommen hat, aber doch in der Weise mit behandelt, dass sie im Rahmen ihrer umfassenden Ermittlungen auch diesen konkreten Einzelfall berücksichtigt und zu gegebener Zeit den als Beiakten geführten Vorgang mit den dazu gewonnenen Erkenntnissen an die zuständige StA zurückgibt. Das dürfte ein immerhin praktikabler Weg sein.

Der Einbeziehung von Beschuldigungen und Beschuldigten, für die eine Zuständigkeit nicht gegeben ist, sind naturgemäß Grenzen gezogen. Zu irgendeinem Zeitpunkt müssen derartige Vorgänge an die zuständige StA abgegeben bzw. zurückgegeben werden. Wegen der Nachteile, die eine zu frühe Abgabe in sich schließt, sollte damit aber jedenfalls solange gewartet werden, bis die Vernehmungen von Zeugen im Wesentlichen abgeschlossen sind. – Soweit verschiedene Verfahren wegen eines Lagers in einem Bundesland anhängig sind, kann eine Konzentration der Ermittlungen auch dadurch erreicht werden, dass bei der zuständigen Sonderkommission ein Beamter als Sachbearbeiter für alle Verfahren bestimmt wird.

Insgesamt hat sich erneut gezeigt, dass sich Lösungen zur Vermeidung wiederholter Vernehmungen einer allgemeinen Regelung entziehen. Die einzige wirkliche Möglichkeit bleibt auf die Zusammenarbeit und den guten Willen der beteiligten StA angewiesen. Sie werden leichter zu erreichen sein, wenn die Sachbearbeiter, die parallele oder verwandte Verfahren führen, miteinander persönlichen Kontakt gewinnen und halten. Besonders nützlich ist es, wenn die Sachbearbeiter sich bei Bedarf zu einer Besprechung zusammenfinden können, um Fragen der Koordinierung, der Arbeitsteilung und der Abgrenzung der Verfahren zu erörtern und Erfahrungen auszutauschen, wie das auch schon mehrfach mit Nutzen geschehen ist. Die vergleichsweise geringen Kosten einer solchen Besprechung werden durch die kostensparende Rationalisierung der Arbeit und die größere Effektivität der Ermittlungen leicht aufgewogen.

In den weiteren Beratungen der Arbeitsgruppe A ergab sich, dass es nützlich ist, bei Vernehmungen von Zeugen etwa schon vorhandene Niederschriften über frühere Vernehmungen berücksichtigen zu können. Soweit die ZSt. solche früheren Vernehmungen besitzt oder von ihnen Kenntnis hat, ist sie bereit, Fotokopien davon zur Verfügung zu stellen bzw. die Quelle nachzuweisen; allerdings ist das Material der ZSt. insoweit recht lückenhaft, weil sie nur von einem Teil der StA und Untersuchungsrichter Vernehmungsniederschriften erhält. Es kann sich deswegen empfehlen, Anfragen wegen solcher Vernehmungsniederschriften auch noch an andere Stellen, die wegen des in Betracht kommenden Lagers ein Verfahren führen, zu richten; wo solche Verfahren geführt werden, kann aus der

Verfahrensübersicht der ZSt. entnommen werden. – Niederschriften über frühere Vernehmungen eines potentiellen Zeugen können unter Umständen auch eine nutzlose Vernehmung vermeiden helfen, z.B. wenn sie erkennen lassen, dass ein ehemaliger Häftling als Zeuge nicht in Betracht kommt, weil er zur fraglichen Zeit nicht in dem betreffenden Lager war. Deswegen sollten bei Vernehmungen ehemaliger Häftlinge stets auch die Haftzeiten festgehalten werden, aber auch alle Angaben über Haftzeiten in anderen Lagern; auf diese Weise können Zeugen für andere Verfahren gefunden werden. – Da sich wiederholt herausgestellt hat, dass ehemalige Häftlinge unzutreffende Haftzeiten angeben, wurde eine Nachprüfung durch Anfrage beim Internationalen Suchdienst empfohlen. – Hingewiesen wurde auf gute Erfahrungen mit der Compensation Treuhand GmbH; sie kann über ehemalige Häftlinge, die in bestimmten Lagern für bestimmte Rüstungsbetriebe gearbeitet haben, Auskunft geben (vgl. Rundschreiben 16/66).

Erörtert wurde ferner die Zusammenarbeit mit Häftlingsorganisationen. Sie ist nicht zu entbehren, kann aber problematisch werden, wenn diese Organisationen Gegenleistungen erwarten, z.B. Anschriften von Zeugen erbitten, von denen möglicherweise ein unsachgemäßer Gebrauch gemacht werden könnte. Dem kann dadurch vorgebeugt werden, dass die Häftlingsorganisationen von vornherein darauf hingewiesen werden, dass sie Gegenleistungen nicht erwarten und insbesondere keine spezifischen Auskünfte erhalten können. Die Überzeugungskraft einer solchen Mitteilung kann allerdings darunter leiden, wenn einzelne Sachbearbeiter diesen Organisationen ein besonderes Entgegenkommen erweisen, auf das sich die Organisationen berufen können. Es sollte deswegen einheitlich Zurückhaltung geübt werden.

Schließlich trug der Vertreter der Arbeitsgruppe ‚Reichssicherheitshauptamt' folgende Bitte vor: Die Arbeitsgruppe bemüht sich festzustellen, wer im Reichssicherheitshauptamt für die Anordnung von Einzelexekutionen in KZs zuständig war. Sie wäre deswegen für die Mitteilung aller diesbezüglichen Hinweise dankbar, die sich in einschlägigen Verfahren ergeben haben oder noch ergeben. Insbesondere sucht sie ehemalige Angehörige von Kommandanturstäben, die etwa im RSHA Besprechungen über solche Einzelexekutionen geführt haben.

In diesem Zusammenhang darf ich in Erinnerung bringen, dass die ZSt. sich bereits auf der Arbeitstagung in Stuttgart auf Anregung von Herrn OStA Dr. Gierlich dazu bereit erklärt hat, Umfragen oder allgemeine Anfragen von StA, die an einen nicht näher bestimmbaren Empfängerkreis gerichtet werden sollen, in das Rundschreiben aufzunehmen oder – bei größerem Umfang – als Anlage dem Rundschreiben beizufügen. Sie ist dazu auch weiterhin bereit und erbittet etwaige Anlagen zu den Rundschreiben in 400 [!] Stücken."

Hierauf ergriff *StA Streim* (ZSt.) das Wort zu seinem Bericht über das Ergebnis der Erörterung in der Arbeitsgruppe B, die das Thema *„Verfahren wegen Ermordung von Kriegsgefangenen"* behandelte:

„Vorausgeschickt sei, dass seit Anfang dieses Jahres eine Arbeitsgruppe der mit der Strafverfolgung von NS-Gewaltverbrechen an Kriegsgefangenen befassten StA besteht. Zweck dieser Arbeitsgruppe ist der Erfahrungsaustausch, die gemeinsame

Auswertung von Archiven zur Beschaffung einschlägiger Dokumente u.ä. mit dem Ziel, eine beschleunigte Abwicklung der Verfahren zu ermöglichen.

Anlässlich einer Besprechung der Arbeitsgruppe Ende März dieses Jahres war beschlossen worden, auf der seinerzeit bereits geplanten 3. Arbeitstagung der mit der Verfolgung von NS-Gewaltverbrechen befassten StA eine Zwischenbilanz der gemeinsam getätigten Arbeit auszustellen, Mängel zu beseitigen und die neue Marschrichtung festzulegen. Dementsprechend lautete die Tagesordnung der Arbeitsgruppe B:

1. Bericht über die Ausführung der auf der Arbeitsbesprechung Ende März 1966 gefassten Beschlüsse:

a) Anfertigung und Versendung des Protokolls; – b) Ablichtung und Versendung des Büge- sowie Ehrlinger-Berichts; – c) Auswertung der amerikanischen Mikrofilm-Guides; – d) Auswertung der durch die StA übersandten einschlägigen Vernehmungsniederschriften und Mitteilung der gewonnenen Erkenntnisse an die Angehörigen der Arbeitsgruppe; – e) Dokumentensammlung betr. Kriegsgefangenenwesen.

2. Neue Erkenntnisse für die Verfahren wegen Ermordung von Kriegsgefangenen:

a) Anordnung des OKW/Chef Kgf. vom 5.12.1942 betr. Aussonderung sowj. Kriegsgefangener – *Az 2 f. 24.73 c Kgf. Allgem. (CI a)* – nach dem Befehl *2 f 24.73 AWA/Kgf. Allgem. (I) a v. 29.3.1942 Nr. 389/42 g.*; – b) Einweisungslehrgänge der Kommandanten der Kgf.-Lager im Stalag II E (Stargard).

3. Stand der bei den StA und der ZSt. anhängigen Verfahren wegen der Aussonderung und Ermordung sowjetischer Kriegsgefangener.

4. Auswertung von Archiven aufgrund der amerikanischen Mikrofilm-Guides.

5. Verschiedenes.

Es würde zu weit gehen, wenn ich jeden Tagesordnungspunkt hier behandeln würde, zumal diese Angelegenheiten nur die Verfahren wegen der Ermordung und Aussonderung von Kriegsgefangenen betreffen und die Sachbearbeiter dieser Verfahren an den Erörterungen der Arbeitsgruppe B teilgenommen haben. Wer sich für Einzelheiten interessiert, kann insoweit das Protokoll bei mir einsehen. Ich möchte daher nur das Ergebnis unserer gemeinsamen Arbeit mitteilen. Die Arbeitsgruppe hat Folgendes beschlossen:

1. Die Auswertung der bei dem Militärgeschichtlichen Forschungsamt in Freiburg befindlichen Dokumente über die Behandlung der Kriegsgefangenen soll – wenn möglich – Ende November/ Anfang Dezember 1966 durch mindestens fünf Angehörige der Arbeitsgruppe erfolgen. Bezüglich der vorbereitenden Besprechungen will sich StA Streim mit Herrn Dr. Ahrend vom Militärgeschichtlichen Forschungsamt in Freiburg in Verbindung setzen.

2. Die beim Bundesarchiv Koblenz befindlichen Dokumente über die Behandlung der Kriegsgefangenen wird Herr Dr. Boberach StA Streim übersenden. Dieser wird prüfen, ob die Dokumente für die anhängigen Verfahren wegen Verbrechen an Kriegsgefangenen von Bedeutung sind und ggf. die Dokumente an die StA weiterleiten.

3. Der Austausch der neu anfallenden Erkenntnisse über die Behandlung der Kriegsgefangenen zwischen den Angehörigen der Arbeitsgruppe soll beschleunigt werden.

4. Die nächste Arbeitsbesprechung der Arbeitsgruppe wird im Frühjahr nächsten Jahres stattfinden."

Hierauf ergriff *OStA Heermann* (Weiden) das Wort zu seinem Bericht über das Ergebnis der Erörterungen in der Arbeitsgruppe C_1, die das Thema *„Verfahren gegen Angehörige von Verwaltungsdienststellen wegen Mitwirkung an der Endlösung der Judenfrage"* behandelte:

„Die Diskussion konzentrierte sich, ohne dass zunächst versucht wurde, einen Gesamtüberblick über die in Betracht kommenden Verwaltungsdienststellen zu gewinnen, vor allem auf das Problem, wie die Flut der Verdächtigen materiell- und prozessualrechtlich eingegrenzt werden könne. Dabei wurde von Anfang an allseits betont, dass der Begriff der ‚kleinen Täter' im geltenden Recht keine Stütze finde, eine unterschiedliche Behandlung daher – etwa der Führer (vom Untersturmführer, Leutnant, Inspektor an aufwärts) regelmäßig als Beschuldigte, der Unterführer und Mannschaftsdienstgrade dagegen regelmäßig nur als Zeugen – unhaltbar sei.

Als Beispiel für ‚Angehörige von Verwaltungsdienststellen' wurden folgende typische Personengruppen genannt: a) Führer von LKW, die Menschen zum Exekutionsort gebracht haben; b) Polizeibeamte, die bei ‚Säuberungsaktionen' und Liquidationen, insbesondere Erschießungen, Absperrdienste geleistet haben; c) Schreibkräfte, die verschlüsselte oder offenkundige Mordbefehle geschrieben haben. – Nach überwiegender Auffassung müssen als grundsätzlich verdächtig i.S. des § 152 Abs. 2 StPO und damit als Beschuldigte angesehen werden alle Angehörigen einer Dienststelle oder Einheit, die zur Tatzeit im Dienst waren. Für den StA, der einen Angehörigen einer verdächtigen Dienststelle oder Einheit als Zeugen vernimmt, tauchen folgende Probleme auf:

1. Darf der Zeuge schon die Aussage über eine Zugehörigkeit zu der betr. Dienststelle oder Einheit verweigern? – 2. Wie muss die Belehrung über das Recht aus § 55 StPO aussehen? 3. – Wird das allgemeine Recht jedes Beschuldigten auf Verweigerung jeder Aussage beeinträchtigt, wenn sich im Verlauf einer Vernehmung herausstellt, dass der Zeuge auch Beschuldigter sein kann? – 4. Wie kann der Tatnachweis geführt werden, wenn alle Angehörigen der Dienststelle oder Einheit von vornherein als Beschuldigte angesehen werden und demgemäß jede Aussage verweigern? – Die vorstehenden Fragen wurden von den Diskussionsteilnehmern unterschiedlich beantwortet. – Es bestand Einigkeit darüber, dass diese Fragen nur im Einzelfall entschieden werden können und dass dabei die strafprozessualen Schutzbestimmungen für Zeugen und Beschuldigte beachtet werden müssten.

Für den Fall, dass niedere Dienstgrade gleichwohl aussagen und sich belasten, wurde materiell-rechtlich herausgestellt, dass die Voraussetzungen des Befehlsnotstandes oder des einfachen Notstandes etwa bei Schreibkräften im Allgemeinen nicht vorlägen. Bei diesen Beschuldigten sei vielfach schon ein vermeidbarer Verbotsirrtum angenommen worden, der zur Strafmilderung führe. Einige

Diskussionsteilnehmer sprachen sich für die Prüfung aus, ob in diesen Fällen ein unvermeidbarer Verbotsirrtum, der zur Straffreiheit führe, vorliege, ohne dies jedoch überzeugend begründen zu können; andere meinten, in vielen Fällen seien schon die subjektiven Tatvoraussetzungen (z.B. bei Schreibkräften der Gehilfen-Vorsatz) nicht gegeben. Schließlich wurde auch die Ansicht vertreten, dass zwischen reinen sicherheitspolizeilichen Aufgaben (Absperrungen), deren Erfüllung die Betreffenden möglicherweise nicht hätten verweigern können oder dürfen, und den eigentlichen Liquidierungsaktionen unterschieden werden müsse. Im Gegensatz hierzu wurde von einigen Diskussionsteilnehmern eindringlich davor gewarnt, bestimmte Gruppen von Beschuldigten a priori aus der Strafverfolgung auszunehmen. – Am Schluss wurden Fragen der Zuständigkeit erörtert. Insoweit kann auf das Ergebnis der letztjährigen Arbeitstagung verwiesen werden."

Schließlich berichtete *StA Hadeler* (Kiel) über das Ergebnis in der Arbeitsgruppe C_2, die das Thema *„Verfahren gegen Kreishauptleute wegen Mitwirkung an der Endlösung der Judenfrage."* behandelte:

„Ich habe über die Restgruppe (Kreishauptleute) zu berichten und darf die Ergebnisse in drei Punkten zusammenfassen: Die Rechtsauffassungen, die tatsächlichen Ergebnisse und die Fragen der Beweismittelbeschaffung. – In rechtlicher Hinsicht hat sich für uns ein Novum ergeben. Wir sind der Meinung, dass die Auffassung des einzigen bisher bekannten einschlägigen Beschlusses eines OLG, nämlich in der Voruntersuchungssache gegen Dr. Glehn (StA Darmstadt), möglicherweise nicht durchsteht. Ich sage dieses unter Vorbehalt, weil die Kollegen aus Darmstadt keine Gelegenheit hatten, hierzu Stellung zu nehmen. Dieser Beschluss läuft praktisch darauf hinaus, dass man dem Kreishauptmann auch eine Strafbarkeit durch Unterlassen zumutet mit der Begründung, kraft seiner Funktion und insbesondere seiner Möglichkeit, Anweisungen an die Gendarmerie zu erteilen, habe er die rechtliche Verpflichtung und Möglichkeit gehabt, Erschießungen von Juden durch Gendarmeriebeamte zu verhindern. Die tatsächliche Möglichkeit einer Einflussnahme auf die Gendarmerie ist zwar gegeben – darauf komme ich noch zurück -, die Frage der Rechtspflicht, die nicht ausdrücklich in dem Beschluss genannt wird, erscheint uns jedoch etwas bedenklich. Das hat zur Folge, dass wir uns darauf nicht beschränken können, nur die funktionelle Stellung des Kreishauptmannes, insbesondere seine Weisungsbefugnis gegenüber der Gendarmerie zu klären, sondern wir müssen durch Befragung sämtlicher in Betracht kommender Zeugen und Heranschaffung aller erreichbaren schriftlichen Beweismittel auch die einzelnen Beziehungen des Kreishauptmannes zu seinen vorgesetzten Dienststellen, zu den Polizeidienststellen und zu seinen untergebenen Dienststellen zu klären, um festzustellen, in welchem Einzelfall er einen Befehl bezüglich einer Judenaktion entgegengenommen oder vielleicht sogar eine Veranlassung dazu gegeben hat, oder inwieweit er sich widersetzt hat. Das bedeutet, dass wir eine außerordentlich aufwendige Arbeit leisten müssen, wobei immer das Ergebnis des Erfolges in Frage gestellt ist.

In tatsächlicher Hinsicht haben sich zwei Punkte herausgeschält: Der erste betrifft das Weisungsrecht des Kreishauptmannes gegenüber der Gendarmerie. Es ist nicht so, wie die meisten Kreishauptleute behaupten, dass zwar in den Verordnungen ein solches Weisungsrecht ‚auf dem Papier' bestanden habe, aber wegen der starken Position der SS und Polizei nicht zum Zuge gekommen sei. Durch das Auffinden der beiden Erlasse Himmlers und des Höheren SS- und Polizeiführers Krüger aus dem Jahre 1942, in denen ausdrücklich das Weisungsrecht der Kreishauptleute gegenüber der Gendarmerie bestätigt wird, und auch durch Zeugenaussagen dürfte jetzt hinlänglich feststehen, dass die Kreishauptleute ein solches Weisungsrecht gehabt haben und es ihnen auch nicht von der SS oder Polizei bestritten worden ist. Es bestehen sogar Anhaltspunkte dafür, dass der Einsatz der Gendarmerie z.B. zu Absperrungs- oder zu sonstigen Maßnahmen bei Aktionen nie ohne Zustimmung der örtlichen Kreishauptleute durchgeführt worden ist, wenn nicht der einzelne Postenführer eigenmächtig gehandelt hat.

Der zweite Punkt in tatsächlicher Hinsicht betrifft eine zeitliche Zensur. Dieser Stichtag ist etwa der Spätsommer 1942. Er wird einmal bestimmt durch den Befehl Himmlers an den Höheren SS- und Polizeiführer Krüger, bis zum 31.12.1942 die Aussiedlung sämtlicher Juden aus dem Generalgouvernement vorzunehmen, und zum anderen durch die Ernennung dieses Höheren SS- und Polizeiführers Krüger zum Staatssekretär für das Sicherheitswesen mit einer genauen umgrenzten sachlichen Machtbefugnis. Während vor dieser Zeit oder bis zur Auswirkung dieser beiden Erlasse die Kreishauptleute eine erhebliche Möglichkeit hatten, auf Aktionen einzuwirken (es kommt also immer darauf an, ob sie von dieser Möglichkeit im Einzelfall Gebrauch gemacht haben), es also rechtlich denkbar erscheint, dass sie nicht nur Beihilfe zum Mord geleistet haben, sondern, wenn auf ihre Veranlassung eine Aktion durchgeführt worden ist, sogar eine Täterschaft in Betracht kommen kann, ist für die zweite Hälfte des Jahres 1942, insbesondere für die Eisenbahntransporte in die Vernichtungslager und für die anschließenden Aktionen ‚Judenrein' in der ersten Hälfte des Jahres 1943, die auf höheren Befehl vonstattengingen, meistens nur eine Beihilfe der Kreishauptleute und der ihnen unterstellt gewesenen Gendarmerie usw. anzunehmen. Ich betone aber: Dieses ist nur eine allgemeine Richtlinie, die im Einzelfall natürlich anders aussehen kann, wenn z.B. der Kreishauptmann sich aktiv eingeschaltet hat.

Schließlich zur Frage der *Beweismittelbeschaffung:* Wegen der besonderen Schwierigkeiten bei der Überführung von Schreibtischtätern haben wir noch einmal eingehend erörtert, auf welche Weise wir an Dokumente herankommen können. Dabei ist der Hinweis an die StA ergangen, sich eingehend um die Beschaffung solcher Überlagen ehemaliger deutscher Firmen im Osten, insbesondere der Straßenbaufirmen, zu bemühen, die über Kraftfahrzeuge verfügt haben, weil nämlich die Abstellung von Kraftfahrzeugen zur Durchführung von Judenaktionen aufgrund des Reichsleistungsgesetzes nur durch die Kreishauptmannschaft erfolgen konnte. Wir haben noch einmal geprüft, wie das Problem einer allgemeinen Auswertung der in der Bundesrepublik befindlichen Archive zu lösen ist. Wir waren uns einig darüber, dass die ZSt. der LJVW, der man an sich aufgrund des Abschnitts III Ziff. 6 der Verwaltungsvereinbarung einen solchen Auftrag wohl zumuten könnte, bislang rein personell keineswegs in der Lage ist, eine solche

Arbeit durchzuführen. Selbst wenn sie aber durch sehr umfangreiche Personalzuweisung in die Lage versetzt werden würde, eine solche Aufgabe in Angriff zu nehmen, würden die Früchte einer solchen Arbeit so lange auf sich warten lassen, dass sie für die länger anhängigen Verfahren kaum noch Bedeutung haben. Im Übrigen (insoweit bestand nicht ganz Einigkeit) erscheint es zweifelhaft, ob es überhaupt möglich ist, einen Fremden oder eine fremde Arbeitsgruppe mit der Durchsicht von Archiven zu beauftragen, weil letztlich im Einzelfall (bei der Beurteilung nämlich, ob ein Dokument Bedeutung hat) diese Entscheidung wohl doch nur der sachbearbeitende StA treffen kann.

Wir müssen also in Kauf nehmen, dass ein – wenn auch wahrscheinlich nur sehr geringer – Bestand wichtiger Dokumente in unseren Archiven schlummert und vielleicht irgendwann im Laufe der Zeit an die Oberfläche kommt. Eine Lösung haben wir hierfür nicht gefunden. Wegen dieser Schwierigkeiten haben wir aber die dringende Bitte an die ZSt., den nunmehr eingesetzten Sachbearbeiter für Zivilverwaltung zu veranlassen (es wird sein eigenes Anliegen sein), wenigstens die bereits in mühsamer Arbeit zusammengesuchten Beweisunterlagen allgemeiner Gültigkeit bei den einzelnen StA nicht in den Akten verfallen zu lassen, sondern sie zu sammeln und zusammenzustellen für die zukünftigen oder kürzlich anhängig gewordenen Ermittlungsverfahren, damit die ZSt. wenigstens in Zukunft ihrer Verpflichtung zur Sammlung und Auswertung der wesentlichen Unterlagen nachkommt. Ich sage das ‚in Zukunft' nicht in einem bitteren Ton und insbesondere nicht mit einem persönlichen Vorwurf für irgendeinen Sachbearbeiter der ZSt. Ich darf mir diese Bemerkung wohl erlauben und fühle mich hierzu verpflichtet, weil ich hier den Eindruck erweckt habe, als wolle ich durch meine Fragen einzelne Maßnahmen der ZSt. beanstanden. Da ich der letzte Sprecher bin, darf ich den Herren der ZSt. ausdrücklich für ihren Fleiß und ihre Bemühungen gerade im Hinblick auf die vielen bösen Erfahrungen mit uns, die sie hinnehmen mussten, unseren Dank sagen.

Es wird vielleicht auch zweckmäßig sein (und das regen wir an), dass die ZSt. durch ihren Sachbearbeiter die bislang von dem GStA in Berlin, durch Herrn OStA Radke, arrangierten Arbeitsbesprechungen dieses Arbeitskreises fortführt, damit der Sachbearbeiter der ZSt. baldmöglichst mit der Materie vertraut wird, und damit auch die neu hinzukommenden Sachbearbeiter, denen diese Fragenkreise natürlich noch fremd sind, die Möglichkeit haben, sich schnell in diese Verfahren einzufinden. Die Fortsetzung dieser Arbeitsbesprechungen rechtfertigt sich allein schon durch die Tatsache, dass es in der Vergangenheit möglich gewesen ist, durch den unverzüglichen und unmittelbaren Austausch von Informationen sofort zu wesentlichen Ergebnissen zu kommen. Wir haben es dankbar begrüßt, dass der jetzt eingesetzte Sachbearbeiter der ZSt. demnächst die Akten der Karpatenerdöl AG auswerten kann und damit einem schon lange gegebenen Versprechen nachkommt. Er kann damit rechnen, dass ähnliche Bitten an ihn herangetragen werden, u.a. möglicherweise auch die Auswertung der nach den Guides herausgesuchten Dokumentenbestände im Bundesarchiv, die bislang gescheitert sind. Insoweit konnte über die Frage, ob diese Auswertung überhaupt noch weiterverfolgt werden sollte oder nicht, keine Einigkeit herbeigeführt werden, einfach aus dem Grunde, weil einige StA, die an der Vorbereitung dieser Arbeit mitgewirkt haben, nicht anwesend sind.

Zusammenfassend darf ich sagen: Wir rechnen für die alten Verfahren kaum damit, dass die jetzt einsetzende Unterstützung der ZSt. noch greifbare Hilfen bringen kann. Aber wir wollen uns gemeinsam mit der ZSt. sehr bemühen, dass die bereits beschafften allgemeinen Beweismittelunterlagen erhalten bleiben und in zukünftigen und neuen Verfahren zur Verfügung stehen."

In der anschließenden Diskussion wurde Folgendes ausgeführt: *OStA Dr. Rückerl* bedankte sich zunächst für die anerkennenden Worte, die StA Hadeler für die Arbeit der ZSt. gefunden habe. Er kündigte sodann an, dass ein Referent der ZSt. für die Auswertung der – besonders auch für die Kreishauptleute interessant erscheinenden – Akten der Karpaten-Erdöl-AG eingesetzt werde. Im Übrigen betonte er, dass den Kreishauptleuten allein aufgrund ihrer Stellung kein genereller Vorwurf gemacht werden könne.

MinRat Roth stellte die Frage, ob der Komplex „Kreishauptleute" bei den Ermittlungen genügend berücksichtigt werde; er halte dieses für ein dringendes Problem.

OStA Dr. Rückerl erwiderte, diese Komplexe werden durchaus genügend berücksichtigt. In diesem Zusammenhang bat er, die Einsetzung von Sachbearbeitern bei den StA und der ZSt. für die Aufklärung des Komplexes nicht von dem Erfolg der Ermittlungstätigkeit abhängig zu machen.

StA Plitt (Dortmund) vertrat im Gegensatz zu OStA Dr. Rückerl die Ansicht, bei den Kreishauptleuten ließen sich zum größten Teil schon aus ihrer funktionellen Zuständigkeit Verdachtsmomente einer Beteiligung an der Judenverfolgung herleiten, so dass sie in der Regel als Beschuldigte angesehen werden müssten.

EStA Dr. Goetz (Hannover) stellte abschließend noch einmal fest, dass sich die Arbeitsgruppe übereinstimmend gegen das „Dienstgraddenken" gewandt habe. Es sei strafrechtlich und strafprozessual unhaltbar, zwischen sog. „kleinen Tätern" (etwa Unterführer und Mannschaftsdienstgrade), die nicht mehr verfolgt werden sollten, und „großen Tätern" zu unterscheiden. Man könne allenfalls behaupten, dass die Verantwortung der höheren Dienstgrade größer gewesen sei.

Die Tagung wurde fortgesetzt mit einem Referat von *RegDir. Schätzler* (BMJ) über das Thema: *„Probleme des Art. 3 Abs. 3 b des Überleitungsvertrages (Teil I), insbesondere nach der Entscheidung des Großen Senats für Strafsachen des BGH vom 14.2.1966"* [NJW 1966, 1372].

I. Der Überleitungsvertrag und seine strafrechtlichen Bestimmungen.

Von Mai 1951 bis Mai 1952 ist in Bonn über die Ablösung des Besatzungsstatuts durch vertragliche Vereinbarungen zwischen den damaligen Besatzungsmächten USA, Großbritannien und Frankreich einerseits und der Bundesrepublik Deutschland andererseits verhandelt worden. Das Ergebnis waren die sog. Bonner Verträge, d.h. der Generalvertrag oder Deutschlandvertrag, der Truppenvertrag, der Finanzvertrag und der Überleitungsvertrag. Die Verträge sind aus Gründen, die bekannt sind, erst drei Jahre später, am 5.5.1955, in Kraft getreten. Der Truppenvertrag und der Finanzvertrag sind inzwischen durch das am 1.7.1963 in Kraft getretene

NATO-Truppenstatut abgelöst worden. Der Vertrag zur Regelung aus Krieg und Besatzung entstandener Fragen, also der Überleitungsvertrag, hat einen weniger transitorischen Charakter, als sein Name vermuten lässt. Er gilt noch heute, und er hat auch noch nicht aufgehört, uns Probleme zu stellen. Sie sind leichter zu erkennen und weniger schwer zu lösen, wenn man sich die nun schon Geschichte gewordene Situation in der Zeit des Übergangs vom Besatzungsregime zur Souveränität vergegenwärtigt, sich auch klarmacht, dass ein solcher Übergang für einen Teil Deutschlands bei gleichzeitiger Fortdauer der Vier-Mächte-Truppenstationierung nicht frei von inneren Widersprüchen sein können. Diese Ausgangslage war nicht ohne Einfluss auf die strafrechtlichen Bestimmungen des Überleitungsvertrages. Sie sind in dessen erstem, allgemeinem Teil enthalten, und zwar in den Art. 3, 4, 6 und 7. (Folgt kurze Darstellung des Inhalts dieser Vorschriften.)

II. Auslegungsschwierigkeiten und Weg der Rechtsprechung

Die genannten Bestimmungen haben, wie Sie wissen, der Praxis erhebliche Auslegungsschwierigkeiten gemacht. Ich will diesen nicht im Einzelnen nachgehen, aber doch wenigstens an die Rechtsprechung des BGH zur *Wiederaufnahme gegen besatzungsgerichtliche Urteile* und an den *Fall Hinrichs* erinnern.

Der BGH hat zunächst jahrelang die Wiederaufnahme besatzungsgerichtlicher Strafverfahren vor deutschen Gerichten für zulässig gehalten und demgemäß Gerichtsstandsbestimmungen nach § 13 a StPO getroffen. Der BGH hat hierzu erwogen, die Verfahrensordnungen der amerikanischen und französischen Besatzungsgerichte hätten die Wiederaufnahme zugunsten des Verurteilten vorgesehen; im ÜV fehle zwar eine Bestimmung über die Wiederaufnahme, jedoch ergebe sich ihre Zulässigkeit aus Art. 7 Abs. 1. Die Vorschrift bestimme, dass alle Urteile und Entscheidungen in Strafsachen von Gerichten und gerichtlichen Behörden der Drei Mächte in jeder Hinsicht nach deutschem Recht rechtskräftig und rechtswirksam blieben. Dieser Verweisung auf das deutsche Recht sei zu entnehmen, dass Inhalt und Umfang der Rechtskraft sich nach deutschem Recht zu bestimmen hätten. Das gelte auch für die im deutschen Verfahrensrecht vorgesehenen Einschränkungen der Rechtskraft. Demnach sei gegen die rechtskräftigen Urteile der Besatzungsgerichte die Wiederaufnahme des Verfahrens unter den gleichen Voraussetzungen wie gegen Urteile deutscher Gerichte zulässig. Dies könne auch daraus gefolgert werden, dass das Vertragswerk der Bundesrepublik Deutschland die Souveränität zurückgegeben habe. Art. 3 Abs. 3 b ÜV stehe dieser Auslegung nicht entgegen; die Vorschrift beträfe nur endgültig abgeschlossene Ermittlungsverfahren, nicht dagegen rechtskräftige Verurteilungen.

Diese Rechtsprechung hat der BGH erst mit dem Beschluss des 2. Strafsenats vom 9.1.1959 (NJW 1959, 779 / BGHSt 12, 326) aufgegeben. Darin wurde die Wiederaufnahme für unzulässig erklärt und diese Entscheidung auf Art. 3 Abs. 2 des ÜV gestützt. Das war zwar im Ergebnis richtig, aber auch der 2. Strafsenat hatte die Bedeutung des Art. 3 Abs. 3 b ÜV noch immer nicht erkannt.

Im Falle Hinrichs, den der 5. Strafsenat des BGH im September 1958 entschieden hat, war der Sachverhalt folgender: Hinrichs war zur Last gelegt, am 18.7.1944 einen französischen Kriegsgefangenen getötet zu haben. Ein deutsches

Ermittlungsverfahren war am 5.8.1944 eingestellt worden. Das Obergericht der französischen Militärregierung in Rastatt verurteilte Hinrichs aufgrund des Kontrollratsgesetzes 10 am 13.11.1947 zu lebenslanger Freiheitsstrafe. 1953 entwich Hinrichs, nachdem er acht Jahre und zwei Monate verbüßt hatte, aus der Strafanstalt Wittlich. Die französischen Besatzungsbehörden verlangen von uns die Fahndung nach Hinrichs und dessen Überstellung. Dies wurde abgelehnt, jedoch wurde gegen Hinrichs ein deutsches Strafverfahren wegen desselben Sachverhalts eingeleitet. Das Schwurgericht in Oldenburg stellte am 21.11.1957 durch Urteil das Verfahren ein mit der Begründung, dass Art. 7 Abs. 1 des ÜV die nochmalige Strafverfolgung verbiete. Auf die Revision der StA, die vom GBA nicht vertreten worden ist, hat der 5. Strafsenat des BGH das Urteil des Schwurgerichts Oldenburg aufgehoben und die Sache zurückverwiesen. Das Revisionsurteil stellte zwar mit zutreffenden Gründen fest, dass sog. Kriegsverbrecherurteile nicht unter Art. 7 Abs. 1 ÜV fallen, legte aber Art. 3 Abs. 3 b ÜV dahin aus, die Vorschrift schließe die deutsche Gerichtsbarkeit nur aus, wenn ein Ermittlungsverfahren der Besatzungsmacht endgültig abgeschlossen worden sei, nicht aber, wenn eine rechtskräftige Verurteilung durch ein Besatzungsgericht vorliege. Hinrichs wurde darauf vom Schwurgericht Oldenburg am 15.5.1959 zu vier Jahren Gefängnis verurteilt; die Strafe wurde als durch die frühere Haft verbüßt erklärt; die Revision des Angeklagten hat der BGH am 10.11.1959 verworfen.

III. Der Beschluss des Großen Senats für Strafsachen vom 14.2.1966 in der Strafsache Hempen

In dem Beschluss des 2. Strafsenats von Anfang 1959, der die Wiederaufnahme gegen besatzungsgerichtliche Urteile für unzulässig erklärt, hatte sich bereits eine Wendung in der Rechtsprechung des BGH angekündigt. Es war daher vorauszusehen, dass der 5. Strafsenat an seiner in der Revisionssache Hinrichs dargelegten Rechtsauffassung nicht würde festhalten können. Die Wendung trat ein, als der Senat mit der Revision der StA gegen das einstellende Urteil des Schwurgerichts Oldenburg in der Strafsache Hempen befasst wurde. – Hempen war zur Last gelegt worden, während der deutschen Besetzung in Metz als Verwalter eines Gestapo-Gefängnisses französische Häftlinge in grausamer Weise misshandelt und dadurch ihren Tod verursacht zu haben. Während der HV vor dem Schwurgericht hatte sich herausgestellt, dass Hempen von dem ständigen Militärgericht in Metz am 10.4.1951 in Abwesenheit zum Tode verurteilt worden war. Das Schwurgericht war zu dem Ergebnis gekommen, dass das französische Strafurteil dieselben Straftaten betraf, welche Gegenstand der Anklage und des Eröffnungsbeschlusses war. Es hat das Verfahren durch Urteil vom 14.9.1964 eingestellt mit der Begründung, dass die deutsche Gerichtsbarkeit gemäß Art. 3 Abs. 3 b des ÜV ausgeschlossen sei, weil die Untersuchung wegen dieser Straftaten von den französischen Strafverfolgungsbehörden endgültig abgeschlossen worden sei.

Es ist wesentlich, zunächst einmal festzuhalten, in welchen Punkten der Große Senat für Strafsachen durch seinen auf die Vorlage ergangenen Beschluss vom 14.2.1966 Klarheit geschaffen hat. – Der Große Senat hat mit überzeugenden Gründen dargelegt, dass die Beschränkungen der deutschen Gerichtsbarkeit, die in Art. 3 des Ersten Teils des ÜV enthalten sind, nicht nur für Entscheidungen der Gerichte und Strafverfolgungsbehörden der Drei Mächte in Deutschland, also nicht nur für Entscheidungen der Besatzungsgerichte und Besatzungsbehörden, gelten, sondern auch für Ermittlungs- und Strafverfahren gegen Deutsche wegen Kriegsverbrechen, die von Heimatbehörden der Drei Mächte durchgeführt worden sind. Praktisch wird allerdings hier nur Frankreich in Betracht kommen, weil – mit ganz wenigen Ausnahmen, die hier außer Betracht bleiben können – Kriegsverbrecherprozesse gegen Deutsche weder in den USA noch in Großbritannien geführt worden sind.

Der Große Senat hat ferner entschieden, dass durch Art. 3 Abs. 3 b des ÜV die deutsche Gerichtsbarkeit jedenfalls dann nicht eröffnet worden ist, wenn die Strafsache – vor Inkrafttreten des ÜV – schon auf das erkennende Gericht einer der Drei Mächte übergegangen war. Damit ist zugleich gesagt, dass rechtskräftige Urteile von Gerichten der Drei Mächte die deutsche Gerichtsbarkeit ebenso ausschließen wie der endgültige Abschluss eines Ermittlungsverfahrens (so schon die OLG Bremen – NJW 60, 783 – und Schleswig – SchlHA 60, 146 -). Hierin liegt der wichtigste Beitrag des Großen Senats zur Auslegung des ÜV. Mit Recht hat der Große Senat die Erwägungen abgetan, welche die Auslegung des Art. 3 Abs. 3 b. in erster Linie auf den Versuch gründeten, das Verhältnis zwischen den Abs. 2 und 3, Buchst. b näher zu bestimmen.

Zur Verkennung der Tragweite des Art. 3 ÜV in Rechtsprechung und Literatur hat sehr viel beigetragen, dass in der Bestimmung eine Ausprägung des Grundsatzes ne bis in idem gesehen worden ist. Die Rechtsprechung hat zwar ziemlich von Anfang an richtig gesehen, dass besatzungsgerichtliche Urteile nichtinländische, sondern ausländische Urteile sind und dass demzufolge das Verbot der Doppelbestrafung nicht gilt (cf. § 7 StGB, § 153 b Nr. 3 StPO). Trotzdem ist immer wieder versucht worden, den Grundsatz ne bis in idem bei der Interpretation des Überleitungsvertrages heranzuziehen, so zuletzt noch von *Schorn* in NJW 1965, 1899. – Allerdings kann das Verbot der Doppelbestrafung zwischen zwei oder mehr Staaten vertraglich vereinbart werden. Zu solchen Verträgen kommt es, wenn die Strafgerichtsbarkeit der Vertragsstaaten konkurriert und ein besonderes Interesse besteht, zum Schutz des Beschuldigten und zur Vermeidung sich widersprechender Entscheidungen das Verbot der Doppelbestrafung ausdrücklich anzuerkennen. Ein Beispiel bietet Art. VII Abs. 8 des NATO-Truppenstatuts. Nach dieser Bestimmung kann ein Angeklagter, gegen den einer der beteiligten Staaten Gerichtsbarkeit ausgeübt hat, nicht wegen derselben Handlung innerhalb desselben Hoheitsgebietes von den Behörden der anderen Vertragspartei erneut vor Gericht gestellt werden. Der ÜV enthält eine derartige Regelung nicht. Die Doppelbestrafung vertraglich auszuschließen war schon deshalb kein Anlass gegeben, weil eine echte Konkurrenz zweier Gerichtsbarkeiten nicht vorlag. Denn die Ausübung besatzungsgerichtlicher Gerichtsbarkeit schloss es unter der Geltung des Besatzungsstatuts und des AHK-Gesetzes Nr. 13 aus, dass deutsche Gerichte in derselben Sache tätig wurden. Den Vertragspartnern der BRD ging es vor allem darum, durch den Vertrag klarzustellen, dass die Entscheidungen ihrer Gerichte und Strafverfolgungsbehörden *nicht* zur Disposition der deutschen Justizbehörden standen, von ihnen also in keiner Weise überprüft oder korrigiert werden sollen. Das Mittel war die Ausschließung der deutschen Gerichtsbarkeit für die vor dem Inkrafttreten des Vertrages begangene Handlungen oder Unterlassung nach Maßgabe des Art. 3 ÜV. Diese Ausschließung der deutschen Gerichtsbarkeit kommt zwar in der Wirkung dem ne bis in idem gleich, ist aber etwas grundsätzlich Anderes.

Der Große Senat für Strafsachen hat dies mit folgenden Ausführungen klargestellt: Den drei westlichen Besatzungsmächten kam es nämlich, wie allein schon das Ergebnis der Verhandlungen in seinem Zusammenhang erkennen lässt, bei der Rückgabe der vollen Souveränität an die Bundesrepublik Deutschland ganz allgemein darauf an, die Befassung deutscher Strafgerichte mit Sachen, welche bis dahin der Bearbeitung durch Justizorgane einer der drei Mächte unter Ausschluss der deutschen Gerichtsbarkeit vorbehalten waren, grundsätzlich auszuschließen. Dabei war entsprechend der Auffassung, dass neben der Ausübung der Gerichtsbarkeit durch die Besatzungsmacht kein Raum für eine konkurrierende Ausübung der Gerichtsbarkeit des besetzten Landes sein kann (vgl. BGHSt 12, 328; abweichend BGHSt 6, 176, 179 a.E.; vgl. ferner auch die Regelung in Art. 3 Abs. 4 und Art. 4 Kontrollratsgesetz Nr. 10), in erster Linie gerade an Fälle gedacht, in denen eine der drei Mächte tatsächlich Justizhoheit ausgeübt hatte. Soweit bei sog. Kriegsverbrechen Deutscher die Justizorgane einer der drei Mächte tätig geworden waren, sollten nicht nur verurteilende Erkenntnisse gemäß Art. 6 ÜV unantastbar sein, sondern vorbehaltlich der im Art. 3 Abs. 3 b vorgesehenen Erweiterung der deutschen „Zuständigkeit" und etwa ausdrücklich getroffener zusätzlicher Vereinbarungen die deutsche Gerichtsbarkeit darüber hinaus für alle Fälle ausgeschlossen bleiben, die überhaupt einmal Gegenstand eines von einer der drei Mächte betriebenen Strafverfahren gewesen waren.

IV. Die offenen Probleme

1. Aufgaben der StA bei der Klärung des Umfangs der deutschen Gerichtsbarkeit.

In seinem dritten Leitsatz hat der Große Senat für Strafsachen festgestellt: Der endgültige Abschluss der Untersuchung im Sinne des Art. 3 Abs. 3 b des ÜV wird nur durch eine Entscheidung bewirkt, die für eine bestimmte Tat und einen bestimmten Täter das Vorverfahren beendet hat. Die bloße Möglichkeit, dass eine solche Entscheidung ergangen ist, schließt die deutsche Gerichtsbarkeit nicht aus. – Dies bedarf näherer Erläuterung. Der Große Senat hat zunächst noch einmal klargestellt, was der BGH schon in dem BGHSt 14, 137; 142 f. abgedruckten Revisionsurteil im Fall Hoffmann-Günther ausgesprochen hat, dass es nämlich nicht Sache des Gerichts ist, eine sog. Botschafterbescheinigung im Sinne des Art. 3 Abs. 3 b 2. Satz ÜV einzuholen, weil die Regelung des Art. 3 ÜV nicht zugunsten des Beschuldigten, sondern ausschließlich im Interesse der früheren Besatzungsmächte getroffen worden ist. Im Zweifel hat die deutsche Souveränität, das heißt also die unbeschränkte Jurisdiktionsgewalt, den Vorrang. Der Große Senat führt wörtlich aus: Eine besondere Aufklärungspflicht der Gerichte, wie sie sonst bei zugunsten des Beschuldigten begründeten Verfahrenshindernissen bestehen mag, kann in Fällen dieser Art nicht Platz greifen. Der einzige Maßstab, auf den es hier ankommen kann, sind die Erfordernisse der Vertragstreue der Bundesrepublik im Verhältnis zu den drei Mächten. Ihnen genügt das mit einem Kriegsverbrechen befasste deutsche Gericht dadurch, dass es ihm bekanntgewordene, im Sinne des Art. 3 ÜV bedeutsame Entscheidungen einer der drei Mächte beachtet.

Damit weist der Große Senat für Strafsachen, und zwar mit ausdrücklichen Worten, den StA die Aufgabe zu, von sich aus Erhebungen anzustellen, ob ein Verfahrenshindernis nach dem ÜV besteht. Dies kann nun nicht dadurch geschehen, dass die StA einfach eine „Botschafterbescheinigung" einholt oder die Anregung hierzu gibt. Das BJM hat, im Einvernehmen mit dem AA, in allen ihm bisher unterbreiteten Fällen davon abgesehen, eine solche Botschafterbescheinigung zu vermitteln. Maßgebend waren hierfür vor allem die Erwägungen, dass eine solche Bescheinigung wegen ihrer Bindungswirkung zu einer Beschränkung der deutschen Souveränität führen kann und dass die Bescheinigung nach dem Vertrage zwar ein bindendes, aber keineswegs das einzige Beweismittel darstellt, um zu klären, ob einer der Tatbestände des Art. 3 Abs. 3 b gegeben ist, der die deutsche Gerichtsbarkeit ausschließt. Ich darf zum besseren Verständnis hinzufügen, dass die Botschafterbescheinigung in erster Linie für diejenige Alternative der genannten Vertragsbestimmung gedacht war, die uns hier nicht interessiert, nämlich für die Fälle, in denen fraglich ist, ob jemand in Erfüllung von Pflichten oder Leistung von Diensten für die Besatzungsbehörden gehandelt hat. Bei der uns beschäftigenden anderen Alternative – endgültiger Abschluss der strafrechtlichen Untersuchung – geht es um eine rechtliche Beurteilung, die der StA selbst vornehmen kann und muss. Das BJM war in allen Fällen, die von den StA über die LJVW an es herangetragen worden sind, bemüht, die Unterlagen von der früheren Besatzungsmacht zu erhalten, die eine Beurteilung zulassen. Dabei handelt es sich um Akten und Aktenteile, Vernehmungsprotokolle, Verfügungen der Strafverfolgungsbehörden, Urteile und Urteilsabschriften. Diese Unterlagen sind uns immer bereitwillig zur Verfügung gestellt worden. Einer der letzten Fälle war z.B. der des im zweiten Auschwitz-Prozess inzwischen abgeurteilten Josef Erber, der behauptet hatte, wegen desselben Sachverhalts von amerikanischen Behörden 1947 außer Verfolgung gesetzt worden zu sein. Die Akten der amerikanischen Behörden aus dieser Zeit sind aus Amerika beschafft, von der StA eingesehen und wohl auch fotokopiert worden. Als Ergebnis konnte festgestellt werden, dass die Behauptung nicht zutraf.

Die Rechtsprechung des BGH hat die Praxis der Bundesregierung in der Frage der sog. Botschafterbescheinigung vollauf bestätigt. Lassen sie mich noch einmal klarstellen, dass die Botschafterbescheinigung nicht gedacht war und nicht betrachtet werden darf als Ersatz für die von der StA vorzunehmende Prüfung, ob eine Untersuchung im Sinne des Art. 3 Abs. 3 b endgültig abgeschlossen worden war, eine Prüfung, die sich natürlich auch auf die Identität der Tat und des Täters erstrecken muss und die zuweilen gar nicht einfach ist. – Mit Bezug auf den in der Praxis, wie sich herausgestellt hat, wohl häufigsten Fall, dass die deutsche Gerichtsbarkeit durch ein dieselbe Tat und denselben Täter betreffendes Abwesenheitsurteil eines französischen Gerichts ausgeschlossen ist, hat es die ZSt. im Einvernehmen mit uns schon früher unternommen, von den französischen Behörden Listen über die verhängten Abwesenheitsurteile zu erhalten. Die französischen Behörden haben uns Listen übermittelt, die mehrere hundert Fälle enthalten und aus verschiedenen Gerichtsbezirken stammen. Diese Listen lassen zwar allein noch keine abschließende Beurteilung zu, weil die Straftat vielfach nicht oder nur ungenügend bezeichnet ist und die Personalien in vielen Fällen unvollständig sind. Aber sie geben Anhaltspunkte und bieten eine Grundlage, im Einzelfall die Akten zu erbitten. Es wird nunmehr Aufgabe sein, von den französischen Behörden auch die Unterlagen aus den bisher nicht berücksichtigten Gerichtsbezirken zu erlangen.

2. Die vorläufige Einstellung des Verfahrens

Der Große Senat für Strafsachen hat in einem der sechs angeklagten Fälle, in welchem er die einstellende Entscheidung des Schwurgerichts gebilligt und bestätigt hat, ausgesprochen, das Schwurgericht hätte in diesem Falle nur auf *vorläufige* Einstellung des Verfahrens erkennen dürfen, weil Art. 3 Abs. 2 ÜV die Möglichkeit offen lasse, den Ausschluss der deutschen Gerichtsbarkeit durch eine besondere Vereinbarung zwischen der BRD und den Regierungen der Drei Mächte oder der betreffenden Macht jederzeit aufzuheben und damit dem deutschen Strafklagerecht freien Lauf zu geben. Der 5. Strafsenat des BGH hat in seinem Revisionsurteil in derselben Sache vom 14.6.1966 demgemäß das Urteil des Schwurgerichts Oldenburg vom 14.9.1964 dahin geändert, dass das Verfahren im Falle Z. vorläufig eingestellt ist. Zur Begründung hat er wörtlich ausgeführt: „Nur wegen des Falles Z. ist der jetzige Angeklagte zweifelsfrei im militärgerichtlichen Verfahren angeklagt (s. S. 8 des französischen Textes) und in Abwesenheit verurteilt worden. Insoweit fehlt es zurzeit an der deutschen Gerichtsbarkeit, wie der Große Senat für Strafsachen, den der erkennende Senat nach § 137 GVG angerufen hatte, in seinem Beschluss vom 14.2.1966 – GSSt 1/65 – entschieden hat. Nach seinen Ausführungen ist das Verfahren jedoch wegen dieses Hindernisses, das durch eine völkerrechtliche Vereinbarung, für diesen Fall beseitigt werden könnte, nur ‚vorläufig' einzustellen. Der Senat ändert daher das Schwurgerichtsurteil in diesem Punkte."

Man fragt sich, auf welche gesetzliche Bestimmung die Entscheidung über die *vorläufige* Einstellung gestützt ist. Der Große Senat für Strafsachen und der 5. Strafsenat nennen hier keine Vorschrift der Strafprozessordnung. Es gibt auch keine. § 205 StPO ist nicht anwendbar, weil der HV nicht ein in der Person des Angeklagten liegendes Hindernis entgegensteht. Vielmehr ist die deutsche Gerichtsbarkeit ausgeschlossen, es fehlt also an der wichtigsten und umfassendsten Prozessvoraussetzung, die überhaupt denkbar ist. Bei einem Verfahrenshindernis dieser Art ist nach Eröffnung des Hauptverfahrens das Verfahren außerhalb der HV durch Gerichtsbeschluss (§ 206 a StPO) einzustellen, in der HV ist gemäß § 260 Abs. 3 StPO durch Urteil die Einstellung des Verfahrens auszusprechen. In beiden Fällen sieht das Gesetz keine vorläufige Einstellung im technischen Sinne vor. Jedoch besteht in Rechtsprechung und Schrifttum Einigkeit, dass die Einstellung wegen Fehlens einer Prozessvoraussetzung die Strafklage nicht verbraucht, wenn diese Prozessvoraussetzung nachträglich eintreten kann. Tritt sie ein, so kann das Verfahren wieder aufgenommen werden.

Es war also nicht notwendig, die Einstellung des Verfahrens hier *vorläufig* zu nennen. Allerdings besteht auch keine gesetzliche Vorschrift, die es verbietet, im Interesse der Klarheit die gerichtliche Einstellung eines Strafverfahrens als vorläufige zu bezeichnen, wenn die Möglichkeit besteht, dass das Prozesshindernis in Zukunft wegfallen kann. Das ist eine Frage der Zweckmäßigkeit. Wenn der Große Senat für Strafsachen in den Beschlussgründen den vorläufigen Charakter der Einstellung besonders betont hat, so ist das offenbar in der Erwägung geschehen, dass die Einstellung des Prozesshindernisses in Fällen dieser Art von den maßgebenden Stellen ins Auge gefasst, ja vielleicht sogar als wünschenswert angesehen werden könnte. Man muss sich nur darüber klar sein, dass der Zusatz „vorläufig" hier nur eine deklaratorische Bedeutung hat.

Für die StA ergeben sich hieraus keine Konsequenzen. Die Einstellung eines Ermittlungsverfahrens wegen eines Verfolgungshindernisses wäre ebenso auf § 170 Abs. 2 StPO zu gründen wie eine Einstellung aus anderen Rechtsgründen oder aus tatsächlichen Gründen (die Sonderfälle der §§ 153–154 d StPO können wir hier außer Betracht lassen). Dass diese Einstellung ihrem Charakter nach immer eine vorläufige ist, ist anerkannten Rechts und bedarf keiner Erörterung. Es ist daher weder notwendig noch empfehlenswert, dass die StA solche Einstellungen ausdrücklich als vorläufig bezeichnen. Als Beispiel möchte ich auf die Einstellungsverfügung der StA Stuttgart vom 18.8.1966 in der Ermittlungssache gegen Robert N. und 38 andere Bezug nehmen. Dort heißt es: „Das Verfahren war somit hinsichtlich sämtlicher Beschuldigter nach § 170 Abs. 2 StPO einzustellen, jedoch nur *vorläufig*, da die Möglichkeit nicht ausgeschlossen werden kann, dass die Bundesrepublik durch Änderung des Überleitungsvertrages die Gerichtsbarkeit auch insoweit wieder erlangt, als sie ihr bisher nach Art. 3, 3 b ÜV noch vorenthalten ist (BGH – Großer Senat – NJW 1966, 1372 unter E)."

Diese Begründung trifft der Sache nach nicht zu, weil eine Änderung des ÜV überhaupt nicht in Rede steht, vielmehr nur eine im ÜV bereits vorgesehene Möglichkeit einer Sondervereinbarung zwischen den Regierungen in Betracht kommt. Es geht also lediglich darum, ob die Vertragspartner von der in Art. 3 Abs. 2 vorgesehenen Ermächtigung Gebrauch machen. Es erscheint mir bedenklich und nicht wünschenswert, wenn die StA Einstellungsverfügungen dazu benutzen, etwa einem Wunsch nach einer Sondervereinbarung mehr oder weniger deutlich Ausdruck zu geben. Die Entscheidung muss in dieser Frage den politischen Instanzen vorbehalten bleiben. Wir werden darüber gleich noch sprechen. Der nach § 171 StPO erforderliche Bescheid an den Anzeigeerstatter kann, wenn er so gefasst wird, wie in dem zitierten Fall, überdies zu unnötigen Vorstellungen einzelner bei der Bundesregierung führen.

3. Empfiehlt es sich, mit der französischen Regierung eine besondere Vereinbarung abzuschließen, welche die deutsche Gerichtsbarkeit in Abweichung von Art. 3 Abs. 3 b ÜV in bestimmtem Umfang eröffnet?

Diese Frage hat innen- und außenpolitische Aspekte. Sie ist von der Bundesregierung zu entscheiden. Ich kann Ihnen deren Stellungnahme noch nicht darlegen, hoffe aber, dass die Diskussion mir erlauben wird, Ihre Ansicht zu erfahren.

Dies wird für unsere weiteren Überlegungen von großem Nutzen sein. Wir können hier also nur das Für und Wider erörtern. Einigkeit dürfte wohl darüber bestehen, dass es im Interesse der materiellen Gerechtigkeit wünschenswert wäre, in den Fällen der nicht vollstreckbaren Abwesenheitsurteile wegen Kriegsverbrechen die deutsche Gerichtsbarkeit durch eine Regierungsvereinbarung zu eröffnen, damit auch diese Fälle einer gerechten Sühne zugeführt werden können. Das würde den französischen Interessen nicht widerstreiten, wenn auch natürlich nicht auszuschließen ist, dass ein deutsches Strafverfahren mit einem Freispruch oder mit der Einstellung enden, also ein anderes Ergebnis haben kann, als das französische Kontumazverfahren. Aber hiergegen wird die französische Seite kaum Bedenken erheben können. Denn es gehört zu den Eigentümlichkeiten des französischen Abwesenheitsverfahrens, dass das Verfahren neu aufgenommen werden und eine neue HV stattfinden muss, wenn der in Abwesenheit Verurteilte sich stellt oder ergriffen wird. Dann ist es möglich, dass auch das französische Gericht zu einem anderen Ergebnis kommt. Ein Beispiel dafür war der Fall des Kraftfahrers Gath, der in Abwesenheit zum Tode verurteilt worden war. Bei einer beruflichen Fahrt wurde er 1964 in Frankreich verhaftet und vor Gericht gestellt. Die HV endete mit einem Freispruch mangels Beweises.

In unserem Fall Hempen hat der Große Senat seine Ausführungen deutlich an die Adresse der Drei Mächte gerichtet („Mit der Möglichkeit einer solchen Vereinbarung hat der Vertrag für alle ... Fälle es letztlich in die Hand der Drei Mächte gelegt, dem Bedürfnis gerechter Sühne überall dort den Weg freizumachen, wo ihre eigenen Gerichte nicht zu einer vollstreckungsfähigen Verurteilung gelangen konnten.“) Die französische Botschaft in Bonn hat von uns sowohl den Vorlagebeschluss des 5. Strafsenats als auch die Entscheidung des Großen Senats für Strafsachen erbeten und erhalten. Wenn die französische Regierung sich nur die Ausführungen des Großen Senats für Strafsachen veranlasst sehen sollte, der Bundesregierung eine besondere Vereinbarung vorzuschlagen, so werden wir uns dem nach meiner persönlichen Auffassung nicht entziehen können.

Schwieriger ist die Frage zu beantworten, ob wir von uns aus die Initiative zu einer Vereinbarung mit Frankreich ergreifen sollen. Es müssen auch Bedenken, die dagegen sprechen können, in Betracht gezogen werden. Bisher ist mit keiner der Drei Mächte eine derartige besondere Vereinbarung getroffen oder von einem der Vertragspartner angestrebt worden, obwohl der Überleitungsvertrag vielfach zu Ergebnissen geführt hat, die dem Rechtsempfinden unbefriedigend erscheinen. Namentlich wegen der Begnadigungspraxis der Besatzungsmächte musste vielfach hingenommen werden, dass schwerste Verbrechen keine angemessene Sühne fanden. Ein Aufgeben der bisherigen Zurückhaltung kann weitreichende Folgen haben. Es wird vor allem schwierig sein, dann die richtige Abgrenzung zu finden und es wird zu prüfen sein, ob nicht Verhandlungen über diesen einen Punkt andere Wünsche auf Änderungen des Überleitungsvertrages mit sich bringen können, die uns möglicherweise nicht gelegen kommen. Alle diese Gesichtspunkte bedürfen einer sorgfältigen Erwägung.

Eine neue Lage ist für uns nun entstanden durch den Bericht der Zentralstelle bei dem Ltd. OStA in Köln in dem Ermittlungsverfahren gegen Dr. Best u.a. Dort geht es um die Strafverfolgung gegen diejenigen, die in erster Linie verantwortlich waren für die Judendeportationen aus Frankreich, der 60.000 bis 65.000 Menschen zum Opfer gefallen sind. Beschuldigt sind u.a. der Vertreter des in Frankreich 1954 abgeurteilten und bestraften SS-Standartenführers Dr. Knochen, Befehlshaber des Chefs der Sicherheitspolizei in Frankreich (BdS), der Judenreferent bei dem BdS, ein Abteilungsleiter bei dem BdS und andere Mitarbeiter dieser Dienststelle. Anders als im Fall Hempen, dem sechs einzelne Mordtaten zu Last gelegt werden, von denen nur eine der deutschen Gerichtsbarkeit nicht unterliegt, geht es hier um einen Sachverhalt, bei dem ein starkes Interesse der französischen Seite an einer Aburteilung unterstellt werden kann. Ich nehme an, dass die Zentralstelle in Köln hier vertreten ist, und erhoffe mir von der Diskussion gerade über diesen Fall einen fruchtbaren Gedankenaustausch."

OStA Dr. Artzt fragte *RegDir. Schätzler,* ob er mit ihm darin einig sei, dass der ÜV nur für die Signatarmächte gelte und nicht für Staaten wie Belgien, Niederlande, Luxemburg.

RegDir. Schätzler bejahte die Frage und führte aus, dass der ÜV auch nicht für das Urteil des IMT gelte. Die durch dieses Gericht Abgeurteilten unterstünden voll der deutschen Gerichtsbarkeit. In dem ÜV sei von einem Gericht der Drei Mächte die Rede, das IMT sei aber ein Gericht der Vier Mächte gewesen.

OStA Dr. Artzt erklärte, was die französischen Abwesenheitsurteile anbelange, so sei die ZSt. zu einer Überprüfung verpflichtet. Dafür nutzten aber die bei der ZSt. vorliegenden Listen der Abwesenheitsverurteilten nicht allzu viel, da anhand dieser Listen die Identität von Tat und Täter nicht immer genau festgestellt werden könne. Er richtete an *RegDir. Schätzler* die Frage, ob die vorgesehene Einsicht in die einschlägigen französischen Akten des Archivs in Colmar bei der französischen Botschaft in Bonn auch durch insbesondere einen StA, und nicht nur einen Richter, wie angekündigt, erfolgen könne.

RegDir. Schätzler meinte, dass diese Akten auch durch einen StA eingesehen werden könnten. Es liege insoweit beim Schreiben der französischen Botschaft ein Übersetzungsfehler vor.

OStA Dr. Artzt führte aus, dass man auf dem Wege sei, mit Paris voranzukommen. Es sei aber praktisch nicht möglich, die Akten generell anzufordern. Die Akten könnten, um Feststellungen über Identität von Tat und Täter treffen zu können, nur an Ort und Stelle eingesehen werden. Allerdings dürfe man von diesen Überprüfungen nicht zu viel erwarten. In Meaux seien durch ihn und einen Referenten der ZSt. bereits Akten eingesehen worden. Diese Akten hätten zumeist nur aus wenigen Blättern mit unzureichenden Angaben bestanden, so dass es schwierig gewesen sei, genauere Feststellungen über Identität von Tat oder Täter zu treffen. – OstA Dr. Artzt bat Herrn RegDir. Schätzler, erst dann etwas wegen der Auswertung der Akten in Frankreich zu unternehmen, wenn die ZSt. an das BJM herantrete.

RegDir. Schätzler erklärte, dass über Rang und Schuldvorwürfe der Hauptbeschuldigten Klarheit bestehe. Noch keine Klarheit liege jedoch bezüglich der bisher nur allgemein genannten übrigen Leute vor.

LG-Rat Knodel (Bad Kreuznach) bemerkte, man solle im Ministerium nicht zu kleinlich sein, wenn es, was die Frage der Sondervereinbarungen anbelange, darum gehe, deutsch Souveränität zurückzuerlangen.

StA Dr. Riffel (Stuttgart) erwiderte auf die von RegDir. Schätzler in seinem Referat geäußerte Kritik zu einer Einstellungsverfügung der StA Stuttgart, in der im Hinblick auf den Beschluss des Großen Senats für Strafsachen des BGH vom 14.2.1966 ausdrücklich hervorgehoben worden war, dass die Einstellung vorläufig sei, er habe es für angebracht gehalten, die Vorläufigkeit der Einstellung deshalb hervorzuheben, weil es der BGH selbst für richtig gehalten habe, so zu verfahren.

StA Dr. Plümpe (Köln) richtete an RegDir. Schätzler die Frage, welche Bedenken das AA bisher gehabt habe, wegen der Freigabe der Strafverfolgung bezüglich des Frankreichkomplexes an Paris heranzutreten. Seiner Ansicht nach würden wir in der Welt einen guten Eindruck hervorrufen, wenn die Strafverfolgung durchgeführt werden könnte.

RegDir. Schätzler antwortete, die Frage sei zu Recht gestellt worden. Es sei auch in der Diskussion zu Recht hervorgehoben worden, dass man nicht zurückhaltend sein solle, wenn es darum gehe, ein Stück Souveränität zurückzuholen. – Aber eines der Bedenken gegen ein zu weit gehende Herbeiführung von Sondervereinbarungen dürfte Folgendes sein: Die Franzosen und die anderen ehemaligen Besatzungsmächte hätten seinerzeit darauf bestanden, dass in dieser Sache nicht mehr verhandelt werden solle. Wir sollten ihre Entscheidungen nicht mehr überprüfen dürfen mit der Möglichkeit, zu anderen Ergebnissen zu gelangen. Wahrscheinlich bestehe diese Einstellung heute noch. – Im Übrigen könne er verständlicherweise in dieser eminent politischen Frage nichts Näheres sagen.

StA Dr. Plümpe (Köln) nahm Stellung zu der Kritik RegDir. Schätzlers in dessen Referat zu dem Bericht der Zentralstelle Köln an das BJM bezüglich des Frankreichverfahrens. Die Zentralstelle Köln habe deshalb noch keine bestimmten Personen aus dem Kreis der kleineren Leute benennen können, weil das Verfahren noch neu, relativ groß und der Kreis der Täter maßlos sei. Hauptgrund für den Bericht an das Ministerium sei der Gesichtspunkt der materiellen Gerechtigkeit gewesen. Wenn es bekannt würde, dass die Großen mangels Sondervereinbarungen laufen gelassen werden müssten, so könnte es leicht zu Missstimmungen in der Öffentlichkeit kommen. Allerdings werde wohl nichts mehr gegen den BdS [Befehlshaber der Sicherheitspolizei] Knochen [Helmut, Dr., BdS Paris, 1910–2003] zu unternehmen sein, da dieser bis 1962 inhaftiert gewesen sei. Voraussichtlich würde Beihilfe in Frage kommen und die Strafe angerechnet werden müssen.

EStA Selle (Berlin) fragte, wie es mit den durch die Amerikaner Verurteilten sei und ob bereits Sondervereinbarungen mit den Amerikanern ins Auge gefasst seien. Er erwähnte, dass sich im Hinblick auf den Beschluss des Großen Senats für Strafsachen vom 14.2.1966 die in Frage kommenden Zeugen in zunehmendem

Maße auf § 55 StPO beriefen und erklärten: „Wir sagen nichts mehr aus; denn wir müssen u.U. nunmehr mit neuer Strafverfolgung rechnen". Er erwähnte in diesem Zusammenhang Dr. Martin Sandberger, der sich in seiner Vernehmung auf § 55 StPO berufen habe.

RegDir. Schätzler erwiderte, dass praktisch durch den Beschluss des Großen Strafsenats in erster Linie die Abwesenheitsurteile betroffen seien. Bei der Abfassung des ÜV habe man damals nicht an die französischen Abwesenheitsurteile gedacht. Niemand habe hingegen daran gedacht, die alliierten Urteile, die in Abwesenheit der Verurteilten ergangen seien, in irgendeiner Weise zu revidieren. Das sei völlig ausgeschlossen.

EStA Dr. Goetz (Hannover) widersprach den Ausführungen RegDir. Schätzler. Er erklärte, die Frage von EStA Selle sei von äußerst praktischer Bedeutung. So habe der Vorsitzende eines Schwurgerichts gefragt, ob bereits im Hinblick auf den BGH-Beschluss bezüglich des § 55 StPO eine bindende Erklärung des BJM vorliege.

StA Dr. Bayerlein (München II) erwähnte ein Verfahren gegen Assistenzärzte, die Versuche an Menschen vorgenommen hätten. In diesem Verfahren würde der Prof. Ruff als Zeuge auftreten, der im KZ Dachau ebenfalls solche Versuche vorgenommen habe, jedoch in Nürnberg mangels Beweises freigesprochen worden sei. Heute liege aber neues Beweismaterial gegen ihn vor. Es sei mit der materiellen Gerechtigkeit nicht zu vereinbaren, wenn die Assistenzärzte verfolgt würden und der Vorgesetzte nicht. Hier dürfe eine Sondervereinbarung nach dem ÜV nicht von vornherein ausgeschlossen werden.

StA Röseler (Köln) führte aus, dass Lischka für ihn als Zeuge in Betracht käme. Wegen der im Hinblick auf den BGH-Beschluss und auf § 55 StPO ungeklärten Situation würde er jedoch voraussichtlich nicht weiterkommen. Er müsse dann so oder so kapitulieren, wenn dieses Problem nicht schnell gelöst würde.

OStA Dr. Artzt forderte, dass das hier zutage getretene Anliegen vom BJM mit großem Nachdruck beim AA vertreten werden soll. (Lautstarke Zustimmung vieler Tagungsteilnehmer.) Als Beispiel dafür, dass manches überhaupt zu lange dauere, führte er an, die Erledigung eines Antrages für eine Dienstreise nach Frankreich habe eineinhalb Jahre gedauert. Was die Verfahren bezüglich der ehemaligen westlichen, besetzten Gebiete anbelange, so meinte er, das Ansehen der Justiz würde geschädigt, wenn in den Westkomplexen die Judenreferenten nicht verfolgt würden.

MinRat Roth erklärte abschließend, dass nach Möglichkeit dieses Thema bei der bevorstehenden Justizministerkonferenz in Kiel behandelt werden solle. Die Sache habe eminente politische Auswirkungen.

Anschließend referierte *OStA Dr. Großmann* (Frankfurt) über das Thema: *„Die forensische Behandlung des sogenannten Befehlsnotstandes"*.

„Bereits die Themenfassung birgt Einschränkungen in zweifacher, voneinander völlig unabhängiger Hinsicht. Einmal kann es sich hier nicht um eine Erörterung materiell-rechtlicher Probleme handeln; es gilt nicht, Fragen etwa der Rechtsprechung und der Literatur zum Problem des Befehlsnotstandes anzusprechen, so interessant das auch ist und so stark sich diese Dinge weiterhin im Fluss befinden.

Es handelt sich hier um die *forensische* Behandlung des Befehlsnotstands; wir werden also unser Hauptaugenmerk auf prozessuale Dinge richten müssen. Ich bin mir dabei, und das ist die zweite Einschränkung, völlig darüber im Klaren, dass es zur Frage der forensischen Behandlung des Befehlsnotstandes keine allgemein gültigen Richtlinien geben kann, dass es kein Rezept gibt, das in jedem Falle anschlägt. Wir werden viel mehr als bei anderen Themenstellungen unserer Tagung in einen Erfahrungsaustausch treten müssen, um dies und jenes festzustellen und aus diesen Feststellungen heraus dann in künftigen Verfahren entsprechende Schlüsse zu ziehen. Erwarten Sie deshalb von mir in der Tat nur ein wirkliches Kurzreferat, besser: einen ersten Diskussionsbeitrag, der erst in Verbindung mit Ihren weiteren Diskussionsbeiträgen weiterführen kann. Ich darf mich in diesem Zusammenhang auf die Begründung beziehen, die die ZSt. für die Aufnahme dieses Referats in die Tagesordnung gegeben hat. Die ZSt. schreibt, die Schwierigkeiten schienen nicht mehr so sehr auf materiellem, als vielmehr auf prozessualem Gebiet zu liegen. Es stelle sich immer wieder die Frage, auf welche Weise einschlägige Erkenntnisse in die HV eingeführt werden können. In diesem Zusammenhang bedürfe auch der Erörterung und Klärung, welche Aufgaben der zeitgeschichtliche Sachverständige insoweit habe und welche Grenzen ihm gezogen sind.

Die forensische Behandlung des Befehlsnotstands – das haben Verfahren nicht nur in meinem engeren Arbeitsbereich, sondern dem Vernehmen nach auch anderwärts gezeigt – birgt nicht nur manche Unsicherheit, sie ist schlechterdings unbefriedigend. Dies noch nicht einmal so sehr vom Ergebnis her – die Fälle, bei denen Befehlsnotstand oder Putativnotstand in der Hauptverhandlung mit Erfolg vorgebracht werden, sind relativ selten – als vielmehr aus prozessualer Sicht. Ich denke hierbei an die oft erhebliche zeitliche Verschleppung der Verfahren, an das Angebot und Gegenangebot von Notstandszeugen, wie wir es in Großverfahren bereits mehrfach erlebt haben, und die hierdurch bedingte unsachgemäße Verlagerung des Schwergewichts von der abzuurteilenden Tathandlung auf Grenzbereiche strafrechtlicher Relevanz.

Gestatten Sie mir an dieser Stelle einige Hinweise auf Erfahrungen, wie wir sie aus den vor dem Schwurgericht in Frankfurt/Main bislang durchgeführten zwei Auschwitz-Verfahren ziehen konnten. Ich denke hierbei an das sog. Auschwitz-Verfahren I, dessen HV vom 20.12.1963 bis zum 20.8.1965 stattfand, und an das Verfahren Auschwitz II, das im Dezember vorigen Jahres begann und vor wenigen Wochen zum Urteil geführt hat. Bis zum HV-Beginn in beiden Verfahren war Befehlsnotstand von keinem der 20 Angeklagten im Auschwitz-Verfahren I, und von keinem der drei Angeklagten im Auschwitz-Verfahren II geltend gemacht worden. Gleichwohl hatten wir bereits vor Beginn der HV Herrn Prof. Dr. Buchheim gebeten, uns ein zeitgeschichtliches Gutachten über Fragen des Befehlsnotstands vorzubereiten. Ich erwähne in diesem Zusammenhang, dass wir im Auschwitz-Verfahren I einen – ich glaube wohl neuen – Weg insofern gegangen sind, als wir bereits vor Beginn der HV uns mit dem Institut für Zeitgeschichte in Verbindung gesetzt haben und insgesamt fünf Gutachten erstellen ließen, die wir zu präsentieren beabsichtigten, um für die Urteilsfindung die historischen Zusammenhänge als

Gegenstand der HV auszuweisen und auf diese Weise von vornherein Schwierigkeiten zu begegnen, die sich zumindest in früheren Frankfurter Verfahren dadurch aufgezeigt hatten, dass von der Verteidiger-Seite der Einwand kam, dies und jenes sei nicht Gegenstand der HV gewesen, ohne dass dem konkret damit begegnet werden konnte, es handle sich hierbei um allgemeine Erfahrenstatsachen. Wir hatten also verschiedene Gutachter gebeten, so Dr. Krausnik zur Judenpolitik und der Entwicklung der Judenfrage in Deutschland, Dr. Broscat zur Polenpolitik der Nationalsozialisten und eine Reihe weiterer Herren. Diese Sachverständigen haben wir später präsentiert, um das Gericht vor die unumgängliche Notwendigkeit zu stellen sie anzuhören, und um gleichzeitig zu vermeiden, dass über das Einführen dieser Gutachten in den Prozess zeitraubende und im Ausgang nicht vorhersehbare Diskussionen vor Gericht erfolgen. Wir haben damit nicht allenthalben das Wohlwollen des Schwurgerichts gefunden, der Erfolg hat für uns gesprochen, denn die Gutachter haben eine ausgezeichnete Arbeit geleistet. Ich musste dies einfügen, um das Gutachten von Prof. Dr. [Hans] Buchheim in der Entstehungsgeschichte verstehen zu können.

Prof. Dr. [Hans] Buchheim erstattete das Gutachten: ‚Das Problem des Befehlsnotstands bei den vom nationalsozialistischen Regime befohlenen Verbrechen in historischer Sicht' und wurde hierzu als Sachverständiger gehört. Ich darf Ihnen kurz vorlesen, wie dieses Gutachten aufgefasst worden ist, sowohl von dem Gutachter – also später in der HV von dem Sachverständigen -, wie auch von der dieses Gutachten anfordernden StA. Es heißt: ‚Die Frage nach bestimmten Einzelfällen, in denen SS- oder Polizeiangehörige Schaden an Leib oder Leben erlitten oder nicht erlitten haben, wenn sie Befehle zur widerrechtlichen Tötung verweigerten, nicht ausführten oder versuchten, davon dispensiert zu werden, kann historisch-wissenschaftlich nicht beantwortet werden. Denn es gibt dafür so gut wie keine zeitgenössischen Quellen. Die wenigen Fälle, die gegenwärtig immer wieder zitiert werden, sind fast nur aus nachträglichen Zeugenaussagen bekannt. Das heißt aber, sie sind nur durch staatsanwaltschaftliche und richterliche Vernehmungen nachprüfbar, also mit Mitteln, die dem Historiker nicht zur Verfügung stehen. Außerdem kann der Historiker aus Einzelfällen der einen oder anderen Version, auch wenn sie gesichert sind, keine verallgemeinernden Analogieschlüsse ziehen. Er kann eine feste Basis zur Lösung des Problems des Befehlsnotstands vielmehr nur aus einer Untersuchung der geistig-politischen Gesamtsituation gewinnen, in der die Tötungsbefehle erteilt wurden und in der die Befehlsempfänger sich befanden. Eine derartige Untersuchung soll im Folgenden geführt werden, um zu zeigen, woher sich der Gehorsamsanspruch für solche Befehle leitete, inwieweit die Befehlsempfänger disponiert waren, die Befehle zu befolgen und welche Möglichkeiten sie hatten, sich der Ausführung der Befehle zu entziehen.'

Dass dieses historische Gutachten sich weitgehend von Gutachten der üblichen Art, besonders von allen Stellungnahmen juristisch verbrämter Art unterscheidet, wollen Sie aus der Gliederung ersehen, wo es in fünf Punkten heißt: ‚Der Befehl in Weltanschauungssachen'; ‚Die Mentalität der SS'; ‚Härte und Kameradie'; ‚Der

Befehl in Weltanschauungssachen und die normative Ordnung'; ,Konnte man sich den Befehlen in Weltanschauungssachen entziehen?'

Lassen Sie mich die Zitate noch mit drei Sätzen beenden, die nunmehr aus dem Gutachten von Prof. Dr. Buchheim stammen. Da heißt es am Ende: ,Nicht die objektiv ohnehin unbegründete Angst, dass schon ein Versuch, von der Teilnahme an verbrecherischen Maßnahmen dispensiert zu werden, das Leben kosten könne, auch nicht die irrige Meinung, dass das Befohlene rechtens sei, dürfte also die Angehörigen der Sonderkommandos veranlasst haben, dem Befehl Folge zu leisten, sondern schuldhaftes, soziales Beharrungsvermögen und der Mangel an Mut, sich in ihrer sozialen Umwelt unmöglich zu machen.'

Ich nehme an, dass Prof. Dr. Buchheim dann zu dem und jenem Punkt in der Diskussion noch Stellung nehmen kann. Ich möchte aber betonen, wir haben Prof. Dr. Buchheim zunächst insoweit als Gutachter nicht präsentiert; er ist allerdings vorher schon aufgetreten mit einem Gutachten über ,Die Hierarchie der SS'.

Wir haben im Auschwitz-Verfahren eine Taktik der Verteidigung erlebt, die zweifelsohne Ihnen nicht unbekannt sein wird: Man versucht zunächst, die Tatbehandlungen zu bestreiten oder zu bagatellisieren, und erst dann, wenn das aufgrund der vielfachen Zeugenaussagen nicht mehr möglich ist, flüchtete man in die Sphäre des Befehlsnotstands. Dies führte auch im Auschwitz-Verfahren dazu, dass ein gegenseitiges Überbieten an Notstandszeugen und Antinotstandszeugen eintrat; Verteidigung und Nebenklage taten hier viel. Insbesondere auch Dr. Kaul, der sowjetzonale Nebenkläger vertrat, ließ derartige Befehlsnotstandszeugen im Dutzend aufmarschieren. Dr. Best, Streckenbach, im Auschwitz-Verfahren II Globke, und wie sie alle heißen, erschienen vor Gericht. Die StA hat sich zurückgehalten; wir haben eigentlich nur einen, allerdings nach unserem Dafürhalten prominenten Zeugen benannt, den amerikanischen Bundesrichter Musmano, der als Richter am Nürnberger Gerichtshof und im Rahmen späterer historischer Untersuchungen Gelegenheit hatte, fast alle prominenten Nationalsozialisten zur Frage der Befehlsverweigerung und ihrer Folgen zu vernehmen. Ich räume in diesem Kreise ein, meine Damen und Herren, dass dies nicht frei von Optik war, dass wir gewisse Konsequenzen erst später erkannt haben, auf die ich noch eingehen will.

Als Dr. Kaul den damaligen Leiter der ZSt., OStA Schüle, als Sachverständigen bzw. sachverständigen Zeugen benannte, haben wir dann den Kollegen Hinrichsen unsererseits benannt, anhand der Ihnen bekannten Zusammenstellung zum Problem des sog. Befehlsnotstands als Sachverständiger bzw. sachverständiger Zeuge auszusagen und erst nunmehr, nachdem von Verteidigerseite das Befehlsnotstandsproblem in die HV eingeführt worden war, haben wir Prof. Dr. Buchheim – und ich darf sagen, mit vollem Erfolg – präsentiert.

Als Ergebnis konnte ich dann in meinem einleitenden Plädoyer ausführen: ,Aus dem Aspekt des Gehorsams bei SS und Polizei, aus der Rechtsprechung der SS- und Polizeigerichte, der Einsetzung von Standgerichten, der Institution des SD-Untersuchungsführers oder aus Erwägungen über eine Liquidierung ohne Urteil, über die Einweisung in ein KZ oder in eine Bewährungseinheit lässt sich bei Nichtausführung eines verbrecherischen Befehls eine gegenwärtige Gefahr für Leib und Leben, die sich institutionell begreifen ließe, nicht herleiten. Dieses Ergebnis mag angesichts der totalen Rücksichtslosigkeit und Hemmungslosigkeit, mit der die nationalsozialistischen Machthaber den Kampf gegen ihre vermeintlichen Gegner führten, überraschen, und doch findet dieser scheinbare Widerspruch zwischen dem hemmungslosen Terror einerseits und einer begrenzten Zurückhaltung gegen jene, die diesem Terror nicht allenthalben folgten, manche Erklärung und Deutung. Dies bestätigen auch – (und insoweit kam tatsächlich der Historiker nunmehr der Verfolgungsbehörde zu Hilfe) – die Ausführungen des Sachverständigen Dr. Buchheim in dieser HV über die Mentalität der SS, über Härte und Kameraderie, insbesondere aber auch die von ihm dargelegten Beziehungen zwischen dem Befehl in Weltanschauungssachen und normativer Ordnung.'

Das Schwurgericht Frankfurt/Main ist uns gefolgt. Keiner der 20 Auschwitz-Angeklagten im ersten Verfahren, keiner der drei Auschwitz-Angeklagten im zweiten Verfahren hat die Rechtswohltat des Befehlsnotstands genießen können. – Gleichwohl, meine Damen und Herren, und jetzt darf ich wieder zurückleiten vom Auschwitz-Prozess, sind Bedenken und ist Unbehagen geblieben: Erstens: Es ist auch uns in diesen Verfahren trotz des durchaus positiven Ergebnisses nicht gelungen, eine Verfahrensverschleppung, die sich ausschließlich wegen des Gehörs der Notstandszeugen, die sich über Monat erstreckte, zu vermeiden, obwohl es, wie ich jetzt zurückschauend glaube beurteilen zu können, in einzelnen Teilen möglich und natürlich notwendig gewesen wäre.

Zweitens: Manche rechtlich durchaus bedeutsame Fragen im Zusammenhang mit der Rolle des Sachverständigen bzw. sachverständigen Zeugen Hinrichsen blieben offen. Wir alle waren froh, als seine Mission beendet war; nicht etwa, weil die Aussage des Kollegen Hinrichsen nicht überzeugt hätte; aber: War Kollege Hinrichsen Sachverständiger? War er sachverständiger Zeuge? Wie steht es mit dem Gesichtspunkt vermeintlicher Befangenheit? Das ist hier zweifelsohne unbegründet, aber wenn 18 Verteidiger auftreten, so sind dies Erörterungen, die mit sehr viel Schärfe ausgetragen werden können. Weiter: Kollege Hinrichsen bezieht sich auf Erkenntnisse in Dutzenden von Strafakten. Wie steht es mit dem Urkundenbeweis? Wie steht es mit der Heranziehung dieser Strafakten? Die Urteile dieser Strafakten beziehen sich wiederum auf die Vernehmung von Zeugen, von denen ein Teil noch lebt. Meine Damen und Herren, wie steht es mit der Unmittelbarkeit des Zeugenbeweises? Dies alles hat uns – ich darf das jetzt rückschauend sagen – viel Kopfzerbrechen bereitet, abgesehen auch von persönlichen Erwägungen – es ist zweifelsohne für den Kollegen Hinrichsen durchaus belastend, zwischen Traunstein und Flensburg als ‚Wandergutachter' herumzureisen – und von den weiteren Schwierigkeiten, die auf die ZSt. wegen derartiger zu erwartender Angriffe von Verteidigerseite zukommen können.

Ich glaube vielmehr, dass wir, und das hätte ich als einen ersten Diskussionsbeitrag bei der forensischen Behandlung dieser Frage aufzunehmen, davon ausgehen müssen, einen Einschnitt vom Beweistechnischen her vorzunehmen: Beim Befehlsnotstand haben wir praktisch zwei Zeugengruppen: Da ist einmal der konkrete

Entlastungszeuge; Beispiel: Der Angeklagte X macht geltend, dass er seinerzeit mit der Waffe bedroht worden ist, falls er eine bestimmte Tötungshandlung nicht ausführe; darüber soll der noch lebende Zeuge Y aussagen. Diese Gruppe macht uns keine Schwierigkeiten; diese Gruppe wird im Übrigen mit Wahrscheinlichkeit bereits im Vorverfahren oder spätestens in der Voruntersuchung auftreten. Wenn die Dinge so eindeutig liegen, wird der Angeschuldigte oder Beschuldigte sie ohnehin frühzeitig machen. Die StA ist selbstverständlich gehalten, diese Zeugenaussagen zu prüfen; und wir werden, wenn sich diese Zeugenaussagen bestätigen, bereits zu einer Einstellung oder zu einer Außervollzugsetzung kommen können.

Schwieriger ist es mit der weitaus größeren Gruppe, die ich als die sog. generellen Befehlsnotstandszeugen bezeichnen möchte. Hierher gehören die Zeugen, die ganz generell bekunden sollen, dass ein Widerstand gegen Befehle mit Gefahr für Leib und Leben verbunden war und demzufolge ein solcher Widerstand, eine solche Weigerung, nicht gefordert werden konnten. Abgesehen von Zweifeln an der Objektivität dieser Zeugen – wir wissen alle, dass dann meist SS-Führer auftraten – erhebt sich hier nach meinem Dafürhalten ein entscheidender prozessualer Einwand. Der Zeuge soll generell und er darf nur Tatsachen bekunden, nicht aber Meinungen, Anschauungen usw. Diese Tatsachenbekundung ist entscheidend. Denn diese Tatsachen müssen im konkreten – ich betone: im konkreten – Einzelfall das Verhalten des betreffenden Angeklagten aussprechen. Dies umso mehr, als gerade im Notstandsrecht die höchstrichterliche Rechtsprechung in besonderem Maße auf den Einzelfall ausgerichtet ist. Denken Sie bitte daran, dass – um hier nur eine Entscheidung (BGH in NJW 1952, 113) zu erwähnen – der BGH wiederholt zum Ausdruck gebracht hat, dass derjenige, der sich darauf beruft, durch unwiderstehliche Drohung im Sinne des § 52 StGB zu einer Straftat genötigt worden zu sein, nur dann entschuldigt ist, wenn er sich nach dem Maß aller seiner persönlichen Kräfte bemüht hat, der Gefahr auf andere, die Straftat vermeidende Weise zu entgehen. In dieser Richtung, sagt der BGH, muss er alle Möglichkeiten gewissenhaft geprüft haben. Das aber können Ihnen die Zeugen Streckenbach, Globke, Bomhard usw. nicht sagen. Beweisanträge – insbesondere in der HV – zur Notstandsfrage sollten deshalb von der StA vor allem daraufhin geprüft werden, ob a) es sich nicht nur um Beweis-Ermittlungsanträge handelte – das ist gar nicht so selten der Fall, und wir haben tatsächlich in unseren Verfahren einige dieser Anträge unter diesem Gesichtspunkt zurückweisen können – oder aber, ob b) eine der Alternativen des § 244 Abs. 3 StPO der Beweiserhebung entgegensteht; etwa wegen Bedeutungslosigkeit für die Entscheidung oder auch in einzelnen Fällen wegen Wahrunterstellung im Sinne des § 244 Abs. 3 StPO.

Hier sollte der Sitzungsvertreter eine eindeutige Stellungnahme beziehen. Ich bin überzeugt, dass dann manche Anträge von vornherein abgelehnt würden und in Verfolg dessen eine Verfahrensverkürzung und, was noch wichtiger ist, eine Konzentration auf das Wesentliche eintritt. In der Tat ist es ja leider so, dass monatelang über die Frage des Befehlsnotstandes Erörterungen angestellt werden, dass aber die Tatsache, dass Massenmörder an hunderttausenden von Menschen vor Gericht sitzen, in den Hintergrund tritt. Bei der angezeigten Konzentration wird sich die Beweisaufnahme in wesentlichen Teilen nicht mehr mit der für den konkreten Einzelfall rechtlich irrelevanten Frage befassen müssen, ob irgendwann und irgendwo – gerade diese Frage wird ja dem Kollegen Hinrichsen entgegengehalten – einmal ein SS-Angehöriger wegen seiner Weigerung zu töten zum Schaden oder gar selbst zu Tode gekommen ist. Ich halte die Beantwortung dieser Frage, selbst wenn wir einen ersten solchen nachweisbaren Fall, den wir bislang noch nicht hatten, einmal hätten, für absolut unbedeutend für die Durchführung dieser Verfahren. Ich räume ein, dass die von mir erörterten Gesichtspunkte beim Putativnotstand Erschwernisse bringen können. Putativnotstand ist gegeben, wenn zwar objektiv die gegenwärtige Gefahr für Leib oder Leben nicht vorliegt, der Befehlsempfänger sich jedoch eine solche Gefahr vorstellte, und der Wille des Befehlsempfängers durch die vermeintliche Gefahr gebeugt worden ist. Aber gerade auch hier hat die Rechtsprechung keinen Zweifel gelassen, dass es konkreter Vorstellungen des konkreten Befehlsempfängers bedarf, durch welche Faktoren die Nichtausführung eines verbrecherischen Befehls zu einer Schädigung an Leib und Leben führen würde. Bloße Mutmaßungen erfüllen das Merkmal der vermeintlichen Drohung nicht. Auch hier liegt also eine eindeutige, bereits aus der höchstrichterlichen Rechtsprechung herzuleitende Konkretisierung und eine Ausrichtung auf den Einzelfall vor, so dass ich glaube, dass zumindest in der Mehrzahl derartiger Fälle das von mir Gesagte zu gelten hat. Ich darf nur am Rande erwähnen, dass, falls gleichwohl das Gericht eine solche Beweisaufnahme beschließt, gegen die wir uns ja letzthin nach Abgabe einer gegenteiligen Stellungnahme nicht wenden können, diese Gesichtspunkte selbstverständlich auch während der Vernehmung des betreffenden Zeugen durch den Sitzungsvertreter vertreten werden sollten, ebenso im Plädoyer.

Ich darf nochmals zusammenfassen: Erstens: Ich halte die Erstattung historischer Gutachten in Großverfahren und insbesondere in solchen Verfahren für notwendig, in denen die Frage des Befehlsnotstands einen weiten Raum einnimmt. Sie wissen, dass die Verfahrensgegenstände von sich aus bereits unterschiedlich sind, dass die Frage des Befehlsnotstands in einem KL-Verfahren nicht so entscheidend sein kann, wie möglicherweise in Verfahren gegen Angehörige von Polizeibataillonen. Selbst auf die Gefahr hin, damit nicht das Wohlgefallen von Herrn Prof. Dr. Buchheim zu finden, darf ich darauf hinweisen, dass sein Gutachten im Auschwitz-Verfahren durchaus den Auffassungen entsprochen hat, die die StA hiermit verband, und dass zweifelsohne auch die Wirkung nicht nur auf die Berufsrichter, sondern auch auf die Geschworenen dementsprechend war. – Zweitens sollte aber eine tunlichste Begrenzung und Beschränkung der einschlägigen Zeugenvernehmung auf den konkreten Fall angestrebt werden, und es sollte mit aller Entschiedenheit Beweisermittlungsanträgen oder allgemein gehaltenen Anträgen auf Vernehmung genereller Befehlsnotstandszeugen bereits bei der Erörterung dieses Beweisantrages entgegengetreten werden.

Ich glaube, dass wir dann drittens auf das Gutachten oder auf die Äußerung sachverständiger Zeugen, wie im Falle des Kollegen Hinrichsen werden verzichten können, dies zudem aus den von mir angedeuteten bedenklichen Gründen. – Ich bin mir bewusst, dass ich hier nur einige wenige Gesichtspunkte aufzeigen konnte, über die man darüber hinaus, auch das ist mir durchaus klar, streiten kann. Ich wäre Ihnen sehr verbunden, wenn von Ihnen noch der und jener Gesichtspunkt aufgezeigt werden könnte, denn wir sind uns ja alle einig darüber, dass wir der gerade in den letzten Jahren erkennbaren ungewöhnlichen Ausweitung der Befehlsnotstandssituation in Strafprozessen und hierbei insbesondere der generellen Erörterung dieser Frage tunlichst begegnen sollten."

EStA Dr. Goetz (Hannover) forderte anschließend, dass Gutachter bei den wesentlichen Teilen der HV anwesend sein sollten, weil sie dem Gericht aufgrund ihrer Erfahrungen helfen könnten. Er äußerte sodann die Vermutung, dass Zeugen für eine (Befehls-) Notstandssituation des Angeklagten von den Verteidigern häufig nicht mit dem Ziel benannt würden, einen Freispruch ihres Mandanten zu erreichen. Beabsichtigt sei vielmehr, dem Gericht plastisch den Unterschied zwischen dem Angeklagten und dem oft ebenso verdächtigen, aber nicht verfolgten bzw. nicht verfolgbaren Zeugen vor Augen zu führen und dadurch auf ein niedrigeres Strafmaß hinzuwirken.

StA Dr. Riffel (Stuttgart) fragte, ob der Fall eines echten (objektiven) Notstandes bekannt geworden sei.

OStA Dr. Großmann verneinte dies.

EStA Selle (Berlin) wollte wissen, welche Probleme die Hinzuziehung des EStA Hinrichsen von der ZSt. als Gutachter zu Fragen des Befehlsnotstands im ersten Frankfurter Auschwitz-Prozess aufgeworfen habe und ob er, EStA Hinrichsen, noch einmal dazu bereit sei.

EStA Hinrichsen erwiderte, er sei in Frankfurt zwar von den Verteidigern als Sachverständiger angesprochen worden, tatsächlich jedoch nur sachverständiger Zeuge gewesen. Als solcher habe er sich in einer unbefriedigten Situation befunden. Ihm seien Fragen gestellt worden, deren Beantwortung er für rechtlich unzulässig gehalten habe; darauf habe er auch das Gericht hingewiesen. Er bitte dringend, nicht mehr als sachverständiger Zeuge oder auch als Sachverständiger benannt zu werden.

StA Dr. Riffel (Stuttgart) stellte die Frage, wie es sich auswirke, dass in jedem Großverfahren ein Gutachten erstattet werde.

Prof. Dr. Buchheim (München) führte aus, dass er seine Aufgabe als Gutachter darin sehe, die historische Landschaft zu zeigen, in der sich die Verbrechen abgespielt hätten; vor allem halte er es für erforderlich, für die Geschworenen einen „Einführungskursus" zu halten, was von den Berufsrichtern oft verkannt werde. Bei den Verteidigern entstünden häufig folgende Missverständnisse: Es werde seine Terminologie kritisiert, die unjuristisch sei. Dazu glaube er sagen zu müssen, dass es für einen Historiker besser sei, von der juristischen Begriffswelt nichts zu verstehen, da die Gefahr des Missgriffs zu groß sei. Was er insbesondere über den Befehlsnotstand zu sagen habe, beruhe auf der damaligen staats- und verfassungsrechtlichen Situation. Dieser sei ein Problem sowohl der Juristen als auch der Historiker. Der Historiker gehe mit der Terminologie überhaupt anders um; er wolle auch alle Nuancen erfassen. Seine Begriffe könnten daher nicht eindeutig sein.

Es werde von ihm verlangt, Beweise etwa für die Behauptung zu liefern, dass man sich vor der Ausführung verbrecherischer Befehle habe drücken können. Insoweit sei er jedoch regelmäßig überfordert. Die Geschichtswissenschaft sei eine verstehende, interpretierende Wissenschaft, bei der man durch langes Studium zu einer bestimmten allgemeinen Erfahrung gelange. Einzeldokumente als Belege könnten nur ausnahmsweise zitiert werden; das Typische komme nur selten so vor, dass es als Beweis gelten könne. Im Übrigen müsse man sich als Historiker theoretisch und abstrakt ausdrücken, wenn man ein allgemeines Bild der geistigen Situation jener Zeit entwerfen wolle. Er verkenne nicht die Anforderungen, die damit oft an die Verständnisfähigkeit der Angeklagten und Geschworenen gestellt würden, sei jedoch der Meinung, dass viele Dinge in der Mentalität auch der einfachen Menschen damals schon vorhanden gewesen seien. So sei im täglichen Leben durchaus die Vorstellung verbreitet gewesen, dass z.B. die SS etwas Besonderes sei. Auch in der Theologie kenne man so etwas wie eine Parallelwertung in der Laiensphäre. – Zu der Forderung, dass eine längere Anwesenheit des Sachverständigen in der HV wünschenswert sei, gab er zu bedenken, dass das praktisch nicht durchzuführen sei.

RegDir. Maier bemerkte, es sei interessant zu sehen, wie Prof. Buchheim selbst die Grenzen seiner Gutachtertätigkeit beurteile.

EStA Hinrichsen erklärte dazu, dass Herr Dr. Seraphim als Sachverständiger diese Grenzen manchmal überschreite. Das sei indessen weniger ihm als den Gerichten zum Vorwurf zu machen, die von dem Sachverständigen Patentlösungen und fertige Antworten verlangen. Damit würden die Sachverständigen überfordert und mit zu großer Verantwortung beladen.

OStA Dr. Rückerl berichtete, Herr Dr. Seraphim habe sich schon bitter darüber beklagt, dass an ihn Fragen gestellt würden, die er als Historiker nicht beantworten könne.

StA Plitt (Dortmund) gab an, ihm sei von der ZSt. ein Protokoll über eine Vernehmung in Wien zugegangen. Darin habe ein Sicherheitspolizeibeamter über eine Belehrung durch den Leiter einer Außenstelle im Jahre 1942 berichtet, gemäß Erlass des RFSS sei niemand verpflichtet, an Erschießungen teilzunehmen, wenn das mit seinem Gewissen unvereinbar sei. Er frage die ZSt., ob in dieser Richtung weitere Ermittlungen stattgefunden hätten.

EStA Hinrichsen verneinte dieses mit dem Hinweis, dass Einzelfälle nur dann überprüft würden, wenn kein konkretes Verfahren anhängig sei; sonst müsse die Überprüfung in dem Verfahren geschehen.

OStA Dr. Nachtweh (Dortmund) fragte, ob im Berliner RSHA-Verfahren der von StA Plitt zitierte Befehl Himmlers bekannt geworden sei. Wenn nicht, müsse auf den Fall weiter danach geforscht werden.

EStA Hinrichsen bemerkte, es sei hoffnungslos, gezielt danach zu suchen; bisher seien nur Zeugenaussagen darüber bekannt.

EStA Selle (Berlin) teilte mit, dass bei den Ermittlungen gegen ehemalige Angehörige des RSHA der Befehl Himmlers nicht bekannt geworden sei. Zu erwähnen sei in diesem Zusammenhang jedoch ein Befehl Dalueges, wonach Absperrdienste bei Erschießungsaktionen u.ä. hätten geleistet werden müssen, weil dieses keine sicherheitspolizeilichen Aufgaben gewesen seien.

Gerichtsass. Hölzner (Berlin) kam auf die Stellung des Sachverständigen in NSG-Verfahren zurück und vertrat die Ansicht, dass bei der Hinzuziehung von Sachverständigen Zurückhaltung geboten sei; die Kenntnisse des StA reichten meist aus.

Prof. Dr. Buchheim (München) blieb demgegenüber bei seiner Meinung, dass den Geschworenen, denen oft das einfachste Rüstzeug fehle, ein „Einführungskursus" gehalten werden müsse, an dessen Anfang Fragen der Organisation gehörten.

StA Zippel (Berlin) wollte wissen, ob Verfahren bekannt geworden seien, in denen es wegen Bejahung einer Notstandssituation zu einem rechtskräftigen Freispruch gekommen sei.

EStA Hinrichsen (Ludwigsburg) bejahte die Frage mit dem Hinweis auf das Verfahren gegen Uhl u.a. in Freiburg. Die Begründung dafür sei in dem spekulativen Gedanken gefunden worden, die NS-Führung habe es zur Wahrung ihres Prestiges und ihrer Autorität sowie aus Gründen der Disziplin gar nicht zulassen dürfen, dass Befehle nicht ausgeführt wurden. Sie sei jedoch unvereinbar mit der Tatsache, dass es Fälle gebe, in denen die Nichtausführung eines verbrecherischen Befehls ohne Folgen geblieben war.

Prof. Dr. Buchheim (München) ergänzte, er habe in diesem Verfahren den Eindruck gehabt, dass der Vorsitzende sehr „zielstrebig" vorgegangen sei.

Hiernach referierte *OStA Dr. Rückerl* (ZSt.) über das Thema: *„Beschaffung von Beweismitteln aus den Ostblockstaaten"*.

„Die ZSt. ist sein ihrem Bestehen bemüht, Dokumentenmaterial über NS-Gewaltverbrechen aus ausländischen Archiven, insbesondere aus den Ostblockstaaten zu beschaffen. – Bevor ich auf Details eingehe, darf ich zunächst einen Überblick darüber geben, in welchem Umfange diese Bemühungen bisher Erfolg hatten.

Mit der *Polnischen* Hauptkommission zur Untersuchung von NS-Verbrechen beim Justizministerium in Warschau wurde bereits im Januar 1960 Verbindung aufgenommen mit dem Ergebnis, dass von polnischer Seite sowohl 1960 wie auch 1962 Fotokopien einer größeren Anzahl von Dokumenten der ZSt. übergeben wurden. Engere Kontakte zur Polnischen Hauptkommission bestehen seit Dezember 1964. Sie haben dazu geführt, dass inzwischen dreimal eine Arbeitsgruppe der ZSt. zur Auswertung von Dokumenten nach Polen gefahren ist. Auf das Ergebnis dieser Auswertungsarbeiten komme ich noch zurück.

Die Verbindung zur *tschechoslowakischen* ‚Staatlichen Kommission zur Untersuchung nationalsozialistischer Kriegsverbrechen' in Prag bestehen erst seit Januar 1966. Im Juni dieses Jahres konnte eine Arbeitsgruppe der ZSt. eine Woche lang Dokumente in Prag auswerten. Schon vorher, nämlich im Februar 1965, wurden der ZSt. von dem Verband der tschechoslowakischen antifaschistischen Widerstandskämpfer eine größere Anzahl von Dokumenten übergeben.

Von der *UdSSR* wurden Dokumente bisher – von einer Ausnahme anlässlich des Besuches von Prof. Alexejew von der Universität Leningrad in Koblenz abgesehen – nur in Einzelfällen auf gezielte Rechtshilfeersuchen hin zur Verfügung gestellt.

Aus *Ungarn* konnte bisher kein Dokumentenmaterial beschafft werden. Ein an der Universität in Amsterdam tätiger niederländischer Historiker hat über die ungarische Botschaft in Den Haag bei den zuständigen ungarischen Stellen nach dem Verbleib von Dokumentenmaterial über NS-Verbrechen angefragt. Er hat von dort die Antwort erhalten, dass sich in Ungarn Material dieser Art nicht befinde. Eine Kopie dieses Antwortschreibens liegt der ZSt. vor.

Hinsichtlich *Jugoslawien* ist bisher lediglich bekannt geworden, dass auf eine entsprechende Anfrage eines Vertreters unserer Schutzmacht Frankreich seitens der zuständigen jugoslawischen Behörde erklärt worden sei, man habe eine Kommission gebildet, die sich mit der Zusammenfassung und Auswertung des einschlägigen Materials befasse.

Soweit der kurze Überblick. Über die bisher durchgeführte Auswertung von Dokumenten aus polnischen Archiven ist Folgendes zu berichten: Die erste Reise einer Arbeitsgruppe der ZSt. nach Polen fand – nach vorausgegangenen Vorbesprechungen im Dezember 1964 in Warschau – im Februar 1965 statt. Es wurden bei der Hauptkommission in Warschau, im Jüdischen Historischen Institut in Warschau und bei Zweigstellen der Hauptkommission in Lublin Dokumente ausgewertet und Mikrofilmaufnahmen bestellt. Die Mikrofilme mit den Aufnahmen der bei der Hauptkommission in Warschau und in Lublin ausgewerteten Dokumente gingen im Laufe des Jahres 1965 bei der ZSt. ein. Es wurden zwei Verzeichnisse angefertigt, die an sämtliche Empfänger der Rundschreiben der ZSt. versandt wurden. Die Filme mit den Aufnahmen der Dokumente aus dem Jüdischen Historischen Institut in Warschau sind erst vor einigen Wochen bei der ZSt. eingegangen. Da offenbar schon bei der Anfertigung der Filmaufnahmen nicht systematisch vorgegangen worden ist und die einzelnen Aufnahmen auch nicht nummeriert sind, ist es außergewöhnlich schwierig, diese Kopien zu ordnen und für eine Verwendung in den Verfahren aufzubereiten.

Im Juni 1965 erfolgte die zweite Auswertungsreise nach Polen. Sie führte nach Warschau, Lodz, Bromberg und Danzig. Es wurde folgendes Material ausgewertet:

1. *Im Archiv der Hauptkommission in Warschau*
   a) 3000–4000 Fragebogen aus den Jahren 1945/46, in denen die polnischen Gemeinden über die in ihrem Bereich erfolgten Exekutionen berichten;
   b) ca. 800 sog. ‚BD-Akten'. – Polnische Ermittlungsakten aus der Zeit von 1945–1949;
   c) 21 Ordner mit Vorgängen der Umwandererzentrale Lodz mit Außenstellen;
   d) ca. 12.000–15.000 Personalakten der Häftlinge des KL Stutthof;
   e) 12 Bände aus dem sog. ‚Böttcher [Dr. Herbert Böttcher, 1907–1950; hingerichtet]-Prozess' (SSPF Radom);
   f) ca. 300 Akten des AG Danzig;
   g) 48 Personalakten von SS-Angehörigen aus dem KL Lublin;
   h) 79 Ordner mit Vorgängen betr. das KL Lublin und die ‚Aktion Reinhard';

i) 19 Bände betr. verschiedene andere KZ (vorwiegend polnische Zeugenaussagen);
j) drei Beweismittelbände aus den Prozessakten gegen Hildebrandt (HSSPF Danzig);
k) drei Bände Zeugenaussagen betr. den Warschauer Aufstand;
l) ca. 50 Bände Akten des Sondergerichts Warschau.

2. *Im Wojewodschaftsarchiv Lodz der Hauptkommission und Museum der polnischen Widerstandsbewegung in Lodz*
   a) ca. 300 Akten des ehemaligen Sondergerichts Lodz;
   b) ca. 20 Akten der Stadtverwaltung Lodz;
   c) ca. 30 Akten der Umwandererzentrale Lodz;
   d) 21 Bände Akten betr. die Gestapo-Stelle Lodz;
   e) ca. 80 kleinere Vorgänge der Gestapo Lodz;
   f) mehrere Hundert Lichtbilder aus der Zeit der deutschen Besetzung (insbesondere betr. das Gefängnis Radogoszcz).
3. *Wojewodschaftsarchiv Bromberg der Hauptkommission und Staatsarchiv Bromberg*
   a) ca. 80 Akten der Sondergerichte Bromberg und Graudenz;
   b) 200 Personalakten von Häftlingen des Frauenzuchthauses Fordon;
   c) sieben Bände Akten mit Verwaltungsvorgängen des Frauenzuchthauses Fordon;
   d) ca. 30 Ordner ‚Vermischte Bestände' (SD-Befehle, Anordnungen der Umsiedler-Zentrale, Selbstschutzvorgängen);
   e) ca. 200–300 Fotografien betreffend den Volksdeutschen Selbstschutz in Bromberg und die Tätigkeit der Einsatzgruppe IV.
4. *Staatsarchiv Danzig*
   a) drei Bände Besoldungslisten der Gestapoleitstelle Danzig;
   b) ca. 100 Personalakten von Angehörigen der Polizeiverwaltung Danzig;
   c) zwölf Ordner mit Vorgängen der SS-Treuhandstelle Danzig;
   d) ein Heft Akten betr. Versetzungen von Polizeibeamten zum BdO Paris;
   e) ca. 40 Personalakten von Angehörigen des Stabes des HSSPF Danzig;
   f) ca. 80–100 Personalakten von Richtern und StA aus dem OLG-Bezirk Danzig.
5. *Museum Stutthof*
   a) Lichtbilder aus dem von der SS angelegten Lageralbum;
   b) Kartei der Angehörigen des SS-Personals des KL.

Die Mikrofilme trafen Anfang dieses Jahres in Ludwigsburg ein. Die technische Qualität der Aufnahmen war – wie in geringem Umfang auch schon bei den früher übersandten Filmen – teilweise sehr schlecht, so dass die Auswertung vielfach erhebliche Schwierigkeiten bereitete. Inzwischen ist auch über dieses Material ein Verzeichnis angefertigt worden, das in den kommenden 2–3 Wochen versandt wird.

Die dritte Reise nach Warschau fand im April dieses Jahres statt. Im Gegensatz zu den vorhergehenden beiden Auswertungsreisen wurden diesmal überwiegend Akten aus Beständen ehemaliger deutscher Dienststellen vorgelegt. Die Akten stammten aus dem Archiv der HK und aus den staatlichen Archiven in Warschau, Posen, Przemysl, Kattowitz, Lublin und Bialystok. Es handelt sich insgesamt um mehrere hundert Bände u.a. folgender Provenienzen:

Teile der Gerichtsakten aus den Prozessen gegen Josef Bühler und Dr. Herbert Boettcher,

Akten der Sondergerichte Ziechenau und Kattowitz,

Akten der Landratsämter in Briesen, Graetz, Kalisch, Kosten, Lissa und Wollstein (ehem. Gau Wartheland),

Akten der Gendarmeriekreise Kalisch und Schrimm,

Akten des Stadthauptmanns in Przemysl,

Akten der Kreishauptleute in Sanok und Warschau,

Akten des Gouverneurs des Distrikts Warschau,

Akten des Kommissars für den jüdischen Wohnbezirk in Warschau,

Akten des Chefs der Zivilverwaltung in Posen,

Akten des Regierungspräsidenten in Posen,

Akten des Befehlshabers der Ordnungspolizei in Posen,

Akten des Höheren SS- und Polizeiführers in Posen,

Akten des Militärbefehlshabers in Posen,

Akten des Polizeidirektors in Thorn,

Akten der SA-Führung in Posen,

Akten der Umwandererzentrale in Lodz,

Fernmeldeunterlagen des Polizei-Jagdkommandos Bromberg,

Akten des SD Kalisch,

Akten der Stapo Ziechenau,

Personalakten des OLG Danzig,

Akten des Regierungspräsidenten in Kattowitz,

Akten der Gauleitung der NSDAP in Oberschlesien,

Akten der Gendarmerie im Regierungsbezirk Kattowitz,

Akten der Verwaltung des Judenlagers ‚Degussa' in Beuthen,

Häftlingsakten des Zuchthauses Rawitsch.

Ferner wurde eine große Anzahl Ermittlungsakten der HK vorgelegt. – Die Mikrofilme mit den Aufnahmen aus dieser Auswertung sind noch nicht in Ludwigsburg eingetroffen.

Allgemein ist über die von uns in Polen gemachten Erfahrungen zu sagen: Die Arbeitsgruppe der ZSt. konnte in Polen bisher –vom Jüdischen Historischen Institut in Warschau abgesehen – nicht unmittelbar an das Archivmaterial herankommen. Es wurden von polnischer Seite Vorgänge zur Auswertung vorgelegt, die für diesen Zweck vorbereitet und offensichtlich vorgesichtet waren. Die seitens der Arbeitsgruppe der ZSt. geäußerten Wünsche betreffend die Auswahl des Materials wurden nur zum Teil berücksichtigt.

Die Frage, ob und ggfs. in welchem Umfang von den polnischen Stellen interessantes Material bisher absichtlich zurückgehalten wurde, kann nicht beantwortet werden. Aus Gesprächen mit Mitgliedern der Polnischen Hauptkommission war erkennbar, dass man auch dort Schwierigkeiten hat, in ausreichender Zahl

Fachkräfte für diese Tätigkeit zu bekommen. Die besondere Schwierigkeit besteht darin, dass von diesen Kräften neben historischen Kenntnissen auch gute deutsche Sprachkenntnisse gefordert werden müssen.

Wie schon erwähnt, ist die Qualität der Filmaufnahmen und der davon gefertigten Abzüge oft schlecht. Dies ist zu einem großen Teil darauf zurückzuführen, dass schon die Originale oft nur noch mit Mühe lesbar sind. Es handelt sich nicht selten um Durchschriften auf schlechtem Papier, das in den vergangenen Jahren grau geworden ist, und die Fotografen vor schwierige Aufgaben stellt. – Ich darf an dieser Stelle betonen, dass die ZSt. bemüht ist, lesbare Kopien zu liefern. Bei Bestellungen von Dokumenten werden aus Gründen der Vollständigkeit auch die nur noch teilweise oder vereinzelt auch gar nicht mehr lesbaren Teile mit übersandt.

Bei der ZSt. wurde die Frage geprüft, ob in Einzelfällen Anfragen nach dem Vorhandensein ganz bestimmter Dokumente an die Polnische Hauptkommission gerichtet werden sollen. Aufgrund der bisher bei den Auswertungsreisen gemach ten Erfahrungen müssten jedoch solche Anfragen in all den Fällen aus aussichtslos angesehen werden, in denen es sich nicht um bereits in der einschlägigen polnischen Literatur verwertete Dokumente oder um eine genau zu bezeichnende Dokumentensammlung handelt.

Die ZSt. steht mit der Polnischen Hauptkommission laufend in brieflichem Kontakt. Es ist zu erwarten, dass die polnischen Stellen auch künftig die Auswertung von Dokumenten in Polen gestatten. Vermutlich befinden sich in Polen noch umfangreiche Dokumentenbestände, die für die Verfolgung von NS-Gewaltverbrechen von Wert sind. Bei dem bisher praktizierten Verfahren erscheint es jedoch zweifelhaft, ob dieses Material noch innerhalb der Zeit ausgewertet werden kann, die uns für die Einleitung und Durchführung solcher Verfahren noch bleibt. Da seitens der polnischen Stellen jedoch nur vorgesichtetes Material zur Verfügung gestellt wird, muss es wohl bei der bisherigen Methode der Auswertung bleiben. – Mit der ‚Tschechoslowakischen Staatlichen Kommission zur Verfolgung nationalsozialistischer Kriegsverbrechen' nahm die ZSt. im Jahre 1966 Kontakt auf. Bei den Besprechungen in Prag wurde vereinbart, dass die dortige Kommission Akten zur Auswertung vorbereitet und in Abständen von einigen Monaten jeweils eine Arbeitsgruppe der ZSt. nach Prag einlädt. Außerdem sei die Kommission bereit, Ersuchen um Übersendung bestimmter, genau bezeichneter Dokumente nach Möglichkeit nachzukommen.

Die erste Auswertung von Dokumenten in Prag durch eine Arbeitsgruppe der ZSt. fand im Juni 1966 statt. Insgesamt wurden der Arbeitsgruppe vorgelegt:

1. *110 Kästen* mit deutschen Dokumenten (insgesamt ca. 60.000 Blatt). Es handelte sich hierbei um drei Gruppen von Dokumenten, und zwar um Kästen mit folgenden Beschriftungen:

a) *‚RFSS' (Reichsführer SS)* 81 Kästen, insbesondere mit Material über die Waffen-SS und Polizeieinheiten, die dem Kommandostab RFSS unterstanden (u.a. die SS-Infanteriebrigaden [mot.] Nr. 1 und 2 mit den SS-Infanterieregimentern Nr. 4, 5, 8 und 10, die SS-Kavalleriebrigade mit den SS-Kavallerieregimentern Nr. 1 und 2, die Polizeiregimenter ‚Mitte' und ‚Süd' – Russland – mit verschiedenen

Polizeibataillonen). Die Dokumente betrafen ganz überwiegend Einsätze in der UdSSR, z.T. auch Einsätze in Frankreich und Norwegen.

b) ‚SS-Pol.' (SS-Polizei) 17 Kästen mit Dokumenten über sonstige Einheiten der Waffen-SS und Polizei (u.a. Vorgänge betr. des ‚Wachbataillon Böhmen und Mähren' und Polizeieinheiten im Bereich des Befehlshabers der Ordnungspolizei [BdO] Kroatien).

c) ‚RKG' (Reichskriegsgericht) 12 Kästen mit Urteilen des RKG, Personalakten des RKG, Vorgängen betr. die Versenkung des Schlachtschiffes ‚Tirpitz' u.a.

2. Es lagen der Arbeitsgruppe außerdem weitere 19 Hefte mit ausgewählten deutschen Dokumenten vor (insges. ca. 400 Blatt). Nach Mitteilung des Sachbearbeiters im Archiv handelte es sich hierbei um Dokumente aus ca. 14 weiteren Kartons, die der Arbeitsgruppe im Übrigen nicht zugänglich gemacht wurden. Es betrafen: a) 13 Hefte Vorgänge in der CSSR; b) sechs Hefte Dokumente betr. den Kommandostab RFSS (u.a. Kriegstagebuch Nr. 1 v. 16.6.1941–31.12.1941) die SS-Kavalleriebrigade, die SS-Infanteriebrigaden Nr. 1 und 2 und die 1. Kompanie des Bataillons der Waffen-SS ZbV.

Im Gegensatz zu den anlässlich der bisherigen drei Auswertungsreisen in Polen angetroffenen Verhältnissen war das gesamte vorgelegte Material sehr gut archivarisch aufgearbeitet. Innerhalb der Kästen waren zusammengehörende Vorgänge jeweils wieder in besonderen Mappen zusammengefasst.

Bei Gesprächen mit Angehörigen der tschechoslowakischen Kommission wurde festgestellt, dass nur ganz wenige Personen zur Prüfung des in den dortigen Archiven befindlichen einschlägigen Materials eingesetzt werden. Die Kommission arbeitet mit der Mehrzahl ihrer Kräfte an der Aufklärung bestimmter NS-Gewaltverbrechen, die auf dem Gebiet der CSSR begangen worden sind. Sie gibt nach Abschluss ihrer Ermittlungstätigkeit diese Vorgänge an die für den Wohnsitz des Beschuldigten zuständige StA in der Bundesrepublik bzw. an die ZSt. in Ludwigsburg ab. Eine systematische Bearbeitung des in den Archiven der CSSR befindlichen Materials, das Vorgänge außerhalb des Gebiets der CSSR betrifft, ist seitens der tschechoslowakischen Kommission nicht vorgesehen. Gezielte Anfragen um Überlassung von Kopien bestimmter Dokumente erscheinen deshalb wenig erfolgversprechend.

Abschließend möchte ich noch kurz auf die von der ZSt. herausgegebenen Dokumentenverzeichnisse eingehen. Wir sind uns in Ludwigsburg darüber im Klaren, dass die Form der Verzeichnisse verbesserungsbedürftig ist. Insbesondere wurde schon häufig der Wunsch nach einem Index zu den Verzeichnissen laut. Da es jedoch verhältnismäßig lange dauert, bis die Mikrofilme aus Polen bzw. der CSSR bei der ZSt. eintreffen, ferner bis bei der ZSt. Abzüge angefertigt sind und mit der Auswertung begonnen werden kann, erschien es uns bisher vordringlich, die Verzeichnisse möglichst schnell herzustellen und den interessierten Stellen zugänglich zu machen. Die Anfertigung von Indices würde eine erhebliche Verzögerung mit sich bringen. Die Verzeichnisse werden deshalb auch in Zukunft zunächst lediglich ein Inhaltsverzeichnis enthalten. Dass die von uns herausgegebenen Verzeichnisse trotz ihrer Mängel gelesen werden, ist für uns aus der Tatsache ersichtlich, dass innerhalb eines Jahres 64.000 Blatt Kopien bei der ZSt. bestellt worden sind. Im Hinblick auf den Umfang der in Ludwigsburg eingehenden Dokumentenbestellungen – die zu einem großen Teil einen Eilvermerk tragen – bitte ich um Ihr Verständnis, wenn manche Bestellung nicht sofort erledigt werden kann. Ich bitte Sie außerdem, die Arbeit der ZSt. insofern zu unterstützen, dass Sie die Kopien von Dokumenten, die Ihnen bei der Bearbeitung Ihrer Verfahren aus dem Ausland unmittelbar zugehen, der ZSt. zugänglich machen."

StA Klass (Mannheim) stellte die Frage, ob es sicher sei, dass in Ungarn sich keine Dokumente mehr befänden. Seiner Meinung nach müsste zumindest noch Sekundärmaterial vorhanden sein. Bei der Vernehmung eines Zeugen in Israel hätte dieser ihm erklärt, dass er nach dem Krieg in Ungarn über Erlebnisse während des Krieges vernommen worden sei. Vermutlich wären auch noch andere jüdische Zeugen aus Ungarn nach dem Krieg vernommen worden, so dass zumindest diese Vernehmungsniederschriften aus dem Jahre 1946/47 vorhanden sein müssten.

OStA Dr. Rückerl erwiderte, dass auch er der Auffassung sei, dass in Ungarn noch Material vorhanden sein müsste. Die ungarische Botschaft in Den Haag habe dieses jedoch nach Rückfrage bei den zuständigen ungarischen Stellen verneint; wie er bereits in seinem Referat ausgeführt habe.

EStA Sichting (Stuttgart) führte aus, er habe vor längerer Zeit Gerichtsakten aus Polen angefordert. Bisher habe er jedoch noch keine Antwort erhalten. Er fragte, ob noch Aussicht bestünde, dass er eine Antwort bzw. die Akten bekäme.

OStA Dr. Rückerl erklärte, dass er schon wiederholt in Warschau die Übersendung von angeforderten Akten angemahnt hätte. Aus seiner Erfahrung bei Besuchen bei der Hauptkommission in Warschau könne er aber sagen, dass man aus längerem Schweigen der Hauptkommission nicht schließen solle, dass dort nichts getan würde. Die Hauptkommission sei mit Arbeit überlastet. Er habe in Warschau angeregt, Zwischenbescheide darüber zu erteilen, wie lange die Beantwortung eines Ersuchens ungefähr dauern würde.

EStA Sichting (Stuttgart) regte sodann eine übersichtliche Gliederung der von der ZSt. herausgegebenen Findbücher an.

OStA Dr. Rückerl erklärte, dass die ZSt. sich vor allem von dem Bestreben leiten lasse, die Findbücher nach Eingang der Filme bzw. Dokumente so schnell wie möglich herauszugeben. Da das eingehende Material aber in keiner Weise geordnet sei und das Ordnen unverhältnismäßig viel Zeit in Anspruch nehme, beschränke sich die ZSt. auf eine unsystematische Aufzählung der Dokumente. Dieses geschehe in der Weise, dass ein Sachbearbeiter die Dokumente lese und den wesentlichen Inhalt sofort auf Tonband spreche. Von diesem Tonband würden dann die Findbücher abgeschrieben. In Zukunft solle allerdings versucht werden, den Findbüchern auch Register beizufügen.

EStA Sichting (Stuttgart) berichtete sodann über Erfahrungen bei Dokumentenbeschaffungen aus der Sowjetunion. Er führte aus, die Rechtshilfeersuchen würden erst nach sehr langer Zeit beantwortet werden; die übersandten Unterlagen seien jedoch z.T. recht brauchbar. In einem Verfahren hätte er Vernehmungen aus dem Jahre 1946/47 erhalten, denen Bilder von Exhumierungen von Massengräbern in den vormals besetzten deutschen Gebieten beigefügt gewesen seien. – Zu Unterlagen Ungarn betreffend erklärte er, dass in Stuttgart umfangreiche Entschädigungsverfahren geführt worden seien, in denen sicherlich wertvolle Hinweise enthalten sein würden.

StA Thiemke (Schleswig) teilte mit, dass er Anschriften von Zeugen aus der CSSR benötige. Bisher sei aber aus Prag noch keinerlei Antwort eingegangen.

OStA Dr. Rückerl erklärte hierzu, dass in solchen Fällen die StA sich an die ZSt. wenden sollten. Es würde dann von dort versucht, direkten Kontakt mit Prag aufzunehmen. Auch hätte sich der VVN-Sekretär Saur aus Frankfurt bereit erklärt, in solchen Fällen in Prag anzufragen.

EStA Dr. Goetz (Hannover) äußerte die Vermutung, dass das Zurückhalten von Dokumenten durch Russland oder Polen u.U. auch darauf zurückzuführen sei, dass sich aus diesen Dokumenten Belastungen von Polen oder Russen ergäben.

EStA Selle (Berlin) fragte, ob Aussichten bestünden, in naher Zukunft die in der Sowjetunion befindlichen Akten auswerten zu können.

RegDir. Pötz (BJM) erwiderte, dass 1965 in dieser Richtung ein offizieller Antrag an die UdSSR gestellt worden sei. Bisher sei aber keine Antwort hierauf eingegangen.

EStA Selle (Berlin) fragte weiter, ob Bedenken bestünden, wenn von Berlin aus versucht werde, direkten Verkehr mit der Sowjetunion aufzunehmen, da die Sowjetunion die Tätigkeit des AA für Berlin nicht anerkenne.

OStA Dr. Rückerl antwortete, dass bei Rechtsersuchen der StA Berlin die ZSt. eingeschaltet werden sollte. Diese könnte die Ersuchen in Verbindung mit anderen Ersuchen weiterreichen.

Sodann referierte *OStA Dr. Rückerl* über das Thema: *„Rechtshilfeverkehr mit Polen und der CSSR".*

„Rechtshilfeersuchen deutscher StA und Gerichte sind – unter Beachtung der Richtlinien für den Rechtshilfeverkehr mit dem Ausland – über die polnische bzw. tschechoslowakische (cs.) Militärmission in Westberlin an die zuständigen Stellen in Polen bzw. in der CSSR zu senden. Als zuständige Stellen sind im Falle eines Rechtshilfeersuchens in Verfahren wegen NS-Gewaltverbrechen – gleichgültig, ob es sich um Ersuchen um richterliche Zeugenvernehmungen oder um die Beschaffung von anderen Beweismitteln handelt – anzusehen:

a) *In Polen:* Die Hauptkommission zur Untersuchung nationalsozialistischer Verbrechen in Polen beim Justizministerium in Warschau Glowna Komisja Radania Zbrodni Hitelerowskich w Polsce – Direktor Pflichowski – Warschau, Aleje Ujazdowskie, Minsterstwo Sprwiedliwosci;

b) *in der CSSR:* Die cs. staatliche Kommission zur Untersuchung nationalsozialistischer Kriegsverbrechen in Prag – Ministerstvo Spravedlnosti v Praze Cs. vláđni komise þro stíháni nacistických váecných zlocincu zu Hd. v. Herrn Dr. Kamiś, Praha 1, Karmelitská 19.

Die ZSt. ist ermächtigt, mit den beiden genannten Stellen unmittelbar zu verkehren. Sie ist deshalb auch in der Lage, in den Fällen die polnische bzw. cs. Kommission um Unterstützung zu bitten, in denen sich die StA und Gerichte an die ZSt.

mit der Bitte gewandt haben, aus Polen bzw. der CSSR Beweismittel zu beschaffen. In der Praxis sieht das so aus, dass die ZSt. eine Kopie des an die ZSt. gerichteten Ersuchens der StA mit einem besonderen Anschreiben an die polnische bzw. cs. Kommission weiterleitet und der betr. StA einen Abdruck dieses Anschreibens übersendet. Dieser Weg ist schon in mehreren Fällen beschritten worden und hat auch bereits zum Erfolg geführt.

Die ZSt. ist auch bereit und in der Lage, in den Fällen, in denen die über die jeweilige Militärmission geleiteten Rechtshilfeersuchen in angemessener Zeit nicht beantwortet worden sind, die polnische bzw. cs. Kommission an die Erledigung dieser Rechtshilfeersuchen zu erinnern.

Zu den Rechtshilfeersuchen nach Polen bzw. der CSSR erscheinen folgende Gesichtspunkte von allgemeinem Interesse: Bei den Besprechungen mit den Leitern der beiden genannten Kommissionen in Warschau und Prag im Frühjahr bzw. im Sommer dieses Jahres wurde von polnischer bzw. cs. Seite die Bereitschaft erklärt, nach Kräften bei der Aufklärung der NS-Verbrechen mitzuwirken.

Um unnötige Arbeit zu vermeiden und gezielte Ermittlungen zu ermöglichen, sei es – wie der Leiter der polnischen Hauptkommission betonte – jedoch dringend erforderlich, im Rahmen der Rechtshilfeersuchen ausreichende Informationen über den Gegenstand des Verfahrens, die Person des bzw. der Beschuldigten und den bisherigen Stand der Ermittlungen zu geben.

Insbesondere sollte darauf hingewiesen werden, welche Vorgänge im Rahmen eines Tatkomplexes nach deutschem Recht noch verfolgt werden könnten und ggfs. welche Teilnehmer an der Tat nach den bisher gewonnenen Erkenntnissen bereits tot seien. Informationen dieser Art könnten wesentlich dazu beitragen, die Ermittlungen der polnischen Stellen auf die wesentlichen Dinge zu beschränken und dadurch die Dauer der Erledigung der Rechtshilfeersuchen zu verkürzen. – Inwieweit den Wünschen der polnischen bzw. cs. Kommissionen entsprochen werden kann, wird von Fall zu Fall zu entscheiden sein.

Der Leiter der polnischen Hauptkommission hat darum gebeten, in einem Rechtshilfeersuchen jeweils nur einen einzigen Tatkomplex zu behandeln. Bei Ersuchen um Vernehmung von Zeugen sollen jeweils so viele Mehrfertigungen des Ersuchens beigefügt werden, als Zeugen vernommen werden sollen. Die Beifügung von Übersetzungen sei erwünscht.

Mit Nachdruck bat der Leiter der polnischen Hauptkommission, deutsche Justizbehörden möchten künftig davon absehen, Zeugen in Polen unmittelbar anzuschreiben. Die polnischen Behörden würden bei Bekanntwerden eines solchen Falles – von besonderen Ausnahmen abgesehen – den Zeugen keine Ausreisegenehmigung in die Bundesrepublik erteilen. Es stelle eine Missachtung der Souveränität eines Staates dar, wenn an seine Staatsangehörigen in Rechtshilfesachen von ausländischen Behörden unmittelbar herangetreten werde.

Auf die Frage, ob bei Zeugenvernehmungen durch polnische Behörden oder Richter deutschen StA die Anwesenheit gestattet werden könne, reagierte der Leiter der polnischen Hauptkommission ablehnend. Er erklärte jedoch, dass je nach Sachlage auch in diesem Falle Ausnahmen gemacht werden könnten.

Aufgrund der von mir bei Gesprächen mit Angehörigen der polnischen Hauptkommission gemachten Erfahrungen erscheint es mir erforderlich, darauf hinzuweisen, dass bei Reisen in Ostblockländer besondere Zurückhaltung bei der Beantwortung von Fragen nach dem Sachstand und den Erfolgsaussichten bestimmter Verfahren dringend zu empfehlen ist. In einem Einzelfall hatte sich ein StA gegenüber der polnischen Hauptkommission in Warschau offenbar sehr zuversichtlich über den Stand und den weiteren Verlauf eines Ermittlungsverfahrens geäußert. Auf meine Einwendungen, dass auch in diesem Verfahren die Beschaffung eines zur Verurteilung ausreichenden Beweismaterials noch erhebliche Mühe und Zeitaufwand erforderlich machten, erklärten die polnischen Gesprächspartner, sie hätten aus den Gesprächen mit dem betreffenden StA den Eindruck gewonnen, der Beschuldigte sei so gut wie verurteilt. Falls dieses Verfahren nun nicht mit einer Verurteilung enden würde, bin ich sicher, dass man daraus polnischerseits Schlüsse ziehen würde, die ungünstig für die Justiz der Bundesrepublik sind.

Aus Gründen, die etwa auf der gleichen Ebene liegen, empfehle ich auch dringend, dass an Reisen in die Ostblockstaaten mindestens zwei Personen teilnehmen. – Abschließend darf ich nochmals betonen, was ich schon in meinem Referat über die Beschaffung von Dokumenten aus den Ostblockstaaten gesagt habe: Nach meinen sowohl in Warschau wie in Prag gewonnenen Eindrücken sind die Angehörigen der dortigen Kommissionen durchaus gewillt, die deutschen Justizbehörden zu unterstützen. Politische und propagandistische Erwägungen mögen dort vielleicht eine Rolle spielen. Im Verhalten der Kommissionsmitglieder uns gegenüber würden sie jedoch nicht unbedingt erkennbar. Wenn die Erledigung deutscher Rechtshilfeersuchen nach Polen oder der CSSR längere Zeit in Anspruch nimmt, so darf meiner Ansicht nach nicht ohne weiteres geschlossen werden, man sei dort nicht guten Willens.

Im Übrigen ist – wie schon erklärt wurde – die ZSt. auf Wunsch gerne bereit, über ihre Verbindungen nach Polen und der CSSR die dortigen Kommissionen an die Erledigung solcher Rechtshilfeersuchen zu erinnern."

StA Focken (Braunschweig) äußerte die Vermutung, dass sich bei der Hauptkommission in Warschau noch sehr viele Unterlagen befänden. Er hätte Anfragen bezüglich 100 Personen gestellt. Eine Antwort sei allerdings nur bezüglich 20 Personen erteilt worden, die z.T. auch noch unbrauchbar gewesen seien. Im Übrigen sei er erstaunt, dass die Hauptkommission diese Zeugen sofort habe vernehmen wollen. Er frage sich, was die Hauptkommission hiermit bezweckt habe.

OStA Dr. Rückerl erklärte, dass die Polen möglichst umfassend über alle Ermittlungen, die von unserer Seite aus getätigt werden, unterrichtet werden wollen. Wenn die Hauptkommission Vorvernehmungen der polnischen Zeugen durchführe, so u.a. deshalb, weil die Hauptkommission diese Zeugen als eigene Erkenntnisquellen ansähen. Unabhängig von den westdeutschen Strafverfahren bemühe sich die Hauptkommission nämlich um eigene Aufklärung der in Polen begangenen NSG. Am liebsten hätte die Hauptkommission Mitteilung über alle Anklagen, Urteile und Einstellungen aus westdeutschen Verfahren. Dieses sei natürlich nicht möglich. Soweit keine rechtskräftigen Urteile vorlägen, verbiete sich dieses schon aus strafprozessrechtlichen Gründen.

StA Dr. Klass (Mannheim) fragte, wie man auf Anforderungen von Anklagen und Urteilen der Polen reagieren solle.

MinRat Roth erwiderte, die JMK befasse sich seit Jahren mit der Frage, auf welche Weise solche Ersuchen ausländischer Stellen zu behandeln seien. Auf der JMK in Saarbrücken habe man beschlossen, Yad Vashem Anklagen und Urteile auf Anforderung zu übersenden, allerdings nur, wenn vorher die Namen aus den Unterlagen getilgt worden seien.

StA Focken (Braunschweig) stellte die Frage, wie man verfahren solle, wenn Rechtshilfeersuchen von den Polen nicht beantwortet würden.

OStA Dr. Rückerl regte an, möglichst viele Rechtshilfeersuchen zu stellen und diese ggfs. zu wiederholen. Auch Erinnerungen an die Erledigung der Rechtshilfeersuchen seien zweckdienlich. – Im Übrigen bat er die StA bei Reisen ins Ausland, insbesondere in die Ostblockstaaten, um Zurückhaltung mit Prognosen über ausstehende Urteile. Es mache einen außerordentlich schlechten Eindruck, wenn ein StA mit einer hohen Zuchthausstrafe für einen bestimmten Beschuldigten rechne, insoweit auch eine Äußerung abgebe und es dann womöglich zur Einstellung des Verfahrens oder zur Nichteröffnung der HV komme.

MinRat Roth schlug vor, nach wiederholter Erinnerung zur Erledigung eines Rechtshilfeersuchens eine Frist zu stellen; es sei schließlich außerordentlich unbefriedigend, auf Dokumente oder Zeugenvernehmungen, von denen u.U. der Fortgang des Verfahrens abhänge, warten zu müssen, ohne zu wissen, wie lange die Antwort noch ausstehe und welchen Erfolg das Ersuchen überhaupt haben werde.

OStA Dr. Rückerl hielt das Stellen von Abschlussfristen für eine gangbare Möglichkeit.

RegDir. Pötz wies sodann auf die eminente politische Bedeutung des Rechtshilfeverkehrs – insbesondere mit Ostblockstaaten – hin. Er erklärte, auch das Setzen einer Abschlussfrist könne nicht verhindern, dass etwa drei Monate nach Ablauf der Verjährungsfrist im Jahre 1969 noch wichtige Dokumente übergeben würden. Im Übrigen trat er auch dafür ein, dass man sich bei Gesprächen mit polnischen Behörden zurückhalte.

LG-Rat Knodel (Bad Kreuznach) berichtete von positiven Erfahrungen mit Rechtshilfeersuchen an Polen. Er führte aus, die Antworten auf seine Ersuchen seien durchweg zufriedenstellend gewesen. Der Erfolg eines Rechtshilfeersuchens hänge von dessen Formulierung ab. Man müsste hierbei auf Einzelheiten eingehen.

StA Hadeler (Kiel) sprach sich ebenfalls dafür aus, dass man bei Rechtshilfeersuchen auf Einzelheiten des Verfahrens eingehen sollte. Die gebotene Zurückhaltung dürfe nicht übertrieben werden. Die Ostblockstaaten erführen aus der Presse ohnehin viele Einzelheiten aus den laufenden Verfahren. Außerdem müssten die Polen ja auch wissen, worum es in einem Verfahren speziell gehe, wenn sie zu dessen Unterstützung herangezogen würden.

OStA Dr. Nachtweh (Dortmund) berichtete abschließend über Erfahrungen mit der Vernehmung russischer Zeugen: Im Okt. 1965 seien acht Zeugen zur

Vernehmung in die Bundesrepublik gekommen. Die Vernehmungen seien ohne Beanstandungen durchgeführt worden. Im März 1966 seien unvermutet russische Niederschriften über Vernehmungen derselben Zeugen vom Jan. 1966 eingegangen mit dem Bemerken, die Zeugen seien bereit, zur erneuten Vernehmung noch einmal in die Bundesrepublik zu kommen; sie hätten noch über Tatsachen zu berichten, die sie seinerzeit dem deutschen Gericht noch nicht hätten mitteilen können. Überraschend sei bei diesen russischen Vernehmungsniederschriften gewesen, dass sie teilweise von den Vernehmungen im Okt. 1965 abwichen. Die Folge sei eine Minderung des Wertes der ersten Vernehmung.

Die Tagung wurde fortgesetzt mit einem Referat von *StA Hofmann* (Nürnberg-Fürth) über das Thema: *„Schwierigkeiten bei der Vernehmung von Zeugen in den Ostblockländern“.*

„Nachdem Herr OStA Dr. Rückerl schon ausführlich über den Rechtshilfeverkehr mit den Ostblockstaaten berichtet hat, kann ich mich sehr kurz fassen. Ich möchte nur einige Probleme aufzeigen, die die Vernehmung von Zeugen in den Ostblockstaaten mit sich bringt. Erwähnen darf ich vorweg, um Missverständnisse auszuschließen, dass ich noch an keiner Vernehmung in den Ostblockstaaten teilgenommen und bisher auch keine Hauptverhandlung miterlebt habe, in der Zeugen aus einem Ostblockland vernommen wurden. Ich bearbeite z.Zt. ein Verfahren, in dem die Frage akut wird, wie solche Vernehmungen durchzuführen und zu behandeln sind.

Maßgebend ist das Rundschreiben des Herrn BJ vom 19.12.1964 an die LJVW bezüglich des Rechtshilfeverkehrs mit den Staaten des Ostblocks in NSG-Verfahren. Die LJVW haben aufgrund dieses Rundschreibens entsprechende Entschließungen herauszugeben.

In dem Rundschreiben vom 19.12.1964, das im Übrigen im Rundschreiben der ZSt. vom 29.3.1965 veröffentlicht ist, wird empfohlen, von der kommissarischen Vernehmung von Zeugen durch Justizbehörden der Ostblockstaaten aus politischen und rechtlichen Erwägungen abzusehen. Die unmittelbare Ladung dieser Zeugen zur HV soll danach die Regel sein. Eine Ausnahme könne nur gemacht werden, wenn eine deutsche Justizbehörde der Meinung sein sollte, dass wegen der Bedeutung der Aussage eines Zeugen für das Verfahren auf dessen Vernehmung nicht verzichtet werden kann und dieser Zeuge nicht bereit oder in der Lage ist, in die Bundesrepublik zu kommen. – In der Praxis sieht es gerade umgekehrt aus. Die Ausnahme dürfte die Regel sein, um Überraschungen in der HV zu vermeiden und Zeugen, die nichts Wesentliches auszusagen haben, ausscheiden zu können.

Bei einem Rechtshilfeersuchen an eine Justizbehörde in einem Ostblockstaat zur kommissarischen Vernehmung eines Zeugen ist ein Punkt besonders zu beachten. Wenn nämlich nach den bisherigen Ermittlungen der Verdacht besteht, dass der in dem Ostblockstaat lebende Zeuge selbst an NS-Gewaltverbrechen beteiligt gewesen sein könnte (z.B. als ehemaliger Lagerältester, Kapo, Hilfspolizist usw.), darf das Ersuchen nichts darüber enthalten, weil nicht die Gewähr besteht, dass der Verdacht in einem rechtsstaatlichen Verfahren geprüft wird. Täten wir es dennoch, so würden wir uns, meines Erachtens, wegen politischer Verdächtigungen im Sinne von § 241 a StGB strafbar machen. Man könnte sicherlich in einem solchen Fall das Rechtshilfeersuchen auch so fassen, dass keine Gefahr für den Zeugen erwächst. Im Allgemeinen würde aber eine daraufhin durchgeführte Vernehmung wenig Wert haben, da dem Zeugen der entsprechende Vorhalt nicht gemacht werden kann. Hier bleibt nur übrig, diesen Zeugen unmittelbar zur HV laden zu lassen – wenn man nicht ganz auf ihn verzichten will – und abzuwarten, ob er erscheinen wird.

Problematisch ist die Verlesung der Niederschrift einer Zeugenvernehmung, die von einer Justizbehörde eines Ostblockstaates im Ermittlungsverfahren durchgeführt wurde, in der HV. Die Verlesung ist sicherlich dann zulässig gemäß § 251 Abs. 1 Nr. 2 StPO, wenn der betreffende Zeuge sich weigert, zur HV zu kommen oder keine Ausreisegenehmigung erhält. Es würde aber mit Recht kein Schwurgericht geben, das zu einer Verurteilung kommt, wenn der Schuldnachweis für eine Tat sich allein aus der Verlesung einer Niederschrift über die Vernehmung eines Zeugen durch eine Justizbehörde eines Ostblockstaates ergibt. Die Niederschrift kann in formeller und materieller Hinsicht noch so einwandfrei sein. Es kommt eben entscheidend auf den Eindruck an, den der Zeuge und seine Aussage in der HV machen. Ich selbst habe die Erfahrung gemacht, dass in einem NSG-Verfahren der dringende Tatverdacht für die Erweiterung eines Haftbefehls vom Untersuchungsrichter und auch nach Beschwerde von der Kammer verneint wurde, als sich der Verdacht ausschließlich aus Aussagen von Zeugen ergab, die auf Ersuchen des Untersuchungsrichters von einem polnischen Richter eidlich vernommen wurden. Die Kammer begründete ihre Entscheidung damit, es bestünden Zweifel daran, dass diese Zeugen gerade die Angeschuldigten als die Täter erkannt haben, nachdem sehr viele andere Angehörige derselben deutschen Dienststelle an diesem Ort tätig waren. Mittelbar gab das Gericht allerdings zu erkennen, dass es diese Aussagen zur Begründung des für die Anklageerhebung hinreichenden Tatverdachtes genügen ließe. Eine Verwertung von Niederschriften über Zeugenvernehmungen aus Ostblockstaaten wäre allenfalls dann in der HV möglich, wenn den Prozessbeteiligten die Anwesenheit bei der Vernehmung gestattet und ihnen ein Fragerecht eingeräumt würde. Nach den Ausführungen von Herrn OStA Dr. Rückerl ist aber im Augenblick wohl daran nicht zu denken.

Lediglich noch eine Anmerkung: Durch die Möglichkeit, in NSG-Verfahren Zeugen aus Ostblockländern vernehmen zu lassen und sie auch zur HV zu laden, kann in der HV ein Beweisantrag auf Vernehmung eines Zeugen aus einem dieser Länder nicht schlechthin deswegen abgelehnt werden, weil der Zeuge wegen Fehlens eines offiziellen Rechtshilfeverkehrs unerreichbar im Sinne von § 244 Abs. 3 StPO ist. Es muss vielmehr erst festgestellt werden, ob der Zeuge sich weigert, zu erscheinen oder ob er keine Ausreisegenehmigung erhält. Sollte das der Fall sein, so muss immer noch geprüft werden, ob nicht eine kommissarische Vernehmung durchgeführt werden kann, mit allen Nachteilen für die Dauer der HV.

Abschließend möchte ich an Herrn OStA Dr. Rückerl und Herrn RegDir. Dr. Pötz die Frage stellen: ‚Besteht die Aussicht, dass polnische Behörden und auch die Bundesregierung die Genehmigung erteilen werden, dass polnische Zeugen, die bereits erklärt haben, sie werden zur HV nicht erscheinen, durch eine polnische Justizbehörde im Beisein von Mitgliedern des zuständigen deutschen Gerichts, des StA, des Verteidigers und des auf freiem Fuß befindlichen Angeklagten kommissarisch vernommen werden?' "

OStA Dr. Großmann (Frankfurt) berichtete anschließend über positive Erfahrungen aus dem ersten Auschwitz-Prozess mit polnischen Zeugen. Er betonte hierbei, dass die technische Abwicklung dank der enormen Förderung durch Herrn Prof. Sehn besonders glatt gegangen sei. Insofern müsse man wohl des Auschwitz-Verfahren als eine Ausnahme ansehen.

RegDir. Pötz (BJM) führte aus, dass die Bundesregierung der Vernehmung polnischer Zeugen in Polen zustimme, wenn diese nicht in die Bundesrepublik kommen könnten. In diesem Zusammenhang habe man festgestellt, dass die polnischen Behörden offenbar bei Verfahren, die gegen prominente Einwohner der Bundesrepublik anhängig sind, Zeugen nicht die Ausreisegenehmigung erteilten, sondern sie in Polen vernehmen ließen.

LG-Rat Knodel (Bad Kreuznach) erklärte, dass Schwierigkeiten bei der Ausreise von polnischen Zeugen nicht nur auf die polnischen Behörden zurückzuführen seien, sondern oft auch auf die Bedenken der polnischen Zeugen, nach Deutschland zu reisen. Diese hätten nämlich vollkommen falsche Vorstellungen über die politischen Verhältnisse in der Bundesrepublik.

OStA Dr. Goetz (Hannover) schnitt abschließend die Frage des Rechtshilfeverkehrs mit der sog. DDR an. Er meinte, es müsse geklärt werden, wie man in diesem Fall verfahren solle.

MinRat Roth erklärte, man sei sich darüber einig, dass ein GStA mit dem GStA Streit in Ostberlin in Verbindung treten und entsprechende Vereinbarungen treffen solle. Zurzeit seien die Erörterungen hierüber noch nicht abgeschlossen. Verbindliches könne er deshalb hierzu noch nicht sagen.

Anschließend referierte *EStA Walden* (Dortmund) über das Thema: *„Erfahrungen über Ortsbesichtigungen in Polen während einer HV vor dem Schwurgericht"*.

„Vor dem Schwurgericht Bochum fand vom Oktober 1965 bis Juli 1966 eine HV gegen den ehemaligen Leiter der Gestapoaußenstelle Neusandez, Distrikt Krakau, und 13 weitere Angehörige dieser Dienststelle statt. Während der HV, und zwar Ende Mai dieses Jahres, ist eine Besichtigung der Tatorte im Raume Neusandez, u.a. des ehemaligen Gestapogebäudes, des Gefängnisses der Gestapo, zahlreicher Exekutionsorte durch die drei Berufsrichter in Anwesenheit von zwei Verteidigern und von mir als Sitzungsvertreter durchgeführt worden. Die Notwendigkeit der Augenscheineinnahme hatte sich aus verschiedenen Gründen ergeben: U.a. hatten mehrere Zeugen bekundet, von genau bezeichneten Beobachtungsstellen aus gesehen zu haben, dass bestimmte Angeklagte bei Erschießungen als Schützen beteiligt gewesen waren und dabei blindlings in die Opfer hineingeschossen hätten, die dann nur verwundet in die Gruben geworfen worden seien. Diese Darstellung wurde von den Angeklagten mit der Begründung als falsch hingestellt, dass die von den Zeugen genannten Beobachtungsstellen überhaupt nicht vorhanden gewesen seien oder die Exekutionsorte von den angegebenen Punkten aus überhaupt nicht hätten eingesehen werden können. In anderen Fällen soll der Hauptangeklagte Harmann Häftlinge dadurch getötet haben, dass er sie auf dem Dachboden des Gestapogefängnisses an den an dem Rücken zusammengebundenen Armen hätte hochziehen und die Opfer so lange misshandeln lassen, bis sie verstarben. Harmann bezeichnete diese Angaben als Ausgeburt einer krankhaften Fantasie, die schon allein aus dem Grunde unzutreffend sei, weil das Gestapogebäude ein Flachdach gehabt habe, dessen maximale Höhe über dem Dachboden nur 60 cm betragen habe. Harmann blieb sogar noch bei seiner Einlassung, als ihm Lichtbilder vorgehalten wurden, die ein in Neusandez wohnhafter Zeuge während der HV auf meine Veranlassung hin vom Dachboden angefertigt hatte und auf den ein von dem Boden des Daches bis zu dem Gebälk reichender Maßstab abgebildet war. Ich habe, das darf ich zwischendurch hier einflechten, diesen Zeugen, einen polnischen Lehrer, unmittelbar angeschrieben, ihn gebeten, wenn möglich, ein Lichtbild zu fertigen und es mir zukommen zu lassen. Es hat gar nicht lange gedauert, da kam das Lichtbild über die polnische Hauptkommission im offiziellen Weg zurück. Es waren sogar etliche Lichtbilder. Es war ein sehr kurzer schneller Weg, der hier zum Erfolg geführt hatte. Dann waren noch verschiedene weitere Widersprüche zwischen Einlassung der Angeklagten und der Angaben der Zeugen zu klären.

Mit Rücksicht darauf, das meines Wissens bisher nur in zwei Fällen deutsche Gerichtsabordnungen im Rahmen von Verfahren dieser Art in einem Ostblockstaat Ortsbesichtigungen durchgeführt haben und deshalb die Art und Weise der Vorbereitung solcher Vorhaben wohl noch nicht allgemein bekannt sein dürfte, darf ich Sie ganz kurz darüber informieren, wie die Kontaktaufnahme in unserem Fall mit den polnischen Dienststellen erfolgt ist. Nachdem die durch den Landesjustizminister Düsseldorf über die beabsichtigte Tatortbesichtigung unterrichtete Bundesregierung keine Bedenken gegen die Augenscheineinnahme erhoben hatte, wandte sich der Vorsitzende des Schwurgerichts Bochum unmittelbar an den Justizminister der Republik Polen, mit der Bitte, die zur Vornahme der Amtshandlung erforderliche Genehmigung zu erteilen. In dem Schreiben des Gerichtsvorsitzenden waren katalogmäßig die einzelnen Tatorte, Gebäude und sonstigen Stellen aufgeführt, auf die sich die Augenscheineinnahme erstrecken sollte. Das Ersuchen enthielt ferner die Bitte, Besichtigungsprotokolle, Lagerskizzen, fotografische Aufnahmen von den Örtlichkeiten und Gebäuden anfertigen, Vermessungen vornehmen und Auskunftspersonen unter Zuziehung eines Dolmetschers befragen zu dürfen. Darüber hinaus war darum gebeten worden, den deutschen Prozessbeteiligten freies Geleit zuzusichern, auf Strafverfolgungsansprüche jedweder Art und aus jedwedem Grunde zu verzichten, für die Sicherheit der beteiligten Personen während des Aufenthalts in Polen und für die Absperrung der Tatorte sowie die Aufrechterhaltung der Wohnordnung Sorge zu tragen, für sämtliche Prozessbeteiligte die Benutzung von Kraftfahrzeugen zu vermitteln und für die Dauer der Abhandlung einen ortskundigen Dolmetscher zur Verfügung zu stellen. Dem Ersuchen wurde von dem polnischen Justizminister innerhalb kürzester Zeit in vollem Umfange entsprochen. Die deutschen Teilnehmer an der Ortsbesichtigung wurden auf dem Flugplatz in Warschau von dem Abteilungsleiter, einem polnischen StA, und zwei weiteren Herren der polnischen Hauptkommission in Anwesenheit zahlreicher Vertreter der polnischen Presse, des polnischen Fernsehens und Rundfunks sowie einem Vertreter der deutschen Presseagentur und der sowjetzonalen Presse begrüßt. Anschließend fand noch im Gebäude des polnischen Justizministeriums eine Besprechung mit dem Leiter der Hauptkommission, Herrn Pilichowski, statt, zu der ebenfalls Pressevertreter zugelassen waren. Bei der Besprechung wurde der von der Hauptkommission ausgearbeitete Plan über den vorgesehenen Ablauf der Besichtigung unter Berücksichtigung unserer Wünsche erörtert.

Die rund 400 km lange Strecke von Warschau nach Neusandez erfolgte mit Pkws, die von der polnischen Hauptkommission zur Verfügung gestellt worden waren. Nach der offiziellen Begrüßung durch den AG-Direktor in Neusandez ermächtigte sodann der Abteilungsleiter der Hauptkommission, der polnische StA, im Auftrage des polnischen Justizministers die deutsche Gerichtsabordnung in einer förmlichen Erklärung zur Aufnahme ihrer Amtstätigkeit in Polen. Die in den nachfolgenden Tagen durchgeführte Augenscheinnahme zeigte, dass seitens der polnischen Behörden günstige Voraussetzungen und Bedingungen sowohl in personeller als auch in technischer Hinsicht für den planmäßigen Verlauf der Ortsbesichtigung geschaffen worden waren. Als vorteilhaft z.B. erwies es sich, dass ständig sachkundige Herren der Hauptkommission sowie mit den örtlichen Gegebenheiten in Neusandez vertraute Angehörige der Bezirkskommission Krakau und der Ortskommission Neusandez zugegen waren, von denen der größte Teil die deutsche Sprache beherrschte. Für die Besichtigung der zahlreichen, teilweise in schwer zugänglichem Gelände gelegenen Exekutionsorte, standen ständig Kfz. zur Verfügung, ohne die es bei der geringen Verkehrsdichte der öffentlichen Verkehrsmittel kaum möglich gewesen wäre, zu den Erschießungsstellen zu gelange. Für die überlegte Vorbereitung der Ortsbesichtigung durch die polnische Seite spricht ferner der Umstand, dass jeweils bei dem Eintreffen der deutschen Abordnung, selbst an solchen Exekutionsorten, die weit ab von Straßen oder Wegen in ein Waldgelände oder in versteckten Talsenken lagen, in der Umgebung wohnende Polen bereits an Ort und Stelle waren und sich als Auskunftspersonen zur Verfügung stellten.

Die nur informatorisch durchzuführende Vertagung, die Verwertung war ja sowieso noch nicht möglich, zeigte oder gab in etlichen Fällen Hinweise auf weitere bisher nicht bekannte Tötungshandlungen sowie Anhaltspunkte für die Teilnahme von Personen, die bislang in unserem Verfahren nur als Zeuge in Frage gekommen waren. Auffallend war, dass die polnische Seite besonders bemüht war, den deutschen Teilnehmern Exekutionsorte und Grabstätten polnischer Opfer zu zeigen und genaue Einzelheiten dazu anzugeben, wohingegen ja der Schwerpunkt der Augenscheineinnahme für uns, bedingt durch den Gegenstand des Verfahrens, in der Besichtigung der Exekutionsstätten und Gräber jüdischer Opfer lag. In diesem Zusammenhang wurde von den Polen mehrfach die Frage an uns gestellt, aus welchem Grunde in den in der Bundesrepublik anhängigen Strafverfahren wegen NS-Gewalttaten fast ausschließlich die Tötung von Juden und nicht die

Erschießung von Polen untersucht würde. Wir haben als Antwort darauf hingewiesen, dass die Verfolgung der Täter wegen der Tötung von Juden strafrechtlich für uns einfacher gelagert sei. Das war im Grunde genommen die Antwort, mit der sich die Polen zufrieden gegeben haben. Erstaunlich groß war die Teilnahme der polnischen Bevölkerung. Unmittelbar nach dem Eintreffen der deutschen Prozessbeteiligten in den einzelnen Ortschaften oder Landgemeinden fand sich jeweils ein großer Teil der Bevölkerung ein. Zahlreiche Polen begleiteten uns bis zu den einzelnen Besichtigungsstellen und begleiteten uns auch wieder zurück. Die Anwesenheit der deutschen Gerichtsabordnung in Polen und ihre Tätigkeit wurde von der polnischen Presse, dem polnischen Fernsehen und Rundfunk besonders verfolgt. Die polnischen Pressevertreter übernachteten sogar während der ganzen Dauer unseres Aufenthalts in demselben Hotel, in dem auch wir schliefen. Täglich erschienen Bericht mit Bildveröffentlichungen über die Ortsbesichtigung auf den ersten Seiten fast aller mir zugänglich gewordenen polnischen Zeitungen. Auch das Fernsehen und der Rundfunk brachten regelmäßig Berichte über die Besichtigungen.

Während des einwöchigen Aufenthalts in Polen fanden auf Veranlassung der polnischen Seite mehrere Pressekonferenzen statt, an denen auf Wunsch der polnischen Vertreter die Verteidiger nicht teilnehmen durften. Offenbar wegen der im Verhältnis zur Bundesrepublik anders gestalteten Stellung der StA in dem Staatssystem Polen, richteten sich die Fragen der Pressevertreter im Wesentlichen nur an mich als Vertreter der StA. Darüber hinaus wurden mir bei einer weiteren Gelegenheit von der polnischen Presseagentur schriftlich formulierte Fragen vorgelegt, die sich aber ausschließlich auf die bei der Ortsbesichtigung gewonnenen Eindrücke bezogen und deren Beantwortung unbedenklich erfolgen konnte. Zu erwähnen ist noch ferner der besondere Eifer und die Besorgnis der polnischen Behördenvertreter um die Gewährleistung unserer persönlichen Sicherheit. So wurde z.B. das Hotel, in dem wir untergebracht waren, ständig von uniformierten Polizeibeamten bewacht. Die polnischen Begleiter waren auf der anderen Seite stets hilfsbereit, höflich und zuvorkommend. Eine Kontaktaufnahme mit polnischen Privatpersonen – wir hatten u.a. zwei polnische Rechtsanwälte in dem Verfahren vorher bereits in Bochum als Zeugen verhört und in Neusandez besuchen wollen – konnte nicht durchgeführt werden. Sie wurde von der polnischen Begleitung mit der Begründung, dass eine Gewährleistung der persönlichen Sicherheit in diesem Fall nicht gegeben sei, unterbunden. Im Übrigen ließen die polnischen Polizei- und Behördenvertreter andererseits aber der deutschen Gerichtsabordnung – entsprechend der Einverständniserklärung des polnischen Justizministers – bei den eigentlichen Abhandlungen völlig freien Lauf. Jedes Gebäude, jeder Raum oder auch jedes Geländestück, gleichgültig, ob es sich um private oder behördliche Häuser oder Wohnstücke handelte, die für die Augenscheineinnahme von Bedeutung waren, konnten ohne Einschränkung betreten und besichtigt werden. Ebenso war die Anfertigung von Skizzen und auch fotografischen Aufnahmen erlaubt.

Nur in einem Falle, nämlich als ich die Verladerampe des Bahnhofs in Neusandez fotografieren wollte, von er seinerzeit die Züge mit den ausgesiedelten

Juden nach Belsec gegangen waren, machten mich die polnischen Behördenvertreter darauf aufmerksam, dass wir uns hier auf Bahngelände befänden und zuvor die Genehmigung der polnischen Bahnverwaltung eingeholt werden müsste. Mit Ausnahme des ehemaligen ‚vedo' waren fast alle im Rahmen der Augenscheineinnahme interessierenden Gebäude, Grundstücke und sonstigen Objekte in ihrem baulichen Zustand im Wesentlichen unverändert. In Bezug auf den praktischen Wert und Nutzen der Ortsbesichtigung für die HV kann ich nur betonen, dass die Augenscheineinnahme den deutschen Prozessbeteiligten für die Gesamtbeurteilung des Verfahrensstoffes wesentliche Erkenntnisse und plastische Eindrücke vermittelt, manche Verteidigungseinlassung der Angeklagten widerlegt und die Aussagen zahlreicher Zeugen bestätigt hat, was zugleich für die Beurteilung der Glaubwürdigkeit und Unglaubwürdigkeit der Angeklagten und Zeugen von erheblicher Bedeutung war. Wie im Rahmen anderer Verfahren, so ist auch im vorliegenden Fall der Lokaltermin in Polen ein sehr positiver Anschauungsunterricht für uns alle gewesen.

Hinsichtlich des Zeitpunktes der Durchführung der Ortsbesichtigung möchte ich noch erwähnen, dass diese leider erst gegen Ende der Beweisaufnahme durchgeführt worden ist. Manche Frage und auch die Vernehmung manches Zeugen hätte sich erübrigt, wenn wir in einem früheren Stadium der Beweisaufnahme nach Polen gefahren wären. Aus dieser von mir gewonnenen Erfahrung kann ich daher in Übereinstimmung mit dem Vorsitzenden und auch den anderen beiden Richtern empfehlen, falls in anhängigen künftigen Hauptverhandlungen eine Ortsbesichtigung beabsichtigt ist, diese möglichst im frühen Stadium der Beweisaufnahme durchzuführen. Nebenbei darf ich noch erwähnen, dass die deutschen Teilnehmer auf Anregung der polnischen Seite auch noch die KZ Auschwitz und Birkenau besichtigt haben. Abschließend als Zusammenfassung sei darauf hingewiesen, dass die Ortsbesichtigung sowohl von der polnischen Dienststelle als auch von der polnischen Bevölkerung mit besonderer Aufmerksamkeit verfolgt und begrüßt worden ist und m.E. dazu beigetragen hat, das Verständnis der polnischen Seite für unsere Bemühungen bei der Durchführung der Verfahren wegen der in der NS-Zeit begangenen Verbrechen zu fördern und negative Vorurteile abzubauen."

Wortmeldungen lagen nicht vor.

Es referierte sodann *StA Dichmann* (Köln) über das Thema: *„Die Grenze des Zeugenbeweises in Strafverfahren wegen NS-Verbrechen, vor allem im Hinblick auf die seit dem Tatgeschehen verstrichene Zeitspanne."*

„Wir wissen aus unserer Tätigkeit, dass der Zeuge zwar das praktisch wichtigste, zugleich aber auch mit Abstand das schlechteste Beweismittel ist. Es gibt wohl kaum ein Verfahren, in welchem uns nicht immer wieder bewusst wird, dass wir uns überall da, wo wir uns auf Aussagen von Zeugen verlassen müssen, auf schwankendem Boden bewegen. Wenn dann noch Zeugen zu Sachverhalten gehört werden müssen, die zwanzig Jahre und länger zurückliegen, scheinen die Schwierigkeiten noch größer und die im Rahmen des Zeugenbeweises zu lösenden psychologischen Aufgaben mannigfacher Natur zu sein, die man glaubt, nicht bewältigen zu können. Ein Beispiel hierfür ist der Brief eines Zeugen, der zum

Kölner-Sachsenhausen-Prozess geladen war. Der Zeuge, der vor seiner Aussage in Köln dem Auschwitz-Verfahren zeitweise als Zuschauer beigewohnt hatte, schrieb Folgendes: ‚Man verlangt von uns, dass wir, wenn wir dabei gewesen sein wollen, auch alles gesehen und alles gehört haben müssen. Dabei waren wir vor Angst und Schrecken nahezu gelähmt und unsere Sinne nahmen kaum etwas wahr. Man fordert von uns, die Stunde, den Tag zu nennen; aber wir besaßen im Lager keine Uhr, keinen Kalender, wir wussten oft nicht einmal, ob es ein Sonn- oder Feiertag war. Wir sollen das Aussehen unserer Henker beschreiben. In ihren Uniformen sahen sie aber für uns alle gleich aus. Wenn wir uns dann, nachdem seit der Tat mindestens zwanzig Jahre vergangen sind, in einem Punkt irren, werden unsere Aussagen in Bausch und Bogen abgetan.'

Wenn wir uns auch bemühen, ein verhältnismäßig hohes Maß an Verlässlichkeit der Zeugenaussagen zu erzielen, so können wir nicht immer verhindern, dass unzuverlässige Aussagen für zuverlässig und wiederum zuverlässige für unzuverlässig gehalten werden. Es lässt sich leider auch nicht verwirklichen – dieser Vorschlag klang hier in einer Diskussion nach einem der ersten Vorträge an – die sog. faulen Zeugen einfach unter den Tisch fallen zu lassen und sie nicht zu benennen. Fast immer stehen uns nur, wie ein Kollege aus diesem Kreis bereits zutreffend ausführte, für jede Tat einige wenige Zeugen zur Verfügung und es kann durchweg, um alle Aufklärungsmöglichkeiten auszuschöpfen, auf keinen von ihnen verzichtet werden. Gewiss werden wir damit in mancher Hauptverhandlung, in der es für den Angeklagten um alles oder nichts geht, manche heikle Situation heraufbeschwören. Aber ich bin der Meinung, dass wir auch diese Situationen meistern werden, wenn wir uns gewisse Erkenntnisse der Aussagepsychologie zunutze machen, damit wir erkennen können, wo die Fehler in den Aussagen der Zeugen liegen. Denn nur wenn wir die Fehlerquellen von Aussagen kennen, können wir die Zeugen beurteilen. Hierzu reicht aber der sog. gesunde Menschenverstand und selbst langjährige Erfahrung im Umgang mit Zeugen nicht immer aus. Die Vorgänge des Wahrnehmens und der Erinnerung sind so komplizierte psychische Vorgänge, dass sie ohne Kenntnis der Ergebnisse der Zeugenpsychologie unerkannt bleiben.

Eine Aussage kann fehlerhaft sein, weil entweder die Wahrnehmung des Zeugen selbst oder aber die Wiedergabe des vom Zeugen Wahrgenommenen mit Fehlern behaftet ist. Der Zeuge, der etwas Erlebtes schildert, unternimmt es ja, Vorgänge der Außenwelt zu beschreiben. Das Tor, durch das diese Ereignisse der Außenwelt in das Bewusstsein eintreten, sind bekanntlich ausschließlich die Sinnesorgane. Sie sind – wie *Egon Schneider* in seiner Abhandlung über die Zeugenpsychologie sagt – die Verkehrsmittel durch die der Wahrnehmende Kenntnis von der ihn umgebenden Wörtlichkeit erlangt. Nun kann diese Wahrnehmung des Zeugen einmal deshalb mit Fehlern behaftet sein, weil der Zeuge Tatsachen schildert, die er den Umständen nach gar nicht wahrgenommen haben kann, weil die Aufnahmemöglichkeit gefehlt hat. Sei es, dass sich der Vorfall in einer Entfernung abgespielt hat, die es dem Zeugen unmöglich machte, etwas zu erkennen, oder das dort gesprochene Wort zu hören, sei es, dass der Ort des Geschehens für ihn durch ein Haus oder eine Mauer verdeckt war. Da sich zu den sonstigen übrigen

Verfahren für uns insoweit keine Besonderheiten ergeben, erübrigt es sich, hierzu weitere Ausführungen zu machen.

Neben dieser allgemeinen Unmöglichkeit, bestimmte Wahrnehmungen zu machen, können Mängel der Wahrnehmung auch auf der subjektiven Unfähigkeit des Zeugen zur Wahrnehmung beruhen. Ob der Zeuge ein Erlebnis wahrnimmt, hängt weitgehend von seiner Aufnahmefähigkeit ab. Diese Fähigkeit des Menschen ist beschränkt. Die Psychologen sprechen hier von Simultankapazität. Sie ist individuell verschieden. Alter, Alkohol, Müdigkeit, Ablenkung durch andere Gedankengänge während des Ereignisses können diese Aufnahmefähigkeit herabsetzen. Beruf und Beschäftigung zum Beispiel können die Wahrnehmung bestimmter Vorgänge zuverlässiger werden lassen.

Ein Beispiel: Das Auge eines Malers sieht mehr von der Landschaft als ein Laie; ein Kraftfahrer beobachtet einen Unfall anders als ein achtzigjähriger Professor, sagen wir, für Kirchenrecht. Hier könnten von den Erkenntnissen der experimentellen Aussagenpsychologie insoweit für uns vielleicht von Wichtigkeit sein, zu wissen, dass das Auge grundsätzlich mehr leistet als das Ohr. Aussagen über Vorgänge im Lager und sonst irgendwo, die gesehen worden sind, sind meist zuverlässiger als Aussagen über Vorgänge, die nur gehört worden sind. Und wenn mehrere Sinne bei der Wahrnehmung zugleich wirken, wie etwa bei einer möglichen Unterredung, bei der der Zeuge den Sprechenden nicht nur gehört, sondern auch gesehen, ihm, wie man so zu sagen pflegt, die Worte von den Lippen abgelesen hat, dann steigert dies die Wahrnehmungsfähigkeit. Wie gesagt, diese Punkte sind für uns nicht von so entscheidender Bedeutung.

Von wesentlich größerer Bedeutung für unsere Verfahren ist jedoch die Prüfung der Frage, ob der Zeuge damals im Lager, als sich vor seinen Augen die Erhängung, die Erschießung oder was sonst abspielte, auch bereit war, diese Wahrnehmung in sich aufzunehmen. Wertvolle Wahrnehmungen sind nämlich nur solche, die in das Bewusstsein eingehen, es also bereichern. Ereignisse nehmen wir nur dann bewusst auf, wenn bei uns eine gewisse Aufnahmebereitschaft besteht. Das bedeutet: Wer von den Zeugen damals, als der Leidensgenosse z.B. zur Hinrichtung geführt wurde, vor Entsetzen die Augen schloss, hat eben nichts gesehen und der Häftling, der seine Ohren zuhielt, um die Schreie der Gequälten nicht hören zu müssen, hat nichts gehört. Es bedarf m.E. keiner weiteren Ausführung, um zu erklären, dass der Zeuge, der seinerzeit der Tötung von Häftlingen mit Neugier folgte, anders beobachtet hat als etwa der neben ihm stehende, eine eigene Bedrohung fürchtende und deshalb vor Schrecken und Furcht erfüllte Gefährte. Wer voller Erregung und innerer Anteilnahme die Tötung seiner nächsten Angehörigen, seines Freundes, seines Landsmanns erleben musste, wird, weil ihn das berührte, mit einer anderen Konzentration den Vorgang wahrnehmen als z.B. der Kapo, der Derartiges häufig erlebt hat und dem bei diesem Ereignis deshalb jedes Interesse abgeht. Denn die Wahrnehmung ist, wie der Wiener Kriminologe Prof. [Roland] Grassberger in seiner Psychologie des Strafverfahrens [Wien 1950] ausführt, ein Persönlichkeitsakt. Kratzberger stellt deshalb den Grundsatz auf, dass in erster Linie das wahrgenommen wird, was der Persönlichkeit des Zeugen entspricht und ihn angeht. Wir alle wissen und erleben es ja jeden Tag, wie wir oft Dinge zwar aufnehmen, aber nicht in unser Bewusstsein einführen, wie etwa die vielen alltäglichen Handlungen. Diese mangelnde Aufnahmebereitschaft führt oft zu verblüffenden Wahrnehmungsausfällen. Denken Sie nur daran: Wer von uns weiß schon, wie viele Fenster das Nachbarhaus hat, an dem wir täglich vorbeigehen und das wir täglich sehen oder wer weiß, welche Tapete sich in seinem Arbeitszimmer in seinem Büro befindet. Wenn also Verteidiger gelegentlich in den Verfahren für damals den Zeugen nicht interessierenden Einzelheiten nunmehr Interesse bekunden und den Zeugen mit den Worten: ‚Wer dabei gewesen ist, muss es auch gesehen oder gehört haben', zu einem ‚Sich erinnern' veranlasst, dann ist dieses nachträgliche ‚Sich erinnern' gewöhnlich nichts als Einbildung und Fantasie des Zeugen. Denn was damals an äußeren Vorgängen nicht in das Bewusstsein des Zeugen eingedrungen ist, ist im Allgemeinen für immer verloren. Jetziges Interesse für damals nicht interessierende Details kann, wie die experimentelle Aussagepsychologie lehrt, die ursprünglich fehlende Aufnahmebereitschaft nicht ersetzen. Wenn ein Zeuge also, obwohl er dabei gewesen ist, die Frage nach derartigen, ihn damals nicht interessierenden Randgeschehnissen nicht beantworten kann, spricht dieses nicht gegen die Zuverlässigkeit seiner Aussage.

Ein Interesse des Zeugen an den damaligen Vorgängen wirkt sich demnach günstig auf die Qualität seiner Aussage aus, allerdings nur solange es nicht bis zum Affekt gesteigert ist. Denn der Affekt, so lehren die Psychologen, führt grundsätzlich zu einer Einengung des Bewusstseins, also zu einer Herabsetzung seiner Simultankapazität. Dies kann soweit führen, dass der Zeuge einen Vorgang nicht oder wenigstens nicht zuverlässig wahrnimmt. Ein Beispiel mag dieses erläutern: [wohl fehlender Text bereits im Original] nachdem zuvor bereits von der SS-Bewachung Gewaltverbrechen begangen worden waren, eine Selektion durchgeführt. Häftlinge, die nicht mehr arbeitsfähig erschienen oder an einer gerade im Lager umlaufenden Bartflechte litten, sollten ausgesondert, nach Auschwitz gebracht und dort getötet werden. Ein Zeuge, damals zwanzig Jahre alt, Student, an allen Vorgängen im Lager interessiert, machte eingehende und wie es schien, zuverlässige Bekundungen über die vorangegangenen Verbrechen, vermochte jedoch über die Selektion überraschenderweise keine weiteren Angaben zu machen, obwohl er zu den Häftlingen gehörte, die zur Aussonderung auf dem Appellplatz angetreten waren. Er konnte weder angeben, wer von den SS-Leuten, die er kannte, die Selektion durchgeführt hat, noch wusste er zu sagen, ob überhaupt und wenn ja, wie viele Häftlinge ausgesondert worden waren. Als er glaubte, dass deshalb auch an seinen übrigen Angaben gezweifelt würde, versuchte er seine Wahrnehmungslücken auszufüllen. Erst später ergibt seine weitere Vernehmung hierfür eine Erklärung. Als der Zeuge noch auf dem Appellplatz antreten musste, litt er selbst an einer kleinen Infektion im Gesicht. Die Angst, deshalb auch ausgesondert zu werden, steigerte seine Erregung auf das heftigste und engte sein Bewusstsein so sehr ein, dass er zu weiteren Wahrnehmungen nicht mehr bereit war.

Die in unserem Verfahren zur Frage stehenden Erlebnisse sind durchweg im hohen Grade affektbetont. Wir müssen daher davon ausgehen, dass die Zeugen nur den Kern des affektbetonten Erlebnisses in ihrem Gedächtnis haben, Randdetails dagegen bereits vergessen sind. – In diesem Zusammenhang ist noch zu erwähnen, dass es nicht auf die allgemeine Aufnahmebereitschaft des Zeugen ankommt, sondern auf die konkrete im Zeitpunkt des Ereignisses, das wir aufzuklären versuchen. Die damalige Aufnahmebereitschaft des Zeugen festzustellen, dürfte im Hinblick auf die inzwischen verstrichene Zeit gelegentlich schwierig sein. – Haben wir nun festgestellt, dass gegen die Zuverlässigkeit des Wahrnehmungsvorganges keine Bedenken bestehen, müssen wir noch prüfen, ob die Wiedergabe des vom Zeugen Wahrgenommenen fehlerfrei ist. – Dass die Wiedergabemöglichkeit durchweg nicht zu prüfen ist, wenn der Zeuge z.B. an einer Gehirnverletzung leidet, bedarf hier keiner weiteren Erörterung. In unseren Verfahren ist indes oft von entscheidender Bedeutung die Prüfung, ob der Zeuge *hinreichende* Wiedergabefähigkeit hatte. Es ist die Frage danach, welchen Einfluss die seit dem Tatgeschehen inzwischen verstrichene Zeit von zwanzig und mehr Jahren auf die Gedächtnisleistung und damit auf die Zuverlässigkeit der Aussage unserer Zeugen hat.

Es wird jedem klar sein, dass hier die Hauptfehlerquellen in den Zeugenaussagen unserer Verfahren zu suchen sind. Der Zeuge soll uns ja vergangene Eindrücke schildern. Er soll sich an frühere Erlebnisse und Beobachtungen erinnern und zwar so, dass sie auch der damaligen Wahrnehmung entsprechen. Er soll sich einer im Gedächtnis aufbewahrten Vorstellung von einer Wahrnehmung, der er sich nicht mehr bewusst war, wieder bewusst werden. Vermag er seine früheren Erlebnisse wiederzugeben, dann reproduziert er sie, wie die Fachpsychologen sagen. Gelingt es ihm nicht mehr, sich auf solche Erlebnisse zu besinnen, so sind sie verdrängt worden, denn nicht alles, was sich in das Gedächtnis eingeprägt hat, lässt sich zu jeder Zeit auch wieder in die Erinnerung zurückrufen. Es ist eine allgemeine Erfahrung, dass das Gedächtnis nach Umfang und Inhalt beschränkt ist, und dass es diese Beschränkung nicht nur individuell – denken Sie an den Gedächtniskünstler, denken Sie auf der anderen Seite an den Kranken ohne Erinnerungsvermögen -, sondern auch verschieden ist. Es ist klar, dass beim Bemühen des Zeugen, sich Vergangenes zu vergegenwärtigen, sich die mannigfachsten Fehler einschleichen können bzw. sich die Möglichkeit bietet, Erinnerungs- oder Gedächtnislücken auszufüllen. Wir haben ja alle schon bei unseren Vernehmungen erfahren, dass Zeugen verdrängte Erlebnisse ungewollt durch Vorstellungen aus anderen Erlebnissen ausgefüllt haben. Dabei ist es besonders auffällig, auch diese Beobachtung werden Sie gemacht haben, dass sich in der Erinnerung leicht zeitliche, personelle oder räumliche Unterschiede verwischen. Erinnerungsinhalte können durch ähnliche oder gleiche Inhalte im Gedächtnis verändert, verwischt oder verlöscht werden und zwar dann, wenn der Zeuge bestimmte Tötungshandlungen in verwandter Situation und in gleicher oder ähnlicher Art durch verschiedene Personen erlebt hat.

Im Verfahren gegen den ehemaligen SS-Unterscharführer Runde – um nur eine von vielen Beispielen zu nennen – warfen Zeugen dem Beschuldigten vor, in drei Lagern Estlands, in denen er als Sanitäter und gelegentlich auch als Lagerführer tätig war, in mehreren Fällen Häftlinge ermordet zu haben. Ein Teil der Häftlinge hatte ähnliche Verbrechen auch noch in anderen Lagern Estlands erlebt. Obwohl der dortige Täter den Spitznamen ‚Kikenes' trug, und Runde zweifelfrei zu keiner Zeit in jenen Lagern eingesetzt war, behaupteten diese Zeugen, dass er auch jene Verbrechen begangen habe. Oder denken Sie nur an die zahlreichen widerspruchvollen Bekundungen, wenn es darum geht, eine Person wiederzuerkennen. Insoweit könnten zahlreiche Fälle noch angeführt werden. Im Hinblick auf die knapp bemessene Zeit glaube ich, von der vorgehabten Darstellung weiterer Beispiele absehen zu müssen. Im Übrigen erleben Sie ja stets jeden Tag ähnliche Fälle. Der Umstand, der in diesen Fällen zu den fehlerhaften Angaben führt und auf die Leistungsfähigkeit des Gedächtnisses unserer Zeugen einen besonderen Einfluss ausübt, ist die Zeit gewesen, die zwischen der ursprünglichen Wahrnehmung und ihrer Reproduktion liegt, denn die Gedächtnisleistung ist, wie wir alle wissen, weitgehend von der Zeit abhängig.

Im Allgemeinen wird die Erinnerung umso weniger verlässlich sein, je länger die inzwischen verstrichene Zeit ist. Schon unmittelbar nach der Wahrnehmung beginnt eine Abbröckelung der von ihr zurückbleibenden Vorstellung. Das reproduzierbare Erinnerungsbild wird von Tag zu Tag, von Stunde zu Stunde lückenhafter und kann sich, wie [Ludwig Albert] *Hell* in seiner Psychologie zur Vernehmungstechnik [4. Aufl. 1951] ausführt, u.U. ganz im Meer der Erinnerung verlieren, wie etwa die Wellen eines ins Wasser geworfenen Steins. Untersuchungen der Psychologen haben ergeben, dass der Gedächtnisabfall in der ersten Stunde unmittelbar nach dem Erlebnis ungemein rapide erfolgt. Nach einer Woche kann nur noch mit 10 % Wiedergabefähigkeit gerechnet werden. Danach sinkt jedoch die Vergessenskurve nur noch allmählich ab. Allerdings darf dabei nicht unerwähnt bleiben, dass affektbetonte Erlebnisse als besonders nachhaltig leichter in unserem Gedächtnis zu behalten sind. Wobei jedoch, wie ich bereits ausführte, zu beachten ist, dass der Affekt sich auf die Qualität der Wahrnehmung nachteilig auswirkt und zwar, wie gesagt, in der Weise, dass der Zeuge dann häufig nur den Kern des Geschehens, jedoch nicht irgendwelche Einzelheiten wahrnimmt und sich folglich auch nur an diesen Geschehniskern zu erinnern vermag. Dies wird oft zu Unrecht als Kriterium für die Unzuverlässigkeit des Zeugen gewertet. Aus dem eben Gesagten ergibt sich also, dass die erste Vernehmung möglichst unmittelbar nach dem Erlebnis, spätestens nach dem Abklingen der Erregung, erfolgen sollte. Eine Forderung, die zu erfüllen uns ja leider nicht mehr möglich ist. Und dennoch sollten gerade wir die erste Vernehmung mit größter Sorgfalt durchführen. Was bei dieser Vernehmung versäumt wird, lässt sich oft nicht wiedergutmachen. Diese Vernehmung ist für uns so etwas wie eine Kontrolle für die Zuverlässigkeit der Aussage des Zeugen. Gewiss kann durch erneute Befragung auch eine echte Aktivierung des Gedächtnisses des Zeugen erreicht werden. In den überwiegenden Fällen wird es sich aber doch bei den neuen Darstellungen um Fantasie und Einbildung des Zeugen handeln.

Sollte bis dahin der Zuverlässigkeit der Aussage keine Bedenken entgegenstehen, dann wäre letztlich noch zu prüfen, ob der Zeuge auch bereit ist, eine wahrheitsgemäße Schilderung seiner Wahrnehmung zu machen. Das ist die Frage nach seiner Glaubwürdigkeit. – Der Wille zur Wahrheit kann fehlen, wenn der Zeuge lügnerisch veranlagt ist oder wenn er durch dritte Personen oder etwa durch Rachegefühle gegenüber einem Beschuldigten veranlasst wird, eine bewusst unwahre oder veränderte Aussage zu machen. Weitere Ausführungen hierzu würden aber m.E. über das gestellte Thema hinausgehen. – Zusammenfassend können wir also aufgrund der Erkenntnisse der Zeugenpsychologie hinsichtlich des Zeugenbeweises in unseren Verfahren wegen NS-Verbrechen sagen:

1. Die Erlebnisse, die die Zeugen hatten, sind zumeist im hohen Grade affektbetont gewesen. Wir müssen demnach damit rechnen, dass die Zeugen gewöhnlich nur den Kern des affektbetonten Erlebnisses in ihrem Gedächtnis behalten, das Randgeschehen jedoch vergessen bzw. bei späterer Befragung verändert haben.

2. Affektbetonte Erlebnisse bleiben leichter im Gedächtnis haften, allerdings, wie aus dem eben Gesagten zu entnehmen ist, gewöhnlich nur die Kerngeschehen und nicht irgendwelche Einzelheiten.

3. Bei dem Bemühen der Zeugen, Eindrücke zu schildern, die zwanzig Jahre und mehr zurückliegen, können sich die mannigfachsten Fehler einschleichen bzw. könnte sich die Möglichkeit bieten, Erinnerungslücken auszufüllen. Die angeklagte Tat sollte daher grundsätzlich nicht auf die Aussage eines einzigen Zeugen gestützt werden.

Diese Sätze sollte man sich merken. Sie können u.U. einmal dazu dienen, die Situation, die durch eine zweifelhafte Zeugenaussage herbeigeführt worden ist, zu klären. Es wäre jedoch falsch, anzunehmen, dass man mit ihrer Hilfe immer ein befriedigendes Ergebnis erzielen könnte. Trotz aller gewonnenen Erkenntnisse darf nämlich eins nicht übersehen werden: Man kann nicht durch einfache Formeln die Wahrheit ermitteln, ihr kann nur – wie der Wieder Kriminologe Kratzberger sagt – im Schweiße des Angesichts beigekommen werden."

EStA Hinrichsen vertrat die Auffassung, manche Zeugen könnten bei einer späteren Vernehmung mehr aussagen als bei einer früheren, da nicht alle Gedächtnisinhalte sofort reproduzierbar seien, sondern erst durch Anstöße von außen oder durch Nachdenken wieder zutage trete, was latent vorhanden gewesen sei; spätere Erweiterungen einer Aussage müssten deshalb nicht immer die Unwahrheit sein.

StA Dr. Klass (Mannheim) befürwortete die Hinzuziehung eines psychologischen Sachverständigen im Einzelfall. Er fragte, ob dieses schon einmal geschehen sei, welche Erfahrungen hierbei gemacht worden seien und welcher Sachverständige in Betracht komme.

EStA Hinrichsen nannte einen Fall in Lübeck, dort sei ein Dr. Schraml als Sachverständiger benannt worden.

EStA Sichtig (Stuttgart) forderte, der StA müsse sich in die Psyche der Zeugen hineindenken. Wenn z.B. ein jüdischer Zeuge über das Todesdatum eines Angehörigen genaue Angaben mache, so sei das auch dann glaubwürdig, wenn er etwa dessen Geburtstag vergessen habe, denn mit dem Todestag seien bei den Juden bestimmte, jährlich wiederkehrende und daher die Erinnerung wachhaltende religiöse Sitten verbunden. Er könne auch von guten Erfahrungen mit jüdischen Ärzten als Zeugen berichten.

StA Dr. Bayerlein (München II) meinte, auf zeugen-psychologische Gutachten könne weitgehend verzichtet werden; über den Wahrheitsgehalt einer Aussage müsse das Gericht in eigener Verantwortung entscheiden.

EStA Kössinger (Memmingen) schloss sich dieser Auffassung an.

LG-Rat Knodel (Bad Kreuznach) erklärte, nach seiner Erfahrung sollte man den Zeugenaussagen nicht misstrauen. Es hätten z.B. Zeugen oft die Aussagen aus früheren Verfahren in allen Einzelheiten wiederholt. Der zeitliche Abstand habe zu einer Abklärung geführt.

MinRat Roth fasste zusammen: Es komme auf den individuellen Fall an. An der Tatsache, dass die Ereignisse über zwanzig Jahre zurücklägen, komme man nicht vorbei. Auch bei sich selbst mache man die Erfahrung, dass man nach so langer Zeit sich nicht mehr an alle Einzelheiten erinnern könne. Psychologische Sachverständige sollten möglichst wenig herangezogen werden.

Die Tagung wurde fortgesetzt mit dem Referat von *StA Dr. Plümpe* (Köln) über das Thema: *„Wie lässt sich der Zeitpunkt bestimmen, von dem an den Deportationen von Juden aus westeuropäischen Ländern (im Rahmen der ‚Endlösung der Judenfrage') beteiligten Personen Kenntnis von dem Schicksal der Opfer hatten? Von welchem Zeitpunkt an kann ggfs. allgemein (bedingter) Tötungsvorsatz angenommen werden?"*

„Ich will darauf verzichten, das Thema, wie es in der TO steht, zu wiederholen. Es ist lang genug. Es geht um Folgendes, was mich veranlasst hat, diese Frage hier zu erörtern: Bei der ZSt. in Köln wird ein Verfahren bearbeitet, das wir generell ‚Endlösung der Judenfrage in Köln' genannt haben. Als Beschuldigte kommen drei Personengruppen in Frage: Ehemalige Angehörige der Militärverwaltung, Angehörige der Deutschen Botschaft in Paris und Angehörige der Sicherheitspolizei und des Sicherheitsdienstes, insbesondere der Dienststelle des BdS Paris.

Nun kann man den Angehörigen dieser Personengruppen relativ einfach nachweisen, in welcher Form und in welcher Zeit sie an der Verfolgung der Juden in Frankreich beteiligt waren. Sie gehören ja alle zu der Gruppe der Schreibtischtäter. Sie haben in Paris in den einzelnen Behörden gesessen. Was sie getan haben, kann man relativ lückenlos und gut durch Urkunden nachweisen. Das einzige Problem des ganzen Verfahrens ist der Vorsatz. Wussten die Beschuldigten, was in Auschwitz und in den anderen Vernichtungslagern gespielt wurde? Sie wussten ganz eindeutig, wie die Urkunden erweisen, dass die Juden nach dem Osten gebracht wurden. Sie wussten sogar zum Teil, wie sich aus den Urkunden ergibt, dass die Deportationszüge nach Auschwitz gingen. Wie aber ist es mit der Mitwisserschaft dieser Leute über das Schicksal der Juden?

Man kann jetzt die erste Frage stellen: Wussten etwa die Deutschen allgemein oder wenigstens die Deutschen in Frankreich, Holland, Norwegen oder auf dem Balkan, dass Juden, die außer Landes gebracht wurden, mit ihrer Ermordung zu rechnen hatten? – Es wäre ja sehr einfach, den Vorsatz nachzuweisen, wenn man die Frage generell bejahen könnte. Tatsächlich scheint *Reitlinger* in seinem Buch ‚Die Endlösung' auch diese Meinung zu vertreten. Er schreibt: ‚Es ist schwer, zu glauben, dass es in Deutschland oder im deutsch besetzten Teil Europas einen

Menschen gab, der im Vollbesitz seiner geistigen Kräfte war und während der letzten zwei Jahre des Krieges nicht wusste, dass die meisten Juden verschwunden waren, oder (das ist jetzt eine entscheidende Stelle) der nicht irgendwo gehört hätte, dass sie erschossen oder vergast worden sind (*Gerald Reitlinger,* Die Endlösung [Berlin 1961], 4. Aufl. S. 550)'.

Ich will mich gar nicht so lange mit dieser Frage auseinandersetzen. Ich meine, Reitlinger hat Unrecht. Man kann nicht sagen, dass die Deutschen generell etwas von Gaskammern oder auch nur von Massenvernichtungen in irgendeiner Art und Weise gewusst haben. – Der verstorbene Bundespräsident Theodor Heuss hat anlässlich der Einweihung der Gedenkstätte in Bergen-Belsen ausgeführt, er habe den Ortsnamen Bergen-Belsen zum ersten Mal im Februar 1945 im britischen Rundfunk gehört. Ihm seien wohl die Lager Dachau, Buchenwald und Sachsenhausen, ja auch später Mauthausen und Flossenbürg bekannt gewesen; aber von Bergen-Belsen habe er bis dahin nie etwas gehört. Von Auschwitz habe er erst nach dem Kriegsende etwas gehört (*[Leon] Poliakov-[Joseph] Wulf,* Das Dritte Reich und die Juden, Dokumente und Aufsätze [Berlin-Grunewald, 1. Aufl. 1955], 2. Aufl. S. VII).

Ich könnte mir denken, dass jeder schon einmal den Versuch unternommen hat, festzustellen, was damals über die Judenverfolgung bekannt war. Ich jedenfalls habe immer wieder die Erfahrung gemacht, dass man sehr wohl von der Kristallnacht, vom Judenstern und von den laufenden Verhaftungen der Juden wusste. Aber damit, scheint mir, war es auch aus. Ich kann noch, um Reitlinger zusätzlich zu widerlegen, auf *Kogon* hinweisen, von dem man ja vielleicht am ehesten etwas anderes annehmen möchte. Kogon stellt am Schluss seines Buches die Frage: ‚Was hat der Deutsche von den Konzentrationslagern gewusst?' und antwortet: ‚Außer der Existenz der Einrichtung der Lager beinahe nichts' (*Eugen Kogon,* Der SS-Staat, 5. Aufl. S. 393 f.). Er führt dann noch sehr anschaulich an, viele Gestapo-Beamte etwa hätten Häftlinge ins KZ gebracht, aber die große Mehrzahl dieser Beamten sei nie in einem Lager gewesen. Damit will er wohl nicht nur sagen, dass diese Beamten nie in einem Lager gewesen seien, sondern dass sie auch keine Einzelheiten aus den Vorgängen im Lager gekannt hätten.

Ich komme daher zum ersten Ergebnis meiner Ausführungen: Man kann nicht aus der Tatsache, dass alle Deutschen oder die große Mehrzahl der erwachsenen Deutschen konkretere Vorstellungen über die Judenverfolgungen hatten, auf den Vorsatz der Beschuldigten schließen. Ganz im Gegenteil: Ich bin der Meinung, nur ein sehr enger Kreis wusste Bescheid. Ich darf vielleicht noch abschließend auf Folgendes hinweisen: Allen sind die Fälle Globke und Vialon bekannt. In der Öffentlichkeit begegnet man immer großer Skepsis, wenn diese Leute vor Gericht sagen, sie hätten nichts gewusst. Bei Vialon [Friedrich Karl, 1905–1990; beim Reichskommissariat Ost beschäftigt („Sicherung jüdischer Vermögenswerte")] mag der Fall noch besonders liegen. Immerhin, bisher hat es die StA Koblenz noch nicht fertig bekommen, ihm den Meineid nachzuweisen. Es scheint also selbst bei einem Mann, der im Baltikum seinerzeit das jüdische Vermögen verwaltete und für die Verwertung des jüdischen Vermögens tätig war, nicht so einfach zu sein, ihm den

Vorsatz – das Wissen über die Behandlung der Juden – nachzuweisen. Ich habe im Übrigen in diesem Jahre aus der Zeitung entnommen, dass der Generalbevollmächtigte der Krupp-Werke, Beitz, der in Polen Leiter eines Wirtschaftsunternehmens war, auch vor Gericht ausgesagt hatte, er habe nicht gewusst, was in Polen gespielt wurde, ihm seien die Vernichtungslager Belzec, Treblinka, Auschwitz und so fort seinerzeit unbekannt gewesen.

Jetzt die zweite Frage: Nun könnte man ja sagen, die Leute, die mit der Verhaftung, Erfassung und dann auch der Deportation der Juden aus Frankreich und den anderen Ländern betraut waren, müssten mehr gewusst haben. – Zum Teil wird im damaligen Schriftverkehr die Wendung gebraucht: ‚Endlösung der Judenfrage'. Das früheste mir bekannte Dokument, in dem diese Wendung zu finden ist, stammt aus dem Jahre 1941. Es ist unterschrieben von dem damaligen Befehlshaber der Sicherheitspolizei in Paris (BdS) und gerichtet an die Militärverwaltung. In diesem Dokument schlägt nun der BdS der Militärverwaltung eine Besprechung vor. Ziel dieser Besprechung sollte sein, ‚baldmöglichst der im Sinne der vom Reichsmarschall und dem Führer gewünschten *Endlösung der Judenfrage* näher' zu kommen. Die Frage ist nun, kann man etwa aus der Tatsache, dass hier der BdS die Worte ‚Endlösung der Judenfrage' brauchte, schließen, dem BdS sei die Vernichtung der Juden bekannt gewesen? Ich darf noch einmal darauf hinweisen: Das Schriftstück stammt aus dem Januar 1941. – Diesen Schluss hat tatsächlich die ZSt. in einem Vermerk gezogen. Sie hat ausgeführt: ‚Hier haben wir dieses Dokument vom 28.1.1941; da schreibt der BdS „Endlösung der Judenfrage", also wusste er bereits im Januar 1941, es gibt eine Endlösung der Judenfrage im Sinne einer physischen Vernichtung.'

Wenn ich eben glaubte, an Reitlinger Kritik zu üben, dann muss ich ihn jetzt in entgegengesetzter Richtung zitieren, weil meine Erfahrungen dafür sprechen, dass er jetzt in dieser Sache Recht hat. Er schreibt gleich am Anfang seines Buches: ‚Endlösung der Judenfrage' sei ein Deckname für Hitlers Pläne zur Ausrottung der Juden Europas gewesen, was uns ja allen bekannt ist. Der Begriff sei von deutschen Beamten nach dem Sommer des Jahres 1941 verwendet worden, um das direkte Aussprechen der Tatsache zu vermeiden, dass solche Pläne bestanden. Aber der Ausdruck sei auch vorher schon ziemlich lose in verschiedenen Zusammenhängen verwendet worden, wobei man offenkundig immer *Auswanderung* im Sinne gehabt habe. Reitlinger nimmt also an, dass der Begriff ‚Endlösung' erst allmählich, jedenfalls in eingeweihten Kreisen, diesen Sinn ‚physische Vernichtung des Judentums' bekommen habe und zwar im Laufe der zweiten Hälfte des Jahres 1941; dass dieser Ausdruck auch hin und wieder schon früher von deutschen Beamten verwandt worden sei, aber dann, wie er sagt, immer im Sinne von Auswanderung (*G. Reitlinger,* aaO., S. 3).

Ich meine, diese Behauptung Reitlingers deckt sich mit allgemeinen Erkenntnissen. Erst im Juli 1941 hat Göring Heydrich den endgültigen Auftrag zur Endlösung erteilt. Im Oktober 1941 hat Himmler ganz offiziell jegliche Auswanderung von Juden verboten. Die Wannsee-Konferenz war im Januar 1942. – Es mag sein, dass Hitler schon im Januar 1941 erwogen hat, die Juden zu vernichten; es sind aber keinesfalls Anhaltspunkte vorhanden, dass Hitler oder Himmler im Januar 1941 den Zeitpunkt schon für gekommen hielten, mit der Endlösung der Judenfrage im Sinne physischer Vernichtung zu beginnen. Wenn aber diese ganzen Pläne erst später entstanden sind, dann kann man jedenfalls für den Januar 1941 nicht annehmen, dass in Paris jemand unter Endlösung bereits Ausrottung verstanden habe. Ich möchte sogar noch weiter gehen und sagen, man wird allein aus der Benutzung des Wortes ‚Endlösung' durch irgendeine Person noch wenig schließen können. Im Übrigen ist der Begriff ‚Endlösung' nicht so eindeutig und weitverbreitet im eigentlichen Sinne verstanden und benutzt worden wie etwa Sonderbehandlung. Bei dem Begriff ‚Sonderbehandlung' habe ich allerdings den Eindruck, dass die Leute, die ihn gebraucht haben, auch wussten, was darunter zu verstehen war.

Nun könnte man sagen, natürlich nicht jeder, der das Wort ‚Endlösung' gebraucht hat, wusste damals, was damit gemeint war, aber doch einige wenige, die tagtäglich mit der Verfolgung und Ausweisung der Juden befasst waren. Hiergegen könnte man nun einwenden, und so ist es ja auch schon in Verfahren (Js 2/63 GStA Frankfurt a.M. gegen Beckerle u.A., Anklageschrift S. 406 ff.) geschehen, die NZZ etwa, die hat doch seinerzeit sehr genaue Berichte über die Vernichtung der Juden gebracht. Auch der britische Rundfunk hat hierauf hingewiesen. So hat z.B. Thomas Mann während des Krieges über den britischen Rundfunk Reden an die Deutschen gehalten, in denen er z.T. sehr eingehende Darstellungen gebracht hat. In einer Rede vom 27.9.1942 heißt es z.B.: ‚Im unbesetzten Frankreich wurden kürzlich 3600 Juden den unterschiedlichen KZs entnommen und nach dem Osten verfrachtet. Bevor sich der Todeszug in Bewegung setzte, begingen 300 Menschen Selbstmord. Nur Kinder von fünf Jahren und aufwärts durften bei ihren Eltern bleiben; die kleineren überließ man ihrem Schicksal. – Im französischen Volk hat das viel böses Blut gemacht, und wie steht es, Deutsche, mit eurem Blut? In Paris wurden binnen weniger Tage 16.000 Juden zusammengetrieben, in Viehwagen verladen und abtransportiert.' (Das ist relativ genau, was hier Thomas Mann berichtet). Seine Rundfunkansprache war im Sept. 1942 und am 16. u. 17.7. sind in Paris über 12.000 Juden in einer großen Razzia verhaftet und in den nächsten Tagen und Wochen nach dem Osten deportiert worden. Unter diesen über 12.000 Juden waren allein mehr als 4000 Kinder.

Die Nachrichten, die zu Thomas Mann oder überhaupt ins Ausland gelangten, waren also relativ zuverlässig. Es scheint auch zu stimmen, das wird auch von anderer Seite behauptet, dass ein Teil der Juden bei der Verhaftung oder kurz vor der Verhaftung Selbstmord begangen hat. Thomas Mann nennt hier eine Zahl von 300; ob diese Zahl selbst zutreffend ist, weiß ich nicht. Also: „In Paris wurden binnen weniger Tage 16.000 Juden zusammengetrieben, in Viehwagen verladen und abtransportiert. Wohin, das weiß der deutsche Lokomotivführer, von dem man sich in der Schweiz erzählt. Er ist dorthin entflohen, weil er mehrmals Züge voller Juden zu fahren hatte, die auf offener Strecke hielten, hermetisch verschlossen und dann durchgast wurden. Der Mann hatte es nicht mehr ausgestanden." (Vielleicht kann nachher in der Diskussion jemand etwas dazu sagen. Ich habe noch nie davon gehört, dass man in Eisenbahnwagen Vergasungen vorgenommen hat so wie in Lastwagen. Vielleicht ist das also einfach nur eine falsche Übermittlung von Nachrichten. Bekannt sind ja die Fälle mit Gaswagen.) „Der Mann hat es nicht mehr ausgestanden, aber seine Erfahrungen sind keineswegs außerordentlich. Ein genauer authentischer Bericht liegt vor über die Tötung von nicht weniger als 11.000 polnischen Juden mit Giftgas. Sie wurden auf ein besonderes Exekutionsfeld bei Konin im Distrikt Warschau gebracht, in luftdicht verschlossene Wagen gesteckt und binnen einer Viertelstunde in Leichen verwandelt. Man hat die eingehende Beschreibung des ganzen Vorganges, Geschreie und Gebete der Opfer mit gutmütigem Gelächter der SS-Hottentotten, die den Spaß zur Ausführung brachten". (*Thomas Mann,* Gesammelte Werke, Berlin 1956, Lizenzsausgabe für die DDR, 12. Band, S. 673/4).

Das ist nicht etwas Einmaliges, was hier Thomas Mann berichtet hat. Der britische Rundfunk hat laufend solche Meldungen nach Deutschland ausgestrahlt. Man könnte sogar noch einen Schritt weitergehen und sagen, ja, nicht nur vom Ausland her haben die Deutschen erfahren, was im Osten mit den Juden geschehen ist, sondern Hitler selbst hat es in verschiedenen Reden ausgesprochen. Am 30.1.1939 hat er eine entsprechende Wendung gemacht und sinngemäß erklärt, dass im Kriegsfall, im Konfliktfall eine Vernichtung der europäischen jüdischen Rasse bevorstehe. Fast wortwörtlich hat er das nochmals wiederholt in einer Rede im Sportpalast drei Jahre später am 30.1.1942. Auch dort hat er wieder von der Vernichtung des europäischen Judentums gesprochen.

Weder die Ansprache Thomas Manns an die Deutschen, noch die Worte Hitlers in den Reden im Sportpalast oder vor dem Reichstag, noch etwa ähnliche Bemerkungen im Schwarzen Korps vermögen aber zu beweisen, dass die Mehrheit der Deutschen an eine Vernichtung der Juden geglaubt habe, noch, meine ich, vermögen diese Tatsachen zu beweisen, dass die Deutschen, die ständig mit der Verfolgung der Juden befasst waren, daraus den Schluss gezogen haben, den Juden drohe das Schlimmste im Osten. Ich bin der Ansicht, das geht zu weit. Diese Worte – Vernichtung der europäischen jüdischen Rasse – das war so etwas Ungeheuerliches, und jedem von uns ist das wohl so ergangen, wenn er erst mit den Verfahren begonnen hat, dass es einfach über das menschliche Vorstellungsvermögen hinausging, dass also entweder diese Worte von Hitler überhört worden sind oder man sie für verbale rhetorische Übertreibungen gehalten hat.

Ich komme daher zu meiner zweiten Schlussfolgerung: Weder aus der Benutzung der Worte ‚Endlösung der Judenfrage' durch die mit der Judenverfolgung befassten Personen kann man viel schließen, noch aus der Tatsache, dass etwa Hitler selbst anscheinend eindeutige Worte gebraucht hat oder dass über den ausländischen Rundfunk oder durch ausländische Zeitungen entsprechende Berichte nach Deutschland gedrungen sind. Wobei sogar noch die weitere Schwierigkeit besteht, im Einzelfalle einem Beschuldigten nachzuweisen, er habe dieses Exemplar der NZZ gelesen oder er habe gerade hier diese Rede Thomas Manns im britischen Rundfunk verbotenerweise mitgehört. Wenn man mir folgt, bleibt also nur übrig, wieder ganz im Einzelfalle den Nachweis bei jedem zu führen, er habe jedenfalls spätestens ab diesem Zeitpunkt gewusst, was los war. Es fehlen meiner

Meinung nach ganz allgemeine Anhaltspunkte, dass man sagen könnte, etwa mindestens der Judenreferent oder mindestens der Kommandeur der Sicherheitspolizei irgendwo in Frankreich oder sonst wo habe gewusst, was los war.

Und an diesem Punkte kann ich gar nicht mehr viel mitteilen. Ich muss mich jetzt auf das Verfahren Frankreich beschränken, weil wahrscheinlich die Situation in den einzelnen Ländern doch relativ unterschiedlich war. Soweit ich bisher für das Frankreich-Verfahren sehe, um das Ergebnis vorwegzunehmen, scheint mir sicher zu sein, dass ab Mitte 1942 die maßgebenden Leute in Paris Bescheid gewusst haben. Das ergibt sich vor allem aus einer Bemerkung, die der damalige Judenreferent Dannecker in einem Vermerk festgehalten hat. Dannecker war für ganz Frankreich der Judenreferent. Er war der verlängerte Arm Eichmanns für Frankreich. Er hat in der zweiten Hälfte Juli 1942 eine Besichtigungsfahrt durch das damals noch unbesetzte Teilgebiet Frankreichs gemacht und verschiedene Internierungslager besucht. Darüber hat er einen langen Vermerk angefertigt. U.a. hat er sich sehr empört gezeigt, dass die Spielbank in Monte Carlo geradezu von Juden übervölkert sei. An einer anderen Stelle heißt es dann, dass die französischen Weltorganisationen praktisch bereit seien, jeden Preis für Schiffspassagen zu bezahlen, um Juden aus Frankreich auslösen zu können. Und daraus folgert Dannecker, damit stehe für ihn fest, dass das Weltjudentum nun genau wisse, dass die in Europa lebenden Juden ihrer Vernichtung entgegen gingen. Das ist ein fast wörtliches Zitat. Diesen Vermerk hat der Vertreter des BdS in Paris abgezeichnet. Ich kann mir im Moment nicht vorstellen, dass jemand kommen kann und die Formulierung ‚Vernichtung der in den besetzten europäischen Gebieten lebenden Juden' in irgendeiner anderen Weise erklären will. Der Wortlaut ist m.E. so eindeutig, dass für mich feststeht, Dannecker und die Leute, die seinen Vermerk gelesen haben, wussten Bescheid. Wenn dem aber so ist, dann liegt auch bei aller Vorsicht die Schlussfolgerung nahe, zu sagen, mindestens die engsten Mitarbeiter des Judenreferenten in Paris wussten, dass die Juden nicht nur zum Arbeitseinsatz, zur Umsiedlung, zur Ansiedlung im Osten deportiert wurden.

Zum Abschluss nur noch eins: Ich habe inzwischen erfahren, und das deckt sich in etwa mit meiner Behauptung, ab Mitte 1942 seien die maßgebenden Leute in Paris unterrichtet gewesen, dass der ehemalige BdS von Den Haag, sein Judenreferent und noch eine Polizeiangestellte von der StA München wegen der Judendeportationen aus Holland angeklagt worden sind. Dr. Harster und sein Judenreferent Zöpf haben gestanden. Sie haben zwar behauptet, sie hätten nie offiziell von Eichmann oder einer anderen Person aus dem RSHA erfahren, was gespielt werde, aber sie hätten doch aus alledem, was ihnen angesonnen wurde, schließlich geschlossen, was los sei. Immerhin ist die Anklage noch so vorsichtig, dass sie z.B. bei dem Judenreferenten erst ab Anfang 1943 eine Kenntnis als sicher unterstellt.

Die Vernichtungen in Belzec haben im März 1942 angefangen, in Auschwitz und in den anderen Lagern später; nur in Kulmhof oder in Chelmno hat man etwas früher begonnen. Soweit ich weiß, war Kulmhof das einzige Lager, in dem Juden vor der Wannsee-Konferenz vergast worden sind, nämlich ab Dez. 1941.

Ich sagte eben, nach meiner Meinung wird man einen Vorsatz annehmen dürfen bei den Leuten, die in Paris in der Zentrale saßen, also in erster Linie bei den Angehörigen des Judenreferates. Ich glaube nicht, dass die benachbarten Referate unbedingt informiert waren. Meine Frage ist jetzt nur noch: Wussten es etwa die im Land tätigen Kommandeure der Sicherheitspolizei und die dort arbeitenden Judenreferenten auch? Hierzu ist Folgendes zu sagen: Ein heutiger LG-Rat war über zwei Jahre KdS von Bordeaux. Er hat mehrere hundert Juden aus seinem Bezirk Bordeaux nach Paris überstellt. Das Verfahren gegen ihn ist mit der Begründung eingestellt worden, man habe ihm nicht nachweisen können, dass er gewusst habe, was in Auschwitz geschah. Es mag sein, dass viele hier die Einstellung unverständlich finden. Ich persönlich glaube, sie ist nicht abwegig. Man kann nicht sagen, wie man es immer wieder hören kann: ‚Ich persönlich bin zwar überzeugt, die wussten alles, die waren unterrichtet, allerdings nachweisen kann ich es ihnen nicht'. Ich finde, das ist keine Meinung. Ich kann doch nur überzeugt sein, einer hat etwas gewusst oder einer hat etwas getan, wenn ich es ihm auch nachweisen kann. Ein allgemeines unbestimmtes Gefühl, ‚ach, die wussten damals viel mehr', reicht nicht aus.

Mein Resümee ist – mag sein, dass das hier angegriffen wird, es mag auch etwas provozierend formuliert sein -: Nur sehr wenige waren unterrichtet und diese auch erst ab Mitte 1942, als tatsächlich im Großen die Vergasungen im Osten einsetzten. Im Übrigen war die Kenntnis der Judenvernichtung nicht verbreitet. Vielmehr glaubten die meisten der mit den Maßnahmen gegen die Juden in den besetzten Ländern befassten Personen in der Tat – zumindest aber wird man das grundsätzlich zu ihren Gunsten unterstellen müssen – dass die Juden zum Arbeitseinsatz oder aus Gründen der Umsiedlung nach dem Osten deportiert würden, so dass der großen Mehrzahl der in Frage kommenden Beschuldigten Mordvorsatz nicht nachzuweisen ist.

Zusammenfassend ist somit festzustellen:

1. Bis Kriegsende war in Deutschland nur die massive Verfolgung der jüdischen Menschen durch Beschränkung der wirtschaftlichen und beruflichen Betätigung bis zur Einweisung in ein KZ allgemein bekannt, nicht dagegen das Endziel der nationalsozialistischen Machthaber, die Ermordung aller greifbaren Juden. Es lässt sich daher nicht die Schlussfolgerung ziehen, die mit der Erfassung, Verhaftung und Deportation der Juden beauftragten und befassten Deutschen hätten schon allein deswegen mit Tötungswillen gehandelt, weil die Kenntnis vom Endziel der nationalsozialistischen Judenpolitik allgemein verbreitet gewesen sei.

2. Aus der Tatsache, dass Hitler in Reden zum Tag der sog. Machtergreifung von der ‚Vernichtung der jüdischen Rasse in Europa' (30.1.1939 und 30.1.1942) in aller Öffentlichkeit gesprochen hat, dass ausländische Zeitungen und Rundfunksender über Massentötungen von Juden berichtet oder Beschuldigte im amtlichen Schriftverkehr die Worte ‚Endlösung der Judenfrage' gebraucht haben, lassen sich kaum Schlüsse ziehen. Die Redewendungen Hitlers hat man seinerzeit weitgehend als rhetorische Übertreibung, die ausländischen Berichte als Feindpropaganda aufgefasst und der Begriff ‚Endlösung' ist geraume Zeit nicht im Sinne von physischer

Vernichtung benutzt worden. Mit derartigen allgemeinen Hinweisen kann daher Beschuldigten die Einlassung nicht widerlegt werden, sie seien des Glaubens gewesen, die Juden würden zum Arbeitseinsatz oder aus Gründen der Umsiedlung nach dem Osten deportiert. Der organisierte Mord an den jüdischen Menschen übertraf derart das geschichtlich bedingte Vorstellungsvermögen der Zeitgenossen, dass auch die genaue Kenntnis der unmenschlichen Verfolgungspraktiken den damit befassten Personen nicht den Schluss aufdrängen musste, die Mehrzahl der deportierten Juden erwarte im Osten der Tod. Weithin wussten die Verfolger so wenig wie die Verfolgten.

3. Die organisierte Tötung der europäischen Juden hat erst um die Wende 1941/42 eingesetzt (Dez. 1941 Kulmhof, März 1942 Belzec, Mai 1942 Auschwitz und Sobibor). Die ersten RSHA-Transporte mit dem Ziel unverzüglicher Selektion nach Ankunft sind im Juni/Juli 1942 aus dem westlichen Europa nach dem Osten abgegangen (Für die mit dem Russlandfeldzug beginnende Liquidierung der russischen Juden gelten andere, nicht ohne weiteres auf Nord-, West- oder Südeuropa übertragbare Grundsätze). Ab Mitte 1942 gibt es Beweise, dass sich bei einigen wenigen Personen die wahre Bedeutung des Begriffs Endlösung herumgesprochen hatte. Ein Beweismittel ist eine Urkunde aus dem Juli 1942, in der der damalige Judenreferent für Frankreich davon spricht, ‚dass die im deutschen Machtbereich befindlichen Juden ihrer restlosen Vernichtung entgegenstehen'. Dieses Schriftstück hat der Judenreferent seinen unmittelbaren Vorgesetzten vorgelegt, nämlich dem BdS und dessen Stellvertreter. Ein weiteres Anzeichen für den Tötungsvorsatz sind die Geständnisse, die der ehemalige BdS für Holland und sein Stellvertreter abgelegt haben, im Laufe der zweiten Hälfte des Jahres 1942 habe sich bei ihnen die Vermutung zur Gewissheit verdichtet, dass den deportierten Juden im Osten der Tod bevorstehe.

Als Ergebnis ist zusammenzufassen, dass erst ab Mitte 1942 bei den Judenreferenten der einzelnen besetzten Länder, ihren Vorgesetzten und nächsten Mitarbeitern grundsätzlich Tötungsvorsatz wird bejaht werden können, dass dieses Ergebnis dagegen für Angehörige untergeordneter Dienststellen – wie der in den besetzten Ländern verstreut gelegenen Dienststellen der Kommandeure der Sicherheitspolizei und des Sicherheitsdienstes (KdS) – nicht gilt."

OStA Dr. Artzt erklärte, es gehe doch in erster Linie darum, ob der *Beschuldigte* etwas gewusst habe, nicht die Allgemeinheit. Man müsse den Nachweis im Einzelfall von der Person des Beschuldigten herführen. Nicht immer sei auch der Begriff „Endlösung" mit „Auswanderung" gleichzusetzen. So habe die nationalsozialistische Führungsspitze mit Hitler, Himmler, Göring und Heydrich schon vor Beginn des Russlandkrieges eine radikale Endlösung der Judenfrage im Sinne einer psychischen Vernichtung aller europäischen Juden geplant. Bereits am 24.6.1940 habe Heydrich dem Reichsaußenminister von Ribbentrop mitgeteilt, das Gesamtproblem der rd. 3 ¼ Millionen Juden in den unter deutscher Hoheitsgewalt stehenden Gebieten könne nicht mehr durch Auswanderung gelöst werden, eine territoriale Endlösung sei notwendig. – Weiterhin zitierte OStA Dr. Artzt ein von Brigadeführer Schellenberg unterfertigtes Schreiben des RSHA vom 20.5.1941 an alle

Staatspolizeistellen und den Beauftragten des Chefs der Sicherheitspolizei und des SD für Belgien und Frankreich, wo bereits von der „zweifellos kommenden Endlösung der Judenfrage“ im Sinne einer Vernichtung der Juden gesprochen wurde.

EStA Dr. Goetz (Hannover) meinte, dass eine wesentliche Erkenntnisquelle in dem Referat nicht berücksichtigt worden sei, nämlich die Offenkundigkeit der Vernichtung der Juden in den seinerzeit besetzten Gebieten der UdSSR. Er könne aus eigener Erfahrung sagen, dass jeder, der dort als Angehöriger der Wehrmacht stationiert gewesen sei, über das Schicksal der Juden Kenntnis gehabt habe.

OStA Dr. Nachtweh (Dortmund) widersprach diesen Ausführungen und erklärte, man könne keinesfalls unterstellen, dass jedem in Russland eingesetzten Soldaten das Schicksal der Juden bekannt gewesen sei.

EStA Selle (Berlin) schloss sich den Ausführungen OStA Dr. Nachtwehs an und führte weiter aus, dass auch er die Ansicht vertrete, bei der Beantwortung der Frage „Kenntnis der Endlösung“ sei vom Einzelnen auszugehen. Allerdings könne man auch auf die Dienststelle abstellen, bei der die Einzelperson tätig gewesen sei. Wenn diese über die Vernichtung der Juden Kenntnis gehabt habe, so sei auch auf die Kenntnis des Einzelnen zu schließen, da ein solches Thema mit Sicherheit innerhalb der Dienststelle besprochen worden sei.

StA Hölzner (Berlin) betonte, dass die Kenntnis von der „Endlösung“ nicht mit dem Wissen um die Judenvernichtung gleichzustellen sei. Ebenso verhalte es sich bei dem Begriff „Endziel“. Er warnte davor, Personen, die in gewissen Dienststellen – wie z.B. dem RSHA – tätig gewesen seien, von vornherein eine Kenntnis zu unterstellen. Ein solcher Nachweis würde oft nicht gelingen.

Gerichtsass. Schamerowski (Lübeck) gab zu bedenken, dass die Beweisführung bezüglich der Kenntnis der Judenvernichtung oft auch aus anderen Gründen Schwierigkeiten bereite, z.B. wenn Angehörigen eines Polizeibataillons von *eingeweihten* Offizieren vor der Exekution bekanntgegeben worden sei, sie würde als Repressalie wegen Erschießungen deutscher Soldaten aus dem Hinterhalt durchgeführt.

StA Plitt (Dortmund) kam nochmals auf die Ausführungen von EStA Dr. Goetz zurück und führte aus, dass nach seiner Überzeugung eine solche Verallgemeinerung bezüglich der Kenntnis der Judenvernichtung unrichtig sei. Man könne diese Frage nicht allgemein beantworten.

StA Hölzner (Berlin) erklärte abschließend, bei der StA Berlin gingen immer wieder Anfragen nach Dokumenten ein, in denen das allgemeine Wissen über die Endlösung zum Ausdruck komme. Solche Dokumente seien jedoch nicht vorhanden. Es bleibe daher nichts anderes übrig, als bei der Beantwortung der Frage vom Einzelfall auszugehen.

Anschließend referierte *StA Büschgens* (ZSt.) über das Thema: *„Inwieweit können Erschießungen von Geiseln und Partisanen noch strafrechtlich verfolgt werden?“*

„Einleitung: Die bei der ZSt. in L. nunmehr geführte Verfahrenskartei gibt Aufschluss darüber, dass eine nicht unbeachtliche Anzahl von Verfahren zum Gegenstand hat die Erschießung von Geiseln und Partisanen; und zwar handelt es sich hierbei um Verfahren, die teils noch als Vorermittlungsverfahren bei der

ZSt. geführt werden, teils bereits als Ermittlungsverfahren bei den einzelnen StA anhängig sind, wobei von letzteren wiederum eine Anzahl abschließend entschieden ist. – Dieser Umstand ließ es angezeigt erscheinen, im Rahmen eines kurzen Referats auf dieser Tagung sich mit denjenigen Rechtsinstitutionen und Begriffen zu befassen, die für die rechtliche Beurteilung dieser Verfahren von allgemeiner Bedeutung sind.

Die Tötung von Personen, die nicht an den kriegerischen Auseinandersetzungen der bewaffneten Mächte verfeindeter Staaten unmittelbar beteiligt sind, erscheint zwar jedem menschlichen Gefühl als etwas Barbarisches, sie ist jedoch in nahezu allen solchen Auseinandersetzungen eine Tatsache geworden. – Insbesondere die deutschen Streitkräfte sind infolge der jeweils sich entwickelnden Kriegslagen, in denen sie mit teils nur beschränkten personellen Mitteln feindliche Gebiete von großen Ausmaßen besetzt hielten, zur Tötung von Zivilpersonen geschritten. – Infolge der Verschiedenheit der rechtlichen Beurteilung der Tötung von a) Geiseln einerseits, b) Partisanen andererseits, will ich im Folgenden getrennt auf diese Fragen eingehen. – Hierbei zwingt die Verschiedenartigkeit der Maßnahmen in den verschiedenen besetzten Gebieten (Russland – Südost – Westen) dazu, die Ausführungen ohne Anlehnung an konkrete Einzelfälle darzustellen, sondern vielmehr lediglich allgemein gültige Regeln aufzustellen, an denen dann die Rechtmäßigkeit bzw. Rechtswidrigkeit der Einzelfälle gemessen werden kann.

Dabei ist vorwegzuschicken, dass die aufgeworfenen rechtlichen Fragen größtenteils völkerrechtlichen Inhalts sind, die Prüfung sich also vornehmlich mit dem völkerrechtlichen Kriegsrecht befasst, und zwar demjenigen, wie es sich zur Zeit der hier in Betracht kommenden Taten darstellte. – Das völkerrechtliche Kriegsrecht ist jedoch nur in geringem Umfang kodifiziert. Auch soweit Kodifikationen in Form von Konventionen vorhanden sind, leidet deren Wert darunter, dass sie vielfach in der Praxis nicht angewendet worden sind. Mit Recht ist daher im wissenschaftlichen Schrifttum die Ansicht geäußert worden, das Kriegsrecht befinde sich in einem chaotischen Zustand. Dies gilt nicht nur für das vertragliche Kriegsrecht, sondern auch für das Kriegsgewohnheitsrecht und die allgemeinen Rechtsgrundsätze. Bei den folgenden Erörterungen kann daher nur in geringem Maße auf vertragliche und gewohnheitsrechtliche Völkerrechtsnormen sowie auf die allgemeinen Rechtsgrundsätze zurückgegriffen werden. Umso größere Bedeutung war – insbesondere für die Frage der völkerrechtlichen Zulässigkeit von Repressalien – der Rechtsprechung internationaler und nationaler Gerichte sowie den Lehren der anerkannten Autoren der verschiedenen Völker als Hilfsmittel zur Feststellung von Rechtsnormen beizulegen.

I. Die Rechtsgrundlagen der Tötung von Geiseln und Repressalgefangenen: Personen, die im besetzten Gebiet als Gegenmaßnahme gegen Widerstandshandlungen getötet werden, werden im Allgemeinen als Geiseln bezeichnet. Das Schrifttum verwendet diesen Begriff ohne nähere Unterscheidung sowohl für Personen, die vor der Widerstandshandlung festgesetzt und nach dieser erschossen werden, als auch für solche Angehörige der Zivilbevölkerung, die erst nach dem völkerrechtswidrigen Akt festgesetzt und anschließend getötet werden. Erst in den

Kriegsverbrecherprozessen nach dem zweiten Weltkrieg wurde eine begriffliche Differenzierung dieser beiden Formen der Gegenmaßnahmen gegen die Zivilbevölkerung vorgenommen. Geiseln wurden nur solche Personen genannt, die festgenommen werden, um durch die Androhung ihrer Tötung das Wohlverhalten der Bevölkerung zu garantieren. Personen dagegen, die erst nach erfolgter Widerstandshandlung festgesetzt und getötet werden, um durch ihre Tötung die Bevölkerung von weiteren Widerstandshandlungen abzuschrecken, wurden als Sühnegefangene bezeichnet.

Die Tötung dieser Geiseln und Sühnepersonen erfüllt den Tatbestand des § 212 StGB. Unter Umständen kann aber auch der Tatbestand des Mordes vorliegen, wenn die Tötung nämlich grausam oder heimtückisch erfolgt ist, bzw. eines der anderen im § 211 StGB angeführten subjektiven oder objektiven Tatbestandsmerkmale erfüllt ist. – Besondere Beachtung verdient in diesem Zusammenhang die Tötung aus niedrigen Beweggründen. Hierbei ist Beweggrund jeder bewusste Umstand, durch den etwa der Erschießungsbefehl bewegt und veranlasst wurde. In der höchstrichterlichen Rechtsprechung ist ein Beweggrund als niedrig angesehen worden, wenn er besonders gemein und daher verächtlich ist (BGHSt 2, 60 ff.); wenn er nach den in der Rechtsgemeinschaft herrschenden Anschauungen als besonders verwerflich gilt (OGHSt 2, 352 ff.), wenn er als sittlich verachtenswert anzusehen ist (OGHSt 2, 344), wenn er nach allgemeiner sittlicher Wertung auf tiefster Stufe steht und deshalb besonders verwerflich, ja verächtlich ist (BGHSt 3, 133). Als niedrig ist ein Beweggrund daher auch dann anzusehen, wenn er insbesondere fußt auf dem in der nationalsozialistischen Ideologie verwurzelten Rassedenken.

Prüfung der Rechtmäßigkeit der Hinrichtung von Geiseln und Sühnepersonen. 1. Repressalie: Ein völkerrechtlicher Rechtfertigungsgrund könnte gegeben sein, wenn es sich bei den Erschießungen von Geiseln und Sühnepersonen um zulässige Repressalien handelte. Repressalien sind durch die geltenden Völkerrechtsregeln sonst untersagte Zwangsmaßnahmen, die ein Staat in Erwiderung gegen ihn begangener rechtswidriger Akte verhängt, um den Verletzer durch Schadenszufügung zur Achtung des Rechts zu zwingen.

Im Gegensatz zur innerstaatlichen Rechtsordnung verfügt die Völkerrechtsordnung über keine über den Staaten stehende Autorität, die die Beachtung ihrer Normen erzwingen und Rechtsbrecher zur Verantwortung ziehen kann. Die auf die Errichtung einer den Nationen übergeordneten Autorität zielenden Bestrebungen, wie sie in den Satzungen des Völkerbundes und der UNO zum Ausdruck kommen, haben, so zukunftsweisend sie sein mögen, bisher nur zur Bildung von Partikularrecht geführt. Soweit diese partikularen Normen nicht Anwendung finden, überlässt das Völkerrecht es auch heute noch dem verletzten Staat, zur Selbsthilfe zu greifen, wenn ein Staat seinen völkerrechtlichen Verpflichtungen nicht nachkommt, mag es sich dabei um Normen des Friedensvölkerrechts oder um solche des Kriegsrechts handeln. Wiedervergeltung für vom Gegner begangene, von der eigenen Partei als Unrecht angesehene Handlungen hat es in allen Kriegen gegeben, den Charakter einer völkerrechtlichen Institutionen konnten die vergeltenden Handlungen aber erst gelangen, als sich in den letzten Jahrhunderten das Kriegsrecht zu einem festen System völkerrechtlicher Pflichten und Rechte der Kriegsführenden entwickelte.

Das Institut der Repressalie ist in dem ‚Abkommen betreffend die Gesetze und Gebräuche des Landkrieges' vom 18.10.1907 (HLKO) und den dazu ergangenen Anlagen nicht geregelt. Daraus kann jedoch nicht der Schluss gezogen werden, dass Repressalien von den damals beratenden Mitgliedern der übereinkommenden Staaten schlechthin als unzulässig angesehen wurden. Die Frage der Zulässigkeit der Repressalie war – im Gegenteil – Gegenstand eingehender Beratungen. Nur weil bei diesen die Ansichten der vertretenen Staaten eine große Verschiedenartigkeit aufwiesen, hat man bewusst auf eine Kodifizierung dieses Instituts verzichtet und seine Weiterentwicklung dem Gewohnheitsrecht allein überlassen.

Repressalgegner ist der Staat, der die Völkerrechtsordnung verletzt hat und zu ihrer Wiederherstellung gezwungen werden soll. Da der Staat in abstracto nicht Gegenstand von Zwangsmaßnahmen sein kann, können sich die Repressalien nur gegen seine Elemente richten. Von der Repressalie können daher betroffen werden das Land, die See- oder Luftfahrt des Feindes, andere seiner Organe, sein Gebiet, sein Handel und sein Eigentum, schließlich auch seine Untergebenen, wer immer sie sein mögen. Da die Repressalie ihrem Charakter nach keine Strafe, sondern eine Zwangsmaßnahme darstellt, werden von ihr nicht nur die an dem Völkerrechtsbruch Schuldigen, sondern auch Unschuldige betroffen.

Das Rechtsinstitut der Repressalie soll also die Anwendung des Völkerrechts durch diejenigen sicherstellen, an die sich die Völkerrechtssätze richten; diese sind in erster Linie die Staaten, die für das Verhalten ihrer Organe einzustehen haben. – Im besetzten Gebiet übt die besetzende Macht de facto die Staatsgewalt aus. Der Staat, dessen Gebiet besetzt ist, kann also nicht mehr für ein völkerrechtswidriges Verhalten der Bevölkerung des besetzten Gebietes verantwortlich gemacht werden. Damit erhebt sich die Frage, ob die Bevölkerung selbst als Repressalgegner angesehen werden kann. – Voraussetzung hierfür wäre, dass das Kriegsrecht der Bevölkerung eine Verpflichtung zum Gehorsam gegen die Besatzungsmacht auferlegt. Diese Vorfrage ist vor allem in den Kriegsverbrecherprozessen recht unterschiedlich beantwortet worden.

Als herrschende Ansicht kann jedoch diejenige angesehen werden, die auch in dem Verfahren gegen die Südostgenerale, dem sog. List [Wilhelm List, 1880–1971, Generalfeldmarschall, Befehlshaber SO]-Verfahren, ihren Niederschlag gefunden hat: ‚Die Bewohner eines besetzten Gebietes haben die Pflicht, ihrer gewöhnlichen friedlichen Beschäftigung nachzugehen und sich aller schädigenden Handlungen gegenüber den Truppen oder hinsichtlich ihrer militärischen Operationen zu enthalten.' Das Verhältnis der Bevölkerung eines besetzten Gebietes zur Besatzungsmacht ist also als ein Verhältnis gegenseitiger Rechte und Pflichten aufzufassen. – Diese Auffassung wird im Übrigen auch eindeutig vertreten in den militärischen Handbüchern der Vereinigten Staaten und Englands.

Die Besatzungsmacht verfügt im besetzten Gebiet in der Regel nicht über einen wohlaufgebauten Polizeiapparat, mit dessen Hilfe sie in kürzester Zeit die an einem

Verstoß gegen das Kriegsrecht Schuldigen aufspüren kann. Andererseits sieht sie sich gezwungen, in ihrem eigenen Interesse und auch im Interesse der Zivilbevölkerung die klare Trennung zwischen kämpfender Truppe und friedlicher Bevölkerung aufrechtzuerhalten. Sie ergreift daher herkömmlicherweise, wie die Praxis der Kriegsführenden des letzten Weltkrieges gezeigt hat, auch dann, wenn die an dem Vergehen Schuldigen nicht zu fassen sind, zur Herstellung völkerrechtsmäßiger Zustände im besetzten Gebiet Maßnahmen, die auch Unschuldige treffen können. Derartige Zwangsmittel der Besatzungsmacht werden im Schrifttum mit Recht als ‚unechte', ‚uneigentliche' oder ‚sogenannte' Repressalien bezeichnet, weil sie die gleiche Zweckbestimmung wie die ‚echten' Repressalien haben, die sich gegen einen Staat richten. Hier wird eben als Repressalgegner nicht der Staat, sondern die Bevölkerung angesprochen, um sie wieder zu einem völkerrechtmäßigen Verhalten zu veranlassen. – Die Rechtmäßigkeit dieser unechten Repressalien ist zwar nicht unbestritten, wird jedoch von der herrschenden Ansicht, im Übrigen auch wiederum von den militärischen Handbüchern der Vereinigten Staaten und Englands bejaht.

Die Rechtmäßigkeit der Repressalie wird auch nicht etwa durch folgende Überlegung ausgeschlossen, die vor allem die französische Anklagebehörde in den Nürnberger Prozessen vertreten hat und die dahin ging, Deutschland habe im Zweiten Weltkrieg einen Angriffskrieg geführt, der unrechtmäßig gewesen sei. Daraus folge, dass alle irgendwie gegen diesen Krieg gerichteten Maßnahmen rechtmäßig gewesen seien, was zur Folge habe, dass die wiederum gegen diese Maßnahmen ergriffenen Gegenmaßnahmen von deutscher Seite nicht rechtens gewesen sein könnten. Dieser Auffassung ist jedoch nicht zuzustimmen. Denn die Verurteilung des rechtswidrigen Krieges trifft allein die Vorgänge, die zu seinem Ausbruch führten. Das Kriegsvölkerrecht hingegen regelt die Art und Weise der Auseinandersetzung. Es besteht rechtstheoretisch kein Hindernis, dass die Tatsache eines bewaffneten Zusammenstoßes zwischen Staaten ohne Rücksicht auf seine Ursachen die Verpflichtung der Kriegsführenden zur Folge hat, die Grundsätze des jus in bello zu beachten. Aus der Rechtswidrigkeit des Krieges folgt also nicht notwendig die Rechtswidrigkeit aller Handlungen der Kriegsführung. Demnach kann der angegriffene Staat sich nicht auf das Verbot des Angriffskrieges berufen, um aus ihm die rechtliche Unzulässigkeit von Repressalien herzuleiten, die der Agressorstaat gegen ihn wegen einer Verletzung des Kriegsrechts ergreift. In richtiger Würdigung dieser Rechtslage haben daher die erkennenden Gerichte im List-Prozess und im Prozess gegen Christiansen [Friedrich, 1879–1972, Wehrmachtsbefehlshaber in den Niederlanden] auf die Unabhängigkeit der Rechtmäßigkeit der Repressalien von der Frage des Vorliegens eines Angriffskrieges hingewiesen. Die Auffassung, die die französischen Anklagevertreter in Nürnberg vorbrachten, verstößt auch eindeutig gegen den Geist der Haager Landkriegsordnung, deren Abfassung durch den Wunsch angeregt wurde, ‚die Leiden des Krieges zu mildern', wie es in der Präambel heißt.

Damit eine Repressalmaßnahme als rechtmäßig angesehen werden kann, müssen jedoch im Einzelnen die im Folgenden noch näher darzulegenden Erfordernisse erfüllt sein.

a) Die allgemeinste Voraussetzung einer Repressalie ist ein völkerrechtswidriges Verhalten des Gegners. Wie schon dargelegt, ist das Verhältnis der Besatzungsmacht zur Bevölkerung und umgekehrt ein solches gegenseitiger Rechte und Pflichten. Verstößt die Bevölkerung eines besetzten Gebietes durch einen feindlichen Akt gegen die ihr durch das Völkerrecht auferlegten Pflichten und sind weitere Verstöße gleicher Art zu befürchten, so liegt eine der Voraussetzungen vor, die die Ergreifung von Repressalmaßnahmen rechtfertigt.

b) Weiteres Erfordernis für die Zulässigkeit der Repressalie ist, dass die wirklich Schuldigen nicht gefasst werden können. Wie schon oben dargelegt, ist es der Besatzungsmacht, die im besetzten Gebiet mit nur unzulänglichen polizeilichen Mitteln die öffentliche Sicherheit aufrechterhält, oft unmöglich, in kürzester Zeit die wirklich Schuldigen eines Anschlages zu finden. Wird aber ein individuell schuldiger Täter ermittelt, so ist für Repressalienmaßnahmen kein Raum mehr.

c) Gelegentlich wird die Ansicht vertreten, dass der Repressalie ein Gerichtsverfahren vorangehen müsse. So hat der amerikanische Militärgerichtshof in seinem Urteil im Südost-Prozess ausgeführt, es sei eine fundamentale Regel der Gerechtigkeit, Personen nicht willkürlich zu töten, sondern ihnen ein ‚fair trial' zu gewähren. Einzelheiten über eine Ausgestaltung der ‚fair trial' hat der Gerichtshof indessen nicht angegeben. Auch hat er das Erfordernis des gerichtlichen Verfahrens durchbrochen, indem er Ausnahmen für zulässig erklärt hat. Das Erfordernis eines gerichtlichen Verfahrens vor der Repressalie kann daher noch nicht als eine Regel des Völkerrechts angesehen werden. M.E. kann auch ein vorheriges Gerichtsverfahren nicht zum Erfordernis der Rechtmäßigkeit der Repressalie gehören, weil eben ein Gerichtsverfahren dem Wesen einer Repressalie fremd und nicht einzuordnen wäre. Das erhellt schon aus dem Sinn der Repressalie, die eine Präsentivmaßnahme und nicht eine Strafe ist. Zweck eines Gerichtsverfahrens aber ist es, eine individuelle Schuld festzustellen und den Täter entsprechend dieser Schuld zu verurteilen. Ein vorheriges Gerichtsverfahren, wenn man ein solches im Bereiche der Repressalie für erforderlich hielte, könnte allenfalls die Tatsache eines völkerrechtswidrigen Verhaltens feststellen. Zu Schuldfeststellungen könnte ein solches Urteil nicht gelangen.

d) Allgemein anerkannt ist, dass für die Repressalie das Proportionalitätsprinzip gilt. Die Repressalie darf also nicht in einem auffälligen Missverhältnis zum begangenen Unrecht und angerichteten Schaden stehen. – Allerdings ist ungeklärt, wie die Proportionalität im Einzelnen festzulegen ist. Die einschlägigen Gerichtsurteile haben keine allgemeinen Regeln über die Bemessung der Proportionalität nachweisen können, sondern nur für den jeweils zu entscheidenden Fall Feststellungen hierzu getroffen. Die Praxis der Kriegsführenden ist unterschiedlich gewesen. Das Proportionalitätsprinzip kann daher nicht als eine feste Regel angesehen werden, sondern ist jeweils elastisch zu handhaben. – Dem Proportionalitätsprinzip unter besonderer Berücksichtigung des Präventivcharakters der Repressalie entspringt auch das Erfordernis, dass die Tötung von Geiseln und Zivilpersonen das letzte Mittel sein muss, um den Gegner von einem völkerrechtswidrigen Verhalten in Zukunft abzuhalten. Vorausgegangen sein müssen daher zumindest Abmahnungen und geringere Strafen etwa in Form von Bußgeldern, Kontributionen, Zerstörung von Eigentum und dgl. – Der Grundsatz der Proportionalität ist im Übrigen auch enthalten in den militärischen Handbüchern der Vereinigten Staaten und Englands, wie sie im letzten Kriege den Streitkräften dieser Mächte zur Verfügung standen.

Festzuhalten insoweit bleibt also, dass Ausmaß und Umfang der Repressalie keinen festen Maßstab aufweisen. Die Repressalie muss stets aus den besonderen Umständen und dem Grade der Gefahr beurteilt werden. Der Umfang der Repressalie wird primär von ihrem Zweck bestimmt, wirksames Zwangsmittel zu sein. Hierin liegt zugleich auch ihre Grenze. Nur diejenigen Maßnahmen, die zur Erfüllung ihrer Funktion als Zwangsmittel erforderlich sind, werden von der Völkerrechtsordnung gerechtfertigt. Was darüber hinaus geht, ist Rechtsbruch. Exzesse, wie der von Hitler redigierte OKW-Befehl vom 16.9.1941 mit der Quote 1:100 oder eine amerikanische Erschießungsandrohung nach dem Verhältnis 1:200 können daher niemals den Titel der rechtmäßigen Repressalie für sich in Anspruch nehmen. Die Bedeutung der Proportionalitätsschranke liegt gerade darin, Exzesse, wie diese, zu verhindern und die Frage der untersten Grenze, bei der der Repressalszweck noch erreicht wird, zu prüfen.

e) Neben die Proportionalitätsschranke treten weitere Verbote, die das freie Ermessen des Repressaltäters einengen. Es sind dies einmal das Verbot der Repressalien gegen Kriegsgefangene, das den Kriegführenden durch Art. 2 der Genfer Konvention von 1929 auferlegt ist, und zweitens das Verbot der Anwendung jener Maßnahmen, die der Humanität widersprechen oder geeignet sind, überflüssige Leiden zu verursachen (vgl. insoweit die Präambel zur Haager Landkriegsordnung). – Soweit das Repressalienverbot gegenüber Kriegsgefangenen in Frage steht, kann ich mich auf den Hinweis beschränken, dass dieses Thema bereits Gegenstand verschiedener Arbeitstagungen der mit der Verfolgung von an Kriegsgefangenen begangenen Verbrechen befassten StA war. Es erscheint jedoch erforderlich, einige kurze Ausführungen zu der sog. Humanitätsschranke zu machen. Die Humanitätsschranke deckt sich mit dem ‚unantastbaren und keine Ausnahme duldenden Kernbereich des Rechts, der unabhängig von ausdrücklicher Anerkennung in völkerrechtlichen Abkommen und innerstaatlichen Gesetzen und Anordnungen gilt' (BGHSt 2, 334). – Der Humanität würde es widersprechen, Geiseln und Sühnepersonen vor ihrer Hinrichtung in unnötiger Weise zu foltern oder zu quälen. Da ein solches Vorgehen gleichzeitig den Tatbestand des Mordes erfüllen würde, ergibt sich schon, dass der Mord in keinem Falle durch eine an sich gerechtfertigte Repressalie gerechtfertigt werden kann. – Mit den Geboten der Humanität ist es auch nicht zu vereinbaren, Kinder und ggfs. auch Frauen als Repressalobjekte zu nehmen.

f) Weiterhin ist anerkannter Grundsatz für die Rechtmäßigkeit von Repressalien, dass dies nur von einer höheren Instanz angeordnet werden können. In der Regel kann sie nur von den höchsten Staatsorganen verhängt werden. Für den Fall des Krieges unterliegt dieser Grundsatz jedoch einer weitgehenden Abschwächung. Das amerikanische militärische Handbuch beispielsweise verlangte lediglich, dass die höchste erreichbare militärische Dienststelle befragt werden solle.

Das britische militärische Handbuch verlangt den Befehl eines ‚Commander', obwohl es keine völkerrechtliche Regel gebe. Im deutschen Heer bestand die Anordnung, dass für die Verhängung von Repressalien ein höherer Kommandeur, in der Regel ein Divisionskommandeur, zuständig war. Als allgemein anerkannter Grundsatz lässt sich daher nur festhalten, dass die Repressalie nicht von Einzelnen oder untergeordneten Stellen angeordnet werden darf.

g) Umstritten ist schließlich das Erfordernis eins räumlichen, zeitlichen und persönlichen Zusammenhangs zwischen der Repressalie und dem voraufgegangenen Unrecht. – Eine eindeutige Stellung hat insoweit das List-Urteil bezogen, das als Voraussetzung für die Tötung von Geiseln fordert: Die Bevölkerung muss im Allgemeinen entweder aktiv oder passiv an dem Vergehen Anteil genommen haben. Offensichtlich hat das Gericht sich insoweit auf Art. 50 HLKO bezogen. – Als Handlungen, die eine Verantwortlichkeit der Bevölkerung begründen, sind etwa anzusehen: Anschläge auf Angehörige der Besatzungsmacht, Unterstützung der Widerstandskämpfer durch Gewährung von Unterschlupf, Herstellung von Waffen und Sabotagemitteln, Auskundschaften von günstigen Gelegenheiten für die Begehung von Attentaten. – Als Unterlassungen, die eine Verantwortlichkeit begründen, sind Verstöße gegen die sich aus Art. 43 HLKO ergebende allgemeine Gehorsamspflicht gegenüber den von der Besatzungsmacht erlassenen Anordnungen zum Schutze ihrer Sicherheit. Solche Anordnungen können sein: Verpflichtung der Bevölkerung zur Anzeige von aufgetauchten Bandenmitgliedern, Meldung von Waffenlagern usw.

Dieses Erfordernis ist demnach davon abhängig zu machen, wer der Täter des die Repressalie auslösenden Unrechts gewesen ist (so auch die militärischen Handbücher der USA und Englands). Bis auf wenige Ausnahmen sieht die Völkerrechtlehre als mögliche Vortäter auch Gruppen von Einzelpersonen an. In diesem Falle müssen die Opfer der Repressalien in einer gewissen engen Beziehung zu der Personengruppe (Bevölkerungsgruppe, politische Gemeinden, militärische Einheit u.ä.) stehen, d.h. in der Regel, ihr angehören. Dies ergibt sich außerdem aus dem allgemeinsten Begriffsmerkmal der Repressalie, die als notwehrähnliche Erscheinung nur bei Erfolgsaussicht zulässig ist. Nur im Rahmen dieser allgemeinen Voraussetzung ist auch ein zeitlicher Zusammenhang zwischen Repressalie und voraufgegangenem Unrecht zu berücksichtigen.

h) Schließlich ist es als wesentliches Erfordernis der Repressalie anzusehen, dass sie bekannt gemacht wird. Denn ihre Funktion als Zwangsmittel kann die Repressalie nur erfüllen, wenn sie als solche kenntlich und der Völkerrechtsbruch, gegen den sie sich richtet, genau bezeichnet ist. Fehlt dieses Erfordernis, so stellt die ergriffene Maßnahme einen reinen Racheakt oder ein Terrormittel dar, das der völkerrechtlichen Rechtfertigung entbehrt (vgl. auch BGH in NJW 1941, 373 ff.). Fraglich könnte insoweit sein, wem gegenüber die Notifikation zu erfolgen hätte. Die Antwort hat davon auszugehen, dass einmal nach geltendem Völkerrecht nicht nur Staaten, sondern auch Individuen Repressalgegner darstellen können, zum anderen nach der diplomatischen Übung der Empfang einer Notifikation durch die zuständigen Organe des völkerrechtlichen Verkehrs zwar grundsätzlich zu bestätigen, das Fehlen einer Empfangsbestätigung jedoch rechtlich unerheblich ist. Unter der deutschen Besetzung konnten entweder die Bevölkerungen der besetzten Gebiete im Ganzen oder aber jeweils einzelne Teile ihrer Widerstandsbewegung Notifikationsempfänger sein. War somit ein Notifikationsempfänger vorhanden, musste die Notifikation als ein unabdingbares Fordernis der Repressalie vorher vorgenommen, zumindest aber musste die Repressalie nach ihrer Vollziehung bekannt gemacht werden, und zwar unter genauer Angabe, wofür diese Maßnahme erfolgt war, nämlich der genauen Bezeichnung des völkerrechtswidrigen Anlasses ihrer Ergreifung.

Zusammenfassung: Zusammenfassend ist demnach festzustellen: Die Tötung von Geiseln und Repressalgefangenen ist gerechtfertigt, wenn

1. ein völkerrechtswidriges Verhalten der Bevölkerung eines besetzten Staates vorliegt,
2. der individuelle Täter, der für dieses Verhalten einzustehen hätte, nicht fassbar ist,
3. der Grundsatz der Proportionalität gewahr ist,
4. die Humanitätsschranke beachtet wird,
5. die Repressalie von der dafür zuständigen Stelle angeordnet wird,
6. ein gewisser, räumlicher, zeitlicher und persönlicher Zusammenhang zwischen den Geiseln und Repressalgefangenen einerseits und den mutmaßlichen Tätern andererseits besteht,
7. die Repressalie bekannt gemacht wird.

2. Kollektivstrafe: Als weiterer Grund, der die Rechtswidrigkeit der Tötung von Geiseln und Repressalgefangenen ausräumen könnte, kommt die Kollektivstrafe in Betracht. Ich bin mir dabei zwar bewusst, dass der Begriff ‚Kollektivstrafe' nicht besonders zutreffend und glücklich gewählt ist; da er jedoch in der herrschenden Literatur Verwendung gefunden hat, will ich ihn auch meinen weiteren Ausführungen zugrundelegen. Im Gegensatz zum Institut der Repressalie ist das Institut der Kollektivstrafe in Art. 50 HLKO geregelt, der wie folgt lautet: Keine Strafe in Geld oder anderer Art darf über eine ganze Bevölkerung wegen der Handlungen einzelner verhängt werden, für welche die Bevölkerung nicht als mitverantwortlich angesehen werden kann. Die Voraussetzungen der Kollektivstrafe hat das Militärgericht Rom in seinem Urteil im Kappler [G.A.H. Kappler, 1907–1978, zu lebenslanger Haft verurteilt, 1977 nach Deutschland geflohen]-Fall am 20.7.1948 dahin bestimmt, dass eine kollektive Verantwortlichkeit nur entsteht, wenn eine unmittelbare Verbindung – sei es in Bezug auf Tatort, sei es in Bezug auf die Tätigkeit – zwischen den Urhebern des Angriffs auf die Besatzungsmacht und der Zivilbevölkerung besteht.

Obgleich theoretisch zwischen Repressalie und Kollektivstrafe ein rechtlicher Unterschied besteht, da die Kollektivstrafe, wie schon ihr Name sagt, Straf- und Sühnecharakter hat, während die Repressalie Zwang zu einem künftigen Verhalten darstellt, kann – worauf auch das Militärgericht Rom in seinem Urteil zutreffend hinweist – in der Praxis zwischen beiden Rechtsinstitutionen oft nicht scharf unterschieden werden. Denn auch die Repressalie kann Vergeltungscharakter enthalten, wenn der Zwang zu einem künftigen Verhalten in der Zufügung eines Übels für erlittenes Unrecht besteht, um eine Wiederholung zu vermeiden, so insbesondere bei Sühnegeiseln, wie sie bei der Bekämpfung von Widerstandsbewegungen in besetzten Gebieten während des Zweiten Weltkriegs genommen worden sind.

a) Wie die Repressalie setzt auch die Kollektivstrafe zunächst ein völkerrechtswidriges Verhalten der Bevölkerung des besetzten Gebietes voraus.

b) Entsprechend den vorherigen Ausführungen zur Repressalie ist weiterhin erforderlich, dass die individuellen Täter, die für einen feindlichen Akt gegenüber der besetzenden Macht verantwortlich sind, nicht gefasst werden können.

c) Problematisch erscheint schon die weitere Voraussetzung, die auch bei der Repressalie geprüft wurde, nämlich diejenige, ob der Verhängung der Kollektivstrafe ein richterliches Verfahren vorausgehen müsse.

Dafür spricht zunächst, dass es sich bei der Kollektivstrafe im Gegensatz zur Repressalie um eine Strafe handelt. Den Kern des Problems bildet die Frage, ob es völkerrechtlich zulässig ist, jemand eines Verbrechens zu beschuldigen und zu bestrafen, ohne dass der Betreffende die Möglichkeit hat, vor einem unparteiischen Richter in einem rechtlich geregelten Verfahren gehört zu werden. Vom innerstaatlichen Recht ausgehend ist man gewohnt, dass Strafen vom Richter und in einem Gerichtsverfahren ausgesprochen werden.

Eine Vorschrift, die für das Verhängen der Kollektivstrafe ein besonderes Verfahren anordnet, gibt es nicht. Art. 50 HLKO regelt nur die materiell-rechtliche Zulässigkeit. Aber auch gewohnheitsrechtlich lässt sich nicht nachweisen, dass die Verhängung von Kollektivstrafen ein richterliches Urteil voraussetzt. Dazu fehlt es an der tatsächlichen Übung durch die Staaten. Es ist in der Praxis der militärischen Besetzung üblich, dass Kollektivstrafen nicht von Gerichten, sondern von Befehlshabern verhängt werden. Dies erscheint auch zunächst einleuchtend, soweit es sich um die Verhängung von Geldbußen und dgl. gegen eine politische Gemeinde u.ä. handelt. Die Tatsache, dass man im Wege der Kollektivstrafe zur Tötung von Zivilisten schreitet, kann jedoch eine andere rechtliche Beurteilung nicht rechtfertigen. Die Forderung nach gerichtlichem Ausspruch der Kollektivstrafe findet sich nur vereinzelt und wird hauptsächlich erst seit den Nürnberger Prozessen erhoben. Dort war aber offenbar der Wunsch der Vater des Gedankens. Auch in den militärischen Handbüchern der USA und Englands findet sich die Vorschrift, dass nur ein militärischer Befehlshaber Kollektivstrafen aussprechen darf. Eine Regel des Kriegsrechts, dass die Kollektivstrafe nur in einem gerichtlichen Verfahren ausgesprochen werden durfte, bestand z.Zt. des Zweiten Weltkriegs nicht.

d)-f) Ähnlich wie bei der Repressalie müssen auch bei Verhängung der Kollektivstrafe die Grundsätze der Proportionalität und der Humanität gewahrt bleiben. – Darüber hinaus ist anerkannt, dass – wenn man schon das Erfordernis eines gerichtlichen Verfahrens verneint – die Verhängung der Kollektivstrafe nur durch einen höheren militärischen Befehlshaber ausgesprochen werden kann.

g) Das Kernproblem der Kollektivstrafe ist dasjenige der in Art. 50 HLKO genannten ‚Mitverantwortlichkeit' der Bevölkerung. – Zwar erfordert auch die

Repressalie – wie schon dargelegt – einen gewissen zeitlichen, räumlichen und persönlichen Zusammenhang zwischen den Geiseln und Repressalmaßnahmen auslösenden Akte andererseits. – Für die Kollektivstrafe fordert jedoch Art. 50 HLKO über diesen losen Zusammenhang hinaus eine Mitverantwortlichkeit des betroffenen Personenkreises. Die unbestimmte Fassung des Art. 50 HLKO, insbesondere des Begriffs der Mitverantwortlichkeit, hat dazu geführt, dass in der Literatur die Auffassungen von einer schrankenlosen Zulässigkeit der Kollektivstrafe, über deren generelle Unzulässigkeit bis zu einer Zulässigkeit mit Einschränkungen vertreten werden. Dieser letzten Ansicht wird der Vorzug zu geben sein. Die meisten Autoren dieser Gruppe legen den Begriff der Mitverantwortlichkeit i.S. einer Art Schuld der Bevölkerung aus, wenn diese auch nicht expressis verbis zum Ausdruck kommt. Sie fordern eine irgendwie geartete Beziehung der Bevölkerung zur Tat.

Hat es den Anschein, dass sich nicht nur Einzelne, sondern die überwiegende Mehrheit der Gesamtheit rechtswidrig verhalten hat, so ist man geneigt, der Gesamtheit auch den Schuldvorwurf zu machen. Dann handelt es sich um einen Schluss vom Teil auf das Ganze, d.h. um eine Generalisierung. Dabei bleibt der Einzelne unbeachtet, man urteilt nach dem vorherrschenden Gesamtbild. Daher erscheint eine auf dieser Grundlage verhängte Strafe manchmal vom Standpunkt des Einzelnen aus gesehen ungerecht zu sein. Aus dem erkennbaren Verhalten der Mehrheit wird vermutet und geschlossen, dass die gesamte Bevölkerung gegen die Besatzungsmacht arbeitet. Auf diese Überlegung gründet sich der Schuldvorwurf und schließlich die Kollektivstrafe. Die Grundlage der Verantwortlichkeit bildet im Grunde genommen nur die präsumierte subjektive Einstellung der Gesamtheit gegenüber der Besatzungsmacht, die aber objektiv zum Ausdruck gekommen sein muss. Das Ergebnis ist also Folgendes: Eine Kollektivschuld als verwerfbares Verhalten, als Objekt der Wertung gibt es tatsächlich nicht, sondern nur einen Schuldvorwurf über ein Kollektivum als Wertung eines präsumierten und generalisierten schuldhaften Verhaltens dieser Personenmehrheit. Eine nähere Bestimmung dieser Mitverantwortlichkeit ist daher, wenn nicht aus dem Wortlaut, so doch aus dem Zweck des Art. 50 HLKO zu entnehmen, Art. 50 will in erster Linie die Sicherheit der Besatzungsmacht garantieren, aber andererseits auch durch das Erfordernis der Mitverantwortlichkeit die Bevölkerung vor willkürlicher Bestrafung schützen.

Deshalb ist eine Mitverantwortlichkeit der Bevölkerung dann gegeben, wenn eine Einzeltat dadurch begünstigt wird, dass das Gesamtverhalten der Bevölkerung, sei es nun in Form aktiver oder passiver Teilnahme an einem individuellen Anschlag oder durch die allgemeine geistige und körperliche Förderung derartiger Taten, den berechtigten militärischen Interessen der Besatzungsmacht widerspricht. Andererseits muss aber, weil es sich um eine, wenn auch nur aufgrund des Verhaltens der Mehrheit präsumierte Kollektivschuld handelt, der Bevölkerung ein anderes Verhalten möglich und zumutbar sein, sonst kann man ihr keinen Schuldvorwurf machen. Wie weit die militärischen Interessen der Besatzungsmacht und damit auch die entsprechenden Pflichten der Bevölkerung gehen, ergibt sich z.T. aus Art. 43 HLKO, der lautet: Nachdem die gesetzmäßige Gewalt tatsächlich in die Hände des Besetzenden übergegangen ist, hat dieser alle von ihm abhängenden Vorkehrungen zu treffen, um nach Möglichkeit die öffentliche Ordnung und das öffentliche Leben wiederherzustellen und aufrechtzuerhalten, und zwar, soweit kein zwingendes Hindernis besteht, unter Beachtung der Landesgesetze. – Wenn also die Bevölkerung einer in Ausführung dieser Bestimmungen erlassenen Anordnung nicht nachkommt und ihr dafür im Zusammenhang mit den Handlungen Einzelner in ihrer Gesamtheit ein Schuldvorwurf zu machen ist, so kann sie, sofern sie sich anders hätte verhalten können, kollektiv bestraft werden. Dies wird nicht immer leicht festzustellen sein, kann aber auch nicht durch eine positive Norm geklärt werden.

h) Eine Notifikation ist bei der Kollektivstrafe im Gegensatz zur Repressalie nach allgemeiner Auffassung nicht vonnöten.

Zusammenfassung: Zusammenfassend ist festzuhalten, dass die Erschießung von Zivilpersonen unter Umständen gerechtfertigt sein kann durch das Institut der Kollektivstrafe. Die Kollektivstrafe ist dann als Rechtfertigungsgrund anzusehen, wenn

1. ein völkerrechtswidriges Verhalten der Bevölkerung eines besetzten Staates vorliegt,
2. der individuelle Täter nicht gefasst wird,
3. und 4. die Grundsätze der Proportionalität und der Humanität beachtet werden,
5. die Kollektivstrafe von einem höheren militärischen Befehlshaber verhängt wird,
6. der betroffene Personenkreis für die Taten, die die Kollektivstrafe ausgelöst haben, mitverantwortlich ist.

Abschließend noch einige kurze Überlegungen zu der Frage, wie das Institut der Kollektivstrafe zu handhaben ist zwischen kriegführenden Staaten, von denen der eine oder beide die Haager Landkriegsordnung nicht ratifiziert haben. Dies erscheint angebracht, da ja das Institut der Kollektivstrafe in Art. 50 HLKO ausdrückliche Regelung gefunden hat. – Mir ist es leider nicht gelungen, eine Aufstellung der Staaten zu erhalten, die seinerzeit die HLKO ratifiziert haben. Doch unabhängig davon soll geprüft werden, ob die in der Konvention enthaltenen Normen nicht wenigstens als Gewohnheitsrecht zwischen den kriegführenden Parteien verbindlich waren. Die HLKO und auch die im Anschluss hieran ergangenen Konventionen betrachten sich ausdrücklich nicht als neugeschaffenes Recht, sondern lediglich als Kodifikationen bereits bestehender Gewohnheitsrechte, ‚wie es sich ergibt aus den unter gesitteten Völkern feststehenden Gebräuchen, aus den Gesetzen der Menschlichkeit und aus den Forderungen des öffentlichen Gewissens‘ (sog. von Martens'sche Klausel in der Einleitung zur HLKO). – Eine derartige gewohnheitsrechtliche Geltung der in den Konventionen enthaltenen Vorschriften wird im völkerrechtlichen Schrifttum und in der Rechtsprechung der Nürnberger Prozesse durchweg bejaht, ohne dass allerdings die Voraussetzungen hierfür dargelegt würden; vielfach wird sogar schon auf die Prüfung der formellen Geltung der Konventionen von vornherein verzichtet, da diese auf jeden Fall als Gewohnheitsrecht gegolten hätten. Zumindest ist jedoch davon auszugehen, dass die grundlegenden Bestimmungen der Konventionen als Gewohnheitsrecht anzusehen sind. Da es sich bei dem Institut der Kollektivstrafe um eine solche Bestimmung grundlegender Art handelt, ist davon auszugehen, dass diese Regelung gewohnheitsrechtlichen Bestand hatte, auch wenn im Einzelfall einer der kriegführenden Staaten nicht Unterzeichner der HLKO war.

Militärische Notwendigkeit: Der Gesichtspunkt der militärischen Notwendigkeit, der Kriegsnotwendigkeit oder auch des Kriegsnotstandes ist aus der – schon von Hugo Grotius entwickelten – Grundregel des Kriegsrechts hervorgegangen, dass im Kriege alles erlaubt ist, was der Niederwerfung des Gegners dient. Während vor allem das ausländische Schrifttum die kriegsrechtlichen Konventionen bereits als Kompromiss zwischen dieser Grundregel und den Geboten der Humanität ansah, hat sich in der deutschen Wehrmacht für lange Zeit die Auffassung erhalten, die Vorschriften des Kriegsrechts ständen sämtlich unter dem Vorbehalt zwingender militärischer Notwendigkeit (‚Kriegsraison geht vor Kriegsmanier!') Die Kriegsnotwendigkeit ist in den Art. 23 g, 27 und 52 HKLO erwähnt. Ihr Begriff hat in den Kriegsverbrecherprozessen nach dem Ende des Zweiten Weltkrieges eine erhebliche Rolle gespielt. Die einschlägigen Urteile haben zuweilen anerkannt, dass der militärischen Notwendigkeit rechtliche Bedeutung zukommen kann. Uneinheitlich hat jedoch die Rechtsprechung die Frage beantwortet, ob unter Umständen auch unschuldige Personen aus Gründen der Kriegsnotwendigkeit getötet werden dürfen. Das britische Militärgericht in Hamburg hat in seinem Urteil im Peleus-Fall vom 20.10.1945 die Möglichkeit der Zulässigkeit solcher Tötungen bejaht. Dagegen hat der amerikanische Militärgerichtshof in seinem Urteil im Südost-Prozess vom 19.2.1948 Tötungen von Nichtkriegführenden wegen Kriegsnotwendigkeit für völkerrechtswidrig erklärt [Zum Prozess gegen Generäle in SO-Europa (Geiselmordprozess 1947/48 in Nürnberg, Law Reports of Trials of Law Criminels, Hostage Case, Vol. VIII 1949]).

Bei der Erschießung von Geiseln und Sühnepersonen wird in der Regel schon das Vorliegen einer militärischen Notwendigkeit überhaupt abzulehnen sein. Zwar dient sie bei Anwendung zur Abschreckung des Gegners und soll künftige ähnliche feindliche Akte verhindern. Jedoch würde die Anerkennung einer derartigen mittelbaren Berücksichtigung der militärischen Notwendigkeit einen Rechtfertigungsgrund liefern, durch den letztlich jede dem eigenen Staate nützliche Maßnahme gerechtfertigt werden könnte. – Wegen dieser seiner Dehnbarkeit bedarf daher der Rechtfertigungsgrund der militärischen Notwendigkeit einschränkender Erfordernisse. Nach der Formulierung des Militärgerichtshofes Rom in seinem Urteil im Kappeler-Prozess vom 20.7.1948 ist dieser Rechtfertigungsgrund daher nur dann anzuerkennen, wenn eine ernste und unmittelbare Gefahr besteht, die eine bestimmte Handlung erfordert, um den Erfolg militärischer Operationen zu sichern.

Das aber führt dazu, dass man diesen Rechtfertigungsgrund bei der Tötung von Geiseln und Repressalgefangenen nicht anwenden kann. Denn in diesen Fällen fehlt es an der unmittelbaren und ernsten Gefahr, vor allem an einem aktuten Kampfgeschehen. – Bei solchen Maßnahmen müssen daher zunächst die Mittel der Repressalie und der Kollektivstrafe innerhalb des völkerrechtlich umrissenen Rahmens abgeschöpft werden, denen gegenüber die Berufung auf eine militärische Notwendigkeit nur subsidiär erfolgen darf.

Zusammenfassung: Die Rechtswidrigkeit der Erschießung von Geiseln und Repressalgefangenen wird durch die Berufung auf den Grundsatz der militärischen Notwendigkeit nicht ausgeräumt.

Tu-quoque-Grundsatz: Der Einwand des tu-quoque lässt die Rechtswidrigkeit des Verhaltens zwar grundsätzlich bestehen, bestreitet jedoch die Legitimation zur Bestrafung durch denjenigen, der sich selbst gleichartige Verstöße gegen das Völkerrecht hat zuschulden kommen lassen. – In diesem Sinne ließ das Nürnberger IMT den Einwand nur bei der Anklage gegen Dönitz und Raeder wegen des uneingeschränkten U-Boot-Krieges gelten, da der amerikanische General Nimitz auf Befragen erklärt hat, die Amerikaner hätten vom Tage ihres Kriegseintritts an im Pazifik die gleiche Praxis befolgt. – Auch in heute noch anhängigen Verfahren wird dieser Einwand häufig erhoben etwa im Hinblick auf die feindlichen Angriffe der Alliierten auf deutsche Städte oder die von sowjetrussischen Truppen nach der Besetzung der deutschen Ostgebiete an wehrlosen Deutschen verübten Grausamkeiten.

Ein solcher Einwand wird in der völkerrechtlichen Literatur zwar häufig behandelt, ist jedoch nicht allgemein anerkannt, namentlich nicht im Verhältnis des die Strafgewalt ausübenden Staates zu den eigenen Staatsbürgern. Der Grundsatz des tu-quoque bedeutet zunächst nur, dass kein Staat einem anderen Völkerrechtsverletzungen vorwerfen und über dessen Staatsbürger wegen solcher Handlungen zu Gericht sitzen darf, wenn er sich selbst dergleichen Verfehlungen gegenüber dem anderen Staat oder dessen Verbündeten schuldig gemacht hat. Das Recht und die Pflicht eines Staates, seine eigenen Staatsangehörigen wegen völkerrechtswidriger Handlungen gemäß dem innerstaatlichen Strafrecht zur Verantwortung zu ziehen, wird hierdurch nicht berührt (vgl. BGH in NJW 1961, 373 ff.). Überdies wird der Grundsatz des tu-quoque allgemein dahin eingeschränkt, dass es sich auf beiden Seiten um die genau gleichen Völkerrechtsverletzungen handeln und ein unmittelbarer innerer Zusammenhang zwischen ihnen bestehen müsse. Den Tätern, die sich wegen Erschießungen von Geiseln und Repressalgefangenen vor deutschen Gerichten verantworten müssen, ist daher die Berufung auf den tu-quoque-Grundsatz versagt.

Zusammenfassung: Der tu-quoque-Grundsatz greift im Bereich der innerstaatlichen Strafgerichtsbarkeit nicht durch.

Die Rechtsgrundlage der Tötung von Partisanen: Ein Großteil der rückwärtigen Heeresverbände war in den besetzten Ländern mit der Bekämpfung des Banden- und Partisanenunwesens beschäftigt, in dessen Verlauf es häufig zu Tötungen von Partisanen kam.

Auch insoweit ist entweder der Tatbestand des Totschlags oder des Mordes erfüllt.

a) Keine Berücksichtigung im Rahmen dieses Referats zu finden braucht die Tötung von Partisanen unmittelbar im Kampfgeschehen oder im Anschluss danach auf der Flucht, da insoweit die Rechtfertigungsgründe der Notwehr und Nothilfe durchgreifen.

b) Auch soweit in Gefangenenschaft geratene Partisanen durch Gerichte, wozu auch die Standgerichte zu zählen sind, abgeurteilt worden und evtl. im Anschluss an diese Urteile hingerichtet wurden, interessieren diese Fälle im Rahmen dieses Referats nicht.

c) Auszuscheiden sind auch die Fälle von Tötungen von Partisanen, die den sog. Kombatten-Status besaßen. Insoweit bestimmt Art. 1 HLKO: ‚Die Gesetze, die Rechte und die Pflichten des Krieges gelten nicht nur für das Heer, sondern auch für die Milizen und Freiwilligenkorps, wenn sie folgende Bedingungen in sich vereinigen:

1. dass jemand an ihrer Spitze steht, der für seine Untergebenen verantwortlich ist,
2. dass sie ein bestimmtes, aus der Ferne erkennbares Abzeichen tragen,
3. dass sie die Waffen offen führen und
4. dass sie bei ihren Unternehmungen die Gesetze und Gebräuche des Krieges beobachten.‘

Angehörige von Partisanenverbänden, die die vorstehenden Bedingungen aufwiesen, galten also als Kriegführende. Mit ihrer Gefangennahme wurden sie deshalb Kriegsgefangene. Wurden Angehörige solcher Verbände nach ihrer Gefangennahme hingerichtet, so haben wir es demnach mit der Tötung von Kriegsgefangenen zu tun. Es schließt sich daher insoweit der Problemkreis des Rechts der Kriegsgefangenen an, der anderen Orts ausführlich behandelt wurde.

In Betracht kommen daher lediglich Partisanen, die nach ihrer Gefangennahme – oft als Verwundete – und nachdem sie die Waffen gestreckt hatten, erschossen wurden. – Was die Pflichten der Bevölkerung eines besetzten Gebietes der Besatzungsmacht gegenüber anbetrifft, kann ich auf die Ausführungen im ersten Teil des Referats verweisen. – Ich darf zusammenfassend feststellen: Die Bevölkerung eines besetzten Gebietes hat sich der Besatzungsmacht gegenüber loyal zu verhalten. Partisanentätigkeit war daher grundsätzlich völkerrechtswidrig. Dass Gegenmaßnahmen seitens der Besatzungsmacht gegen eine solche Tätigkeit ergriffen werden durften, ist daher unbestritten. Es fragt sich nur, in welchem Maße dies geschehen durfte und unter welchen Voraussetzungen.

Es gibt insbesondere keinen allgemein anerkannten Grundsatz des Kriegsrechts, dass Partisanen, die mit der Waffe in der Hand festgenommen wurden, sich jedoch offensichtlich ergeben wollten, ohne Gerichtsurteil erschossen werden durften, mag dies auch auf allen Seiten vorgekommen sein. Im Gegenteil, Nr. 3 der ‚10 Gebote für die Kriegsführung des deutschen Soldaten‘ lautete ausdrücklich: ‚Es darf kein Gegner getötet werden, der sich ergibt, auch nicht der Freischärler und der Spion. Diese erhalten ihre gerechte Strafe durch die Gerichte‘. Dass Freischärler keinen Anspruch auf den Schutz der Kriegsgesetze hatten, bedeutete nur, dass sie nach ihrer Gefangennahme von einem Gericht – und zwar auch von einem Standgericht – zum Tode verurteilt werden durften, weil der Besitz von Waffen und feindliche Akte gegen die Besatzungsmacht eben todeswürdige Verbrechen darstellten.

Es ist daher zu prüfen, ob derjenige, der sich ergebenden Partisanen entgegen diesen bestehenden Grundsätzen – also ohne ihn zu seiner Aburteilung einem Gericht zu übergeben – tötete, sich auf Rechtfertigungsgründe berufen kann.

Prüfung der Rechtmäßigkeit der Tötung von Partisanen

1. Repressalie: Dass ein gefangengenommener Freischärler auch Repressalobjekt sein kann, wird von keiner Seite in Frage gestellt. Seine Tötung ist daher unter Umständen gerechtfertigt, wenn nämlich die Erfordernisse dieses Instituts beachtet werden. – Die Voraussetzungen, die zu prüfen sind, sind die gleichen, wie sie im ersten Teil des Referats bereits erörtert wurden. – Bei Betrachtung konkreter Fälle von Partisanenerschießungen wird festzustellen sein, dass in der Regel eine Reihe dieser Erfordernisse vorlagen (z.B. völkerrechtswidriges Verhalten, individueller Täter nicht greifbar, Beachtung der Proportionalität, Humanitätsschranke). In nahezu allen Fällen jedoch fehlt es an der anschließenden Notifikation. Da diese jedoch ein unabdingbares Erfordernis der Rechtmäßigkeit einer Repressalmaßnahme ist, ist die Tötung von Partisanen unter dem Gesichtspunkte einer Repressalie in der Regel nicht gerechtfertigt.

Zusammenfassung: Die Berufung auf den Rechtfertigungsgrund der Repressalie bei Partisanenerschießungen greift zumeist nicht durch.

2. Kollektivstrafe: Die Tötungshandlungen könnten evtl. als Kollektivstrafe rechtmäßig gewesen sein. Die Voraussetzungen, unter denen eine Strafe als Rechtfertigungsgrund in Betracht kommt, sind: a) völkerrechtswidriges Verhalten der Bevölkerung, b) Nichtergreifung eines individuellen Täters, c) und d) Einhaltung der Grundsätze der Proportionalität, der Humanität, e) Anordnung der Kollektivstrafe durch einen höheren militärischen Befehlshaber, f) Mitverantwortlichkeit des Bestraften für die Taten, die die Bestrafung ausgelöst haben.

Zu a) Ein völkerrechtswidriges Verhalten liegt in der Regel vor; denn allein schon die Tatsache, dass der Ergriffene als Partisan tätig geworden ist, läuft den Pflichten zuwider, die der Bevölkerung eines besetzten Gebietes durch die HLKO auferlegt worden sind.

Zu b) Zweifelhaft erscheinen könnte die zweite Voraussetzung, nämlich das Nichtergreifen eines individuellen Täters. Fasst man allein die Tatsache, dass der Ergriffene als Partisan tätig geworden ist, als völkerrechtswidriges Verhalten auf, so hat man hier ja einen individuellen Täter erfasst. Für die Ergreifung einer Kollektivstrafe bliebe dann kein Raum mehr. Nimmt man als völkerrechtswidriges Verhalten jedoch einen bestimmten Anschlag, ein Attentat oder dergleichen an, das von einer Partisanengruppe verübt worden ist, so hat man hier zwar einen Beteiligten ergriffen, von dem man jedoch nicht mit Sicherheit behaupten kann, dass er der verantwortliche Täter ist. – Es bestehen m.E. keine durchgreifenden Bedenken, einen Partisanen, der schon allein wegen seiner Tätigkeit individuell schuldig geworden ist, als Objekt einer Kollektivstrafmaßnahme zu verwenden für Anschläge, die über die reine Tätigkeit als Partisan hinausgehen.

Zu c) Gewahrt werden muss in jedem Fall der Grundsatz der Proportionalität. Schreitet man also zur Tötung eines Partisanen, so muss ein bestimmter Anlass vorliegen, wenn diese Tötung durch das Institut der Kollektivstrafe als gerechtfertigt erscheinen soll. Als auslösender Akt kommt daher in der Regel nur die Tötung von Angehörigen der deutschen Besatzungsmacht in Betracht.

Zu d) Was die Humanitätsschranke anbelangt, kann ich auf meine Ausführungen in dem ersten Teil des Referats Bezug nehmen.

Zu e) Die Verhängung der Kollektivstrafe muss schließlich von einem höheren militärischen Befehlshaber angeordnet sein. Diese Erfordernis wird in einer Vielzahl von Fällen nicht erfüllt sein. Denn da die Partisanenbekämpfungsverbände in der Regel in nur kleinen Einheiten auftraten, waren sie auch einem dienstrangmäßig untergeordneten Offizier unterstellt. Die Anordnung der Erschießung eines Partisanen durch einen solchen untergeordneten Offizier genügt aber nicht dem Erfordernis der Anordnung der Maßnahme durch einen höheren militärischen Befehlshaber. Anders kann die Rechtslage allerdings zu beurteilen sein, wenn bereits die Anordnung eines höheren militärischen Befehlshabers vorliegt, dass im Falle der Ergreifung von Partisanen diese zu erschießen sind. Solchenfalls muss jedoch vorausgesetzt werden, dass bereits ein bestimmter feindlicher Akt vorliegt, derentwegen diese Maßnahme im Wege der Kollektivstrafe ergriffen werden soll. Ansonsten ist das Erfordernis des völkerrechtswidrigen Verhaltens und das der Proportionalitätsschranke nicht erfüllt.

Zu f) Letztlich muss auch die Mitverantwortlichkeit des Ergriffenen – wie bereits im ersten Teil des Referats dargelegt – festgestellt werden. Eine solche Mitverantwortlichkeit wird dann anzunehmen sein, wenn mit an Sicherheit grenzender Wahrscheinlichkeit feststeht, dass von der Einheit, der der Ergriffene angehört, bereits feindliche Akte gegen die Besatzungsmacht verübt worden sind und diese konkret feststehen. – Dem Erfordernis der Mitverantwortlichkeit wäre nicht Genüge getan, wenn man einen Partisanen wegen feindlicher Akte der Widerstandsbewegung schlechthin zur Rechenschaft ziehen würde.

Zusammenfassung: Die Tötung von Partisanen kann u.U. durch das Institut der Kollektivstrafe gerechtfertigt sein. Dies ist jedoch nur dann der Fall, wenn folgende Voraussetzungen vorliegen: a) es muss ein völkerrechtswidriges Verhalten, und zwar ein über die bloße Zugehörigkeit zu einer Partisaneneinheit bestimmter feindlicher Akt der Bevölkerung vorliegen., b) der individuelle Täter darf nicht gefasst sein, c) und d) die Grundsätze der Proportionalität und der Humanität müssen gewahrt bleiben, e) die Maßnahme muss durch einen höheren militärischen Befehlshaber angeordnet sein, f) der Getötete muss für den die Maßnahme auslösenden feindlichen Akt mitverantwortlich sein.

3. *Militärische Notwendigkeit:* Der Grundsatz der militärischen Notwendigkeit, der im Rahmen der Prüfung von Tötungen von Geiseln und Repressalgefangenen Bedeutung nicht erlangte, kann u.U. im Bereich der Tötungen von Partisanen rechtlich bedeutsam werden. Dies kann dann der Fall sein, wenn eine ernste und unmittelbare Gefahr besteht, die eine bestimmte Handlung erfordert, um den Erfolg militärischer Operationen zu sichern. – In der Regel wird bei der Ergreifung

von Partisanen durchaus die Möglichkeit bestehen, diese an einen sicheren Ort zu verbringen, um sie der Aburteilung durch Gerichte zuzuführen. – Es sind jedoch tatsächliche Verhältnisse denkbar, in denen dieses nicht der Fall ist, z.B. kleinere Partisanenbekämpfungseinheiten ergreifen in einem größeren partisanenverseuchten Gebiet – weit ab von einem durch Militär oder Polizeikräfte der Besatzungsmacht gesicherten Ort – einen oder mehrere Partisanen. Diese würden bei einem evtl. weiteren Zusammenstoß mit anderen Partisanen hinderlich sein. Zunächst ist zu prüfen, ob überhaupt eine militärische Operation vorliegt. Zwar ist die Aufrechterhaltung der öffentlichen Ruhe und Ordnung im besetzten Gebiet durch die Besatzungsmacht ihrem Wesen nach polizeilicher und nicht militärischer Natur. – M.E. wird man – zumindest in den Zeiten verstärkt auftretender Partisanentätigkeit – den Maßnahmen, die ihrer Bekämpfung dienen, den Charakter militärischer Operationen nicht absprechen können.

Um den Erfolg einer solchen militärischen Operation zu sichern, nämlich alle der Einheit Angehörenden für weitere Aktionen zur Verfügung zu haben, kann es u.U. notwendig sein, einen zuvor gefangengenommenen Partisanen zu liquidieren. Hinzu kommen muss jedoch eine ernste und unmittelbare Gefahr, die geeignet ist, den Erfolg in Frage zu stellen. Eine solche Gefahr könnte etwa ein neues Zusammentreffen mit einer Partisanengruppe darstellen, wenn durch die erforderliche Bewachung der gefangengenommenen Partisanen Angehörige der Bekämpfungstruppe gebunden würden, sie aber dringend für die Bekämpfung weiterer Partisanengruppen benötigt würden.

Zusammenfassung: In seltenen Ausnahmefällen kann die Tötung von Partisanen durch die militärische Notwendigkeit gerechtfertigt sein.

4. Tu-quoque-Grundsatz: Wie bereits im ersten Teil des Referats dargelegt, gewinnt der Grundsatz des Tu-quoque im Bereich innerstaatlicher Strafgerichtsbarkeit keine Bedeutung."

Aus Zeitgründen wurde von einer Diskussion abgesehen.

MinRat Roth referierte sodann über die *„Entschließung der Königsteiner Tagung für den 46. DJT." [1966, Verhandlungen des 46. DJT, Bd. II, München 1967, C. 7ff.]*

Er gab zunächst einen Überblick über die Tagung und über das Zustandekommen der Entschließung. Im Einzelnen nahm er auf die schriftlichen Ausführungen der *ständigen Deputation des DJT* Bezug. Diese Ausführungen haben folgenden Wortlaut: *„Verfolgung und Ahndung von nationalsozialistischen Gewaltverbrechen.* Die Verfolgung und richterliche Ahndung von nationalsozialistischen Gewaltverbrechen ist Gegenstand lebhafter Erörterungen in der Öffentlichkeit. Eine Reihe von Urteilen hat Kritik hervorgerufen und die Besorgnis erweckt, die Ahndung solcher Verbrechen werde ihrem Unrechtsgehalt nicht gerecht. Es wird aber auch auf die großen und zum Teil fast unüberwindlichen Schwierigkeiten hingewiesen, denen sich die Strafjustiz in diesem Komplex gegenübersieht. Die Ständige Deputation des DJT hatte deshalb einen Kreis von Sachverständigen zu einer Klausurtagung eingeladen und gebeten, die mit der Verfolgung und Ahndung der NSG-Verbrechen zusammenhängenden strafrechtlichen und strafprozessualen Problem zu erörtern.

Die Tagung hat vom 1.-3.4.1966 in Königstein/Taunus stattgefunden. An ihr haben unter Leitung von *Prof. Klug* teilgenommen:

GStA Dr. Fritz Bauer (Frankfurt/M.), Prof. Dr. Jürgen Baumann (Tübingen), Dr. Hans Buchheim (München), GStA Dr. Hanns Dünnebier (Bremen), RA Dr. Gerhard Hammerstein (Freiburg/Br.), Prof. Dr. Ernst-Walter Hanack (Heidelberg), SenPräs. Dr. Hans Hofmeyer (Frankfurt/M.), WissAss. Dr. Herbert Jäger (Hamburg), Prof. Dr. Ulrich Klug (Köln), Prof. Dr. Karl Lackner (Heidelberg), RA Henry Ormond (Frankfurt/M.), RA Dr. Anton Roesen (Düsseldorf), MinRat Werner Roth (Stuttgar), Prof. Dr. Claus Roxin (Göttingen), EStA Dr. Adalbert Rückerl (Ludwigsburg), SenPräs. Prof. Dr. h.c. Werner Sarstedt (Berlin), RA u. Notar Dr. Erich Schmidt-Leichner (Frankfurt/M.), Prof. Dr. Peter Schneider (Mainz).

Die Teilnehmer der Tagung haben einstimmig die unten wiedergegebene Entschließung gefasst. Weil ihnen nur einstimmige Beschlüsse angemessen erschienen, bezieht sich die Entschließung nur auf einen Teil der in Königstein behandelten Fragen. Diese stellen wiederum nur einen – allerdings sehr wesentlichen – Ausschnitt aus der Fülle der Probleme dar, die das Thema insgesamt aufwirft. Der Tagung lag eine „Übersicht über die strafrechtlichen Probleme der Ahndung nationalsozialistischer Gewaltverbrechen“ zugrunde. Die Teilnehmer hatten Referate über die in der Anlage aufgeführten Themen übernommen. Der zur Lösung gestellte Problemkreis konnte jedoch selbst in einem dreitägigen, wohlvorbereiteten und intensiv geführten Gespräch nicht erschöpft werden. Indem die Ständige Deputation die in Königstein gefasste Entschließung auf dem 46. DJT unter Hinweis auf deren fragmentarischen Charakter der Öffentlichkeit zugänglich macht, verbindet sie damit einen durch weitere Referate ergänzten Bericht des Präsidenten des DJT über die Königsteiner Tagung, um auf diese Weise die schwierigen Probleme einer alle deutschen Juristen angehende Frage so auszubreiten, dass die Zuhörer eine umfassende Grundlage für ihr eigenes Urteil erhalten.

Die Ständige Deputation veröffentlicht die Entschließung in dem Bewusstsein, dass Richter und StA, die mit NS-Gewaltverbrechen befasst sind, vor Aufgaben stehen, denen die Strafjustiz nach so langer Zeit in vollem Umfang kaum gewachsen sein kann. Sie ist davon überzeugt, dass die Strafverfolgungsbehörden und die ZSt. in Ludwigsburg nach besten Kräften um die Aufklärung der NS-Verbrechen bemüht waren und sind, und dass die Gerichte um die gerechte Strafe ringen.

Die Ständige Deputation möchte durch die Veranstaltung der Königsteiner Tagung, durch den Bericht und die Referate auf dem 46. DJT und durch wissenschaftliche Arbeiten, die dadurch angeregt werden sollen, dazu beitragen, dass die NS-Gewaltverbrechen gleichmäßige, eine dem Unrecht und der Schuld angemessene Beurteilung erfahren.

Die von den Teilnehmern der Königsteiner Tagung gefasste Entschließung hat folgenden Wortlaut:

Die Bewährung der Rechtsordnung und der Schutz des menschlichen Lebens erfordern die Verfolgung und Bestrafung der NS-Gewaltverbrechen. Die Mitverantwortung der Gesellschaft für die geschehenen Verbrechen darf nicht dazu führen, dass gegenüber diesen Taten unangebrachte Milde geübt wird.

1. Die Kommission hat mit Besorgnis von Urteilen Kenntnis genommen, in denen NS-Gewaltverbrechen nach den in den Urteilen getroffenen Feststellungen mit auffallend niedrigen Strafen geahndet worden sind. In einem wesentlichen Teil dieser Fälle beruht das darauf, dass Täter des Mordes als Gehilfen verurteilt worden sind. Unabhängig davon, ob die Kommissionsmitglieder einer subjektiven oder einer materiell objektiven Teilnahmetheorie zuneigen, ist nach ihrer einhelligen Auffassung vielfach zu Unrecht Beihilfe anstelle von Täterschaft angenommen worden. – Täter ist nach Ansicht der Kommission auf jeden Fall, ohne Rücksicht auf seine Beweggründe im Übrigen, a) wer ohne konkreten Befehl getötet hat; b) wer mehr getan hat, als ihm befohlen war; c) wer als Befehlsgeber mit selbständiger Entscheidungsgewalt oder eigenem Ermessensspielraum Tötungen befohlen hat.

2. Die Analyse der bisher bekannt gewordenen Taten hat ergeben, dass die Entschuldigungsgründe des Notstandes oder Putativnotstandes, die mindestens die Vorstellung einer aktuellen Bedrohung mit gegenwärtiger Gefahr für Leib oder Leben voraussetzen, nur selten vorgelegen haben. Nach Ansicht der Kommission spricht manches dafür, dass diese Entschuldigungsgründe bisweilen zu großzügig angenommen worden sind. Dagegen ist anzuerkennen, dass manche Täter ihre Handlungen unter dem Gefühl einer unbestimmten Bedrohung begangen haben. Die Kommission hat nicht verkannt, dass in solchen Fällen die Täterschaft, insbesondere bei Handeln auf Befehl in notstandsähnlicher Konfliktlage, die Strafe lebenslangen Zuchthauses als zu hart erscheinen kann.

Ein Teil der Kommission hat die Meinung vertreten, dass für solche aus einer außergewöhnlichen Lage entsprungenen Fälle ausnahmsweise ein übergesetzlicher Strafmilderungsgrund in Betracht gezogen werden könnte; andere Mitglieder wollen die Lösung dem Gesetzgeber oder der Gnadeninstanz überlassen.

3. NS-Sendungsbewusstsein und Parteiideologie schließen das Unrechtsbewusstsein nicht aus.

4. Bei den als Beihilfe bestraften Taten fällt auf, dass die Strafen oft am unteren Rande der gesetzlichen Mindeststrafe liegen. Das ist nach Ansicht der Kommission auf jeden Fall dann nicht zu vertreten, wenn jemand in gehobener Funktion oder in besonders aktiver Weise mitgewirkt hat oder wenn es sich um zahlreiche Taten gehandelt hat.

5. Bei der Unterscheidung zwischen Mord und Totschlag darf das Merkmal der Mordlust nicht unberücksichtigt bleiben.

6. Die Kommission bittet die zuständigen Stellen, mehr als bisher Entscheidungen sowohl der Schwurgerichte als auch der Rechtsmittelgerichte zu veröffentlichen und fordert die Wissenschaft dringend auf, die mit den NS-Gewaltverbrechen verbundenen Fragenkreise gründlich zu untersuchen. Die Untersuchung sollte sich nach Meinung eines Teiles der Kommission insbesondere auf die Irrtumsprobleme und die Frage der Strafzumessung erstrecken. Der Kommission erscheint es notwendig, die rationalen und irrationalen Gründe für eine mitunter zu milde Straf- und Einstellungspraxis aufzuhellen. Entsprechendes gilt für die Aufnahme der Prozesse in der Öffentlichkeit.

7. Die Kommission bittet die Ständige Deputation des DJT, die Ergebnisse der Tagung in einer ihr geeignet erscheinenden Weise der Öffentlichkeit bekanntzugeben."

StA Dr. Bayerlein (München II) erklärte, ihn wundere die Einstimmigkeit der Entschließung. Ihm sei bekannt, dass manche Tagungsteilnehmer eine andere Ansicht vertreten würden.

MinRat Roth erwiderte, die Entschließung sei zwar einstimmig beschlossen worden; es könne aber durchaus sein, dass der eine oder andere Tagungsteilnehmer innerlich mit einem Punkt nicht ganz einverstanden gewesen sei, es jedoch für nicht so wichtig oder für nicht opportun gehalten habe, insoweit zu widersprechen.

Im Zusammenhang mit der Kritik an Urteilen in NS-Sachen berichtete *StA Thiemke* (Schleswig): Von einigen jüdischen Zeugen aus Schweden seien ihm Zeitungsartikel zugesandt worden, die Kritik an gewissen Urteilen beinhalteten. Er bat um Auskunft, ob Kollegen auch bereits solche Artikel von Zeugen zugesandt worden seien und ob ein Interesse an der Verwertung der Artikel bestehe. Im Übrigen könne er sich vorstellen, dass das Auswärtige Amt die ausländische Presse auswerte und weitere kritische Artikel besitze.

OStA Dr. Rückerl erklärte, er sei an den kritischen Artikeln ausländischer Presse interessiert. Die ZSt. habe schon des öfteren ähnliche Artikel erhalten, insbesondere von unseren diplomatischen Vertretungen im Osten. Er würde es als zweckdienlich ansehen, wenn das AA die ausländische Presse insoweit auswerte und die Artikel den in der Bundesrepublik mit NS-Sachen beschäftigten Gerichten und StA zur Verfügung stelle.

StA Thiemke (Schleswig) meinte ferner, dass die StA durch die Kontakte mit den ausländischen Zeugen und Journalisten eine Art Außenpolitik betreiben könnten, wie es üblicherweise nicht möglich sei.

MinRat Roth bestätigte diese Auffassung und wies in diesem Zusammenhang auf die Besuche der ausländischen Journalisten bei der ZSt. hin. – Im Hinblick auf die Königsteiner Tagung führte er aus, dass für den Praktiker dort zu sehr Wert auf theoretische Erörterungen gelegt worden sei. Daher habe man auch angeregt, bei der nächsten Tagung mehr den Praktiker zu Wort kommen zu lassen. Die Anregung habe Zustimmung gefunden.

OStA Dr. Großmann (Frankfurt) erklärte sodann, dass mit den Formulierungen unter Ziff. 2 der Entschließung „notstandsähnliche Konfliktlage" und „übergesetzlicher Strafmilderungsgrund" für die Praxis nicht allzu viel anzufangen sei.

MinRat Roth erwiderte, die Entschließung sei nicht als Leitfaden für StA und Richter anzusehen. Er halte sie mehr als einen Appell an die Rechtsprechung.

OStA Dr. Rückerl bemerkte, über „notstandsähnliche Konfliktlage" und „übergesetzlicher Strafmilderungsgrund" sei lebhaft diskutiert worden. Die Vertreter der Praxis hätten sich allerdings aus dieser Diskussion weitgehend herausgehalten.

StA Hadeler (Kiel) fragte, warum in Ziff. 2 Notstand oder Putativnotstand als bisher selten vorliegend erwähnt worden seien und ob Notstand bisher in NS-Prozessen überhaupt angenommen worden sei.

MinRat Roth erklärte, dass er sich an ein Urteil erinnern zu können glaube, in dem man Notstand angenommen habe.

StA Hölzner (Berlin) äußerte Bedenken gegen die Ausführungen unter Ziff. 1 c der Entschließung. Er meinte, durch sie komme zu sehr die objektive Theorie zum Ausdruck.

ORR Dr. Begemann (Justizmin. SH) erwiderte, als Praktiker müsse man sich mehr an die höchstrichterliche Rechtsprechung halten; das bedeute bezüglich der Ausführungen unter Ziff. 1 c: Es käme auf den Einzelfall an, ob Mittäterschaft oder Beihilfe vorliege.

MinRat Roth bemerkte, dass er sich in seinem Referat über „Täterschaft und Teilnahme“ in Königstein hinter die Rechtsprechung des BGH gestellt habe, die jedoch auf dieser Tagung angegriffen und teilweise abgelehnt worden sei.

ORR Dr. Begemann (Justizmin. SH) vertrat ferner die Ansicht, dass die Formulierungen zu Ziff. 3 und 5 der Entschließung in dieser Allgemeinheit nicht richtig seien: Bezüglich Ziff. 3 sei zu bemerken, dass es immer auf den Einzelfall ankomme. Zum Beispiel könne bei einem einfachen Mann das Sendungsbewusstsein den Blick trüben. Hinsichtlich Ziff. 5 seien die Formulierungen zu theoretisch. Er fragte, ob überhaupt ein Urteil bekannt sei, das man wegen Außerachtlassung des Merkmals „Mordlust“ als fehlerhaft angesehen habe.

OStA Dr. Rückerl erklärte, ihm sei ein solches Urteil nicht bekannt geworden. Im Übrigen sei zu erwähnen, dass auf das Merkmal der Mordlust in der Regel in den Urteilen nicht eingegangen werde.

EStA Kössinger (Memmingen) meinte, dass das Merkmal der Mordlust wohl nur bei Exzesstaten zum Tragen komme.

MinRat Roth betonte nochmals, die Entschließung der Königsteiner Tagung sei mehr als ein Appell an die Rechtsprechung aufgrund bestimmter Urteile aufzufassen.

EStA Wieser (Stuttgart) äußerte sich abschließend zu dem Problem der „milden Urteile“. Er vertrat die Ansicht, die zum Teil sehr milden Strafen seien darauf zurückzuführen, dass von den Verteidigern gegenüber den Geschworenen häufig mit Erfolg darauf hingewiesen werde, es handle sich bei den Angeklagten um kleine Leute und man solle mit dem Urteil nicht das Sprichwort bestätigen: „Den Letzten beißen die Hunde“.

MinRat Roth dankte allen Tagungsteilnehmern sowie insbesondere auch RegDir. Maier und der Zentralen Stelle und stellte fest, dass auch diese Tagung fruchtbare Ergebnisse hervorgebracht habe, die für die weitere Arbeit von großem Nutzen sein werde. Mit Rücksicht hierauf könne schon jetzt eine weitere Tagung etwa für das Frühjahr 1968 in Aussicht genommen werden.

IV. 4. Arbeitstagung vom 18.-21.6.1968 in Freiburg i.B.

Liste der Teilnehmer:

Bund:
MinRat Dr. Sturm, MinRat Pötz, RegDir. Götz – BMJ
Vortr. LegationsR von Oidmann – AA
Oberarchivrat Dr. Stahl, Oberstleutnant Forwick, Oberstleutnant Hauffe, Major Bottler, Archivrat Noack, Archivamtmann Ziggel – BA Freiburg
Baden-Württemberg:
MinDirig. Roth, RegDir. Maier – Justizministerium
OStA Straub – Konstanz
EStA Bitterwolf – Baden-Baden
EStA Dr. Schneider, EStA Sichting, EStA Wieser, StA Ehni, StA Dr. Riffel – Stuttgart
EStA Dr. Trips – Karlsruhe
StA Brauns – Heidelberg
StA Kolb – Mannheim
StA Dr. Leibinger – Freiburg
Bayern:
RegDir. Kauffmann – Staatsministerium der Justiz
OStA Dr. Förster – München
OStA Dr. Heiligmann – Augsburg
OStA Knorr, EStA Dr. Amrhein – Bamberg
OStA Ruppert – Würzburg
EStA Bär, EStA Dr. Gäbhard – München I
EStA Conrad – Bayreuth
EStA Gruber, EStA Dr. Rössler – Nürnberg
EStA Mulzer – Schweinfurt
EStA Pfannschmidt – Amberg
EStA Dr. Riedelsheimer, Gerichtsass. Dr. Mähler – München II
EStA Schmucker – Regensburg
EStA Stenger – Aschaffenburg
EStA Dr. Zumach – Ansbach
Berlin:
OStA Derge, OStA Pagel, EStA Hauswald, EStA Selle, EStA Spletzer, StA Filipiak, StA Stamer
Bremen:
EStA Dr. Höffler
Hamburg:
LG-Dir. Dr. Remé, LG-Rat Dettmer, LG-Rat Dr. Plambeck, LG-Rat Schenck, StAin Grabitz, StA Kraemer, StA Dr. Taube, Gerichtsass. Klemm, Gerichtsass. Wölk

Hessen:
OStA Metzner, OStA Dr. Grossmann, StA Uchmann, StA Zack – Frankfurt/Main
EStA Waldschmidt – Darmstadt
Gerichtsass. Müller – Gießen
Niedersachsen:
EStA Hoffmann – Aurich
EStA Dr. Kintzi – Braunschweig
StA Jans – Hannover
Nordrhein-Westfalen:
OStA Jordan, StA Kerl, StA Masthoff, StA Plett, StA Rüther, StA Weissing – Dortmund
OStA Kepper, StA Dr. Gehrling, StA Vonderbank – Köln
Rheinland-Pfalz:
EStA Braun – Koblenz
EStA Dr. Croissant – Frankenthal
LG-Rat Platt – Bad Kreuznach
Schleswig-Holstein:
EStA Pries, StA Kleiner – Kiel
Zentr. Stelle der LJVW in Ludwigsburg:
OStA Dr. Rückerl, OStA Dr. Artzt, OStA Blank, EStA Zeug, AG-Rat Dr. Cromme, StA Kimmel, StA Kuntze, StA Müller-Praefcke, AG-Rat Pawlowski, StA Schreitmüller, StA Streim, Gerichtsass. Frick, Gerichtsass. Gottschewski, Gerichtsass. Krebs, Gerichtsass. Wiesemann, Kriminalobermeister Daenekas
Republik Österreich:
Sektionsrat Dr. Danzinger – BMin. für Inneres, Wien

Nachdem *MinDirig. Roth* die Tagung mit einigen Begrüßungsworten eingeleitet hatte, referierte *OStA Dr. Rückerl* (Ludwigsburg) über den *Stand der Aufklärung von NS-Verbrechen in der Bundesrepublik Deutschland.*

„Im März 1965 fand im Deutschen Bundestag jene denkwürdige Debatte zur Frage der Verjährung nationalsozialistischer Mordtaten statt. Das Ergebnis war das uns allen bekannte Gesetz vom 13.4.1965, das den Zeitpunkt des Eintritts der Verjährung auf den 1.1.1970 festlegte. Die für diese Regelung Verantwortlichen hatten an das Gesetz die Erwartung geknüpft, dass in den folgenden viereinhalb Jahren von den für die Verfolgung solcher Straftaten zuständigen Stellen alles getan werde, um möglichst alle diese Taten zu erfassen und alle noch lebenden Täter zur Verantwortung zu ziehen. Man war offenbar – aus welchen Gründen auch immer – der Meinung, dass weitere viereinhalb Jahre genügen müssten, um dieses Ziel zu erreichen. – Inzwischen ist man sich wohl allenthalben darüber klar geworden, dass die Kritiker des Gesetzes vom 13.4.1965 Recht behalten haben. Das Gesetz – ein Kompromiss – hat keine Lösung gebracht. Wie Sie sicher in der Presse gelesen haben, werden sich in Kürze unsere Politiker erneut mit der Frage der Verjährung befassen. Bei der zu erwartenden Auseinandersetzung wird es vermutlich auch an kritischen Worten gegenüber der Justiz nicht fehlen.

Jeder, dessen berufliche Aufgabe es ist, nationalsozialistische Verbrechen zu verfolgen, wird sich deshalb gerade in diesen Wochen fragen: Was haben wir bisher erreicht? Wo stehen wir heute? Haben wir etwas versäumt? Wie soll es weitergehen? Aus diesem Grund scheint mir auch die Frage der Verjährung von NS-Verbrechen das zentrale Problem zu sein, mit dem wir uns auf dieser Tagung auseinanderzusetzen haben. – Ich bin der Meinung – und ich hoffe, mit der Tagungsleitung insoweit übereinzustimmen -, wir sollten hier davon Abstand nehmen, die Frage zu diskutieren, ob unserer Meinung nach die Verjährung für schwerste NS-Verbrechen aufgehoben werden soll oder ob sie entsprechend der derzeit geltenden gesetzlichen Regelung am 1.1.1970 eintreten soll. Diese Frage enthält neben juristischen und rechtspolitischen zu viele andere (z.B. außenpolitische) Probleme. Wir sollten uns nur bemühen, uns darüber klar zu werden, wie sich voraussichtlich die Dinge auf unserem gemeinsamen Arbeitsgebiet jeweils weiterentwickeln werden, wenn die eine oder die andere Alternative eintritt. – Deshalb möchte ich heute über Tatsachen und Erfahrungen referieren, die mir einerseits geeignet erscheinen, den gegenwärtigen Stand der Verfolgung von NS-Verbrechen in der Bundesrepublik Deutschland widerzuspiegeln, die andererseits aber auch Schlüsse auf die künftige Entwicklung zulassen.

I. Zunächst darf ich Ihnen hierzu einige Zahlen nennen, von denen ich sicher bin, dass sie Sie zumindest teilweise überraschen werden. – In der Bundesrepublik Deutschland sind nach einer Schätzung, die aufgrund der bei der ZSt. in Ludwigsburg vorhandenen Unterlagen angestellt werden kann, zurzeit etwa 200 bis 250 StA und Untersuchungsrichter mit der Verfolgung nationalsozialistischer Verbrechen betraut. In dieser Zahl sind nicht enthalten die 48 StA und Richter, die augenblicklich bei der ZSt. in Ludwigsburg tätig sind. – Über die Zahl der von diesen insgesamt etwa 300 StA und Richter am heutigen Tage bearbeiteten Verfahren vermag ich leider keine genauen Angaben zu machen. Diese Zahl schwankt infolge von Abtrennungen und Verbindungen ständig. Wir in Ludwigsburg werden über solche Veränderungen nicht immer rechtzeitig informiert. Mit einiger Sicherheit kann man jedoch davon ausgehen, dass sich diese Zahl zwischen 800 und 1000 Ermittlungs- und Voruntersuchungsverfahren bewegt. Hinzu kommen noch die 600 Vorermittlungsverfahren, die zurzeit bei der ZSt. in L. geführt werden. – *Genaue Angaben kann ich Ihnen dagegen machen hinsichtlich der Zahl der Personen, gegen die am 1.1.1968 Ermittlungs- oder Strafverfahren wegen ihrer Beteiligung an NS-Verbrechen noch anhängig waren. Es handelt sich dabei um etwa 15.000.* – Bei der ZSt. der LJVW in Ludwigsburg liegen die Statistiken über NS-Verfahren vor, die von den einzelnen Justizverwaltungen zum Stichtag 1.1.1968 erstellt wurden.

Die Zahl der hiernach am 1.1.1968 in NS-Verfahren noch verfolgten Personen beträgt 14.912. Zur Erklärung muss gesagt werden, dass bei diesen und den folgenden Zahlenangaben die Personen nicht berücksichtigt sind, gegen die Vorermittlungen noch bei der ZSt. in L. geführt werden. (Die Zahl der in den bei der ZSt. in L. geführten Vorermittlungsverfahren zurzeit noch verfolgten Personen kann nicht angegeben werden, da sich die Verfahren zum Teil noch im Anfangsstadium befinden. Von einer Mindestzahl von 2000 wird jedoch ausgegangen werden müssen.)

Die „FAZ" hat am 8.6.1968 eine Statistik über NSG-Verfahren veröffentlicht. Aus der Art dieser Statistik und aus dem Zusammenhang, in dem sie gebracht wurde, darf geschlossen werden, dass die Zahlen aus dem BMJ stammen. Der hier anwesende Vertreter des BMJ hat mir eben meine Ansicht bestätigt.

Zum Verständnis meiner folgenden Ausführungen darf ich Ihnen diese Statistik kurz zitieren:

Danach wurden in der Zeit vom 8.5.1945 bis zum 31.12.1967 gegen insgesamt 77.004 (61.761) Personen Ermittlungsverfahren wegen NS-Straftaten eingeleitet. Rechtskräftig verurteilt wurden 6192 (6115) Personen, davon: zum Tode (vor 1949 12 (12), zu lebenslanger Zuchthausstrafe 90 (77), zu zeitiger Freiheitsstrafe 5.975 (5911), zu Geldstrafe 114 (114), zu einer Maßregel nach Jugendstrafrecht 1 (1), ohne gerichtliche Bestrafung wurden 55.877 (41.212) Fälle abgeschlossen. Noch anhängig waren am 1.1.1968 Verfahren gegen 18.935 Personen. (Die Vergleichszahlen in Klammern sind dem Bericht des BJM an den Präsidenten des Deutschen Bundestages vom 26.2.1965 entnommen.)

Zu dieser Statistik aus der FAZ muss bemerkt werden, dass die Summe der rechtskräftig abgeurteilten, der ohne gerichtliche Bestrafung abgeschlossenen und der noch offenen Fälle die anfangs genannte Gesamtzahl von 77.004 um genau 4000 übersteigt. Das kann m.E. darauf zurückzuführen sein, dass die Zahl der noch offenen Fälle um 4000 zu hoch angegeben ist. Ich darf deshalb bei der weiteren Erörterung davon ausgehen, dass am 1.1.1968 noch gegen rund 15.000 Personen Ermittlungs- oder Strafverfahren bei StA und Gerichten in der Bundesrepublik Deutschland anhängig waren.

Bei der Betrachtung dieser Zahl im Zusammenhang mit der eben zitierten Statistik fällt Folgendes sofort auf: *Die Verfahren gegen nahezu 20 % der Personen, gegen die in den letzten 25 Jahren staatsanwaltschaftliche Ermittlungen wegen NS-Straftaten geführt wurden, waren am 1.1.1968 noch nicht abgeschlossen.*

Wir müssen davon ausgehen – und zwar aufgrund ganz konkreter Anhaltspunkte, wie z.B. der im Jahre 1964 erstatteten Meldungen der LJVW an das BMJ – dass ganz gering gerechnet der Hälfte der 77.004 Personen, gegen die bisher seit Kriegsende wegen ihrer Beteiligung an NS-Straftaten ermittelt wurde, solche Taten zum Vorwurf gemacht wurden, die seit 1960 bereits verjährt sind (Körperverletzung, Freiheitsberaubung u.a.). Da aber die rund 15.000 Personen, gegen die am 1.1.1968 noch NS-Verfahren anhängig waren, sämtliche unter dem Verdacht des Mordes stehen, bedeutet dies, *dass etwa 40 % der Fälle, in denen gegen NS-Täter in den letzten 23 Jahren wegen Mordes ermittelt wurde, am 1.1.1968 noch nicht erledigt waren.*

Noch ein anderer Zahlenvergleich erscheint mir geeignet, zum Nachdenken Anlass zu geben. In dem am 26.2.1965 vom BJM an den Präsidenten des Deutschen Bundestages erstatteten Bericht über die Verfolgung von NS-Straftaten wird ausgeführt, dass bis zu diesem Zeitpunkt seit Kriegsende gegen 61.761 Beschuldigte Ermittlungsverfahren wegen Verdachts der Beteiligung an NS-Straftaten eingeleitet wurden. Die vorher zitierte Statistik aus der FAZ gibt für den Stichtag 1.1.1968 die Zahl der Personen, gegen die solche Verfahren eingeleitet worden sind, mit 77.004 an.

Das bedeutet, dass von den StA in der Bundesrepublik Deutschland in den Jahren 1965 bis 1967, also im Wesentlichen nach dem ursprünglichen Verjährungstermin vom 8.5.1965, gegen mehr als 15.000 Personen neue Ermittlungsverfahren eingeleitet worden sind. (Diese Zahl kommt im Übrigen der bei der ZSt. aufgrund der Meldungen der LJVW – außer Bremen – errechneten Zahl sehr nahe.)

Bei den seit 1965 neu eingeleiteten Verfahren konnte es sich nur um solche wegen Mordes handeln. Da – wie vorhin schon ausgeführt – mindestens die Hälfte der seit Kriegsende wegen NS-Straftaten eingeleiteten Verfahren inzwischen verjährte Taten zum Gegenstand haben, ist daraus zu folgern, *dass gegen etwa 30–40 % der Personen, gegen die seit Kriegsende wegen ihrer Beteiligung an NS-Morden ermittelt wurde, das Verfahren von den StA erst nach dem ursprünglichen Verjährungstermin vom 8.5.1965 eingeleitet worden ist. – Dieser Prozentsatz erhöht sich noch erheblich, berücksichtigt man die Tatsache, dass auch in Vorermittlungsverfahren der ZSt. in L., die erst nach dem 8.5.1965 eingeleitet und bisher noch nicht an StA abgegeben wurden, gegen eine große Zahl von Personen Untersuchungen geführt werden. –* Diese Zahlen müssen uns einerseits erschrecken. Sie zeigen uns andererseits aber, welche Anstrengungen seitens der Justiz in den vergangenen drei Jahren gemacht wurden, um entsprechend dem Auftrag des Deutschen Bundestages bis zum Ende des Jahres 1969 möglichst alle NS-Taten und NS-Täter strafrechtlich zu erfassen.

Welche Ergebnisse diese zahlreichen noch offenen und in Zukunft noch einzuleitenden Verfahren trotz aller Bemühungen der Strafverfolgungsbehörden erwarten lassen, steht auf einem anderen Blatt. Ich komme darauf noch zu sprechen.

II. Welche Ergebnisse hatten bisher die Anstrengungen der deutschen Justiz, die NS-Straftaten zu verfolgen?

Die Zahl der bis zum 1.1.1965 in der Bundesrepublik Deutschland wegen NS-Straftaten rechtskräftig verurteilten Personen wird in der von der FAZ veröffentlichten Statistik mit 6.192 angegeben. (Es erscheint erforderlich, in diesem Zusammenhang darauf hinzuweisen, dass in all den oben genannten Zahlen die zehntausende von Spruchkammer- und Gerichtsverfahren und –urteilen aufgrund der sog. „Entnazifizierungsgesetze" nicht berücksichtigt sind.) Das sind nur um 77 mehr, als in dem Bericht des BJM vom 26.2.1965 genannt sind. Dies würde bedeuten, dass von der Gesamtzahl der rechtskräftigen Verurteilungen wegen NS-Straftaten nur 1,2 % auf die letzten drei Jahre entfallen.

Nach einer bei der ZSt. aufgrund der dort vorliegenden Unterlagen erstellten Statistik sind in der Zeit vom 1.1.1958 bis 1.1.1968 – also innerhalb der letzten zehn Jahre – in 198 Verfahren insgesamt 315 Personen wegen NS-Verbrechen verurteilt worden. Das sind 5 % der Gesamtzahl der seit Kriegsende wegen NS-Straftaten verurteilten Personen. – Da es sich bei den in den letzten zehn Jahren erfolgten Verurteilungen fast ausnahmslos um solche wegen Mordes handelt, ist dieses Ergebnis keineswegs so ungünstig, wie es auf den ersten Blick erscheinen mag. Dies wird durch folgenden Zahlenvergleich bestätigt: Nach der Statistik der FAZ sind in der Zeit vom 8.5.1945 bis zum 1.1.1968 insgesamt 102 NS-Täter zu lebenslangem Zuchthaus bzw. (vor 1949) zum Tode verurteilt worden. Nach der Statistik der ZSt. beträgt die Zahl der in den letzten zehn Jahren zu lebenslangem Zuchthaus verurteilten NS-Täter immerhin 63.

Um Ihnen ein *Gesamtbild der Ergebnisse der in den vergangenen zehn Jahren in NS-Sachen durchgeführten Schwurgerichtsprozesse* zu geben, lassen Sie mich kurz die bei der ZSt. für diesen Zeitraum erstellte Statistik zitieren: Zahl der vom 1.1.1958 bis zum 1.1.1968 verhandelten NS-Strafverfahren: 198; Zahl der Angeklagten in diesen Verfahren: 492; davon wurden verurteilt: 315 (= 64 %); freigesprochen 121 (= 24,6 %); Zahl der Angeklagten, bei denen von Strafe abgesehen oder das Verfahren wegen Verjährung eingestellt wurde: 56 (= 11,4 %). Von den Verurteilten erhielten lebenslanges Zuchthaus: 63 (= 20 %); zeitige Zuchthausstrafe: 223 (rd. 71 %); Gefängnisstrafe: 26 (rd. 8 %); Jugendstrafe 3 (rd. 1 %). – Seit Beginn dieses Jahres hat die Zahl der verhandelten Sachen und die Zahl der Angeklagten im Vergleich zur davorliegenden Zeit erheblich zugenommen. Die bei der ZSt. vorliegenden Mitteilungen über die in nächster Zeit zu erwartenden Hauptverhandlungen lassen erkennen, dass diese ansteigende Tendenz weiter anhält. – Erheblich zugenommen haben allerdings auch die prozentualen Anteile der Freisprüche und der Einstellungen der Verfahren durch Urteil bzw. das Absehen von Strafe gemäß § 47 Abs. 2 MilStGB. Im letzten halben Jahr betrug dieser Anteil über 50 %. Ich bin ganz sicher, dass auch hier die steigende Tendenz anhält.

Lassen Sie mich nun unter einem ganz anderen Gesichtspunkt zum letzten Mal in meinem Referat die Verfahrensstatistik heranziehen, nämlich im Zusammenhang mit der Frage, von welchem Zeitpunkt an ein Tatbeteiligter als Beschuldigter zu führen ist. Diese Frage könnte in Kürze große Bedeutung erlangen, nämlich dann, wenn uns vor dem 31.12.1969 das Problem gestellt wird, auf welchen Personenkreis sich die Bemühungen zur vorsorglichen Unterbrechung der Verjährung erstrecken sollen.

Die Frage, wer noch als Beschuldigter anzusehen ist und wer nicht mehr, ist in anderem Zusammenhang auf unserer vorletzten Tagung im Jahre 1965 in Stuttgart lange und heiß diskutiert worden. Dass eine Einigung ganz offensichtlich nicht erzielt werden konnte, mögen Ihnen die folgenden Zahlen zeigen. – Die von den LJVW zum Stichtag 1.1.1968 erstellten Statistiken über NS-Verfahren, die – wie oben bereits ausgeführt wurde – bei der ZSt. in L. vorliegen, weisen eine Gesamtzahl von 14.912 Personen aus, gegen die am Stichtag das Verfahren noch nicht abgeschlossen war. Davon entfallen allein auf die drei Bundesländer Hamburg, Hessen und Nordrhein-Westfalen insgesamt 12.336, das sind 83 %. Im Einzelnen entfallen auf Nordrhein-Westfalen 8895 = 60 %, auf Hamburg 1927 = 13 % und auf Hessen 1514 = 10 %. Zusammen nur 17 % entfallen demnach auf die Bundesländer Baden-Württemberg, Bayern, Berlin, Niedersachsen, Rheinland-Pfalz, Saarland, Schleswig-Holstein und Bremen.

Es ist uns in Ludwigsburg auch annähernd bekannt, wie sich die Verfahren – auch ihrem Gewicht nach – auf die einzelnen Bundesländer verteilen. Wir wissen, dass in Nordrhein-Westfalen die von allen Bundesländern bei weitem größte Zahl von NS-Verfahren anhängig ist und dass es sich dabei vielfach um Großverfahren handelt. Dennoch will mir scheinen, als würde dort der Begriff des Beschuldigten extensiver ausgelegt als in einigen anderen Bundesländern. Ganz besonders großzügig scheint man in dieser Beziehung bei der StA Hamburg zu verfahren. Dies lässt sich auch aus einer anderen Rubrik der Statistik ersehen. Hiernach sind im Jahre 1967 in der Bundesrepublik Deutschland gegen insgesamt 4831 Personen NS-Verfahren neu eingeleitet worden, davon entfallen allein auf Hamburg 1965, das sind 40,6 % der Gesamtzahl. Wir haben in Ludwigsburg eine Vorstellung von dem Umfang der in Hamburg anhängigen NS-Verfahren, gerade deshalb setzt mich die eben genannte Zahl in Erstaunen.

Ich muss die anwesenden Damen und Herren aus Nordrhein-Westfalen, Hamburg und Hessen bitten, in meinen Ausführungen nicht etwa eine Kritik ihrer Tätigkeit zu sehen. Eine solche Kritik stünde mir nicht zu. Über die Auslegung des Begriffs „Beschuldigter" lässt sich – wie wir vor drei Jahren in Stuttgart gehört haben – trefflich streiten. Ich bin mir nicht im Klaren, welcher der damals in Stuttgart vertretenen Meinungen der Vorzug zu geben ist. Da wir uns aber möglicherweise demnächst genötigt sehen könnten, gegen alle bekannten NS-Täter vorsorglich die Verjährung unterbrechen zu lassen, meine ich, es sei an der Zeit, eine möglichst weitgehende Übereinstimmung oder doch eine Annäherung der Standpunkte in dieser Frage herbeizuführen. Ich zweifle jedoch, ob das im Rahmen dieser Tagung gelingen wird.

Nun zu der Frage: Wie wird es aller Voraussicht nach weitergehen? – Der Zufluss weiteren Beweismaterials insbesondere aus dem Ausland, die Lösung des Verjährungsproblems gleich in welcher Form und – als wesentlichster Gesichtspunkt – das Alter der Beschuldigten und Zeugen spielen bei dieser Betrachtung die entscheidende Rolle. Alle drei genannten Faktoren sind in ihrer Bedeutung für den Fortgang der NS-Prozesse so sehr miteinander verknüpft, dass sie auch gemeinsam abgehandelt werden sollten. Ich möchte mich allerdings darauf beschränken, auf die mir besonders wichtig erscheinenden Fragen und Tatsachen hinzuweisen. – Ich bitte um Ihr Verständnis, wenn ich in diesem Zusammenhang häufiger die ZSt. nenne. Es ist nun einmal die Aufgabe der ZSt., bisher unbekannt gebliebene Taten aufzuspüren und bis zur Festsetzung des Täterkreises aufzuklären. Alle Veränderungen, die die ZSt. betreffen, müssen sich deshalb über kurz oder lang auf die Arbeit der StA und Gerichte auswirken.

Zunächst ist Folgendes festzustellen:

1. *Das Problem der Auswertung des gesamten einschlägigen Dokumentenmaterials und der rechtswirksamen Unterbrechung der Verjährung in allen bis Ende 1969 bekannt gewordenen Fällen von NS-Verbrechen ist nicht zu lösen. Es ist zu erwarten, dass nach 1969 bisher noch unbekannte NS-Verbrechen und NS-Verbrecher bekannt werden.*

a) Die derzeit bei der ZSt. bereits anhängigen Vorermittlungsverfahren werden bis Ende 1969 nicht in allen Fällen soweit gefördert werden, dass eine rechtswirksame Unterbrechung der Verjährung möglich sein wird. Dies gilt neben einzelnen

Verfahren wegen Verbrechen in den Ostblockstaaten namentlich auch für jene Komplexe, deren systematische Überprüfung der Zst. erst durch die im April 1965 von den Justizministern und –senatoren beschlossenen Richtlinien aufgegeben worden ist (Oberste Reichsbehörden, KZ).

Eine Beschleunigung der Vorermittlungen mit dem Ziel, in allen Verfahren die rechtswirksame Unterbrechung der Verjährung vor Ende 1969 zu ermöglichen, lässt sich nicht bewirken. Der Fortgang der Ermittlungen hängt weitgehend von Umständen ab, auf die die ZSt. wenig oder keinen Einfluss hat. Dies gilt für Vernehmungen von Zeugen im Ausland, namentlich in den Ostblockstaaten, und vor allem für den Zufluss weiteren Dokumentenmaterials, wiederum vornehmlich aus den Ostblockstaaten. – Eine durchgreifende Beschleunigung ist deswegen auch nicht durch die Zuweisung einer größeren Zahl zusätzlicher Mitarbeiter zu erreichen. – Es bleibt danach unabweislich, dass zumindest ein kleiner Teil der bei der ZSt. heute bereits anhängigen Vorermittlungsverfahren Ende 1969 noch offen sein wird und beim Eintritt der Verjährung zu diesem Zeitpunkt ergebnislos abgebrochen werden muss.

b) Es ist davon auszugehen, dass auch noch nach 1969 bisher unbekannt gebliebene NS-Verbrechen aufgedeckt werden. Das kann schon im Zuge bereits laufender Vorermittlungen geschehen. Es wird in größerem Umfang möglich werden, wenn neue Erkenntnisquellen zugänglich werden, so insbesondere bei weiterer Öffnung von Archiven der Ostblockstaaten. – Diese Möglichkeit ließe sich selbst dann nicht ausschließen, wenn diese Archive – was indessen keineswegs erwartet werden kann – sofort und ohne jede Einschränkung zugänglich werden würden. Es stünde für eine sofortige umfassende Auswertung keine genügend große Zahl hinreichend sachkundiger Auswerter zur Verfügung. Zudem erfordert allein schon die technische Bewältigung einer solchen Aufgabe (Auswertung, Verfilmung, Reproduktion, vielfach auch Übersetzung, Anfertigung von Findbüchern, Beschaffung von Abzügen) erfahrungsgemäß geraume Zeit. Schon vom Zeitpunkt der Auswertung in einem ausländischen Archiv bis zum Eingang der danach gefertigten Mikrofilme – auf den die ZSt. keinen Einfluss hat – vergehen regelmäßig selbst dann schon Monate, wenn es sich um ein Auswertungsvorhaben von nur begrenztem Umfang handelt. – Die Masse der bei einer solchen Auswertung zutage geförderten Dokumente, die auf bisher unbekannte NS-Verbrechen hinweisen, ist überdies nicht derart, dass sie allein für sich ohne weitere Nachforschungen eine rechtswirksame Unterbrechung der Verjährung ermöglicht. Mindestens die nach Mitte 1968 verfügbar werdenden Dokumente, die Hinweise auf bisher unbekannte NS-Verbrechen enthalten, werden deshalb in vielen Fällen nicht mehr zu einer rechtzeitigen Unterbrechung der Verjährung führen können. Andererseits ist davon auszugehen, dass die besondere Aufmerksamkeit der Gewahrsamsstaaten der Frage gilt, welche Auswirkungen sich aus der Überlassung solcher Dokumente ergeben.

Außer bisher unbekannten NS-Verbrechen können aber im Zuge weiterer Ermittlungen oder durch Erschließung neuer Erkenntnisquellen nach 1969 neue Beschuldigte zu bereits bekannten Vorkommnissen festgestellt werden. Dabei kann es sich insbesondere auch um Befehlsgeber und Befehlsmittler handeln. Bei Eintritt der Verjährung kann der Fall eintreten, dass ein Teil der Beteiligten als Angeklagte, ein anderer Teil in gleicher Weise Beteiligter aber nur als Zeugen in einem und demselben Verfahren auftritt.

In welchem Ausmaß der ZSt. bisher unbekannte NS-Verbrechen (oder bisher unbekannte oder noch nicht überführbare Beteiligte) noch nach 1969 bekannt werden können, lässt sich nicht abschätzen. Insbesondere fehlt bisher jeder konkrete Anhalt für die Ergiebigkeit weiterer Archive in den Ostblockstaaten, namentlich in der UdSSR. Geht man von den Erfahrungen mit polnischen und tschechoslowakischen Archiven aus, wird man annehmen dürfen, dass sich der Anfall neuer derartiger Erkenntnisse quantitativ und qualitativ in Grenzen halten wird und dass auch künftig der überwiegende Teil der Dokumente nur zusätzliche Erkenntnis- und Beweismittel zu bereits anhängigen Verfahren liefern wird.

c) Im Zuge der größeren bei den StA geführten Verfahren fallen häufig Ermittlungsergebnisse an, die – zum Teil auch wegen fehlenden Sachzusammenhangs – in den Anklageschriften nicht mehr untergebracht werden können. Bisher hat nahezu jedes umfangreiche staatsanwaltschaftliche und gerichtliche Verfahren eine oft große Zahl von Nachfolgeverfahren hervorgebracht, die sich dann meist gegen untergeordnete Täter gerichtet haben und richten. In den Nachfolgeverfahren, deren Ursprungsverfahren erst nach Mitte 1968 zur HV gelangen, wird voraussichtlich häufig eine Unterbrechung der Verjährung nicht mehr erfolgen. Der staatsanwaltschaftliche Sachbearbeiter, dem die Abtrennung dieser Nachfolgeverfahren obliegt, findet in der Regel erst nach Schluss der HV die Zeit, die Akten nochmal durchzugehen, um die nicht verhandelten Ermittlungsergebnisse herauszuziehen und neue Verfahren einzuleiten.

2. *Die Ergebnisse der Vorermittlungs-, Ermittlungs- und Strafverfahren werden mit fortschreitender Zeit zunehmend geringer werden. Trotz der steigenden Bedeutung des Dokumentenbeweises ist zu erwarten, dass in den nächsten Jahren mehr noch als bisher neben den Exzesstätern nur untergeordnete Tatbeteiligte vor Gericht gestellt werden können. Neben der Zahl der eingestellten Verfahren wird sich die Zahl der freisprechenden Urteile in den nächsten Jahren voraussichtlich erheblich erhöhen.* – Sie kennen die Gründe. Dennoch möchte ich sie Ihnen hier noch einmal vor Augen führen.

a) In den ersten Jahren des Bestehens der ZSt. wurden vorzugsweise zunächst solche Komplexe aufgegriffen, die günstigere Ansatzpunkte für die Aufklärung boten und besonders ergiebig waren. Dagegen stehen jetzt zunehmend auch solche Komplexe an, bei denen weniger günstigere Voraussetzungen gegeben sind. Dies gilt insbesondere auch für jene Komplexe, deren systematische Überprüfung der ZSt. aufgetragen ist. Bei den NS-Verbrechen, mit deren Entdeckung in Zukunft noch zu rechnen ist, wird es sich vorwiegend um solche handeln, die nicht über einen engeren örtlichen und persönlichen Bereich hinaus Aufsehen erregt haben. Für solche Taten gibt es – ebenso wie für Einzel-Exzesstaten – in der Regel nur wenige Zeugen und nur geringes dokumentarisches Beweismaterial. Ihre Aufklärung ist entsprechend schwierig und zeitraubend.

b) Die Zahl der Beschuldigten wird durch Tod ständig vermindert. Darüber hinaus wird auch immer häufiger ärztlicherseits die Verhandlungsunfähigkeit von Beschuldigten festgestellt. Sie sind damit praktisch der Verfolgung entzogen. Davon sind naturgemäß vor allem ältere Beschuldigte betroffen, zu denen aber in der Regel gerade auch die zur Tatzeit ranghöheren Täter gehören. Dies führt in immer stärkerem Maße dazu, dass die jüngeren, untergeordneten Täter ihre zu alt und gebrechlich gewordenen damaligen Vorgesetzten auf den Anklagebänken vertreten müssen. – Ein Mitarbeiter meiner Dienststelle hat hinsichtlich des Lebensalters der 194 Angeklagten, die in den Jahren 1965, 1966 und 1967 wegen NS-Verbrechen vor ein Schwurgericht gestellt wurden, Folgendes errechnet:

Von diesen 194 Angeklagten waren im Zeitpunkt des Beginns der HV

zwischen 40 und 50 Jahre alt	18 = etwa 9 %
zwischen 50 und 60 Jahre alt	120 = etwa 62 %
zwischen 60 und 70 Jahre alt	50 = etwa 26 %
zwischen 70 und 75 Jahre alt	4 = etwa 2 %
über 75 Jahre alt	2 = etwa 1 %

Rechnen Sie sich nun aus, wie das Bild in fünf oder zehn Jahren aussehen wird.

c) Die Geständnisbereitschaft der Beschuldigten nimmt mit fortschreitender Zeit ständig ab. Bei einem erheblichen Teil der bereits abgeschlossenen oder zurzeit laufenden Strafverfahren war eine beschleunigte Durchführung der Ermittlungen dadurch möglich, dass ein großer Teil der Beschuldigten ihre objektive – vereinzelt auch subjektive – Tatbeteiligung sofort oder doch schon bald nach Beginn der Untersuchungen zugegeben hat. Schon heute und voraussichtlich in steigendem Maße in den kommenden Jahren wird die Geständnisbereitschaft der Beschuldigten dadurch verringert, dass sie sich – offenbar gestützt auf die entsprechenden Veröffentlichungen in einigen Zeitungen – von der Gemeinschaft eher bemitleidet als ausgestoßen fühlen.

Wenn wir uns genötigt sehen sollten, den Kreis der Personen, gegen den vorsorglich die Verjährung unterbrochen werden soll, möglichst weit zu ziehen, werden wir uns weitere Erkenntnisquellen verschütten. Mancher Tatbeteiligte wird dort als Beschuldigter schweigen, wo er als Zeuge noch gesprochen hätte.

d) Die empfindlichste Beeinträchtigung der Ergebnisse der Ermittlungen wird ohnehin durch zunehmende Beweisschwierigkeiten verursacht. Die Zahl der noch verfügbaren Zeugen vermindert sich durch Tod und Vernehmungsunfähigkeit zusehends. – Viele Zeugen, vor allem, wenn sie schon des Öfteren vernommen worden sind, sind erkennbar aussagemüde und –unwillig. Dies gilt auch für die Zeugen aus dem Kreis der Opfer der NS-Verbrechen. Schon zahlreiche Angehörige dieser zahlenmäßig bedeutenden Gruppe von Zeugen haben ihre Aussageunwilligkeit damit begründet, dass die Konfrontation mit den grauenhaften Geschehnissen und zugleich der – manchmal unvermeidbaren, oft aber geradezu skandalösen – Härte und Rücksichtslosigkeit der Verteidiger mehr und mehr zu einer seelischen und gesundheitlichen Strapaze wird.

Aber auch die Aussagetüchtigkeit der gutwilligen Zeugen leidet immer mehr an schwindendem Erinnerungsvermögen. Wenn auch der Kern der meist affektbetonten Erlebnisse im Gedächtnis haften geblieben ist, werden vielfach doch die oft prozessentscheidenden konkreten Einzelheiten vergessen. Die Zeugen aus dem Kreis der Opfer sprechen untereinander zwangsläufig immer wieder über diese für sie zentralen Erlebnisse. Die Erinnerung wird zunehmend in oft schwer erkennbarer Weise durch Gesprächsinhalte verdrängt. (Dies hat zur Folge, dass seitens der Verteidiger scheinbare sog. „Zeugenkomplotte" aufgedeckt und von einem Teil der Presse aufgebauscht werden.) Die genannten psychologischen Erfahrungen verunsichern das Gewicht der einzelnen Zeugenaussagen und zwingen dazu, mehr Zeugen als früher zu ermitteln und zu vernehmen. Dadurch werden die Ermittlungen zwangsläufig aufwendiger und zeitraubender, zumal vielfach auf Zeugen im Ausland zurückgegriffen werden muss. Es muss deswegen damit gerechnet werden, dass ein großer Teil der Verfahren trotz beträchtlichen und zunehmenden Aufwandes nicht bis zur Anklagereife gedeihen oder mit einem freisprechenden Urteil abgeschlossen wird.

e) Die Beweislage könnte andererseits mit dem Fortschreiten der Zeit durch Zufluss neuen Dokumentenmaterials in einem gewissen Umfang auch wieder verbessert werden. Dies gilt weniger für eigentliche Tötungshandlungen, bei denen das Schwergewicht bei dem immer unsicherer werdenden Zeugenbeweis liegt. Es gilt mehr für sog. Schreibtischtäter, bei denen ein Schuldnachweis letztlich überhaupt nur durch Dokumente geführt werden kann. Die Auffindung und Beschaffung dieser Dokumente hängt jedoch von Umständen ab, auf die – wie bereits angeführt – die ZSt. nur wenig oder gar keinen Einfluss hat. – Da es sich bei den Schreibtischtätern meist um ältere Beschuldigte handelt, gelten insoweit die bereits dargelegten Argumente (Ausfall durch Krankheit oder Tod).

f) Eine Beeinträchtigung der Ergebnisse ist außerdem auch noch bei den Verfahren, die bis zur HV gelangen, dadurch zu besorgen, dass sich – bei dem Übergewicht der Laienrichter in den Schwurgerichten ein teilweise spürbares Unbehagen gegenüber den unpopulären NS-Prozessen zunehmend in rechtlich unbefriedigenden Entscheidungen niederschlagen kann.

g) Dieses Unbehagen und diese Unpopularität verspüren wir in manchen Fällen jetzt schon auch bei solchen Institutionen, die unsere Arbeit eigentlich unterstützen sollten. Es gibt hierfür mancherlei Beispiele. Drei seien hier genannt: – Meldebehörden und Auskunftsstellen geben auf Anfragen gelegentlich negative Auskünfte, obwohl sie in der Lage wären, wertvolle oder doch brauchbare Hinweise zu liefern. Man kommt dem nur dann auf die Spur, wenn ein in derselben Sache auf Umwegen an dieselbe Auskunftstelle gerichtetes, „unverdächtig" erscheinendes Ersuchen nunmehr positiv beantwortet wird. – Mehrere von einem Kriminalbeamten angefertigte Protokolle über Zeugenvernehmungen enthalten – mit

Abwandlungen – nur den einen Satz, dass sich der Zeuge 25 Jahre nach dem hier interessierenden Ereignis nicht mehr in der Lage sieht, sachdienliche Angaben zu machen. Die Nachvernehmung eines dieser angeblich erinnerungslosen Zeugen durch einen anderen Beamten bringt ein acht Seiten langes Protokoll, in dem zahlreiche Hinweise auf weitere Beweismittel enthalten sind. – In einem Archiv wird einem StA auf seine Frage nach einem bestimmten Dokument erklärt, einen solchen Vorgang gebe es in diesem Archiv nicht. Der angefragte Vorgang liegt – wie sich schließlich herausstellt – zu diesem Zeitpunkt auf dem Schreibtisch des Archivbeamten, der die negative Antwort erteilt.

h) Alle diese bisher genannten Argumente gelten auch für die Hunderte von Verfahren, in denen – ohne Rücksicht auf den möglichen allgemeinen Eintritt der Verjährung für Verbrechen des Mordes – eine Strafverfolgung auch nach dem 31.12.1969 noch möglich ist, weil die Verjährung bereits rechtswirksam unterbrochen wurde bzw. noch unterbrochen wird. Eine besonders schwerwiegende Bedeutung muss diesen Argumenten jedoch für solche Verfahren zukommen, in denen im Falle der Aufhebung der Verjährung (mit sog. „kleiner Rückwirkung") die Ermittlungen erst nach dem 1.1.1970 eingeleitet werden könnten. Nach den bisher gemachten Erfahrungen beträgt die Zeitspanne zwischen den ersten Ermittlungen und der (ersten) HV in NS-Verfahren – also keineswegs bis zur Rechtskraft des Urteils – in der Regel fünf Jahre (Vorermittlungen, staatsanwaltschaftliches Ermittlungsverfahren, gerichtliche Voruntersuchung). In großen Verfahren wurde diese Zeit auch schon erheblich überschritten.

In den Verfahren, in denen die (erste) HV in den Jahren 1965 bis 1967 begonnen hatte, betrug nach unseren Feststellungen die durchschnittliche Ermittlungsdauer bei HV, die im Jahre 1965 begannen, fünf Jahre ein Monat, bei HV, die im Jahre 1966 begannen, fünf Jahre acht Monate, bei HV, die im Jahre 1967 begannen, fünf Jahre zehn Monate. – Mit einer wesentlichen Verkürzung der Ermittlungsdauer kann angesichts der zunehmenden Beweisschwierigkeiten in den nächsten Jahren nicht gerechnet werden. Das bedeutet, dass ein nach dem 1.1.1970 eingeleitetes Verfahren aller Voraussicht nach nicht vor dem Jahre 1975 zur HV kommt. Abgesehen von der ständig abnehmenden Zahl der bis dahin noch verhandlungsfähigen oder noch lebenden Täter, werden sich die Beweisschwierigkeiten, auf die insbesondere die Gerichte heute schon ständig hinweisen, vervielfachen.

3. *Die weitere Auswertung von Archiven in den Ostblockstaaten; insbesondere in der UdSSR und evtl. in Jugoslawien dürfte – wie schon erwähnt – zahlreiche Hinweise erbringen auf noch verfolgbare echte Kriegsverbrechen, die von NS-Verbrechen streng zu unterscheiden sind* (die Unterschiede zwischen NS-Verbrechen und Kriegsverbrechen wird mein Kollege OStA Dr. Artzt in seinem für morgen angekündigten Referat aufzeigen). *In diesen Fällen ist wegen der zu erwartenden besonderen Unpopularität der Verfahren mit erhöhten Beweisschwierigkeiten zu rechnen.*

Die Erfahrungen bei der Auswertung ausländischer Archive haben gezeigt, dass häufig Hinweise auf echte, allerdings meist schon verjährte Kriegsverbrechen aufzufinden sind. Die Vermutung erscheint begründet, dass ein erheblicher Teil der aus der UdSSR und evtl. aus Jugoslawien zu erwartenden Materials sich nicht auf NS-Verbrechen, sondern auf echte Kriegsverbrechen beziehen wird. Es kann weiterhin als sicher gelten, dass keineswegs alle der in diesem Material voraussichtlich enthaltenen Beschuldigungen, auch soweit sie Handlungen betreffen, die eindeutig als Kriegsverbrechen zu qualifizieren sind, unter dem Gesichtspunkt des Totschlags als bereits verjährt abgetan werden können. Es sind auch von Angehörigen der Wehrmacht und insbesondere der Waffen-SS im Zusammenhang mit Kriegshandlungen, vornehmlich im Partisanenkampf, Taten begangen worden, die sich gegen Unschuldige gerichtet haben und die etwa allein schon wegen ihrer Grausamkeit den Tatbestand des § 211 StGB erfüllen.

So ist beispielsweise aus bisher bei der ZSt. vorliegenden Dokumenten bekannt, dass im Zuge der Partisanenbekämpfung in Hunderten von Fällen ganze Dörfer niedergebrannt und sämtliche Einwohner – vorwiegend Frauen, Kinder und alte Männer – getötet wurden, und das zum Teil auf grausamste Weise. Falls das von der Sowjetunion angebotene Archivmaterial geeignet sein sollte, diese Tatgeschehen ausreichend zu dokumentieren, so dass eine Feststellung der Täter möglich ist, dann wird man sich ausrechnen können, was die deutschen Justizorgane auf diesem Gebiet noch erwartet. – Das einschlägige Material aus der UdSSR könnte nur nach und nach eintreffen. Eine erhebliche Zeitspanne für Vorermittlungen muss einkalkuliert werden, ehe die Vorgänge an die StA gelangen können, wenngleich bei einer Beteiligung von Wehrmachtseinheiten mit Hilfe der umfangreichen Unterlagen der „Deutschen Dienststelle für die Benachrichtigung der nächsten Angehörigen von Gefallenen der ehemaligen deutschen Wehrmacht (WAST)" in Berlin eine verhältnismäßig rasche Feststellung des Täterkreises sehr wohl möglich erscheint. Die Verfahren dürften sich, bis sie vor das Schwurgericht gelangen, über einen langen Zeitraum erstrecken.

Noch ein weiterer Gesichtspunkt mehr am Rande erscheint in diesem Zusammenhang interessant: Bei den an Kriegsverbrechen beteiligten Angehörigen der Wehrmacht und der Waffen-SS dürfte es sich zu einem größeren Teil als bei Gestapo- und Polizeiangehörigen um Täter handeln, die zur Tatzeit noch nicht 21 Jahre alt waren und deshalb im Alter von 50 Jahren und mehr nach Jugendstrafrecht beurteilt werden müssten.

Man muss sich ferner vor Augen führen, dass eine der Verfolgung von NS-Verbrechen ähnliche systematische Verfolgung von Kriegsverbrechen bisher nicht stattgefunden hat. Die Zuständigkeit der ZSt. in L. erstreckt sich – von organisiertem Verbrechen an Kriegsgefangenen (Aussonderung zur Tötung aus rassischen oder politischen Gründen) abgesehen – nicht auf die Aufklärung von Kriegsverbrechen. Deutsche Strafverfolgungsbehörden verfolgen Kriegsverbrechen nur dann, wenn sie durch Anzeigen oder aus anderen Verfahren heraus – man möchte fast sagen zufällig – davon Kenntnis erhalten. Fallen bei der ZSt. in L. Hinweise auf Kriegsverbrechen oder Beweismittel dazu an, so führt sie – entsprechend der Ergänzung der Verwaltungsvereinbarung – keine eigenen Ermittlungen, sondern leitet den Vorgang unverzüglich an die zuständige, meist nach § 13 a StPO vom BGH bestimmte StA weiter. – Die Aufklärungsquote bei Kriegsverbrechen liegt deshalb erheblich unter der bei systematisch untersuchten NS-Verbrechen. Die

Zahl der bisher unbekannt gebliebenen Kriegsverbrehen dürfte deshalb wesentlich größer sein als die Zahl der noch unbekannten NS-Verbrechen.

Wenn auch bei der Verjährungsdebatte im Deutschen Bundestag nahezu immer nur von NS-Verbrechen die Rede war und von manchem Sprecher – so besonders von dem Abg. Dr. Arndt – ausdrücklich darauf hingewiesen wurde, dass die in Rede stehenden Tatgeschehen mit Kriegsverbrechen nichts zu tun hätten, so macht das Gesetz vom 13.4.1965 doch keinen Unterschied zwischen NS-Verbrechen und Kriegsverbrechen. Soweit also Kriegsverbrechen den Tatbestand des Mordes erfüllen, sind sie dem geltenden Recht entsprechend nach wie vor zu verfolgen. – Die Unpopularität der Verfahren wegen echter Kriegsverbrechen dürfte aus naheliegenden Gründen die von Verfahren wegen NS-Verbrechen bei weitem übertreffen. Es ist auch aus diesem Grunde in den kommenden Jahren mit erhöhten Beweisschwierigkeiten zu rechnen, die letztlich dazu führen dürften, dass auch bei größtem Arbeitsaufwand nur in einer ganz geringen Anzahl von Fällen eine Verurteilung zu erwarten ist.

Im Falle einer aufgrund des Zuflusses bestimmten Beweismaterials aus den Ostblockstaaten bewirkten – und wie ich glaube heute schon drohen – Verlagerung des Gewichts der Untersuchungen von den NS-Verbrechen in Richtung auf die Kriegsverbrechen können Folgen eintreten, die alle in der Bundesrepublik Deutschland bisher gemachten Anstrengungen zur – lassen Sie mich einmal das stark strapazierte Wort gebrauchen – *„Bewältigung der Vergangenheit" in Frage stellen.*

Die im Zuge einer Aufklärung von Kriegsverbrechen erforderlichen Vernehmungen zahlloser ehemaliger Wehrmachtsangehöriger werden zu einer starken Beunruhigung in der Bevölkerung führen. Weite Kreise, die einer Verfolgung nationalsozialistischer Verbrechen derzeit durchaus zustimmend gegenüberstehen, werden sich von uns abwenden. Die positiven Wirkungen, die man sich von den NS-Verfahren erwarten durfte, werden zurückgedrängt. Man arbeitet damit denen in die Hand, die seit Jahren bemüht sind, die NS-Prozesse dadurch zu diffamieren, dass sie bewusst – trotz Kenntnis der Unterschiede – NS-Verbrechen und Kriegsverbrechen in einen Topf werfen. – Aus dieser Besorgnis heraus wird man sich die Frage stellen müssen, ob nicht in der Weise eine Lösung des Problems gefunden werden könnte, dass man bei einer strengen Unterscheidung zwischen NS-Verbrechen und Kriegsverbrechen unter Berufung auf den im Völkerrecht anerkannten „Tu-quoque"-Grundsatz den Verfolgungszwang bei Kriegsverbrechen – und nur bei solchen – lockert.

Ich fasse abschließend zusammen: Die Erfassung und Auswertung des gesamten für die Verfolgung von NS-Verbrechen bedeutsamen Beweismaterials ist bis zum Ende des Jahres 1969 nicht möglich. Es ist zu erwarten, dass auch nach 1969 bisher nicht erfasste NS-Verbrechen bekannt werden. – Die Zahl der wegen Kriegsverbrechen bei den Strafverfolgungsbehörden anfallenden Verfahren kann in den nächsten Jahren erheblich zunehmen. Die Auswirkungen dieser Tatsache werden negativ sein. – Die zahlreichen bereits anhängigen Vorermittlungs- und Ermittlungsverfahren, in denen hinsichtlich tausender von Tatbeteiligten oder Tatverdächtigen die Verjährung bereits unterbrochen ist oder vor Ablauf des Jahres 1969 noch unterbrochen wird, bewirken, dass auch ein Eintritt der Verjährung im Jahre 1970 eine merkliche Veränderung der Zahl und des äußeren Bildes der vor den Schwurgerichten zu verhandelnden NS-Prozesse noch auf Jahre hinaus nicht herbeiführen würde. – Dagegen wird der heute schon deutlich spürbare, ständig und immer rascher steigende altersbedingte Ausfall von Tatbeteiligten und Zeugen einer erfolgversprechenden Aufklärung sehr bald Grenzen setzen.

Meine Damen und Herren! Das Bild, das ich Ihnen über die gegenwärtige Lage auf dem Gebiet der Aufklärung und Verfolgung von NS-Verbrechen in der Bundesrepublik Deutschland gezeichnet habe, ist sicher keineswegs rosig. Es wäre aber falsch, sich Illusionen zu machen und die Augen vor den nun einmal gegebenen Tatsachen zu verschließen. – Es darf uns aber auch nicht genügen, selbst die Situation zu erkennen. Vielmehr ist es darüber hinaus erforderlich, diese Erkenntnisse an diejenigen weiterzugeben, die an höchster Stelle in unserem Staat die Entscheidungen zu treffen haben. Das Protokoll dieser Arbeitstagung mit den Referaten und Diskussionsbeiträgen scheint mir dazu ein geeigneter Weg zu sein. Ob und gegebenenfalls in welchem Umfang die maßgebenden Politiker unseren Argumenten bei der Vorbereitung der von ihnen zu treffenden Entscheidungen Gewicht beimessen, wissen wir nicht. Wir wollen uns aber keineswegs eines Tages dem Vorwurf aussetzen, wir, die wir es auf diesem Sachgebiet eigentlich hätten wissen müssen, hätten es an einer ausreichenden Information der verantwortlichen Organe fehlen lassen.

Wir haben auch weiterhin den uns vom Gesetzgeber erteilten Auftrag zu erfüllen. Wir sind uns aber auch dessen bewusst, dass die Erfüllung dieser Aufgabe für jeden Einzelnen von uns von Tag zu Tag schwerer werden wird."

In der anschließenden Diskussion fragte *MinDirig. Roth* (Stuttgart), ob in den im Referat genannten Verurteilungen auch die von den alliierten Gerichten ausgesprochenen Urteile enthalten seien.

OStA Dr. Rückerl (Ludwigsburg) verneinte dies.

Auf Frage von *StA Kerl* (Dortmund) erklärte er, in letzter Zeit werde zunehmend § 47 Abs. 2 MStGB von den Gerichten angewendet.

OStA Jordan (Dortmund) hielt diesen Weg für richtig, soweit es sich um untergeordnete Täter handle. Er wies jedoch darauf hin, dass die Anwendbarkeit des § 47 MStGB durch die Rechtsprechung des BGH erheblich eingeschränkt sei, so dass diese Bestimmung nur bei Fällen eines „Quasi-Befehlsnotstandes" in Betracht komme.

StA Dr. Riffel (Stuttgart) bemerkte, dass die Aussagewilligkeit der Zeugen in Verfahren, die NS-Verbrechen zum Gegenstand haben, abnehme. So habe z.B. Prof. Kogon es abgelehnt, sich von ihm vernehmen zu lassen.

StA Jans (Hannover) fragte, ob hinsichtlich der sog. „kleinen Täter" in absehbarer Zeit gesetzgeberische Maßnahmen zu erwarten seien.

MinDirig. Roth (Stuttgart) verneinte diese Frage.

StA Rüther (Dortmund) fragte, um welche Komplexe es sich bei den bei der ZSt. noch anhängigen Vorermittlungsverfahren handle.

OStA Dr. Rückerl (Ludwigsburg) erwiderte, dass bei der ZSt. nur noch wenige komplexe Verfahren anhängig seien. Die etwa 600 Vorermittlungsverfahren beträfen NS-Verbrechen aus unterschiedlichen Bereichen, wobei es sich vielfach um Einzeltäter handle.

EStA Pries (Kiel) stellte die Frage, ob die Verfolgung von *Kriegs*verbrechen heute noch im Hinblick auf die entgegengesetzte Praxis anderer Staaten gerechtfertigt sei. – Er wies darauf hin, dass in verschiedenen Fällen auch während des Krieges Kriegsverbrechen zunehmend gerichtlich verfolgt, die Verfahren dann jedoch von Hitler niedergeschlagen worden seien.

OStA Dr. Rückerl (Ludwigsburg) erklärte, nach geltendem Recht seien in der Bundesrepublik Deutschland auch noch unbekannte *Kriegs*verbrechen, soweit es sich um Mord handle, zu verfolgen. Bei den von Hitler niedergeschlagenen Kriegsgerichtsverfahren handle es sich nur um Einzelfälle, die für die Erörterung der Problematik der Verfolgung von Kriegsverbrechen von untergeordneter Bedeutung seien.

Gerichtsass. Dr. Mähler (München II) fragte, ob die in dem Referat genannten 15.000 Beschuldigten nach Exzess-, Initiativ- und Befehlstätern aufgeschlüsselt seien.

OStA Dr. Rückerl (Ludwigsburg) verneinte diese Frage.

EStA Waldschmidt (Darmstadt) stellte abschließend die Frage, ob in der genannten Zahl der Beschuldigten auch diejenigen Beschuldigten enthalten seien, die nicht auffindbar oder möglicherweise verstorben seien.

OStA Dr. Rückerl (Ludwigsburg) bejahte dies.

Anschließend sprach *MinRat Dr. Sturm* (Bonn) über *Verjährung von NS-Verbrechen* – Gesetzgeberische Maßnahmen –: „Die Vorschriften über die strafrechtliche Verjährung – sei es die Verfolgungs- oder die Vollstreckungsverjährung – haben in der Geschichte der deutschen Strafrechtsreform jahrzehntelang keinen besonderen Zündstoff gezeigt. Die Institution der Verjährung als solche war außer Streit. Diskutiert wurden Einzelheiten ihrer Ausgestaltung: ihre Rechtsnatur, die Dauer der Verjährungsfristen, die Möglichkeit der Unterbrechung. In das grelle Licht der Öffentlichkeit und in den Brennpunkt der Diskussion trat die Verjährung erst im Zusammenhang mit den unerhörten, im 2. Weltkrieg begangenen Gewaltverbrechen bis hin zum Völkermord. Einen ersten Höhepunkt der Diskussion erlebten wir im Frühjahr 1960, als die Verjährung der in der NS-Zeit begangenen Totschlagsverbrechen bevorstand; einen zweiten, diesmal weltweiten Höhepunkt brachte das Frühjahr 1965, als die Verjährung selbst der schwersten in der NS-Zeit begangenen Massenverbrechen drohte. Ein dritter, wahrscheinlich nicht minder heftiger Höhepunkt, der von dem Termin des 31.12.1969, den das Berechnungsgesetz vom Frühjahr 1965 aufgestellt hat, steht bevor und wirft bereits deutlich seine Schatten voraus.

Wenn nicht alle Zeichen trügen, werden die nächsten Monate eine erneute heftige Auseinandersetzung um die Verjährung schwerster NS-Verbrechen bringen. Dies legt es nahe, uns etwas näher mit dem Institut der Verjährung – ich darf mich im Folgenden auf die Verfolgungsverjährung beschränken – zu befassen, das zurzeit auch den Sonderausschuss für die Strafrechtsreform des BT im Zusammenhang mit der Ausgestaltung des Verjährungsrechts für das künftige Strafgesetzbuch beschäftigt.

I. Ein Blick zurück in die Geschichte zeigt, dass die Verjährung keineswegs ein fester Bestandteil der Rechtsordnungen aller Zeiten und Epochen war. Das römische Recht kannte zunächst nur bei den Privatklagedelikten die Verjährung. Erst später wurde sie auch bei gewissen Offizialdelikten eingeführt. Dem deutschen Recht des Mittelalters war die Verjährung von Offizialdelikten fremd, ebenso dem kanonischen Recht. Auch die Aufklärungszeit stand ursprünglich der strafrechtlichen Verjährung recht skeptisch gegenüber. Von besonderer Bedeutung für die Entwicklung der Verjährung in der neueren Zeit wurde aber das französische Recht, das alle Delikte für verjährbar erklärte und die deutsche Rechtsentwicklung im 19. Jahrhundert nachhaltig beeinflusste. In den deutschen Partikularstrafgesetzbüchern des 19. Jahrhunderts wurde die Verjährung im Grundsatz durchweg anerkannt; ihnen folgte dann auch das RStGB von 1871, das Ausnahmen von der Verfolgungsverjährung bis heute nicht kennt.

Ein Blick in das ausländische Recht zeigt, dass auch dort die Verfolgungsverjährung, wie übrigens auch die Vollstreckungsverjährung, weit verbreitet ist. Zum Teil unterliegen dort alle Straftaten der Verfolgungsverjährung, zum Teil sind einzelne schwerste Taten von der Verjährung ausgenommen. Eine Sonderstellung nimmt das angelsächsische Recht ein. Nach dem Common Law gibt es keine Verjährung. Es verjähren nur solche Taten, bei denen die Verjährung durch besondere statutes, also durch besondere geschriebene Gesetze, ausdrücklich angeordnet ist. In den USA kennen zwei Staaten (South Carolina und Wyoming) überhaupt keine Verjährung. In den übrigen Bundesstaaten und im Bundesrecht ist die Verjährung in unterschiedlicher Weise vorgesehen. Mord ist z.B. in allen Einzelstaaten (ausgenommen New Mexico) und im amerikanischen Bundesrecht unverjährbar.

II. Die Gründe, die man zur Rechtfertigung der Verjährung – ich meine die Verfolgungsverjährung – anführt, hängen eng mit der Auffassung vom Wesen und Zweck der Strafe zusammen. Bei der Frage der Rechtfertigung der Verjährung tauchen daher all die umstrittenen und ungelösten Fragen der staatlichen Strafe wieder auf. Vorab kann jedoch festgestellt werden, dass die Verjährung eine Tat nicht ungeschehen macht. Sie lässt auch das Unrecht einer Tat und die Schuld des Täters materiell unberührt. Die Verjährung tangiert allein den staatlichen Strafanspruch, die staatliche Strafkompetenz.

Soweit man den Sinn und Zweck der Strafe im Ausgleich der Schuld, in der Bewährung der Rechtsordnung, in der Wiederherstellung des gestörten Rechtsfriedens oder auch noch in der Vergeltung von strafrechtlicher Schuld sieht, schwindet mit zunehmendem Zeitablauf der entsprechende Sinngehalt der Strafe, das Strafbedürfnis. Auch general- uns spezialpräventive Gesichtspunkte verlieren mit dem Ablauf der Zeit an Gewicht, wenn die Tat aus dem unmittelbaren Bewusstsein der Öffentlichkeit gerückt und der Täter seiner Persönlichkeitsstruktur nach ein anderer geworden ist. Allerdings ist zuzugeben, dass die These vom Schwinden und allmählichen Erlöschen des Strafbedürfnisses allein die Verjährung – besonders bei schwersten Taten – nicht zu rechtfertigen vermag. So kommen denn bei der Verjährung auch noch andere Gesichtspunkte motivierend hinzu. Es sind dies die Beweisschwierigkeiten, die nach längerer Zeit die Erforschung der Wahrheit erschweren oder gar unmöglich machen. Die Erinnerung der Tatzeugen verblasst oder, was noch gefährlicher ist, sie verfälscht sich für den Zeugen oft unbemerkt. Auch wenn die Tat äußerlich feststeht, so wird es nach längerer Zeit immer schwieriger, sie in ihrer Beziehung auf den Täter und seine Umwelt im Zeitpunkt der Tat richtig zu würdigen. Aber auch hier muss man zugeben, dass die entstehenden Beweisschwierigkeiten allein zur Rechtfertigung der Verjährung kaum ausreichen. Auch wenn man die materiellen und prozessualen Gründe zusammennimmt, sind sie keineswegs zwingend. Man wird daher dem Institut der Verjährung wohl am ehesten gerecht, wenn man sie als Anerkennung der Begrenztheit menschlicher Erkenntnisfähigkeit und damit als Vorkehrung gegen Justizirrtümer, als Selbstbeschränkung des strafenden Staates, der sich der fragmentarischen Natur des Strafrechts auch hier bewusst ist, auffasst. Damit vermeidet man gleichzeitig eine Verabsolutierung des Verjährungsgedankens, gewissermaßen im Sinne eines naturrechtlich vorgegebenen Instituts – das die Verjährung sicher nicht ist -, und ermöglicht es, bei der Frage des „obs" der Verjährung und der Dauer der Verjährungsfristen bei den einzelnen Deliktgruppen andererseits gegeneinander abzuwägen.

III. Die Frage der Rechtfertigung, der gesetzlichen Motivation der Verjährung leitet über zu der Frage, welche Rechtsnatur der Verjährung im geltenden Recht zukommt und welche Rechtsnatur ihr in einem künftigen StGB gesetzlich beigemessen werden soll.

1. Auf dem Boden des geltenden Rechts werden im Wesentlichen drei Auffassungen vertreten: Die materiell-rechtliche, die prozessuale und die gemischte Theorie. Nach der materiell-rechtlichen Theorie ist die Verjährung eine Einrichtung des materiellen Rechts (ein Strafaufhebungsgrund), nach der prozessualen Theorie eine Einrichtung des Prozessrechts (ein Verfolgungshindernis), und nach der gemischten Theorie gehört die Verjährung sowohl dem materiellen als auch dem prozessualen Recht an, wobei verfahrensrechtlich allerdings die prozessuale Seite durchschlägt.

Die materiell-rechtliche Theorie, wonach die Verjährung den gesetzlichen Strafanspruch zum Erlöschen bringt, materiell also einen Strafaufhebungsgrund enthält, wurde zunächst im älteren Schrifttum und anfangs auch vom RG vertreten (RGSt 12, 434). Später hob das RG mehr den gemischtrechtlichen Charakter hervor (RGSt 30, 31) und ging dann – allerdings erst im Jahre 1942 – mit seinen bekannten Entscheidungen vom 12.2.1942 (RGSt 76, 64) und vom 21.5.1942 (RGSt 76, 159), die beide Fälle der Verbrauchsregelungs-Strafverordnung bestrafen, zur reinen prozessualen Theorie über. Der BGH (BGHSt 2, 300) hat sich nach dem 2. Weltkrieg der prozessualen Theorie angeschlossen, ihr ist auch die überwiegende Meinung im neueren Schrifttum gefolgt. – Die *früheren Entwürfe* eines neuen StGB bis zum Jahre 1930 gingen ausdrücklich von der materiell-rechtlichen Natur der Verjährung aus und bestimmten, dass die „Strafbarkeit einer Tat durch Verjährung erlischt"; der Entwurf von 1936 folgte der prozessualen Theorie und wollte die Regelung der Verjährung in das Verfahrensrecht verweisen. Der Entwurf von 1962 schließlich bekennt sich – nach der amtlichen Begründung – zur gemischten

Theorie. Im Ausland ist die Rechtsnatur der Verjährung zum Teil in ganz ähnlicher Weise wie bei uns umstritten, was sich aus den verschiedenen Wurzeln der Verjährung leicht erklärt.

2. Für den *Gesetzgeber* stellt sich die Frage, ob er durch die Fassung der Verjährungsvorschriften (evtl. auch durch ihren Standort im materiellen Recht oder im Verfahrensrecht) sich ausdrücklich für eine der Verjährungstheorien entscheiden will. Meines Erachtens scheidet es im Gegensatz zu den Entwürfen bis zum Jahre 1930 aus, die rein materiell-rechtliche Auffassung der Verjährung zugrunde zu legen. Eine solche hätte zur Folge, dass nach Eintritt der Verjährung das Verfahren nicht einzustellen, sondern der Angeklagte freizusprechen wäre, ein Ergebnis, das nicht nur unserem Rechtsempfinden, sondern auch der heutigen Auffassung vom Freispruch zuwiderlaufen würde. Mehr und mehr hat sich nämlich bei uns die Auffassung durchgesetzt, dass Freispruch *nicht* bedeutet, es bestehe im Zeitpunkt der Aburteilung kein verfolgbarer Anspruch mehr, sondern vielmehr bedeutet, es sei überhaupt kein staatlicher Strafanspruch entstanden oder doch seine Entstehung nicht nachweisbar. Im Übrigen sollte m.E. aber vermieden werden, die gemischte oder prozessuale Theorie gesetzlich zu sanktionieren. Diese Frage bleibt am besten wie bisher der Lehre und Rechtsprechung überlassen; dabei ist allerdings davon auszugehen, dass auch künftig bei Verjährung nicht freigesprochen, sondern das Verfahren eingestellt werden sollte. In dogmatische Streitfragen sollte der Gesetzgeber möglichst nicht eingreifen, er sollte sich auf pragmatische Lösungen beschränken, und insoweit wird es genügen, wenn klargestellt wird, dass die Verjährung nur zur Einstellung des Verfahrens führt.

3. Für die Frage, ob eine rückwirkende Verlängerung noch laufender Verjährungsfristen verfassungsrechtlich zulässig (Art 103 Abs. 2 GG) ist, dürfte die *strafrechtliche* Einordnung der Verjährung unerheblich sein. Diese Frage richtet sich allein danach, wie der in Art. 103 Abs. 2 GG verwendete Begriff „Strafbarkeit" zu verstehen ist. Auch die weitere Frage, ob die Beseitigung *einer bereits eingetretenen* Verjährung verfassungsrechtlich zulässig ist, ist von der Rechtsnatur, die das Strafrecht der Verjährung beimisst, wohl unabhängig. Sie ist an dem Grundgedanken des Art. 103 Abs. 2 GG, vor allem aber am Rechtsstaatsprinzip zu messen und m.E. zu verneinen.

IV. Nach diesen allgemeinen Ausführungen darf ich übergehen zu der Frage der Länge der Verjährungsfristen, vor allem zu der Frage, ob es nicht geboten oder doch angezeigt ist, bestimmte schwerste Verbrechen von der Verjährung auszunehmen.

1. Die 20jährige Verjährungsfrist für Mord wie für alle mit lebenslanger Freiheitsstrafe bedrohten Verbrechen (§ 67 StGB) ist schon seit Jahrzehnten als zu kurz erkannt. Schon der Entwurf von 1930 [bei *W. Schubert/J. Regge*, Quellen zur Reform des Straf- und StPO-Rechts, 1995 ff.] schlug eine Verlängerung auf 30 Jahre vor. Ihm folgten – aus konkretem Anlass auf Anregung Bayerns – der Bundesrat in seiner Stellungnahme zum Regierungsentwurf eine 3. StÄG sowie der Entwurf von 1962, ebenso der AE, der von der Fraktion der FDP kürzlich eingebracht worden ist (BT-Drucks. V/2285). Darüber hinaus wird zu erwägen

sein, die Verjährung für Mord ganz abzuschaffen, wofür nicht nur stichhaltige materielle Gründe, sondern auch mehrere ausländische Vorbilder (Österreich, Italien, England, USA) sprechen. Untersucht man die zur Rechtfertigung der Verjährung angeführten Gründe, dann wird schnell deutlich, dass sie keineswegs zur Anerkennung der Verjährung auch bei Mord, dem schwersten Verbrechen in unserer Rechtsordnung, zwingen. Das Sühnebedürfnis der Allgemeinheit erlischt hier nicht, auch nicht das Verlangen, den Täter zur Verantwortung zu ziehen. Der strafrechtliche Lebensschutz würde wohl eine Verbesserung erfahren, wenn der Mörder künftig nicht mehr die Hoffnung haben könnte, allein durch Zeitablauf der Bestrafung zu entgehen. Von der Sache her erscheint mir die Unverjährbarkeit von Mord durchaus berechtigt.

Gewiss schrumpfen auch bei Mord die Beweismittel, aber man wird wohl sagen können, dass sich die Erinnerung an schwerste Tötungsverbrechen tiefer eingräbt als die Erinnerung an leichtere Taten. Ich glaube, dass der Gesetzgeber bei der Entscheidung über die Verjährung von Mord einen eindeutigen Spielraum hat. Er ist an keine Verjährungsdogmen gebunden. Eine Abwägung der widerstreitenden Gründe sollte meines Erachtens dazu führen, den Mord der Verjährung zu entziehen, zumindest aber die Verjährungsfrist auf 30 Jahre zu verlängern, wie dies der Entwurf von 1962 und der AE vorschlagen. – Was für Mord (§ 211 StGB) gilt, gilt in noch verstärktem Maße für den Völkermord in allen seinen Erscheinungsformen (§ 220 a StGB). Er sollte als schwerstes Verbrechen gegen die Menschlichkeit im Einklang mit der Entwicklung und den Forderungen im internationalen Bereich (UN, Europarat) von der Verjährung ausgenommen werden, wie dies der AE auch bereits vorschlägt.

V. Ich habe aufgezeigt, dass es ein jahrzehntealtes Bestreben der Strafrechtsreform ist, die Mordverjährung und auch die Verjährungsfrist für andere mit lebenslanger Freiheitsstrafe bedrohten Verbrechen zu verlängern, und dass wohl überwiegende Gründe auch dafür sprechen, die Mordverjährung, besonders aber die Verjährung des Völkermordes, gänzlich abzuschaffen. Die Frage ist nur, ob der Gesetzgeber mit dieser Änderung des Verjährungsrechts bis zur allgemeinen Strafrechtsreform warten soll, oder ob nicht gerade die schweren NS-Verbrechen es nahelegen, dieses alte Reformprogramm mit einer Novelle zum StGB alsbald zu verwirklichen. Das ist rechtspolitisch, aber auch allgemein politisch ein sehr heißes Eisen, das die Tätigkeit der mit der Verfolgung von NS-Verbrechen betrauten StA höchst unmittelbar berührt.

1. Den bisherigen Entscheidungen des Bundesgesetzgebers in der Frage der Verjährung, insbesondere der Frage der Verjährung von NS-Verbrechen, liegen recht unterschiedliche Zielvorstellungen zugrunde.

a) Der Bundesgesetzgeber hat sich 1956, 1960 und 1965 mit der Problematik der strafrechtlichen Verjährung befasst, jeweils aus verschiedenem Anlass. Um einen einheitlichen Endtermin für den Ablauf strafrechtlicher Verjährungsfristen im Anschluss an den Zusammenbruch des Jahres 1945 zu gewinnen, bestimmte § 5 Abs. 1 des Ersten Gesetzes zur Aufhebung des Besatzungsrechts vom 30.5.1956, dass Fristen – auch strafrechtliche Verjährungsfristen -, deren Ablauf aufgrund von Vorschriften oder infolge von Maßnahmen der Besatzungsmächte gehemmt war, in dem Zeitpunkt ablaufen, in dem der Ablauf ohne diese Hemmung eintreten würde, jedoch nicht vor dem 31.12.1956. Das bedeutete – § 69 Abs. 1 StGB über das Ruhen der Verjährung wurde beiseite geschoben – für den wichtigsten Teilbereich der NS-Verbrechen eine Abkürzung der strafrechtlichen Verjährung.

b) Im Frühjahr 1960, als die Verjährung der während der NS-Zeit begangenen Totschlagsverbrechen (§ 212 StGB) drohte, lehnte der Bundesgesetzgeber eine Verlängerung und auch jede sonstige Änderung der Berechnung strafrechtlicher Verjährungsfristen ab.

c) Als schließlich im Frühjahr 1965 die Verjährung auch der schwersten NS-Verbrechen (NS-Mordtaten) bevorstand, wurde nach einer weltweiten, leidenschaftlichen Diskussion das Gesetz über die Berechnung strafrechtlicher Verjährungsfristen vom 13.4.1965 verabschiedet. Es bestimmte, dass bei Berechnung der strafrechtlichen Verjährungsfrist für die Verfolgung von Verbrechen, die mit lebenslangem Zuchthaus bedroht sind, die Zeit vom 8.5.1945 bis 31.12.1949 außer Ansatz bleibt. Praktisch bedeutete dieses Gesetz eine Verlängerung der Verjährungsfrist für NS-Mordtaten bis zum 31.12.1969.

2. Das Berechnungsgesetz vom Jahre 1965 war ein Kompromiss, von dem von Anfang an zu befürchten war, dass er die Verjährungsproblematik nicht abschließend lösen könnte; es wurde auch nicht allgemein in der Weise als endgültige Lösung angesehen, von der man heute nicht mehr abweichen könnte.

a) Das kann bereits aus dem Ablauf der damaligen parlamentarischen Beratungen geschlossen werden. Der Rechtsausschuss des Bundestages beantragte im Frühjahr 1965 mit Mehrheit, zwei Anträge aus Kreisen der CDU anzunehmen (BT-Drucks. IV/3220): Der eine Antrag sah die Verlängerung der Verjährungsfrist für mit lebenslangem Zuchthaus bedrohte Verbrechen auf 30 Jahre vor, der andere ordnete für diese Verbrechen das Ruhen der Verjährung vom 8.5.1945 bis 31.12.1949 an und sah außerdem eine Lockerung des Verfolgungszwanges gegenüber Tätern in untergeordneter Stellung vor. Die beiden Anträge schlossen sich gegenseitig nicht aus, sondern konnten nebeneinander angenommen werden. Weiter beantragte der Rechtsausschuss mit Mehrheit, zwei Anträge der SPD auf Änderung des GG und Abschaffung der Verjährung für Mord und Völkermord abzulehnen. Ein weiterer Antrag aus Kreisen der CDU, der ebenfalls die Abschaffung der Verjährung für Mord und Völkermord vorsah, wurde nicht weiter verfolgt. In der 2. und 3. Lesung im Plenum des Bundestages wurde der Antrag des Rechtsausschusses, soweit er die Berechnung der Verjährung betraf, angenommen. Die übrigen Anträge auf Lockerung des Verfolgungszwangs und Verlängerung bzw. Abschaffung der Verjährung für Mord und Völkermord wurden an den Rechtsausschuss zurückverwiesen. Dabei brachte ein Abgeordneter der CDU zum Ausdruck, seine Fraktion nehme an, dass die Anträge auf Änderung des GG und Verlängerung bzw. Abschaffung der Verjährung für Mord und Völkermord – anders als der Antrag betreffend die Lockerung des Verfolgungszwanges – das Plenum dieses Bundestages nicht mehr erreichen sollten. Daraus geht hervor, dass zwar für die vergangene Wahlperiode die Verlängerung oder Abschaffung der Verjährung für Mord und

Völkermord abgelehnt wurde, einer weiteren Entscheidung des neuen Bundestages jedoch nicht vorgegriffen werden sollte und auch nicht konnte.

b) Eine als abschließend gedachte Regelung lag bei Verabschiedung des Berechnungsgesetzes auch deswegen nicht gerade nahe, weil bereits damals die Empfehlung Nr. 415 der beratenden Versammlung des Europarates vom 28.1.1965 vorlag, nach der die Mitgliedstaaten durch sofortige geeignete Maßnahmen die Verjährung von Verbrechen gegen die Menschlichkeit verhindern und einen Ausschuss von Regierungsvertretern einsetzen sollten mit dem Ziel, eine Konvention über die Unverjährbarkeit von Menschlichkeitsverbrechen auszuarbeiten. Auch in der UN-Menschenrechtskommission hatten die Erörterungen über die Unverjährbarkeit von Kriegs- und Menschlichkeitsverbrechen bereits begonnen. Gegenüber diesen Bestrebungen im internationalen Bereich musste man sich offenhalten. Mit dem Berechnungsgesetz wurde zunächst eine gewisse Bewegungsfreiheit zurückverlangt.

c) Die Bundesregierung kam in ihrem Bericht, den sie zum 1.3.1965 über den Stand der Verfolgung von NS-Verbrechen erstattet hat, zu dem Ergebnis, dass nicht ausgeschlossen werden könne, dass nach dem 8.5.1965 noch bisher unbekannte Taten von Bedeutung oder unbekannte Beschuldigte von Rang bekannt würden. Nicht zuletzt im Hinblick auf diese Feststellung wurde vom Bundestag das Berechnungsgesetz beschlossen. Bei Erlass dieses Gesetzes mögen viele davon ausgegangen sein, die Zeit bis 1969 reiche aus, mit einer gewissen Vollständigkeit alle NS-Mordtaten soweit aufklären zu können, um wenigstens eine Unterbrechung der Verjährung zu ermöglichen. Nicht wenige hingegen waren schon damals sehr skeptisch und fürchteten, dass sich die Lage im Jahre 1969 von derjenigen im Jahre 1965 nicht wesentlich unterscheiden werde. Die Hoffnung, bis zum Jahre 1969 zu einem einigermaßen vollständigen Abschluss der Ermittlungen zu gelangen, wird sich, wie die Ausführungen des Leiters der ZSt. in L. erneut bestätigen, trotz intensivster Bemühungen der zuständigen Stellen leider nicht erfüllen. Die heutige Situation weicht sonach von derjenigen des Jahres 1965 nicht wesentlich ab. Der Gesetzgeber wird sich daher wohl erneut mit der Verjährungsproblematik bei NS-Verbrechen befassen müssen. Das Beste wäre, er würde im Vorgriff auf die Strafrechtsreform durch eine alsbald zu verabschiedende Novelle zum StGB die Verjährung für Mord und auch für Völkermord abschaffen oder doch die Verjährung für Mord auf 30 Jahre verlängern, auch für bereits begangene Taten, soweit diese noch nicht verjährt sind. Der BJM hat dies in letzter Zeit mehrfach – auch in der Öffentlichkeit – angeregt.

3. Eine solche Novelle würde organisch an die Bestrebungen der Strafrechtsreform anknüpfen. Sie wäre unabhängig von der geplanten UN-Konvention [v. 27.11.1966; Unverjährbarkeit von Völkermord, Mord und der Verbrechen gegen die Menschlichkeit] und würde die Prüfung der Ratifikation dieser Konvention, wenn sie zustande gekommen sein wird, zwar nicht überflüssig machen. Sie hätte aber den Vorteil, dass wir die Prüfung des Beitritts zu dieser Konvention nicht etwa unter dem vom 31.12.1969 ausgehenden zeitlichen Druck und möglicherweise in unmittelbarer Nähe zum Wahlkampf vornehmen müssten. Durchgreifende

verfassungsrechtliche Bedenken gegen die nachträgliche Verlängerung noch laufender Verjährungsfristen bestehen, wie die Diskussion der Frage in den Jahren 1964/65 gezeigt hat, nicht. Anders wäre es nur, wenn es darum ginge, eine bereits eingetretene Verjährung nachträglich wieder zu beseitigen.

VI. Zu den Bemühungen bei den UN um eine Konvention zur Unverjährbarkeit von Kriegs- und Menschlichkeitsverbrechen ist Folgendes zu bemerken:

1. Als im Frühjahr 1965 die Debatte um die Verjährung der schwersten NS-Verbrechen weltweite Ausmaße erreicht hatte, wurde die Verjährungsfrage im Frühjahr 1965 auf Antrag Polens von der UN-Menschenrechtskommission behandelt. Diese fasste am 9.4.1965 eine Entschließung, nach der u.a. a) alle Staaten veranlasst werden sollten, im Einklang mit dem internationalen und nationalen Recht ihre Bemühungen fortzusetzen, Personen, die der Kriegs- und Menschlichkeitsverbrechen schuldig sind, aufzuspüren, zu ergreifen und angemessen zu bestrafen; b) das Generalsekretariat der Vereinten Nationen mit Vorrang eine Studie ausarbeiten sollte zu der Frage, Kriegs- und Menschlichkeitsverbrechen der Verjährung zu entziehen.

Diese Studie wurde vom Generalsekretariat unter dem 15.2.1966 vorgelegt. Sie kam zu dem Ergebnis, es sei wünschenswert, den Grundsatz der Unverjährbarkeit von Kriegs- und Menschlichkeitsverbrechen entweder durch eine UN-Resolution oder durch eine UN-Konvention zu bekräftigen. Nach Prüfung dieser Studie auf ihrer 22. Sitzungsperiode im Frühjahr 1966 gab die UN-Menschenrechtskommission verschiedene Empfehlungen ab, die der Wirtschafts- und Sozialrat der Vereinten Nationen als Resolution 1158 (XLI) annahm. In dieser Resolution a) wurden alle Staaten dringend aufgefordert, alle erforderlichen Maßnahmen zu treffen, um die Anwendung von Verjährungsvorschriften auf Kriegsverbrechen und Verbrechen gegen die Menschlichkeit zu verhindern und ihre Anstrengungen fortzusetzen, um die Verhaftung, Auslieferung und Bestrafung der für Kriegsverbrechen und Verbrechen gegen die Menschlichkeit Verantwortlichen sicherzustellen und alle in ihrem Besitz befindlichen Dokumente über diese Verbrechen anderen Staaten zur Verfügung zu stellen; – b) wurde die UN-Menschenrechtskommission aufgefordert, in ihrer 23. Sitzungsperiode auf der Grundlage eines Generalsekretariat zu erstellenden Vorentwurfs im Jahre 1967 vordringlich den Entwurf einer Konvention darüber auszuarbeiten, dass keine Verjährungsvorschriften auf Kriegs- und Menschlichkeit angewandt werden sollen.

Zu Beginn ihrer 23. Sitzungsperiode im Frühjahr 1967 lag der Menschenrechtskommission der Vorentwurf des Generalsekretärs vor. Die wesentlichen Art. I, II und III desselben lauten wie folgt:

„*Art. I: Bestätigung des Grundsatzes der Unverjährbarkeit der Kriegsverbrechen und der Verbrechen gegen die Menschlichkeit.* – Die folgenden Verbrechen sind ungeachtet des Zeitpunktes ihrer Begehung unverjährbar:

a) Kriegsverbrechen, wie sie im Statut des Nürnberger Internationalen Gerichtshofs vom 8.8.1945 definiert und durch die Resolutionen der Vollversammlung der Vereinten Nationen 3 (I) vom 13.2.1946 und 95 (I) vom 11.12.1946 bekräftigt sind, soweit sie schwerer Natur sind, insbesondere die in den Genfer

Abkommen von 1949 zum Schutze der Kriegsopfer aufgeführten schweren Zuwiderhandlungen.

b) Verbrechen gegen die Menschlichkeit, wie sie im Statut des Nürnberger Internationalen Gerichtshofs vom 8.8.1945 definiert und durch die Resolutionen der Vollversammlung der Vereinten Nationen 3 (I) vom 13.2.1946 und 95 (I) vom 11.12.1946 bekräftigt sind, sowie das in der Konvention von 1948 zur Verhütung und Bestrafung des Völkermordes definierte Verbrechen des Völkermordes.

Art. II: Andere Verbrechen, die mit den in Art. I bezeichneten Verbrechen zusammenhängen. – Die folgenden Handlungen werden den in Art. I bezeichneten Verbrechen gleichgestellt: a) Die Verschwörung zur Begehung eines Verbrechens; b) die unmittelbare und öffentliche Anstiftung zur Begehung eines dieser Verbrechen; c) der Versuch der Begehung eines dieser Verbrechen oder d) die Teilnahme an einem dieser Verbrechen.

Art. III: Anwendung der Konvention in den nationalen Gesetzgebungen. Die Vertragsparteien verpflichten sich, die erforderlichen gesetzgeberischen Maßnahmen zu treffen, um die Unverjährbarkeit der in Art. I und II bezeichneten Verbrechen sicherzustellen, und insbesondere, um diese Verbrechen ungeachtet des Zeitpunktes ihrer Begehung aus dem Anwendungsbereich der innerstaatlichen Rechtsvorschriften über die Verfolgungs- wie die Vollstreckungsverjährung auszuschließen."

Der Entwurf knüpft damit an die Definition der Kriegs- und Menschlichkeitsverbrechen an, wie sie im Statut des Internationalen Militärgerichtshofs vom 8.8.1945 enthalten ist. Er erklärt Kriegs- und Menschlichkeitsverbrechen „ohne Rücksicht auf den Zeitpunkt ihrer Begehung" für unverjährbar und verpflichtet die Vertragsstaaten, alle gesetzgeberischen Maßnahmen zu treffen, diese Verbrechen „aus dem Anwendungsbereich der innerstaatlichen Rechtsvorschriften über die Verfolgungs- wie die Vollstreckungsverjährung auszuschließen." Der Entwurf misst der Konvention demnach „große Rückwirkung" bei in dem Sinne, dass auch eine nach nationalem Recht bereits eingetretene Verjährung wieder beseitigt werden muss. Er begnügt sich also nicht mit der sog. „kleinen Rückwirkung", die in der Vergangenheit liegende Taten nur insoweit erfassen würde, als die Verjährung noch nicht eingetreten ist.

Die UN-Menschenrechtskommission hat den Vorentwurf des Generalsekretärs auf ihrer Tagung im Frühjahr 1967 beraten, ist aber – aus zeitlichen Gründen – nicht in der Lage gewesen, einen vollständigen Entwurf vorzulegen. Auf Empfehlung der Kommission übermittelte der Wirtschafts- und Sozialrat der Vereinten Nationen die Beratungsergebnisse der Vollversammlung der UN und gab dabei der Hoffnung Ausdruck, dass die Vollversammlung die Konvention sobald wie möglich verabschieden möge. Am 23.9.1967 überwies die Vollversammlung den Konventionsentwurf ihrem 3. Ausschuss zur Beratung, der eine gemeinsame, aus dem 3. und 6. Ausschuss zu bildende Arbeitsgruppe mit den Vorberatungen beauftragen sollte. Diese Arbeitsgruppe bestand aus 15 Mitgliedern. Sie fertigten einen Entwurf, der mit 8 gegen 0 Stimmen bei 7 Enthaltungen angenommen wurde. Der Entwurf erklärt Kriegs- und Menschlichkeitsverbrechen für unverjährbar und geht von der sog. großen Rückwirkung aus. Dem 3. Ausschuss, an den das Arbeitsergebnis der gemeinsamen Arbeitsgruppe gelangte, war es nicht möglich, den Entwurf abschließend zu behandeln. Er empfahl der Vollversammlung die Annahme einer Resolution, nach der die Konvention mit Vorrang auf der nächsten, also diesjährigen Vollversammlung, verabschiedet werden sollte. Die Vollversammlung nahm diese Resolution mit einer hier nicht interessierenden Änderung mit 90 gegen 2 Stimmen bei 22 Enthaltungen an.

Nach dem bisherigen Gang der Beratungen wird man davon ausgehen müssen, dass die geplante UN-Konvention die Unverjährbarkeit von Kriegs- und Menschlichkeitsverbrechen bekräftigen wird. Welche Definition diese Verbrechen im Einzelnen erhalten werden, ist noch offen. Meinungsverschiedenheiten bestanden vornehmlich in der Richtung, ob man an das Statut des Internationalen Militärgerichtshofs in Nürnberg anknüpfen oder eine völlig selbständige Definition wählen soll. Umstritten war auch, ob nur Kriegsverbrechen „schwerer Natur" für unverjährbar erklärt werden sollten. – Meinungsverschiedenheiten bestanden und bestehen auch noch hinsichtlich der sehr bedeutsamen Frage, inwieweit sich die Konvention rückwirkende Kraft beimessen soll. Nach dem bisherigen Gang der Beratungen ist nicht damit zu rechnen, dass die Konvention auf zukünftige Taten beschränkt wird, also Kriegs- und Menschlichkeitsverbrechen, die im 2. Weltkrieg begangen worden sind, nicht erfasst. Offen ist jedoch die Frage, ob die Konvention kleine oder große Rückwirkung erhalten wir. Grundsätzliche Bedenken gegen die kleine Rückwirkung wurden so gut wie nicht geäußert. Nachhaltiger waren die Bedenken einzelner Staaten (z.B. Griechenlands) gegen die sog. große Rückwirkung, die zur Beseitigung bereits eingetretener Verjährung zwingen würde. Es war vor allem der Ostblock, aber nicht nur er, der sich für die große Rückwirkung einsetzte. Er vertrat die Auffassung, die Unverjährbarkeit der Kriegs- und Menschlichkeitsverbrechen sei bereits geltendes Völkerrecht, so dass jene Staaten, die insoweit nationale Verjährungsvorschriften bisher anwendeten, gegen das Völkerrecht verstoßen hätten. Andere Staaten, die ebenfalls der großen Rückwirkung nicht abgeneigt waren, teilten diese völkerrechtliche Auffassung zwar nicht, scheinen aber grundsätzliche verfassungsrechtliche Bedenken gegen die große Rückwirkung nicht zu haben.

Es muss wohl damit gerechnet werden, dass die Konvention Ende dieses Jahres von der Vollversammlung verabschiedet wird. Die Bundesrepublik wird dann vor der schwierigen Frage stehen, die Konvention zu ratifizieren. Eine Konvention mit großer Rückwirkung wird für uns aus verfassungsrechtlichen Gründen nicht annehmbar sein. Der Ratifizierung einer Konvention mit kleiner Rückwirkung dürften aber durchgreifend verfassungsrechtliche Bedenken nicht entgegenstehen. Misslich wäre auf alle Fälle, wenn nach Verabschiedung der Konvention die Frage ihrer Ratifikation durch die Bundesrepublik im nächsten Jahr unter dem vom 31.12.1969 ausgehenden zeitlichen Druck und in unmittelbarer Nähe zur Bundestagswahl geprüft werden müsste.

Um dieser Situation zu entgehen, sollte, wie Bundesminister Dr. Heinemann immer wieder angeregt hat, in Vorgriff auf die Strafrechtsreform durch eine alsbaldige Novelle zum StGB die Verjährung für Mord und Völkermord abgeschafft oder wenigstens für Mord auf 30 Jahre verlängert werden, auch mit Wirkung für bereits begangene Taten, soweit diese noch nicht verjährt sind. Der Prüfung der Ratifikation der UN-Konvention, wenn sie zustande gekommen sein wird, wären wir damit sicher nicht enthoben, aber wir würden die Prüfung dann ohne zeitlichen Druck vornehmen können.

VII. Die Verlängerung oder Abschaffung der Verjährung für Mord würde für die Justiz zwar eine zusätzliche Belastung bringen, sie hielte sich – gerade was die NS-Verbrechen anlangt – aber wohl in Grenzen; gewiss würden dann auch noch nach 1969 neue Ermittlungsverfahren eingeleitet werden müssen. Die Zahl der Fälle, die zur Anklage und zum gerichtlichen HV führen, wäre aber wegen Schwindens der Beweise und des Todes von Beschuldigten voraussichtlich wohl nur gering.

Es ist die Frage gestellt worden, ob man gegenüber Tätern in untergeordneter Stellung den Verfolgungszwang nicht lockern solle. Die Frage ist, wie Sie wissen, bereits 1965 erörtert, dann aber – wie ich meine zu Recht – vom letzten Bundestag nicht mehr weiter verfolgt worden. Die praktische Bedeutung dieser Frage kann beträchtlich sein, aber ist es sachlich wirklich berechtigt, bei Mord und Massenmord und Beihilfe dazu – nur um diese Fälle geht es noch bei NS-Tätern – an eine Lockerung des Verfolgungszwangs zu denken, und ließen sich die „untergeordneten Täter" gesetzlich überhaupt näher umschreiben? Von dort bestehen – wie ich meine – die größten Bedenken gegen ein solches Vorhaben."

EStA Sichting (Stuttgart) erkundigte sich, wie die Verjährung bei Tötungsdelikten in Israel geregelt sei.

MinRat Dr. Sturm (Bonn) erwiderte, dass es nach israelischem Recht keine Verjährung der Strafverfolgung bei diesen Delikten gebe.

StA Kerl (Dortmund) stellte dem Referenten folgende Fragen: 1. Halten Sie es für sinnvoll und zweckmäßig, in der Gesetzgebung eine Unterscheidung zwischen kleinen und großen Tätern vorzunehmen, oder soll dieses Problem weiter der Praxis der Gerichte überlassen bleiben? 2. Stimmt Ihre Ansicht zur Frage der Verjährung mit der des BJM überein? 3. Ist eine Amnestie beabsichtigt?

MinRat Dr. Sturm (Bonn) antwortete: 1. Eine Aussonderung der kleinen Täter in der Gesetzgebung sei nicht realisierbar. Er verkenne nicht das praktische Problem. Die Bundesrepublik könne aber schon aus außenpolitischen Gründen den Verfolgungszwang nicht lockern. – 2. BJM Dr. Heinemann trete für eine Verlängerung der Verjährung zumindest bei Mord und Völkermord auf 30 Jahre ein. – 3. Von einer beabsichtigten Amnestie sei ihm nichts bekannt. Eine solche werde es wohl auch nicht geben.

EStA Pries (Kiel) erklärte, dass sich die Frage der Verlängerung der Verjährung auch für Kriegsverbrechen stellen würde. Künftig eingehendes Material aus östlichen Archiven würde möglicherweise zur Verfolgung der Kriegsverbrechen in großem Umfang zwingen. Man müsse daher hier eine Lockerung des Verfolgungszwanges auf legislativem Wege anstreben.

MinRat Dr. Sturm (Bonn) erwiderte, man müsse hier in einem kleinen Ausschnitt vom Legalitäts- zum Opportunitätsprinzip gelangen.

MinDirig. Roth (Stuttgart) wies auf § 153 b StPO hin.

OStA Jordan (Dortmund) sagte, dass die Staaten, die Kriegsverbrechen verfolgt haben wollten, dies immer nur von anderen Staaten verlangten. Viele, insbesondere die Ostblockstaaten, hätten Amnestien erlassen.

MinRat Dr. Sturm (Bonn) führte aus, es sei bekannt, dass Ostblockstaaten Amnestien für Kriegsverbrechen erlassen hätten. Die UN-Resolution beziehe sich nur auf die Verjährung. Amnestien seien durch sie nicht ausgeschlossen.

MinDirig. Roth (Stuttgart) wies darauf hin, dass schon 1958 das Problem der Gleichbehandlung bestanden habe. In den Entwurf der Verwaltungsvereinbarung über die Errichtung einer ZSt. sei zunächst ein Passus aufgenommen worden, wonach auch an Deutschen begangene Verbrechen verfolgt werden sollten. Er sei allerdings dann gestrichen worden.

StA Karl (Dortmund) sagte, er sei von der Erklärung, die Unterscheidung in kleine und große Täter in der Gesetzgebung sei aus politischen Gründen nicht realisierbar, enttäuscht. Es solle doch Sache des Justizministeriums sein, die Probleme der Justiz gegenüber den Politikern zu vertreten und nicht umgekehrt.

MinDirig. Roth (Stuttgart) erwiderte, dass an der Spitze der Justizministerien parlamentarisch verantwortliche Minister stehen, deren politische Entscheidungen akzeptiert werden müssten.

MinRat Dr. Sturm (Bonn) meine, eine Unterscheidung zwischen kleinen und großen Tätern sei gesetzgeberisch äußerst schwierig. Es sei nicht nur die politische Seite, sondern auch die Tatsache, dass es sich um Mord und Beihilfe zum Mord handle, zu beachten. Bei dieser Art von Straftaten könne es keine Unterscheidung zwischen kleinen und großen Tätern geben.

Sektionsrat Dr. Danzinger (Wien) führte aus, dass es nach österreichischem Strafrecht die sog. entfernte Beihilfe gibt. Diese stamme schon aus dem Strafrecht des vergangenen Jahrhunderts. In Österreich könnten daher beispielsweise Weichensteller und Absperrposten wegen Verjährung nicht mehr verfolgt werden. In Österreich sei 1965 die Verjährung für alle Delikte mit lebenslänglicher Strafdrohung durch Gesetz aufgehoben worden.

Hieran schloss sich das Referat von *StA Streim* (Ludwigsburg) an: *„Organisatorische Maßnahmen zur Unterbrechung der am 31.12.1969 eintretenden Strafverfolgungsverjährung"*.

„I. Wie Ihnen bekannt ist, tauchten die Fragen, die Gegenstand meines Referats sind, vor nicht allzu langer Zeit schon einmal auf, nämlich anlässlich der bevorstehenden Verjährung am 5.5.1965. Bei der Arbeitstagung vom 7.-9.4.1964 hatte man sich deshalb auch bereits mit dem Problem befasst, die im Zusammenhang mit der Verjährung stehen. Auch ein diesbezügliches Referat ist gehalten worden, das allerdings auf „die Unterbrechung der Verjährung der Strafverfolgung bei flüchtigen oder im Ausland lebenden Tätern" begrenzt war. Man hätte annehmen sollen, dass die seinerzeit von dem Referenten vorgetragenen Vorschläge und die in der anschließenden Diskussion erarbeiteten Erkenntnisse dazu beitragen würden, eine Unterbrechung der Verjährung in den damals bekannten Fällen zu ermöglichen, dem war aber nicht so. Wie sich zwischenzeitlich herausgestellt hat, waren damals eine ganze Reihe von Straftaten bekannt – u.a. z. T. recht schwerwiegende –, bei denen die Unterbrechung der Verjährung hätte veranlasst werden müssen, was jedoch nicht geschehen ist. Im Hinblick auf die am 31.12.1969 wieder bevorstehende Verjährung soll daher das Thema noch einmal unter Berücksichtigung neuer Gesichtspunkte sowohl tatsächlicher als auch rechtlicher Art aufgegriffen werden.

II. 1. Die Maßnahmen, die zur Unterbrechung der am 31.12.1969 – voraussichtlich – eintretenden Verjährung der Strafverfolgung zu treffen sind, müssen einmal von Seiten der StA, zum anderen von Seiten der ZSt. veranlasst werden, wobei jedoch hervorgehoben werden muss, dass in vielen Fällen eine enge Zusammenarbeit beider Strafverfolgungsbehörden erforderlich ist.

Nach der Verwaltungsvereinbarung über die Errichtung einer ZSt. der LJVW (in der Fassung vom 2.2.1965) in Verbindung mit den Richtlinien der JMK zur Verwaltungsvereinbarung vom 27. u. 28.4.1965 sind die StA u.a. verpflichtet, die im Laufe der Ermittlungen gewonnenen Erkenntnisse der ZSt. zur Auswertung zuzuleiten. Bei der Auswertung dieser Erkenntnisse wurde festgestellt, dass Zeugen und Beschuldigte im Laufe ihrer Vernehmungen strafbare Handlungen erwähnen, die nicht Gegenstand des betreffenden Verfahrens sind. In vielen Fällen waren sogar die Täter bezeichnet, wenn auch nicht mit Namen, immerhin aber individuell bestimmt, z.B. SD Kirowograd oder KdS Tschernigow. Nachprüfungen von Seiten der ZSt. ergaben, dass von den betreffenden StA bezüglich dieser strafbaren Handlungen keine Ermittlungsverfahren eingeleitet worden waren. Ähnliche Erfahrungen wurden bei der Auswertung von Dokumenten gemacht, die von der StA zu ihren Verfahren herangezogen und später von diesen der ZSt. zugänglich gemacht worden waren. In all diesen Fällen wäre die Strafverfolgungsverjährung eingetreten, wenn nicht im April 1965 das „Gesetz über die Berechnung strafrechtlicher Verjährungsfristen" erlassen worden wäre. Ursache für dieses Fehlverhalten der betreffenden StA war – wie sich herausstellte – nicht Böswilligkeit, auch nicht Oberflächlichkeit bei der Bearbeitung des Verfahrens, sondern ein weit verbreiteter Irrtum, auf den bereits durch die ZSt. anlässlich der „Zweiten Arbeitstagung" in Stuttgart im Juni 1965 hingewiesen worden ist, der aber immer noch besteht oder sich infolge Sachbearbeiterwechsels wieder eingeschlichen hat. Einige StA bzw. einige Kollegen gehen davon aus, dass die ZSt. bei der Auswertung der übersandten Vernehmungsniederschriften bzw. des sonstigen Materials die Fälle, die nicht Gegenstand des betreffenden Verfahrens sind, aufgreift, insoweit selbst Verfahren einleitet und sodann die Vorermittlungen führt. Diese Annahme ist falsch. Nach dem Legalitätsprinzip ist ein StA – wenn er von einer neuen strafbaren Handlung, die mit dem Gegenstand des bisherigen Ermittlungsverfahrens nicht im Zusammenhang steht, Kenntnis erlangt – verpflichtet, ein Verfahren einzuleiten. Wenn ein Tatort oder der Wohnsitz des Beschuldigten bekannt ist, wird das Verfahren an die zuständige StA abgegeben. Ist keine Zuständigkeit begründet, müssen Ermittlungen geführt werden, bis eine Zuständigkeit gegeben ist. Von einer Durchbrechung dieses Prinzips bei NS-Verbrechen kann keine Rede sein. Weder liegen gesetzliche Bestimmungen vor, die etwas Gegenteiliges vorschreiben, noch haben die Justizminister und –senatoren der Länder vereinbart, dass die ZSt. verpflichtet sein soll, anstelle der StA die Taten aufzugreifen und die Ermittlungen zu führen. Eine andere Sache ist, dass eine StA einen solchen Vorgang der ZSt. nach den Bestimmungen der Verwaltungsvereinbarung zur Führung von Vorermittlungen übersenden kann, wenn sie mit der Aufklärung des Tatgeschehens nicht weiterkommt. In jedem Fall muss aber das Verfahren von der StA bereits eingeleitet worden sein.

Festzuhalten ist demnach, dass in jeder Phase des Verfahrens darauf geachtet werden muss, ob die anfallenden Erkenntnisse, die nicht Gegenstand des betreffenden Ermittlungsverfahrens sind, strafrechtlich relevant sind. Trifft dieses zu, so ist ein neues Verfahren einzuleiten und die Ermittlungen sind so zu führen, dass die Unterbrechung der Strafverfolgungsverjährung gewährleistet ist.

Ein ähnliches Problem ergibt sich aus der Abgrenzung des Täterkreises. – Wie Sie wissen, ist Gegenstand der meisten Verfahren ein eng abgegrenzter Komplex, z.B. Erschießungen durch ein Polizeibataillon oder Aussonderungen von sog. untragbaren Kriegsgefangenen aufgrund der Einsatzbefehle 8, 9 und 14 d. Ch. d. Sipo u. d. SD in einem Stalag oder Dulag durch Angehörige der Stammmannschaft des Kriegsgefangenenlagers oder Angehörige eines SD-Kommandos. In nahezu allen Fällen wird im Laufe der Ermittlungen der höhere Befehlsgeber bekannt, in den wenigsten Fällen das Verfahren aber auf ihn ausgedehnt. Die Gründe hierfür beruhen beispielsweise darauf, dass Anhaltspunkte für die Annahme seines Todes vorliegen oder dass anderweitig gegen ihn ein Verfahren anhängig ist, dessen Gegenstand zwar einen anderen, aber dafür umfangreicheren Komplex betrifft. Auch hat man die Nichtmiteinbeziehung mit der Befürchtung begründet, eine Lawine von neuen Verfahren ins Rollen zu bringen. Diese Gründe dürfen nicht genügen, um einen Hauptbeschuldigten – durchweg einen sog. Schreibtischtäter – von der Strafverfolgung auszuschließen. In vielen Fällen ist bereits bekannt geworden, dass ein amtlich für tot erklärter NS-Verbrecher noch am Leben war, dass er z.B. seine Ehefrau veranlasst hatte, seinen Tod feststellen zu lassen, und sie dann unter falschem Namen wieder heiratete – ich darf an Reinhard/ Patzschke erinnern, den Abteilungsleiter des BdS Norwegen -, oder dass er nach dem Kriege erst gar nicht zu seiner Familie zurückkehrte, auch keinen Kontakt mit ihr aufnahm, so dass die Familie seinen Tod annehmen musste und von sich aus die amtliche Feststellung des Todes bewirkte. Ich denke hierbei an den Fall Christensen. Christensen war der letzte Kommandeur des Sonderkommandos 4 a und KdS von Tschernigow. Eine Ausdehnung des Verfahrens auf einen Beschuldigten, von dem nicht mit Sicherheit feststeht, dass er verstorben oder gefallen ist, und die diesbezügliche Unterbrechung der Strafverfolgungsverjährung ist daher unbedingt geboten. In dem anderen Fall, in dem ein Verfahren gegen einen höheren Befehlsgeber bereits anderweitig anhängig ist, sollte man sich nicht darauf verlassen, dass die Strafverfolgung – besser gesagt, die Verurteilung – gewährleistet ist. Infolge der immer häufiger auftretenden Beweisschwierigkeiten werden sich in Zukunft die Fälle mehren, in denen Angeklagte freigesprochen werden bzw. das Verfahren eingestellt werden muss. Erfolgt nun der Freispruch eines solchen Angeklagten oder wird das Verfahren mangels Beweises eingestellt, so könnte sich eine ähnliche Situation ergeben, die wir schon seit längerer Zeit als Folge des sog. Überleitungsvertrages haben. Die Untergebenen würden verurteilt werden, und der höhere Befehlsgeber wäre ein freier Mann, der u.U. noch in der HV als Zeuge gegen seine ehemaligen Leute aussagen würde.

Über den Fall, dass ein StA das Verfahren nicht auf einen Befehlsgeber ausdehnt, um eine Lawine von weiteren Verfahren zu vermeiden, brauchen wir nicht weiter zu sprechen. Es dürfte für jeden einleuchtend sein, dass dieses Verhalten sehr bedenklich ist. Allerdings muss ich zur Ehrenrettung des Kollegen, der inoffiziell mit mir hierüber von sich aus gesprochen hat, sagen, dass er sich wohl über sein Verhalten Gedanken machte, aber keinen Ausweg sah, weil er hoffnungslos überlastet war. Er ermittelte in über zehn NS-Verfahren, von denen zwei oder drei als Komplex-Verfahren anzusehen waren. Zwischenzeitlich ist dieser Zustand beseitigt worden. – Die Ausführungen über den höheren Befehlsgeber treffen im Übrigen nicht nur auf diesen zu, sondern auf jeden anderen möglichen Beschuldigten. Nur so kann eine allumfassende Unterbrechung der Strafverfolgungsverjährung gewährleistet werden.

Im Zusammenhang mit dem Problem der Unterbrechung der Verjährung bei höheren Befehlsgebern ist auch auf das der Strafverfolgung durch deutsche Behörden entgegenstehende Hindernis des „Vertrages zur Regelung aus Krieg und Besatzung entstandener Fragen“ i.d.F. vom 30.5.1955 – kurz Überleitungsvertrag – hinzuweisen. – Viele höhere Befehlsgeber und auch andere Beschuldigte standen unmittelbar nach Kriegsende vor alliierten Militärgerichten. Einer erneuten Strafverfolgung durch deutsche Strafverfolgungsbehörden versuchen sie häufig mit der Einwendung zu entkommen, der sog. ÜV stehe der Strafverfolgung entgegen. Abgesehen davon, dass sich dieses Prozesshindernis nur auf die Strafverfolgung durch die drei ehemaligen westlichen Alliierten bezieht, dürfen nach Teil I, Art. 3 Abs. 3 b des Vertrages deutsche Gerichte die ihnen nach deutschem Recht zustehende Gerichtsbarkeit nur dann nicht ausüben, wenn seinerzeit die Untersuchung der Straftat durch die Strafverfolgungsbehörden der Besatzungsmacht bzw. den Besatzungsmächten endgültig abgeschlossen war, wobei der Gegenstand des alliierten Strafverfahrens identisch sein muss mit dem Gegenstand des Verfahrens der deutschen Strafverfolgungsbehörden, da Art. 3 Abs. 3 b des ÜV sich auf eine bestimmte Tat eines bestimmten Täters bezieht (BGH NJW 66/1371).

Eine genaue Prüfung des Einwandes ist daher erforderlich, um eine Verjährung zu vermeiden. In vielen Fällen wird man dabei zu einem überraschenden Ergebnis kommen. So wurde erst vor gar nicht allzu langer Zeit auf den Einwand eines Beschuldigten, gegen ihn sei bereits wegen der ihm von den deutschen Behörden vorgeworfenen strafbaren Handlungen vor einem amerikanischen Militärgericht ein Verfahren anhängig gewesen, das durch ein Urteil abgeschlossen worden sei, nach langwierigen Ermittlungen bei amerikanischen Dienststellen und ehemaligen Mithäftlingen des Beschuldigten festgestellt, dass zwar ein militärgerichtliches Verfahren durchgeführt worden war, dieses jedoch nicht mit dem heutigen Ermittlungsverfahren identisch ist. Zurzeit steht dieser Mann als einer der Hauptbeschuldigten in dem SK 4 a-Prozess in Darmstadt vor dem Schwurgericht.

Darauf hingewiesen werden muss im Übrigen, dass sich bei der Prüfung, ob sich aus dem ÜV ein Prozesshindernis ergibt, noch eine ganze Anzahl von Problemen ergeben – z.B. wann ein Verfahren endgültig abgeschlossen ist u.ä. -, auf die ich aber im Rahmen dieses Referats nicht eingehen kann. Ich darf aber zur Vervollständigung der Ausführung u.a. auf das anlässlich der Tagung in Konstanz im September 1966 von Herrn RegDir. Schätzler, BMJ, gehaltene Referat über „Probleme des Art. 3 Abs. 3 b ÜV (Teil I), insbesondere nach der Entscheidung des Großen Senats für Strafsachen des BGH vom 14.2.1966" und das Gutachten des Instituts für ausländisches und internationales Strafrecht an der Universität Freiburg über „Art. 3 Abs. 3 b ÜV in Bezug auf Verfahren vor amerikanischen Militärgerichten" in der Sache 3 Js 46/61 der StA Wiesbaden hinweisen. Es gibt noch weitere Veröffentlichungen. Die zitierten dürften aber von den mir bekannten die umfassendsten sein. Nach allem muss aber, wenn der Einwand aus Art. 3 Abs. 3 b ÜV vorgebracht wird, eine genaue Prüfung erfolgen, ob dieses Vorbringen rechtserheblich ist. Anderenfalls besteht die Gefahr, dass einem solchen Beschuldigten, der fast immer kein kleiner Mann sein wird, die Strafverfolgungsverjährung zugutekommt.

Bei der Prüfung, ob eine Unterbrechung der Verjährung veranlasst werden muss, ist auch auf die Beschuldigten zu achten, die sich entweder im Ausland oder in der „DDR" befinden.

Bei den im Ausland lebenden Beschuldigten handelt es sich sehr oft – wie Sie wissen – um besonders bekannte Hauptbeschuldigte, durchweg ehemalige höhere Chargen der damaligen NS-Dienststellen oder sonstiger NS-Einrichtungen. Es muss uns ein dringendes Anliegen sein, dass diese Beschuldigten nicht nach dem Eintritt der Verjährung unbehelligt in die Bundesrepublik zurückkehren können. Hinsichtlich Einzelheiten, die bei der Unterbrechung der Verjährung in diesen Fällen zu beachten sind, darf ich auf das Referat von Herrn EStA Zeug über „Unterbrechung der Verjährung der Strafverfolgung bei flüchtigen oder im Ausland lebenden Tätern", gehalten anlässlich der Arbeitstagung im Jahree 1964 in Calw, hinweisen, das Ihnen allen – sofern Sie seinerzeit an der Tagung teilgenommen haben, noch in Erinnerung sein wird.

Die Fälle, in denen ein Beschuldigter in der „DDR" wohnt, sind nicht häufig. Meistens handelt es sich nur um Mannschaftsdienstgrade ehemaliger Polizeibataillone oder um Mannschaftsdienstgrade der KZ-Bewachungsmannschaften. Ob die Unterbrechung der Strafverfolgungsverjährung in einem solchen Fall veranlasst werden soll, kann nicht generell gesagt werden, da es – wie auch bei den in der Bundesrepublik oder im Ausland lebenden Beschuldigten – auf den Einzelfall ankommt. In diesem Zusammenhang möchte ich aber auf Folgendes aufmerksam machen:

Befindet sich ein Beschuldigter in der „DDR", so kann an die dortigen Behörden entweder ein Zulieferungsersuchen gerichtet werden oder aber das Verfahren an die ostdeutschen Behörden abgegeben werden, soweit man nicht davon ausgeht, dass dem Beschuldigten eine zu rechtstaatlichen Grundsätzen im Widerspruch stehende willkürliche Rechtsprechung droht. Die Erfahrung hat gezeigt, dass ein

Zulieferungsersuchen bei NS-Beschuldigten nicht beachtet wird. Zur Übernahme des Verfahrens haben sich die Strafverfolgungsbehörden jedoch schon bereit erklärt. Bei der Abgabe des Verfahrens geht man aber ein Risiko ein, das man allerdings umgehen kann: Ein Fall hat gezeigt, dass sich die ostdeutschen Strafverfolgungsbehörden vor Übernahme des Verfahrens nicht bereit erklären, mitzuteilen, ob der in der Bundesrepublik gesuchte Täter mit der in der „DDR" lebenden Person identisch ist. Auch nach der Abgabe des Verfahrens hörte man lange Zeit nichts von dem Ergebnis der Ermittlungen. Erst nach wiederholten Anfragen wurde die hiesige StA davon in Kenntnis gesetzt, dass eine Identität der in der „DDR" lebenden Person mit dem gesuchten Beschuldigten nicht gegeben sei. Wie Sie wissen, ist dieses Schweigen der ostdeutschen Strafverfolgungsbehörden kein Einzelfall. Es können Jahre vergehen, bis man – wenn überhaupt – eine Antwort erhält. Glaubt man mit der Abgabe des Verfahrens das Seine getan zu haben, so kann man sehr leicht eine Überraschung erleben, wie der angeführte Fall zeigt. Es ist daher vor Abgabe des Verfahrens an die Behörden der „DDR" zu empfehlen, die Unterbrechung der Strafverfolgungsverjährung herbeizuführen.

2. Die Maßnahmen, die zur Unterbrechung der am 31.12.1969 voraussichtlich eintretenden Verjährung von Seiten der ZSt. veranlasst werden müssen, sind denen der StA ähnlich, soweit es sich um die Überprüfung der Verfahren und sonstigen Materialien nach Fällen handelt, die eine Unterbrechung der Strafverfolgungsverjährung erfordern. Im Übrigen besteht nur ein Unterschied darin, dass die ZSt. nicht selbst die Verfahren den Gerichten zuleiten kann, sondern der zuständigen StA zur weiteren Veranlassung in eigener Zuständigkeit oder dem GBA mit der Bitte um Vorlegung zur Bestimmung eines zuständigen Gerichts gemäß § 13 a StPO übersenden muss.

Je näher der Stichtag des 31.12.1969 heranrücken wird, umso weniger werden die Verfahren der ZSt. werden, bei denen im Laufe der Vorermittlungen eine Zuständigkeit gewonnen werden konnte. Praktisch bedeutet dieses, dass eine große Anzahl der Verfahren dem BGH zur Bestimmung eines zuständigen Gerichts vorgelegt werden müssen. Mit dieser Maßnahme taucht die Frage auf, ob die Entscheidung des BGH gemäß § 13 a StPO bereits die Verjährung unterbricht oder ob von Seiten der nach der Bestimmung des Gerichtsstandes durch den BGH nunmehr zuständigen StA Schritte zur Unterbrechung der Verjährung zu unternehmen sind.

Bereits anlässlich der Arbeitstagung im Jahre 1964 in Calw ist hierüber diskutiert worden. Im Hinblick auf die verschiedenen Rechtsansichten und den Beschluss des HansOLG in Bremen vom 25.6.1963 in der Strafsache gegen Tiedeman und Böhlke, in dem die Entscheidung des BGH nach § 13 a StPO als wertneutral bezeichnet wurde, die zur Unterbrechung der Verjährung nicht geeignet sei, ist seinerzeit angeregt worden, vorsichtshalber die Verjährung durch eine andere richterliche Handlung unterbrechen zu lassen. Zwischenzeitlich hat nunmehr das OLG Hamm in der Strafsache Richardt u.a. in seinem Beschluss vom 18.10.1965 die Entscheidung des HansOLG in Bremen als unzutreffend bezeichnet und u.a. entschieden, dass die Bestimmung eines zuständigen Gerichts gemäß § 13 a StPO durch den BGH eine zur Unterbrechung der Verjährung geeignete Handlung sei. Es würde zu weit führen, wenn ich hier den ganzen Beschluss vortragen würde. Wer sich dafür interessiert, kann ihn in der Sammlung „Rechtsprechung" der ZSt. – Ausgabe Juni 1966 – nachlesen. Es lohnt sich. Die Entscheidung enthält all das, was wir hören wollen. Auf zwei Punkte möchte ich jedoch hinweisen:

Nach der Entscheidung des OLG Hamm spielte es auch keine Rolle, wenn das Verfahren nach § 13 a StPO von der ZSt. zum Zwecke der Unterbrechung der Verfolgungsverjährung eingeleitet worden ist. Ferner ist es auch unbeachtlich, ob die richterliche Maßnahme – hier Bestimmung des zuständigen Gerichts – das Verfahren auch tatsächlich gefördert hat. Das bedeutet: Die ZSt. kann zum Zwecke der Unterbrechung der Verjährung einen Vorgang anlegen, der nur aus einer Einleitungsverfügung zu bestehen braucht, sodann diesen Vorgang dem BGH gemäß § 13 a StPO vorlegen und nach der Bestimmung des zuständigen Gerichts bzw. der StA den Vorgang gemäß der Verwaltungsvereinbarung über die Errichtung einer ZSt. zur weiteren Aufklärung wieder übernehmen.

Diese Verfahrensweise ist so zweckmäßig für uns, dass man wieder Bedenken bekommt und überlegen soll, ob in diesen Fällen nicht doch noch eine andere richterliche Handlung herbeigeführt werden sollte, die zur Unterbrechung der Verjährung geeignet sei. – Da wir im Übrigen gerade dabei sind, die Zweckmäßigkeit obiger Verfahrensweise wieder abzubauen, möchte ich gleich noch darauf hinweisen, dass zwar die Möglichkeit nach der Verwaltungsvereinbarung, ein Verfahren zur weiteren Aufklärung der ZSt. zu übergeben, besteht, ob dieses nach dem 31.12.1969 noch möglich ist, muss dahingestellt bleiben. Sollte die Verjährung eintreten, so ist der 31.12.1969 de Wendepunkt für die ZSt. Man muss daher davon ausgehen, dass ein personeller Abbau erfolgt. Ob dann die ZSt. noch Verfahren zur weiteren Aufklärung übernehmen kann, dürfte sehr zweifelhaft sein.

III. Zum Schluss möchte ich darauf hinweisen, dass die von mir vorgetragenen Probleme zur Frage der Verjährung nicht den Anspruch auf Vollständigkeit erheben. Es gibt noch andere. Ich denke hierbei z.B. an die „Verjährung bei Exzesstätern", worüber bereits anlässlich der 2. Arbeitstagung vom 31.5. bis zum 4.6.1965 in Stuttgart ein ausführliches Referat gehalten werden kann. Die von mir angeschnittenen Probleme sind vielmehr nur die, welche mir bei Durchsicht der Akten aufgefallen sind und die man immer wieder übersehen kann, wie sich gezeigt hat. Deshalb sollte man auch in Fragen der Verjährung eng zusammenarbeiten. Hinweise einer anderen StA oder der ZSt. auf noch nicht unterbrochene Handlungen oder Anfragen, ob bezüglich einer bestimmten strafbaren Handlung Maßnahmen zur Unterbrechung der Verjährung bereits eingeleitet worden sind, sollte man dankbar entgegennehmen und beantworten und nicht als Eingriff in das eigene Verfahren ansehen. Wenn dann jeder Kollege seine Akten noch einmal nach strafbaren Handlungen durchsehen würde, bei denen die Verjährung noch nicht unterbrochen ist, wäre gewährleistet, dass wenigstens bei einem wesentlichen Teil der bekannten Taten bzw. Tätern eine Strafverfolgungsverjährung nach dem 31.12.1969 nicht eintreten kann."

OStA Blank (Ludwigsburg) sprach anschließend über *„Zusammenarbeit zwischen StA und ZSt."*.

„Das Thema ist ein fester Bestandteil unseren Tagungen. Die früheren ausführlichen Referate erleichtern meine Aufgabe insofern, als ich die Kenntnis der Tagungsprotokolle voraussetzen und mich daher in manchen Punkten sehr kurz fassen kann. – Von Herrn OStA Dr. Artzt als dem jeweiligen früheren Gestalter dieses Themas ist mir auch die Aufgabe vererbt worden, die Beschwerden der ZSt. über die StA zwar einigermaßen wirkungsvoll, aber – und das ist mir ganz besonders eingeschärft worden – keinesfalls verletzend anzubringen. – Gestatten Sie mir bitte, gleich damit zu beginnen. Was hat also die ZSt. den StA vorzuwerfen oder – höflicher – welche Wünsche sind offen geblieben? Ich hoffe, dass meine Antwort Sie befriedigen wird. Sie lautet pauschal vorweg: Sehr viel weniger als früher! In dem 1966 zum gleichen Thema gehaltenen Referat wurde bemerkt, dass es offenbar noch manche StA gebe, der die Existenz der Verwaltungsvereinbarung wie auch der ZSt. selbst überhaupt noch nicht so recht bekannt geworden sei. Dies trifft jetzt nicht mehr zu. Im Gegenteil habe ich den Eindruck gewonnen, dass die Zusammenarbeit zwischen StA und ZSt. fast so gut verläuft, wie es in Anbetracht der häufigen Personalveränderungen bei den StA, insbesondere aber der ZSt. überhaupt möglich erscheint.

Was die Unterrichtung der ZSt. durch die StA anlangt, kann ich mich also auf wenige Hinweise beschränken. Zunächst ganz allgemein: Die ZSt. wird mehr und mehr zur Auskunftsstelle. Es kommt daher für sie darauf an, auch über den formalen Ablauf der Verfahren möglichst fortlaufend und genau unterrichtet zu sein. Sie muss also unterrichtet werden über das staatsanwaltschaftliche Aktenzeichen, insbesondere was abgetrennte Teilverfahren anlangt, die Eröffnung der Voruntersuchung, die Außerverfolgungssetzung, die Namen und Personalien neuer Beschuldigter oder der Angeschuldigten bzw. Angeklagten, die Anklageerhebung, wobei die ZSt. *jeweils zwei Exemplare der Anklageschrift* erhalten möchte, die Einstellung (die ZSt. begnügt sich hier mit einem Exemplar). Es ist aber hervorzuheben, dass auch solche Teileinstellungen interessieren, die in Verbindung mit der Anklageerhebung oder dem Antrag auf Voruntersuchung verfügt werden, die HV (hier ist zu bemerken, dass die ZSt. vom Beginn einer sehr bedeutsamen HV im Jahre 1967 erst durch Pressemeldungen unterrichtet wurde. Kurz zuvor hatte die ZSt. über bevorstehende HVs zu berichten gehabt. Dieser Bericht war also wegen mangelnder Unterrichtung in einem wesentlichen Punkt unvollendet, das Urteil (hier soll die ZSt. nach Verkündung über den Urteilstenor unterrichtet werden. Nach Absetzung des Urteils sollen *zwei Ausfertigungen* übersandt werden. Mangelnde Information der ZSt. über ergangene Urteile hat auch hier zu einer unzutreffenden Berichterstattung geführt).

Während der Ermittlungen und in der Voruntersuchung sollen – möglichst fortlaufend – Abdrucke sämtlicher Vernehmungsniederschriften übermittelt werden. – Damit aber nicht genug, die ZSt. sollte auch unterrichtet werden, wenn die Ermittlungen ergeben haben, dass ein Beschuldigter oder eine Person, die möglicherweise für ein anderes Verfahren als Zeuge oder Beschuldigter gesucht werden könnte, verstorben ist. Hier besteht eine Lücke in der bisherigen Handhabung. Im positiven Fall der Aufenthaltsermittlung erhält die ZSt. in aller Regel eine Kopie der Vernehmungsniederschrift. Aufgrund der darin enthaltenen Angaben wird die vernommene Person in der Kartei registriert, ihre Anschrift ist also verfügbar. Im Falle der Feststellung des Todes wird die ZSt. bisher nur dann unterrichtet, wenn es sich um einen Beschuldigten handelt und wenn – irgendwann – etwa im Rahmen einer Einstellungsverfügung insoweit die Erledigung des Verfahrens festgestellt wird. Gerade diese Todesfeststellungen könnten aber, wenn sie jeweils der ZSt. bekanntgegeben würden, eine gewisse Arbeitsverringerung bei der ZSt. und auch bei StA herbeiführen, weil dann nicht evtl. mehrfach Aufenthaltsermittlungen nach der gleichen Person betrieben werden müssten. Außerdem könnten solche Informationen in der vor uns liegenden Zeit in den Fällen Bedeutung erlangen, in denen die Unterbrechung der Strafverfolgungsverjährung ansteht.

Speziell während oder nach der HV sollte die ZSt. über den Inhalt von Zeugenaussagen zum Thema des „Befehlsnotstandes" unterrichtet werden. Gerade die Unterrichtung der ZSt. über die in der HV zu diesem Problem gemachten Aussagen ist offenbar nur ganz unzureichend. Dabei kommt doch gerade diesen Aussagen besondere, über das Verfahren hinausreichende Bedeutung zu. Es ist zwar verständlich, dass die Kollegen während der HV ohnedies schwer mit Arbeit belastet sind und kaum freie Zeit finden. Denken Sie aber bitte daran, dass Sie durch eine umfassende Unterrichtung der ZSt. über alle Fragen des Befehlsnotstandes anderen Kollegen, vielleicht Ihrer eigenen StA doch sehr helfen können! Es interessieren hier im Übrigen auch inhaltliche Ergänzungen oder Änderungen schon früher gemachter, bereits bekannter Aussagen. – Ein weiterer Punkt zum Thema Unterrichtung der ZSt.: Von der Sammlung Befehlsnotstand war schon die Rede. Es existieren aber noch weitere Materialsammlungen, bei deren Fortführung die ZSt. auf die Unterstützung der staatsanwaltschaftlichen Sachbearbeiter angewiesen ist, die also eine gemeinschaftliche Aufgabe darstellen, so z.B. eine Sammlung „Gutachten". Die ZSt. benötigt, um die Anfragen zutreffend beantworten zu können, ja eine Mehrfertigung von allen zu zeitgeschichtlichen Fragen oder Fragen des Befehlsnotstandes erstatteten Gutachten. Es wird gebeten, dies möglichst schon vor der Bestellung der Gutachten zu berücksichtigen.

Während der ersten Tagung im Jahre 1964 wurde mit auf Betreiben der StA beschlossen, bei der ZSt. eine Dokumentensammlung anzulegen. In diese Dokumentensammlung gehören Mehrfertigungen aller von StA oder Gerichten ohne Zwischenschaltung der ZSt. beschafften Dokumente. Auch hier sind die Erwartungen wohl nicht ganz erfüllt worden. – In Bezug auf die Sammlung „Rundschreiben" ist die ZSt. für Beiträge von allgemeinem Interesse dankbar. – Generell zum Thema „Materialsammlungen" (Befehlsnotstand, Rechtsprechung und Rundschreiben) vielleicht noch ein Hinweis: Es besteht der bestimmte Eindruck, dass diese Sammlungen, die natürlich nicht ständig gebraucht werden, manchmal nicht fortlaufend eingeordnet und auch nicht so aufbewahrt und bekanntgemacht werden, dass ihr Inhalt voll verfügbar ist, wenn es dann einmal – evtl. in der HV – sehr plötzlich darauf ankommt. Ich möchte deshalb besonders hervorheben: Der Wert und die Brauchbarkeit dieser Sammlungen hängen davon ab, dass sie genau geordnet, jederzeit zugänglich und in ihrem wesentlichen Inhalt den einzelnen

Sachbearbeitern bekannt sind. So manche zeitraubende und, falls nachträglich Kopien hergestellt werden müssen, auch finanziell aufwendige Rückfrage bei der ZSt. würde sich dann erübrigen.

Von der Abgabe von Verfahren gegen Beschuldigte, die ihren Wohnsitz in der SBZ haben, an den GStA in Ostberlin oder andere DDR-StA möchte die ZSt. ebenfalls in Kenntnis gesetzt werden. Da wir in den letzten Jahren nur von zwei Fällen dieser Art gehört haben, besteht die Vermutung, dass die Unterrichtung insoweit nicht vollständig war. Möglicherweise ist die Handhabung in einzelnen Bundesländern auch unterschiedlich.

Noch eine Bemerkung zu dem wechselvollen Schicksal mancher Verfahren oder Teilverfahren. Kürzlich wurde mir im Zusammenhang mit einer Vorlage nach § 13 a StPO ein Vermerk bekannt, in dem auf vollen acht Seiten ausgeführt wird, gegen welche Beschuldigte Teilverfahren an welche StA ab- und weitergegeben wurden. Hinsichtlich mehrerer Beschuldigter unbekannten Aufenthalts hatten acht StA als Durchgangsstationen fungiert, bis das Verfahren im Laufe der Zeit – übrigens gegen die Verwaltungsvereinbarung – wieder bei der ZSt. gelandet war. Offenbar mochte niemand den Antrag nach § 13 a stellen, um nicht selbst zuständig zu werden. Gewiss, keineswegs ein typischer Fall, aber ein Fall, der zeigt, wie verzweifelt manche StA bemüht sind, zusätzliche Belastungen von sich abzuwehren, evtl. auch ein Hinweis darauf, dass manche StA anscheinend bis über die Grenze ihrer Kapazität mit Arbeit eingedeckt sind. – Wir wollen nun die Frage der Zusammenarbeit noch kurz von der anderen Seite her betrachten, nämlich von den Möglichkeiten der ZSt. aus, die StA und Gerichte zu unterstützen.

Gleich vorweg zu einem Missverständnis, das häufig zu Verstimmungen Anlass gibt. Manche mit der Materie und den Aufgaben der ZSt. noch nicht so vertrauten StA oder Richter wenden sich an die ZSt. und möchten wissen – etwas vereinfacht dargestellt -, wann ihr Beschuldigter XY wen erschossen habe und wer Augenzeuge der Tat gewesen sei. Außerdem möchte sie von der ZSt. etwa hören, ob es zutreffe, dass der Beschuldigte in der Zeit zwischen Mitte Mai und Mitte Juni 1952 Urlaub gehabt habe. Wenn die ZSt. dann etwas einsilbig antwortet, dass sie zu diesen Fragen leider gar nichts beisteuern könne, kann man unter Umständen später vernehmen, dass es sich bei der ZSt. um eine gänzlich verfehlte Institution handle.

Verzeihen Sie mir deshalb, dass ich auch aufgrund allerjüngster Erfahrungen hier nochmals betone: Die ZSt. darf eigentlich über Einzelheiten eines abgegebenen Verfahrens oder persönliche Verhältnisse eines Beschuldigten gar nicht mehr wissen als der staatsanwaltschaftliche Sachbearbeiter oder der Richter. Wäre es dennoch so, dann nur aufgrund eines Fehlers der ZSt., denn es ist ja die Aufgabe der ZSt., schon bei Abgabe des Verfahrens alle vorhandenen Erkenntnisse zu übermitteln und ebenso alle späteren Erkenntnisse nachzureichen. Dabei ist natürlich klar, dass die ZSt. in bereits abgegebenen Verfahren keine Ermittlungen mehr führt. Zusätzliche Erkenntnisse können also nur aus anderen Verfahren oder inzwischen eingegangenen Dokumenten stammen.

Das soll keineswegs heißen, dass Anfragen auch nach Einzelheiten oder persönlichen Verhältnissen von Beschuldigten stets verfehlt wären. Sie sollten nur nicht mit übertriebenen Hoffnungen und entsprechender nachfolgender Verstimmung verbunden sein. Es kann etwa vorkommen – auch ein Beispiel aus der jüngsten Praxis -, dass die ZSt. die Anschrift eines Mannes aus einem Vorermittlungsverfahren kennt, der in einem staatsanwaltschaftlichen Ermittlungsverfahren schwer belastet wird. Natürlich freuen wir uns, wenn wir in einem solchen Fall einmal helfen können. In dem angesprochenen Fall konnte der Sachbearbeiter der ZSt. übrigens die Anschrift des Beschuldigten deshalb erst auf entsprechende Anfrage mitteilen, weil er zuvor gar nicht wusste, dass diese Person in dem Ermittlungsverfahren beschuldigt worden war.

Es kommt allerdings auch verschiedentlich vor, dass der Sachbearbeiter der ZSt. den Gegenstand und Verlauf eines staatsanwaltschaftlichen Ermittlungsverfahrens nicht so gut übersieht, dass er einschlägige Erkenntnisse in ihrer Bedeutung für dieses Verfahren erfasst. Hier kommen wir zu einem Mangel der ZSt., unter dem wir selber am meisten leiden: Dem Wechsel der Sachbearbeiter. Nur ein Beispiel: Von den derzeitigen Sachbearbeitern der ZSt. für die Distrikte des Generalgouvernement Polen ist noch keiner länger als sechs Monate bei der ZSt. tätig. Keiner dieser Kollegen hatte vor seiner Abordnung NS-Sachen bearbeitet. Sicherlich wird unter solchen Umständen trotz großen Aufwandes an Arbeitszeit und Fleiß nicht jede Anfrage optimal beantwortet werden können. Damit muss man sich abfinden. Es ist durchaus unmöglich, alle Erkenntnisse in jederzeit zugänglichen Findmitteln zu erfassen. Das Ausscheiden eines Sachbearbeiters bedeutet deshalb für die ZSt. jedes Mal einen erheblichen Verlust an verfügbarem Wissen.

Wenn man von einer Unterstützung der staatsanwaltschaftlichen Ermittlungen durch die ZSt. spricht, wird man nicht daran vorbeikommen, dass die ZSt. nach wie vor die Arbeit von StA und Gerichten am besten durch möglichst genaue Vorermittlungen fördern könnte. Hier berühren wir aber ein Thema, das auch die Tätigkeit der Sonderkommissionen der LKA mit einschließt. In den letzten Jahren hat sich ergeben, dass die Sonderkommissionen in erster Linie die von den StA ihres eigenen Landes erteilten Aufträge ausführen. Für die ZSt. bleibt dann nur wenig Arbeitskraft übrig. Die ZSt. ist insbesondere gehindert, eine bestimmte Sonderkommission mit Ermittlungen zu beauftragen, die über die Grenzen des betreffenden Bundeslandes hinausgehen. Aber auch soweit es sich um Ermittlungen handelt, die innerhalb eines einzelnen Bundeslandes durchgeführt werden sollen, mussten die Sonderkommissionen mehr und mehr dazu übergehen, die Ersuchen auf die örtlichen Polizeidienststellen zu verteilen. Unter solchen Umständen musste ich schon mehrfach dazu raten, Vorermittlungsverfahren in etwas differenzierten Fällen möglichst ohne an sich erforderliche weitere polizeiliche Vernehmungen abzugeben, weil dann wenigstens die Möglichkeit besteht, dass die Ermittlungen in einer Hand bleiben.

Im Übrigen ist generell festzustellen, dass auch die Vorermittlungen der ZSt. von der allgemeinen Aussagefeindlichkeit schwer beeinträchtigt werden. Die Ergebnisse der Vorermittlungen werden also häufig die StA enttäuschen. Wir werden uns gewiss auch in diesem Punkt bemühen müssen, die Leistungen zu verbessern. Zu einer optimistischen Prognose besteht jedoch kein Anlass. Sicherlich müssen wir uns mehr und mehr damit abfinden, dass Taten als Folge der verstrichenen langen Zeit unaufgeklärt bleiben werden.

Damit steht in Verbindung, dass Zeugenaussagen aller Art noch kritischer als früher gewürdigt werden müssen. Die kritische Auseinandersetzung mit Zeugenaussagen setzt jedoch ein möglichst tiefes Verständnis des zeitgeschichtlichen Hintergrundes voraus. Zur Erlangung eines solchen Verständnisses könnte die ZSt. auf eine Weise beitragen, die bisher evtl. nicht genügend gesehen wurde. Ich halte es für zweckmäßig, wenn die erstmals mit NS-Sachen befassten staatsanwaltschaftlichen Sachbearbeiter, insbesondere wenn sie bei kleineren StA tätig sind, bei denen erst wenige einschlägige Erfahrungen vorliegen, einige Tage bei der ZSt. arbeiten könnten, um hier im Kontakt mit den Sachbearbeitern der ZSt. zeitgeschichtliches Wissen und parallel liegende Erkenntnisse aus anderen Verfahren zu erarbeiten. Möglicherweise würde der hierfür erforderliche Zeitaufwand durch rascheren Fortgang der künftigen Ermittlungen mehr als aufgewogen.

Lassen Sie mich zum Schluss kommen. Die Diskussion soll ja im Mittelpunkt stehen. Ermittlungen in NS-Sachen sind in den letzten Jahren zähflüssiger, mühsamer und weniger erfolgreich geworden. Dies hat nicht nur mit dem Zeitablauf zu tun, nicht nur mit der feindlichen Volksstimmung, in der sich Täter und Gehilfe geborgen wissen, sondern auch damit, dass die Mehrzahl der wichtigen und überhaupt aufklärbaren Fälle bereits abgeschlossen ist oder sich in einem sehr fortgeschrittenen Stadium befindet. Dies ist eine letzten Endes doch sehr positive Feststellung. Was uns zu tun bleibt, wird dann nicht nur als Papierkrieg enden, wenn wir uns weiter um die Konzentration der Verfahren von der Seite der Beschuldigten und der aufklärbaren Tat her bemühen. Auch dies ist in mancher Hinsicht eine Frage der Zusammenarbeit. Dabei müssen wir uns darüber klar sein, dass die ZSt. aufgrund ihres Auftrages zu systematischer Erforschung von NS-Verbrechen gezwungen ist, gar manche Akte anzulegen, über deren Erfolgsaussichten auch der Sachbearbeiter der ZSt. von Anfang an keine Illusionen hat. Auch bei dieser Art von Verfahren hat es jedoch schon Überraschungen gegeben. Wir können uns jedenfalls nicht anmaßen, aufgrund unserer vermeintlichen Sachkenntnis von vornherein auf Ermittlungen zu verzichten. Bei diesen zunächst aus Gründen einer systematischen Erforschung angelegten Verfahren können also zwangsläufig erst die StA endgültig die Spreu vom Weizen sondern. Zwar ist es auch in diesen Fällen Aufgabe der ZSt., die letzten Endes maßgebenden staatsanwaltschaftliche oder richterliche Entscheidung schon mit vorzubereiten. Es bestehen jedoch sehr unterschiedliche Auffassungen darüber, ob die ZSt. in ihren Übersendungsschreiben gegebenenfalls die Einstellung anregen oder sich insoweit jeder Äußerung enthalten soll. Vielleicht könnte in der Diskussion auch dieser Punkt geklärt werden.

Eine letzte Bemerkung: Die Erfahrung lehrt, dass im Gespräch manchmal Lösungen gefunden werden. Ich hoffe also, dass Sie bei Ihren gelegentlichen Besuchen in Ludwigsburg jeweils einen für Ihr Verfahren zuständigen Sachbearbeiter antreffen werden, der Ihre Ermittlungen doch in dem einen oder anderen Punkt ein wenig fördern kann. Im Übrigen wird wohl weiter gelten, was auch früher über die Zusammenarbeit bereits gesagt wurde: Nicht alles kann reglementiert werden.

Unser gemeinsamer guter Wille und das gegenseitige Vertrauen bleiben die besten Grundlagen."

MinDirig. Roth (Stuttgart) erinnerte daran, dass die Koordinierung eine wesentliche Aufgabe der ZSt. sei. Es sei erforderlich, dass die ZSt. von den einzelnen StA über alle Vorgänge umfassend unterrichtet werde.

StA Kleiner (Kiel) verwandte sich ebenfalls für die umfassende Unterrichtung der ZSt. und fragte, ob dieser auch die HV-Protokolle übersandt werden sollten, was technisch schwierig sei. Weiterhin äußerte er, dass Einstellungsanregungen im Abgabenvermerk zweckdienlich seien, während Vernehmungen im Vorermittlungsverfahren zwar für die Aufklärung nützlich sein könnten, aber die Gefahr in sich trügen, dass spätere Aussagen davon abweichen, was große Schwierigkeiten bereiten könne. Beschuldigte sollten, falls nicht im Einzelfall wichtige Gründe dagegen sprechen, nicht von der ZSt., sondern der zuständigen StA vernommen werden.

EStA Hoffmann (Aurich) dankte der ZSt. für die sehr konkrete Form ihrer Einstellungsanregungen, die wesentlich dazu beitrügen, weitere Arbeit zu ersparen.

EStA Zeug (Ludwigsburg) gab zu bedenken, dass es trotz Anregung einer Einstellung des Verfahrens aufgrund von Ermittlungen der StA zur Anklage und Verurteilung kommen könne (Beispiel Fall Dr. Scheu, Schwurgericht Aurich).

EStA Pries (Kiel) meinte, dass eine Einstellungsanregung misslich werden könne, wenn sich bei weiteren Ermittlungen konkrete Anhaltspunkte für ein NS-Verbrechen ergäben und die Verteidigung sich nun den Vermerk der ZSt. zunutze zu machen suche.

MinDirig. Roth (Stuttgart) regte an, den Schlussbericht nicht zu den Gerichtsakten, sondern zu den Handakten der StA zu nehmen. Der Schlussbericht sei sehr zweckmäßig und ermögliche den überlasteten StA eine erhebliche Rationalisierung ihrer Arbeit.

EStA Dr. Höffler (Bremen) teilte mit, dass in Bremen von jedem NS-Verfahren Akten in vier Exemplaren angelegt würden, von denen je eine für das Gericht, die StA, das LKA und die ZSt. bestimmt sei. Lediglich untergeordnete Verfügungen, z.B. Ladungen, würden durch Fehlblätter ersetzt. Dieses System, das auch die gleichzeitige Arbeit mehrerer Stellen bei einem Verfahren ermögliche, trage wesentlich zur Beschleunigung bei.

OStA Dr. Rückerl (Ludwigsburg) erklärte, dass infolge der Überlastung verschiedener Sonderkommissionen, z.B. der bayerischen, die ZSt. auch auf die Vernehmung von Zeugen durch örtliche Kriminalbeamte angewiesen sei. Es wäre deshalb zu begrüßen, wenn die Sonderkommissionen nicht von den StA der betreffenden Länder ausschließlich für sich in Anspruch genommen würden. Wie er erlebt habe, hätten Polizeibeamte den ermittelnden StA als ihren „Karteiführer" bezeichnet, weil sich seine Tätigkeit nur auf das Schreiben von Karteikarten beschränke. Im Gegensatz zur Vernehmung von Zeugen sei jedoch zu prüfen, ob die Vernehmung der Beschuldigten den StA vorbehalten bleiben sollte. – Ferner bat er zu diskutieren, wie die einzelnen StA zu den Empfehlungen der ZSt. in den Schlussberichten für den weiteren Fortgang des Verfahrens stünden, da diese Anregungen keinesfalls Kompetenzüberschreitungen seien und dadurch zu Missstimmungen führen sollten.

MinDirig. Roth (Stuttgart) stellte das System der Schlussberichte zur Erörterung und bat um Stellungnahmen zu sonstigen Empfehlungen der ZSt. in den Schlussberichten.

StA Kleiner (Kiel) sagte, dass Empfehlungen im Schlussbericht die Arbeit sehr erleichtern könnten. Er habe auch nichts gegen Zeugenvernehmungen durch die ZSt., soweit sie erforderlich seien, um die Tatvorwürfe zu klären, die Beschuldigten vernehme er dagegen lieber selbst.

MinDirig. Roth (Stuttgart) fragte die Anwesenden, ob die Empfehlungen und das System der Schlussberichte wie bisher gehandhabt werden sollten, was durch Akklamation bejaht wurde. Auch er hielt die Vernehmung von Beschuldigten im Vorermittlungsverfahren, von Ausnahmefällen abgesehen, für unzweckmäßig.

OStA Blank (Ludwigsburg) wies noch darauf hin, dass die Vernehmung von Beschuldigten durch die ZSt. beispielsweise häufig dann unentbehrlich sei, wenn ein Haupttäter noch nicht feststehe oder die Zuständigkeit für das Verfahren sonst nicht geklärt werden könne.

OStA Dr. Artzt (Ludwigsburg) lobte das von EStA Dr. Höffler genannte Verfahren, Akten vierfach anzulegen, als vorbildlich und beklagte, dass die ZSt. häufig Schwierigkeiten habe, wenigstens die Urteile aus NS-Verfahren zu erhalten.

StA Jans (Hannover) griff das Thema Abschlussbericht wieder auf und bat, darin zweckmäßigerweise auf Parallelverfahren unter Angabe genauer Aktenzeichen hinzuweisen.

OStA Dr. Rückerl (Ludwigsburg) bemerkte, dass bei der Vielzahl der Referenten in Ludwigsburg Abweichungen in dem Schema der Schlussberichte auftreten könnten. Auf jeden Fall aber sollten diese in sich verständlich sein, da sie auch Stellen zugeleitet würden, die nicht über die Akten verfügten.

OStA Jordan (Dortmund) bemängelte, dass den von der ZSt. übersandten Vernehmungen in ausländischer Sprache häufig „um Zeitverlust zu vermeiden" keine Übersetzungen beigefügt seien. Dieses sei umso bedauerlicher, als die ZSt. über erfahrene Übersetzer verfüge, während von den StA sehr viel Geld für Übersetzungen ausgegeben werden müsse, deren Ergebnis mitunter erst zeige, dass sie für das Verfahren keine Bedeutung hätten. Vielleicht ließe es sich daher ermöglichen, dass ein Übersetzer wenigstens den Inhalt kurz angebe.

StA Kerl (Dortmund) unterstützte diese Bitte, zumal sich nach der Übersetzung oft die Unzuständigkeit der StA, welche die Übersetzung betrieben habe, herausstelle.

OStA Dr. Rückerl (Ludwigsburg) erwiderte, dass sich wegen der Überlastung der Übersetzer nur selten Arbeiten für auswärtige StA ausführen ließen. Selbst ein bloßes „Überfliegen" nehme erhebliche Zeit in Anspruch. Im Übrigen befinde sich die ZSt. mit eigenen Übersetzungen im Rückstand.

StA Hoffmann (Aurich) warnte davor, bei nicht übersetzten Protokollen ungefähre Inhaltshinweise zu geben, da dies nach seinen Erfahrungen auch in die Irre führen könne. Weiter beklagte er, dass die Ablichtungen der ZSt. manchmal nicht lesbar seien. Wegen der schlechten Qualität vieler Dokumente ließen sich Mängel allerdings wohl nicht immer ausschließen.

EStA Wieser (Stuttgart) beklagte zu dem Thema der Übersetzungen, dass zurzeit sehr viele griechische Akten bei den StA eingehen, die größtenteils unbrauchbar seien, weshalb eine vorherige Sichtung erforderlich sei.

OStA Dr. Rückerl (Ludwigsburg) riet, das neuerdings übersandte griechische Material mit dem früheren zu vergleichen, da es vielfach damit identisch sei.

EStA Wieser (Stuttgart) hielt ein derartiges Vorgehen bei den besonders umfangreichen Akten für aussichtslos.

OStA Dr. Rückerl (Ludwigsburg) schilderte daraufhin, wie schwierig es für die ZSt. sei, griechische Übersetzungen zu bekommen.

MinDirig. Roth (Stuttgart) bekräftigte, dass die ZSt. nicht in der Lage sei, die griechischen Dokumente zu übersetzen.

EStA Selle (Berlin) bedauerte das Fehlen einer Koordinierungsstelle bei den Verfahren gegen die Stapo(leit)stellen. Er fragte an, ob die ZSt. hier einspringen könne.

OStA Dr. Rückerl (Ludwigsburg) empfahl, auf die Verfahrenskartei und Verfahrensübersicht der ZSt. zurückzugreifen.

StA Streim (Ludwigsburg) meinte, dass für die Koordinierung kein Bedürfnis bestehe. Die Verfahren wegen der Judendeportationen seien im Wesentlichen bereits erledigt. Soweit solche Verfahren noch anhängig seien, habe die ZSt. die bei ihr vorliegenden Erkenntnisse über die Stapo(leit)stellen den betreffenden StA mitgeteilt. – Neu anfallende Erkenntnisse würden im Übrigen gemäß der Verwaltungsvereinbarung den StA zugänglich gemacht. – Die Verfahren wegen Sonderbehandlungen von Fremdarbeitern seien gleichfalls im Großen und Ganzen abgeschlossen. Neue Verfahren seien nicht mehr zu erwarten. Bezüglich der Schutzhaftanordnungen würden von der ZSt. gegen die ehemaligen Angehörigen der Stapo(leit)stellen keine Vorermittlungsverfahren eingeleitet werden. Zwar überprüfe die ZSt. zurzeit noch diese Fälle; es könne aber bereits jetzt mit einiger Sicherheit gesagt werden, dass es im Hinblick auf die rechtliche und tatsächliche Lage zur Einleitung neuer Verfahren nicht kommen werde.

MinDirig. Roth (Stuttgart) unterstrich nochmals die Notwendigkeit eingehender gegenseitiger Informationen.

Oberstleutnant Forwick vom Militärarchiv Freiburg berichtete über das Archiv. – „Das Militärarchiv wurde gebeten, Ihnen während Ihrer Tagung hier in Freiburg einen kurzen Einblick in die Arbeit dieses Archivs zu geben, um dadurch Ihnen als StA, aber auch uns im Archiv die Arbeit zu erleichtern. Nicht nur die Schwurgerichte, sondern auch die Entschädigungskammern wie die Sozial- und Arbeitsgerichte wenden sich immer wieder fragend an uns, um Tatbestände zu erhellen oder um Erkenntnisse über Personen zu gewinnen, seien sie nun in führenden Stellungen gewesen oder nur als einfache Soldaten Teilnehmer des 2. Weltkrieges. In besonderem Maße dienen hierzu die Akten des Heeres, mehr als die der Marine oder der Luftwaffe. Als Leiter der Arbeitsgruppe Heer im Militärarchiv habe ich es daher übernommen, Ihnen das gewünschte Referat zu halten. Erlauben Sie mir vorab, Sie kurz mit der Aufgliederung meines Vortrages bekannt zu machen. Ich möchte zunächst kurz auf das Schicksal der deutschen militärischen Akten eingehen, woraus Sie bereits ersehen werden, dass viele Fragen, die Sie an uns stellen, heute keine Beantwortung mehr erfahren können. Zum zweiten möchte ich Ihnen über den Aufbau des Bundesarchivs, wozu das Militärarchiv als Außenstelle gehört, berichten und Sie schließlich mit Umfang und Art der Bestände des Militärarchivs bekannt machen und Ihnen sagen, wie diese Bestände archivmäßig behandelt werden, damit sie für die wissenschaftliche Forschung oder, was Sie besonders interessiert, im Rahmen der Amtshilfe bereitgestellt werden können. Ich nehme an, dass nach dem Referat noch genügend Zeit verbleibt, um in der Form einer Aussprache noch einige Hinweise für die praktische Arbeit zu geben.

Wenn wir den Weg der deutschen militärischen Akten verfolgen wollen, so müssen wir von dem Heeresarchiv in Potsdam ausgehen, das als Zentralarchiv für die Wehrmacht 1937 neu gebildet und mit den Heeresarchiven in Dresden, München und Stuttgart, wozu im Frühjahr 1938 auch Wien kam, vom Chef der Heeresarchive ressortiert wurde. Der Chef der Heeresarchive hatte einzulagern alle Akten des ehemaligen preußischen Kriegsministers, in der Masse dessen Verwaltungs- und Organisationsakten und die Kabinettsordres sowie auch die älteren brandenburgischen Heeresakten. Weiterhin übernahm er vom Preuß. GehStA in Dahlem – übrigens nicht ohne Widerstand – die militärischen Nachlässe. Außerhalb blieben das Marinearchiv, das der kriegswissenschaftlichen Abteilung im Oberkommando der Marine angegliedert war, und das Luftwaffenarchiv, das der 8. kriegswissenschaftlichen Abteilung der Luftwaffe angehörte. So wurde die Aufgabe des Heeresarchivs als Zentralarchiv von Anfang an nicht erfüllt. – Und damit nahmen auch die Akten der Kriegsmarine und der Luftwaffe einen eigenen Weg.

Gleich mit dem Beginn des Krieges erhielt das Heeresarchiv eine neue Aufgabe, die die in Potsdam lagernden Aktenmassen wesentlich vermehrte und, als es erforderlich wurde, ihre Sicherung durch Auslagerung und Dezentralisierung fast unmöglich machte. Das Archiv hatte nun alle von den Kommandobehörden und den Truppenteilen des Heeres zu führenden Kriegstagebüchern mit den Anlagen dazu aufzunehmen, die in bestimmten zeitlichen Abständen nach Potsdam geschickt wurden. Weiter wurde dem Heeresarchiv eine Sammelstelle zur Aufnahme aller Gerichtsakten der Feld- und Kriegsgerichte angeschlossen. – Schon im Februar 1942 traten in den Beständen der Kriegstagebücher die ersten Verluste ein. Als ein Brand die Baracken der kriegswissenschaftlichen Abteilung des Heeres in Berlin am Hohenzollerndamm vernichtete, gingen auch Teile der an diese Abteilung ausgeliehenen Kriegstagebücher, die dort bearbeitet und ausgewertet werden sollten, verloren. Es handelte sich um Kriegstagebücher und Anlagebände aus dem Polenfeldzug, der Besetzung Norwegens und dem Westfeldzug, doch konnten diese Verluste damals wenigstens zu einem Teil durch Zweit- oder Abschriften ersetzt werden. Im Militärarchiv sind noch manche angekohlte oder auch restaurierte Teile von diesen Akten vorhanden. Besonders wichtige Akten, vor allem des Wehrmachtsführungsstabes, wurden dem Heeresbericht entnommen, als der Beauftragte des Führers für die militärische Geschichtsschreibung als eigene Dienststelle am 1.7.1942 gebildet wurde mit dem Dienstsitz im Führerhauptquartier, geleitet von dem damaligen Oberst i.G. Scherff. Dem Beauftragten wurde eine eigene Archivgruppe angegliedert. Ihm unterstand dienstlich auch der Chef der Heeresarchive.

Ende 1943, als sich die Luftangriffe auf Berlin und Potsdam mehrten, ging zusammen mit der kriegsgeschichtlichen Abteilung des Heeres die Abteilung für die Aufnahme der Kriegstagebücher im Heeresarchiv nach Liegnitz in Schlesien, um im Januar 1945 mit dem Nähern der Kampffront im Osten mit den Beständen wieder nach Potsdam zurückzukehren. Doch schon kurze Zeit darauf machte das Heranrücken der Front auf den Raum von Berlin weitere Maßnahmen zur Sicherung des wertvollen Archivgutes erforderlich. Nach einer kurzfristigen Einlagerung der Kriegstagebücher in Räumen in der Umgebung von Potsdam wurden diese noch vor der Einschließung Berlins in zwei Transporten herausgefahren. Gleichzeitig wurden wertvolle Nachlässe, so die Nachlässe von Scharnhorst, Gneisenau, Bolyen, Moltke, Roon, Seeckt und Groenen mit herausgeführt. Der eine Transport mit den Kriegstagebüchern der Armee, der Generalkommandos und der Divisionen kam nach Blankenburg im Harz, wo sie unversehrt in die Hände der englischen Truppen fielen. Vor der Übergabe der Stadt an die Sowjets im Sommer 1945 wurden diese Akten nach London transportiert und später aufgrund einer Vereinbarung zwischen den westlichen Alliierten nach den USA verbracht.

Der zweite Transport, wozu auch die Nachlässe gehörten, ging in die Kaserne von Bad Reichenhall und zu einem Teil nach Kufstein. Er enthielt vor allem die Akten der Heeresgruppen, des Generalstabes des Heeres, der Generalquartiermeister und andere besonders wertvolle Archivalien. Leider wurden auf Befehl des Beauftragten für die militärische Geschichtsschreibung in den beiden Auslagerungsorten große Teile vernichtet, zum Glück blieben wenigstens die genannten militärischen Nachlässe erhalten, sie wurden wie das übrige dort noch von den Amerikanern gefundene Material nach Washington gebracht.

Bestände, die noch im Gebäude des Heeresarchivs in Potsdam verblieben, vor allem die alten preußisch-deutschen Heeresakten, fielen noch einem Brand, der am 14.4.1945 das Archiv weitgehend zerstörte, zum Opfer. Erhalten gebliebene Reste wie die in der Gegend um Potsdam ausgelagerten Teile, hierbei auch noch in den letzten Wochen des Krieges eingegangene Kriegstagebücher, fielen offenbar in die Hände sowjetischer Truppen und sind wohl nach Moskau abtransportiert worden. Die Aktenbestände des alten deutschen Marinearchivs und die der Kriegsmarine blieben, wie gesagt, im Besitz des Oberkommandos der Marine. Die kriegswissenschaftliche Abteilung der Marine verlagerte ihre Bestände 1944 nach Schloss Tambach bei Coburg, wo sie zwar auch zur Verbrennung vorbereitet gewesen sein sollen, aber durch einen glücklichen Umstand erhalten blieben.

Wenig bekannt ist von dem Schicksal des Luftwaffenarchivs und den Akten der Luftwaffe aus dem Kriege. Hier ist offenbar dem Vernichtungsbefehl gründlicher Folge geleistet worden als bei den anderen Teilstreitkräften. Fast völlig fehlen die Unterlagen der Höheren Führung der Luftwaffe. – Nach Übernahme der erbeuteten deutschen militärischen Akten wurden diese von den westlichen Alliierten ressortmäßig aufgeteilt. Die Bestände der Kriegsmarine und der alten deutschen Marine wie auch Teile der Luftwaffenakten übernahmen die Engländer, den großen Bestand der Heeresakten und ebenfalls Teile der Luftwaffe die Amerikaner.

Sieht man von geringen früheren Rückgaben deutscher militärischer Akten ab, wobei es sich um die bereits erwähnten Nachlässe und bestimmte seinerzeit für das Verteidigungsressort benötigte Akten handelt, so ist die allgemeine Rückführung der deutschen militärischen Akten, verbunden übrigens mit der Rückführung von Akten anderer Provenienzen, seit dem Jahre 1960 im Gange. Die Rückführung ist nach den Transporten im letzten Jahr heute weitgehend abgewickelt, doch kann erst nach endgültigem Abschluss der Rückführung eine Generalübersicht über das erhalten gebliebene deutsche Aktenmaterial durchgeführt werden. Ich darf hier gleich einflechten, dass außer den zurückgeführten Beständen manche Erwerbungen des Militärarchivs von Splittermaterialien wie Einzelbefehlen, Teilen von Kriegstagebuchkopien, Meldungen und Gefechtsberichten eine wertvolle Ergänzung des oft lückenhaften Materials sind.

Ehe ich auf Art und Umfang der nun im Militärarchiv lagernden Bestände eingehe, darf ich Ihnen einige kurze Angaben zur Arbeitsweise des Archivs und zur Wahl seines Standortes sagen. Ich muss hier in einem kleinen Exkurs auf den unseligen Dualismus eingehen, der sich im deutschen militärischen Archivwesen in der Nachkriegszeit ergeben hatte und der auch Ihnen als Staatsanwälten oft zu schaffen gemacht hat. Der Dualismus liegt begründet in der Zeit, als das Bundesarchiv errichtet wurde, es aber noch keine Wiederbewaffnung in Deutschland gab und diese nach der Ablehnung der Europäischen Verteidigungsgemeinschaft durch die Franzosen auf einem anderen Wege versucht wurde. Zu dieser Zeit wurde das Militärarchiv als eine Abteilung des Bundesarchivs, das bekanntlich zum Bundesinnenminister gehörte, gegründet. Daneben wurde gleichzeitig die der Ihnen gewiss ebenfalls bekannte Dokumentenzentrale errichtet. Diese Errichtung geht zurück auf die Vereinbarung zwischen dem damaligen „Beauftragten des Bundeskanzlers für die mit der Vermehrung der alliierten Truppen zusammenhängenden Fragen“ (kurz „Dienststelle Blank“ genannt) und dem BMI vom Juli 1954. Nach Gründung des Militärgeschichtlichen Forschungsamtes ergab sich dann aus den Aufgaben des Amtes als Forschungsinstitut des Verteidigungsressorts die Angliederung der Dokumentenzentrale an das Militärgeschichtliche Forschungsamt, das seinen Sitz nach Freiburg als Universitätsstadt verlegte. Hinzu kam mit einem Erlass des Staatssekretärs im Verteidigungsministerium vom September 1961 als weitere Aufgabe der Dokumentenzentrale die Aufnahme der Altregistratur aus dem gesamten Bereich der Bundeswehr. Diese zunächst nur deponierten Bestände sollten für eine spätere geschichtliche Forschung gesichert werden. So wuchs mit den Rückführungen aus England und Amerika wie mit den Abgaben von Altregistraturen der Bundeswehr die Dokumentenzentrale als Hausarchiv des Militärgeschichtlichen Forschungsamtes. Leider wuchs aber mit der Masse der Archivalien nicht auch der Personalbestand dieser Einrichtung. Jedenfalls bestand im deutschen militärischen Archivwesen eine sachliche wie auch räumliche Trennung. Wie sehr diese Zweiteilung nicht nur die archivische Arbeit und damit die Forschung behindert hat, haben Sie selbst bei Ihren Untersuchungen gespürt, als Sie sich anfragend sowohl an Koblenz wie auch an Freiburg wenden mussten oder von der einen Dienststelle an die andere verwiesen wurden. Die Trennung der Akten ging oft so weit, dass von ein und demselben Bestand Akten sowohl beim Bundesarchiv, d.h. beim Militärarchiv lagen wie auch bei der Dokumentenzentrale. Militärische Amtsdrucksachen und Periodika befanden sich teils in Koblenz, teils in Freiburg. Dass beide Stellen bemüht waren, aus Privathand Aufzeichnungen, Tagebücher und andere wichtige Quellen zu erwerben, ließ die beiden Einrichtungen für Außenstehende sogar in gewissem Sinne als Konkurrenzunternehmen erscheinen. Diese Probleme, die bereits in der genannten Gründungsverfügung enthalten viele Jahre hindurch die archivische Arbeit an den militärischen Akten beeinträchtigte, ist nun gelöst.

Vor einigen Tagen erst, am 29.4. und am 15.5.1968, wurde von den Staatssekretären von Hase vom Verteidigungsministerium und Gumbel vom BMI die Vereinbarung zur Zusammenfassung des militärischen Archivgutes unterschrieben. Sie setzte damit die Vereinbarung von 1954, die wie erwähnt die Errichtung der Dokumentenzentrale vorgesehen hatte, außer Kraft. Da die Aufgabe, die die Dokumentenzentrale bisher zu erfüllen hatte, nämlich das Aktenmaterial der wissenschaftlichen Forschung im Militärgeschichtlichen Forschungsamt zur Verfügung zu halten, weiterhin bestehen bleibt, war es notwendig, das Militärarchiv als Außenstelle des Bundesarchivs von Koblenz nach Freiburg zu verlegen. Nachdem in unbürokratischer Weise in verhältnismäßig kurzer Zeit die organisatorischen, haushaltsrechtlichen, fachlichen und personellen Fragen weitgehend gelöst worden sind, um den Übergang von der Dokumentenzentrale zum Militärarchiv möglich zu machen, sich außerdem durch das Freiwerden von Büroräumen, besonders aber das Freiwerden von entsprechenden Lagermöglichkeiten unmittelbar bei diesem Bürohaus auch die räumlichen Voraussetzungen erfüllten, arbeitet das Militärarchiv nun seit Anfang dieses Jahres in Freiburg. Entsprechend der Vereinbarung sollen 50 % der Beamten des höheren Dienstes aus einer aktiven militärischen Laufbahn als Stabsoffiziere stammen. Ich habe eben in erster Linie die praktischen Erwägungen angesprochen, die zu der neuen Vereinbarung geführt haben; nicht übersehen werden darf dabei aber, dass durch sie der Gedanke der Zentralarchive eine Stärkung erfahren hat. Auch das Verteidigungsressort ist ein Teil der Gesamtheit der Bundesverwaltung, das Archivgut aller Zweige der Staatsverwaltung in einer Hand zu haben, gibt den Archivaren die Möglichkeit, aus der Gesamtschau heraus Wesentliches vom Unwesentlichen zu trennen, damit der Forschung und Wissenschaft zu dienen und auch die Amtshilfe zu erleichtern.

Nach dem Beschluss der Bundesregierung vom 24.3.1950 zur Errichtung eines Bundesarchivs ist das Bundesarchiv zur Sammlung, Ordnung und wissenschaftlichen Verwertung des bei der Bundesregierung und ihren Dienststellen anfallenden Archivgutes bestimmt. Es hat zu bearbeiten das Material aus den Beständen des ehemaligen Reichsarchivs und des Preuß. GehStA, die Materialien aus der Tätigkeit der ehemaligen deutschen Reichsbehörden und der deutschen Wehrmacht, der seinerzeitigen zonalen und bizonalen Verwaltungen, des früheren Vereinigten Wirtschaftsgebietes und der französischen Besatzungszone. Entsprechend dieser Aufgaben ist das Bundesarchiv in Koblenz gegliedert. Ich kann mit ersparen, auf die Organisation im Einzelnen einzugehen, möchte vielmehr nur das erwähnen, was mir für Sie und Ihre Arbeit wichtig erscheint. Das Bundesarchiv wird geleitet von seinem Präsidenten Dr. Mommsen, es umfasst drei große Abteilungen mit jeweils mehreren Referaten und vier Außenstellen. Bei Ihren Untersuchungen werden Sie besonders mit den Referaten zu tun haben, die sich mit dem staatlichen Schriftgut der Justiz, Propaganda und vor allem des Inneren oder mit dem der NSDAP, ihrer Organisationen und Verbände befassen, aber auch das Bildarchiv, das gleichzeitig Karten und Pläne verwaltet, und das die Archivierung und Pflege von Dokumentarfilmen bis 1945 durchführende Referat können gewiss im Einzelfall wertvolle Hilfen bieten. Die Außenstelle in Frankfurt mit Sammlungen des ehemaligen Reichsarchivs, insbesondere des Reichskammergerichts, des Deutschen Bundes und der Nationalversammlung 1848/49, wie die Außenstelle in Bad Godesberg mit dem Zwischenarchiv zur Übernahme, Aussonderung und Archivierung von Altakten der obersten Bundesbehörden sind für Sie von geringerem Interesse. So bleiben noch die Außenstelle in Kornelimünster, die sog. Zentralnachweisstelle, auf die ich später noch einmal zu sprechen komme, und das seit einem halben Jahr als Außenstelle in Freiburg arbeitende Militärarchiv, in dem, wie vorher gesagt, die Bestände der ehemaligen Dokumentenzentrale des Militärgeschichtlichen Forschungsamtes mit denen des Militärarchivs, der bisherigen Abteilung in Koblenz, zusammengeführt worden sind.

Auch hier vorab einige Angaben zur Organisation und zu seinen Mitarbeitern. Das Militärarchiv hat seinen Standort in einem Hochhaus im Süden der Stadt Freiburg in der Nähe der Bundesstraße 3 nach Basel, die genaue Anschrift ist Wiesenthalstraße 1. Geleitet von Herrn Oberstleutnant i.G. a.D. und Oberarchivrat Dr. Stahl arbeiten im Archiv ca. 40 Damen und Herren. Das Archiv umfasst vier Arbeitsgruppen, es sind dies die Arbeitsgruppe I mit den zentralen Aufgaben, dem archivtechnischen Dienst, den Generalien, der Bearbeitung von Nachlässen, Erwerbungen, Karten- und Bildsammlungen wie den Akten der ehemaligen preußischen Armee. Die Arbeitsgruppe II betreut die Akten der ehemaligen Wehrmacht und des Heeres. Es ist die Arbeitsgruppe, die Sie wohl am meisten interessieren dürfte. Der Arbeitsgruppe III obliegt die Betreuung von Akten der Marine und der Luftwaffe wie der technischen Entwicklung. Die Arbeitsgruppe IV schließlich ist das militärische Zwischenarchiv für die Akten der Bundeswehr. Das Hauptanliegen der Arbeitsgruppen II und III, d.h. das der einzelnen Referate der Wehrmacht, des Heeres, der Marine und der Luftwaffe, ist es, nach den Grundsätzen archivischer Forderungen eine Ordnung in den großen Teil des aus England und Amerika zurückgeführten meist ungeordneten Bestandes von Archivalien herbeizuführen und so das Material in möglichst kurzer Zeit für die Forschung und für Auskunftserteilung für alle amtlichen und privaten Benutzer bereitzustellen. Das bedeutet, dass Stück für Stück der in den letzten Jahren zurückgeführten Akten nach der militärischen Provenienz zunächst gesichtet, in eine festgelegte Ordnung gebracht wird, um es dann nach seinem Inhalt auszuwerten, zu katalogisieren – nach bestimmten archivischen Gesichtspunkten -, um es so schließlich den verschiedensten Aufgaben der Nutzung zuzuführen. Wie dies im Einzelnen geschieht, wird in der anschließenden Diskussion oder bei dem Besuch heute Nachmittag im Militärarchiv gewiss noch zur Sprache kommen.

Wie groß ist nun der Bestand der aus den Vereinigten Staaten und aus England an das Militärarchiv zurückgegebenen Akten, von welchen Dienststellen und Verbänden der ehemaligen deutschen Wehrmacht wurden die Akten geführt, wie ist der Erhaltungszustand, wie weit können sie Ihnen als StA, die Sie mit der Verfolgung von NS-Verbrechen befasst sind, dienlich sein? – Zwar ist die Rückführung militärischen Aktengutes noch nicht abgeschlossen, doch kann man nach dem gewonnenen Überblick heut sagen, dass sich der weitaus überwiegende Teil der erhalten gebliebenen und in den Besitz der westlichen Alliierten gekommenen Akten wieder in deutschen Händen befindet. Das Gesamtgewicht beträgt bis heute ungefähr 250 Tonnen. Wie viele Tonnen noch erwartet werden können, kann bisher nicht gesagt werden, es dürfte sich aber voraussichtlich nur noch um geringe Mengen handeln. Wenn es auch noch nicht möglich ist, genauere Angaben über die Anzahl der Akten und der für diese benötigten Regalmeter zu machen, so kann nach einer überschlägigen Aufrechnung davon ausgegangen werden, dass der Bestand der Akten des früheren Heeres insgesamt ca. 125.000 Stück, der der früheren Luftwaffe ca. 20.000, die der Marine ca. 108.000 Stück umfasst. Hinzu kommen noch vom OKW und von Sonderformationen ca. 4000 Aktenstücke, dazu mehr als 6000 große Karten. Zur Lagerung aller zurückgeführten Akten dürften mindestens 5500 Regalmeter notwendig sein.

Abgesehen von der Masse der Marine-Akten ist der Erhaltungs- und Ordnungszustand außerordentlich schlecht. Um einen weiteren Verfall des wertvollen Materials zu verhindern, sind umfangreiche Restaurierungsarbeiten notwendig. Die Gründe für den schlechten Zustand habe ich versucht, Ihnen am Anfang meines Referats zu erklären, es sind dies Zerstörung durch unmittelbare Kriegseinwirkung, aber auch die oft unsachgemäße Behandlung während und nach dem Kriege. Letztere muss auch dafür verantwortlich gemacht werden, dass durchweg keine vollständigen, geschlossenen Bestandsgruppen zurückgeführt worden, sondern die trotz der verschiedenen Auslagerungen und trotz des Vernichtungsbefehls noch erhalten gebliebenen Teile weitgehend durcheinander gebracht worden sind, dass sie offenbar nach dem Kriege zur Bearbeitung bestimmter Fragestellungen auseinandergerissen worden und später falsch zusammengeführt worden sind, so dass heute oft sogar in einem einzelnen Aktenstück Lücken festgestellt werden, wobei es sich dann meist um solche Schriftstücke handelt, die von der Thematik her besonderen Wert besitzen. Erst dann, wenn die Rückführungen aus den USA und England endgültig abgeschlossen sind, kann eine Gesamtaufstellung erkennbar machen, welche Verluste im Bestand der deutschen Kriegsakten eingetreten sind. Leider liegt hierfür kein Zeitplan vor, wie auch bisher die militärischen Akten zusammen mit anderen deutschen Akten in unregelmäßigen Abständen eingetroffen sind. – Geordnet werden die rückgeführten Bestände zurzeit nach Bestandsgruppen in den im Militärarchiv gebildeten Hauptabteilungen RW – Wehrmachtsführung und zentrale Wehrmachtsangelegenheiten 1920 bis 1945, RH – Reichsheer 1920 bis 1945, RL – Luftwaffe und RM – Kaiserliche Marine, Reichsmarine und Kriegsmarine, hier also von 1871 bis 1945. – Ich möchte Ihnen nun einen kurzen Überblick geben über die Bestände, die im Militärarchiv heute, wenn auch noch weitgehend ungeordnet, vorliegen und für Ihre Arbeit von Bedeutung sein können. Ich lasse also diejenigen außer Betracht, die ebenfalls zurückgeführt eine andere Zeit umfassen, so zum Beispiel die der preußischen Armee.

Ich beginne mit der *Hauptabteilung RW.* Leider sind von der obersten Führung der Wehrmacht, dem OKW und seinen nachgeordneten zentralen Stellen, nur sehr geringe Bestände erhalten geblieben, hier sind die Lücken besonders unangenehm spürbar, zumal oft Unwichtigeres erhalten blieb, während wertvolles Schrifttum unwiederbringlich verloren gegangen ist. Allerdings wird der Bestand nach weiterer Auswertung der Akten des Heeres und auch der Marine einige Ergänzungen zumindest durch Hinweise auf Befehle oder Stellungnahmen, die vom OKW verschiedene Empfänger erreicht haben, bekommen. Erhalten sind u.a. die Restbestände folgender Provenienz: Reichskriegsministerium, Reichswehrministerium, Chef des Oberkommandos der Wehrmacht, Wehrmachtszentralamt, Wehrmachtsführungsstab, Amtsgruppe Auslandsnachrichten und Abwehr, Allgemeines Wehrmachtsamt, Adjutantur der Wehrmacht beim Führer und Reichskanzler, Wehrmachtsakademie, Waffenstillstandskommission und ein größerer Bestand des Wirtschafts- und Rüstungsamtes, bei letzterem vor allem mit dem nachgeordneten Bereich der Wirtschafts- und Rüstungsinspektionen und –kommandos. Auf diese Akten darf ich Sie besonders aufmerksam machen, da sich in diesen Akten naturgemäß manche Dinge in den Stimmungsberichten der Bevölkerung in den besetzten Gebieten widerspiegeln, die sich in den von den Deutschen im Kriege besetzten Gebieten ereignet haben. Weitere Bestände von Akten nachgeordneter Dienststellen sind die der Militärattachés, der Militär- und Wehrmachtsbefehlshaber, so von Belgien und Nordfrankreich, von Frankreich, den Niederlanden, Dänemark, Südost, Griechenland und Serbien, Akten der Wehrersatzinspektionen, der Wehrbezirkskommandos und Wehrmeldeämter, der Wehrmachtstransport- und Verkehrsdienststellen und der Wehrakademie. Wie gesagt sind von all den genannten Provenienzen nur Splitterteile mehr oder weniger großen Umfangs vorhanden.

Wesentlich besser sieht es dagegen mit den geretteten *Beständen der Hauptabteilung Heer* aus, allerdings auch mit der Einschränkung, dass auch hier wichtige Aktenbestände gerade der zentralen Behörden wie Oberkommando des Heeres, Chef der Heeresleitung und einzelner Oberkommandos der Heeresgruppen aus den vorher genannten verschiedenen Gründen, ganz besonders aber durch die Vernichtungsmaßnahmen zu Ende des Krieges fast vollkommen zerstört worden sind. Außer den geringen Restteilen der genannten Provenienzen gibt es Akten des Generalstabes des Heeres, der Zentralabteilung, Operationsabteilung, Organisationsabteilung, der Abteilung Fremde Heere Ost und West, der Attachéabteilung, Ausbildungsabteilung, der Kriegswissenschaftlichen und Kriegsgeschichtlichen Abteilung, der Waffengenerale beim Ob. d. H. bzw. beim Generalstab des Heeres. Auf einen besonders wertvollen Bestand möchte ich besonders aufmerksam machen. Es sind dies die Lagenkarten, die von der Operationsabteilung des Heeres geführt worden sind und die ein gutes Bild über den jeweiligen Einsatz der einzelnen Verbände an der Front zu einer bestimmten Zeit geben und gleichzeitig auch die Einzeichnungen der erkannten Feindverbände enthalten. Diese Lagenkarten, auch wenn sie zum Teil aus Gründen einer verspäteten Nachrichtenübermittlung manchmal den Ereignissen ein wenig nachhinken, sind nicht nur für die militärgeschichtliche Forschung ein unersetzliches Hilfsmittel, sie dienen auch den Gerichten zur Auffindung bestimmter Truppenteile zu Zeiten, da ein von ihnen zu untersuchendes Ereignis passiert sein soll.

Wenn die Lagenkarten, von denen ich eine anschließend zur Demonstration hier zeigen möchte, auch nicht für jeden Tag des Krieges vorliegen, der Abstand von einer Karte zur nächsten ist unterschiedlich und beträgt manchmal mehrere Tage, so sind doch insgesamt ohne Duplikate ca. 3000 Stück vorhanden. Zusammen mit den von der damaligen Dokumentenzentrale gesammelten und durch Fotokopien in eine handliche Form gebrachten sog. schematischen Kriegsgliederungen, von denen ich Ihnen ebenfalls ein Exemplar anschließend an meinen Vortrag zeigen möchte, bilden sie bei den Nachforschungen für die Gerichte häufig den Anfang für das eigentliche Aktenstudium. Von folgenden weiteren zentralen Stellen des Heeres liegen Akten vor: Vom Generalquartiermeister, Chef des Transportwesens, Chef des Heeresnachrichtenwesens, Generalinspekteur der Panzertruppen, ein umfangreicher Bestand von mehr als 2000 Stücken des Heeressanitätsinspekteurs, vom Heerespersonalamt, Heereswaffenamt, hierbei ein umfangreicher Bestand der Peenemünder Versuchsanstalt, Chef der Heeresrüstung und Befehlshaber im Ersatzheer, dem Allgemeinen Heeresamt, den Waffeninspekteuren, der Kriegsakademie und dem Chef der Heeresarchive. – Besonders aufmerksam machen möchte ich hier auch noch auf den wertvollen Bestand der Abteilung Kriegskarten- und Vermessungswesen beim Generalstab des Heeres, wodurch uns militärgeografische Beschreibungen vieler europäischer, aber auch außereuropäischer Länder mit dem entsprechenden Bilder- und Kartenmaterial meist aus der Zeit des Kriegsbeginns erhalten geblieben sind.

Die zurückgeführten Akten der Kommandobehörden des Heeres auf den verschiedenen Ebenen von der Heeresgruppe bis zu den Divisionen im Einzelnen aufzuzählen, würde hier zu weit führen. Es gibt im Übrigen, falls es Sie interessiert, eine Übersicht über die Bestände der Kommandobehörden in einem Aufsatz des amerikanischen *Prof. Burdick* unter dem Titel „Die Unterlagen über Einheiten des deutschen Heeres im Zweiten Weltkrieg", der Aufsatz ist in der Wehrwissenschaftlichen Rundschau 1966 in drei Fortsetzungen erschienen. Es möge hier nur so viel gesagt werden, dass im Allgemeinen von den Heeresgruppen, Armeen, Korps und Divisionen nur die Kriegstagebücher mit ihren Anlagenbänden der verschiedenen Abteilungen erhalten geblieben sind. Sie stellen trotz der vorher bereits erwähnten Verluste beim Brand der kriegswissenschaftlichen Abteilung des Heeres im Jahre 1942 den überwiegenden Teil der rückgeführten Akten dar. Während einzelne Kriegstagebücher bis in das Jahr 1945 reichen, enden die meisten dieser Akten bereits im Jahre 1944, einzelne im Zusammenhang mit besonderen Schicksalen dieser Kommandostellen aber auch schon 1943. Hinzu kommt, dass einzelne Kriegstagebücher sehr lückenhaft nur erhalten geblieben sind, dass wesentliche Anlagen fehlen, und schließlich muss auch darauf hingewiesen werden, dass ihr Aussagewert je nach der Person des Kriegstagebuchführers und mit dem manchmal häufigen Wechsel in dieser Dienststellung unterschiedlich bewertet werden muss. Auch hier gibt es sehr viele Aktenstücke, die starke Beschädigungen aufweisen.

Von Verbänden und Einheiten unterhalb der Divisionsebene, also von den Regimentern, Bataillonen und Abteilungen, aber auch den Artilleriekommandeuren, Kampfgruppen und den Kommandanturen verschiedenster Art, Größe und Bedeutung – zu ihnen gehören auch die von Ihnen so oft gesuchten Feld- und Oberfeldkommandanturen – sind Akten kaum erhalten geblieben, sie müssen als verloren angesehen werden, es sei denn, es befänden sich noch einige Doppelstücke in privater Hand. Von Zeit zu Zeit geschieht es ja in der Tat, dass solche Unterlagen dem Militärarchiv von Einzelpersonen angeboten werden. Lediglich in den Akten der vorgesetzten Kommandobehörden finden sich einzelne Tätigkeitsberichte oder Meldungen, die einen gewissen Ersatz für die verlorenen Aktenstücke darstellen. – Hingegen ist von einzelnen Wehrkreiskommandos, von einzelnen Friedenstruppenteilen, auch von Dienststellen des Ersatzheeres und Schulen noch Schriftgut erhalten geblieben. Wie weit es sich hierbei noch um Material handelt, das als wertvolle Ausfüllung vorhandener Lücken angesehen werden kann, muss noch im Einzelnen geprüft werden.

Das umfangreiche Archivmaterial der *Marine* möchte ich, da es für Sie von geringerem Interesse ist, nur kurz behandeln. Wie ich bereits sagte, war es aufgrund einer rechtzeitigen Verlagerung nach Schloss Tembach möglich, die für die Seekriegsgeschichte so wichtigen Akten der Preußischen, Kaiserlichen, Reichs- und Kriegsmarine vor der Vernichtung weitgehend zu retten. Bis auf geringe Bestände sind die Akten aus England an das Militärarchiv zurückgegeben. Wenn ich die Provenienzen bis 1919 außer Betracht lasse, so möchte ich nur diejenigen Akten erwähnen, die auch für die Wehrmachtsführung während des Dritten Reiches Bedeutung haben; es sind dies die Akten Oberbefehlshabers der Kriegsmarine, der Seekriegsleitung, Kriegswissenschaftlichen Abteilung der Marine, Völkerbundsgruppe der Marine, Marineattachégruppe, Marinepersonalamt, Marinemedizinalamt, Marinehaushaltsabteilung, Marinekommandoamt, Inspektion des Erziehungs- und Bildungswesens sowie der verschiedenen Waffen und technischen Einrichtungen, Befehlshaber der U-Boote, Flottenkommando, Führer der Zerstörer, Führer der Torpedoboote, Führer der Schnellboote, Marineakademie und Marineschule in Mürwik, darüber hinaus im nachgeordneten Bereich die Akten der Marinestationen, Marinegruppenkommandos, Geschwaderkommandos, der verschiedenen Flottillenkommandos, Verbandsstäbe der Sicherungsstreitkräfte, Akten der einzelnen Schiffe, Werften, Arsenale, Versuchsanstalten, Erprobungskommandos, Befehls- und Verbindungsstellen im verbündeten und besetzten Ausland, der Marinefliegerverbände und schließlich der Landstreitkräfte der Marine. Die Akten, die in England einen deutschen Amtsrat als Betreuer hatten, sind in einem wesentlich besseren Zustand, als ihn aus den verschiedenen Gründen die Heeresakten ausweisen.

Ich komme zu den Akten der *Luftwaffe*. Ihr Umfang ist nur sehr gering, das Luftwaffenarchiv wurde, wie gesagt, zu Ende des Krieges vernichtet; so blieben von den wichtigen Beständen der Kommandobehörden, von den fliegenden

Verbänden, von Fallschirm-, Flak- und Luftnachrichtentruppen nur einzelne Reste von Schriftgut erhalten. Es wird Aufgabe des Militärarchivs sein, wenigstens durch Anfertigung von Kopien aus Heeresakten, die mitunter in den Anlagen zu den Kriegstagebüchern auch Meldungen über den Einsatz der fliegenden Verbände oder der Flak enthalten, zu ergänzen. Einigermaßen günstig ist der Aktenbestand, aus dem Erkenntnisse über den organisatorischen Aufbau der Luftwaffe, der technischen Entwicklung und der Bodenorganisation gewonnen werden können.

Von der *Waffen-SS* sind ebenfalls nur geringe Aktenstücke vorhanden. Wie Ihnen gewiss bekannt ist, besaß die Waffen-SS eine eigene kriegsgeschichtliche Abteilung mit einem dazugehörenden Archiv, dennoch waren einzelne Stücke an das Heeresarchiv in Potsdam als Durchschriften gelangt, diese sind an das Militärarchiv zurückgegeben worden. Ich darf in diesem Zusammenhang noch darauf hinweisen, dass die erhalten gebliebenen Akten der zentralen Dienststellen der SS sich aber im Bundesarchiv in Koblenz befinden, da im Allgemeinen diese Dienststellen nicht nur für die Waffen-SS zuständig waren, sondern auch für die anderen SS-Organisationen, deren Akten in Koblenz verwaltet werden.

Dass über die aus alliiertem Gewahrsam an die Bundesrepublik zurückgegebenen Akten hinaus im Militärarchiv noch wesentliche Sonderbestände und Sammlungen vorliegen, möchte ich, ohne im Einzelnen darauf einzugehen, nur noch erwähnen, sie reichen von technischen Zeichnungen, Fotos und Plänen bis zu den Nachlässen und privaten Sammlungen. Ich möchte Sie aber noch besonders auf das amtliche Druckgut hinweisen, auf die Dienstvorschriften, auf die Merk-, Verordnungs- und Informationsblätter, auch auf die Ranglisten, Dienststellenbesetzungslisten, Taschenbücher und schließlich auch sogar auf Telefonbücher und Garnisonadressbücher. Sie dürften Ihnen in manchen Fragen der Führung und der Organisation und der Verwaltung oder in Fragen des Rechts eine Hilfe bedeuten. Auch die gedruckten Truppengeschichten können dort, wo Akten fehlen, eine Lücke ausfüllen.

Einen besonderen Archivwert stellen naturgemäß auch die *Personalunterlagen* dar. Diese sind aber in der Außenstelle Kornelimünster des Bundesarchivs deponiert. Bereits im Oktober 1945 aus dem früheren Hauptversorgungsamt Westfalen eingerichtet und 1945 als Personenstandsarchiv II zur Landesarchivverwaltung von Nordrhein-Westfalen überführt, wurde es schließlich 1954 dem Bundesarchiv unterstellt mit der Aufgabe, die Personalunterlagen der ehemaligen Soldaten und Wehrmachtsbediensteten zu verwalten und zu bearbeiten. Kornelimünster besitzt als Zentralnachweisstelle die noch erhalten gebliebenen Personalakten des Heeres und der Luftwaffe, der Wehrstammbücher, Ordensverleihungsunterlagen und Verwendungskarteien. Diese Stelle erteilt deswegen die entsprechenden Auskünfte für die Versorgungsämter, Wiedergutmachungsämter, Gerichte und StA. Dort werden auch die wenigen noch vorhandenen Kriegsgerichtsakten aufbewahrt.

Schließlich noch ein vielleicht für Sie nicht unwichtiger Hinweis: Die Personalakten der Marine, die Verlustmeldungen, Erkennungsmarkenverzeichnisse und persönlichen Nachlässe von unbekannten Gefallenen werden in der Deutschen

Dienststelle Berlin (West) und alle früher in Kassel und München aufbewahrten Krankenbücher im Krankenbuchlager in Berlin aufbewahrt.

Ich komme zum Schluss. Was ist nun in der damaligen Dokumentenzentrale und im Militärarchiv mit den Mengen des zurückgeführten Materials bisher geschehen und wie wird das Material weiter bearbeitet, um es für die wissenschaftliche Forschung und im Rahmen der Amtshilfe bereitzustellen? Sogleich mit dem ersten Rücktransport, als man noch in keiner Weise ahnte, welch große Masse an Akten einmal auf uns zukommen würde, wurden Wege gesucht, um durch einen rationalisierten Arbeitsablauf sogleich Auskunft geben zu können, welche Akten und von welchen Registraturträgern zurückgegeben worden waren. Ich will Ihnen den Weg kurz skizzieren, wobei ich mich wegen des geschilderten schlechten Ordnungszustandes auf die Heeres- und Luftwaffenakten beschränken möchte. Kam eine Zusendung aus Amerika, die übrigens meist vorher angekündigt worden war, so wurde von einem Mitarbeiter anhand der Beschriftung auf den einzelnen Kartons, auch Boxen genannt, zu allererst einmal festgestellt, von welchen Dienststellen oder Verbänden Akten überhaupt zurückgeführt worden waren und in welchen Boxen, die von den Amerikanern mit Nummern versehen waren, diese zurückgeführten Akten sich befanden. Diese erste Liste bekam dann bereits eine Ablage bei den Findmitteln. Gleichzeitig wurde für den jeweiligen späteren Bearbeiter zur Auskunftserteilung eine kleine Karteikarte angelegt. So wusste man wenigstens, dass die Akten einer bestimmten Kommandobehörde oder eines Verbandes zurückgeführt waren, man konnte den Bestand, ohne den Zustand oder Umfang der einzelnen Akten zu kennen, bereits finden und ggf. vorlegen. – Der zweite Arbeitsgang war der, die eingegangenen Bestände in Akzessionslisten aufzunehmen. Diese im Findmittelraum des Militärarchivs aufgestellten Akzessionslisten sind bis zur endgültigen Archivierung der Akten das wertvollste Hilfsmittel, sie lösten die zuerst erstellten provisorischen Listen ab. In der Akzessionsliste ist bereits jede einzelne Akte mit der von den Amerikanern aufgetragenen Signatur erfasst. Diese Liste gibt bereits Auskunft über die Provenienz, die Art der Akte, ob es sich um ein Kriegstagebuch handelt, um eine Karte oder um die Anlagen zum Kriegstagebuch, meist sind aus ihr auch Ort und Zeitraum zu ersehen.

Es sind nun natürlich die Akten noch nicht ausgewertet, was ja naturgemäß eine unvergleichlich längere Zeit in Anspruch nimmt und wovon man nach den ersten großen Transporten und den Rufen aller möglichen Stellen nach Einsichtnahme in das Material Abstand nehmen musste. Die Akzessionslisten geben eine hinreichende Information, mit der man arbeiten kann, sie sind ein echtes archivarisches Hilfsmittel, mit dem man Leihanforderungen einzelner Stücke jederzeit sofort erfüllen kann, also schon heute, zu einer Zeit, da die eigentliche Archivierung noch Jahre benötigt. Ich darf darauf hinweisen, dass allein für die Bestände des Heeres mehr als 600 Akzessionslisten erstellt worden sind, dass damit ca. 85 % des Gesamtbestandes bis heute erfasst werden konnten. Über die Akzessionslisten hinaus gibt es noch zwei wertvolle Hilfen zum Feststellen, ob bestimmte Akten vorhanden sind oder vorhanden waren. Es sind diese der sog. Potsdam-Katalog, aus dem man ersehen kann, ob für eine bestimmte Zeit Akten eines bestimmten Verbandes zu Ende des Krieges im Heeresarchiv in Potsdam vorgelegen haben oder nicht. Ist die gesuchte Zeit oder der gesuchte Verband nicht aufgeführt, besteht kaum Aussicht, dass eine Akte, die sich darauf bezieht, aus Amerika noch in das Militärarchiv gelangt.

Schließlich mache ich noch darauf aufmerksam, dass die Alexandria-Kataloge, die sog. Guides, Aufschluss über die durch die Nationalarchive in Washington veranlasste Verfilmung deutscher militärischer Akten Aufschluss geben. Die Guides werden den meisten von Ihnen bekannt sein. Es ist selbstverständlich, dass darüber hinaus aber auch noch Aktenstücke bestehen, die nicht in Amerika verfilmt worden sind, dennoch sind die Guides – sollten sie einmal alle vorliegen – eine gewisse Bestandsübersicht über die nach Amerika verbrachten deutschen Heeresakten. Durch den käuflichen Erwerb der Filmrollen in Amerika ist es im Übrigen für jedermann möglich, sofern er das notwendige Geld dafür aufwenden will, in den Besitz eines Abzuges dieser verfilmten Akten zu gelangen, ein Novum in der Geschichte des Archivwesens, insbesondere wenn man bedenkt, dass z.B. Frankreich erst im letzten Jahr die Akten des Ersten Weltkrieges in seinen Archiven für die Benutzung freigegeben hat.

Auf die im Einzelnen noch vorzunehmende archivarische Behandlung aller im Militärarchiv liegender Akten möchte ich hier nun nicht weiter eingehen. Sie geschieht nach den vom Bundesarchiv festgelegten allgemeinen Grundsätzen. Sie wird bei der Titelbildung für jede Sachakte vom Akteninhalt ausgehen und bei allen Akten zu einer endgültigen Archivsignatur führen. Durch „hierin"-Vermerke wird eine nähere, über die Angaben des Aktentitels hinausgehende Erschließung des jeweiligen Aktenbandes ermöglicht. Über die anzulegenden Findkarteien folgt dann die Verzeichnung in den Findbüchern. Das Ziel nach der weitergehenden Erschließung des Akteninhalts ist dann schließlich die Aufstellung eines Generalindexes.

Bevor Ihnen nun Herr AG-Rat Pawlowski von der ZSt. in L. an einem von ihm ausgewählten Beispiel zeigen wird, wie man mit den bisher im Militärarchiv erstellten Hilfsmitteln als Außenstehender an das gesuchte Material herankommt, darf ich mich sehr herzlich für Ihre Aufmerksamkeit bedanken und die Hoffnung aussprechen, dass Sie Verständnis dafür haben werden, wenn in Anbetracht der großen Menge des in Freiburg lagernden Materials und des meist sehr schlechten Erhaltungs- und Ordnungszustandes mitunter eine gewisse Zeit notwendig ist, Ihre oftmals umfangreichen Wünsche zu erfüllen. Ich bitte aber, davon überzeugt zu sein, dass das Militärarchiv stets bemüht ist, Sie in Ihrer Arbeit bei der Strafverfolgung von NS-Verbrechen weitgehend zu unterstützen."

Anschließend berichtete *AG-Rat Pawlowski* (Ludwigsburg) über seine *Erfahrungen beim Militärarchiv*. Er warnte davor, die Möglichkeit zu überschätzen, in den Akten des Militärarchivs ergiebige Hinweise oder gar erfolgversprechende Ermittlungsteilergebnisse zu finden. Er wies darauf hin, dass man in aller Regel enttäuscht werde, falls man nach Ausschöpfung aller anderen Ermittlungsmöglichkeiten glaube, bei den mit deutscher Gründlichkeit geführten militärischen

Akten müsse sich unbedingt ein Hinweis auf die konkrete Tat finden. Er nannte folgende Gründe für die oft mangelnde „Fündigkeit“ der militärischen Akten:

1. Die entsprechenden Akten seien z.T. nur sehr lückenhaft vorhanden – z.B. für Korückakten; zwar Abdrucke der an die vorgesetzte Dienststelle (AOK) hinausgehenden Berichte, aber nicht die eingehenden Berichte der untergeordneten Dienststellen (z.B. Feld- und Ortskommandanturen, Sicherungsdivisionen usw.), aufgrund derer erstere erst erstellt wurden.

2. Die Kriegstagebücher und die Akten seien oft sehr unterschiedlich geführt worden – z.B. sind in einem Kriegstagebuch täglich konkrete Hinweise auf NS-Verbrechen zu finden („Tagesmeldungen: am ... in ... 963 Juden durch SD liquidiert.“), während der Vertreter dieses Kriegstagebuch-Führers derartige Tagesmeldungen nicht in das Kriegstagebuch übernommen hat.

3. Zahlreiche Einzeldokumente seien von den Amerikanern den Akten entnommen und den Nürnberger Dokumenten zugeordnet worden. – Er empfahl, vor Benutzung des Archivs sich unbedingt mit dessen Findmitteln vertraut zu machen, weil dies die Arbeitsweise sehr erleichtere, da man sich dann über die Kriegskarten, die im Militärarchiv zur Genüge vorhanden seien, unter Berücksichtigung der Unterstellungsverhältnisse über die schematischen Kriegsgliederungen und schließlich über die Findmittel an die einzelnen Akten sehr gut heranarbeiten könne, durch dieses systematische Vorgehen alle einschlägigen Akten zu Gesicht bekäme und nicht Gefahr laufe, etwas zu übersehen.

Schließlich erklärte er, dass die ZSt. in Zukunft in ihren Schlussberichten darauf hinweisen werde, welche Akten des Militärarchivs – genaue Angaben der Aktenzeichen und kurze Inhaltsangabe – während der Vorermittlungen mit welchem Ergebnis eingesehen worden seien.

OStA Dr. Rückerl (Ludwigsburg) bedankte sich bei den Herren des Militärarchivs für deren in der letzten Zeit verstärktes Entgegenkommen.

OStA Blank (Ludwigsburg) fragte, was aus den Akten unterhalb der Divisionsebene geworden und ob versucht worden sei, den Verbleib dieser Akten zu klären.

Oberstleutnant Forwick (Freiburg) erklärte, dass solche Akten im Militärarchiv so gut wie nicht vorhanden seien, diese Akten seien wahrscheinlich in Potsdam geblieben. Er wies jedoch darauf hin, dass sich in den Akten der Divisionen die Vorgänge der ihnen unterstehenden Einheiten widerspiegele, z.B. in den Berichten.

Oberarchivrat Dr. Stahl (Freiburg) erklärte, dass die in Potsdam gebliebenen Akten größtenteils am 19.4.1945 bei einem Luftangriff vernichtet und nur ein ganz kleiner Teil (Registraturakten) gerettet worden seien. Er wies darauf hin, dass das Militärarchiv mit den Ostblockstaaten wegen Akten keine Verbindung aufgenommen habe, da es sich hierbei um eine überwiegend politische Frage handle.

EStA Kintzi (Braunschweig) fragte, ob 1. Originalunterlagen übersandt werden könnten, 2. eine allgemeine Findmittelübersicht in einem Rundschreiben mitgeteilt werden könne, 3. sich Akten von Polizeieinheiten im Militärarchiv befänden.

LG-Rat Schenck (Hamburg) fragte, ob sich aus den Kriegstagebüchern ergebe, dass Wehrmachtseinheiten von Aktionen berichtet hätten, an denen sie nicht beteiligt gewesen seien.

EStA Sichtig (Stuttgart) erklärte, dass er die letzte Frage dahin beantworten könne, dass teilweise solche Meldungen vorhanden seien, dies jedoch von den einzelnen Wehrmachtseinheiten sehr unterschiedlich gehandhabt worden sei.

EStA Dr. Riedelsheimer (München II) fragte, in welchem Umfang Lagekarten vorhanden seien.

Oberstleutnant Forwick (Freiburg) nahm zu den Fragen Stellung. Es sei jederzeit möglich, Originaldokumente zu übersenden. Dies sei bereits geschehen. Es bestehe jedoch Anlass, die Bitte zu wiederholen, diese Akten nach Abschluss des Prozesses zurückzusenden. – Eine Findmittelübersicht zu erstellen ließe sich technisch schlecht durchführen, da das Material der Findmittel zu vielseitig sei. In den Wehrmachtsakten befänden sich hier und da auch Hinweise auf NS-Verbrechen, auch dort, wo man sie manchmal nicht vermute, z.B. in den Berichten der Divisionspfarrer. – Lagekarten seien für die ganze Zeit des Krieges vorhanden.

Archivamtmann Ziggel (Freiburg) erklärte, dass Akten von Polizeieinheiten im Militärarchiv nicht vorhanden seien, dass sich insoweit nur aus den Akten der Sicherungsdivisionen etwas erfahren ließe.

StA Jans (Hannover) fragte, ob es auch in den Landesarchiven, z.B. in der Weltkriegsbücherei in Stuttgart, militärische Akten gebe.

Oberstleutnant Forwick (Freiburg) erklärte, es sei nicht ganz auszuschließen, dass in seltenen Fällen militärische Schriftstücke auch in anderen Archiven vorhanden seien, jedoch sei das Militärarchiv bemüht, diese an sich zu ziehen.

EStA Sichting (Stuttgart) erklärte, dass sich in der Weltkriegsbücherei in Stuttgart, die organisatorisch der Landesbibliothek angeschlossen sei, keine Akten, sondern nur Literatur befinde. Er wies darauf hin, dass die Weltkriegsbücherei sehr aktiv sei und über sehr viel ausgezeichnetes Hintergrundmaterial verfüge, z.B. über sämtliche Ausgaben der während der NS-Zeit erschienenen „Krakauer Zeitung".

OStA Dr. Artzt (Ludwigsburg) sprach über *Abgrenzung von Kriegsverbrechen und NS-Verbrechen.*

„I. Das Problem einer klaren Unterscheidung zwischen diesen beiden Verbrechen war für unsere Arbeit stets aktuell. In Zukunft wird es jedoch noch erheblich an Bedeutung gewinnen.

In der Bundestagssitzung vom 10.3.1964, in der über die Verlängerung der Verjährungsfrist für NS-Verbrechen debattiert wurde, erklärte der BT-Abg. Arndt unter brausendem Beifall des Hauses: „Mit Kriegsverbrechen hat das gar nichts zu tun, darüber sollte sich das Haus doch einig sein." Das später verabschiedete Gesetz vom 13.4.1965 ließ freilich diesen Unterschied zwischen nationalsozialistische Mordtaten und Kriegsmorden nicht mehr erkennen. Soweit Kriegsverbrechen den Tatbestand des Mordes erfüllen, müssen sie nach wie vor strafrechtlich verfolgt werden.

In Wirklichkeit war auch eine solche eindeutige Abgrenzung, wie Arndt sie im Bundestag hervorhob, niemals populär. In der Öffentlichkeit, in der Presse und selbst im amtlichen Sprachgebrauch hatte sich eine Trennung dieser Begriffe nicht durchgesetzt. So sah sich z.B. der BJM veranlasst, im Juli 1967 an die obersten

Behörden ein Schreiben zu richten, in dem er diesen den Unterschied auseinandersetzte und u.a. schrieb: „Die Gleichsetzung der Begriffe nationalsozialistischer Verbrechen und Kriegsverbrechen führt daher zu Missverständnissen und Schwierigkeiten im internationalen Bereich.„ ... "Ich wäre dankbar, wenn Sie veranlassen könnten, dass in Ihrem Geschäftsbereich zwischen „Kriegsverbrechen" und „nationalsozialistischen Verbrechen" unterschieden wird." Für eine solche – meist unbewusste, teils aber auch bewusste – mangelnde Unterscheidung gibt es verschiedene Gründe. Die hauptsächliche Ursache dürfte jedoch darin liegen, dass in den Verfahren der Alliierten gegen die Hauptkriegsverbrecher ein Unterschied zwischen den „echten" Kriegsverbrechen, wie sie von den Streitkräften jeder kriegführenden Partei begangen werden können und begangen worden sind, und den spezifischen Verbrechen der nationalsozialistischen Machthaber nicht für jedermann erkennbar herausgestellt worden ist. Es war ein unvorhergesehenes Ergebnis dieser „Kriegsverbrecherprozesse", dass z.B. die Vernichtung der Juden ins Bewusstsein der meisten Deutschen als Kriegsverbrechen einging. So wurden in die innerliche und wachsende Abneigung gegen diese Prozesse der Alliierten auch die ungeheuerlichen Taten der braunen Mörder mit einbezogen (hierzu *Henkys,* Die nationalsozialistischen Gewaltverbrechen – Geschichte und Gericht – 2. Aufl., S. 202 ff., 204). Es mag uns heute unverständlich erscheinen, aber nur aus dieser Mentalität heraus zu begreifen sein, dass der damalige Vizekanzler der Bundesrepublik Dr. Blücher protestierte, als am 8.6.1951 einige der übelsten NS-Verbrecher, nämlich Ohlendorf, Blobel, Naumann und Pohl hingerichtet wurden.

Wie gedankenlos auch heute noch mit dem Begriff „Kriegsverbrechen" umgegangen wird, zeigt z.B. das Plädoyer eines Verteidigers, der das gegen Katzenberger ergangene Urteil wegen Rassenschande als die „Sühne eines Kriegsverbrechens" bezeichnete (nach eigenem Bericht der Süddeutschen Zeitung vom 2.4.1968 Nr. 80 zum Prozess gegen Ferber und Hoffmann in Nürnberg). Eine – vor allem künftige – klare Unterscheidung zwischen Kriegsverbrechen und NS-Verbrechen wird aus folgenden Gründen besonders notwendig:

1. Viele Staaten haben nach dem Aufruf der Bundesregierung umfangreiches Material übersandt oder öffneten ihre Archive zur Auswertung. Diese Entwicklung ist keineswegs abgeschlossen. – Dieses Material wird seitens der Absender nicht danach ausgesucht, ob als Kriegsverbrechen oder als NS-Verbrechen zu wertende Handlungen vorliegen. Tötungen von Zivilisten als Sammelbegriff für Juden, Geiseln, Widerstandskämpfer und ihre Helfer, Gefangene werden unterschiedslos als NS-Verbrechen offeriert. Hierbei ist nicht zu übersehen, dass der Stand der Aufklärung der Kriegsverbrechen ungleich niedriger ist als der Stand der Aufklärung der systematisch untersuchten NS-Verbrechen. Gerade auf dem Gebiet der Kriegsverbrechen ist deshalb mit einer sehr viel größeren Zahl von bisher unbekannt gebliebenen Taten zu rechnen. Eine Ausnahme hiervon dürften lediglich die an Kriegsgefangenen in Lagern begangenen Verbrechen machen, deren Aufklärung der ZSt., die für die Bearbeitung der eigentlichen Kriegsverbrechen nach den Richtlinien der JMK vom 28.4.1965 grundsätzlich nicht zuständig ist, übertragen

wurde (hierzu darf auf Abschnitt III, Ziff. 3 des Referats von OStA Dr. Rückerl Bezug genommen werden).

2. Wichtig scheint mir auch der folgende Grund zu sein: Wie wir gehört haben, muss damit gerechnet werden, dass die geplante UN-Konvention die Unverjährbarkeit von Kriegs- und Menschlichkeitsverbrechen bekräftigen wird. Hierbei ist z.Zt. noch die Frage offen, ob man an das Statut des IMT in Nürnberg anknüpfen oder eine völlig selbständige Definition dieser Verbrechen wählen soll. Ebenso ist noch umstritten, ob man nur die Kriegsverbrechen „schwerer Natur" für unverjährbar erklären soll.

Dafür, dass die Nürnberger Terminologie zugrunde gelegt werden wird, spricht der Vorentwurf des Generalsekretariats, dessen Art. I lautet: Bestätigung des Grundsatzes der Unverjährbarkeit der Kriegsverbrechen und der Verbrechen gegen die Menschlichkeit. Die folgenden Verbrechen sind ungeachtet des Zeitpunktes ihrer Begehung unverjährbar: a) Kriegsverbrechen, wie sie im Statut des Nürnberger Internationalen Gerichtshofes vom 8.8.1945 definiert und durch die Resolution der Vollversammlung der Vereinten Nationen 3 (I) vom 13.2.1946 und 95 (I) vom 11.12.1946 bekräftigt sind, soweit sie schwerer Natur sind, insbesondere die in den Genfer Abkommen von 1949 zum Schutze der Kriegsopfer aufgeführten schweren Zuwiderhandlungen; – b) Verbrechen gegen die Menschlichkeit, wie sie im Statut des Nürnberger Internationalen Gerichtshofs vom 8.8.1945 definiert und durch die Resolutionen der Vollversammlung der Vereinten Nationen 3 (I) vom 13.2.1946 und 95 (I) vom 11.12.1946 bekräftigt sind, sowie das in der Konvention von 1948 zur Verhütung und Bestrafung des Völkermordes definierte Verbrechen des Völkermordes. – So ist zu erwarten, dass in der Weltöffentlichkeit diese Konvention unter Bezugnahme auf das Statut des IMT und auf die Genfer Abkommen von 1949 diskutiert und behandelt werden muss.

Die „schweren Zuwiderhandlungen" der Genfer Abkommen von 1949 sind wie folgt formuliert: „1. Personen, die nicht unmittelbar an den Feindseligkeiten teilnehmen, einschließlich der Mitglieder der Streitkräfte, welche die Waffen gestreckt haben, und der Personen, die durch Krankheit, Verwundung, Gefangennahme oder irgendeine andere Ursache außer Kampf gesetzt wird, werden unter allen Umständen mit Menschlichkeit behandelt, ohne jede auf Rasse, Farbe, Religion oder Glauben, Geschlecht, Geburt oder Vermögen oder auf irgendeinem anderen ähnlichen Unterscheidungsmerkmal beruhende Benachteiligung. Zu diesem Zweck sind und bleiben in Bezug auf die oben erwähnten Personen jederzeit und überall verboten: a) Angriffe auf das Leben und die Person, namentlich Tötung jeder Art, Verstümmelung, grausame Behandlung, Folterung, b) das Festnehmen von Geiseln, c) Beeinträchtigung der persönlichen Würde, namentlich erniedrigende und entwürdigende Behandlung, d) Verurteilungen und Hinrichtungen ohne vorhergehendes Urteil eines ordentlich bestellten Gerichts, da die von den zivilisierten Völkern als unerlässlich anerkannten Rechtsgarantien bietet.

2. Die Verwundeten und Kranken werden geborgen und gepflegt." – Die Konvention von 1948 ist als § 220 a in unser StGB aufgenommen worden.

II. Das Problem des Kriegsverbrechens kann an sich nicht isoliert von der historischen Entwicklung des Kriegsrechts als ein Teil des Völkerrechts und losgelöst von den wichtigsten Problemen des Völkerrechts erörtert werden, da ohne deren Darstellung vieles unverständlich bleiben muss. Dies gilt besonders auch für die Wertung der Nürnberger Rechtsprechung, die man nicht schlechthin als Machtspruch der Sieger über den Besiegten abtun kann, sondern als Ergebnis einer historischen Entwicklung verstehen muss. Prof. Jescheck kommt in seiner Studie zu den Nürnberger Prozessen (*Dr. Hans-Heinrich Jescheck,* „Die Verantwortlichkeit der Staatsorgane nach Völkerstrafrecht", eine Studie zu den Nürnberger Prozessen, 1952, in „Rechtsvergleichende Untersuchungen zur gesamten Strafrechtswissenschaft", Heft 6) zu folgendem Schluss: „Dies alles zeigt, dass die Übernahme der Nürnberger Rechtsgrundsätze ins allgemeine Völkerrecht einen vorherigen Neubau der Verfassung der Völkerrechtsgemeinschaft voraussetzt. Die Nürnberger Urteile haben im strafrechtlichen Bereich eine Entwicklung vorwegnehmen wollen, die den Idealisten seit Jahrzehnten als höchstes Ziel vorgeschwebt hat, die aber aus dem Reich der Utopie erst ganz allmählich in die politische und juristische Wirklichkeit hinauszutreten beginnt." Allerdings wären nach seiner Meinung die Nürnberger Prozesse für uns weniger überraschend gewesen, wenn auch in der deutschen Rechtswissenschaft die internationale Erörterung des Völkerstrafrechts, die vor allem französische und angelsächsische Gelehrte zwischen den Weltkriegen beschäftigt hat, eine stärkere Beachtung gefunden hätte (*Jescheck,* S. 19). Die Frage, ob es ein Völkerrecht überhaupt gibt, welche Stellung es zum innerstaatlichen Recht einnimmt, und ob eine völkerrechtliche Strafe denkbar ist, gehört zu den grundlegenden, aber auch umstrittenen Problemen des Völkerrechts.

Die Darstellung dieser Probleme und ihrer geschichtlich bedingten Entwicklung wäre im Rahmen eines Referats, in dem über das Kriegsverbrechen, das Humanitätsverbrechen und das NS-Verbrechen gesprochen werden soll, zum besseren Verständnis notwendig. Darüber hinaus wäre die Kenntnis dieser geschichtlichen Zusammenhänge sowie der verschiedenen Völkerrechtslehren für den StA, der mit NS-Verbrechen befasst ist, auch deshalb wünschenswert, da die Verteidiger in Grundsatzplädoyers gern die Völkerrechtslehren zugrundelegen, die ihren Standpunkt bekräftigen, entgegenstehende Theorien oder Entwicklungen, die diese Auffassungen widerlegen oder zumindest als umstritten erscheinen lassen würden, aber nicht in ihre Ausführungen aufnehmen. Eine Erörterung dieser Probleme ist aber an dieser Stelle – selbst in gröbsten Zügen – aus zeitlichen Gründen nicht möglich. – Deshalb muss ich hier mit der Frage: *„Was ist eigentlich ein Kriegsverbrechen?"* in medias res gehen. – Wir haben zwar Kodifikationen des Kriegsrechts (*Jescheck, S. 36:* „Das Kriegsrecht wurde durch die seit der Mitte des 19. Jahrhunderts einsetzenden Kodifikationsarbeiten das am besten geregelte Gebiet des Völkerrechts überhaupt"), finden aber nirgendwo in diesen einen Tatbestand des Kriegsverbrechens.

Der Soldat, der auf dem Schlachtfeld einen feindlichen Soldatet tötet, begeht ein Verbrechen, aber dieses Verbrechen ist durch das Kriegsrecht gerechtfertigt (schon Augustinus, De civ.Dei I, 26, hielt denjenigen Soldaten nicht wegen Mordes schuldig, der einen anderen Soldaten auf Befehl seiner gesetzmäßigen Obrigkeit tötet. Tötet er eigenmächtig, soll er wegen Mordes bestraft werden.). Das Völkerrecht übernimmt es, die Definition des Kriegsverbrechens zu geben, aber nicht, um seine wesentlichen Kriterien zu bestimmen, sondern um seine äußeren Grenzen festzusetzen. – „Das juristische Problem der Kriegsverbrechen liegt somit nicht darin, ob sie überhaupt aufgrund des Völkerrechts strafbar sind, sondern in welchen Grenzen die Verletzung des Kriegsvölkerrechts ein Kriegsverbrechen darstellt" (*Jescheck*, S. 181). So ist es nicht verwunderlich, dass wir in den Lehrbüchern und in der Literatur die verschiedensten Versuche einer Begriffsbestimmung des Kriegsverbrechens finden, von denen ich nur einige wiedergeben darf:

1. Das Kriegsverbrechen ist nach allgemeiner Regel eine militärische Gegenmaßnahme, die an sich notwendig und rechtmäßig ist, aber verbrecherisch wird durch eine nicht zu rechtfertigende Übertreibung, beruhend auf einer Improvisation in der Hitze des Gefechts infolge des Fehlens vorgängiger Dienstanweisungen (*Pierre Boissier,* Völkerrecht und Militärbefehl, K.F. Koehler-Verlag, Stuttgart [1953]).

2. Das „Manual of Military Law" des britischen War Office vom Jahre 1916 enthält folgende Einteilung der Kriegsverbrechen: a) Verletzungen der allgemein anerkannten Kriegsregeln durch Soldaten, b) alle Feindseligkeiten, die von Nichtangehörigen der bewaffneten Macht begangen werden, c) Spionage und Kriegsverrat und d) Marodieren.

3. In dem Lehrbuch von Oppenheim (*[Lassa] Oppenheim,* International Law, London 1926, [4. ed.] Vol. 2, p. 342) wird ausgeführt: „Im Gegensatz zu den feindlichen Handlungen der Soldaten, durch die diese ihr Recht auf Behandlung als Mitglieder der bewaffneten Streitkräfte, die nichts Unrechtes getan haben, nicht verlieren, sind Kriegsverbrechen solche feindliche oder andere Handlungen von Soldaten oder anderen Individuen, die durch den Feind bei der Gefangennahme bestraft werden können." – Während des 2. Weltkrieges wurde in diesem Lehrbuch eine andere Abgrenzung des Tatbestandes gegeben, wobei auf die Schwere des Unrechtsgehaltes der Tat abgestellt wurde. Bestraft werden sollen solche Verbrechen, „welche in jeder vernünftigen Annahme als verurteilt durch das allgemeine Gewissen der Menschheit angesehen werden müssen."

4. Die von Lord Cave in der 7. Jahresversammlung der Grotius Society am 31.5.1922 geprägte Fassung wurde als eine der klarsten Definitionen bezeichnet (vgl. *[Hermann] von Mangoldt* „Das Kriegsverbrechen und seine Verfolgung in Vergangenheit und Gegenwart", in: Jahrbuch für internationales und ausländisches öffentliches Recht, II/III 1948, S. 293). Danach sind Kriegsverbrechen „nicht nur die durch die geschriebenen oder ungeschriebenen Gesetze oder Gebräuche des Krieges verbotenen Handlungen, sondern auch die nach der allgemeinen Meinung der zivilisierten Völker dazu zu rechnenden Handlungen verbrecherischer Natur."

5. Der Serbe *[Salomon] Poljokan* erkennt als rechtmäßige Kriegshandlungen nur solche Handlungen an, die den Kriegszweck fördern und zu ihm in einem angemessenen Verhältnis stehen. Handlungen, die dem Kriegszweck nicht förderlich sind, stellen Kriegsverbrechen dar.

6. Die neuere italienische Lehre will als Kriegsverbrechen nur Taten von schwerem Unrechtsgehalt anerkennen.

Art. 22 der Haager Konvention bestimmte: „Die Kriegführenden haben kein unbegrenztes Recht zur Wahl der Mittel, mit denen sie dem Feinde schaden können." – Der Franzose *Pillet* formulierte das so: „Im Kriege sind nicht alle Maßnahmen gut, nur weil sie wirksam sind." – Im Gegensatz hierzu lesen wir im deutschen Handbuch über die Kriegsgesetze im Jahre 1902: „Jedes Kriegsmittel, ohne das das Ziel des Krieges nicht erreicht werden kann, ist zulässig." (*Boissier,* aaO., S. 42/54. Ausführliches hierzu Fritz Bauer, Die Kriegsverbrechen vor Gericht, Europa-Verlag, Zürich 1945).

In der Beschränkung von Taten von schwerem Unrechtsgehalt liegt zweifellos die Möglichkeit einer vernünftigen Grenzziehung. Die Verwirklichung dieser Auffassung finden wir in den vier Genfer Konventionen vom 12.8.1949, die lediglich die schweren Rechtsverstöße zu Strafbeständen ausgestaltet haben, während sie sich bezüglich der weniger schweren Zuwiderhandlungen darauf beschränken, den Staaten die Pflicht zu ihrer Verhinderung aufzuerlegen (z.B. durch Dienstvorschriften, Unterricht, Überwachung und disziplinäre Ahndung). – Hinsichtlich der schweren Verbrechen wird den beteiligten Staaten in diesen Genfer Konventionen die Pflicht auferlegt, im innerstaatlichen Strafrecht für ihre Verletzung entsprechende Strafbestimmungen zu schaffen (Art. 146 und 147). (In diesem Zusammenhang sei auch auf die beiden von der Generalversammlung der UN veranlassten Entwürfe „Code of Offences against the Peace and Security of Mankind" und das vom Committee on International Criminal Jurisdiction aufgestellte „Statute for an International Criminal Court" – beide aus dem Jahre 1951 – hingewiesen. In Ziff. 1 des Code werden die Kriegsverbrechen in allgemeinster Form angeführt [„Acts in violation of the laws or customs of war"]. In den Erläuterungen wird jedoch bemerkt, dass *jede* völkerrechtswidrige Kriegshandlung ein Kriegsverbrechen darstelle, nicht nur die Verstöße von schwerstem Unrechtsgehalt. Ausführlich hierzu *Jescheck,* aaO., S. 417–418.) – Doch bin ich hier der Zeit zu weit vorausgeeilt, da diese Genfer Kodifikationen im 2. Weltkrieg noch nicht bestanden, sondern eher seine Folge sind.

Zur Frage der Bestrafung der Kriegsverbrechen ist ein Blick auf die Situation nach dem 1. Weltkrieg aufschlussreich. Der Versailler Friedensvertrag enthielt in Art. 227–230 Strafbestimmungen für die Kriegsverbrecher und ihre Aburteilung. Sie sollten vor alliierte Militärgerichte gestellt werden. Die deutsche Regierung setzte damals alles daran, die Kriegsverbrecher-Prozesse vor deutsche Gerichte zu ziehen und die Auslieferung zu vermeiden. Durch Reichsgesetz vom 18.12.1919 (RGBl. I, 2125) mit Ergänzungsgesetz vom 24.3.1920 (RGBl. I, 341) wurde hierfür die erstinstanzliche Zuständigkeit des RG begründet. – Hiervon verdient das Gesetz vom 24.3.1920 unser besonderes Interesse. Obwohl seinerzeit – noch nicht zwei Jahre nach Beendigung des Krieges – die Verjährung der Strafverfolgung von Kriegsverbrechen durch drohenden Zeitablauf kaum so aktuell – vor allem hinsichtlich der schweren Kriegsverbrechen – gewesen sein kann, wie es dieses

Problem für uns noch immer ist, wurde in diesem Gesetz ausdrücklich bestimmt, dass die Verjährung der Strafverfolgung ein Verfahren nicht ausschließt.

Doch nicht nur die Verjährung, sondern auch andere einem Verfahren entgegenstehende Gründe wurden außer Kraft gesetzt. – Der Wortlaut des Art. I § 2 dieses Gesetzes darf deshalb hier wiedergegeben werden. Er lautet: „Die Gewährung von Straffreiheit, die Verjährung der Strafverfolgung und ein früheres Verfahren stehen einem Verfahren aufgrund des Gesetzes vom 18.12.1919 nicht entgegen. – Ist der Beschuldigte in dem früheren Verfahren rechtskräftig freigesprochen worden, so verordnet der erste Strafsenat auf Antrag des Oberreichsanwalts die Wiederaufnahme des Verfahrens, falls der Beschuldigte hinreichend verdächtig ist; das Gleiche gilt, wenn in dem früheren Verfahren auf eine Strafe erkannt worden ist, die zu der Schwere der Tat im offenbaren Missverhältnis steht. – Ist das frühere Verfahren durch einen nicht mehr anfechtbaren Beschluss beendet worden, so ist, falls der Beschuldigte hinreichend verdächtig ist, die Verfolgung wieder aufzunehmen. – Erscheint dem Oberreichsanwalt eine Wiederaufnahme des Verfahrens oder der Verfolgung nicht geboten, so hat er die Entscheidung des ersten Strafsenats herbeizuführen; die Vorschriften des § 1 gelten entsprechend."

Die Alliierten erklärten sich schließlich mit dem Verfahren vor dem Reichsgericht einverstanden, behielten sich aber die Ausführung ihrer Rechte vor. Der Reichsregierung wurde eine Liste mit 45 Namen zwecks Erhebung der Anklage vor dem RG übergeben. – Diese Verhandlungen begannen vor dem zweiten Strafsenat des RG am 23.5.1921. Insgesamt kamen jedoch nur neun Verfahren mit zwölf Angeklagten zur gerichtlichen Entscheidung, von denen sechs freigesprochen wurden. Die übrigen Verfahren wurden mangels ausreichender Beweise eingestellt.

Von diesen Entscheidungen des RG darf ich ein Urteil vom 16.7.1921 herausgreifen, weil es den rechtlichen Aufbau des Begriffs des Kriegsverbrechens am besten wiedergibt (hierzu *Jescheck,* aaO., S. 64–67; *Bauer,* aaO., S. 102–104). Der Sachverhalt war folgender: „Ein britisches Lazarettschiff, das die völkerrechtlichen Kennzeichen trug, war am 27.6.1918 von dem deutschen U-Boot 86 ohne Warnung torpediert worden. Ein kleiner Teil der Mannschaft konnte in die Boote gehen, der Kapitänleutnant Patzig bemühte sich zunächst durch Vernehmung der geretteten Offiziere und Mannschaften festzustellen, dass entgegen den Bestimmungen des Völkerrechts Munition an Bord war. Da er sich jedoch vom Gegenteil überzeugen lassen musste, beschloss er, die britischen Tatzeugen zu vernichten, um dem Reich die aus diesem Verbrechen zu erwartenden völkerrechtlichen Schwierigkeiten zu ersparen. Er gab die notwendigen Befehle, die Besatzung ging unter Deck und außer ihm blieben nur die beiden Angeklagten und ein Oberbootmaat an Deck, der das Geschütz bediente. Die beiden Angeklagten übernahmen die Beobachtung, zwei Rettungsboote wurden versenkt. Das Dritte entkam in der Dunkelheit und wurde von einem britischen Kriegsschiff aufgenommen." – Der Kommandant Patzig war nach dem Krieg geflüchtet, die beiden Angeklagten Oberleutnant Dietmar und Bolt standen nicht auf der Liste der Alliierten, wurden aber angeklagt und wegen Beihilfe zum Totschlag zu je vier Jahren Gefängnis verurteilt.

Das RG behandelte die Tat nach deutschem Strafrecht. Die Rechtswidrigkeit aber beurteilte es unmittelbar nach Völkerrecht. Die Wirksamkeit des maßgeblichen völkerrechtlichen Gewohnheitssatzes für den Einzelnen wurde ohne Erörterung als selbstverständlich vorausgesetzt, wenn es heißt: „Die Beschießung der Boote verstieß gegen das Völkerrecht. Wie im Landkrieg (vgl. Haager LKO Art. 23 c), wo die Tötung wehrloser Feinde nicht gestattet ist, so ist im Seekrieg die Tötung von Schiffbrüchigen, die in Rettungsbooten Zuflucht gefunden haben, verboten. – *Eine Überschreitung der völkerrechtlichen Grenzen der Kriegsführung* ist, wie der Senat bereits ausgeführt hat, strafbar, sofern im *Übrigen der Tatbestand einer strafbaren Handlung gegeben ist.*"

Zum Unrechtsbewusstsein führte das RG aus: „*Freilich muss dem Täter die Völkerrechtswidrigkeit seines Tuns bewusst* sein und bei *Prüfung der Frage, ob dieses Bewusstsein gegeben ist, der Zweifelhaftigkeit zahlreicher völkerrechtlicher Regeln* sowie *dem Umstand ausgiebig Rechnung zu tragen,* dass im Kriege *sehr häufig* mit großer Schnelligkeit Entschlüsse von weittragender Bedeutung gefasst werden müssen. Indessen sind aus diesen Erwägungen im vorliegenden Fall keine Bedenken herzuleiten. Die völkerrechtliche Regelung, um die es sich hier handelt, ist einfach allgemein bekannt. Über ihre Anwendbarkeit konnten tatsächlich Zweifel nicht bestehen. Die Strafbarkeit der von Patzig begangenen völkerrechtswidrigen Tötungen ist mithin zu bejahen." – Die Behandlung der Kriegsverbrecher-Prozesse vor dem RG braucht hier im Einzelnen nicht weiter dargestellt zu werden. Im Ergebnis lösten sie allenthalben, besonders bei den alliierten Juristen, Unzufriedenheit aus; dennoch machten die Alliierten von ihrem Vorbehaltsrecht keinen Gebrauch mehr.

In den Nürnberger Prozessen ging man in dem Statut von der angelsächsischen Rechtsauffassung aus. In Art. 6 b des IMT-Statuts wurden die Kriegsverbrechen wie folgt aufgeführt: „*Kriegsverbrechen.* Nämlich: Verletzungen der Kriegsgesetze und der Gebräuche. Solche Verletzungen umfassen, ohne jedoch darauf beschränkt zu sein, Mord, Misshandlungen oder Deportationen zur Sklaverei oder für irgendeinen anderen Zweck von Angehörigen der Zivilbevölkerung von oder in besetzten Gebieten, Mord oder Misshandlungen von Kriegsgefangenen oder Personen auf hoher See, Töten von Geiseln, Plünderung öffentlichen oder privaten Eigentums, die mutwillige Zerstörung von Städten, Märkten oder Dörfern oder jede durch militärische Notwendigkeit nicht gerechtfertigte Verwüstung."

Der französische Anklagevertreter trug in Nürnberg die kontinentale Auffassung vom Aufbau des Kriegsverbrechens vor, wonach jede Kriegshandlung an sich auch eine Verletzung des gemeinen staatlichen Strafrechts darstellen muss und Kriegshandlungen, die sich in den anerkannten Grenzen des Völkerrechts halten, jedoch gerechtfertigt und deshalb auch nicht strafbar sind. Das internationale Militärtribunal hat aber sowohl die Rechtswidrigkeit wie auch die Strafbarkeit des Kriegsverbrechens unmittelbar aus den einschlägigen Bestimmungen des Kriegsvölkerrechts, insbesondere aus der Haager Landkriegsordnung hergeleitet, zumindest sah es diese Bestimmungen als für alle geltendes Völkergewohnheitsrecht an.

Hinsichtlich der Rechtsprechung und Literatur zu den Kriegsverbrechen darf ich im Einzelnen auf unsere Abhandlung „Geisel- und Partisanentötungen im Zweiten Weltkrieg – Hinweise zur rechtlichen Beurteilung“ – Bezug nehmen. Hierin ist versucht worden, die Problem für Kriegsverbrechen wie Zulässigkeit und Rechtswidrigkeit von Repressalien, Kollektivstrafe, militärische Notwendigkeit, tu-quoque Grundsatz u.a. anhand der Rechtsprechung des In- und Auslandes sowie auch unter Hinweis auf Ermittlungsverfahren der StA aufzuzeigen. Am Schluss dieser Abhandlung habe ich versucht darzustellen, unter welchen Voraussetzungen ein Kriegsverbrechen heute noch wegen Mordes strafrechtlich verfolgbar sein kann. Hinsichtlich der Einzelheiten und der dort angeführten Beispiele darf ich hierauf verweisen. Hier möchte ich zu dieser Frage nur die wichtigsten Punkte zusammenfassen: Der Täter, der in Überschreitung der völkerrechtlich gesetzten Grenzen tötet, erfüllt in der Regel den Tatbestand des Totschlags (§ 212 StGB).

Zum Mord wird die Tat entweder durch das Motiv, das den Täter bestimmt hat, oder durch die Art und Weise der Ausführung der Tat. Die Geiseln wurden in der Regel erschossen, wie es als allein zulässige Hinrichtungsart gefordert wird (*[Askan Wilhelm] Lutteroth,* Die Geisel im Rechtsleben, Breslau 1922, S. 269). Diese Tötungen geschahen meist nicht heimtückisch, grausam, mit gemeingefährlichen Mitteln oder um eine andere Straftat zu ermöglichen oder zu verdecken, vor allem dann nicht, wenn es sich um echte Geiseln handelt. Bei Tötungen von Repressal- oder Sühnegefangenen, die in erster Linie aus Gründen der Vergeltung als wegen der Abschreckung durchgeführt wurden, kann es nahe liegen, dass der Rechts- oder Vergeltungsgedanke auch in der Art und Weise, wie man sie tötete, eine Rolle spielte. Bei Tötungen von Geiseln können die Voraussetzungen des § 211 StGB nach dem Motiv gegeben sein, wenn für ihre Hinrichtung nicht die Erfordernisse einer „rechtmäßigen“ Repressalie erfüllt waren, sondern ihre Tötung im Rassenhass oder politischen Gegnertum begründet war. Dieses Motiv kann vor allem bei jüdischen Geiseln oder Sühnegefangenen der wirkliche Grund ihrer Tötung gewesen sein, während die Repressalie nur den willkommenen Vorwand für ihre Beseitigung lieferte.

Bei den Tötungen von Partisanen wird dagegen die Prüfung der Art und Weise der Ausführung besonderer Aufmerksamkeit bedürfen. Wenn ein Tötungsbefehl gegeben war, der als gerechtfertigte Repressalie angesehen werden kann oder bei dessen Vollstreckung der Täter auch im Falle einer nicht gerechtfertigten Repressalie nach § 47 MStGB nicht bestraft werden kann, muss die grausame Art und Weise der Ausführung der Tötungen nicht durch den Befehl gedeckt sein. – Sicherlich hat es auch die gegnerische Seite an Grausamkeit und Heimtücke nicht fehlen lassen. Dies kann jedoch kein Rechtfertigungsgrund dafür sein, von vornherein auf eine Nachprüfung der Art und Weise der Ausführung dieser Tötungen zu verzichten, wenn man von der Ansicht des Schwurgerichts Köln (vgl. Urteil des Schwurgerichts beim LG Köln vom 20.6.1955 – 24 Ks 1/52 -) ausgeht, dass die deutsche Kriegsführung nicht das Recht hatte, ihrerseits den Weg des Rechts zu verlassen und Unrecht mit Unrecht zu vergelten (so auch *Reinhart] Maurach,* „Die Kriegsverbrecherprozesse gegen deutsche Gefangene in der Sowjetunion“, Hamburg

1950, S. 23 Fn. 14: „Auf die Frage einer Mitschuld oder Provokation dieses Krieges durch die Sowjetunion braucht in diesem Zusammenhang nicht eingegangen werden. Sie ist für das Folgende unerheblich. Die Kausalität des deutschen Verhaltens wird durch sie nicht berührt: ‚Zwei Unrechte vermögen sich nicht zu einem Recht zusammenzufügen.' " – Vgl. hierzu auch *Bluntschli,* „Das moderne Völkerrecht der zivilisierten Staaten" als Rechtsbuch dargestellt, Nördlingen 1878, Anm. zu S. 567: „Die Barbarei des Feindes rechtfertigt nicht die eigene Barbarei").

Tötungen von Kindern – insbesondere von Kleinkindern – werden immer als Mord zu werten sein. In einem Urteil 4 StR 464/66 vom 17.3.1967 verneint der BGH die Frage, ob auch „schuldlose", ja nicht einmal „schuldfähige" Kinder Gegenstand von Repressalerschießungen sein dürfen: „Die Erschießung der Kleinkinder steht nach allgemeiner Anschauung auf der tiefsten Stufe einer Tötungshandlung, die für die Kennzeichnung der Tat als Mord entscheidend ist."

III. Die Idee eines Verbrechens gegen die Menschlichkeit ist nicht erst in Nürnberg geboren worden. Sie taucht schon bei einem unmittelbaren Vorgänger von *Grotius,* dem Italiener *Gentile* in dessen Hauptwerk „De iure belli libri tres" auf (1552–1608). Unter den Gründen für den gerechten Krieg finden wir auch die Verletzung der Natur- und Menschenrechte durch den Feindstaat angeführt, die auch dann ein erlaubter Kriegsgrund sein sollen, wenn diese Vorgänge den eigenen Staat nicht unmittelbar berühren (*Jescheck,* S. 22). Auch wird hier schon der Gedanke deutlich, dass der Staat als Treuhänder für die Völkerrechtsgemeinschaft handelt.

Im 19. Jahrhundert stand diesem Rechtsgedanken zwar noch der Grundsatz der Undurchdringlichkeit der staatlichen Souveränität entgegen, aber es wurde versucht, den Schutz der Menschenrechte zu einer gemeinsamen Sache der Völkerrechtsgemeinschaft zu machen (näheres hierzu vgl. *Jescheck,* aaO. S. 39 ff.). – So finden wir Beispiele dafür, dass man mit diplomatischen und militärischen Mitteln gegen die Missachtung elementarer Menschenrechte eingegriffen hat. – So intervenierten Großbritannien, Frankreich und Russland im Jahre 1827 gegen die Grausamkeiten des griechisch-türkischen Krieges. – Im Jahre 1840 wurde der Präsident der Vereinigten Staaten bei der türkischen Regierung zugunsten der verfolgten Juden in Damaskus und auf Rhodos vorstellig.

England und Frankreich erhoben 1866 gegen die grausame und willkürliche Behandlung politischer Gefangener in Sizilien Protest. Sie brachen die diplomatischen Beziehungen ab und mobilisierten ihre Flotten. – 1860 entsandte die französische Regierung ein Expeditionskorps nach Syrien, um der Ausrottung der christlichen Maroniten durch die Drusen entgegenzuwirken. – 1893 protestierten die europäischen Großmächte bei der russischen Bevölkerung auf diplomatischem Wege gegen die unmenschliche Behandlung der polnischen Aufständischen. – Protestaktionen fanden wiederholt gegen die Misshandlung der christlichen Untertanen der Türkei in den Balkanländern und gegen die Verfolgung der Juden in Russland und Rumänien statt.

Die Rechtmäßigkeit dieser Interventionen war zunächst umstritten, wurde aber in der Wissenschaft zunehmend anerkannt. Als beispielgebend galt die Ansicht von Bluntschli: „Wenn die Verletzung des Völkerrechts gemeingefährlich ist, so ist nicht allein der verletzte Staat, sondern es sind die übrigen Staaten, welche das Völkerrecht zu beschützen die Macht haben, veranlasst, dagegen zu wirken und für die Herstellung und Sicherung der Rechtsordnung einzustehen." (*Bluntschli*, aaO., § 471).

Gleichgültig, ob die Intervention im 19. Jahrhundert zulässig waren oder nicht, sie beschränkten sich auf diplomatische Proteste, militärische Demonstrationen und äußerstenfalls auf Kriegshandlungen. – Von keinem der intervenierenden Staaten war eine Strafgewalt gegenüber den Staatsorganen des Gegners in Anspruch genommen worden. Dies letzte Konsequenz war, wie bereits erwähnt, im Versailler Friedensvertrag und im Statut für die Nürnberger Prozesse verwirklicht worden.

Im Art. 6 c des IMT-Statuts sind als Verbrechen gegen die Menschlichkeit aufgeführt: „Mord, Ausrottung, Versklavung, Deportation oder andere unmenschliche Handlungen, begangen an irgendeiner Zivilbevölkerung vor dem Krieg oder während des Krieges, Verfolgung aus politischen, rassischen oder religiösen Gründen, begangen in Ausführung eines Verbrechens oder in Verbindung mit einem Verbrechen, für das der Gerichtshof zuständig ist, und zwar unabhängig davon, ob die Handlung gegen das Recht des Landes verstieß, in dem sie begangen wurde, oder nicht." Dieser Artikel des Statuts und die entsprechenden Bestimmungen des Kontrollratsgesetzes Nr. 10 enthielten keine Tatbestände, sondern beschränkten sich auf eine Aufzählung von Beispielen, die als nicht erschöpfend aufzufassen ist. Auf andere Rechtsnormen wird nicht verwiesen. Da das angelsächsische Strafrecht den Begriff der Tatbestandsmäßigkeit einer strafbaren Handlung nicht kennt, sahen es auch die Nürnberger Gerichte nicht als ihre Aufgabe an, abstrakte Definitionen zu entwickeln.

In keinem Urteil finden wir eine Definition, was unter einem Verbrechen gegen die Menschlichkeit zu verstehen ist, obwohl die grundlegende Unterscheidung zwischen Kriegs- und Humanitätsverbrechen betont wurde. Nur in zwei Urteilen bestrafte man ausschließlich wegen Verbrechen gegen die Menschlichkeit, nämlich in den Fällen v. Schirach und Streicher. Im Juristenurteil sah man die diskriminierenden Verordnungen gegen Polen und Juden als Verbrechen gegen die Menschlichkeit an. – *Radbruch* schrieb hierzu in seiner Abhandlung: „Zur Diskussion über die Verbrechen gegen die Menschlichkeit" (Süddeutsche Juristen-Zeitung, Sp. 131, Sondernummer März 1947), dass der Nürnberger Gerichtshof mit guten Gründen die Kriegsverbrechen und die Verbrechen gegen die Menschlichkeit nicht voneinander geschieden habe, weil unzweifelhafte Fälle von Kriegsverbrechen und Verbrechen gegen die Menschlichkeit in solcher Masse vorlagen, dass Grenzfälle nicht zur Aburteilung herangezogen werden brauchten; nur bei solchen Grenzfällen aber wäre es notwendig gewesen, die Merkmale zu erörtern, die zu ihrer Unterordnung oder zur Ablehnung dieser Unterordnung unter das Gesetz geführt hätten.

Das IMT-Statut und das Kontrollratsgesetz Nr. 10 lösten das Verbrechen gegen die Menschlichkeit ausdrücklich von seiner Beziehung zum staatlichen Recht, weil es einen Verstoß gegen die Rechtsnormen darstelle, die einem überstaatlichen Normenbereich angehören. Da der Zusammenhang des Menschenrechtsschutzes mit dem Völkerrecht dargestellt werden musste, finden sich meist Hinweise auf die allgemeinen Grundsätze des Strafrechts aller zivilisierten Staaten, die als bindend angesehen werden, oder auf das gemeinsame Erbteil der zivilisierten Völker. Im Juristen-Urteil widmet das Gericht dem Verbrechen gegen die Menschlichkeit unter dem Gesichtspunkt der Verletzung des Völkerrechts einen besonderen Abschnitt, um darzutun, dass der Schutz der Menschenrechte unmittelbar Gegenstand und Aufgabe des allgemeinen Völkerrechts sei. Hierbei führt das Gericht die Geschichte der Humanitätsintervention im 19. Jahrhundert und ihre positive Beurteilung durch Bluntschli an, vermerkt die Tatsache, dass selbst Hitler seine Intervention in der Tschechoslowakei mit der Verfolgung der Volksdeutschen gerechtfertigt habe, und schließt mit dem Hinweis auf die Erklärung der Generalversammlung der UNO vom 11.2.1946, wonach der Völkermord ein Verbrechen nach Völkerrecht darstellt. So kommt das Gericht zu dem Ergebnis, dass eine systematische und schwerwiegende Verletzung der Menschenrechte durch staatliche Behörden als Bruch der Völkerrechtsordnung anzusehen ist. – Daraus wird gefolgert, dass das, was nach Völkerrecht rechtswidrig ist, auch an den verantwortlichen Organen bestraft werden müsse: „Man kann sie dafür verantwortlich machen, dass sie wussten, dass derartige Handlungen Unrecht waren und dass sie zum Zeitpunkt der Begehung strafbar waren." (Juristen-Urteil, S. 25).

Trotz dieser Nürnberger Rechtsprechung ist die Tatsache nicht aus der Welt zu schaffen, dass es zur Zeit des Zweiten Weltkrieges im Völkerrecht eine Kodifikation oder ein allgemein anerkanntes Grundsatzprogramm über den strafrechtlichen Schutz der Menschenrechte als Rechtsgrundlage für eine Bestrafung nicht gab. (Auch heute scheint darüber noch keine volle Übereinstimmung zu bestehen. In der Debatte der gemeinsamen Arbeitsgruppe zu dem angenommenen Wortlaut des Konventionsentwurfs heißt es z.B. zu Punkt 24 u.a.: „Eine andere vom Vereinigten Königreich vorgeschriebene allgemeine Formulierung lautete: ‚Kriegsverbrechen schwerer Natur und Verbrechen gegen die Menschlichkeit, wie sie im Völkerrecht definiert sind, unterliegen ungeachtet des Zeitpunktes ihrer Begehung keiner Verjährung.' Verschiedene andere Sprecher waren nicht für diese allgemeinen Formulierungen, vor allem deswegen, weil eine zu große Unsicherheit über den Umfang und Inhalt des Völkerrechts und vielleicht sogar über das Vorhandensein eines solchen Rechts bestünde ..." – Vgl. hierzu auch *v. Mangoldt,* aaO., S. 300: ‚Es genügt, den Nachweis geführt zu haben, dass die im Völkerrecht selbst für eine Verfolgung der Kriegsverbrechen gegebenen Grundlagen so unsichere sind, dass darauf eine geordnete Strafrechtspflege schlecherdings nicht aufgebaut werden kann.')

IV. Die Bundesrepublik hat bei der Unterzeichnung der Europäischen Konvention der Menschenrechte und Grundfreiheiten vom 4.11.1950 hinsichtlich der uneingeschränkten Geltung des § 2 StGB für die Beurteilung der in der Zeit von 1933–1945 begangenen strafbaren Handlungen gemäß Art. 64 Abs. 2 MRKonv. erklärt, dass sie die Bestimmung des Art. 7 Abs. 2 MRKonv. nur in den Grenzen des Art. 102 Abs. 2 GG anwenden werde. Hieran sind Strafverfolgungsbehörden und Gerichte gebunden. (Hinsichtlich des Vorbehalts siehe Bekanntmachung über das Inkrafttreten der Konvention zum Schutze der Menschenrechte und

Grundfreiheiten vom 15.12.1953 – BGBl. II 1954 S. 14 – Art. 7 der Konvention lautet: „(1) Niemand kann wegen einer Handlung oder Unterlassung verurteilt werden, die zur Zeit der Begehung nach inländischem oder internationalem Recht nicht strafbar ist. Ebenso darf keine höhere Strafe als die im Zeitpunkt der Begehung der strafbaren Handlung angedrohte Strafe verhängt werden. – (2) Durch diesen Artikel darf die Verurteilung oder Bestrafung einer Person nicht ausgeschlossen werden, die sich einer Handlung oder Unterlassung schuldig gemacht hat, welche im Zeitpunkt ihrer Begehung nach den allgemeinen von den zivilisierten Völkern anerkannten Rechtsgrundsätzen strafbar war." – Art. 64: „(1) Jeder Staat kann bei Unterzeichnung dieser Konvention oder bei Hinterlegung seiner Ratifikationsurkunde bezüglich bestimmter Vorschriften der Konvention einen Vorbehalt machen, soweit ein zu dieser Zeit in seinem Gebiet geltendes Gesetz nicht mit der betreffenden Vorschrift übereinstimmt. Vorbehalte allgemeiner Art sind nach diesem Artikel nicht zulässig. – (2) Jeder nach diesem Artikel gemachte Vorbehalt muss mit einer kurzen Inhaltsangabe des betreffenden Gesetzes verbunden sein.")

Die Verbrechen der NS-Gewaltherrschaft können nur an dem zur Tatzeit geltenden deutschen Strafrecht gemessen werden (hierzu darf auch auf die Ausführungen des OLG Schleswig im Beschluss vom 30.11.1967 – 1 Ws 290/66 – hinsichtlich des „Mordes im Rechtsgewand" durch Rechtsbeugung hingewiesen werden). – Dem wird entgegengehalten, dass es sich um „Verbrechen mit internationalem Charakter" handle, deren Bestrafung unmittelbar aus dem Völkerrecht abgeleitet werden kann. Besonders die sowjetische Rechtsauffassung wirft uns vor, dass wir diesen Charakter der Verbrechen und die in ihnen liegende Friedensgefährdung leugnen, wenn wir diese Verbrechen der gewöhnlichen innerstaatlichen Kriminalität gleichsetzen (hierzu: Neue Justiz, Schutz der Menschenrechte – Bestrafung der Kriegsverbrechen, 1. Juli Heft, Aufsatz von Prof. Dr. B. Graefrath, Institut für Völkerrecht an der Humboldt-Universität, Berlin). Nach sowjetischer völkerrechtlicher Auffassung besteht zwischen den kämpfenden Soldaten und den NS-Mördern kein Unterschied, weil der verbotene Angriffskrieg auch sämtliche damit zusammenhängenden Handlungen zu ausschließlich völkerrechtlich strafbaren Delikten werden lässt. Nur aus dieser Sicht ist zu erklären, dass z.B. in den Kriegsverbrecherprozessen der Sowjetunion ein Kompanieschuster verurteilt wurde, da er durch seine Arbeit die Aggressionstruppen ausgerüstet, oder ein Musiker, weil er den faschistischen Kampfgeist angestachelt habe (*Maurach,* aaO., S. 59 Anm. 74).

Diese Ansicht ist schon in Nürnberg vom russischen Ankläger vertreten, dort aber ausdrücklich abgelehnt worden. Man hat aus dem neu geschaffenen Verbrechen gegen den Frieden (Angriffskrieg) nicht die Konsequenz ziehen wollen, dass der Soldat grundsätzlich auch als Verbrecher anzusehen ist (vgl. hierzu auch *Mosler,* „Die Kriegshandlung im rechtswidrigen Krieg", in: Jahrbuch für Internationales und Ausländisches öffentliches Recht II/III, 1948, S. 344/345 = „Das Verbot der Herbeiführung eines Krieges und die Geltung des Kriegsvölkerrechts können nebeneinander bestehen, ohne sich zu widersprechen. Aus der Rechtswidrigkeit des Krieges folgt also nicht notwendig die Rechtswidrigkeit aller Handlungen der Kriegsführung.).

Können wir für eine Abgrenzung zum Kriegsverbrechen weder in der Nürnberger Rechtsprechung noch in dem zur Tatzeit geltenden Völkerrecht eine als allgemein gültig anerkannte und auch für NS-Verbrechen verwendbare Begriffsbestimmung des Humanitätsverbrechens finden, so bietet uns jedoch die Rechtsprechung der deutschen Gerichte zum Kontrollratsgesetz Nr. 10 – und hier besonders die Urteile des Obersten Gerichtshofs für die britische Zone (hierzu: 1. „Rechtsprechungsübersicht" in Zentraljustizblatt für die britische Zone, 3. Jg. 1949, Nr. 2 – Februar – 2. *Dr. Horst Feldmann,* Das Verbrechen gegen die Menschlichkeit, Deutung und Kritik des KRG Art. II 1 c; nebst einem Anhang mit Entscheidungs- und Quellensammlung, West-Verlag, Essen/Kettwig 1948) – wertvolle Anhaltspunkte, die auch für die NS-Verbrechen Gültigkeit haben können.

Zusammengefasst kann man hierzu folgende grundsätzliche Erkenntnisse festhalten:

1. Als gemeinsame Klammer, die alle verwertbaren Gesichtspunkte unter sich zieht, wird der Zusammenhang mit der nationalsozialistischen Gewalt- und Willkürherrschaft bezeichnet. Dieser muss zur Zeit der Tat deutlich erkennbar bestanden haben; er gilt als Tatbestandserfordernis. – Im Urteil vom 20.5.1948 wird die NS-Gewalt- und Willkürherrschaft wie folgt beschrieben: „Ihr Wesen bestand darin, dass in zunehmendem Maße zweckbestimmte Willkür neben dem bisherigen Recht, gegen das Recht und schließlich im Recht selbst galt und gehandhabt wurde, soweit Ideologie, Politik oder Machtstreben der staatlichen und politischen Machtträger berührt waren. Grenzüberschreitung und Ungerechtigkeit waren Kennzeichen der nazistischen Gewalt- und Willkürherrschaft: Total sollte der Einzelmensch bis in seine tiefste Individualsphäre hinein eingeformt und der Macht hörig werden; ein individueller Freiheitsbereich wurde grundsätzlich nicht mehr anerkannt; alle noch so privaten Lebensäußerungen, ja alle Gesinnungen sollten ausgerottet werden, die den totalen Machtansprüchen nicht entsprachen. Mit Schaden und Strafe jeder wirksamen Art wurde bedroht und konnte belegt werden jede Art von Verhalten, das solches überhaupt nicht oder nicht in dieser Art verdiente, und zwar ohne Möglichkeit sicherer Voraussage, ohne Rechtsschutz und ohne gesichertes Verfahren; der Grundsatz der Gleichheit vor Recht und Gesetz wurde willkürlich beiseitegeschoben. Unsicherheit und Angst wurden zur bevorzugten terroristischen Herrschaftsmethode. Mit diesem System der Gewalt- und Willkürherrschaft muss der Angriff in Zusammenhang stehen. Zeitliches Hineinfallen in die Herrschaftszeit des Nationalsozialismus genügt also nicht."

2. Als Kernstück dieser Gewalt- und Willkürherrschaft wird das nazistische Verfolgungsprogramm angesehen. Die Tat muss diesem Programm zugeordnet werden können (Urteil des OGH vom 29.5.1948 – StS 3/48).

3. Zwischen dem nazistischen Gewalt- und Willkürsystem und der unmenschlichen Behandlung des Einzelopfers muss ein Wesenszusammenhang bestehen. Unmenschlichkeit wird als besondersartiges und besonders schweres Unrecht,

dessen Zufügung rechtswidrig ist, definiert (Urteil des OGH vom 16.11.1948 – StS 65/48).

4. Die Tat muss über die angegriffenen Menschen und Menschengüter hinaus die menschliche Persönlichkeit in ihrem Wert oder in ihrer Würde treffen, und außerdem muss die Menschheit als Träger und Schützer des ideellen Menschenwertes in dem Einzelmenschen angegriffen und von der Tat berührt werden, oder wie es mit anderen Worten ausgedrückt wurde: In der Tat muss ein *Für-Nichts-Achten* des ideellen Menschenwertes mit Wirkung für die Menschheit zum Ausdruck kommen. Die Nichtachtung dieses ideellen Menschenwertes war Ausgangs- und Zielpunkt des nazistischen Machtprogramms. Die Tat besitzt eine überindividuelle Wirkung, wenn sie in ihrem Gesamthergang – abgesehen von der Rechtsgüterverletzung in Bezug auf das Opfer – zugleich auch allgemein als grundlegend anerkannte Kulturgüter verletzt wie etwa die im europäischen Kulturkreis unabdingbare Gleichheit aller Menschen ohne Unterschied der Rasse und des Bekenntnisses vor dem Gesetz und in der öffentlichen Wertung ihrer Mitmenschen (Urteil des OGH vom 25.5.1948 StS 1/48 vom 20.5.1948 StS 3/48, vom 27.7.1948 StS 26/48).

5. Die Menschheit wird ferner berührt, wenn sich die Tat mit allen vom Täter ausgelösten Folgen nicht als bloßer Exzess von unbedeutender Tragweite darstellt, wie er in politischer Erregung überall vorkommen kann (Urteil vom 27.7.1948, StS 26/48), sondern wenn die Folgen der Tat darüber hinaus in einem human denkenden, rechtsstaatlich organisierten europäischen Kulturvolk als Antwort auf das konkrete Verhalten des Opfers objektiv in dieser Art und Schwere nicht denkbar wären (Urteil vom 19.10.1948 StS 22/48, hierzu *von Weber,* Das Verbrechen gegen die Menschlichkeit in der Rechtsprechung, MDR 1949, S. 261 ff.).

Die Verletzung des Menschheitswertes oder die überindividuelle Wirkung dieser Delikte lässt sich vielleicht an folgendem einfachen Beispiel verdeutlichen: Wenn ein Dieb mir mein Eigentum stiehlt, so ist das ein Vorgang, der nur mich allein berührt und den Staat insoweit, als er einen Strafanspruch gegen den Dieb hat. Wenn der Staat mir aber die Fähigkeit, Eigentum zu besitzen oder zu erwerben, aberkennt, den Dieb deshalb nicht bestraft oder selbst oder andere über mein Eigentum verfügt oder verfügen lässt, dann wird in mir als Einzelmensch mein Menschheitswert als für – Nichts geachtet.

Auch das LG Konstanz hat in dem Tillessen-Urteil eingehende Ausführungen zu den Verbrechen der NS-Gewalt- und Willkürherrschaft gemacht. Zugleich wird im Urteil hervorgehoben und begründet, dass sonach nicht jeder Mord und auch nicht jeder politische Mord zugleich ein Humanitätsverbrechen ist, da sonst die Folgen unübersehbar wären. Dies soll nur dann der Fall sein, wenn die Tat unter dem Einfluss eines politischen Machtwillens und einer Idee, die das anerkannte Recht auf Menschenwürde verneint, begangen wurde. Radbruch nennt das Urteil in einer Besprechung (Urteil des LG Konstanz vom 28.2.1947 – KLs 3/47 – und Besprechung von *Radbruch* in SJZ Juni 1947, S. 338–346) eine hochwertige juristische Leistung und einen Fortschritt in der Erfassung der Humanitätsdelikte.

Wenn die Darstellung von Hermann *Rauschning* in seinem bereits im Jahre 1940 erschienenen Buch „Gespräche mit Hitler“ zutrifft, dann hat Hitler selbst diese

Leitsätze bestätigt, wenn er sagte: „Wir müssen eine Technik der Entvölkerung schaffen. Wenn Sie mich fragen, was ich unter Entvölkerung verstehe, so werde ich Ihnen sagen, dass ich die Vernichtung ganzer rassischer Einheiten im Auge habe, und dies werde ich tun, ich sehe darin, grob ausgedrückt, meine Aufgabe. Die Natur ist grausam, daher dürfen auch wir grausam sein. Wenn ich die Blüte des deutschen Volkes ohne jedes Bedauern über das Vergießen kostbaren deutschen Blutes in die Hölle des Krieges schicken kann, so habe ich natürlich das Recht, Millionen von Menschen niederer Rasse zu vernichten, die sich wie Ungeziefer vermehren."

V. Wenn ich nun abschließend versuche, Abgrenzungsmerkmale zwischen Kriegsverbrechen und nationalsozialistischen Verbrechen als Quintessenz der obigen Ausführungen gegenüberzustellen, so würde ich etwa folgende Punkte zur Diskussion stellen, ohne dabei Anspruch auf Vollständigkeit erheben zu wollen:

1. Selbstverständliche Voraussetzung für ein Kriegsverbrechen ist das Bestehen eines Kriegszustandes zwischen den kriegführenden Partnern: Nur innerhalb dieses Zustandes können Kriegsverbrechen begangen werden. Weniger selbstverständlich kann die Feststellung sein, wann eigentlich ein Kriegszustand gegeben ist, da „sich im Zeitalter der Weltkriege eine Entwicklung anzubahnen scheint, die man als Aushöhlung oder gar Liquidation des völkerrechtlichen Kriegsbegriffs bezeichnen könnte" (hierzu *Ernst Sauer*, Grundlehre des Völkerrechts, 3. Aufl., 1955, S. 286 ff.). – Für das NS-Verbrechen ist der Kriegszustand keine Prämisse. Es ist nur in seiner schlimmsten Form bei Gelegenheit des Krieges und begünstigt durch den Kriegszustand in Erscheinung getreten (vgl. hierzu BGH 3 StR 701/53: „Der von dem Verteidiger des Angeklagten schon im ersten Rechtszuge vorgetragenen und in der Revisionsverhandlung wiederholten Auffassung einer Verurteilung des Angeklagten stehe der – von dem Verteidiger so bezeichnete – Rechtsgedanke der ‚tabula rasa' entgegen, wie er nach allen Kriegen Anerkennung gefunden habe, vermag der Senat nicht beizutreten. Unzutreffend ist schon der Ausgangspunkt, man habe es hier mit einem sog. Kriegsverbrecherprozess zu tun, weil der Angeklagte bei der Durchführung von Kriegsmaßnahmen mitgewirkt habe und nunmehr deswegen strafrechtlich zur Verantwortung gezogen werde. Die Judenverschleppungen, die den Gegenstand dieses Verfahrens bilden, sind zwar während des Krieges vorgenommen worden, haben jedoch mit dem Kriegsgeschehen als solchem nicht im Zusammenhang gestanden. Sie sind vielmehr Maßnahmen des nationalsozialistischen Systems gewesen, die längst vor dem Kriege vorgesehen waren und deren Durchführung lediglich unter Ausnutzung der nach Meinung ihrer Urheber für die Ausrottung der Juden günstigen Kriegsverhältnisse erfolgt ist."). Die Durchführung dieser Verbrechen während des Krieges widersprach sogar teilweise den Regeln des Krieges, wenn wir beispielsweise an die Transportfrage denken, bei der für die Bewegungen des Heeres notwendiger Transportraum für den Transport der zu vernichtenden Menschen vorrangig zur Verfügung gestellt werden musste.

2. Kriegsverbrechen können nicht gegen die Angehörigen des eigenen Staates, also nicht von Deutschen gegen Deutsche, begangen werden. Das Opfer eines Kriegsverbrechens kann nur der Angehörige des Feindstaates oder der

gegnerischen Partei sein. Das Opfer des NS-Verbrechens ist der Mensch schlechthin. Die Frage, ob er dem eigenen Staat oder Volk oder einem anderen Gemeinwesen angehört, ist kein Kriterium.

3. Die Strafbarkeit eines Kriegsverbrechens bestimmt sich nach innerstaatlichem Strafrecht, aber die Frage, wann eine Kriegshandlung zum Kriegsverbrechen wird, bestimmt sich nach dem Kriegsrecht als einem Teil des Völkerrechts. – Die NS-Verbrechen können nur nach innerstaatlichem Strafrecht beurteilt werden. Ihre Strafbarkeit wird nicht durch die Überschreitung einer Grenze, die durch völkerrechtliche Grundsätze, welche im Einzelfall hinsichtlich ihrer allgemeinen Anerkennung noch zweifelhaft sein können, bestimmt wird, begründet. Nur ihr politisches und kriminelles Phänomen wird an den in der gesamten zivilisierten Welt als offenkundig anerkannten fundamentalsten Rechten der Menschen gemessen (s. Urteil des LG Konstanz vom 28.2.1947 – KLs 3/47 -: „Als die fundamentalsten Rechte des Menschen sind in der gesamten zivilisierten Welt anerkannt: Das Recht auf das Leben, das Recht auf den eigenen Körper, die Freiheit des Gewissens, die Religionsfreiheit, das Recht, durch Arbeit das Lebensnotwendigste zu erwerben, das Recht auf Ehe und Familie und das Recht darauf, nicht in einer der Würde des Menschen widersprechenden Weise fremden Zwecken unterworfen zu werden [s. auch die Formulierung der vier großen Freiheiten in der Jahresbotschaft des Präsidenten Roosevelt vom 6.1.1941, Europa-Archiv 1948, S. 342]. Diese Auffassung vom Menschenrecht und der Freiheit war in der deutschen Kultur und im deutschen Recht bis zum Jahre 1933 klar zum Ausdruck gekommen, da das deutsche Volk an ihrer Klarstellung selbst hervorragenden Anteil hat.‘).

4. Das Kriegsverbrechen kann zwar aus unmenschlicher Gesinnung in einem allgemeinen Sinne begangen werden, wie jede Gewaltanwendung zugleich „unmenschlich“ ist; es ist aber nicht die Folge einer die Menschheitswerte überhaupt verneinenden Grundeinstellung. – Angriffsziel des NS-Verbrechens ist das Rechtsgut des Menschseins mit allen seinen unveräußerlichen Werten. Sein Grundprinzip ist das „Für-Nichts-Achten“ des ideellen Menschenwertes.

5. Bei dem Kriegsverbrechen fallen Angriffshandlung und Schädigung des Opfers in der Regel zeitlich zusammen oder folgen dicht aufeinander. Die Angriffshandlung des NS-Verbrechens und die Schädigung seines Opfers muss notwendigerweise nicht aufeinander folgen. Täter eines NS-Verbrechens kann auch dann jemand sein, wenn zwischen seiner Handlung und der schließlichen Schädigung des Opfers andere Menschen mit ihren eigenen Entschlüssen und Handlungen mitwirkend eingeschaltet sind.

6. Das Kriegsverbrechen konnte u.U. schon während des Krieges von dem kriegführenden Staat an seinen Bürgern oder Soldaten verfolgt und bestraft werden (diese Frage kann für die Berechnung der Verjährungsfrist, soweit Mord vorliegt, von Bedeutung sein. Beispiel: Für einen am 7.5.1942 begangenen Kriegsmord, der auch während des Krieges von einem deutschen Gericht abgeurteilt worden wäre, würde die laufende Verjährungsfrist bis 7.5.1945 anzurechnen sein, vom 8.5.1945 bis 31.12.1949 wurde sie nach dem Gesetz vom 13.4.1965 unterbrochen, so dass Verjährung am 31.12.1966 eingetreten wäre.), so z.B. Kriegsverbrechen einzelner

Soldaten bei Plünderungen, Misshandlung von Verwundeten, aber auch im Falle von Tötungsdelikten, wenn diese in befehlswidrigem Handeln oder persönlichen Gründen des Täters ihre Ursache hatten. – Das NS-Verbrechen konnte zur Zeit des Nazi-Staates nicht verfolgt werden. Auch eine Ausnahme hiervon gab es nicht (hierzu *Kogon*, NJW Heft 41, S. 1901: ... "Die Diktatur hat gegen die ihren Absichten dienenden Unrechtstäter die strafrechtliche Verfolgung außer Kraft gesetzt; das heißt: Adolf Hitler, der sich vom nationalsozialistischen Reichstag zum Obersten Gerichtsherrn bestellen ließ [ohne dass dieses Gesetz freilich rechtskräftig geworden wäre, denn es wurde nie publiziert], beendete die Lehre und die Praxis von der Gewaltentrennung; es gab infolgedessen keine unabhängige Rechtsprechung mehr, und die StA hatten von da an im Dritten Reich nicht mehr die Möglichkeit, gegen den herrschenden Staatswillen Anklage zu erheben.).

7. Beim Kriegsverbrechen wäre völkerrechtlich eine Anerkennung des Grundsatzes tu quoque als ein Strafausschließungsgrund möglich (*Sauer*, aaO., hierzu S. 258: „Der Grundsatz des ‚tu-quoque' ist bisher im Völkerrecht wenig erforscht worden. Er besagt, dass die Handlung, die ein Staat selbst verübt oder zugelassen hat, von ihm einem anderen Staat, der Gleiches tut, nicht als Rechtsbruch vorgeworfen werden soll. Dies ist in der Tat eine rechtslogische Selbstverständlichkeit. Wer selbst die Zulässigkeit eines bestimmten Handelns als Recht oder doch als Tatsache für sich in Anspruch nimmt, der kann infolge des das Völkerrecht beherrschenden Grundsatzes der Gleichberechtigung nicht das gleiche oder ein ähnliches Verhalten einem anderen Rechtssubjekt der Völkerrechtsgemeinschaft als Rechtsbruch vorwerfen. Dies zu tun, wäre inkonsequent – es verstieße gegen elementare Denkgesetze."). Im Falle Dönitz hat das Internationale Militärgericht in Nürnberg davon Gebrauch gemacht (*Jescheck*, aaO. S. 277 ff. zur „Berufung auf Straftaten der Gegenseite als Strafausschließungsgrund" kommt u.a. zu folgendem Ergebnis: „... Die richtige Lösung dürfte wohl darin liegen, dass dieses Argument, solange es keine völkerrechtliche Strafgerichtsbarkeit der UN gibt, jedenfalls dann durchgreifen muss, wenn gleich schwere oder schwerere Verstöße der Gegenseite *gegen den gleichen Rechtssatz* nachgewiesen werden ..."). „Selbstverständlich wird der Besiegte, wenn er schwere Schuld auf sich geladen hat, mit dem Vorbringen seiner Gegenvorwürfe zurückhaltend sein müssen. Es ist jedoch unerträglich, wenn genau gleichliegende Sachverhalte mit zweierlei Maß gemessen werden. In diesem Falle bleibt nur der Ausweg, die entsprechenden Anklagepunkte fallen zu lassen; im Übrigen ist es Sache des Staates, dem der Beschuldigte angehört, darüber zu entscheiden, ob hierwegen ein Strafverfahren durchgeführt werden soll." Zur Behandlung des Einwandes „tu-quoque" in den Nürnberger Urteilen vgl. weiterhin *Jescheck*, aaO., S. 411, 413.). Aus diesem Grund hat man wohl auch in Nürnberg wegen der Luftkriegsverbrechen keine Anklage erhoben.

Bei der Strafverfolgung von NS-Verbrechen kann dieser Einwand nicht zum Zuge kommen, weil er im Bereich der innerstaatlichen Strafgerichtsbarkeit nirgendwo anerkannt ist. Das staatliche Recht hat noch niemals einen Mörder deshalb ohne Strafe gelassen, weil ein anderer sich in gleicher Weise strafbar gemacht hat.

8. Das „tabula rasa"-Prinzip (s. oben BGH 3 StR 701/53) hat in der Geschichte der Völkerrechtsgemeinschaft eine Zeitlang Gültigkeit gehabt. Der Gedanke der Strafbarkeit von Kriegsverbrechen war im 17. Jahrhundert wieder in den Hintergrund getreten, weil in die Friedensverträge Amnestieklauseln aufgenommen wurden (Die umfassendste Amnestiebestimmung enthielt Art. 2 des Westfälischen Friedensvertrages, wo es u.a. hieß: „Beiderseits soll das ewig vergessen und vergeben sein, was von Beginn dieser Unruhen an, wie und wo nur immer, von der einen oder anderen Seite, hinüber und herüber, an Feindseligkeiten geschehen ist."). – Im 19. Jahrhundert sah man den Friedensschluss selbst als stillschweigenden Verzicht auf Bestrafung an, so dass die Amnestiebestimmungen in Wegfall kamen (trotzdem blieb der Gedanke der Strafbarkeit von Verletzungen des Kriegsrechts erhalten. Als erstes grundlegendes Werk ist die von dem deutschen Prof. Franz Lieber entworfene „Institution für the Government of Armies of the United States in the Field" vom 24.4.1863 anzusehen. Aufgrund dieser Kodifikation fand der erste Kriegsverbrecherprozess gegen Henry Wirz, den Kommandanten des berüchtigten Kriegsgefangenenlagers der Südstaaten in Andersonville, statt, der zum Tode verurteilt und hingerichtet wurde. – Weitere Beispiele und zur Entwicklung der Kodifikationen des Kriegsrechts s. bei *Jescheck,* aaO., S. 35–39). Die weitere Entwicklung der Kodifikation des Kriegsrechts zeigt jedoch, dass dieses Prinzip kein „heiliges Grundgesetz" für alle Zeiten geworden ist (*v. Mangoldt,* aaO., S. 329: „Das Völkerrecht kennt keinen Satz, nach dem bei Friedensschluss für alle während eines Krieges begangenen Straftaten eine allgemeine Amnestie gewährt werden muss.").

Für das NS-Verbrechen ist der Rechtsgedanke der „tabula rasa", selbst wenn er heute noch zur Debatte gestellt werden würde, schon deshalb unanwendbar, weil es sich nicht um „Feindseligkeiten" im Kriege, wie sie von allen Kriegführenden begangen werden, handelte.

Meine Ausführungen versuchten aufzuzeigen, dass die Grenze zwischen Kriegsverbrechen und nationalsozialistischen Verbrechen nicht durch eine mehr oder weniger deutliche oder verwischbare Linie markiert wird, sondern dass die „Feindseligkeiten im Kriege" von den in einem dreifachen Sinne, nämlich der Grausamkeit gegen menschliches Dasein, der Entehrung der Menschenwürde, der Zerstörung menschlicher Bildung gegen die Menschheit begangenen Verbrechen (*Radbruch,* aaO.) durch einen tiefen Graben getrennt sind.

Es müssten sich gefährliche Konsequenzen ergeben, wenn dieser Grenzgraben nicht offengehalten, sondern sogar noch zugeschüttet werden würde. Eine davon wäre die, dass durch eine künftig im größeren Umfang zu praktizierende Gleichbehandlung von Kriegsverbrechen und NS-Verbrechen unser Argument, dass wir nur Verbrechen der nationalsozialistischen staatlichen Kriminalität verfolgen, unglaubwürdig werden würde. – Wenn *Radbruch* schrieb, dass sich mit diesen NS-Verbrechen Grillparzers prophetisches Wort erfüllt habe: „Der Weg der deutschen Bildung geht vor der Humanität durch die Nationalität zur Bestialität", dann trifft dieses Wort voll und ganz für die spezifischen Verbrechen des nationalsozialistischen Staates zu, aber ... „mit Kriegsverbrechen hat das gar nichts zu tun."

EStA Dr. Höffler (Bremen) meinte, dass der Grundsatz der gegenseitigen Aufrechnung bei Kriegsverbrechen für die StA unbeachtlich sei.

OStA Dr. Artzt (Ludwigsburg) erklärte, dass dieser Rechtsgedanke nur im Völkerrecht diskutiert werde, im innerstaatlichen Recht mangels seiner Rechtsvorschrift keine Anwendung finden könne.

EStA Pries (Kiel) führte aus, dass die StA einer besonders schwierigen Situation gegenüberstehen würden, wenn die Verjährung nicht nur für NS-Verbrechen, sondern auch für *Kriegsverbrechen* aufgehoben würde. Die Problematik sei bei Kriegsverbrechen noch größer als bei NS-Verbrechen, weil die StA oft 26 Jahre nach den Ereignissen mit Ermittlungen beginnen müssten, die weit schwieriger seien als bei NS-Verbrechen, da der Kreis der möglichen Tatbeteiligten größer sei. Man solle deshalb bei Aufhebung der Verjährung bedenken, dass die StA aufgrund des Legalitätsprinzips zur Verfolgung strafbarer Handlungen verpflichtet seien, und auf eine Lockerung dieses Verfolgungszwanges bei Kriegsverbrechen hinwirken, etwa durch Einführung eines Aufrechnungsgrundsatzes.

EStA Sichting (Stuttgart) meinte, dass Kriegsverbrechen, die im Gegensatz zu NS-Verbrechen von allen Staaten begangen werden könnten, auch durch eine internationale Behörde mit internationalem Recht unter Prüfung der Frage der Gegenseitigkeit verfolgt werden sollen.

Es wurden drei Arbeitsgruppen gebildet.

StA Streim (Ludwigsburg) berichtete kurz über die Besprechung der Gruppe A, die sich mit *Verfahren wegen Ermordung von Kriegsgefangenen* (Austausch der bei den StA und der ZSt. der LJVW in den einzelnen Verfahren angefallenen Erkenntnisse, Nachweise und Stand der bisherigen Auswertung der Archive) befasste.

[*Vermerk* über die Besprechung der Arbeitsgruppe A „Verfahren wegen Verbrechen an Kriegsgefangenen" in der 5. Arbeitstagung 1970.]

I. Durch die Abgabe zahlreicher Vorermittlungsverfahren der ZSt. wegen Verbrechen an Kriegsgefangenen an die StA haben sich eine Reihe von Fragen ergeben, die bei der Besprechung angeschnitten wurden. – Im Vordergrund stand hierbei die Frage des Nachweises der Teilnahme von Stalag-Offizieren etc. an Aussonderungs- und Liquidierungsmaßnahmen nach dem sog. Kommissarbefehl.

Zur Einführung wurde ein kurzer Abriss der bisherigen Erkenntnisse, die für fast alle Verfahren gleichermaßen Geltung haben, gegeben:

1. Organisatorischer Aufbau der Kriegsgefangenen-Einheiten: OKW/Chef Kgf., Kommandeur der Kgf. – Bezirkskommandanten, Stalag-, Dulag-, Oflag- Kommandanten. Wichtige Funktionen innerhalb der Stalag-Kommandanturen: Kommandant, stv. Kommandant, I c-(Abwehr-)Offizier, Lageroffizier, Arbeitseinsatzoffizier,Sonderführer (meist Dolmetscher), Spieß, I c-Schreiber.

2. Die Aussonderung von sog. untragbaren sowjetischen Kriegsgefangenen geschah in unterschiedlicher Weise – je nach dem Ort der Aussonderung: *a) Reichsgebiet:* In den Stalags im Reichsgebiet wurde die Aussonderung fast ausschließlich von den sog. Aussonderungskommandos der Stapo vorgenommen. Die Ausgesonderten kamen anschließend in KZ. – *b) Generalgouvernement:* Hier traten ebenfalls Aussonderungskommandos der Sipo in Aktion. Die Ausgesonderten kamen z.T. in KZ, z.T. wurden sie auch in der Nähe der Stalags erschossen. – *c) Besetzte Ostgebiete:* Für die Aussonderung in den besetzten Ostgebieten lassen sich keine einheitlichen Angaben machen. Teils wurden die Aussonderungen sofort nach der Gefangennahme durch die kämpfenden oder unmittelbar nachrückenden Truppen durchgeführt, teils wurden sie erst in den Lagern (AGSSt, Dulag, Stalag) vorgenommen. Hierbei wurden je nachdem die Stalagkommandanturen – vorzugsweise die Abt. I c (Abwehr) – oder auch SD-Einheiten tätig.

3. Die *bisherigen Ermittlungen* in sog. Aussonderungsverfahren lassen den Schluss zu, dass in allen Lagern, in denen sowjetische Kriegsgefangene verwahrt wurden, die Existenz des Kommissarbefehls – wenigstens bei den höheren Chargen – bekannt war. Er wurde zwar in der Regel schriftlich nicht bis zu den Kommandanturen weitergegeben, trotzdem war er im Wesentlichen bekanntgemacht worden. Insbesondere dürften ihn – nach den bisherigen Erkenntnissen – Kommandanten, I c-Offiziere, I c-Schreiber dem Inhalt nach gekannt haben. Des Öfteren war er Gegenstand von Kasino-Gesprächen. – Im Übrigen waren z.B. bei den Gefangenen-Meldungen, die regelmäßig zu erstatten waren, Rubriken vorgesehen, aus denen sich der Sachverhalt ersehen ließ. – Als Anlage werden Kopien der Kriegsgefangenen-Meldungen beigefügt. – Der ZSt. liegt eine Reihe von Aussagen aus mehreren Verfahren vor, die insgesamt ein anschauliches Bild vermitteln von den damals hinsichtlich der Aussonderung und Liquidierung von sog. untragbaren Elementen unter den sowjetischen Kriegsgefangenen getroffenen Maßnahmen. Auch sind zahlreiche Dokumente aus der damaligen Zeit bekannt, die zur Aufklärung dieses Komplexes dienen. Sie entstammen den verschiedensten Quellen und können, sofern sie nicht schon in die Verfahren eingebracht sind, bei der ZSt. in Kopie angefordert werden.

II. Bei der Arbeitsgruppen-Besprechung stellte sich heraus, dass hinsichtlich der Verfahren wegen Verbrechen an Kriegsgefangenen noch eine Reihe von – im Wesentlichen gleichgelagerten – Fragen offenstehen. Es wurde daher angeregt, bei der Leitung der ZSt. anzuregen, für die Sachbearbeiter derartiger Verfahren eine gesonderte Arbeitstagung in Ludwigsburg durchzuführen.]

Es wurden im Wesentlichen die Fragen erörtert, die bereits Gegenstand der Tagung in Konstanz vom 27.-30.9.1966 waren; die Teilnehmer der Arbeitsgruppe waren zum großen Teil nicht auf der Arbeitstagung in Konstanz gewesen. Wegen der Einzelheiten wird auf die Niederschrift dieser Tagung (S. 137–139 [oben S. 269 ff.]) verwiesen. – Es ist beabsichtigt, falls erforderlich, Besprechungen der an Verfahren wegen Ermordung von Kriegsgefangenen Beteiligten in Ludwigsburg abzuhalten, wie bereits früher geschehen.

OStA Blank (Ludwigsburg) berichtete über die Besprechung in der *Arbeitsgruppe B: „Praktische Fragen der Zusammenarbeit und des Erfahrungsaustausches hinsichtlich der Aufklärung von Massenverbrechen, begangen durch Polizeieinheiten“.* – „Es wurde über die Möglichkeiten der ZSt. gesprochen, die Ermittlungen und Entscheidungen der StA zu unterstützen, wobei insbesondere an die Vermittlung von Erkenntnissen aus parallel liegenden Verfahren gedacht wurde. Dabei wurde erwähnt, dass auch die Sammlung von Anklageschriften und Urteilen, die bei der ZSt. vorhanden sei, möglicherweise weiter helfen könne. Auch Einstellungsverfügungen könnten, falls die staatsanwaltschaftlichen Ermittlungsakten gerade nicht greifbar seien, bei der ZSt. eingesehen oder von ihr zur Einsicht übermittelt werden.

Wir haben außerdem über die Möglichkeiten und Grenzen gesprochen, die bestehen, wenn über den Kreis der Angehörigen der Polizeieinheit hinaus Zeugen oder sonstige Beweismittel beschafft werden müssen. Einigkeit bestand darüber, dass es mit dem Zeugenbeweis durch Überlebende oder aus der sonstigen Zivilbevölkerung schlecht bestellt ist, weil in der Regel auf diese Weise allenfalls der äußere Ablauf des Tatgeschehens, nicht aber der Tatbeitrag einzelner Beschuldigter geklärt werden kann. Soweit es sich um Polizeieinheiten handelt, die in Russland eingesetzt gewesen sind, musste festgestellt werden, dass in Israel oder in anderen westlichen Ländern nur wenige jüdische Zeugen zur Verfügung stehen. – Erörtert wurde auch, wie die in den Ereignismeldungen enthaltenen Zahlenangaben einzuschätzen sind. Es ergab sich, dass diese Angaben, soweit sie durch andere Beweismittel nachprüfbar waren, im Wesentlichen bestätigt wurden.

Empfehlenswerte Methoden der Ermittlungen wurden genannt, so etwa, dass die Vernehmungen zunächst möglichst bei den Polizei-Reservisten und den tatferneren Angehörigen der Einheit anzusetzen hätten. – Erwähnt wurde die Bedeutung der Beiziehung der Personalakten der aktiven Polizeibeamten wie überhaupt der noch verfügbaren Unterlagen der Polizeiverwaltungen, in deren Bezirk die Einheit aufgestellt worden ist. – Es wurden die Schwierigkeiten hervorgehoben, die bei der Frage auftreten können, ob die Angehörigen der Einheit schon vor ihrer ersten Vernehmung als Beschuldigte eingetragen werden sollen. Eine generelle Handhabung konnte dabei nicht empfohlen werden. Wir waren uns jedoch im Wesentlichen darüber einig, dass die Eintragung jedenfalls solange nicht erforderlich erscheint, als nicht bestimmte Vorwürfe gegen den betreffenden Angehörigen der Einheit erhoben worden sind. – Von einem Diskussionsteilnehmer wurde vorgebracht, dass die Sonderkommission eines LKA gebeten habe, nicht mit der Vernehmung von Polizeioffizieren betraut zu werden, sofern sie sich als Polizeioberbeamte wieder im aktiven Dienst befinden. Dabei wurde die Auffassung vertreten, dass solchen Wünschen Rechnung zu tragen sei und darüber hinaus bei Polizeioffizieren generell zu prüfen sei, ob sie nicht besser durch den sachbearbeitenden StA vernommen werden sollten.

Schließlich wurde auch erörtert, welche Möglichkeiten bestehen, insbesondere im Militärarchiv Freiburg Dokumente über solche Einsätze von Polizeibataillonen zu erhalten, die zwar der Vernichtung der jüdischen Bevölkerung dienten, aber mit größeren Partisanenkampfunternehmungen im Zusammenhang standen. Dabei wurde erwähnt, dass Herr AG-Rat Pawlowski von der ZSt. zurzeit daran arbeitet, einen Überblick über solche Großeinsätze zu erlangen, bei denen unter dem Deckmantel des Partisanenkampfes Teile der jüdischen Bevölkerung vernichtet worden sind.

Während der Diskussion ist mehrfach und von verschiedenen Seiten betont worden, dass die Behandlung der sog. kleinen Schützen als das vordringlichste und wichtigste Problem anzusehen ist. – Über die Anwendung des § 47 Abs. 2 MStGB bestand nur in Bezug auf diejenigen Beschuldigten Einigkeit, denen lediglich die Absperrung des Exekutionsgeländes, sei es nach innen oder außen, vorzuwerfen sei. Im Übrigen wurde sowohl die Auffassung vertreten, dass auch bei den Schützen selbst § 47 Abs. 2 MStGB angewendet werden müsse, als auch die gegenteilige, dass man in solchen Fällen nur unter den Voraussetzungen des Putativnotstandes von der Anklage absehen könne. Die in der Rechtsprechung des BGH aufgestellten strengen Voraussetzungen des Putativnotstandes kamen zur Sprache. Es bestand Übereinstimmung darüber, dass in einer keineswegs unerheblichen Zahl von Fällen streng genommen weder § 47 Abs. 2 MStGB noch der Putativnotstand einen Ausweg biete. Dabei wurde auch zum Ausdruck gebracht, dass die StA vergeblich auf eine brauchbare gesetzliche Regelung dieser Fragen gewartet hätten. Eine solche Regelung wurde auch jetzt noch für erforderlich gehalten. In mehreren Diskussionsbeiträgen wurde unterstrichen, dass es ohne eindeutige Herausnahme der „kleinen Schützen" aus der Strafverfolgung künftig noch weniger als bisher möglich sein werde, die schwerer schuldig gewordenen Vorgesetzten zu überführen.

Gestatten Sie mir, in diesem Zusammenhang eine Bemerkung zu dem Referat des Vertreters des BMJ. Darin kam ja u.a. zum Ausdruck, dass in Verbindung mit Mord oder gar Massenmord von geringfügigen Tatbeiträgen nicht die Rede sein könne. Hätten sich die StA an diese meines Erachtens unzutreffende Auffassung gehalten, so wäre das Problem – so befremdlich dies zunächst klingen mag – vermutlich längst gelöst. Dann wären nämlich ganze Polizeibataillone und Regimenter angeklagt worden, und diese Situation hätte den Gesetzgeber sicherlich zum Handeln veranlasst. – Gerade unter dem Gesichtspunkt der Beteiligung von Polizeieinheiten an NS-Verbrechen wird man also nach wie vor eine gesetzliche Regelung fordern müssen, die dem doch sehr fragwürdigen Hantieren mit § 47 Abs. 2 MStGB bzw. dem Putativnotstand in den umstrittenen Fällen ein Ende setzt."

In der Diskussion sagte *EStA Waldschmidt* (Darmstadt), die Teilnehmer der Arbeitstagung sollten den Gesetzgeber – etwa in Form einer Resolution – auf die Schwierigkeiten hinweisen, die die Einstellung eines Verfahrens gegen sog. „kleine Täter" bereite (§ 47 Abs. 2 MStGB, Befehlsnotstand). Zu einem Appell für gesetzgeberische Maßnahmen seien die Teilnehmer der Arbeitstagung besonders geeignet, weil sie „unverdächtig" seien.

MinDirig. Roth (Stuttgart) riet aus politischen Erwägungen von einer derartigen Resolution dringend ab. Er wies jedoch darauf hin, dass das Protokoll der Tagung allen zuständigen Stellen überreicht werde.

Für die *Arbeitsgruppe C* fand unter reger Beteiligung eine *Führung durch das Militärarchiv* statt. Die leitenden Herren erläuterten an Ort und Stelle Aufbau und Arbeitsweise des Archivs und vermittelten dadurch eine wertvolle Ergänzung des Referats von Oberstleutnant Forwick.

Sektionsrat Dr. Danzinger (Wien) berichtete über *den Stand der Aufklärung von nationalsozialistischen Verbrechen in Österreich:* Durch eine gleichsam in letzter Minute vorgenommene Erweiterung der Tagesordnung ist es mir übertragen worden, Ihnen in einem kurzen Referat über den derzeitigen Stand der Untersuchung und Aufklärung der nationalsozialistischen Gewaltverbrechen in Österreich zu berichten. Wenngleich das, was ich Ihnen zu sagen habe, für Ihre Tätigkeit nicht unmittelbar verwertbar sein mag, so erscheint es mir dennoch vertretbar, Ihre Aufmerksamkeit in Anspruch zu nehmen, um Ihnen durch einen Blick über die Grenzen zu zeigen, dass auf dem uns beschäftigenden Sachgebiet auch in Österreich bereits einiges geschehen ist.

Ich möchte mich darauf beschränken, Sie auf die Unterschiede hinzuweisen, die zwischen den in der Bundesrepublik Deutschland gegebenen Verhältnissen und jenen in Österreich bestehen, und zu diesem Zweck ist es notwendig, zunächst kurz die Entwicklung seit dem Jahre 1945 zu streifen. Im Gegensatz zur Bundesrepublik Deutschland hat Österreich bereit unmittelbar nach Kriegsende die volle Gerichtshoheit wiedererlangt. Dadurch war die österreichische Justiz schon im Jahre 1945 in der Lage, mit der Untersuchung und Verfolgung jener strafbaren Handlungen aus der Zeit zwischen 1938 und 1945 zu beginnen, die uns in unserem Fachgebiet auch heute, also mehr als 20 Jahre später, immer noch beschäftigen. Es bedarf wohl keiner besonderen Erwähnung, dass die österreichische Justiz bei diesem Beginnen in den ersten Nachkriegsjahren eine weitaus günstigere Situation vorgefunden hat, als dies heute der Fall ist. Diese günstigere Lage war aber zweifellos nicht nur darauf zurückzuführen, dass es damals wesentlich leichter möglich war, taugliche Tatzeugen zu finden, die Beweislage also eine ganz andere gewesen ist, sondern beruht bestimmt auch auf der Tatsache, dass durch die Erlangung strafrechtlicher Sondernormen auch auf legistischem Wege die entsprechenden Voraussetzungen geschaffen worden sind. In Österreich sind kurz nach dem Kriegsende zwei strafrechtliche Sondergesetze erlassen worden, deren ausschließliche Aufgabe es war, eine möglichst umfassende Bereinigung des uns aus der Vergangenheit überkommenden Erbes vornehmen zu können. Es handelt sich hierbei um das sog. „Verbotsgesetz“ und das sog. „Kriegsverbrechergesetz“. Diese beiden Gesetze sind in der Zwischenzeit, und zwar im Jahre 1957, außer Kraft gesetzt worden, so dass seither – wie in der Bundesrepublik Deutschland – auf die strafrechtliche Beurteilung der nationalsozialistischen Gewaltverbrechen nur noch die Bestimmungen des allgemeinen Strafgesetzes anzuwenden sind. Der Vollständigkeit halber sei in diesem Zusammenhang erwähnt, dass von „Verbotsgesetz“ nach wie vor jene Bestimmungen selbstverständlich in Geltung stehen, welche die Wiederbetätigung im nationalsozialistischen Sinne unter Strafsanktionen stellen.

Die österreichische Justiz hat in den ersten Nachkriegsjahren von den ihr gebotenen Möglichkeiten der Untersuchung und Verfolgung nationalsozialistischer Gewaltverbrechen sehr ausgiebig Gebrauch gemacht. Ich darf darauf hinweisen, dass in Österreich allein bis zum Außerkrafttreten des „Verbotsgesetzes“ und des „Kriegsverbrechergesetzes“, also in der Zeit bis 1957, insgesamt mehr als 130.000 Verfahren nach den Bestimmungen dieser beiden Sondergesetze eingeleitet worden sind. Mehr als 23.000 dieser Verfahren sind mit Urteil abgeschlossen worden und mehr als 13.000 Personen sind in diesen Verfahren schuldig gesprochen und z.T. zu sehr empfindlichen Strafen verurteilt worden. Allein in 43 Fällen ist von österreichischen Gerichten die Todesstrafe verhängt worden, die in 30 Fällen auch tatsächlich vollstreckt worden ist. Wenn man sich diese Zahlen vor Augen hält und sie zur Größe und Bevölkerungszahl Österreichs in Beziehung setzt, so glaube ich doch sagen zu können, dass auch in Österreich auf dem Gebiet der Vergangenheitsbewältigung, soweit hierzu die Strafrechtspflege beizutragen in der Lage ist, einiges getan worden ist und dass die gelegentlich immer wieder zu hörenden Behauptungen, Österreich habe auf diesem Gebiet eine zu laxe Haltung bewiesen, den tatsächlichen Gegebenheiten nicht gerecht werden.

Die in der ersten Nachkriegszeit entfaltete Aktivität in der Verfolgung der nationalsozialistischen Gewaltverbrechen hat dann ungefähr zu Beginn der 50er Jahre nachgelassen. Hierfür dürften meiner Meinung nach verschiedene Gründe ausschlaggebend gewesen sein. Möglicherweise hat damals die Meinung eine gewisse Rolle gespielt, dass die große Masse der Untersuchungen bereits erledigt sei, bestimmt haben auch gewisse äußere Einflüsse mitgewirkt. Nicht zuletzt mag zu einem Schwinden des Interesses auch die Tatsache beigetragen haben, dass gerade um diese Zeit auch die seinerzeitigen Alliierten zahlreiche der von ihnen verurteilten Personen, davon auch viele Österreicher, begnadigt und vorzeitig aus der Haft entlassen haben. Schließlich war wohl auch der Umstand mitbestimmend, dass eben keine neuen Fakten mehr bekannt geworden sind und daher die Notwendigkeit für die Einleitung und Durchführung weiterer Untersuchungen nicht gegeben war.

Um den Beginn der 60er Jahre hat es dann wieder in gewissem Umfange ein Ansteigen der Aktivität in der Untersuchung nationalsozialistischer Gewaltverbrechen gegeben. Diese Erscheinung hat ihre Ursache nicht zuletzt darin, dass die Strafverfolgungsbehörden in der Bundesrepublik Deutschland im Rahmen ihrer systematischen Untersuchungen da und dort Material zutage gefördert haben, aus dem sich eine Belastung österreichischer Staatsangehöriger ergeben hat, diese strafrechtlich relevanten Umstände in der weiteren Folge den österreichischen Behörden zur Kenntnis gebracht worden sind und hierdurch die Einleitung neuer Untersuchungen provoziert worden ist. Aber auch der in Israel durchgeführte Prozess gegen Eichmann, in dessen Verlauf sehr viele neue Tatsachen bekanntgeworden sind, mag dazu beigetragen haben, dass man auch in Österreich wieder in verstärktem Umfange gezwungen war, sich mit diesen Angelegenheiten zu befassen.

Gegenwärtig sind bei österreichischen Gerichten und StA noch gegen rund 1000 Personen Untersuchungen anhängig. Unter diesen rund 1000 Personen befindet sich eine große Anzahl von potentiellen Beschuldigten, also Personen, von denen lediglich bekannt ist, dass sie einer bestimmten Einheit, der Bewachungsmannschaft eines bestimmten KZ angehört haben oder an einem bestimmten Ort eingesetzt waren, gegen die aber bisher keine konkreten Belastungen vorliegen. Gegen diese Personen ist bereits vor dem Jahre 1965 aus formellen Gründen, nämlich zur Unterbrechung der nach der damaligen Rechtslage noch möglichen Verjährung, das Verfahren eingeleitet worden. Unter den in Untersuchung gezogenen Personen befinden sich weiter solche, deren Aufenthalt bislang nicht ermittelt werden konnte und von denen aller Wahrscheinlichkeit nach ein großer Teil nicht mehr am Leben sein wird. Schließlich befinden sich unter diesen rund 1000 Personen auch so manchen Staatsangehörige der Bundesrepublik Deutschland, die für die österreichische Justiz nicht greifbar sind und gegen die die Verfahren deshalb eingeleitet worden sind, weil die ihnen zur Last gelegten Tathandlungen auf österreichischem Staatsgebiet begangen worden sind, so zum Beispiel im ehemaligen KZ Mauthausen oder einem der zahlreichen Nebenlager oder Außenkommandos dieses KZ.

Im Gegensatz zur Bundesrepublik Deutschland ist es in Österreich bisher nicht unternommen worden, eine systematische Aufklärung des Gesamtkomplexes der nationalsozialistischen Gewaltkriminalität durchzuführen. Ganz abgesehen davon, dass Österreich für ein solches Beginnen weder die dazu erforderlichen materiellen noch personellen Möglichkeiten gegeben wären, wäre es meiner Meinung nach heute auch wesentlich zu spät, um mt einer derartigen systematischen Bearbeitung zu beginnen. Als die Bundesrepublik Deutschland vor nunmehr rund zehn Jahren schrittweise damit begonnen hat, eine systematische Betrachtung der nationalsozialistischen Gewaltverbrechen durchzuführen, hat man es in Österreich vielleicht versäumt, die erforderlichen Vorkehrungen zu treffen, dass die Ergebnisse dieser Untersuchung, soweit sie österreichische Belange berühren, auch zuverlässig und vollständig den in Betracht kommenden österreichischen Behörden zugänglich gemacht werden. Sie werden mir aus Ihrer Erfahrung zweifellos bestätigen können, dass im Verlaufe Ihrer Untersuchungen immer wieder Ergebnisse anfallen, durch die Personen belastet werden, bei denen es sich um österreichische Staatsbürger handelt und die daher allein aus diesem Grunde für die deutsche Justiz relativ uninteressant sind, weil ihre strafrechtliche Verfolgung den Behörden der Bundesrepublik Deutschland aus faktischen Gründen nicht möglich ist. Ich will absolut nicht bestreiten, dass bereits in zahlreichen Fällen derartige Ermittlungsergebnisse von den deutschen StA und Gerichten den österreichischen Behörden zur Kenntnis gebracht worden sind, möchte jedoch nur in Zweifel stellen, dass dies auch wirklich in allen Fällen geschehen ist.

Da ich es persönlich als einen großen Mangel empfinde, dass für eine lückenlose Zusammenarbeit zwischen den in Betracht kommenden Behörden der Bundesrepublik Deutschland und Österreichs keine entsprechende Vorsorge getroffen worden ist, sei es mir gestattet, an Sie, meine sehr geehrten Damen und Herren, die Sie auf dem in Rede stehenden Fachgebiet die maßgeblichen Behörden der Bundesrepublik Deutschland repräsentieren, eine Bitte zu richten. Wenn Sie künftig im Verlaufe Ihrer Ermittlungen auf Umstände stoßen, die österreichische Staatsbürger betreffen, so haben Sie die Güte, diesen Umstand uns mitzuteilen. Wir erwarten bestimmt nicht, dass Sie in derartigen Fällen auch für uns weitere Erhebungen durchführen, wir wollen von Ihnen lediglich den Fingerzeig bekommen, der uns dann in die Lage versetzt, die eigene Ermittlungstätigkeit zu beginnen. Ich möchte nicht unbescheiden sein, glaube aber doch sagen zu dürfen, dass ich zu einer solchen Bitte nicht ganz unberechtigt bin. Einerseits geht es doch schließlich um die gemeinsame Sache, und da bin ich der Meinung, ein gewisses Maß von Bereitschaft zur Unterstützung auch dann erwarten zu dürfen, wenn in einem konkreten Falle nicht Interessen des eigenen Staates, sondern die eines anderen berührt werden. Darüber hinaus darf ich Ihnen die Versicherung geben, dass wir unsererseits jederzeit bereit sind, mit den uns zur Verfügung stehenden Möglichkeiten Ihre Ermittlungen, die ja auch immer wieder Nachforschungen in Österreich erforderlich machen, zu unterstützen.

MinRat Pötz (Bonn) referierte über *Rechthilfeverkehr in Strafsachen mit Staaten des Ostblocks.*

„Die politische Entwicklung der letzten Jahre hat sich auch auf den Rechtshilfeverkehr in Strafsachen mit den Ostblockstaaten ausgewirkt. Um Ihnen dies anschaulich zu machen, darf ich zunächst einen kurzen Rückblick halten. – Die Notwendigkeit, Staaten des Ostblocks um Rechtshilfe zu ersuchen, ergab sich erstmalig in den Jahren 1959/60. – Damals hat die Bundesregierung den Standpunkt vertreten, dass es aus rechtlichen und politischen Gründen nicht möglich sei, den Rechtshilfeverkehr in Strafsachen mit Staaten des Ostblocks, mit denen die Bundesrepublik Deutschland keine diplomatischen Beziehungen unterhielt, aufzunehmen. Lediglich wegen der politischen Bedeutung der damals insbesondere gegen Richter und StA erhobenen Vorwürfe hat die Bundesregierung seinerzeit ihre Bedenken zurückgestellt und keine Einwendungen dagegen erhoben, dass entsprechende Rechtshilfeersuchen an die Justizbehörden der Ostblockstaaten gerichtet würden. Später hat sie dieses Einverständnis im Hinblick darauf, dass sich auch in zahlreichen Ermittlungs- und Strafverfahren wegen NS-Verbrechen die Notwendigkeit ergab, im Ostblock wohnhafte Zeugen zu vernehmen und dort befindliches Belastungsmaterial zu erhalten, ausgedehnt.

Zunächst sind in einem Rundschreiben des BJM an die LJVW vom 19.12.1964 – 9360 P 4 27 136/64 – Richtlinien für die Abwicklung des Rechtshilfeverkehrs mit den Staaten des Ostblocks festgelegt worden. Dieses Rundschreiben ist später durch ein weiteres Rundschreiben vom 25.7.1967 – 9360 P 4 – 27 157/67 – ergänzt worden. Aus diesen noch heute geltenden Rundschreiben, die in Rundverfügungen und Erlassen der LJVW ihren Niederschlag gefunden haben, ist im Wesentlichen Folgendes von Bedeutung:

a) Die Bundesregierung erklärt sich im Hinblick darauf, dass insbesondere bei den vor den Schwurgerichten anhängigen Strafverfahren wegen NS-Gewaltverbrechen in Ostblockstaaten wohnhafte Zeugen oftmals kurzfristig geladen werden müssen, bis auf weiteres allgemein damit einverstanden, dass die deutschen Gerichte und StA in Ermittlungs- und Strafverfahren wegen NS-Gewaltverbrechen Ersuchen um Zustellung von Ladungen an in Ostblockstaaten wohnhafte Personen als Zeugen an die polnische oder tschechoslowakische Militärmission in Berlin oder über die ZSt. der LJVW an die Polnische Hauptkommission zur Untersuchung von NS-Verbrechen in Warschau richten. Im Verhältnis zu den übrigen Ostblockstaaten, mit denen die Bundesrepublik Deutschland keine diplomatischen Beziehungen unterhält, sollen solche Ersuchen um Zustellung von Zeugenladungen unmittelbar an die Justizbehörden des betreffenden Ostblockstaates gerichtet werden. – Von einer unmittelbaren

Fühlungnahme deutscher Justizbehörden mit den Verbänden der antifaschistischen Widerstandskämpfer in Prag und Warschau soll grundsätzlich abgesehen werden.

b) Aus politischen Gründen, aber auch aus rechtlichen Erwägungen soll in Strafverfahren wegen NS-Gewaltverbrechen um die Vernehmung von Zeugen durch Justizbehörden der Ostblockstaaten nur in Ausnahmefällen und nach Einholung der vorherigen Zustimmung der Bundesrepublik ersucht werden.

c) Ersuchen um Übersendung von Beweismaterial und Akten sollen erst nach Einholung der Zustimmung der Bundesregierung an Justizbehörden der Ostblockstaaten gerichtet werden.

d) Für den Rechtshilfeverkehr in Strafsachen mit der Sowjetunion sollen die gleichen Grundsätze angewandt werden. In allen Fällen ist hier aber der diplomatische Weg einzuhalten.

Wie hat sich nun aus dieser Grundlage die Praxis entwickelt? Zunächst waren Ersuchen um Zustellung von Ladungen an in Ostblockstaaten wohnhafte Zeugen die Regel. Sie hatten unterschiedlichen Erfolg. Immerhin sind in vielen Schwurgerichts- und Voruntersuchungssachen Zeugen nach Deutschland gekommen. Die Vorteile einer Vernehmung durch deutsche Richter liegen auf der Hand. Die Möglichkeit, ihnen Vorhalte machen und sie den Beschuldigten oder Zeugen gegenüberstellen zu können, ist nicht von zu unterschätzender Bedeutung. All das hat auch psychologische Wirkung. Wir wissen, dass sich manche Zeugen sehr positiv über ihre Aufnahme und Behandlung durch deutsche Behörden geäußert haben und von der Art beeindruckt waren, wie NS-Strafverfahren bei uns geführt werden. Viele Zeugen konnten, wollten oder durften aber aus den verschiedensten Gründen einer Ladung zu ihrer Vernehmung in der Bundesrepublik Deutschland nicht folgen. Die deutschen Gerichte und StA sind daher in zunehmendem Maße dazu übergegangen, Gerichte der Ostblockstaaten um Vernehmung von Zeugen zu ersuchen. Die Bundesregierung hat sich – trotz Bedenken – dieser Entwicklung nicht verschlossen. Denn die umfassende und möglichst beschleunigte Aufklärung und Verfolgung aller NS-Verbrechen ist ein gemeinsames Anliegen von Bund und Ländern. Es kam hinzu, dass nach den inzwischen gewonnenen Erfahrungen die Vernehmungen von Zeugen durch Justizbehörden der Ostblockstaaten durchweg korrekt durchgeführt wurden und oft als Beweismittel in deutschen Verfahren verwertet worden sind. Die Bundesregierung wird daher auch zukünftig derartigen Ersuchen ihre Zustimmung nicht versagen, es sei denn, dass besondere Gründe, etwa solche politischer Art, vorliegen. Sie würden es aber gleichwohl begrüßen, wenn in jedem Einzelfall sorgfältig geprüft würde, ob nicht einem Ersuchen um Ladung des Zeugen zu seiner Vernehmung in der Bundesrepublik Deutschland der Vorzug gegeben werden sollte.

Von ganz wenigen Ausnahmen abgesehen hat die Bundesregierung stets ihre Zustimmung zu Ersuchen an Behörden der Ostblockstaaten um Übersendung von Belastungs- oder sonstigem Beweismaterial gegeben. In den wenigen Fällen, in denen aus unserer Sicht Bedenken bestanden, ist immer ein Weg gefunden worden, der den beiderseitigen Interessen entsprach. Dabei hat sich das BMJ bemüht, vor allem dann eine möglichst schnelle und unbürokratische Entscheidung zu treffen, wenn Eile geboten war. Sollte der eine oder andere von Ihnen einmal Anlass gehabt haben, mit uns zu hadern, sagen Sie es in der Diskussion oder mir persönlich. Ich werde versuchen, Ihnen zu erklären, woran es lag. Sie wissen, dass sich die Bundesregierung seit längerem bemüht, ihr Verhältnis zu den Ostblockstaaten zu normalisieren. Das hat inzwischen im Verhältnis zu Rumänien zur Aufnahme diplomatischer Beziehungen und im Verhältnis zu Jugoslawien zur Wiederaufnahme der diplomatischen Beziehungen geführt. Es erscheint nicht ausgeschlossen, dass in absehbarer Zeit auch mit der Tschechoslowakei diplomatische Beziehungen aufgenommen werden können. Im Rahmen dieser Bemühungen ist die Bundesregierung bestrebt, auch den Rechtshilfeverkehr in Strafsachen mit den Staaten des Ostblocks zu normalisieren und nach Möglichkeit auch auf Ermittlungs- und Strafverfahren auszudehnen, die keine NS-Verfahren betreffen. Die Hauptschwierigkeit besteht darin, dass die Aufnahme des Rechtshilfeverkehrs wegen der gemeinen Kriminalität nach § 41 des deutschen Auslieferungsgesetzes davon abhängig ist, dass die Gegenseitigkeit verbürgt ist. Hierauf werde ich noch zurückkommen, wenn ich nun kurz die Entwicklung und die Möglichkeiten des Rechtshilfeverkehrs in NS-Strafsachen mit den einzelnen Ostblockstaaten behandle.

1. Entwicklung des Rechtshilfeverkehrs in Strafsachen mit der Sowjetunion: Der Rechtshilfeverkehr in Strafsachen mit der Sowjetunion wickelt sich auf dem diplomatischen Weg ab. Ersuchen um Zustellung von Ladungen an in der Sowjetunion wohnhafte Zeugen ist in laufenden Schwurgerichtsverfahren in einzelnen Fällen stattgegeben worden. Die Zeugen kamen meist im Gefolge eines offiziellen russischen Begleiters (z.B. Prof. Alekseev) in die Bundesrepublik (z.B. in den Strafverfahren gegen Heuser vor dem Schwurgericht Koblenz und Tabbert vor dem Schwurgericht Dortmund). – Ersuchen um Vernehmung von Zeugen durch sowjetische Behörden wurde in vielen Fällen stattgegeben. Meist sind diese Zeugen durch sowjetische Gerichte vernommen worden. Die durchweg brauchbaren Vernehmungsprotokolle wurden den deutschen Justizbehörden zur Verfügung gestellt. Außerdem hat die Sowjetunion, wenn auch schleppend, in nicht unerheblichem Umfang Ersuchen um Überlassung von Beweismaterial und um Ermittlung von Zeugen entsprochen. Die ZSt. der LJVW in Ludwigsburg hat in zahlreichen Vorermittlungsverfahren wegen NS-Verbrechen Rechtshilfeersuchen um Überlassung von Beweismaterial und um Ermittlung von Zeugen an die zuständigen sowjetischen Behörden gerichtet, deren Erledigung aber zum größten Teil noch aussteht.

Einem Ersuchen um Zustimmung zur Anwesenheit eines deutschen Untersuchungsrichters bei Zeugenvernehmungen hat die sowjetische Regierung entsprochen (Strafverfahren gegen Bonin und Pauli wegen NS-Verbrechen). Die Vernehmungen sind Mitte Mai 1968 in Anwesenheit des Untersuchungsrichters und eines Verteidigers von einem sowjetischen Untersuchungsrichter durchgeführt worden. – Ein Ersuchen des LG Stuttgart vom 17.8.1967, einer richterlichen Augenscheinseinnahme im Gebiet der Stadt Lemberg zuzustimmen, hat die sowjetische Regierung zunächst längere Zeit nicht beantwortet. Erst mit Note vom

19.4.1968 teilte sie mit, dass die richterliche Augenscheinseinnahme nicht möglich sei, weil die zu besichtigenden Gebäude nicht mehr vorhanden sind (- 9352 E – 1255/67 -). – Das sowjetische Außenministerium hat sich mit Noten vom 27.7.1967 bereit erklärt, einer Auswertergruppe der ZSt. die Möglichkeit zu geben, sich mit den in der Sowjetunion vorhandenen Dokumenten vertraut zu machen. Die Auswertergruppe wird voraussichtlich in nächster Zeit in die Sowjetunion reisen (vgl. 4000/6 – 4 – 1 S 19 – 25052/78).

Um Klarheit darüber zu gewinnen, ob die sowjetische Regierung Rechtshilfe auch in Angelegenheiten der gemeinen Kriminalität zu leisten bereit ist, ist 1967 ein Rechtshilfeersuchen um Erteilung von Auskünften in einem Ermittlungsverfahren wegen wissentlich falscher Versicherung an Eides Statt und Urkundenfälschung unter ausdrücklicher Zusicherung der Gegenseitigkeit an die Sowjetunion weitergeleitet worden. Das sowjetische Außenministerium hat dem Rechtshilfeersuchen entsprochen und mitgeteilt, dass keine Unterlagen in den sowjetischen Archiven aufgefunden worden sind (vgl. 9352 E – 182/67). Weitere Erfahrungen liegen noch nicht vor.

2. Rechtshilfeverkehr in Strafsachen mit Polen: Der Rechtshilfeverkehr in NS-Strafsachen mit Polen ist vergleichsweise erheblich intensiver. Er verläuft im Allgemeinen reibungslos. Da die Bundesrepublik Deutschland mit Polen keine diplomatischen Beziehungen unterhält, wickelt sich der Rechtshilfeverkehr in NS-Verfahren über die Polnische Militärmission in Berlin oder unter Einschaltung der ZSt., über die Polnische Hauptkommission zur Untersuchung von NS-Verbrechen in Warschau ab. – Die polnischen Behörden haben Ersuchen um Zustellung von Ladungsurkunden an in Polen wohnhafte Zeugen weitgehend entsprochen. Während Ladungsersuchen in deutschen Ermittlungsverfahren bis Mitte 1965 in gleicher Weise wie Ladungsersuchen in bei Gericht anhängigen Verfahren erledigt worden sind, sind die polnischen Behörden seitdem bestrebt, die Zeugen durch polnische Gerichte vernehmen zu lassen. Die polnischen Behörden geben jetzt Ersuchen um Ladung von Zeugen in die Bundesrepublik nur statt, wenn die Zeugen zu laufenden HV in NS-Strafverfahren geladen werden sollen. Die Zeugen haben den meisten Ladungsersuchen Folge geleistet. Ersuchen um Vernehmung von Zeugen in Polen wurde in den meisten Fällen entsprochen.

Auch Ersuchen um Überlassung von Beweismaterial ist mehrfach stattgegeben worden. Allerdings läuft der Verkehr mit der Polnischen Hauptkommission zur Untersuchung von NS-Verbrechen schleppend. – Mehreren Ersuchen, deutschen Richtern und StA die Teilnahme an Zeugenvernehmungen in Polen zu gestatten, haben die polnischen Behörden entsprochen. Die Vernehmungen wurden zum größten Teil von polnischen StA durchgeführt, weil ein polnischer Richter nach der polnischen StPO erst tätig werden kann, wenn das Verfahren bei einem Gericht anhängig ist. Der polnische StA ist berechtigt, die Zeugen unter Eid zu vernehmen. Den anwesenden deutschen Richtern und StA ist gestattet worden, über den polnischen StA Fragen an die polnischen Zeugen zu stellen. Auch die Verteidigung hatte das Recht, Fragen an die Zeugen zu richten. Unsachliche Beschränkungen des Fragerechts hat es, soweit dem BMJ bekannt geworden ist, in keinem Falle gegeben.

Ersuchen deutscher Gerichte um Genehmigung von Augenscheinseinnahmen in Verbindung mit Zeugenvernehmungen hat die polnische Regierung wiederholt stattgegeben (z.B. Besichtigung des KZ Auschwitz in dem Strafverfahren des Schwurgerichts Frankfurt/Main gegen Mulka u.a. wegen Mordes und Besichtigung des Gebiets Neu-Sandez in dem Strafverfahren des Schwurgerichts Bochum gegen Hammann u.a. wegen Mordes). Ferner sind mehrfach Angehörige der ZSt. und auch deutsche Richter und StA nach Polen gereist, um Archive und Dokumente auszuwerten. Die Polnische Hauptkommission zur Untersuchung von NS-Verbrechen hat gestattet, dass Mikrofilme und Ablichtungen von den Dokumenten gefertigt werden.

In diesem Zusammenhang ist zu erwähnen, dass – insbesondere von der ZSt. – mit dem Leiter der Polnischen Hauptkommission zur Untersuchung von NS-Verbrechen, Dr. Pilichowski, gute Kontakte hergestellt wurden. Das hat indessen nicht verhindert, dass sich Dr. Pilichowski wiederholt über Art und Umfang der Verfolgung von NS-Tätern in der Bundesrepublik Deutschland öffentlich kritisch geäußert hat. Die gegen die deutschen Täter verhängten Strafen scheinen den Polen zu milde. Insbesondere wird die Behandlung des Verfahrens gegen Reinefarth beanstandet. Nach polnischer Auffassung ist die Bundesregierung in erster Linie bestrebt, den Juden materiell und in strafrechtlicher Hinsicht Genüge zu tun. Ihre Bemühungen und die der deutschen Justizbehörden berücksichtigen jedoch nicht im gleichen Umfang berechtigte polnische Belange. So hat Dr. Pilichowski nach Durchführung einer Augenscheinseinnahme des Schwurgerichts Frankfurt/Main in der Zeit vom 31.1. bis 5.2.1968 in einer Abschlusskonferenz in den Räumen des polnischen Justizministeriums ausgeführt, dass nach polnischer Auffassung die Verfolgung und Bestrafung der für die Einrichtung, Unterhaltung und den Vernichtungsbetrieb des KZ Auschwitz Verantwortlichen noch immer in offenes Blatt seien. Hierunter fallen nach polnischer Auffassung auch die Verantwortlichen für die Ausbeutung der Arbeitskraft (Sklavenarbeit) durch deutsche Firmen. Z.B. sei von den allein in Auschwitz tätig gewesenen etwa 6000 SS-Angehörigen nur eine verschwindend geringe Zahl der Strafverfolgung ausgesetzt gewesen. Hierbei seien bereits die unmittelbar nach dem Kriege durch polnische Gerichte abgeurteilten Personen berücksichtigt. Dr. Pilichowski hat seine Angriffe in jüngster Zeit wiederholt und verstärkt. So hat er nach einer im Sowjetzonen-Spiegel des Presse- und Informationsamts der Bundesregierung vom 27.5.1968 enthaltenen adn-Meldung Folgendes ausgeführt: „In der Bundesrepublik leben bisher unbestraft in Freiheit Nazi-Kriegsverbrecher, die hohe Funktionen auf allen Gebieten des politischen, gesellschaftlichen und wirtschaftlichen Lebens eingenommen haben bzw. noch einnehmen. In der Bundesrepublik schließen sich die ehemaligen SS-Wächter der Nazi-KZ in Verbänden zusammen, in der Bundesrepublik ist seit Jahren eine geheime Organisation ehemaliger Mitglieder der Nazi-Polizei tätig, die sich damit befasst, falsche Zeugen zur Entlastung der SS-Kameraden für begangene Verbrechen zu suchen. In der Bundesrepublik wurden bisher die sog. Schreibtischmörder nicht zur Verantwortung gezogen, die aufgrund ihrer hohen Funktionen im Partei- und Staatsapparat des 3. Reiches für die Inspirierung und

Organisierung der Massenmorde am polnischen Volk und den anderen Völkern Europas, an den polnischen und europäischen Juden verantwortlich sind."

Dr. Pilichowski betont: „Die Regierung und die Justizorgane der Bundesrepublik sind verpflichtet zu sichern, dass alle Nazi-Kriegsverbrecher, die in diesem Lande leben, verfolgt werden und ihre gerechte Strafe erhalten, dass entsprechend den verpflichtenden Normen des Völkerrechts in der Bundesrepublik die beabsichtigte Verjährung der Nazi-Kriegsverbrechen mit Ende des Jahres 1969 nicht eintritt." Der Kampf für die Bestrafung der Nazi-Kriegsverbrecher habe große politische Bedeutung. „Er ist ein wesentliches Element unseres Kampfes für die Achtung der Grundsätze des Völkerrechts und der menschlichen Moral durch alle Staaten der Welt, des Kampfes für Sicherheit und Frieden in Europa, des Kampfes gegen den Neofaschismus, Militarismus und Revanchismus in der Bundesrepublik, des Kampfes dafür, dass sich die Völkermordverbrechen niemals wiederholen können."

Die Tendenz ist unverkennbar. Noch so freundliche Empfänge und zuvorkommende Gastfreundschaft für deutsche Richter und StA können nicht darüber hinwegtäuschen, dass amtliche polnische Stellen bestimmte politische Ziele verfolgen. In dieser Situation sind Wachsamkeit und Zurückhaltung gleichermaßen unerlässlich, insbesondere für den, der nicht mit den Verhältnissen in den Ostblockstaaten und mit deren Methoden vertraut ist. Den in den Ausführungen von Dr. Pilichowski zum Ausdruck kommenden Auffassungen ist sowohl von der Bundesregierung als auch von den Richtern und StA, die sich dienstlich in Polen aufgehalten haben, bei jeder sich bietenden Gelegenheit entgegengetreten worden. Darüber hinaus beabsichtigt der BJM, Herrn Dr. Pilichowski, wenn dieser zu einem seit längerer Zeit geplanten Besuch in die Bundesrepublik Deutschland kommt, zu einem Gespräch zu empfangen. – Die Bundesregierung bemüht sich, im Verhältnis zu Polen auch den Rechtshilfeverkehr in Strafsachen, die keine NS-Gewaltverbrechen betreffen, in Gang zu bringen. Ein informatorisches Gespräch hat bereits stattgefunden. Gegenwärtig wird versucht, eine nach § 41 des deutschen Auslieferungsgesetzes erforderliche Gegenseitigkeitserklärung der polnischen Regierung zu erlangen. Der Erfolg dieser Bemühungen bleibt abzuwarten.

3. Rechtshilfeverkehr in Strafsachen mit der Tschechoslowakei. Insgesamt freundlicher und reibungsloser wickelt sich der Rechtshilfeverkehr mit der *Tschechoslowakei* ab. Die tschechoslowakischen Behörden haben deutschen Ersuchen um Zustellung von Ladungsurkunden an in der Tschechoslowakei wohnhafte Zeugen, um Vernehmung von Zeugen in der Tschechoslowakei und um Überlassung von Beweismaterial weitgehend entsprochen. Wenn der Verkehr mit der tschechoslowakischen Regierungskommission zur Untersuchung von NS-Verbrechen auch gelegentlich schleppend verläuft, so mag das in erster Linie auf Personalmangel in der tschechoslowakischen Dienststelle zurückzuführen sein. Der Leiter der Regierungskommission, Dr. Kamis, hat jedenfalls kürzlich in einem Gespräch mit dem BJM in Bonn ausdrücklich erklärt, die Tschechoslowakei sei an der vollständigen Aufklärung aller auf ihrem Gebiet begangenen strafbaren Handlungen interessiert. Sie halte kein Belastungsmaterial zurück und gewähre den deutschen Behörden jede mögliche Unterstützung. Diese Bereitschaft zeigt sich insbesondere darin, dass die tschechoslowakische Regierung bereits zweimal Beamten der ZSt. Gelegenheit gegeben hat, Archive auszuwerten und sonstiges Dokumentenmaterial zu sichten.

Darüber hinaus ist von tschechischer Seite deutschen Rechtshilfeersuchen auch in solchen Verfahren entsprochen worden, die keine NS-Gewaltverbrechen betreffen. Die tschechoslowakische Regierung hat auf Ersuchen der Bundesregierung kürzlich in einer Einzelsache eine Erklärung abgegeben, die als ausreichende Gegenseitigkeitserklärung im Sinne des § 41 des deutschen Auslieferungsgesetzes angesehen werden kann. Die Bundesregierung beabsichtigt, die Gegenseitigkeitserklärung in einer Note zu bestätigen und auf der Grundlage dieses Notenwechsels den Rechtshilfeverkehr sowohl in NS-Strafverfahren als auch in Strafverfahren wegen gemeiner Delikte zu normalisieren. Das bedingt zugleich eine Änderung des Geschäftswegs. Der Rechtshilfeverkehr war bisher im Wesentlichen auf Verfahren wegen NS-Gewaltverbrechen beschränkt und wurde weitgehend über die tschechoslowakische Militärmission in Berlin abgewickelt. Nunmehr ist beabsichtigt, der tschechoslowakischen Regierung vorzuschlagen, dass der gesamte Schriftverkehr zukünftig zwischen den LJVW einerseits und dem tschechoslowakischen Justizministerium andererseits geführt wird. Eine solche Regelung würde eine rasche Abwicklung des Rechtshilfeverkehrs ermöglichen und im Übrigen die Einschaltung der tschechoslowakischen Militärmission in Berlin entbehrlich machen. Diese Frage wird zunächst aber noch mit den LJVW erörtert werden.

Am Rande darf ich noch erwähnen, dass die tschechoslowakische Regierung über eine befreundete Botschaft wiederholt um Übernahme der Strafverfolgung deutscher Staatsangehöriger ersucht hat. Diese Ersuchen haben meist Verkehrsdelikte deutscher Touristen in der Tschechoslowakei zum Gegenstand. Die Strafverfolgung ist in allen Fällen von den deutschen Justizbehörden übernommen worden. Die tschechoslowakischen Behörden werden über die Einleitung und den Ausgang des Verfahrens unterrichtet.

4. Rechtshilfeverkehr in Strafsachen mit Ungarn. Der Rechtshilfeverkehr mit Ungarn auf dem Gebiet der NS-Verbrechen ist nicht besonders umfangreich. Er wird im Allgemeinen durch unmittelbare Übersendung der Rechtshilfeersuchen an die ungarischen Justizbehörden abgewickelt. Ersuchen um Zustellung von Ladungsurkunden an in Ungarn wohnhafte Zeugen ist von den ungarischen Behörden entsprochen worden. Die Zeugen haben den Ladungen durchweg Folge geleistet. – Ersuchen um Vernehmung von Zeugen in Ungarn wurde wiederholt entsprochen. Die in einer Rechtshilfeeinzelsache beantragte Vernehmung von Zeugen in Anwesenheit deutscher Prozessbeteiligter ist von den ungarischen Behörden ohne Angaben von Gründen abgelehnt worden. Jedoch wurden die Zeugen durch ungarische Gerichte vernommen. – Archivmaterial betreffend NS-Verbrechen soll sich nach Angaben ungarischer Behörden nicht in Ungarn befinden.

5. Rechtshilfeverkehr in Strafsachen mit Bulgarien: Der Rechtshilfeverkehr mit Bulgarien war bisher ohne Bedeutung. Erstmalig in dem Strafverfahren gegen den früheren deutschen Gesandten in Sofia, Beckerle, vor dem Schwurgericht Frankfurt/ Main ist ein umfangreicher Schriftwechsel mit bulgarischen Behörden geführt worden. Diese haben Ersuchen um Überlassung von Beweismaterial weitestgehend entsprochen und zweimal einem deutschen StA die Einreise nach Bulgarien zur Auswertung dort lagernder Dokumente gestattet. – Die bulgarischen Behörden haben sich grundsätzlich bereit erklärt, Zeugen aufgrund eines deutschen Rechtshilfeersuchens in Gegenwart eines richterlichen Mitglieds des Schwurgerichts, eines Vertreters der StA und der Verteidigung durch einen bulgarischen Richter zu vernehmen. Auch dem Angeklagten wird die Anwesenheit gestattet werden. – Weitere Erfahrungen über den Rechtshilfeverkehr mit Bulgarien liegen noch nicht vor. Ob aus der zuvorkommenden Haltung der bulgarischen Dienststellen im Verfahren Beckerle auf ihre allgemeine Bereitschaft, in NS-Verfahren Rechtshilfe zu leisten, geschlossen werden darf, kann deshalb zurzeit noch nicht beurteilt werden.

6. Entwicklung des Rechtshilfeverkehrs in Strafsachen mit Rumänien: Die rumänischen Justizbehörden haben deutschen Rechtshilfeersuchen um Zustellung von Ladungsurkunden an in Rumänien wohnhafte Zeugen bisher regelmäßig entsprochen. Einige Zeugen sind zu den Terminen nicht erschienen, weil sie von den rumänischen Behörden keine Pässe erhalten haben. – Im Rechtshilfeverkehr in Strafsachen mit Rumänien muss nach Aufnahme der diplomatischen Beziehungen in jedem Fall der diplomatische Weg eingehalten werden. – Eine konsularische Vernehmung rumänischer Staatsangehöriger durch die deutsche Botschaft in Bukarest ist nicht möglich, auch wenn die betreffenden Rumänen freiwillig in der Botschaft erscheinen. Dagegen können rumänische Staatsangehörige als Zeugen im Rechtshilfeweg in Rumänien vernommen werden. Die rumänischen Behörden haben kürzlich einem Ersuchen um Vernehmung eines Zeugen in einer NS-Sache in der Weise entsprochen, dass sie die an den Zeugen gestellten Fragen und die Antworten des Zeugen durch einen rumänischen Notar haben beurkunden lassen. Eine solche Erledigung eines Rechtshilfeersuchens ist jedoch unbefriedigend, weil zweifelhaft ist, welcher Beweiswert einer solchen Aussage in einem deutschen Strafverfahren zukommt. Die Bundesregierung ist deshalb bemüht, mit der rumänischen Regierung dahin übereinzukommen, dass Ersuchen um Vernehmung von Zeugen durch einen Richter erledigt werden. Zu diesem Zweck ist im Zusammenhang mit einem Rechtshilfeersuchen des Untersuchungsrichters beim LG Frankenthal in dem Strafverfahren gegen Gustav Richter wegen NS-Verbrechen der Antrag gestellt worden, die Zeugen durch einen rumänischen Richter vernehmen zu lassen. Nach Auffassung des AA werden die rumänischen Behörden diesem Ersuchen, wenn das rumänische Recht dies zulässt, entsprechen.

Ersuchen um Übersendung von Beweismaterial in Einzelrechtshilfesachen in NS-Verfahren sind den rumänischen Behörden vor längerer Zeit zugeleitet worden. Die Erledigung dieser Ersuchen steht allerdings noch aus (vgl. 9352 E 216/65; 9352 E 1901/66 in der Voruntersuchungssache Richter wegen NS-Verbrechen). – Es bestehen auch keine Bedenken, die rumänischen Behörden um Rechtshilfe in Strafsachen, die nicht NS-Verbrechen betreffen, unter ausdrücklicher Zusicherung der Gegenseitigkeit zu ersuchen. Ob solchen Ersuchen entsprochen werden wird, kann mangels einschlägiger Erfahrungen zurzeit noch nicht beurteilt werden. Zwei im vergangenen Jahr gestellte Rechtshilfeersuchen um Erteilung von Auskünften in einem Strafverfahren wegen Doppelehe bzw. wegen Verdachts des versuchten Betruges sind bisher noch nicht erledigt worden (Az. 9352 E – 2320/67 – und 1503/67).

7. *Entwicklung des Rechtshilfeverkehrs in Strafsachen mit Jugoslawien:* Der Rechtshilfeverkehr in NS-Strafsachen mit Jugoslawien ist vergleichsweise bedeutungslos. Es hat bisher keine Schwierigkeiten gegeben. Nach Wiederaufnahme der diplomatischen Beziehungen ist jetzt der diplomatische Weg einzuhalten. – Das in Jugoslawien lagernde Dokumentenmaterial über NS-Verbrechen konnte noch nicht ausgewertet werden. Die Bemühungen, das Dokumentenmaterial in Jugoslawien zu beschaffen, haben bisher zu keinem Ergebnis geführt (4000/6 – 4 – 138 – 25 424/68 -). Zu Ihrer Unterrichtung darf ich wegen des Rechtshilfeverkehrs mit Jugoslawien im Allgemeinen einige kurze Bemerkungen einfügen: Im Verhältnis zu Jugoslawien kann die Gegenseitigkeit als verbürgt angesehen werden, sofern wegen der dem Rechtshilfeersuchen zugrunde liegenden strafbaren Handlungen eine Auslieferung zulässig sein würde. Die Tatsache, dass die jugoslawischen Behörden nach Art. 464 Abs. 2 S. 2 der jugoslawischen StPO die Auslieferung wegen einer strafbaren Handlung ablehnen können, die nach jugoslawischem Recht mit nicht mehr als fünf Jahren Gefängnis bedroht ist, beeinträchtigt die Gegenseitigkeit im Rechtshilfeverkehr nicht. Art. 453 Abs. 2 der jugoslawischen StPO berechtigt nämlich nur dann zu einer Ablehnung eines Rechtshilfeersuchens, wenn die Auslieferung von vornherein unzulässig wäre.

Voraussetzung einer jeden Rechtshilfeleistung ist, dass die dem Rechtshilfeersuchen zugrunde liegende strafbare Handlung nach dem Recht beider Staaten strafbar ist. Die beiderseitige Verfolgbarkeit der dem Rechtshilfeersuchen zugrunde liegenden strafbaren Handlung ist nicht erforderlich. – Rechtshilfe wird nicht geleistet in rein politischen und militärischen Strafsachen. – Der Rechtshilfeverkehr mit Jugoslawien hatte bereits vor Aufnahme der diplomatischen Beziehungen einen beachtlichen Umfang. – Insbesondere sind zahlreiche Ersuchen um Übernahme der Strafverfolgung von beiden Seiten gestellt worden. – Schwierigkeiten im Verhältnis zu Jugoslawien ergeben sich im Allgemeinen nur durch die Tätigkeit exilkroatischer Emigranten in der Bundesrepublik Deutschland. – So sind, wie Ihnen bekannt ist, mehrfach Sprengstoffanschläge auf Angehörige jugoslawischer Vertretungen in der Bundesrepublik verübt worden. Die jugoslawische Presse hat wiederholt die angeblich laxe Strafverfolgung und die angeblich zu geringe Bestrafung der Attentäter bemängelt. – Wegen der hohen Zahl von Verkehrsunfällen in Jugoslawien, an denen vornehmlich deutsche Touristen beteiligt sind, wird in Erwägung gezogen, eine Regierungsvereinbarung über die Übernahme der Strafverfolgung abzuschließen. Auf diese Weise könnte vermieden werden, dass deutsche Staatsangehörige nach Verkehrsunfällen in Haft genommen oder dass ihre Fahrzeuge beschlagnahmt werden. Erste Erörterungen hierüber sind bereits geführt worden. – Damit darf ich meinen kurzen Überblick über den Rechtshilfeverkehr mit den Ostblockstaaten abschließen.

Lassen Sie mich nur noch weniges zu den *Dienstreisen von Richtern und StA* in die Ostblockstaaten sagen. Diese Frage hat in letzter Zeit zunehmende Bedeutung erlangt. Sie ist im vergangenen Jahr in Ihrem Kreis ja ausgiebig diskutiert worden. – Die Zahl der Dienstreisen in die Ostblockstaaten hat erheblich zugenommen. Diese Entwicklung bereitet uns aus einer Vielzahl von Gründen gewisse Sorgen. Ich kann dieses Problem, mit dem sich möglicherweise demnächst die JMK beschäftigen wird, hier nicht vertiefen. Wir verfolgen aber mit großem Interesse alle Dienstreise- und Erfahrungsberichte von Richtern und StA, die in einem der Ostblockstaaten gewesen sind. Jedes Detail ist für uns von Bedeutung. Aus der Summe Ihrer Erfahrungen können wir uns ein recht genaues Bild machen. Vielleicht können wir über die eine oder andere Frage nachher in der Diskussion noch sprechen. – Einige allgemeine Erfahrungen, über die wir demnächst die LJVW in einem Rundschreiben zu unterrichten beabsichtigen, darf ich aber noch zusammenfassen:

1. Jede Tätigkeit eines deutschen Richters, StA oder Polizeibeamten außerhalb der Grenzen der Bundesrepublik Deutschland berührt die Pflege der Beziehungen zu auswärtigen Staaten. Diese ist nach Art. 32 GG Sache des Bundes. Vor Antritt einer Auslandsdienstreise ist daher nicht nur die Zustimmung des Dienstherrn, sondern auch die der Bundesregierung einzuholen. Wir bemühen uns in jedem Fall, im Benehmen mit dem AA rasch – oft fernmündlich – eine Entscheidung zu treffen. Gleichwohl würden wir es sehr begrüßen, wenn wir nur in wirklichen Eilfällen dem Zeitdruck ausgesetzt würden.

2. Es hat sich als zweckmäßig herausgestellt, dass jeweils zwei Beamte des höheren Dienstes in die Ostblockstaaten reisen. Hierdurch kann misslichen Situationen, die in verschiedener Weise auftreten können und gelegentlich aufgetreten sind, von vornherein wirksam begegnet werden.

3. Die Mitnahme eines qualifizierten Dolmetschers erscheint wegen der Verständigungsschwierigkeiten im Allgemeinen unumgänglich.

4. Es empfiehlt sich, im Regelfall Anträge auf Erteilung von Einreisegenehmigungen frühzeitig, möglichst zwei Monate vor dem Reisetermin, zu stellen.

5. Die jeweilige deutsche Auslandsvertretung (Botschaft oder Handelsmission) wird in der Regel vom AA vor Antritt der Dienstreise unterrichtet. Ist das aus Zeitgründen nicht mehr möglich, sollte das der Richter oder StA selbst tun. Jedenfalls sollte er sich sofort nach seinem Eintreffen mit der Auslandsvertretung in Verbindung setzen und möglichst persönlich vorsprechen. Auf diese Weise erhält er oft notwendige Unterstützung. Außerdem wird die Vertretung über den Stand der in Deutschland laufenden NS-Verfahren unterrichtet.

6. Soweit die Dienstreisen im Zusammenhang mit Ermittlungs- oder Strafverfahren wegen in Polen oder in der Tschechoslowakei begangener NS-Verbrechen stehen, dürften in Warschau oder in Prag Besuche bei den Kommissionen zur Untersuchung von NS-Verbrechen dienlich sein.

7. Bei Dienstreisen in die Volksrepublik Polen sind Besuche beim GStA in Warschau angezeigt, der nicht dem Justizministerium untersteht und vielmehr selbst den Rang eines Ministers hat.

Ich hoffe, Ihnen einen Einblick in die Fortschritte, aber auch in die Schwierigkeiten gegeben zu haben, die sich bei der angestrebten Intensivierung des Rechtshilfeverkehrs in Strafsachen mit den Staaten des Ostblocks ergeben. Die

Bundesregierung wird weiterhin bemüht sein, ihr Verhältnis zu den Ostblockstaaten auch auf diesem Sektor zu normalisieren. Dazu gehört, dass wir in absehbarer Zeit zumindest mit einem der Ostblockstaaten unsere Beziehungen auf dem Gebiet der Auslieferung und der Rechtshilfe in Strafsachen vertraglich regeln. Vielleicht kann ich Ihnen auf Ihrer nächsten Tagung dazu mehr und hoffentlich Erfreuliches berichten."

Eine Aussprache über Fragen des Rechtshilfeverkehrs fand im Anschluss an das entsprechende Referat von EStA Zeug statt.

StA Platt (Dortmund) referierte anhand des Ermittlungsverfahrens 1a Js 64/67 StA Dortmund gegen Papenkort u.a. über die *sog. „Kameradenhilfe"* in Verfahren gegen die ehemaligen Angehörigen der Ordnungspolizei. – Das Dortmunder Verfahren ist noch nicht abgeschlossen. Eine eingehende Darstellung dieses Komplexes mit zum Teil anderen Beispielen wurde als Anlage zum Rundschreiben Nr. 20/68 von der ZSt. versandt; auf einen Abdruck des Referats wird daher verzichtet.

In der anschließenden Diskussion fragte *LG-Dir. Dr. Remé* (Hamburg), ob für die ehemaligen Angehörigen der Gestapo. der Kripo und des SD ähnliche Organisationen existieren wie die „Kameradenhilfe" der Orpo.

OStA Dr. Rückerl (Ludwigsburg) erklärte, dass darüber nichts bekannt sei. Nach den Berichten von Herrn Wiesenthal über den Zusammenhalt unter belasteten ehemaligen Nationalsozialisten (Fluchtorganisationen etc.) sei allerdings nicht auszuschließen, dass für Beschuldigte aus diesen Kreisen Hilfsorganisationen bestehen.

EStA Zeug (Ludwigsburg) sprach über *Beschaffung von Beweismaterial aus den Ostblockstaaten.*

a) Bericht über den Stand der Auswertungsarbeiten in Polen und das Ergebnis der Verhandlungen der ZSt. der LJVW mit Mitarbeitern der polnischen Hauptkommission zur Untersuchung der NS-Verbrechen in Polen im Dezember 1965: „Ich möchte zunächst einige Ausführungen machen über den Verlauf und die Ergebnisse des Besuches von Mitarbeitern der polnischen Hauptkommission zur Untersuchung der NS-Verbrechen in Polen, einer Abteilung des Justizministeriums in Warschau (nachfolgend HK genannt), im Dezember 1967 bei der ZSt. in L. Vorhergegangen waren diesem Gegenbesuch vier Reisen von Angehörigen der ZSt. nach Polen, und zwar im Dezember 1964 zu vorbereitenden Besprechungen und im Februar 1965, Juni 1965 und April/Mai 1966 zur Auswertung von Dokumentenbeständen und Akten. Die Angehörigen der ZSt. hatten anlässlich dieser Reisen Gelegenheit zu Auswertungsarbeiten in Warschau, Lublin, Lodz, Bromberg, Danzig und Stutthof. Es konnten rund 60.000 Filmaufnahmen von Dokumenten und polnischen Akten bestellt werden, die durch die polnischen Stellen zum überwiegenden Teil auch zur Verfügung gestellt worden sind. Einbezogen sind in diese Zahl auch diejenigen Kopien, die die ZSt. bereits 1960–1962 erhalten hat.

Der polnischen Besuchergruppe gehörten an: 1. *Waclaw Bielawski,* StA und Leiter der Ermittlungsabteilung der HK, Leiter der Delegation; 2. *Stanislaw Kamis,* Leiter der Dokumentationsabteilung der HK; 3. *Alfons Lehmann,* StA und stellv. Leiter der Ermittlungsabteilung der KH; 4. *Josef Frieske,* stellv. Direktor des polnischen Instituts für internationale Angelegenheiten und wissenschaftlicher Mitarbeiter der HK; 5. *Adam Krzepkowski,* Referent für die Zusammenarbeit mit dem Ausland.

Das Hauptanliegen der polnischen Besucher war wiederum der Wunsch nach einer besseren Unterrichtung über Gegenstand und Stand der einzelnen Verfahren. Es wurde bemerkt, dass eine solche bessere Unterrichtung ausschlaggebend für eine weitere erfolgversprechende Zusammenarbeit zwischen der HK und den deutschen Justizbehörden sei. Insbesondere wurde erneut bemängelt, dass die zur Verfügung gestellten Abschriften von Urteilen unvollständig seien, da die Namen der Zeugen und auch manchmal die Namen der sonstigen Prozessbeteiligten geschwärzt würden. Bielawski bezeichnete diese Urteilsabschriften ausdrücklich als „minderwertig". Die Streichungen seien unverständlich, da sich zum Beispiel doch auch Journalisten in der Hauptverwaltung sämtliche Namen notieren könnten. Viele Namen auch von Zeugen erschienen zudem in der Presse. Es wurde außerdem erklärt, dass man neben den Abschriften von rechtskräftigen Urteilen auch die Abschriften von solchen Urteilen benötige, die noch nicht rechtskräftig seien, außerdem auch die Abschriften von Anklageschriften. Das zur Verfügung gestellte Material werde in Polen vertraulich behandelt. Insbesondere erhalte es nicht die Presse.

Von den Angehörigen der HK wurde außerdem kritisiert, dass einige StA immer noch polnische Zeugen für HV unmittelbar durch Schreiben an die Privatadressen zu laden versuchten. Dies sei unzulässig. Sämtliche Ladungsersuchen hätten über die HK zu geschehen. Auch Schreiben, die „an das zuständige Gericht" gerichtet seien, seien nicht zweckmäßig. Für Ladungen von Zeugen in Polen werde eine Frist von mindestens einem Monat benötigt. – Schließlich wurde durch die polnischen Besucher kritisiert, dass in Rechtshilfeersuchen an Gerichte in den polnischen Westgebieten häufig die früheren deutschen Ortsbezeichnungen verwendet würden. Aus politischen Gründen würden solche Ersuchen seitens der Gerichte und sonstigen Behörden nicht bearbeitet, sondern an die HK weitergeleitet. Hierdurch entstünden erhebliche Verzögerungen. StA Bielawski empfahl daher dringend, die neuen polnischen Namen zu verwenden. Schwierigkeiten dieser Art würden überhaupt vermieden, wenn sämtliche Ersuchen über die HK gingen. – Seitens der ZSt. wurde in diesem Zusammenhang um die Überlassung eines Verzeichnisses der neuen Ortsbezeichnungen gebeten, das allerdings bis heute nicht eingegangen ist.

Seitens der ZSt. wurde anlässlich des Besuches der Mitarbeiter der HK insbesondere erneut bemängelt, dass die Rechtshilfeersuchen der ZSt. und der Gerichte und StA nach wie vor nur äußerst schleppend bearbeitet werden. Die polnischen Gesprächspartner teilten in diesem Zusammenhang mit, dass vor allem aufgrund der zunehmenden Mahnschreiben der ZSt. nunmehr weiteres Personal eingestellt worden sei. Außerdem habe man eine Reorganisation der HK vorgenommen. Während bis jetzt 90 % der Ersuchen durch die ZSt. in Warschau selbst bearbeitet worden seien, würden jetzt verstärkt die Bezirkskommissionen zur Untersuchung der NS-Verbrechen in Polen eingeschaltet. Diese habe man den Kreisgerichten vorgezogen, da sie mehr Erfahrungen auf dem Gebiet der Aufklärung von

NS-Verbrechen besäßen. Die HK stünde jedoch nach wie vor insbesondere vor personellen Schwierigkeiten, da es kaum möglich sei, genügend deutsch sprechendes, fachkundiges Personal zu erhalten. Zahlreiche Polen seien auch nicht mehr bereit, in dieser Materie tätig zu sein.

Von Interesse dürfte noch sein, dass der Leiter der Dokumentationsabteilung der HK, Kamis, in diesem Zusammenhang versicherte, dass sich inzwischen die Verhältnisse bei der HK gebessert hätten. So seien jetzt das Material der HK und die Bestände der sonstigen Archive verkartet, und zwar angeblich auch sämtliche einschlägigen Bestände der Wojwodschaftsarchive und die bis jetzt für die ZSt. nicht zugänglichen Bestände des polnischen Innenministeriums. Die Arbeit, die in etwa sechs Monaten beendet sei, habe schon mehrere Millionen Zloty gekostet. Die Kartei, die nach Provenienzen und nach Sachgebieten geordnet sei, habe bereits einen derartigen Umfang, dass sie „kaum in einem größeren Zimmer untergebracht" werden könne. Bei der Verkartung habe man insbesondere auch alle Tatorte, alle Tatgeschehen und alle beteiligten Beschuldigten registriert. Die HK selbst besitze in ihrem Archiv den größten einschlägigen Dokumentenbestand in Polen. Insgesamt handelt es sich hierbei um über einen Kilometer laufende Bestände. Hierunter befänden sich auch alle Akten polnischer Gerichte aus Prozessen wegen NS-Verbrechen. Es bestehe ein Erlass des polnischen Justizministers, dass diese Akten an die HK als Abteilung des Justizministeriums abzuliefern seien. Soweit man seinerzeit Originalurkunden zu diesen Prozessakten genommen habe, seien diese dort verblieben. In die betreffenden Provenienzen habe man jedoch Fehlblätter eingelegt.

In diesem Zusammenhang ist es vielleicht noch interessant, dass den polnischen Besuchern im Bundesarchiv an Ort und Stelle die dortigen Bestände gezeigt worden sind. Bei dieser Gelegenheit habe ich bemerkt, dass die ZSt. anlässlich der bisherigen Auswertungsreisen nicht die Möglichkeit gehabt hat, sich umgekehrt auch in Polen in dieser Form zu informieren. Es seien vielmehr bis jetzt in allen Fällen lediglich in einem Besucherraum vorgesichtete Akten vorgelegt worden. Dagegen sei es bis heute völlig unmöglich gewesen, in Erfahrung zu bringen, welche Bestände nach Inhalt und Umfang in Polen überhaupt vorlägen. Die Angehörigen der HK erklärten hierzu, dass das Material bis jetzt so ungeordnet gewesen sei, dass man es nicht habe vorführen können. Aufgrund der Anstrengungen, die in der letzten Zeit gemacht worden seien, habe sich dies jedoch gebessert.

Neben der Frage der schleppenden Erledigung der Rechtshilfeersuchen ist außerdem insbesondere die Frage weiterer Auswertungsreisen nach Polen angeschnitten worden, insbesondere auch im Hinblick darauf, dass die letzte Reise im April/Mai 1966 stattgefunden hat. Obgleich in der Zwischenzeit ständig das Interesse an weiteren Auswertungsreisen zum Ausdruck gebracht worden war, war es nicht möglich, eine erneute Einladung zu erhalten. Hierzu haben die Polen erklärt, dass man nicht mehr daran denke, wie bisher Einladungen zur generellen Sichtung von Material auszusprechen. In Zukunft sollten vielmehr Arbeitsgruppen eingeladen werden, die Dokumente für bestimmte sachliche oder örtliche Komplexe suchten. Die abschließende Besprechung dieser Frage habe sich jedoch Dr. Pilichowski für den von ihm im Frühjahr geplanten Besuch vorbehalten. Dr. Pilichowski wurde daraufhin im Januar 1968 nochmals schriftlich zu einem Besuch in Ludwigsburg eingeladen. Hierauf ist bis heute keine Antwort eingegangen. Es besteht daher zurzeit keine Möglichkeit zu weiteren Auswertungsreisen nach Polen.

Es wurden außerdem Fragen erörtert, die bei der Ermittlung und Vernehmung von Zeugen in Polen auftauchen. Von Interesse ist in diesem Zusammenhang, dass in Polen ebenso wie in der Tschechoslowakei eine zentrale Einwohnerkartei besteht, die das Auffinden von bestimmten Zeugen erleichtert. Dagegen bestehen bei der HK keine Karteien von Zeugen für bestimmte Komplexe (z.B. KZ) oder Gebiete (z.B. ehemals polnische Gebiete, die heute in russischem Besitz sind). Solche Zeugen müssen durch Zeitungsanzeigen gesucht werden.

Hinsichtlich der Vernehmung von Zeugen wurde von den polnischen Gesprächspartnern erklärt, dass in wichtigeren Verfahren deutsche Prozessbeteiligte in Polen an solchen Vernehmungen teilnehmen könnten, was auch inzwischen bereits verschiedentlich geschehen ist, so z.B. durch zwei StA der StA Bonn in dem Ermittlungsverfahren gegen den früheren Bundesminister Krüger. Es sei allerdings in jedem Fall die vorherige Genehmigung des polnischen Justizministers erforderlich. Dies sei durch den Justizminister jedoch auf Dr. Pilichowski delegiert worden. Die deutschen Prozessbeteiligten könnten ggfs. auch anregen, dass bestimmte Fragen an die Zeugen gestellt würden. – Ebenso wie gegenüber den tschechoslowakischen Besuchern wurde auch gegenüber den Polen die Frage angeschnitten, ob eine Aufstellung über die in Polen verurteilten Deutschen existiert. Dies wurde verneint, es wurde jedoch erklärt, dass an einer solchen Zusammenstellung gearbeitet werde.

Ich habe Ihnen hiermit das Wichtigste über den Verlauf und die Ergebnisse des Besuches von Mitarbeitern der polnischen HK berichtet. Zum Abschluss möchte ich noch einige Ausführungen machen über den derzeitigen Stand der Beziehungen und sonstige Erfahrungen im Verkehr mit der polnischen HK.

Während die tschechoslowakische Regierungskommission sich jeglicher Polemik gegen die deutsche Justiz enthält, kritisiert Dr. [Czeslaw] Pilichowski [1914–1984; Hauptkommission für NS-Verbrechen] in Pressekonferenzen und Veröffentlichungen immer wieder die Verfolgung von NS-Verbrechen durch die deutsche Justiz. Es kommt dann zu Äußerungen der HK wie etwa der folgenden anlässlich eines Besuches des Ostberliner GStA Streit in Warschau bei der HK: „Dort (nämlich in der Praxis der Justiz der Bundesrepublik) wird eine bewusste Auswahl der Fälle mit dem Ziele vorgenommen, die Hauptverantwortlichen, die die Pläne für den Völkermord an den Völkern Europas ausarbeiteten oder deren Verwirklichung organisierten und leiteten, vor der Strafe zu schützen. Diese Praxis steht in engem Zusammenhang mit dem Neofaschismus sowie der Politik der Revanche und des Militarismus der Regierung der Bundesrepublik, die eine Bedrohung der Sicherheit und des Friedens in Eurpoa darstellen." In einem Aufsatz, der im Jahre 1968 in einer polnischen Zeitschrift erschienen ist, erklärt Dr. Pilichowski u.a.: Nur unter dem Druck der internationalen öffentlichen Meinung und infolge der entschlossenen Haltung vieler Regierungen und Parlamente hätten sich die Bonner Behörden 1965 gezwungen gesehen, die Verjährungsfrist für einen gewissen Zeitraum zu verlängern. Die

Vereinten Nationen und die öffentliche Meinung würden durch die Bundesregierung irregeführt, wenn sie behaupte, dass seit 1965 die Verfolgung von Naziverbrechen aktiviert worden sei. Die deutschen Juristen bemühten sich kaum, die Verbrechen mit entsprechenden Urteilen gebührend zu bestrafen, sie brächten keine Gesetze ein, aufgrund derer Völkermörder und Kriegsverbrecher bestraft würden. Sie hielten vorsätzlich fast 100 Jahre alte Gesetze aufrecht, um Urteile gegen Naziverbrecher in Übereinstimmung mit der imperialistischen und reaktionären Politik der westdeutschen Regierung zu fällen ... – Mit Ausnahme von einigen Urteilen gegen Mörder in KZ und sog. Einsatzgruppen führten bisher die Verantwortlichen für die Vorbereitung der faschistischen Aggression und der schrecklichen Verbrechen des Hitler-Regimes gegen europäische Nationen, einschließlich Deutschland, ein gutes Leben in der Bundesrepublik. – Auf einer Plenarsitzung der HK im April 1968 wurde u.a. auch die Arbeit der ZSt. in L. kritisiert, jedoch eine weitere Zusammenarbeit zugesichert.

Demgegenüber muss aber auch einmal festgestellt werden, dass der unbefriedigende Ausgang manches Verfahrens auch mit darauf beruhe, dass die Unterstützung durch die polnischen Stellen nicht immer ausreichend ist. Rechtshilfeersuchen werden in vielen Fällen gar nicht oder nur schleppend beantwortet und erledigt. Hierzu einige Zahlen: StA Bielawski hatte anlässlich des Besuches bei der ZSt. eine Liste mit Rechtshilfeersuchen der ZSt. überreicht. Gleichzeitig hatte er um Nachprüfung gebeten, welche dieser Anfragen durch die HK noch nicht beantwortet seien. Es wurde daraufhin festgestellt, dass für die Zeit vom 1.1.1965 bis zum 30.4.1967 insgesamt 157 Rechtshilfeersuchen der ZSt. oder von StA, die über die ZSt. gelaufen sind, noch nicht erledigt wurden. Es handelt sich hierbei um die ganz überwiegende Mehrzahl der Ersuchen, die in diesem Zeitraum überhaupt an die polnischen Stellen gerichtet wurden. Der polnischen HK wurden im Januar 1968 diese 157 unerledigten Sachen mitgeteilt. Daraufhin hat die HK bis heute lediglich sieben dieser 157 Ersuchen erledigt. In weiteren elf Fällen sind wenigstens Zwischenbescheide ergangen. Manchmal dauert es besonders lange, bis ein Rechtshilfeersuchen erledigt wird. In dem bisher krassesten Fall ist ein Ersuchen vom 20.2.1961 durch Schreiben vom 8.2.1968, also nach fast sieben Jahren, erledigt worden. In diesem Falle handelt es sich um die Bitte um die Vernehmung lediglich eines einzigen Zeugen. Die nur eine Seite umfassende Vernehmung fand am 4.5.1965 statt, trotzdem ist sie erst fast drei Jahre später übersandt worden. Mit aufgrund des Verhaltens der polnischen Stellen mehren sich die Fälle, in denen die Verfahren eingestellt werden müssen, da die StA nicht mehr mit dem Eingang von Belastungsmaterial aus Polen rechnen können, die Ermittlungsmöglichkeiten in der Bundesrepublik jedoch erschöpft sind.

Um einen besonders krassen Fall handelt es sich auch bei der Frage der Überlassung von Material des jüdischen historischen Instituts in Warschau. Zwei Angehörige der ZSt. hatten mit Wissen und Genehmigung der HK in der Zeit vom 11.-26.2.1965 im jüdischen historischen Institut in Warschau gearbeitet. Insbesondere hatten sie rund 1500 Augenzeugenberichte jüdischer Überlebender durchgesehen und hiervon etwa 500 für die Verfilmung ausgewählt und bestellt. Da dieses

Material nicht bei der ZSt. einging, wurde die HK mehrfach hieran erinnert. Mit Schreiben vom 23.2.1968 hat dann die HK Folgendes mitgeteilt: „In Beantwortung Ihres Schreibens – Az 9–1/557 – vom 15.2.1967 teile ich Ihnen höflichst mit, dass die HK zur Untersuchung der NS-Verbrechen in Polen nach der durchgeführten Überprüfung der von Ihnen zum Verfilmen ausgewählten Akten des jüischen historischen Instituts keine Notwendigkeit sieht, das gesamte Material der ZSt. zu übersenden. Aus diesem Grunde bitte ich höflichst, die gewünschten Dokumente unter Angabe der Aktenzeichen genau zu benennen, soweit sie als Beweismittel für konkret zu bezeichnende Prozesse gegen NS-Verbrechen benötigt werden."

Hiermit ist also die mühselige und zeitraubende Auswertungsarbeit im jüdischen historischen Institut völlig überflüssig gewesen. Mit Schreiben vom 11.3.1968 hat die ZSt. der HK wie folgt geantwortet: „Auf Ihr Schreiben vom 23.2.1968 teile ich mit, dass sich die Verfahren, für die Augenzeugenberichte jüdischer Überlebender als Material benötigt werden, aus den zahlreichen Rechtshilfeersuchen der ZSt. ergeben. – Im Übrigen ist ein großer Teil der Augenzeugenberichte im jüdischen historischen Institut in Warschau insbesondere auch deshalb ausgesucht und bestellt worden, um hier in Ludwigsburg prüfen zu können, inwieweit die hierin enthaltenen Schilderungen von Tötungsverbrechen noch nicht bekannt sind und die Einleitung neuer Verfahren erforderlich machen. Dies ist nunmehr aufgrund der von Ihnen getroffenen Entscheidung nicht möglich. Ich bedaure dies sehr. – Sollten Sie sich nach nochmaliger Überprüfung doch noch entschließen, das bestellte Material zur Verfügung zu stellen, wäre ich notfalls in der Lage, noch einmal die betreffenden Nummern der Augenzeugenberichte mitzuteilen."

Während in diesem Fall die HK es grundsätzlich ablehnt, bestimmtes Material zur Verfügung zu stellen, scheint in anderen Fällen die schleppende Abwicklung des Verkehrs auch darauf zu beruhen, dass die Akten in Warschau immer noch nicht ausreichend geordnet sind. So war es in verschiedenen Fällen, in denen Beschuldigte an Polen ausgeliefert und dort abgeurteilt worden sind, der HK nicht möglich, in Polen die betreffenden Akten festzustellen, und zwar trotz des Umstandes, dass die ZSt. recht detaillierte Angaben über die Personalien und die Tatsache der Verurteilung machen konnte. Es besteht der Eindruck, dass trotz der anlässlich des Besuches der HK in Ludwigsburg gemachten gegenteiligen Versicherungen ein ganzer Teil der einschlägigen Akten noch nicht erfasst ist. Es fällt in diesem Zusammenhang noch auf, dass eine Abteilung der HK eine Anfrage an die ZSt. richtet, die auch beantwortet wird. Ein halbes Jahr später richtet eine andere Abteilung der HK dann ohne Rücksicht auf die Beantwortung die gleiche Anfrage erneut an die ZSt.

Erwähnen möchte ich in diesem Zusammenhang noch, dass – was auch schon bei den Ausführungen über die Polemik gegen die deutsche Justiz angeklungen ist – ein gewisses Misstrauen gegenüber den deutschen Justizbehörden nach wie vor besteht. So hat sich die HK schon verschiedentlich nicht damit begnügt, dass ihr mitgeteilt wurde, ein bestimmter SS-Angehöriger sei an einem bestimmten Tag verstorben. Obwohl es sich nicht um besonders wichtige Beschuldigte handelt, hat die HK in solchen Fällen dann um die Übersendung von Sterbeurkunden gebeten. – Wie sich weiterhin der Verkehr mit den polnischen Stellen gestalten wird, lässt sich noch nicht absehen. Es ist der Zst. jedoch bekannt geworden, dass die HK eine neue große Aktion gestartet hat, um ihre Kenntnis über die in Polen verübten NS-Verbrechen zu vervollständigen. Zu diesem Zweck ist ein im Einzelnen nicht bekannter, aber offensichtlich sehr ins Einzelne gehender Fragebogen mit einem großen Verteilerkreis verbreitet worden. Nach polnischen Pressemeldungen sollen bereits erste Ergebnisse vorliegen und eine Reihe neuer, bislang noch nicht bekannter Lager, in denen Häftlinge ermordet worden sind, entdeckt worden sein. Inwieweit dies zutrifft, bleibt abzuwarten.

Zum Abschluss möchte ich lediglich noch einige kurze Anmerkungen machen, die hinsichtlich des Verkehrs mit der polnischen HK allgemein interessieren dürften. Und zwar möchte ich nochmals besonders darauf hinweisen, dass ähnlich wie auch in der Tschechoslowakei Rechtshilfeersuchen grundsätzlich nur an die HK gerichtet werden sollten. Zeugen werden, wie bereits erwähnt, ebenfalls über die HK geladen. Die polnischen Stellen neigen dazu, Zeugen nur zu HV reisen zu lassen, nicht jedoch zu Vernehmungen in Ermittlungsverfahren oder in der Voruntersuchung. – Ortsbesichtigungen sind in Polen mit sehr guter Unterstützung der polnischen Stellen bereits mehrfach mit Erfolg durchgeführt worden. Urteile und Anklageschriften aus früheren polnischen Verfahren werden durchweg übersandt. Auch bei der polnischen HK ist es auffallend, dass sie mit anderen entsprechenden Stellen im Ostblock eng zusammenarbeitet, so z.B. auch mit den entsprechenden Stellen in der UdSSR und in der DDR."

b) Bericht über den Stand der Auswertungsarbeiten in der CSSR und das Ergebnis der Verhandlungen der ZSt. der LJVW mit Mitarbeitern der tschechoslowakischen Regierungskommission zur Verfolgung von NS-Verbrechen im März 1968:

„In die Zeit seit der letzten Tagung in Konstanz im September 1966 fällt eine weitere Auswertungsreise der ZSt. nach Prag im Juli 1967 und der Gegenbesuch von Mitarbeitern der tschechoslowakischen Regierungskommission im März 1968 in Ludwigsburg. – Ich möchte zunächst hierzu einiges berichten: Der Auswertungsreise nach Prag waren eine vorbereitende Reise im Januar 1966 und eine erste Auswertungsreise im Juni 1966 vorhergegangen. – Während die Atmosphäre bei den Besprechungen im Juni 1966 höflich, jedoch zurückhaltend war, war sie diesmal sehr gut, ja fast herzlich, wohl vor allem auch als Ausfluss der sich bereits damals anbahnenden besseren Beziehungen zwischen der CSSR und der Bundesrepublik. Die tschechoslowakischen Gesprächspartner enthielten sich bis auf Ausnahmefälle jeglicher Kritik an den deutschen Verhältnissen, insbesondere der deutschen Justiz. Es war vielmehr ein Interesse an einer vertrauensvolleren Zusammenarbeit zu spüren.

Der sachliche und personelle Aufwand, der seitens der Regierungskommission für die Arbeitsgruppe gemacht wurde, war bemerkenswert groß. Während man sich im Juni 1966 kaum um die Angehörigen der ZSt. gekümmert hatte, dürften diesmal an mehreren Tagen nahezu sämtliche Dienstwagen des Justizministeriums eingesetzt worden sein. Die Mitarbeiter der tschechoslowakischen Regierungskommission nahmen bei großer sommerlicher Hitze größere Strapazen auf sich, um der Arbeitsgruppe möglichst viele Tatortbesichtigungen zu ermöglichen. Zu den verschiedenen Orten mussten einzelne Beteiligte aus weiten Entfernungen anreisen. Die Tatortbesichtigungen endeten meist erst am späten Abend. In einem Fall kam ein Dienstwagen des Justizministeriums erst gegen 1.50 Uhr nachts wieder nach Prag zurück. Es bestand der Eindruck, dass die tschechoslowakischen Stellen durch ihr Entgegenkommen ganz besonders ihr Interesse an einer verstärkten Zusammenarbeit dokumentieren wollten.

Auch in sachlicher Hinsicht war das Ergebnis der Dienstreise zufriedenstellend. Bei den Dokumenten, die bestellt werden konnten und inzwischen bei der ZSt. vorliegen, handelt es sich um das beste Material, das bis jetzt ein Land des Ostblocks zur Verfügung gestellt hat. Es standen 50 Kartons mit deutschen Originaldokumenten zur Auswertung bereit. Die 50 Kartons dürften rund 20.000 Blatt Dokumente enthalten haben. Ebenso wie auch schon die im Juni 1966 ausgewerteten Dokumente betraf auch der vorliegende Bestand ganz überwiegend Geschehnisse, die sich nicht in der CSSR, sondern vor allem in Russland und Jugoslawien ereignet haben. Zum größeren Teil handelte es sich um militärische Vorgänge verschiedener Divisionen der Waffen-SS, so z.B. der SS-Panzer-Grenadier-Division „Das Reich", die für die Aufklärung von NS-Verbrechen ohne besonderes Interesse sind. Daneben enthielten die Akten jedoch auch zahlreiche Hinweise auf zum Teil sehr umfangreiche Judenerschießungen.

Aus dem vorgelegten Bestand wurden 3287 Blatt für die Verfilmung ausgewählt. Es handelte sich hierbei um Teile, in einzelnen Fällen auch um den gesamten Inhalt von 27 der 50 Kartons. Etwa die Hälfte der bestellten Dokumente enthält Hinweise auf NS-Verbrechen. Diese Dokumente betreffen insbesondere die folgenden Einheiten und Dienststellen: 1. *Kommando Reichsführer-SS* mit Einheiten der Waffen-SS, und zwar insbesondere der 1. und 2. SS-Infanterie-Brigade (mit den SS-Infanterie-Regimentern 4, 5, 8 und 10) und der SS-Kavallerie-Brigade (mit den SS-Kavallerie-Regimentern Nr. 1 und 2); 2. *Polizeiregiment (Russland-)-„Mitte"* mit den Polizeibataillonen 307, 316 und 322; 3. *SS-Polizeiregiment 5* (insbesondere Einsätze in Jugoslawien. – Einige Dokumente mit Hinweisen auf NS-Verbrechen in Russland betrafen außerdem das bekannte Bataillon der Waffen-SS z.b.V., ein Teilkommando des Sonderkommandos 1 b und Teile des Polizeiregiments (Russland-) „Süd".

Von Interesse dürfte noch sein, dass Dr. Kamis gelegentlich äußerte, dass sämtliche Dokumente schon den übrigen daran interessierten Ostblockstaaten, insbesondere der UdSSR und Polen zur Auswertung zugänglich gemacht worden seien. Soweit die Dokumente Geschehnisse in diesen Ländern beträfen, sei es nun Sache der dortigen Stellen, die hiesigen Ermittlungen weiter zu unterstützen. Es ist interessant, dass die ZSt. tatsächlich inzwischen Dokumente aus der UdSSR erhalten hat, von denen angenommen worden war, sie stammten aus russischen Archiven, während sie sich in Wirklichkeit im Original in Prag befinden. Auch aus zahlreichen anderen Hinweisen kann man schließen, dass zwischen den verschiedenen Kommissionen der Ostblockstaaten eine ständige enge Zusammenarbeit stattfindet. So hat die tschechoslowakische Regierungskommission offensichtlich enge

Beziehungen zu den entsprechenden Kommissionen und Dienststellen der UdSSR, Polens und der „DDR". Dr. Kamis erwähnte in diesem Zusammenhang mehrfach Dienstreisen nach Warschau und Berlin. – So viel zu den Ergebnissen der letzten Auswertungsreise nach Prag.

Ich möchte nun einige Ausführungen machen über den Verlauf und die Ergebnisse des Gegenbesuchs von Mitarbeitern der tschechoslowakischen Regierungskommission in Ludwigsburg. – mit Schreiben vom 23.10.1967 war eine förmliche Einladung an die Regierungskommission ausgesprochen worden. Diese Einladung wurde angenommen, und zwar durch Dr. Kamis, leitender Beamter im tschechoslowakischen Justizministerium und Sekretär der Regierungskommission, Dr. Klapal, stellv. Abteilungsleiter beim GStA in Prag, und Dr. Klecka, stellv. Abteilungsleiter im tschechoslowakischen Innenministerium. Die tschechoslowakischen Besucher hatten in Ludwigsburg Gelegenheit, nicht nur Gespräche mit Angehörigen der ZSt. zu führen, sondern auch mit verschiedenen StA, die einschlägige Verfahren wegen NS-Verbrechen auf dem Gebiet der CSSR bearbeiten. Besonders bemerkenswert ist weiterhin, dass sowohl Herr Justizminister Dr. Schieler in Stuttgart als auch Herr BJM Dr. Dr. Heinemann die tschechoslowakischen Gäste empfangen haben. Anschließend an den Empfang im BMJ in Bonn konnten noch Gespräche mit Angehörigen der Zentralstelle in Köln geführt werden. – Die Gespräche mit den Angehörigen der tschechoslowakischen Regierungskommission, die in einer angenehmen und sachlichen, zeitweise fast herzlichen Atmosphäre verlaufen sind, dürften wesentlich zu einem besseren gegenseitigen Verständnis der verschiedenen Arbeitsmethoden und der bestehenden Schwierigkeiten beigetragen haben.

Besonders hervorzuheben ist, dass die Gespräche erneut gezeigt haben, dass die tschechoslowakischen Stellen an einer sachlichen Zusammenarbeit interessiert sind. Im Gegensatz zu anderen Staaten des Ostblocks sind sie bemüht, die Zusammenarbeit nicht politisch-propagandistisch gegen die Bundesrepublik auszunutzen. So hat Dr. Kamis besonders darauf hingewiesen, dass er grundsätzlich davon absehe, in der CSSR Presseerklärungen abzugeben. Die letzte Pressekonferenz der Regierungskommissionen habe in Prag im März 1965 stattgefunden. Seitdem sei es das Ziel der Regierungskommission, die Zusammenarbeit bei der Aufklärung von NS-Verbrechen nicht propagandistisch auszunutzen. So seien auch die bis jetzt übersandten neun „Denkschriften" – es handelt sich hierbei um Schlussberichte der Regierungskommission zu von ihr durchgeführten Ermittlungen – nicht veröffentlicht worden.

Von besonderem Interesse ist sodann, dass auf mehrfache Fragen Dr. Kamis erneut bestätigt hat, dass sich im Besitz der UdSSR nunmehr kein unbekanntes Dokumentenmaterial mehr befinde, das NS-Verbrechen in außertschechischen Gebieten wie der UdSSR betrifft. Dieses Material sei anlässlich der beiden Auswertungsreisen ausnahmslos vorgelegt und durch die ZSt. eingesehen worden. Das nunmehr noch vorhandene Material beziehe sich auf NS-Verbrechen in der CSSR selbst. Dieses Material werde nicht allgemein zur Sichtung vorgelegt, sondern aufgeteilt auf einzelne Fälle überreicht werden.

An Wünschen und Anregungen wurde von den tschechoslowakischen Gesprächspartnern insbesondere Folgendes vorgetragen: Ebenso wie die polnische Hauptkommission bittet auch die tschechoslowakische Regierungskommission um die Überlassung von Urteilen und sonstigen ein Verfahren abschließenden Beschlüssen und Verfügungen. Darüber hinaus wünscht die Regierungskommission, dass ihre Ermittlungen auch durch die zur Verfügungstellung von Kopien oder inhaltlichen Wiedergaben von einschlägigen Beschuldigten- und Zeugenvernehmungen unterstützt werden. Die Regierungskommission beschränkt diese Bitten jedoch ausdrücklich auf solche Verfahren, die NS-Verbrechen auf dem Gebiet der CSSR oder NS-Verbrechen gegenüber Bürgern der CSSR betreffen, in denen die Regierungskommission selbst Ermittlungen durchführt. Dr. Kamis betonte in diesem Zusammenhang ausdrücklich, dass man nicht die deutschen Strafverfolgungsorgane kontrollieren wolle. Man benötige vielmehr dieses Material lediglich, um in der CSSR ebenfalls erfolgversprechende Ermittlungen durchführen zu können. Man werde begründete Entscheidungen der deutschen Justiz hinnehmen. Man wolle wenigstens sehen, dass die deutsche Justiz den „guten Willen“ gezeigt habe. Dann könne die Regierungskommission auch in der CSSR den Nachweis führen, dass man „alles getan habe“.

Dr. Kamis wies außerdem ganz besonders darauf hin, dass Rechtshilfeersuchen nur an die tschechoslowakische Regierungskommission gerichtet werden sollten. In einem Einzelfall hatte eine StA ein Vernehmungsersuchen an den Verband der antifaschistischen Kämpfer in Prag gerichtet, obgleich in diesem Verfahren auch bereits Schriftwechsel mit der Regierungskommission stattgefunden hatte. Zur Beschleunigung der Ersuchen sollen diese nach Möglichkeit nicht über die tschechoslowakische Militärmission in Berlin der Regierungskommission zugeleitet werden, da in diesem Fall jeweils ein Zeitverlust von mehreren Wochen eintritt. Die Ersuchen sollen vielmehr nach Möglichkeit über die ZSt. der Regierungskommission zugeleitet werden. Erbeten werden die Ersuchen in zweifacher Ausfertigung. Eine Übersetzung in die tschechoslowakische Sprache braucht nicht beigefügt zu werden. – Ersuchen um Zeugenladungen sollen so rechtzeitig ergehen, dass der Regierungskommission nach Eingang der Ersuchen noch ein Zeitraum von mindestens 3–4 Wochen bis zu dem Ladungstermin verbleibt. Die Zeugen sollen ausschließlich über die Regierungskommission geladen werden. – Zeugenvernehmungen in der CSSR finden ausschließlich durch tschechoslowakische Richter statt. Zeugenvernehmungen durch die tschechoslowakische Polizei sind nicht möglich, da solche Vernehmungen ein Ermittlungsverfahren der tschechoslowakischen Stellen voraussetzen. Nach den tschechoslowakischen Bestimmungen soll es nicht möglich sein, bei richterlichen Vernehmungen in der Tschechoslowakei anwesend zu sein. – Bemerkenswert ist noch, dass ebenso wie in der UdSSR auch in der CSSR keine Zusammenstellung der nach 1945 durch tschechoslowakische Gerichte wegen NS-Verbrechen verurteilten Deutschen vorliegt. Es können daher auch seitens der tschechoslowakischen Stellen jeweils nur Einzelanfragen beantwortet werden. Die CSSR besitzt dagegen ein zentrales Melderegister, das insbesondere das Auffinden von Zeugen sehr erleichtert.

Soviel zu den Ergebnissen des Besuches der Mitarbeiter der tschechoslowakischen Regierungskommission in Ludwigsburg. Abschließend darf ich zu der Abwicklung des Rechtshilfeverkehrs mit der tschechoslowakischen Regierungskommission lediglich noch Folgendes bemerken: Eine Ortsbesichtigung in der Tschechoslowakei ist – soweit mir bekannt ist – bis jetzt nicht beantragt worden. Eine solche dürfte jedoch ohne weiteres möglich sein. – Im Gegensatz zu der Handhabung durch die polnischen Stellen können Zeugen nicht nur für die HV geladen werden, sondern auch bereits schon vorher im Ermittlungsstadium oder in der Voruntersuchung. Die tschechoslowakische Regierungskommission macht praktisch nur in einem Punkt Schwierigkeiten. Und zwar lehnt sie es ab, Kopien oder Abschriften von Urteilen oder sonstigen Aktenteilen aus tschechoslowakischen Prozessakten zur Verfügung zu stellen. Dies soll auch nach den einschlägigen Bestimmung der tschechoslowakischen StPO nicht zulässig sein. Im Hinblick auf § 7 StGB und § 153 b Nr. 3 StPO und angesichts dessen, dass ausländische Urteile und Prozessakten wegen NS-Verbrechen erfahrungsgemäß oft interessantes Material enthalten, ist diese Einstellung der tschechoslowakischen Stellen bedauerlich.

Zusammenfassend kann jedoch festgestellt werden, dass der Rechtshilfeverkehr mit der tschechoslowakischen Regierungskommission durchweg erfreulich verläuft. Ermittlungsersuchen bleiben in keinem Fall ohne Antwort. Sie werden vielmehr meist innerhalb recht kurzer Zeit erledigt. Urkunden und sonstige Schriftstücke, die zur Verfügung gestellt werden, sind durchweg notariell beglaubigt."

c) Bericht über den Stand der Verhandlungen mit anderen Ostblockstaaten

„*1. UdSSR:* Ich hatte an sich die Absicht, heute über die Erfolge einer Auswertungsgruppe der ZSt. der Reise nach Moskau und die in Moskau gemachten Erfahrungen zu berichten. Da die Reise nach Moskau aber immer noch nicht stattgefunden hat, kann ich nur einige Ausführungen über die bisherigen Reisevorbereitungen und sonstigen Erfahrungen im Rechtshilfeverkehr mit der UdSSR machen. – Auf Noten der Deutschen Botschaft in Moskau vom 20.12.1966 und 23.3.1967 hatte das Außenministerium der UdSSR mit Note vom 27.7.1967 wie folgt geantwortet: „Die zuständigen sowjetischen Organe sind bereit, einer Arbeitsgruppe der ZSt. der LJVW zur Aufklärung von NS-Verbrechen die Möglichkeit zu geben, sich mit in der Sowjetunion vorhandenen Dokumenten vertraut zu machen sowie mögliche andere Rechtshilfe in dem in der BRD anhängigen Strafverfahren gegen ehemalige Mitglieder von „Einsatzgruppen", „Einsatz- und Sonderkommandos", der Sicherheitspolizei und des „SD" zu leisten. – Zurzeit wird an der Sichtung entsprechender Dokumente gearbeitet. Diese Arbeit könnte vereinfacht und beschleunigt werden, wenn die zuständigen Instanzen der BRD zusätzliche Angaben über die in dem betreffenden Verfahren jeweils Beschuldigten sowie über den Charakter der ihnen zur Last gelegten Verbrechen möglichst unter Angabe der Zeit und des Gebiets, auf dem die Verbrechen begangen wurden, mitteilen würden. – Über den Zeitpunkt der Reise der Arbeitsgruppe der ZSt. in die UdSSR und mögliche andere Fragen könnte zusätzliche Einigung erzielt werden."

Nachdem diese Note am 29.8.1967 bei der ZSt. eingegangen war, wurde seitens der ZSt. zunächst der Vorschlag gemacht, dass sechs Angehörige der ZSt.

für zwei Wochen nach Moskau reisen sollen. Es wurde außerdem eine Zusammenstellung von Verfahren angefertigt, für die Beweismaterial aus Archiven der UdSSR benötigt wird. In dieser Zusammenstellung wurden entsprechend der Anregung der russischen Stellen jeweils auch nähere Angaben über die Beschuldigten, Tatvorwurf, Tatzeit und Tatort usw. gemacht. Aufgeführt wurden in der Zusammenstellung insgesamt 188 Verfahren, hiervon 55 Verfahren, die bereits bei StA anhängig sind. Es wurde der Versuch gemacht, die wichtigsten zurzeit noch laufenden Verfahren aufzuführen. Bei den genannten 133 Vorermittlungsverfahren der ZSt. handelt es sich in 112 Fällen um Sachen, in denen bereits Rechtshilfeersuchen vorliegen. Die Zusammenstellung der Verfahren ist am 14.9.1967 bei der ZSt. abgegangen. Am 27.11.1967 ist auf Wunsch der Deutschen Botschaft in Moskau eine Übersetzung in die russische Sprache nachgereicht worden. Nach den Informationen der ZSt. ist die Zusammenfassung Anfang April 1968 in Moskau überreicht worden. Mit der Reise ist nunmehr voraussichtlich nicht vor Herbst 1968 zu rechnen.

Welchen Erfolg die Reise haben wird, ist völlig offen. Insbesondere ist es nach wie vor unbekannt, inwieweit überhaupt und ggfs. in welchen russischen Archiven sich noch einschlägiges Material befindet. – Von Interesse sind in diesem Zusammenhang die Erfahrungen, die Dr. Danzinger vom BMI in Wien in Moskau gemacht hat. Nach einem mehr als 1½jährigen Schriftwechsel hat sich Dr. Danzinger mit einem weiteren Kriminalbeamten vom 20.-26.9.1966 in Moskau aufgehalten. Er ist dort im Zentralarchiv der UdSSR empfangen worden, und zwar durch den Leiter des Archivs, Leonid Jakowlow, dessen offizielle Bezeichnung „Stellvertreter des Leiters der Zentralarchivverwaltung beim Ministerrat der UdSSR" lautet und der den Rang eines stellv. Ministers bekleidet. Die österreichischen Beamten hatten dann Gelegenheit, in einem dafür bereitgehaltenen Raum des Zentralarchivs der UdSSR Dokumente einzusehen. Hierbei waren ständig u.a. ein StA von der GStA der UdSSR und der stellv. Leiter des Zentralarchivs anwesend. Die Ausführungen, die Dr. Danzinger über das vorgelegte Material macht, sind recht interessant; ich möchte sie auszugsweise wiedergeben:

„Im Verlaufe der Arbeitssitzungen wurden uns offenbar vorbereitete Bände mit Dokumenten zur Durchsicht vorgelegt, die in erster Linie die Tätigkeit der Einsatzgruppen C und D (Raum Weißrussland, bzw. Ukraine und Krim) und die in den KZ Auschwitz und Mauthausen sowie anderen KZ und Vernichtungslagern verübten Verbrechen betreffen. Bezüglich des Zustandekommens und des Inhalts dieser Dokumentensammlungen ist Folgendes festzustellen: Bereits kurz nach dem Beginn des Krieges zwischen der Sowjetunion und dem Deutschen Reich wurde noch im Jahre 1941 in Moskau eine zentrale Kommission gebildet, deren Aufgabe es war, die von den deutschen Okkupanten verübten Verbrechen festzustellen. Die Tätigkeit dieser Kommission hat an Umfang zugenommen, nachdem der Vormarsch der deutschen Truppen gestoppt werden konnte und die Rote Armee nach und nach das vorübergehend besetzt gewesene sowjetische Territorium zurückeroberte. Spätestens zu diesem Zeitpunkt wurden derartige Kommissionen auch in den einzelnen von den Deutschen besetzt gewesenen Sowjetrepubliken gegründet und später auch in den Distrikten, in den einzelnen Städten und Dörfern, ja sogar in verschiedenen Betrieben und Kolchosen.

Diese Kommissionen, die anscheinend nicht immer aus sehr fachkundigen Mitgliedern bestanden haben, haben dann alles gesammelt, was ihrer Meinung nach in irgendeiner Form zur Feststellung verübter Verbrechen dienlich sein könnte. Es wurden Zeugen vernommen, schriftliche Berichte von einzelnen sowjetischen Bürgern gesammelt, deutsche Dokumente und sonstige erbeutete oder auch nur gefundene deutsche Unterlagen (wie Befehle, Fotografien u. dgl.) zusammengetragen und gelegentlich auch zusammenfassende Berichte der Kommission verfasst. Das gesamte Material wurde sodann nach rein territorialen Gesichtspunkten gegliedert und ohne weitere Ordnung, somit in äußerst bunter Aufeinanderfolge, zu Büchern gebunden. In den Dokumenten scheinen daher Schriftstücke in russischer Sprache (diese bilden die überwiegende Mehrzahl) und in deutscher Sprache auf. Es kommen darin verschiedentlich auch Namen von Angehörigen der deutschen Truppen (einschl. SS, Polizei, Gendarmerie, Gestapo und SD) vor, jedoch fast ausschließlich Familiennamen, bei welchen die Schreibweise sehr unzuverlässig ist. Es muss nämlich berücksichtigt werden, dass für Russen die deutsche Aussprache von Namen nicht so geläufig ist und überdies die Namen mit kyrillischen Schriftzeichen festgehalten worden sind und das kyrillische Alphabet nicht in allen Fällen mit dem lateinischen Alphabet übereinstimmt. Schließlich wurden alle Angehörigen der Besatzungstruppen und der von den Deutschen eingerichteten Zivilverwaltung ohne Rücksicht auf ihre Nationalität immer mit Sammelbegriffen wie „die faschistischen Banditen“, „die faschistischen Verbrecher“, „die Hitler-Henker“, „die deutschen Teufel“ und dgl. bezeichnet, und es wurde in der Regel kein Unterschied gemacht, ob eine bestimmte Person Deutscher, Ungar, Rumäne oder Italiener war, und schon gar nicht wurde zwischen Deutschen und Österreichern unterschieden.

In den durchgesehenen Dokumentenbüchern finden sich neben der Schilderung von Mordverbrechen aber auch sehr häufig Unterlagen über die Zerstörung von Sachwerten, die Schändung von Kulturdenkmälern und überhaupt über die durch die Kriegshandlungen eingetretenen Schäden. Vereinzelt konnte auch festgestellt werden, dass die jeweilige Untersuchungskommission am Ende ihrer Berichte angeführt hat, welche Personen ihrer Meinung nach die Hauptverantwortung für die in den betreffenden Berichten geschilderten Verbrechen tragen. Hierbei wurden meist in erster Linie die Namen hoher und höchster deutscher Befehlshaber, die heute schon lange abgeurteilt sind, genannt.

Auf die Frage, ob das vorhandene Archivmaterial hinsichtlich der darin vorkommenden Namen ausgewertet sei und eine entsprechende Kartei bestehe, wurde mir geantwortet, dass man die Frage der Anlage zu einer Namenskartei seinerzeit wohl geprüft habe, jedoch von der Verwirklichung eines derartigen Vorhabens schließlich Abstand genommen habe. Man habe sich nämlich errechnet, dass eine solche Kartei rund 40 Millionen Namen umfassen würde, und bei dieser Zahl grenze die Anfertigung einer Namenskartei geradezu ans Unmögliche. Obgleich mir der Umfang des auf nationalsozialistische Gewaltverbrechen bezughabenden

Archivmaterials nicht bekannt ist und mehrmalige diesbezügliche Fragen immer sehr allgemein mit „sehr viel", „sehr umfangreich" und dgl. beantwortet wurden, erscheint mir die Zahl von 40 Millionen Namen jedoch etwas hoch gegriffen. – Aus der Tatsache des Fehlens einer Namenskartei ergibt sich aber bereits, dass eine Auswertung der sowjetischen Beweisunterlagen nur nach territorialen Gesichtspunkten möglich ist und im Falle von Rechtshilfeersuchen stets einer präzisen Ortsangabe größte Bedeutung zukommen wird, da nur aufgrund solcher Anhaltspunkte letztlich auch Namen einzelner Personen gefunden werden können."

Von Interesse dürfte weiterhin sein, dass die Österreicher ähnlich wie im Verkehr mit Polen und der Tschechoslowakei auch den russischen Stellen vorgeschlagen haben, den Schriftverkehr unmittelbar zu führen. Der Grund hierfür war insbesondere der, dass es auch in Österreich ungeheuer zeitraubend ist, wenn der offizielle Weg eingehalten wird. Vorgeschlagen wurde den russischen Gesprächspartnern, dass das BMI seine Schreiben direkt an die in Frage kommende sowjetische Behörde richtet, sie mit der Kurierpost des Bundesministeriums für auswärtige Angelegenheiten an die österreichische Botschaft in Moskau schickt und diese sie ungeöffnet und ohne Begleitschreiben zustellt. Die russischen Gesprächspartner erklärten hierzu, dass sie keine Erklärung abgeben, jedoch nichts unternehmen könnten, wenn das BMI künftig seine Ersuchen direkt den sowjetischen Behörden im Postweg oder über die österreichische Botschaft in Moskau zukommen lasse. Sie ließen erkennen, dass von sowjetischer Seite ein solches Vorgehen nicht als unfreundlicher Akt betrachtet würde. Es wurde lediglich gebeten, direkte Schreiben nur an eine Stelle, nämlich an den Stellvertreter des GStA der UdSSR Michail P. Maljarow in Moskau zu richten. – Von Interesse dürfte es weiterhin noch sein, dass es den Österreichern nicht gelungen ist, von den russischen Stellen eine Liste aller wegen NS-Verbrechen in Russland verurteilten Österreicher zu erhalten. Es wurde erklärt, dass die GStA der UdSSR jedoch gerne bereit sei, konkrete Einzelanfragen zu beantworten. – Die von den Österreichern anlässlich des Besuchs in Moskau bestellten Unterlagen sind erst Anfang 1968 in Wien eingegangen, also nach fast 1½ Jahren.

Wenn auch die ZSt. Zugang zu Teilen der Bestände des Zentralarchivs der UdSSR in Moskau erhalten wird, bleibt jedoch weiterhin die Schwierigkeit bestehen, dass das gesamte Material nicht in Moskau zentralisiert ist. Wichtige Dokumentenbestände befinden sich vielmehr offensichtlich in den einzelnen Archiven der verschiedenen Sowjetrepubliken und wohl auch zum Teil sogar in untergeordneten örtlichen Archiven.

Abschließend ist zu dem Rechtshilfeverkehr in Verfahren wegen NS-Verbrechen mit der Sowjetunion nur wenig zu sagen. Rechtshilfeersuchen müssen bekanntlich auf dem großen Dienstweg über die jeweilige LJVW, den BJM, das AA und die Deutsche Botschaft in Moskau den russischen Stellen zugeleitet werden. Erledigt werden die Ersuchen durch die russischen Stellen durchweg in bemerkenswert kurzer Zeit, meist in einem Zeitraum zwischen einem Monat und einem halben Jahr. Gerechnet ist dieser Zeitraum allerdings an dem Tag der Übergabe des Ersuchens durch die Deutsche Botschaft in Moskau. Bei dem zur Verfügung gestellten

Material handelt es sich meist um Zeugenvernehmungen (allerdings meist nicht aus neuerer Zeit), zusammenfassende Ermittlungsberichte und sonstige Vorgänge in russischer Sprache. Deutsches Dokumentenmaterial ist seltener. Wenn solches Material zur Verfügung gestellt wird, ist es jedoch oft sehr aufschlussreich, wie z.B. vor einiger Zeit in einem Verfahren der StA Kassel Dokumente aus dem Raum Reval.

Auch Zeugenladungen sind möglich, und zwar nicht nur für die HV, sondern z.B. schon in der Voruntersuchung. So sind z.B. acht russische Zeugen in der Voruntersuchung des Untersuchungsrichters bei dem LG in Dortmund gegen Tabbert erschienen. Sie befanden sich in Begleitung des russischen Prof. Alexejew. Auch in den HV sind bereits wiederholt russische Zeugen erschienen, so z.B. im Stanislau-Prozess in Münster und kürzlich vor dem Schwurgericht in Darmstadt in dem Verfahren gegen ehemalige Angehörige des Sonderkommandos 4 a. Soviel mir bekannt ist, hat bis jetzt erst in einem Fall ein deutscher Richter Zeugenvernehmungen in der UdSSR beigewohnt. Es handelt sich um den Untersuchungsrichter LG-Rat Uhlig vom LG in Hechingen, der vor kurzem an der Vernehmung russischer Zeugen in Reval teilgenommen hat. – Abschließend darf ich noch bemerken, dass bis jetzt eine Augenscheinseinnahme in der UdSSR nicht möglich war. Beantragt wurde sie in dem bereits genannten Stanislau-Prozess in Münster und auch in dem sog. 2. Galizien-Prozess in Stuttgart. In dem Stanislau-Prozess ist die Augenscheinseinnahme durch die russischen Stellen abgelehnt worden, da die betreffenden Örtlichkeiten in einer der zahlreichen russischen Sperrzonen liegen.

2. Ungarn: Wie BJM Dr. Dr. Heinemann in der Bundestagssitzung vom 11.3.1968 bekanntgegeben hat, hat Ungarn auf die Aufrufe der Bundesregierung und des Bundestags aus dem Jahr 1964 nicht geantwortet. – Im Februar 1966 hat sich Herr Polizeirat Dr. Wiesinger vom BMI der Republik Österreich in Ungarn aufgehalten. Es ist ihm damals erklärt worden, dass in Ungarn kein einschlägiges Dokumentenmaterial über NS-Verbrechen vorhanden sei. – Im Oktober 1967 hat der Ordinarius für Geschichte an der Universität Budapest Prof. Dr. Kalmán Kovács die ZSt. in L. besucht. Prof. Kovács hat sich anlässlich dieses Besuches dahingehend geäußert, dass sich in ungarischen Archiven doch noch Dokumentenbestände befänden, die für die Aufklärung von NS-Verbrechen von Bedeutung sein könnten. Hierbei soll es sich einmal um Vorgänge betreffend die ehemalige Deutsche Botschaft in Budapest und Dokumente über Verbrechen insbesondere aus dem Jahre 1944 handeln. Außerdem glaubte sich Prof. Kovács auch erinnern zu können, dass in Ungarn Dokumente aufbewahrt werden, die von deutschen Truppen und Dienststellen bei dem Rückzug in Ungarn zurückgelassen worden sind. Diese Dokumente sollen auch Vorgänge außerhalb Ungarns betreffen. Prof. Kovács hat in einem späteren Schreiben der ZSt. einige Adressen genannt, an die man sich in Ungarn wenden könne. Es wird zurzeit durch die Bundesregierung geprüft, an welche dieser Stellen herangetreten werden soll.

Erwähnen möchte ich hinsichtlich der Beziehungen zu Ungarn nur noch, dass Rechtshilfeersuchen möglich sind, jedoch schleppend beantwortet werden. So ist z.B. ein Rechtshilfeersuchen der StA bei dem LG München I vom 16.8.1967 bis heute nicht erledigt worden. Ladungen von ungarischen Zeugen zu HV in die Bundesrepublik sind möglich. Dies ist z.B. im Verfahren der Zentralstelle Köln gegen Schulze und Streitwieser geschehen. Die Ladungen sind den Zeugen durch das „Hauptstädtische Gericht“ in Budapest zugestellt worden.

3. *Bulgarien:* Auch Bulgarien hat auf den Aufruf aus dem Jahre 1964, Material über NS-Verbrechen verfügbar zu machen, nicht reagiert. In der HV gegen Beckerle und von Hahn vor dem Schwurgericht bei dem LG Frankfurt/Main hat sich der Sitzungsvertreter, EStA Richter, im März 1968 mit gutem Erfolg in Sofia aufgehalten. Sonstige Erfahrungen liegen im Verkehr mit Bulgarien nicht vor.

4. *Rumänien:* Auch Rumänien hat auf den Aufruf aus dem Jahre 1964 nicht geantwortet. Die ZSt. hat bei den zuständigen Dienststellen in Bonn angeregt zu gestatten, dass die ZSt. mit den rumänischen Stellen Fühlung aufnimmt. Hierüber ist bis jetzt nicht entschieden worden.

5. *Jugoslawien:* Hinsichtlich der Beziehungen zu Jugoslawien hat BJM Dr. Dr. Heinemann in der Bundestagssitzung vom 11.3.1968 erklärt, dass sich Jugoslawien 1965 dahin geäußert habe, man sei selbst noch mit der Aufarbeitung des einschlägigen Archivmaterials beschäftigt. Das BMJ habe das AA im Januar 1968 um Prüfung gebeten, ob im Rahmen der deutsch-jugoslawischen Gespräche auch die Frage der Archivauswertung berührt werden könne. Eine Antwort darauf sei bis heute noch nicht eingegangen. – Ergänzend hierzu darf ich bemerken, dass wahrscheinlich seit Okt. 1965 eine jugoslawische Sachverständigenkommission zur Sichtung, Registrierung und Aufarbeitung des Dokumentenmaterials eingesetzt ist. Von jugoslawischer Seite spricht man von einer „Unmenge von Dokumenten“. Eine Einsicht in diese Dokumente soll erst nach Beendigung der Arbeit der jugoslawischen Kommission möglich sein. Es wurde erwogen, zwei Angehörige dieser jugoslawischen Kommission zu ersten Kontakten zur ZSt. nach Ludwigsburg einzuladen. Hieraus ist jedoch nichts geworden, da die jugoslawischen Stellen nicht die Namen von Personen genannt haben, die eingeladen werden können. – In einem Einzelfall ist ein Rechtshilfeersuchen der ZSt. vom Dez. 1966 durch die jugoslawischen Stellen im Mai 1967 erledigt worden.

6. *Albanien:* Hinsichtlich des eventuell in Albanien vorliegenden Dokumentenmaterials hat die ZSt. keinerlei Erfahrungen. Auf den Aufruf der Bundesregierung aus dem Jahre 1964 hat Albanien im Feb. 1965 geantwortet, dass man kein Material zur Verfügung stellen werde. Albanien hat vielmehr verlangt, dass NS-Verbrecher zur Aburteilung an Albanien ausgeliefert werden.“

LG-Dir. Dr. Remé (Hamburg) berichtete im Rahmen der anschließenden Diskussion über die *Reise nach Warschau,* die er als Hamburger Untersuchungsrichter im März 1967 mit einem StA und einem Verteidiger unternommen hat. – Er habe zunächst ohne weitere Schwierigkeiten von den polnischen Behörden die Bewilligung für die Teilnahme eines Verteidigers an den Untersuchungshandlungen erhalten. Für eine beabsichtigte zweite Reise sei allerdings eine solche Genehmigung nicht erteilt worden; das habe dazu geführt, dass er nunmehr auch den StA nicht beteiligen könne.

Die Vernehmungen in Polen habe ein polnischer Beamter im Range eines stellv. GStA sehr korrekt durchgeführt. Jede Frage sei vorher genau durchgesprochen worden. Hinsichtlich der schleppenden Bearbeitung der Rechtshilfeersuchen durch die polnischen Behörden habe er den Eindruck, dass kein böser Wille vorliege; die polnischen Beamten seien im Grunde sehr bemüht, die Ersuchen in angemessener Zeit zu erledigen, die Dinge wüchsen ihnen jedoch über den Kopf. Mit Herrn Pilichowski, dem Leiter der polnischen Hauptkommission, der kein Jurist sei, habe er drei längere Gespräche geführt. Herr Pilichowski habe sich im Allgemeinen sehr hart gezeigt. Im Hinblick auf die heftigen Angriffe, die Herr Pilichowski in der Presse gegen die Bundesrepublik richtete, sei zu wünschen, dass Herr Pilichowski bei einem etwaigen Besuch in Deutschland von den Herren des BMJ einmal eingehend über den Stand der Verfolgung der nationalsozialistischen Straftäter aufgeklärt werde. Es sei bei einer Dienstreise nach Polen unbedingt erforderlich, einen eigenen Dolmetscher mitzunehmen.

LG-Rat Schenck (Hamburg) fragte, ob Verfahren, die Judentötungen betreffen, von den polnischen Behörden anders behandelt würden als Untersuchungen über die Tötung von Polen.

EStA Zeug (Ludwigsburg) erwiderte, bei einer Überprüfung der Statistik habe er feststellen müssen, dass Ersuchen, die die Tötung nichtjüdischer Polen betreffen, nicht schneller als andere erledigt würden. Abgesehen hiervon hielt er es in Bezug auf die Opfer für zweckmäßig, in Rechtshilfeersuchen ganz allgemein von Angehörigen der polnischen Zivilbevölkerung zu sprechen.

EStA Dr. Kintzi (Braunschweig) bemerkte, dass er im Jahre 1965 in einem Verfahren, das Tötungen in einem polnischen Arbeitslager betreffe, ein Rechtshilfeersuchen an die polnische Hauptkommission gerichtet und bisher keine Antwort erhalten habe, obwohl er dreimal in höflicher Form gemahnt habe.

OStA Dr. Rückerl (Ludwigsburg) gab dann einige Hinweise zum Rechtshilfeverkehr zwischen der Bundesrepublik und Polen. – Er ging zunächst auf den Wert gewisser polnischer Dokumente ein, die den Anlass zu zahlreichen deutschen Ermittlungsverfahren gegeben hatten. Es handle sich bei diesen Dokumenten um Fragebogen, die in den Jahren nach dem Kriege an die einzelnen polnischen Gemeinden gerichtet worden seien. Bisher habe nur ein Teil dieser Fragebogen der ZSt. vorgelegen. Auf die Bitte der ZSt., auch den restlichen Teil der Dokumente zu übersenden, hätten die polnischen Behörden erklärt, von der Übersendung weiterer Fragebogen sei abgesehen worden, da sich die Angaben nicht immer als ganz zuverlässig erwiesen hätten und eine neue Fragebogenaktion geplant sei. – Über die Unvollständigkeit der in Polen vorhandenen Informationen gebe im Übrigen eine Anfrage der polnischen Militärmission in Berlin Aufschluss, die vor kurzer Zeit an ihn gerichtet worden sei. Man habe ihn gefragt, ob er eine Möglichkeit sehe, die Anzahl und die Namen der aus der britischen Besatzungszone an Polen ausgelieferten Personen festzustellen. Er habe die Militärmission an die polnische Hauptkommission verwiesen. – Bisher unbekanntes dokumentarisches Material aus Polen sei in Zukunft nicht zu erwarten. Von polnischer Seite sei vor kurzem mitgeteilt worden, dass eine Arbeitsgruppe zur Auswertung weiterer Dokumente zurzeit nicht eingeladen werde.

Hinsichtlich der Angriffe des Herrn Pilichowski sei noch Folgendes zu bemerken: Ein Auszug aus einer Rede des Herrn Pilichowski im polnischen Parlament sei vor kurzer Zeit von der Nachrichtenagentur ADN verbreitet worden. Als Herr Pilichowski um Aufklärung gebeten worden sei, weil diese Rede in starkem Gegensatz zu dem Verhalten stehe, das er bei Besuchen deutscher Richter und StA zeige, habe er das Original der Rede der ZSt. übersandt. Tatsächlich habe diese Rede ganz anders gelautet als der von ADN verbreitete Auszug. In einem zweiten, ähnlichen Fall habe sich Herr Pilichowski allerdings nicht mehr geäußert. – Bei einer Dienstreise nach Polen empfehle es sich in jedem Fall, einen eigenen Dolmetscher mitzunehmen.

OStA Blank (Ludwigsburg) bemerkte, er sei vor einiger Zeit etwa drei Wochen in Polen gewesen und habe wiederholt Gespräche mit Herrn Pilichowski geführt. In den Gesprächen sei immer wieder zum Ausdruck gekommen, dass Polen die infolge der Verjährung eingetretene Beschränkung der Strafverfolgung auf wenige Delikte nicht akzeptieren könne. – Den Polen gehe es nach wie vor auch um die Strafverfolgung der Personen, die die Häftlinge wirtschaftlich ausgebeutet hätten. Es sei auch immer wieder von der Bestrafung der Generäle die Rede, die den Angriffskrieg geführt hätten. Dabei werde durchaus anerkannt, dass in dem Bereich, in dem eine Strafverfolgung noch möglich sei, die deutschen Behörden etwas leisteten.

EStA Pries (Kiel) erklärte, er zweifle nicht daran, dass Polen eines Tages – wie immer man die Dinge auch erledige – hinsichtlich der Aufklärung der nationalsozialistischen Verbrechen Vorwürfe erheben werde.

StA Kerl (Dortmund) fragte MinRat Pötz, ob nach den günstigen Erfahrungen, die das BMJ bisher mit den Rechtshilfeersuchen an Polen und andere Ostblockstaaten gemacht habe, zu hoffen sei, dass der Katalog der zustimmungsbedürftigen Rechtshilfeersuchen eingeschränkt werde. Die Masse der Rechtshilfeersuchen sei ja aus der Sicht des BMJ nicht zu beanstanden gewesen. Es sei eine große Erleichterung der staatsanwaltschaftlichen Arbeit, wenn aus diesem Katalog die Masse der einfachen Ersuchen – beispielsweise solche, die sich auf Zeugenvernehmungen oder Urkundenübersendungen bezögen – herausgenommen würden und in solchen Fällen die StA das BMJ lediglich zu unterrichten hätte.

EStA Sichting (Stuttgart) fragte, ob die ZSt. neben den Signaturen des Materials des Jüdischen Historischen Instituts auch die Namen der Zeugen habe, deren Erklärungen dort aufbewahrt würden.

EStA Zeug (Ludwigsburg) erwiderte, die ZSt. habe nur die Signaturen.

StA Kolb (Mannheim) erklärte, die StA in Mannheim habe im Rahmen des sog. *Tuchel*-Verfahrens bei den Rechtshilfeersuchen recht gute Erfahrungen mit den polnischen Behörden gemacht. – Auch in einem weiteren Verfahren – es handle sich um fünf Einzelerschießungen durch einen Volksdeutschen – seien sämtliche Ersuchen innerhalb von sechs Monaten erledigt worden. Einer Bitte der polnischen Behörden, ihnen eine Durchschrift der Anklageschrift zu übersenden, habe er auf Weisung des Justizministeriums von Baden-Württemberg nicht entsprechen dürfen, da gemäß einer Vereinbarung der Justizminister weder eine Anklageschrift noch ein Haftbefehl, sondern allenfalls rechtskräftige Urteile den Ostblockstaaten überlassen werden dürften. Vielleicht könne man diese Vereinbarung dahin ändern, dass bei einfacher Sachlage die Überlassung von Unterlagen strafrechtlicher Art grundsätzlich zulässig sei.

RegDir. Maier (Stuttgart) entgegnete, zur Frage der Überlassung von Unterlagen und Anklageschriften an polnische Stellen liege nun einmal ein verbindlicher Beschluss der JMK vor. – Das Justizministerium von Baden-Württemberg habe allerdings den letzten Besuch der tschechoslowakischen Delegation, die ähnliche Wünsche geäußert habe, zum Anlass genommen, den Justizministern vorzuschlagen, die Frage der Überlassung von Unterlagen, Anklageschriften und Urteilen in NS-Verfahren an Staaten des Ostblocks auf der nächsten JMK im Herbst dieses Jahres erneut zu erörtern.

EStA Dr. Kintzi (Braunschweig) meinte, der Beschluss der Justizminister habe nicht gelautet, es seien keine Anklageschriften zu übersenden, sondern habe sich auf die Übersendung von Urteilsabschriften bezogen. Vor kurzem sei die Staatsanwaltschaft in Braunschweig von der polnischen Hauptkommission gebeten worden, eine Anklageschrift in der Sache *Hassebroek* – Groß Rosen – zu übersenden. Das niedersächsische Justizministerium habe dagegen offenbar keine Bedenken gehabt. – Allerdings seien in dem genannten Verfahren Urkundenbeweise entscheidend, so dass durch eine Übersendung der Anklageschrift Zeugen nicht geschädigt werden könnten; auch sei bereits einmal ein Teil der Hauptverhandlung durchgeführt worden. In solchen Fällen sei also offenbar eine Übersendung der Anklageschrift zulässig.

EStA Waldschmidt (Darmstadt) wies darauf hin, dass Dokumente und andere Unterlagen aus NS-Verfahren auch auf dem Weg über die Nebenkläger in die Ostblockstaaten gelangen könnten. – Er erwähnte ferner, dass ihm die israelische Polizei ein Schreiben des BMJ in Form einer Ablichtung übersandt habe, wonach die israelische Polizei berechtigt sei, bei den einzelnen StA Anklageschriften und Urteile anzufordern. Er habe darüber berichtet, aber bisher noch keine Antwort erhalten.

MinRat Pötz (Bonn) nahm dann Stellung zu einzelnen Fragen, die im Verlauf der Diskussion aufgeworfen worden waren. Zur Frage der von den polnischen Behörden gewährten Rechtshilfe wies er zunächst darauf hin, dass bei der Behandlung der einzelnen Verfahren gewisse Unterschiede festzustellen seien. Verfahren, die die polnische Öffentlichkeit interessieren, würden von den polnischen Behörden in großzügiger Weise gefördert; bei zahllosen anderen Verfahren müsse man häufig lange Zeit auf die Erledigung der Rechtshilfeersuchen warten. Die von der ZSt. genannten Zahlen über den Rechtshilfeverkehr mit Polen seien eine klägliche Bilanz. Bezeichnend sei auch, dass die ZSt. seit zwei Jahren keine Erlaubnis mehr erhalten habe, zu Auswertungsarbeiten nach Polen zu kommen. Es sehe jedoch zurzeit keine Möglichkeiten für die Bundesregierung, die polnischen Behörden in offiziellen Gesprächen darauf hinzuweisen, dass sie bisher nur in unzureichendem Maße Unterstützung bei der Aufklärung nationalsozialistischer

Verbrechen gewährt haben. Bekanntlich unterhalte die Bundesrepublik keine diplomatischen Beziehungen zu Polen; in Warschau arbeite lediglich eine deutsche Handelsmission, deren Tätigkeitsfeld vertraglich begrenzt sei. Es bedeute große Schwierigkeiten für die Handelsmission, wenn sie sich mit Fragen befasse, die nicht überwiegend wirtschaftlicher Natur seien. Dass sich die Handelsmission bei Reisen deutscher Richter und StA einschalte, geschehe allerdings, so glaube er, mit Wissen und Willen der polnischen Behörden.

Freilich wollte die Bundesrepublik jede Möglichkeit, die sich biete, nutzen, um die Situation zu verbessern. So warte man in Bonn auf den Besuch des Herrn Pilichowski, der schon vor Monaten eingeladen worden sei. BJM Dr. Heinemann habe sich vorbehalten, Herrn Pilichowski selbst zu empfangen. – Zur Frage der Übersendung von Unterlagen aus anhängigen deutschen Verfahren an polnische Behörden sei im BMJ sehr häufig erörtert und auch von den Justizministern und –senatoren beraten worden. Zunächst sei hervorzuheben, dass es keine völkerrechtliche Übung gebe, wonach ein Staat, der einem anderen Staat für ein einzelnes Strafverfahren Rechtshilfe leiste, einen Anspruch darauf habe, unterrichtet zu werden, wie das Strafverfahren abgeschlossen worden sei. Allerdings folge der Rechthilfeverkehr mit den Ostblockstaaten eigenen Gesetzen; bei der Beurteilung der Situation müsse man jedoch Folgendes berücksichtigen: Wahrscheinlich gehe es den Polen nicht nur darum, sich zu informieren, sondern um weit mehr. So sei denkbar, dass sie das überlassene Material für politische Zwecke zu einer Dokumentation zusammenstellen. Unter Berücksichtigung dieser Erwägungen habe er im Dezember des vergangenen Jahres polnischen Beamten erklärt, dass jede Urkunde strafrechtlicher Art polnischen Behörden überlassen werde, wenn man das Material für Ermittlungsverfahren oder Strafverfahren benötige. Die Lage sei jedoch anders, wenn man das Material für historisch-archivarische oder andere Zwecke brauche; dann könne die Bundesregierung nicht allein entscheiden. Es komme in diesen Fällen auch auf die Haltung der aktenführenden Behörden an, die ja das Recht hätten, über die Akten zu verfügen. In jedem Einzelfall werde aber die Bundesregierung die Berechtigung eines Ersuchens um Überlassung strafrechtlicher Unterlagen sorgfältig prüfen.

Mit der Übersendung *rechtskräftiger* Urteile habe sich das BMJ bereits vor einiger Zeit in einem Rundschreiben beschäftigt. Rechtskräftige Urteile, die gegen polnische Staatsangehörige verübte Straftaten zum Gegenstand hätten, könnten den polnischen Behörden überlassen werden, allerdings seien die Namen der Zeugen zu schwärzen. – Die Frage, ob der Katalog der zustimmungsbedürftigen Rechtshilfeersuchen verringert werden könne, sei zurzeit Gegenstand eines Schriftwechsels, den das BMJ mit dem JMin des Landes Nordrhein-Westfalen führe und der auf alle LJVW ausgedehnt werden würde. Das BMJ prüfe diese Frage zurzeit im Benehmen mit dem AA. Es sei zu vermuten, dass sich die Bundesregierung zumindest bei Ersuchen um Zeugenladung und Übersendung von Belastungsmaterial mit einer Nachricht begnügen werde. Verbindliches könne allerdings noch nicht gesagt werden.

OStA Dr. Rückerl (Ludwigsburg) bat um Benachrichtigung der ZSt., falls Rechtshilfeersuchen von den StA direkt an polnische Behörden gerichtet würden. Weiter führte er aus, er habe festgestellt, dass Antworten auf Rechtshilfeersuchen, die die ZSt. im Auftrage verschiedener StA an polnische Behörden gerichtet habe, den betreffenden StA direkt zugeleitet worden seien. Auch in solchen Fällen bitte die ZSt. um Nachricht.

StA Dr. Taube (Hamburg) erkundigte sich, ob in der Tschechoslowakei Möglichkeiten bestehen, Zeugen für ein Verfahren des KZ Majdanek anhand von dort vielleicht vorhandenen Dokumenten festzustellen.

EStA Zeug (Ludwigsburg) erwiderte, dass ihm von derartigen Dokumenten nichts bekannt sei.

MinRat Götz (Bonn) wies darauf hin, dass bei dem Besuch der tschechoslowakischen Regierungskommission auch Schwierigkeiten zutage getreten seien; insbesondere habe man dem wiederholt vorgetragenen Wunsch nach Auslieferung der ehemaligen Angehörigen der slowakischen Regierung *Karmasin* und *Dorčansky* aus verständlichen Gründen nicht entsprechen können.

EStA Sichting (Stuttgart) wies darauf hin, dass bei einer Schwurgerichtsverhandlung vor dem LG in Stuttgart eine Verzögerung von zwei Wochen eintrat, da von sowjetischen Behörden übersandte Dokumente durch die deutsche Botschaft in Moskau nicht übersetzt worden seien.

RegDir. Maier (Stuttgart) erklärte, dass selbst die Versuche des BJM und seines Staatssekretärs gescheitert seien, die deutsche Botschaft zu der Übersetzung von Rechtshilfeersuchen zu bewegen; der Grund hierfür sei, dass die Dolmetscher der Botschaft stark überlastet seien.

OStA Blank (Ludwigsburg) trug ergänzend hierzu vor, dass der Sachbearbeiter der zuständigen sowjetischen Behörde die deutsche Sprache fließend beherrsche; er empfahl zu prüfen, ob nicht die Rechtshilfeersuchen in deutscher Sprache an die russischen Behörden übersandt werden könnten.

RegDir. Maier (Stuttgart) schilderte Einzelheiten der Moskau-Reise des Untersuchungsrichters Uhlig aus Hechingen. Er wies darauf hin, dass besonderes Interesse der russischen Behörden an der Verfolgung der Straftaten vorgelegen habe, die Gegenstand des Hechinger Verfahrens gewesen seien; ob eine gleiche Bereitschaft bei anderen Verfahren vorhanden sei, müsse er offen lassen.

OStA Jordan (Dortmund) bemerkte, dass im Zusammenhang mit dem Tabbert-Verfahren die aufgrund von Rechtshilfeersuchen in der Sowjetunion durchgeführten Vernehmungen häufig so unvollständig gewesen seien, dass zusätzliche Vernehmungen durchgeführt werden mussten.

RegDir. Maier (Stuttgart) erkundigte sich nach dem Stand des Rechtshilfeverkehrs mit Jugoslawien.

MinRat Götz (Bonn) erwiderte, dass ein holländischer Staatsangehöriger eine Liste der in Jugoslawien verurteilten Deutschen zum Kauf angeboten habe; wegen des hohen Preises, der für diese Liste verlangt wurde, und aus grundsätzlichen Erwägungen sei von diesem Angebot jedoch kein Gebrauch gemacht worden.

AG-Rat Pawlowski (Ludwigsburg) fragte, ob zwischen dem Bundesarchiv und Archiven des Ostblocks Kontakte bestünden oder ob versucht worden sei, derartige Verbindungen anzuknüpfen.

MinRat Götz (Bonn) sagte, dass das Bundesarchiv vor einiger Zeit versucht habe, mit sowjetischen Archiven in Verbindung zu treten; die Schreiben seien jedoch nicht beantwortet worden.

OStA Dr. Rückerl (Ludwigsburg) bemerkte hierzu, dass auf verschiedenen Reisen in den Ostblock starke Vorbehalte und eine erhebliche Zurückhaltung gegenüber deutschen Archivbeamten festgestellt worden seien.

Anschließend referierte *StA Dr. Gehrling* (Köln) über das Thema: *Die Zeugenbefragung vor den Schwurgerichten in Verfahren wegen NS-Verbrechen:* „Das Thema lautet nicht etwa schlechthin: Die Zeugenbefragung in NSG-Verfahren, sondern beschränkt sich auf die Befragung der Zeugen vor den Schwurgerichten. Das bedeutet: Hier soll nicht untersucht werden, welchen Einfluss der lange Zeitraum zwischen dem Tatgeschehen, der Wahrnehmung des Zeugen einerseits und der Reproduktion des Erinnerungsbildes des Zeugen andererseits auf die Zuverlässigkeit der Zeugenaussage gehabt hat oder gehabt haben kann. Solche Untersuchungen gehören dem Gebiet der forensischen Psychologie an und sind bereits auf der letzten Tagung der mit NSG-Sachen betrauten StA in Konstanz von Herrn EStA Dichmann aus Köln angestellt worden. Ich darf insoweit auf die Niederschrift über diese Arbeitstagung (S. 316 ff.) verweisen.

Hier ist vielmehr zu untersuchen, I. welche Auswirkungen (Folgen) 1. der Inhalt der Fragen und 2. die Form der Befragung a) auf den Zeugen selbst sowie b) auf die Öffentlichkeit im In- und Ausland haben können *und* II. welche rechtlichen oder tatsächlichen Möglichkeiten bestehen, etwaige unerwünschte und missliebige Auswirkungen (Folgen) zu verhindern bzw. zu vermeiden.

Ich will die Fragestellung an einigen Beispielen erläutern: In Prozessen, die in KZs begangene Verbrechen zum Gegenstand haben, werden die Zeugen immer wieder nach dem Grund ihrer Einweisung in ein KZ gefragt. Das ist solange unproblematisch, als es sich bei den Zeugen um ehemalige politische Häftlinge, Schutzhäftlinge oder sog. Bibelforscher, Zeugen Jehovas, handelt. Anders verhält es sich hingegen mit den ehemaligen befristeten Vorbeugungshäftlingen, den sog. „BVern", die auch Berufsverbrecher genannt wurden. Diese Zeugen haben sich nach dem Kriege vielfach eine neue Existenz aufbauen können, sind geachtete und ehrenwerte Bürger geworden, ihre Vorstrafen sind im Strafregister längst getilgt. Sie sollen nun – nach mehr als 20 Jahren – vor den Augen der Öffentlichkeit ihre Vergangenheit offenbaren.

So ist in einer zurzeit vor dem Schwurgericht in Hagen/Westfalen anstehenden HV ein Zeuge durch bohrendes und zielgerichtetes Befragen nach dem Grund seiner Einweisung in eine Sonderabteilung der Kriegsmarine, die ihrerseits wieder Ursache für seine Einweisung in ein KZ gewesen war, gezwungen worden, in Gegenwart seiner Ehefrau zuzugeben, dass er 1937 wegen gleichgeschlechtlicher Unzucht zu Gefängnis verurteilt worden war. – Solche Fragen führen dazu, dass der so befragte Zeuge alles versuchen wird, um einer erneuten Zeugenvernehmung in NSG-Sachen zu entgehen, und wenn er zur Aussage gezwungen wird, Erinnerungslücken vortäuscht, um nicht mehr als Zeuge geladen zu werden. Solche Fragen sind auch geeignet, in der Öffentlichkeit eine Meinungsbildung zu fördern, dass ehemalige Berufsverbrecher als Belastungszeugen auftreten, die aufgrund ihrer Vergangenheit als unglaubwürdig angesehen werden. Damit verbindet sich leicht die Vorstellung, dass die bisher unbestraften Angeklagten unschuldig seien, dass die SS solche Greueltaten, wie sie ihr angelastet werden, gar nicht begangen hat.

Abgesehen von der Gefahr einer solchen Meinungsbildung verdient der Zeuge, der im KZ Schweres erlitten hat – nicht jeder „BVer" war Funktionshäftling oder Parasit – und sich nach dem Kriege eine neue Existenz aufbauen konnte, den Schutz vor einer solchen Bloßstellung in der Öffentlichkeit. – Es ist daher zu fordern, dass bei der Aufklärung des Einweisungsgrundes von allen Prozessbeteiligten größtmögliche Zurückhaltung geübt wird. Das verlangt allein schon das Taktgefühl. – Leider ist diese Einsicht bei den Prozessbeteiligten oftmals nicht vorhanden. Es gibt Strafverteidiger, die geradezu darauf aus sind, die Zeugen in der Öffentlichkeit bloßzustellen, sie zu reizen, um sie zu unbedachten Äußerungen zu verleiten. In dem vorerwähnten Fall, der sich vor dem Schwurgericht in Hagen ereignet hat, ist der Zeuge durch die Art der Fragen in einen solchen Erregungszustand geraten, dass er sich zu der Äußerung verstieg, die Fragen erinnerten ihn an die Vernehmungsmethoden der Gestapo, was den betreffenden Strafverteidiger veranlasste, gegen den Zeugen einen Antrag auf Bestrafung wegen Beleidigung einzubringen.

Ob und ggfs. welche Möglichkeiten bestehen, solchen Fragen zu begegnen, will ich erst später erörtern. Hier sei nur darauf hingewiesen, dass es genügend Mittel und Wege gibt, die Vergangenheit eines Zeugen in das Verfahren einzuführen, ohne dass es einer Bloßstellung des Zeugen bedarf, z.B. durch Verlesung der Auskünfte des Internationalen Suchdienstes in Abwesenheit des Zeugen bei passender Gelegenheit oder durch Verlesung älterer Strafregisterauszüge, die sich zumeist bei den Entschädigungs- oder älteren Strafakten befinden. Nicht nur die Befragung ehemaliger BVer nach dem Grunde ihrer Einweisung in ein KZ, sondern auch und gerade die Befragung unbescholtener und einwandfreier Zeugenpersönlichkeiten führt oftmals gerade in Prozessen in NSG-Sachen zu unliebsamen Zwischenfällen. Was ist der Grund dafür? In keinem anderen Verfahren sind die Zeugen so oft und zu so verschiedenen Zeiten, unter oftmals völlig anderen Gesichtspunkten, von völlig anders gearteten Vernehmungsbeamten zum selben Thema befragt worden wie gerade in NSG-Verfahren. Die Folge davon ist, dass es in diesen Verfahren kaum einen Zeugen gibt, der sich nicht an irgendeiner Stelle bei irgendwelchen Punkten in Widerspruch zu einer früheren Aussage gesetzt hat. Wir alle wissen, wie zahlreich und vielschichtig die Ursachen dafür sein können. Nicht umsonst wird immer wieder behauptet, dass der Zeugenbeweis das unzuverlässigste Beweismittel sei. Die moderne psychologische Wissenschaft hat etwa seit der Jahrhundertwende immer deutlicher erkannt, dass die menschliche Aussage, selbst wenn bei der Aussageperson der Wille zur Wahrheit besteht, zahlreiche Fehler und Mängel aufweist, dass sie weithin lückenhaft und unrichtig sind. Solche

Widersprüche basieren in den allerwenigsten Fällen auf einer Lüge, sondern sind ganz einfach Ausfluss der menschlichen Unzulänglichkeit. Es ist hier nicht meine Aufgabe, die möglichen und denkbaren Fehlerquellen aufzuzeigen, ich wollte nur auf die Vielzahl der Fehler, wie sie bei der Wahrnehmung des Zeugen, bei seiner Reproduktion der Erinnerung und auch bei der Aussage selbst entstehen könnten, hinweisen. Ausgangspunkt der Glaubwürdigkeitsprüfung – die von der Frage nach der Zuverlässigkeit einer Aussage streng zu trennen ist – muss daher in erster Linie immer die Persönlichkeit des Zeugen sein und erst in zweiter Linie der Aussageinhalt. Es ist deshalb unsinnig, den früheren Aussagen eines Zeugen, über deren Zustandekommen wir oftmals nur recht wenig oder gar nichts wissen, ein so großes Gewicht beizumessen, wie es leider oftmals geschieht. Das soll nun nicht heißen, dass man diese Aussagen gänzlich unberücksichtigt lassen sollte, aber ihrer Einführung in die HV durch Fragen und Vorhalte sollten Grenzen gesetzt werden.

Stattdessen hat es sich geradezu zu einem Hang gewisser Strafverteidiger entwickelt, derartige Widersprüche zu oftmals völlig belanglosen Nebensächlichkeiten, die mitunter mit dem Gegenstand des Verfahrens überhaupt nichts mehr zu tun haben, herauszustellen. Der Zweck dieses Handelns ist klar erkennbar. Dem Gericht soll gezeigt werden, dass der Zeuge nicht glaubwürdig, seine Aussage unzuverlässig und wertlos sei. Hierbei werden die Erkenntnisse der forensischen Psychologie negiert; der Zeuge wird oftmals sogar als Lügner hingestellt. Hierzu wieder zwei Beispiele aus dem zurzeit noch anstehenden Schwurgerichtsverfahren vor dem LG in Hagen:

Ein Zeuge aus der CSSR hatte bekundet, dass er einen der Angeklagten aus einer in der Giebelwand einer Baracke befindlichen Öffnung bei einer Tötungsaktion beobachtet hätte. Bei ihm sei noch der Häftling X gewesen, der das ebenfalls beobachtet habe. – In einer früheren Aussage vor einem tschechoslowakischen Bezirksgericht hatte der Zeuge ausgesagt, dass aus dieser Dachluke außer ihm noch der Häftling Y herausgeschaut hätte. – Auf einen entsprechenden Vorhalt des Verteidigers hin erklärte der Zeuge, dass der Häftling Y – wie es sich aus dem tschechischen Text ergebe – nicht zusammen mit ihm, sondern – bei anderer Gelegenheit – außer ihm solche Beobachtungen gemacht hätte, der Häftling X hingegen bei derselben Gelegenheit. Beim nächsten Vorhalt einer vermeintlichen Abweichung von seiner früheren Aussage fügte der Verteidiger hinzu, er hoffe, dass das im Tschechischen nicht auch wieder mehrdeutig sei, was den Zeugen – insbesondere in Anbetracht des Tones, mit dem die Vorhalte gemacht worden waren – zu der Entgegnung veranlasste, er fühle sich nicht als Zeuge behandelt, sondern wie ein Angeklagter. – Den Gipfel erreichte dieses Geplänkel durch den Antrag desselben Verteidigers, den Zeugen im Hinblick auf die „objektiven" Widersprüche zwischen seiner heutigen und seiner früheren Aussage wegen Verdachts des Meineides vorläufig festzunehmen und dem Haftrichter vorzuführen. Bei dem Zeugen handelte es sich um eine unbescholtene Persönlichkeit mit akademischer Vorbildung, der nicht nur lange Jahre in KZ-Haft gesessen hat, sondern auch noch nach 1945 schwere Schicksalsschläge erlitten hatte.

Ein polnischer Zeuge, ein katholischer Geistlicher, hatte in der HV bekundet, dass er einen der Angeklagten bei einer Tötungsaktion gesehen habe. Der Angeklagte sei bereits dort gewesen, als er ihn bemerkt hätte. Wer die Opfer dorthin geführt habe, könnte er nicht sagen. – In einer früheren eidlichen Aussage vor einem polnischen Gericht hatte der Zeuge in einer kurzen Gesamtschilderung u.a. bekundet, dass der Angeklagte die Opfer aus ihrer Baracke hinausgeworfen und zum Tatort getrieben hätte. Aus dieser Aussage war nicht ersichtlich, ob er das selbst gesehen hatte. – Auf den Vorbehalt eines Verteidigers sagte der Zeuge, dass er bei seiner früheren Aussage nicht so auf die Einzelheiten geachtet hätte. Er hätte diese Aussage nicht so ernst genommen wie seine heutige, da er ja gewusst habe, dass er sie vor dem Gericht werde wiederholen müssen. Daraufhin fuhr ihn der Verteidiger mit den Worten an: „Herr Zeuge, habe ich Sie richtig verstanden, dass Sie Ihre frühere Aussage nicht ernst genommen haben, obwohl Sie vorher vereidigt worden sind? Und das sagen Sie als katholischer Geistlicher?" – Nach weiteren Fragen und Vorhalten desselben Verteidigers, die mehr oder weniger auf das Zustandekommen der früheren Aussage abzielten, wobei der Verteidiger in Wort und Tonfall deutlich zum Ausdruck brachte, dass er starke Zweifel an der Glaubwürdigkeit des Zeugen hege, geriet der Zeuge, der seinen eigenen Aussagen zufolge erstmals als Zeuge einer HV beiwohnte, der darüber hinaus erstmals nach dem Krieg wieder aus seiner gewohnten Umgebung heraus in ein fremdes Land gekommen war, in dem er früher Schreckliches erlitten hatte, in einen solchen Zustand seelischer Erregung, dass seine Vernehmung wegen Vernehmungsunfähigkeit abgebrochen werden musste. Der Zeuge musste sich nach seiner Rückkehr nach Polen in ärztliche Behandlung begeben.

Diese Beispiele dürften genügen, um Ihnen die hier angeschnittene Problematik deutlich zu machen. Eine derartige Zeugenbefragung führt zu Verärgerungen und Erregungszuständen der Zeugen, die dadurch leicht zu unsachlichen Äußerungen wie zu einem Vergleich zwischen der hier geübten Fragetechnik mit „Gestapo-Methoden" verleitet werden. Es besteht auch die Gefahr, dass der solcherart gereizte Zeuge zu unzuverlässigen und falschen Angaben verleitet wird, die sich aus seinem Bemühen erklären, seine vermeintlichen „Schwächen" wettzumachen. So dienen Vorhalte von Widersprüchen nicht der Aufklärung der Fehlerquellen und damit der Wahrheitsfindung, sondern im Gegenteil der Verwischung der objektiven Beurteilungsgrundlagen, was sich auch zum Nachteil der Angeklagten auswirken kann. Solcherart befragte Zeugen werden kaum geneigt sein, ein zweites Mal nach Deutschland zu kommen, um sich als Zeuge zur Verfügung zu stellen. – Darüber hinaus wird durch diese Art der Zeugenbefragung in der Öffentlichkeit, vor allem im Ausland, der Eindruck erweckt, dass hier die „Schuldigen" bewusst geschützt werden. Durch diese Art der Zeugenbefragung wird das Ansehen der deutschen Justiz geschädigt. – Zu fordern sind von allen Prozessbeteiligten, auch von den Strafverteidigern, die sich immer gern als „Organ der Rechtspflege" betrachten, Taktgefühl und Sachlichkeit. Sachlichkeit ist oberstes Gebot. Die Erkenntnisse der forensischen Psychologie müssen berücksichtigt werden. Die Prozessbeteiligten – auch der Strafverteidiger – sollten sich ihrer rechtlichen *und menschlichen* Verpflichtung sowohl gegenüber dem Angeklagten als auch gegenüber dem Zeugen jederzeit bewusst sein.

Welche rechtlichen und tatsächlichen Möglichkeiten bestehen nun, um solchen Auswüchsen entgegenzutreten? Die Möglichkeiten sind leider sehr gering. Die StPO gibt dem Vorsitzenden des Gerichts in § 241 Abs. 2 nur die Möglichkeit, ungeeignete oder nicht zur Sache gehörende Fragen zurückzuweisen. Da die Fragen nach dem Einweisungsgrund in ein KZ oder die Vorhalte noch so nebensächlicher, tatsächlich vorhandener oder vermeintlicher Widersprüche mit der Prüfung der Glaubwürdigkeit des Zeugen motiviert zu werden pflegen, können sie schwerlich als ungeeignet oder nicht zur Sache gehörig zurückgewiesen werden. Wenn der Vorsitzende gleichwohl in geeigneter Form auf die Bedenken aufmerksam macht, reagiert der so Zurechtgewiesene zumeist in der Form, dass er sich in einen lautstarken und ergebnislosen Wortstreit mit dem Vorsitzenden einlässt, der ihm dann Gelegenheit bietet, seine schlechte Meinung von dem Zeugen vorzutragen – in die Form einer Begründung für die Notwendigkeit seiner Frage verhüllt. Oder es wird im die Herbeiführung eines Gerichtsbeschlusses ersucht, was weitere Verzögerungen zur Folge hat. Die Praxis lehrt, dass dem einsichtslosen, das Taktgefühl missen lassenden Strafverteidiger mit den Bestimmungen der StPO nicht beizukommen ist. Er wird jede Gelegenheit zur „Stimmungsmache" suchen und nutzen. Noch aussichtsloser ist es, den Ton einer Frage oder eines Vorhalts beanstanden zu wollen, wenn nicht die Möglichkeit besteht, die Frage ihrem Inhalt nach zurückzuweisen. Selbst rhetorische Fragen, auf die eine Antwort gar nicht erwartet wird, werden als Mittel zur Stimmungsmache und Einschüchterung eingesetzt. Rügt der Vorsitzende dieses Verhalten, hat er mit einem Ablehnungsantrag wegen Besorgnis der Befangenheit zu rechnen.

Was also ist zu tun und was kann getan werden? Dem Stil gewisser Strafverteidiger kann nur dadurch begegnet werden, dass man gegenüber den Zeugen und auch der Öffentlichkeit keinen Zweifel darüber aufkommen lässt, wie sehr man diesen Stil missbilligt, dass man durch verstärkte Höflichkeit und Freundlichkeit dem Zeugen den Eindruck vermittelt, er könne bei dem Gericht Verständnis finden. Dazu gehört auch, dass dem ausländischen Zeugen, der hier allein in einem fremden Land, in einer ungewohnten Umgebung, vor ihm fremden Menschen aussagen soll, die Scheu vor seiner Umgebung genommen wird. Das kann dadurch geschehen, dass der Vorsitzende des Gerichts oder der StA den ausländischen Zeugen vor seiner Vernehmung persönlich begrüßt, sich nach den Annehmlichkeiten oder Unannehmlichkeiten seiner Reise oder nach seiner Unterbringung am Gerichtsort erkundigt, ihn evtl. sogar den Verteidigern vor dem Gerichtssaal persönlich vorstellt. Gegen eine derartige Begrüßung können auch unter Berücksichtigung der den Prozessbeteiligten auferlegten Zurückhaltung im Umgang mit den Zeugen keine durchgreifenden Bedenken bestehen, da es sich hierbei um ein Gebot der Höflichkeit handelt. Das Gleiche gilt für ein Wort des Dankes, dass der Zeuge die weite Reise im Interesse der Sachaufklärung nicht gescheut habe. – Auf die sich aus der Notwendigkeit einer Betreuung von Zeugen aus den Ostblockstaaten durch geeignete Institutionen wie z.B. das Deutsche Rote Kreuz ergebenden Probleme will ich hier nicht eingehen, weil sie den Rahmen des Themas sprengen würden.

Schließlich kann auch von der Möglichkeit Gebrauch gemacht werden, ungeeignete Verteidiger, die das erforderliche Taktgefühl und die Beachtung der psychologischen Erkenntnisse missen lassen, bei der Bestellung von Pflichtverteidigern zu übergehen. Das lässt sich gegenüber auswärtigen, d.h. nicht am Gerichtsort ansässigen Strafverteidigern leicht mit Kostengründen belegen. Aber auch den Anträgen ortsansässiger Verteidiger auf Beiordnung zum Pflichtverteidiger kann oftmals dadurch zuvorgekommen werden, dass man den Beschuldigten, die noch keinen Wahlverteidiger haben, schon im Vorverfahren in einem möglichst frühen Stadium einen geeigneten Pflichtverteidiger bestellt. Der StA kann durch einen möglichst frühzeitig gestellten Antrag und einen geeigneten Vorschlag dabei mitwirken. Andere Möglichkeiten scheinen mir – so bedauerlich das ist – nicht gegeben. Dass dieselbe Sorgfalt erst recht auf die Auswahl der für NSG-Verfahren zu bestellenden Vorsitzenden der Schwurgerichte und auch der Sitzungsvertreter der StA zu verwenden ist, brauche ich nicht erst hervorzuheben. Diese können oftmals kraft ihrer Persönlichkeit einen nicht zu unterschätzenden Ausgleich gegen die Praxis gewisser Strafverteidiger schaffen."

In der anschließenden Diskussion erklärte *EStA Waldschmidt* (Darmstadt), er halte es für strafprozessual unzulässig, die Frage nach den Vorstrafen eines Zeugen durch die Verlesung seines Strafregisterauszuges zu ersetzen. Auch führe es erfahrungsgemäß zu Schwierigkeiten mit bestimmten Verteidigern, wenn ausländische Zeugen außerhalb der HV von dem Gerichtsvorsitzenden oder dem Sitzungsvertreter der StA begrüßt würden. Aus dem Auschwitz-Prozess sei ihm bekannt geworden, dass Verteidiger die Betreuung der ausländischen Zeugen durch das Rote Kreuz beanstandet und die Helferinnen des DRK als Zeugen benannt hätten.

LG-Rat Schenck (Hamburg) schlug vor, die Namen unbequemer Verteidiger in Listen zu erfassen und den in Betracht kommenden Gerichten und StA bekanntzugeben.

MinDirg. Roth (Stuttgart) erwiderte, dieser Vorschlag sei aus Rechtsgründen nicht durchführbar. – In der weiteren Diskussion wurde darauf hingewiesen, dass die Kosten für die Betreuung ausländischer Zeugen teilweise über das Arbeits- und Sozialministerium abgerechnet würden.

EStA Dr. Höffler (Bremen) berichtete, in Bremen werde regelmäßig ein Reisebüro mit den Vorbereitungen für die Reise ausländischer Zeugen nach Deutschland beauftragt. Die weitere Betreuung von Zeugen würde von verschiedenen karitativen Stellen übernommen.

In der Diskussion wurde sodann hervorgehoben, dass es Sache der Gerichtsvorsitzenden sei, Verteidiger, die unzulässige oder diffamierende Fragen stellen, zu ermahnen und notfalls die Sitzung zu unterbrechen. Bei umfassender Befragung der Zeugen durch den Gerichtsvorsitzenden könnten in vielen Fällen schikanöse Fragen von Verteidigern auch als bereits erledigt zurückgewiesen werden.

OStA Jordan (Dortmund) gab zu bedenken, ob es nicht zweckmäßig sei, ausländische Zeugen mit der Ladung durch ein besonderes Schreiben allgemein über den Gang der HV und insbesondere über die Art und Weise der Befragung durch die Prozessbeteiligten aufzuklären.

MinDirig. Roth (Stuttgart) erwiderte, diese Frage könne nicht ministeriell geregelt werden; es müsse vielmehr den Gerichtsvorsitzenden überlassen bleiben, für die Wahrung der berechtigten Interessen der Zeugen zu sorgen.

StA Dr. Gehrling (Köln) wies darauf hin, dass sich auch Gerichtsvorsitzende gegen Vorankündigungsschreiben der StA an ausländische Zeugen gewandt hätten.

EStA Waldschmidt (Darmstadt) schilderte einen Fall, in dem ein Gutachten über die Glaubwürdigkeit älterer Zeugen, die unter dem Einfluss von Beruhigungsmitteln gestanden hätten, erstattet worden sei; der Gutachter habe eine Beeinträchtigung der Glaubwürdigkeit verneint. – Den Tagungsteilnehmern waren weitere Fälle nicht bekannt.

MinDirig. Roth (Stuttgart) dankte den Referenten und Diskussionsrednern und stellte in Aussicht, dass die nächste Tagung voraussichtlich im Frühjahr 1970 in Mannheim stattfinden werde.

OStA Jordan (Dortmund) dankte im Namen der Teilnehmer dem Justizministerium von Baden-Württemberg und der ZSt. für die Vorbereitung und Durchführung der Tagung; er regte an, zur nächsten Tagung auch Abgeordnete einzuladen.

V. 5. Arbeitstagung vom 21.-24.4.1970 in Mannheim

Teilnehmer

Bund:
MinRat Pötz, BMJ
AG-Rat Dr. Fuchs, BMJ
Baden-Württemberg:
MinDirig. Roth, Justizministerium
RegDir. Maier, Justizministerium
OStA Dr. Schneider, Stuttgart
OStA Straub, Konstanz
EStA Bitterwolf, Baden-Baden
EStA Kenck, Offenburg
EStA Dr. Kühn, Mosbach
EStA Dr. Haehling von Lanzenauer, Karlsruhe
EStA Sichting, Stuttgart
StA Ehni, Stuttgart
StA Glette, Mannheim
StA Kolb, Mannheim
StA Dr. Riffel, Stuttgart
StA Uchmann, Waldshut
LG-Rat Dr. Eberle, Mannheim
Gerichtsass. Niemeyer, Stuttgart
Bayern:
OStA Dr. Fischer, Würzburg
OStA Dr. Förster, München
OStA Frank, Coburg
OStA Dr. Ludolph, München
OStA Müller, Nürnberg
OtA Ostheimer, Bamberg
OStA Meier, Weiden
EStA Boeckh, Regensburg
EStA Jung, München
EStA Koob, Nürnberg
EStA Mulzer, Schweinfurt
EStA Pfannschmidt, Amberg
StA Gandorfer, Würzburg
StA Klarner, München
StA Dr. Mähler, München

Berlin:
OStA Pagel, Berlin
EStA Feistkorn, Berlin
EStA Hauswald, Berlin
EStA Pietsch, Berlin
EStA Prutz, Berlin
EStA Schmidt, Uwe, Berlin
EStA Spletzer, Berlin
StA Böhmann, Berlin
StA Stief, Berlin
LG-Rat Linz, Berlin
Bremen:
OStA Dr. Höffler, Bremen
Hamburg:
EStA Wittke, Hamburg
OStA Henning, Hamburg
StA Duhn, Hamburg
LG-Dir. Dettmer, Hamburg
LG-Rat Bertram, Hamburg
LG-Rat Röhse, Hamburg
Hessen:
EStA Griebel, Frankfurt
EStA Richter, Frankfurt
EStA Vogel, Darmstadt
StA Dr. Wagner, Wiesbaden
StA Wiese, Frankfurt
LG-Rat von Glasenapp, Frankfurt
Niedersachsen:
EStA Varelmann, Oldenburg
StA Focken, Braunschweig
StA Kröning, Hannover
Nordrhein-Westfalen:
OStA Kepper, Köln
OStA Schuster, Essen
EStA Carres, Dortmund
EStA Pfeufer, Köln
StA Coopée, Köln
StA Fälker, Düsseldorf
StA Keil, Dortmund
StA Kelkel, Köln
StA Landwehr, Dortmund
StA Schwippe, Dortmund
StA Stahlschmidt, Dortmund
StA Theissen, Dortmund

LG-Rat Dr. Garold, Düsseldorf
Rheinland-Pfalz:
StA Birk, Koblenz
LG-Rat Wenz, Frankenthal
Saarland:
OStA Uhl, Saarbrücken
StA Gärtner, Saarbrücken
Schleswig-Holstein:
RegDir. Kleiner, Justizministerium
OStA Thiemke, Schleswig
EStA Bauer, Kiel
EStA Böttcher, Lübeck
Bundesarchiv Koblenz:
Dr. Boberach
Dr. Werner
Zentrale Stelle Ludwigsburg
OStA Dr. Rückerl
OStA Dr. Artzt
OStA Blank
EStA Gödel
ESta Zeug
EStA Pawlowski
EStA Dr. Sorg
Oberamtsrichter Dr. Müller
StA Streim
StA Becker
StA Borgards
StA Frick
StA Lamberg
StA Wiesemann
AG-Rat Bachmann

MinDirig. Roth eröffnete die Tagung mit Begrüßungsworten an die Teilnehmer und gab der Hoffnung Ausdruck, dass auch diese Tagung der gemeinsamen Arbeit von Nutzen sein werde. Nach Besprechung einiger organisatorischer Fragen erteilte er Herrn *OStA Dr. Rückerl* das Wort zu seinem Referat.

Derzeitiger Stand der Aufklärung von NS-Verbrechen (April 1970): I. Unsere 4. Arbeitstagung im Juni 1968 in Freiburg wurde von der Frage beherrscht: Tritt am 31.12.1969 die Verjährung für Mord ein oder wird der Gesetzgeber eine Reglung treffen, die auch nach diesem Termin eine Verfolgung bisher unbekannt gebliebener NS-Verbrechen möglich macht? Der Gesetzgeber hat eine Lösung gefunden. Ob sie die beste ist, mag dahingestellt bleiben. Jedenfalls erscheint die den Strafverfolgungsbehörden nunmehr verbleibende Zeit bis zum 31.12.1979 ausreichend, um das, was auf diesem Gebiet noch getan werden kann, zu tun. Bis zum Ende der

70er Jahre ist das, was man als die „biologische Lösung“ des Problems bezeichnet, schon so nahe gerückt, dass es praktisch ausgeschlossen erscheint, ein Verbrechen, von dem die Strafverfolgungsbehörden im Jahre 1980 erstmals Kenntnis erhalten, noch zur Aburteilung und vor ein Schwurgericht zu bringen.

Vor der Entscheidung des Bundestages über die Verlängerung der Verjährung für Mord bin ich immer wieder gefragt worden, ob bis Ende 1969 alle NS-Verbrechen erfasst werden können und hinsichtlich der Täter die Verjährung unterbrochen werden kann. Ich habe in meinem Einleitungsreferat zur 4. Arbeitstagung in Freiburg im Juni 1968 erklärt und habe es bei meiner Anhörung in Bonn vor den Bundestagsabgeordneten der SPD und der CDU/CSU im November 1968 bzw. im Januar 1969 wiederholt, dass es nicht möglich ist, bis Ende des Jahres 1969 die Auswertung der mehr oder weniger zugänglichen ausländischen Archive soweit voranzutreiben, dass mit dem Bekanntwerden bisher nicht erfasster NS-Verbrechen nach diesem Zeitpunkt nicht mehr zu rechnen ist. Ich bin überzeugt, dass im Jahre 1979 die Antwort auf eine solche Frage genauso lauten müsste. Es kann weder ein zehn noch in zwanzig Jahren ausgeschlossen werden, dass bisher unentdeckte NS-Verbrechen bekannt werden.

Ich hatte seinerzeit immer wieder darauf hingewiesen, dass das Problem der drohenden Verjährung hinsichtlich seiner praktischen Bedeutung für die Verfolgung von NS-Verbrechen zurücktritt hinter die Probleme, die sich aus dem Alter der Beschuldigten und Zeugen, der langen Dauer der Verfahren und der Schwierigkeit der Beschaffung dokumentarischen Beweismaterials ergeben. – Die Verfolgung von NS-Verbrechen wird heute wie damals von der Frage beherrscht: Wie und wie lange noch kann man einem NS-Verbrecher seine Tat vor einem Schwurgericht nachweisen? – Das Durchschnittsalter der Angeklagten, die wegen NS-Verbrechen vor Schwurgerichten standen, betrug 1958 59 Jahre; im Jahre 1969 betrug es bereits 61 Jahre. Die Angeklagten mit einem Dienstrang vom Sturmbannführer bzw. Regierungsrat aufwärts waren im Jahre 1969 durchschnittlich 66 Jahre alt. Man nähert sich also in dieser Gruppe schon bald dem Wert, den man als die durchschnittliche Lebenserwartung eines Menschen errechnet hat.

In diesem Zusammenhang gewinnt die Frage nach der Dauer der Prozesse an Bedeutung: In den Verfahren, die in den Jahren 1965 bis 1969 vor die Schwurgerichte gelangten, betrug die für die Ermittlungen und die Vorbereitung der HV aufgewendeten Zeit 1965 durchschnittlich 5 Jahre 1 Monat, 1966 durchschnittlich 5 Jahre 8 Monate, 1967 durchschnittlich 5 Jahre 10 Monate, 1968 durchschnittlich 6 Jahre 3 Monate, 1969 durchschnittlich 6 Jahre 5 Monate. – Die lange Dauer der Verfahren hat uns vor kurzem den in einer polnischen Zeitung erhobenen Vorwurf eingetragen, die Strafverfolgungsbehörden in der Bundesrepublik Deutschland verzögerten die Verfahren absichtlich, um die Täter vor dem Eintritt der „biologischen Lösung“ nicht mehr bestrafen zu müssen. Es lohnt nicht, sich mit dieser Art unsachlicher Argumentation ernsthaft auseinanderzusetzen. Wir alle hier wissen, welcher Arbeits- und Zeitaufwand in der Regel erforderlich ist, ein NS-Verbrechen soweit aufzuklären, dass mit einer Verurteilung der Täter zu rechnen ist. Gleichwohl wird es die meisten von uns doch nachdenklich stimmen, wenn wir beispielsweise hören, dass ein Verfahren, in dem ein Täter bereits 1960 in Untersuchungshaft genommen worden und damals voll geständig war, erst vor kurzem – Anfang des Jahres 1970 – in die Voruntersuchung gegeben wurde. Bis zum Beginn der HV in dieser Sache dürften wohl mindestens noch weitere zwei Jahre vergehen.

Es ist nicht zu erwarten, dass sich die Verfahrensdauer bei der Untersuchung mittlerer und größerer Tatkomplexe in Zukunft nennenswert verkürzen lässt. Die Verfeinerung der Ermittlungsmethode der Strafverfolgungsbehörden wird mehr als ausgeglichen durch die abnehmende Geständnisbereitschaft und die zunehmende Raffinesse der Einlassung der Beschuldigten sowie die rasch fortschreitende Entwertung des Zeugenbeweises. Wenn im Jahre 1970 aufgrund bisher unbekannten Materials neue Untersuchungen eingeleitet werden, so darf man in den meisten Fällen davon ausgehen, dass diese Verfahren – soweit das Ermittlungsergebnis noch zur Erhebung einer Anklage ausreicht – nicht vor 1975 zur HV kommen und die Urteile kaum vor 1978 rechtskräftig werden. Wir können uns wohl alle ungefähr eine Vorstellung davon machen, wie sich im Jahre 1975 die Beweissituation vor den Schwurgerichten darstellen wird. – Es erscheint mir müßig, in diesem Kreis auf die ständig zunehmenden Beweisschwierigkeiten im Detail einzugehen. Erwähnenswert erscheint mir aber die Tatsache, dass die Aussagebereitschaft der noch lebenden Zeugen aus dem Kreis der Opfer offenbar immer mehr nachlässt. In Ludwigsburg häufen sich die Mitteilungen deutscher Konsuln aus den USA, dass die zur Vernehmung gebetenen Zeugen ihr Desinteresse an den Verfahren bekundet haben. – Bevor ich nun auf die Frage eingehe, was voraussichtlich in nächster Zukunft an neuen Verfahren auf uns zukommen wird, lassen Sie mich zunächst einige Zahlen aus den vergangenen beiden Jahren nennen, die die Ergebnisse unserer Arbeit widerspiegeln.

Zunächst die – größtenteils noch nicht rechtskräftigen – Schwurgerichtsurteile: *Im Jahre 1968* standen in 30 Verfahren 118 Angeklagte vor den Schwurgerichten. – 88 (= 74,6 %) wurden zu Strafe verurteilt bzw. es wurde – in 18 Fällen – gemäß § 47 Abs. 2 MilStGB von Strafe abgesehen; 30 (= 25,4 %) wurden freigesprochen bzw. es wurde das Verfahren wegen Verjährung eingestellt. *Im Jahre 1969* standen in 21 Verfahren nur 50 Angeklagte vor den Schwurgerichten. – 20 (= 40 %) wurden zu Strafe verurteilt bzw. es wurde – in einem Fall – von Strafe abgesehen; 30 (= 60 %) wurden freigesprochen bzw. es wurde das Verfahren wegen Verjährung eingestellt.

Alle hier Anwesenden wissen, dass in NS-Verfahren nur bei einem geringen Teil der zunächst als Beschuldigte geführten Personen das Ermittlungsergebnis für eine Anklageerhebung ausreicht. Die Zahl der Schwurgerichtsverfahren ist deshalb keineswegs geeignet, ein Bild von der Arbeitsbelastung der StA und Untersuchungsrichter in NS-Verfahren zu vermitteln. Deshalb seien noch drei weitere Zahlen genannt: Im Jahre 1968 wurden gegen 2397 und im Jahre 1969 gegen 1621 Personen neue Ermittlungsverfahren eingeleitet. Am 1.1.1970 waren in der Bundesrepublik Deutschland gegen 8967 Personen Ermittlungs- oder Strafverfahren wegen NS-Verbrechen anhängig. Bei diesen Angaben fehlen lediglich die Zahlen von Bremen, die jedoch das Gesamtbild nicht verändern dürften.

II. 1. Bei der ZSt. in L. waren am 1.1.1970 insgesamt 630 Vorermittlungsverfahren und darüber hinaus eine größere Anzahl von AR-Sachen anhängig, die zur abschließenden Verfügung an StA abzugeben sind. Soweit es sich dabei um Verfahren handelt, die erst im vergangenen Jahr neu eingeleitet wurden, erfolgte die Aufnahme der Vorermittlungen in der Regel aufgrund von Dokumenten, die uns aus der Sowjetunion, aus Polen und aus Jugoslawien zugegangen waren. Es handelt sich dabei zumeist um Vorgänge, die die Tötung einer relativ geringeren Zahl von Opfern zum Gegenstand haben. Ihre Aufklärung macht aber gerade deswegen besondere Schwierigkeiten, weil sie – im Gegensatz zu den Ereignissen in Vernichtungs- und KZ-Lagern und dem Wirken der Einsatzkommandos – nur einem kleineren Kreis von Personen bekanntgeworden sind und es darüber auch weniger dokumentarisches Beweismaterial gibt.

2. Aus den genannten Staaten, aber auch aus der CSSR wird auch in Zukunft mit der Zulieferung weiteren Materials zu rechnen sein, so dass auch in Zukunft die Einleitung neuer Verfahren zu erwarten ist.

a) Bei dem Besuch der Arbeitsgruppe der ZSt. in *Moskau* im September 1968 wurden in der Hauptsache deutschsprachige Dokumente ausgewertet. Unsere sowjetischen Gesprächspartner hatten uns seinerzeit erklärt, dass sich allein im Moskauer Zentralarchiv noch etwa 50.000 Ordner mit russischsprachigen Dokumenten befänden, die NS-Verbrechen betreffen. Darüber hinaus befänden sich in den Archiven in Kiew, Minsk und in einigen anderen Hauptstädten der Sowjetrepubliken größere Mengen von Unterlagen zumeist in russischer, ukrainischer, weißrussischer, litauischer, lettischer oder estnischer Sprache. (Manche von Ihnen haben vielleicht schon die Erfahrung gemacht, wie zeitraubend es ist, Archivmaterial mit Hilfe eines Dolmetschers auszuwerten.) Die genannten Sprachen unterscheiden sich teilweise so sehr, dass ein Dolmetscher für Russisch damit nicht zurechtkommt.

Da auch mit Unterstützung mehrerer Dolmetscher die Auswertung dieses Materials Monate, vielleicht sogar Jahre in Anspruch nehmen würde, haben wir seinerzeit mit den zuständigen Herren in Moskau vereinbart, dass die Durchsicht des Materials durch die den Archiven zur Verfügung stehenden eigenen Kräften erfolgen solle. Dabei aufgefundene Dokumente, die für die Verfolgung von NS-Verbrechen von Bedeutung erscheinen, sollen sodann der ZSt. übersandt werden. Die ZSt. soll lediglich mitteilen, zu welchen Tatkomplexen vordringlich nach Beweismaterial geforscht werden soll.

In der Zwischenzeit sind – unabhängig von der Erledigung zahlreicher Rechtshilfeersuchen – mehrere Sendungen mit Schriftstücken aus der Sowjetunion in Ludwigsburg eingegangen. Bei diesem Material handelt es sich größtenteils um später aufgenommene Vernehmungsprotokolle oder um Berichte von Untersuchungskommissionen, dagegen nur ausnahmsweise um deutsche Dokumente. Die Schriftstücke enthalten zwar vielfach Hinweise auf Tötungsverbrechen, die zur Einleitung von Verfahren Anlass geben. Als Beweismaterial sind sie jedoch in der Regel unmittelbar nicht zu werten.

Wir haben vereinbarungsgemäß den zuständigen sowjetischen Stellen in mehreren Fällen mitgeteilt, zu welchen Komplexen Beweismaterial benötigt wird. 16 dieser Rechtshilfeersuchen der ZSt. hat das AA zurückgehalten, weil sie seiner Ansicht nach – nun wörtlich zitiert – „wenig sinnvoll", „praktisch überflüssig" waren, den „Eindruck einer Pflichtübung" erweckten und „dem Ansehen der deutschen Justiz schaden". (Ich möchte hier noch bemerken, dass ein Teil dieser zurückgehaltenen Rechtshilfeersuchen das Justizministerium in Stuttgart und das BMJ unbeanstandet passiert haben. Ein anderer Teil war – nach der erfolgten Änderung der Richtlinien – unmittelbar an die Deutsche Botschaft in Moskau gesandt worden.)

Dieser Vorgang ist – gelinde gesagt – so ungewöhnlich, dass ich ihn hier erwähnen und dazu auch eine Erläuterung geben will. In den allgemein gehaltenen Rechtshilfeersuchen hatte die ZSt. ausgeführt, dass unserer Ansicht nach aufgrund der bisherigen Ermittlungsergebnisse davon auszugehen ist, dass im Generalbezirk Shitomir die Ausrottung der Juden in gleicher Weise durchgeführt worden ist wie in den anderen Generalbezirken, dass aber dokumentarisches Beweismaterial dafür bisher fehlt. Die sowjetischen Stellen wurden gebeten, ggfs. solches Material zu übersenden. In den Ersuchen wurden – die teilweise durchaus bekannten – Namen der für dieses Gebiet zuständigen Gebietskommissare und Angehörigen der Sicherheitspolizei ganz bewusst noch nicht genannt.

Diese Rechtshilfeersuchen entsprachen dem in der Verwaltungsvereinbarung der Landesjustizminister der ZSt. erteilten Auftrag. Sie entsprachen auch den mit Beschluss des Deutschen Bundestages vom 8.12.1964 der ZSt. erteilten Auftrag, alles einschlägige Material insbesondere aus den Ostblockstaaten herbeizuschaffen. Darüber hinaus entsprachen sie der mit den sowjetischen Gesprächspartnern getroffenen Vereinbarung, die Komplexe zu nennen, für die in sowjetischen Archiven nach Dokumenten geforscht werden sollte. Diese Vereinbarung war sowohl dem AA wie auch der Deutschen Botschaft in Moskau bekannt. Nach den schon früher in ähnlichen Fällen gemachten Erfahrungen versprachen diese Ersuchen auch Erfolg.

Die ZSt. hat in einem längeren Bericht zu den Ausführungen des AA Stellung genommen und darin erklärt, dass die Entscheidung der Frage, ob ein Rechtshilfeersuchen zur Aufklärung eines NS-Verbrechens notwendig oder überflüssig ist, von der Stelle zu treffen ist, die das Verfahren verantwortlich führt. – Den gleichen Standpunkt hat die ZSt. eingenommen, als sie vor kurzem vom AA aufgefordert wurde, zu einem Rechtshilfeersuchen eines Untersuchungsrichters Stellung zu nehmen, der beabsichtigte, zusammen mit einem StA in einem sowjetischen Archiv bestimmte Bestände durchzusehen.

b) Auch aus *Polen* ist in Zukunft mit weiterem Material zu rechnen. Nach einer am 26.3.1970 in der „Trybuna-Ludu" veröffentlichten Erklärung des Leiters der polnischen Hauptkommission Dr. Pilichowski werden in Polen wegen NS-Verbrechen derzeit über 4000 Ermittlungen gegen etwa 11.000 Personen geführt. Nach einer am 9.4.1970 im „Neuen Deutschland" veröffentlichten Erklärung Dr. Pilichowskis rechnet er damit, dass man neben diesen 11.000 Fällen – „bis 1975 weiteren 15.000

Fällen auf die Spur kommen" könne. Dass sich diese Ermittlungen gegen deutsche Staatsangehörige richten, hat uns Dr. Pilichowski bei seinem letzten Besuch in Ludwigsburg ausdrücklich erklärt. Dieses Material dürfte in den nächsten Monaten und Jahren nach und nach auf uns zukommen.

Es sind aus Warschau in den letzten Monaten schon zahlreiche Vorgänge bei der ZSt. eingegangen. Ein großer Teil von ihnen hat zur Aufnahme von Vorermittlungen geführt. In einzelnen Fällen haben wir jedoch der Hauptkommission mitgeteilt, dass nach unseren Feststellungen zur Einleitung eines Verfahrens kein Anlass besteht. So wurde uns z.B. aus Warschau ein Vorgang übersandt, der die angebliche Erhängung eines genau bezeichneten polnischen Zwangsarbeiters in einem bayerischen Dorf betraf. Unsere Ermittlungen haben auf Anhieb ergeben, dass der angeblich Getötete heute in Polen lebt und derzeit noch mit seinem früheren deutschen Arbeitgeber in dem genannten Dorf brieflich in Verbindung steht. In einem anderen Fall zeigten schon die ersten Nachforschungen zweifelsfrei, dass es sich bei den angeblich Ermordeten um polnische Soldaten handelte, die in den ersten Tagen des Krieges bei Kampfhandlungen gefallen waren und gemeinsam bestattet worden waren. Wir haben diese Ergebnisse der Hauptkommission in Warschau mitgeteilt und seither nichts wieder von diesen Fällen gehört.

Zu den bei den StA und bei der ZSt. geführten Verfahren wird von der polnischen Hauptkommission laufend Material zur Verfügung gestellt. Wenn auch zahlreiche Rechtshilfeersuchen- zum Teil nach Jahren – noch nicht beantwortet worden sind, so ist doch festzustellen, dass man dort die Erledigung gerade in letzter Zeit erheblich beschleunigt hat.

Größere Mengen von Dokumenten dürften als Ergebnis der in der letzten Zeit steigenden Zahl von Reisen deutscher StA und Untersuchungsrichter nach Polen in die Bundesrepublik Deutschland gelangen. Ob das auf diese Weise beschaffte Material für die von deutschen Strafverfolgungsorganen geführten NS-Verfahren allgemein nutzbar gemacht wird, erscheint mir neuerdings zweifelhaft. Mir ist bekannt geworden, dass Ende letzten Jahres Dr. Pilichowski gegenüber einer Arbeitsgruppe der StA Berlin die Überlassung von Fotokopien von der Zusicherung abhängig gemacht hat, dass diese Kopien weder den StA in der BRD noch der ZSt. zugänglich gemacht werden dürften. Seitens der Berliner Kollegen scheint man diese Bedingung hingenommen zu haben. Die Berliner Kollegen haben weiter berichtet, Dr. Pilichowski habe erklärt, dass er die StA aus der BRD, die vorher in Warschau waren, ebenfalls nur unter dieser Bedingung Kopien überlassen habe. Es wäre für mich und sicher auch für andere Kollegen sehr interessant zu erfahren, ob dies zutrifft und ob man sich ggfs. an diese Auflage gehalten hat oder zu halten gedenkt.

Ich möchte in diesem Zusammenhang noch darauf hinweisen, dass Dr. Pilichowski bei seinem Besuch in Ludwigsburg erklärt hat, man werde eines Tages polnischerseits sehr genau danach fragen, wie die der Bundesrepublik überlassenen Kopien von Dokumenten für die Verfolgung von NS-Verbrechen verwendet worden seien. Weiter darf ich hier auf die Tatsache aufmerksam machen, dass seitens der polnischen Hauptkommission bei jeder sich bietenden Gelegenheit in der

Öffentlichkeit Zahlen der in die Bundesrepublik gelieferten Mikrofilm-Aufnahmen und Fotokopien genannt werden.

Die polnische Hauptkommission betont – ebenso wie die entsprechenden Stellen in Moskau und Prag – immer wieder ihren Wunsch nach einer genaueren Information über den Gegenstand und den jeweiligen Stand der in der BRD geführten NS-Verfahren. Dieser Wunsch ist verständlich und – soweit die Taten auf polnischem Territorium begangen worden sind oder es sich bei den Opfern um polnische Staatsangehörige handelt – in einem gewissen Umfang auch berechtigt. Ich bin anlässlich der Besprechung der Rechtshilfe-Sachbearbeiter der Länderjustizministerien im Dezember 1968 in Freiburg dafür eingetreten, die polnischen Wünsche weitestgehend zu berücksichtigen. Ich habe meinen Standpunkt in dieser Frage damit begründet, dass – im Gegensatz zum Rechtshilfeverkehr mit anderen Staaten – Polen, die Sowjetunion oder die CSSR eine quasi Nebenklägerstellung einnehmen. Es sind im Anschluss an die Freiburger Besprechung vom BMJ Richtlinien herausgegeben worden, die – soweit mir bekannt ist – von den LJVW übernommen worden sind. Diese Richtlinien erfüllen zwar nicht alle Wünsche; sie bedeuten aber doch eine erhebliche Erleichterung im Rechtshilfeverkehr mit den Ostblockstaaten. Ich lege Wert darauf, dass sich die ZSt. genau an diese Richtlinien hält.

Sie werden fragen, warum ich Ihnen das alles hier erzähle. Es gibt dafür sehr wohl einen Grund. Anlässlich des Besuches der polnischen Delegation bei der ZSt. im Dezember 1969 haben Dr. Pilichowski und seine Begleiter um die Überlassung verschiedener Ausarbeitungen der ZSt. gebeten. Woher sie von deren Existenz wussten, ist mir nicht bekannt. Es wurde ihnen erklärt, dass die ZSt. ihnen diese Broschüren nur nach Einholung der Genehmigung der LJVW überlassen könnte. Ein Begleiter Dr. Pilichowskis, Herr Krzepkowski äußerte darauf mir gegenüber, sie müssten sich diese Dinge dann eben bei einer StA beschaffen. Ich weiß nicht, ob man sich polnischerseits tatsächlich schon Material der ZSt. auf diese Weise beschafft hat oder ob es sich nur um ein leeres Gerede gehandelt hat.

Wenn die ZSt. um die Überlassung von Vorgängen gebeten wird, die nicht bei ihr selbst entstanden sind, so erfolgt diese Überlassung – soweit es sich bei der anfordernden Stelle nicht um eine deutsche Justizbehörde bzw. ein deutsches Gericht oder eine deutsche oberste Bundes- oder Landesbehörde handelt – nur mit Zustimmung der den entsprechenden Vorgang bearbeitenden Stelle. Ich darf daher hier die Bitte aussprechen, es Ihrerseits hinsichtlich der von der ZSt. stammenden Vorgänge ebenso zu halten. Die Zusammenarbeit zwischen der polnischen Hauptkommission und der ZSt. wird sicherlich dadurch in gewissem Sinne erschwert, dass wir uns an die bestehenden Vorschriften halten. Sie würde aber unnötig noch mehr belastet, wenn den Wünschen der Hauptkommission, die von der ZSt. entsprechend den Richtlinien abgelehnt werden müssen, von anderer Seite „etwas außerhalb der Legalität“ entsprochen würde.

Wir haben in Ludwigsburg ausländischen Gesprächspartnern gegenüber die Entscheidungen und Maßnahmen deutscher StA und Gerichte immer vertreten und erforderlichenfalls verteidigt, auch wenn uns hin und wieder eine Entscheidung selbst nicht recht verständlich war. Wir würden uns sehr freuen, wenn es sich umgekehrt genauso verhielte. Mehr möchte ich hierzu nicht sagen, obgleich es gerade zu diesem Punkt noch Einiges zu sagen gäbe.

c) Am 26.2.1969 wurde der ZSt. erstmals vom *jugoslawischen* staatlichen Archiv für Zeitgeschichte in Belgrad eine Anzahl von Schriftstücken in serbokroatischer Sprache übersandt. Es handelt sich dabei um eine Art von Denkschriften. Jede von ihnen betraf ein bestimmtes von Deutschen in Jugoslawien begangenes NS- oder Kriegsverbrechen. Es wurde in den Schriftstücken zum Ausdruck gebracht, dass hinsichtlich der genannten Verbrechen in dem Archiv in Belgrad Dokumente vorhanden seien. In dem Begleitschreiben wurde Bezug genommen auf den seinerzeit an alle Staaten gerichteten Aufruf der Bundesregierung vom 10.11.1964, alles Material über NS-Verbrechen umgehend den deutschen Behörden zur Verfügung zu stellen.

In der Zwischenzeit sind insgesamt 126 solcher Vorgänge bei der ZSt. eingegangen. Die Übersetzung in die deutsche Sprache erfordert geraume Zeit und ist relativ kostspielig. Die meisten dieser Vorgänge betreffen Vergeltungs- und Sühnemaßnahmen, die von Einheiten der deutschen Wehrmacht als Entgegnung auf die gegen deutsche Truppen verübten Anschläge durchgeführt wurden. Ein anderer Teil befasst sich mit Übergriffen von Mitgliedern des damals dort tätigen volksdeutschen Kulturbundes gegen die jugoslawische Zivilbevölkerung. Nur ein kleiner Teil des Materials betrifft Tötungsaktionen, die von Angehörigen der Sicherheitspolizei und des SD unter anderem gegen Juden vorgenommen wurden. – Mehrere dieser Vorgänge sind bereits an StA abgegeben worden. Es handelt sich um solche Fälle, die entweder zweifelsfrei als Kriegsverbrechen anzusprechen sind oder in denen die als Täter bezeichneten früheren Angehörigen des volksdeutschen Kulturbundes schnell ermittelt werden konnten. Ein großer Teil der Vorgänge wird noch bei der ZSt. bearbeitet. – Es ist damit zu rechnen, dass auch in Zukunft noch Material dieser Art aus Jugoslawien auf uns zukommt und zur Einleitung neuer Verfahren Anlass gibt.

d) Aus der CSSR sind seit unserer letzten Arbeitstagung nur wenig neue Vorgänge den Strafverfolgungsbehörden der BRD zugeleitet worden. Es ist aber aus den Äußerungen von Dr. Kamis, dem geschäftsführenden Leiter der tschechoslowakischen Regierungskommission zur Ermittlung von NS-Verbrechen, bekannt, dass dort noch zahlreiche Verfahren bearbeitet werden. Wir müssen davon ausgehen, dass uns diese über kurz oder lang übersandt werden.

e) Auch hinsichtlich der in *Frankreich* begangenen NS-Verbrechen haben wir mit neuen Verfahren zu rechnen. Zwischen der BRD und Frankreich laufen – so viel mir bekannt ist – seit längerer Zeit schon Verhandlungen, die im Verhältnis zwischen diesen beiden Staaten zu einer Abänderung der Bestimmungen des Überleitungsvertrages führen sollen. Die Verhandlungen sollen schon sehr weit fortgeschritten sein. Es soll deutschen Strafverfolgungsbehörden künftig möglich sein, die damals in Frankreich in Abwesenheit verurteilten Täter auch wegen der Taten, die Gegenstand des französischen Militärgerichtsverfahrens waren, vor ein deutsches Gericht zu stellen.

Diese Verfahren sind z.T. schon weitgehend vorbereitet. Es handelt sich insbesondere um Vorgänge betreffend die Beteiligung der Dienststellen der Sicherheitspolizei und des SD an NS-Verbrechen. Der Großteil dieser Verfahren wird voraussichtlich bei der Zentralstelle in Köln bearbeitet werden. Ein weiterer größerer Komplex betreffend das KZ Natzweiler dürfte die StA Stuttgart beschäftigen.

Die heutigen Anschriften eines großen Teils der in Frankreich in Abwesenheit verurteilten Personen soll sowohl dem Suchdienst des Deutschen Roten Kreuzes wie auch dem AA bekannt sein. Die ZSt. bemüht sich seit langer Zeit, diese Anschriften zu erfahren, weil sie allgemein für die Frankreich-Verfahren von Bedeutung sein können. Das AA verwies uns an das Rote Kreuz und dieses wieder zurück an das AA. Die Beantwortung unserer Anfragen in dieser Sache nahm trotz der anerkennenswerten mehrfachen Bemühungen des BMJ um Beschleunigung jeweils eine unwahrscheinlich lange Zeit in Anspruch. Ich bin sicher, dass jedem StA, der sich für die Beantwortung einer Anfrage so lange Zeit ließe, eine massive und wohlbegründete Dienstaufsichtsbeschwerde drohen würde. Uns ist es jedenfalls nach eineinhalbjährigen Bemühungen noch nicht gelungen, eine klare Antwort darüber zu erhalten, ob und wann und von welcher der beiden Stellen wir Auskunft bekommen können.

In diesem Zusammenhang darf ich erwähnen, dass nach unseren Erfahrungen das Deutsche Rote Kreuz bei der Unterstützung nach der Fahndung von NS-Mördern ganz allgemein eine bemerkenswerte Zurückhaltung zeigt. Ich nehme an, dass auch einige von Ihnen schon diese Erfahrung gemacht haben. Nur so kann ich nämlich den vor kurzem bei mir eingegangenen Telefonanruf eines Kollegen deuten, der sich erkundigte, ob schon von anderer Seite ein Durchsuchungs- und Beschlagnahmebeschluss gegen den Suchdienst des Deutschen Roten Kreuzes erwirkt worden sei.

f) Aus anderen Staaten als den eben genannten dürften kaum noch in nennenswertem Umfang Vorgänge auf uns zukommen, die die Einleitung neuer Verfahren erfordern. – Nochmals möchte ich auch an dieser Stelle darauf hinweisen, dass meiner Meinung nach nur noch bei einem kleinen Teil dieser in Zukunft noch einzuleitenden Verfahren eine Aussicht besteht, die Täter vor die Schwurgerichte zu bringen und ihnen dort ihre Taten mit einer zur Verurteilung ausreichenden Sicherheit nachzuweisen. Das Alter und der Gesundheitszustand der Täter sowie die schwindende Aussagetüchtigkeit und Aussagebereitschaft der Zeugen – dies alles unter Berücksichtigung der langen Dauer der Verfahren – setzen diesen Bemühungen eine Grenze.

III. Ich möchte hier noch auf eine Erscheinung zu sprechen kommen, die zwar unsere Arbeit nicht beeinflussen kann, die aber doch unser Interesse verdient: Ich meine das Echo, das unsere Tätigkeit im Ausland hervorruft. Wir können in Ludwigsburg zwar nicht behaupten, dass wir umfassend in dieser Hinsicht informiert sind. Immerhin werden wir von vielen Journalisten aufgesucht, die uns dann ihre Erzeugnisse wiederum zur Kenntnis bringen. Außerdem haben wir mehrere Zeitungen, darunter z.B. die polnische „Trybuna-Ludu“ abonniert und wir werden außerdem vom Bundespresse- und Informationsamt mit den ausländischen

Pressemitteilungen versorgt, die unser Arbeitsgebiet betreffen. – Ganz allgemein kann gesagt werden, dass die Presse in den *westlichen Staaten und in Israel* – von ganz seltenen Ausnahmen abgesehen – relativ sachlich über diese Dinge berichtet. In den Ostblockstaaten ist das Echo unterschiedlich.

Aus *Ungarn, Rumänien, Bulgarien* und *Jugoslawien* sind uns keine Reaktionen bekannt geworden. – In der *CSSR* ist man mit Berichten über NS-Prozesse in der BRD und mit Kritik offenbar bis vor kurzem recht zurückhaltend gewesen. Erst vor wenigen Wochen wurde uns nach langer Zeit wieder eine kritische Presseveröffentlichung bekannt, die im Ton jedoch im Vergleich zu dem, was wir laufend aus Polen erfahren, geradezu als gemäßigt erscheinen muss.

Aus der *Sowjetunion* sind uns aus der Zeit vor der Entscheidung über die Verjährungsfrage eine Reihe sehr kritischer Presseartikel bekannt geworden. Anlässlich der „Internationalen Konferenz zu Fragen der Verfolgung von Nazi- und Kriegsverbrechen" in Moskau im März 1969 ist massive Kritik an der Justiz der BRD erhoben worden. Erst vor kurzem hat auch der Abteilungsleiter beim GStA der Sowjetunion, Herr Alexandrow, in einem langen Zeitungsartikel diese Vorwürfe wiederholt. Die Kritik richtet sich in jedem Fall gegen die geringen Strafen, die lange Dauer der Verfahren und gegen die angebliche Nichtverfolgung von NS-Verbrechen.

Die weitaus massivsten und häufigsten Vorwürfe kommen aus *Polen*. Der Leiter der polnischen Hauptkommission, Dr. Pilichowski, greift die Justizorgane der BRD in kurzen Abständen in schärfster Form an. Ich möchte Ihnen einige Kostproben aus dem reichhaltigen Angebot vorsetzen: – In einer für die Vereinten Nationen bestimmten Denkschrift der polnischen Hauptkommission, die als Broschüre in mehreren Sprachen erschienen ist, heißt es: „Es sei festgestellt, dass in der Deutschen Bundesrepublik von Seiten der Regierung und Rechtspflegeorgane eine bewusste und absichtliche Politik der Verzögerung der Prozesse und Ermittlungen betrieben wird, demzufolge eine Politik der Schonung und des Nichtheranziehens zur Verantwortung der nachgewiesenen Nazi-Kriegsverbrecher und der Verbrecher gegen die Menschheit ... - Die Rechtspflegeorgane (der BRD) haben ... in vielen von Polen vorgestellten Fällen keine Ermittlungen eingeleitet, trotzdem genügende Beweise zur Aufnahme einer Strafermittlung vorlagen, insbesondere gegen den sog. Schreibtischmördern."

In der Broschüre betreffend die Moskauer Konferenz vom März 1969 ist die Rede Dr. Pilichowskis abgedruckt. Es steht dort u.a.: „Dieses verlangsamte Tempo der Untersuchungsverfahren und Prozesse in der Bundesrepublik Deutschland bezweckt die biologische Amnestie für die Nazi-Verbrecher und ihre Bewahrung vor der Strafe ... Hier muss auch erwähnt werden, dass bisher in der Bundesrepublik nicht bekanntgegeben wurde, in welchem Umfang von den Justizorganen der Bundesrepublik die Dokumente in den Archiven der Bundesrepublik, z.B. dem Bundesarchiv in Koblenz, ausgenutzt wurden. – Im Zusammenhang damit und aus diesem Grunde müssen sich die Justizorgane der Bundesrepublik schließlich entscheiden, ob es ihnen tatsächlich darum geht, die Dokumentation zur Verfolgung und Aburteilung der Nazi-Verbrecher zu sammeln und auszunutzen oder ob sie eine Politik bei der Verfolgung betreiben wollen, die den Gedanken aufkommen lässt, dass für die Bundesrepublik nur die Penetration der Archive anderer Länder von Bedeutung ist, vor allem im Interesse des Schutzes der in der Bundesrepublik lebenden und wirkenden Nazi-Verbrecher."

In einem längeren Artikel in der „Trybuna-Ludu" vom 17.6.1969 schreibt Dr. Pilichowski, nachdem er zunächst einmal die „reaktionäre" Regierung in der Bundesrepublik angreift: „Außerdem muss das Register der seit 1945 verdächtigten und verurteilten NS-Täter einer gründlichen Revision unterworfen werden. Die bisher diesbezüglich bekanntgegebenen Statistiken der BRD weisen absichtlich eine erhöhte Anzahl von Verurteilten auf; dadurch wird das faktische Bild entstellt, da die angeführte Anzahl von bestraften Tätern wegen begangener NS-Verbrechen im Zeitraum 1939–1945 nicht den Tatsachen entspricht ... – Von Gerichten in der BRD wurden zahlreiche Komplexverfahren und neue Beweise von Verbrechen nicht untersucht. Die Feststellungen in den Jahren 1965–1969 haben ergeben, dass während dieses Zeitraums in Polen, in der UdSSR, CSSR, Ungarn, Holland, Belgien, Dänemark, Norwegen und Frankreich ganz neue Komplexe von NS-Verbrechen aufgeklärt und etwa 30.000 bisher unbestrafte noch lebende Täter ermittelt wurden. Die Zahl der Täter würde sich ohne Zweifel im Laufe der nächsten Jahre noch vergrößern, falls die Rechtspflegeorgane der BRD die ihnen zur Verfügung stehende Dokumentation über NS-Verbrechen entsprechend auswerten würden und falls sie gewissenhaft bei den Prozessen die Dokumentation verwenden würden, die sich in anderen Ländern befindet."

In der „Trybuna-Ludu" vom 30.11.1969 schreibt Dr. Pilichowski, die Neufassung des § 50 StGB beweise, „dass die Rechtspflegeorgane der BRD um jeden Preis bestrebt sind, eine möglichst große Zahl von Hitler-Verbrechern vor einer Strafe zu bewahren." – In einem Artikel in der „Trybuna-Ludu" vom 26.3.1970 – also nach seinem Besuch bei deutschen Justizbehörden – erklärt Dr. Pilichowski lakonisch, Schreibtischtäter würden in der Bundesrepublik Deutschland nicht mehr verfolgt.

Anlässlich der Veranstaltung zum 25. Jahrestag der Befreiung von Auschwitz wurde von Polen kritisiert, dass von den 6000 SS-Funktionären in Auschwitz bisher lediglich 31 vor Gericht gestellt worden seien und gegen 679 das Verfahren eingestellt worden sei. (Darüber hat auch die Zeitung VVN „Die Tat" in der Ausgabe vom 31.1.1970 berichtet.)

Ich möchte nun nicht, dass hier der Eindruck entsteht, ich hätte es irgendwie auf Dr. Pilichowski persönlich abgesehen. Im Gegenteil, ich schätze ihn seit Jahren als Gesprächspartner sehr. Bemerkenswert erscheint mir jedoch, dass im Gegensatz zu den sonst in der Regel in den Ostblockstaaten beobachteten Gepflogenheiten hier bei ein und derselben Person unsachliche Polemik und sachliche Zusammenarbeit zu beobachten ist. Er beschimpft die, zu denen er andererseits ganz offensichtlich unmittelbaren Kontakt sucht.

Das AA hat im November 1969 angeregt, Dr. Pilichowski bei seinem Besuch in der BRD darauf hinzuweisen, dass hier seine Kritik nicht als gerechtfertigt angesehen wird. Diese Anregung wurde vom BJM an die ZSt. weitergegeben. Wir haben dementsprechend Dr. Pilichowski auf seine verschiedenen Veröffentlichungen angesprochen und ihn damit einigermaßen in Verlegenheit gebracht. Die Atmosphäre der Gespräche wurde dadurch nicht gerade freundlicher. Dr. Pilichowski weist – im Übrigen mit Recht – in dem Zusammenhang darauf hin, er bringe in seinem Artikel aber auch zum Ausdruck, dass es in der BRD auch StA und Richter gebe, die ihre Pflicht erfüllten. In einem von ihm geschriebenen und in der Zeitung „Die Tat" veröffentlichten Artikel vom 28.2.1970 liest sich das so: „Es muss dabei jedoch festgestellt werden, dass in der BRD viele StA und Richter tätig sind, die ihre Pflichten ehrlich erfüllen. Sie fahnden nach NAZI-Verbrechern und bestrafen sie trotz vielerlei Schwierigkeiten, die vor allem von den über 1100 faschistischen StA und Richtern geschaffen werden, die weiterhin in den Justizorganen der Bundesrepublik tätig sind." – Im Osten wird das Thema „Verfolgung von NS-Verbrechern in der Bundesrepublik Deutschland" in erster Linie zu Zwecken des politischen Kampfes benutzt. Als Beweis für diese Annahme dürfte die Tatsache gelten, dass in gleicher Sache von den Ostblockstaaten an der österreichischen Justiz kaum Kritik geübt wird. Wir alle wissen, wie es – bei aller Anerkennung der Bemühungen der Dienststelle Dr. Danzingers – um die Verfolgung von NS-Verbrechern in Österreich steht. Wir sollten uns darüber im Klaren sein, dass der Osten – ganz gleichgültig, wie intensiv die Verfolgung der NS-Verbrechen hier betrieben wird – solange kritisieren wird, solange es in das politische Konzept passt.

IV. Zum Schluss möchte ich noch kurz auf ein anderes Thema zurückkommen. Zum festen Bestand der Tagesordnung aller vorausgehenden Arbeitstagungen gehöre ein Referat über die Zusammenarbeit zwischen den StA und der ZSt. Wir haben in Ludwigsburg geglaubt, diesmal darauf verzichten zu können. – Es ist keineswegs so, dass es hierzu gar nichts mehr zu sagen gäbe. Wir konnten sicherlich in mancher Hinsicht ihre Erwartungen nicht erfüllen und manche unserer Anregungen und Wünsche haben bei einzelnen von Ihnen keinen Widerhall gefunden. Dennoch möchte ich einen Satz aus dem von meinem Kollegen Blank in Freiburg gehaltenen Referat wiederholen: „Die Zusammenarbeit zwischen den StA und der ZSt. verläuft fast so gut, wie es in Anbetracht der häufigen Personalveränderungen bei den StA insbesondere aber bei der ZSt. überhaupt möglich erscheint." Ich darf ganz allgemein auf den Inhalt des Referats des Kollegen Blank Bezug nehmen und empfehle Ihnen, es bei nächster Gelegenheit in dem Protokoll über die Freiburger Tagung nachzulesen.

Zur Personalveränderung möchte ich aber doch noch einige Sätze sagen, weil sie meiner Meinung nach das Kernproblem der ZSt. darstellt. Sie wissen alle, wie schwierig und zeitraubend es ist, sich in ein Verfahren betreffend einen umfangreichen NS-Verbrechenskomplex einzuarbeiten. Ein neu zur ZSt. abgeordneter Sachbearbeiter, der meist noch nicht in NS-Verfahren gearbeitet hat, muss sich nun nicht nur in die noch in seinem Referat laufenden Vorermittlungsverfahren einarbeiten. Er soll die bereits an die StA abgegebenen einschlägigen Verfahren kennen und weiter beobachten, und er soll über den Gegenstand und die Ergebnisse der seit 1945 auf seinem Arbeitssektor anhängigen Verfahren Bescheid wissen. Wenn Sie bedenken, dass seit 1958 nahezu 7000 Verfahren mittelbar oder unmittelbar ihren Ausgang von den Vorermittlungen der ZSt. genommen haben, so können Sie sich ein Bild davon machen, welchem Berg von Akten sich ein neuer Mitarbeiter gegenübergestellt sieht. In manchen Referaten rechnen wir heute mit einer Einarbeitungszeit von einem Jahr. Wenn nun die Mehrzahl der Mitarbeiter jeweils nach Ablauf von zwei oder drei Jahren, oft auch schon nach einem Jahr die ZSt. wieder verlassen und nach dem Ausscheiden meist Wochen, ja Monate vergehen, bis eine erst noch einzuarbeitende Ersatzkraft auftaucht, so können Sie sich vielleicht eine Vorstellung von unseren Schwierigkeiten machen. Ein neuer Sachbearbeiter braucht oft Tage, um eine Anfrage sachgemäß zu beantworten, deren Erledigung einer eingearbeiteten Kraft allenfalls zwei Stunden gekostet hätte. Ich sage das hier nicht, um gewissermaßen Ihr Mitleid zu erregen. Vielmehr will ich damit Ihr Verständnis erwecken, wenn Ihre Wünsche Ihrer Ansicht nach einmal nicht zu Ihrer Zufriedenheit erfüllt werden.

Sie werden es gelegentlich beklagen, dass die von der ZSt. an die StA abgegebenen Verfahren – von Ausnahmen abgesehen – nicht mehr so durchermittelt sind, wie wir es in der Anfangszeit noch tun konnten. Die Gründe dafür sind auf der letzten Tagung schon eingehend erörtert worden. Die Sonderkommissionen bei den LKAs, die durchweg auch an Personalmangel leiden, sind meist durch die Aufträge der ihnen örtlich und persönlich näherstehenden StA ausgelastet. Ersuchen der ZSt. werden – das sei ohne Vorwurf gesagt – oft stiefmütterlich und zögernd behandelt.

Unter diesen Umständen erscheint es uns angezeigt, die Verfahren frühzeitig abzugeben, um eine kontinuierliche Ermittlung zu erreichen. Es erscheint häufig auch sinnvoller, ein Vorermittlungsverfahren durch den Sachbearbeiter, dessen Ausscheiden bei der ZSt. bevorsteht, noch abschließen zu lassen und es in einem relativ rohen Zustand an die StA abzugeben, als zu warten, bis sich eine Ersatzkraft soweit in das Verfahren eingearbeitet hat, dass die Vorermittlungen fortgesetzt werden können. Es würde dadurch ein nicht vertretbarer Zeitverlust entstehen, zumal nach der Abgabe des Verfahrens der Sachbearbeiter der zuständigen StA ohnehin die Ermittlungen fortzusetzen hat. – Es ist zu erwarten, dass im Laufe dieser Tagung die Diskussion manchen nützlichen Vorschlag für eine Rationalisierung unserer gemeinsamen Arbeit bringt. Ich meine, wir sollten jeden Vorschlag dieser Art dankbar aufnehmen, denn wir dürften uns wohl darüber einig sein, dass sich trotz aller Bemühungen unsere Arbeit in Zukunft nicht einfacher und auch nicht erfolgsträchtiger gestalten wird.

Die sich anschließende Diskussion eröffnete *OStA Ludolph* (München) mit der kritischen Bemerkung, dass die ZSt. häufig Verfahren zu einem Zeitpunkt abgebe, in dem sich von vornherein mit Sicherheit sagen lasse, dass diese Verfahren gegen den Erstbeschuldigten bereits nach relativ kurzen Ermittlungen eingestellt werden müssten.

OStA Dr. Rückerl (Ludwigsburg) stellte hierzu fest, dass die ZSt. zu einer Einstellung eines Verfahrens nicht befugt und insbesondere bei den Verfahren, die ausschließlich Kriegsverbrechen beträfen, auch für weitergehende Ermittlungen nicht zuständig sei. Er führte hierzu aus, dass die ZSt. in vielen Fällen selbst der Meinung sei, dass einzelne Verfahren wegen Aussichtslosigkeit eingestellt werden müssten und dies mit einem Federstrich geschehen könne; die ZSt. dürfe dies jedoch nicht. In diesem Zusammenhang wies er darauf hin, dass bei den vergangenen Tagungen bereits eingehend darüber diskutiert worden sei, ob und inwieweit die Sachbearbeiter der ZSt. die Tatsache der Aussichtslosigkeit weiterer Ermittlungen in ihren Schlussberichten vermerken sollten; die Meinungen hierzu seien seinerzeit jedoch sehr geteilt gewesen.

Auf die Frage von *EStA Bauer* (Kiel) erklärte *StA Zeug* (Ludwigsburg), dass mit einer zügigen Erledigung von Rechtshilfeersuchen durch Polen auch künftig nicht gerechnet werden könne.

LG-Rat Dr. Gerold (Düsseldorf) bedauerte, dass es keine gesetzliche Regelung gebe, die Vernehmung von Zeugen besser zu koordinieren und schilderte daraufhin anhand eigener Erfahrungen die Schwierigkeiten, die dadurch entstünden, dass ein Zeuge im Ausland zu ein und demselben Komplex mehrfach vernommen werden müsste. Er glaubt, dass die damit verbundenen Schwierigkeiten bei Vernehmungen von Zeugen durch deutsche Vertretungen im Ausland, – z.B. dass die Aussagewilligkeit bei wiederholten Vernehmungen leide – eben auf dies mangelnde Koordinierung zurückzuführen seien.

AG-Rat Dr. Fuchs (Bonn) brachte die personelle Situation des mit den Rechtshilfeersuchen befassten Referate im AA zur Sprache. Im Übrigen wies er darauf hin, dass die deutschen Auslandsvertretungen angewiesen worden seien, die Arbeiten der Justizbehörden in NS-Sachen nach besten Kräften zu unterstützen und das AA dann, wenn das nicht der Fall sein sollte, bereit sei, Abhilfe zu schaffen. – Hierauf bedauerten mehrere Diskussionsteilnehmer, dass kein Vertreter des AA zur Tagung erschienen sei. Sie berichteten, dass es mit den Auslandsvertretungen selbst im Wesentlichen keine Schwierigkeiten gebe, sondern die Zusammenarbeit in aller Regel sehr erfreulich sei, zeigten sich jedoch darüber befremdet, dass sich das AA auch für eine sachliche Prüfung von Rechtshilfeersuchen für zuständig halte.

OStA Dr. Rückerl (Ludwigsburg) erklärte abschließend zu diesem Punkt unter Zustimmung aller Tagungsteilnehmer, dass auch er in seinem Referat keinesfalls die auswärtigen Vertretungen habe angreifen wollen, sondern seine Kritik am AA in erster Linie dahin gehe, dass dem AA nicht die Entscheidung überlassen werden dürfe, ob ein Rechtshilfeersuchen sachlich gerechtfertigt sei.

EStA Böttcher (Lübeck) berichtete sodann von seinen Erfahrungen über die Vernehmung von Zeugen in der UdSSR. Er führte u.a. aus, dass verschiedene sowjetische Zeugen im Laufe ihrer Vernehmung an der Sachbehandlung deutscher Justizbehörden offen Kritik üben würden, etwa in dem Sinne, dass in der Bundesrepublik kein ernsthaftes Interesse an der Strafverfolgung von NS-Tätern bestehe und diese Äußerungen die Frucht stetiger sowjetischer Propaganda seien. Trotzdem empfahl er jedoch, Rechtshilfeersuchen auch künftig an die UdSSR zu richten und Zeugen dort zu vernehmen, da man damit die besten Erfahrungen gemacht habe und sich die sowjetischen Behörden – insbesondere Herr Charuto – unabhängig von den wohl politisch motivierten Angriffen auf die Bundesrepublik zu einer fruchtbaren sachlichen Zusammenarbeit bereitfänden.

EStA Sichting (Stuttgart) unterstrich diese Ausführungen und meinte, dass die sowjetischen Behörden teilweise recht zügig und unbürokratisch mit den StA in der Bundesrepublik zusammenarbeiten würden und der Eindruck entstehe, dass die bürokratischen Hemmnisse oft vielmehr auf deutscher Seite liegen.

OStA Schneider (Stuttgart) kam auf die schleppende Zusammenarbeit mit der polnischen Hauptkommission zu spreche und regte bei der ZSt. an, Herrn Pilichowski zu bitten, zügiger zu arbeiten.

EStA Carree (ZSt. Dortmund) meinte daraufhin, dass man das Verhalten des Herrn Pilichowski als politische Pflichtübung werten müsse und es im Übrigen den Polen gar nicht so sehr darum gehe, die Verfolgung der Juden durch die NS-Machthaber zu erforschen.

EStA Sichting (Stuttgart) ergänzte die Ausführungen dahingehend, dass er aufgrund seiner Gespräche mit polnischen Vertretern annehme, dass den Polen im Wesentlichen daran liege, einen historischen Prozess zu erreichen, um vor allem darzutun, was sie während des Krieges alles erlitten haben. Das bedeute, dass es ihnen weniger um die Verfolgung der Beschuldigten, sondern neben politischer Propaganda in erster Linie um die historische Darstellung des von ihnen erlittenen Unrechts und der erfolgten Schäden gehe.

EStA Carree (ZSt. Dortmund) richtete an die Adresse der ZSt. einige Anregungen: 1. die Findbücher sollten, insbesondere durch Unterstreichungen, besser und übersichtlicher werden, -2. bei der Abgabe von Vorermittlungsakten sollten die darin enthaltenen Protokolle und Dokumente so bezeichnet werden, dass man wisse, woher sie stammen, – 3. die Karteien der ZSt. sollten – was offenbar nicht immer der Fall sei – in Interesse aller Beteiligten jeweils auf den letzten Stand gebracht werden.

OStA Dr. Artzt (Ludwigsburg) erklärte zu Punkt 2, dass die ZSt. diese Anregung künftig berücksichtigen werde. Zu Punkt 1 bemerkte er, dass die Findbücher bereits seit 1.1.1969 nur noch mit Namens-, Orts-, Einheits- oder sonstigen Fundstellenverzeichnissen herausgegeben werden und im Übrigen die Materie nach Tatorten gebietsmäßig gegliedert werde, so dass man sich eigentlich darin noch besser als nur mit Hilfe von Unterstreichungen zurechtfinden müsste. Hinsichtlich der sechs polnischen Findbücher, die allerdings infolge Personalmangels seinerzeit ohne diese Hilfsmittel herausgegeben werden mussten, werde dies zurzeit durch Erstellung eines besonderen Registerbandes nachgeholt.

Im Hinblick auf die Karteien der ZSt. brachten *OStA Dr. Artzt und OStA Dr. Rückerl* das personelle Problem der ZSt. zur Sprache. Sie erklärten, dass man bemüht sei, die Karteien auf dem Laufenden zu halten, das dies jedoch infolge Personalmangels oft nicht immer durchführbar sei.

Anschließend referierte *StA Becker* (Ludwigsburg) über das Thema *„Der Verbrauch der Strafklage in Verfahren wegen NS-Verbrechen“*

Der Verbrauch der Strafklage, in Art. 103 Abs. 2 GG zum verfassungsrechtlichen Grundsatz erhoben, macht eine neue Strafverfolgung wegen derselben Tat gegen denselben Täter unzulässig, wenn der Täter bereits einmal wegen dieser Tat durch ein inländisches deutsches Gericht rechtskräftig verurteilt wurde. Dass diese Frage in Verfahren wegen NS-Verbrechen häufig erörtert wird, zeigte mir die Durchsicht von ca. 300 Urteilen, in 50 davon hatte sich das Gericht mit dem Strafklageverbrauch auseinanderzusetzen.

Die Frage des Strafklageverbrauchs kann akut werden beim Vorliegen von: 1. Feld- und Bordgerichtsurteilen, 2. SS- und Polizeigerichtsurteilen, 3. Urteilen des Volkssturms, 4. Abolitionserlassen Hitlers, 5. gerichtlichen Einstellungsbeschlüssen aufgrund von Hitlers Niederschlagungserlassen, 6. Sondergerichtsbarkeit nach der Zuständigkeitsverordnung, 7. Spruchgerichtsurteilen, 8. JMT Urteil, 9. Urteil der Besatzungsgerichte, 10. Urteilen der Anliegerstaaten, 11. Urteilen von DDR-Gerichten.

I. Feld- und Bordkriegsgerichtsurteile

Rechtskräftige Feld- und Bordgerichtsurteile sind geeignet, den Strafklageverbrauch herbeizuführen.

1. Die Kriegsgerichtsbarkeit im 2. Weltkrieg beruhte auf dem Militärstrafgesetzbuch (Bei Kriegsausbruch auf dem MStGB vom 20.6.1872 i.d.F. v. 16.7.1935, ab 1.10.1940 in der Neufassung v. 10.10.1940 [RGBl. I, S. 1021, RGBl. I, S. 1347]), der Kriegssonderstrafrechtsverordnung (VO über das Sonderstrafrecht im Kriege und bei besonderem Einsatz vom 17.8.1938 [RGBl. 1939 I S. 1455], in Kraft getreten am 26.8.1939, vgl. VO über das Inkrafttreten der KSSVO und der KStVO v. 26.8.1939 [RGBl. I, S. 1482]), die das materielle Recht, und der Kriegsstrafverfahrensordnung *(VO über das militärische Strafverfahren im Kriege und bei besonderem Einsatz vom 17.8.1938 RGBl. 1939 I, S. 1457, in Kraft getreten am 26.8.1939, vgl. oben)* (KStVO), die das formelle Recht regelten. Unterworfen waren der Kriegsgerichtsbarkeit Soldaten und Wehrmachtsbeamte *(§§ 4 MStGB, 2 KStVO)* und zwar sowohl in Bezug auf militärische, wie auch auf sonstige Straftaten nach dem RStGB (§ 3 MStGB). Die Kriegsgerichtsbarkeit übten als Ermittlungsbehörden die Gerichtsherren mit den ihnen zugewiesenen richterlichen Militärjustizbeamten unter der Bezeichnung „Gericht" und als erkennende Gerichte die Feldkriegsgerichte, Bordkriegsgerichte und das Reichskriegsgericht aus.

2. Rechtsmittel gegen die Entscheidungen der Kriegsgerichte gab es nicht *(§ 76 KStVO, der die in der für Friedenszeiten geltenden Militärgerichtsordnung vorgesehene Rechtsmittelinstanz beseitigte).* Nach § 77 KStVO unterlagen die Urteile der Nachprüfung durch den Gerichtsherren, die zur *Bestätigung* oder *Aufhebung* führte. Erst die Bestätigung machte ein Urteil rechtskräftig und vollstreckbar *(§ 77 Abs. 2 KStVO).*

Nach § 79 KStVO oblag Hitler das Bestätigungs- und Aufhebungsrecht, wenn Offiziere oder Wehrmachtsbeamte im Offiziersrang zum Tode verurteilt wurden oder wenn er „einen Vorbehalt allgemein oder im Einzelfall ausspricht". Im Übrigen stand es den Oberbefehlshabern der Wehrmachtsteile zu, Hitler somit also auch in Bezug auf das Heer, dessen Oberbefehlshaber er seit 19.12.1941 *(vgl. das Manuskript von Fritz Frhr. von Siegler, gedruckt im Auftrag des Instituts für Zeitgeschichte, 1953, „Die Höheren Dienststellen der Deutschen Wehrmacht 1933–1945", S. 11)* war. Die Bestätigungsverfügung lautete: „Ich bestätige das Urteil", wobei bei Verurteilungen hinzuzusetzen war, entweder: „Das Urteil ist zu vollstrecken" oder „Die Vollstreckung wird bis zur Beendigung des Kriegszustandes ausgesetzt"

(§ 87 Abs. 2 KStVO. Machte der Gerichtsherr vom Recht der Milderung Gebrauch, so lautete nach § 87 Abs. 4 KStVO die Verfügung: „Ich bestätige das Urteil mildernd dahin, dass …“). Bestätigte und damit rechtskräftig gewordene Urteile führen zum Verbrauch der Strafklage. Das gilt selbst dann, wenn die Strafe später nach § 112 ff. KStVO erlassen wurde. Der Erlass der Strafe nach diesen Vorschriften setzte eine zunächst rechtskräftige Verurteilung voraus, die im Gnadenweg beseitigt werden konnte.

3. Der Einwand der res judicata wurde z.B. im Verfahren vor dem Schwurgericht Hamburg gegen Manfred Blume *(vgl. Urteil des LG Hamburg vom 25.1.1966 – [50] 24/65, rechtskräftig seit 27.7.1966)* erhoben. Blume war u.a. angeklagt worden, in Russland im Sommer 1942 aus niedrigen Beweggründen durch fünf selbständige Handlungen einen Menschen vorsätzlich getötet zu haben. Er war schon 1942 durch ein Feldkriegsgericht wegen Totschlags in vier Fällen in Tateinheit mit Gehorsamsverweigerung im Felde zu zwei Jahren Gefängnis u.a. verurteilt worden. Gegenstand des Feldkriegsgerichtsverfahrens waren die Straftaten, die 1965 zur Anklage vor dem Schwurgericht in Hamburg führten. Hitler hatte am 28.10.1942 die Aufhebung des Urteils und die Niederschlagung des Verfahrens verfügt *(die Verfügung Hitlers vom 28.10.1942 lautete: „I. Ich hebe das Urteil auf. II. Das Verfahren schlage ich nieder.“).* Zu Recht ging das Schwurgericht Hamburg davon aus, dass damit das Urteil nicht rechtskräftig und der Strafklageverbrauch nicht eingetreten sei.

II. SS- und Polizeigerichtsurteile: Der Grundsatz des „ne bis in idem“ gilt auch im Verhältnis zu SS- und polizeigerichtlichen Urteilen. Urteile dieser Gerichte waren Strafurteile und keine Disziplinarurteile.

1. Eingerichtet wurde die Sondergerichtsbarkeit in Strafsachen für Angehörige der SS und Polizeiverbände bei besonderem Einsatz durch Verordnung des Ministerrats für die Rechtsverteidigung vom 17.10.1939 (VO über eine Sondergerichtsbarkeit in Strafsachen für Angehörige der SS und für die Angehörigen der Polizeiverbände bei besonderem Einsatz (RGBl. 1959, S. 2107). Sie stand gleichberechtigt neben der Kriegsgerichtsbarkeit. Ihr unterstanden u.a. die hauptberuflichen Angehörigen der Reichsführung SS, die Angehörigen der SS-Verfügungstruppe, die Angehörigen der SS-Totenkopfverbände einschließlich ihrer Verstärkungen, die Angehörigen der SS-Junkerschulen und die Angehörigen der Polizeiverbände in besonderem Einsatz (§ 1 der VO v. 17.10.1939). Im Verlaufe des Krieges wurde die SS-Sondergerichtsbarkeit noch auf andere Personengruppen erweitert (vgl. hierzu *Hans Buchheim* „SS und Polizei im NS-Staat“ in: „Anatomie des SS-Staates“, Walter-Verlag Olten u. Breiburg i.B. 1965 (Nachdruck als dtv Ausgabe).

2. Die Sondergerichtsbarkeit erfasste militärische und nicht militärische Straftaten, die vor der Einberufung in die SS und Polizei oder während der Zugehörigkeit begangen wurden. Für die SS-Sondergerichtsbarkeit fanden die Vorschriften des MilStGB und der KStVO sinngemäß Anwendung, soweit nicht etwas anderes bestimmt wurde (vgl. § 3 der VO vom 17.10.1939). Wie bei der Kriegsgerichtsbarkeit gab es Gerichtsherren und erkennende Gerichte *(es gab: SS- und Polizeigerichte am Dienstsitz der Höheren SS- und Polizeiführer [z.B. Düsseldorf, München, Dresden, Stuttgart, Prag, Oslo u.a.], SS- und Polizeifeldgerichte bei den SS-Waffenverbänden,*

SS-Divisionen und SS-Korps; das oberste SS- und Polizeigericht in München, das für Fälle des Hochverrats, Landesverrats und der Spionage sowie für Straftaten von SS-Führern und Polizeiführern im Generalsrang zuständig war, ab 1944 auch ein SS- und Polizeigericht z.B.V. in München, vor dem Strafsachen von besonderer Bedeutung, wie Korruptionsfälle, politische Strafsachen, verhandelt wurden. Als Zentralinstanz für die gesamte SS-Sondergerichtsbarkeit fungierte das Hauptamt SS-Gericht in München). – Auch im Verfahren vor den SS- und Polizeigerichten fand § 77 Abs. 2 KStVO Anwendung mit der Folge, dass Urteile erst mit der Bestätigung durch den zuständigen Gerichtsherren rechtskräftig und vollstreckbar wurden *(§ 20 d. DVO zur VO über die Sondergerichtsbarkeit für SS-Angehörige vom 1.11.1939 [RGBl. I S. 2293]).* Zuständig für die Bestätigung waren:

a) Hitler bei Todesurteilen von Offizieren und bei gewissen Straftaten höherer Offiziere,

b) der RFSS und Chef der Polizei bei Verfahren, die er sich zur Entscheidung vorbehielt, z.B. bei Verfahren gegen Inhaber der SS-Nummer 1–1500,

c) der Chef des Hauptamtes SS-Gerichts hinsichtlich der Fälle, die ihm vom RFSS übertragen wurden,

d) Hauptamtschefs, Kommandeure und Höhere SS- und Polizeiführer in ihrem Zuständigkeitsbereich.

3. Im Strafverfahren gegen Max Täubner, der vor dem Schwurgericht Memmingen (LG Memmingen, AK 42/60) wegen drei Verbrechen des Mordes angeklagt wurde, führte die Verurteilung durch das Oberste SS- und Polizeigericht in München, die wegen derselben Tat erfolgt war, zur Ablehnung der Eröffnung des HV wegen Verbrauchs der Strafklage. Der Angeklagte war während des Russlandfeldzuges im Range eines SS-Untersturmführers Führer eines Werkstattzuges beim Nachschubführer im Kommando des RFSS. Im September 1941 ließ er aus Judenhass an drei Tagen jeweils mehrere hundert Juden erschießen. Wegen dieser Vorgänge wurde er am 24.5.1943 vom Obersten SS- und Polizeigericht wegen Verabsäumung der Dienstaufsicht, militärischen Ungehorsams, Anstiftung Untergebener zu einem Totschlag und versuchte Anstiftung zur Abtreibung zu einer Gesamtstrafe von zehn Jahren Zuchthaus verurteilt. Das Urteil wurde am 2.11.1943 durch Himmler bestätigt. – Da die Juden ohnehin vernichtet werden müssten, sah das Sondergericht von einer Verurteilung wegen Mordes ab *(Hierzu heißt es in den Gründen des Sondergerichtsurteils: „... Wegen der Judenaktionen als solcher soll der Angeklagte nicht bestraft werden. Die Juden müssen vernichtet werden, es ist um keinen getöteten Juden schade. Wenn sich auch der Angeklagte hätte sagen müssen, dass die Vernichtung der Juden Aufgabe besonders hierfür eingerichteter Kommandos ist, soll ihm zugutegehalten werden, dass er sich befugt gehalten haben mag, auch seinerseits an der Vernichtung des Judentums teilzunehmen ...“).* Das OLG München ist auf die Beschwerde der StA der Entscheidung der Strafkammer beigetreten und hat ausgeführt, das Sondergericht habe die Befugnis gehabt, den Angeklagten wegen Mordes zu verurteilen. In dem Beschluss (Beschluss vom 27.6.1960 – Ws 383/60) heißt es: „wenn es dies unterlassen hat, mag darin eine Rechtsbeugung liegen. Die Verurteilung des Angeklagten wegen der Straftat nach § 147 MStGB i.V. mit § 5 a

KStVO schließt auf jeden Fall die neuerliche Verurteilung aus dem ideal konkurrierenden Gesichtspunkt des Mordes aus." Auch das OLG Frankfurt hatte sich in einer früheren Entscheidung (OLG Frankfurt NJW 1949, 390) bereits dahingehend ausgesprochen. In der Strafsache gegen Walter Thormeyer (Urteil des Schwurgerichts Freiburg – 1 Ks 1/66, Schw. AK 4/66 – vom 18.5.1967, rechtskräftig seit 17.5.1968) war der Einwand des res judicata ebenfalls erhoben worden. Mangels Tatidentität blieb er aber ohne Erfolg *(Der Angeklagte war vom SS-Gericht zu acht oder zehn Monaten Gefängnis verurteilt worden, weil er als Leiter der Sipo-Außenstelle in Mielec enge Beziehungen zu einer jüdischen V-Person aufgenommen hatte. Gegenstand der Anklage vor dem Schwurgericht in Freiburg war die spätere Erschießung des Mädchens, die der Angeklagte veranlasst hatte. Dieser Vorgang war dem SS-Gericht nicht bekannt, da der Angeklagte dem SS-Untersuchungsführer erklärt hatte, das Mädchen sei entflohen.).*

Da die Wiederaufnahme eines durch Urteil des Sondergerichts rechtskräftig abgeschlossenen Verfahrens nach § 18 des Zuständigkeitsergänzungsgesetzes vom 7.8.1952 (BGBl. 1952, 407) nur zugunsten des Verurteilten möglich (Beschluss des OLG München v. 31.8.1960 – Ws 764/60 – in der Strafsache gegen Max Täubner) ist, weist m.E. das OLG München in der Strafsache gegen Täubner (Beschluss vom 27.6.1960) zu Recht darauf hin, dass die Frage, wie weit der Grundsatz des „ne bis in idem" bei Urteilen von Sondergerichten, die politischen Erwägungen weitgehend Rechnung getragen haben, gelockert werden sollte, eine rechtspolitische und nur vom Gesetzgeber zu lösende Frage ist.

III. Die Sondergerichtsbarkeit des Deutschen Volkssturms

Ob und in welchem Umfang die Sondergerichtsbarkeit des Volkssturms ausgeübt wurde und ob sie im Zusammenhang mit der hier erörterten Frage jemals schon Bedeutung erlangt hat, vermochte ich nicht zu klären. Nur der Vollständigkeit halber soll sie hier erwähnt werden. – Die Sondergerichtsbarkeit des Volkssturms geht zurück auf die Volkssturm-StrafrechtsVO – VoStVO – vom 24.2.1945, die rückwirkend mit Wirkung vom 18.10.1944 (!) in Kraft trat (RGBl. 1945, I S. 34). Nach dieser VO unterstanden alle Angehörigen des Deutschen Volkssturms wegen der Straftaten, die sie im Kampf- oder im Ausbildungseinsatz begingen, der Gerichtsbarkeit des Deutschen Volkssturms. Auf die Verfahren vor den Sondergerichten fanden die für Wehrmachtsangehörige geltenden Strafrechtsvorschriften sinngemäß Anwendung, somit also auch § 77 KStVO. Die Bestätigung der Urteile oblag auch hier den Gerichtsherren, das waren die Gauleiter, der RFSS und als Oberster Gerichtsherr Hitler (§ 5 der VO über eine Sondergerichtsbarkeit in Strafsachen für Angehörige des Deutschen Volkssturms – VoStVO – vom 24.2.1945, RGBl. 1945, I S. 34). – Es gilt festzuhalten, dass es sich bei der Sondergerichtsbarkeit des Volkssturms um Strafgerichtsbarkeit und nicht um bloße Disziplinarverfahren handelt. Deshalb können Urteile dieser Gerichte den Verbrauch der Strafklage herbeiführen.

IV. Die Niederschlagung des Strafverfahrens durch Hitler aufgrund sogenannter Abolitionserlasse:

Es fragt sich, ob die sog. Abolitionserlasse Hitlers den Einwand der res judicata rechtfertigen.

1. Nach dem Gesetz vom 16.2.1934 (RGBl. 1934 I, 91) stand dem Reichspräsidenten das Recht zu – neben dem aus Art. 49 WV fließenden Begnadigungsrecht – anhängige Strafverfahren niederzuschlagen (RGBl. 1934 I, 747). Dieses Recht ging am 1.8.1934 auf Hitler über.

2. Hitler hat von diesem Recht anlässlich der Röhm-Affäre mehrfach Gebrauch gemacht. Die StA hatte z.B. wegen der Erschießungen in den schlesischen Städten Hirschberg (BGH Urteil vom 14.12.1954 – 5 StR 353/54 – Verf. gegen Himpe), Breslau (BGH Urteil vom 22.1.1952 – 1 StR 485/51 – Verfahren gegen Böttger und Gasse), Loebschütz und Schweidnitz (Urteil des Schwurgerichts Osnabrück vom 2.8.1957 – 16 Ks 1/56 [2] [Verfahren gegen Woyrsch und Müller), Glogau (Urteil des Schwurgerichts Kassel – 3 Ks 5/52 – vom 10.10.1952 [Verfahren gegen Bischoff]) und Landeshut bei Hirschberg (Urteil des Schwurgerichts Braunschweig vom 28.5.1956 – 1 Ks 1/56 – [Verfahren gegen Skarabis u.a.]) Ermittlungsverfahren eingeleitet. Diese waren, wie auch das oben (vgl. S. 485) erwähnte Feldkriegsgerichtsverfahren gegen Manfred Blume, von Hitler niedergeschlagen worden.

3. Die Niederschlagung des Verfahrens durch Hitler stellt kein Verfahrenshindernis dar. Diese Niederschlagung war, wie dargelegt, zulässig und damals nach allgemeiner Rechtsauffassung wirksam. Sie ist jedoch, wie der BGH mehrfach *(BGHSt 3, 357 = NJW 1953, 351 und BGH Urteil vom 14.12.1954 – 5 StR 353/34 – in der Strafsache gegen Hans Himpe)* ausgeführt hat, „aus sachlichen Gründen nach der heutigen geläuterten Rechtsauffassung – und hierauf kommt es für diese materielle Frage an – unwirksam, d.h. sie kann einer zukünftigen Verfolgung des Angeklagten nicht entgegenstehen. Anordnungen, gleich welcher Art, die die allen Kulturvölkern gemeinsamen Rechtsüberzeugungen, die sich auf den Wert und die Würde der menschlichen Persönlichkeit beziehen, deutlich missachten, schaffen kein Recht (BGH Urteil vom 14.12.1954 – 5 StR 353/54 -)". Der BGH steht auf dem Standpunkt, dass die Abolition durch Hitler einen solchen Unrechtsakt darstellt, denn sie sei nicht aus irgendeinem, wenn auch nur entfernt erkennbaren Gnadengrund, sondern allein wegen des Verhaltens der SS beim Röhmputsch erfolgt. Der Grund der Niederschlagung habe allein darin bestanden, dass der Betreffende einer Organisation angehört habe, die bereit war, ohne Gerichtsurteil und ohne Bedenken, Menschenleben zu vernichten, sobald Hitler den Befehl gab. Eine solche Motivierung eines Gnadenaktes verstoße gegen die Rechtsüberzeugung unserer Kulturwelt mit der Folge, dass eine aus diesen Gründen erfolgte Niederschlagung der rechtlichen Wirksamkeit entbehre *(Ähnlich lagen die Verhältnisse bei der Niederschlagung des Feldkriegsgerichtsverfahrens gg. Manfred Blume – vgl. oben – wie sich aus einer Vertragsnotiz des Chefs des Heerespersonalamtes, Generalmajor Schmundt vom 16.10.1942 ergibt. Danach begründete Schmundt Keitel gegenüber die Urteilsaufhebung wie folgt: „Der Führer hat auf Vortrag angeordnet, dass das Urteil gegen den Major Manfred Blume aufgehoben wird. Der Führer brachte dabei zum Ausdruck, dass man es vitalen Naturen nicht zum Vorwurf machen könne, wenn sie, überzeugt von dem einmaligen Schicksalskampf des deutschen Volkes, dem bolschewistischen Weltfeind gegenüber alle Gebote der Menschlichkeit ablehne …").*

4. Die in den drei westlichen Besatzungszonen nach Kriegsende erlassenen Ahndungsgesetze stellen auch ausdrücklich fest, dass die Strafverfolgung nicht dadurch gehindert wird, dass die Tat zu irgendeiner Zeit durch ein Gesetz, eine Verordnung, einen Erlass oder einen Befehl der NS-Regierung oder eines ihrer Machthaber für straffrei erklärt worden ist, oder aufgrund behördlicher Anordnung ein eingeleitetes Verfahren niedergeschlagen wurde *(Amerikanische Zone: Bayern, Gesetz vom 28.5.1946 – GVBl. 180, Baden-Württemberg durch Gesetz vom 31.5.1946 – RegBl. 205, für Groß-Hessen durch Gesetz vom 29.5.1946 – GVBl. 146; britische Zone: durch Verordnung des Zentraljustizamtes vom 23.5.1947 – VOBlBZ 65; französische Zone: für Baden durch die LandesVO vom 23.12.1946 – Abl. Nr. 28 151, für Württemberg-Hohenzollern durch RechtsVO vom 16.5.1947 – RegBl.67, für Rheinland-Pfalz durch Landesgesetz vom 23.3.1948 – GVBl. 244. Das OLG Dresden DRZ 47, 165 nimmt das Gleiche ohne entsprechende ausdrückliche Regelung für die russische Zone an.).*

V. Die gerichtliche Einstellung des Verfahrens oder die Außerverfolgungssetzung der Angeschuldigten (§§ 204, 211 StPO) aufgrund eines vorausgegangenen Niederschlagungserlasses Hitlers: Häufig hatten Hitlers Niederschlagungserlasse einen gerichtlichen Einstellungs- oder Außerverfolgungsbeschluss zur Folge. Es erhebt sich die Frage, ob diese Beschlüsse die Wirkung der §§ 204, 211 StPO entfalten, mit der Folge, dass eine erneute Klageerhebung wegen derselben Tat nur möglich ist, wenn diese auf neue Tatsachen und Beweismittel gestützt wird. – Für das Zustandekommen solcher gerichtlichen Beschlüsse dürften die Vorgänge im Fall Himpe, wie sie im Urteil des BGH vom 14.12.1954 festgestellt wurden, bezeichnend zu sein. Dort heißt es: „Ende August oder Anfang September 1934 begab sich der damalige Staatssekretär des Justizministeriums *Freisler,* zu *Dr. Schäffer* (Anm.: GStA in Breslau) in Breslau. Er wollte versuchen, diesen zu veranlassen, dass die StA von sich aus wohl durch Stellung eines Antrages auf Außerverfolgungssetzung das Verfahren zum Abschluss bringe. Schäffer hatte diese Sache an sich gezogen, weil der örtliche OStA von der SS bedroht worden war. Die Akten befanden sich zu diesem Zeitpunkt beim Untersuchungsrichter ... Schäffer lehnte das Ansinnen Freislers, einen Antrag auf Außerverfolgungssetzung zu stellen, energisch ab. Wahrscheinlich in diesem Zeitpunkt, wenn nicht schon früher, wurde der Vorsitzende der Strafkammer hinzugezogen, die über die Eröffnung des HV oder die Außerverfolgungssetzung des Angeklagten zu entscheiden hatte. Freisler zog nunmehr eine Reihe nur von Hitler unterzeichneter Niederschlagungserlasse vor, die sich jeweils auf je einen der laufenden Strafprozesse bezogen, u.a. auch auf das Verfahren gegen den Angeklagten. Von diesen Niederschlagungserlassen nahm der Vorsitzende der Strafkammer Kenntnis. Aufgrund des Erlasses wurde die Einstellung des Verfahrens verfügt ...".

In diesen Fällen wurde das Verfahren regelmäßig schon durch Hitlers Erlass beendet. Deshalb erging häufig kein Außerverfolgungsbeschluss und das Verfahren wurde formlos durch den Vorsitzenden nach Kenntnisnahme des Niederschlagungserlasses Hitlers eingestellt (vgl. Strafsache gegen Himpe, oben S. 488 unter 2.). Aber auch dort, wo ein Einstellungsbeschluss erging, konnte er nur feststellende Bedeutung haben (BGH Urteil vom 22.1.1952 – 1 StR 485/51 – [Strafsache Böttger und Gasse]), jedenfalls handelt es sich nicht um einen Einstellungsbeschluss nach §§ 204, 211 StPO mit der Rechtskraftwirkung nach § 211 StPO. Zu Recht spricht das LG Schweinfurt (Urteil des LG Schweinfurt vom 12.4.1951 in der Strafsache Böttger und Gasse, vgl. oben) von einer deklaratorischen Maßnahme der Justizverwaltung, die aus Zweckmäßigkeitsgründen förmlich die Beendigung des Verfahrens feststellte, aber überflüssig war, denn das Verfahren war bereits durch den Niederschlagungserlass beendet worden.

VI. Die Sondergerichtsbarkeit nach der Zuständigkeitsverordnung und der Vereinfachungsverordnung

Zu erwähnen wären in diesem Zusammenhang auch die Veränderungen in der Strafrechtspflege, die durch die ZuständigkeitsVO vom 21.2.1940 (RGBl. I 405) und durch die VereinfachungsVO vom 13.8.1942 (RGBl. I 508) eintraten, denn es sind Fälle denkbar, in denen NS-Täter nicht der zuvor besprochenen Sondergerichtsbarkeit der Wehrmacht, der SS und des Volkssturms unterlagen, so z.B. Fabrikarbeiter, Angestellte, Direktoren von Fabriken, in denen KZ-Häftlinge eingesetzt wurden oder Arbeiter und Angestellte von Baufirmen, die in KZs Arbeiten ausführten. – Durch die ZuständigkeitsVO wurde bestimmt, dass gegen rechtskräftige Urteile des Amtsrichters, der Strafkammer und des Sondergerichts (Nach § 26 der ZuständigkeitsVO gab es gegen Urteile des Sondergerichts keine Rechtsmittel) binnen Jahresfrist nach Eintritt der Rechtskraft Nichtigkeitsbeschwerde durch den Oberreichsanwalt beim RG erhoben werden konnte, wenn dieser das Urteil wegen eines Fehlers bei der Anwendung des Rechts auf die festgestellten Tatsachen als ungerecht (§§ 34 ff. der ZuständigkeitsVO) empfand. Nach der VereinfachungsVO war Nichtigkeitsbeschwerde auch möglich, wenn „erhebliche Bedenken gegen die Richtigkeit der in der Entscheidung festgestellten Tatsachen oder gegen den Strafausspruch standen (Art. 7 § 2 Abs. 1 der VereinfachungsVO). – Die erfolgreiche Nichtigkeitsbeschwerde beseitigte die Rechtskraft des Urteils und steht daher einer erneuten Verurteilung nicht entgegen, falls das Verfahren vor Kriegsende nicht mehr abgeschlossen wurde (Urt. des I. Strafsenats d. OGH BU v. 11.6.1950 – g.H. 1 StS 18/50 = OGH III, 101 ff.).

VII. Verbrauch der Strafklage durch Spruchgerichtsurteile.

Es erhebt sich die Frage, ob Urteile der Spruchgerichte die Strafklage verbrauchen, insbesondere dann, wenn in den Gründen des Spruchgerichtsurteils auf konkrete strafbare Handlungen abgehoben wird, die den Gegenstand der Strafklage bilden.

1. Die *Einrichtung* der Spruchgerichte geht zurück auf die Befreiungsgesetze, etwa das Gesetz zur Befreiung von Nationalsozialismus und Militarismus für die amerikanische Zone (Gesetz v. 5.3.1946), das zur einheitlichen und gerechten Durchführung in Bayern, Groß-Hessen und Württemberg-Baden gleichzeitig beschlossen und verkündet wurde. In den übrigen Zonen gab es ähnliche Vorschriften (vgl. etwa für die brit. Zone MRVO Nr. 69).

2. Die *Zuständigkeit* der Spruchgerichte beschränkte sich auf die Aburteilung sog. Organisationsverbrechen (Art. I u. IV Einl. zum MRVO Nr. 69 für die brit. Zone, Art. I des Gesetzes zur Befreiung von Nationalsozialismus für die

amerik. Zone vom 5.3.1946). Strafbar war der Erwerb oder die Aufrechterhaltung der Mitgliedschaft in einer Organisation, deren verbrecherischer Charakter vom IMT festgestellt worden war. Die Kenntnis von verbrecherischem Charakter oder der verbrecherischen Tätigkeit der Organisation war Bedingung der Strafbarkeit.

Demgegenüber war das Spruchgericht rechtlich nicht in der Lage, strafbare Handlungen, die etwa den Tatbestand der §§ 211, 212 StGB erfüllen, abzuurteilen (OGH BZ, , Urt. v. 15.2.1949 – g.B.u.A. StS 127/48, veröff. OGH I, 293 ff.). Es kam zwar immer wieder vor, dass Spruchgerichte im Urteil strafbare Handlungen oder die Teilnahme an solchen erörterten. Damit wurden diese strafbaren Handlungen aber nicht Gegenstand des vor den Spruchgerichten durchgeführten Verfahrens (OGH Bz aaO.). Die Erörterung diente entweder als Beweiszeichen dafür, dass der Betroffene die Kenntnis von der Verwendung seiner Organisation zur Begehung von Unmenschlichkeitsverbrechen hatte (OGH Bz aaO., BGH LM Nr. 1 Art. 103 GG [StS]) oder sie hatte Einfluss auf die Strafzumessung (vgl. Anm. zu Ziff. 57, außerdem Anm. 60). – Auch die in den VerfahrensVO für die Spruchkammern den öff. Anklägern auferlegte Pflicht (§ 16 Abs. 1 der VerfahrensO für die deutschen Spruchgerichte in der Brit.Z, zur Aburteilung von Mitgliedern verbrecherischer Organisationen vom 17.2.1947), die Betätigung des Betroffenen als Organisationsmitglied zu erforschen, kann nach dem BGH (BGH Urt. v. 15.5.1963 – 2 StR 594/62 [Verfahren gegen Otto Hunsche]) zu keinem Ergebnis führen, weil sie nur dem Nachweis der Kenntnis von dem verbrecherischen Charakter oder der verbrecherischen Tätigkeit der Organisation diente. – In diesem Zusammenhang sollte auch noch auf Art. 22 des Befreiungsgesetzes für die amerikanische Zone *(Art. 22 Abs. 1: Strafbare Handlungen von Nationalsozialisten und Militaristen können unabhängig von diesem Gesetz strafrechtlich verfolgt werden. Dies gilt insbesondere von Kriegsverbrechen und sonstigen Straftaten, die unter der nationalsozialistischen Gewaltherrschaft ungesühnt geblieben sind. Abs. 2: Die strafrechtliche Verfolgung steht einem Verfahren wegen der gleichen Tat nach diesem Gesetz nicht entgegen ...)* hingewiesen werden.

Eine entsprechende Regelung enthielt § 38 der in der britischen Zone gültigen Verfahrensordnung für die Spruchgerichte. Durch diese Bestimmungen wird der Grundsatz des „ne bis in idem" eingeschränkt (Urt. d. Schwurgerichts Würzburg vom 31.12.1953, rechtskräftig seit 6.7.1964 im Verfahren gegen Hellmut Eschner – Ks 3/53). Sie stehen im Einklang mit den Verfassungen der BRD und der Länder.

Deshalb kann die Erörterung einer strafbaren Handlung im Spruchgerichtsurteil, gleichgültig zu welchem Ergebnis sie führt, die Strafklage nicht verbrauchen und steht einem Verfahren, das die Aburteilung dieser Straftat zum Gegenstand hat, nicht entgegen (BGH Urt. v. 20.11.1964 – 2 StR 71/64 [Verf. gg. Laabs u.a.], BGH Urtl. v. 27.1.1953 – 2 StR 20/50, BGH Urt. v. 3.9.1953 – 5 StR 221/53, BGH Urt. v. 15.5.1963 – 2 StR 594/62 [Strafverf. gg. Otto Hunste]). – Nichts anderes gilt dann, wenn jemand wegen Verdachts der Mitwirkung bei einem Verbrechen gegen die Menschlichkeit in Internierungshaft genommen wurde, später aber nach

Durchführung von Ermittlungen entlassen worden ist (OGH BZ Urt. v. 21.3.1950 – gM u.a. StS 256/257/49 = OGH II, 379).

VIII. Das IMT in Nürnberg: Das IMT in Nürnberg war kein deutsches Gericht. Deshalb hat das Nürnberger Urteil im Prozess gegen die Hauptkriegsverbrecher keine Sperrwirkung. Da die Frage nur noch im Fall Bormann (Bormann wurde am 30.6.1946 in Abwesenheit zum Tode durch den Strang verurteilt) von Bedeutung sein dürfte, kann ich mir hier weitere Erörterungen ersparen. Im Übrigen verweise ich auf die nachfolgenden Ausführungen.

IX. Urteile der Besatzungsgerichte: Urteile der Besatzungsgerichte, gleichgültig, ob sie in oder außerhalb Deutschlands gefällt wurden (BGHSt 21, 29, vgl. weiter unten S. 493 ff.), sind Urteile ausländischer Gerichte, die das Strafklagerecht nicht verbrauchen *(vgl. §§ 3, 5, 60 Abs. 3 StGB, § 153 b StPO) und einer weiteren Strafverfolgung wegen derselben Tat nicht entgegenstehen. Nach der ständigen Rechtsprechung des BGH (BGHSt 6, 176 [m.w. Hinweisen], außerdem BGH Urt. v. 25.11.1964 – 2 StR 71/64 -, BGH Urt. v. 17.10.1958 – 5 StR 296/58, BGH Urt. v. 20.2.1969 [Strafsache gg. Mulka, Kaduk u.a.] – 2 StR 280/67)* haben die Besatzungsgerichte keine inländische Gerichtsbarkeit ausgeübt, selbst wenn sie deutsches Recht angewendet haben, weil diese Gerichte nicht auf der deutschen Staatsgewalt beruhen. Sie verdanken ihre Existenz dem Willen ihres eigenen Staates und leiten ihre richterliche Gewalt von diesem ab. Damit hat der BGH die differenzierende Rechtsprechung des RG (RGSt 54, 139; 59, 10), während der Rheinlandbesetzung, wonach Besetzungsurteile unter gewissen, hier nicht zu erörternden Voraussetzungen zum Strafklageverbrauch führen konnten, aufgegeben.

1. *Urteile sowjetischer Besatzungsgerichte:* Urteile sowjetischer Besatzungsgerichte, die nach dem 2. Weltkrieg in der sowjetischen Besatzungszone und in der Sowjetunion gefällt wurden, stehen einer erneuten Verurteilung wegen derselben Tat durch Gerichte der Bundesrepublik Deutschland nicht entgegen (BGH Urt. v. 14.12.1956 – 1 StR 464/65 [Strafsache gg. Oberhauser, Schwurgericht München I, 10 Ks 3/64], BGH Urt. v. 20.2.1969 – 2 StR 280/67 [Strafsache gg. Mulka, Kaduk u.a., Schwurgericht Frankfurt, 4 Ks 2/63]). Nichts anderes gilt, wenn später die Strafvollstreckung und das Begnadigungsrecht an die DDR-Behörden übertragen wurde. Die Urteile werden dadurch nicht zu solchen eines inländischen Gerichts (Urt. des Schwurgerichts Frankfurt – 4 Ks 2/63 – gg. Mulka u.a.; s. oben). Nachdem die Gerichte der Bundesrepublik Deutschland nur das in der Bundesrepublik geltende Recht anzuwenden haben, sind auch etwaige Vereinbarungen zwischen der DDR und der Sowjetunion über den Verbrauch der Strafklage ohne Bedeutung (Schwurgericht Frankfurt, aaO., s. oben). Andererseits findet der Überleitungsvertrag (Überleitungsvertrag v. 26.5.1952 i.d. Fassung der Bekanntmachung v. 30.5.1955 [BGBl. 1955, II, 405]) (= ÜV), auf den noch einzugehen ist, keine Anwendung, weil die Sowjetunion nicht zu den Vertragspartnern gehört (BGH Urt. v. 20.2.1969, aaO., s. oben). Als Regulativ dienen hier § 153 b Abs. 1 Nr. 3 StPO und § 60 Abs. 3 StGB (§ 60 Abs. 3 StGB eingefügt durch Art. 1 Nr. 24 des 1. StrRG, § 7 StGB wurde zugleich aufgehoben), die vorsehen, dass bei ausländischen Urteilen von Anklage abgesehen oder die ausländische Strafe angerechnet werden kann.

2. *Urteile der Besatzungsgerichte der drei Westmächte:* Die Urteile der Besatzungsgerichte der drei Westmächte entfalten, wie die sowjetischen Besatzungsgerichte keine Sperrwirkung, weil sie Urteile ausländischer Gerichte sind. Mit dem Abschluss des ÜV v. 1952/55 im Jahre 1955 wurde jedoch für die vertragschließenden Mächte festgelegt, dass die deutsche Gerichtsbarkeit in allen Fällen ausgeschlossen ist, in denen schon Urteile oder Entscheidungen eines Gerichts oder einer gerichtlichen Behörde der drei Mächte ergangen sind (Art. 7 ÜV), oder die Untersuchung endgültig abgeschlossen war (Art. 3 Abs. 3 b ÜV, außerdem BGHSt 12, 326 ff., 21, 29 ff.). Diese vertragliche Regelung kommt zwar in der Wirkung dem ne bis in idem gleich, hat aber mit diesem nichts zu tun. Den drei Westmächten ging es darum, sicherzustellen, dass Gerichtsurteile und Entscheidungen ihrer Strafverfolgungsbehörden nicht zur Disposition deutscher Gerichte und Behörden gestellt werden können, weil sie darin einen unzumutbaren Eingriff in ihre Souveränität sahen. Im Beschluss des Großen Senats für Strafsachen vom 14.2.1966 in der Strafsache gegen Hempen (Beschluss des Großen Senats für Strafsachen v. 14.2.1966 – GSSt 1/65 – Strafsache gegen Georg Hempen – BGHSt 21, 29), der im Wesentlichen die Kontroversen beilegte, die in Rechtsprechung und Schrifttum bei Auslegung der hier einschlägigen Art. 3 Abs. 3 b und 7 ÜV entstanden waren, heißt es hierzu u.a. wörtlich: „Den drei westlichen Besatzungsmächten kam es nämlich, wie allein schon das Ergebnis der Verhandlungen in seinem Zusammenhang erkennen lässt, bei der Rückgabe der vollen Souveränität an die Bundesrepublik Deutschland ganz allgemein darauf an, die Befassung deutscher Strafgerichte mit Sachen, welche bis dahin der Bearbeitung durch Justizorgane einer der drei Mächte unter Ausschluss der deutschen Gerichtsbarkeit vorbehalten waren, grundsätzlich auszuschließen."

Da vor vier Jahren auf der Arbeitstagung in Konstanz von Herrn RegDir. Schätzler vom BMJ ein erschöpfendes Referat über die Probleme des Art. 3 Abs. 3 b ÜV, insbesondere nach der Entscheidung des Großen Senats vom 14.2.1966 gehalten wurde und sich seither keine neuen Probleme aufgetan haben, darf ich auf dieses Referat, das in der Konstanzer Tagungsniederschrift abgedruckt ist, Bezug nehmen. Hier sei nur noch einmal in Erinnerung gerufen, dass der Große Senat dargelegt hat,

(1) dass die Beschränkung der deutschen Gerichtsbarkeit, wie sie in Art. 3 des ÜV enthalten sind, auch für Ermittlungs- und Strafverfahren, die von Heimatbehörden der drei Mächte durchgeführt wurden, gelten; (2) dass Art. 3 Abs. 3 b ÜV seine Sperrwirkung nicht nur bei endgültigem Abschluss eines Ermittlungsverfahrens, sondern auch bei Vorliegen eines rechtskräftigen Urteils entfaltet; (3) dass die bloße Möglichkeit, dass eine Entscheidung alliierter Gerichte ergangen ist, die deutsche Gerichtsbarkeit nicht ausschließt, weil die Regelung des Art. 3 Abs. 3 b nicht zugunsten des Beschuldigten, sondern ausschließlich im Interesse der früheren Besatzungsmächte getroffen wurde und der Grundsatz in dubio pro reo nicht gilt. Eine besondere Aufklärungspflicht der Gerichte besteht nicht, es ist Sache der StA vor Klageerhebung festzustellen, ob ein Verfahrenshindernis besteht. RegDir. Schätzler hat sich in seinem Referat auch eingehend mit dieser Frage, insbesondere mit der Handhabung der Einholung der „Botschafterbescheinigung"

auseinandergesetzt: (4) dass trotz der Sperrwirkung, die der ÜV entfaltete, das Verfahren nur *vorläufig* eingestellt werden darf, weil Art. 3 Abs. 2 ÜV die Möglichkeit zulässt, den Ausschluss der deutschen Gerichtsbarkeit durch eine besondere Vereinbarung zwischen der Bundesrepublik Deutschland und den Drei oder einer der Drei Mächten zu beseitigen. Dass eine solche Sondervereinbarung mit der französischen Regierung bei den Abwesenheitsurteilen angestrebt wird, wurde bereits in Konstanz eingehend erörtert. Damals führte Herr RegDir. Schätzler u.a. aus: „Diese Frage hat innen- und außenpolitische Aspekte. Sie ist von der Bundesregierung zu entscheiden. Ich kann Ihnen deren Stellungnahme noch nicht darlegen ...".

X. Urteile polnischer, belgischer, niederländischer, tschechischer und anderer Anliegerstaaten: Die vertragliche Beschränkung der deutschen Souveränität im ÜV kann nur gegenüber den Vertragspartnern wirken (BGH Urt. v. 20.2.1969 in Sachen Mulka, Kaduk u.a., s. oben). Im Verhältnis zu Holland, Belgien, Polen, Dänemark etc. bleibt es bei dem Grundsatz, dass ausländische Urteile keinen Verbrauch der Strafklage herbeiführen.

XI. Urteile mitteldeutscher Gerichte: Die Gerichte in der DDR sind zwar deutsche Gerichte. Ihre Rechtsprechung beruht aber nicht auf der verfassungsmäßigen Ordnung der Bundesrepublik Deutschland. Das verfassungsrechtliche Verbot der erneuten Strafklage kann aber nur gelten, wie es das BVerfG (BVerfG, Beschl. v. 17.1.1961 – 2 BvL 17/60, veröff. in NJW 1961, 867) in einem Beschluss 1961 ausgeführt hat, wenn Gerichte der Bundesrepublik Deutschland entschieden haben. Deshalb, so stellt das BVerfG fest, steht das Urteil eines DDR-Gerichts grundsätzlich einem neuen Strafverfahren in der Bundesrepublik Deutschland nicht entgegen.

Durch § 11 des Rechtshilfegesetzes von 1953 (Gesetz über die innerdeutsche Rechts- und Amtshilfe in Strafsachen vom 2.5.1953 [BGBl. I, 161], abgedruckt auch in StPO-Kommentar von Kleinknecht, Becksche Kurz-Kommentare, unter Anhang D 1) ist allerdings der Anwendungsbereich des Art. 103 Abs. 3 GG auf einen Teil der Urteile der DDR-Gerichte ausgedehnt worden. Danach darf ein neues Strafverfahren in der BRD nicht mehr durchgeführt werden, wenn der Täter wegen der Tat durch ein Urteil eines DDR-Gerichts freigesprochen oder verurteilt und die Strafe vollständig verbüßt hat. In diesen Fällen ist auch die Strafklage verbraucht.

EStA Sichting (Stuttgart) warf hierauf die Frage auf, ob durch den ÜV auch die Einzeltaten umfasst würden, die nur in den sog. Interrogations erörtert, im Urteil – z.B. wegen Verbrechen gegen die Menschlichkeit – jedoch nicht aufgeführt worden seien. – Hierzu erklärte *OStA Dr. Rückerl* (Ludwigsburg), dass nach seiner Ansicht auf die Interrogations abzustellen sei, da es nach dem Wortlaut des Art. 3 ÜV nicht auf das Urteil ankomme, sondern die Führung einer „Untersuchung" genüge, um die Sperrwirkung herbeizuführen.

Auf Frage von *Gerichtsass. Niemeyer* (Stuttgart) erläuterte *StA Becker* (Ludwigsburg), dass im Hinblick auf den ÜV der Grundsatz in dubio pro reo nicht gelte, so dass der Beschuldigte den Nachweis zu erbringen habe, dass eine ihm angelastete Tat bereits Gegenstand einer von den Alliierten gegen ihn geführten Untersuchung gewesen sei.

Auf die Frage von *EStA Schmidt* (Berlin), was für eine Bedeutung in diesem Zusammenhang den Auslieferungsverfahren zukomme, verwies *OStA Dr. Rückerl* (Ludwigsburg) auf ein bei der ZSt. aufliegendes Gutachten, das auf Anforderung zur Verfügung gestellt werden könne.

Anschließend referierte *OStA Dr. Artzt* (Ludwigsburg) über *„Die Begründung der Beschuldigteneigenschaft in Ermittlungsverfahren wegen NS-Verbrechen"*: – Die Frage, ob und wann ein potentieller Beteiligter an einem NS-Verbrechen strafprozessual als Beschuldigter oder als Zeuge zu behandeln ist, wurde auf fast jeder unserer bisherigen Tagungen im Rahmen der Diskussionen oder in den Arbeitsgruppen erörtert. Dieses Problem stellt sich nicht nur dem StA als Herrn des Ermittlungsverfahrens, auch die deutschen Polizeibeamten haben mit dem StPOÄG seit 1965 Anschluss an ein internationales Dilemma gefunden, mit dem sich ihre ausländischen Kollegen seit langem herumschlagen und das – besonders aus polizeilicher Sicht – Antwort auf die Frage verlangt: Muss, darf, soll man die Überführung eines vermutlichen Täters vereiteln, wenn man möglicherweise verhindert, dass er sich selbst belastet (vgl. *Fincke,* Verwertbarkeit von Aussagen des nicht belehrten Beschuldigten. NJW 1969, 1014 ff.; *Pelckmann,* „Amerika – Du hast es besser?", NJW 1965, 2143)? Schließlich kann die strafprozessual richtig oder falsch gewählte Belehrung ihre Auswirkung auf die Verwertbarkeit der Aussage im Prozess haben (BGH, Urt. v. 31.5.1968 – JZ 68/749 und Anm. von *Grünwald* – JZ 68, 752 ff. – *E. Schmidt,* Sinn und Tragweite des Hinweises auf die Aussagefreiheit des Beschuldigten, NJW 1968, 1209 ff.). – Die Erörterung des Problems der Begründung der Beschuldigteneigenschaft bei Ermittlungen wegen NS-Verbrechen und die Handhabung in unserer Praxis ließ recht unterschiedliche Auffassungen erkennen.

Ich möchte deshalb meine Ausführungen unter zwei Aspekte stellen: 1. die rechtliche Seite des Problems, 2. die Auswirkungen für die Praxis.

Der rechtlichen Betrachtung dieser Frage soll einleitend eine kurze Übersicht über die aus den Protokollen unserer bisherigen Tagungen ersichtlichen Meinungen – vor allem für die Kollegen, die an den früheren Tagungen nicht teilgenommen haben – vorangestellt werden. – Auf der Stuttgarter Tagung wurde von einem Vertreter der Zentralstelle Dortmund vorgetragen, alle Angehörigen eines Polizeibataillons seien schon dann als Beschuldigte zu behandeln, wenn dieses Bataillon überhaupt an Erschießungen beteiligt gewesen sein könne. – Ein StA aus Hannover berichtete, dass früher die Polizei des Landes Niedersachsen von einer Unterscheidung zwischen Verdächtigen und Beschuldigten ausgegangen sei. Gegen diese Praxis habe sich ein Erlass des Niedersächsischen Innenministers gewandt, im dem angeordnet wurde, dass schon der potentielle Verdächtige als Beschuldigter zu behandeln sei und der Kollege fügte hinzu, diese Ansicht sei richtig. – Ein Vertreter der StA Frankfurt meinte ebenfalls, es wäre nicht sachgemäß, einen Verdächtigen lediglich als Zeugen zu behandeln.

Im Bericht der Arbeitsgruppe C auf der Tagung in Konstanz hieß es: „Nach überwiegender Auffassung müssen als grundsätzlich verdächtig im Sinne des § 152 Abs. 2 StPO und damit als Beschuldigte alle Angehörigen einer Dienststelle oder

Einheit angesehen werden, die zur Tatzeit im Dienst waren." Es wird allerdings hinzugefügt, dass Einigkeit darüber bestand, dass diese Frage nur im Einzelfall entschieden werden könne, und dass dabei die strafprozessualen Schutzbestimmungen für Zeugen und Beschuldigte beachtet werden müssten.

Die Arbeitsgruppe B auf der Tagung in Freiburg berichtete Folgendes: „Es wurden die Schwierigkeiten hervorgehoben, die bei der Frage auftreten können, ob die Angehörigen der Einheit *schon vor ihrer ersten Vernehmung als Beschuldigte eingetragen werden sollen.* Eine generelle Handhabung konnte dabei nicht empfohlen werden. Wir waren uns jedoch im Wesentlichen darüber einig, dass die Eintragung jedenfalls solange nicht erforderlich erscheint, als nicht bestimmte Vorwürfe gegen den betreffenden Angehörigen der Einheit erhoben worden sind."

Bei der Arbeitsgruppe B der Tagung in Stuttgart hatte Übereinstimmung darüber bestanden, dass Angehörige von beweglichen Einheiten solange als Zeugen behandelt werden sollen, solange nicht ein *hinreichender Tatverdacht* bestehe. – Die Arbeitsgruppe A auf der gleichen Tagung kam zu folgendem Ergebnis: Es sei eine Frage der Auslegung der zureichenden Anhaltspunkte (§ 152 StPO). Lägen diese vor, müsse eingeschritten werden, lägen sie nicht vor, dürfe nicht eingeschritten werden. Solche Anhaltspunkte lägen z.B. vor, wenn bei SS-Leuten im KZ aus der Dauer ihrer Zugehörigkeit, aus ihrer Beziehung zu Exekutionen usw., *eine gewisse Wahrscheinlichkeit bestehe,* dass sie beteiligt gewesen seien.

Schließlich sei noch – „last not least" – *MinDirig. Roth* nach dem Protokoll der Stuttgarter Tagung zitiert: „Entscheidend sei wohl der Augenblick, in dem nach Auffassung des vernehmenden Beamten die Vernehmung Anhaltspunkte für einen konkreten Tatverdacht der vernommenen Personen vorliege. Solange keine Anhaltspunkte für einen konkreten Tatverdacht vorliegen, bestehe weder das Recht noch die Pflicht, eine zu vernehmende Person im Hinblick auf die Belehrungspflicht als Beschuldigten im Sinne von § 136 Abs. 1 StPO zu behandeln." – Ein Vertreter der StA Berlin pflichtete ihm bei und führte aus, man dürfe die Tatverdächtigen solange nicht als Beschuldigte bezeichnen, als noch kein *konkreter Tatverdacht* bestehe.

Dieser Rückblick dürfte zur Veranschaulichung der bisherigen Diskussion dieses Themas genügen. Als Ergebnis kann man zwei Standpunkte fixieren:

1. Jeder mögliche Verdächtige ist als Beschuldigter zu behandeln. Verdächtig ist z.B. jemand schon dann, wenn er als Angehöriger eines Polizeibataillons, das an Vernichtungsmaßnahmen beteiligt gewesen sein soll, bekannt wird. – Ein Verdächtiger kann nicht als Zeuge behandelt werden.

2. Beschuldigter wird erst der Verdächtige, gegen den entweder ein hinreichender oder ein konkreter Tatverdacht vorliegt oder für dessen Beteiligung eine gewisse Wahrscheinlichkeit spricht. Solange diese Voraussetzungen nicht gegeben sind, besteht weder das Recht noch die Pflicht, eine zu vernehmende Person als Beschuldigten im Sinne der StPO zu behandeln.

I. Für die rechtliche Erörterung (hierzu besonders *Dr. Jürgen von Gerlach,* Heidelberg, „Die Begründung der Beschuldigteneigenschaft im Ermittlungsverfahren", NJW 1969, 776 ff. und die dort zitierten Fundstellen) dieses Problems lägen die Dinge einfacher, wenn uns der Gesetzgeber eine Definition des Beschuldigten mitgegeben hätte. Das hat er aber leider ebenso wenig getan, wie er uns auch nicht sagt, wann im Hinblick auf das im StGB beschriebene Verbrechen die für einen Tatverdacht erforderlichen zureichenden tatsächlichen Anhaltspunkte vorliegen (vgl. *Friedrich Geerds,* „Strafrechtspflege und prozessuale Gerechtigkeit", Schl.-Holsteinische Anzeigen vom 15.3.1964 [JMinBl. f. Schl.H.], S. 59). In diesem Zusammenhang sei erwähnt, dass auch schon die Versuche der *Reichstagskommission* (*Hahn,* Materialien zur StPO, Bd. 2, 2198, zit. b. V. Gerlach, aaO.), den Begriff des Beschuldigten zu definieren, nicht sehr erfolgreich gewesen sind. Hiernach sollte Beschuldigter sein, „welcher als der Tat verdächtig vom Richter geladen oder vernommen oder gegen welchen ein Haftbefehl erlassen ist."

Der Begriff des Beschuldigten ist aber ein Oberbegriff (*Schwarz-Kleinknecht,* Komm. z. StPO, Anm. 4 zu § 157 StPO), der für alle Verfahrensstadien verwendet wird. Der Betroffene trägt also während des ganzen Verfahrens – vom Einsetzen der ersten Strafverfolgungsmaßnahme bis zur Beendigung des Verfahrens – die Bezeichnung Beschuldigter. § 157 StPO bringt demgegenüber nur für bestimmte Verfahrensabschnitte eine besondere Kennzeichnung für die Bezeichnung des Beschuldigten (*Karl Peters,* Strafprozess (ein Lehrbuch), S. 159). – In unserer speziellen Praxis hat sich übrigens noch ein Begriff eingebürgert. Man spricht gern zur Unterscheidung von weiteren Beschuldigten von dem „Hauptbeschuldigten". Dieser Begriff ist weder der StPO noch der Verwaltungsvereinbarung bekannt, so dass an ihn auch nicht irgendwelche Rechtsfolgen – etwa die Begründung einer bestimmten Zuständigkeit – geknüpft werden können.

Die StPO kennt – vom Sachverständigen einmal abgesehen – als Aussage- oder Auskunftspersonen nur den Zeugen und den Beschuldigten. Eine dritte Möglichkeit gibt es prozessual nicht. Insbesondere kennt unsere StPO den Begriff des „Verdächtigen" nicht. Der Zeuge *und* der Beschuldigte können zum Kreis der Verdächtigen gehören. Die Unterscheidung ist leider nicht so, dass Zeuge ist, wer unverdächtig und Beschuldigter, wer verdächtig ist. Das bedeutet aber, dass der Verdacht allein eine Person nicht automatisch in die Rolle des Beschuldigten versetzen kann. Schon deshalb kann die Auffassung, dass eine Person, die als Täter nur möglicherweise in Betracht komme, eo ipso als Beschuldigter zu behandeln ist, nicht zutreffen. Wenn es z.B. in dem oben erwähnten Erlass des Niedersächsischen Ministers der Justiz (vgl. Rd.Erl. d. Nds. MdI vom 29.3.1965 – II/1 [a] – 21.60.40 im Polizeinachrichtenblatt des Landes Niedersachsen 6/65) heißt: „Als Beschuldigte sind Personen auch dann zu vernehmen, wenn sie als Täter nur möglicherweise in Betracht kommen", so widerspricht diese Praxis auch der Rechtsprechung des BGH (BGH 10/8 [Urt. v. 18.10.1956] = NJW 1957 Heft 6, S. 230), der hierzu Folgendes ausführte: „Ob jemand in einem staatsanwaltschaftlichen Ermittlungsverfahren oder gerichtlichen Strafverfahren die Stellung eines Beschuldigten mit der notwendigen Folge seiner Unfähigkeit, Zeuge zu sein, inne hat oder nicht, kann nicht allein danach beurteilt werden, ob er als Täter der den Gegenstand des Verfahrens bildenden Straftat oder als Teilnehmer daran verdächtig ist oder nicht. – Denn § 60 Ziff. 3 StPO, der die Vereidigung einer solchen Person in einem gegen einen anderen Angeklagten gerichteten Strafverfahren untersagt, wird nur im Hinblick auf die rechtliche Möglichkeit verständlich und anwendbar, dass ein so Verdächtiger vernommen werden kann und wird. – Es muss also zu einem so gearteten Verdacht – mag er auch noch so groß sein – eine weitere Voraussetzung hinzukommen, die dem Verdächtigen die mit der Rolle eines Zeugen unverträgliche Stellung eines Beschuldigten verleiht (vgl. RGSt 6, 279/280)." – Hier wird klar ausgesprochen, dass weder der Verdacht allein noch seine Stärke den Verdächtigen zum Beschuldigten macht.

Die Prüfung des Verdachtes ist jedoch ein sehr subjektiver Faktor, der bei einem entschlussfreudigen StA oder Polizeibeamten ganz anders ausfallen kann als bei einem ewig Zweifelnden; immer aber ist diese Prüfung an die Begrenztheit des menschlichen Erkenntnisvermögens gebunden. Deshalb – sagt der BGH (BGH-Urteil v. 19.2.1960 [Spielbank-Prozess] = NJW 1960, S. 1961) – ist das Beeidigungsverbot des § 60 Ziff. 3 StPO nicht *an die Tatsache der Beteiligung, sondern* an den *Verdacht des Vernehmenden* gebunden. Auch in diesem Urteil heißt es: „Trotz des Verdachts der Beteiligung hört er nicht auf, Zeuge zu sein; die mögliche Beziehung zum Gegenstand der Untersuchung versetzt ihn noch nicht in die Rolle des Beschuldigten." – Nun gibt es aber verschiedene Formen oder graduelle Unterschiede des Verdachts, der als die mögliche Beziehung einer Person zum Gegenstand der Untersuchung definiert wird. Für die Annahme einer solchen Möglichkeit müssen nach § 152 StPO zureichende tatsächliche Anhaltspunkte vorliegen, um die StA zu berechtigen und zu verpflichten, wegen einer strafbaren Handlung einzuschreiten.

Dieser Anfangsverdacht (*Schwarz-Kleinknecht,* Anm. 2 zu § 153 StPO) oder einfache Tatverdacht (vgl. *Geerds,* Goltdammers Archiv 1965, S. 326 ff.) unterscheidet sich vom hinreichenden Tatverdacht, der in der Wahrscheinlichkeit der späteren Verurteilung besteht (*Schwarz-Kleinknecht,* Anm. 2 zu § 203 StPO), und vom dringenden Tatverdacht (§ 112 StPO), der dem Grade nach wiederum stärker ist als der hinreichende, der Voraussetzung für die gerichtliche Zulassung der Anklage (*Schwarz-Kleinknecht,* Anm. D 2 zu § 112 StPO, s. hierzu auch *Lüttger,* Der „genügende Anlass" zur Erhebung der öffentlichen Klage, in: Goltdammers Archiv für Strafrecht 1957, S. 193–218 und das dort zitierte umfangreiche Schrifttum) ist. – Uns kann hier nur dieser Anfangs- oder einfache Tatverdacht interessieren, da es uns auf den ersten Zeitpunkt ankommt, zu dem ein Verdächtiger bei oder nach Einleitung eines Ermittlungsverfahrens in den Stand des Beschuldigten versetzt werden muss. Darüber besteht wohl Einmütigkeit, dass die kraft dringenden Tatverdachts verhafteten und die kraft hinreichenden Verdachts angeklagten Personen nur Beschuldigte mit allen Rechten und Pflichten der StPO sein können. Das sind nicht die Fälle, die uns in das Dilemma der Abgrenzung zwischen Verdächtigen und Beschuldigten bringen.

Der Verdacht ist also etwas sehr Flexibles. Mit ihm allein lässt sich deshalb eine *objektive* klare Grenze, deren messbare Überschreitung die Beschuldigteneigenschaft „automatisch" begründet, nicht ziehen.

Der BGH erwähnt einen weiteren Faktor, der uns den Zeitpunkt der Begründung der Beschuldigteneigenschaft fixieren helfen soll, wenn er an Entscheidungen des RG anknüpfend ausführt: „Diesen Entscheidungen liegt der Rechtsgedanke zugrunde, dass jemand in einem Strafverfahren, einerlei wie weit es gediehen ist, die Stellung eines Beschuldigten (Angeschuldigten oder Angeklagten) mit der Folge seiner Ungeeignetheit als Zeuge *nur dann inne hat,* wenn das Strafrechtspflegeorgan, welches das Strafverfahren in seinem jeweiligen Abschnitt maßgeblich gestaltet, es gegen ihn gerade als Beschuldigten betreibt." Mit anderen Worten: Die Beschuldigteneigenschaft wird durch einen Willensakt der Strafverfolgungsbehörde begründet (vgl. BGH 10/8, hierzu *Fincke,* aaO., S. 1015 und Anm. 19).

Ein englischer Schriftsteller (*Devlin,* The Criminal Prosecution in England, 1960, S. 31; zitiert bei *Gerlach,* aaO., S. 777 Fn. 9) nennt diesen Akt die „Kriegserklärung", mit der man zu erkennen gibt, dass man den Betroffenen nicht mehr als neutralen Staatsbürger anzusehen bereit ist, sondern dass man sich als Gegner gegenübersteht, und der Beschuldigte nunmehr alle Rechte zu seiner Verteidigung, über die er in diesem Augenblick aufzuklären ist, wahrnehmen kann. Bis zu diesem Augenblick war er aber Zeuge – wenn auch ein verdächtiger. – Der Supreme Court der USA (zit. bei *Gerlach,* aaO, Fn. 3, 45, 46; *Pelckmann,* aaO. 2144/45) hat dieser Zäsur zwischen Zeugen und Beschuldigten einmal so beschrieben: „... die Polizei sei verpflichtet, den von ihr Verhörten auf seine Rechte hinzuweisen, sobald die Ermittlungen nicht länger eine allgemeine Untersuchung eines noch ungeklärten Verbrechens zum Inhalt haben, sondern sich auf einen bestimmten Verdächtigen zu konzentrieren beginnen ... – und die Polizei nunmehr die Vernehmung mit dem Ziel durchführt, dem Verdächtigen sich selbst belastende Aussagen zu entlocken." – Der Beschuldigte ist also eine individualisierte natürliche Person, die wegen Verdachts einer strafbaren Handlung infolge eines Willensaktes der Strafverfolgungsbehörde in ein Strafverfahren verstrickt ist (vgl. *Walder,* Die Vernehmung des Beschuldigten, Kriminalistik, Hamburg 1965, S. 53).

Das klingt ganz gut, aber sind wir damit wirklich einen Schritt weitergekommen? – Müssen wir doch jetzt fragen: „Wann ist nun jemand in ein Strafverfahren als Beschuldigte verstrickt oder wann ist in einem Ermittlungsverfahren durch die „Kriegserklärung" eine Person als Beschuldigte prozessual zu verstricken?" – Der die prozessuale Verstrickung begründende Willensakt ist doch auch eine Ermessensentscheidung, die wieder zur alten Frage führt, welcher Grad von Verdacht von dem ermittelnden Beamten jeweils angenommen wird.

So fehlt es denn auch nicht an Bemühungen, diese Entscheidung der Strafverfolgungsbehörde an *objektive Maßstäbe zu binden,* um diesen Zeitpunkt der „Kriegserklärung" nicht der Willkür eines Beamten zu überlassen. Der BGH (10/8) hat zu dieser Frage ausgeführt: „Es muss zwar grundsätzlich der pflichtgemäßen Beurteilung der Strafverfolgungsbehörde überlassen bleiben, ob sie gegen jemand einen solchen Grad des Verdachts auf eine strafbare Handlung für gegeben hält, dass sie ihn als Beschuldigten verfolgt, denn sie ist Herrin des Ermittlungsverfahrens. Würde sie aber einen als Täter einer Straftat oder als Teilnehmer an ihr Verdächtigen, den sie als Beschuldigten zu verfolgen gute Gründe vorlägen, aus sachfremden Erwägungen willkürlich in die Rolle eines Zeugen drängen, etwa zu dem Zweck, ihn als solchen dem Aussage- und womöglich dem Eideszwang auszusetzen, so vermöchte ein solcher Missbrauch des Ermessens ihm nicht die Eigenschaft eines Zeugen zu verleihen."

Gerlach (*v. Gerlach,* NJW 1969, S. 779 Anm. 40) bemerkte hierzu, hier bleibe unklar, aus welchen Gründen ein Verdächtiger, der von der StA missbräuchlich als Zeuge vorgeführt wird, trotz Anerkennung ihrer Dispositionsbefugnis gleichwohl als Beschuldigter gelten soll, kommt aber in seiner Untersuchung zu dem gleichen Ergebnis, dass nämlich ein Ermittlungsrichter einen Verdächtigen, auf den die Verdachtslage klar als wahrscheinlichen Täter hinweise, als Beschuldigen vernehmen müsste, selbst wenn dieser ihm von der StA als Zeuge vorgeführt werde, und zwar deshalb, weil die Begründung der Beschuldigteneigenschaft in erster Linie durch objektive Gesichtspunkte bestimmt werden müsste und nicht von etwaigen Willensentschließungen der Verfolgungsorgane allein abhängen könne (*v. Gerlach,* aaO, 779/780).

Prof. Geerds, Frankfurt (*Friedrich Geerds,* GA 1965, 321 ff.) schreibt, dass es in praxi nicht so sehr auf die Tatsache ankommt, dass ein Berufsverfolgungsorgan jemand als Tatverdächtigen behandelt, sondern darauf, ob dies – gemessen an den Vorschriften der StPO – zu Recht erfolgt, weil sonst bloßes Behaupten verbunden mit der prozessualen Entscheidung jeden beliebigen Bürger rechtmäßig in den Status eines Beschuldigten versetzen würde. Es handle sich hier also nicht um eine Ermessensentscheidung, denn der nach § 152 Abs. 2 StPO ausschlaggebende sog. einfache Tatverdacht richte sich nicht nach den subjektiven Vorstellungen der Strafverfolgungsorgane, die sonst allein durch entsprechend festen Glauben an die Schuld eines Menschen das Strafverfahren legitim machen könnten. Deshalb reiche für diesen Tatverdacht und damit für die Einleitung eines Ermittlungsverfahrens eine auf allgemeiner Erfahrung basierende Verdächtigung, die nicht durch Umstände des konkreten Falles zu belegen ist, nicht aus. Die kriminalistische Hypothek als solche verkörpere noch keinen Tatbestand im Sinne des Gesetzes.

Man *fordert deshalb, dass bei der Verdachtsprüfung,* die den Willensakt der „Kriegserklärung" auslöst oder nicht, *von dem Standpunkt eines objektiven Betrachters ausgegangen werde.* Wenn ein solcher zu der Entscheidung kommt, dass die Konkretisierung des Verdachts einen Grad erreicht hat, der den Verdächtigen vernünftigerweise mit dem wahrscheinlichen Täter identifizieren lässt (vgl. hierzu *Gerlach,* aaO, 780; *E. Schmidt,* Lehrkomm. II, Rdn. 8 u. 9 zu § 112 n.F.), dann ist dieser Willensakt der Strafverfolgung notwendig und gerechtfertigt. – Das klingt auch wieder ganz gut, aber – genau betrachtet – *wo und wer ist dieser objektive Betrachter,* wenn z.B. StA und Richter verschiedener Meinung sind, jeder „vernünftigerweise" und objektiv natürlich.

Mir scheint, man kann es anfassen wie man will, man kommt letzten Endes doch immer wieder zu dem Ergebnis, dass ein Mensch, wenn auch besten Willens zur Sachlichkeit, aber behaftet mit mangelhaftem Erkenntnisvermögen oder beeinflusst durch subjektive Faktoren oder gar versehen mit emotionellen Scheuklappen, entscheiden muss, ob und welche ermittelten Tatsachen die mögliche

Beziehung einer Person zum Gegenstand der Untersuchung so verdeutlichen, dass diese Person nunmehr in das Strafverfahren als Beschuldigter verstrickt werden muss oder kann.

Vielleicht kommt man zu besseren Ergebnissen, wenn man einmal *auf die Art und die Richtung der Ermittlungen selbst abstellt.* – Die Begründung der Beschuldigteneigenschaft muss schon *dadurch einer unterschiedlichen Beurteilung* unterliegen, ob die Ermittlungen *von Anfang an gegen eine bestimmte* Person gerichtet sind (täterbezogene Ermittlungen), oder ob das *Verfahren gegen Unbekannt* läuft, wobei der Beschuldigte erst durch das Sieb der Ermittlungen aus einer Vielzahl potentieller Täter herausgefiltert werden muss. – Bei der Aufklärung von NS-Verbrechen ist es meist nur aufgrund weitgespannter Ermittlungen möglich, aus einem großen Kreis von im weitesten Sinne Tatverdächtigen schließlich die wahren und verantwortlichen Täter herauszufinden oder den Kreis der Verdächtigen überhaupt erst einmal einzugrenzen. Es sind zunächst tatbezogene Ermittlungen gegen „Unbekannt". Im Rahmen der uns aufgetragenen „systematischen" Überprüfung aller KZ und Nebenlager, wird zunächst nur ermittelt, um erst einmal festzustellen, ob z.B. in einem Nebenlager X überhaupt Tötungsdelikte vorgekommen sind.

Befassen wir uns jedoch erst mit dem Fall der täterbezogenen Ermittlungen. Hier geht es in erster Linie um die Klärung des Tatbeitrages einer von vornherein bestimmten Person, die zum Gegenstand der Untersuchung in Beziehung gebracht wird. Es kann m.E. kein Zweifel bestehen, dass die Beschuldigteneigenschaft des Verdächtigen schon durch die Einleitung des Ermittlungsverfahrens gegen ihn begründet wird, wobei der Grad des geäußerten Verdachtes keine Rolle spielt. Hier wird die einer strafbaren Handlung verdächtige Person, gegen die die Ermittlungen betrieben werden, von Anfang an in die Beschuldigtenstellung gedrängt. Die verfahrensneutrale Zeugenrolle kommt für ihn nicht mehr in Frage. – Das Gleiche muss auch gelten, wenn ein Ermittlungsverfahren aufgrund einer Anzeige eingeleitet wird, selbst wenn die Bezichtigung zunächst noch mit erheblichen Zweifeln behaftet sein mag (*v. Gerlach,* NJW 1969, 778).

Den zu Unrecht Bezichtigten schützt § 164 StGB. Hier muss auf eine Entscheidung des BGH (BGH Urt. v. 20.9.1955 – NJW 1955, 1804) hingewiesen werden, die besagt, dass ein Verfahren im Sinne des § 164 Abs. 6 StGB schon dann „eingeleitet" ist, wenn die Anzeige mit einer polizeilichen Vernehmung des Beschuldigten bei der StA eingeht. In den Gründen hierzu wird u.a. ausgeführt: „Die Vorschrift des § 164 Abs. 6 StGB setzt allerdings ‚ein infolge der gemachten Anzeige eingeleitetes Verfahren' voraus, das noch anhängig ist. Das RG sah in selbständigen Ermittlungshandlungen der Polizei noch kein solches Verfahren (RG, Goltd. Archiv 48, 365). Es ließ auch den bloßen Eingang der Strafanzeige bei der StA nicht genügen und verlangte ‚eine einleitende Verfügung' dieser Behörde (RG Recht 1902, 536 Nr. 2527). Diese erscheint dem Senat jedoch nicht erforderlich, wenn schon die Polizei aufgrund der Anzeige von sich aus Ermittlungen gegen den Beschuldigten vorgenommen und diese Vorgänge mit der Anzeige der StA übersandt hat (ebenso LK, § 164 Anm. 7; *Olshausen,* StGB § 164 Anm. 19)."

Auch für ein Verfahren aufgrund einer anonymen Anzeige muss gelten, dass Beschuldigter stets derjenige ist, gegen den – unabhängig von der Verdachtsstärke – Ermittlungen geführt werden. Andere Meinungen gehen dahin, dass man in diesem Falle erst dann von einem Beschuldigten reden könne, wenn sich der ermittelnde Beamte aufgrund genügender Anhaltspunkte den Verdacht selbst zu eigen gemacht habe (*Kohlhaas,* Löwe-Rosenberg [Ergänzungsbd.] § 163 a Anm. 10, *Saarstedt,* ebd., § 136 Anm. 3). Deshalb solle der Polizeibeamte den Bezichtigten erst einmal „informatorisch" hören, bevor er die Beschuldigtenbelehrung ausspreche (*Kohlhaas,* NJW 1965, 1255).

Die Richtlinien für das Strafverfahren besagen in Nr. 11 Folgendes: „Namenlose Anzeigen sind mit besonderer Vorsicht zu würdigen. Schlechthin unbeachtet dürfen sie nicht bleiben, weil sie zuweilen wichtige Anhaltspunkte für die Ermittlung von Verbrechen und Vergehen geben. Manchmal kann es sich empfehlen, den *Beschuldigten* erst dann zu vernehmen, wenn der geäußerte Verdacht durch andere Ermittlungen eine gewisse Bestätigung gefunden hat."

Wir finden jedoch in der Rechtsprechung, Literatur und in Kommentaren die Auffassung, dass es einen „rechtsfreien Raum" gäbe, in dem man Auskunftspersonen vernehmen oder befragen könne, ohne dass der Beamte in dieser im Gesetz nicht erwähnten Phase des Ermittlungsverfahrens (vgl. *Werner Niese,* Zeitschrift f. d. gesamte Rechtswissenschaft, Bd. 63 [1951], S. 220; *Kleinknecht,* Ermittlungen der Polizei nach der „Kleinen Strafprozessreform", Kriminalistik Sept. 1965, S. 451; OLG Oldenburg, NJW 1967, S. 1096 [1097]) an die Vorschriften für Vernehmungen von Zeugen oder Beschuldigten gebunden sei. Auch in dem oben erwähnten Erlass vom 29.3.1965 des niedersächs. Innenministers finden wir z.B. folgende Weisung: „In der Regel wird einer Beschuldigtenvernehmung ein vorbereitendes Gespräch vorausgehen. Die nach § 163 a Abs. 4 StPO vorgeschriebenen Belehrungen sind daher insoweit nicht erforderlich. Der Beschuldigte ist jedoch spätestens dann zu belehren, wenn mit der Vernehmung zur Sache begonnen oder dem Betroffenen ein konkreter Tatvorwurf gemacht wird." – Die Rechtsprechung – so BGH und OLG Düsseldorf – gibt zu verstehen, dass es polizeiliche Befragungen in Strafverfahren gibt, die keine Vernehmungen sind (*Fincke,* NJW 1969, 1015, BGH = NJW 1968, 1388, OLG Düsseldorf, NJW 1968, 1840).

Wer die Annahme eines „rechtfreien Raumes" oder einer „informatorischen" Zeugen- oder Beschuldigtenvernehmung *ohne* Berücksichtigung des strafprozessualen Ritus akzeptiert, kann diese rechtlich nicht aus den Vorschriften der StPO, die keine sonstigen „Auskunftspersonen" (*Hans Walder,* aaO., S. 54) kennt, begründen. – *v. Gerlach* nimmt m.E. mit Recht dagegen Stellung und vertritt die Auffassung, dass der Strafprozess, der mit der ersten Ermittlungshandlung beginnt, nur entweder Zeugen oder Beschuldigte als Auskunftspersonen kennt und es in unserer StPO keine dritte Kategorie gibt. Die Zeugnispflicht ist ja nicht davon abhängig, dass ein Beschuldigter bereits vorhanden ist (*v. Gerlach,* aaO., S. 777 u. Anm. 15). Daher sind, solange es einen Beschuldigten noch nicht gibt, alle in die Ermittlungen einbezogenen Personen Zeugen, die, sofern ein gewisser Verdacht gegen sie begründet ist, nach § 163 a Abs. 5, 55 zu belehren sind. Schließlich besteht die

Definition des Zeugen gerade darin, Auskunftsperson über Tatsachen zu sein (*Baumann,* Strafrechtspflege u. RG 52, 289).

Mit der Annahme eines „rechtsfreien Raumes“ stellen sich die Fragen, wann beginnt der Strafprozess? Was ist eine Vernehmung und was ein „zwangloses Gespräch“?, was eine „bloße Äußerung“ im Unterschied zu einer Aussage? – In diesem Zusammenhang mag es interessieren, dass z.B. die StPOs der UdSSR ein eigenes Verfahren zur Begründung der Beschuldigtenstellung kennen. Die neue StPO der DDR von 1968 verlangt für die Begründung der Beschuldigtenstellung eine schriftlich begründete Verfügung über die Einleitung des Ermittlungsverfahrens (vgl. *Fincke,* aaO., S. 1014. Die oben zitierten früheren Entscheidungen des RG verlangten ebenfalls „eine einleitende Verfügung“). – Die Begründung der Beschuldigteneigenschaft bei *täter*bezogenen Ermittlungen ist für unsere Zusammenarbeit in NS-Ermittlungssachen auch aus folgenden Gründen von Bedeutung:

Erinnern wir uns an den Abschnitt III der Verwaltungsvereinbarung, der der ZSt. folgende Aufgaben zuweist: Sie soll das erreichbare Material sammeln, sichten und auswerten und hierbei nach Ort, Zeit und Täterkreis begrenzte Tatkomplexe herausarbeiten und feststellen, welche an den Tatkomplexen beteiligte Personen noch verfolgt werden können. Wenn dies geschehen ist, d.h. wenn der Kreis der verfolgbaren Täter festgestellt ist, sollen die Vorermittlungen an die zuständige StA abgegeben werden. Das bedeutet, dass die ZSt. von Amts wegen die Aufgabe hat, bei der zuständigen StA nach Prüfung und Vorliegen der oben genannten Voraussetzungen die Einleitung eines Ermittlungsverfahrens zu veranlassen, d.h. Anzeige zu erstatten. Diese Anzeige findet in der Zusammenfassung der Vorgänge im Abschlussbericht ihre Darstellung. Hierin werden die Verbrechen geschildert und die verfolgbaren Täter sowie ihre Beteiligung zu den Verbrechen aufgeführt.

Aus dem oben Gesagten über die Begründung der Beschuldigteneigenschaft bei täterbezogenen Ermittlungen folgt, dass diese im Abschlussbericht als Täter bezeichneten Personen eo ipso Beschuldigte in dem nun beginnenden Ermittlungsverfahren der StA sind. Wenn nach der Rechtsprechung des BGH ein Verfahren im Sinne des § 164 Abs. 6 StGB schon dann eingeleitet – und damit die Beschuldigteneigenschaft begründet ist -, wenn die Anzeige mit einer polizeilichen Vernehmung des Beschuldigten bei der Staatsanwaltschaft eingeht, dann muss m.E. dies für die Übersendung unserer Akten, mit Abschlussbericht ebenso gelten. Dann kann aber die StA den Beginn der Beschuldigteneigenschaft der benannten verfolgbaren Täter nicht mehr nach eigenem Gutdünken festsetzen oder ändern. Daraus folgt aber auch, dass sich das Problem der Abgrenzung des Verdächtigen vom Beschuldigten zunächst für die ZSt. nach Abschluss ihrer Vorermittlungen stellt.

Anders und schwieriger liegen die Dinge im Falle der tatbezogenen Ermittlungen. Das Verfahren läuft zunächst gegen Unbekannt. Der Beschuldigte soll erst aus einer Vielzahl potentieller Täter herausgefunden werden.

Hier muss zunächst Voraussetzung für die Begründung der Beschuldigteneigenschaft sein, dass die Ermittlungen nicht mehr der Aufklärung des Tatgeschehens gelten, sondern aus dem Stadium der Erforschung des Sachverhalts nunmehr übergegangen sind, einen oder mehrere bestimmte Verantwortliche anzuschuldigen.

Es muss also der Punkt erreicht sein, zu dem man sich entscheiden muss, gegenüber einem oder mehreren bisher Verdächtigen nun die „Kriegserklärung" abzugeben. Hier beim Übergang von den zunächst tatbezogenen zu den täterbezogenen Ermittlungen besteht für uns das eigentliche Dilemma der Abgrenzung zwischen Verdächtigen und Beschuldigten.

Das Dilemma kann dadurch noch größer werden, dass es in unseren Verfahren nicht selten vorkommt, dass verschiedene Personen als verantwortliche Beschuldigte in Betracht kommen, die sich aber gegenseitig ausschließen. *Kohlhaas* ist der Meinung, dass in einem solchen Falle alle Beteiligten, selbst wenn nur einer der schuldige Täter sein kann, Beschuldigte sind und alle entsprechend zu belehren sind (*Kohlhaas,* NJW 1965, 1255).

Andere sind der Ansicht (vgl. hierzu *v. Gerlach,* aaO., S. 780 und Fn. 4, 46 u. 48), dass in diesem Falle erst dann von einem Beschuldigten gesprochen werden kann, wenn einer aus dem Kreis der übrigen Verdächtigen als der voraussichtliche Täter herausragt, gegen den sich nunmehr das Verfahren als Verantwortlichen richten kann. Zwei oder mehrere Verdächtige, die sich gegenseitig als Täter ausschließen, können für dieselbe Tat nicht gleichzeitig als Beschuldigte verantwortlich gemacht werden. Beispiel: Ein Häftling wird bei dem Versuch, aus einem Gefangenentransport auszubrechen, erschossen. Jeder der Bewacher behauptet, ungezielt geschossen zu haben. Liegen also außer der Tatsache, dass jeder geschossen hat, keine weiteren Tatsachen vor, die für die Täterschaft des einen oder anderen sprechen, so ist zunächst keiner der beiden Beschuldigter. Die Untersuchung ist vielmehr noch tatbezogen und primär der Erforschung des Sachverhalts gewidmet. Erst mit der Konzentration auf einen von beiden Tätern wird dieser Beschuldigter.

Will man in Ermittlungsverfahren wegen NS-Verbrechen bei Begründung der Beschuldigteneigenschaft zu einer vernünftigen Lösung kommen, bei der auch die §§ 55, 60 Ziff. 2 StGB ihren Sinn in einem Ermittlungsverfahren behalten (vgl. auch BGH, Urt. v. 15.1.1957, NJW 1957, 511 ff., in dem zwischen Auskunfts- und Zeugnisverweigerungsrecht der Zeugen unterschieden wird), kann man m.E. nicht den Standpunkt vertreten, dass jeder Verdächtige von vornherein als Beschuldigter zu behandeln ist und dass es nicht sachgemäß ist, einen Verdächtigen überhaupt als Zeugen zu behandeln. – Man muss besonders in unseren Verfahren den Begriff des Beschuldigten eng fassen. So kann nicht genügen: Die bloße Anwesenheit am Tatort zur Zeit des Geschehens oder nur die Tatsache, einer Einheit zur fraglichen Zeit angehört zu haben ohne jeglichen Hinweis, auch bei dem Tatgeschehen mitgewirkt zu haben und erst recht nicht die Zugehörigkeit aller Angehörigen zu einer Dienststelle gemäß Liste oder Erkennungsmarkenverzeichnis ohne einen Anhaltspunkt für eine persönliche Beziehung zur Tat.

So erscheint es mir auch nicht vertretbar, einen möglicherweise Beteiligten deshalb in die Beschuldigtenliste als 34. Beschuldigten aufzunehmen, weil er einer tatverdächtigen Dienststelle – ohne persönlich konkrete Belastungen – angehört hat *und* sein Tod als bisher nicht hinreichend erwiesen angesehen wird. – Als ein hoffnungsvolles Zeichen, dass sich die engere Auslegung des

Beschuldigtenbegriffs auch in unserer Praxis durchsetzt, darf man vielleicht folgenden Zusatz werten, den ein Ltd. OStA seinem Bericht über die Zahl der am 1.1.1970 noch geführten Beschuldigten hinzufügte: „Ermittlungsverfahren gegen Unbekannt, namentlich nicht bekannte Beschuldigte, verstorbene Beteiligte und solche Personen, gegen die bisher nur aufgrund ihrer Einheitszugehörigkeit ein Tatverdacht angenommen werden könnte, habe ich nicht berücksichtigt. Insbesondere in den gegen Polizeieinheiten geführten Ermittlungsverfahren könnten anderenfalls weit höhere Zahlen von „Beschuldigten" aufgeführt werden."

II. Bereits auf der Freiburger Tagung wurde die Behandlung dieses Problems von OStA Dr. Rückerl aus der Sicht der Verfahrensstatistik angesprochen. Er hat anhand des von ihm damals vorgetragenen Zahlenmaterials dargetan, dass der Begriff des Beschuldigten in einigen Bundesländern offensichtlich großzügiger gehandhabt wird als in anderen Bundesländern. So ergab sich, dass von der Gesamtzahl der 14.912 Beschuldigten, die man am 1.1.1969 ermittelt hat, allein auf drei Bundesländer 12.336, und auf die übrigen acht Bundesländer der Rest von 2576 entfielen.

Auf die drei Bundesländer Hessen, Nordrhein-Westfalen, Hamburg entfielen 1968 allein 83 % an der Gesamtzahl der Beschuldigten und auf die übrigen acht Bundesländer nur 17 %. Bei 59 Verfahren verzeichnete z.B. Baden-Württemberg nur 289 und Rheinland-Pfalz bei 60 Verfahren nur 497 Beschuldigte, dagegen Hamburg bei ebenfalls 59 Verfahren 1880 Beschuldigte, Nordrhein-Westfalen insgesamt 4297 Beschuldigte, wobei die Zahl der Verfahren uns leider nicht bekannt ist. Würde man den „Schlüssel" von Baden-Württemberg oder Rheinland-Pfalz anwenden, dann müssten es ca. 860 Verfahren gewesen sein.

Am 1.1.1970 waren es noch insgesamt 8967 Beschuldigte in der Bundesrepublik. Hiervon entfallen auf Hamburg 1912 = 21,3 %, Hessen 1278 = 14,3 %, Nordrhein-Westfalen 3366 = 35,8 %, insgesamt also 6556 Beschuldigte oder 70,9 %. Die anderen Länder sind mit 29,1 % beteiligt.

Betrachtet man jedoch einmal die Entwicklung unter dem Aspekt der nur im Jahre 1969 neu eingetragenen Beschuldigten, so zeigt sich eine deutliche Tendenz der Verringerung dieser Differenz. Im Jahre 1969 wurden in der Bundesrepublik 1621 Personen als Beschuldigte eingetragen, davon in Hamburg 338 = 20,9 %, in Hessen 185 = 11,4 %, in Nordrhein-Westfalen 404 = 24,3 % = 927 56,6 %. – Auf die übrigen Länder entfielen 43,4 % = 694 Beschuldigte.

Bei der oben erwähnten Gesamtzahl von 14.912 Beschuldigten handelte es sich nur um Personen, gegen die Ermittlungsverfahren wegen Mordes oder Beihilfe zum Mord eingeleitet worden waren. Stellen wir dem einmal gegenüber, dass in den Jahren 1958 bis 1969 insgesamt 249 Strafverfahren durchgeführt wurden, in denen 660 Angeklagte vor Gericht erschienen sind, dann gewinnen wir etwa einen Eindruck, wie viele von den 14.912 statistisch Beschuldigten wohl mit konkretem Verdacht als Verantwortliche in die Stellung des Beschuldigten versetzt worden sind. Zu ergänzen wäre hierzu noch, dass von den 660 Angeklagten 404 (61 %)

verurteilt, 162 (24 %) freigesprochen wurden und gegen 78 (14 %) das Verfahren eingestellt wurde.

Unerfreulicher kann sich ein solches statistisches Zahlenwerk mit Beschuldigten auswirken, wie folgendes Beispiel zeigen mag: In der Zeit vom 8.5.1945 bis zum 31.12.1967 wurden laut Statistik insgesamt gegen 77.004 Personen Ermittlungsverfahren wegen NS-Straftaten eingeleitet, d.h. also, es gab 77.004 Beschuldigte. Davon wurden 6192 verurteilt, bei 51.877 Personen wurde der Fall ohne gerichtliche Entscheidung abgeschlossen. In dieser Zahl von 77.004 waren alle möglichen Straftaten Gegenstand der Verfahren. Diese Zahlen spiegeln sich nun z.B. im „Spiegel", um dann vom stellvertretenden GStA der Sowjetunion G. Alexandrow in eine Veröffentlichung über „Neonazismus in der Gerichtspraxis der Bundesrepublik Deutschland" („Internationales Leben", Heft 11, S. 69) folgendermaßen übernommen zu werden: „Vor nicht allzu langer Zeit veröffentlichte die in Hamburg erscheinende Zeitschrift „Der Spiegel" überaus interessante statistische Angaben. Sie stellte fest, dass in Westdeutschland während mehr als 20 Jahren 77.004 Ermittlungsverfahren gegen NS-Kriegsverbrecher durchgeführt wurden, 51.877 Personen wurden freigesprochen oder die Verfahren eingestellt. Während dieser Zeit wurden 6192 NS-Verbrecher verurteilt; hierbei muss man sich vor Augen führen, dass nur wenige von ihnen zu lebenslänglichem Zuchthaus verurteilt worden sind. Die übrigen sind mit milden Urteilen davongekommen. Viele wurden mit Rücksicht auf die Dauer der Untersuchungshaft sofort im Gerichtssaal aus der Haft entlassen."

Auch unsere Journalisten weisen bei der Frage, was mit Rücksicht auf die geringe Zahl der tatsächlichen Verurteilten mit den übrigen x-tausend Beschuldigten geschehen sei, immer auf das auffällige Missverhältnis zwischen Nichtverfolgungen und ergangenen Urteilen hin und schließen hieraus – je nach politischer Einstellung – auf irgendwelche besondere Hintergründe. – Ich wollte mit diesem Beispiel nur einmal darauf hinweisen, dass eine großzügige Auslegung des Beschuldigtenbegriffs auch zu unerfreulichen Konsequenzen führen kann.

Natürlich ist auch mir bekannt, dass es bestimmte Gründe gab, die für eine weitherzige Auffassung des Beschuldigtenbegriffs in der Praxis sprechen. So musste früher – ich möchte meinen, es ist schon längst nicht mehr nötig – die schwierige umfangreiche und große Arbeit, die NS-Verfahren bereiten, auch nach oben quantitativ eindrucksvoll dargestellt werden. Dazu konnte eine Statistik viel hergeben. Das setzt dann eben voraus, dass man sämtliche Angehörige eines verdächtigen Polizeibataillons als Beschuldigte eintragen ließ, weil dasselbe Verfahren, wenn es nur den Bataillonskommandeur und einige Offiziere als Beschuldigte angeführt haben würde, zahlenmäßig gesehen z.B. das Verlangen nach weiteren Sachbearbeitern nicht unterstrichen haben würde. Ich meine aber, dass dieser Standpunkt nur in der Anfangszeit der Tätigkeit der StA in NS-Verfahren vielleicht eine gewisse Berechtigung hatte, und dass es heute auch auf höherer Ebene allgemein bekannt ist, dass diese Verfahren den Rahmen der gewohnten Strafverfolgung innerhalb der Justiz sprengen.

Wesentlich gewichtiger sprach die Verjährung für eine extensive Auslegung des Beschuldigtenbegriffs. Aus dieser Sicht schien es zweckmäßiger, einen auch nur am Rande Verdächtigen als Beschuldigten zu führen, um auch ihn in die unterbrechenden richterlichen Handlungen sicher mit einzubeziehen. – Haben wir früher nicht schließlich selbst immer wieder darauf hingewiesen, als die drohenden Verjährungstermine sich näherten, dass man alle potentiellen Täter als Beschuldigte führe, um auch gegen sie die Unterbrechung der Verjährung wirksam werden zu lassen?

Es muss zugegeben werden, dass die Verjährungsfrage eine Rolle spielte, wenngleich man sich dann fragen muss, wie eigentlich die übrigen Länder mit 17 % Anteil, deren StA so sehr viel zurückhaltender in der Zahl ihrer Beschuldigten waren, mit der Verjährungsfrage zurechtgekommen sind. Es ist wohl kaum anzunehmen, dass diese StA nur gegen Personen ermittelten, bei denen das Problem der Unterbrechung der Verjährung nicht bestand. Heute aber dürfte diese Frage ihre Aktualität eingebüßt haben, da für die Einleitung neuer Verfahren gegen neue Beschuldigte die Verjährung und ihre vorsorgliche Unterbrechung keine Rolle mehr spielt.

Für die künftige Praxis sollte man der engeren Auslegung des Beschuldigtenbegriffs aus folgenden Gründen den Vorzug geben:

1. Die allzu großzügige Begründung der Beschuldigteneigenschaft hat insbesondere bei Beamten Nebenfolgen, die mir nicht vertretbar erscheinen. Ich denke hierbei an die zahlreichen Personalauskünfte und an die Folgen, wenn mitgeteilt werden muss, dass der X in dem und dem Verfahren der StA als Beschuldigter geführt wird, weil er einem Polizeibataillon angehört hat, das an Vernichtungsmaßnahmen beteiligt gewesen sein soll. Schon die Mitteilung, dass der Angefragte z.B. zwar nicht konkret verdächtig ist, aber zu dem Kreis der zu überprüfenden Personen gehört, kann beamtenrechtliche Maßnahmen stornieren. Wie lange aber die endgültige Entscheidung auf sich warten lässt, wissen wir alle. Man braucht sich nur einmal zu vergegenwärtigen, dass 1965 die Vorbereitungszeit für Ermittlungen bis in die Hauptverhandlung durchschnittlich fünf Jahre ein Monat und 1969 sechs Jahre fünf Monate betrug. Welche Rolle aber die Frage beamtenrechtlicher Maßnahmen spielen kann, mag folgendes Zahlenbeispiel erhellen:

Eine nach unseren Angaben gefertigte Übersicht der oben erwähnten 660 Angeklagten ergibt folgende prozentuale Aufgliederung für

a) Beamte des einfachen und mittleren Dienstes: 1958 – 33,3 % mit Durchschnittsalter von 48 Jahren, 1969 – 46,8 % mit Durchschnittsalter von 58 Jahren

b) Beamte des gehobenen Dienstes: 1958 – 45,4 % mit Durchschnittsalter von 48 Jahren, 1969 – 40,2 % mit Durchschnittsalter von 62 Jahren

c) Beamte des höheren Dienstes: 1958 – 21,2 % mit Durchschnittsalter von 50 Jahren, 1969 – 12,8 % mit Durchschnittsalter von 66 Jahren. – Die Prozentzahl der nicht angeklagten, aber als Beschuldigte geführten Beamten aller Dienste dürfte viel höher liegen. – Für alle diese früheren Beamten sind aber einmal Entscheidungen getroffen worden oder noch zu treffen, sei es wegen Wiedereinstellung, Beförderung, Anrechnung von Dienstzeiten, Hinterbliebenenversorgung, 131-Gesetz und was es noch alles für Möglichkeiten gibt. – Sollte man da nicht den Polizei- oder sonstigen Beamten lieber erst bei konkreten Hinweisen auf Beziehungen zur fraglichen Straftat als Beschuldigten eintragen und nicht schon deshalb, weil er laut Liste der Einheit angehört hat, aber erst alles Nähere überprüft werden muss?

2. Eine extensive Begründung der Beschuldigteneigenschaft ist auch sachlich deshalb nicht mehr gerechtfertigt, weil besonders in unseren Ermittlungen die Zeiten längst vorüber sind, da man mit dem Überraschungseffekt einer frühzeitigen Vernehmung oder gar Verhaftung Erfolge erzielen und erst daran ergänzend weitere Beweisermittlungen führen konnte. – Heute ist es nur noch möglich, gründlichst zu ermitteln, Beweismaterial zusammenzutragen, Dokumente zu beschaffen und dann an den Verdächtigen heranzugehen und sich möglichst erst nach seiner Vernehmung zu überlegen, ob er der wirkliche Verantwortliche und damit der echte Beschuldigte ist. Dies gilt heute nicht nur für unser spezielles Gebiet, sondern infolge der Auswirkungen der Strafprozessänderungen für die Ermittlungsarbeit der Strafverfolgungsbehörden überhaupt (hierzu *Hochscherff,* Auswirkungen der Strafprozessänderung in „Die Polizei", 1966, Heft 12, S. 373 [375]).

3. Der wichtigste Grund für eine einengende Praxis bei der Begründung der Beschuldigteneigenschaft scheint mir jedoch folgender zu sein: So verschieden die Ansichten über die Frage sein können, welcher Grad des Verdachtes für die Begründung der Beschuldigteneigenschaft erforderlich ist, so einhellig sind die Meinungen darüber, dass der Beschuldigte nicht bloßes Prozessobjekt sein darf, sondern dass in allen Verfahrensstadien seine Eigenschaft als Prozesssubjekt gewährleistet sein muss (*Peters,* aaO. S. 160 „Verfahrensgegenstand [Objekt] ist vielmehr die Tat; § 264 StPO zeigt das deutlich"); ein Gedanke, dem aufgrund der Menschenrechtskonvention und der Grundrechte des GG eine gesteigerte Bedeutung in der Entwicklung des Strafverfahrensrechts seit 1945 zukommt (vgl. hierzu „Schwarz-Kleinknecht", 29. Aufl. A 4 MRK Anm. 4 zu Art. 6; *E. Schmidt,* aaO., S. 1204 ff.).

Selbst in der Zeit des Nationalsozialismus, in der man eine solche „Waffengleichheit" als ein altes liberales Prinzip, das dem eigentlichen Wesen des Strafverfahrens zuwider ist und praktisch sich so verhängnisvoll bei der Verbrechensbekämpfung ausgewirkt hat, ablehnte (*Erik Wolf,* Zur Stellung des Beschuldigten im Strafverfahren, Zeitschrift der Akademie für Deutsches Recht, 1937, S. 1 177 ff.), sollte der Beschuldigte niemals zu einem reinen Objekt des Verfahrens werden. Er sollte selbstverständlich auch im Strafprozess noch als Volksgenosse behandelt werden (*Wolf,* aaO., S. 178).

Hierzu sei eine interessante Randbemerkung gestattet. In den Ausführungen Erik Wolfs wird der Gedanke einer verschiedenartigen Gestaltung der Strafverfahrensarten mit einer jeweils verschiedenen Stellung des Beschuldigten nach der Tatschwere und der Unterschiedlichkeit der Tätertypen erwogen. Ein Mörder sollte also eine andere Stellung als Beschuldigter haben als ein erstmals durch Leichtsinn und Verführung Gestrauchelter. Peters (*Peters,* aaO., S. 160) weist hierzu mit Recht darauf hin, dass eine solche Zweiteilung des Strafverfahrens kein gangbarer Weg hinsichtlich des Verfahrensaufbaus ist, weil auch der echte Kriminelle unschuldig sein kann und die Minderung seiner prozessualen Rechtsstellung eine Minderung der Zuverlässigkeit des Urteils bedeuten würde. – Obwohl unser Prozessrecht den Begriff des Verdächtigen nicht in dem Sinne einer Vorstufe des Beschuldigten verwendet, verlangt doch jedenfalls § 136 n.F. i.V. mit § 163 a StPO jetzt auch bei uns an sich einen präzisen Beschuldigtenbegriff, ohne den es zu einer Lähmung des Ermittlungsverfahrens kommen kann. Denke man hierbei an die Situation des Polizeibeamten, der mit einer Vielzahl von Verdächtigen Kontakt aufnimmt (*Fincke,* NJW 1969, 1014 ff.).

Die Grenze sollte hier nicht erst am Ende – etwa bei der Frage der Verwertbarkeit der Aussage eines nicht belehrten Beschuldigten – gezogen werden wie der BGH es tut (BGH, Urteil v. 31.5.1968, JZ 1968, 749 u. Beschluss v. 30.4.1968; JZ 1968, 750 u. Anm. von *Prof. Grünwald* hierzu JZ 1968, 752–754, s. oben Anm. 2). Dieser hat in seinen bisherigen Urteilen die Belehrungspflicht der §§ 163 a Abs. 4, 136 Abs. 1 S. 2 StPO nicht als eine zwingende Vorschrift angesehen, sondern sie auch jetzt noch nur zur „Ordnungsvorschrift" erklärt. Insoweit wird er heftig angegriffen. Für das Hauptproblem, nämlich die objektive Erfassung der verschiedenen Verdachtsgrade – für uns insbesondere die objektive Feststellung des „Anfangsverdachts" oder „einfachen Tatverdachts" – ist nirgends eine Patentlösung zu finden. Auch der oben erwähnte Standpunkt des „objektiven Betrachters" stellt keine Lösung dieses Problems dar.

Bei der Prüfung der Frage der zureichenden tatsächlichen Anhaltspunkte ist und bleibt das „zureichend" in das pflichtgemäße Ermessen des entscheidenden Beamten gestellt. – Hierbei sollten alle politischen, statistischen, taktischen und sonstigen Rücksichten keine Rolle spielen. Die Gerechtigkeit, die wir anstreben, findet sich nicht nur im materiellen Recht des StGB; es gibt auch eine prozessuale Gerechtigkeit (vgl. hierzu *Geerds,* aaO. [Anm. 4]). – Die viel zitierte Rechtsstaatlichkeit muss sich nicht nur im Bereich des sachlichen Strafrechts, sondern auch im Strafprozessrecht erweisen.

MinDirig. Roth (Stuttgart) unterstrich anschließend ebenfalls, dass das Gebot der Gerechtigkeit sich für den Strafrechtler nicht nur auf das materielle beschränke, sondern sich auch auf das formale Recht erstrecke.

OStA Dr. Schneider (Stuttgart) bemerkte zu dem Referat, dass er die Ausführungen nur voll unterstützen könne, regte aber an, dass die ZSt. selbst auch von dem dargestellten eingeengten Beschuldigtenbegriff ausgehen möge und Verfahren nur dann abgegeben solle, wenn der wirkliche Beschuldigte ermittelt worden sei.

EStA Carree (Dortmund) bemerkte hierzu, dass ein derartiges Anliegen für die ZSt. nicht durchführbar sei. Andererseits könnten aber auch die StA den Berichten der ZSt. keine bindende Wirkung für die Bestimmung der jeweiligen Beschuldigten zuerkennen. Sie könnten vielmehr allenfalls als Empfehlungen angesehen werden.

StA Landwehr (Dortmund) pflichtete dieser Auffassung bei und wies darauf hin, dass wegen der früheren Abgabe der Verfahren durch die ZSt. insoweit ein klarer Überblick noch nicht möglich sei und häufig erst im Laufe der weiteren Ermittlungen festgestellt werden könne, gegen welchen Angehörigen z.B. eines Polizeibataillons überhaupt konkrete Belastungen vorlägen.

OStA Dr. Artzt (Ludwigsburg) wiederholte die Unterscheidung in täter- und tatbezogene Ermittlungen. Bei den ersteren liege ein durch Beweismittel wie Zeugenaussagen, belegbares Verhältnis zur Tat vor, während bei den zweiten nur ungefähre Hinweise auf einen Personenkreis, wie ein Polizeibataillon oder eine Dienststelle gegeben werden könnten, ohne dass es bisher möglich gewesen sei, bestimmte Täter herauszufinden. In diesen Fällen sei es nicht berechtigt, die Angehörigen des Polizeibataillons oder der Dienststelle insgesamt erst einmal als Beschuldigte einzutragen.

StA Stahlschmidt (Dortmund) gab zu bedenken, ob ein Verfahren gegen Angehörige eines Polizeibataillons mit dem Vermerk abgeschlossen werden könne, die Täter seien nicht auffindbar, oder ob es eingestellt werden müsse, weil den greifbaren Angehörigen des Polizeibataillons eine Beteiligung nicht nachgewiesen werden könne; hierzu seien diese aber als Beschuldigte einzuordnen.

OStA Dr. Rückerl (Ludwigsburg) erläuterte im Hinblick auf die Anregung von Herrn OStA Dr. Schneider, dass die ZSt. gegen unbekannte Täter gerichtete Verfahren, deren Tatorte außerhalb der Bundesrepublik lägen, über den BGH gemäß § 13 a StPO abzugeben habe. Würden in Abschlussberichten der ZSt. von Personen Namen genannt, gegen die die Vorermittlungen geführt wurden, dann handle es sich nach Auffassung der ZSt. um Beschuldigte. Es würde über die der ZSt. nach der Verwaltungsvereinbarung zugeordneten Aufgaben hinausgehen, jeweils den Beschuldigten zu finden, der letztlich auf die Anklagebank gehöre; vielmehr müsse es mit einer Ermittlung des jeweiligen Täterkreises sein Bewenden haben. Ferner sei an dieser Stelle auf die im Verlauf der Freiburger Tagung geäußerte Bitte hinzuweisen, nach der die Angehörigen der ZSt. keine Beschuldigten vernehmen sollten. Es sei deshalb häufig nicht möglich, eine abschließende Qualifizierung der jeweiligen Täter zu treffen.

OStA Dr. Ludolph (München) wies darauf hin, dass die ZSt. ihre Verfahren nicht selbst einstellen könne, sondern sie an die StA abgeben müsse. Werde nun ein Verfahren abgegeben, bei dem bereits der Referent der ZSt. die Aussichtslosigkeit der Feststellung eines strafrechtlich noch relevanten Ergebnisses erkannt habe, dann sei der Sachbearbeiter der StA u.U. gezwungen, in monatelanger Arbeit ebenfalls die Erfolglosigkeit weiterer Ermittlungen festzustellen. Es frage sich deshalb, ob die ZSt. nicht zur Vermeidung derartiger Doppelarbeit die Akten selbst weglegen und dabei vermerken könne, es habe sich kein bestimmter Verdacht ergeben und weitere Erkenntnisse seien nicht zu erwarten.

OStA Dr. Rückerl (Ludwigsburg) führte hierzu aus, dass neben den über 600 Vorermittlungsverfahren eine erhebliche Anzahl von AR-Sachen bei der ZSt. anhängig seien, in denen ebenfalls ermittelt werde. Soweit diese Ermittlungen von der ZSt. aufgenommen worden seien, würden diese Verfahren im Falle ihrer Erfolglosigkeit dort auch weggelegt. Anders verhalte es sich jedoch bei Anzeigen Außenstehender; sie hätten einen Anspruch auf einen Einstellungsbescheid, den die ZSt. nicht erteilen könne. Aus dem gleichen Grunde müssten bei negativem Ergebnis der Vorermittlungen auch diejenigen Verfahren an StA abgegeben werden, die aufgrund solcher Dokumente eingeleitet worden seien, die der ZSt. aus dem Ausland zur Verfügung gestellt wurden.

StA Landwehr (Dortmund) regte an, dass die ZSt. für die StA den ausländischen Stellen mitteilen könne, dass das ihnen übersandte Material unergiebig gewesen sei.

OStA Dr. Rückerl (Ludwigsburg) betonte, dass jegliches Dokumentenmaterial, das der ZSt. aus dem Ausland übersandt worden sei und das Tötungshandlungen zum Gegenstand habe, eine Behandlung in dem hierfür vorgesehenen prozessualen Rahmen erfordere. Diese könne jedoch nicht durch die ZSt. erfolgen, da sie weder eine StA sei noch in irgendeiner Weise eine Verankerung im GVG gefunden habe.

EStA Dr. Haehling von Lanzenauer (Karlsruhe) gab zu bedenken, ob Verfahren, die aufgrund ausländischer Dokumente eingeleitet worden seien, nicht zunächst lediglich: „zum Nachteil von ..." geführt werden könnten.

StA Dr. Riffel (Stuttgart) beklagte, die Benennung von Beschuldigten durch die ZSt. habe dazu geführt, dass ein Verfahren wegen der Aussonderung von Kriegsgefangenen nur deshalb nach Stuttgart abgegeben worden sei, weil der 90 Jahre alte Adjutant des bereits verstorbenen Lagerkommandanten zufällig in Echterdingen gewohnt habe.

OStA Dr. Rückerl (Ludwigsburg) wiederholte, dass der ZSt. nur der Weg einer Abgabe an die zuständige StA bleibe, wenn – wie in dem jugoslawischen Material – z.B. der Karlsruher Polizeibeamte ausdrücklich als Beschuldigter genannt werde. – Im Übrigen sei zu bedenken, dass Verfahren, die „zum Nachteil von ..." geführt würden, immer über den BGH nach § 13 a StPO abgegeben werden müssten, was zu einer wirklich willkürlichen Zuständigkeit führen könne. Die Benennung eines Beschuldigten sei deshalb wohl wesentlich sachgemäßer.

StA Stahlschmidt (Dortmund) meinte, wenn zu einem bereits eingestellten Verfahren weiteres Material aus Ludwigsburg gegen den „Gestapisten Meier" (phonetisch) übersandt werde, erübrige sich eine Mitteilung, dass die Auswertung des Materials zu keinem Erfolg geführt habe.

EStA Dr. Haehling von Lanzenauer (Karlsruhe) gab zu bedenken, dass die bisher dargestellte Handhabung des Dokumentenmaterials dem Ausland die Gelegenheit gebe, ohne die erforderliche gewissenhafte Nachprüfung jeden Bundesbürger in den Stand des Beschuldigten zu versetzen. So hätte man das Verfahren mit dem jugoslawischen Dokumentenmaterial durchaus „zum Nachteil von ..." führen und gleichwohl an die für den Wohnsitz des in dem Material benannten Polizeibeamten zuständigen StA abgeben könne. Hier hätte dann die Möglichkeit bestanden, das Verfahren zu bearbeiten und bei fehlendem Verdacht an die ZSt. zurückzugeben.

MinDirig. Roth (Stuttgart) verwarf diesen Gedankengang, weil er gegen die Verwaltungsvereinbarung verstoße. Es müsse vielmehr akzeptiert werden, dass die ZSt. keine StA sei und deshalb jede Anzeige weiterzuleiten habe.

EStA Pawlowski (Ludwigsburg) fragte, ob auf falsche Anzeigen missgünstiger Verwandter oder böswilliger Nachbarn Verfahren wegen falscher Anschuldigung eingeleitet wurden.

StA Ehni (Stuttgart) berichtete von der Einleitung eines solchen Verfahrens.

StA Dr. Riffel (Stuttgart) führte einen Strafbefehl von 500 DM gegen eine Frau an, die – wie sie später selbst zugegeben habe – fälschlicherweise von ihrem

Schwiegersohn behauptet habe, er habe als Angehöriger der SS in Russland Verbrechen begangen.

EStA Dr. Haehling von Lanzenauer (Karlsruhe) schilderte den Vorwurf eines Häftlings aus der Bruchsaler Strafanstalt gegen einen Aufsichtsbeamten, dass er als SS-Angehöriger in Polen an Erschießungen teilgenommen habe. In Wirklichkeit sei er jedoch als Pionier in Frankreich tätig gewesen. Der Anzeigeerstatter sei wegen falscher Anschuldigung zu vier Monaten Gefängnis verurteilt worden.

OStA Dr. Artzt (Ludwigsburg) bedauerte es als unökonomisch, dass StA gezwungen seien, die Arbeit der ZSt. zu wiederholen und diese anschließend mit den Worten des Abschlussberichts beenden müssten. Da die ZSt. jedoch keine StA sei, ließe sich nur auf diese Weise prozessual korrekt verfahren. Es müsse das Beschwerderecht eines Anzeigeerstatters gegen eine Einstellung ebenso gewährleistet sein, wie auch dessen Anspruch auf Akteneinsicht.

OStA Dr. Ludolph (München) regte zur Ersparung von Leerlauf an, in den Abschlussberichten der ZSt. die Auffassung der jeweiligen Referenten über die Aussichtslosigkeit weiterer Ermittlungen noch deutlicher herauszustellen, so dass in den Einstellungsverfügungen nur auf diese Abschlussberichte Bezug genommen zu werden brauche.

OStA Blank (Ludwigsburg) begründete die heutige Form der Abschlussberichte mit dem Ergebnis der Freiburger Tagung, auf der sich die Mehrheit der Teilnehmer gegen die früher üblichen, unmissverständlichen Formulierungen gewandt hätten.

MinDirig. Roth (Stuttgart) regte an, angesichts dieser Auffassung die alte Praxis wieder aufzunehmen.

EStA Sichting (Stuttgart) schlug vor, derartige Hinweise in Form von Handaktenvermerken zu übersenden.

MinDirig. Roth (Stuttgart) zog eine Parallele zu den Schlussberichten der Polizei, die gleichfalls nur für die Handakten der StA bestimmt seien. Gelegentlich könnten über den Abschlussbericht hinausgehende telefonische Hinweise angebracht erscheinen.

StA Borgards (Ludwigsburg) wies auf die Schwierigkeiten der Referenten der ZSt. hin, die einerseits gehalten seien, die Verfahren möglichst frühzeitig abzugeben, zum anderen aber bereits Abschlussberichte übersenden sollten, die den späteren Entscheidungen der StA als Grundlage dienen könnten.

MinDirig. Roth (Stuttgart) meinte hierzu, dass insoweit die Erfahrungen der Sachbearbeiter der ZSt. von entscheidender Bedeutung sein würden.

OStA Dr. Rückerl (Ludwigsburg) verwies auf die Tatsache, dass die ZSt. durch die Verwaltungsvereinbarung und durch den Auftrag des Bundestages vom 8.12.1964 in ihren Entscheidungsmöglichkeiten stark eingeengt sei. – Die ZSt. beabsichtige, in ihren nächsten Tätigkeitsbericht vom Juni 1970 eine Zusammenstellung derjenigen Tatkomplexe und Gebiete aufzunehmen, für die offensichtlich die Chancen weiterer Aufklärungen nicht bestünden. Auf diese Weise hoffe er, dass die Landesjustizminister die Verwaltungsvereinbarung, die der ZSt. in bestimmten Punkten umfassende und systematische Untersuchungen zur Pflicht mache, etwas elastischer gestalten würde. Es sei ungeachtet des Echos aus dem Ausland bereit, die Landesjustizminister zu bitten, der ZSt. insoweit einen gewissen Spielraum zu gewähren. Diese Entscheidung sei unbedingt erforderlich, wenn nicht im Jahre 1980 noch in gleicher Weise ermittelt werden solle wie heute.

MinDirig. Roth (Stuttgart) erklärte, er sei überzeugt, dass OStA Dr. Rückerl als Leiter der ZSt. auf der Konferenz der Landesjustizminister insoweit mit Unterstützung rechnen könne.

OStA Dr. Ludolph (München I) meinte, es dürfe nicht zu einer Regelung kommen, die allein von Rücksichtnahme auf das Ausland bestimmt sei. Aus Gründen der Zweckmäßigkeit sollte die ZSt. ermächtigt werden, Verfahren abzuschließen, wenn nicht mehr als zufällige Ergebnisse zu erwarten seien.

MinRat Pötz (Bonn) referierte über *„Rechtshilfeverkehr mit den kommunistisch regierten Staaten Osteuropas in Verfahren wegen NS-Verbrechen“:* Ich begrüße dankbar die Gelegenheit, auch auf Ihrer diesjährigen Tagung wieder mit Ihnen über Probleme des internationalen Rechtshilfeverkehrs in Strafsachen sprechen zu können. Zu dem mir gestellten Thema darf ich Ihnen zunächst einen kurzen Überblick über den Rechtshilfeverkehr in Strafsachen mit den kommunistisch regierten Staaten in Osteuropa geben. Sie werden den neuen Terminus bemerkt haben. Früher hieß es ja immer „Rechtshilfeverkehr mit den Ostblockstaaten“. Wir haben den neuen Terminus gewählt, um in die Reihe der Staaten, die wir hier behandeln, auch Jugoslawien aufnehmen zu können, das im eigentlichen Sinne ja kein Ostblockstaat, gleichwohl aber ein kommunistisch regierter Staat in Osteuropa ist, so dass unter den neuen Sammelbegriff jetzt alle Staaten in Osteuropa fallen.

Sie kennen unser Rundschreiben vom 25.7.1969, das langwierig geboren worden ist. Wir haben die Vorbereitungen für dieses Rundschreiben schon 1966/1967 begonnen und sie in Erörterungen mit den LJVW fortgesetzt. Schließlich hat dann Ende 1968 eine mehrtägige Tagung mit den LJVW in Freiburg stattgefunden. Sie war die Grundlage für die Entschließung der JMK vom 31.5.1969, die dann ihren Niederschlag in unserem Rundschreiben gefunden hat.

Wir haben dieses Rundschreiben aufgeteilt in zwei Hauptteile. Nur der erste interessiert hier, der den Rechtshilfeverkehr in Vorermittlungs-, Ermittlungs- und Strafverfahren wegen NS-Verbrechen behandelt. Wir haben zunächst einige allgemeine Grundsätze aufgestellt, die sich aus der Praxis, aber auch aus politischen Notwendigkeiten ergeben haben. Dort ist u.a. gesagt, dass nach unserer Auffassung, wenn in Vorermittlungs-, Ermittlungs- und Strafverfahren wegen NS-Verbrechen in kommunistisch regierten Staaten Osteuropas wohnhafte Zeugen vernommen werden sollen, diese – soweit möglich – auch weiterhin im Wege der Rechtshilfe zu ihrer Vernehmung in die Bundesrepublik Deutschland geladen werden sollten. Wir haben die Erfahrung gemacht – Einzelheiten kommen später bei den einzelnen Staaten -, dass solchen Ersuchen häufig entsprochen wird, allerdings in der Regel nur, wenn sich die Verfahren bei uns bereits im Stadium der Hauptverhandlung befinden. Wir glaubten, auch in diesem Zusammenhang noch einmal darauf hinweisen zu sollen, dass es zu Schwierigkeiten führt, wenn in osteuropäischen Staaten wohnhafte Personen unmittelbar auf dem Postweg angeschrieben werden, sei es, dass man von ihnen auf diesem Wege Auskünfte erbittet oder sie etwa auffordert, zu einer Vernehmung in die Bundesrepublik zu kommen. Wir sind allerdings nach den Erfahrungen der letzten zwei Jahre in Sonderheit der Meinung, dass die Ladung nach Deutschland oft keinen rechten Erfolg verspricht. Vor allem ergeben sich häufig Schwierigkeiten in laufenden HV. Für diese Fälle haben wir uns – im Gegensatz zu unserer früheren Auffassung – grundsätzlich damit einverstanden erklärt, dass solche Zeugen, auf deren Vernehmung nicht verzichtet werden kann, und die aus Gründen – welche auch immer – nicht bereit sind, in die Bundesrepublik zu kommen, in Ostblockstaaten durch Richter oder StA, wie es beispielsweise in Polen in der Regel der Fall ist, vernommen werden.

Wir haben auf zahlreiche Vorstellungen der LJVW hin auch den internen Verfahrensweg weitgehend abgekürzt. Sie werden sich erinnern, dass wir früher aus einer Reihe von Gründen darum gebeten haben, uns von allen auslaufenden Rechtshilfeersuchen, gleich welcher Art, zu unterrichten, damit wir einen Überblick über die Dinge behielten. Wir sind zu dem Ergebnis gekommen, dass dies bei der großen Zahl von Rechtshilfeersuchen, die an Ostblockstaaten gerichtet werden, zu einer Verzögerung führen kann. Deshalb haben wir uns bereit erklärt, dass es von Mitte 1969 an nicht mehr erforderlich ist, die Bundesregierung *vor* Absendung von Rechtshilfeersuchen um Zustellung von Ladungsurkunden, Vernehmung von Zeugen und Übersendung von Akten und anderem Beweismaterial vorab zu unterrichten und hierzu die Zustimmung der Bundesregierung einzuholen. Das kann natürlich, wie Sie verstehen werden, nicht für Fälle gelten, die besondere politische Bedeutung haben, wo bestimmte Besonderheiten sich aus der Person des Beschuldigten oder des zu vernehmenden Zeugen ergeben. Aus übergeordneten politischen Gesichtspunkten müssen wir vielmehr in diesen Fällen darum bitten, dass Sie uns vorher Gelegenheit zur Stellungnahme geben. Wir haben dann vereinbart, dass die Justizbehörden über alle auslaufenden Rechtshilfeersuchen, von denen die Bundesregierung keine Kenntnisse mehr erhält, jeweils zum 30.6. und 31.12. eines jeden Jahres der ZSt. den Umfang des Rechtshilfeverkehrs, Zahl, Art der Rechtshilfeersuchen und vor allem auch die Art der Erledigung dieser Rechtshilfeersuchen mitteilen. Die ZSt. hat es freundlicherweise übernommen, uns global darüber zu unterrichten.

Nur so viel über die grundsätzlichen Richtlinien.

Ich glaube, ich kann es mir im Hinblick darauf, dass Ihnen dieses Rundschreiben allen zugegangen ist, ersparen, zu den einzelnen Staaten näher auszuführen, wie die Dinge dort laufen. Ich darf vielleicht nur einige Dinge hervorheben. Im Verhältnis zu Jugoslawien, Rumänien und der Sowjetunion laufen alle Rechtshilfeersuchen auf dem diplomatischen Weg. Das entspricht einer internationalen Übung und hat bisher auch zu keinen wesentlichen Schwierigkeiten geführt. Bei Jugoslawien ist besonders zu beachten, dass die Erledigung der Rechtshilfeersuchen vielleicht am längsten von allen Ostblockstaaten dauert. Wir rechnen dort, vor allem wenn Rechtshilfeersuchen in den südlichen Teil Jugoslawiens gehen, mit Erledigungszeiten von zwischen vier und acht Monaten. Das kalkulieren Sie bitte ein, wenn Sie Rechtshilfeersuchen dort hinschicken. Es gibt allerdings auch

Rechtshilfeersuchen, die in den nördlichen Teil nach Slowenien oder Kroatien gehen, die in wesentlich kürzerer Zeit erledigt werden. Mit Jugoslawien ist ohnehin, wie Sie ja wissen werden, der Rechtshilfeverkehr in NS-Strafsachen nicht so umfangreich, wie vor allem mit Polen und der Sowjetunion. Das Gleiche gilt im Grunde für Rumänien. Auch dort fällt nicht allzu viel an. Wir haben noch keine verlässlichen Erkenntnisse darüber, wie die Rumänen intern die Rechtshilfeersuchen in NS-Sachen behandeln. In einem Einzelfall hat es Schwierigkeiten gegeben. Dort war gebeten worden, einen Zeugen durch einen rumänischen Richter zu vernehmen. Die Rumänen haben dem Ersuchen in der Weise entsprochen, dass sie die Vernehmung durch einen rumänischen Notar haben vornehmen lassen und uns eine von diesem Notar beurkundete Niederschrift übersandt haben. Neue Erkenntnisse liegen noch nicht vor. Grundsätzlich bestehen aber nach unserem Überblick keinerlei Bedenken, Rechtshilfeersuchen auf dem diplomatischen Weg an Rumänien zu richten.

Umfangreicher ist der Rechtshilfeverkehr mit der Sowjetunion, obwohl sich auch da das Schwergewicht ein klein wenig verlagert hat auf die unmittelbare Einsicht von Material sowie auf die Anwesenheit deutscher Richter und StA bei Vernehmungen. Wir haben in unserem Rundschreiben ausgeführt, die Sowjetunion habe sich bereit erklärt, dass die Rechtshilfeersuchen zur Abkürzung des Geschäftsweges unmittelbar an den GStA der UdSSR gerichtet werden können. All das ist Ihnen in Einzelheiten in dem Rundschreiben mitgeteilt worden. Sie können hierfür den Kurierweg über die Kurierabteilung des AA verwenden. Soweit ich den Überblick habe, läuft das verhältnismäßig reibungslos, von Einzelfällen, auf die wir vielleicht nachher zu sprechen kommen werden, einmal abgesehen. Im Verhältnis zur Sowjetunion ist es nach unseren Erfahrungen und nach den Mitteilungen sowjetischer Beamter besonders dringlich und notwendig, dass die Rechtshilfeersuchen so ausführlich wie möglich gehalten werden. Übrigens ein Anliegen, das wir bei jeder Gelegenheit, die sich uns bietet, an Sie herantragen. Und ich darf vielleicht außerhalb des Zusammenhangs hier sagen, dass sich sicherlich manches Rechtshilfeersuchen, manche Rechtshilfehandlung leichter durchführen ließe, wenn die Rechtshilfeersuchen so abgefasst sind, wie es in den Richtlinien für den Verkehr mit dem Ausland in strafrechtlichen Angelegenheiten vorgesehen und wie es einfach notwendig ist, um es den vernehmenden Richtern oder Beamten in den Ostblockstaaten überhaupt zu ermöglichen, die Zusammenhänge zu erkennen. Hinsichtlich der Übersetzungen der Ersuchen an die Sowjetunion hat es eine gewisse Unklarheit gegeben. Anlässlich einer Dienstreise der ZSt. nach Moskau ist den Herren damals mitgeteilt worden, es sei nicht erforderlich, den Rechtshilfeersuchen Übersetzungen in die russische Sprache beizufügen. Wir sind aber der Meinung, dass es sich unabhängig von dieser sowjetischen Mitteilung empfehlen dürfte, jedenfalls Ersuchen um Zustellung von Ladungsurkunden an Zeugen, die in der Sowjetunion wohnen, Übersetzungen beizufügen, weil das ganz sicherlich zu einer Beschleunigung der Prozedur beitragen wird. Ein Punkt, der oft Schwierigkeiten macht, ist die Bezeichnung der Anschriften der Zeugen, ob nämlich die alten deutschen Bezeichnungen oder die heutigen russischen Ortsbezeichnungen verwendet werden sollen.

Wir haben in unserem Rundschreiben empfohlen, dass in Zustellungsersuchen als Anschrift des Zustellungsempfängers sowohl im deutschen Originaltext als auch in der russischen Übersetzung die derzeitige russische Bezeichnung verwendet werden soll. Die Sowjets haben wiederholt beanstandet, dass Termine, zu denen Zeugen in die Bundesrepublik geladen werden sollen, häufig viel zu kurzfristig angesetzt worden sind. Wir haben den Russen in mehreren Verbalnoten mitgeteilt, dass die Ladungsfristen manchmal gar nicht weiträumiger gefasst werden können. Vor allem dann, wenn die HV hier laufen und die Gerichte schon aus Zeitgründen gehalten sind, bestimmte Termine einzuhalten. Gleichwohl würde ich empfehlen, dass Sie, wenn Sie solche Ersuchen an die Sowjetunion richten, in diesen Ersuchen möglichst keinen bestimmten Zeitpunkt angeben, sondern sagen: Der Zeuge möge in der Zeit vom – bis, ein Zeitraum von vielleicht zwei Wochen, in der Bundesrepublik erscheinen. Dabei gehe ich davon aus, dass es dem Schwurgericht, das mit der Sache in der HV befasst ist, möglich sein wird, dass der Zeuge, wenn er innerhalb dieser Zeit anreist, dann auch vernommen werden kann. Auch die Erledigung von Rechtshilfeersuchen, die an die Sowjetunion gerichtet sind, nimmt Zeit in Anspruch. Es ist sehr unterschiedlich, aber wir haben Rechtshilfeersuchen – sofern sie, das muss man hier auch mal sagen, überhaupt erledigt werden -, bei denen es Monate dauert, bis die Erledigungsstücke kommen, und es hilft auch gar nichts, dass die Botschaft in Moskau fortgesetzt Noten hinschickt. Das beschleunigt nach unserer Erfahrung die Prozedur nicht. Deshalb: Geräumig terminieren – nicht zu kurzfristig. Die Sowjets haben, auch das haben wir ausgeführt, wiederholt mitgeteilt, dass den sowjetischen Behörden häufig Rechtshilfeersuchen verschiedener deutscher Stellen zum selben Tatkomplex zugegangen sind. Dass das natürlich zu doppelter Arbeit in der Sowjetunion führt und sie gebeten haben, doch nach Möglichkeit hier zu koordinieren, ist verständlich. Weil wir davon ausgegangen sind, dass mit Abstand die ZSt. in L. über das meiste Material verfügt und dass sie auch wohl den größten Überblick darüber hat, was zu beschaffen ist, wo noch was benötigt wird, haben wir gebeten, dass Sie vor Stellung eines Rechtshilfeersuchens, um Beschaffung von Beweismaterial beispielsweise, vorher bei der ZSt. anfragen, ob dort bereits einschlägiges sowjetisches Dokumentenmaterial zur Verfügung steht oder ob die ZSt. weiß, dass eine andere StA in der Bundesrepublik über derartiges Material bereits verfügt.

Ich glaube, zu Bulgarien brauche ich nicht viel zu sagen. Ein Land, mit dem wir ja verhältnismäßig wenig auf diesem Sektor zu tun haben.

Weit gewichtiger, vielleicht am gewichtigsten, ist Polen. Mit Polen haben wir bekanntlich keine diplomatischen Beziehungen. Da unsere Handelsmission in Warschau auch nur ganz beschränkte Befugnisse hat und von den Polen, sei es expressis verbis, sei es stillschweigend, angedeutet worden ist, dass sie sich in diese Dinge nicht hineinmischen soll, weil sie dazu keine Kompetenz habe, sich im Laufe der Jahre der unmittelbare Verkehr mit der Hauptkommission zur Untersuchung der NS-Verbrechen in Warschau herausgebildet, ein Verkehr, der, wie die meisten Herren von Ihnen ja wissen, inzwischen einen außergewöhnlich regen Umfang angenommen hat. Wir haben, im Gegensatz zu der früheren Regelung, nach der alle Rechtshilfeersuchen an die Hauptkommission über die ZSt. der Hauptkommission geleitet werden mussten, jetzt gesagt, jede StA könne ihre Rechtshilfeersuchen unmittelbar der Hauptkommission übersenden, weil wir zum Ergebnis gekommen waren, dass auf diese Weise doch sehr viel Zeit eingespart wird. Es werden vermeidbare Zwischenstationen ausgeschaltet. Dagegen sollten Sie es, wenn irgend möglich vermeiden, mit der polnischen Militärmission in Berlin, die einen ähnlichen Status wie unsere Handelsmission in den Ostblockstaaten hat, deren Befugnisse also auch ganz eng umgrenzt sind, weder schriftlich noch mündlich Kontakt aufzunehmen. Im Verhältnis zu Polen empfiehlt sich in aller Regel die Beifügung von Übersetzungen in den Fällen, in denen die polnische Hauptkommission in Warschau nicht unmittelbar für die Erledigung eines Rechtshilfeersuchens zuständig ist, was übrigens meistens der Fall ist, soweit ich das übersehe. Auch im Verhältnis zu Polen sollte darauf geachtet werden, dass die Ortsbezeichnungen in der Weise in den Rechtshilfeersuchen enthalten sind, dass im deutschen Text die deutsche Ortsbezeichnung und im polnischen Text die polnische Ortsbezeichnung verwendet wird. Die Frage der Verwendung der Ortsbezeichnung hat vor allem jetzt neuerdings im zivilrechtlichen Rechtshilfeverkehr zu erheblichen Schwierigkeiten geführt. Auch dort ist es bisher so gehandhabt worden, dass im deutschen Text die deutsche, im polnischen Text die polnische Ortsbezeichnung verwendet worden ist. Die Polen haben das wiederholt und nunmehr ganz massiv beanstandet und halten eine Vielzahl von deutschen Rechtshilfeersuchen, die diesen polnischen Anforderungen nicht entsprechen, zurück. Wir haben aus diesen Schwierigkeiten, die sich im zivilrechtlichen Rechtshilfeverkehr ergeben haben, bisher für unseren Bereich noch keine Konsequenzen gezogen. Man versucht es im Zivilrecht durch eine gewisse Pression und Nichterledigung von polnischen Rechtshilfeersuchen. Auf dem zivilrechtlichen Sektor ist die Situation allerdings auch erheblich anders. Denn dort kommen ja sehr viele polnische Ersuchen in Ehescheidungs- und ähnlichen Sachen. Wir meinen also, wir sollten an unserer bisherigen Regelung, soweit sich nicht zusätzlich Schwierigkeiten ergeben, festhalten: deutscher Text deutsche, polnischer Text polnische Ortsbezeichnungen.

Wir haben zu unserem Bedauern aus mehreren Berichten von deutschen Herren, die in Polen gewesen sind, festgestellt, dass die Polen zu richterlichen Vernehmungen auf deutsche Rechtshilfeersuchen nur in den Fällen bereit sind, in denen die Sachen bei uns bereits in der HV anhängig sind, nicht aber in Vorermittlungs- und Ermittlungsverfahren. Da bekommt man in der Regel nur staatsanwaltschaftliche Vernehmungen. Wir haben uns bemüht, die polnische Rechtsgrundlage für diese Mitteilung zu bekommen. Das ist uns nicht gelungen. Wir haben dann aber über die ZSt. erfahren, dass die Polen mitgeteilt haben, es handle sich hier um die Auswirkung von Verfahrensnormen, die die Hauptkommission sich selbst gegeben habe. So haben wir es verstanden. Details kommen vielleicht später in der Diskussion.

Auch im Verhältnis zur Tschechoslowakei gilt hinsichtlich des Verfahrensweges im Grunde das Gleiche. Dort ist die tschechoslowakische Regierungskommission zur Verfolgung von NS-Kriegsverbrechen in Prag zuständig. Auch im Verhältnis zur CSSR haben wir uns im Interesse der Vereinfachung bereit erklärt, dass die Rechtshilfeersuchen von jeder deutschen StA oder von jedem Untersuchungsrichter unmittelbar an die tschechoslowakische Regierungskommission übersandt werden können. Bei den Tschechen sind aber jedenfalls Übersetzungen in die tschechoslowakische Sprache beizufügen.

Ich glaube, auch über Ungarn brauche ich Ihnen nicht viel zu sagen. Dort hat es in der Vergangenheit, soweit ich im Moment weiß, überhaupt nur sechs oder sieben deutsche Rechtshilfeersuchen gegeben, die von den Ungarn – mit einer Ausnahme – alle erledigt worden sind. Diese eine Ausnahme hatte allerdings auch gewisse Gründe, für die man Verständnis haben konnte. Welche Form die Rechtshilfeersuchen haben müssen, an wen sie gerichtet werden, ersehen Sie aus unserem Rundschreiben.

Ich möchte an sich diesen ganz globalen Überblick – Einzelfragen beantworte ich später gerne – damit abschließen und eigentlich zu dem Punkt kommen, der für uns im Augenblick im Zentrum aller Arbeit im Hinblick auf den Rechtshilfeverkehr mit den Ostblockstaaten steht. Das ist nämlich das, was wir in unserem Rundschreiben unter dem Titel „Unterrichtung der Ostblockstaaten über den Stand deutscher Ermittlungs- oder Strafverfahren wegen NS-Verbrechen" abgehandelt haben. Sie wissen alle, dass vor allem die Polen seit langer Zeit sehr daran interessiert sind, von uns Material zu bekommen. Und zwar Material aus den NS-Verfahren in der vielfältigsten Weise. Diese Bitten der Polen werden auf alle mögliche Weise an die Behörden herangetragen. Sie sind, wie wir zu unserem Bedauern festgestellt haben, in der Vergangenheit sehr unterschiedlich gehandhabt worden. Über die Gründe, die die Polen veranlassen, von uns dieses Material zu erbitten, werde ich vielleicht nachher noch etwas sagen. Wir sind jedenfalls der Meinung, dass es sich hier um ein ernsthaftes Problem handelt. Es kann wohl kein Zweifel sein, dass die unkontrollierte Herausgabe von Teilen deutscher Verfahrensakten an die polnische Hauptkommission zu Schwierigkeiten sachlicher, vor allem aber – so müssen wir es ja als politische Behörde sehen – zu politischen Schwierigkeiten führen kann. Wir haben deshalb in langwierigen Erörterungen mit den LJVW gerade diesem Problem der Art und des Umfangs der Überlassung von Material an kommunistisch regierte Staaten in Osteuropa erhebliche Bedeutung beigemessen, und wir haben viele Lösungsvorschläge gemacht und sind dann schließlich dazu gekommen, folgende Richtlinien aufzustellen: Wir haben unterteilt, das ergibt sich aus der Natur der Sache, zwischen noch anhängigen Ermittlungs- oder Strafverfahren und zwischen Strafverfahren, die rechtskräftig abgeschlossen sind.

Wir sind der Meinung, dass aus noch anhängigen Ermittlungs- und Strafverfahren grundsätzlich überhaupt nichts herausgegeben werden sollte. Gewisse Ausnahmen wird man einfach deshalb machen müssen, weil nicht auszuschließen ist, dass die Polen uns selber Rechtshilfeersuchen in bei ihnen anhängigen Verfahren schicken und innerhalb dieser Verfahren uns im Wege der Rechtshilfe um Herausgabe von Material bitten. Wir sind also der Meinung, dass aus noch anhängigen Ermittlungs- oder Strafverfahren Unterlagen nur herausgegeben werden dürfen, wenn das aufgrund eines fremden oder zur Begründung eines eigenen förmlichen

Rechtshilfeersuchens dient. Dass Vernehmungsniederschriften in anhängigen Verfahren nicht übersandt werden können, brauche ich hier wohl nicht auszuführen. Wir haben gleichwohl in unserem Rundschreiben eine einschränkende Formulierung gebraucht, nämlich gesagt, dass Vernehmungsniederschriften *in der Regel* nicht übersandt werden. Wir wollten uns und auch den Landesbehörden durch diese kleine Einschränkung für außergewöhnliche Fälle, die wir im Augenblick nicht haben, die aber möglicherweise kommen können und in denen es auch in unserem Interesse oder im Interesse der Beschuldigten oder eines Zeugen liegen könnte, die Möglichkeit offen halten, dass wir eine Vernehmungsniederschrift herausgeben. Wir meinen aber, dass grundsätzlich in anhängigen Verfahren nichts herausgegeben werden sollte, was nicht diesen Ausnahmen, wie ich sie dargestellt habe, unterliegt. Dagegen sind wir der Meinung, dass wir in manchen Fällen aus Gründen der Kulanz ausländische Staaten über den Gegenstand eines Verfahrens unterrichten können, auch wenn die Verfahren noch laufen, wenn diese Staaten Beweismaterial übersandt oder Zeugen die Ausreise zur Vernehmung nach Deutschland gestattet und hierdurch ein deutsches Verfahren gefördert haben. Das gilt für die noch anhängigen Verfahren. Anders wird man die Dinge handhaben müssen in den Verfahren, die rechtskräftig abgeschlossen worden sind.

Wir gehen bei den rechtskräftig abgeschlossenen Strafverfahren davon aus, dass Abschriften von Urteilen und das Verfahren abschließende gerichtliche Entscheidungen – Einstellungsbeschlüsse – dann an Ostblockstaaten übersandt werden können, wenn zwei Voraussetzungen erfüllt sind. Einmal müssen sich nach unserer Auffassung die Entscheidungen auf Verfahren wegen Verbrechen beziehen, deren Opfer Angehörige des ersuchenden Staates gewesen sind oder wenn die Taten im ersuchenden Staat begangen worden sind oder wenn der ersuchende Staat Material für diese Verfahren zur Verfügung gestellt oder Zeugen die Ausreise zu ihrer Vernehmung nach Deutschland gestattet hat. Eine dieser Voraussetzungen muss vorliegen und zusätzlich, dass der ersuchende Staat auch seinerseits bereit ist, deutschen Gerichten und StA Unterlagen aus eigenen Verfahren zur Verfügung zu stellen, in denen Personen wegen NS-Verbrechen verurteilt worden sind. Diese Regelung hat in der Praxis zu gewissen Schwierigkeiten geführt. Wir haben natürlich diese Schwierigkeiten vorausgesehen. Es ist eindeutig erkennbar, dass die Polen diese unsere Richtlinien kennen. Ich habe sogar in einem Bericht einer deutschen Behörde – ich hoffe, dass ich auch in allen noch später zu erörternden Einzelfällen die Anonymität wahren kann – gelesen, dass das Rundschreiben des BJM vom 26.7.1969 mit Dr. Pilichowski und den anderen polnischen Herren erörtert worden ist. Zwar kann man dieses Rundschreiben z.B. in der Sammlung von Grützner, die Sie alle kennen werden, nachlesen. Auch die Polen werden es sicherlich haben. Ob man es mit ihnen erörtern muss, das halte ich für eine andere Frage. Jedenfalls steht fest, dass die Polen mit allen ihnen zu Gebote stehenden Mitteln versuchen, sich dieser „Handschelle", wie sie das Rundschreiben einmal in anderem Zusammenhang bezeichnet haben, entziehen.

Sie versuchen also auf alle mögliche Weise an Material heranzukommen. Sie begründen diese Ersuchen einmal damit, dass sie selber eine Untersuchung führen.

Führt das nicht zum Ergebnis, dann sagen sie, wir führen jetzt eine Untersuchung hinsichtlich bestimmter Tatkomplexe. Dann bekommen wir Ersuchen, in den es heißt, das Museum in Auschwitz benötige die Unterlagen für historische Zwecke. Wir sind der Meinung – ich darf Ihnen das hier in aller Offenheit sagen -, dass jede Abweichung von diesen gemeinsam von Bund und Ländern beschlossenen Richtlinien nach unserer Auffassung und unserer bisherigen Erfahrung zu einem Sturz dieses Gebäudes führt, von dem alle Beteiligten der Meinung waren, dass es aus sachlichen und politischen Gründen notwendig sei, in freier Entscheidung darüber zu bestimmen, was wir aus den Verfahrensakten herausgeben wollen. Ich weiß, dass das in der Praxis natürlich manchmal schwierig ist. Vor allem schwierig dann, wenn deutsche Herren sich dienstlich in Staaten des Ostblocks aufhalten. Es ist selbstverständlich, und wir wären sicherlich die Letzten, wenn wir das verkennen würden, dass sich bei solchen Gelegenheiten persönliche Verbindungen ergeben. Und dass im persönlichen Gespräch beiläufig Bitten geäußert werden, die von vornherein in höflicher aber doch bestimmter Form abzulehnen man beinahe als eine Missachtung der Gastfreundschaft, die man genießt, empfindet. Ich meine aber, nachdem diese Dinge zwischen Bund und Ländern eindeutig abgesprochen worden sind und bisher kein Land an uns herangetreten ist mit der Bitte, diese Fragen noch einmal zu überprüfen, es bestünde für jeden, der mit dem Rechtshilfeverkehr in den Ostblockstaaten befasst ist, Anlass, sich die politischen Hintergründe dieser Regelung jeweils dann zu vergegenwärtigen, wenn er sich in einer Situation befindet, in der das Ansinnen gestellt wird, doch Material zu übersenden, was – wenn die Richtlinien beachtet worden würden – nicht möglich wäre.

So viel über die Möglichkeit der Übersendung von Material aus abgeschlossenen Strafverfahren. Wir haben dann gesagt, dass Einstellungsverfügungen in der Regel dem wesentlichen Inhalt nach in geeigneten Fällen mitgeteilt werden können, wenn die Voraussetzungen vorliegen, wie sie für die Übersendung von Abschriften von Urteilen gelten. Das ist eine Frage, bei der jeweils die Behörde, die die Rechtshilfe leisten soll, entscheiden muss, ob sich der gesamte Beschluss, die gesamte Einstellungsverfügung, zur Übersendung in einen Ostblockstaat eignet. Wir haben aber, um die Dinge nicht allzu stark einzuengen, auch gesagt, natürlich könne es Fälle geben, in denen das starre Festhalten an diesen Richtlinien zu besonderen Schwierigkeiten in einem Einzelverfahren führen könnte. Deswegen haben wir gemeint, wir sollten beispielsweise dem Umstand, dass eine polnische oder tschechoslowakische Behörde, aus Gründen auch immer, ihrerseits nicht bereit ist, aus einem in Polen oder in der Tschechoslowakei geführten Verfahren uns Material zu geben, wenn also die Voraussetzung der Gegenseitigkeit nicht vorliegt, Rechnung tragen und dem auswärtigen Staat gleichwohl in solchen Fällen, wenn die übrigen Voraussetzungen vorliegen, auch Mitteilungen über den Ausgang des Verfahrens durch Mitteilung des wesentlichen Inhalts der abschließenden Entscheidung, geben.

Die Frage, wie es mit den Namen der Prozessbeteiligten in zu übersendenden Urteilen und Einstellungsverfügungen gehalten werden soll, ist Gegenstand langer Diskussionen gewesen. Die einen sagten, wir haben nichts zu verbergen, es ist in öffentlicher Sitzung verhandelt worden, die Zeugen sind vernommen worden, häufig ist darüber in Zeitungen berichtet worden. Die anderen haben gesagt, das Risiko ist zu groß, man übersieht die Folgen nicht, die sich aus der Übermittlung von Unterlagen, in denen alle Namen enthalten sind, ergeben. Deswegen haben wir geglaubt, einen Mittelweg gehen und sagen zu sollen, dass die Namen der Prozessbeteiligten, der Zeugen und Sachverständigen, gelöscht werden sollen, wenn begründeter Anlass zu der Annahme besteht, dass den Betroffenen durch die Nennung ihres Namens Nachteile entstehen können.

Und dann kommt schließlich die Bitte, der Bundesregierung Gelegenheit zu geben, zu jedem Ersuchen aus Ostblockstaaten um Unterrichtung über NS-Verfahren Stellung zu nehmen. Wir wollen uns nicht die Möglichkeit der Kontrolle über die Dinge aneignen, wie ich Ihnen hier sagen darf. Nur meinen wir, dass ja nun einfach eine zentrale Stelle – hier die Bundesregierung – am besten in der Lage ist, den sachlichen und politischen Gesamtzusammenhang zu übersehen und vielleicht auch in Einzelfragen den einen oder anderen Hinweis zu geben, der für die Bearbeitung von Nutzen sein könnte.

Damit darf ich die Erörterung des Rundschreibens abschließen und vielleicht zur Anheizung, wenn ich das so sagen darf, der Diskussion einige Vorgänge, die mir in den letzten Wochen und Monaten auf den Schreibtisch gekommen sind, ansprechen. Ich weiß, dass einige Herren hier sind, die Kummer mit der Bundesregierung haben. Ich bedaure es sehr. Es ist gestern schon gesagt worden, dass kein Vertreter des AA hier sein kann. Ich darf Ihnen versichern, es hat niemand gekniffen. Es lag vielmehr daran, dass der Referent für strafrechtliche Angelegenheiten im AA plötzlich schwer erkrankt und sein Vertreter nicht so eingearbeitet ist, dass er Ihnen hier etwas sagen könnte. Aber da ich ja seit vielen Jahren in ständigem Kontakt mit dem AA und auch mit unseren Auslandsstellen stehe, kann ich Ihnen vielleicht für das AA auch ein bisschen Auskunft geben.

Darf ich Ihnen rasch mal eine Sache sagen, die mir ganz typisch zu sein scheint. Ich habe sie eben schon kurz angeschnitten. Eine deutsche StA hat Ende 1968 ein Rechtshilfeersuchen an die polnische Hauptkommission gerichtet und trotz zwei- oder dreifacher Anmahnung nichts gehört. Nun kommt, vor gar nicht langer Zeit, ich glaube Anfang 1970, erkennbar nach dem Besuch des Herrn Dr. Pilichowski in der Bundesrepublik, ein Ersuchen des staatlichen Museums in Auschwitz, mit dem gebeten wird, aus dem Verfahren, das dem deutschen Rechtshilfeersuchen zugrunde lag, Material zur Verfügung zu stellen, Aussagen von Zeugen und die Aussage des Beschuldigten. Begründung: Das Museum wolle die Geschichte der Vorgänge in Auschwitz rekonstruieren, historisch festhalten, und als Gegenleistung werde auch das zur Verfügung gestellt, was für deutsche Verfahren von Bedeutung sei. Die StA, bei der dieses Rechtshilfeersuchen eingegangen ist, hat dahin Stellung genommen, ihr Rechtshilfeersuchen, obwohl inzwischen zwei Jahre alt, sei bisher nicht erledigt worden. Die Polen hätten überhaupt nicht reagiert. Gleichwohl sei ja nicht auszuschließen, dass, wenn den Polen die erbetene Rechtshilfe für die Geschichtsschreibung Auschwitz nicht gegeben werde, dann auch das deutsche Rechtshilfeersuchen nicht erledigt werde. Der zuständige GStA ist der

Meinung, die Befürchtung, dass das deutsche Rechtshilfeersuchen nicht erledigt werden könnte, wenn für das Museum Auschwitz nichts zur Verfügung gestellt werde, sei möglicherweise nicht unbegründet. Gleichwohl sei er der Auffassung, dass die Erledigung des polnischen Rechtshilfeersuchens in einem Fall, der nicht von den Richtlinien gedeckt sei, zu einer Entwicklung führen könnte, die wir nicht wieder in den Griff bekommen würden. Die zuständige Landesjustizverwaltung hat diese Bedenken geteilt. Ich habe den Vorgang zurückgehalten. Vielleicht äußern Sie dazu nachher Ihre Meinung. Die Bundesregierung hat sich, wie gesagt, noch nicht entschieden.

Eine andere Sache, die, wie ich hörte, bereits gestern von Herrn Dr. Rückerl angesprochen worden ist. Die Frage nämlich, dass Beamte der polnischen Hauptkommission einigen deutschen StA, die in Polen gewesen sind, gesagt haben: Die Dokumente, die ihr jetzt hier eingesehen, abgelichtet oder gefilmt habt, sind nur für euer Verfahren bestimmt und dürfen nicht an andere Stellen weitergegeben werden. Die deutschen StA haben ihren persönlichen Eindruck in einem Bericht dahin wiedergegeben, sie seien aufgrund des Gesamtzusammenhangs der Gespräche der Meinung, dass vielleicht politische Motive nicht ganz auszuschließen seien, aber in erster Linie gehe es den Polen dabei tatsächlich um sachliche Gründe. Ich habe Zweifel, ob hinter der Bitte, ausgewertetes Material nicht an andere deutsche StA weiterzugeben, nicht ganz was anderes steckt. Möglicherweise sind auch sachliche Gründe dabei. Ich neige aber aus der Erfahrung, die wir aus einer Vielzahl von Fälle gesammelt haben, dazu, dass ein solches Anliegen, wenn man das auf die Grundsäte des internationalen Rechtshilfeverkehrs bezieht und auch hier unser innerstaatliches Recht einmal berücksichtigt, ja wohl doch eine starke Zumutung ist. Vielleicht sind Sie anderer Meinung. Ich meine aber, dass man – wenn solche Vorstöße bei Dienstreisen deutscher Herren nach Polen gemacht werden – der Hauptkommission ganz klipp und klar sagen müsste, alles Material, was wir mitnehmen, muss nach der deutschen StPO auch jeder anderen deutschen StA zur Verfügung stehen. Wir müssen es ihnen zugänglich machen. Es darf in diesem Zusammenhang auch nicht unberücksichtigt bleiben, dass sich das Verhältnis zwischen der ZSt. und der polnischen Hauptkommission im Laufe der letzten Jahre merklich abgekühlt hat. Ich will Ihnen da nicht vorgreifen, Herr Dr. Rückerl. Ich weiß nicht, ob Sie gestern bereits darüber gesprochen haben. Aus unserer Sicht möchte ich aber sagen, dass wir diese Entwicklung sehr bedauern. Und zwar bedauern wir sie deshalb, weil die ZSt., die die Anfänge des Rechtshilfeverkehrs mit den Ostblockstaaten mitgemacht hat, aufgrund ihrer jahrelangen Praxis am besten die Entwicklung kennt. Sie hat die ersten Auswertungsreisen in die Sowjetunion und nach Polen gemacht und ist – wie ich weiß – in allen Fällen, in denen die Polen oder die Sowjets mit Bitten um Material an Sie herangetreten sind, strikte nach den bundeseinheitlich beschlossenen Richtlinien verfahren. Und es ist vielleicht nicht ganz ausgeschlossen, dass die Polen auf dem Standpunkt stehen, die ZSt. sei offensichtlich wesentlich zurückhaltender. Andere StA seien vielleicht – aus Gründen welche auch immer – entgegenkommender. Ich meine, dass wir diesen Punkt sehen müssen. Für uns hat er erhebliche Bedeutung. Ich glaube, dass wir doch nach Möglichkeit alles vermeiden sollten, was den Eindruck erwecken könnte, als werde der Hauptkommission die Möglichkeit eröffnet, die ZSt. so ein bisschen links liegen zu lassen und stattdessen mit vielen deutschen StA Kontakt aufzunehmen in der Hoffnung, dass sie auf dieser breiter gestreuten Ebene an mehr Material herankommt. Aber darüber, meine ich, sollten wir uns gleich unterhalten.

Ich darf noch einen anderen Vorgang kurz erwähnen, der sich bei dem Besuch des Dr. Pilichowski im Dezember 1969 ergeben hat. In einem – hier nicht näher zu bezeichnenden Bericht – habe ich den Satz gefunden, dass mit den polnischen Herren die Frage des Austausches einer Beschuldigtenkartei erörtert worden ist. Hierzu möchte ich erhebliche Bedenken anmelden.

Bei Gelegenheit der Besprechungen, die Dr. Pilichowski hier geführt hat, hat er eine teilweise sehr massive Kritik an der ZSt. geäußert. Wir sind davon unterrichtet, dass die ZSt. Dr. Pilichowski zunächst einmal auf seine – wenn ich das hier einmal so ausdrücken darf – völlig unangemessenen Ausführungen in der polnischen Presse hingewiesen hat, die die Bemühungen der deutschen Justiz, die NS-Verbrechen zu sühnen, in einem völlig falschen Licht erscheinen lassen. Ich weiß nicht, ob Sie die Artikel kennen, die Dr. Pilichowski in Polen in vielen Zeitungen veröffentlicht. Es finden sich in diesen Veröffentlichungen Wendungen, die, wenn Sie sie lesen würden, Ihr Entsetzen hervorrufen würden. Gerade bei Ihnen, die Sie ja einen wesentlichen Teil Ihrer Kraft dafür aufwenden, um die NS-Verbrechen zu sühnen. Wenn Sie dort lesen, die deutschen StA und Gerichte täten nichts, im Grunde genommen sei das alles nur vorgeschoben, es werde viel geredet, aber effektiv geschehe nichts, dann müssten auch Sie aufmerksam werden. Ich meine also, dass es gut war, dass die ZSt. Dr. Pilichowski gleich zu Beginn des Gesprächs auf diese Dinge angesprochen und ihm gesagt hat, es müsse eine faire Art und Weise des persönlichen und sachlichen Umgangs gewährleistet sein. Diese faire und sachliche Möglichkeit des Umgangs könne im Grunde genommen ja nicht gewährleistet sein, wenn er nach Polen zurückkomme und erneut über die deutschen Gerichte und deutschen StA herziehe. Ich meine, auch dieser Punkt sollte nicht außer Betracht bleiben.

Und vielleicht noch eine Frage, über die – soweit ich weiß – gestern wohl auch schon gesprochen worden ist. Das sind die Rechtshilfeersuchen der ZSt., die an die Sowjetunion gerichtet werden sollen und die sich auf bestimmte Gebiete in der Sowjetunion beziehen, in denen, soweit ich es übersehe, keine konkreten Anhaltspunkte für strafbare Handlungen gegeben sind, sondern eigentlich mehr dahin zielen, von den Russen gesagt zu bekommen, ob in dem Gebiet X, das wir jetzt ansprechen, auch irgendetwas geschehen ist? Für diese Ersuchen haben wir als internen Terminus den Begriff „Flächenersuchen" genommen, der natürlich mit Vorbehalt zu verwenden ist. Diese Ersuchen sind Gegenstand interner Erörterungen im Rahmen der Bundesregierung gewesen. Wir haben unsere Botschaft in Moskau eingeschaltet, und es ist zu einer Meinungsverschiedenheit gekommen, die aber – und das darf ich hier ausdrücklich sagen – zwischen dem AA und dem BMJ noch nicht abschließend erörtert worden ist. Die Sache ist also durchaus offen, und ich bitte Sie, keine voreiligen Schlüsse zu ziehen aus einer Stellungnahme, die unsere Botschaft in Moskau auf einen Erlass des AA abgegeben hat. Die Frage wird vielmehr in Kürze im Benehmen mit unserem Haus entschieden werden.

Ich hätte Ihnen noch vieles zu sagen an interessanten Dingen, die bei mir über den Schreibtisch laufen. Aber ich meine, ich sollte jetzt Schluss machen und Ihnen Gelegenheit geben, Fragen zu stellen, zu deren Beantwortung ich – soweit ich es irgend vertreten kann – selbstverständlich gerne bereit bin.

EStA Pawlowski (Ludwigsburg) hielt in der anschließenden Diskussion die Anregung des BMJ vor Fertigung eines Rechtshilfeersuchens bei der ZSt. anzufragen, ob Material vorhanden sei, für praktisch nicht durchführbar, weil der Referent bei der ZSt. sein Material sofort weitergebe, wenn er es gesichtet habe. Zu den sog. Flächenersuchen könne er bemerken, dass in seinem Referat etwa 30 bis 40 derartiger Ersuchen liefen, die recht brauchbares Material gebracht hätten. Es wäre schlecht, wenn diese Praxis nicht fortgeführt werde.

OStA Dr. Rückerl (Ludwigsburg) bemerkte hierzu, dass eine Rückfrage bei der ZSt. vor Absendung eines Rechtshilfeersuchens sinnvoll sein könne, weil es vorkommen könne, dass eine andere StA ähnliches oder gleiches Material schon erhalten habe. – Hinsichtlich der sog. „Flächenersuchen" sei zu bedenken, ob sie nicht auch in politischer Hinsicht im Interesse der Bundesrepublik lägen. Es gebe Gebiete (z.B. den Generalbezirk Shitomir), in denen – wie aus allgemeinen Ergebnissen der bisherigen Vorermittlungen hervorgehe – in ähnlicher Weise wie in anderen Regionen Verbrechen begangen worden seien, für die jedoch Beweismaterial bisher fehle. In einigen Jahren sei man möglicherweise in der Lage, auch in solchen Verfahren Rechtshilfeersuchen an die Sowjetunion zu richten, die auch nach den derzeitigen Vorstellungen des AA genügend konkretisiert werden könnten. Man würde sich dann aber dem berechtigten Vorwurf aussetzen, die Ermittlungen verzögert zu haben.

MinRat Pötz (BMJ) erklärte, die Rückfrage einer StA bei der ZSt. vor Absendung eines Rechtshilfeersuchens solle bezwecken, festzustellen, ob diese oder eine andere StA schon Material über den betreffenden Komplex habe. Es sollten damit die von den Sowjets beanstandeten Doppelersuchen vermieden werden.

Die Frage der Flächenersuchen könne man sachlich und politisch sehen. Die deutsche Botschaft in Moskau und das AA hätten sie in erster Linie politisch zu sehen. Es sei bekannt, dass in Polen schon heute Material gesammelt werden würde, um eines Tages eine entsprechende Rechnung präsentieren zu können. Natürlich müsse die ZSt. ihre Aufgabe erfüllen, aber auch die politischen Behörden hätten bei derartig brisanten Dingen ihre Überlegungen nach den Folgen anzustellen.

LG-Rat Bertram (Hamburg) berichtete, er habe ein eiliges Ersuchen vor Weihnachten 1969 an das AA abgesandt, damit es mit der Kurierpost direkt nach Moskau gebracht werde. Das Ersuchen sei zum BMJ, von dort über das Justizministerium Baden-Württemberg an die ZSt. und wieder zurückgegangen.

MinRat Pötz (Bonn) erwiderte, es handle sich dabei um einen Einzelfall, der lange gelaufen sei. Es habe sich um ein Verfahren gehandelt, bei dem die ZSt. vielleicht hätte helfen können. Wegen des derzeitigen Umbruchs in der Ostpolitik werde alles, was auch nur am Rande einen politischen Aspekt habe, besonders sorgfältig geprüft, besonders aber das Problem der von den Sowjets gerügten Doppelersuchen.

Zu dem Vortrag von OStA Dr. Rückerl vom Vortage erklärte *MinRat Pötz,* das BMJ habe die Flächenersuchen immer weitergeleitet. Das AA habe die Ersuchen an die Botschaft in Moskau mit der Bitte um Prüfung weitergegeben. Der Bericht aus Moskau habe in der Tat die von OStA Dr. Rückerl zitierten Wendungen enthalten und sei dem BMJ zugeleitet worden. In Unkenntnis der darin liegenden Brisanz sei der Bericht sodann – es habe sich dabei um eine „administrative Panne" gehandelt – nach Stuttgart und Ludwigsburg zur Stellungnahme weitergeleitet worden. Das Justizministerium Baden-Württemberg habe die Sache inzwischen den anderen LJVW übergeben. Man müsse dabei aber bedenken, dass im internen Kreis der Bundesregierung manches etwas schärfer und prononcierter formuliert werde. Die Botschaft müsse ihre Meinung aus politischen Gründen sagen können. Die Meinungsbildung in der Bundesregierung zu den sog. Flächenersuchen sei noch nicht abgeschlossen.

MinDirig. Roth (Stuttgart) stellte hierzu fest, dass die Panne in Bonn passiert sei und erklärt, die Vorgänge seien ganz bewusst an die anderen LJVW gegeben worden, weil so ein Zwang entstehe, Farbe zu bekennen. Andernfalls werde doch der schwarze Peter der ZSt. zugeschoben.

OStA Dr. Rückerl (Ludwigsburg) stimmte zu, dass es Aufgabe des AA und der Botschaft in Moskau sei, sich Gedanken darüber zu machen, ob Rechtshilfeersuchen „den Eindruck einer Pflichtübung machen", oder „dem Ansehen der Justiz schaden". Er halte aber weder das AA noch eine Botschaft für kompetent, darüber zu entscheiden, ob ein Rechtshilfeersuchen für die Durchführung eines bestimmten Verfahrens sachlich notwendig oder „praktisch überflüssig" bzw. „wenig sinnvoll" sei.

EStA Zeug (Ludwigsburg) wies darauf hin, dass Dr. Kamis bei Rechtshilfeersuchen an die Tschechoslowakei keinen Wert auf Übersetzungen lege, ferner dass die RiVASt [Richtlinien für den Verkehr mit dem Ausland] nicht immer voll eingehalten werden könnten, z.B. erscheine es nicht immer richtig, den Beschuldigten zu nennen. Er nannte als Beispiel einen früheren Gebietskommissar, der heute Abteilungsleiter in einem Innenministerium sei. Wenn man schon jemand nenne, dann vielleicht nicht mit Adressenangabe. Er stellte ferner die Frage, ob es nicht besser wäre, zuerst Zeugen aus dem Ostblock dort vernehmen zu lassen und dann auszusuchen, wen man laden solle. EStA Zeug wies ferner darauf hin, dass die ZSt. mit Jugoslawien relativ gute Erfahrungen gemacht habe. Nach seiner Meinung dauerten Ersuchen nach Polen und der Sowjetunion länger. Sein Eindruck sei ferner, dass der Kurierweg nur auf dem Papier stünde, da wohl alle Sachen sachlich überprüft würden.

MinRat Pötz (Bonn) nahm auf Nr. 1 Abs. 2 der RiVASt bezug, wonach dort nur der Regelfall geplant sei, von dem abgewichen werden könne. Er berichtete, dass die Erwägungen bisher dahin gegangen seien, Zeugen in erster Linie zu laden und hier zu vernehmen und erst in zweiter Linie Rechtshilfeersuchen um Vernehmung in Ostblockstaaten zu richten. Dies sei ein Punkt, der möglicherweise in absehbarer

Zeit geändert werde. Man wisse nicht so genau, wie eine Vernehmung durch einen russischen oder polnischen Richter zustande gekommen sei, oder ob die Zeugen präpariert worden wären. Die Erfahrungsberichte hätten inzwischen gezeigt, dass keine Anhaltspunkte bestünden, dass die Vernehmungen nicht korrekt erfolgten, oder dass Zeugen beeinflusst worden wären. Wenn sich dieser Eindruck weiter durchsetze, sollte man in Zukunft den geeignetsten und vielleicht auch billigsten Weg wählen. Allerdings gebe es heute nur wenig Ersuchen ohne Anwesenheit des deutschen StA oder Untersuchungsrichters.

LG-Rat von Glasenapp (Frankfurt) erklärte, dass er aus Polen immer richterliche Vernehmungen anfordere und auch solche erhalte. Er wies ferner darauf hin, dass jede richterliche Handlung auf diesem Gebiet der Kritik der Administration ausgesetzt sei. Die Unabhängigkeit des Richters werde dabei tangiert. Im Effekt würden richterliche Verfahren dabei aus politischen Gründen verzögert. Als Beispiel nennt er ein Ersuchen, das ein Generalkonsulat mit der Weisung erhalte, nichts zu tun. Ihm wurde dabei bedeutet, er solle das ausländische Gericht bemühen. Er halte das für unzulässig.

MinRat Pötz (Bonn) wies darauf hin, dass alle Handlungen der Ostblockstaaten einen politischen Hintergrund hätten. Er hielt es nicht für richtig, dass hierdurch der Eindruck entstünde, dass eine richterliche Entscheidung der administrativen Kontrolle unterliege. Es erfolge keine Überprüfung auf ihre sachliche Notwendigkeit. Die Befugnisse des deutschen Richters endeten aber an der deutschen Grenze. Für eine Tätigkeit außerhalb dieser Grenzen bedürfe es der internen Genehmigung und der Genehmigung des Staates, in dem die Rechtshilfehandlung vorgenommen werde. Die Bundesregierung habe das Recht einer Stellungnahme zu Dienstreisen, die zum Zwecke von Vernehmungen durchgeführt würden. Die Bundesregierung müsse hierbei die zwischenstaatlichen Beziehungen berücksichtigen, die Möglichkeiten erkunden, ob der auswärtige Staat die Einschränkung seiner Souveränität hinzunehmen bereit sei und die Frage klären, ob keine politischen Schwierigkeiten entstünden. Die hierbei auftretenden Probleme seien äußerst kompliziert. Sie seien erst durch die Vielzahl der Reisen deutsche Richter und StA in den großen NS-Verfahren entstanden.

LG-Rat Dr. Gerold (Düsseldorf) bat um Verständnis dafür, dass die Untersuchungsrichter besonders empfindlich reagierten, wenn sie den Eindruck hätten, dass ihre Maßnahmen kontrolliert würden. Die beiden Untersuchungsrichter in Düsseldorf schickten gleichzeitig mit dem Ersuchen einen Durchdruck an die ersuchte ausländische Behörde. Die technischen Probleme seien dann bereits geklärt, wenn das Ersuchen auf dem diplomatischen Weg dort anlange. Dieses Verfahren sei noch nicht von der LJVW missbilligt worden.

EStA Zeug (Ludwigsburg) wies darauf hin, dass die StA in einigen Bundesländern ihrer Pflicht, an die ZSt. über ihre Vorgänge zu berichten, nicht nachkämen. Es sei auch so, dass etwa 50 % der Urteile und HV-Termine aus der Presse entnommen werden müssten.

EStA Pfeufer (Köln) erläuterte, dass Dr. Pilichowski dringend gebeten habe, bei Ersuchen die polnischen Ortsnamen zu verwenden. Zur Frage des Eingriffs des AA und des BMJ berichtete EStA Pfeufer, dass bezüglich der Teilnahme des Schwurgerichts Köln an einer wichtigen Vernehmung in Australien angefragt worden sei, ob das notwendig sei. Das sei ein Hereinregieren in sachliche Entscheidungen.

Er bemerkte ferner, dass bei Vernehmungen in den Ostblockstaaten politische Aspekte fast immer eine Rolle spielten, dass aber an der Objektivität und Unabhängigkeit der polnischen Richter nach seinen Beobachtungen keine Zweifel bestehen würden. – Er vertrat die Auffassung, dass die Mitarbeit der Verbände der antifaschistischen Widerstandskämpfer nicht rundweg abzulehnen sei. Sie hätten vor allem in den Ostblockländern einen ganz erheblichen Einfluss. Diese Verbände betrieben ihre eigene Lagerforschung, und so habe Rudi Wunderlich aus der DDR seine Forschungsergebnisse für die Hüttig-Verfahren in Frankenthal zur Verfügung gestellt.

OStA Dr. Rückerl (Ludwigsburg) bemerkte dazu, dass die Erfahrungen mit der Tschechoslowakei und mit Polen dem widersprächen. Dr. Kamis legte Wert darauf, dass alle Ersuchen an die Tschechoslowakei über ihn gingen und nicht über den Verband der antifaschistischen Widerstandskämpfer; auch Herr Pilichowski habe ausdrücklich darum gebeten, alle Anfragen über die polnische Hauptkommission zu leiten. Anfragen bei Verbänden könnten zweckmäßig sein, es bestehe aber die Gefahr, dass damit das gute Einvernehmen zwischen den StA und den Hauptkommissionen gestört werden könnte.

MinRat Pötz (Bonn) wies zur Frage der Ortsnamen darauf hin, dass es sich hierbei um ein echtes politisches Problem handle. Die Bundesregierung meine, man solle aus wohl erwogenen politischen Erwägungen im deutschen Text deutsche Namen und im polnischen Text polnische Namen verwenden. Zur Frage der Kontakte mit den Verbänden der antifaschistischen Widerstandkämpfer meinte MinRat Pötz, es sei verständlich, dass der einzelne StA aus seiner Sicht sein Verfahren in jeder Beziehung fördern wolle und alle Wege suche, um hierfür Material zu erhalten. Aus der Gesamtschau verhalte sich die Sache anders. Es hätten schließlich die Bundesregierung und andere zuständige Stellen seit Jahr und Tag bei jeder sich bietenden Gelegenheit gebeten, uns das Material zur Verfügung zu stellen. Es sei die Frage, ob wir wirklich bis zur Selbstzerfleischung gehen sollten, um an Material heranzukommen. Aus dem Osten übersende man nur schleppend Material, um eines Tages die Rechnung für unzureichende Ermittlungen präsentieren zu können.

Oberarchivrat Dr. Boberach (Bundesarchiv) bat darum, keine Dokumentenverzeichnisse an Polen weiterzugeben, weil von polnischer Seite auch keine Verzeichnisse übersandt werden würden. Ebenso solle man sich mit dem Bundesarchiv verständigen, bevor man aus Jugoslawien Dokumente anfordere.

OStA Blank (Ludwigsburg) hielt bei der Frage der Ortsnamen eine Unterscheidung zwischen historischen Namen und solchen für notwendig, die 1939 auf polnische Namen aufgepfropft worden seien. Er erwähnte hierbei als Beispiel Litzmannstadt als aufgepfropften Namen im Gegensatz zu Danzig, das er als historisch gewachsenen Namen bezeichnete.

EStA Zeug (Ludwigsburg) wies darauf hin, dass es Fälle gebe, in denen sich Ostblockstaaten über direkte Kontakte mit der VVN massiv beschwert hätten.

OStA Dr. Rückerl (Ludwigsburg) berichtete zur Frage der Ortsbezeichnung, dass Herr Pilichowski bei einem Gespräch ausdrücklich erklärt habe, Rechtshilfeersuchen, die einen deutschen Ortsnamen enthielten, existierten für ihn nicht. Er habe vor etwa zwei Jahren versprochen, ein polnisches Ortsverzeichnis zu schicken, das aber noch nicht eingetroffen sei.

Anschließend sprach *StA Lamberg* (Ludwigsburg) über *Die Auswirkungen des § 50 Abs. 2 StGB n.F. auf die Verjährung der Beihilfe zu NS-Morden [Anm. vom Hrsg. kursiv gesetzt]:* Der § 50 Abs. 2 StGB n.F. erweist sich, wie ich noch anhand einiger Zahlen zeigen werde, als ein – behutsam genutztes – Instrument der Justizökonomie. Da es allzu verwegen erschiene, sich gegen diese Praxis offen aufzulehnen, möchte ich mir lediglich einen kritischen Diskussionsbeitrag zu den Problemen gestatten, welche die neue Bestimmung aufgeworfen hat.

A 1 a) Zuerst ein Rückblick auf § 50 Abs. 2 StGB a.F. *(im Einzelnen siehe Maurach: Die Mordmerkmale aus der Sicht des § 50 StGB, JuS 1969, 249 ff.).* Nach dieser Vorschrift sollten für das Strafmaß erhebliche „persönliche Eigenschaften und Verhältnisse" allein den treffen, der sie erfüllte. Eine ältere, auf dem Wortlaut fußende Lehre wollte nur Kriterien von „zuständlich-dauerhafter" Art berücksichtigen. Dagegen schloss sie – die hier interessierenden – Gesinnungen, Absichten und Motive als *„vorübergehend" (dieser nicht gerade glückliche Sprachgebrauch findet sich auch in der Begründung der Bundesregierung zu § 50: BTDs. V 1319, S. 61 sowie bei Schröder, Der § 50 StGB n.F. und die Verjährung beim Mord, JZ 1969, 132 ff. [133], Schönke-Schröder: StGB 15.A. (1970) § 50 Rdn. 13 a ff.)* von § 100 Abs. 2 StGB aus *(Maurach: Deutsches Strafrecht, A.T., 3.A (1965) § 53 Abs. 3 Ba; Schönke-Schröder: Strafgesetzbuch, 12.A. (1965) Anm. 13–15; Leipziger Kommentar, Bd. I, 8.A. (1957) § 50 Anm. 11; Schwarz-Dreher: Strafgesetzbuch 29.A. (1967) § 50 Anm. 2 a.),* obwohl z.B. Rassenhass langlebiger als eine Beamteneigenschaft sein kann.

1 b) Eine neuere, 1952 von *Welzel (Welzel: Zur Systematik der Tötungsdelikte, JZ 1952, 72 ff. [75])* eingeleitete Lehre unterschied personale und sachliche Merkmale *([s. oben]; a.M. Baumann: Strafrecht, A.T., 5.A. [1968] § 37 Abs. III 2 b).* Zu den letzteren zählen die subjektiven Unrechtselemente mit „überschießender Innentendenz", die sich – über den Tatbestand hinaus – verwirklichen lassen. So kann sich die Zueignungsabsicht des § 242 StGB *(BGH NJW 1969, 254 unter 30, vgl. ferner Gen. B.A. NJW 1969, 1158; Dreher, StGB 51 A. [1970] § 50 Anm. 3, Schönke-Schröder, StGB 15.A. [1970] § 50 Rdn. 16)* in der – vom Gesetz nicht geforderten – Erlangung einer eigentümerähnlichen Stellung niederschlagen. Angesichts dieser Objektivierbarkeit genügt es, wenn ein Gehilfe ein von dem Täter erfülltes tatbezogenes subjektives Unrechtselement bewusst zu verwirklichen trachtet, ohne es sich selbst zu eigen zu machen. – Anders verhält es sich mit den täterbezogenen Kriterien. Z.B. ist ein Mordmotiv wie die Eifersucht für die nicht aus diesem Triebe handelnden Teilnehmer des Liebesdramas ein vorgegebenes psychologisches Moment, zu dessen Umsetzung in die Tat sie keinen Beitrag leisten können. Die Teilnehmer verdienen deshalb eine Privilegierung.

2 a) Diese Rechtslage war durch die neuere Auslegung des § 50 Abs. 2 StGB a.F. bereits geebnet, als dessen Neufassung zu § 50 Abs. 3 StGB unter Einführung des Begriffs der „besonderen persönlichen Merkmale“ am 1.10.1968 in Kraft trat. Insoweit handelt es sich also nicht um eine Änderung, sondern nur um eine Gewährleistung des bisherigen Rechts *(BTDs. V/1319 S. 61 und Sonderausschuss für die Strafrechtsreform; 57. Sitzung S. 1094 f.).* – Ein Wechsel trat dagegen hinsichtlich der *strafbegründenden* persönlichen Merkmale ein, die durch den neuen Abs. 2 des § 50 StGB jetzt ebenfalls berücksichtigt werden. Während der Gehilfe früher nur zu wissen brauchte, dass sie beim Täter vorlagen, muss er sie seit dem 1.10.1968 selbst erfüllen; andernfalls genießt er – gerechterweise *(Baumann: Strafrecht, A.T., 5.A. [1968], § 57 Abs. 3 2 b und: Vorsicht bei Verjährung von NS-Gewaltverbrechen! NJW 1969, 1279 ff. [1280]; Schönke-Schröder: StGB 14.A. [1969] § 50 Rdn. 13; Schröder, JZ 1969, 132 ff. [133]; Schwarz-Dreher, StGB, 30.A. [1968] § 50)* – eine obligatorische Strafmilderung. Die Novelle berührt die Verfolgung von NS-Morden somit nur, wenn man in § 211 StGB nicht ein qualifiziertes, sondern – wie bisher – mit dem BGH ein Sonderdelikt sieht.

2 b) Da § 50 Abs. 2 StGB aus dieser Sicht die Verhängung der lebenslangen Freiheitsstrafe des § 211 StGB verbietet, ließ der 5. Strafsenat des BGH in seinem Urteil vom 20.5.1969 *(s. BGHSt, 22, 375 unter IV)* als Konsequenz auch die für die Haupttat maßgebende Verjährungsfrist fallen. Die Entscheidung hat viel Anklang gefunden. Nach dem ihr zugrunde liegenden Sachverhalt hatte der Angeklagte gewusst, dass die von ihm als Gehilfen ohne eigene niedrige Beweggründe „ausgesonderten“ Juden aus Rassenhass getötet werden sollten. Das Gericht erachtete dieses Mordmotiv zu Recht als täterbezogen *(s. BGHSt. 22, 375 unter III) (a.M. GenBA NJW 1969, 1157; KG Beschluss v. 6.1.1969, JR 1969, 64 und verschiedene ministerielle Verlautbarungen, dass § 50 Abs. 2 StGB die Verfolgung von NS-Verbrechen nicht berühre. Die zur Begründung dieses abweichenden Standpunktes gegebenen Hinweise auf die Entscheidung des BGH v. 9.11.1951 [BGHSt 1, 368 ff. (372) und v. 13.4.1963 [NJW 1962, 1355] werden als Fehldeutungen wohl nicht mehr aufrechterhalten; s. auch Koffka: Ist § 50 Abs. 2 StGB n.F. auf den Gehilfen anwendbar, wenn der Haupttäter aus dem Gehilfen bekannten niedrigen Beweggründen tötet, die dem Gehilfen fehlen? JR 1969, 41 f. und Samson: § 50 Abs. 2 StGB n.F. und die Verjährung, ZRP 1969, 27 ff. [28]).* Der Rassenhass ist nicht das Ziel eines Handelns wie die Zueignungsabsicht oder eine Begehungsweise wie die Grausamkeit i.S. des § 211 StGB *(BGH v. 1.7.1969 – 2 StR 184/69 und 5.2.1970 – 4 StR 272/68; desgl. zur Heimtücke BGH v. 14.1.1969 – 5 StR 689/68 und 15.9.1969 – 1 StR 197/68 = MDR 1969, 1025 = NJW 1969, 2105; s. auch Maurach, JuS 1969, 255),* die sich verwirklichen lassen und daher auch dem Teilnehmer anzulasten sind. Vielmehr stellt der Rassenhass lediglich auch ein Motiv dar, welches das äußere Geschehen – über den Tötungsvorsatz hinaus – nicht berührt. Ist es bei den Teilnehmern nicht gegeben, ist es ihnen auch nicht anzurechnen.

2 c) Der 5. Strafsenat war allerdings noch weitergegangen. Er hatte sich nicht auf den Rassenhass beschränkt, sondern nach „dem Sprachgebrauch und dem natürlichen Verständnis“ alle niedrigen Beweggründe als täterschaftlich eingestuft *(s. BGH N.6 unter II 2: „Das ist auch berechtigt.“; ferner Jakobs: „Niedrige*

Beweggründe beim Mord und die besonderen persönlichen Merkmale in § 50 Abs. 2 u. 3 StGB" NJW 1969, 489 ff. [492 N. 36 u. 493]; Schönke-Schröder, StGB 15.A. [1970] Rdn. 28 a f.) (der 5. Strafsenat hatte dann keine Mühe, in seinem Urteil v. 15.7.1969 [JZ 1969, 670 f. = NJW 1969, 1725 f. = MDR 1969, 856] die Absicht i.S. des § 211 StGB, eine andere Straftat zu verdecken, als Sonderfall der niedrigen Beweggründe ebenfalls für täterbezogen zu erklären. Im Ergebnis ist dieser Standpunkt wohl richtig, wenn davon ausgegangen wird, dass die Verdeckungsabsicht über den § 211 StGB hinaus kein weiteres Rechtsgut angreife). Der Sammelbegriff der niedrigen Beweggründe (*vgl. Maurach, JuS 1969, 253 f. unter 3 und 3 d)* umfasst jedoch sehr unterschiedliche Erscheinungsbilder, ohne von ihnen einen bestimmten Charakter zu fordern. Um der jeweiligen Gestalt gerecht zu werden, wird – nach den Empfehlungen des GBA (s. N. 16) und Drehers (*Dreher,* StGB 31.A. [1970] § 50 Anm. 3) der Maßstab des § 50 Abs. 2 StGB in Einzeluntersuchungen unmittelbar an den konkreten Beweggrund zu legen sein. Man darf sich deshalb – was Baumann zu Recht rügt *(NJW 1969, 1280 unter III 1)* – nicht mit der ohnehin wenig erschöpfenden *(vgl. BGH NJW 1962, 2310 und Maurach, JuS 1969, 254 unter 3 d)* Rassenhassformel begnügen. Bei gewissenhafter Würdigung des Unrechtsgehaltes sind darüber hinaus alle in Betracht kommenden Ausformungen der niedrigen Beweggründe zu prüfen.

2 d) Wie es hierzu richtungsweisend in der Stellungnahme des GenBA vom 8.4.1969 *(MDR 1969, 589 ff. – NJW 1969, 1157 ff. [1158 f.])* heißt, habe sich das Motiv der NS-Haupttäter nicht nur „im rein subjektiven Bereich" abgespielt, sondern auch „das äußere Bild der Tat" geprägt. Zweifellos ist die Empfindung des Rassenhasses allein viel zu dumpf, um die hochentwickelte Konzeption der Spitzenfunktionäre erklären zu können. Sie müssen vielmehr von einem ganzen Komplex abartiger Gefühle und Triebe beherrscht gewesen sein, die sich zu dem Drang nach der „Endlösung der Judenfrage" und dem „Sieg des deutschen Herrenmenschen" potenzierten. Von dieser obersten Schicht der Komponenten – einschließlich des Rassenhasses -, die letztlich den Entschluss der NS-Größen zu der Mordindustrie auslösten, ist bei der Umschreibung des eigentlichen psychischen Antriebs auszugehen *(vgl. für andere Fälle BGHSt 3, 107 ff. [108 f.]; BGHSt 16, 1 ff.; Schönke-Schröder: StGB 15.A. [1970] § 59 Rdn. 49; Welzel: Vorteilsabsicht beim Betrug, NJW 1962, 20 ff.).* Man wird ihn als planvollen Völker- und Rassenzerstörungswille definieren dürfen. Seine tiefe Verachtung des Rechts weist ihn als einen der verwerflichsten niedrigen Beweggründe des § 211 StGB aus *(vgl. Leipziger Kommentar, Bd. II, 8.A. [1958] § 220 a Anm. II 1; s. auch Kühnert: Die Aufspaltung des Mordparagraphen, Ein Vorschlag zur Differenzierung der Verjährung bei Mord und Völkermord, FAZ v. 31.3.1969, S. 2: „Unverjährbar ist die Strafverfolgung ... von Verbrechen nach § 211 StGB, soweit diese in der Absicht begangen wurden oder werden, nationale, rassische, religiöse, politische, medizinische, wirtschaftliche oder durch ihr Volkstum bestimmte Gruppen von Menschen als solche ganz oder teilweise zu zerstören ...". Leider hat der GBA diesen Vorschlag in seiner Stellungnahme – MDR 1969, 592 – nur gestreift. [Die entsprechende Bemerkung ist in der NJW nicht veröffentlicht worden.] Vgl. ferner Jescheck: Die Völkerstrafrechtskonvention vom 9.12.1948 und die Lehre vom Völkerstrafrecht, ZStW 1954, 193 ff. [214]).* (Dass er in § 220 a Abs. 1 StGB zu

einem Spezialfall erhoben wurde *[Leipziger Kommentar, Bd. II, 8.A. [1958] § 220 a Anm. I, II 1; s. auch Jakobs NJW 1969, 490 ff.]*, ist hier nicht unbeachtlich, weil nach dem Rückwirkungsverbot § 220 a StGB hinsichtlich der NS-Verbrechen als nicht existent zu betrachten ist.)

Anders als der im Subjektiven verhaftete Rassenhass verletzt dieser Vernichtungswille über den Tatbestand des § 211 StGB hinaus objektiv ein weiteres Rechtsgut, indem er zugleich die Gruppe des Ermordeten angreift *(diesen Gesichtspunkt übersieht Jakobs, NJW 1969, 489 ff. [491 ff.], der nur von einer Unrechtssteigerung ausgeht, welche auf die Gefährlichkeit des Täters schließen lasse).* Er bewirkt also einen Schaden, der durch Teilnehmer unterstützt werden kann. Der Rassen- und Völkerzerstörungswille ist folglich tatbezogen und kein „besonderes persönliches Merkmal" i.S. des § 50 Abs. 2 StGB *(vgl. BGH N.6 unter II 5 b; Dreher, StGB 31 A. [1970] § 50 Anm. 3).*

B. 1 a) Den Gegnern dieser Auffassung stellt sich jetzt das gewöhnlich verdrängte Problem, ob die Strafmilderung des § 50 Abs. 2 StGB für die Berechnung der Verjährungsfrist des § 67 Abs. 1 StGB erheblich ist. Bis zum 4.8.1969 sah dieser bei mit lebenslangem Zuchthaus bedrohten Verbrechen eine 20jährige Verjährungsfrist vor – anstelle der heutigen 30jährigen – und bei Verbrechen mit einer Androhung von mehr als zehn Jahren Freiheitsstrafe eine 15jährige Verjährungsfrist – anstelle der heutigen 20jährigen.

1 b) Bei unbefangener Betrachtung ließe sich die Wahl zwischen den zwei Alternativen auf materielle Erwägungen stützen. Zu denken wäre an das von *Cramer (Cramer: Verjährung für Schreibtischmörder auf kaltem Wege? FAZ v. 9.1.1969 S. 2)* betonte „Interesse" der „Rechtsgemeinschaft ..., einen Verbrechenskomplex bis zum Ablauf der Verjährungsfrist für den Haupttäter aburteilen und dabei auch die Gehilfen erfassen zu können". Diesem Gesichtspunkt träte das Postulat gegenüber, die Privilegierung des Gehilfen durch § 50 Abs. 2 StGB ohne Aushöhlung lückenlos durchzuführen *(Samson, ZRP 1969, 29 sowie Stree: Das Versehen des Gesetzgebers, JuS 1969, 403 ff. [405]).* Derartige Erwägungen üben jedoch keinen unmittelbaren Einfluss auf die Anwendung des § 67 StGB aus; vielmehr ist die Erörterung seiner Voraussetzungen bereits formell von der Frage eingefangen, ob er denselben Grundsätzen folgt wie § 1 StGB, der nach h.M. von der abstrakten Betrachtungsweise ausgeht.

2. Einen dritten Weg schlug das Urteil des BGH vom 20.5.1969 ein, das sich für die Berücksichtigung des § 50 Abs. 2 StGB im Wesentlichen auf *Schröder (der § 50 StGB n.F. und die Verjährung beim Mord JZ 1969, 132 ff. [133])* und auf eine Entscheidung desselben Senats vom 22.5.1962 *(NJW 1962, 2209)* berief. In der letzteren war die Verjährungsfrist für den Mörder auch auf § 4 GewaltverbrecherVO vom 5.12.1939 angewandt worden. Diese Bestimmung hatte dem Gehilfen gegenüber die bisherige zwingende Milderung der für die Haupttat angedrohten Strafe in eine fakultative umgewandelt. Nur sie war also zu klären gewesen und nicht wie hier ein Fall der obligatorischen Milderung. – Wenig ergiebig war ferner das Zitat der Bemerkung *Schröders:* „Der Zwang zur Herabsetzung der Strafe bedeutet eben bei absolut bestimmten Strafen eine inhaltliche Veränderung der Strafandrohung"

(Schröder: JZ 1969, 132 ff. und Roma locuta? JZ 1969, 419). Das Dilemma dieses Standpunktes sei hier anhand des Schönke-Schröder veranschaulicht *(Schönke-Schröder, StGB, 15. A. [1970]).* Einerseits heißt es in der Kommentierung zu § 67 StGB, dass § 50 Abs. 2 StGB „den Strafrahmen für die Haupttat durch einen neuen ersetzt" *(aaO., § 67 Rdn. 20).* Andererseits wird – wenige Sätze zuvor – die Geltung der abstrakten Betrachtungsweise anerkannt, wie sie zu § 1 dargelegt sei. Zutreffend wird dort der Reduzierung der Strafe durch § 50 Abs. 2 StGB kein Einfluss auf den Charakter des Deliktes zugesprochen *(aaO. § 1 Rdn. 10; s. auch § 50 Rdn. 12 a einerseits und Rdn. 12 b andererseits).* Ein solcher Widerspruch ist allerdings nicht neu. Er wurde bereits 1897 von *Frank* der h.M. vorgeworfen *(Das Strafgesetzbuch für das Deutsche Reich [1897], § 67 Anm. I Nr. 4),* welche die obligatorische Strafmilderung für die Beihilfe in der gleichen Weise behandelt hatte.

3. Konsequent wird die abstrakte Betrachtungsweise dagegen von dem GBA *(NJW 1969, 1157), Gehrling (nochmals: § 50 Abs. 2 StGB und die Verjährung für Teilnahme am Mord, JZ 1969, 416 ff.), Dreher (StGB 31. A [1970] § 67 Anm. 2)* und *Cramer (Cramer, FAZ v. 9.1.1969, S. 2)* durchgeführt. Ihre Anschauung hat wegen der bei flüchtiger Beschäftigung teilweise gekünstelt anmutenden Ergebnisse keinen leichten Stand. Sie ist jedoch, was nicht ignoriert werden dürfte, geradezu eine Selbstverständlichkeit für die Strafrechtsreformer *(Niederschriften über die Sitzungen der Großen Strafrechtskommission, Bonn 1958, 2. Bd., 25. Sitzung, S. 360 mit Anhang 68, S. 213 und Anhang 67, S. 210; E 1962 [Bundesratsvorlage] § 127 Abs. 3 und S. 258. Sonderausschuss für die Strafrechtsreform, 106. Sitzung v. 9.5.1968, S. 2079; 131. Sitzung v. 23.1.1969 S. 2700; 132. Sitzung v. 6.2.1969 S. 2741; 134. Sitzung v. 26.2.1969 S. 2689 und 2835; 144. Sitzung v. 26.3.1969, S. 3189),* aus deren Konzeption § 50 Abs. 2 StGB ja lediglich herausgebrochen wurde *(vgl. Sonderausschuss für die Strafrechtsreform, 57. Sitzung v. 13.4.1967, S. 1094 f.).* So lautet Abs. 4 des § 78 2StrRG, der ab 1.10.1973 an die Stelle des jetzigen § 67 StGB tritt: „Die Frist richtet sich nach der Strafdrohung des Gesetzes, dessen Tatbestand die Tat verwirklicht, ohne Rücksicht auf Milderungen oder Schärfungen, die nach den Vorschriften des Allgemeinen Teils oder bei mildernden Umständen, minder schweren, besonders schweren oder ähnlichen allgemein umschriebenen Fällen vorgesehen sind."

Das 1. StrRG vom 25.6.1969 hat auch dem § 1 StGB einen gleichbedeutenden, ab 1.4.1970 gültigen Absatz angehängt. Dagegen hätte eine entsprechende Ergänzung des § 67 StGB in prestigewidriger Weise als Nachholen eines Versäumnisses gedeutet werden können *(vgl. Sonderausschuss für die Strafrechtsreform 134. Sitzung v. 26.2.1969 S. 2329 und 2835).* Jedenfalls fehlen für die Unterlassung – ersichtliche – sachliche Gründe. Gleichwohl bleibt es der Judikatur unbenommen, die abstrakte Betrachtungsweise mangels – rechtzeitiger – gesetzlicher Anordnung abzulehnen. Um nicht auf Unverständnis zu stoßen, wird jedoch entgegen der bisherigen Schweigsamkeit zu begründen sein, warum dieses Institut heute verworfen wird, obwohl es de lege ferenda rechtens ist.

III. A. 1. Auf welche Seite hat sich nun die Praxis in den anderthalb Jahren seit Inkrafttreten des § 50 Abs. 2 StGB gestellt? Der temperamentvolle Beschluss des

KG vom 6.1.1969 *(JR 1969, 64)*, der – in einer Hilfsbegründung – die niedrigen Beweggründe als tatbezogen klassifiziert hatte, fand kein Echo. Nach allgemeiner Zurückhaltung gab das Urteil des 5. Strafsenats vom 20.5.1969 den Auftakt für die gegenteilige Richtung.

In 17 erstinstanzlichen Entscheidungen wurden anschließend durch Einstellung oder Außerverfolgungsetzung die Verfahren gegen 35 Personen ganz oder teilweise erledigt. Die StA verfuhren in gleicher Weise durch sechs Verfügungen gegen zwölf Beschuldigte. Insgesamt handelt es sich um 49 Begünstigte. Hinzu kommen noch drei nicht entschiedene Anträge, drei Angeschuldigte außer Verfolgung zu setzen.

2. Diese Zahlen, welche die hilfsweisen Berufungen auf § 50 Abs. 2 StGB nicht enthalten, sind nicht absolut zu verstehen. Da sie lediglich auf den Mitteilungen der StA oder nur auf Presseveröffentlichungen beruhen, dürften ihre Ungenauigkeiten und die Dunkelziffer außerhalb der ZSt. am ehesten abgeschätzt werden können.

Ein zweiter Vorbehalt ergibt sich aus unserer Freiheit bei der Subsumtion eines Sachverhaltes, was folgende Beispiele hinsichtlich des Mordmerkmals der Grausamkeit erhellen sollen:

a) In der Strafsache gegen den KdS von Bialystok, *Altenloh* u.a., wegen Beihilfe zum Mord aus niedrigen Beweggründen setzte der 4. Strafsenat am 28.2.1969 das Verfahren aus, um den Beteiligten Gelegenheit zu geben, sich mit dem Problem des § 50 Abs. 2 StGB vertraut zu machen. In der HV beantragte der Vertreter der Bundesanwaltschaft, der – nachdem er u.a. die Gedanken der Stellungnahme vom 8.4.1969 in einer berichtigten Form vorgetragen hatte, – die Anrufung des Großen Senats, hilfsweise Zurückverweisung zur Aufklärung des Merkmals der Grausamkeit. In seinem Urteil vom 5.2.1970 hielt der Senat die Frage des § 50 Abs. 2 StGB jedoch nicht mehr für entscheidungserheblich und stützte die Verurteilung auf Beihilfe zum grausamen Mord der deportierten Juden *(4 StR 272/68)*. Eines Hinweises gem. § 265 StPO habe es nicht bedurft, weil die Angeklagten angesichts der eingehenden Verhandlung und Feststellung des Schwurgerichts offensichtlich über keine weiteren Verteidigungsmöglichkeiten verfügten.

b) In einem Verfahren gegen einen Leutnant der Schutzpolizei wegen Erschießung eines jüdischen Arbeitskommandos war das LG dem Antrag der StA, den Angeschuldigten außer Verfolgung zu setzen, nicht gefolgt. Das Gericht hatte angenommen, dass der Angeschuldigte nicht als Gehilfe, sondern als Täter gehandelt habe, weil er „über den Inhalt des ihm erteilten Befehls hinaus die Erschießung grausam" durchgeführt habe *(LG Wuppertal, Beschluss v. 10.2.1969 – 45 Js 11/64; StA Dortmund (274/68 II)*.

c) Einen anderen Maßstab legte der 5. Strafsenat seinem Urteil vom 20.5.1969 zugrunde. Über das Schicksal der mit Hilfe des Angeklagten „ausgesonderten" Juden gibt das Urteil der Vorinstanz *(LG Kiel, Urteil v. 19.3.1968 – 2 Ks 4/66 -)* z.B. folgenden Aufschluss: „... Dort verlud man sie in Viehwaggons und transportierte sie ins Vernichtungslager Belzec, wo sie mittels Motorenabgasen getötet wurden" (dito), oder: „Insgesamt kamen bei dieser Liquidation mindestens 5000 Juden in das Vernichtungslager Belzec zur Vergasung" (dito), oder „Alte, Kranke und auch Kinder wurden auf Lastwagen geworfen und in den nahen Wald von Niepolomice gefahren. Dort erschoss man sie vor ausgehobenen Massengräbern" (dito). Zur subjektiven Seite wird festgestellt: „... dass der Angeklagte ... zumindest vom Beginn der Juni-Aktion 1942 an wusste, welches Schicksal den Juden letztlich zugedacht war, dass er wusste, dass sie physisch vernichtet wurden. Unerheblich ist dabei, ob er nähere Kenntnis über die Art und Weise dieser Vernichtung hatte." *(dito S. 186)*

Den von dem GBA offenbar erst in der mündlichen Verhandlung gegebenen Hinweis auf die Aufklärungsbedürftigkeit einer derartigen Kenntnis streift das Urteil nach der Erklärung, die Verjährungsfrist betrage „im vorliegenden Falle 15 Jahre": „Dass den Opfern besondere, über den Tötungszweck hinausgehende Schmerzen und Qualen zugefügt worden seien, hat das Schwurgericht ersichtlich nicht feststellen können." *(Auf eine umgehend erhobene Kritik Kauls [s. Neue Justiz 1969, 403 f.] soll Sarstedt mit Schreiben v. 30.5.1969 [s. Neue Justiz 1969, 404] u.a. geantwortet haben: „Die von Ihnen ... erwähnten grausamen Begehungsformen lagen bei Heinrich nach den eindeutigen und erschöpfenden Feststellungen des Schwurgerichts nicht vor." – Die dankenswerterweise von Rüter-Ehlermann unternommene Dokumentation „Justiz und NS-Verbrechen, Sammlung deutscher Strafurteile wegen nationalsozialistischer Tötungsverbrechen 1945 bis 1966", University Press Amsterdam, Bd. I [1968], Bd. II und Bd. III [1969], wird mit ihrer Fortsetzung wohl manche Ungereimtheit in ein unerwartetes Licht tauchen.).*

2. Die dargestellten Vorbehalte gelten auch bei dem Kapitel der *hilfsweisen* Berufungen auf § 50 Abs. 2 StGB, bei dem die unterschiedlichen Einstufungen in den Status des Beschuldigten eine weitere Unsicherheit verbreiten. Die Hilfsbegründungen verschlingen sich in einigen Fällen mit der Beweiswürdigung. In der Mehrzahl dienen sie jedoch einer Verbrämung der Einstellungen, deren Gründe vom mangelnden Tatnachweis, unbekannten Aufenthalt oder fehlenden Personalien bis zum Notstand und verjährten Totschlag reichen. Eine klare Grenze lässt sich nicht ziehen. Vielfach hängt es von der Formulierung ab, ob z.B. von weiteren Bemühungen zur Ermittlung eines Täters abgesehen werden soll, da für ihn das Vorliegen niedriger Beweggründe ausscheide und deshalb § 50 Abs. 2 StGB mit der Folge der Verjährung eingreife, oder ob das Verfahren wegen Nichtermittlung des Täters eingestellt wird und im Übrigen auf die Verjährung im Zusammenhang mit § 50 Abs. 2 StGB verwiesen wird.

Zahlenmäßig ergibt sich folgendes Bild: Unter hilfsweiser Anführung des § 50 Abs. 2 StGB setzte ein Beschluss drei Angeschuldigte außer Verfolgung; die StA stellten in 37 Verfügungen die Verfahren gegen etwa 247 Beschuldigte ganz oder teilweise ein. Eines dieser Verfahren, das sich gegen Angehörige eines Polizeibataillons richtet, betrifft ca. 60 Beschuldigte und ein anderes gegen Angehörige verschiedener mit der Sonderbehandlung beauftragter Dienststellen etwa 93 Beschuldigte.

LG-Rat Bertram (Hamburg) wies darauf hin, dass er sich in einem Voruntersuchungsverfahren mit der dargestellten Materie im Einzelnen befassen musste und dabei festgestellt habe, dass der BGH seine Meinung nicht begründen könne. Wegen der Einzelheiten wird auf das Protokoll der Arbeitsgruppe § 50 Abs. 2 StGB, das den Interessenten zugesandt werden kann, verwiesen.

EStA Pfeufer (Köln) berichtete anschließend über *Leistung von Rechtshilfe durch Behörden der DDR.*

Ich darf zunächst über die Zentralstelle für die Bearbeitung von nationalsozialistischen Verbrechen bei dem GStA der Deutschen Demokratischen Republik einige Ausführungen machen. Diese Zentralstelle besteht aus einem Leiter, Herrn StA Foth und drei Sachbearbeitern, den Herren StA Ender, Wieland und Fassunge. Die hin und wieder gehörte Meinung, dass StA Ender der Stellvertreter von StA Foth sei, trifft, wie ich aus Gesprächen entnehmen durfte, nicht zu.

Nach dem Rechtsaufbau der DDR hat der GStA Verfassungskontrollfunktionen. Entsprechend dieser Funktion untersteht der GStA weder dem Justizministerium noch dem Ministerpräsidenten. Er ist einzig und allein verantwortlich gegenüber dem Staatsrat. Das bedeutet also in der Rechtshierarchie, wie sie drüben herrscht, Folgendes: Wenn der GStA ein Gesetz für nicht verfassungskonform hält, ruft er den Staatsrat an. Er ist an keine Weisungen des Ministerpräsidenten oder des Justizministers gebunden. Aus dieser Stellung des GStA folgt, dass auch die bei ihm tätigen StA entsprechend in ihrer Stellung herausgehoben sind. So entspricht die Besoldung eines Sachbearbeiters beim GStA der DDR derjenigen eines Abteilungsleiters in einem Ministerium, und Herr Foth, der Leiter der Zentralstelle, ist in seiner Dienststellung mit einem Ministerialdirektor oder Ministerialdirigenten gleichzusetzen. Dies sei angemerkt, um zu kennzeichnen, mit welchen Leuten wir es dort zu tun haben.

Ich darf hier noch ein kleines Vorkommnis berichten. Als ich das letzte Mal in Ostberlin war, hatte man ein Programm vorbereitet. Wir hatten Besprechungen bis um 18.00 Uhr und uns anschließend verabredet, noch etwas zusammen zu essen und zu erzählen. Uns wurde Gelegenheit gegeben, uns zu erfrischen, und uns wurde hierzu ein Zimmer in einem Hotel angewiesen. Zur damaligen Zeit fand in Ostberlin irgendeine Tagung statt, jedenfalls waren viele ausländische Delegationen dort und in ganz Ostberlin war kein Hotelzimmer aufzutreiben. Und wissen Sie, wer uns trotzdem das Hotel besorgt hat? Es war immerhin die Gattin des obersten Richters der DDR. Auch dies beweist, dass die Stellung der Leute, mit denen wir es in der DDR zu tun haben, wesentlich herausgehobener ist, als wir es gemeinhin vermuten.

Ich habe angeführt, welche Stellung und Funktion der GStA der DDR einnimmt. Dass er sich als Sachbearbeiter nur ausgewählte Leute heranzieht, liegt auf der Hand. Die Kollegen, mit denen wir es in der DDR zu tun haben, verfügen über eine hohe Allgemeinbildung und sind glänzende Juristen. Sie sind auch bestens unterrichtet über unsere Rechtsprechung und über die rechtlichen Möglichkeiten, die uns zur Verfolgung der NS-Taten geblieben sind.

Die Aufgabe der Zentralstelle besteht – soweit ich es sehe – im Wesentlichen in der Erledigung von Ersuchen aus der Bundesrepublik in NSG-Sachen. Die StA führen die Vernehmungen wohl vornehmlich selbst oder, wenn richterliche Vernehmungen beantragt sind, bereiten sie diese vor. Überdies führen sie auch, wie ich Gesprächen entnommen habe, eigene Ermittlungen in von ihnen eingeleiteten NSG-Verfahren. Über die Art und den Umfang dieser Verfahren kann ich, da mir Ersuchen nach hier nicht bekannt sind, nichts Genaues sagen. Es hat den Anschein, dass sich die StA der DDR mit vielen ihrer Verfahren, aus denen sie dann Erkenntnisse nach hier mitteilen, an hier geführte Verfahren anschließen. Es hat weiterhin auch den Anschein, als ob die Sachbearbeiter der Zentralstelle in Ostberlin, obschon sie in ihrer Funktion als StA beim GStA jedes Verfahren an sich ziehen können, nicht unterrichtet sind über die bei den Kreis- und BezirksStA anhängigen NSG-Verfahren. Ich habe insoweit nur Erfahrungen, die das KZ Sachsenhausen betreffen. In der DDR gab es in letzter Zeit zwei Verfahren, und zwar gegen *Puhr* – er ist zum Tode verurteilt und hingerichtet worden – und gegen *Breckenfelder* – er hat eine lebenslange Freiheitsstrafe erhalten. Von diesen Verfahren habe ich selbst nur aus der Presse erfahren und in diese Verfahren war der GStA der DDR erkennbar nicht eingeschaltet. Der zuständige Sachbearbeiter hat mir berichtet, er wisse auch nur zufällig von diesen Verfahren. Es geht also dem GStA der DDR offenbar ähnlich wie der ZSt. in Ludwigsburg, der – wie wir gehört haben – auch nur 50 % der Urteile mitgeteilt werden. Die Frage, ob Berichtspflicht bestehe, wurde verneint.

Die Zentralstelle in Ostberlin leistet ausschließlich Rechtshilfe in NSG-Verfahren. Bei Rückfragen zu allgemeinen Rechtshilfeersuchen wurde ich beschieden, dass hierfür andere Kollegen zuständig seien. – Im Schriftverkehr dürfte die amtliche Bezeichnung „GStA der DDR" zu verwenden sein. Einmal besteht die Zentralstelle in Ostberlin auf dieser Bezeichnung und zum anderen gibt es zwei GStA in Ostberlin. Der Leiter der StA beim Stadtbezirksgericht, dem früheren Kammergericht, führt ebenfalls den Titel GStA. Die Bezeichnung „Deutsche Demokratische Republik" entspricht im Übrigen nach der Regierungserklärung unseres Herrn Bundeskanzlers gängigem Sprachgebrauch.

Die Zentralstelle in Ostberlin besteht darauf, dass sämtliche Kontakte der StA der Bundesrepublik zu Behörden, Vereinigungen und Personen der DDR über sie abgewickelt werden. Es geht nicht an, dass Gerichte, StA oder gar eine Polizeidienststelle unmittelbar ersucht werden. Die so angeschriebene unzuständige Stelle ist gehalten, das Ersuchen und dessen Entscheidung abzuwarten. Bei mir kam es in einem Fall auch zu Schwierigkeiten, die den Anspruch verdeutlichen, sämtliche Kontakte über den GStA der DDR abzuwickeln: Die nationale Mahn- und Gedenkstätte Sachsenhausen hatte dem Sachsenhausen-Komitee für die Bundesrepublik Deutschland ein Modell des KZ Sachsenhausen geschenkt. Das Sachsenhausen-Komitee war bereit, mir dieses Modell für das Schwurgericht in Köln zur Verfügung zu stellen. Als Gegenleistung sollte ich dieses Modell aus Sachsenhausen abholen. Um Schwierigkeiten bei der Abholung zu vermeiden, habe ich die Zentralstelle in Ostberlin unterrichtet. Man beanstandete, dass die StA in Köln, wenn auch über das Sachsenhausen-Komitee für die Bundesrepublik Deutschland, Verbindungen zur Mahn- und Gedenkstätte Sachsenhausen aufgenommen hatte. Die Überstellung des Modells wurde zunächst unterbunden. Später wurde dieses Verhalten als bedauerliches Missverständnis hingestellt, und ein Vertreter der Mahn- und Gedenkstätte brachte das Modell nach Köln.

Die Zentralstelle in Ostberlin erwartet, dass die an sie gerichteten Ersuchen den Formen des Rechtshilfeverkehrs entsprechen. Anfragen werden nicht erledigt, in denen lediglich Auskunft beispielsweise über den Verbleib gesuchter Personen begehrt wird, wenn nicht mitgeteilt wird, aus welchem Grunde diese Auskunft wichtig ist. Wie im Rechtshilfeverkehr insbesondere auch bei Ladungen üblich, sollte mitgeteilt werden, aus welchem Grunde Rechtshilfe erbeten wird. Anreden scheinen manchen StA überdies im Verkehr mit der DDR verpönt zu sein. Man kann wenigstens, wie im Rechtshilfeverkehr üblich, die Anrede: „Sehr geehrter Herr Kollege" verwenden und „mit vorzüglicher Hochachtung" schließen. – Die Rechtshilfe wird von der Zentralstelle in Ostberlin im Wesentlichen recht zügig geleistet. Ich darf hierzu Beispiele nennen: In dem Sachsenhausen-Prozess, der vorgestern in Köln zu Ende gegangen ist, wurde auf ein Fernschreiben hin ein noch dringend benötigter Zeuge binnen dreier Tage geladen. Eine Todesurkunde, die das Gericht benötigte, um eine Aussage verlesen zu können, wurde auf telefonischen Anruf sofort übermittelt.

Zwei Richter des Schwurgerichts in Köln haben Zeugenvernehmungen an fünf Gerichten in der DDR beigewohnt. Die Vernehmungen waren gut vorbereitet und die Richter gewannen den Eindruck, dass die in der DDR vernommenen Zeugen nur deshalb nicht in die Bundesrepublik eingereist waren, weil sie aus Krankheitsgründen nicht dazu in der Lage waren. Die anderen Zeugen, und zwar auch solche, die noch nicht im Rentenalter standen, sind nach Köln angereist.

Die Frage nach der rechtlichen Qualifizierung der Beziehungen zwischen der Zentralstelle Köln – nur für sie kann ich hier sprechen – und dem GStA der DDR wird dadurch offengehalten, dass nicht von „Rechtshilfeersuchen" oder „Amtshilfeersuchen" gesprochen wird, sondern einfach von „Ersuchen". Aber auch hier darf ich anführen, dass durch die Regierungserklärung unseres Bundeskanzlers, der immerhin von zwei Staaten – wenn auch einer Nation – ausgeht, klargestellt ist, dass es sich um echten Rechtshilfeverkehr handelt. Meine persönliche Auffassung geht dahin, wenn zwei Staaten bestehen und zwischen diesen beiden Staaten Ersuchen in Rechtssachen gestellt werden, handelt es sich nicht um Amts-, sondern um Rechtshilfe. Ich meine, man vergibt sich nichts, wenn man von „Rechtshilfeverkehr" spricht.

Die Wendung „Berlin, Hauptstadt der DDR", wird von drüben nicht verlangt. Ich darf mir hierzu eine Bemerkung gestatten. Mir ist bekannt, dass die Hauptkommission aus Warschau im Gebäude des GStA in Ostberlin Unterlagen übergeben hat an eine hiesige StA. Die Polen bestanden darauf, als Übergabeort „Berlin, Hauptstadt der DDR" zu vermerken. Unser Kollege konnte das beim besten Willen nicht unterschreiben. Der Sachbearbeiter beim GStA der DDR hat sich im Interesse der Sache dafür eingesetzt, die Polen davon abzubringen, die Floskel „Hauptstadt der DDR“ in das Protokoll aufzunehmen.

Ich darf zurückkommen auf die Vernehmung von Zeugen in der DDR im abgelaufenen Schwurgerichtsverfahren Sachsenhausen. In diesem Verfahren wurde nicht gestattet, dass StA und Verteidiger an Vernehmungen teilnahmen. Dass die StA nicht teilnehmen konnten, lag daran, dass man auch den Verteidigern eine Teilnahme an den Vernehmungen versagte. Zur Begründung wurde angeführt, es gäbe Verteidiger aus der Bundesrepublik, die man wegen ihrer früheren Tätigkeit nicht gerne in der DDR sehe und es könnten Komplikationen entstehen, wenn man Unterschiede mache. Im Gegensatz zu früherer Übung ist zwei Richtern die Anwesenheit bei den Vernehmungen und völlig uneingeschränktes Fragerecht zugestanden worden. Die Anklage bei den Zeugenvernehmungen in der DDR wurde von StA Wieland, dem Sachbearbeiter beim GStA der DDR für Sachsenhausen vertreten, den ich eingehend über den Sachstand unterrichtet hatte. Er war bei den Vernehmungen anwesend und hat die staatsanwaltschaftlichen Belange – wenn ich hier eine Zensur erteilen darf – sehr gut wahrgenommen. Die Angeklagten waren durch in der DDR zugelassene Verteidiger vertreten. Die Angeklagten hatten diesen Verteidigern in der DDR Vollmacht erteilt; ihre hiesigen Verteidiger waren nach Ostberlin gefahren, hatten Gelegenheit, sich ein bis zwei Tage mit ihren Kollegen zu besprechen und ich darf aufgrund des Eindrucks, den unser Schwurgerichtsvorsitzender hatte, sagen, besser als durch diese Verteidiger aus der DDR hätten unsere Angeklagten auch nicht von ihren eigenen Verteidigern vertreten sein können. Die Kosten für die Anwälte aus der DDR wurden als notwendige Auslagen der Verteidigung abgerechnet. Gegenüber der bisherigen Praxis bedeutete dies einen großen Fortschritt. Im Münchener Sachsenhausen-Verfahren gegen Drexl-Ettlinger-Eccarius ist man anschließend gleichfalls so verfahren.

Die Kollegen aus der DDR sind bemüht, unterschiedliche Rechtsauffassungen zu überbrücken. Dies zeigt die Behandlung der Ersuchen der ZSt. in L. Die Sachbearbeiter des GStA äußerten, dass sie nur mit gerichtsverfassungsmäßigen Institutionen verhandeln könnten, obschon sie namentlich Herrn Rückerl sehr schätzten und ich darf hier auch Herrn AG-Rat Schmidt erwähnen, meinen Partner der Verfahren zu Sachsenhausen in Ludwigsburg. Die Weigerung, sich mit den Herren aus Ludwigsburg an einen Tisch zu setzen, beruhe in keiner Weise auf persönlichen Vorbehalten, aber die ZSt. der LJVW sei eine Institution, die keinen gerichtsverfassungsmäßigen Charakter habe. Wir haben überlegt, wie wir aus dieser Sackgasse herauskämen und dann hat StA Wieland gemeint, wenn Ludwigsburg ein Ersuchen stellen will, dann lassen Sie es doch über Köln leiten. So wurde es dann auch gehandhabt. Die Ersuchen von Ludwigsburg kamen bei mir an, wurden umgeschrieben auf unser Papier, unterschrieben und abgesandt. Als ich das letzte Mal in Ostberlin war, habe ich gefragt, ob das denn nicht aufgefallen sei, es seien doch gar keine Komplexe, die Köln bearbeite. StA Wieland bemerkte, er habe inzwischen auch Herrn GStA Dr. Streit überzeugen dürfen, dass selbst, wenn aus der Art des Ersuchens hervorgehe, dass Ludwigsburg der eigentliche Absender sei, diese

Ersuchen auf jeden Fall bearbeitet würden. – Ludwigsburg beabsichtigt doch stets, ein bestimmtes Verfahren nach Abschluss der Vorermittlungen an eine bestimmte StA abzugeben. Diese StA kann für Ludwigsburg das Ersuchen stellen. Ersuchen von Ludwigsburg sind meistens so hervorragend gehalten, dass man nur eine Ablichtung zu machen braucht und setzt oben den Stempel und ein Aktenzeichen darauf. Arbeit für die StA bedeutet dies doch nicht.

Im Interesse der sachlichen Arbeit sind die StA der DDR bemüht, uns zu helfen, wo sie helfen können. Bei den Besuchen der StA der Ostberliner Zentralstelle in Köln wie auch bei den Besprechungen hiesiger StA in Ostberlin wurden die Verhandlungen immer sachlich geführt. Die Grenzbehörden der DDR waren jeweils informiert, wenn wir kamen, so dass wir die Grenze reibungslos überschreiten konnten. Wenn sich jemand vom GStA der DDR angemeldet hatte, dann habe ich, das darf ich empfehlen, das Grenzschutzamt in Braunschweig benachrichtigt, das für den Grenzübergang Helmstedt zuständig ist. Man soll nicht unbedingt politische Themen behandeln, wenn man zu sachlichen Ergebnissen kommen will. Für die kollegiale Haltung der Sachbearbeiter der Zentralstelle in Ostberlin darf ich einige Beispiele anführen:

Ich hatte ein Ersuchen an Behörden der UdSSR über die deutsche Botschaft in Moskau gerichtet. Vom Ausgang dieses Ersuchens hing es ab, ob eine Voruntersuchung abgeschlossen werden konnte. Ich habe mehrfach erinnert, und ich erzählte davon auch Herrn StA Wieland. Er kannte den für Sachsenhausen in Moskau zuständigen Sachbearbeiter, rief ihn an und zwei Wochen später hatte die deutsche Botschaft in Moskau die Unterlagen und schickte sie mir zu. Ich darf Ihnen zum kollegialen Verhalten noch Folgendes vortragen: Ich war Ende Januar/Anfang Februar mit dem Schwurgericht Köln in Warschau, bei der Hauptkommission. Kurz zuvor war StA Foth, der Leiter der Ostberliner Zentralstelle, dort und ließ uns Grüße ausrichten. Sie können das werten, wie Sie wollen, aber es zeigt doch, dass sich auf kollegialer Ebene viel erledigen lässt, was sonst viel Mühe machen würde.

Für die DDR besteht eine innerstaatliche Pflicht zur Rechtshilfe, obschon kein Vertrag mit der Bundesrepublik besteht. Die DDR ist bereit, in jedem Umfang Rechtshilfe zu leisten. Ich darf hierzu eine Erklärung des GStA Dr. Streit vor dem Verfassungs- und Rechtsausschuss der Volkskammer vom 19.6.1969 zitieren: „Die Gewährung von Rechtshilfe bei der Verfolgung von Verbrechen gegen den Frieden, die Menschlichkeit und von Kriegsverbrechen an alle Staaten ist im § 2 des Gesetzes über die Nichtverjährung der Nazi- und Kriegsverbrechen vom 1.9.1964 ausdrücklich fixiert. – In Erfüllung von Rechtshilfeersuchen übermittelt die Deutsche Demokratische Republik auch an solche Staaten, mit denen noch keine zwischenstaatlichen Rechtshilfeabkommen bestehen, Beweisunterlagen, die für den zu untersuchenden Verbrechenskomplex bedeutsam sind (so u.a. an Westdeutschland, Westberlin, Österreich)."

Über den Umfang der geleisteten Rechtshilfe hat GStA Dr. Streit vor dem Verfassungs- und Rechtsausschuss der Volkskammer ausgeführt: „Darüber hinaus hat die StA der DDR allein seit 1959 zu mehr als 200 in Westdeutschland eingeleiteten Ermittlungs- und Strafverfahren in umfassender Weise Rechtshilfe geleistet. – Lange Zeit hat sich die westdeutsche Justiz geweigert, aus der Deutschen Demokratischen Republik stammendes Beweismaterial auch nur entgegenzunehmen, geschweige denn auszuwerten und die dringend gebotenen strafprozessualen Maßnahmen zu ergreifen. – So hat sich die StA Kiel erst nach wiederholter Aufforderung bereit erklärt, die in der DDR gegen den berüchtigten Blutjuristen am faschistischen Volksgerichtshof Rehse erschlossenen Beweismaterialien zu übernehmen. – Der OStA in Koblenz benötigte ebenfalls mehrere Einladungen, bis er schließlich seinen Bevollmächtigten gestattete bzw. gestatten durfte, gemeinsam mit meinen Sachbearbeitern das umfangreiche Dokumentenmaterial gegen den Bonner Ex-Staatssekretär Vialon auszuwerten. – Krassester Ausdruck des fehlenden Willens westdeutscher Justizbehörden, in den Besitz des Beweismaterials zu gelangen, war die bereits im Jahre 1960 von der StA in Bonn ausgesprochene Weigerung, von meinen Beauftragten nach dort gebrachtes umfangreiches Beweismaterial gegen schwerbelastete hitlerische Blutjuristen auch nur in Empfang zu nehmen. – So lehnte es der Leiter der Zentralstelle für die Bearbeitung von Nazi-Massenverbrechen bei dem Leitenden OStA in Dortmund am 29.9.1968 ab, umfangreiches Dokumentenmaterial über die von den faschistischen Eindringlingen in der Sowjetunion verübten grauenvollen Kriegsverbrechen und Verbrechen gegen die Menschlichkeit übernehmen zu lassen. Es bedurfte eines energischen Protestes meiner Bevollmächtigten, bis schließlich am 5.2.1969 das erwähnte Beweismaterial von der Dortmunder StA hier übernommen wurde."

Ich weiß aus eigener Anschauung, dass die Vorwürfe, die GStA Dr. Streit hier erhebt, im Wesentlichen berechtigt sind. Heute haben wir erkannt, dass wir angewiesen sind auf die Rechtshilfe der DDR und ich darf versichern, dass Rechtshilfe im Rahmen des Möglichen, nämlich an die StA und an die Gerichte, leider noch nicht an die ZSt. in L., geleistet wird.

Ich darf mit folgender Überlegung schließen: Beim Erfurter Treffen hat unser Bundeskanzler das KZ Buchenwald aufgesucht. Es war dies nicht nur als Geste zu verstehen, ich habe es empfunden als Ausdruck einer Gesinnung, der sicher auch in der DDR mehr als irgendwelche Worte überzeugt hat. Wenn es einen Ansatz für zwischenstaatliche Beziehungen zwischen der DDR und der Bundesrepublik gibt, dann dort, wo eine gemeinsame Plattform besteht. Diese gemeinsame Plattform ist unsere gemeinsame Geschichte, die gemeinsame Verantwortung für die Verfolgung der NSG-Verbrechen. Zwar kann man insoweit nicht von heute auf morgen zu zwischenstaatlichen Vereinbarungen kommen, denn dafür sind die Rechtsstandpunkte zu weit auseinandergerückt. In der DDR werden die NS-Verbrechen verfolgt nach Art. 6 Internationalen Militärgerichtshofstatuts und man verargt uns, dass wir Art. 6 des IMT-Statuts nicht über Art. 25 GG als allgemeine Regel des Völkerrechts anerkennen. Dies ist aber juristisch unhaltbar, denn Art. 6 des IMT-Statuts ist Besatzungsrecht. Würde Art. 6 des IMT-Statuts Völkerstrafrecht beinhalten, wie es die DDR meint, dann hätten nach Art. 6 des IMT-Statuts auch andere Dinge verfolgt werden müssen. Der Angriff auf Dresden hätte dann nach

Art. 6 des IMT-Statuts verfolgt werden müssen. Man hat es nicht getan. Oder wir wissen doch, dass fundierte historische Grundlagen über Katyn vorliegen, aber die Sowjetunion hat es noch nicht einmal unternommen, auch nur ein Ermittlungsverfahren deshalb einzuleiten. Nehmen wir die Vorgänge gegen Deutsche 1945 in Prag, wo die furchtbarsten Verbrechen passiert sind. Die Tschechoslowakei hat expressis verbis eine Amnestie erlassen. Gäbe es ein Völkerstrafrecht und wäre Art. 6 des IMT-Status ein allgemein anerkannter Völkerrechtsgrundsatz, dann hätte ein einzelner Staat nicht die Legitimation, eine Amnestie zu erlassen. Man verargt uns weiter, dass wir nicht der UNO-Konvention über die Nichtverjährbarkeit von Kriegsverbrechen und Verbrechen gegen die Menschlichkeit beigetreten sind. In dieser UNO-Konvention ist auch eine gegenseitige Rechtshilfe zur Pflicht gemacht worden.

Bei uns besteht der Vorbehalt des § 241 a StGB, obwohl ich der Auffassung bin, dass die Morde bei den Einsatzgruppen und in den KZ keine politischen Morde sind; ich wehre mich entschieden dagegen, die NS-Mörder als politische Häftlinge anzusehen. Weiterhin bestehen bei uns Vorbehalte wegen der Möglichkeit, dass eine Todesstrafe verhängt werden könnte, obschon insoweit zur Nichtvollstreckung verhängter Todesstrafen bei Rechtshilfe Vereinbarungen möglich waren. – Ich meine, diese Schwierigkeiten, die sicherlich zu überdenken sind, können bei einem Gespräch überwunden werden, denn die NS-Verbrecher sollen aus der Spaltung Deutschlands, für die einzig sie verantwortlich sind, nicht auch noch profitieren dürfen.

Auf die Frage von *EStA Carree* (Dortmund) erwiderte EStA Pfeufer, es sei in der DDR nie darüber gesprochen worden, dass er früher Kommunistenverfahren bearbeitet habe.

EStA Sichting (Stuttgart) wies darauf hin, dass es nicht möglich sei, in Ostberlin bestimmte Dokumente einzusehen.

EStA Pfeufer (Köln) erklärte das damit, dass das Staatsarchiv in Potsdam nicht der Aufsicht des GStA der DDR unterstehe. Es sei aber nach seinen Erfahrungen möglich, Unterlagen für bestimmte Verfahren zu erhalten.

OStA Frank (Coburg) berichtete, dass er auf ein derartiges Ersuchen keine Antwort erhalten habe.

EStA Richter (Frankfurt) bemerkte, dass die Bemühungen des GStA in Frankfurt, Material in Ostberlin auswerten zu dürfen, weitergingen.

RegDir. Maier (Stuttgart) wies darauf hin, dass bei diesen Bemühungen entweder keine oder ablehnende Antworten eingetroffen seien, obwohl man auf die Wünsche Ostberlins eingegangen sei.

EStA Pfeufer (Köln) berichtete, er habe immer Material erhalten, wenn solches vorhanden gewesen sei. Das Zentralarchiv in Potsdam habe Verzeichnisse aller lokalen Archive. Vielleicht bestünden auch Bedenken, dass bei einer Auswertung die Archivbestände durcheinander geraten würden.

EStA Schmidt (Berlin) erklärte, dass ein etwa drei Jahre altes differenziertes Ersuchen der RSHA-Gruppe noch nicht beantwortet worden sei. Es bestehe der Eindruck, dass hierfür politische Gründe vorliegen würden.

EStA Pfeufer (Köln) meinte, das Problem Westberlin habe aus der Sicht der DDR nichts mit der Leistung von Rechtshilfe zu tun.

StA Focken (Braunschweig) stellte die Frage, ob die Zentralstelle Köln bereit wäre, Rechtshilfeersuchen an die DDR weiterzuleiten.

EStA Pfeufer (Köln) erwiderte, dass bisher alle Ersuchen der Zentralstelle Köln beantwortet worden seien und dass er bereit sei, bei einem Besuch in Ostberlin anzufragen, warum andere Rechtshilfeersuchen nicht beantwortet würden.

EStA Sichting (Stuttgart) berichtete, dass er Zeugen auf dem ordnungsgemäßen Wege in der DDR geladen habe. Er habe nicht einmal eine Antwort erhalten.

LG-Rat Dr. Gerold (Düsseldorf) warf die Frage auf, ob es nicht besser sei, zu zweit in die DDR zu fahren.

EStA Pfeufer (Köln) erklärte, dass die StA aus der DDR immer zu zweit oder zu dritt in die Bundesrepublik kämen und dass von der Zentralstelle Köln grundsätzlich stets zwei StA in die DDR fahren würden.

OStA Dr. Rückerl (Ludwigsburg) wandte ein, dass die vom GStA der DDR angegebene Begründung für eine Ablehnung der Zusammenarbeit mit der ZSt. in L. offenbar nur ein Vorwand sei. Die ZSt. habe bis zum November 1964 mit dem GStA der DDR einen recht engen Kontakt gehabt. Der Abbruch der Beziehungen sei mit dem Beginn der Diskussion zur Frage der Verlängerung der Verjährung zusammengefallen.

EStA Pfeufer (Köln) erklärte, er habe den Eindruck, dass man sich in der DDR gegenüber der ZSt. unterlegen fühle. Demgegenüber habe man ihm jedoch erklärt, es bestünden gerichtsverfassungsmäßige Bedenken hinsichtlich eventueller Kontakte mit der ZSt.

LG-Rat Wenz (Frankenthal) berichtete, dass in einem großen Ermittlungsverfahren ein umfangreicher Schriftwechsel mit dem GStA der DDR stattgefunden habe. Von dort sei Ende 1966 die Einladung an die Frankenthaler StA gekommen, man solle sich das Material abholen. Trotz mehrmaliger Mahnung sei dieses Schreiben nicht beantwortet worden. Er habe dann als Untersuchungsrichter dieses Verfahrens im Jahre 1969 auf ein entsprechendes Schreiben die fraglichen Unterlagen sofort erhalten.

Anschließend referierte *EStA Vogel* (Darmstadt) über das Thema: *Probleme der Einstellung von Verfahren wegen NS-Verbrechen nach §§ 153 b und 154 StPO:*

Im Zusammenhang mit den NS-Verfahren wurden in der Öffentlichkeit von Anfang an – und auch heute noch – immer wieder einige grundsätzliche Fragen gestellt, denen wir nicht ausweichen können: Warum hat die Strafverfolgung durch die deutschen Behörden und Gerichte erst so spät begonnen? Warum müssen solche Prozesse überhaupt heute noch durchgeführt werden und wie lange noch? Und schließlich: Müssen diese Verfahren immer so umfangreich sein oder können sie nicht manchmal gestrafft werden? – Die beiden ersten Fragen sind heute und in diesem Zusammenhang ohne Bedeutung; darüber ist bei vielen anderen Gelegenheiten schon gesprochen und geschrieben worden. Die letzte Frage berührt jedoch schon mein Thema, mit dem ich mich nun befassen möchte.

Wir alle wissen, dass die NS-Prozesse von der Sache her durchweg langfristig terminiert werden müssen. Aber mitunter drängt sich doch die Frage auf, ob nicht ein Verfahren in der Zahl der Angeklagten und in der Anzahl der zu behandelnden strafbaren Handlungen weniger umfangreich und dadurch vielleicht übersichtlicher gestaltet werden könnte, wenn mehr Gebrauch gemacht würde von den Möglichkeiten, die sich aus den §§ 153 b und 154 StPO ergeben.

Das am 1.8.1968 in Kraft getretene 8. StRÄndG v. 25.6.1968 hat in den neugefassten §§ 153 b und 153 d StPO (das war bisher 153 c) sowie in der neu eingefügten Vorschrift des § 153 c weitere Ausnahmen von dem staatsanwaltschaftlichen Verfolgungszwang geschaffen. Während die §§ 153 b Abs. 4, 153 c und 153 d StPO nur den Zuständigkeitsbereich des GBA und der StA bei den LG mit Staatsschutzkammern betreffen, sind die Regelungen des § 153 b Abs. 1–3 StPO auch für sämtliche anderen Strafverfolgungsbehörden für Verfahren aller Art von Bedeutung. Dabei gilt für NS-Verfahren – was zu erwähnen an sich überflüssig ist – generell kein Sonderrecht, sondern auch hier gelten selbstverständlich die allgemeinen strafprozessualen Vorschriften. Denn es soll ja in diesen Verfahren nicht die deutsche Vergangenheit auf Kosten einiger weniger Angeklagter bewältigt werden (und wie gering die Zahl der Angeklagten ist, haben wir gestern bei dem Vortrag von Herrn Dr. Rückerl gehört), sondern auch diese Angeklagten sollen vielmehr nur nach Maßgabe ihrer persönlichen Schuld für die von ihnen oder unter ihrer Mitwirkung begangenen Verbrechen abgeurteilt werden; aber wir sollen nicht etwa versuchen, auf Kosten dieser Angeklagten eine lückenlose Geschichtsforschung zu betreiben. Allerdings ergeben sich gerade bei Einstellungen von Verfahren wegen NS-Verbrechen nach § 153 b einige besondere Probleme, auf die näher einzugehen ist. Ich möchte deshalb zunächst noch einmal ganz kurz die Gesetzestexte alter und neuer Fassung in Erinnerung rufen, obwohl das in diesem Gremium überflüssig erscheinen könnte.

Der § 153 b besagt in seinem ersten Absatz, dass die StA von der Verfolgung absehen kann bei Straftaten 1. die äußerlich des räumlichen Geltungsbereiches dieses Gesetzes begangen sind (das war früher anders formuliert und betraf die Straftaten von Deutschen im Ausland), 2. die ein Ausländer im Inland auf einem ausländischen Schiff oder Luftfahrzeug begangen hat (das war früher noch weitergehend gefasst, auch für Straftaten von Ausländern im Ausland), 3. wenn wegen der Tat im Ausland schon eine Strafe gegen den Beschuldigten vollstreckt worden ist und die im Inland zu erwartende Strafe nach Anrechnung der ausländischen nicht ins Gewicht fiele (diese Formulierung entspricht wörtlich der alten Fassung).

Der Abs. 2 betrifft die sog. Distanztaten, interessiert also nicht für die NS-Verfahren. Bei diesen strafbaren Handlungen, bei denen der Erfolg einer außerhalb des räumlichen Geltungsbereiches dieses Gesetzes ausgeübten Tätigkeit hier in der Bundesrepublik eingetreten ist, kann abgesehen werden, wenn der Verfolgung sonstige überwiegend öffentliche Interessen entgegenstehen.

Der dritte Absatz ist ebenfalls neu. Dort heißt es, dass in Fällen, in denen bereits Klage erhoben ist, die StA bei den Voraussetzungen des Abs. 1 Nr. 1 und 2 (ich möchte schon hier darauf hinweisen; also nicht in den Fällen der Nr. 3) und des Abs. 2 die Klage zurücknehmen und das Verfahren einstellen kann, wenn die Durchführung des Verfahrens die Gefahr eines schweren Nachteils für die Bundesrepublik herbeiführen würde oder wenn der Verfolgung sonstige überwiegende öffentliche Interessen entgegenstehen.

Im Einzelnen gilt also – soweit hier von Interesse – Folgendes: Die neugefasste Vorschrift knüpft an den § 153 b a.F. an. Sie erfasst in Nr. 1 die Taten, bei denen Tathandlung und Erfolgseintritt außerhalb des räumlichen Geltungsbereiches der StPO liegen. Damit wird z.B. über die Vorschrift des § 91 StGB hinaus die Möglichkeit zu einer Lösung der Fälle eröffnet, in denen nach dem Legalitätsprinzip Verstöße gegen die Strafgesetze der Bundesrepublik Deutschland auch dann verfolgt werden müssten, wenn der Täter zur Zeit der Tat dem Herrschaftsanspruch einer anderen Rechtsordnung unterstand. Der StA prüft jedoch im Einzelfall, ob nicht zwischenstaatliche Vereinbarungen die Verpflichtung begründen, bestimmte außerhalb des Geltungsbereichs der StPO begangene Straftaten so zu behandeln, als wären sie innerhalb dieses Bereichs verübt worden. Ich möchte nur am Rande erwähnen, dass eine solche Verpflichtung beispielsweise nach Art. 28 der Satzung des Gerichtshofs der europäischen Atomgemeinschaft besteht.

Aufgrund des § 153 b Abs. 1 StPO kann der StA nach pflichtgemäßem Ermessen von der Strafverfolgung absehen, wenn z.B. ein öffentliches Interesse an der Strafverfolgung die Strafverfolgung zu unbilligen Härten führen würde. Nach den von den Justizministern und -senatoren der Länder und dem BJM abgesprochenen Richtlinien für die Vorbereitung und den Erlass von Entscheidungen nach §§ 153 b und 153 c StPO stehen mögliche Nebenstrafen und Nebenfolgen – abweichend von Nr. 82 Abs. 2 Satz 1 der Richtlinien für das Strafverfahren – einem Absehen von der Strafverfolgung nicht entgegen. Bei der Vorbereitung und dem Erlass von Entscheidungen nach § 153 b Abs. 1 Ziff. 1 StPO sind vielfach Umstände zu berücksichtigen, deren Beurteilung politischen Instanzen obliegt. Um deren rechtzeitige Unterrichtung sicherzustellen, berichtet der StA dem GStA in diesen Fällen und holt dessen Weisung ein, ob er die Tat verfolgen soll. Der GStA berichtet der LJVW von seiner Entscheidung. Diese Prozedur ist an sich keine allzu gravierende Besonderheit, da es sich bei unseren NS-Verfahren ja ohnehin durchweg um Berichtssachen handelt. Auf das Thema des insoweit weisungsgebundenen StA möchte ich hier nicht näher eingehen; aber immerhin hatte mich in diesem Zusammenhang zunächst der Gedanke bedrückt, dass hier z.B. ein NPD-Justizminister einmal durch ein Hintertürchen „Schluss mit den sog. Kriegsverbrecherprozessen" machen könnte, einfach mit der Begründung, dass der Verfolgung von NS-Tätern überwiegende öffentliche Interessen entgegenstehen.

Wann kommt denn nun für uns in der Praxis eine Einstellung nach § 153 b Abs. 1 für NS-Verfahren in Betracht? Ziff. 1 dieser Bestimmung berücksichtigt namentlich den Fall, dass der Täter einer anderen Rechtsordnung untersteht, aber andererseits nach unserem StGB strafbar ist und dadurch in Konfliktsituationen geraten kann. Das gilt also z.B. für Vorgänge in der DDR, ist aber für NS-Verfahren ohne praktische Bedeutung. Ziff. 2 dieser Bestimmung kann hier ebenfalls unberücksichtigt bleiben, weil diese Vorschrift nur strafbare Handlungen von Ausländern im Inland betrifft. Von Interesse für unser Thema ist jedoch § 153 Abs. 1 Ziff. 3. In Betracht kommen hier vor allem die Fälle, in denen Beschuldigte schon in einem Ostblockstaat (also überwiegend in Betracht käme Russland oder Polen) verurteilt worden waren und die verhängte Strafe ganz oder teilweise verbüßt haben. Für die Urteile und vergleichbare andere Entscheidungen der Westalliierten hat demgegenüber der Überleitungsvertrag schon eine Sonderregelung geschaffen. Ich darf insoweit auf das gestrige Referat von Herrn Becker verweisen: Wer eben das Glück hatte, dass er damals den Westalliierten in die Finger gefallen war, der ist für uns heute tabu. Und gerade diese Diskrepanz zwischen Ost und West zeigt schon, dass man nicht generell sagen kann, in den Fällen einer Verurteilung im Osten müsse immer oder dürfe nie noch ein Verfahren vor einem deutschen Gericht durchgeführt werden. Denn man kann hier ganz allgemein entweder argumentieren, es sei unerträglich, dass ein Mordgehilfe in Deutschland als unbestraft gilt, weil er nur im Ausland verurteilt wurde; dem wäre entgegenzuhalten, dass auch die Urteile der westalliierten Militärgerichte nicht im deutschen Strafregister eingetragen werden. Oder man argumentiert, es solle niemand schlechter gestellt werden, nur weil er das Pech hatte, in Russland verurteilt worden zu sein, statt durch die Amerikaner (obwohl die Strafverbüßung im Osten sicherlich schlimmere Auswirkungen für den Betroffenen hatte als hier im Westen).

Das Gebot der Gleichbehandlung spielt für unsere Entscheidungen hier eine nicht unerhebliche Rolle, wie ich meine. Es kommt also jeweils auf den konkreten Einzelfall an, wobei folgende Gesichtspunkte zu berücksichtigen sind: „Nicht ins Gewicht fallen" bedeutet, dass der überschießende Strafteil einer deutschen Verurteilung nach Anrechnung der ausländischen Strafverbüßung so gering ist, dass sich der Aufwand eines neuen Verfahrens unter Berücksichtigung der berechtigten Interessen auch des Beschuldigten nicht mehr lohnt. Wie ich schon erwähnt habe, stehen die etwa zu erwartenden Nebenstrafen und Nebenfolgen der Einstellung nicht entgegen, denn Nr. 82 Abs. 2 der Richtlinien für das Strafverfahren gilt nach den speziellen Richtlinien des neuen § 153 b StPO insoweit nicht. Zu denken ist in diesem Zusammenhang etwa an beamtenrechtliche Folgen einer Verurteilung. Zu denken ist auch an die Fälle, in denen von vornherein ziemlich sicher feststeht, dass mehr als die Mindeststrafe von drei Jahren für Beihilfe zum Mord nicht in Frage kommt und allenfalls etwa ein Urteil zu erwarten ist: Drei Jahre Freiheitsstrafe durch sieben Jahre russische Haft verbüßt. Ich meine, in solchen Fällen sollte auf jeden Fall das Opportunitätsprinzip Vorrang haben; denn für einen derartigen Verfahrensausgang fehlt weitgehend das Verständnis, vor allen Dingen deshalb, weil andere vergleichbare Fälle nicht mehr aufgegriffen werden können, in denen ein Beschuldigter durch die Westalliierten im Ergebnis sogar noch günstiger abgeurteilt worden war. Dann sollte man nicht erst monatelang verhandeln, um ein derartiges Urteil zu erstreiten.

Im Rahmen des § 153 b StPO möchte ich zum Schluss noch einen etwas wehmütigen Blick auf Abs. 3 dieser Bestimmung werfen, den ich vorhin zitierte. Diese Vorschrift ergänzt den Abs. 1 Ziff. 1 und 2 (wie gesagt aber leider nicht Ziff. 3) für die Fälle, in denen erst nach der Anklageerhebung, d.h. also auch erst nach dem Antrag auf gerichtliche Voruntersuchung, festgestellt wird, dass die Voraussetzungen des § 153 b Abs. 2 StPO vorliegen. Mein Bedauern beruht hier darauf, dass nach dieser gesetzlichen Neuregelung eine Einstellung nach § 153 b Abs. 1 Ziff. 3 wegen einer Verurteilung im Ausland jetzt nur noch möglich ist, bevor Anklage erhoben oder die Voruntersuchung beantragt wird; dann nicht mehr. Ist dieser Verfahrensabschnitt überschritten, dann muss der Prozess bis zum bitteren Ende durchgeführt werden, auch wenn alle Beteiligten sich darüber einig sind, dass sich dieser Aufwand eigentlich nicht mehr lohnt. Zu dieser Frage hatte das BayrObstLG also noch für § 153 b in der alten Fassung, eine analoge Anwendung empfohlen und dazu ausgeführt: Es sei in dem zu entscheidenden Fall – wobei es sich allerdings nicht um ein NS-Verbrechen handelte – kein Grund ersichtlich, warum dem Grundsatz der Prozesswirtschaftlichkeit nicht auch nach dem in § 156 StPO bezeichneten Zeitpunkt noch zum Durchbruch verholfen werden sollte; von einer dahingehenden Regelung habe der Gesetzgeber früher „wegen der offensichtlichen Seltenheit der in Betracht kommenden Fälle" offenbar abgesehen. Wörtlich heißt es dann weiter in dem Beschluss: „Der Senat trägt keine Bedenken, aus der Gesamtheit der in Betracht kommenden Vorschriften, vor allem den §§ 154 und 154 b StPO, den Schluss zu ziehen, dass der Gesetzgeber von dem allgemeinen Grundsatz ausgeht, den Erwägungen der Prozesswirtschaftlichkeit sei, wenn überhaupt vom Legalitätsgrundsatz abgewichen werden kann und wenn das Gesetz keinen gegenteiligen Willen zum Ausdruck bringt, auch dann Raum zu schaffen, wenn sich die Voraussetzungen der Einstellung erst nachträglich herausstellen oder ergeben ... Dass ein dringendes vernünftiges Bedürfnis besteht, die nachträgliche Einstellung zuzulassen, lehrt der vorliegende Fall. Die Einstellung des Verfahrens, die nach den obigen Ausführungen angezeigt ist, muss demnach im vorliegenden Fall als zulässig erachtet werden; sie ist auf den Antrag der StA auszusprechen."

Diesen Sätzen ist an sich nichts mehr hinzuzufügen, nur hat der Gesetzgeber leider ausdrücklich Abs. 1 Ziff. 3 nun in der neuen Fassung im Abs. 3 des § 153 b nicht aufgeführt, so dass für diese begrüßenswerte Analogie jetzt kein Raum mehr sein dürfte. Es verbleibt nunmehr dabei, dass insoweit nur die Möglichkeit besteht, ein Ermittlungsverfahren vor Anklageerhebung einzustellen; das muss also rechtzeitig bedacht werden, wenn man eine überflüssige HV vermeiden möchte. Mir ist bekannt, dass allein in Frankfurt mindestens zwei oder drei Verfahren in absehbarer Zeit noch durchgeführt werden müssen, obwohl mit Sicherheit in diesen Verfahren nur eine Strafe verhängt werden wird, die wesentlich unter der Zeit liegt, die der Betreffende bereits in russischen Lagern verbüßt hat.

Wesentlich häufiger allerdings als § 153 b kommt die Anwendbarkeit des § 154 StPO in Betracht, dessen Voraussetzungen für ein Ermittlungsverfahren sich aus Abs. 1 und für ein gerichtlich anhängiges Verfahren aus Abs. 2 ergeben, wie allgemein bekannt ist. Entscheidend ist hier, dass die Strafe wegen einer bestimmten Tat neben einer anderen – bereits verhängten oder noch zu erwartenden – Strafe „nicht ins Gewicht fällt". Auch hier ist also der Grundsatz der Prozessökonomie maßgebend. Das heißt „nicht ins Gewicht" bedeutet, dass etwa eine neue

Gesamtstrafe nur so unerheblich über der bisherigen Strafe liegen würde, dass sich der Aufwand eines neuen Verfahrens einfach nicht mehr lohnt. Oder wenn der Beschuldigte schon eine lebenslange Freiheitsstrafe verbüßt und jetzt nur noch wegen einer weiteren Beihilfehandlung verurteilt werden könnte. § 154 StPO gilt für alle Verfahren in jedem Stadium und in allen Instanzen, auch noch für die Verfahren, die bereits beim BGH anhängig sind. In diesem Zusammenhang darf ich Herrn Lamberg berichtigen, der vorhin erwähnte, dass möglicherweise der 2. Strafsenat jetzt auch der Auffassung zuneige, die der 5. Strafsenat für § 50 Abs. 2 StGB vertreten hat. Er hat dabei das Verfahren gegen Gey u.a. erwähnt, ein Darmstädter Verfahren; das wurde aber nicht eingestellt wegen Verjährung oder unter dem Gesichtspunkt des § 50 Abs. 2, sondern wir hatten dem GBA auf dessen Anfrage hin die Ermächtigung erteilt, der vom BGH angeregten Einstellung nach § 154 zuzustimmen, weil in diesem Fall eine lebenslange Zuchthausstrafe rechtskräftig wurde und eine zusätzliche Verurteilung zu einer zeitigen Freiheitsstrafe wegen eines weiteren Beihilfefalles eine Zurückverweisung an das Schwurgericht vorausgesetzt hätte. Um diese zeitraubende erneute Verhandlung zu vermeiden, sind wir davon ausgegangen, dass eine rechtskräftige lebenslange Zuchthausstrafe hier ausreichend erscheint, so dass § 154 StPO zur Anwendung kam. Das war also der Fall, der m.E. heute Morgen irrtümlich zum Beweis dafür zitiert wurde, dass möglicherweise auch der 2. Strafsenat sich der Rechtsauffassung des 5. Senats angeschlossen habe.

§ 154 StPO ist auch zu prüfen, und zwar möglichst frühzeitig, wenn eine Vielzahl von Einzelfällen bereits anklagereif ist und wegen einiger weiterer Fälle noch umfangreiche und zeitraubende Ermittlungen notwendig wären oder noch besonders umständliche Beweiserhebungen erforderlich erscheinen. Auch hier hat jeder von Ihnen sicher schon genügend Fälle erlebt: Ich denke beispielsweise an einen Fall, wo eine gelähmte Zeugin in Israel als einzige Tatzeugin in Betracht kam, die nicht reisefähig und kaum vernehmungsfähig ist. Oder ein Zeuge aus Australien erklärt, er wolle nicht nach Deutschland kommen. In diesen Fällen meine ich, wenn es nur ein Fall von mehreren ist, müsste § 154 angewandt werden; denn lediglich die Verlesung einer Vernehmungsniederschrift allein kann nach meinen Erfahrungen ohnehin nicht zu einer Verurteilung in einem solchen Falle führen, wenn sonst keine weiteren Beweismittel mehr vorhanden sind. – Für § 154 StPO zeichnen sich also zwei Anwendungsbereiche ab: Einmal eine Vielzahl strafbarer Handlungen eines Beschuldigten in einem Komplex; zum anderen die Fälle, bei denen die Ermittlungen in Verfahren wegen NS-Verbrechen immer wieder auf Beschuldigte führen, die wegen Verbrechen in anderen Komplexverfahren bereits verurteilt sind oder verfolgt werden.

Zum ersten Punkt möchte ich auf Folgendes hinweisen: Was in NS-Prozessen die Höhe der zu verhängenden Strafen betrifft, so kann – und damit sage ich Ihnen nichts Neues – nicht etwa nach mathematischen Grundsätzen errechnet werden, wie hoch die Strafen für den jeweiligen Einzelfall unter Berücksichtigung der Gesamtzahl der Opfer ausfallen müssten. Selbst wenn in allen Fällen eines Massenmordes sämtliche Beteiligten zu lebenslanger Freiheitsstrafe verurteilt würden, dann würde eine Division dieser Strafen durch die Anzahl der Opfer niemals zu einer auch nur annähernd befriedigenden Sühne führen. Dazu ist das Menschenleben viel zu kurz. Die Strafe hat hier unter dem Gesichtspunkt der Sühne fast nur noch symbolische Bedeutung. Ich fühle mich zu dieser Bemerkung vor allem veranlasst im Hinblick auf das heute früh von Herrn Pötz zitierte ausländische Rechenexempel. Diese Rechnung (bei soundsoviel Opfern nur drei Jahre Zuchthaus, pro Leiche also nur einige Tage oder sogar nur einige Stunden Strafe), dieses Rechenexempel kann für uns auf gar keinen Fall verbindlich sein, so dass diese Überlegung nicht etwa einer Anwendung des § 154 entgegensteht. Denn wir müssen uns ja immer wieder vor Augen halten, dass es bei dem § 154 StPO nur auf das Gewicht der zusätzlichen Strafe, nicht aber auf das Gewicht oder auf den Unrechtsgehalt der Tat ankommt. Das ist bei der Praxis unserer Gesamtstrafenbildung von erheblicher Bedeutung. Es kann deshalb doch keine Rede davon sein, dass etwa die Beteiligung an einem Massenmord als eine Bagatelle unter den Tisch fallen soll, sondern es kommt nur darauf an, ob die Bestrafung wegen dieser Tat zu einer so wesentlichen Erhöhung einer anderen Strafe führen würde, dass es vertretbar erscheint, gegen den Angeklagten monatelang eine HV durchzuführen bzw. das Verfahren gegen andere Angeklagte dadurch zusätzlich zu belasten. Natürlich ist es für einen Verurteilten von erheblicher Bedeutung, ob er vier Jahre oder fünf Jahre als Strafe verbüßen muss; für die StA aber sollte diese Differenz im Allgemeinen kein Anlass sein, noch einmal eine aufwendige HV durchzuführen. In solchen Fällen sollte vielmehr weitgehend von der Möglichkeit Gebrauch gemacht werden, gemäß § 154 StPO von einer weiteren Verfolgung des Betreffenden abzusehen.

Obwohl das nun eigentlich nicht mehr zu meinem Thema gehört, möchte ich zum Schluss noch ganz kurz erwähnen, dass wir bei unserem Bestreben, komplexe NS-Verfahren zu straffen, bezüglich der sog. „kleinen Leute" recht gute Erfahrungen mit der Anwendung des § 153 a StPO i.V. mit § 47 Abs. 2 des MilStGB gemacht haben; das heißt Einstellung des Verfahrens, wenn bei kleinen Befehlsempfängern die Voraussetzungen vorlagen, von Strafe gemäß § 47 Abs. 2 MilStGB abzusehen. Diese Praxis hat schon in mehreren Fällen zu einer erheblichen und sachdienlichen Straffung des Verfahrens geführt, weil dadurch die Randfiguren des eigentlichen Tatgeschehens frühzeitig außer Betracht bleiben konnten.

RegDir. Maier (Stuttgart) wies darauf hin, dass es in einem Fall, in dem eine Einstellung nach § 153 b Abs. 1 Ziff. 3 in Frage kommt, gefährlich ist, eine Voruntersuchung zu beantragen.

EStA Richter (Frankfurt) hielt die Bestimmung des § 153 b Abs. 1 Ziff. 3 auf die Dauer nicht für tragbar, weil die Gefahr von „Schauprozessen" bestehe.

EStA Carree (Dortmund) warf die Frage auf, wie es sich in diesen Fällen mit Pauschalverurteilungen in Russland verhalte. Die Täter wussten in diesen Fällen oft nicht, warum sie verurteilt worden seien.

EStA Vogel (Darmstadt) erwiderte, es bestehe eine Chance, dass man das Urteil aus Russland bekomme. In einem Fall sei ihm dies gelungen.

RegDir. Maier (Stuttgart) berichtete, dass auch ihm ein Fall bekannt sei, in dem es gelungen sei, das Urteil aus Russland zu erhalten.

StA Landwehr (Dortmund) fragte, wie weit man sich auf die Angaben der Beschuldigten verlassen könne. Er habe einen Fall, in dem das Urteil aus Polen nicht beschaffbar sei.

EStA Vogel (Darmstadt) erwiderte, es sei eine Frage der freien Beweiswürdigung, wie weit den Angaben des Beschuldigten gefolgt werden könne.

OStA Schneider (Stuttgart) berichtete, bei sog. „Waldheimurteilen" habe die Strafkammer einen Fall des ne bis in idem für gegeben gehalten. Der Strafsenat hingegen habe die Anwendung des § 153 b angeregt.

EStA Zeug (Ludwigsburg) wies darauf hin, dass Listen der Amerikaner und der Franzosen über die an Polen ausgelieferten Personen existieren.

StA Landwehr (Dortmund) stellte die Frage, was in diesen Fällen ermittelt werden solle. Es bestehe dort immer die Gefahr von Exzesstaten. Deshalb müsse man doch durchermitteln.

EStA Vogel (Darmstadt) stimmte dem zu. Er empfiehlt, nur nicht zu früh anzuklagen.

StA Landwehr (Dortmund) bemerkte hierzu, dass auch beamtenrechtliche Ansprüche von dem Verfahrensausgang abhängen würden.

EStA Vogel (Darmstadt) wies darauf hin, dass Nebenfolgen nicht unbedingt berücksichtigt werden müssten. Es sei ähnlich wie bei Urteilen der Westalliierten. Auch diese Auslandsurteile wurden ja nicht eingetragen und hätten keine beamtenrechtliche Konsequenzen.

Archivdirektor Dr. Hoch (München) referierte über *Die Zusammenarbeit des Instituts für Zeitgeschichte in München mit den Gerichten und StA in Verfahren wegen NS-Verbrechen.*

Ihre Einladung, heute zu Ihnen über die Zusammenarbeit des Instituts für Zeitgeschichte mit den Gerichten und StA in Verfahren wegen NS-Verbrechen zu sprechen, habe ich gerne und dankbar angenommen. Gleichwohl war ich zeitweilig etwas unsicher und verlegen, wenn ich mir überlegte, was ich Ihnen zu dem Thema *heute* noch sagen kann. – Die meisten von Ihnen sind durch mündliche und schriftliche Informationen durch Findbücher, Loseblattsammlungen, Dokumentenzusammenstellungen und Ausarbeitungen über Sachkomplexe seit langem bestens informiert. Daneben haben Sie sich durch wiederholte Besuche in den Archiven selbst ein Bild von den bestehenden Möglichkeiten gemacht und Ihre Eindrücke und Erfahrungen an die Kollegen weitergegeben. In der ZSt. wurde ein Dokumentationszentrum mit umfangreichen Personen-, Orts- und zum Teil Sachkarteien eingerichtet, von dem die StA und Gerichte auf Anforderung auch Kopien erforderlicher Beweisdokumente erhalten können. Im Zuge der ebenso verdienstvollen wie erfolgreichen Bemühungen vor allem in Polen, der Tschechoslowakei, in der UdSSR und Jugoslawien wurden außerdem neue wichtige, der zeitgeschichtlichen Forschung sogar unbekannte Unterlagen beigebracht.

Sie werden verstehen, dass ich mich angesichts dieser an Autarkie grenzenden Ermittlungsapparatur manchmal gefragt habe, ob und in welchem speziellen Falle Ihnen das Institut bei Ihren Ermittlungen in Gegenwart und Zukunft überhaupt noch behilflich sein kann. – Wenn ich das Ergebnis vorweg nehmen darf, würde ich sagen: Quantitativ sicher nicht mehr in dem gleichen Umfang wie bisher, aber es wird trotzdem auch in Zukunft, vor allem angesichts der allgemeinen Quellenlage immer wieder neue Fragen geben, die neue Recherchen in den Archiven notwendig machen.

Um die Möglichkeiten des Instituts und gleichzeitig auch ihre Grenzen aufzuzeigen, darf ich Ihnen zunächst kurz etwas über das Institut, seine Aufgaben und seine bisherige Arbeit sagen und Sie dann anschließend über die in Archiv und Bibliothek befindlichen Sammlungen unterrichten, wobei gleichzeitig die Frage der Abgrenzung gegenüber den Zuständigkeiten und Möglichkeiten der staatlichen Archive wie auch die Frage der Form und der Intensität der Erschließung zu berühren sein wird. Gestatten Sie mir daher zunächst nur ein paar Worte über Aufgabe und Status des Instituts im Allgemeinen.

Das Institut wurde 1947 von den Ministerpräsidenten der US-Besatzungszone gegründet, im September 1950 endgültig konstituiert und seit 1961 ist es eine rechtsfähige und gemeinnützige öffentliche Stiftung des bürgerlichen Rechts. Es wird vom Bund und den Ländern der Bundesrepublik getragen. Ein aus zwei Vertretern des Bundes, je einem Vertreter der Stiftungsländer Baden-Württemberg, Bayern und Hessen, sowie je einem Vertreter von Niedersachsen und Nordrhein-Westfalen als Delegierte der übrigen Länder bestehenden Stiftungsrat betreut Verwaltung und Finanzgebaren und ein wissenschaftlicher Beirat von etwa 15 hervorragenden Gelehrten betreut die wissenschaftliche Arbeit des Instituts, das gegenwärtig 14 wissenschaftliche Mitarbeiter besitzt. Sein Leiter ist der Direktor, seit 1950 ist dies Prof. Dr. Helmut Krausnick. Nach seiner Satzung ist dem Institut die Aufgabe gestellt: 1. Quellen zur Zeitgeschichte, insbesondere zur Geschichte und Vorgeschichte des Nationalsozialismus im Benehmen mit dem Bundesarchiv und den Staatsarchiven der Länder zu ermitteln, zu sammeln und nachzuweisen; 2. derartige Quellen auszuwerten und ggfs. zu veröffentlichen und 3. wissenschaftliche Darstellungen der Zeitgeschichte vorzubereiten, zu unterstützen und herauszugeben.

Über die bisherigen Veröffentlichungen des Instituts unterrichten Sie im Einzelnen die hier aufliegenden Verzeichnisse. Ich kann mich hier auf einige wenige Angaben beschränken. Neben den im Auftrag des Instituts von den Prof. Rothfels und Eschenburg seit 1953 (jetzt also im 18. Jahrgang) herausgegebenen „Vierteljahreshefte für Zeitgeschichte" erscheint von Anfang an unter dem Titel „Quellen und Darstellungen zur Zeitgeschichte" die sog. große Reihe unserer selbständigen Publikationen mit bisher 19 Bänden und seit 1961 die „Schriftenreihe zu den Vierteljahresheften für Zeitgeschichte" (mit jährlich zwei Heften, zusammen bisher 20 Bände). Der große Anfall von Manuskripten, die in den bisherigen Reihen nicht unterzubringen waren, machte es notwendig, am Anfang dieses Jahres eine weitere Reihe, nämlich die „Studien zur Zeitgeschichte" einzurichten.

Ein paar bisher behandelte Themen, von denen ich annehme, dass sie für die eine oder andere Ermittlung von Bedeutung sein können, möchte ich herausgreifen. Als Editionen: die autobiografischen Aufzeichnungen des Kommandanten von Auschwitz, das „Wartheländische Tagebuch“ aus den Jahren 1941/42 und das Tagebuch des Oberstleutnant Groscurth. Ferner Darstellungen über die deutsche Frankreichpolitik im 2. Weltkrieg, die wirtschaftlichen Unternehmungen der SS, die nationalsozialistische Polenpolitik 1939–1945, den kroatischen Ustascha-Staat 1941–1945 und über das Reichskommissariat Niederlande.

Als nächste Publikationen werden Arbeiten erscheinen über verschiedene KZ, über Heydrich und die Anfänge des SD, über die Besatzungspolitik in Norwegen, die deutsche Politik im Elsass, über das Amt Rosenberg und über das Ahnenerbe. – Da es Sie als Juristen interessieren wird, darf ich hinzufügen, dass das Institut innerhalb seiner großen Reihe auch ein mehrere Bände umfassendes Werk „Die deutsche Justiz und der Nationalsozialismus“ herausbringt. Das Projekt steht unter Leitung des ehemaligen Präsidenten des BGH, Dr. Hermann Weinkauf. Der erste Band ist bereits erschienen, der zweite im Druck.

Aufgrund seiner Sammlungen sowie der Sachkenntnis seiner Mitarbeiter erstattet das Institut außerdem laufend schriftlich und mündlich geschichtliche Gutachten, die von Gerichten, staatlichen und kommunalen Behörden für Prozesse mit zeitgeschichtlichem Hintergrund und für Entschädigungs- und Wiedergutmachungsverfahren angefordert werden. Die wichtigsten von diesen wurden bisher in zwei Bänden „Gutachten des Instituts für Zeitgeschichte“ veröffentlicht. Die im ersten Auschwitz-Prozess von Mitarbeitern des Instituts abgegebenen Gutachten erschienen unter dem Titel „Anatomie des SS-Staates“.

Seine Sammlungen in Archiv und Bibliothek dienen primär der eigenen Forschungsarbeit, stehen aber gleichzeitig interessierten Zeitgeschichtsforschern des In- und Auslandes zur Verfügung. Sie bilden ebenso Voraussetzung wie Folge der Forschungsarbeit.

Die Bibliothek mit ungefähr 60.000 Bänden, darunter seltenen nationalsozialistischen Publikationen, kann als die deutsche Spezialbibliothek für Zeitgeschichte überhaupt angesehen werden. Sie hält laufend an die 200 Zeitschriften, darunter eine größere Anzahl im Tausch mit verwandten Instituten des Auslandes und veröffentlicht regelmäßig in den „Vierteljahresheften für Zeitgeschichte“ eine Bibliografie mit bisher rund 26.000 Titeln und erteilt außerdem zahlrechen in- und ausländischen Interessenten mit Hilfe ihres Sachkatalogs bibliografische Auskünfte. Obwohl ursprünglich als Präsentbibliothek geplant, ist sie seit Jahren dem deutschen Leihverkehr angeschlossen.

Zur Struktur und Aufgabe des Archivs ist zunächst zu sagen, dass es kein Archiv im „klassischen“ Sinne ist, das – wie z.B. das Bundesarchiv und die staatlichen Archive der Länder – kraft staatlicher Zuständigkeit Akten automatisch übernimmt. Das hat zweifellos den Vorteil, weil es sich nicht um die Akten aller in seinem Bereich liegenden Behörden kümmern muss, sondern sich auf die Sammlungen ganz bestimmter Unterlagen beschränken kann, für die es sich interessiert. Gewiss ist es aber auch ein Nachteil, da man bekanntlich nie von allen wichtigen amtlichen Originalakten Kopien oder aus privater Hand hinreichend Ersatz bekommen kann. Eine unerwünschte Vollständigkeit nach dieser Richtung ist daher nicht zu erreichen. Allerdings ist das nach dem 2. Weltkrieg auch bei staatlichen Archiven meist insofern nicht der Fall, als viele Akten vernichtet wurden oder sich immer noch im Ausland befinden.

Wie bereits erwähnt, hat das Institut satzungsgemäß die Aufgabe, Quellen zu ermitteln, zu sammeln und nachzuweisen. Was kann nun aber gesammelt werden? Ohne die Zuständigkeit der staatlichen Archive des Bundes und der Länder zu beeinträchtigen, bietet sich hierfür eine Reihe von Möglichkeiten. Eine von diesen ist, dass infolge der Technik manche zeitgeschichtlichen Quellen nicht mehr als Unika in Erscheinung treten, sondern bereits bei ihren Verfassern oder Herstellern in vervielfältigter Form auftreten, wie z.B. bei den Akten der Nürnberger Prozesse.

Zunächst daher einige Bemerkungen zu diesen. Wie die Praxis immer wieder zeigt, haben die Nürnberger Akten nach wie vor Bedeutung, wenn auch nicht mehr die gleiche wie früher. In dem Hauptkriegsverbrecherprozess und den darauffolgenden zwölf US-Prozessen wurden bekanntlich viele der von den deutschen Gerichten und StA ermittelten Sachverhalte in Anklage und Verteidigung bereits einmal, wenn auch z.T. mit einer etwas anderen Fragestellung und nicht mit der gleichen Gründlichkeit wie heute, behandelt oder zumindest berührt. Ich erwähne nur als Stichworte: Die medizinischen Versuche, die Euthanasie, die KZ, den Partisanenkrieg, die Einsatzgruppen, die Behandlung von Kriegsgefangenen sowie die Tätigkeit der damit befassten staatlichen und parteiamtlichen Behörden, der militärischen Stäbe und Einheiten. Die von der ZSt. herausgegebenen Findbücher über die Nürnberger Dokumente vermitteln darüber im Einzelnen einen Eindruck und weisen auf viele wichtige Einzeldokumente hin. Sie bilden einen Auszug aus der im Institut vorhandenen, ungefähr 200.000 Regestkarten umfassenden Dokumentenkartei. Wie bei jedem Auszug kann es natürlich nicht ausgeschlossen werden, dass bei Nachforschungen über ein spezielles Thema in der ihm zugrunde liegenden Gesamtkartei noch weitere interessante Dokumente enthalten sind, denn keiner, der eine solche Auswahl trifft, kann alle Aspekte voraussehen, die sich im besonderen Falle später einmal ergeben.

Bedeutung besitzen die Nürnberger Dokumente nach wie vor, obwohl sich die Originalakten, denen sie für die damaligen Prozesse entnommen wurden, inzwischen zum größten Teil im Bundesarchiv, im Militärarchiv oder im Politischen Archiv des AA befinden. Die Nürnberger Dokumente enthalten nämlich auch eidesstattliche Erklärungen und Interrogations von Zeugen, sowie Zusammenstellungen von Beweisunterlagen der einzelnen War Crimes Stäbe. Es kommt hinzu, dass nicht alle Dokumente, die unter den Nürnberger Signaturen bekannt sind, nach den Prozessen wieder in die Originalbestände zurückgegeben wurden. Bei meinem letzten Besuch in den USA, im November 1968, habe ich z.B. im National Archives in Washington bei einzelnen Stichproben mehrere Originale von NOKW-Dokumenten festgestellt, die also in den Beständen des Militärarchivs Freiburg fehlen. Dass dies aber meistens strafrechtlich besonders wichtige Dokumente sind, brauche ich nicht zu betonen. Mitunter konnten sie allerdings gar nicht in den originalen Aktenbestand zurückgegeben werden, nämlich dann nicht, wenn sie als Einzeldokumente in privater Hand aufgefunden und dort beschlagnahmt wurden. Als Beispiel mag die sog. „Raritätenmappe“ Lahosens (u.a. mit

Angaben über Judenerschießungen in Borrisow) dienen, die von der Anklage als PS 3 047 und NOKW 3146 in dem Prozess eingeführt wurde. Es handelt sich dabei um Auszüge aus der Dokumentensammlung von Oster und Dohnanyi sowie um abschriftliche Auszüge von Aufzeichnungen, die Lahosen im Auftrag von Canaris für dessen Tagebuch anfertigen ließ. Lahosen hatte sie 1943 seinem Freunde Oberst Maronga-Reddwitz zur Aufbewahrung übergeben und wurden 1945 vom CIC Wien sichergestellt. Es ist mir zurzeit noch nicht bekannt, ob die Originale inzwischen aufgefunden wurden. Jedenfalls gehörten sie nicht zu einem Bestand militärischer Akten, die im Zuge der Rückgabe an die Bundesrepublik gelangt sind, sondern sind offensichtlich bei den Prozessakten verblieben. – Bei der Bewertung der Nürnberger Akten darf man ferner nicht übersehen, dass neben den Beweisunterlagen der Anklage, d.h. den bisher behandelten Nürnberger Dokumenten, auch die Verhandlungsakten, so z.B. die Sitzungsprotokolle oder Beweisdokumente der Verteidigung Angaben enthalten können, die für die jeweiligen Ermittlungen von Interesse sind. Sie sind zwar nicht ganz so leicht zugänglich wie diese, doch bieten Bestandsverzeichnisse, Zeugenlisten, Closing-Briefe und für den OKW-, den Weizsäcker-, den Einsatzgruppen-, den IG- und den Flick-Prozess, die von Dr. Seraphim erarbeiteten Sach-, Personen- und Nummernindizes gute Hinweise.

Aus den erwähnten Gründen empfiehlt es sich, die Nürnberger Akten nach wie vor, zumindest vorsorglich, zu konsultieren. Von den anderen Prozessen, die vor ausländischen Gerichten stattgefunden haben, sind zu erwähnen: der gegen Eichmann in Israel, der gegen den ehemaligen Militärbefehlshaber von Belgien, General von Falkenhausen und dessen Militärverwaltungschef Raeder sowie der gegen SS-Sturmbannführer Straub und andere Angehörige des Chefs der Sicherheitspolizei Brüssel und der vor dem britischen Militärgericht in Hamburg stattgefundene gegen Feldmarschall von Mannstein, meist leider unvollständig. Aber sie enthalten bemerkenswerte Unterlagen. Von den sog. Dachauer KZ-Prozessen, die unmittelbar nach dem Kriege vor US-Militärgerichten stattgefunden haben, gibt es im Institut dagegen keine Akten, was im gleichen Maße auch für die vor französischen und britischen Gerichten gilt. Auf diesem Gebiete kann das Institut nicht behilflich sein, und so viel bekannt ist, auch andere deutsche Archive in der Bundesrepublik nicht, sofern es nicht Ihnen gelungen ist, Kopien von solchen Prozessakten zu beschaffen, was, soviel ich weiß, verschiedentlich schon der Fall war.

Von besonderer Bedeutung für den Aufbau unserer Sammlung war es, dass von den Originalakten Mikrofilme oder Xeroxkopien angefertigt werden können und auch angefertigt wurden. Das umfangreichste Unternehmen dieser Art ist bekanntlich die Verfilmung der nach dem Kriege von den westlichen Alliierten beschlagnahmten deutschen Akten durch die USA. Die bisher herausgegebenen über 60 Nummern zählenden Guides to German Records microfilmed at Alexandria, Va. sind Ihnen sicher bekannt. Das Archiv des Instituts hat begreiflicherweise und der dadurch gegebenen Möglichkeit, seine Quellenbasis in der notwendigen Weise zu verbreitern, reichlich Gebrauch gemacht. Gegenwärtig besitzen wir über 1800 Mikrofilmrollen mit ungefähr 2,3 Millionen Blatt Akten. Es ist das ungefähr ein Fünftel des gesamten in den genannten Guides angezeigten Bestandes und nicht ganz ein Drittel, wenn man die große Zahl von Mikrofilmen mit den Kriegstagebüchern der militärischen Stäbe von den Divisionen bis zu den Heeresgruppen in Abzug bringt, die wir aus grundsätzlichen Erwägungen im Allgemeinen bei unseren Erwerbsbemühungen nicht berücksichtigen. Die Geschichte der militärischen Operationen im 2. Weltkrieg betrachten wir nämlich nicht als unsere Aufgabe.

Bei der Auswahl der zu erwerbenden Mikrofilme haben wir uns sowohl nach den eigenen Forschungsarbeiten und Forschungsplänen als auch nach der gutachtlichen Tätigkeit gerichtet, die das Institut in Strafverfahren wie auch in Entschädigungs- und Wiedergutmachungsfällen gegenüber Gerichten und Behörden wahrnimmt. Wir sind also nach genauer Durchsicht der genannten Guides von einer gezielten Auswahl von Provenienzen und Akten ausgegangen, haben aber bei bestimmten Quellenkomplexen, und das sind m.E. gerade die, die auch für Sie von Interesse sein dürften, die Vollständigkeit angestrebt und heute meist auch schon erreicht. Dies trifft zu für die in den Guides Nr. 3 und Nr. 20 aufgeführten Akten der NSDAP und ihrer Gliederungen, die der SS und Polizei, soweit sie in den Guides Nr. 32, 33 und 39 genannt sind und die aus den besetzten Gebieten stammenden Bestände des Guides Nr. 38.

Gewiss wäre der Besitz dieser Akten in Mikrofilm noch kein Anlass, zu uns in das Institut zu kommen, denn wer bevorzugt nicht die Originalakten, wenn sie erhalten geblieben und greifbar sind. Ich muss daher hinzufügen, dass die hier in Mikrofilmen vorhandenen Unterlagen in Form von Regesten und Bestandsbeschreibungen an allen in Frage kommenden Stellen eines differenziert gegliederten, nunmehr an die 6000 Stich- und Unterstichworte umfassenden Katalogschemas erfasst sind, und zwar nicht nur Aktenbände und Aktenstücke, sondern auch – soweit erforderlich – alle in diesen enthaltenen Einzeldokumente.

Ausschlaggebend für die Intensität der Erschließung, d.h. an wie viel Katalogstellen die Regestkarte jeweils abgelegt wird, ist dabei der jeweilige Aussagewert des betreffenden Dokuments. Das Dokumentationswerk, das dank der großzügigen Unterstützung der Fritz-Thyssen-Stiftung in den Jahren 1962–1969 aufgebaut wurde und an dem unter Leitung des Archivs jeweils drei wissenschaftliche Hilfskräfte (meist von Professoren der Universität München besonders empfohlene Doktoranden) und zwei Schreibkräfte gearbeitet haben, umfasst in seinem Sach-, Regional- und Personenteil ungefähr 300.000 Nachweise. Die meisten Nachweise liegen vor zu den Themenbereichen Geschichte der SS einschließlich Sicherheitspolizei, SD und Waffen-SS (mit ungefähr 9600 Nachweisen). Besetzte Gebiete, besonders des Ostens und des Südostens (mit ungefähr 6500 Nachweisen), Judenverfolgung und –vernichtung (mit ungefähr 5900 Nachweisen), KZ (mit 3200 Nachweisen) und zu dem Bereich Wehrmacht im NS-Staat (mit ungefähr 6400 Nachweisen). Der Personenteil umfasst ungefähr 78.000 Nachweise. Dieser relativ hohe Anteil an der Erschließung ergibt sich daraus, dass wir es nach unseren Erfahrungen für zweckmäßig hielten, die einzelnen Schriftstücke auch unter dem Namen der Personen zu erfassen, über die und von denen irgendwelche relevanten Angaben in diesen gemacht werden.

Durch das anspruchsvolle Dokumentationswerk wird das Institut in die Lage versetzt, die für einen Sachkomplex wie für eine spezielle Sachfrage oder über eine Person vorhandenen Unterlagen relativ rasch nachzuweisen. Natürlich ist es uns bewusst, dass wir mit unserer Erschließung nur eine Auswahl, zeitgeschichtlich allerdings durchwegs wichtiger Akten erfasst haben. Für Ermittlungen, bei denen man auf mehr oder minder geschlossene Aktenprovenienzen (z.B. Reichskanzlei) zurückgreifen kann, wird man natürlich nur, oder zumindest primär, die archivarisch geordneten Originalbestände konsultieren. In den Fällen aber, wie z.B. bei den vielen SS-Ämtern oder SS-Stäben, deren Akten nach dem Kriege besonders durcheinander geraten sind, und von denen oft nur bruchstückhafte Restakten erhalten geblieben sind, kann empfohlen werden, sich vorsorglich einmal an das Institut zu wenden. Ohne Sie in Zukunft zu verstärkten Anfragen beim Institut anzuregen, meine ich, Sie auf diese zusätzliche Möglichkeit aufmerksam machen zu sollen. Bei der Art unserer Dokumentation lassen sich auch verstreute Dokumente, die sich in Aktenbeständen befinden, in denen sie nicht unmittelbar vermutet werden oder die Ihnen in den Archiven dann u.U. auch nicht vorgelegt werden, in unseren Karteien nachweisen. Das ist besonders dann von Bedeutung, wenn für die betreffende Fragestellung keine Akten*bestände* zur Verfügung stehen, sondern lediglich *Einzel*dokumente aus verschiedenen Provenienzen herangezogen werden müssen. Ferner können bestimmte Sachverhalte, Aussagen und Anordnungen, die in Berichtsserien, in den Erlass-Sammlungen oder in Reden damals führender Personen enthalten sind, leichter aufgefunden werden und es ist nicht notwendig, erst den ganzen Bestand deswegen durchzusehen. Durch die Ablage der Karteikarten, auch unter den Personennamen schließlich, werden nicht nur nützliche Angaben zur Person festgehalten, sondern auch Querverweise auf andere evtl. interessierende Sachverhalte geschaffen.

Erlauben Sie mir ein paar Beispiele aus der Praxis. Es ist wahrscheinlich kein Zufall, wenn das Institut vor kurzem eine Anfrage nach Unterlagen über die Sippenhaft, wie man mir sagte, besser beantworten und mehr Material liefern konnte als andere Archive, denn darüber gibt es nur verstreute Einzeldoumente, nicht aber Akten, schon gar nicht Generalakten. Ebenso wenig dürfte es ein Zufall gewesen sein, dass zwei durch einen Gutachter des Instituts in einem Prozess eingebrachte einschlägige Dokumente, nämlich eine handschriftliche Niederschrift über eine „Besprechung im Generalkommissariat Riga über das Ghetto" und einen Geschäftsverteilungsplan für eine Abteilung innerhalb des Generalkommissariats aus dem Jahre 1942, die in einem Splitterbestand „Gebietskommissar Riga" enthalten sind, in dem betreffenden Archiv nicht gefunden wurden. Oder ein anderes Beispiel: Interessantes Material über ausländische Zivilarbeiter wird man nicht unbedingt in einer Akte des Höheren SS- und Polizeiführers West suchen, ebenso wenig ein Schreiben Bormanns an den Reichserziehungsministers vom 27.4.1940 in den Akten „Kanzlei Rosenberg". Und schließlich ein Beispiel aus meiner eigenen Arbeit: Im Rahmen der Untersuchungen über das Attentat im Bürgerbräukeller 1939 war es wichtig zu wissen, welche Sicherungsmaßnahmen zum Schutze führender Persönlichkeiten damals üblich waren. Ich fragte bei allen Archiven des Bundes und der Länder an. Das Ergebnis war ausgesprochen schlecht. In unseren Karteien dagegen fand ich nicht nur die betreffenden Erlasse aus dem Jahre 1936, sondern in einer Akte der Gestapo Aachen, also einem Splitterbestand, neben dem Hinweis, dass erst am 9.3.1940 ein entsprechender Erlass herausgekommen war mit Richtlinien, die aufgrund der Münchner Erfahrung künftig zur Verhinderung von Attentaten zu berücksichtigen waren, sondern außerdem einen Bericht über eine Rede des SS-Gruppenführers Müller vor dem Schutzdienstreferenten am 1.6.1942, die mir meine These, dass die damaligen Schutzmaßnahmen vollkommen unzureichend waren und Elser Alleintäter war, vollends bestätigte.

Diese wenigen Beispiele mögen genügen. Es überrascht uns im Institut jedenfalls nicht, wenn Benutzer, die bereits in anderen Archiven waren, in denen die Originalakten verwahrt werden, in unseren Katalogen, wie sich immer wieder zeigt, interessante zusätzliche Unterlagen finden. In diesen Fällen wird der Vorteil der intensiven Erschließung deutlich, wie wir sie aufgrund unserer Erfahrungen mit den Nürnberger Karteien bei unserer Dokumentation praktiziert haben. Dieser Vorteil aber, und das möchte ich noch einmal ausdrücklich betonen, wirkt sich natürlich nur dann aus, wenn die gesuchten Belege in Akten enthalten sind, die wir auf Mikrofilm besitzen und die in unseren Katalogen erfasst sind. Für Ihr zukünftiges Vorgehen bei den Ermittlungen in NS-Verfahren wird es daher nach wie vor zweckmäßig sein, dass Sie anhand der „Loseblatt-Sammlung" der ZSt. zunächst prüfen, ob, wo und welche primären Quellenbestände in den betreffenden Archiven vorhanden sind und diese, sofern solche nachzuweisen sind, an Ort und Stelle einsehen. Wenn noch Fragestellungen offen geblieben sind und ergänzende Recherchen notwendig erscheinen, kann es sich empfehlen, vorsorglich beim Institut anzufragen. Wir werden gerne nachsehen, ob und inwieweit wir behilflich sein können. Wir senden Ihnen dann entweder die Kopien der in Betracht kommenden Regestkarten oder der Dokumente selbst oder wir schlagen Ihnen aufgrund unserer Feststellungen einen Besuch im Institut vor.

Neben diesen beiden, bisher erwähnten großen Aktenkomplexen, nämlich den Nürnberger Akten und den in den USA gekauften Mikrofilmen, hat das Institut entsprechend seiner Aufgabe auch andere zeitgeschichtliche Quellen, unter ihnen auch Originale aus privater Hand, ausfindig gemacht und erworben. Dabei kamen ihm zugute sowohl die Kontakte mit ausländischen Instituten als auch die Verbindungen zu noch lebenden Persönlichkeiten der damaligen Zeit, Verbindungen, die sich entweder durch deren eigene Initiativen oder im Zuge von Forschungsarbeiten ergeben haben. Allerdings sind unter diesen Erwerbungen kaum solche, die für Ihre Ermittlungen unmittelbar von Bedeutung sind. Gleichwohl möchte ich der Vollständigkeit halber wenigstens einige von diesen erwähnen, soweit sie durch das Institut der wissenschaftlichen Forschung zugängig gemacht wurden: Aufzeichnungen und Korrespondenzen des Dr. Wilhelm Hagen, der in den Jahren 1941 bis 1943 Amtsarzt in Warschau war, die Lageberichte der Kreishauptleute der Distrikte Lublin, Krakau und Warschau 1940/41, Frank-Tagebuch mit den Protokollen der Regierungs- und Abteilungsleitersitzungen und Reden des Generalgouverneurs (eine Kopie befindet sich seit längerer Zeit im Bundesarchiv), die nicht veröffentlichten Aufzeichnungen von Rudolf Höß, Bericht über den Aufbau im Generalgouvernement bis Juli 1940 (drei Bände), das sog. Lahosen-Tagebuch, d.h. eine auszugsweise Abschrift des Kriegstagebuchs der Abwehr Abt. II. Dann Meldungen aus den Niederlanden für die Jahre 1940–1943 und Meldungen aus Norwegen 1944/45 und einige Unterlagen des amerikanischen Geheimdienstes aus dem Jahre 1945 über das Forschungsamt der Luftwaffe.

Bemerkenswerte Unika stellen die in dem Bestand „Zeugenschrifttum" gesammelten schriftlichen und mündlichen Aussagen dar, die nachträglich von Zeugen zeitgeschichtlich relevanter Ereignisse und Personen gemacht wurden. Die lückenhafte Quellenlage und die mitunter nur begrenzte Aussagekraft der schriftlichen Quellen geben dieser Archivgruppe ihren besonderen Wert. In ihr werden sowohl Befragungsniederschriften von Mitarbeitern des Instituts wie auch eigene Aufzeichnungen von Zeugen oder deren eidesstattliche Erklärungen und Aussagen vor deutschen und ausländischen Gerichten alphabetisch unter dem Namen des betreffenden Zeugen abgelegt. Hierher gehören auch die sog. Interrogations, d.h. die Vorvernehmungen der Angeklagten und Zeugen in den Nürnberger Prozessen, deren umfangreichster Satz sich bekanntlich im Staatsarchiv Nürnberg befindet. Da wir schon wiederholt danach gefragt wurden, darf ich in diesem Zusammenhang erwähnen, dass nur die Interrogations ab Sommer 1946 in der Bundesrepublik vorliegen, die vorhergehenden ersten Befragungen ab 1945 dagegen noch in den USA sind. Gegenwärtig besitzt das Institut in acht Hängeregistraturen von 2000 Zeugen ungefähr 10.000 derartige Aufzeichnungen. Sie werden ergänzt durch Niederschriften und Korrespondenzen, die als geschlossene Bestände aus privater Hand verwahrt werden und die Material enthalten über das Nationalkomitee Freies Deutschland, über den 20. Juli 1944, den Kreisauer Kreis, den Widerstand in Bayern und den des Militärs, sowie alle Korrespondenzen, Aufzeichnungen und Karteien über Plötzensee, Brandenburg, Sachsenhausen, sowie über Widerstand und Verfolgung anderer Personenkreise, die als Walter-Hammer-Archiv bekannt und durch testamentarische Verfügung vor einiger Zeit an das Institut gekommen sind. Im Zeugenschrifttum gibt es auch einige Aussagen, die von dem Zeugnisgeber mit einem Benutzungsvorbehalt vorgesehen wurden. Es liegt auf der Hand, dass wir einen solchen Vorbehalt aus Gründen der Loyalität wie der Zweckmäßigkeit berücksichtigen müssen.

Der am häufigsten benützte Bestand des Institutsarchivs ist die Sammlung der amtlichen und parteiamtlichen Drucksachen. Sie enthält die gedruckten, meist nur für den Dienstgebrauch, vertraulich oder geheim erschienenen Erlasse, Befehle, Rundschreiben und Informationen, aber auch Tätigkeitsberichte und Protokolle. Als Herausgeber zeichnen sowohl die Reichsministerien und die militärischen Dienststellen, die Zivil- und Militärbehörden in den besetzten und eingegliederten Gebieten als auch die NSDAP, die SS (einschließlich Sicherheitspolizei), SD und Waffen-SS) und die anderen Parteigliederungen. Die Vielzahl und die weitgehende Vollständigkeit der Titel konnte erreicht werden, da es dem Institut möglich war, die frühere US-HICOG-Bibliothek zu übernehmen. Verschiedene Titel erhielten wir im Tausch von ausländischen Institutionen, daher die beinahe vollständigen Verordnungs- und Amtsblätter aus den besetzten und eingegliederten Gebieten; sogar die Slowakei, Kroatien und Albanien sind vertreten. Auch die grundlegenden „Richtlinien" für die Führung der Wirtschaft bzw. Zivilverwaltung in besetzten Ostgebieten (die sog. grüne bzw. braune Mappe) finden sich hier. Allein von der SS werden sieben laufende Meter Regal belegt, u.a. mit dem SS-Befehls- und dem SS-Verordnungsblatt, dem Befehlsblatt des Chefs der Sicherheitspolizei, den Mitteilungen über die SS- und Polizeigerichtsbarkeit, dem Verordnungsblatt der Waffen-SS und der vom RSHA herausgegebenen „Allgemeinen Erlasssammlung" über die Behandlung von Kriegsgefangenen und Fremdarbeitern sowie über Exekutiv- und Zwangsmaßnahmen der Sicherheitspolizei. Leider sind die geplanten Abschnitte über die Bekämpfung von staatsfeindlichen Bestrebungen nicht mehr ausgedruckt worden. Ein offensichtlich besonders seltenes Stück ist die „Erlass-Sammlung des Reichskriminalpolizeiamtes Vorbeugende Verbrechensbekämpfung", in der Erlasse betreffend Strafvollzug und Schutzhaft, Juden und Zigeuner sowie KZ und andere Lager enthalten sind.

Mit gleicher Intensität haben wir die Drucksachen der Partei gesammelt, die wie z.B. das Verordnungs- und das Reichsverfügungsblatt, die von der Parteikanzlei in einer Ausgabe nur für Reichsleiter, Gauleiter herausgegebenen „Vertraulichen Informationen" oder die ebenfalls geheimen Verfügungen, Anordnungen, Bekanntgaben der gleichen Dienststelle. Diese wenigen Titel mögen als Beispiele genügen. Von den Reichsministerien und Obersten Reichsbehörden wären vielleicht noch einige Titel zur Veranschaulichung nachzutragen. Die Erlass-Sammlung über die Fremdarbeiter, die vom AA herausgegebenen drei Bände „Bolschewistische Verbrechen gegen Kriegsrecht und Menschlichkeit", ein geheimes Wehrmachtsfremdsprechverzeichnis 1940–1943 (mit namentlicher Nennung vieler Mitarbeiter und Mitarbeiterinnen der OKW- und der OKH-Ämter) und schließlich die „Richterbriefe" des Reichsjustizministeriums. Obwohl diese Drucksachen durchweg Verschlusssachencharakter haben, enthalten sie nicht, darauf möchte ich hinweisen, die „nicht zur Veröffentlichung" bestimmten Erlasse. Sie erscheinen mir aber dennoch wichtig genug, um in die Loseblattsammlung der ZSt. aufgenommen zu werden.

Zu den gedruckten Quellen im Archiv des Instituts zählen auch noch die Tages- und Wochenzeitungen sowie die Informationsdienste von Presseagenturen. Gemessen an dem zur Aufbewahrung benötigten Raum stellen sie unseren größten Bestand dar. Gegenwärtig besitzen wir 180 Tages- und Wochenzeitungen vor 1945 und 133 nach 1945. Wenn ich auf die Presse und auf die Informationsdienste hinweise, bin ich mir bewusst, dass Sie nur selten Anlass haben werden, sie bei Ihren Ermittlungen heranzuziehen. – Immerhin als Ergänzung oder Ersatz der ungedruckten Quellen können sie mitunter auch für Sie von Interesse sein. So war vor Kurzem einer Ihrer Kollegen sehr glücklich, als er in der Münchener Ausgabe des „Völkischen Beobachters" feststellte, dass am 9.11.1939, also nach dem Attentat, der traditionelle Marsch der alten Kämpfer vom „Bürgerbräu-Keller" über die Feldherrenhalle zu den Ehrentempeln auf dem

Königsplatz zwar nicht stattgefunden hatte, sehr wohl aber in verkleinerter Form zur Kranzniederlegung.

Wenn auch die einzelnen in den Zeitungen vor 1945 abgedruckten Artikel nicht karteimäßig erfasst sind, wird der große Bestand mit einiger Aussicht auf Erfolg herangezogen werden, sofern es sich um eine amtliche Verlautbarung, einen Bericht über ein zeitgeschichtliches Ereignis oder eine publizistische Äußerung handelt, die zeitlich wenigstens einigermaßen zu fixieren ist, außerdem kann zu diesem Zwecke u.U. in dem Zeitungsausschnittarchiv nachgesehen werden, das von 1935 bis 1944 in dem damaligen Reichsinstitut für Geschichte des Neuen Deutschland geführt wurde und das sich jetzt im Institut befindet.

Um noch einige wenige Titel zu nennen: Sie finden im Institut neben der Münchner, Süddeutschen, der Berliner/Norddeutschen und der Wiener Ausgabe des „Völkischen Beobachters", dem „Schwarzen Korps", dem „Stürmer", dem „Angriff" und dem „Reich" auch eine Reihe anderer Tageszeitungen sowie Organe wie die „Krakauer Zeitung", die polnische Zeitung „Goniec Krakowski", die „Deutsche Zeitung in den Niederlanden", die deutsche Soldatenzeitung „Keste Vreta", „Das Freie Deutschland" (Organ des Nationalkomitees Freies Deutschland)", das „Süd-Ost-Echo" mit Nachrichten über den Balkan und die „Deutsche Zeitung im Ostland".

Damit bin ich mit meinem kleinen Rundgang durch die Möglichkeiten, die Ihnen das Institut bei Ihrer schwierigen Arbeit heute und morgen noch bieten kann, am Ende. – Ich darf *zusammenfassen:* Für die Zusammenarbeit des Instituts mit den Gerichten und StA in Verfahren wegen NS-Verbrechen erscheint mir wesentlich, dass im Institut nicht nur die Nürnberger Akten und in Mikrofilm ungefähr 2,3 Millionen Blatt andere Akten vorhanden sind, die nach einem differenzierten Katalogschema detailliert erschlossen sind, sondern gleichzeitig vieles andere Material wie Papiere aus privater Hand, Zeugenschrifttum und eine Unzahl von gedruckten Unterlagen in Form von amtlichen und parteiamtlichen Drucksachen, Zeitungen und Zeitungsausschnitten und auch anderes zeitgenössisches Schrifttum, darüber hinaus in unserer Bibliothek alle einschlägige Literatur des In- und Auslandes, die in gleicher Weise wie die Bestände des Archivs in einem großen wissenschaftlichen Apparat erfasst sind. Eine laufend geführte Übersicht über die außerhalb des Instituts in Arbeit befindlichen Untersuchungen gibt uns ferner Gelegenheit, uns bei Bedarf bei den betreffenden Wissenschaftlern über spezielle Fragen ihres Themas zu informieren. Es ist demnach die *Summe* der verschiedenen Möglichkeiten, die sich im Institut im Zuge des Auf- und Ausbaues seiner Sammlungen in Archiv und Bibliothek aus der ihr gestellten Aufgabe als führende deutsche Forschungsstätte für die jüngste deutsche Geschichte ergeben hat. Das Institut empfiehlt sich daher vor allem in den Fällen, in denen es bei den zu ermittelnden Sachverhalten nicht möglich ist, nur ganz bestimmte Akten ganz bestimmter Provenienzen durchzusehen, sondern bei denen es notwendig ist, sich entweder ergänzend oder ausschließlich die erforderlichen Angaben zusammenzusuchen und dabei die verschiedenen zur Verfügung stehenden Möglichkeiten voll auszuschöpfen.

Man mag vielleicht einwenden, dass die Sammlungen des Instituts schon wiederholt, teils systematisch ganze Bestände, teils auf die verschiedenen Fragestellungen hin, von ihnen und Ihren Kollegen ausgewertet wurden. Gewiss, aber keine Auswertung kann absolut vollständig sein, und es ist, wie ich schon einmal sagte, schlechterdings unmöglich, alle Fragen vorauszusehen, die man an einen Aktenbestand stellen kann, schon gar nicht die im speziellen Fall manchmal nicht unwichtigen Nebenfragen. Aber selbst wenn die im konkreten Falle benötigten Dokumente schon einmal erfasst und auch kopiert wurden, ist ein späterer Nachweis doch nur dann gewährleistet, wenn für ihre Ablage von Anfang an ein durchdachtes Ordnungsschema vorgesehen ist und für diese Aufgabe stets ebenso verlässliche wie sachkundige Mitarbeiter zur Verfügung stehen. Bei unserem Dokumentationsprojekt haben wir in dieser Hinsicht selbst reichlich Erfahrung sammeln können. Ein solcher Einwand würde auch schon durch die wenigen Beispiele aus der praktischen Arbeit des Instituts widerlegt werden, die ich in meinem Referat gebracht habe. Ich erwähne diese noch einmal, weil sie mir Gelegenheit geben, auf die besondere Quellenlage hinzuweisen, die wir uns m.E. immer vor Augen halten müssen. Wie Sie wissen, wurden im und nach dem Kriege sehr viele Akten, zum Teil ganze Provenienzen vernichtet. Das hat zur Folge, dass man die Dokumente, die man eigentlich dort suchen würde, wenn überhaupt, lediglich in den Akten anderer Behörden finden kann. In diesen werden sie sich anhand der archivarischen Findbücher allerdings nicht immer nachweisen lassen. Besonders problematisch wird die Lage durch die zahlreichen Rest- und Splitterbestände, wie die Beispiele des Höheren SS- und Polizeiführers West oder der Stapo-Stelle Aachen gezeigt haben dürften.

Es kommt hinzu, dass die Aktenführung der damaligen Zeit vor allem bei den Dienststellen der SS und der Partei ohnehin äußerst mangelhaft war. Zu alledem wurden nach dem Kriege gerade die für Sie wichtigsten Akten von alliierten Militär- und Gerichtsbehörden heillos durcheinander gebracht. Interessante Dokumente, die ihnen entnommen wurden, führen heute als Nürnberger Dokumente in den National Archives, als biografisches Material im Berlin Document Center oder als Sammlung Schumacher ein archivarisches Eigenleben. Die staatlichen Archive, die zuständigkeitshalber die deutschen Akten nach ihrer Rückgabe an die Bundesrepublik übernommen haben, befinden sich in keiner beneidenswerten Lage. Sie können ihr zwangsläufig, auch angesichts der anderen Aktenmassen, die auf sie zukommen, nicht immer in dem gewünschten Maße gerecht werden und es ist nicht auszuschließen, dass ihre Findbücher gerade gegenüber Ihren Fragestellungen mitunter Wünsche offenlassen. Wenn Kollege Boberach in Konstanz sagte, dass sich ein Brief eines landwirtschaftlichen Sonderführers an seine Reichsnährstanddienststelle in Hannover, der einen Bericht über eine Judenexekution enthält, nicht systematisch erfassen lässt und das damit begründete, dass „Aufwand und Erfolg in keinem vertretbaren Verhältnis" stünden, so klingt das vielleicht hart; es ist aber durchaus verständlich. Umso mehr meine ich, dass es angesichts dieser Umstände in bestimmten Fällen nicht unangebracht sein dürfte, nach zusätzlichen Möglichkeiten Ausschau zu halten.

Um – soweit es das Institut betrifft – keine falschen Hoffnungen zu erwecken, möchte ich zum Abschluss noch sagen, untergeordnete Tatbeteiligte oder niedrige Dienstgrade lassen sich *im Allgemeinen* in unseren Katalogen nicht nachweisen. Sie können nur unter der militärischen Einheit, dem Stab, der Behörde oder im zeitgeschichtlichen Sachverhalt aufgefunden werden. Auch kleine Orte werden nicht ausgeworfen. Die regionale Gliederung unseres Katalogs geht nur bis zur Ebene Regierungsbezirke, Gebietskommissariate und größere Städte. Auch hinsichtlich der technischen Möglichkeiten, Kopien anzufertigen, sind uns noch gewisse Grenzen gesetzt. Wir verfügen nämlich noch nicht über eine Fotostelle, sondern nur ein Xerox- und ein Recordak-Rückvergrößerungsgerät. Wir können also Kopien aus Büchern und Zeitschriften von originalen Schriftstücken und Zeitschriften von originalen Schriftstücken und schwarz-weiß Fotokopien, d.h. schwarze Schrift auf weißem Untergrund, selbst anfertigen, ferner Rückvergrößerungen von Dokumenten, die wir im Mikrofilm besitzen. Weiß-schwarze Kopien dagegen (weiße Schrift auf schwarzem Untergrund) oder größere Rückvergrößerungsaufträge geben wir entweder an die Fotostelle des Bayr. Hauptstaatsarchivs in München oder wir leihen Ihnen die Unterlagen direkt aus.

Lassen Sie mich schließen. Ich habe versucht, Ihnen einen Überblick über die Bestände und die Art ihrer dokumentarischen Erschließung zu geben und hoffe, dass es mir gelungen ist, die gegebenen Möglichkeiten ebenso wie deren Grenzen etwas deutlich zu machen.

Die anschließende Aussprache leitete *StA Dr. Mähler* (München II) mit der Erklärung ein, die vom Referenten genannten „Dachauer Prozesse“ enthielten auch Unterlagen über Mauthausen und Buchenwald. Diese Prozessunterlagen seien aus den USA, wo sie lagerten, kaum zu bekommen. Die StA München II habe jetzt jedoch die vollständigen Akten von drei wesentlichen Prozessen aus dieser Reihe erhalten.

Dr. Boberach (BA Koblenz(erklärte dazu ergänzend, deutsche Beweisdokumente zu den „Dachauer Prozessen“ seien auch im BA in Koblenz verfügbar, nicht dagegen die Prozessakten selbst.

EStA Schmidt (Berlin) fragte, ob das Institut für Zeitgeschichte Auskunft darüber erteilen könne, wo sich die Originale der im Institut für Zeitgeschichte in Filmen vorliegenden Unterlagen befinden und ob das Institut für Zeitgeschichte die Möglichkeit habe, seine Unterlagen selbst zu beglaubigen.

Dr. Hoch (Institut für Zeitgeschichte München) bejahte den ersten Teil der Frage mit der Einschränkung, dass das bei den Nürnberger Dokumenten nicht generell gesagt werden könne, da sich diese teilweise noch in den USA befänden. Er erklärte zum zweiten Teil der Frage, es sei ihm nicht bekannt, ob das Institut Beglaubigungen im Rechtssinne fertigen könne. In der Praxis bestätigte das Institut für Zeitgeschichte die Übereinstimmung mit den im Institut gelagerten Filmen und Kopien. Es sei eine Frage der Beweiswürdigung durch die Gerichte, ob sie diese als Beglaubigungen im Rechtssinne gelten lassen würden.

Dr. Boberach (BA Koblenz) ergänzte mit einem Hinweis auf das „Beglaubigungsgesetz“. Darin sei die Beglaubigungsbefugnis der Verwahrungsbehörden geregelt.

Er ließ offen, ob das Bundesarchiv und das Institut für Zeitgeschichte unter dieses Gesetz fallen.

Hinsichtlich des Fundortes der Dokumente führte er aus, die IMT-Dokumente befänden sich bei den Gerichtsakten; erst von den Einsatzgruppenprozessen ab seien die Dokumente zurückgegeben worden. Die Dokumente der NI-Serie seien zurückgegeben worden, und zwar zumeist an private Eigentümer.

EStA Sichting (Stuttgart) erklärte zu den vom Referenten erwähnten „Interrogations", dass sich diese nach seiner Meinung in den USA befänden. Bisher seien sie ihm jedoch nicht zugänglich gemacht worden. Er frage nun, wie man an dieses Material herankommen könne.

Dr. Hoch (Institut für Zeitgeschichte München) erwiderte, ihm lägen darüber widersprüchliche Nachrichten vor. Einmal hieße es, sie seien geheim, zum anderen, man könne sie kaufen. Schließlich hieße es noch, sie seien so umfangreich und ungeordnet, dass sie zunächst überarbeitet werden müssten.

EStA Zeug (Ludwigsburg) ergänzte dazu, die Dokumente sollten, soweit er unterrichtet gewesen sei, in Den Haag beim Internationalen Gerichtshof vorliegen. Er sei auf seine Anfrage hin von dort nach Washington verwiesen worden. Washington habe ihn seinerseits jedoch wieder nach Den Haag verwiesen.

EStA Sichting (Stuttgart) führte dazu aus, in Den Haag befänden sich beglaubigte Fotokopien der Nürnberger Dokumente. Wo die Originale lägen, sei oft nicht zu klären. So befände sich z.B. das Original des „Katzmann-Berichts" nicht in Washington, sondern in Warschau.

Anschließend referierte *OStA Blank* (Ludwigsburg) über *Auswertung und Verteilung des bei der ZSt. der LJVW aus dem Ausland eingehenden Dokumentenmaterials.*

Herr OStA Dr. Rückerl hat Ihnen bereits einen Überblick über das in den letzten Jahren eingegangene ausländische Beweismaterial gegeben und auch erwähnt, aus welchen Ländern noch Beweismaterial auf uns zukommen wird. Dabei ist zumindest bezogen auf die Arbeit der ZSt., eine Tendenz deutlich geworden: Die Bemühungen um die Beschaffung ausländischen Beweismaterials treten nach und nach zurück gegenüber der Verwertung und Verteilung. Dabei wird es vor allem darauf ankommen, die in Bezug auf das polnische und russische Material bestehenden Schwierigkeiten zu lösen.

Wir haben es von Herrn Dr. Rückerl gehört, manche von uns waren vielleicht überrascht: In Polen werden angeblich noch 4000 Ermittlungsverfahren gegen etwa 11.000 Beschuldigte geführt. Dr. Pilichowski rechnet sogar mit einer Erhöhung dieser Verfahren und Beschuldigten. Nun, niemand vermag zurzeit abzuschätzen, wie viele dieser Ermittlungsvorgänge bei der ZSt. eingehen werden und insbesondere, wann dies der Fall sein wird. Bisher hat sich der Eingang von Anzeigen aus Polen – ich spreche hier nicht von den Rechtshilfeersuchen und ihrer Erledigung – jedenfalls gemessen an den von Herrn Dr. Pilichowski genannten Zahlen, in relativ bescheidenen Grenzen gehalten. So hat die Hauptkommission im Jahre 1969 nur 62 Neuanzeigen der ZSt. übermittelt, wovon sich 13 mit Kriegsverbrechen von Wehrmachtsangehörigen in den Jahren 1939 und 1944 befassen. Im ersten Vierteljahr 1970 waren es allerdings bereits 31 Neuanzeigen. Im ersten

Vierteljahr 1970 ist also im Vergleich zum Vierteljahresdurchschnitt des Jahres 1969 eine Steigerung der aus Polen eingegangenen Neuanzeigen um 100 % festzustellen. Ob diese Steigerung anhält, wird abzuwarten sein. Bei uns bestand bisher der Eindruck, dass die Personallage sowohl bei der Hauptkommission in Warschau als auch bei den Unterkommissionen sehr angespannt ist und damit der Aktivität dieser Kommissionen recht enge Grenzen gesetzt sind.

Ich möchte Sie nun nicht ermüden mit der Beschreibung dieses polnischen Beweismaterials im Einzelnen. Gegenstand der Anzeigen sind ganz verschiedenartige Taten, so dass sich die Art und Weise ihrer Verwertung und Verteilung nicht in ein Schema pressen lässt. Da es sich aber vielfach um Kriegsverbrechen handelt, besteht Anlass zu dem Hinweis, dass sich die ZSt. insoweit die Arbeit leicht machen darf und leicht machen muss. Sie ist nämlich für Vorermittlungen wegen Kriegsverbrechen nicht zuständig. Falls die ZSt. aus ihren Unterlagen, wobei auch die Kartei einbezogen wird, die Anschrift einer Person feststellen kann, die beschuldigt wird, Kriegsverbrechen begangen zu haben, gibt sie das Verfahren an die für den Wohnsitz zuständige StA ab. Im Übrigen bleibt bei Kriegsverbrechen eben nur der Weg des § 13 a StPO, die Vorlage an den BGH zur Bestimmung eines zuständigen Gerichts. – Schwierigkeiten bestehen aber in erheblichem Maße in solchen Fällen, in denen Taten behauptet werden, die in den Rahmen eines schon vor Jahren geführten größeren Verfahrens gepasst hätten, nun aber, nach Abschluss des Verfahrens für sich alleine nur noch schwer aufgeklärt werden können. Dasselbe Problem tritt noch verschärft und vervielfacht bei dem russischen Beweismaterial auf, mit dem ich mich deshalb heute in erster Linie befassen möchte.

Bleiben wir zunächst bei dem deutschen Schriftgut, das in Gestalt von Fotokopien oder Filmen aus Russland eingegangen ist. Soweit auf einzelne Rechtshilfeersuchen in den Vorermittlungsverfahren der ZSt. solches Material einging oder eingeht, prüft der Sachbearbeiter der ZSt., ob diese Unterlagen für weitere Verfahren, auch für solche Verfahren, die bei StA und Gerichten bereits anhängig sind, von Bedeutung sein können. Dies gilt auch dann, wenn die ZSt. ihr Vorermittlungsverfahren bereits vor Beantwortung des Rechtshilfeersuchens an die StA abgegeben hat und die Dokumente, wenn sie eingehen, nur noch der StA nachgereicht werden müssen. Außerdem gelangt eine Fotokopie der Dokumente in diesen Fällen in die Dokumentensammlung der ZSt. und von dort aus in die Dokumentenkartei. Diese Dokumente werden auch in einem Findbuch verzeichnet, das nach der jeweiligen Fertigstellung vervielfältigt und an die StA verteilt wird. In Bezug auf diese deutschen Dokumente ist also, soweit das der ZSt. überhaupt möglich ist, sichergestellt, dass sie in allen einschlägigen Verfahren zur Verfügung stehen. Die von Referenten der ZSt. in Moskau ausgewählten Dokumente werden entsprechend behandelt.

Bei dieser Gelegenheit möchte ich eine bereits früher mehrfach geäußerte Bitte wiederholen, die Bitte nämlich, alle auf Rechtshilfeersuchen unmittelbar bei Ihnen eingehenden Dokumente – und dies gilt natürlich nicht nur für den Rechtshilfeverkehr mit der Sowjetunion – der ZSt. in Fotokopie zu übermitteln und zugleich, soweit bekannt, mitzuteilen, wo das Original verwahrt wird. Dies gilt auch dann – und dies möchte ich im Hinblick auf das während dieser Tagung Gehörte besonders hervorheben – wenn ausländische Stellen die Auflage machen, das Material nicht weiterzugeben. Ich bin der Auffassung, dass wir auf solche Auflagen keine Rücksicht nehmen können. Auch diese Dokumente werden, wenn sie von Ihnen zu uns kommen, in die Dokumentenkartei, die Sammlungen und die Findbücher der ZSt. aufgenommen und stehen auf diesem Wege anderen StA und natürlich auch der zeitgeschichtlichen Forschung zur Verfügung. – Größere Mengen deutschsprachigen Dokumentenmaterials sind nach Meinung der ZSt. aus der Sowjetunion nicht mehr zu erwarten. Es ist aber keineswegs auszuschließen, dass sich in den verschiedenen russischen Archiven noch Schriftgut einzelner deutscher Dienststellen befindet.

Sehr viel schwieriger hat sich die Auswertung und Verteilung des in russischer Sprache gehaltenen Beweismaterials gestaltet. Diese Schwierigkeiten haben vor allem drei Ursachen: die Sprachschranke, die Qualität des Materials und schließlich dessen spätes Eintreffen. Es ist Ihnen vermutlich erinnerlich, dass die ZSt. erst im Herbst 1968 in die Lage versetzt worden ist, sich in Russland um das dort vorliegende Beweismaterial zu bemühen. Das während des Besuchs in Moskau ausgewertete russische Material ist in Gestalt von Filmen Ende Nov. 1968 und Ende Januar 1969 in Ludwigsburg eingetroffen. In diesem Zeitpunkt verfügte die ZSt. erst über einen russischsprachigen Dolmetscher, der aber zugleich noch Übersetzungen aus anderen Sprachen ausführen musste. Im Laufe des Jahres 1969 ist dann weiteres russischsprachiges Beweismaterial in Ludwigsburg angekommen, das von den sowjetischen Behörden aufgrund von Rechtshilfeersuchen der ZSt. zusammengestellt worden war. Sowohl von dem in Moskau verfilmten, als auch dem auf Rechtshilfeersuchen eingegangenen Material, wurden zunächst Inhaltsangaben in deutscher Sprache gefertigt. Dabei hat sich ergeben, dass es sich fast ausschließlich nicht um Dokumente aus der Tatzeit, sondern um Untersuchungsberichte von Kommissionen, die auf örtlicher Basis nach der Befreiung eingesetzt worden waren, und um Zeugenaussagen handelt. Sowohl die Untersuchungsberichte als auch die Zeugenaussagen sind charakterisiert von dem Bestreben, die Opfer an Menschen und Material in der Besatzungszeit insgesamt darzustellen. Bei allen Unterschieden in der Gestaltung der Berichte und Aussagen besteht, von wenigen Ausnahmen abgesehen, die Übereinstimmung, dass sie nicht auf die Feststellung des Tatbeitrags einzelner Beschuldigter abzielen, sondern auf die pauschale Feststellung der von der Besatzungsmacht verübten Verbrechen mit Einschluss der von der einheimischen Hilfspolizei begangenen Taten. Außerdem ist es kennzeichnend, dass sowohl die Berichte als auch die Zeugenaussagen jeweils die gesamte Besatzungsgeschichte des betreffenden Ortes oder des betreffenden Bezirks wiedergeben.

Es ist also kaum möglich, die in einem Untersuchungsbericht oder einer dieser Zeugenaussagen geschilderten Taten einem einzigen Verfahren zuzuordnen. In der Regel waren die deutschen Dienststellen oder Einheiten, von denen die Rede ist, bzw. von denen die Verbrechen begangen worden sein können, ja nicht stationär.

Es kommen vielmehr nacheinander und durcheinander Einsatzkommandos, Polizeibataillone, Schutzmannschaftsbataillone, stationäre Dienststellen der Sicherheitspolizei, der Gendarmerie sowie der Zivilverwaltung und auch in wenigen Fällen Wehrmachtseinheiten als Täter in Betracht. Die Untersuchungsberichte und Zeugenaussagen schildern auch nicht nur NS-Verbrechen, sondern auch Tötungen, die möglicherweise zum Teil legal im Zuge der Bekämpfung von Partisanen ausgeführt worden sind. Verschiedentlich ist gar nicht zu erkennen, ob es sich um die Tötung von Juden oder Zigeunern handelt – was immerhin einem Hinweis auf NS-Verbrechen gleichkäme -, weil nämlich Juden und andere Nationalitäten gleichermaßen als Sowjetbürger bezeichnet werden. Soweit die Untersuchungsberichte und Zeugenaussagen Namen von Beschuldigten nennen, sind diese durch die phonetische Wiedergabe und die russische Schreibweise oft so verstümmelt, dass es unmöglich ist, die deutsche Schreibweise sicher festzustellen. Auch Dienstgrade und Dienstbezeichnungen sind meist unrichtig wiedergegeben.

Der Sachbearbeiter der ZSt. steht, gleichgültig ob es sich um das in Moskau ausgewertete oder später eingegangenes Material handelt, jeweils zunächst vor folgenden Fragen: Welche der in den Untersuchungsberichten oder Zeugenaussagen geschilderten Tatgeschehen waren oder sind Gegenstand welcher Verfahren, und zwar staatsanwaltschaftlicher Verfahren oder auch Vorermittlungsverfahren der ZSt.? Welche der noch verbleibenden Tatgeschehen sind als Kriegsverbrechen zu betrachten, für die keine Zuständigkeit der ZSt. besteht? – Die Beantwortung der ersten Frage ist im Hinblick auf die Vielzahl und die Vielgestaltigkeit der wegen der in Russland begangenen NS-Verbrechen bereits geführten Verfahren außerordentlich schwierig und aufwendig. Ich möchte hier nur beispielsweise erwähnen, dass allein bezüglich des weißrussischen Raumes ca. 400 Strafsachen bei den StA und Gerichten anhängig waren oder noch sind.

Hier zeigt sich, und das sollten wir vielleicht hervorheben, ganz deutlich, dass dieses Beweismaterial, das vor Jahren vielleicht im einen oder anderen Fall ein wichtiger Beitrag für die Aufklärung der in Russland begangenen NS-Verbrechen gewesen wäre, heute in vielen Fällen zu spät kommt. Besonders augenfällig und nachteilig ist dieses Zuspätkommen, wenn es sich um Taten handelt, die Gegenstand bereits abgeschlossener Verfahren waren oder, wenn für die betreffende Tat eine Einheit oder Dienststelle in Frage kommt, deren sonstige Verbrechen bereits früher in einem umfangreichen Verfahren untersucht worden sind. Die neue Tat steht im letzteren Fall also mit dem Gegenstand eines Strafverfahrens in Sachzusammenhang, das im Übrigen bereits erledigt ist. – Was ist nun in diesen Fällen von Ludwigsburg aus zu tun? Ich meine, der ZSt. bleibt gar nichts anderes übrig, als dieses Material der für das frühere Verfahren zuständigen StA zuzuleiten. Die StA hat dann zu prüfen, ob und inwieweit das Verfahren wieder aufgenommen werden muss. Die Einleitung neuer Vorermittlungsverfahren durch die ZSt. wäre in diesen Fällen, jedenfalls nach unserer Auffassung, ganz und gar verfehlt, weil es sich ja, mutmaßlich zumindest, um denselben Kreis von Beschuldigten handelt.

Ich bitte, bei der Bewertung der Zusendung solchen Beweismaterials zu berücksichtigen, dass die ZSt. kein Archiv ist. Das Beweismaterial wurde der ZSt. von den ausländischen Dienststellen ausschließlich zur Weiterleitung an die gesetzlich zuständigen Strafverfolgungsbehörden der Bundesrepublik überlassen. Mit anderen Worten: Die ZSt. ist stets nur die Durchgangsstation für solches Beweismaterial, niemals die Endstation. Ich sehe also, auch unter Berücksichtigung der auf dieser Tagung von verschiedenen Seiten vorgebrachten Meinungen, überhaupt keine Möglichkeit, die StA vor der Übersendung solchen Beweismaterials zu bewahren, und zwar auch dann nicht, wenn in dem einen oder anderen Fall von vornherein klar ist, dass das Beweismaterial für die Aufnahme oder die Wiederaufnahme von Ermittlungen nicht taugt. Auch solche Fälle können meiner Überzeugung nach nur dadurch bewältigt werden, dass eine umfassende abschließende staatsanwaltschaftliche Verfügung herbeigeführt wird. – Für die von der ZSt. vorzunehmende sachgerechte Verteilung des Materials kommt es mit darauf an, dass eventuelle Sachstandsanfragen der ZSt. über den Gegenstand der jeweiligen Verfahren möglichst ausführlich beantwortet werden.

Ähnliche Schwierigkeiten bei der Behandlung sowjetischen Beweismaterials treten übrigens auch im Verhältnis der StA zueinander auf. Ich will Ihnen hier heute einen Beispielsfall nennen, der die Situation verdeutlicht. Es handelt sich um einen Fall, in dem sich die ZSt. in diesen Tagen äußern soll: Gegenstand eines Verfahrens gegen Angehörige einer KdS-Außenstelle in Russland war die Ghettoräumung und die Liquidierung eines Kinderheimes in einer Stadt. Ermittelt wurde zunächst gegen den Leiter der Außendienststelle der Sicherheitspolizei. Als dieser im Laufe des Verfahrens verstarb, wurde das Verfahren gegen die übrigen Angehörigen der Außendienststelle eingestellt und gegen den während der Erhebungen verdächtig gewordenen SS- und Polizeigebietsführer an die für diesen zuständige StA abgegeben. Die Sache ging nun in die Voruntersuchung. Der zuständige Untersuchungsrichter hat schließlich wegen dieses einen Angeschuldigten ein Rechtshilfeersuchen erstellt, auf das hin der russische GStA umfangreiches Beweismaterial für das gesamte Geschehen in dem betreffenden Gebietskommissariat an den Untersuchungsrichter übermittelt hat. Nun hatte man allerdings die Beantwortung des Rechtshilfeersuchens nicht abgewartet, sondern den Angeschuldigten schon vor Eingang der Antwort außer Verfolgung gesetzt. In dem eingegangenen Material war nicht mehr nur von dem bisherigen Verfahrensgegenstand, nämlich der Liquidierung des Ghettos und des Kinderheims die Rede, sondern auch von vielen kleineren Erschießungen, die z.T. in den Dörfern der Umgebung stattgefunden hatten. Als Beschuldigte waren neben einigen Beamten der Außendienststelle der Sicherheitspolizei, gegen die das Ursprungsverfahren ja bereits früher eingestellt worden war, bisher nicht in Erscheinung getretene Personen und der bisher nicht belastete Gebietskommissar aufgeführt. Letzterer, unter bekannter Anschrift in der Bundesrepublik wohnhaft, wurde beschuldigt, die Erschießung von 350 Frauen und Kindern, sog. Ostmenschen, in einem Dorf der Umgebung persönlich geleitet zu haben.

Seit Eingang dieses Belastungsmaterials bei dem Untersuchungsrichter besteht ein negativer Kompetenzkonflikt. Keine der beiden beteiligten StA hält sich nämlich für zuständig. Die erste StA ist der Auffassung, ihr Verfahren habe sich nur auf die Liquidierung des Ghettos und des Kinderheimes bezogen und sei zudem eingestellt. Die zweite StA ist der Meinung, ihr Verfahren betreffe nur den bereits außer Verfolgung gesetzten SS- und Polizeigebietsführer persönlich. Die sonst bekannt gewordenen Taten, die weiteren Personen, insbesondere Angehörigen der Sicherheitspolizei-Außenstelle und dem Gebietskommissar zur Last gelegt worden, gingen sie nichts an. Beide StA sind der Auffassung, die ZSt. könne ja, wenn sie das für geboten halte, von sich aus den Komplex neu aufgreifen und gegen die in dem russischen Beweismaterial genannten und nicht genannten Beschuldigten ermitteln. Zu diesem Zweck wurden der ZSt. Ablichtungen der Übersetzungen des russischen Beweismaterials übersandt.

Ich möchte das Ergebnis vorwegnehmen: Die ZSt. wird den betreffenden Komplex nicht in Gestalt eines neuen Vorermittlungsverfahrens aufgreifen. Der negative Kompetenzkonflikt besteht zu Unrecht. Für die weitere sachgerechte Behandlung des eingegangenen russischen Beweismaterials trifft zunächst die zweite StA, bei deren Untersuchungsrichter das Material eingegangen ist, die ausschließliche Verantwortung, und zwar wegen aller Taten und aller Beschuldigter. Falls sie nicht selbst ermitteln kann, etwa weil sie sich zum Teil unzuständig fühlt, muss sie sich eine zuständige StA suchen, notfalls auf dem Weg über § 13 a StPO oder § 143 GVG. Eine großzügige Auslegung des Begriffs des Sachzusammenhanges ist in allen diesen Fällen notwendig.

Zusammenfassend stelle ich fest, dass das ausländische Beweismaterial zwar vielfach auf bislang unbekannte Taten hinweist, dass es aber auch häufig seiner Qualität nach die Überführung der Täter nicht ermöglicht. Die Bilanz der Strafverfolgung von NS-Verbrechen wurde also durch einen Teil des ausländischen Beweismaterials – zum Teil handelte es sich auch um sehr wertvolles Material – ungünstig beeinflusst. Die Aufarbeitung dieses spät oder zu spät gekommenen Beweismaterials hängt mit von der sachgerechten Verteilung und davon ab, inwieweit die StA bereit sind, die Fragen des Sachzusammenhangs großzügig auszulegen und baldmöglichst jeweils umfassende abschließende Verfügungen zu treffen. Der guten Zusammenarbeit zwischen den StA und der ZSt. wird dabei große Bedeutung zukommen. Dabei sollten die StA für die Situation der ZSt. Verständnis aufbringen, die kein Archiv ist, sondern das Material nur zur Weiterleitung erhalten hat und somit nur als Durchgangsstation fungieren kann. Unsachlicher Kritik an der Arbeit der deutschen Justiz, wie sie Herr OStA Dr. Rückerl in Beispielen zitiert hat, sollte künftig mit größerem Nachdruck begegnet werden. Man sollte in diesem Zusammenhang daher auch ganz offen aussprechen, dass die Verwertung von Teilen des zur Verfügung stehenden ausländischen Beweismaterials im Strafprozess an der Beschaffenheit des Materials scheitert, etwa weil es sich um Zusammenstellungen handelt, die zwar zur zeitgeschichtlichen Dokumentation, nicht aber für Zwecke der Strafverfolgung geeignet erscheinen, oder um Material, das sich auf verjährte Taten oder überhaupt nicht strafbare Kriegshandlungen bezieht. Schließlich erscheint mir noch die Feststellung angebracht, dass der Höhepunkt des Zustroms von ausländischem Beweismaterial überschritten sein dürfte, mit Ausnahme der aus Polen noch zu erwartenden Neuanzeigen.

Ich möchte abschließend noch einen Punkt erwähnen, der hier auf der Tagung schon zur Sprache gekommen ist. Ich meine die so treffend als „Flächenersuchen“ bezeichneten Rechtshilfeersuchen der ZSt. Sie werden meinen nachfolgenden Worten entnehmen können, dass ich keineswegs in erster Linie die ZSt. insoweit verteidigen will, sondern dass es mir darum geht, den StA das Verständnis der durch diese Ersuchen geschaffenen Situation zu ermöglichen oder zu erleichtern.

Zunächst möchte ich fragen, ob politische Gesichtspunkte, die früher nicht bestanden haben, neuerdings gegen die Weiterleitung der letzten und nur ergänzenden Flächenersuchen an die Sowjetunion sprechen können. Oder ist es gar so, dass bereits die Flächenersuchen aus der früheren Zeit dem Ansehen der deutschen Justiz geschadet haben? – Diese Frage ist m.E. insofern für mein Thema aktuell, als ein erheblicher Teil das inzwischen eingegangenen Beweismaterials gerade auf diese Flächenersuchen zurückgeht. Wenn wir nun von den StA verlangen, und das habe ich ja soeben wieder einmal getan, dieses Beweismaterial aufzuarbeiten, also mit anderen Worten, die Suppe auszulöffeln, die die ZSt. ihnen eingebrockt hat, so sollte die ZSt. auch die hier während der Tagung gebotene Möglichkeit ergreifen, diese Flächenersuchen zu erläutern und – soweit erforderlich – zu rechtfertigen.

Allen Flächenersuchen, und ich bleibe bei diesem sehr treffenden Ausdruck, allen Flächenersuchen lag eine gemeinsame und m.E. sehr klare Konzeption zugrunde. Eines dieser generellen Ersuchen bezog sich auf die Einsatzgruppen und Einsatzkommandos unter Angabe von deren Marschweg. Die übrigen bezogen sich auf die stationären Dienststellen, also diejenigen Gebiete, die in Russland ab Herbst 1941 der Zivilverwaltung unterstellt waren. Diese Ersuchen waren somit nichts anderes als eine detaillierte Anfrage nach allem Beweismaterial über die in der Sowjetunion verübten Verbrechen. Es ging um den Auftrag der ZSt., alles erreichbare Beweismaterial heranzuschaffen und erforderlichenfalls neue Verfahren einzuleiten. Daneben hatten diese Ersuchen allerdings auch eine politische Nebenwirkung – ich betone, dass es sich nur um eine Nebenwirkung gehandelt hat – und zwar die, dem Vorwurf, die Bundesrepublik bemühe sich nicht um die Aufklärung der Verbrechen, augenfällig entgegenzutreten. Es mag sein, dass diese Nebenwirkung der Ersuchen unseren Rechtshilfepartnern im Osten, in diesem Fall in Russland, nicht angenehm war und ist. Unklar bleibt jedoch, warum man auch im AA ungehalten reagiert. Vielleicht sollte man dort auch berücksichtigen, dass diese Ersuchen – allerdings mit einer gewissen Verzögerung – eine weitere starke Abwehrwirkung gegen ungerechtfertigte Angriffe aus der Sowjetunion entfalten: In einer ganzen Reihe von Fällen konnten die russischen Behörden nämlich auf diese Ersuchen hin nur die schon hinreichend erörterten Untersuchungsberichte und Zeugenaussagen aus der Zeit nach der Befreiung liefern. Die ZSt. und die StA bemühen sich natürlich trotz unzureichender russischer Unterlagen intensiv, die Taten mit eigenen Mitteln aufzuklären. Wenn diese eigenen Ermittlungen aber scheitern, wird die Sowjetunion bei angemessener Reaktion unsererseits nicht in der Lage sein, schwerwiegende Kritik an diesem negativen Ergebnis zu üben, weil das unzureichende Ermittlungsergebnis ja durchaus korrespondiert mit dem von der Sowjetunion gelieferten unzureichenden Beweismaterial. So jedenfalls verstehen wir die politischen Nebenwirkungen, und ich betone nochmals ausdrücklich Nebenwirkungen, der erwähnten Art von Rechtshilfeersuchen.

Es mag durchaus sein, dass unser politischer Weitblick nicht ausreicht, die auf diplomatischer Ebene entstandenen politischen Bedenken zu begreifen, es kann aber auch sein, dass es auf diplomatischer Seite nicht immer leicht ist, die bei der Strafverfolgung von NS-Verbrechen entwickelten, doch sehr speziellen Arbeitsmethoden zu verstehen und bei der Betrachtung unter politischen Gesichtspunkten zutreffend zu würdigen. Uns überzeugt es jedenfalls nicht, dass von politischen Bedenken schlechthin gesprochen wird. Wir möchten dann schon wissen, welche Bedenken das im Einzelnen sind.

Das Referat wurde durch den Hinweis von *EStA Zeug* (Ludwigsburg) ergänzt, dass in Moskau etwa 50.000 Ordner und in anderen russischen Archiven weitere etwa 100.000 Ordner russischen Materials lägen, die von uns unmöglich durchgesehen werden könnten. Deshalb seien die „Flächenersuchen" an die russischen Behörden gerichtet worden, damit diese das umfangreiche Material sichten und übersenden könnten.

Zum Abschluss der Tagung hielt *OStA Schuster* (Essen) das Referat: *Erfahrungen eines Anklagevertreters in einem großen NS-Prozess.* [Essener Dora-Prozess]

Ich soll Ihnen über meine Erfahrungen berichten, die ich in einem großen NS-Prozess gemacht habe. Ich fürchte: Ich werde Ihnen da nichts Sensationelles erzählen können. Ich werde Ihnen auch keine grundlegend neuen Erkenntnisse vermitteln können. Ich kann auch nicht alles berichten, was sich in den 2 ½ Jahren in Essen getan hat. Ich will nur einige Dinge herausgreifen.

Zunächst muss ich Ihnen kurz sagen, um was es sich in unserem Prozess handelt: Es geht um Straftaten, die im KZ Dora bei Mauthausen im Harz begangen wurden. Sie wissen vielleicht: In der Nähe von Nordhausen errichtete man im Sommer 1943 in einem Berg des Harzes eine gewaltige unterirdische Fabrik, in der man die Geheimwaffen, vor allem die V 1 und die V 2, baute, und in der man neben zahlreichen deutschen Zivilpersonen – Ingenieuren, Meistern, Technikern – Tausende von Häftlingen aus dem eigens für diesen Zweck errichteten KZ Dora verwandte. Auf der Anklagebank des Schwurgerichtssaales in Essen sitzen drei Mann: Ein SS-Obersturmbannführer, vorher Gestapo-Chef und dann Sicherheitsbeauftragter für die V-Waffen-Produktion, ferner ein SS-Oberscharführer und Beamter von der Gestapo-Außenstelle Nordhausen, die eigens für dieses V-Waffenwerk da war, und schließlich ein SS-Hauptscharführer des KZ Dora, der sich als Häftlingsaufseher betätigte.

Diesen drei Angeklagten wird in der Anklage vorgeworfen, in 26 Fällen Häftlinge getötet bzw. zu töten versucht zu haben, indem sie diese Menschen, zum Teil in Massen und in grausamer Weise, exekutierten, bei verschärften Vernehmungen erschlugen oder bei irgendwelchen sonstigen Gelegenheiten niederprügelten oder niederschossen. – Der Prozess dauert mittlerweile zwei Jahre und drei Monate. Er ist noch nicht zu Ende, dürfte aber kurz vor dem Abschluss stehen. Er dauerte also bisher schon erheblich länger als der bis dahin längste NS-Prozess, nämlich das Auschwitz-Verfahren, das nach genau 20 Monaten zu Ende war. – Sie werden fragen, warum diese lange Dauer bei nur drei Angeklagten und bei nur 26 Taten bzw. Tatkomplexen. Das hat mehrere Ursachen. – Wir haben nur zweimal in der Woche verhandelt, die Frankfurter dreimal. Wir mussten wegen zahlreicher Auslandsreisen des Öfteren die Sitzung für zehn Tage unterbrochen, und außerdem hat das Gericht bisher volle drei Monate für die Beratung benötigt, gerechnet vom Zeitpunkt, da die Angeklagten zum ersten Male das letzte Wort hatten. Wenn Sie bei uns und bei den Frankfurtern die Zeugen- und Sachverständigenzahlen vergleichen, so stellen Sie fest, dass die geleistete Arbeit etwa die gleiche war. Die Frankfurter haben 382 Zeigen und etwa ein Dutzend Sachverständige vernommen, wir gut 300 Zeugen und ebenso viele Sachverständige. Die Frankfurter brauchten 183 Sitzungstage, wir hatten gestern den 179. Sitzungstag. Wir haben darüber hinaus sehr viele Dokumente und sehr viele Zeugenaussagen verlesen müssen, wohl mehr als im Auschwitz-Verfahren.

Aus dem Vergleich der Zahlen dieser beiden großen Prozesse können Sie also eins gleich sehen: Wenn Sie die Zahl der Zeugen und Sachverständigen durch zwei teilen, bekommen Sie etwa die Zahl der benötigten Verhandlungstage. Recht viel mehr als zwei Zeugen oder Sachverständige schaffen Sie im Durchschnitt am Tage nicht, wenn die Zeugen gründlich und behutsam vernommen werden sollen. Was Ihnen dann noch an Zeit übrig bleibt, das brauchen Sie für die Verlesung von Urkunden und die Erörterung anderer Dinge. Ich glaube im Übrigen, dass die Zeugenvernehmungen von Jahr zu Jahr schwieriger und die Prozesse daher länger werden.

Ich darf hier gleich ein Wort zu solchen Monsterprozessen sagen: Es ist schon wiederholt vor so umfangreichen Verfahren gewarnt worden, man müsse die Verfahren kleiner machen. Ich muss aus meinen Erfahrungen heraus den Kritikern ein wenig Recht geben. Natürlich haben solche großen Prozesse auch Vorteile. Aber sie haben auch große Nachteile, die wir in Essen sehr deutlich empfunden haben: In den 179 Verhandlungstagen sammelte sich ein ungeheurer Prozessstoff an. Meine Notizen aus der HV über die Aussagen der Zeugen und Sachverständigen füllen mehr als 20 Bände. Die verlesenen Aussagen beinahe ebenso viel. Dazu kommen Stöße von Dokumenten. Man kann diese Berge von Beweismitteln kaum noch übersehen. Und wenn wir Juristen schon kaum noch damit fertig werden, wie mag es da den Geschworenen ergehen, unter denen sehr einfache Leute sind, und diese Geschworenen haben ja das Übergewicht an Stimmen.

Bei uns fällt oder fiel es dem Schwurgericht offensichtlich schwer, ein Urteil zu finden. Die Beweisaufnahme wurde Ende Oktober 1969 praktisch abgeschlossen. Die Plädoyers mit Replik und Duplik waren im Januar beendet. Das Urteil ist noch immer nicht da. Inzwischen scheint sich das Gericht aber über das Urteil im Klaren zu sein. – Die Unüberschaubarkeit des Stoffes birgt Gefahren in sich. Das Urteil nimmt fast lotteriehafte Züge an. Es kommt darauf an, wie man die Akzente setzt. Es ist „alles drin", von lebenslänglich bis zum Freispruch. – So war es jedenfalls bei uns. – Kein Mensch wagte bis vor kurzem, d.h. bis zu dem Zeitpunkt, da das Gericht Hinweise auf die Veränderung des rechtlichen Gesichtspunktes gab und gleichzeitig die Angeklagten wieder in Haft nahm, eine Prognose, wie das Urteil ausfallen werde.

Im Übrigen: Wie steht es in einem solchen Monsterprozess mit gewissen fundamentalen Prozessprinzipien? Es gibt bei uns keinen, der sich noch an die einzelnen Aussagen der Zeugen erinnern kann. Vielleicht Teile der Aussage des einen oder anderen Zeugen hat man noch im Gedächtnis, aber kaum mehr. Ich habe in zwei Meineidverfahren, die aus unserem Prozess heraus erwachsen sind, als Zeuge auftreten müssen, und es ist mir beide Male schwergefallen, die Zeugen von ehedem überhaupt wiederzuerkennen. Ein Schwurgerichtsvorsitzender hat neulich einmal gemeint, man müsste eigentlich jeden Zeugen fotografieren. Aber ich bezweifle, ob das viel hilft. Wenn man das Bild sieht, erinnert man sich vielleicht an den Zeugen, aber ob man sich auch an seine Aussage erinnert, erscheint mir fraglich. – Es kam wiederholt vor, dass den Zeugen falsche Vorhalte aus angeblichen Aussagen anderer Zeugen gemacht wurden, ohne dass jemand widersprach, weil niemand die Aussagen im Kopf hatte. Ja, es kam sogar vor, dass sich andere Prozessbeteiligte die falschen Vorhalte dann auch selbst zu Eigen machten.

Man ist in solchen Monsterprozessen fast ausschließlich auf seine Notizen angewiesen. Bei uns stand auf dem Richtertisch ein Tonbandgerät. Die ganze Verhandlung wurde aufgenommen. Jeder Prozessbeteiligte durfte von diesem Tonband Gebrauch machen. Aber wer kann die Kilometer von Tonbändern noch anhören? Ich habe nur eine einzige Aussage abgehört, zu mehr hat es nicht gereicht. Die Verteidiger und der Nebenklagevertreter überhaupt keine. Wie oft das Gericht das Tonband benutzt hat, ich weiß es nicht.

Nach unserer Prozessordnung sollen die Zeugen unmittelbar gehört werden. Der Prozess soll zügig durchgeführt werden. Keine längere Unterbrechung als zehn Tage, damit die Richter die Beweisaufnahme noch gegenwärtig haben. Diese Prinzipien werden in einem solchen Großprozess illusorisch. Die Zeugen werden zwar mündlich angehört – bei uns kam einer sogar deswegen aus Johannesburg in Südafrika angereist -, aber bei der Urteilsfällung erinnert sich kein Richter mehr an sie. – Die Zehntagefrist wird zwar nach Möglichkeit eingehalten, aber nur formell, indem man immer wieder in die Verhandlung eintritt und irgendetwas Überflüssiges unternimmt, nur damit dem Gesetz der Form nach Genüge getan ist. – Ich meine, man sollte alles tun, um diese Prozesse kleiner zu halten. Denn das, was wir treiben, ist schon fast ein schriftliches Verfahren. – Freilich ist diese Forderung leichter aufgestellt als erfüllt. – Bei uns waren z.B. Erhängungen im Wege der Sonderbehandlung auf der einen Seite und Exzesstaten auf der anderen Seite angeklagt, also zwei ganz verschiedene Dinge. So etwas könnte man vielleicht trennen.

Man kann einen Prozess auch dadurch kürzer halten, dass man nur solche Fälle anklagt, in denen auch wirklich eine Verurteilung zu erwarten ist. Wir haben z.B. in allen Fällen Freispruch beantragen müssen, in denen für eine Exzesstat nur ein einziger Zeuge zur Verfügung stand. Schon allein die Gefahr, dass der Zeuge den Täter verwechselt, lässt nach einem Vierteljahrhundert eine Verurteilung aufgrund eines einzigen Zeugnisses nur unter ganz besonderen Umständen noch zu. – Man kann einen Prozess vielleicht auch dadurch kürzer halten, dass man der Zeugenauswahl mehr Aufmerksamkeit schenkt. Eine richtige Auswahl kann man aber nur treffen, wenn die Zeugen im Ermittlungsverfahren gründlich vernommen worden sind.

Sind die Zeugen im Ermittlungsverfahren und in der Voruntersuchung nämlich nur oberflächlich und unsachgemäß vernommen worden, hat es der Anklageverfasser schwer zu befinden, wen er benennen soll und wen er sich schenken kann. Dann bleibt ihm gar nichts anderes übrig, als alles in die Anklageschrift hineinzupacken. Wir haben oft die Beobachtung gemacht, dass sich Zeugen, von denen man aufgrund der polizeilichen Aussage, der oberflächlichen polizeilichen Aussage, meinte, man könne nicht viel erwarten, als recht brauchbar erwiesen, aber auch umgekehrt. Wir haben z.B. mit den Aussagen französischer Zeugen, die sie daheim bei der Polizei machten, recht trübe Erfahrungen gemacht. Da hätten sich Reisen des StA nach Frankreich zur Teilnahme an Vernehmungen im Ermittlungsverfahren durchaus gelohnt. Hier mit Dienstreisen zu sparen, ist Sparsamkeit am falschen Platz. Zwei nutzlos vernommene Zeugen machen einen Sitzungstag aus. Bei uns trugen allein die sechs Verteidiger an manchen Sitzungstagen sechsmal 600 DM, das sind 3600 DM nach Hause. Für die Kosten eines einzigen nutzlosen Sitzungstages kann ein StA oft nach Frankreich reisen.

Ein anderes Thema: Unsere Beweismittel. Wir hatten zwar umfangreiches Dokumentenmaterial. Das bezog sich aber fast ausschließlich auf den Hintergrund. Die Straftaten selbst mussten durch Zeugen bewiesen werden. Was wir mit diesen Zeugen erlebten, war für diejenigen, die das erste Mal einen solchen KZ-Prozess mitmachten – und das waren bis auf zwei Verteidiger alle Beteiligten – zumindest verwirrend, wenn nicht schockierend. Ich habe in meinem Leben noch nie so viele Unrichtigkeiten und so viele Widersprüche auf einem Haufen erlebt, wie hier. – Wir hatten – und das ist wohl in jedem KZ-Prozess so – verschiedene Gruppen von Zeugen, von denen jede ein anderes Aussageverhalten an den Tag legte. Die erste Gruppe, die nach der Vernehmung der Angeklagten in Erscheinung trat, das waren die deutschen Zivilisten, die in der V-Waffenfabrik tätig gewesen waren. Wer schon einiges über KZs gehört hatte, war sehr verwundert, was sie berichteten. Nach ihren Angaben schien es fast, als ob Dora eine Oase des Friedens gewesen wäre. Die Häftlinge waren ordentlich gekleidet, ordentlich ernährt und hinreichend ärztlich versorgt. Sie wurden korrekt behandelt. Von Übergriffen durch die SS hatten die Zeugen kaum etwas wahrgenommen und auch nur selten etwas gehört, allenfalls einmal einen schlagenden Kapo gesehen.

Eines ihrer Hauptargumente war: In einer Fabrik, in der die wichtigsten Kriegswaffen des Reiches fabriziert wurden, benötigte man jeden Häftling. Da brauchte man auch Ruhe und Ordnung und konnte die Häftlinge nicht schikanieren. Und das erschien zunächst ganz einleuchtend. Wir waren geneigt, dem Zeugnis der Zivilarbeiter besonderen Wert beizumessen, weil wir sie für die neutralsten Zeugen hielten. Das gilt im Übrigen auch für die später hinzugekommenen Angehörigen des Heeres, die die V-Waffen für die Wehrmacht abnahmen. Auch ihre Aussagen lagen etwa auf der Linie der Aussagen der Zivilarbeiter. – Noch erfreulicher war das Bild, das die nächste Gruppe entwarf. Das waren die SS-Leute, als KZ-Bewacher und Gestapo-Leute. „Das Schlagen war streng verboten", so berichteten sie z.B. mit todernstem Gesicht. – Als dann die Häftlinge aufmarschierten, hatte sich bei uns schon eine gewisse Vorstellung vom KZ Dora gebildet, die nicht so ohne weiteres aus den Angeln zu heben war.

Nun war es das Unglück, dass von den Häftlingszeugen als erste die deutschen Häftlinge vernommen wurden. Das waren, von wenigen Ausnahmen abgesehen, schwer kriminelle Leute. Sie hatten oft seitenlange Vorstrafenlisten. Sogar Mörder und Totschläger waren darunter. Wenn diese Zeugen nun von schlechter Behandlung, von Hunger und Elend, von Exzessen der SS berichteten, dann konnte man oft skeptische Gesichter sehen, und man konnte den Prozessbeteiligten manchmal von der Stirne ablesen, dass sie sich fragten: Übertreiben die denn auch nicht? Und wenn dann offensichtliche Unrichtigkeiten und krasse Widersprüche zu früheren Aussagen evident wurden – und sie gab es in Hülle und Fülle -, dann gerieten diese Zeugen in den Verdacht, sie würden lügen und Märchen erzählen. Die Verteidiger nutzten diese Skepsis weidlich, indem sie mit Wollust im Vorleben der Zeugen herumwühlten, sie in weitere Widersprüche zu verwickeln trachteten, sie zu reizen und durch zynische Fragen und Bemerkungen und mit wegwerfenden Handbewegungen als unglaubwürdig abzutun suchten. Dagegen kann man wenig machen, insbesondere nicht als StA. Einer der Verteidiger machte sich zur Gewohnheit, sobald ein Zeuge seinen Mandanten belastete, die Wiedergutmachungsakten beiziehen zu lassen, weil er damit rechnete, er werde auf diese Weise auf weitere Widersprüche stoßen – und damit hatte er in der Tat auch manchmal Erfolg.

Als letzte große Gruppe erschienen dann die Ausländer. Ihre Aussagen waren um ein Grad belastender als die der deutschen Häftlinge. Diese ausländischen Zeugen waren zwar nicht vorbestraft, gegen sie wurde aber von der Verteidigung immer wieder eingewandt, sie seien voreingenommen, seien beeinflusst, sie bräuchten sich für ihre Angaben nicht zu verantworten, sie kämen hierher, sagten aus und führen wieder nach Hause, ohne ein Strafverfahren wegen Meineides befürchten zu müssen.

Es dauerte recht lange – so schien es mir jedenfalls – bis sich allüberall die Erkenntnis breit machte – und einige Verteidiger sind hiervon überhaupt auszunehmen -, dass nicht jede Unrichtigkeit auf Lüge, übersprudelnder Phantasie und Verantwortungslosigkeit zu beruhen brauche, dass die Häftlinge, von Ausnahmen abgesehen, zwar die Wahrheit sagen wollen, aber sie nach 25 Jahren häufig nicht mehr sagen können. Und hier erwiesen sich die Gutachten der Psychologen und Psychiater, die wir hörten, als recht nützlich.

Die Frage, ob es notwendig ist, solche psychologische und psychiatrische Sachverständige in NS-Verfahren zu hören, ist umstritten. Bei uns hat sich Prof. Kaul, der aus der DDR stammende Vertreter der Nebenkläger, gegen die Beiziehung dieser Gutachter heftig gewehrt, weil er darin eine Diskriminierung der Häftlingszeugen sah, auf die die Begutachtung in erster Linie abgestellt war. Ich war dafür und bin es auch heute noch, weil die Gutachten dieser Sachverständigen nur Gewinn bringen können und auch brachten. – Die psychologische Ausbildung liegt ja bei uns Richtern und StA – und das gilt natürlich ebenso für die Rechtsanwälte – sehr im Argen. Gewiss, man sammelt im Laufe seiner Tätigkeit eine

Menge von Erfahrungen, aber mit diesen allgemeinen Erfahrungen kommt man in einem KZ-Prozess nicht aus. Das habe ich deutlich gemerkt, sowohl bei mir wie bei anderen. Wo kommt es in einem normalen Verfahren vor, dass ein Zeuge über Wahrnehmungen berichten soll, die ein Vierteljahrhundert zurückliegen? Wo treten sonst haufenweise Zeugen auf, die ihre Wahrnehmungen unter ähnlich extremen Bedingungen gemacht haben wie in einem KZ-Prozess? Und selbst wenn wir Juristen von diesen Dingen etwas verstünden: Was wissen die Geschworenen von der Psychologie solcher Zeugen? – Ein einführendes, psychologisches Gutachten erscheint mir daher in einem großen KZ-Prozess dringend erforderlich.

Und noch etwas ist m.E. von Nöten und zwar schon am Anfang, nicht erst am Schluss: Ein oder mehrere historische Gutachten. – Man möchte meinen, nach 25 Jahren NS-Prozesse und zahllosen historischen Publikationen über das Dritte Reich wäre die Kenntnis über die NS-Verbrechen bei uns Allgemeingut, zumindest bei den Gebildeten. Nichts ist wahr. Für viele Menschen hört bei uns die Geschichte im Jahre 1933 auf. Sie nehmen von dem, was in den nächsten zwölf Jahren geschah, vielfach nur insoweit Notiz, als es sich um Autobahnen und Siege auf dem Schlachtfelde handelte. Aber auch für die gutwilligen und interessieren Menschen ist die Welt der KZ schwer begreiflich. Es fällt einem normalen Menschen nicht leicht, das zu glauben, was dort geschah. Ich meine daher, die StA in Frankfurt hat im Auschwitz-Prozess ganz richtig gehandelt, als sie einfach mehrere historische Gutachten in Auftrag gab und die Gutachter dem Gericht stellte. Mit solchen Methoden verärgert man vielleicht zunächst einmal den Vorsitzenden, aber das vergeht sehr schnell. Wenn die Gutachten erstattet werden, horchen alle gespannt zu, und es fällt manches ab.

Über meine Erfahrungen mit den verschiedenen Zeugenkategorien darf ich vielleicht hier noch etwas anfügen: Wie gesagt, wir hielten zunächst die Gruppen der deutschen Zivilarbeiter und der Wehrmachtsangehörigen für die verlässlichsten Zeugen, zumal diesen auch von den Häftlingen wegen ihres Verhaltens im KZ oft ein gutes Zeugnis ausgestellt wurde, und wir glaubten, sie hätten am wenigsten Grund, die Wahrheit zu verbergen. Aber ganz verlässlich waren sie nicht. Sie mögen vielleicht nicht direkt gelogen haben, aber ihre Aussagen waren auffallend substanzlos. Das mochte z.T. darauf beruhen, dass sie selbst tatsächlich relativ wenig gesehen haben, weil sich die SS natürlich vor ihren Augen mehr Zurückhaltung auferlegte, als wenn sie unter sich war, und dass viele diese abscheulichen Dinge damals vielfach auch bewusst nicht sehen wollten, weil sie damit nichts zu tun haben wollten. Aber diese Substanzlosigkeit ihrer Aussagen beruhte sicherlich auch noch auf anderen Faktoren: Auf einem gewissen Schuldgefühl, bei dieser Sklavenhalterei überhaupt dabei gewesen zu sein, – auf einem gewissen Solidaritätsgedanken, – auf der Tatsache, dass es hier um Dinge ging, die das Bild der eigenen Nation und der eigenen früheren Ideologie belasteten, – auf die weit verbreitete öffentliche Meinung, die von der Verfolgung der NS-Verbrechen nichts mehr wissen will usw.; alles förderte die Bereitschaft, diese Geschehnisse aus der Erinnerung zu verdrängen.

Dass diese Zeugengruppe die Verhältnisse im KZ Dora viel zu rosig schilderte, konnte man verschiedenen Urkunden entnehmen, z.B. Berichten des Lagerarztes, Krankenstatistiken, vor allem aber dem Totenbuch, aus dem hervorgeht, dass die Häftlinge zeitweise wie die Fliegen zugrunde gegangen sind. Demnach müssen die Verhältnisse sogar noch schlimmer gewesen sein, als sie und die Häftlinge sie darstellten. – Über die Gruppe der *SS-Zeugen* brauche ich kein Wort zu verlieren. Sie waren mehr oder weniger selbst Tatbeteiligte, und es ist ja aus vielen Prozessen bekannt, dass sie die Wahrheit verzerren, beschönigen, verschweigen oder gar verdrehen, von Ausnahmen natürlich abgesehen.

Was die *Häftlingszeugen* betrifft, so fiel mir auf, dass die deutschen Häftlinge zurückhaltender aussagten als die ausländischen. Auch das ist verständlich. Sie hatten fast alle im Lager Funktionen gehabt und haben daher sicher das Elend nicht so verspürt wie die Ausländer. Mancher deutsche Häftling ist selbst als Kapo mit dem Prügel in der Hand herumgelaufen. Mancher hat vielleicht selbst mit der SS paktiert. Bei einigen hat man deutlich Sympathien für die Angeklagten herausspüren können. Einer bat sogar ausdrücklich darum, den Angeklagten die Hand drücken zu dürfen. – Dass die kriminellen Häftlinge im Allgemeinen unglaubwürdig seien, wie die Verteidigung meinte, ist nicht richtig. Es bewahrheitete sich vielmehr auch hier wieder die allgemeine psychologische Erfahrung, dass es keinen absolut glaubwürdigen und auch keinen absolut unglaubwürdigen Zeugen gibt, und dass ein Zeuge im Allgemeinen dann die Wahrheit sagte, wenn er kein Interesse am Lügen hat. – Gegen die ausländischen Zeugen wurden von der Verteidigung zahlreiche Einwendungen gemacht, und das war nicht ganz ohne Berechtigung. Freilich ging die Verteidigung viel zu weit, wenn sie manchmal so tat, als seien das lauter voreingenommene und beeinflusste oder gar verlogene Zeugen.

Bei den Franzosen, aber auch bei manchen anderen Häftlingen fiel die oft große Diskrepanz zwischen ihren früheren Angaben und ihren Aussagen in der HV auf. In der HV mussten sie oft weit zurückstecken. Diese Diskrepanz scheint auf zwei Gründen zu beruhen. Einmal darauf, dass die Zeugen bei der Polizei etwas unbekümmert daherredeten, und zum anderen, dass die Vernehmungen recht oberflächlich waren. Dass die Häftlingszeugen in der HV häufig, und zwar durchweg zugunsten der Angeklagten, von ihren früheren Aussagen abrückten, zeugte allerdings meiner Meinung nach dafür, dass sie sich vor dem Schwurgericht ihrer Verantwortung bewusst waren. Es geht daher bei ihnen, vor allem bei den Ausländern, hauptsächlich um die Frage, wie weit ihre Aussagen unbewusst beeinflusst waren. Es ergab sich z.B., dass die meisten der französischen Zeugen irgendeinem Häftlingsverband angehörten. Diese Verbände hatten Treffen. Bei diesen Treffen wurde natürlich über das Essener Verfahren gesprochen. Die Verbände haben auch Zeitungen, die über den Prozess berichteten. Sogar Bilder der Angeklagten erschienen, und zwar offensichtlich die Bilder, die auch wir in unserer Bildmappe hatten, und die wir den Zeugen zwecks Identifizierung vorlegten bzw. vorlegen ließen. Es gab sogar Häftlinge, die solche Bilder privat besaßen. Ein französischer

Zahnarzt zog einmal bei der Vernehmung plötzlich Bilder zweier Angeklagter aus der Tasche. Es waren Bilder aus unserer Sammlung. Die Namen der Angeklagten standen darunter. Wir fragten ihn, woher er die habe. Er hatte sie vom Häftlingsverband bekommen und dieser von der französischen Polizei, die das deutsche Rechtshilfeersuchen bearbeitet hatte. In Frankreich blühte auch eine ausgedehnte Häftlingsschriftstellerei. Soweit wir solche „Erlebnisberichte" aus der KZ-Zeit in die Hand bekamen, waren sie meist von recht fragwürdigem Wert, oft mehr Romane als Tatsachenberichte. Diese Unterhaltungen mit anderen, dieses Lesen von Berichten anderer ist natürlich bei solchen Zeugen sehr gefährlich. Denn in 25 Jahren gehen viele Einzelheiten dem Gedächtnis verloren. Es ist meist nur noch ein Erlebniskern vorhanden, und der Zeuge, der solche Berichte anderer liest und hört, füllt, ganz unbewusst, eigene Gedächtnislücken mit dem aus, was er erfahren hat, und gibt es als eigene Erinnerung wieder. Und das nun zu erkennen, ist für ein Gericht vielfach ein kaum zu lösendes Problem. Dass solche Einflüsse am Werk waren, wurde immer wieder deutlich. Zeugen erkannten z.B. auf den Bildern plötzlich Angeklagte, die sie früher nicht erkannt hatten und auch kaum kennen konnten. Manche Zeugen behaupteten, den Angeklagten Bischoff zu kennen und identifizierten ihn auch auf den Bildern, obschon sie ihn allenfalls ein- oder zweimal gesehen hatten.

In Warschau wollte es einmal der polnische StA ganz genau wissen und fragte den Zeugen, ob er etwa auch noch die Vornamen der Angeklagten kenne. Prompt kamen alle drei Namen heraus. Er wusste die Vornamen natürlich nicht aus dem Lager, wie er sich einbildete. Vielleicht aus der Ladung, vielleicht aus der Zeitung oder sonst woher. Zeugen wurden manchmal gefragt, ob ihnen neben den Angeklagten auch noch andere Personen aus dem KZ bekannt seien, z.B. der Lagerkommandant, der Rapportführer, der Blockführer usw. Merkwürdigerweise passten sie da fast immer. Aber die Angeklagten kannten sie.

Es waren einige Zeugen dabei, die uns Dinge erzählten, die, mit Händen greifbar, unrichtig waren; besonders fiel da ein französischer Geistlicher auf, der auch Direktor einer Schule war. Er hatte im KZ Dora in der Widerstandsbewegung eine große und durchaus rühmliche Rolle gespielt. Die Mithäftlinge sprachen mit großer Achtung von ihm. Wir brachen die Vernehmung vorzeitig ab, weil sie keinen Sinn hatte. Ich hatte damals den Eindruck, dass es sich bei diesem Zeugen um einen medizinischen Fall handle. Der Zeuge ist auch dem Vernehmen nach alsbald verstorben. Ähnlich war es mit dem schon genannten Zahnarzt, der die Bilder in der Tasche hatte. Bei ihm stellte sich, allerdings erst ziemlich am Schluss, durch eingehende Befragung heraus, dass er an epileptischen Anfällen litt. Er machte einen völlig verbrauchten Eindruck, wie überhaupt viele der Häftlingszeugen vorzeitig gealtert und körperlich und wahrscheinlich auch geistig verbraucht erschienen. Aber solche Mängel sieht man nicht immer auf den ersten Blick. Deshalb ist es schon gut, wenn man viel fragt und sich bei der Vernehmung Zeit lässt.

Von unseren ausländischen Zeugen waren nur relativ wenige aus dem Osten. In Bezug auf sie pflegte die Verteidigung immer wieder die wohl schon etwas alte Platte aufzulegen, die Zeugen seien präpariert, sie könnten und dürften nicht frei aussagen, sie würden, wenn sie zugunsten der Angeklagten Zeugnis geben, zur Rechenschaft gezogen usw. Mir schien, dass dieser Verdacht nicht gerechtfertigt ist. Unsere östlichen Zeugen kamen aus Polen, aus der Sowjetunion und aus der Tschechoslowakei. Aus der DDR kam niemand, die Zeugen durften nicht ausreisen. – Bei der Vernehmung der Zeugen aus den Ostblockstaaten passte jeder von uns auf wie ein Luchs, ob er nicht etwas Verdächtiges erhaschen könne. Ich habe keine Anzeichen entdecken können, die dafür sprächen, die Zeugen könnten nicht frei aussagen. – Vergleicht man die Bekundungen dieser Zeugen mit denen westlicher Zeugen, so stellt man keine grundsätzlichen Unterschiede fest. Da waren welche dabei, die über vieles zu berichten wussten, und andere wieder, deren Aussage recht dünn war. Da redeten die einen munter drauf los, während andere wieder recht zurückhaltend, beinahe übervorsichtig aussagten. Besonders einige polnische Zeugen machten einen sehr guten Eindruck. Allerdings ein Pole war wieder darunter, der wusste so viel, und seine Aussage war so fließend und so perfekt, dass sie aus diesem Grunde Misstrauen erregte. Aber kann man daraus schließen, dass dieser Mann von dritter Seite präpariert war? Oder hat er sich vielleicht selbst nur sehr gut vorbereitet.

Ein Russe war da, der erzählte von Vorgängen, die er selbst gar nicht erlebt haben konnte, weil er zu diesem Zeitpunkt nicht mehr im Lager Dora war. Aber so etwas konnte man auch von westlichen Zeugen erleben. Ein anderer Zeuge, den wir in Moskau vernommen haben, war für mich persönlich der vertrauenswürdigste Zeuge des ganzen Prozesses. Es war ein Bibelforscher. Es ist in diesem Zusammenhang bemerkenswert, dass der zu Anfang von der Verteidigung sehr häufig ausgesprochene Verdacht, die Zeugen würden im Osten zuungunsten der Angeklagten beeinflusst, im Laufe des Verfahrens etwas die Schwindsucht bekam, nachdem ein Zeuge nach dem anderen vernommen war und die Verteidiger selbst im Osten gewesen waren.

Freilich, dass unter den östlichen Zeugen eine gewisse Auslese getroffen worden war, das war auch mein Eindruck. Man ließ offenbar nicht jeden in den Westen reisen. Wahrscheinlich nur politisch zuverlässige Personen. Aber auch andere Gesichtspunkte scheinen eine Rolle gespielt zu haben. So sagte uns einmal ein Zeuge im Vertrauen: Den Zeugen Soundso lassen sie bestimmt nicht ausreisen, denn der ist ein Säufer. Eine gewisse Auswahl ergab sich natürlich auch zwangsläufig daraus, dass die meisten östlichen Zeugen vom Nebenklägervertreter Prof. Kaul benannt waren, der die früheren Vernehmungen gelesen und sich nur diejenigen herausgesucht hatte, von denen er sich etwas versprach.

Es ist von der Verteidigung immer wieder darauf hingewiesen worden, dass fast alle polnischen und russischen Zeugen vor ihrem Auftritt im Westen zu Hause vernommen wurden, und das erschien sehr verdächtig. Aus welchen Gründen dies geschah, war für uns nicht recht zu erkennen. Aus Polen ist mir allerdings bekannt, dass die polnische Hauptkommission, unabhängig von unseren Verfahren, selbständige Ermittlungen betreibt, also auch ein eigenes Interesse an der Vernehmung dieser Zeugen hat. Dass diese Vorvernehmungen dem Ziele dienten, Zeugen zu beeinflussen, glaube ich persönlich nicht. Freilich, nicht ausgeschlossen ist, dass der eine oder andere Zeuge von sich aus geglaubt hat, er müsse mit seiner Aussage auch eine politische Mission erfüllen.

Ein besonderes Erlebnis hatten wir mit einer Gruppe tschechischer Zeugen. Mit ihnen kam es zu einem aufsehenerregenden Eklat. Die tschechischen Zeugen waren just in der Zeit nach Essen gekommen, als der „Prager Frühling" seinen Höhepunkt erreicht hatte. Diese tschechischen Zeugen waren anscheinend einem der Angeklagten besonders gewogen. Sie unterhielten sich in den Sitzungspausen mit ihm. Ja, sie gingen mit ihm und seinem Verteidiger zum Kaffeetrinken und zum Mittagessen usw. Einer dieser Tschechen, ein Herr Polak, unterhielt dabei auch besonders enge Beziehungen mit einem anderen Tschechen, einem Herrn Hanak, der in Paris als Emigrant lebt und dort Präsident eines Verbandes von Exil-Tschechen ist, und der an dem betreffenden Tage auch nach Essen gekommen war. Dieser Herr Hanak ist ein Kommunistenfresser durch und durch. Ihn hatten nämlich die Kommunisten in der Tschechei einmal eingesperrt, und das hat er nicht verwunden. – Bei den Unterhaltungen außerhalb des Sitzungssaals berichtete Herr Polak aus der Tschechei dem Herrn Hanak aus Paris sowie der Verteidigung, dass der Nebenklägervertreter Dr. Kaul während des Prozesses in Prag gewesen sei und dort mit Zeugen und zu den Dora-Häftlingen gesprochen und die Zeugen zu beeinflussen versucht habe. – Im Gerichtssaal hatte der Zeuge davon nichts erwähnt. Die Verteidiger gaben sofort diese Mitteilung dem Schwurgerichtsvorsitzenden und einem Beisitzer und auch mir weiter, wiederum außerhalb der Verhandlung, und bemerkten dazu, sie könnten natürlich davon offiziell keinen Gebrauch machen, weil sonst dem Herrn Polak nach seiner Rückkehr nach Prag Gefahr drohe.

Das Gericht wie auch wir Anklagevertreter haben aus den gleichen Gründen geschwiegen. Wir hatten keinen Grund, davon zu reden, weil keine Anhaltspunkte vorhanden waren, dass die tschechischen Zeugen sich gegen die Angeklagten hätten beeinflussen lassen. Gegen Ende der Beweisaufnahme ließen dann die Verteidiger plötzlich ihre angeblichen humanitären Skrupel fallen und brachten die Sache doch zur Sprache, offensichtlich mit dem Ziele, die östlichen Zeugen als beeinflusst abzustempeln, und den Nebenklagevertreter Prof. Kaul aus dem Prozess herauszuboxen. Sie stellten auch den Antrag, ihn aus dem Verfahren auszuschließen, was nach der Rechtsprechung in gewissen Fällen geht. – Die Verteidiger brachten diese Dinge zu einem Zeitpunkt zur Sprache, als in Prag das Wetter umgeschlagen hatte und dem Zeugen Polak nun wirklich Gefahr drohen konnte.

Herr Kaul leugnete keineswegs ab, dass er in Prag gewesen sei und zu Häftlingen gesprochen habe, bestritt aber, Zeugen beeinflusst oder zu beeinflussen versucht zu haben. Er erklärte, die antifaschistischen Verbände in Prag, Warschau und anderswo seien sozusagen seine Auftraggeber für die Nebenklage. Er pflegte ihnen daher von Zeit zu Zeit schriftlich und, wenn sich die Gelegenheit ergebe, wie hier in Prag, auch mündlich Bericht zu erstatten. Mehr habe er nicht getan.

Weil die Sache bezüglich der östlichen Zeugen von grundsätzlicher Bedeutung zu sein schien, wurde den Dingen also nachgegangen. Die tschechischen Zeugen und Herr Hanak aus Paris wurden erneut geladen. – Ich will diese Affäre jetzt nicht weiter in allen Einzelheiten schildern. Sie ging aus wie das Hornberger Schießen.

Der Ausschließungsantrag wurde abgelehnt. Nur so viel war bei dieser Sache klar zutage getreten:

1. Herr Kaul gibt tatsächlich von Zeit zu Zeit als Nebenkläger-Vertreter den Häftlingsverbänden in Prag, Warschau usw. schriftliche und manchmal auch mündliche Prozessberichte, und zwar anscheinend auch in Gegenwart von Häftlingen, die als Zeugen in Betracht kommen.

2. Der Tscheche Polak muss dem Emigranten Hanak etwas von Zeugenbeeinflussungen erzählt haben, ohne das klar wurde, was er nun wirklich gesagt und ob er die Wahrheit gesprochen hatte.

3. Herr Hanak oder die Verteidiger oder beide Teile müssen die Sache erheblich aufgebauscht haben. Denn ich selbst erfuhr von der Äußerung des Polak anlässlich der ersten Vernehmung sofort, und da klang das alles noch relativ harmlos, während ein Jahr oder eineinhalb Jahre später plötzlich behauptet wurde, Herr Kaul habe den tschechischen Zeugen sogar ausdrücklich aufgegeben, sie müssten die Angeklagten der Wahrheit zuwider belasten, ja, er habe den Zeugen sogar Repressalien angedroht. Da ist also aus einer Laus ein Elefant geworden.

Ich erwähne die Begebenheit nicht deshalb, weil ich ihr besondere Bedeutung beimesse, sondern weil damit zu rechnen ist, dass sie künftig durch die Gerichtssäle geistern wird, wahrscheinlich erheblich entstellt, und mit dem Ziele, die östlichen Zeugen als beeinflusst abzuwerten. Dafür, dass Herr Kaul Zeugen beeinflusst, hat sich also in dieser Affäre kein Beweis ergeben.

In diesem Zusammenhang darf ich noch ein Wort zu den Vernehmungen im Ermittlungsverfahren sagen. – Sie erfuhren in unserem Prozess viel Kritik, und sie erwiesen sich auch vielfach als recht unzuverlässig, besonders die französischen. Ich sagte es schon. Das mag zum Teil an den Zeugen selbst gelegen haben, die sich nicht hinreichend überlegt hatten, was sie sagten, oder denen es vielleicht bei der Polizei oder dem Untersuchungsrichter auf ein paar Beschuldigungen mehr oder weniger nicht angekommen war. Das hat aber sicherlich z.T. auch an der Art der Vernehmung gelegen. Wenn man Leute über Dinge aus tiefer Vergangenheit verhört, so muss man recht behutsam vorgehen und sich viel Zeit lassen. Diese Zeit scheint man vielfach nicht gehabt oder sich nicht genommen zu haben. Mir ist gesagt worden, manche polizeiliche Vorgesetzte verlangten – oder erwarteten wenigstens – von ihren Leuten ein gewisses Soll an Vernehmungen am Tage, und so sahen auch viele Protokolle aus. – Zeugen berichteten manchmal, sie seien von der Arbeitsstelle weggeholt und ganz überraschend vernommen worden. Sie hätten keine Zeit zum Nachdenken gehabt. Verwechslungen und Irrtümer können dann natürlich nicht ausbleiben. – Anderen wurde einfach das Ermittlungsergebnis der StA vorgelesen, und sie sollten sich dann dazu äußern. Der Polizeibeamte, der selbst von der Sache nichts verstand, schrieb alles nieder und war zufrieden, dass er etwas zu Papier brachte. Zu Vorhalten und kritischen Fragen war er nicht in der Lage.

Es wurde auch oft nicht unterschieden zwischen dem, was der Zeuge gesehen und was er nur von dritter Seite gehört hatte. Es ist vorgekommen, so berichteten jedenfalls Zeugen, dass sich der Vernehmungsbeamte über die Angaben des Zeugen Notizen machte, dann im stillen Kämmerlein anhand dieser Notizen das Vernehmungsprotokoll bastelte und es dem Zeugen später zur Unterschrift vorlegte, vielleicht erst am nächsten Tag. Die meisten Zeugen unterschreiben in einem solchen Falle einfach ohne Rücksicht darauf, ob alles stimmt. Manchmal sollen Polizeibeamte Berichtigungswünsche des Zeugen, wahrscheinlich aus Bequemlichkeit, sogar abgelehnt haben mit dem Bemerken, darauf komme es nicht so sehr an.

Auch bei der Identifizierung anhand von Lichtbildern wurden anscheinend oft grobe Schnitzer gemacht. Es geht nicht an, dass man den Zeugen nur Lichtbilder der Angeklagten vorlegt. Erst recht nicht, wenn noch der Name darunter steht. – All diese Fehler im Ermittlungsverfahren – und da scheint vieles im Argen zu liegen – sind so gut wie überhaupt nicht mehr zu reparieren. Widersprüche zwischen mehreren Aussagen sind dann unausbleiblich, und jeder Widerspruch mindert den Wert der Zeugenaussage. Die Verteidigung kreidet solche Widersprüche fast immer den Zeugen an und sucht ihn als unzuverlässig oder gar als Lügner abzutun. – Man sollte sich Gedanken machen, wie man solche Mängel, die bei uns laufend kritisiert wurden, vermeiden könne. Vielleicht sollte man einmal unter Mitwirkung eines Psychologen ein Merkblatt über die Vernehmung von Zeugen in NS-Prozessen machen und es jedem Vernehmungsersuchen, insbesondere auch, wenn es ins Ausland geht, beifügen. Mit den allgemeinen Vernehmungsmethoden kommt man in NS-Prozessen, insbesondere bei KZ-Häftlingen, heute nicht zu Rande.

Nun zu etwas anderem: *Beweisanträge.* Im Laufe des Verfahrens wurden bei uns zahlreiche Beweisanträge gestellt. Viele waren sicherlich sachdienlich, andere waren es nicht, und wieder andere verfolgten gar sachwidrige Zwecke. – Der Vertreter der Nebenkläger, Prof. Kaul aus der DDR, erregte schon in den ersten Wochen des Prozesses dadurch Aufsehen, dass er beantragte, den seinerzeitigen Bundespräsidenten Lübke als Zeugen zu vernehmen. Lübke sollte bezeugen, dass die Baugruppe Schlempp, der er bekanntlich im Kriege angehört hatte, der Gestapo Angaben über unzureichende Arbeitsleistungen von Häftlingen gemacht und sie zu Ermittlungen veranlasst habe, die in verschiedenen Fällen zur Sonderbehandlung geführt hätten. Der Antrag auf Vernehmung des Bundespräsidenten wurde genau zu dem Zeitpunkt gestellt, als – Sie erinnern sich noch – eine große Kampagne gegen Lübke lief. Vorher hatte Kaul die Presse verständigt, die, sonst recht interesselos, an diesem Tage zahlreich vertreten war. – Ich habe damals die Auffassung geäußert, dass alles, nicht bloß der Inhalt, auch der Zeitpunkt und die Umstände, unter denen der Antrag gestellt worden sei, dafür sprächen, dass mit ihm verfahrensfremde Zwecke verfolgt würden, und dass daher der Antrag unzulässig sei. Das Gericht ist mir darin gefolgt und hat den Antrag abgewiesen. Ja, es lehnte später sogar, mit gleicher Begründung, auch andere Beweisanträge des Kaul ab, so den auf Vernehmung der Zeugen Speer und des Wernher von Braun, weil es der Ansicht war, mit diesen Anträgen solle lediglich die Mitverantwortlichkeit führender deutscher Industriebetriebe bzw. prominenter, im Westen lebender Persönlichkeiten festgestellt werden, was für die Entscheidung im vorliegenden

Verfahren ohne Bedeutung sei. Später mussten dann diese Zeugen doch vernommen werden und Herr Kaul verabsäumte nicht, diese Tatsache in seinem Plädoyer gebührend hervorzuheben und das Gericht als unsachlich zu schelten.

Herr Kaul hat darüber hinaus versucht, mehrere Sachverständige in den Prozess einzuführen, die alle anderen Prozessbeteiligten nicht sehen wollten. So wollte er den Prof. Abendroth aus Marburg als Sachverständigen vernommen wissen. Er beantragte ferner die Vernehmung von Professoren aus der DDR, z.B. eines Mediziners zur Frage der Grausamkeit der Erhängungen. Mit seinen Anträgen kam er nicht durch. Er ging daraufhin dazu über, mehrere Sachverständige aus der DDR zu stellen. Vernahm das Gericht also den Prof. Dotzauer, einen Gerichtsmediziner aus Köln, so brachte er einen Gerichtsmediziner aus der DDR. Hörte das Gericht den Völkerrechtler Prof. Münch aus Heidelberg, so stellte er den Prof. Graefrath. Lud das Gericht den Psychiater Prof. von Baeyer und den Psychologen Prof. Undeutsch, so stellte er die Profs. Hagemann und Schmidt aus Ostberlin. Selbst neben dem Historiker Dr. Seraphim brachte er einen Historiker aus der DDR, nämlich den Prof. Hartels. Ich muss allerdings einräumen:

Die Vernehmung dieser Sachverständigen aus der DDR war keineswegs nutzlos. Sie erstatteten ihre Gutachten im Großen und Ganzen recht sachlich, und grundlegende Meinungsverschiedenheiten zwischen ihnen und den Sachverständigen aus der Bundesrepublik gab es gar nicht sehr viele. Das Gericht hat die Zweckdienlichkeit der Gutachten dieser DDR-Sachverständigen in allen Fällen anerkannt und die Auslagen erstattet. Freilich, ganz frei von ideologischen Färbungen waren die Gutachten der DDR-Sachverständigen nicht immer. So war z.B. auch der DDR-Historiker sehr bemüht, die Mitverantwortlichkeit der Industrie für die Geschehnisse in Dora herauszustellen, was im Grunde gar nicht völlig abwegig war, aber nicht zum Thema gehörte. Abgesehen davon benannte Prof. Kaul im Laufe des Verfahrens eine Reihe von polnischen und sowjetischen Häftlingen als Zeugen; Beweisanträge, die man ohne weiteres als sachdienlich anerkennen muss.

Die Verteidigung versuchte, eine Reihe von Juristen, die im Dritten Reich bei der Justiz tätig waren, als Zeugen in den Prozess zu bringen. So den ehemaligen Justizminister Schlegelberger, den derzeitigen Ministerialdirigenten in Nordrhein-Westfalen Simon, den Ltd. OStA und früheren Leiter der Zentralstelle in Köln Gierlich, frühere OLG-Präsidenten und GStA usw. – Bei den Erhängungen in Dora, die im Wege der Sonderbehandlung erfolgt waren, spielte nämlich die Frage eine Rolle, wie weit die Angeklagten die Unrechtmäßigkeit der Sonderbehandlung erkannten bzw. erkennen konnten. Die Verteidigung spekulierte natürlich darauf, der eine oder andere dieser Zeugen würde, auf seine frühere Tätigkeit angesprochen, sagen oder vielleicht gar nicht umhinkönnen zu sagen, er habe die Sonderbehandlung für durchaus rechtmäßig gehalten. Und dann hätte man messerscharf gefolgert: Wenn schon Angehörige der Justiz dieses Verfahren für rechtmäßig hielten, dann kann man natürlich den Angeklagten auch, oder erst recht, keinen Vorwurf machen. Wir haben uns gegen die Vernehmung dieser Zeugen gewehrt, weil es unserer Meinung nach nicht darauf ankam festzustellen, was andere gedacht oder gemeint haben, sondern was die Angeklagten erkannt bzw. erkennen konnten. Das Gericht hat diese Anträge auch abgelehnt.

Wie in vielen derartigen Prozessen, so benannte die Verteidigung auch bei uns mehrere Zeugen, die bekunden sollten, dass ihre Mandanten im Grunde doch anständige Menschen gewesen seien, denn sie hätten diesen einmal laufen lassen und ein anderes Mal jenem sogar geholfen. Das Gericht gab diesen Anträgen statt. Es kamen dann ehemalige SS-Kameraden und sonstige Bekannte der Angeklagten. Wenn man dann ein wenig bohrte, so stellte sich so gut wie immer schnell heraus, dass die Hilfe keineswegs einer besonderen humanitären Gesinnung entsprungen war, sondern recht persönlichen Motiven. Ich halte solche Beweiserhebungen für unnütz. – Was ist das schon, wenn ein Gestapobeamter, der Hunderte und Tausende ins KZ gebracht hat, ein paar Leutchen geholfen hat. Auch Göring und Himmler und Kaltenbrunner und Eichmann und andere NS-Größen hatten ihre Leute, sogar Juden, die sie begünstigten, und Kaul hatte nicht ganz unrecht, wenn er erklärte, solche Hilfeleistungen aufgrund von persönlichen Beziehungen bewiesen die ganze Korruptheit des Systems. Aber solche Persil-Zeugen werden von der Verteidigung unentwegt benannt und von den Gerichten auch geladen.

Als nächstes möchte ich Ihnen noch etwas von den *Vernehmungen im Ausland* berichten. Wir haben zahlreiche kommissarische Vernehmungen im Ausland durchführen lassen müssen: In Österreich, Belgien, Frankreich, USA, Mexiko, Polen und Russland. – In Österreich nahm nur ein Mitglied des Gerichts an den Vernehmungen teil. Die StA und die Verteidigung sind anscheinend nach der österreichischen Prozessordnung nicht zugelassen. – In Belgien und Frankreich durften nur Richter und StA dabei sein. Allein in Chalons sur Saone gestattet der Richter merkwürdigerweise auch den Verteidigern die Teilnahme. Warum er allein eine Ausnahme machte, das weiß ich nicht recht. Das scheint mehr eine inoffizielle Angelegenheit gewesen zu sein. Die Verteidiger durften nämlich keine direkten Fragen an die Zeugen stellen, sondern nur über den Richter oder StA.

In den Vereinigten Staaten fand die Vernehmung beim deutschen Generalkonsulat in New Orleans statt. Hier waren alle Prozessbeteiligten zugelassen. Der Nebenkläger Kaul bekam allerdings kein Einreisevisum. – In Mexiko fand die Vernehmung ebenfalls bei der deutschen Auslandsvertretung statt. Es war bis zuletzt unklar, ob StA und Verteidigung teilnehmen dürften. Es wurde ein Kompromiss geschlossen. Wir durften zwar der Vernehmung nicht direkt beiwohnen, aber wir durften in der deutschen Botschaft anwesend sein, bekamen vor Abschluss der Vernehmung das Protokoll vorgelegt und konnten Anregungen bzgl. weiterer Befragungen geben.

In Mexiko hat mich das Verhalten der deutschen Botschaft etwas befremdet. Bei einer Besprechung mit dem Vertreter der Botschaft in Anwesenheit der Verteidiger wurde deutlich, dass es den Mexikanern im Grunde gleich war, wer bei der Vernehmung zugegen war, dass es aber die deutsche Botschaft war, die Interesse daran hatte, dass nur der Richter teilnahm, und dass sie die Mexikaner zu der Ablehnung veranlasst hatte. Ich weiß es nicht sicher, aber es wurde zweierlei deutlich: Das Motiv? Einmal wollte man unterbinden, dass auch Kaul teilnahm – was man also in Deutschland zulässt, das will man im Ausland verhindern , und zum anderen wollte man jedes Aufsehen vermeiden, weil die deutsche Botschaft in Mexiko – man höre und staune – auf dem Standpunkt steht, die NS-Verbrecher-Prozesse schadeten dem deutschen Ansehen im Ausland. Die Verteidiger, die sich große Mühe gaben, im Gerichtssaal gegen die NS-Verbrecher-Prozesse Stimmung zu machen, freuten sich sehr über diese Eröffnung und vergaßen auch nicht, sie in ihrem Plädoyer zu erwähnen. – Bei dieser Besprechung in Mexiko City wurde auch deutlich, dass man sich anscheinend über die Stellung des StA im deutschen Strafprozess nicht überall im Klaren ist, und dass man uns mit den Verteidigern in einen Topf wirft. Als ich den Vertreter der Botschaft fragte, ob er denn die Mexikaner überhaupt nach der Teilnahmemöglichkeit der StA gefragt habe, musste er verneinen. Für die Botschaft war es anscheinend selbstverständlich: Wenn die Verteidigung nicht teilnimmt, nimmt auch die StA nicht teil. Ja, der Vertreter der Botschaft zeigte einmal sogar Neigung, die Verteidigung zuzulassen, nicht aber die StA. Ich muss dabei ein so komisches Gesicht gemacht haben, dass er davon schnell wieder abrückte. Ich meine, es ist nicht selbstverständlich, dass die StA dort wegzubleiben hat, wo auch die Verteidigung nicht dabei ist. – In Polen und in Russland durfte alles teilnehmen, in der DDR dagegen nur ein Richter.

Was den Ablauf der Vernehmung im Ausland betrifft, so kann ich über Österreich nichts sagen, weil ich nicht dabei war, da ist wohl auch nichts zu sagen. Dort geht es wie bei uns zu. Auch in Belgien und in Frankreich war es eigentlich wie bei uns. Wir Deutsche konnten Fragen stellen, soviel wir wollten. Trotzdem war ich mit den französischen Vernehmungen nicht so recht zufrieden. Das Unternehmen litt unter zwei Mängeln: Einmal unter Zeitdruck und zum anderen daran, dass die Dolmetscher durchweg schlecht, manchmal miserabel waren. – In Grenoble hatte zum Beispiel ein Richter an einem Nachmittag drei Zeugen geladen. Die Vernehmung dauerte bis in die Nacht hinein und wurde regelrecht durchgepeitscht. Wir hatten, was ein großer Fehler war, nach Frankreich keinen Dolmetscher mitgenommen, sondern die französischen Behörden gebeten, einen solchen zu stellen. Das waren dann meistens Leute, die der Sache kaum gewachsen waren. Sie sprachen ein schlechtes Deutsch, waren in forensischen Dingen unbewandert und auch mit der Prozessmaterie nicht vertraut, sie hatten deshalb die größten Schwierigkeiten, die Vernehmungen zu übersetzen. – Es ist deshalb dringend geboten, einen guten Dolmetscher mitzunehmen, der jeden Satz übersetzt. Sonst ist es eine recht unvollkommene Angelegenheit.

In den Vereinigten Staaten wurde, wie Sie vielleicht den Zeitungen entnommen haben, der Raketenforscher Wernher von Braun in New Orleans vernommen. Bis es soweit war, war manche Hürde zu nehmen. Die Amerikaner, insbesondere die NASA, hatten große Sorge, ihr Wernher von Braun könne bei der Vernehmung vielleicht Federn lassen müssen, wobei auch die Tatsache, dass Kaul mit im Prozess saß, eine Rolle spielte. Es war bis zuletzt nicht recht sicher, ob die Vernehmung zustande käme und wer teilnehmen dürfe. Richter, StA und Verteidiger wurden schließlich zugelassen, Rechtsanwalt Kaul musste zu Hause bleiben. Vor der Vernehmung wurde der Schwurgerichtsvorsitzende vom Departement of States zu einer Vorbesprechung nach Washington gebeten. Diese Besprechung fand in der deutschen Botschaft statt, zu der sich je ein Vertreter des Departement of States und der NASA eingefunden hatten. – Man legte dem Schwurgerichtsvorsitzenden ein „Arbeitspapier" vor, das die Modalitäten der Vernehmung des Zeugen von Braun enthielt, und das der Schwurgerichtsvorsitzende unterzeichnen sollte. Er sah sich dazu außerstande.

Nach der Ankunft in New Orleans wurden dann der Schwurgerichtsvorsitzende und ich zu einer Besprechung zum Generalkonsul gebeten, an der wiederum zwei Mitglieder der NASA, die anscheinend auch als Rechtsbeistand des Herrn von Braun fungierten, teilnahmen. Auch jetzt ging es wiederum um die Modalitäten der Vernehmung. – Von amerikanischer Seite wurde Wert darauf gelegt, dass die Vernehmung in englischer Sprache erfolge, obschon Herr von Braun natürlich auch deutsch spricht. Der Zweck war, die Vertreter der NASA sollten die Möglichkeit erhalten, vor Beantwortung einer Frage eingreifen zu können. – Die Vernehmung selbst lief reibungslos ab. Als Vernehmungsleiter fungierte ein deutscher Konsul. Tatsächlich führte aber die Vernehmung der Schwurgerichtsvorsitzende. Jeder der Prozessbeteiligten konnte nach Belieben Fragen stellen. Sie wurden auch alle beantwortet. – Ähnlich lief, dem Vernehmen nach, die Vernehmung in Mexiko City, wo der *Raketenforscher Dornberger,* der frühere Chef des Wernher von Braun, gehört wurde. Nur waren StA und Verteidigung, wie schon gesagt, nicht dabei. Wir saßen in einem anderen Zimmer.

In Polen ging alles vorzüglich. Wir wurden schon am Flugplatz von Angehörigen der Hauptkommission abgeholt und auch betreut. Frau Quiatkowka, eine Richterin, die für die deutschen Gerichte oft Vernehmungen macht und fließend deutsch spricht, hat sich sehr um uns gekümmert. Sie holte uns mit dem Bus am Hotel ab und brachte uns wieder zurück. Sie organisierte eine Stadtrundfahrt, ja, sie ist sogar mit uns in Geschäfte gelaufen, um uns bei Einkäufen behilflich zu sein. Wir wurden zweimal vom Leiter der Hauptkommission empfangen. – Die Vernehmungen waren nicht zu beanstanden. Wir hatten einen guten Dolmetscher mitgebracht, einen Amtsanwalt, der uns jedes Wort übersetzte. Jede unserer Fragen wurde zugelassen. Als einmal ein Zeuge die Frage eines Verteidigers nicht beantworten wollte, wurde er vom Richter zurechtgewiesen. – Allerdings standen wir in Polen auch wieder unter Zeitdruck. An einem Tag dauerten die Vernehmungen bis abends um 10.00 Uhr. Das wurde von den Polen alles geduldig mitgemacht.

In Moskau wurden fünf Zeugen und zwei Sachverständige vernommen. An der Vernehmung nahmen von uns teil: zwei Richter, ein StA, Prof. Kaul und sein Mitarbeiter und sechs Rechtsanwälte, nämlich für jeden Angeklagten zwei. – Wir waren, glaube ich, die ersten, die in Russland solchen Vernehmungen beiwohnen durften. Gleichwohl klappte die Sache eigentlich recht gut. Vom russischen StA Charuto und vom Legationsrat Dingens, von der deutschen Botschaft, erhielten wir jede mögliche Unterstützung. Herr Charuto und Herr Dingens standen bis nach Mitternacht am Flugplatz und warteten auf uns. Herr Charuto ließ uns jeden Morgen mit dem Bus am Hotel abholen, als er sah, dass die Anfahrt mit Taxis nur unter großen Verzögerungen möglich war. Er war bei allen Vernehmungen zugegen und hatte ein offenes Ohr für alle unsere Wünsche. – Die Vernehmungen selbst wurden von zwei Untersuchungsbeamten durchgeführt, die sich gegenseitig abwechselten. Untersuchungs- bzw. Vernehmungsrichter in unserem Sinne hat man in Russland nicht. Da wir keine Zeit fanden, ein Mittagessen einzunehmen, ließ uns Herr Charuto im Sitzungssaal belegte Brote und Tee servieren.

Die Vernehmungen verliefen sehr sachlich. Sie nahmen allerdings – wie fast alles in Russland – viel Zeit in Anspruch. Mehr als einen Zeugen pro Tag sollte man sich im Schnitt nicht vornehmen. Wir haben in fünf Vernehmungstagen mit Ach und Krach fünf Zeugen und zwei Sachverständige geschafft. – Obwohl wir die Vernehmungen so früh als möglich beginnen wollten, gelang es uns nur einmal, um 9.15 Uhr anzufangen, sonst wurde es immer später. Die Aussagen der Zeugen und Sachverständigen wurden wörtlich mitstenografiert und auch auf Tonband aufgenommen. Wir hatten einen ausgezeichneten Dolmetscher dabei. Jeder von uns Deutschen durfte Fragen stellen, wie er wollte. – Schwierigkeiten traten am dritten Tage auf, als uns unser Dolmetscher nicht zur Verfügung stand. Die deutsche Botschaft konnte uns keinen Ersatz stellen. In unserer Not beschaffte uns Herr Charuto zwei Dolmetscher. Sie waren aber ihrer Aufgabe kaum gewachsen, insbesondere der eine nicht. Wir hätten die Vernehmung abbrechen müssen, wenn nicht Herr Charuto selbst eingesprungen wäre. Er spricht sehr gut deutsch und hat recht ordentlich übersetzt. Am letzten Tag gerieten wir abermals in Bedrängnis. Es waren noch zwei Zeugen geblieben, und ihre Vernehmung konnte man nacheinander an einem Tage nicht bewältigen. Eine Verlängerung unseres Aufenthaltes war wegen der Zehntagefrist auch nicht möglich. Auch hier kam wieder Herr Charuto unseren Wünschen großzügig entgegen, indem er es bewerkstelligte, dass an diesem Tage die beiden Zeugen vernommen werden konnten. Herr Cheruto musste selbst wieder Dolmetschertätigkeit übernehmen. Wir teilten uns auf die beiden Vernehmungen auf. Die Vernehmungsprotokolle wurden allerdings nicht mehr während unserer Anwesenheit fertiggestellt. Die Übertragung aus dem Stenogramm dauerte mehrere Tage. Wir waren also nicht mehr dabei, als die Zeugen unterschrieben. Wesentliche Beanstandungen haben sich hinterher gleichwohl nicht ergeben.

Auf eine russische Eigenart darf ich hier vielleicht noch hinweisen: Die Identifizierung von Tätern ist bei ihnen sozusagen ein gesondertes Verfahren. Da werden die Lichtbilder ausgebreitet. Dann werden zwei Zeugen „aus dem Volk“ herangeholt, die zusehen und den Vorgang der Identifizierung bestätigen müssen. Über diese Identifizierung wird ein eigenes Protokoll angefertigt. Diese Identifizierungsprotokolle wurden bei uns automatisch mit den Vernehmungsprotokollen mitgeschickt. Wenn Sie also in einem Vernehmungsprotokoll nichts über die Identifizierung finden, so tun Sie vielleicht gut, die Identifizierungsniederschrift besonders anzufordern.

Damit, meine Herren, will ich dieses Thema verlassen und Ihnen zum Abschluss noch von einer Episode berichten, aus der Sie sehen können, wie leicht man in Schwierigkeiten geraten kann, wenn man nicht an alles denkt. Sie ereignete sich vor drei Wochen: Unsere Angeklagten saßen zu Beginn des Prozesses in

Untersuchungshaft, wurden aber schon in den ersten Wochen von der Haft verschont, ohne dass die StA mit ihrer Beschwerde etwas ausrichten konnte. Als wir StA am Schluss unseres Plädoyers Verurteilung aller drei Angeklagten beantragen mussten, beantragten wir natürlich auch, den Haftbefehl wieder in Vollzug zu setzen. Es tat sich dann monatelang nichts, bis heute vor drei Wochen. Da kam das Gericht plötzlich heraus – und inzwischen war klar, dass es langsam am Schlusse seiner Beratungen angelangt sein musste – und gab bezüglich zweier der Angeklagten ganz dezidierte Hinweise auf die Veränderung des rechtlichen Gesichtspunktes – Beihilfe statt Täterschaft, Versuch statt Vollendung – und nahm dann alle drei Angeklagten wieder in Untersuchungshaft. – Alles war überrascht, am meisten die Verteidiger und die Angeklagten. Alles schloss aus den rechtlichen Hinweisen und der Tatsache der Verhaftung, dass der Hauptangeklagte Bischoff, gegen den kein rechtlicher Hinweis erfolgt war, mit lebenslanger Freiheitsstrafe, die beiden anderen Angeklagten jedenfalls mit zeitigen Freiheitsstrafen rechnen müssten.

Die bislang recht optimistische Verteidigung reagierte ausgesprochen sauer. Sie lehnte das Schwurgericht in cumulo als befangen ab, kam aber damit natürlich nicht durch. Am vergangenen Freitag nun, also heute vor acht Tagen, behauptete dann plötzlich die Verteidigung, der Angeklagte Bischoff sei nicht mehr verhandlungsfähig. Das war am vorletzten Tag der zehntägigen Unterbrechungsfrist. Herr Bischoff wurde untersucht, und der Gefängnisarzt stellte fest, dass er, der schon immer ein Herzleiden hatte, sich tatsächlich in diesem Moment in einem Zustand hochgradiger psychischer Erregung befinde, und dass er der Verhandlung zurzeit nicht folgen könne. Die Verhandlung wurde am nächsten Tag, dem Samstag, fortgesetzt. – Das war der letzte Tag der Frist.

Die Zeitungen schrieben schon, dieser Tag werde entscheiden, ob der Prozess gegen Bischoff nach zweieinhalbjähriger Dauer platzen werde. Bischoff war wiederum nicht verhandlungsfähig. Was tun? Wir beriefen uns auf ein jüngst ergangenes Urteil des BGH in einem Bielefelder Prozess, in dem der BGH in einem fast ein Jahr dauernden Prozess die Überschreitung der Zehntagefrist für unsachlich erklärt hatte, weil das Urteil auf diesem Rechtsfehler nicht beruhte, und erreichten, dass die Verhandlung wenigstens nicht auf unbestimmte Zeit vertagt wurde. – Der Angeklagte Bischoff wurde also sofort ins Bezirkskrankenhaus der Justiz nach Bochum verlegt und wird dort behandelt. Für gestern Mittag war wiederum ein Termin angesetzt. Was daraus geworden ist, ob Bischoff gestern verhandlungsfähig war, ist mir nicht bekannt.

Es machen manche dem Schwurgericht Vorwürfe und sagen: Nun sind die Angeklagten während des ganzen Prozesses auf freiem Fuß gewesen, warum müsst ihr sie ausgerechnet ein paar Tage vor dem Urteil verhaften? Das hätte man doch gleichzeitig mit dem Urteil machen können. Das erscheint einleuchtend. Aber es war offenbar so: Das Schwurgericht befürchtete, die Angeklagten und ihre Verteidiger würden aus den rechtlichen Hinweisen erkennen, welches Urteil zu erwarten sei, und die Angeklagten könnten daraufhin schnell die Flucht ergreifen. Und das ist auch richtig. Der taktische Fehler lag also darin, dass man die rechtlichen Hinweise so spät erteilte. Hätte man das viel früher und in einer routinemäßigen Form getan, so hätten sie niemanden aufgeschreckt. Diese rechtlichen Hinweise unmittelbar vor Urteilsverkündung und die Verhaftung haben nun nicht bloß den Blutdruck des Angeklagten Bischoff in die Höhe getrieben, sondern auch die Verteidigung so aufgescheucht, dass mehrere der Anwälte jetzt wieder plädieren wollen, dass also der Tanz wieder von vorne beginnt. – Sie sehen also, welch schlimme Folge ein kleiner taktischer Fehler unter Umständen haben kann.

StA Ehni (Stuttgart) berichtete in der anschließenden Aussprache über die Erfahrungen, die er anlässlich einer Zeugenvernehmung in Australien gemacht habe. Es gehe darum, ob die Anwesenheit bei der Vernehmung durch den Generalkonsul sinnvoll sei, auch wenn im Termin keine Fragen gestellt werden dürfen. Nach seinen Erfahrungen könne er dies bejahen. Gleich nach der Ankunft in Australien habe ein Gespräch mit dem Generalkonsul stattgefunden. Bevor die Vernehmung abgeschlossen worden sei, habe man Gelegenheit gehabt, die Sache in Abwesenheit des Zeugen mit dem Generalkonsul zu besprechen. Dies sei sehr wichtig gewesen, denn dadurch seien Verwechslungen vermieden worden, die den Wert der Aussage beeinträchtigt oder sogar aufgehoben hätten.

StA Wiese (Frankfurt/M.) bemerkte, dass er die gleichen Erfahrungen weitergeben könne, die er vor kurzem in einem Euthanasieprozess gemacht habe.

EStA Richter (Frankfurt) stellte die Frage, wie lange es in dem vom Vortragenden geschilderten Prozess von der Erhebung der Anklage bis zur Eröffnung des Verfahrens gedauert habe.

OStA Schuster (Essen) antwortete, dass er die genauen Daten nicht bei der Hand habe, doch habe es sich gut um ein Jahr gehandelt.

EStA Vogel (Darmstadt) gab zu erwägen, ob nicht eine Änderung der StPO angebracht werde, wonach über die Eröffnung des Verfahrens eine eigene Strafkammer zu entscheiden hätte.

MinDirig. Roth (Stuttgart) bemerkte, dass an eine Prozessreform zurzeit nicht zu denken sei, da der Bundestag mit der Strafrechtsreform vollauf beschäftigt sei. Eine gewisse Abhilfe könne er sich jedoch im Wege der Geschäftsverteilung vorstellen, indem die beschließende Kammer von anderen Aufgaben entlastet werde.

EStA Bauer (Kiel) bezeichnete es als häufige Erscheinung, dass die Zeugen in der HV wesentlich zurückhaltender seien als im Ermittlungsverfahren. Das beobachtete man vor allem bei Leuten, die im Wirtschaftsleben eine gewisse Stellung einnehmen würden. Offensichtlich hätten diese Personen Angst davor, dass aufgrund der Presseberichte ein ungünstiger Eindruck in ihren Kreisen entstehen könnte. Die Abweichungen von ihren früheren Angaben seien mitunter sehr ausgeprägt. Am besten bewähre es sich, wenn der StA die wichtigsten Zeugen im Ermittlungsverfahren selbst vernehme und sie anschließend dem Ermittlungsrichter vorführe. In den HV lasse man dann einen solchen Zeugen etwa eine Viertelstunde lang frei reden. Wenn ihm hierauf der Vorsitzende vorhalte, was er bei seiner früheren Vernehmung angegeben habe, dann zeige es sich gewöhnlich, dass er an seiner früheren Aussage festhalte.

StA Dr. Riffel (Stuttgart) kam nochmals auf überlange Verzögerungen zurück, die in NS-Verfahren zu verzeichnen seien. Er wies auf einen Fall in Baden-Württemberg hin, der vor über drei Jahren bei der StA anhängig geworden sei. Die Anklage sei inzwischen erhoben worden, doch sei jetzt mehr als ein Jahr verstrichen, ohne dass die Kammer eine Entscheidung getroffen hätte. Es handle sich um einen Fall, der einfach liege, denn der Angeschuldigte sei geständig und es seien nur zwei Zeugen insgesamt benannt worden. Die Ursache der Verzögerung liege darin, dass der LG-Präsident die Sache persönlich verhandeln wolle und das LG keinen Termin hierfür frei habe.

EStA Pfeufer (Köln) wies auf seine Erfahrungen hin, die er in einem KZ-Prozess gemacht habe, der 120 Verhandlungstage gedauert habe. Was die Beweisaufnahme betreffe, so hätten sich trotz des großen zeitlichen Abstands noch sehr deutliche Bilder ergeben. Die Aussagen wichtiger Zeugen seien auf Tonband aufgenommen worden, so dass man dieses in der Beratung abspielen lassen konnte. Außerdem seien ausgezeichnete Sitzungsprotokolle erstellt worden, die praktisch vom Ersatzrichter gemacht worden seien. Der Vorsitzende habe sofort Kopien des Sitzungsprotokolls anfertigen lassen und sie den Prozessbeteiligten zur Verfügung gestellt. Soweit einzelne Punkte des Protokolls beanstandet worden seien, habe man hilfsweise das Tonband heranziehen können. Anschließend ging er auf die Frage des psychologischen Sachverständigen ein. Er sei der Ansicht, dass ein solcher Sachverständiger nicht in jedem Fall notwendig sei. In dem betreffenden Prozess sei jedoch von der Verteidigung behauptet worden, dass grundsätzlich alle Personen, die je in einem KZ gewesen seien, seelisch derart belastet seien, dass sie zu verlässlichen Aussagen nicht in der Lage wären. Es sei dann ein Gutachten von Prof. v. Baeyer, Heidelberg, eingeholt worden, das durch ein weiteres Gutachten von Prof. Matusseck (Max-Planck-Institut München) ergänzt worden sei. Prof. v. Baeyer hatte nur Zeugen untersucht, die im Wiedergutmachungsverfahren angegeben hatten, dass sie in KZs gequält worden seien und das meiste, was sich dort zugetragen habe, vergessen hätten. Die Untersuchung solcher Personen könne jedoch nach Ansicht von EStA Pfeuffer nicht als ausreichende Grundlage angesehen werden, um über sämtliche Häftlinge ein Gutachten abzugeben. Hingegen habe Prof. Matusseck Reihenuntersuchungen durchgeführt, zu welchen aus einer größeren Menge ehemaliger KZ-Häftlinge beliebige Personen herangezogen worden seien. Prof. Matusseck sei zu ähnlichen Ergebnissen wie Prof. v. Baeyer gekommen, jedoch mit gewissen Abweichungen. Nach seiner Ansicht kommt es zwar häufig vor, dass ehemalige Häftlinge infolge ihrer damaligen Erlebnisse unter Angstzuständen und schreckhaften Träumen zu leiden hätten. Dies berühre jedoch ihre Aussagetüchtigkeit nicht.

Was das Altgedächtnis angeht, so bemerkte er, dass dieses in der Regel hervorragend sei. So sei er anwesend gewesen, als in Bremen ein Zeuge am Krankenbett vernommen worden sei, der nicht einmal sagen konnte, ob es Vormittag oder Nachmittag sei. Der Vorsitzende habe dann den Zeugen gefragt, ob er einmal in Sachsenhausen gewesen sei. Plötzlich sei dann das Altgedächtnis zum Durchbruch gekommen, das in jeder Art hervorragend und widerspruchsfrei gewesen sei. Abschließend bemerkte er zu dem Problem der Straffung der Verfahren, dass es sich in jenem Verfahren um neun Angeklagte gehandelt habe, wobei sehr viele Straftaten zu untersuchen gewesen seien. Als StA habe er sich sämtliche Zeugenaussagen zunächst einmal gründlich durchgelesen. Soweit dies nützlich erschienen sei, habe er die wichtigsten Zeugen nochmals vernommen und zwar unter Gegenüberstellung mit dem Beschuldigten und in Gegenwart des Verteidigers. Auf diese Weise habe er Spreu von Weizen sondern können. Es konnten mindestens 200 Zeugen gespart werden, von deren Benennung er abgesehen habe.

LG-Rat Dr. Gerold (Düsseldorf) regte an, dass das Referat von OStA Schuster auch den Vorsitzenden der Schwurgerichte zugänglich gemacht werden möge.

OStA Dr. Rückerl (Ludwigsburg) bemerkte hierzu, dass die ZSt. das Referat den LJVW als Rundschreiben zuleiten würde. Von dort könnte es dann an die Schwurgerichtsvorsitzenden weitergegeben werden. – In Anknüpfung an die bisherige Aussprache lenkte er die Aufmerksamkeit auf einen Punkt, der für die Dauer der Verfahren von Bedeutung sei. Meist mache man die Erfahrung, dass die StA bis zuletzt ermittle und die Voruntersuchung nur mehr oder weniger eine prozessuale Formsache sei. Man beschränke sich hierbei auf die Vernehmung einiger ganz wichtiger Zeugen. In manchen Ländern ermittle jedoch die StA die Sache voll aus und der Untersuchungsrichter fange dann nochmals von vorne an. Der StA könne jedoch sein Ermittlungsverfahren abkürzen, wenn er von vornherein wisse, dass der Untersuchungsrichter die Ermittlungen voll durchführe. Man solle deshalb rechtzeitig überlegen, in welchem Stadium man das Verfahren zur Voruntersuchung zu geben gedenke. Man mache die Erfahrung, dass die Dauer der Verfahren in den einzelnen Ländern sehr unterschiedlich sei.

MinDirig. Roth (Stuttgart) wies darauf hin, dass sich auch zwischen den einzelnen LG desselben Landes große Unterschiede feststellen ließen.

OStA Dr. Rückerl (Ludwigsburg) erwähnte in diesem Zusammenhang einen Fall, wo das Ermittlungsverfahren zehn Jahre gedauert habe und die Sache erst jetzt in die Voruntersuchung gegangen sei.

MinDirig. Roth (Stuttgart) dankte hierauf den Referenten für ihre Vorträge und den Diskussionsrednern für die sehr sachlichen und nutzbringenden Diskussionsbeiträge. Sein besonderer Dank galt Herrn RegDir. Maier vom Justizministerium in Stuttgart für die mit der reibungslosen Abwicklung der Tagung verbundene Mühe. Eine weitere Tagung der mit der Strafverfolgung von NS-Verbrechen befassten StA sei z.Zt. nicht ins Auge gefasst, zumal zu erwarten sei, dass in den kommenden Jahren die Zahl der NS-Verfahren stark zurückgehen werde.

OStA Dr. Höffler (Bremen) dankte im Namen der Teilnehmer dem Justizministerium von Baden-Württemberg und der ZSt. in Ludwigsburg für die Vorbereitung und Durchführung der Tagung.

VI. Arbeitstagung vom 24./25.11.1988 in Ludwigsburg

1. Beschaffung des Grundlagenmaterials (insbes. UNWCC-Material)

a) UNWCC[United Nations War Crimes Commission]*-Material der UNO:* Zwischenzeitlich liegen Mikrofilme/Ablichtungen der UNWCC-Unterlagen auch bei Yad Vashem in Jerusalem. Yad Vashem hat sich bereit erklärt, der ZSt. in Ludwigsburg dieses Material gegen Kostenerstattung zu übersenden. – Nach dem derzeitigen Kenntnisstand der ZSt. dürfte das in Yad Vashem vorhandene Material vollständig sein. Dies muss nach dem Eingang der Unterlagen aus Israel aber noch geprüft werden. Sind diese entgegen den Erwartungen nicht vollständig, wäre der für die Durchführung der erforderlichen Ermittlungen notwendige Restbestand noch von der UNO anzufordern. – Nach eingehender Diskussion über die zu erwartende Quantität und Qualität des Materials wurde Einigkeit dahingehend erzielt, dass sich die ZSt. um eine Übersendung er Unterlagen aus Israel bemühen soll. – Einzelrechtshilfeersuchen der StA an die UNO bezüglich des UNWCC-Grundlagenmaterials sollen bis zum Vorliegen des Materials zurückgestellt werden. – Der Eingang der Unterlagen bei der ZSt. in L. wird den StA angezeigt. Das UNWCC-Grundlagenmaterial kann dann in Ludwigsburg eingesehen werden.

b) Grundlagenmaterial einzelner Länder: Nach übereinstimmender Auffassung der StA und der ZSt. der LJVW in L. sollen vor Sichtung, Überprüfung und Auswertung des UNWCC-Materials (s. oben a) keine Rechtshilfeersuchen an die seinerzeit ausschreibenden Länder zum Zwecke der Beschaffung von Grundlagenmaterial durchgeführt werden. – Die ZSt. wird – insbesondere im Hinblick auf die Fälle, in denen Tatverdächtige und Zeugen nur in der CROWASS-Liste ausgeschrieben wurden – bei den ausschreibenden Ländern einzelne Anfrage halten, inwieweit bei diesen überhaupt noch Grundlagenmaterial vorhanden ist, wo dieses verwahrt wird und auf welche Weise deutschen Behörden der Zugriff ermöglicht werden kann. – Über das Ergebnis der Anfragen wird die ZSt. die einzelnen StA unterrichten.

2. Durchführung von Ermittlungen in Bezug auf Tatverdächtige der UNWCC-Listen:

a) Eine generelle Aussage, dass von den seinerzeit ausschreibenden Ländern einzelne oder bestimmte Gruppen (Ost- bzw. Westeuropa) oder alle Länder ihre Unterlagen, die zur Ausschreibung führten, der Bundesrepublik Deutschland vollständig zum Zwecke der Strafverfolgung haben zukommen lassen, kann nicht getroffen werden. Das bedeutet zugleich, dass nicht generell behauptet werden kann, dass alle ermittlungsfähigen Vorwürfe wegen Mordtaten längst erfasst und bearbeitet seien.

b) Nach allgemeiner Auffassung muss auch dürftigen Angaben zur Person des Tatverdächtigen nachgegangen werden; einzelne zu Fahndungserfolgen führende Beispiele wurden dargestellt und diskutiert. – Es wird darauf hingewiesen, dass die in den Einleitungsvermerken niedergelegten Namen in den Fahndungslisten phonetisch aufgenommen wurden. Vornamen und Tatzeiträume sind nicht in allen Fällen bezeichnet, zum Teil sogar nachweisbar falsch.

c) Die Problematik des § 152 Abs. 2 StPO in Bezug auf die durch die ZSt. der LJVW in L. eingeleiteten Verfahren wurde diskutiert. Es besteht bei den Teilnehmern der Arbeitstagung nunmehr Einigkeit, dass ein Anfangsverdacht in den bezeichneten Verfahren, in denen ein Staat aufgrund tatsächlicher Sachverhalte die Ausschreibung des Tatverdächtigen im Zusammenhang mit einem Tötungsdelikt („murder“, „deportation“ u.a.) veranlasst hat, gegeben ist.

d) Einigkeit herrscht darüber, dass komplexe Verfahren (z.B. Auschwitz) durch die StA bearbeitet werden sollen, die bereits über einschlägige Ermittlungsvorgänge und Erkenntnisse verfügen. – Verfahren gegen Tatverdächtige, deren Wohn-, Aufenthaltsort bekannt ist, die aber zu einem komplexen Verfahren gehören, sollen bei der das komplexe Verfahren bearbeitenden StA geführt werden (§ 13 StPO). – Beschlüsse des BGH nach § 13 a StPO beziehen sich nicht auf Tatverdächtige, deren Wohn-, Aufenthaltsort bekannt ist. – Der von der ZSt. der LJVW in Ludwigsburg bisher eingeschlagene Weg, Zweitabgaben (d.h. weitere Abgaben zu komplexen Verfahren, in denen vom BGH bereits ein Gerichtsstand nach § 13 a StPO bestimmt wurde) ebenfalls über den BGH nach § 13 a StPO an die für weitere Bearbeitung zuständige StA abzugeben, soll – Ausnahmen im Einzelfall vorbehalten – auch weiterhin beschritten werden.

Anlagen: Nichtamtliche Übersetzung der „neugefassten Regeln betreffend den Zugang zu Akten der UN-Kriegsverbrecherkommission“ [weggelassen]. – Liste der von der ZSt. der LJVW in L. eingeleiteten und inzwischen abgegebenen komplexen Verfahren mit Angabe der diese Verfahren führenden StA [weggelassen].

Referat des Ltd. OStA Streim auf der Arbeitstagung:

I. Die Auswertung und Überprüfung der UNWCC-Fahndungslisten bei der Zentralen Stelle

1. Für die Auswertung wurde von jedem Bundesland ein Referent für im Allgemeinen ein Jahr abgeordnet. Die ersten drei neuen Mitarbeiter trafen am 1.4.1987 ein, die weiteren folgten nach und nach bis zum 1.4.1988. Zwischenzeitlich sind die Abordnungen überwiegend abgelaufen. Vier Mitarbeiter kehrten an die Heimatbehörde zurück; drei ließen ihre Abordnung für ein weiteres Jahr verlängern. Ende Dezember dieses Jahres laufen zwei weitere Abordnungen aus. Verlängerungen sind insoweit nicht vorgesehen. Am 1.1.1989 werden für die Auswertung der UNWCC-Fahndungslisten noch fünf Referenten tätig sein, deren Abordnungen – bis auf eine – im Laufe des Jahres 1989 auslaufen.

2. Von den über 30.000 in den 80 Fahndungslisten aufgeführten Namen hat jeder Referent etwa 3000 zur Überprüfung erhalten. Die Vorgänge werden nach den Fahndungslisten – letzte: Stand Ende Mai 1948 – in Verbindung mit der amerikanischen CROWCASS-Liste – Stand 1.6.1948 -, die sich unvollständig schon früher bei der ZSt. befunden hat und zwischenzeitlich ergänzt werden konnte, angelegt, und mit Hilfe der hiesigen Erkenntnis überprüft. Bevor es zur Überprüfung kam, waren viele Schwierigkeiten zu überwinden. Denken Sie z.B. nur an die Eintragung der zahlreichen Vorgänge in das Register, an die Anlegung der Akten, die

Überprüfungen in der Zentralkartei und die Anlegung der Karteikarten für die Vervollständigung der einzelnen Karteien. Die Vorgänge stapelten sich in nahezu allen Arbeitsgebieten. Ständige Umorganisationen waren zum Abbau des Rückstaus erforderlich. Dolmetscher, Übersetzer, Schreibkräfte, Verwaltungsangestellte und Beamte der Verwaltung wechselten ständig ihr Arbeitsgebiet, um keinen Leerlauf in der Bearbeitung aufkommen zu lassen.

Die Überprüfungen durch die Referenten brachten weiter Unruhe in den Arbeitsbetrieb. Hunderte – wenn nicht tausende – von Akten wurden von den Sachbearbeitern zur Einsichtnahme und Auswertung angefordert. Die Geschäftsstelle rotierte, zumal die Unterlagen nicht nur herausgesucht, sondern später auch wieder weggelegt werden mussten. – Hinter allem stand und steht der zeitliche Druck – die befristeten Abordnungen der Referenten, denn mit dem Stammpersonal, das bereits wegen Nichtbesetzung von zwei Stellen durch Ruhestand und Tod äußerst belastet ist, kann die zusätzliche Aufgabe der Dienststelle nicht zu Ende geführt werden.

3. Nun zu den Überprüfungen. Etwa 55 % der Vorgänge konnten im Hause wegen Todes der Beschuldigten, Verjährung, bereits vor alliierten und deutschen Gerichten geführter Verfahren usw. weggelegt werden. Die restlichen sind an die StA abzugeben.

Bei der Abgabe wird so vorgegangen: Soweit Hinweise auf den Aufenthalt des Beschuldigten vorhanden sind, werden vorab Aufenthaltsanfragen an die in Frage kommenden Einwohner-Meldeämter gerichtet. Bei Bestätigung des Aufenthalts wird der Vorgang an die zuständige StA abgegeben. Bei Nichtbestätigung werden keine weiteren Ermittlungen vorgenommen. Soweit der Tod des Beschuldigten mitgeteilt wird, wird der Vorgang im Hause weggelegt. – Bei Hinweisen auf einen Tatort im Bereich unserer StPO erfolgt die Abgabe an die zuständige StA. – Soweit ein Sachzusammenhang mit einem anhängigen oder auch bereits abgeschlossenen Verfahren ersichtlich ist, sind anfangs die Vorgänge den betreffenden StA zur Übernahme angeboten worden. Da diese Verfahrensweise jedoch wenig Erfolg hatte, wurde sie zwischenzeitlich aufgegeben, wenn man von Ausnahmen absieht. Bemerken möchte ich in diesem Zusammenhang, dass die Ablehnungsgründe der StA häufig sehr schwach und auch vielfach unbegründet waren. Auf einen Streit konnten wir uns aus zeitlichen in Verbindung mit personellen Gründen nicht einlassen.

Nach Abgabe der Verfahren, bei der eine Zuständigkeit gegeben war, blieben im Wesentlichen die übrig, bei denen der Wohnsitz der Beschuldigten nicht angegeben war oder nicht festgestellt werden konnte und bei denen der Tatort außerhalb der Bundesrepublik lag. Sie wurden und werden dem BGH zur Bestimmung eines Gerichtsstandes gemäß § 13 a StPO vorgelegt. Teilweise erfolgt vorher eine Zusammenfassung nach Komplexen, z.B. Einheit, Dienststelle oder Lager. Nach der Entscheidung des BGH und Wiedereingang der Vorgänge bei der ZSt. werden die Akten der für zuständig erklärten StA zur weiteren Bearbeitung zugeleitet.

Noch ein Wort zu der oft gestellten Frage, ob die ZSt. nicht bei allen Vorgängen Aufenthaltsermittlungen durchführen könne, was die Arbeit der StA erheblich erleichtern würde. Mir ist bewusst, dass die Strafvollstreckungsbehörden mit dieser Arbeit sehr belastet werden. Aber wir können mit den wenigen, zusätzlich für die Auswertung der Fahndungslisten zur Verfügung stehenden Referenten diese Aufgabe nicht übernehmen. Die Übernahme würde nur bewirken, dass die Abgaben hinausgezögert würden und nach Rückkehr der Referenten an die Heimatbehörden sich letztlich hier ein Aktenfriedhof befände, dessen Aufarbeitung Jahre – wenn nicht ein Jahrzehnt – in Anspruch nehmen dürfte. Auch mit Verwaltungsangestellten oder Schreibkräften kann diese Arbeit nicht bewältigt werden. Zwar ist es denkbar, dass sie nach einem bestimmten Schema die Anfragen an die einschlägigen Behörden selbst richten und später weiterbearbeiten, sofern sich Nachfragen oder Anfragen bei anderen Ämtern ergeben sollten. Zu berücksichtigen ist jedoch, dass der gesamte Unterbau der ZSt. auf acht Referenten ausgerichtet ist, was zur Folge hat, dass er durch die zusätzlichen Sachbearbeiter mehr als überbelastet ist.

Ähnliches gilt für die Durchführung der Vorermittlungen überhaupt. Voraussetzung hierfür wäre eine Aufstockung meiner Dienststelle auf zeitweise (wieder) mindestens 50 Referenten mit dem entsprechenden Unterbau. Aber woher die Leute nehmen? Die Leiter der StA und Gerichte wehren sich auf das Äußerste, Personal für die ZSt. zur Verfügung zu stellen. Und bei der derzeitigen Personallage und den immer neuen Aufgaben sowie der steigenden Kriminalität kann ich sie verstehen.

II. Die Bearbeitung der Vorgänge bei den StA: Die Bearbeitung der Vorgänge bei den StA ist verschieden, wie sich aus den zwischenzeitlich der ZSt. übersandten Unterlagen ergibt. – Einige Kollegen gehen davon aus, dass sich aus den in den Fahndungslisten aufgeführten Angaben über die Beschuldigten keine Anhaltspunkte für einen Anfangsverdacht ergeben und bringen mit dieser Begründung den Vorgang kurzerhand zum Abschluss. Vereinzelt wird noch der Zusatz hinzugefügt, dass die Fahndungslisten und mit Sicherheit auch das weitere Material der UNWCC, das sich noch im UNO-Archiv befindet, keinen oder nur geringen Beweiswert besäße. Nicht ganz von der Hand zu weisen sind diese Bemerkungen nicht, denn tatsächlich liegen derartige Aussagen von Leuten vor, die es eigentlich wissen müssten:

Im Jahre 1964 haben sich die StA Hamburg und die ZSt. um die Einsichtnahme in die UNWCC-Materialien bemüht. Die Bemühungen waren bekannter Weise erfolglos, weil die UNO seinerzeit alle Begehren auf Einsichtnahme oder Herausgabe von Akten ablehnte. Neben der offiziellen (nicht einleuchtenden) Begründung, keine Verfügungsgewalt über die UNWCC-Materialien zu besitzen, weil sie nur mit der Verwahrung betraut sei, führte der damalige Leiter des Archivs, der Jugoslawe St. B., aus, dass „in den Akten wahrscheinlich eine erhebliche Anzahl von unbewiesenen, wenn nicht unhaltbaren Beschuldigungen gegen viele Personen enthalten seien. Das bloße Bekanntwerden der Tatsache, dass der Name einer Person auf einer Liste der United Nations War Crimes Commission aufgeführt sei, könne jedoch erheblichen Schaden anrichten. Unter diesen Umständen werde das UN-Sekretariat an der im November 1949 ergangenen Weisung festhalten."

Der langjährige deutsche UNO-Botschafter, *Alexander B.*, äußerte sich ähnlich: „Solche Listen ... sind nicht das Resultat eigener, systematischer Nachforschung der Vereinten Nationen, sondern ein Sammelsurium von teils offiziellen, teils inoffiziellen Angaben, die den Vereinten Nationen in den emotionsgeladenen Wirren der ersten Nachkriegsjahre von Mitgliedstaaten und privaten Organisationen zugesandt wurden ...“

Ferner bat der verstorbene Leiter der Hauptkommission in Warschau, Prof. Dr. P., in einem Gespräch in Ludwigsburg, aufgrund der polnischen Auslieferungsakten – sog. BD-Akten, die die ZSt. von Auswertungsreisen nach Polen mitgebracht hatte – nicht weiter zu ermitteln. Es hätte sich herausgestellt, dass die darin enthaltenen Angaben äußerst unzuverlässig seien.

Die Anzeigen in den BD-Akten waren durchweg der UNWCC übersandt und die darin Beschuldigten in die Fahndungslisten aufgenommen worden. – Letztlich haben sich bei Überprüfungen der ZSt. teilweise Hinweise auf zweifelhaften Beweiswert der Unterlagen ergeben. So ist z.B. der bekannte Publizist Prof. Dr. Eugen Kogon wegen Verdachts des Mordes im KZ Buchenwald, in dem er inhaftiert war, ausgeschrieben. Ein weiteres Beispiel betrifft die Angehörigen eines Wehrmachtsbataillons, das Massaker in einem Dorf in Holland oder Belgien begangen haben soll. Der Vorgang war bei der ZSt. bekannt. Eine StA hatte insoweit bereits Ermittlungen geführt und dabei festgestellt, dass zwar das Massaker stattgefunden hatte, aber nicht durch Angehörige der beschuldigten Einheit. Diese war bereits längere Zeit vor der Tat verlegt worden. Aus zurückgelassenen und durch die Alliierten aufgefundenen Unterlagen der Einheit hatte man jedoch geschlossen, dass die Einheit zur Tatzeit an dem Tatort war und die Verbrechen durch sie begangen worden waren.

Wenn auch aus dies allem auf zweifelhaften Wert der Fahndungslisten und die sonstigen Materialien zu schließen ist, so kann doch nicht angenommen werden, dass sie es insgesamt sind. Immerhin haben wir bei der Überprüfung der Listen hunderte von Personen gefunden, gegen die bereits vor alliierten oder deutschen Strafverfolgungsbehörden und Gerichten Verfahren gelaufen sind. Die Einstellung der Verfahren ohne weitere Ermittlungen mit der Begründung, dass kein Anfangsverdacht bestehe und im Übrigen das UNWCC-Material keinen oder nur geringen Beweiswert habe, dürfte deshalb nicht gerechtfertigt sein, jedenfalls nicht in dieser Allgemeinheit.

Im Gegensatz zu dieser Verfahrensweise steigen die meisten Kollegen in die Ermittlungen ein. Am Anfang stehen im Allgemeinen die Ermittlungen der Beschuldigten, die oft viel Zeit in Anspruch nehmen, weil nähere Angaben zur Person in der Regel fehlen. Nach langwierigen Bemühungen stellte sich häufig heraus, dass die Beschuldigten verstorben oder unbekannten Aufenthaltes sind. Im letzteren Fall ist darauf hinzuweisen, dass seinerzeit Reichs- oder nach dem Kriege ehemalige Reichsangehörige gesucht wurden, die sich heute – wenn sie noch leben – auf dem Gebiet der DDR oder in Österreich befinden können. Sofern sich im Übrigen aus den Fahndungslisten ergibt, dass der Beschuldigte Österreicher ist (Geburtsort, seinerzeitige Anschrift), geben wir diesen Vorgang an das

Bundesministerium der Republik Österreich mit der Bitte um Kenntnisnahme und evtl. weitere Veranlassung ab.

Sofern vorhanden, werden von den StA nach Ermittlung des Aufenthaltsortes der Beschuldigten vielfach noch die weiteren, in den Fahndungslisten aufgeführten Angaben überprüft (Einheit, Angehöriger der Einheit während der Tatzeit usw.), bevor ein Rechtshilfeersuchen an die UNO oder – bisher nur in einem Fall – an das die Ausschreibung veranlassende Land gerichtet wird.

Rechtshilfeersuchen an die UNO sind jedoch nur gerechtfertigt, wenn in der Einleitungsverfügung der Überprüfungsvorgänge der ZSt. eine Seriennummer der UNWCC-Vorgänge angegeben ist. Bei Fehlen der Nummer ist davon auszugehen, dass die Ausschreibung nur in der amerikanischen CROWCASS[Central Registry of War Crimes and Security Suspects]-Liste erfolgte und dementsprechend bei den UNWCC-Unterlagen im UNO-Archiv kein Material über den Beschuldigten vorhanden ist. – Bis zur Erledigung der Rechtshilfeersuchen durch die UNO vergehen zurzeit etwa drei bis vier Monate, wie aus zwei Fällen geschlossen werden kann.

Das bisher übersandte Material ist von unterschiedlichem Wert. Insbesondere fällt auf, dass es teilweise nicht vollständig ist, was nach Aussagen eines deutschen Wissenschaftlers, der die Bestände des UNO-Archivs gesichtet hat, darauf zurückzuführen sein dürfte, dass vor oder bei Auflösen der UNWCC-Beweismittel und sonstige Unterlagen an die anzeigenden Mitgliedsstaaten zurückgegeben und nur zum Teil in Ablichtung oder Abschrift bei den Vorgängen behalten wurde.

In die Ermittlungen zur Sache an sich sind die Strafverfolgungsbehörden bisher nur selten eingestiegen. Jedenfalls hat die ZSt. insoweit noch keine Erkenntnisse erlangt. Die StA werden vermutlich zunächst abwarten, welche Ergebnisse die Rechtshilfeersuchen an die UNO erbringen. – Über Ergebnisse von Rechtshilfeersuchen an die Länder, die die Ausschreibung seinerzeit veranlasst haben, ist noch nichts bekannt geworden. Nach den bisherigen Erfahrungen in den herkömmlichen Sachen ist die Erledigung auch noch nicht zu erwarten, wenn man berücksichtigt, dass diesbezüglich Ersuchen frühestens ab Frühjahr 1988 gestellt werden konnten und deren Bearbeitung durchweg eine geraume Zeit in Anspruch nimmt.

Interessieren dürfte uns bei allem, was kommt aus den Ermittlungsverfahren heraus: Viele Verfahren werden sich nach den Aufenthaltsermittlungen weiter durch den Tod der Beschuldigten erledigen oder sie müssen wegen Nichtermittlung des Beschuldigten eingestellt werden. – Davon auszugehen ist ferner, dass nicht wenige Verfahren wegen Eintritts der Strafverfolgungsverjährung zur Einstellung kommen werden. Zwar geben wir nur Vorgänge ab, die nach der Ausschreibung Mord beinhalten. Unter Mord können aber auch Totschlagsdelikte fallen, da die UNWCC insoweit nicht zwischen Mord und Totschlag differenziert und aus den Angaben in den Fahndungslisten sich keine Hinweise ergeben, ob die qualifizierten Tatbestandsmerkmale des § 211 StGB vorliegen oder nicht.

Weitere Verfahren werden wegen fehlender Beweismittel mangels Beweises eingestellt werden müssen. – Schließlich ist davon auszugehen, dass Verfahren nicht weitergeführt werden können, weil der Beschuldigte infolge hohen Alters oder schwerer Krankheit nicht mehr vernehmungs- und nach Erhebung der

Anklage verhandlungsunfähig ist oder dass er während der Ermittlung oder nach Erhebung der Anklage stirbt. In diesem Zusammenhang darf ich erwähnen, dass ich bei einer ersten Durchsicht der Fahndungslisten festgestellt habe, dass ein hoher Prozentsatz der Beschuldigten vor dem Jahre 1900 geboren ist. Dem Vorschlag, diese Vorgänge ohne weitere Ermittlungen bei der ZSt. wegzulegen, kann im Übrigen nicht gefolgt werden, da diese Verfahrensweise einer „kalten Amnestie“ gleich käme.

Die Aussichten, einen in den Fahndungslisten Ausgeschriebenen noch auf die Anklagebank zu bringen, dürften sehr gering sein. Ich glaube, dass ich Ihnen damit nichts Neues sage. – Wenn auch bei allem wenig herauskommen wird, muss es dennoch unser Ziel sein, die Verfahren so schnell wie möglich zu erledigen. Denn die Auswertung der Fahndungslisten wird von interessierter Seite aufmerksam verfolgt, wie sich aus ständigen Sachstandsanfragen von jüdischen Organisationen und der internationalen und nationalen Presse ergibt. Bisher konnten wir diesbezügliche Anfragen an die StA aus sachlichen Gründen noch verhindern, indem wir auf die noch nicht abgeschlossene Überprüfung bei der ZSt. verweisen und hinsichtlich der an die Strafverfolgungsbehörden bereits abgegebenen Verfahren Anfragen an diese als verfrüht bezeichnen. Im letzteren Fall machen wir zusätzlich darauf aufmerksam, dass an eine schnelle Erledigung bei den StA nicht zu denken ist, da wir diesen durchweg nur die geringen Erkenntnisse aus den Fahndungslisten mitteilen und darüber hinaus überwiegend nicht bekannt ist, ob und wo die Beschuldigten leben. Mit Sicherheit werden aber die StA eines Tages um Auskunft über die Verfahren gebeten werden. Zwischenzeitlich besitzen jüdische Organisationen – wie der jüdische Weltkongress, die Anti-Defamation League sowie das Institut Yad Vashem – und verschiedentlich die internationale und nationale Presse die Fahndungslisten und man hat schon gezielte Anfragen an uns gerichtet. Zum Beispiel ist uns von der Anti-Defamation League eine Liste mit mehreren hundert Namen aus den Fahndungslisten mit der Bitte um Mitteilung der Erkenntnisse vorgelegt worden und ein deutsches Nachrichtenmagazin hat uns gebeten, die in seinen Besitz gelangten Fahndungslisten mit unseren Erkenntnissen vergleichen zu dürfen, was natürlich abgelehnt wurde.

Die ZSt. hat bis jetzt etwa 4000 Einzelvorgänge abgegeben und etwa 10.000 abzugebende Verfahren noch im Hause, die zum größten Teil über den BGH den StA noch zuzuleiten sind. Daneben werden noch Vorgänge entstehen, die sich aus einem Vergleich UNWCC-Fahndungslisten und CROWCASS-Liste ergeben. – Die abzugebenden Vorgänge werden weiterhin nach Komplexen zusammengefasst. Hierbei kann es vorkommen, dass ein an sich zusammengehöriger Komplex auseinandergerissen werden muss, weil der BGH es nach einer Aussprache Anfang 1988 in Karlsruhe ablehnt, eine StA mit mehr als 200 Beschuldigten zu belasten. Auch der Einwand, dass sich nach den Aufenthaltsermittlungen immer wieder der Tod der meisten Beschuldigten ergibt und im Übrigen die Verteilung eines zusammenhängenden Komplexes die Ermittlungen stören würde, ließ er nicht gelten. Eine Ausnahme von seinem Standpunkt macht er nur dann, wenn eine StA vorab der ZSt. die Zustimmung zur Übernahme des Komplexes erklärt.

Da die StA in der Regel zunächst Aufenthaltsermittlungen durchführen müssen, habe ich wiederholt vorgeschlagen, die Vorgänge nach Eingang den Sonderkommissionen bei den LKA zur Durchführung dieser Aufgabe zu übergeben. Die Strafverfolgungsbehörden wären bei dieser Verfahrensweise zunächst entlastet. Das Ergebnis der Aufenthaltsermittlung würde noch einmal eine Entlastung mit sich bringen, da viele Beschuldigte verstorben sein dürften.

Eine weitere Entlastung wäre, wenn Rechtshilfeersuchen nicht an die UNO gerichtet werden müssten Insoweit scheint sich etwas Positives anzubahnen. Auf unserem Symposion im September 1988 haben Kollegen von dem Archivdirektor des Yad Vashem, Dr. Krakowski, erfahren, dass dieses Institut die UNWCC-Unterlagen hat verfilmen lassen und sie jetzt besitzt. Ich bin daraufhin gebeten worden, bei Yad Vashem anzufragen, ob wir die Unterlagen nicht dort verfilmen könnten. Nach Rücksprache mit dem israelischen Botschafter bei der UNO, ob insoweit Bedenken bestünden, hat Dr. Krakowski sich nunmehr bereit erklärt, unserem Begehren zu folgen. Ich habe hieraufhin an das Ministerium für Justiz, Bundes- und Europaangelegenheiten Baden-Württemberg berichtet, das die Genehmigung von der Kostenfrage abhängig macht. Insoweit sind bereits Auskünfte von Yad Vashem eingeholt und diese Erkenntnisse an das Ministerium für Justiz, Bundes- und Europaangelegenheiten Baden-Württemberg weitergegeben worden. Vermutlich hängt jetzt die Entscheidung davon ab, ob auch die anderen LJVW der Verfilmungsmaßnahme zustimmen. Voraussetzung für die Erleichterung ist natürlich die Vollständigkeit der von Yad Vashem verfilmten UNWCC-Unterlagen. Ich habe daher Herrn Dr. Krakowski gebeten, mir eine Aufstellung über die verfilmten Materialien zu übersenden, was er auch getan hat. Aus einem Vergleich mit einem offiziellen Katalog der im UNO-Archiv vorhandenen UNWCC-Unterlagen, den ich zwischenzeitlich erhalten habe (und den ich Ihnen in Ablichtung übergeben werde), ist zu schließen, dass eine Vollständigkeit im Wesentlichen angenommen werden kann.

Die Bemühungen, Kopien der Filme von Yad Vashem zu erhalten, wären daher für uns sehr sachdienlich, denn in diesem Falle könnten die Unterlagen den StA von der ZSt. zur Verfügung gestellt werden. Natürlich ist davon auszugehen, dass die Verfilmung rasch erfolgt, denn bei einer größeren Verzögerung sind sie für uns nicht mehr von Nutzen. Dr. Krakowski hat eine sofortige Verfilmung zugesagt. Das Startzeichen kann gegeben werden, wenn die Zustimmung des Ministeriums für Justiz, Bundes- und Europaangelegenheiten Baden-Württemberg und der anderen LJVW vorliegt, sofern letzteres erforderlich sein sollte.

Einschränkend muss aber noch einmal darauf hingewiesen werden, dass nicht bekannt ist, was die Unterlagen enthalten. Immerhin werden die darin enthaltenen Angaben ausführlicher sein als die in den Fahndungslisten, so dass es mit Sicherheit zu weiteren Beschränkungen bei den noch zu ermittelnden Vorgängen kommen dürfte. Ich denke insoweit z.B. auf Hinweise auf bereits verjährten Totschlag und damit Ausschluss der weiteren Ermittlungen wegen Verdacht des Mordes. Helfen allerdings auch diese Materialien nicht weiter, so wird man nicht umhinkommen, Rechtshilfeersuchen an das Land zu richten, das die Ausschreibung des Beschuldigten seinerzeit veranlasst hat.

VII. Arbeitstagung vom 5./6.7.1990

I. Begrüßung und Einführung durch Ltd. OStA Streim.

1. Zum Stand der Überprüfung der in den CROWCASS- und UNWCC-Listen gesuchten Personen: Nahezu 16.000 Einzelvorgänge seien mittlerweile bereits an die StA abgegeben. Die Abgabe der noch verbleibenden Vorgänge werde nicht im gleichen Tempo wie früher erfolgen können, da nebenbei die nunmehr vorliegenden UNWCC-Grundakten ausgewertet und den Verfahren zugeordnet werden müssten. – LOStA Streim wies darauf hin, dass die Kopien der UNWCC-Grundakten, die die StA erhalten, nicht weiter verbessert werden können. Von Anfragen mit der Bitte um Verbesserung der Kopienqualität sollte daher Abstand genommen werden.

2. Wenn die einzelnen StA um Übersendung der UNWCC-Unterlagen einkommen, so werde um Geduld bei der Erfüllung dieser Ersuchen gebeten, da durch Personalprobleme Verzögerungen auftreten. Von den ursprünglich elf Referenten, die zur Auswertung der UNWCC-Listen an die ZSt. abgeordnet worden seien, stünden jetzt nur noch drei zur Verfügung. Die übrigen Referenten seien nach Ablauf der Abordnungen wieder an ihre Heimatbehörden zurückgekehrt.

II. Vortrag von Richter am AG Dr. Hiegert, ZSt. zum Thema

1. Stand der Reproduktionen der von Israel überlassenen Mikrofilme betreffend die von den Vereinten Nationen freigegebenen UNWCC-Akten. Inhalt des Materials. 2. Ergebnis der Anfragen der UNWCC, sowie der CROWCASS bei den Mitgliedsländern dieser Kommissionen [weggelassen].

Erörterungen:

OStA Rösesler, Zentralstelle Köln, wies darauf hin, dass sich Grundakten zu den Fahndungslisten bei ausländischen Behörden befinden. Die Zentralstelle Köln habe z.B. Protokolle von Vernehmungen von Belastungszeugen betreffend das KZ Ravensbrück z.B. von belgischen Behörden erhalten. – Von den Teilnehmern wurden beispielshaft weitere Erfolge der StA bei der Suche nach Grundakten bei den jeweiligen Suchländern genannt. Hierbei ging es insbesondere um die Suche nach Akten, die über die *UNWCC*-Grundakten hinausgehende Informationen enthalten. – In diesem Zusammenhang wurde darauf aufmerksam gemacht, dass sich die Grundakten zu den *CROWCASS*-Listen auch bei den jeweiligen Suchländern befinden könnten.

Die Teilnehmer der Arbeitsbesprechung, die mit Belgien-Verfahren befasst sind, bitten zu gegebener Zeit um Mitteilung des Ergebnisses der bevorstehenden Dienstreise eines Angehörigen der ZSt. [unten S. 611 f.] nach Brüssel zur Sichtung von dort befindlichen UNWCC-Vorgängen.

Für den Fall, dass die StA ermitteln, dass einer der Tatverdächtigen in ihrem Verfahren ein österreichischer Staatsangehöriger ist, wird darauf hingewiesen, dass die Akten bezüglich dieser Personen an die ZSt. der LJVW zurückgegeben werden können, die sie dann zuständigkeitshalber an Österreich abgibt.

III. Vortrag von Richter am AG von Drewitz, ZSt. zum Thema: Umfang der UNWCC-Vorgänge, die sich noch bei der ZSt. befinden und an die StA abzugeben sind [weggelassen].

IV. Vortrag von Richter am LG Löffler, ZSt. zum Thema Schwierigkeiten bei den Ermittlungen der StA [unten S. 603 ff.].

Erörterung: StA Balß, StA Darmstadt, wies darauf hin, dass sich staatsanwaltschaftliche Anfragen nach früheren (deutschen) Verfahrensakten an die Staatsarchive der Bundesländer manchmal lohnen würden, wenn zuvor auf eine Anfrage bei der entsprechenden StA bzw. dem Gericht ergeben hat, dass die Akten ausgesondert und vermutlich vernichtet worden seien. Verschiedentlich habe man nämlich die Vorgänge den Archiven überlassen, ohne dieses bei der Aussonderung besonders zu vermerken.

Auf Anfrage: Die Akten von NS-Verfahren, die nach Gründung der ZSt. von den StA oder der ZSt. eingeleitet worden sind, befinden sich als Parallelakten im Wesentlichen in dem Archiv der ZSt. Verfahren aus früheren Jahren (8.5.1945–1.12.1958) sind in Ludwigsburg nur in geringem Umfang vorhanden.

V. Vortrag von Richterin am LG Luft-Hansen, ZSt. zum Thema: Bisherige Ergebnisse der Ermittlungen [unten S. 603 ff.].

Erörterung: OStA Röseler, Zentralstelle Köln, wies hinsichtlich der Einstellung wegen Nicht-Auffindbarkeit der Tatverdächtigen auf die Bedeutung der UNWCC-Unterlagen (aus Israel) hin, die durchaus weitere Angaben zur Person, Tätigkeit usw. enthalten können, wodurch weitere Möglichkeiten zur Ermittlung der Beschuldigten gegeben seien.

VI. Erörterung von Fragen, die sich bei der Bearbeitung der neu eingeleiteten Verfahren ergeben haben:

1. Es wurde darauf hingewiesen, dass sowohl die CROWCASS-, als auch die UNWCC-Listen hinsichtlich der Tatvorwürfe unzuverlässig seien. Häufig sei eine Aufnahme in die Listen wegen Mordes allein schon aufgrund der bloßen Mitgliedschaft in einer Einheit, die in Tötungshandlungen verwickelt war oder im Verdacht stand, an solchen Handlungen beteiligt gewesen zu sein, erfolgt.

2. Beschaffung von Beweismaterial. Diesbezüglich wurden insbesondere Fragen nach der Beschaffung von Beweismaterial aus der DDR erörtert, da deren Beschaffung aufgrund der sich ändernden politischen Verhältnisse nunmehr leichter durchzuführen sein dürfte. Allgemein wurde davon ausgegangen, dass die ZSt. eine generelle Auswertung der dortigen Archive vornehmen werde.

Ltd. OStA Streim erklärte hierzu: Die ZSt. sehe sich nicht veranlasst, die Archive in der DDR auszuwerten. Die systematische Aufklärung von NS-Verbrechen durch seine Dienststelle sei abgeschlossen. Alle einschlägigen Obersten Reichsbehörden, Dienststellen, Einheiten, Lager usw. seien von ihr überprüft und die entsprechenden Verfahren zum weiteren Befinden an die zuständigen StA abgegeben worden. Falls ein Verfahren von einer StA wegen fehlender Beweisunterlagen eingestellt worden sei, habe die Strafverfolgungsbehörde zu prüfen, ob es angebracht sei, vorsichtshalber insoweit noch einmal in den Archiven der DDR nach entsprechenden Unterlagen anzufragen. Die ZSt. würde sich nur dann an die DDR wenden, wenn sie für die noch bei ihr anhängigen Einzelverfahren Unterlagen benötige, etwa zur Ermittlung des oder der Täter oder zur Aufklärung der behaupteten strafbaren Handlung.

OStA Röseler, Zentralstelle Köln, führte aus, dass man Hinweisen auf Personen (Zeugen/Beschuldigte), die in der DDR leben, durch EMA [Einwohnermeldeamt]-Anfragen über die GStA der DDR oder direkt bei den BezirksStA nachgehen könne. Es wurde angeregt, dass die ZSt. die Frage, ob die StA sich direkt an die BezirksStA oder örtlichen Polizeibehörden in der DDR wenden können, oder ob hierfür der Weg über die GStA der DDR eingehalten werden soll, generell klärt.

StA Landwehr, StA Hannover, teilte mit, dass sich seine StA direkt an die BezirksStA in der DDR wende. – Es wurde festgestellt dass in Berlin, Niedersachsen und Bayern Richtlinien für den Rechtshilfeverkehr mit der DDR unter den geänderten Verhältnissen ergangen sind. – Es wurde Einigkeit darüber erzielt, dass die ZSt. sich an das Justizministerium des Landes Baden-Württemberg als federführendem Justizministerium hinsichtlich der ZSt. mit der Bitte um Klärung wendet, ob die Kontaktaufnahme mit Stellen in der DDR direkt an die zuständige Stelle oder über den GStA oder gemäß des deutsch-deutschen Rechtshilfegesetzes erfolgen soll.

Es wurde Einigkeit dahingehend erzielt, dass sich die ZSt. an den GStA der DDR mit der Bitte um Mitteilung wendet, welches Material betreffend NS-Verbrechen in der DDR vorhanden ist (Art des Materials, Ort, Archiv usw.).

Betreffend EMA: Es wurde darauf hingewiesen, dass aufgrund der geänderten Verhältnisse Anfragen beim Geburtsstandesamt von Tatverdächtigen in der DDR nunmehr möglich seien, insbesondere dahingehend, ob in den Unterlagen bezüglich eines Tatverdächtigen ein Sterbevermerk vorhanden ist. – Einige Tagungsteilnehmer teilten diesbezügliche Erfahrungen mit den DDR-Standesämtern mit, die auf direkte Anfragen antworten. Ebenso hätten die DDR-Standesämter geantwortet, wenn die Anfrage auf dem Weg über die GStA der DDR erfolgt sei. – Soweit Anfragen vor Änderung der politischen Verhältnisse nicht beantwortet wurden, seien erneute Anfragen durchaus sinnvoll, da bei früheren Anfragen insbesondere hinsichtlich SED-Mitgliedern keine Auskunft erteilt wurde.

Betreffend Übersetzung fremdsprachlicher Unterlagen: Die Übersetzung fremdsprachlicher Unterlagen, die die ZSt. in L. den einzelnen StA in Kopie zukommen lässt, ist bezüglich der UNWCC-Unterlagen nicht möglich, da für westliche Sprachen (englisch, französisch) keine Übersetzer vorhanden seien und die Referenten mit dieser Arbeit nicht zusätzlich belastet werden könnten.

Sonstiges: Zur Frage nach Listen von Arbeitslagerbesetzungen und Arbeitslagerinsassen wurde darauf hingewiesen, dass die Tatort- und die Einheitenkarteien der ZSt. ein praktikables Mittel für die Ermittlungen seien. Ranglisten der Wehrmacht befinden sich im Bundesarchiv Kornelimünster bei Aachen.

Auf entsprechende Frage wurde mitgeteilt, dass die ZSt. keine gesonderten Materialien über Hintergrundinformationen zum allgemeinen Kriegsgeschehen, insbesondere über Truppenbewegungen besitzt. Anfragen seien insoweit an das Bundesarchiv/Militärgericht in Freiburg zu richten.

3. Verfahrensfragen: Es wurde darauf hingewiesen, dass die aufgrund der CROWCASS- und UNWCC-Listen neu eingeleiteten Verfahren bereits bei der ZSt. in L. weggelegt wurden, wenn sich aus den UN-Unterlagen kein Hinweis auf Tötungsdelikte ergebe. – Die StA wurden gebeten, bei der Bitte um Übersendung von UN-Unterlagen in der Formulierung des Anschreibens deutlich zu machen, ob sie die Unterlagen nur bezüglich einer oder mehrerer bestimmter oder aller Personen wünschen, die Tatverdächtige in ihrem Verfahren sind. – Es wurden die Schwierigkeiten erörtert, die manchmal entstehen, wenn Akten früherer Verfahren wegen NS-Verbrechen zur Ermittlung für die neu eingeleiteten Verfahren zwar benötigt werden, aber nicht mehr vorhanden sind. – Es wurde darauf hingewiesen, dass es zweckmäßig sei, wenn die einzelnen StA ihre Akten bezüglich NS-Verbrechen nicht an die Staatsarchive ihres Bundeslandes abgäben, solange die Verfahren aufgrund der CROWCASS- und UNWCC-Listen laufen, da der Rückgriff auf archivierte Akten sehr zeitraubend sein könne. Die ZSt. erhalte jedenfalls zahlreiche Anfragen von StA, ob die von ihnen gesuchten Verfahrensakten als Parallelakten in Ludwigsburg vorhanden seien, da der Erhalt dieser Akten bei dem betreffenden Staatsarchiv offensichtlich mit Schwierigkeiten verbunden sei.

Einzelfragen zu Sammelverfahren mit einer Mehrzahl von Beschuldigten: Diesbezüglich wurde die Frage erörtert, wie mit den Tatverdächtigen zu verfahren sei, gegen die sich kein individuelles Vorermittlungsverfahren der ZSt. gerichtet hat, sondern die als weitere Tatverdächtige in den UNWCC-Unterlagen (Israel-Material) aufgeführt werden und die durch Nachsendung dieser Unterlagen an die einzelnen StA zu den staatsanwaltschaftlichen Verfahren gelangen.

Bezüglich der weiteren in den UNWCC-Unterlagen Tatverdächtigen wurde seitens der ZSt. in L. die Annahme geäußert, dass aufgrund folgender Überlegung gegen diese weiteren Tatverdächtigen eine Fahndung mit aller Wahrscheinlichkeit nicht mehr aufrechterhalten worden sei: Die *CROWCASS-Liste vom Juni 1948,* die bei der Einleitung der (UNWCC-)Vorermittlungsverfahren als weitere Grundlage herangezogen wurde, sei zeitlich jünger als die davor erstellte UNWCC-Listen. Es sei daher anzunehmen, dass die Personen, die zwar noch nach der UNWCC-Liste gesucht wurden, nach der CROWCASS-Liste aber nicht mehr, auch nicht mehr Gegenstand einer Fahndung gewesen seien.

Im Rahmen der Diskussion wurde die Meinung vertreten, dass es Aufgabe der ZSt. sei, festzustellen, worauf es beruhe, dass bestimmte Personen zwar in den UNWCC-Listen, nicht aber in den CROWCASS-Listen aufgeführt würden bzw. umgekehrt.

Nach eingehender Diskussion stimmten mit Ausnahme einer StA die Tagungsteilnehmer folgender Verfahrensweise zu: Sind bei Übersendung von UNWCC-Unterlagen (Israel-Material) neue Personen als Tatverdächtige darin aufgeführt, so werden sie von der StA, die diese Unterlagen zugesandt erhält, in das bisherige Ermittlungsverfahren einbezogen, wenn diese StA in dem Anschreiben der ZSt. darum gebeten wird. Eine solche Bitte kann z.B. fehlen, wenn eine andere StA die gleichen Unterlagen erhält, sie aber als erste mit diesem Tatkomplex z.B. durch

Beschluss des BGH für die Bearbeitung dieses Tatkomplexes für zuständig erklärt wurde. – Die ZSt. teilt in den jeweiligen Anschreiben den beteiligten StA mit, welche StA die neuen, in den UNWCC-Unterlagen enthaltenen Tatverdächtigen bearbeitet.

Aufgrund eines Beitrags von *StA Hess,* StA Frankfurt/M., wurde Einigkeit darüber erzielt, dass die weiteren Tatverdächtigen, die in den UNWCC-Unterlagen enthalten sind, nicht sofort an eine etwaige Wohnort-StA abgegeben werden, weil ein Beschluss gem. § 13 a StPO des BGH nicht vorliegt. Dies soll vielmehr erst in Betracht kommen, wenn der Tatverdächtige als noch lebend ermittelt werden konnte und konkrete Anhaltspunkte für eine verfolgbare Straftat vorliegen.

4. Personalfragen: Es wird die Frage erörtert, ob bei den einzelnen StA genügend Personal für die Bearbeitung nationalsozialistischer Verbrechen vorhanden ist, insbesondere im Lichte der Praxis, dass StA die nationalsozialistischen Gewaltverbrechen zusätzlich neben aktuellen Verfahren bearbeiten und die Gefahr besteht, dass die aktuellen Verfahren von der jeweiligen Behördenleitung als wichtiger angesehen werden, so dass für die Bearbeitung der nationalsozialistischen Gewaltverbrechen nicht mehr die erforderliche Zeit vorhanden ist. Allgemein kam man zu der Auffassung, dass durch die UNWCC-Verfahren eine erhebliche Belastung entstanden ist, der vielfach durch die zuständigen Personalstellen nicht Rechnung getragen wird; eine Auswirkung auf die Ermittlungen sei deshalb nicht zu vermeiden.

IX. Vortrag von RiLG Löffler: Schwierigkeiten bei den Ermittlungen der StA.

1. Technische Probleme: Der bei der ZSt. in L. vorhandene Mikrofilm der UNWCC-Akten ist technisch teilweise mangelhaft und liefert teilweise nur schwer lesbare Kopien. Werden von diesen Kopien für die StA weitere Kopien gezogen, ist nicht selten kaum noch etwas vom Text zu erkennen. Das erfordert eine neue Kopie direkt vom Film und verursacht Zeitverlust. Die beteiligten StA werden gebeten, dafür Verständnis zu haben. – Es erfordert auch teilweise großen Arbeitsaufwand, in den UNWCC-Akten erscheinende weitere Beschuldigte vor Übergabe des UNWCC-Materials an die jeweilige StA anhand der hiesigen Zentralkartei zu überprüfen. Das ist aber wichtig, um Doppelermittlungen oder Verfolgungslücken zu vermeiden. In der Regel werden die hier vorhandenen Erkenntnisse über solche zusätzliche Beschuldigte zusammen mit den Kopien der UNWCC-Akten den StA übersandt. – Zeitaufwendig ist oft auch die Sucharbeit nach einschlägigem Material aus früheren Ermittlungsverfahren der StA oder der ZSt. Das erweist sich aber ebenfalls oft als hilfreich für die StA, besonders dann, wenn deren Alt-Akten vernichtet oder an Staatsarchive abgegeben wurden. Es ist jedoch entscheidend, dass auch StA durch Übersendung von Kopien dafür sorgen, dass Parallelvorgänge der ZSt. vollständig sind.

2. Probleme der StA erreichen die ZSt. in der Art, dass sie um Rat und Hilfe bei der Beschaffung der ausländischen Unterlagen gebeten wird (Grundlagenmaterial zu UNWCC und CROWCASS). Deshalb soll den beteiligten Ermittlungsbehörden eine Liste der hier bekannten ausländischen Archive mit einschlägigem Material zur Verfügung gestellt werden.

Schließlich gibt es noch das Problem der „zerrissenen Komplexe", nämlich der aufgrund der CROWCASS-Fahndungsliste eingeleiteten und an oft verschiedene StA abgegebene Verfahren, deren Zusammengehörigkeit sich erst aus den UNWCC-Akten ergibt, die aber erst später zur ZSt. gelangt sind. In diesen Fällen bemüht sich die ZSt., verstreute Einzelverfahren wieder in einer Hand zusammenzufassen, indem sie bei Gelegenheit der Herausgabe der UNWCC-Akten die beteiligten StA entsprechend benachrichtigt. – die ZSt. übersendet die UNWCC-Akten nicht nur auf Anfrage, sondern von Amts wegen, indem der normale Aktenumlauf (Fristenvorlagen usw.) ständig darauf geprüft wird, ob die dazugehörigen UNWCC-Akten schon herausgegeben worden sind. Ist dies nicht der Fall, werden die UNWCC-Akten, wie oben dargestellt, ausgewertet und zugesandt.

X. Vortrag von *RiLG Luft-Hansen: Bisherige Ergebnisse der Ermittlungen.*

1. Die nachfolgenden Zahlen beruhen auf den Angaben der Verfahrensübersicht mit Stand von Ende Juni 1990.

AR-Z-Sachen 1988: abgegeben an StA: 479 Komplexverfahren, davon eingestellt: 303 Komplexverfahren.

AR-Z-Sachen 1989: abgegeben an StA: 318 Komplexverfahren, davon eingestellt: 83 Komplexverfahren;

AR-Z-Sachen 1990: abgegeben an StA: 59 Komplexverfahren; davon eingestellt: 10 Komplexverfahren.

2. In den aufgrund der UNWCC- und CROWCASS-Listen eingeleiteten Vorermittlungsverfahren wurde eine Anklage bisher nicht erhoben.

3. Aus dem Komplexverfahren betreffend das KZ Auschwitz, Aktz. 108 AR-Z 458/88 – ist inzwischen ein Ermittlungsverfahren bei der Zentralstelle der StA Köln anhängig, Aktz. 130 Js 9/90 (Z), und zwar gegen *K.*, der in der UNWCC-Akte 4790/P/G/145 wegen common design im KZ Auschwitz aufgeführt ist. Gegen K. ist am 30.3.1990 vom AG Oberhausen Haftbefehl erlassen worden, und zwar gegen

a) Aussonderung eines jüdischen Säuglings für die Gaskammer im Frühjahr 1943,

b) Tötung eines holländischen Juden im März 1943,

c) Beihilfe zum reibungslosen Ablauf der Massentötungen in Kenntnis der grausamen und heimtückischen Umstände.

Als Beweismittel sind im Haftbefehl Zeugenaussagen und frühere Aussagen K.s angegeben.

4. Bezüglich der bisher eingestellten Verfahren wurden folgende Einstellungsgründe aufgeführt:

- § 170 Abs. 2 StPO – § 205 StPO analog – § 206 a StPO – Art. 3 Abs. 3 des ÜV vom 30.5.1955, – teilweise wurde von der Einleitung von Ermittlungsverfahren auch gänzlich abgesehen, Grund: kein Anfangsverdacht.

VIII. Tagesordnung der Arbeitstagung vom 3./4.9.1992 in Ludwigsburg [Das Protokoll konnte leider bisher nicht aufgefunden werden]

1. Begrüßung. – 2. Einführung *(LOStA Streim)*
2. Einführung *(LOStA Streim)*
3. Die Auswertung der einschlägigen Archive in der ehemaligen DDR, insbesondere des Stasi-NS-Archivs und des Stasi-Archivs *(StA'in Solf)*
4. Die Zusammenarbeit mit der WASt *(Gerhard, Wehrmachtsauskunftsstelle Berlin)*
5. Zu den noch bei der ZSt. befindlichen UNWCC-Vorgängen *(LOStA Streim)*
6. Erledigung der UNWCC-Verfahren durch die StA aus der Sicht der ZSt. *(RAG Biemüller)*
7. Schwierigkeiten bei den StA im Zusammenhang mit der Aufklärung von „UNWCC-Vorgängen" *(OStA Schacht, ZSt. Dortmund)*
8. Noch zu erwartende Verfahren wegen NS-Verbrechen *(OStA Streim)*
9. Verschiedenes

IX. Protokoll der Arbeitstagung vom 5.7.-7.7.1995 in Ludwigsburg

[Teile I – III weggelassen]

1. *Begrüßung aller Teilnehmer zur vermutlich letzten Arbeitstagung durch Ltd. OStA Streim*

Es folgt ein Grußwort von StA Striewisch vom Justizministerium Baden-Württemberg. Dieser führte aus, in der Presse könne man lesen, die NS-Prozesse seien wegen der biologischen Hürde (Alter der Beschuldigten) zu Ende. Warum dann diese Arbeit? – Das Legalitätsprinzip gebietet eben die Verfolgung von Beschuldigten und die Ermittlung von Zeugen wegen NS-Mordverbrechen, auch wenn erst jetzt die Frage nach Verhandlungs- bzw. Vernehmungsfähigkeit der Beschuldigten auftauche. Das Justizministerium wisse sehr wohl, dass es sich bei der Verfolgung von NS-Verbrechen nicht um brotlose Kunst, sondern um verantwortungsvolle Arbeit in einem politisch höchst sensiblen Bereich handle.

2. Die zurzeit bei der ZSt. anhängigen Vorermittlungsverfahren und noch zu erwartende Verfahren, *Ltd. OStA Streim:*

StA in der Bundesrepublik ermitteln gegen 6581 Personen zu Beginn des Jahres 1995. – Anklagen sind in vier Fällen erhoben worden. Termin zur HV in keinem Fall bestimmt (Alter der Beschuldigten).

Urteile ergingen in den letzten zwei Jahren nicht. – Bei der ZSt. sind 40 AR-Z-Verfahren gegen einen oder mehrere Beschuldigte anhängig sowie 15 AR-Verfahren (Überprüfungsverfahren). Aus den ehemaligen Verfahren der DDR wurden ca. 20 Vorgänge angelegt. Es ist leider wenig Personal für die Auswertung der DDR-Akten (insgesamt 9 km Länge) vorhanden. Der Behördenleiter berichtet über die Personalsituation und die Reaktionen mehrerer LJVW. Dies führe zu einer Art „kalten Amnestie". – In der letzten Woche waren Vertreter der polnischen Hauptkommission zu Besuch bei der ZSt. Sie teilten mit, in Polen seien noch ca. 80 Untersuchungsverfahren in Bearbeitung, die aber nicht alle an die ZSt. übersandt werden würden. Von den ehemaligen polnischen Zwangsarbeitern war wider Erwarten wenig über Mordverbrechen zu erfahren. – Aus Italien kommen evtl. noch Verfahren. Historiker ermitteln NS- und Kriegsverbrechen. Insgesamt wird die Arbeit der ZSt. noch solange dauern wie es sinnvoll ist, d.h. NS-Verbrecher noch auf die Anklagebank gebracht werden können.

3. Die Auswertung der Stasi-Unterlagen und Handlungskonsequenzen, *StA'in Solf* [nicht bei den Akten].

In der Diskussion wurde eine mögliche Doppelzuständigkeit erörtert, da sich nunmehr in den neuen Bundesländern eventuelle Zuständigkeiten ergeben. So ist in NRW z.B. die Zentralstelle Köln für die Bearbeitung von Tötungshandlungen in KZ zuständig, in Ravensbrück und Sachsenhausen. Diese TO begründen jedoch auch die Zuständigkeit Brandenburgs. Die neuen Bundesländer baten, dass die westlichen StA, da sie über mehr Sachverstand verfügen, die Bearbeitung übernehmen sollten. (Eine Weisungsbefugnis der ZSt. besteht nicht.)

Die Frage, was noch auf uns zukommt, ist letztlich nicht zu beantworten.

V. Die Unterstützung der StA durch die Behörden des Bundesbeauftragten für Stasi-Unterlagen (Gauck-Behörde), Referat von Herrn Ziehm, Referatsleiter:

Es geht um die Auskunftsersuchen der Strafverfolgungsbehörden. Von Nutzen ist die Kenntnis eines Berichtes der Gauck-Behörde, die Kenntnis des Inhalts des Stasi-Unterlagen-Gesetzes und die Publikationen der Gauck-Behörde, die sämtlich zur Einsicht vorliegen.

Das Stasi-Unterlagen-Gesetz [v. 20.12.1991 – StUG] ist ein Novum. Die Akten, von der Stasi angelegt, werden von der Bundesrepublik verwaltet, obwohl die Unterlagen unter Missachtung von Grundrechten gewonnen wurden. Der Gesetzgeber will ihre Aufarbeitung, wobei zwei Grundsätze gelten:

1. Der Einzelne darf dort umfassende Informationen in seiner Angelegenheit suchen.

2. Öffentliche Stellen haben nur für einen ganz genau festgelegten Zweck Einsicht.

Nach § 23 Stasi-Unterlagen-Gesetz sind Unterlagen für die Strafverfolgung nutzbar. Es folgt eine Aufstellung von Straftaten, zu deren Verfolgung die Unterlagen genutzt werden können (darunter Straftaten im NS-Regime). – Voraussetzung der Nutzung der Unterlagen ist ein Antrag, und für den Nachweis ist Schriftform zweckmäßig. Je präziser die Ersuchensform ist, umso besser ist sie beantwortbar. Der Umfang der Beweisaufnahme geschieht eigenverantwortlich durch Gericht und StA. – Nur die Zulässigkeit, nicht aber die Erforderlichkeit ist durch die Gauck-Behörde überprüfbar. – Das Stasi-Unterlagen-Gesetz geht der StPO vor, eine Beschlagnahme nach der StPO ist unzulässig. Im Normalfall erhält der Antragsteller eine schriftliche Antwort. Die Einsichtnahme ist Regelfall. Sie erfolgt in Berlin oder einer der 14 Außenstellen. Eine Übersendungspraxis der Akten findet nicht statt, die Originale werden in den seltensten Fällen ausgegeben, meist Kopien.

Referat Dr. Krüger: In der DDR gab es ab 1955 eine Dokumentenstelle für die Zeit von 1933–1945, die zentrale Auswertung erfolgte ab Mitte der 60er Jahre zu Zwecken der NS-Verfolgung. Es existieren 570 Meter personenorientierte Akten: recherchierbare Unterlagen, ZUV [Zentr. Univw.], Auskunftspersonen, SMT[Sowj. Militärtribunale]-Unterlagen, Akten des GStA. Sodann 38 Meter Rote Kapelle, ferner existieren keine Index-Bände und zahlreiche unerschlossene Bestände.

In der Diskussion wurde zum Ausdruck gebracht, dass der VGH-Komplex zugriffsfähig (erschlossen) ist, sowohl Urteile als auch komplette Akten. Akten befinden sich auch im Zwischenarchiv Hoppegarten. Die Volksgerichtshofakten sind jedoch total zerrissen. Es befinden sich welche im Bundesarchiv Document Center, bei der VVN [Vereinigung der Verfolgten des Naziregimes], im Zentralarchiv Potsdam, in Hoppegarten, in der Gauck-Behörde, im Parteiarchiv der SED.

Eine Integration wäre dringend nötig, ist jedoch mit viel Arbeit verbunden. Die Sperrung von Akten für Ermittlungszwecke der Strafverfolgung ist gemäß § 5 Abs. 2 StUG möglich. Sie kann für die betreffende StA auf Antrag erfolgen. – In § 26 StUG ist die Strafanzeige von Tötungshandlungen ohne Antrag in der Weise geregelt, dass das Archiv Anzeigeerstatter sein kann. In diesem Zusammenhang sichtet das Archiv der Akten kraft Gesetzes selbständig.

VI. Ermittlungsmöglichkeiten im Bundesarchiv/Außenstelle Berlin-Zehlendorf, Referatsleiter Dr. Krüger, Archivoberrat:

[...] In der Diskussion kam zum Ausdruck, dass sich das Bundesarchiv – Außenstelle Zehlendorf – um beschleunigte Beantwortung der Anfragen bemüht. Zurzeit liegen 20.500 Anfragen aus USA vor. Eine relative Beschleunigung der Anfragen der StA wird praktiziert. Die Akten des RMdJ sind eine wichtige Ergänzung zu den Beständen des Document Centers. Auf das Nachschlagwerk von Boberach „Spezialinventar für NS-Unterlagen", das sehr wichtig für Querverweise ist, wurde in diesem Zusammenhang hingewiesen. Im Übrigen finden sich personenbezogene Unterlagen auch in Sachakten nicht nur im Berliner Document Center.

VII. Probleme beim derzeitigen Stand der Strafverfolgung von NS-Verbrechen und deren Lösung (Diskussion mit *Ltd. OSA Streim*): Die Vertreter der einzelnen StA äußerten sich hierzu wie folgt:

1. *StA Hess*, Frankfurt/M.: Noch 88 Verfahren aus UNWCC-Sachen von ursprünglich 1500 Verfahren. Voraussichtlich keine Anklagen. – Bezüglich *Brunner* besteht ein Haftbefehl. Einige Einzeltaten bezüglich Auschwitz gleichfalls noch anhängig.

2. *OStA Schacht*, ZSt. Dortmund: Noch 70–80 Verfahren, überwiegend UNWC-Sachen, darunter noch einige Wiederaufnahmen, evtl. noch zwei Anklagen.

3. *StA Dederichs*, StA Köln: Ein Verfahren (UNWCC) Frankreich, keine Anklagen, aber: einige Einzeltäter, besonders betreffend KZ Ravensbrück und KZ Stutthof. ZUV 1–5 wurden ausgewertet.

4. *LKA Baden-Württemberg*, Stuttgart: 8–10 Verfahren

5. *StA Nürnberg-Fürth*: Vier Verfahren, keine Anklagen (ein Norwegen-Zwangsarbeitslager), zwei Flossenbürg.

6. *StA Würzburg*: Drei Verfahren betr. Mauthausen, demnächst abgeschlossen.

7. *StA Hannover:* Verfahren Lublin, Debica, einige UNWCC-Verfahren demnächst abschlussreif, darunter ein Gerichtsverfahren gegen *N.* (Wachmann in Auschwitz), verhandlungsunfähig. Erschießungen in Welungen, Sammelverfahren, einstellungsreif.

8. *StA München I:* Ein Verfahren gegen einen Prof. der TH Aachen, ohne Ergebnis. – Verfahren S. (Assistenzarzt): Tötung eines epileptischen Kindes, kein Nachweis möglich.

9. *StA Kiel:* 30–40 UNWCC-Akten offen, noch einige Verfahren, aber keine Anklage.

10. *StA Hamburg:* Alles bis auf zwei Verfahren erledigt, ein Verfahren von 1971 wird eingestellt.

11. *Innenministerium Wien:* 150 UNWCC-Akten, keine laufenden Verfahren.
12. *StA Berlin:* Keine weiteren Verfahren.

In einem Ausblick stellte *Ltd. OStA Streim* fest, dass die ZSt. möglicherweise in absehbarer Zukunft in ein historisches Institut umgewandelt wird.

X. Anhang: Bericht über die Dienstreise nach Brüssel zum Justizministerium des Königreiches Belgien, Auditoriat Général beim Cour Militaire, vom 8.-13.7.1990

I. Anlass der Dienstreise: Der Anlass zu der Dienstreise entstand aus Ermittlungen der Zentralstelle im Lande Nordrhein-Westfalen für die Bearbeitung von nationalsozialistischen Massenverbrechen in Konzentrationslagern bei der StA Köln nach Personen, die in den CROWCASS- und UNWCC-Listen von Belgien gesucht wurden.

Die von der Zentralstelle Köln veranlasste Anfrage der Deutschen Botschaft in Brüssel an das belgische Außenministerium wurde dahingehend beantwortet, dass Akten bezüglich von Deutschen während der Zeit der Besetzung Belgiens begangener Straftaten nicht mehr vorhanden seien. Auf eine weitere Anfrage der Deutschen Botschaft in Brüssel teilte sodann das belgische Justizministerium unmittelbar mit, dass Akten bezüglich NS-Verbrechen gefunden worden seien, man könne jedoch noch nicht sagen, auf welche Personen sich diese Akten bezögen (vgl. Schreiben der Deutschen Botschaft vom 10.1.1990 an die Zentralstelle Köln; Deutsche Botschaft, Az: RK 500.87; Zentralstelle Köln Az: 130 Js 9/88 (Z); 130 Js 17/88 (Z); 130 Js 28/88 (Z)). Das belgische Justizministerium bot sodann eine Einsichtnahme in die vorhandenen Akten durch deutsche Beamte an.

In Brüssel konnte sodann festgestellt werden, dass ca. 6500 Akten beim Auditeur Général beim Cour Militaire vorhanden sind. Tötungsdelikte aus der Zeit des 2. Weltkrieges, einschließlich des Völkermordes, sind in Belgien seit 15 Jahren verjährt. Die belgischen Bediensteten beim Auditeur Général sind daher mit den Akten nicht mehr vertraut. Wie man gesuchte Personen in den Akten findet und die weitere Systematik des gesamten Aktenbestandes musste daher auf dieser Dienstreise selbst erarbeitet werden. Hierzu ließ der Auditeur Général freie Hand. Beschränkungen der Einsichtnahme erfolgten nicht, vielmehr war man zu jeder Art von Unterstützung bereit (Anfertigung von Fotokopien, Arbeiten in einem eigenen Raum usw.).

II. Ergebnis der Dienstreise: Durch die Dienstreise konnte in Erfahrung gebracht werden 1. in welcher Art das Aktenmaterial beim Auditeur Général ist. – 2. Was man von diesem Aktenmaterial für Ermittlungen deutscher Dienststellen erwarten kann. – 3. Wie der Aktenbestand aufgebaut ist und wie man ihn erschließen kann bzw. wie man Anfragen gestaltet. – 4. Die Arbeitsweise und Schwerpunkte der belgischen Commission des Crimes de Guerre (1944–1948). – 5. Worauf die Unterschiede zwischen den CROWCASS- und den UNWCC-Listen beruhen.

Ferner konnten Unterlagen kopiert werden, über die die ZSt. der LJVW bisher nicht verfügte: Abschlussbericht der belgischen Commission des Crimes de

Guerre, – Liste des deutschen Personals des KZ Vught, – Liste der belgischen Insassen des Lagers Vught, die möglicherweise als Zeugen in Betracht kommen können, – Lebenslauf und Tätigkeitsbericht über die Sipo Brüssel von Karl Reimer.

III. Neue Erkenntnisse über die CROWCASS- und UNWCC-Listen

Das Zentralregister CROWCASS, welches in Paris etabliert wurde und später seinen Sitz nach Berlin verlegte, führte zwei Listen, und zwar eine Fahndungsliste und eine Internierungsliste (Wanted List, Detention List). Zwei Bände dieser Internierungslisten gelangten in Kopie in den Besitz der ZSt. durch die Dienstreise von RiAG Dewitz nach Köln Anfang dieses Jahres. Weitere Internierungslisten konnten bei der jetzigen Dienstreise nach Brüssel nicht gefunden werden. – Die Arbeit von CROWCASS bestand darin, die von den Suchländern zu den Fahndungslisten gemeldeten Personenangaben mit denen der Internierungslisten zu vergleichen, um auf diese Art gesuchte Personen zu finden. Die Listen wurden fortgeschrieben. Eine Streichung in den Fahndungslisten der CROWCASS bedeutet also nicht, dass sich ein Tatvorwurf oder Verdacht als unzutreffend oder nicht ausreichend erwiesen hätte und auch nicht, dass der Gestrichene wegen etwaiger Straftaten zur Rechenschaft gezogen worden ist, vielmehr bedeutet die Streichung nur, dass er in einem Internierungslager gewesen war.

Der Abschlussbericht der belgischen Commission des Crimes de Guerre findet für die CROWCASS nur harsche Worte, da deren Arbeit praktisch ergebnislos sei. Daher entschloss sich die belgische Commission, gesuchte Personen nur noch an die UNWCC und nicht mehr an die CROWCASS zu melden. An CROWCASS wurden von Belgien ca. 3500 Namen gemeldet, an die UNWCC jedoch ca. 4700, also 1200 Personen mehr.

Die UNWCC, 1943 gegründet, hatte ihren Sitz in London, ihre Kriegsverbrecherlisten werden daher in manchen Unterlagen auch als „Londoner Liste" bezeichnet. Belgien sandte seine Unterlagen an den belgischen Repräsentanten bei der UNWCC. Vor einer Aufnahme in die Listen fand bei der UNWCC – anders als bei der CROWCASS – eine Prüfung anhand des übersandten Materials statt. Von den von Belgien gemeldeten 4700 Personen wurden 4436 in die UNWCC-Listen aufgenommen. Ob und inwieweit die eingereichten Unterlagen zurückgegeben wurden, konnte in Brüssel nicht ermittelt werden. Es konnte jedoch festgestellt werden, dass in den Brüsseler Akten von den Formblättern der UNWCC nur Durchschläge vorhanden waren. Wie der ZSt. in L. seitens der CSFR auf eine entsprechende Anfrage hin mitgeteilt wurde, hatte die CSFR [Tschechoslowakei bis 1992] seinerzeit Unterlagen an die UNWCC gesandt, sie jedoch nicht zurückerhalten. – Dass Personen in den CROWCASS-Listen ohne UNWCC-File-Nr. aufgeführt werden, obwohl sie in den UNWCC-Listen stehen, dürfte darauf zurückzuführen sein, dass im Zeitpunkt ihrer Meldung an CROWCASS die UNWCC-File-Nr. noch nicht feststand.

Bisher wurde bei der Überprüfung der in den CROWCASS- und UNWCC-Listen genannten Personen von UNWCC-Grundakten und von CROWCASS-Grundakten gesprochen, wobei davon ausgegangen wurde, dass sich die CROWCASS-Grundakten bei den Suchländern befänden. Die Vermutung, dass sich von den

UNWCC-Grundakten verschiedene CROWCASS-Grundakten bei den Suchländern befinden, hat sich in Brüssel nicht bestätigt. In den belgischen Akten war auch eine Trennung/Unterscheidung zwischen nationalen Akten und UNWCC-Akten nicht festzustellen. Es muss daher davon ausgegangen werden, dass die Suchländer ihre nationalen Akten haben/hatten und Personenangaben nebst Unterlagen an die UNWCC sandten, an die CROWCASS aber nur Personenangaben ohne Unterlagen. – Bei den in den CROWCASS-Listen aufgeführten CR-Aktennummern dürfte es sich um ausschließlich amerikanische Akten handeln. Die ZSt. befindet sich auf der Suche nach diesen Akten derzeit in Kontakt mit amerikanischen Stellen. ...

IV. Die belgischen Akten:

1. Zusammenfassende Darstellungen: Zusammenfassende Darstellungen von Tathergängen wurden von der Commission des Crimes de Guerre als Broschüren zu folgenden Tatkomplexen veröffentlicht ...

XI. Anhang: Beratungen der Justizministerkonferenz über die Zentrale Stelle der Landesjustizverwaltungen zur Aufklärung nationalsozialistischer Verbrechen

I. Justizministerkonferenz vom 1.-4.10.1958 in Bad Harzburg

Teilnehmer:

BMJ Schäffer, Dr. Haußmann (Baden-Württemberg), *Dr. Ankermüller* (Bayern), *Dr. Kielinger* (Berlin, *Dr. Zander* (Bremen), *Dr. Biermann-Ratjen* (Hamburg), *Rosenthal-Pelldram* (StS, Hessen), *Dr. Flehinghaus* (NRW), *MinDir. Dr. ter Beck* (Rh.-Pfalz), *Dr. Ney* (Saarland), *Dr. Leverenz* (Schl.-Holstein), *Dr. Hofmeister* (Niedersachsen)

1. Die Konferenz der Referenten empfiehlt den Herren Ministern und Senatoren folgende Entschließung) Berichterstatter NRW):

„Die Justizminister und Senatoren erklären sich bereit, die bei den Staatsanwaltschaften ihres Landes anhängig gewesenen oder anhängigen Verfahren gegen ehemalige deutsche Wehrmachtsangehörige wegen angeblicher in Griechenland begangener Kriegsverbrechen von möglichst einer Stelle ihres Landes überprüfen zu lassen.

Die Vertreter dieser Stellen sollen zu einem noch zu vereinbarenden Zeitpunkt im Bundesjustizministerium zu einem Erfahrungsaustausch zusammentreten und den Justizverwaltungen Vorschläge darüber unterbreiten, ob es zweckmäßig ist, eine Zentralstelle zur Materialsammlung einzurichten und in welcher Form dies geschehen soll. Die Vertreter dieser Stellen sollen sich weiter dazu äußern, ob sich bei der Bearbeitung der Verfahren grundsätzliche Rechtsfragen ergeben haben, die einer einheitlichen Entscheidung bedürfen.

Das Bundesjustizministerium wird gebeten zu klären, ob das Bundeskriminalamt die Aufgaben einer etwa einzurichtenden Zentralstelle übernehmen kann. Es wird auch mit dem Auswärtigen Amt Fühlung nehmen, um zu einer gutachterlichen Äußerung zu grundsätzlichen Rechtsfragen zu gelangen.

Das Bundesjustizministerium wird ferner gebeten mitzuteilen, ob noch weiteres Material zu den Verfahren zur Verfügung gestellt werden kann. Es wird die Landesjustizverwaltungen auch darüber unterrichten, in welchen Fällen die Abschlussverfügungen der Staatsanwaltschaften bereits der griechischen Regierung übergeben worden sind."

2. Beratungen der Konferenz: Punkt I 4: Verfolgung nationalsozialistischer Gewalttaten

Minister Dr. Ankermüller weist einleitend darauf hin, dass die Verfolgung nationalsozialistischer Gewalttaten in der letzten Zeit akute Bedeutung erlangt habe. Nicht nur aus Anlass des Falles Eisele fordere die Öffentlichkeit in zunehmendem Maße eine Überprüfung der bisher getroffenen Maßnahmen und die Schaffung neuer, wirksamer Methoden zur Aufklärung der bisher noch nicht verfolgten nationalsozialistischen Gewalttaten.

Unter Bezugnahme auf eine Anfrage im Bayerischen Landtag und eine möglicherweise auch im Bundestag zu erwartende Anfrage, sowie unter Hinweis auf den Artikel des GStA Nellmann in der Stuttgarter Zeitung vom 3.9.1958 hält er es für erforderlich, im gemeinsamen Zusammenwirken der Länder und des Bundes nach Mitteln und Wegen zu suchen, um zu einer Lösung des Problems zu kommen. Er bittet sodann MDgt. Dr. Rösch, im Einzelnen darüber zu referieren.

MDgt. Dr. Rösch (Bayern) berichtet über die bisherigen Erfahrungen mit der Aufklärung der nationalsozialistischen Gewalttaten in Bayern und erörterte die verschiedenen Möglichkeiten, noch nicht aufgeklärte Straftaten dieser Art beschleunigt zu sühnen:

I. Der Fall *Eisele* hat gezeigt, dass trotz der umfassenden Maßnahmen, die von den alliierten und den deutschen Strafverfolgungsbehörden zur Aufklärung und Ahndung nationalsozialistischer Verbrechen durchgeführt worden sind, offenbar noch nicht alle Personen, gegen die schwere Beschuldigungen wegen solcher Verbrechen erhoben werden, zur Verantwortung gezogen worden sind. – Der Hauptvorwurf, der aus Anlass des Falles Dr. Eisele gegen die deutsche Justiz erhoben wird, gipfelt darin, dass sie es unterlassen habe, von Amts wegen durch Fühlungnahme mit den alliierten Behörden zu untersuchen, ob Personen, die nur wegen Verbrechen an Angehörigen alliierter Staaten verurteilt worden sind, auch Verbrechen an deutschen Staatsangehörigen begangen haben.

Um nun von vornherein nicht den Anschein aufkommen zu lassen, als handle es sich hier um eine auf Bayern beschränkte möglicherweise unrichtige Verhaltensweise der Strafverfolgungsbehörden – eine typisch bayerische Unterlassung sozusagen -, soll vorweg festgestellt werden, dass der gleiche Vorwurf, wenn er berechtigt ist, wohl auch die Strafverfolgungsbehörden der anderen Länder trifft. Jedenfalls ist z.B. das neue Strafverfahren gegen *Dr. Herta Oberheuser*, die im KZ Ravensbrück als Ärztin tätig war und die vom Internationalen Militärgerichtshof in Nürnberg im sog. Ärzteprozess verurteilt worden ist, von der StA Kiel nicht aufgrund des aus eigenem Entschluss beigezogenen Materials dieses Gerichtshofes eingeleitet worden, sondern auf Anregung des Innenministeriums des Landes Schleswig-Holstein, die sich auf eine Notiz in der Zeitschrift „Die Tat“ bezog. Auf den KZ-Arzt *Dr. Wagner* ist die StA Offenburg in Baden von der StA Bayreuth im Zuge des Strafverfahrens gegen Sommer hingewiesen worden.

Die Beispiele zeigen, dass diese Verfahren jeweils aufgrund eines konkreten Anstoßes von außen her hin Gang gebracht worden sind. Man geht überhaupt wohl nicht fehl in der Annahme, dass keine Strafverfolgungsbehörde in der Bundesrepublik von sich aus die Akten des Internationalen Gerichtshofs in Nürnberg oder alliierter Gerichte angefordert und ganz allgemein dahin überprüft hat, ob Taten gegenüber deutschen Staatsangehörigen noch ungesühnt sind. Dies schloss freilich nicht aus, dass beim Auftauchen eines konkreten Verdachts gegen eine bestimmte Person alliiertes Belastungsmaterial herangezogen worden ist. Dies ist vielmehr in sehr erheblichem Umfang geschehen. Auf dieser Grundlage ist z.B. das Verfahren gegen Ilse Koch in Gang gekommen, die vom Schwurgericht Augsburg zu lebenslangem Zuchthaus verurteilt worden ist.

Überhaupt muss hier – soweit übersehbar – ausdrücklich festgestellt werden, dass die StA nicht nur etwa auf Anzeigen hin tätig geworden und sich ihrer Pflicht zur Aufklärung und Verfolgung von Straftaten von Amts wegen (§ 160 StPO) nicht bewusst gewesen wären. Eine sehr große Zahl von Verfahren ist vielmehr – unabhängig von einer Anzeige – von Amts wegen eingeleitet und durchgeführt worden. Ein zusammenfassender Bericht des GStA in München vom 9.7.1958 ergibt jedenfalls, dass die Verbrechen im KZ Dachau ausschließlich von Amts wegen untersucht und verfolgt worden sind. Den Sachbearbeitern der zuständigen StA ist keine einzige Anzeige hierwegen erinnerlich. – Es kann auch keine Rede davon sein, dass die Verfolgung von NS-Gewalttaten in den vergangenen 13 Jahren lax oder gar widerwillig betrieben worden wäre.

Die bayerischen Strafverfolgungsbehörden nehmen jedenfalls für sich in Anspruch, im Rahmen des tatsächlich und rechtlich Möglichen ihre Pflicht erfüllt zu haben. Die bayerische Justizverwaltung glaubt ihrerseits, durch eine laufende Überwachung aller NS-Verfahren das Erforderliche veranlasst zu haben. Einige Zahlen werden Sie, meine sehr verehrten Herren Minister, Senatoren und Staatssekretäre, in diesem Zusammenhang interessieren. – In Bayern sind von 1945 bis zum 30.6.1958 rechtskräftig erledigt worden: 789 Verfahren durch gerichtliche Entscheidung und 739 Verfahren durch Einstellung seitens der StA; die Gesamtzahl der beschuldigten Personen betrug 5738, die Zahl der angeklagten Personen 2555. Verurteilt wurden 986 Personen, davon zu lebenslangem Zuchthaus 13 und zu Zuchthausstrafen von mehr als fünf Jahren 78. Die Gesamtdauer der zeitigen Freiheitsstrafen beträgt 679 Jahre 3 Monate Zuchthaus und *788 Jahre 8 Monate* Gefängnis, mithin insgesamt 1467 Jahre 11 Monate Freiheitsstrafen.

II. Alle die Bemühungen der Strafverfolgungsbehörden in Bayern und in den anderen Ländern der Bundesrepublik haben aber nicht verhindern können, dass ihre Tätigkeit einer herben, manchmal allerdings über das Ziel hinausschießenden Kritik unterzogen worden ist. Bemängelt wird vor allem: Die – angebliche oder wirkliche – *Systemlosigkeit der Ermittlungen* („Zufallsjustiz", meint Müller-Meinigen in der SZ vom 30./31.8. 1958), das *Nebeneinander* der Ermittlungen anstelle einer sinnvollen Zusammenarbeit oder einer von einer Zentralstelle aus gesteuerten Tätigkeit, – die *Nichtberücksichtigung des einschlägigen Schrifttums,* insbesondere des Buches „Der SS-Staat" von Dr. Kogon, die *geringe Ausnutzung* der Erkenntnisquellen, wie sie die deutschen *Archive,* das Institut für Zeitgeschichte und ähnliche Einrichtungen darstellen, und vor allem die *unterlassene oder mangelhafte Auswertung der alliierten Kriegsverbrecherakten.*

Es kann nicht Aufgabe des Referats sein, im Einzelnen zu untersuchen, ob und inwieweit diese Vorwürfe begründet sind. In Kürze sei hierzu nur bemerkt:

a) Der Vorwurf der *Systemlosigkeit* der Ermittlungen hat ex post betrachtet – vom Ergebnis her gesehen – manches für sich. – Der Vorwurf verkennt aber doch die tatsächlichen Verhältnisse, die vielfach einer frühzeitigen und damit wirksamen Aufklärung entgegenstanden: Zahlreiche Beschuldigte und Zeugen waren für die deutsche Justiz nicht erreichbar, weil sie sich in alliiertem Gewahrsam – im Inland oder im Ausland – befanden und nicht vernommen werden konnten. Es darf auch nicht übersehen werden, dass die alliierten Stellen die deutschen Strafverfolgungsbehörden nicht selten nur zögernd unterstützten und insbesondere des Öfteren Ersuchen um Überlassen von Unterlagen ablehnten. So liegt mir z.B. ein Schreiben vom 14.12.1949 vor, in dem die amerikanische Militärregierung die Bitte um Aktenübersendung ausdrücklich abgelehnt hat.

In der Regel wurde eine Unterstützung auch nicht systematisch (umfassend für einen großen Komplex, z.B. für die Tätigkeit von KZ-Ärzten) gewährt, sondern für konkrete Beschuldigungen gegen bestimmte einzelne Personen. An dieser Einstellung halten die Vereinigten Staaten auch heute noch fest. In dem Schreiben der amerikanischen Botschaft vom 22.8.1958, das auf die von den Herren Landesjustizministern angeregte Bitte des BJM um Überlassung aller Akten der amerikanischen Gerichte gegen deutsche Kriegsverbrecher ergangen ist, wird ausdrücklich erklärt, dass die Unterlagen und Akten in Kriegsverbrecherfällen für eine allgemeine Prüfung nicht zur Verfügung gestellt werden; es wird allerdings die Bereitwilligkeit erklärt, den deutschen Stellen auf Antrag in Einzelfällen auch weiterhin Auskünfte aus den Kriegsverbrecherakten zu erteilen. – Bei dieser Situation wird man bezweifeln müssen, ob die angebotene Hilfe dazu beitragen kann, die behauptete „Systemlosigkeit" der deutschen Ermittlungen zu beheben.

b) Die Umstände, die einer systematischen Verfolgungstätigkeit entgegenstanden und wohl auch noch entgegenstehen, bedingen auch bis zu einem gewissen Grad das *Nebeneinander der Ermittlungen.* Dazu kommt, dass der föderative Aufbau der Bundesrepublik, insbesondere des Gerichtswesens und der Polizei, einer straffen, einheitlich gesteuerten Verfolgungstätigkeit nicht eben dienlich ist. Ganz besonders ungünstig liegen die Verhältnisse in Ländern, die im Grundsatz keine staatliche Polizei, sondern eine Vielzahl kleinerer und größerer Gemeindepolizeien kennen.

c) Nach den im bayr. Justizministerium vorliegenden Berichten ist das vorhandene *Schrifttum,* z.B. über KZ-Verbrechen, in Bayern weitgehend zur Strafverfolgung herangezogen worden. Die Verhältnisse werden in anderen Ländern ähnlich liegen. Diese Literatur ist freilich fast unübersehbar und enthält nicht immer stichhaltiges Material. Als wichtigstes Buch kommt „Der SS-Staat" von Dr. Kogon in Betracht. Das Buch ist vor kurzem in 4. Aufl. erschienen. Auf Einzelheiten darf ich noch zu sprechen kommen.

d) Auch die *sonstigen Erkenntnisquellen* (z.B. Suchdienst des Roten Kreuzes in Nürnberg, Institut für Zeitgeschichte in München, Institut für Völkerrecht der Universität Göttingen) haben in konkreten Fällen bisher schon brauchbares Material geliefert; die Ergiebigkeit lässt sich sicher bei einer systematischen Auswertung noch steigern. Sie darf aber nicht überschätzt werden.

e) Bei der Auswertung *alliierter Akten* darf nicht übersehen werden, dass jedenfalls die US-Gerichte in Dachau nur die Verletzung der Gesetze und Gebräuche des Kriegs abgeurteilt, mithin Straftaten gegen Deutsche grundsätzlich nicht untersucht haben. Daraus ergibt sich zwangsläufig, dass solche Straftaten nur am Rande eine Rolle spielten und nicht Gegenstand der Untersuchung waren. – Dieser Gesichtspunkt wird gewöhnlich übersehen, wenn in der öffentlichen Diskussion die Auswertung gerade dieser Akten gefordert und darin offenbar der wichtigste Beitrag zur Intensivierung der Strafverfolgung gesehen wird. – Immerhin haben diese Akten mehrfach schon für konkrete, bereits anhängige Verfahren Belastungsmaterial ergeben. In diesem Umfang werden sie auch weiterhin nützliche Dienste leisten.

III. Ich habe alle diese Schwierigkeiten, die sich bisher einer erfolgreichen Strafverfolgung entgegenstellten, nicht aufgezeigt, um etwaige Lücken und Mängel auf diesem Gebiet zu beschönigen, sondern um die in die Gegenwart fortwirkenden Schwierigkeiten zu beleuchten. Sie müssen als Realitäten bei der Überlegung, was noch geschehen soll und kann, in Betracht gezogen werden.

1. Bevor wir aber in diese Erörterung eintreten, sollen zwei einschlägige *Rechtsfragen* kurz angesprochen werden.

a) Das wichtigste Problem ist die Frage, ob die erneute Strafverfolgung der bereits vom Internationalen Gerichtshof in Nürnberg oder von alliierten Gerichten wegen Kriegsverbrechen verurteilten Personen dem *Verbot der Doppelbestrafung* („ne bis in idem“, Art. 105 Abs. 33 GG) widerspricht. Die Rechtsprechung hat sich mehrfach mit dieser Frage befasst. Ich darf auf BayObLGSt HESt 3, 50; OLG Frankfurt HESt 3, 49, OLG Hamburg HESt 2, 106 sowie vor allem auf BGHSt 6, 176 und OLG Schleswig in NJW 1958, 112 verweisen.

Der *BGH* hat in der Entscheidung im 6. Band ausgeführt: Das Urteil eines Besatzungsgerichts verbraucht *nicht* das deutsche Strafklagerecht. § 7 StGB (über die Anrechnung von Ausländerstrafen auf inländische Strafen) ist sinngemäß anzuwenden (Urteil des BGH vom 21.5.1954, BGHSt 6, 176).

Andererseits hat das *OLG Schleswig* entschieden: Urteile der Besatzungsgerichte sind keine Urteile inländischer – deutscher – Gerichte. Diese Urteile sowie alle Entscheidungen in Strafsachen, damit auch Kriegsverbrecherurteile, sind aber nach § 7 Abs. 1 des ÜV hinsichtlich ihrer Rechtskraft und ihrer Rechtswirksamkeit Urteilen deutscher Gerichte gleichgestellt worden. Diese Urteile der Besatzungsgerichte sind also sowohl formell als auch materiell nach deutschem Recht rechtskräftig. Dabei bestimmt sich auch der Umfang der materiellen Rechtskraft und damit des Verbrauchs der Strafklage nach deutschem Recht (OLG Schleswig vom 2.9.1957, NJW 1958, 112). Das OLG Schleswig hat demgemäß den *Verbrauch der Strafklage* bezüglich der neuen Beschuldigungen angenommen.

Neuerdings hat der *5. Strafsenat des BGH* in der Sache Hinrichs den Rechtssatz aufgestellt: Wer von einem Besatzungsgericht wegen Kriegsverbrechens rechtskräftig verurteilt war und aus der Strafhaft entwichen ist, ehe der ÜV in Kraft getreten ist, kann wegen derselben Tat vor einem deutschen Gericht verurteilt werden.

Ob aus diesem Urteil über den entschiedenen, besonders gelagerten Fall hinaus ganz allgemein gefolgert werden muss, dass die Urteile der Besatzungsgerichte in Verfahren gegen Kriegsverbrecher im weitesten Sinn (d.h. gegen Personen, die wegen Verbrechen gegen die Menschlichkeit oder gegen das Kriegsrecht und den Kriegsbrauch oder wegen während des Krieges begangener Verbrechen vor einem Gericht einer alliierten Macht verurteilt worden sind) die Strafklage auch insoweit *nicht* verbraucht haben, als die Straftaten sich gegen Angehörige der alliierten Staaten gerichtet haben, und welche Folgerungen sich daraus für die deutschen Strafverfolgungsbehörden ergeben, bedarf noch einer näheren Klärung. Es ist auch nicht sicher, ob in dieser Frage schon das letzte Wort gesprochen ist. Dem Vernehmen nach wird sich in nächster Zeit auch der 2. Strafsenat des BGH mit dieser Frage zu beschäftigen haben. Es bleibt abzuwarten, ob er der Auffassung des 5. Strafsenats folgt oder ob es zu einer Entscheidung des Großen Senats für Strafsachen kommt.

Für unsere Erörterungen, wo es darauf ankommt, überhaupt noch nicht ausgemittelte Verbrechen beschleunigt zu verfolgen und zu ahnden, wird man jedenfalls von der *Rechtsauffassung des BGH* ausgehen können, wie sie in der Entscheidung vom 22.4.1952 1 StR 622/51 *im Strafverfahren Ilse Koch* zum Ausdruck gekommen ist.

Danach haben die amerikanischen Militärgerichte in Dachau ausschließlich die Verletzung der Gesetze und Gebräuche des Krieges aufgrund Kriegsrecht abgeurteilt und zwar nur insoweit, als die Handlungen gegen Staatsangehörige der alliierten Mächte, gegen Staatenlose und gegen Angehörige der Streitkräfte der Vereinten Nationen begangen worden sind. Straftaten gegen deutsche Staatsangehörige, auch gegen deutsche Juden und Österreicher, waren von der Anklage und Aburteilung ausgeschlossen. Der BGH ist demgemäß zu dem Ergebnis gekommen, dass die Strafklage bezüglich letzterer Straftaten *nicht* verbraucht sei; im Übrigen hat er zugunsten der Angeklagten Strafklageverbrauch angenommen.

b) Die *zweite Frage* betrifft die in der Öffentlichkeit vielfach geforderte und auch von GStA Nellmann in der Stuttgarter Zeitung vom 5.9.1958 vorgeschlagene *Einrichtung einer zentralen Ermittlungsbehörde.* Der maßgebende Passus dieses Vorschlags lautet: „Die Länder der Bundesrepublik ordnen in einer zur Verfolgung von Kriegsverbrechen, Judenmorden und KZ-Verbrechen zu schaffenden zentralen Ermittlungsbehörde geeignete StA und Polizeibeamte ab, die unter einem OStA, der selbst am besten dem GBA unterstellt wird, diese Verbrechen ermitteln. Von dem Leiter der Behörde werden möglichst frühzeitig große Tatkomplexe gebildet und abgegrenzt (etwa die einzelnen KZ, die Einsatzgruppenkommandos usw.). Er teilt die Anzeigen den ihm unterstehenden StA desjenigen Landes zur Ermittlung zu, in dem die Sache zu verhandeln ist oder weil dort die meisten Beschuldigten wohnen. Der StA leitet das Verfahren ein, beauftragt seine Kriminalbeamten und vernimmt auch selbst, wo es nötig ist. Er vertritt die Sache vor dem zuständigen Gericht. Diese zentrale Ermittlungsbehörde wird arbeitsfähig sein. Die ihr angehörenden Beamten teilen sich ihre Erfahrungen mit. Dann kann es nicht vorkommen, dass immer von neuem getastet und gesucht werden muss, auf welche Weise man eine solche Sache ermittelt. Diesen Beamten sind die gedruckten Akten der Nürnberger Prozesse vertraut, sie kennen die jüdischen Organisationen (an die wir mit der Bitte um Hilfe herangetreten sind), sie kennen und durchforschen die in Betracht kommende Literatur, sie werden sich auch mit den Landesämtern für Wiedergutmachung in Verbindung setzen, die im Besitz reichen Materials sein müssen.

Die zentrale Ermittlungsbehörde soll in einigen Jahren, nachdem sie ihre Aufgabe erfüllt hat, verschwinden. Die StPO steht ihr nicht entgegen. Kann man föderalistische Bedenken äußern? Empfindlichkeiten wegen Verletzung der Justizhoheit der einzelnen Länder sind hier durchaus unangebracht. Im Übrigen gibt es immer wieder Angelegenheiten der Länderhoheit, die von den Ländern gemeinsam und gleichlautend geregelt werden; dafür hat man die Formel „bundeseinheitlich auf Länderebene". Warum sollte das nicht auch hier möglich sein? – Wir dürfen nicht Mücken seihen und Kamele schlucken."

Gegen diesen Vorschlag bestehen m.E. insoweit keine rechtlichen Bedenken, als die zentrale Ermittlungsstelle gewisse Vorermittlungen betreiben soll, etwa in der Art, wie es die zentralen StA der Länder in den griechischen Kriegsverbrecherverfahren machen. Dagegen gibt unser GVG keine Handhabe, dass eine zentrale StA über die Landesgrenzen hinweg Verfahren bis zur Anklagereife behandelt oder gar die Anklage bei dem zuständigen Gericht vertritt.

2. Ich komme zu den *zu überprüfenden Komplexen.*

a) *Umfang:* Bei der Prüfung der von den Ländern beabsichtigten Maßnahmen muss man sich zunächst den Umfang der evtl. zu überprüfenden Komplexe klarmachen. Im Vordergrund des öffentlichen Interesses stehen z.Zt. die KZ-Verbrechen und hier wohl wieder die von KZ-Ärzten begangenen Untaten. Allein insoweit handelt es sich nur um einen kleinen Ausschnitt, obwohl die Zahl der bekannteren KZ nach Kogon schon 47 beträgt und dabei die zahlreichen Nebenlager nicht eingerechnet sind. Weitere Komplexe sind z.B. die Verbrechen der Einsatzgruppenkommandos (s. den Ulmer Prozess; ein großes Ermittlungsverfahren mit ähnlichem Sachverhalt läuft bei der StA München I), die Verbrechen in Heil- und Pflegeanstalten und der bei Ausübung des Richteramts, insbesondere bei Standgerichten.

Der Umfang dieser Komplexe wird noch durch folgende Zahlen beleuchtet: Im Kriegsverbrechergefängnis *Landsberg* saßen nach einer dem bayr. Justizministerium vorliegenden Aufstellung 805 Häftlinge ein, in den Gefängnissen Wittlich und Werl rund weitere 200 Personen. Die Kartei der *Rechtsschutzstelle* des AA weist über 5000 Namen von Deutschen auf, die von alliierten Gerichten belangt wurden oder noch werden, und von denen – soweit sie in Deutschland in ein Verfahren verwickelt worden waren – eine gewisse Zahl als präsumtive Täter für strafbare Handlungen gegenüber Deutschen in Frage kommt.

Die von der StA München I vorgenommene Auswertung von *Kogons „SS-Staat"* hat 161 beschuldigte Personen ergeben. – Das Schreiben des Justizministers

Baden-Württemberg vom 5.9.1958 weist auf eine Fülle neuer Straftaten im Zusammenhang mit der Tätigkeit der Einsatzgruppen im Osten hin.

b) *Bereits geleistete Vorarbeiten:* Ich darf hier noch einige Vorarbeiten erwähnen, die Bayern im Zuge der Aktivierung der Verfolgung von NS-Verbrechen bereits durchgeführt hat. Sie illustrieren gleichzeitig den Umfang unserer neuen Aufgabe.

1. Karteimäßige Erfassung der von Kogon in seinem Buch „Der SS-Staat" *beschuldigten Personen.* Ergebnis: 162 Personen. Davon sind in der 4. Aufl. des Buches 25 Personen zum ersten Mal beschuldigt; gegen neun Personen sind die früheren Beschuldigungen fallengelassen.

2. *Aufstellung* einer *Liste der Personen,* die im Landsberger Gefängnis eingesessen haben. Gesamtzahl: mindestens 805 Personen.

3. Die *Anfertigung* einer Zusammenstellung der von der *Zentralen Rechtsschutzstelle* – zunächst beim BJM, dann beim AA eingerichtet – *betreuten Personen,* die von den Alliierten in Strafverfahren verwickelt worden waren, ist in die Wege geleitet. Die Zahl beträgt über 5000.

IV. Ich komme zum wichtigsten Punkt, nämlich zur Frage, welche Maßnahmen zur Aktivierung der Strafverfolgung in Betracht kommen. Man wird davon auszugehen haben, dass *nur Lösungen auf der Grundlage des geltenden Rechts* getroffen werden können, dies schon deshalb, weil rasch gehandelt werden muss.

Folgende Möglichkeiten bieten sich an:

1. Als weitestgehende Lösung: die *Einrichtung einer zentralen Ermittlungsstelle* für das gesamte Bundesgebiet nach dem Vorschlag von GStA Nellmann, wobei allerdings eine Ermittlungstätigkeit dieser Stelle, die über bloße Vorermittlungen hinausgeht, aus den oben aufgezeigten rechtlichen Bedenken ausscheiden müsste. – Die Vorteile des Nellmann-Plans – auch in dem eingeschränkten Umfange – treten klar zutage. Sie liegen in einer einheitlichen Führung und zentralen Steuerung jedenfalls der Vorermittlungen. Die Nachteile bestehen darin, dass eine solche Stelle einen sehr erheblichen Sach- und Personalbedarf erfordert und trotzdem nur gewisse Vorermittlungen treffen kann, so dass die eigentliche Strafverfolgungstätigkeit bei der schließlich zuständigen StA liegt.

2. Als mittlere Lösung: die *Aufteilung der zu überprüfenden Komplexe,* sofern der Tatort außerhalb der Bundesrepublik liegt (das gilt z.B. für 2/3 aller KZ's), *auf die* einzelnen *Länder* der Bundesrepublik. – Diese Länder bestimmen *eine* StA für ihren Bereich, die, ähnlich wie bei der Aufklärung der in Griechenland begangenen Kriegsverbrechen, die Vorermittlungen bis zur Einstellung des Verfahrens oder bis zur Abgabe an die für die ausgemittelten Täter zuständigen StA führt. – Der Vorteil dieser Lösung besteht darin, dass der Apparat kleiner gehalten werden kann, dass insbesondere keine eigene Behörde oder Stelle geschaffen werden muss, und dass sie bei enger Zusammenarbeit der zentralen StA der Länder – wohl etwa das Gleiche zu leisten vermag wie die zentrale Ermittlungsstelle in Sinne Nellmanns.

3. Als Mindestlösung: die *Schaffung einer zentralen Materialsammelstelle,* insbesondere die Anlage einer Zentralkartei. Diese Stelle würde zweckmäßig beim BKA, hilfsweise auch bei einer StA, errichtet werden. – Aus dieser Kartei müssten sich alle einschlägigen – zukünftigen und wohl auch bereits abgeschlossenen – Verfahren

ergeben. Es würden erfasst werden die Einleitung des Verfahrens, die Anklageschrift oder die Einstellungsverfügung und das Urteil. Es müsste sowohl eine *Personenkartei* (nach Beschuldigten geordnet) als auch eine *Sachkartei* (nach Tatorten aufgegliedert) angelegt werden. Nur dann erscheint es möglich, einerseits das vorhandene Material auszuschöpfen und andererseits das Nebeneinander von Ermittlungen zu vermeiden. – Es wird Aufgabe der Diskussion sein zu prüfen, welche dieser drei Einrichtungen gewählt werden soll oder ob statt dessen oder zusätzlich andere Maßnahmen ergriffen werden sollen. Die Einzelheiten der Regelung müssten späteren Erörterungen vorbehalten bleiben.

Minister Dr. Haußmann bittet, bevor er sich zu den einzelnen Möglichkeiten äußere, Bundesminister Schäffer um Stellungnahme zu der mit Schnellbrief vom 26.9.1958 angeregten Einschaltung des GBA; seine Mitwirkung liege umso näher, als es sich um Straftaten aus der Zeit des Reiches handle.

Bundesminister Schäffer erklärt, dass er einer Zentralstelle durchaus wohlwollend gegenüberstehe. Diese müsse aber in freier Vereinbarung der Länder errichtet werden, da sich andernfalls verfassungsrechtliche Schwierigkeiten ergeben könnten.

Minister Dr. Ankermüller schlägt vor, zunächst die Frage zu erörtern, ob etwas geschehen müsse. Dann solle man sich darüber unterhalten, was geschehen müsse, und auf welchem Wege dieses Ziel am besten erreicht werden könne.

Minister Dr. Leverenz gibt zu erwägen, ob man sich nicht auf einem gefährlichen Gebiet bewege. Der Krieg sei 13 Jahre vorbei. Wenn man jetzt allem nachspüre und alles verfolge, was in der Vergangenheit geschehen sei, so bescheinige man sich selbst, bisher nicht genügend getan zu haben. Man solle sich nicht zu Knechten der Presse oder der öffentlichen Meinung machen. Wenn man jetzt ohne konkrete Anhaltspunkte die Vergangenheit erforschen wolle, dann betreibe man Geschichtsforschung. Das sei nicht Aufgabe der Justiz, sondern der Historiker. Selbstverständlich müsse man, sobald man von strafrechtlichen Verfehlungen Kenntnis erhalte, diesen nachgehen. Eine systematische Auswertung des auf diesem Gebiet erschienenen Schrifttums sei nicht unbedenklich. Die Erfahrungen im Falle Reinefarth hätten gezeigt, dass darauf wenig Verlass sei.

Minister Dr. Haußmann erwidert, nach seiner Auffassung müsse und könne etwas geschehen. Es handle sich um eine sehr ernste Frage, zu deren Erörterung man sich genügend Zeit nehmen müsse. Es gehe nicht darum, Geschichtsforschung zu treiben oder ohne Anhaltspunkte in der Vergangenheit herumzuwühlen. Es solle gerade versucht werden, diese Anhaltspunkte zu finden. Er wolle auch unterstellen, dass die Justizminister nach 1945 alles getan hätten, was in ihren Kräften stand. Heute sei jedoch die Fragestellung die, ob man noch etwas tun könne, um die trotz aller früheren Bemühungen bisher nicht verfolgten Taten aufzuklären und zu sühnen.

Nach seiner Auffassung enthalte die StPO keine Bestimmungen, die die Landesjustizverwaltungen hinderten, sich im Wege der Vereinbarung auf Zeit zu einer Zusammenarbeit zusammenzufinden. Es werde den Justizministern auch nicht abgenommen werden, wenn man in dieser Konferenz nicht einen Weg finden würde, den juristischen, historischen und gewissensmäßigen Verpflichtungen nachzukommen. Es handle sich keineswegs darum, eine neue Entnazifizierung durchzuführen. Es solle auch nicht das Querulantentum unterstützt werden. Aber es müsste doch allen Anhaltspunkten für das Vorliegen strafbarer Handlungen nachgegangen werden. – Wenn auch MinDirig. Dr. Rösch gesagt habe, dass die Verfolgung in Bayern ohne Anzeigen von Amts wegen erfolgt sei, so sei es doch in der Mehrzahl der Fälle nicht so. Wichtige Entscheidungen des Schrifttums seien bisher völlig unberücksichtigt geblieben. Es sei für die Justiz sehr peinlich, sich vorhalten zu lassen, dass man diesen Dingen nicht nachgegangen sei.

Bei der derzeitigen Arbeitsmethode würden die Ermittlungen zersplittert. Die verschiedenen StA arbeiten ohne Kenntnis voneinander. Sie täten nur pflichtgemäß, was auf sie zukommt. Soweit Teilvorgänge an andere StA abgegeben würden, beschränkten sich diese vielfach darauf, den Ausgang des Ursprungsverfahrens abzuwarten, ohne selbst aktiv zu werden. Das müsse anders werden. Die Polizei und die Justizbehörden müssten mit den Instituten für Zeitgeschichte und mit den Wiedergutmachungsämtern zusammenarbeiten. Militärische Archive, SS-Ranglisten u.ä. müssten ausgewertet werden. Dies könne mit Erfolg nur von Polizeibeamten, StA und Richtern geschehen, die mit dieser Sache genügend vertraut seien. Diese besondere Vertrautheit der Beamten mit dem Material sei umso nötiger, als es sich bei den Beschuldigten vielfach um juristisch geschulte Personen handle. Dabei sei keine Zeit mehr zu verlieren, da die Verjährung der Strafverfolgung wegen Beihilfe zum Mord im Jahre 1960 und die Verjährung der Strafverfolgung wegen Mordes 1965 eintrete.

Minister Dr. Haußmann erläutert seine Ausführungen anhand der Erfahrungen in einigen Einzelfällen. So sei z.B. das Ulmer Verfahren wahrscheinlich eingestellt worden, wenn der GStA in Stuttgart nicht zufällig die Akten zu Gesicht bekommen hätte. – Man könne über diese Dinge nicht einfach hinweggehen, auch wenn es ein heißes Eisen sei. Die Öffentlichkeit sei hellhörig geworden. Man würde sich eines ernsten Versäumnisses schuldig machen, wenn man nichts unternehme. – Baden-Württemberg habe nicht den Ehrgeiz, eine zu errichtende Zentralstelle zu übernehmen. Denn man sei sich darüber klar, dass es sich um eine sehr verantwortungsvolle Aufgabe handle. Nach seiner Auffassung solle jedes Land ein bis zwei StA zu der Zentralstelle abstellen. Auch Kripobeamte müssten hinzugenommen werden. Ebenso müssten Schreibkräfte und das erforderliche Geschäftsmaterial zur Verfügung gestellt werden. Der Leiter der Zentralstelle könne ein OStA sein, der keine Weisungsbefugnisse zu haben brauche, der aber beratend und koordinierend wirken müsse. Wo die Stelle anzugliedern sei, müsse die Justizministerkonferenz entscheiden. Zu der Erörterung der Einzelheiten könne später ein Ausschuss von Ministerialvertretern oder GStA eingesetzt werden. Alles das müsse aber bald geschehen. Es dürfe keine formellen Hindernisse geben. Er glaube, damit auch im Sinne des Landtages des Landes Baden-Württemberg zu sprechen.

Senator Dr. Zander meint, man müsse sich von dem Gedanken frei machen, als handle man unter dem Druck der Presse oder der Öffentlichkeit. Es sei davon auszugehen, dass dieser Sommer bewiesen habe, dass noch nicht alle nationalsozialistischen Gewalttaten verfolgt seien. Deshalb müsse dies jetzt geschehen. Er glaube, dass diese Aufgabe auch ohne die Kriegsverbrecherakten der Amerikaner durchgeführt werden könne.

Senator Dr. Biermann-Ratjen hält die Bedenken des Ministers Dr. Leverenz für erheblich. Er sehe voraus, dass die Gerichte nur unwillig an die Verfahren herangehen werden, und dass es sehr unterschiedliche Urteile geben werde. Trotzdem dürfte man sich nicht darauf beschränken, nur das zu verfolgen, was unabweisbar auf die Strafverfolgungsbehörden zukomme. Das sei mit einer gerechten Rechtspflege nicht vereinbar. Er betrachte die Initiative Baden-Württembergs geradezu als befreiend und habe auch keine Bedenken, die Zentralstelle dem GBA anzugliedern.

Minister Dr. Ney führt aus, dass es sich hier um prinzipielle Fragen handle. Die StA handle ex officio. Wenn sie etwas versäumt habe, müsse sie durch die Justizverwaltung dazu angehalten werden. Das sei Sache der Chefs der Landesjustizverwaltungen. Seiner Ansicht nach solle das BMJ noch einmal gebeten werden, sich bei den amerikanischen Dienststellen für eine Freigabe der Kriegsverbrecherakten einzusetzen. Im Übrigen solle selbstverständlich das anfallende Material ausgetauscht werden. Das könne man aber auch auf dem üblichen Wege tun, ohne eine neue Stelle zu schaffen. Wenn in der letzten Zeit in diesen Sachen Entscheidungen der Gerichte und StA bekannt geworden seien, in denen das Verfahren aufgrund der Amnestie oder mangels Beweises eingestellt worden sei, so seien solche Entscheidungen u.U. unbefriedigender, als wenn überhaupt nichts geschehe. Im Übrigen solle man daran denken, dass es in der Bundesrepublik und in der SBZ gewisse Kreise gäbe, die ein Interesse daran hätten, das deutsche Volk durch solche Prozesse immer wieder von neuem aufzuwiegeln. Man solle unserem Volke die verdient Ruhe gönnen.

Bundesminister Schäffer tritt den Ausführungen des Ministers Dr. Haußmann bei. Wenn man nichts tue, werde man Schwierigkeiten bekommen, die vermieden werden sollten. Die Bemühungen des BMJ um die Freigabe der amerikanischen Kriegsverbrecherakten seien mit der amerikanischen Note vom 22.8.1958 beantwortet worden. Mehr könne man nicht tun. Er meine jedoch, dass auch die Auswertung der amerikanischen Akten in dem begrenzten Umfange von Nutzen sein könne, wenn eine Stelle geschaffen werde, die diese Akten systematisch auswerten könne. Er stelle sich die Sache so vor, dass eine Stelle das gesamte Material sammle und den StA, die in die Lage kämen, ähnliche Verfahren durchzuführen, zur Verfügung stelle. Deshalb befürworte er die Schaffung einer zentralen Ermittlungs- oder Vermittlungsstelle. Darüber sollten sich die Länder einigen. Der Bund sichere jede Unterstützung zu.

StA Rosenthal-Pelldram (Hessen) führt aus, dass es eine Sache des guten Gewissens sei, etwas gemeinsam zu tun, um Unrecht, das nach Rechtsantwort schreie, zu beseitigen. Um in diesen Fällen ex officio tätig werden zu können, genügten die Mittel des einzelnen StA nicht. Dazu sei eine Archivstelle, oder wie man sie sonst nennen wolle, erforderlich. Weiter seien aber auch gewisse Vorermittlungen notwendig. Seiner Auffassung nach ständen solchen Vorermittlungen keine gesetzlichen Hindernisse entgegen. Wenn sich im Laufe dieser Vorermittlungen die Zuständigkeit einer bestimmten StA herausstelle, werde das Verfahren von dieser zu übernehmen sein. Deshalb solle man sich auf eine solche Zentralstelle einigen. Er stelle die Frage, ob Baden-Württemberg bereit sei, die Stelle zu übernehmen.

Minister Dr. Flehinghaus meint, der Appell des Ministers Dr. Haußmann sei auf ihn nicht ohne Eindruck geblieben. Man solle deshalb die Erörterung weniger auf das Ob, sondern in erster Linie auf das Wie beschränken.

Minister Dr. Hofmeister verliest als unverbindliche Diskussionsgrundlage folgenden Entschließungsentwurf: „Die unter der nationalsozialistischen Gewaltherrschaft begangenen KZ- und Kriegsverbrechen müssen, soweit sie bisher nicht geahndet werden konnten, einer beschleunigten gerechten Sühne zugeführt werden. Die Justizminister und die Senatoren werden dafür sorgen, dass das in der Literatur, in Archiven, in deutschen und alliierten Gerichtsakten, bei Organisationen und sonstigen Stellen vorhandene Material, soweit noch nicht geschehen, systematisch durchgearbeitet wird. Sie werden zu diesem Zweck eine zentrale Ermittlungsstelle einrichten, deren Aufgabe es ist, das gesamte Material zu sammeln, auszuwerten, die erforderlichen Vorermittlungen vorzunehmen und die daraus erwachsenden Verfahren zu koordinieren. – Zur Durchführung dieser Maßnahmen werden die Landesjustizverwaltungen unverzüglich die organisatorischen Voraussetzungen schaffen."

Minister Dr. Haußmann unterbreitet der Konferenz folgenden Entwurf: „Die Justizminister und Senatoren haben auf der 27. Justizministerkonferenz in Bad Harzburg die Verfolgung der nationalsozialistischen Gewalttaten eingehend erörtert. Sie haben dabei die Möglichkeiten geprüft, wie bisher ungesühnte Straftaten dieser Art, insbesondere solche, die von Deutschen außerhalb des Bundesgebietes begangen worden sind, einer beschleunigten und gerechten Ahndung zugeführt werden können. – Die Justizminister und Senatoren sind zu diesem Zweck übereingekommen, eine zentrale Ermittlungsstelle bei ... zu schaffen, deren Aufgabe es ist, das gesamte vorhandene Material, soweit noch nicht geschehen, auszuwerten, die erforderlichen Vorermittlungen zu führen und die Strafverfolgung zu koordinieren. – Zur Durchführung dieser Maßnahmen werden die Landesjustizverwaltungen unverzüglich die organisatorischen Voraussetzungen schaffen."

StS Goppel (Bayern) schlägt vor, die in dem ersten Entwurf angesprochenen Organisationen herauszulassen, weil diese sonst möglicherweis mit Ansprüchen an die Justiz herantreten könnten.

Minister Dr. Ankermüller unterstützt diese Anregung.

Senator Dr. Kielinger hebt hervor, dass in jedem Falle die Koordinierung sichergestellt werden müsse.

Bundesminister Schäffer begrüßt die Entschließung und bittet darum, sie noch dahin zu ergänzen, dass der BMJ die Bestrebungen begrüße und jede mögliche Unterstützung zusage.

Senator Dr. Biermann-Ratjen schlägt vor, nicht nur von „vorhandenem", sondern von „vorhandenem und erreichbarem" Material zu sprechen, da das Material mindestens zum Teil überhaupt nicht erreichbar sei.

Minister Dr. Leverenz fragt, warum die von Deutschen im Auslande begangenen Verbrechen besonders hervorgehoben werden sollten. Es handle sich doch mindestens in gleichem Maße um Verbrechen, die von Deutschen im Inlande begangen seien.

Senator Dr. Kielinger schließt sich den Bedenken des Ministers Dr. Leverenz an.

MinDir. Müller (Baden-Württemberg) erklärt dazu, dass die im Bundesgebiet begangenen Straftaten ohnehin von den zuständigen StA aufzuklären seien. Bei den außerhalb des Bundesgebiets begangenen Straftaten sei dies nicht so eindeutig. Deshalb sei ein besonderer Hinweis angebracht.

Minister Dr. Flehinghaus bringt zum Ausdruck, dass das Gewollte durch das Wort „insbesondere" hinreichend gekennzeichnet sei.

Senator Dr. Kielinger schlägt vor, hinter dem Wort „insbesondere" noch das Wort „auch" einzufügen.

Minister Dr. Leverenz äußert Bedenken gegen den Ausdruck „erforderliche Vorermittlungen".

Minister Dr. Hofmeister hat keine Bedenken.

Minister Dr. Ankermüller erklärt, dass durch die Wahl des Wortes „Vorermittlungen" gerade zum Ausdruck gebracht werden solle, dass das noch keine eigentliche staatsanwaltschaftliche Tätigkeit sei.

Minister Dr. Leverenz führt aus, man müsse sich, selbst wenn man die Entschließung in der vorgesehenen Form fasse, jedenfalls intern darüber klar sein, was unter nationalsozialistischen Gewalttaten zu verstehen sei. Wie stehe es z.B. mit den Urteilen der Wehrmachtsgerichte und des Volksgerichtshofs? Man wisse doch, dass die Richter des Volksgerichtshofs zum Teil ungeheuerliche Urteile gefällt hätten.

MinDir. Müller (Baden-Württemberg) nimmt dahin Stellung, dass man bei nationalsozialistischen Gewalttaten vor allem an die willkürlichen Erschießungen und die Tätigkeit der Einsatzkommandos gedacht habe. Es sei aber klar, dass die Zentralstelle nicht uferlos ermitteln solle.

StS Dr. Krille (Nordrhein-Westfalen) hält ebenfalls eine Einschränkung für erforderlich und stellt zur Erörterung, ob man nicht doch mit dem ersten Entwurf besser von KZ- und Kriegsverbrechen sprechen solle.

Senator Dr. Biermann-Ratjen fragt, ob zu den letzteren auch die Judenerschießungen gehörten.

StS Goppel (Bayern) verweist auf die Entscheidung des BGH in der Sache Hinrichs (5 StR 64/58), worin unter Kriegsverbrechen Verbrechen gegen die Menschlichkeit oder gegen das Kriegsrecht und den Kriegsgebrauch oder während des Krieges begangene Verbrechen verstanden würden.

Minister Dr. Haußmann fragt, wer die Kosten der zentralen Stelle zu tragen habe.

Minister Dr. Hofmeister hält es für selbstverständlich, dass sich die Länder nach einem bestimmten Schlüssel an den Kosten beteiligen.

Minister Dr. Leverenz meint, man müsse sich auch über den Leiter der Stelle klar werden. Mit Rücksicht auf die Presseveröffentlichungen des GStA Nellmann in Stuttgart habe er Bedenken, diesem die Leitung der Stelle zu übertragen.

Minister Dr. Haußmann erklärt, er müsse sich vor den GStA in Stuttgart stellen, der ebenso wie er selbst sich gewissensmäßig für verpflichtet halte, auf die Aufklärung der noch nicht gesühnten Taten hinzuwirken.

Senator Dr. Kielinger und *Minister Dr. Leverenz* fragen, ob die Stelle irgendwelche Weisungsbefugnisse haben solle.

Minister Dr. Hofmeister weist darauf hin, dass im Augenblick wohl noch keine Vorschläge für die Organisation der Stelle im Einzelnen gemacht werden könnten. Er halte es für zweckmäßig, wenn Minister Dr. Haußmann den Ministern zu gegebener Zeit Vorschläge für die Organisation der Stelle unterbreiten würde.

Minister Dr. Flehinghaus schließt sich diesem Vorschlag an.

Senator Dr. Kielinger hebt hervor, dass man sich in jedem Falle darüber klar sein müsse, dass es sich bei der Zentralstelle um eine gemeinsame Behörde aller Länder handle.

Diese Erklärung findet allseitige Zustimmung.

Minister Dr. Haußmann betont, dass nach seiner Auffassung der Leiter der Zentralstelle keine Weisungsbefugnisse zu haben brauche. Baden-Württemberg reiße sich auch in keiner Weise um diese Stelle. Es habe sich um der Sache willen für verpflichtet gefühlt, auf das Problem hinzuweisen. Dass Baden-Württemberg nichts an der Stelle liege, ergäbe sich schon daraus, dass es zunächst die Angliederung der Stelle an den GBA zur Erwägung gestellt habe. Im Übrigen bitte er, die Bestimmung des Landes, in dem die Stelle errichtet werden soll, noch aufzuschieben.

Minister Dr. Ankermüller entgegnet, dass man doch heute schon darüber Beschluss fassen solle.

Senator Dr. Kielinger stellt fest, dass man in der JMK nicht der Auffassung sei, dass Baden-Württemberg sich um die Stelle bemüht habe.

Minister Dr. Leverenz schlägt schließlich vor, zur Klarstellung hinter „Zentralstelle" noch einzufügen „der Landesjustizverwaltungen".

Minister Dr. Haußmann erklärt, er sei dankbar für die Erklärung des Senators Dr. Kielinger. Man müsse ihm aber das Recht zubilligen, die Sache vorher seinem Kabinett vorzutragen. Er sei bereit, diesem den Wunsch der JMK zu übermitteln und ihn vor dem Kabinett zu vertreten. Das könne er aber nur tun, wenn alle LJVW hinter ihm ständen. Andernfalls wäre derjenige, der die Stelle errichten solle, überfordert. Er bittet nochmals, das Land, in dem die Stelle errichtet werden soll, offenzulassen, selbst wenn man sich intern darüber einig sei, dass Baden-Württemberg die Stelle übernehmen solle.

Minister Dr. Ankermüller hält es für selbstverständlich, dass ein einstimmiger Beschluss ergehen müsse. Er hält die Bitte des Ministers Dr. Haußmann für berechtigt und schlägt vor, das Land, in dem die Stelle eingerichtet werden solle, in der Entschließung offenzulassen.

Minister Dr. Haußmann fragt, ob die Länder bereit seien, sich personell und finanziell bei der Errichtung der Stelle zu beteiligen.

Minister Dr. Hofmann erklärt, dass er unterstelle, dass wenigstens die größeren Länder ein oder zwei Kräfte an die Zentralstelle abstellen würden.

Senator Dr. Zander sagt zu, sich im Senat dafür einsetzen zu wollen.

Minister Dr. Leverenz weist nochmals auf die politische Bedeutung der Entschließung hin. Es bleibe doch trotz allem die Tatsache bestehen, dass die Justizminister sich mit einer solchen Entschließung bescheinigen, dass bisher nicht genügend geschehen sei. Außerdem greife die Entschließung auch in die Kompetenz der Innenminister ein, deren Polizeibeamte ebenfalls die Pflicht zur Aufklärung gehabt hätten und sich deshalb getroffen fühlen könnten. In jedem Falle benötigten die Justizminister dazu die Zustimmung ihrer Kabinette.

Senator Dr. Zander teilt die Auffassung, dass die Polizeibeamten sich betroffen fühlen könnten, nicht.

Bundesminister Schäffer meint, ihm sei klar, dass vielleicht auch das BKA gebraucht werde. Er könne sich jedoch nicht vorstellen, dass der Bundesminister des Innern irgendwelche Bedenken haben könnte.

Minister Dr. Leverenz erklärt nochmals, dass der Eindruck bestehen bleibe, dass die JMK sich selbst eine Rüge erteile. Um den Vorwurf komme man nicht herum.

StS Dr. Meyer-Abich (Niedersachsen) führt aus, dass ein solcher Vorwurf nicht zu befürchten sei. Es sei ja bekannt, dass viel Material erst jetzt bekannt geworden sei, und dass die Täter zum Teil erst spät aus der Gefangenschaft zurückgekehrt seien.

Minister Dr. Leverenz schlägt vor, in der Entschließung an die Erfahrungen im Ulmer Prozess anzuknüpfen.

Nach weiterer Erörterung wird folgende Entschließung gefasst: „Die Justizminister und Senatoren haben auf der 27. Justizministerkonferenz in Bad Harzburg aufgrund der Erfahrungen der letzten Prozesse die Verfolgung der nationalsozialistischen KZ- und Kriegsverbrechen eingehend erörtert. Sie haben dabei die Möglichkeiten geprüft, wie durch stärkere Zusammenarbeit aller beteiligten Stellen bisher ungesühnte Straftaten dieser Art, insbesondere auch solche, die von Deutschen außerhalb des Bundesgebiets begangen worden sind, beschleunigt und gerecht geahndet werden können. – Zu diesem Zweck sind die Justizminister und Senatoren übereingekommen, eine zentrale Stelle der LJVW zu schaffen, deren Aufgabe es ist, das vorhandene und erreichbare Material auszuwerten, die erforderlichen Vorermittlungen zu führen und die Koordinierung der Strafverfolgung sicherzustellen. – Zur Durchführung dieser Maßnahmen werden die LJVW unverzüglich die organisatorischen Voraussetzungen schaffen. – Der in der Sitzung anwesende Bundesminister der Justiz hat den Beschluss der Landesjustizminister und Senatoren begrüßt und ihm jede mögliche Unterstützung zugesagt."

Minister Dr. Leverenz gibt zu erwägen, ob es nicht bedenklich sei, die Entschließung der Presse bekanntzugeben, solange die Minister nicht die Zustimmung ihrer Kabinette eingeholt hätten.

Bundesminister Schäffer bittet, die Entschließung der Öffentlichkeit mitzuteilen. Wenn bei der JMK etwas Unklares herauskomme, bekomme er parlamentarische Anfragen im Bundestag und müsse dann doch sagen, was er wisse.

Minister Dr. Haußmann und *Minister Dr. Ankermüller* schließen sich den Ausführungen von Bundesminister Schäffer an.

Minister Dr. Hofmeister stellt sodann fest, dass die Entschließung in der vorstehenden Form gefasst worden ist.

Gleichzeitig wird beschlossen, sie bis zur Pressekonferenz vertraulich zu behandeln.

Minister Dr. Haußmann hält es für wünschenswert, wenn man sich noch über die Größe und Zusammensetzung der Zentralstelle einigen könne. Außerdem müsse er es vor seinem Kabinett rechtfertigen, weshalb gerade Baden-Württemberg die Stelle übernehmen solle.

Minister Dr. Hofmeister meint, Minister Dr. Haußmann könne darauf hinweisen, dass die Erfahrungen im Ulmer Prozess der JMK Anlass gegeben hätten, Baden-Württemberg zu bitten, die Stelle zu übernehmen. Außerdem hätten die eindrucksvollen Ausführungen des Ministers Dr. Haußmann das Vertrauen in seine besondere Eignung für die Errichtung dieser Stelle begründet. Er schlägt weiter vor, über die Größe und Zusammensetzung der Stelle im Einzelnen Vertreter der LJVW und des BMJ in einer besonderen Sitzung entscheiden zu lassen.

Minister Dr. Ankermüller meint, dass sich die Minister und Senatoren gelegentlich der nächsten oder übernächsten Bundesratssitzung erneut mit dieser Frage befassen sollten.

Minister Dr. Leverenz vertritt ebenfalls die Auffassung, dass die Minister als die politisch Verantwortlichen sich diese Sache nicht aus der Hand nehmen lassen sollten.

Minister Dr. Haußmann hält es für wünschenswert, wenn sich die Länder über das Ergebnis der Erörterungen ihrer Kabinette unterrichten und ihm zugleich etwaige Anregungen für die Organisation der Zentralstelle übermitteln würden. Aufgrund dieser Anregungen sei er bereit, einen Vorschlag für die Organisation der Zentralstelle auszuarbeiten, über den auf der bevorstehenden Zusammenkunft der Minister und Senatoren entschieden werden könne.

Minister Dr. Hofmeister stellt schließlich als Ergebnis der weiteren Beratungen fest: „Das Land Baden-Württemberg wird gebeten, die Zentralstelle zu übernehmen. Minister Dr. Haußmann wird sich bei der Landesregierung Baden-Württemberg dafür einsetzen und Vorschläge für die Organisation dieser Stelle machen. – Die übrigen Justizminister und Senatoren werden sich in ihren Ländern für diese Lösung einsetzen. Sie werden den Justizminister des Landes Baden-Württemberg von der Entschließung ihrer Kabinette unterrichten und ihm dabei zugleich ihre Vorstellungen über die Ausgestaltung und Organisation der Zentralstelle mitteilen."

Die Minister und Senatoren sind sich darüber einig, dass Baden-Württemberg bis zur Klärung der Angelegenheit die Federführung in dieser Sache übernimmt.

II. Verwaltungsvereinbarungen über die Errichtung einer Zentralen Stelle der Landesjustizverwaltungen zur Aufklärung nationalsozialistischer Verbrechen (1959/65; letzte Fassung vom 24.1.1967)

I. Errichtung und Organisation

1. Im Land Baden-Württemberg wird für vorübergehende Dauer eine Zentrale Stelle zur Vorbereitung und Koordinierung der Verfolgung der in Abschnitt II bezeichneten Verbrechen als gemeinschaftliche Einrichtung der Landesjustizverwaltungen errichtet.

2. Die Landesjustizverwaltung Baden-Württemberg bestimmt den Sitz der Zentralen Stelle und stellt die erforderlichen Räume zur Verfügung. Ihr obliegt die Federführung in allen Angelegenheiten der Zentralen Stelle. Sie wird in Fragen grundsätzlicher Bedeutung und in Fragen, welche nur einzelne Landesjustizverwaltungen betreffen, ein Einvernehmen mit den beteiligten Landesjustizverwaltungen herstellen.

3. Die Landesjustizverwaltung Baden-Württemberg bestellt im Einvernehmen mit den übrigen Landesjustizverwaltungen den Leiter der Zentralen Stelle.

4. Die Landesjustizverwaltungen stellen der Zentralen Stelle zur Durchführung ihrer Aufgaben die erforderliche Zahl von Staatsanwälten, Richtern oder höheren Beamten und – soweit erforderlich – von Beamten des gehobenen oder mittleren Dienstes zur Verfügung.

5. Die Fachaufsicht über das Personal der Zentralen Stelle übt für die Landesjustizverwaltungen die Landesjustizverwaltung Baden-Württemberg aus. Die Dienstaufsicht verbleibt bei der abstellenden Landesbehörde.

6. Die Personal- und Sachaufwendungen für die Zentrale Stelle verauslagt die Landesjustizverwaltung Baden-Württemberg. Unterstützungen und Beihilfen werden jedoch von den abstellenden Landesbehörden bewilligt und ausbezahlt. Der Aufwand für die Zentrale Stelle (einschließlich etwaiger Auslaufkosten) wird nach dem Verhältnis der fortgeschriebenen Einwohnerzahl der Länder am 1. April des jeweiligen Rechnungsjahres auf die Landesjustizverwaltungen umgelegt. Ausgenommen hiervon bleiben die Ausgaben für Unterstützungen und Beihilfen, die von den abstellenden Landesbehörden endgültig getragen werden. Die Abrechnung erfolgt halbjährlich, erstmals nach dem Stand vom 31. März 1959.

II. Zuständigkeit. Die Tätigkeit der Zentralen Stelle erstreckt sich vorwiegend auf solche Verbrechen, für die im Bundesgebiet ein Gerichtsstand des Tatorts nicht gegeben ist, und zwar auf Verbrechen, die a) im Zusammenhang mit den Kriegsereignissen gegenüber Zivilpersonen außerhalb der eigentlichen Kriegshandlungen, insbesondere bei der Tätigkeit der sog. Einsatzkommandos, b) außerhalb des Bundesgebiets in Konzentrationslagern und ähnlichen Lagern begangen worden sind.

IIa. Erweiterte Zuständigkeit (ab 11.12.1964): Die Zentrale Stelle führt ab 11.12.1964 auch Vorermittlungen wegen solcher Verbrechen, die im Bundesgebiet während der nationalsozialistischen Herrschaft von den Gewalthabern des Dritten Reiches oder in deren Auftrag außerhalb der eigentlichen Kriegshandlungen begangen worden sind. Ausgenommen sind die zur Aufklärung des Tatkomplexes „Reichssicherheitshauptamt" notwendigen Vorermittlungen. Diese Ermittlungen werden auch weiterhin vom Generalstaatsanwalt beim Kammergericht Berlin geführt.

III. Aufgaben der Zentralen Stelle und Verfahren:

1. Die Zentrale Stelle wird das erreichbare Material sammeln, sichten und auswerten. Dabei wird sie insbesondere nach Ort, Zeit und Täterkreis begrenzte Tatkomplexe herausarbeiten und feststellen, welche an den Tatkomplexen beteiligten Personen noch verfolgt werden können.

2. Sind für einen Tatkomplex der Kreis der verfolgbaren Täter und die zuständige Staatsanwaltschaft festgestellt, so leitet ihr die Zentrale Stelle den Vorgang über den Generalstaatsanwalt zu. Die Staatsanwaltschaft soll das Verfahren grundsätzlich weder ganz noch teilweise an eine andere Staatsanwaltschaft abgeben. Hält sie eine Abgabe gleichwohl für erforderlich, so berichtet sie zuvor der Landesjustizverwaltung.

3. Fehlt es im Geltungsbereich der StPO an einem zuständigen Gericht im Bundesgebiet, so legt die Zentrale Stelle die Akten dem Generalbundesanwalt mit der Anregung vor, durch den BGH das zuständige Gericht bestimmen zu lassen.

4. Der Leiter der Zentralen Stelle bestimmt die Sachbearbeiter.

5. Die Zentrale Stelle verkehrt mit den Staatsanwaltschaften unmittelbar. Abs. 2 bleibt unberührt.

6. Die Staatsanwaltschaften unterrichten die Zentrale Stelle über die abgeschlossenen, anhängigen und anhängig werdenden Verfahren, unabhängig davon, ob der Tatort im Bundesgebiet liegt. Die Zentrale Stelle ist berechtigt, ergänzende Auskünfte oder die Vorlage der Akten zu verlangen. Die Staatsanwaltschaften können die Zentrale Stelle ersuchen, ihre Ermittlungen zu unterstützen.

7. Die Staatsanwaltschaften übersenden der Zentralen Stelle Abschriften ihrer Abschlussverfügungen und der gerichtlichen Entscheidungen.

8. Die Zentrale Stelle erfasst die Ergebnisse ihrer Tätigkeit in Karteiform.

9. Die Landesjustizverwaltungen werden darauf hinwirken, dass die polizeilichen Dienststellen ihrer Länder den Ersuchen der Zentralen Stelle unverzüglich entsprechen.

III. Justizministerkonferenz vom 25.10.1964

Justizminister Schneider schlägt vor, die Punkte 1 *„Beschaffung von Beweismitteln aus dem sowjetischen Besatzungsgebiet und aus den Ostblockstaaten"* und 5 der Tagesordnung *„Verlängerung der Strafverfolgungsverjährung bei NS-Gewaltverbrechen"* mit Rücksicht auf ihren Sachzusammenhang zusammen zu behandeln. Hiergegen erhebt sich kein Einwand.

BMJ Dr. Bucher führte aus: Die Bundesregierung habe einen Aufruf an die Weltöffentlichkeit gerichtet, der deutschen Justiz bei der Verfolgung der NS-Verbrechen zu helfen, insbesondere Beweismaterial zur Verfügung zu stellen, damit vor Ablauf der Verjährungsfristen die erforderlichen Verfahren eingeleitet und die zur

Unterbrechung der Verjährung notwendigen richterlichen Handlungen veranlasst werden könnten. Die Bundesregierung habe beschlossen, dass eine Verlängerung der Verjährungsfrist für NS-Gewaltverbrechen nicht in Betracht komme. Die SPD-Fraktion des Bundestages habe wegen der Verfolgung von NS-Mordtaten einen Antrag angekündigt, der nach seinen Informationen von der CDU-Fraktion, evtl. auch von der FDP-Fraktion im Bundestag unterstützt werde. – Er übergibt hierzu einen Abdruck an die Teilnehmer der Besprechung. Durch den Antrag der SPD, so fährt er weiter fort, werde der Beschluss der Bundesregierung nicht geändert, sondern ergänzt.

Senator für Justiz Kirsch berichtet über den Stand des Verfahrens gegen Angehörige des früheren Reichssicherheitshauptamtes (RSHA). Der Gesamtkomplex sei im Wesentlichen aufgeklärt. Mit der Aufgliederung in Teilkomplexe sei nunmehr zu rechnen. Nach den bisherigen Ergebnissen rechne er damit, dass gegen 300–600 Beschuldigte die Verjährung unterbrochen werde. Es lasse sich noch nicht übersehen, wie viele Verfahren auf die einzelnen Bundesländer zukommen würden. Weitere Komplexe deuteten sich an, die weiterer Bearbeitung bedürften; sie beträfen

1. Kanzlei des Führers (Euthanasie)
2. Auswärtiges Amt (Beteiligung an Massentötungen, Endlösung der Judenfrage)
3. Ministerium der besetzten Ostgebiete
4. Persönlicher Stab des Reichsführers SS
5. Rasse- und Siedlungshauptamt
6. Oberkommando der Wehrmacht.

Justizminister Dr. Haußmann ist der Auffassung, dem Antrag der SPD gehe es darum, Täter und Straftaten im Inland aufzuspüren. Er habe veranlasst, diese Dinge rechtlich und politisch auf ihren Gehalt zu prüfen, damit man feststellen könne, was hier an Verfahren noch zu erwarten sei. Er bitte, OStA Schüle im Hinblick auf die Ausführungen des Senators für Justiz Kirsch zu hören. Die Dinge erlaubten keinen Aufschub mehr. In der heutigen Besprechung sei eine Meinungsbildung unter den Besprechungsteilnehmern nötig, die dann den jeweiligen Landesregierungen vorzutragen sei. – Problematischer als die Auswertung des westlichen Archivmaterials sei die Auswertung des in der SBZ, CSR und Polen lagernden Beweismaterials. Dabei gehe es nicht um die Entsendung von Richtern oder StA in die Ostblockländer, sondern nur um die systematische Auswertung des „Ostmaterials". Die GStA hätten sich auf ihrer Tagung in Husum für die Auswertung ausgesprochen. – Polen zeige zwar das Material, verweigere aber bisher wohl aus politischen Gründen eine systematische Auswertung. Er sei gegen eine Verlängerung der Verjährungsfrist. Eine Entscheidung hierüber könne am besten durch rascheste, systematische Auswertung und Unterbrechung der Verjährung vermieden werden. OStA Schüle sei der Ansicht, die polnischen Unterlagen ergäben nicht allzu viel Neues. Schüle sei aber überzeugt, dass er mit Hilfe der polnischen Militärmission in Berlin ein Vorkommando nach Polen entsenden und selbst dorthin reisen könne. Der Beweiswert des polnischen Beweismaterials sei für laufende Verfahren sehr hoch zu veranschlagen.

Der ZSt. der LJVW sei an dieser Stelle besonderer Dank für ihre aufopferungsvolle, gewissenhafte und sorgfältige Arbeit zu sagen, die der Wiedererlangung des deutschen Ansehens in der Welt in besonderer Weise gedient habe. Ihrem Leiter, OStA Schüle, gebühre dieser Dank in besonderer Anerkennung seiner Verdienste.

Justizminister Schneider dankt der ZSt. und OStA Schüle für die bisher geleistete Arbeit im eigenen Namen und im Namen der LJVW. Er gibt der Hoffnung Ausdruck, dass die noch weiterhin erforderlichen Bemühungen zu einem erfolgreichen Abschluss geführt werden könnten.

Justizminister Lauritzen unterbreitet folgende Vorschläge:

1. Er werde es begrüßen, wenn eine Form gefunden werde, die geeignet sei, der Öffentlichkeit deutlich zu machen, was bisher für die Aufklärung der NS-Gewaltverbrechen geschehen sei.

2. Die Justizminister sollten ihre Entschlossenheit bekunden, alles zu tun, was erforderlich sei, die Unterbrechung der Verjährung bis zum 8.5.1965 sicherzustellen.

3. Bezüglich des Beweismaterials in den Ostblockstaaten genüge kein noch so gut gemeinter Appell; vielmehr sollten Richter oder StA in die betreffenden Länder geschickt werden. Hessen habe praktische Erfahrungen im Auschwitz-Prozess und Heyde-Prozess gesammelt. Außenpolitische Bedenken sollten zurückgestellt werden.

Justizminister Schneider äußert, dass der außenpolitische Druck die erforderlichen Entscheidungen erschwere.

Sodann berichtet *OStA Schüle* und gibt einen umfassenden Überblick darüber, welche Tatkomplexe als abgeschlossen gelten können und welche noch als aufklärungsbedürftig erscheinen. Er gelangt zu dem Ergebnis, dass nur noch das im ehemaligen Preußischen Geheimen Staatsarchiv in der SBZ und das in Ostblockländern, besonders in Polen lagernde Beweismaterial der systematischen Auswertung bedürfe.

BMJ Dr. Bucher gibt ein Schreiben des AA vom 22.8.1964 bekannt, wonach keine Bedenken dagegen bestünden, Angebote aus dem Ostblock auf Entsendung von Richtern oder StA anzunehmen zu dem Zwecke, an Ort und Stelle Beweismaterial zu prüfen. Er bittet OStA Schüle um Mitteilung, mit wie vielen Tätern noch zu rechnen sei.

OStA Schüle erwidert, es sei mit Verfahren gegen 4000–5000 Beschuldigte zu rechnen; in diesen Verfahren könne die Verjährung rechtzeitig unterbrochen werden. In dem vom GStA in Berlin geführten Verfahren RSHA sei mit 400 Beschuldigten zu rechnen. Wegen der Tötung von 3000–4000 katholischen Geistlichen (hauptsächlich in Dachau) seien bei der StA München II mehrere Verfahren anhängig.

Justizminister Dr. Haußmann schlägt vor, OStA Schüle möge alsbald eine schriftliche Zusammenfassung über die bisher geleistete und noch zu leistende Arbeit bei der Verfolgung von NS-Gewaltverbrechen erstellen. Er fragt, ob das Schreiben des AA dahin zu verstehen sei, dass generell kein Einwand gegen Reisen in den Ostblock erhoben werde. Wenn das der Fall sei, müsse die systematische Aufklärung der polnischen Unterlagen sogleich in Angriff genommen werden. OStA Schüle sei bereit, sofort seine Verbindungen mit der polnischen Militärmission zu aktivieren. Er habe mit dem SPD-Abgeordneten Jahn gesprochen, die Annahme des SPD-Antrages sei unbedenklich, wenn OStA Schüle eingesetzt werde.

Der *BJM Dr. Bucher* erläutert das Schreiben des AA.

Senator für Justiz Dr. Biermann-Ratjen weist darauf hin, dass „das Ausland auf uns alle" schaue. Er sehe die einzige Möglichkeit für eine gerechte Behandlung des Gesamtproblems in einer Verlängerung der Verjährungsfrist. Hamburg behalte sich vor, insoweit initiativ zu werden.

Justizminister Dr. Lauritzen bittet, davon auszugehen, dass der Bundestag einen dem Antrag der SPD entsprechenden Beschluss fasse. Die Justizminister sollten sich daher ebenfalls schlüssig werden, die verbleibende Frist auszunützen zur raschen Aufklärung, damit für die Unterbrechung der Verjährung gesorgt werden könne; das Anerbieten der ZSt. solle angenommen und die ZSt. in die Aufklärungsarbeit für das In- und Ausland eingeschaltet werden. Über die Verlängerung der Verjährungsfrist solle jetzt nicht entschieden werden; das habe im Frühjahr noch Zeit, wenn feststehe, wie weit die Aufklärung gediehen sein.

Senator für Justiz Kirsch stimmt Justizminister Dr. Lauritzen zu, gibt allerdings zu bedenken, OStA Schüle habe früher auch schon eine günstige Prognose gestellt, die nicht ganz zutreffend gewesen sei.

MinDir. Müller widerspricht und erklärt, die Prognose sei richtig gewesen. Der SPD-Antrag wolle die Inlandstäter erfassen. Bis auf das Rasse- und Siedlungshauptamt (Material in Koblenz, Nürnberg) – Tatort Inland und das Generlgouvernement Krakau – seien sämtliche Komplexe bisher erfasst worden. Der Antrag der SPD, eine neue ZSt. zu schaffen für den Tatort Inland sei daher nicht begründet. Er teile die Ansicht von Justizminister Dr. Haußmann. Der ZSt. in Ludwigsburg sollten weitere Hilfskräfte beigegeben werden.

Justizminister Schneider regt an, Einzelkomplexe zu erörtern. Er bittet, zu dem Vorschlag von Justizminister Dr. Lauritzen Stellung zu nehmen.

StS Hartinger spricht sich gegen die Errichtung einer neuen ZSt. aus. Er schneidet den Fall Becher (früher beim Sonderkommando Eichmann in Ungarn, jetzt Getreidemillionär) an.

StS Prof. Dr. Bülow gibt weitere Erläuterungen zum Schreiben des AA vom 22.8.1964. Für die Einreise nach Polen oder andere Ostblockländer bedürfe es einer Einladung des betreffenden Landes. Das Schreiben betreffe eine Reise von Berlin nach Potsdam. Wünsche für Reisen nach Polen müsse das BMJ dem AA vorlegen.

Justizminister Schneider schlägt vor, OStA Schüle einzusetzen, da er über die nötigen Verbindungen verfüge.

Justizminister Dr. Haußmann mahnt, dass die Beratung auf der Stelle trete. Um die Verlängerung der Verjährungsfrist zu vermeiden, müssten alle Möglichkeiten ausgeschöpft werden. OStA Schüle habe die nötigen Verbindungen bei der polnischen Militärmission in Berlin.

Justizminister Schneider stellt klar, es gehe heute nicht um die Verlängerung der Verjährungsfrist. Vielmehr stehen die beschleunigte Sammlung des Beweismaterials und seine Auswertung im Vordergrund. Erst im kommenden Frühjahr sei die

Frage der Verjährungsfrist zu entscheiden. Die Schaffung einer neuen ZSt. könne aus organisatorischen und zeitlichen Gründen nicht ernstlich erwogen werden. Die ZSt. in Ludwigsburg sei entsprechend den neuen Anforderungen zu erweitern mit allen Konsequenzen. Diese Stelle solle dann Verbindung mit dem Ausland aufnehmen. Darüber sei jedoch zweckmäßigerweise kein Beschluss zu fassen.

BJM Dr. Bucher nimmt den Vorschlag von Justizminister Lauritzen auf. Auch ist er der Ansicht, es solle eine umfassende Dokumentation erstellt werden.

MinRat Roth meint, es gehe darum, innerdeutsche und polnische Archive auszuwerten. Er denke sich die Durchführung so, dass die ZSt. sich aufgrund ihrer Beziehungen zu polnischen Stellen bemühe, in Polen lagerndes Material auszuwerten. Er schlägt vor, die Ermittlungsbehörde in Berlin (Komplex RSHA) und die ZSt. (Komplex Ost) zu verstärken.

MinDir. Dr. Schafheutle fordert, die Dokumentation müsse sofort eingeleitet werden, da die Zeit bis März sehr kurz bemessen sei.

Justizminister Schneider fasst das Ergebnis der Besprechung zusammen: Es gehe um Folgendes:

1. Herstellung einer Dokumentation durch die ZSt.

2. Die Frage der Verjährung unterliege einer späteren Entschließung, wenn hinreichend Feststellungen getroffen seien. Daher sei das im In- und Ausland lagernde Beweismaterial auszuwerten.

3. Die Auswertung des Materials (mit Ausnahme des Gesamtkomplexes RSHA) solle die ZSt. in Ludwigsburg vornehmen; zu diesem Zweck solle sie personell erweitert werden. Sollte die Ermittlungsbehörde in Berlin, die den Gesamtkomplex RSHA nebst den von Senator Kirsch genannten Teilkomplexen bearbeite, ebenfalls Verstärkungen benötigen, so sollten auch sie bewilligt werden, beides selbstverständlich vorbehaltlich der Zustimmung der Länderkabinette.

MinDr. Müller fragt, ob sich die ZSt. an die polnische Militärmission wenden dürfe.

Justizminister Dr. Lauritzen erwidert, diese Frage solle nicht gestellt werden.

Justizminister Schneider erklärt, die Frage könne nicht beantwortet werden.

Justizminister Dr. Lauritzen wünscht nochmals, dass in der Öffentlichkeit zur Frage der Verjährungsfrist nicht Stellung genommen werden solle.

Am 20.11.1964 beschloss die Justizministerkonferenz, die Zuständigkeit der ZSt. (ab 11.12.1964) auf die im Inland begangenen NS-Verbrechen zu erweitern.

IV. Justizministerkonferenz vom 22.-28.4.1965 in Bonn (weitere Beschlüsse zur Tätigkeit der ZSt.)

Teilnehmer:

BJM Dr. Weber, Dr. Haußmann (Württemberg), MinRat Dr. Fischer (Bayern), v. Drenkmann (SenDir. Berlin), Dr. Krüger (OLG-Rat, Hamburg), Dr. Lautritzen (Hessen), Dr. Mannzen (StS Niedersachsen), Dr. Krille (StS, NRW), Schneider (JM, Rh.-Pf.), Moosmann (MinRat, Saarland), Dr. Lewerenz (JM, Schl.-Holst.), Dr. Graf (Senator, Bremen).

Vors. der JMK: Dr. Graf; der Referentenkonferenz: Dr. Dünnebier (GStA, Bremen).

Punkt 1 der Tagesordnung: Weiterarbeit der ZSt. der LJVW in Ludwigsburg nach dem 8.5.1965 – Berichterstatter: MinRat Roth

Referentenberatung: Der *Vorsitzende* bittet um Zustimmung, dass auf der Grundlage eines den Teilnehmern vorliegenden Fragebogens verhandelt wird, in dem der Inhalt des Schreibens des Justizministeriums Baden-Württemberg vom 14.4.1965 an die LJVW und ergänzend des Schreibens der ZSt. vom 8.4.1965 an das Justizministerium Baden-Württemberg enthalten ist, und dass der Inhalt dieser Schreiben bei der Diskussion als bekannt vorausgesetzt wird (aus diesem Grunde werden die Fragen hier jeweils an die Spitze der Erörterungen gestellt). Die Teilnehmer sind damit einverstanden.

1. Soll die ZSt. weiterhin zuständig sein, Vorermittlungen auch dann zu führen, wenn für die Straftat im Inland ein Gerichtsstand des Tatorts und damit eine örtlich zuständige StA vorhanden ist? (BW S. 1, I a). Bejahendenfalls: soll die ZSt. für alle *Inlandsstrafen zuständig sein, nämlich für a) die Komplexe der obersten Reichsbehörden; b) die Komplexe der im Bundesgebiet gelegenen KZ und Anstalten; c) alle sonst denkbaren Einzelfälle. – Oder sollte durch die Erweiterung der Verwaltungsvereinbarung nur ermöglicht werden, solche Tatkomplexe aufzuklären, für die an sich die StA Berlin zuständig wäre, die aber von ihr personell nicht bewältigt werden können? (ZSt. S. 6, 7, B I)*

Referentenberatung: Der *Berichterstatter* gibt einen Überblick darüber, wie es zu dem Beschluss der Justizminister vom 11.12.1964 gekommen sei und führt aus: Die Justizminister hätten erreichen wollen, dass sämtliche Angehörige aller Behörden, die für nationalsozialistische Verbrechen in Betracht kämen, erfasst würden. Man habe geglaubt, das am besten dadurch erzielen zu können, dass keine neue ZSt. geschaffen, sondern die Zuständigkeit der bestehenden erweitert werde. Sie sollte nunmehr gegen alle potentiellen Täter Vorermittlungen führen können, und zwar unabhängig davon, ob es sich um Auslands- oder Inlandstäter handle. Aus Entstehungsgeschichte und Sinn der Erweiterung der Verwaltungsvereinbarung folge, dass sie extensiv ausgelegt werden müsse.

Demgegenüber meint *OStA Schüle:* Die Zuständigkeit der ZSt. sollte beschränkt werden auf oberste Reichsbehörden, auf Parteidienststellen und auf den Stab des Reichsführers SS. Örtlich begrenzte Komplexe sollten von den örtlich zuständigen StA – wenn auch mit Unterstützung der ZSt. – erledigt werden. Es sollte auch vermieden werden, Strafverfahren, für die eine StA im Inland bereits örtlich zuständig sei (z.B. München II für das KZ Dachau), an die ZSt. abzugeben. Denn dann müsste diese alles neu erarbeiten, was der jetzigen StA schon bekannt sei. Auch Einzelkomplexe im Inland könne jede StA selbst erledigen.

MinRat Römer hält dem entgegen: An der Notwendigkeit, die Erweiterung der Verwaltungsvereinbarung extensiv auszulegen, könne kein Zweifel sein. Damit sei eine umfassende Zuständigkeit der ZSt., auch für Einzelfälle, gegeben. Doch könnten Einzelfälle rascher als Komplexe an eine örtliche StA abgegeben werden. Den gleichen Standpunkt vertreten *MinRat Dr. Fischer* und *RegDir. Dr. Siebert.*

Dr. Fischer betont, dass die Dachau-Fälle nach München übernommen werden würden.

GStA Dr. Dünnebier führt aus: Nach der Entstehungsgeschichte und dem Sinn der Zuständigkeitsergänzungsvereinbarung sei eine extensive Auslegung geboten. Streitig sei auch nicht die Behandlung der obersten Reichsbehörden; die Schwierigkeiten lägen mehr bei den Ermittlungen gegen KZ und Anstalten. Die Zuständigkeitsvereinbarung sei in dem Sinn auszulegen, dass die ZSt. Vorermittlungen auch dann führen solle, wenn für die Straftaten im Inland die Zuständigkeit einer örtlichen StA gegeben sei.

RegDir. Götz entwickelt folgende Ansicht: Bei der Bestimmung des Umfangs der Zuständigkeit müsse entscheidend berücksichtigt werden, dass die Lage sich seit dem Beschluss vom 11.12.1964 erheblich geändert habe. Damals habe man noch unter dem Eindruck gestanden, die Verjährungsfrist werde nicht verlängert. Die nunmehr beschlossene Verlängerung um viereinhalb Jahre werde von der Weltöffentlichkeit mit der Frage verbunden, ob und wie die Deutschen die Zeit nützen würden. Er sei der Ansicht, die ZSt. müsse allumfassend zuständig sein, auch für Einzelfälle. Es wäre notwendig, dass sie alle Verfahren möglichst bis zur Anklage führe. Das sei verfahrensrechtlich möglich, wenn die GStA alle NSG-Sachen an sich zögen und jeder mehrere StA an die ZSt. abordne, die dann weiterhin als StA ihrer Behörde die Sachen ermitteln und sogar anklagen könnten. Diesem Vorschlag tritt *OLG-Rat Dr. Krüger* mit folgenden Ausführungen entgegen: Der Vorschlag hätte vor etwa zehn bis fünfzehn Jahren erörtert werden können. Heute sei er verspätet. Es sei schwierig, die nötigen Unterkünfte zu schaffen und so viel Personal abzuordnen, wie es bei diesem Aufbau erforderlich sei.

Dagegen unterstützt *MinRat Dr. Zorn* den Vorschlag Götz: In der Debatte der UNO-Menschenrechtskommission vom 22.3. bis zum 5.4.1965 in Genf habe man der Bundesrepublik vorgeworfen, sie habe das übergebene Material nicht mit der erforderlichen Sorgfalt ausgewertet und sich auch nicht genügend bemüht, Unterlagen aus der Tschechoslowakei und Russland zu erhalten. Die Kommission habe eine Resolution gefasst. Danach sollen die Einzelstaaten verpflichtet sein, miteinander zusammenzuarbeiten. Sie sehe namentlich vor:

1. Die Verfolgung von NS-Verbrechen solle mit allen Kräften weitergeführt werden;
2. eine Verjährung sollte ausgeschlossen sein;
3. alle Staaten mit belastendem Material sollten mit der Bundesrepublik zusammenarbeiten und es ihr zur Verfügung stellen.

Der *Vorsitzende* schlägt vor, zunächst die Frage zu behandeln, ob alle Sachbearbeiter in NSG-Sachen bei einer zentralen StA zusammengefasst werden sollen (BW S. 3, I d; ZSt S. 15, B V). Auf die Frage des *Vorsitzenden,* ob daran gedacht sei, bei ihr etwa alle StA zusammenzufassen, die in NSG-Sachen arbeiten, antwortet *MinRat Römer:* Das sei nicht möglich. In Nordrhein-Westfalen beständen seit 1963 zwei zentrale StA für NSG-Sachen. Es handle sich dabei um Teams, die zusammengewachsen wären und deren Erfolg auf ihrer Teamarbeit beruhe. Teamarbeit sei nur möglich, wenn der Kreis nicht zu groß ist; Mammutbehörden seien für eine Teamarbeit ungeeignet. *MinRat Dr. Fischer* erklärte dazu: Es sei personalpolitisch unmöglich, so viele StA an eine Stelle zu bringen. StA könnten nicht einfach kommandiert werden; dann verließen sie lieber die Behörde. *OLG-Rat Dr. Krüger* ergänzt: Da als Sachbearbeiter vornehmlich jüngere Herren eingesetzt werden müssten, sei zu befürchten, dass ihre staatsanwaltschaftliche Ausbildung leide. Nicht vergessen werden dürfe schließlich die psychische Belastung dieser Herren. *OStA Dr. Wagner* stellt heraus, dass auch die in allen Fällen notwendige Voruntersuchung, die am Gerichtsort der StA durchgeführt werden müsse, gegen eine Zentrale StA spreche.

KG-Rat Hermann erklärt, GStA Günther halte nicht mehr an seinem Vorschlag fest, eine ZSt. auf Bundesebene zu schaffen, würde es aber begrüßen, wenn Zentrale Stellen in den einzelnen Ländern eingerichtet würden.

Nach weiterer Eröffnung lehnt die Referentenkonferenz die Einrichtung einer zentralen StA ab. Sie schlägt den Justizministern und –senatoren vor, für die Abgrenzung der Zuständigkeit folgende Richtlinie zu beschließen:

1. Die ZSt. soll für alle NS-Gewaltverbrechen zuständig sein, namentlich auch für

a) die Komplexe der obersten Reichsbehörden und der Dienststellen der NSDAP und ihrer Gliederungen, b) die Komplexe der im Bundesgebiet gelegenen KZ und Anstalten.

Beratung der Justizminister und –senatoren: Auf Vorschlag des *Vorsitzenden* beschließt die Konferenz, in der Reihenfolge der Empfehlungen der Referentenkonferenz die einzelnen Vorschläge und Richtlinien zu behandeln. – *GStA Dr. Dünnebier* trägt zunächst die auf der Referentenkonferenz erörterte Frage einer Zentralen StA vor: Um die NS-Verbrechen so rasch wie möglich zu erfassen und die Ermittlungsverfahren abzuschließen, könne man entweder die ZSt. erheblich erweitern oder eine Zentrale StA für alle Sachbearbeiter einrichten, die die Verfahren ermitteln und die Sachen sogar anklagen sollten. Die Referentenkonferenz sei zu dem Ergebnis gekommen, dass eine Zentrale StA weder durchführbar noch wünschenswert sei. Anschließend erläutert er die Erwägungen der Referentenkonferenz zu ihrem Vorschlag und gibt einen Überblick über die weiteren Vorschläge.

StS Prof. Dr. Bülow hat gegen die Formulierung Bedenken, weil sie den Gedanken aufkommen lassen könne, die ZSt. sei eine StA. *StS Dr. Krille* entgegnet: Was die ZSt. sei, müsse als bekannt vorausgesetzt werden, nach dem Aufgaben in zwei Verwaltungsabkommen eindeutig festgelegt worden seien. *StS Dr. Mannzen* schlägt vor, die Worte „zuständig für" durch „soll die Vorermittlungen führen für alle Gewaltverbrechen" zu ersetzen. – *Bundesminister Dr. Weber* empfiehlt, ganz allgemein zu sagen: „soll im Rahmen der ihr zugewiesenen Aufgaben tätig werden". – *Minister Dr. Lewerenz* fragt, ob der Begriff „Oberste Reichsbehörden" auch die nachgeordneten Behörden erfasse. *GStA Dr. Dünnebier* bejaht das. – Nach weiterer Diskussion beschließen die Justizminister und –senatoren folgende Richtlinie:

1. Die ZSt. soll die Vorermittlungen wegen aller NS-Gewaltverbrechen führen, namentlich auch wegen

a) der Komplexe der Obersten Reichsbehörden und der Dienststellen der NSDAP und ihrer Gliederungen,

b) der Komplexe der im Bundesgebiet gelegenen KZ und Anstalten.

2. Soll die ZSt. auch bezüglich eigentlicher Kriegsverbrechen Vorermittlungen führen? (BW S. 6, I i)

Referentenberatung: MinRat Römer (NRW) ist der Ansicht, dass nur noch wenige Verfahren wegen Kriegsverbrechen zu erwarten seien, die dann allerdings von der ZSt. mit bearbeitet werden müssten. *OStA Schüle* legt die bisherige Praxis zu der Frage dar, wie die ZSt. Kriegsverbrechen behandelt habe: Die Tätigkeit habe sich darin erschöpft, dass die ZSt. das Material zusammengetragen und dieses nach Auswertung über den GBA an den BGH geleitet, der dann einen Gerichtsstand bestimmt habe. *MinRat Roth* (BW) und *OLG-Rat Dr. Krüger* führen für eine unterschiedliche Behandlung an, die Masse der Kriegsverbrechen unterscheide sich von den NS-Gewaltverbrechen dadurch, dass sie nicht aufgrund von Befehlen, sondern zumeist spontan begangen worden seien.

Demgegenüber meint *RegDir. Götz,* dass eine gleichmäßige Behandlung angebracht sei. Zur Begründung führt er aus: Es hätte auch organisierte Verbrechen an Kriegsgefangenen gegeben, z.B. habe man russische Kriegsgefangene planmäßig auf Transporten und in Lagern verhungern lassen. Inwieweit die Reichsführung daran mitgewirkt habe, bedürfe einer systematischen Auswertung, die nur die ZSt. durchführen könne. *MinRat Roth* weist darauf hin, dass die ZSt. den Komplex OKW mit behandle, auch wenn es sich um Kriegsverbrechen handle. Sonst solle es bei der bisherigen Regelung bleiben.

Nach weiterer Diskussion empfiehlt die Konferenz den Justizministern und –senatoren, folgende Richtlinie zu beschließen:

2. Für eigentliche Kriegsverbrechen soll die ZSt. grundsätzlich nicht zuständig sein. Sie soll sie an den GBA zur Bestimmung eines Gerichtsstandes durch den BGH übersenden. Soweit jedoch bei Kriegsverbrechen Oberste Reichsbehörden beteiligt sind, soll die ZSt. für diese die Vorermittlungen führen.

Beratung der Justizminister und –senatoren: GStA Dr. Dünnebier erläutert den Vorschlag der Referenten. – *Minister Dr. Lauritzen* weist auf die Schwierigkeit hin, zwischen eigentlichen Kriegsverbrechen und NS-Gewaltverbrechen zu unterscheiden. Er stellt die Frage, wie zu entscheiden sei, wenn Zweifel beständen und hebt hervor, dass vermieden werden müsse, die Akten hin- und herzuschieben; Mischsachverhalte sollten zur Zuständigkeit der ZSt. gehören. Nachdem die Justizverwaltung Baden-Württemberg zugesichert hat, dass die Richtlinie 2 in diesem Sinne ausgelegt werde, beschließen die Minister und Senatoren die Richtlinie in der vorgeschlagenen Fassung.

3. Soll die ZSt. künftig – namentlich bei den Komplexen „Oberste Reichsbehörden" – nach der Art der Ermittlungen im Falle RSHA aufklären?" (BW S. 3, I c)

Referentenberatung: MinRat Roth berichtet, dass die Frage gestellt worden sei, wie die ZSt. ermitteln solle, namentlich ob sie künftig die Verfahrensweise wählen, die der GStA in Berlin bei der Behandlung des Komplexes „Reichssicherheitshauptamt" eingeschlagen habe, oder ob an der bisherigen Weise festgehalten werden solle. Er nimmt nochmals Bezug auf I c Satz 3 des Schreibens des Justizministeriums Baden-Württemberg vom 14.4.1965, in dem die Unterschiede eindeutig dargelegt worden seien.

MinRat Römer betont: Es wäre falsch, die eine oder die andere Methode ausschließlich anzuwenden. Vielmehr sei jeweils die zu wählen, die die beste Aufklärung verspreche. *EStA Selle* erläutert die Berliner Methode: Beim RSHA habe man zunächst die einzelnen Abteilungen untersucht, um festzustellen, welche von ihnen für NS-Gewaltverbrechen in Betracht kämen. Eine solche systematische Aufklärung sei bei der Behandlung von Großkomplexen geboten, weil hier im Unterschied zu Einzelfällen regelmäßig von einem bestimmten Tatkomplex ausgegangen werde, für den man den Täter erst suche. Auch *RegDir. Götz* (BMJ) verteidigt eine allgemeine Überprüfung mit dem Hinweis, es müsse nach Abschluss der Ermittlungen gesagt werden können, dass alle in Betracht kommenden Personen überprüft worden seien.

MinRat Roth und *OStA Schüle* stimmen den Ausführungen im Wesentlichen zu. Sie weisen darauf hin, dass nur solche Abteilungen überprüft werden sollten, aus denen potentielle Täter hervorgegangen seien. Auszugehen sei von der Abteilung, durch diese käme man auf die Opfer. Da die ZSt. in den meisten Fällen die Opfer kenne, könne von dort aus der Täter gesucht werden.

GStA Dr. Dünnebier bemerkt, dass danach bei den Komplexen „Oberste Reichsbehörden" u.a. regelmäßig erforderlich sei, die Dokumentenbestände systematisch zu durchsuchen und festzustellen, welche Befehle dort erteilt und weitergeleitet worden seien und wer nach der Organisation der Behörde dafür verantwortlich gewesen sei. *MinDirig. Dohle* (Schl.-H.) meint: Der mutmaßliche Täterkreis müsse auf den ersten Blick eine gewisse Beziehung zu dem Tatkomplex haben. So sei es z.B. nicht möglich, gegen alle Kriegsrichter Verfahren einzuleiten, weil kurz vor oder nach der Kapitulation einige unverständliche Urteile ergangen seien.

Nach weiterer Erörterung, bei der auch die Vertreter der übrigen LJVW ihre Auffassung darlegen, schlägt die Referentenkonferenz den Justizministern und – senatoren vor, folgende Richtlinie zu beschließen:

3. Die ZSt. soll ihre Ermittlungen bei den Komplexen „Oberste Reichsbehörden" u.a. von einem potentiellen Täterkreis aus systematisch anstellen (vgl. Schreiben des JM Baden-Württemberg v. 14.4.1965 – 3131 a – IV/64 I c Satz 3 -). Das gleiche Verfahren soll angewendet werden bei den Stäben der KZ, soweit das noch nicht geschehen ist.

Beratung der Justizminister und –senatoren: MinRat Roth trägt das Ergebnis der Beratung vor. Er hebt namentlich folgende Gesichtspunkte hervor: Bei den Erörterungen über die Notwendigkeit der Verlängerung der Verjährungsfrist habe eine Rolle gespielt, ob alle Unterlagen ausgewertet worden seien. Um das zu erreichen, sei wichtig, festzulegen, wie künftig zu ermitteln sei, namentlich ob an der Arbeitsweise der ZSt. festgehalten oder ob die Berliner Methode vorgezogen werden solle. Die Referentenkonferenz habe das Ergebnis in der Richtlinie Nr. 3 niedergelegt.

StS Dr. Krille weist darauf hin, dass es an sich unüblich sei, eine bestimmte Methode vorzuschlagen. Dem hält *Minister Dr. Lewerenz* entgegen: Hier müsse das Motiv besonders berücksichtig werden. Die Bundesrepublik müsse gewappnet sein gegen den Einwand, nicht gegen jede nur mögliche Stelle ermittelt zu haben. Es müsse ausgeschlossen werden, dass später noch nicht ausgewertetes Material übersandt werde.

Nach weiterer Erörterung, in der auch zum Ausdruck gebracht wird, dass, wenn die Untersuchung vom Opfer her rascher zur Aufklärung führe, diese Methode gewählt werden solle, billigen die Justizminister und -senatoren den Vorschlag der Referentenkonferenz in folgender Fassung:

3. Die ZSt. soll ihre Vorermittlungen bei den Komplexen „Oberste Reichsbehörden" u.a. grundsätzlich von einem potentiellen Täterkreis aus systematisch anstellen. Das gleiche Verfahren soll angewendet werden bei den Stäben der KZ, soweit das noch nicht geschehen ist.

4. In welchem Umfang soll die ZSt. die Einzelkomplexe aufklären, bevor sie die Sache an die örtlich zuständige StA abgibt? (BW S. 2, I b).

Soll die ZSt. Verfahren mit Inlandstatort ohne weitere Vorermittlungen sogleich an die örtlich zuständige StA abgeben und diese bei ihren Ermittlungen nur unterstützen, oder soll sie selbständig Vorermittlungen ohne Einschaltung der örtlichen StA führen? (BW S. 2, I b; ZSt S. 9, B I 2)

Referentenberatung: KG-Rat Denicke bemerkt, dass die ZSt. nicht immer genügend vorermittelt, sondern zu früh abgegeben habe. Das bestätigt *OLG-Rat Dr. Krüger,* erklärt aber, dass das regelmäßig nicht an der Arbeit der ZSt. gelegen habe, weitere Ermittlungen vielmehr aufgrund der in den Vernehmungen bekannt gewordenen neuen Täter erforderlich geworden seien. *MinRat Römer* weist darauf hin, dass die Aufgabe der ZSt. festläge, ihr Tätigkeitskreis könne nicht erweitert werden; danach habe sie nur den Kreis der verfolgten Täter festzustellen und die Sache dann an die zuständige StA abzugeben. Auch *GStA Dr. Dünnebier* meint, Einzelheiten mit Inlandstatort sollten, wenn sie keine Ausstrahlungen zu anderen Komplexen hätten, so frühzeitig wie möglich abgegeben werden.

MinDirig. Dohle betont: Konflikte könnten nur entstehen, wenn eine StA es ablehnt, eine Sache von der ZSt. zu übernehmen. Dann sollten sich die betreffenden GStA zusammensetzen und entscheiden, ggfs. unter Einschaltung des GBA, notfalls auch des BGH.

MinRat Roth fragt, ob die Teilnehmer damit einverstanden wären, dass die ZSt. so weiter arbeite, wie sie es bis zu dem Augenblick getan habe, als die Erörterungen um die Verjährung begonnen hatten. Das wird bejaht. Nach Ansicht von *OStA Dr. Wagner* dürfe der Stilbruch, der durch die Debatten um die Verlängerung der Verjährungsfristen eingetreten sei, nicht berücksichtigt werden.

Nach weiteren Erörterungen empfiehlt die Referentenkonferenz den Justizministern und -senatoren, zur Behandlung von Einzelkomplexen folgende Richtlinie zu beschließen:

4. Die ZSt. soll die Einzelkomplexe „Oberste Reichsbehörden", „KZ" u.a. in der bisherigen Weise vorermitteln. Bei Einzelverfahren mit Inlandstatort sollen die

Vorermittlungen dagegen frühzeitiger abgeschlossen und nach Auswertung des bei der ZSt. vorhandenen Materials an die örtlich zuständigen StA abgegeben werden; diese sollen bei ihren Ermittlungen von der ZSt. unterstützt werden.

Beratung der Justizminister und –senatoren: GStA Dr. Dünnebier trägt das Ergebnis der Beratung vor und führt dabei aus: Im Gegensatz zu der vorhergehenden Frage, die sich mit der Methode der Ermittlung befasse, behandle Punkt 4 die Frage, wie lange die ZSt. die Sachen vorermitteln solle. Soll sie die Verfahren bis zur Anklagereife behalten oder soll sie sie abgeben, sobald der Komplex so weit aufgeklärt ist, das angenommen werden kann, weitere wesentliche Täter könnten nicht mehr in Betracht kommen.

Mehrere Minister erheben Bedenken gegen die Aufnahme der Worte „mit Inlandstatort". *RegDir. Götz* führt dazu aus: Nach der bisherigen Verwaltungsvereinbarung sei die ZSt. nur für Tatorte außerhalb der Bundesrepublik zuständig gewesen. Um die Erweiterung der Zuständigkeit auch auf Tatorte in der Bundesrepublik zum Ausdruck zu bringen, sei das Wort Inlandstatort gewählt worden.

Nach weiterer Erörterung setzt sich die Auffassung durch, die Worte „mit Inlandstatort" fallen zu lassen. Die Richtlinie wird danach in folgender Fassung beschlossen:

4. Die ZSt. soll die Einzelkomplexe „Oberste Reichsbehörden", „KZ" u.a. in der bisherigen Weise vorermitteln. Bei Einzelverfahren sollen die Vorermittlungen dagegen frühzeitiger abgeschlossen und nach Auswertung des bei der ZSt. vorhandenen Materials an die örtlich zuständigen StA abgegeben werden; diese sollen bei ihren Ermittlungen von der ZSt. unterstützt werden.

5. Kann – und soll – die ZSt. Verfahren übernehmen, die bereits bei einer StA anhängig sind? (ZSt S. 10, B II)

Referentenberatung: StA Rückerl meint: Es sei unzweckmäßig, eine Js-Sache wieder an die ZSt. zurückzugeben. Die mit der Sache befasste StA könne das Verfahren zwar der ZSt. zur Auswertung oder zwecks weiterer Unterstützung übersenden; ihre Zuständigkeit müsse jedoch unberührt bleiben. Dem hält *MinRat Roth* entgegen: Die Tatsache, dass eine örtliche StA eine Sache in das Js-Register eingetragen habe, könne nicht entscheidend sein. Es dürfe nicht von einem formellen Standpunkt, müsse vielmehr von einem materiellen ausgegangen werden. Entscheidend könne nur sein, ob es sich um einen Komplex oder um einen Einzelfall handle. Einen Einzelfall dürfe der StA nicht zurückgeben, ein Komplex dagegen müsse zur Aufklärung an die ZSt. *OStA Schüle* bittet, auf jeden Fall keine Verfahren abzugeben, die von vornherein einstellungsreif seien.

Der *Vorsitzende* schlägt vor, auch zu erörtern, ob eine StA befugt sein sollte, eine Sache dann abzugeben, wenn der Beschuldigte, wegen dessen sie für das ganze Verfahren zuständig gewesen, aus diesem ausgeschieden sei. Für eine solche Möglichkeit spricht sich *KG-Rat Denicke* aus. Er meint, einer StA, die zunächst nur Ermittlungen gegen einen Beschuldigten geführt habe, dürften nicht weitere Sachen anwachsen, obwohl ihr Täter, nachdem sich das Verfahren ausgeweitet habe, nunmehr zu einer Nebenfigur geworden sei.

OLG-Rat Dr. Krüger erklärt dazu, das sei eine Frage, die zwischen den Staatsanwaltschaften geregelt werden müsse. *MinRat Römer* meint, die Frage hänge davon ab, ob die ZSt. schon vorermittelt und die Sache an eine örtliche StA abgegeben habe; in diesem Fall müsse das Verfahren bei der örtlich bestimmten StA verbleiben, handle es sich dagegen um die erste Abgabe an die ZSt., sei die spätere Zuständigkeit noch offen.

Nach weiterer Erörterung empfiehlt die Referentenkonferenz die nachstehende Richtlinie:

5. Verfahren, die die ZSt. an eine örtliche StA abgegeben hat, können an die ZSt. nicht zurückgegeben werden. Handelt es sich um Einzelfälle aus den Komplexen „Oberste Reichsbehörden", „KZ" und „Anstalten", so können die Sachen, auch wenn sie im Js-Register eingetragen sind, der ZSt. zur Vorermittlung zugeleitet werden. Die ZSt. leistet Unterstützung in der Form der Vorermittlung und gibt die Sache nach Abschluss an die StA zurück. Die StA übernimmt dabei das Verfahren auch gegen die weiter zutage getretenen Beschuldigten.

Beratung der Justizminister und –senatoren: GStA Dr. Dünnebier trägt das Ergebnis der Beratung vor und führt dazu aus: Die Richlinie handle von Verfahren, die bei StA anhängig seien, nachdem die ZSt. sie dorthin abgegeben habe. Grundsatz müsse sein, dass die einmal begründete Zuständigkeit bestehen bleibe. Wenn aber Schwierigkeiten dadurch aufträten, dass Einzelfälle Verbindung zu größeren Komplexen hätten, solle die örtlich zuständige StA die Sache der ZSt. zur weiteren Vorermittlung zurückgeben können. Nach dem Abschluss dieser Ermittlungen müsse die StA dann allerdings das Verfahren in dem erweiterten Umfang durchführen. Ob und wann sie es an eine andere StA abgeben könne, sei unter Nr. 7 geregelt; Nr. 5 enthalte nur den Grundsatz.

Nach kurzer Erörterung *billigen die Justizminister und –senatoren den Vorschlag der Referenten.*

6. Sollen in den einzelnen Bundesländern Zentrale Ermittlungsstellen geschaffen werden? (BW S. 3 I d)

Referentenberatung: MinDirig. Dohle, OLG-Rat Dr. Krüger und *OStA Dr. Wagner* (Rhld.-Pfalz) berichten, dass ihre Länder keine zentralen Ermittlungsstellen hätten.

MinRat Roth schildert die Regelung in Baden-Württemberg: Im OLG-Bezirk Stuttgart seien die NSG-Sachen konzentriert, im Bezirk des OLG Karlsruhe dagegen dezentralisiert. Diese Aufteilung habe sich in beiden Bezirken bewährt. Gleichwohl ergäbe sich die Frage, ob es nicht zweckmäßig sei, dass künftig auch im Bezirk des OLG Karlsruhe nur eine StA alle NSG-Sachen erledige. Entscheidend könne dafür aber nur sein, wie der beste Erfolg erreicht werde. Das hänge nicht zuletzt vom Personal ab. *MinRat Römer* trägt folgende Gesichtspunkte vor: Für eine Zusammenfassung könne die besondere Methode der Aufklärung sprechen. Zusammenfassung führe zu größerer Erfahrung und damit zu einem höheren Aufklärungserfolg. Festzuhalten sei jedoch, dass kein Land gezwungen werden könne, zu zentralisieren. Es könne daher allenfalls eine Empfehlung erwogen werden, dass eine Zentralisierung in den einzelnen Ländern empfehlenswert sei.

MinRat Dr. Fischer und *RegDir. Bickel* (Hessen) schildern die Regelung in ihren Ländern, in denen eine Zentralisierung – zum Teil bei verschiedenen StA – vorgezogen worden ist.

EStA Selle (Berlin) spricht sich für eine Zentralisierung aus: Sie vereinfache die Arbeit mit Ludwigsburg. Die Arbeit mit zehn zentralen Ermittlungsstellen sei einfacher als die mit 50 oder 60 StA. Auch Zuständigkeitsstreitigkeiten würden erheblich eingeschränkt, wenn in den Ländern zentrale StA beständen. *KG-Rat Denicke* und *OStA Schüle* vertreten im Wesentlichen den gleichen Standpunkt.

Nach weiterer Erörterung einigen sich die Referenten, den Justizministern und –senatoren folgende Richtlinie vorzuschlagen:

6. Den Landesjustizverwaltungen wird empfohlen, zu erwägen, die Ermittlungen in NSG-Sachen jeweils einer StA oder wenigen StA des Landes zuzuweisen.

Beratung der Justizminister und –senatoren: GStA Dr. Dünnebier trägt das Ergebnis der Referentenkonferenz vor. Nach kurzer Aussprache beschließen die Justizminister und –senatoren die Richtlinie nach dem Vorschlag der Referenten.

7. Auf Vorschlag des Vorsitzenden wird die Frage eingeschoben: Kann ein von der ZSt. übernommenes Verfahren an eine andere StA gegeben werden?

Referentenberatung: Auf die Frage des *Vorsitzenden,* ob der Standpunkt vertreten werde, eine einmal zuständig gewordene StA könne von dem Verfahren unter keinem Gesichtspunkt wieder loskommen, meint *OLG-Rat Dr. Krüger:* Die Frage sollte in erster Linie zwischen den betroffenen StA, notfalls unter Einschaltung der GStA, besprochen werden. Nur in Härtefällen sollten die LJVW um eine Entscheidung gebeten werden. *EStA Selle* glaubt nicht, dass dieser Vorschlag zu einer Lösung führen werde. Denn nach seinen Erfahrungen habe sich bisher kein Fall ergeben, in dem aufgrund einer persönlichen Rücksprache die Übernahme erreicht worden sei. *MinDirig. Dohle* unterstützt den Standpunkt Krüger aus folgenden Erwägungen: Wenn auch nach Übernahme eines Verfahrens von der ZSt. die Zuständigkeit grundsätzlich nicht geändert werden solle, so müsse eine Ausnahme doch in den Fällen anerkannt werden, wo sich der Schwerpunkt des Verfahrens völlig verlagert habe. *OStA Schüle* meint, es sei angebracht, dass auch die ZSt. diesen Weg einschlage, wenn sie erkenne, dass es sehr wahrscheinlich zu Zuständigkeitsschwierigkeiten kommen werde.

Nach weiterer Erörterung, die sich namentlich auch auf die Berliner Fälle erstreckt, empfiehlt die Referentenkonferenz, folgende Richtlinie zu beschließen:

7. Die StA, die ein Verfahren von der ZSt. übernommen hat, soll es nicht an eine andere StA abgeben. Stellt sich nach Anklagereife heraus, dass der Schwerpunkt der Sache nicht mehr bei der bearbeitenden, sondern bei einer anderen StA liegt, soll der GStA der Behörde, bei der das Verfahren anhängig ist, mit dem GStA der Behörde, an die das Verfahren abgegeben werden soll, Fühlung aufnehmen. Ein gleiches Verfahren soll stattfinden, wenn die ZSt. ein Verfahren abgeben will, bei dem sich voraussichtlich Zuständigkeitsschwierigkeiten ergeben könnten.

Beratung der Justizminister und –senatoren: GStA Dr. Dünnebier führt aus:

Nr. 7 enthalte eine Ausnahme von dem Grundsatz, der in Nr. 5 aufgestellt worden sei. Wenn danach auch grundsätzlich eine einmal begründete Zuständigkeit unabänderlich sein solle, so müsse gleichwohl eine Ausnahmeregelung für die Fälle geschaffen werden, wo sich das Schwergewicht völlig verlagert habe. In einem solchen Fall müsse die an sich zuständige StA wieder von dem Verfahren befreit werden können. Eine weitere Ausnahme müsse für Berlin gelten: Nachdem Berlin sich bereit erklärt habe, die Verfahren gegen das „Reichssicherheitshauptamt" und den „Volksgerichtshof" ohne fremde Hilfe durchzuführen, müsse es zum Ausgleich dafür von sonstigen Verfahren verschont bleiben, in denen ein Gerichtsstand auch in Berlin bestehe. Eine Abgabe solle deshalb nur zulässig sein, wenn ein Gerichtsstand nur in Berlin gegeben sei. Diese Regelung sei zwar nicht in die Richtlinie aufgenommen, werde aber von allen Referenten gebilligt.

SenDir. von Drenkmann bittet, die Ausnahmeregelung für Berlin als Abs. 2 anzufügen.

Die Justizminister und –senatoren beschließen daraufhin folgende Richtlinie:

7. Die StA, die ein Verfahren von der ZSt. übernommen hat, soll es nicht an eine andere StA abgeben. Stellt sich nach Anklagereife heraus, dass der Schwerpunkt der Sache nicht mehr bei der bearbeitenden, sondern bei einer anderen StA liegt, soll der GStA der Behörde, bei der das Verfahren anhängig ist, mit dem GStA der Behörde, an die das Verfahren abgegeben werden soll, Fühlung aufnehmen. Ein gleiches Verfahren soll stattfinden, wenn die ZSt. ein Verfahren abgeben will, bei dem sich voraussichtlich Zuständigkeitsschwierigkeiten ergeben könnten. – Berlin führt das Verfahren gegen das „Reichssicherheitshauptamt" durch und übernimmt alle Verfahren gegen den „Volksgerichtshof". Neue (noch nicht anhängige) NSG-Sachen werden nur dann in Berlin durchgeführt, wenn die Berliner StA ausschließlich zuständig ist.

8. Wie kann sichergestellt werden, dass bei Einleitung neuer Verfahren alsbald festgestellt werden kann, ob wegen dieses Sachverhalts bereits ein staatsanwaltschaftliches Verfahren anhängig ist oder gewesen ist und was dieses Verfahren erbracht hat? (ZSt S. 3, A I 2 e)

Referentenberatung: RegDir. Götz erklärt: Das BMJ habe aufgrund der Mitteilungen der LJVW über Verfahren in NSG-Sachen eine Kartei angelegt, die etwa 65.000 Namen umfasse. Es werde sie an die ZSt. übersenden, damit dort Abschriften angefertigt werden könnten. Auf den Karten seien die Namen der Beschuldigten, der Komplex und das Aktenzeichen der StA vermerkt. Es werde auch die Mitteilung der LJVW der ZSt. zur Auswertung überlassen. *ORR Maier* begrüßt das und bittet darum, dass auch die LJVW, die das noch nicht getan haben, ihre Unterlagen der ZSt. überlassen.

OStA Schüle führt aus: Die ZSt. habe bisher folgende *Karteien*: Namenskartei (Beschuldigte und Zeugen), Ortskartei, Einheitenkartei und Dokumentenkartei, insgesamt etwa 180.000 Karten. Wenn diese auf dem Laufenden gehalten werden sollten, müssten ihn die StA mehr unterstützen. Die Referenten sagen eine Unterstützung zu.

KG-Rat Denicke meint: Die Karteien reichten nicht aus, für die StA sei darüber hinaus eine Verfahrenskartei von Bedeutung, aus der festgestellt werden könne, wo Verfahren bereits anhängig gewesen oder noch anhängig seien. Es sei folgerichtig, wenn auch diese in Ludwigsburg geführt werde. *RegRat Dr. Begemann* weist darauf hin, dass es NSG-Verfahren gäbe, die der ZSt. nicht vollständig bekannt seien, weil sie bereits vor ihrer Einrichtung eingeleitet worden seien. *RegDir. Götz* bestätigte das.

EStA Selle begrüßt, dass das BMJ die Mitteilungen der LJVW über die erledigten Sachen nach Ludwigsburg senden will. Gerade die früheren Verfahren seien oftmals wichtig für die jetzigen, weil in den früheren Akten zum Teil Originaldokumente vorhanden seien, die von den Amerikanern und anderen Besatzungsmächten seinerzeit übergeben und dann in den Akten verblieben seien.

Nach weiterer Aussprache beschließt die Referentenkonferenz, den Justizministern und -senatoren folgende Richtlinie zu empfehlen:

8. Die ZSt. wird ihre Dokumenten- und Zeugenkartei dahin vervollständigen, dass sie eine Verfahrenskartei einrichtet. Das BMJ wird sein Material der ZSt. zur Auswertung zur Verfügung stellen. Die LJVW werden nach vorheriger Absprache mit der ZSt. ihre Unterlagen für die vom BMJ erstellte Kartei der ZSt. zur Verfügung stellen, soweit das noch nicht geschehen ist. Die LJVW werden die mit NSG-Sachen befassten StA erneut darauf hinweisen, dass von jeder Zeugen- und Beschuldigtenvernehmung, auch des Untersuchungsrichters, sowie von Abschlussverfügungen der StA, von Urteilen und abschließenden Beschlüssen alsbald ein Durchschlag der ZSt. übersandt wird.

Beratung der Justizminister und -senatoren: Die Justizminister und -senatoren beschließen nach Vortrag des Berichterstatters die Richtlinie nach dem Vorschlag der Referenten.

Auf Wunsch des BMJ wird die Frage eingeschoben: Was kann getan werden, um ausländische Archive auszuwerten und den Vorwurf abzuwehren, es wäre dazu nicht genügend unternommen worden?

Referentenberatung: RegDir. Götz trägt vor: Wichtig sei, die Archive der SBZ, Ostberlins, Polens, Jugoslawiens, Russlands und der Tschechoslowakei auszuwerten. Leider hätten die bisherigen Bemühungen des BMJ, Einblick in die Archive zu erhalten, mit Ausnahme von Polen keinen Erfolg gehabt. *OLG-Rat Dr. Krüger* entgegnet: Wenn bisher kein oder nur wenig Material aus den genannten Staaten vorläge, so sei das darauf zurückzuführen, dass trotz ständiger Hinweise auf Konferenzen und Besprechungen der Justizminister und -senatoren das BMJ in Übereinstimmung mit dem AA der Entsendung von Richtern und StA zur Auswertung des in den Ostblockstaaten lagernden Materials widersprochen habe. Das BMJ habe an seinem Standpunkt bis April 1964 kompromisslos festgehalten. *RegDir. Götz* betont: Es sollte besprochen werden, was jetzt zu geschehen habe. Das BMJ wolle erneut anfragen, ob die Tschechoslowakei, Jugoslawien und Russland bereit seien, deutschen Auswertergruppen Einblick in ihre Archive zu gewähren. Besondere Schwierigkeiten beständen gegenüber der SBZ und Ostberlin. Es sei erforderlich, auch diese Archive auszuwerten, jedoch dürften keine Maßnahmen getroffen werden, durch die die SBZ politisch aufgewertet werde. Das BMJ habe daran gedacht, den GStA beim KG zu bitten, aufgrund einer Entschließung der Justizminister zu versuchen, an die Archive heranzukommen.

MinRat Roth erklärt: OStA Schüle habe bereits Fühlung aufgenommen. Im Juni fahre er wieder nach Polen: Die ZSt. sei bereit, alles Material entgegenzunehmen, das ihr zur Verfügung gestellt werde. *StA Rückerl* berichtet von Schwierigkeiten, die der ersten Auswertergruppe in Polen bereitet worden seien. Der Weg, die Genehmigung zu erhalten, Archive in der Tschechoslowakei einzusehen, sei zu umständlich. Seiner Meinung nach würde ein Erfolg schneller erzielt werden können, wenn die ZSt. über die tschechische Militärmission versuche, in die Archive in der Tschechoslowakei Einblick zu bekommen.

KG-Rat Denicke meint: Auswertergruppen müssten nunmehr zu einer ständigen Einrichtung werden. Bedenklich erscheine ihm die Forderung eines Vertriebenenverbandes, auch polnische und tschechische Straftaten zu verfolgen.

OStA Dr. Nachtweh berichtet von den Erfahrungen, die mit der SBZ auf StA-Ebene gemacht worden seien. Das Verhalten der ostzonalen Stellen lasse erkennen, dass diese an einer systematischen Klärung nicht interessiert seien. So sei eine Anfrage eines Untersuchungsrichters vom August 1964 erst im Januar 1965 dahin beantwortet worden, dass zu gegebener Zeit darauf zurückgegriffen werde. *MinRat Dr. Zorn* glaubt, dass auch hier aufgrund der Resolution der UNO-Menschenrechtskonvention eine Änderung eintreten werde.

ORR Maier teilt mit, dass nach einer ADN-Meldung der Ostberliner GStA wieder vorgeschlagen habe, gemeinsame Kommissionen zu bilden. *RegDir. Götz* meint: Auf dieses Angebot sollte reagiert werden, etwa auf der Ebene von GStA zu GStA. Deshalb schlüge er noch einmal vor, GStA Günther zu beauftragen. Die Berliner Teilnehmer meinen, dass der Vorschlag im Augenblick nicht verwirklicht werden könne. *OLG-Rat Dr. Krüger* regt nochmals an, eine örtlich zuständige StA solle in einem Einzelfall, in welchem man genau wisse, dass auch Einwohner der Ostzone sich strafbar gemacht hätten, die ostzonale StA im Amtshilfewege um die Vernehmung bitten.

Nach weiterer Diskussion schlagen die Referenten folgende Richtlinie vor:

9. Die ZSt. wird sich bemühen, die ausländischen Archive auszuwerten. Im Juni 1965 wird sie eine weitere Auswertergruppe nach Polen senden. Wegen der Archive in der Tschechoslowakei wird die Bundesregierung erneut an die tschechoslowakische Regierung über die Schutzmacht herantreten. Das BMJ hat keine Bedenken, dass die ZSt. sich unmittelbar mit den tschechoslowakischen Stellen in Verbindung setzt. Die Bundesregierung wird sich wegen der Auswertung jugoslawischer Archive nochmals an die jugoslawische Regierung wenden. Sie wird erneut mit der sowjetischen Regierung wegen der Einreise einer Auswertergruppe Verbindung aufnehmen. Das BMJ hat keine Bedenken, dass auf der Ebene von einem GStA der Bundesrepublik zu GStA Streit Verbindung aufgenommen wird. Die Zusage über den Ausgang des Verfahrens kann zugesichert werden.

Beratung der Justizminister und –senatoren: RegDir. Götz erstattet Bericht. Er weist zunächst darauf hin, welche Bedeutung gerade der Auswertung der östlichen Archive in der Öffentlichkeit beigemessen werde und führt weiter aus: Das BMJ sei bereit, nochmals an Polen, die Tschechoslowakei, Jugoslawien und Sowjetrussland heranzutreten. Auf welche Weise das beabsichtigt sei, habe die Referentenkonferenz in den einzelnen Sätzen zum Ausdruck gebracht. Die Sonderregelung mit der Zone sei aus politischen Gründen erforderlich.

Bei der Aussprache stellt sich bald heraus, dass die Minister mit so ins Einzelne gehenden Richtlinien nicht einverstanden sind. Im Einzelnen erklären: *StS Prof. Dr. Bülow:* Man sollte eine allgemeine Richtlinie in einem Satz zusammenfassen und hinzufügen, für die entsprechenden Schritte werde das BMJ sorgen. *Bundesminister Dr. Weber:* Es sollte an die Entschließung angeknüpft werden, die der Bundestag am 9.12.1964 gefasst habe und die auch die Bundeslänger am 11.12.1964 gebilligt hätten. Das könnte durch folgende Richtlinie zum Ausdruck kommen: „Die bereits durch Beschluss des Bundesrates vom 11.12.1965 beauftragte ZSt. wird sich weiterhin bemühen, die ausländischen und sowjetzonalen Archive, namentlich durch Entsendung von Auswertergruppen auszuwerten. Soweit notwendig, wird das BMJ ihr die dazu notwendige und mögliche Hilfe gewähren."

Minister Lauritzen ist der Ansicht, dass möglichst vermieden werden sollte, die Zone und die übrigenosteuropäischen Länder verschieden zu behandeln. *Minister Dr. Lewerenz* schlägt vor, diese Richtlinie zu streichen und an Nr. 3 den Satz anzuschließen: „Dabei sind auch alle Archive auszuwerten." Dagegen vertritt *Minister Schneider* den Standpunkt, dass Nr. 9 im Kern bestehen bleiben solle; allerdings könnten die Ostblockstaaten mit Ausnahme der Ostzone zusammengefasst werden. *StS Dr. Krille* schließt sich dieser Auffassung an. Nach seiner Ansicht ist die ZSt. das für die Auswertungen vorgesehene Organ der LJVW.

Zu dem Vorschlag, dass ein GStA der Bundesrepublik Verbindung zu GStA Streit aufnehmen solle, erklärt *MinDirig. Dr. Dallinger:* Eine systematische Auswertung des Materials könne nicht erreicht werden, wenn jeder GStA sich mit GStA Streit in Verbindung setze. Ausgangspunkt aller Erwägungen sei stets die systematische Auswertung gewesen. Deshalb sei zunächst OStA Schüle beauftragt worden, sich mit GStA Streit in Verbindung zu setzen. Nachdem dieser Versuch fehlgeschlagen sei, habe man an den GStA in Berlin gedacht. Gegen diese Auswahl hat *SenDir. von Drenkmann* erhebliche Bedenken. Er meint, der Berliner GStA sollte nicht eingeschaltet werden, weil befürchtet werden müsse, dass GStA Streit ihm entgegenhalten werde, Berlin sei kein Teil der Bundesrepublik.

Minister Dr. Lewerenz erklärt: Es sollte dabei verbleiben, dass OStA Schüle die Verbindung zur Ostzone aufnehme. Hier sollte man nicht weich werden. Auch *MinDir. Müller* ist dieser Auffassung: Die ZSt. sei eigens dazu bevollmächtigt. Werde nunmehr ein GStA beauftragt, könne der Ostberliner GStA sagen, er hätte also Recht gehabt mit seiner bisherigen Behauptung, dass die ZSt. nicht zuständig sei. Es sei deshalb wünschenswert, dass die Zuständigkeit der ZSt. nochmals bestätigt werde.

StS Dr. Mannzen teilt die allgemeine Auffassung, möchte jedoch – schon wegen der Frage der gleichwertigen Ebene – den Gedanken nicht ganz ausschließen, einen GStA zu beauftragen. *StS Dr. Krille* sieht dagegen kein Bedürfnis, dass ein GStA für die übrigen GStA der Bundesrepublik handle.

Bundesminister Dr. Weber erklärt dazu: Sein Referent habe ihm berichtet, der Vorschlag, einen GStA zu bestimmen, sei aus dem Kreis der Referenten gekommen. Er selbst sei der Auffassung, der Verkehr mit der Zone sollte nach den Bestimmungen über den deutschen Rechtshilfeverkehr erledigt werden. *RegDir. Götz* weist noch einmal auf die besondere außenpolitische Bedeutung hin, die erzielt werde, wenn auch die Archive in der SBZ ausgewertet würden, verkennt aber nicht die Schwierigkeiten, die damit verbunden wären. Die Bundesrepublik habe die drei westlichen Besatzungsmächte gebeten, an die russische Botschaft heranzutreten, damit diese die Sowjetzonenmachthaber veranlasse, Einblick in die ostzonalen Archive zu gewähren. Die russische Botschaft habe jedoch keinen Anlass gesehen, etwas zu unternehmen; sie habe erklärt, die SBZ habe schon jahrelang das Material bereit gehalten, ohne dass es abgeholt worden sei. *StS Prof. Dr. Bülow* betont nochmals, dass das BMJ das Problem nicht lösen könne. GStA Streit wolle unbedingt eine Kommission bilden; diesen früheren Vorschlag habe er am 8.4.1965 ausdrücklich in einem Appell an den neuen BJM wiederholt.

Minister Dr. Lewerenz meint: Vielleicht sollte der Gedanke einmal erwogen werden, ob nicht tatsächlich gemischte Kommissionen gebildet werden sollten. *Minister Schneider* erklärt: Es müssten alle Möglichkeiten ausgeschöpft werden, um mit der Ostzone zu einer Vereinbarung auf einer bestimmten Ebene zu kommen.

Auf der Grundlage der vorgetragenen Argumente arbeiten die *RegDir. Götz* und *Pötz* sowie *OStA Wendisch* folgenden Fassungsvorschlag aus: Die Zentrale Stelle der LJVW wird sich auch weiterhin mit Nachdruck bemühen, alle Archive außerhalb der Bundesrepublik auszuwerten. Dieser ihr bereits früher erteilte Auftrag ist durch Beschluss der Justizminister vom 11.12.1964 erneuert worden. Soweit die ZSt. dabei auf Schwierigkeiten stößt, wird ihr das BMJ jede erforderliche und mögliche Unterstützung gewähren. – Der Auftrag der JMK vom 14.1.1965 an die ZSt., sich mit dem GStA in Ostberlin wegen der Auswertung des in seinem Zuständigkeitsbereich befindlichen Urkundenmaterials in Verbindung zu setzen, wird bestätigt. – *Hilfsweise:* Der Auftrag der JMK vom 14.1.1965 an die ZSt., sich um die Auswertung des Urkundenmaterials in Ostberlin zu bemühen, wird bestätigt.

Nach weiterer Erörterung billigen die Minister und Senatoren den Vorschlag in folgender Fassung:

9. Die ZSt. der LJVW wird sich auch weiterhin mit Nachdruck bemühen, alle Archive außerhalb der Bundesrepublik auszuwerten. Dieser ihr bereits früher erteilte Auftrag ist durch den Beschluss der Justizminister vom 11.12.1964 erneuert worden. Soweit die ZSt. dabei auf Schwierigkeiten stößt, wird ihr das BMJ jede erforderliche und mögliche Unterstützung gewähren.

Der Auftrag der JMK vom 14.1.1965 an die ZSt., sich mit dem GStA in Ostberlin wegen der Auswertung des in seinem Zuständigkeitsbereich befindlichen Urkundenmaterials in Verbindung zu setzen, wird bestätigt.

10. Wie können die technischen Einrichtungen der ZSt. verändert und verbessert werden? Erscheint es namentlich notwendig, eine Datenverarbeitungsmaschine zu beschaffen, in der Auswertungsergebnisse unter möglichst vielen Gesichtspunkten gespeichert werden können? (ZSt S. 4, A I 3 a)

Referentenberatung: StA Rückerl führt zu der Dokumentation in der ZSt. aus: Die ZSt. habe eine Personen- (Beschuldigten- und Zeugen-)Kartei; auf jeder Karteikarte sei auch der Einsatzort vermerkt, seien mehrere Einsatzorte bekannt, würden Abschriften für Orts- und Einheitenkarteien angefertigt. Daneben sei eine

Dokumentenkartei vorhanden. Es werde nunmehr noch eine Verfahrenskartei eingerichtet. *EStA Selle* meint: Neben den vorhandenen Karteien sei auch noch eine Organisationskartei erforderlich, damit festgestellt werden könne, wie die einzelnen Organisationen besetzt gewesen seien. Das könne mit einer Datenverarbeitungsmaschine leicht festgestellt werden. Wenn daran gedacht werde, eine solche Maschine einzusetzen, so bedeute das nicht, dass man einen neuen Weg beschreiten wolle. *MinRat Römer* würde eine Datenverarbeitungsmaschine begrüßen, wenn die ZSt. erst errichtet werden sollte; in dem jetzigen Zeitpunkt ein anderes Prinzip zu wählen, hält er nicht für empfehlenswert.

GStA Dr. Dünnebier und *RegDir. Götz* meinen, dass zunächst geklärt werden sollte, ob sich die Einführung einer Datenverarbeitungsmaschine rentiere, was sie koste und wie lange es dauere, bis der Maschine die erforderlichen Unterlagen eingegeben wären. *MinRat Römer* antwortet: In Nordrhein-Westfalen habe man Erwägungen angestellt, ob für das Strafregister eine Datenverarbeitungsmaschine benutzt werden könnte. Man habe festgestellt, dass sie dafür nicht geeignet sei. Nach seiner Ansicht dürfte die Anlaufzeit für eine Datenverarbeitungsmaschine in der ZSt. etwa 3/4 Jahr betragen. Dagegen meint *RegDir. Götz,* die Maschine würde schon in etwa drei Monaten, und zwar mit einem monatlichen Kostenaufwand von 20.000 bis 30.000 DM eingesetzt werden können. Er meine, dass die Bundesregierung wegen des besonderen Interesses an der Verfolgung von NS-Gewaltverbrechen sich wahrscheinlich an den Kosten beteiligen werde.

Nach weiterer Erörterung beschließen die Referenten, den Justizministern und -senatoren folgende Entschließung vorzuschlagen:

10. Die LJVW Baden-Württemberg wird geben, Angebote über den Einsatz einer Datenverarbeitungsmaschine einzuholen. Dabei soll festgestellt werden, welche Mitarbeiter dauernd benötigt werden und in welcher Zeit das vorhandene Material der Maschine eingegeben werden kann. Das BMJ wird gebeten, sich bei der Bundesregierung dafür zu verwenden, dass die Meitkosten aus Bundesmitteln getragen werden.

Beratung der Justizminister und -senatoren. Nach Vortrag des Berichterstatters erklären sich die Minister und Senatoren mit der Entschließung in folgender Fassung einverstanden: Die LJVW Baden-Württemberg wird gebeten, Angebote über den Einsatz einer elektronischen Datenverarbeitungsmaschine einzuholen. Dabei soll festgestellt werden, welche Mitarbeiter dauernd benötigt werden und in welcher Zeit das vorhandene Material der Maschine eingegeben werden kann. Das BMJ wird gebeten, sich bei der Bundesregierung dafür zu verwenden, dass die Mietkosten aus Bundesmitteln getragen werden.

11. Sollen in die Tätigkeit der ZSt. auch einbezogen werden a) Kriminalbeamte, b) Archivare?

Referentenberatung: Der Vorsitzende schlägt vor, neben der Frage der Einbeziehung von Kriminalbeamten zu prüfen, ob nicht auch Archivare in die Tätigkeit einbezogen werden sollten. Nachdem sich die Mehrzahl der Teilnehmer dagegen ausspricht, zieht er die Frage zurück.

OStA Schüle führt, unterstützt von *OStA Dr. Wagner* aus, er würde es sehr begrüßen, wenn etwa 15 Kriminalbeamte eingesetzt würden; sie könnten die

StA wirksam entlasten. Auch *OLG-Rat Dr. Krüger* unterstützt den Antrag mit der Bemerkung, die Einschaltung von Kriminalbeamten würde seiner Meinung nach auch politisch bedeutsam sein. – *MinRat Römer* regt an, der JMK vorzuschlagen, dass sich ihr Vorsitzender mit dem Vorsitzenden der Innenministerkonferenz in Verbindung setzen sollte, um die Frage zu regeln.

Die Referentenkonferenz schlägt nach weiteren Erörterungen folgende Entschließung vor: Es ist dringend geboten, die ZSt. durch etwa 15 Kriminalbeamte zu verstärken. Durch Fühlungnahme mit den Innenministern soll angestrebt werden, dass diese Beamten der ZSt. zur Verfügung gestellt werden. Der Vorsitzende der JMK wird zu diesem Zweck mit dem Vorsitzenden der Innenministerkonferenz in Verbindung treten.

Beratung der Justizminister und –senatoren: GStA Dr. Dünnebier trägt das Ergebnis der Referentenkonferenz vor. Nach kürzerer Erörterung beschließen die Justizminister und –senatoren entsprechend dem Vorschlag der Referentenkonferenz.

12. Wie muss die ZSt. verstärkt werden?

a) Sachbearbeiter, b) Dolmetscher, c) Kriminalbeamte, d) Personal für die Kartei, e) sonstiges Kanzleipersonal, f) Schreibkräfte.

Referentenberatung: RegDir. Dr. Henseler führt aus: Die in den Schreiben der ZSt. vom 8.4.1965 vorgeschlagenen Verstärkungen reichten nicht mehr aus, weil bei deren Festsetzung von einer eingeschränkten Zuständigkeit der ZSt. ausgegangen worden sei. Es sei unmöglich, dass das Justizmin. Baden-Württemberg immer wieder bei den verschiedenen LJVW darum bitten müsse, Personal abzustellen. Um eine gerechte Aufteilung zu erreichen, sei es erforderlich, diesen Stellenbedarf auf die Länder aufzuschlüsseln. Es dürfte sich empfehlen, den Schlüssel entsprechend dem für den Finanzausgleich bereits vorhandenen aufzustellen.

Der *Vorsitzende* empfiehlt, zunächst einen Stellenplan aufzustellen. Nach eingehender Beratung werden für erforderlich gehalten: Sachbearbeiter 50 (+26), Kriminalbeamte 15 (+15), gehobener Dienst 3 (+1), mittlerer Dienst 14 (+8), einfacher Dienst 3 (+2), Angestellte 30 (+11), Dolmetscher 1 (+1).

Zu der Frage, was für Personal abgeordnet werden sollte, erklärt *OStA Schüle:* Er brauche gutes Personal; keine StA, die in einem Kalender bereits vermerkten, wann ihre Tätigkeit beendet sei. *GStA Dr. Dünnebier* meint: StA würden nur dann nach Ludwigsburg gehen, wenn ihnen gewisse attraktive Angebote gemacht würden. Das Justizministerium von Baden-Württemberg sollte gebeten werden, zu untersuchen, wie und in welcher Weise dem Personal ein besonderer Anreiz gegeben werden könne. *RegDir. Dr. Henssler* erklärt: Weitere Beförderungsstellen zu schaffen, wäre wohl möglich. Nicht sagen könne er dagegen, ob und unter welchen Voraussetzungen die Zahlung einer Zulage oder die Erhöhung der Tage für Familienheimfahrten möglich sei. *RegDir. Götz* regt an, auch zu prüfen, ob es nicht möglich sei, die ZSt. dem Ministerium anzugliedern, damit Ministerialzulage oder eine Art oberstgerichtlicher Zulage gezahlt werde. *GStA Dr. Dünnebier* meint, eine Aufschlüsselung sei nur bezüglich der Stellen des höheren, des mittleren Dienstes und der Angestellten erforderlich. Diese Ansicht wird allgemein geteilt.

RegDir. Dr. Henssler wiederholt seinen Vorschlag, den Schlüssel für den Finanzausgleich zugrunde zu legen, der auf der Bevölkerungszahl der einzelnen Länder beruhe. *KG-Rat Hermann* wendet ein: Berlin könne keine StA abordnen, weil es die Verfahren „Reichssicherheitshauptamt" und „Volksgerichtshof" ohne fremde StA durchführe. Die Referenten teilen diesen Standpunkt und beschließen, das in der Entschließung zum Ausdruck zu bringen.

Die *MinRäte Dr. Fischer* und *Römer* erklären, dass sie dem Schlüssel kaum entsprechen könnten, weil sich kaum jemand melde. Auch *OLG-Rat Dr. Krüger* weist auf die Personalschwierigkeiten hin, meint jedoch, dass ein Erfolg unter Umständen erreicht werden könne, wenn mit den für die Abordnung in Aussicht genommenen Herren unter vier Augen gesprochen werde. *GStA Dr. Dünnebier* betont: Er verkenne die Schwierigkeiten nicht. Gleichwohl müsse diese Aufgabe gelöst werden. Sie habe Vorrang vor anderen, und zwar unabhängig von der Frage der Verjährung. *MinRat Roth* meint: Man solle die Frage den Ministern überlassen, da es sich um eine politische Entscheidung handle. Seiner Ansicht wird beigetreten.

Nach weiterer Diskussion erklärt sich der Personalreferent des baden-württembergischen Justizministeriums bereit, einen Schlüssel anhand der Bevölkerungszahl aufzustellen und den Ministern vorzulegen.

Alsdann empfiehlt die Referentenkonferenz, den Justizministern und -senatoren folgende Entschließung zu fassen:

12. Für die ZSt. ist folgende Besetzung vorzusehen: Sachbearbeiter 50 (+26), Kriminalbeamte 15 (+15), gehobener Dienst 3 (+1), mittlerer Dienst 14 (+8), einfacher Dienst 3 (+2), Angestellte 30 (+11), Dolmetscher 1 (+1).

Die LJVW Baden-Württemberg wird gebeten, zu prüfen, ob durch Schaffung weiterer Beförderungsstellen, durch Zahlung einer Zulage und Erhöhung der Tage für Familienheimfahrt ein Anreiz geschaffen werden kann, dass sich Beamte für die Abordnung zur Verfügung stellen.

Die Stellen der StA, des mittleren Dienstes und der Angestellten sollen nach einem Schlüssel von den einzelnen Ländern besetzt werden. Mit Rücksicht darauf, dass Berlin die Verfahren „Reichssicherheitshauptamt" und „Volksgerichtshof" ohne StA aus anderen Ländern durchführt, bleibt Berlin bei der Berechnung für den staatsanwaltschaftlichen Dienst unberücksichtigt.

Beratung der Justizminister und -senatoren. GStA Dr. Dünnebier weist in seinem Vortrage auf die Schwierigkeiten hin, die bei der Abordnung von Beamten in allen Ländern aufgetreten seien. Sie könnten vermindert werden, wenn versucht werde, den Beamten einen besonderen Anreiz zu geben. Man könne nicht verlangen, dass der Beamte, der ein Jahr von seiner Familie getrennt werde, zusätzliche Kosten auf sich nehme. Die finanzielle Seite dürfe nicht völlig unberücksichtigt bleiben. Er führt weiter aus: Die ZSt. und der Vertreter Baden-Württembergs hätten gemeint, die Beamten und Angestellten sollten nach einem Schlüssel abgeordnet werden. Ihn festzulegen, habe man unterlassen, weil das einer näheren Überprüfung bedürfe.

RegDir. Dr. Henssler übergibt anschließend einen auf der Grundlage des Finanzausgleichs der Länder für die ZSt. errechneten Schlüssel über die von den einzelnen

Ländern nunmehr abzuordnenden StA, Angehörige des mittleren Dienstes und Angestellte.

MinDir. Müller erklärt: Weitere Beförderungsstellen zu schaffen und die Stellen für Angestellte anzuheben, dürfte nicht so schwierig sein. Dagegen beständen keine Möglichkeiten, Zulagen zu gewähren. Zulagen, die die Besoldungsgesetze nicht ausdrücklich vorsähen, seien unzulässig. Kein Rechnungshof werde eine abweichende Regelung billigen. *MinRat Dr. Fischer* bemerkt: Bayern müsse sich eine Stellungnahme zu dem Schlüssel vorbehalten. *StS Dr. Krille* hebt hervor: Es gebe Situationen, die schlechthin geregelt werden müssten. Auch die Frage einer Zulage müsse irgendwie gelöst werden. Härten könnten gemildert werden, wenn die ZSt. rechtzeitig mitteile, wann und wie viel Personal sie benötige. In Nordrhein-Westfalen sei angeordnet worden, dass die Beförderungschancen für Beamte, die nach Ludwigsburg abgeordnet seien, gewahrt würden. Auch *Senator Dr. Graf* betont: Alle Länder ständen vor den gleichen Schwierigkeiten. Gleichwohl müsse alles getan werden, um den Auftrag zu erfüllen. *Minister Schneider* regt an, noch einmal zu prüfen, ob die Abordnung der derzeitigen Beamten und Angestellten in Ludwigsburg nicht verlängert werden könne.

Bundesminister Dr. Weber stellt noch einmal heraus, dass es sich um eine einmalige Aufgabe handle, von deren Lösung das Ansehen der Bundesrepublik entscheidend berührt werde. Dazu stellt *MinDir. Müller* fest, dass die ZSt. ihre Aufgaben nicht erfüllen könne, wenn sie nicht entsprechend besetzt werde.

Minister Dr. Lewerenz weist darauf hin: Zusätzliche Schwierigkeiten entständen dadurch, dass auch in den Ländern mehr Personal benötigt werde, um die NSG-Sachen zu erledigen. *Bundesminister Dr. Weber* bittet dazu, ihm mitzuteilen, in welchem Umfang eine Verstärkung der mit NSG-Sachen befassten Stellen in den einzelnen Ländern vorgesehen sei, damit er auch diese Zahlen der Öffentlichkeit bekannt geben könne. *Senator Dr. Graf* sagt zu, dass er ein entsprechendes Rundschreiben an die LJVW richten und das Ergebnis dem BMJ und den Justizministern (-senatoren) mitteilen werde.

SenDir. von Drenkmann bedauert, keine weiteren Angestellten nach Ludwigsburg abordnen zu können. Er ist bereit, eine weitere Angestellte zu stellen, nachdem das Justizministerium von Baden-Württemberg sich bereit erklärt hat, die wegfallende Stelle durch eine Angestellte aus seinem Geschäftsbereich zu besetzen.

Alsdann treffen die Justizminister und –senatoren folgende Entschließung:

12. Für die ZSt. ist folgende Besetzung vorzusehen:

Sachbearbeiter 50 (+26), Kriminalbeamte 15 (+15), gehobener Dienst 3 (+1), mittlerer Dienst 14 (+8), einfacher Dienst 3 (+2), Angestellte 30 (+11), Dolmetscher 1 (+1).

Die LJVW Baden-Württemberg wird gebeten, zu prüfen, ob durch Schaffung weiterer Beförderungsstellen, durch Zahlung einer Zulage und Erhöhung der Tage für Familienheimfahrt ein Anreiz geschaffen werden kann, dass sich Beamte für die Abordnung zur Verfügung stellen.

Die Stellen der StA, des mittleren Dienstes und der Angestellten sollen nach dem in der Anlage beigefügten Schlüssel von den einzelnen Ländern besetzt werden. Mit Rücksicht darauf, dass Berlin die Verfahren „Reichssicherheitshauptamt“ und

„Volksgerichtshof" ohne StA aus anderen Ländern durchführt, bleibt Berlin bei der Berechnung für den staatsanwaltschaftlichen Dienst unberücksichtigt.

[Anlage] Stellenschlüssel nach den Anteilen der einzelnen Länder an der Gesamteinwohnerzahl (entsprechend wird auch der Finanzausgleich für die ZSt. gehandhabt):

Höherer Dienst: Baden-Württemberg 7 StA (+3), Bayern 9 StA (+6), Bremen 1 StA (+1), Hamburg 2 StA (-), Hessen 5 StA (+2), Niedersachsen 6 StA (+3), Nordrhein-Westfalen 14 StA (+11), Rheinland-Pfalz 3 StA (+ 1), Saarland 1 StA (-), Schleswig-Holstein 2 StA (-).

Mittlerer Dienst (zusätzliche Stellen): Baden-Württemberg 1, Berlin 1, Hamburg 1, Hessen 1, Niedersachsen 1, Nordrhein-Westfalen 1, Rheinland-Pfalz 1, Schleswig-Holstein 1.

Angestellte (zusätzliche Stellen): Baden-Württemberg 3, Bayern 2, Berlin 3, Bremen 1, Hamburg 1, Hessen 2, Rheinland-Pfalz 2, Saarland 1, Schleswig-Holstein 1, Niedersachsen 3, Nordrhein-Westfalen 3.

13. Sollen die von der deutschen Botschaft in Athen angekündigten und zum Teil schon übersandten 106 fotokopierten Auszüge aus griechischen Akten von der ZSt. bearbeitet oder sollen diese wie bisher vom BMJ im Benehmen mit den LJVW auf die StA der Länder verteilt werden? (BW S. 5, I h).

Referentenberatung: RegDir. Götz führt aus: Griechenland habe schon vor Einrichtung der ZSt. etwa 720 Akten übersandt. Das BMJ habe sich nach einem besonderen Schlüssel auf die Bundesländer verteilt. Es sei zu vermuten, dass die nunmehr übersandten Akten zu einem erheblichen Teil frühere Fälle beträfen. Sie sollten zusammen mit den noch nicht abgeschlossenen früheren Fällen der ZSt. zugeleitet werden. *MinRat Römer* und *OStA Dr. Wagner* unterstützen diesen Antrag, weil es wenig sinnvoll sei, die Akten über das BMJ zu senden. Herr *Römer* erklärt weiter, dass Nordrhein-Westfalen die Griechenlandverfahren bei *einer* StA konzentriert habe.

MinRat Roth schlägt vor: Das BMJ solle der ZSt. zunächst die Liste der früheren Verfahren übersenden. Nur die Verfahren, bei denen noch keine Erkenntnisse vorlägen, sollten der ZSt. zur Vorermittlung übersandt werden.

Nach weiterer Aussprache beschließt die Referentenkonferenz, den Justizministern und –senatoren folgende Entschließung zu empfehlen:

13. Die Griechenlandverfahren wird das BMJ daraufhin überprüfen, ob sie bereits Gegenstand eines Verfahrens gewesen sind. Sie wird das Ergebnis ihrer Überprüfung der ZSt. mitteilen. – Die Justizminister und –senatoren billigen die vorgeschlagene Regelung, sehen aber davon ab, das in einer besonderen Entschließung zum Ausdruck zu bringen.

14. Wie sollen Auskunftsersuchen der Strafverfolgungsbehörden an den Suchdienst des Deutschen Roten Kreuzes gefasst werden, soll namentlich zum Ausdruck gebracht werden, dass gesuchte Zeugen (nur) der Entlastung des Beschuldigten dienen sollen? (BW S. 6, I j).

Referentenberatung: Der *Vorsitzende* führt aus, zunächst müsse geklärt werden, ob das Rote Kreuz verpflichtet sei, Auskunft zu erteilen. Er regt an, das BMJ zu bitten, ein Gutachten zu dieser Frage zu erstellen. *MinRat Römer* unterstützt den Vorschlag, weil auf Auskunft nicht verzichtet werden könne, wenn kein Verweigerungsrecht bestehe. Auch *MinRat Roth* schließt sich dieser Auffassung an.

Die Referentenkonferenz schlägt den Justizministern und -senatoren alsdann folgende Entschließung vor:

14. Das BMJ wird gebeten, über die Frage, inwieweit das Deutsche Rote Kreuz zur Auskunft verpflichtet ist oder diese verweigern kann, ein Gutachten zu erstellen. – *Die Justizminister und -senatoren billigen die Entschließung, sehen aber davon ab, das in einer eigenen Entschließung zum Ausdruck zu bringen.*

15. Soll eine Tagung der in der Bundesrepublik mit der Bearbeitung von NS-Gewaltverbrechen beauftragten StA im Vorsommer 1965 in Baden-Württemberg abgehalten werden? (BW S. 5, I g).

Referentenberatung: Nachdem sich die Mehrheit der Teilnehmer für eine baldige Tagung aller mit NSG-Sachen befassten StA ausspricht, schlägt die Referentenkonferenz den Justizministern und -senatoren folgende Entschließung vor:

15. Vom 31. Mai bis zum 4. Juni soll eine Tagung der in der Bundesrepublik mit der Bearbeitung von NS-Gewaltverbrechen beauftragten StA in Stuttgart [vgl. unten S. 91 ff.] abgehalten werden.

Beratung der Justizminister und -senatoren: Die Minister *Dr. Weber* und *Dr. Lewerenz* sprechen sich gegen die Tagung aus. Sie halten es für besser, wenn die GStA zunächst die Frage behandeln und konkrete Vorschläge unterbreiten würden. Nachdem *MinRat Roth* noch einmal auf die besondere Bedeutung der Tagung für die mit NSG-Sachen befassten StA hinweist, weil auf ihr in erster Linie praktische Ermittlungsmethoden besprochen werden sollen, billigen die Justizminister und -senatoren Tagungsort und Zeitpunkt. Eine besondere Entschließung zu fassen, halten sie nicht für erforderlich.

Zweiter Teil

Protokolle der Arbeitstagungen der Leiter der Sonderkommissionen zur Bearbeitung von NS-Gewaltverbrechen

I. 1. Arbeitstagung vom 16./17.3.1961 in Stuttgart

Teilnehmer:

ZSt.: Schüle, OStA, Ludwigsburg
Polizeipräsidium Berlin (RegDir. Stich)
StA Berlin (EStA Neumann)
LKA Bremen (KHK Prause)
LKPolizeiamt Hannover Nieders. (RegDir. Dr. Schulz, KK Seth)
LKA Rheinland-Pfalz (KrimInspektor Pischner, KrimMeister Pabst
LKA Hessen (KRat Scharf, KK Boixen)
LKPolizeiamt Kiel, Schl-H. (KK Göttsch)
Bayr. LKA (KrimOberinsp. Thaler, PolMeister Girlich
LKA NRW (KK Hofmann, KOM Gaup)
LKA BW (KDir. Haas, KRat Vaas, KHK Weida KOM Opferkuch)

Die Tagung wurde am 16.3.1961 durch den Leiter des LKA Baden-Württemberg, Herrn *KrimDir. Haas,* eröffnet, der u.a. darauf hinwies, es sei dringend, dass einmal über die zweckmäßige kriminalpolizeiliche Erledigung dieser Ermittlungsverfahren diskutiert würde, zumal die Herren der Sonderkommissionen im Bundesgebiet nicht überall gern gesehene Gäste seien. – Er erwähnte weiterhin die Teilsendung der „SS-Staat" innerhalb der Fernsehreihe das „Dritte Reich". Wer diese Sendung gesehen habe, könne eigentlich mit gutem Gewissen nicht mehr ruhig schlafen. Jeder müsse sich fragen, wie so etwas überhaupt möglich gewesen sei und wer davon gewusst habe. Der Tagung wünsche er einen erfolgreichen Verlauf ...

Im Verlaufe der Aussprache wurde dahingehend Einigung erzielt, dass bei Aufenthaltsermittlungen und Zeugenvorladungen – von Ausnahmen abgesehen – wie bisher die Sonderkommissionen des LKA anzuschreiben seien.

OStA Schüle wies auf die Notwendigkeit hin, im Anschluss von Beschuldigtenvernehmungen, Hausdurchsuchungen vorzunehmen, dabei könne wertvolles Bildmaterial, Brief- und Adressenmaterial gefunden werden.

KK Hofmann: Bei Aufenthaltsermittlungen von Zeugen und Beschuldigten anhand von DC-Unterlagen und sonstigen Hinweisen stelle es sich oft heraus, dass der Gesuchte noch bei der Polizei tätig sei. – *OstA Schüle* erklärte, dass in solchen Fällen sich die ZSt. für Verfahren, die von ihr bearbeitet würden, unmittelbar an das betreffende Innenministerium wende, was er auch anderen Dienststellen empfehle. Er wies darauf hin, dass solche Anfragen allerdings mit der Gefahr verbunden seien, dass nunmehr das zuständige Innenministerium an den Betreffenden herantrete und ihn über seine Einsätze während des Krieges befrage.

KHK Weida fasste den Vorschlag zusammen, in Zukunft in allen FS [Fernschreiben] und Ersuchen jeweils das Aktenzeichen und die StA anzugeben, bei welcher das Verfahren anhängig ist.

In der Aussprache über diesen Punkt stellte sich heraus, dass infolge mangelnder Unterrichtung der einzelnen StA untereinander verschiedene Ermittlungsverfahren zum Teil gegen dieselben Beschuldigten bei mehreren StA des Bundesgebietes anhängig sind oder waren. Weiterhin wurde darauf hingewiesen, dass auch Richter nicht immer über den Umfang ... Auskunft geben können, unterrichtet seien. Teilweise sei noch nicht einmal bekannt gewesen, dass es eine ZSt. der LJVW gibt und welche Verfahren dort vorermittelt werden.

OStA Schüle, dem diese Vorgänge nicht unbekannt geblieben sind, verwies darauf, dass die StA teilweise außerordentlich überfordert worden seien, weshalb er es gerade aus diesem Grunde für notwendig erachte, arbeitsfähige und personell gut ausgerüstete Sonderkommissionen zu schaffen. Weiterhin hält er es für dringend notwendig, dass die Leiter der Sonderkommissionen mit den Sachbearbeitern bei den StA ihres Bezirks laufend Verbindungen unterhalten. – Da die ZSt. von Seiten der zuständigen StA auch nicht immer und rechtzeitig über die dort anhängigen Verfahren auf dem Laufenden gehalten werden, bitte er, von allen Vernehmungen eine Durchschrift der ZSt. zu übersenden, damit diese dort rechtzeitig zur Auswertung käme. Das LKA Hessen und das LKA Baden-Württemberg würden dies ohnehin schon machen. Nur dadurch sei es der ZSt. möglich, einen Überblick über die in der Bundesrepublik anhängigen Verfahren wegen NS-Gewaltverbrechen zu schaffen.

Es wurde die personelle Stärke der einzelnen Sokos erörtert:

1. Soko des LKA Baden-Württemberg: 13 Beamte, vier Schreibkräfte, vier Dienst-PKW;

2. Bayr. LKA München: 23 Beamte, vier Schreibkräfte, 15 Dienst-PKW stehen notfalls zur Verfügung. – Herr *KOI Thaler* führte weiterhin an, dass seine Soko durch die Übernahme des Ermittlungsverfahrens gegen die Einsatzgruppe D in Bälde auf etwa 48 Mann verstärkt werde.

3. LKA Berlin: Sechs Beamte, welche je nach Arbeitslage verstärkt werden könnten;

4. LKA Bremen: Keine besondere Soko, es stehen aber sechs Beamte und zwei Schreibkräfte der Staatsschutzdienststelle zur Verfügung.

5. Hess. LKA Wiesbaden: neun Beamte, eine Schreibkraft, zwei Dienst-PKW, z.Zt. fehlen zwei Beamte. – Herr *KRat Scharf* erwähnt auch die Notwendigkeit der Verwendung von Angestellten bei der Soko, die für Karteiarbeiten und zur Erstellung von Indexen gut gebraucht werden könnten.

6. Soko „P“, Mainz: drei Beamte, eine Schreibkraft, zwei Dienst-PKW.

7. LKPolizeiamt Niedersachsen, Soko Z, Hannover: zwei Beamte.

8. LKA Nordrhein-Westfalen, Dez. 15, Düsseldorf: 21 Beamte, keine Schreibkraft zwei Dienst-PKW, vier weitere Beamte sollen in Bälde dazukommen.

9. LKPolizeiamt Schleswig-Holstein, Kiel: vier Beamte, keine Schreibkraft, Fahrzeuge stehen bei Bedarf zur Verfügung.

10. *OStA Schüle,* nur personell starke und technisch gut eingerichtete Sokos bei den LKA sind in der Lage, die umfangreichen und notwendigen kriminalpolizeilichen Ermittlungen zu bewältigen. In der Presse und auch sonst sei diese entscheidende und wesentliche Tätigkeit der Sokos bisher nicht sonderlich gewürdigt worden. Die Strafverfolgungsbehörden würden aber immer wieder darauf hinweisen, dass die Aufklärung dieser großen Ermittlungsverfahren nur mit Fachbeamten möglich sei, die über ein entsprechendes Spezialwissen verfügten. Dieses Spezialwissen der Beamten der Sokos in engster Zusammenarbeit mit StA und Richtern sei für den Ermittlungserfolg unerlässlich und von entscheidender Bedeutung. Von Seiten der StA sei insbesondere anlässlich des Ulmer-Prozesses auf diese Wechselbeziehungen immer wieder hingewiesen worden. Auch sei es ausgeschlossen, wichtige Zeugenvernehmungen durch außenstehende Kripo-Dienststellen vernehmen zu lassen, da erfahrungsgemäß die damit befassten Beamten nicht über die erforderlichen Sachkenntnisse verfügten. Weiterhin müsse auf die in Bälde zu erwartenden Gerichtsverhandlungen hingewiesen werden. Es sei erfahrungsgemäß so, dass die Verteidiger versuchen würden, die mit der Aufklärung befassten Kriminalbeamten in der Verhandlung zu provozieren. Wichtig sei auch in diesen Fällen das richtige und entschiedene Auftreten der Beamten der Sokos als Zeugen – Der ZSt. käme es im Übrigen weiterhin darauf an, die eigentlichen Täter, nämlich die SS-Führer, welche häufig nur vom Schreibtisch her tätig waren, zu ermitteln und ihrer gerechten Strafe zuzuführen. Es solle nicht vergessen werden, dass die kleinen Beamten, welche am Graben die Exekutionen durchführten, in erster Linie als Zeugen Verwendung finden sollten. Es könne aber nicht übersehen werden, dass z.B. ein SS-Oberscharführer, der ein jüdisches Arbeitslager unter sich hatte, mehr Vollmachten besaß als ein Major der Wehrmacht. Man könne daher nicht einfach der Forderung nachkommen, nur Schreibtischtäter bzw. höhere SS-Dienstgrade zu verfolgen. In jedem Falle müsse die individuelle Schuld jeder Person, gleich welchen Dienstgrades, überprüft werden.

KHK Weida wies darauf hin, dass bei der Arbeitslage, welche bei den einzelnen Sokos vorherrsche, Überlegungen angestellt werden müssten, auf welche Weise die Sokos schnellstens verstärkt werden könnten. – Von Herrn *KOI Thaler* wurde eingeworfen, dass die Bewältigung dieses Problems in Bayern keine Schwierigkeiten mache. Weiterhin empfahl Herr *OStA Schüle,* dass die Leiter der LKAs sich dieserhalb an die zuständigen OStA oder den GStA wenden sollten, die ihren Einfluss geltend machen könnten.

Am Nachmittag des 16.3.1961 wurde von Herrn *OStA Schüle* das Referat „Schatten der Vergangenheit" [nicht bei den Akten] gehalten. Nach kurzer Pause wurde die Tagung fortgesetzt und dabei die Frage der Anlegung von sog. *„Strafanzeigenkonserven"* besprochen. Insbesondere durch Herrn OStA Schüle und Herrn KHK Weida wurde anhand von konkreten Beispielen auf die Bedeutung dieser „Konserven" hingewiesen. – *MinRat Dr. Kienle* wies darauf hin, dass es im Interesse der Polizei liege, dass in Verfahren wegen NS-Gewaltverbrechen gegen die gesuchten Beschuldigten Haftbefehle unter Zugrundelegung von ausreichendem Material *rechtzeitig* beantragt würden. Es müsse in jedem Falle vermieden werden, dass

Haftbefehlsanträge nach Ermittlung des Beschuldigten gestellt, dann aber wegen ungenügender Beweise abgelehnt würden.

EStA Neumann: Es wäre zweckmäßig, wenn derartige Strafanzeigenkonserven in großer Anzahl angelegt und der ZSt. zugeleitet würden. Nur dann sei es möglich, nach Aufgriff eines Beschuldigten auf schnellstem Wege das erforderliche Material zum Antrag eines Haftbefehls zu beschaffen. Weiterhin müsse durch allgemeine Unterrichtung Vorsorge getroffen werden, dass nicht kleine Leute wegen der ihnen leicht nachzuweisenden strafbaren Handlungen dieserhalb festgenommen würden. – Es wurde von Herrn *OStA Schüle* in diesem Zusammenhang auf die Verfahrensweise der StA Berlin im Verfahren gegen ehemalige Angehörige des Polizeibataillons 9 erinnert, Herr *EStA Neumann* erwähnte außerdem die Rechtsunsicherheit der StA bei diesen Verfahren, da niemand so recht wisse, wo für diese Delikte die Beihilfe anfange und wo ein Befehlsnotstand vorliege.

KDir.Dr. Schulz erwähnte, dass vor kurzem in seinem Zuständigkeitsbereich ein sog. kleiner Mann vernommen worden sei. Bei dieser Vernehmung habe sich herausgestellt, dass dieser Beamte an der Erschießung von 400 bis 500 Juden beteiligt gewesen sei. Er stellte die Frage zur Debatte, ob dies nun ein kleiner Fall sei. Es sei Aufgabe der StA zusammen mit der Kripo umfangreich und schnellstens den Sachverhalt zu klären, nur dann seien die Gerichte in der Lage, derartige rechtliche Fragen zu klären, was auch die Meinung von Herrn OStA Schüle ist. Dieser fügte der Diskussion noch bei, es könne nicht Aufgabe der StA sein, sich bei der Bearbeitung dieser Verfahren gewissermaßen auch als Richter zu betätigen. Der StA habe in erster Linie strafbare Handlungen zu erforschen. – Von Herrn *OStA Schüle* wurde weiterhin darauf hingewiesen, dass durch alliierte Gerichte ein Großteil der eigentlichen Täter abgeurteilt worden sei. Trotzdem könne man nicht davon sprechen, dass die gesamte oberste NS-Führungsschicht abgeurteilt worden sei. Es könne auch nicht verschwiegen werden, dass bei Aufklärung dieser Straftaten ebenfalls eine wesentliche Dunkelziffer sich ergeben werde, wie sie ja auch bei allen anderen strafbaren Handlungen mit in Kauf genommen werden müsste.

KK Hofmann: Vor einiger Zeit sei er im US-Hauptquartier in Heidelberg auf 10.000 bis 12.000 Seiten Aktenmaterial über NS-Gewaltverbrechen gestoßen, dessen Auswertung durch die ZSt. lohnend sein müsste. – Im wurde von Herrn *OStA Schüle* erwidert, dass er diese Arbeit bei der derzeitigen Besetzung seiner Dienststelle und der Soko Baden-Württemberg nicht bewältigen könne. Es sei ihm auch bekannt, dass wegen der „Aktion Reinhard", bei der mindestens zweieinhalb Millionen Juden umgebracht wurden, weder in Polen noch in der Bundesrepublik bisher ein gerichtliches Verfahren durchgeführt worden sei. – Daher sei es ihm ein besonderes Anliegen, nochmals darauf hinzuweisen, dass Ermittlungen, wie es z.B. das Verfahren KdS-Minsk darstelle, von einer StA zentral durchgeführt werden sollten. Nur weil diese elementare Forderung nicht beachtet werde, käme es zur Aufsplitterung einzelner Tatkomplexe in mehrere Verfahren.

KK Boixen erwähnte seine im Ermittlungsverfahren Lublin gewonnenen Erfahrungen. Es sei vorgekommen, dass durch die Soko Hessen zu den Ermittlungsverfahren Sonderkommando 1005 dieselben Zeugen ermittelt und vernommen wurden, welche bereits schon von der StA Bielefeld vernommen worden seien. Die StA Bielefeld hätte nicht angehalten werden können, rechtzeitig ihre Erkenntnisse den zuständigen Sokos mitzuteilen. Es müsse daher, um eine gedeihliche Zusammenarbeit zu erzielen, die Berichtspflicht der StA der ZSt. gegenüber unbedingt aktiviert werden. KK Boixen erwähnte eine Reihe weiterer Verfahren, bei deren Ermittlungen er ähnliche Erfahrungen mit den zuständigen StA gemacht habe.

Fortsetzung der Arbeitstagung am Vormittag des 17.3.1961

Sämtliche anwesenden Leiter der LKA und der Sokos einigten sich auf einen umfassenden nachrichtlichen Austausch untereinander, wobei in erster Linie daran gedacht ist, die ZSt. über den Fortgang aller Verfahren, die bei den Sokos in Bearbeitung sind, zu unterrichten. Es wurde angeregt, in Zukunft noch mehr, insbesondere bei Beginn von Ermittlungen, bei der ZSt. anzufragen.

OStA Schüle appellierte an die Tagungsteilnehmer, bei den jeweiligen Innenverwaltungen darauf einzuwirken, dass die Sokos mit wirklich qualifizierten Kripobeamten ausreichend besetzt würden, auf die sich die StA verlassen könnten. Die Soko des LKA Baden-Württemberg wird eine Anschriftenliste sämtlicher Sokos im Bundesgebiet aufstellen und diese Liste den jeweiligen Sokos zur Weiterleitung an die zuständigen StA übersenden, da die von der ZSt. an die GStA übersandten Listen dieser Art offenbar von dort nicht weitergeleitet worden seien. – Weiterhin wurde vereinbart, dass die vom LKA Baden-Württemberg in Zusammenarbeit mit dem bayr. LKA und Polizeipräsidium Berlin zusammengestellte Lichtbildmappe vervielfältigt und an die Sokos verschickt wird. – Die Leiter der Sokos werden besorgt sein, bei Auffindung weiterer Exekutionslichtbilder zur Ergänzung dieser Lichtbildmappe beizutragen und besonders instruktive Bilder zur Weiterleitung an die Sokos zu vervielfältigen. – *OstA Schüle* meinte, dass diese Mappe auch geeignet sei, Untersuchungsrichtern und Vorsitzenden von Schwurgerichten zur Einsichtnahme vorgelegt zu werden.

KRat Scharf ergänzte diese Vereinbarung dahingehend, indem er vorschlug, dass jegliches Material, welches geeignet sei, weitere wesentliche Erkenntnisse zu gewinnen, der ZSt. zur weiteren Auswertung übersandt werden soll. In diesem Zusammenhang halte er es auch für sinnvoll, wenn die ZSt. Mappen bereit halte, welche anhand von Gerichtsurteilen und sonstigen richterlichen Entscheidungen, Material über Befehlsverweigerung, Befehlsnotstand und ähnliche Dinge enthalten würde.

Es wurde beschlossen:

1. Dass die Leiter der Sokos die in ihrem Bezirk zuständigen StA und GStA sowohl auf die bestehenden Sokos und die ZSt. in L. schriftlich hinweisen.

2. Austausch von Bildmaterial und sonstigen Dokumentenmaterials unter Angabe der Quellen und bei Lichtbildern die Aufnahmezeit und die Aufnahmekarte.

3. Von allen Vernehmungen soll ein Durchschlag an die ZSt. mit Angabe des Aktenzeichens der StA, wo das Verfahren anhängig ist, übersandt werden.

RegDir. Stich: Bei den vielen Anfragen der Sokos und StA an seine Dienststelle wegen Feststellungen im Document Center und der WASt habe er festgestellt, dass des Öfteren über eine Person sowohl von der ZSt. als auch von den jeweiligen Sokos, wo die Ermittlungsverfahren bearbeitet werden, angefragt wurde. Aus Personalmangel könne er nur einen Beamten zur Erledigung solcher Anfragen zur Verfügung stellen. Er bitte daher um vorherige Koordinierung derartiger Anfragen, damit Doppelarbeiten und Mehrbelastung vermieden würden.

Es wurde darauf hingewiesen, dass z.B. Anfragen bei der WASt auch direkt durchgeführt werden könnten. Die ZSt. hat hierfür entsprechende Formulare entwickelt, welche auch den anderen Dienststellen empfohlen wurden. Vordrucke wurden verteilt. – Weiterhin wurde gebeten, DC-Anfragen grundsätzlich unter Benutzung der entsprechenden Formulare vorzunehmen. Auch dadurch ergebe sich eine erhebliche Arbeitsverminderung. Nur in besonderen dringlichen Fällen sollen DC-Anfragen über das Polizeipräsidium, Abt. I, Berlin, erfolgen.

KHK Weida stellte die Ausschreibung von Beschuldigten und Zeugen in Verfahren wegen NS-Gewaltverbrechen im Bundeskriminalblatt und den Landeskriminalblättern zur Diskussion. Dabei wurden Ausschreibungen besprochen, die insbesondere in letzter Zeit von der StA Frankfurt/M. vorgenommen worden seien.

KRat Scharf erwiderte, dass es sich bei den Aktionen der StA Frankfurt, bezüglich *Baer* und *Günther*, um ausgesprochene Einzelaktionen gehandelt habe. Auch nach seiner Ansicht wäre es vorteilhaft gewesen, wenn zunächst kriminalpolizeiliche Ermittlungs- und Fahndungsmaßnahmen eingeleitet worden wären, zumindest aber hätte die StA Frankfurt vor Einleitung dieser Aktionen das zuständige LKA zu Rate ziehen müssen.

OStA Schüle erwähnte, dass derartige Aktionen nach Ansicht des *GStA Bauer* in Zukunft nicht mehr ohne Benachrichtigung und vorherige Absprache mit dem LKA geschehen würden.

KHK Weida fasste den allgemeinen Vorschlag zusammen, dass Personen, die von StA wegen NS-Gewaltverbrechen ausgeschrieben würden, nach deren Aufenthaltsermittlung von den örtlich zuständigen LKA oder von deren Sokos überprüft werden sollten.

Weiter wurde erwähnt, auch bei der Polizei bestehe ein Interesse, durch Presse und sonstige Veröffentlichungen darauf hinzuweisen, dass die Kripo, in Sondereinheit die Sokos der LKA, wesentlich an der Aufklärung dieser NS-Gewaltverbrechen beteiligt sei.

Es wurde eine ostzonale Schriftenreihe und Wanderausstellung erwähnt, in der zahlreiche Namen, insbesondere von Polizeibeamten im Dienst, genannt werden, welche angeblich an NS-Gewaltverbrechen beteiligt gewesen seien. Es sollte daher ein Weg gefunden werden, der es der Polizei ermögliche, darauf hinzuweisen, dass diese Verbrechen zwar damals im Wesentlichen von Polizeibeamten im weitesten Sinne begangen worden seien, aber dass es jetzt wiederum Polizeibeamte seien, welche diese Dinge, ohne Rücksicht auf Stand und Namen, aufklären würden. Es könne sich dabei aber nur um allgemeine Publikationen handeln, da die Unterrichtung der Presse und der Öffentlichkeit über schwebende Verfahren der zuständigen StA vorbehalten sei. …

Herr *von Buttlar* hielt am Vormittag des 17.3.1961 ein Referat, in welchem er darauf hinwies, dass der östliche Nachrichtendienst in steigendem Maße dazu übergegangen sei, Personen, die an NS-Gewaltverbrechen und ähnlichen Dingen beteiligt gewesen seien, nachrichtendienstlich anzugehen. Es müsse daher bei Vernehmung solcher Beschuldigter und der anschließenden Haussuchung auch darauf geachtet werden, ob Geräte und Materialien vorhanden seien, welche auf eine nachrichtendienstliche Tätigkeit hinzielten. Er unterstrich seine Darstellungen mit reichhaltigem Bildmaterial.

Die Tagung wurde am 17.3.1961 gegen 12.00 Uhr beendet. Am Nachmittag des 17.3.1961 besichtigten die Tagungsteilnehmer die Zentrale Stelle der Landesjustizverwaltungen in Ludwigsburg.

II. 2. Arbeitstagung vom 7./8.11.1961 in München

Teilnehmer:

LKA Baden-Württemberg: KHK Weida
Pol. Präs. Berlin, Abt. I: RegDir. Sich, KOK Eitner
LKA Bremen: KHK Prause
HLKA Wiesbaden: Dir. Schneider, KK Boixen
LKPA Niedersachsen: Dir. Dr. Schulz (nur 8.11.1961), KK Seth
LKA Rheinland-Pfalz: KI Pischner
LKA Nordrhein-Westfalen: KK Hofmann
LKPA Schleswig-Holstein: KK Göttsch
ZSt. L.: OStA Schüle
BLKA München: Präs. Schneider, KR Mitzdorf, KA Liebwerth,
KOI Thaler, Leiter d. SK b. BLKA, KI Rager, KI Richardt,
KOM Andreas, KOM Welpe, KM Pfaffenberger, Ang. Würz, Leipziger (als Protokollführerin)

I. Tagungsbeginn und Begrüßung der Teilnehmer durch den Amtschef des BLKA

Die Tagung wurde am 7.11.1961 um 8.45 Uhr durch *Präsident Schneider* eröffnet. Er führte im Einzelnen aus: ... Meine Herren, lassen Sie mich ganz kurz einig Gesichtspunkte aufzeigen, wie sie mir persönlich am Herzen liegen. Wenn Sie heute früh die Zeitungen gelesen haben, dann wird ihnen eine Wendung, die im Falle des jugoslawischen Staatsangehörigen Vracario gebraucht wurde, aufgefallen sein. In der Süddeutschen Zeitung wird geschrieben, dass das BMJ nach den Worten seines Sprechers sehr unglücklich über diesen Fall ist, da den verantwortlichen Stellen viel daran liegt, einen *Schlussstrich unter die Kriegsereignisse* zu ziehen. Ich glaube, es tut gut, wenn auch nicht in diesem Kreise, so doch nach außen hin, darzustellen, dass das, was unsere Sokos zu behandeln haben, unter keinen Umständen Kriegsereignisse sind, sondern ausgesprochen kriminelle Verbrechen, die anlässlich der Kriegsereignisse, ja gewissermaßen unter dem Deckmantel kriegerischer Ereignisse geschehen sind. Ich habe keine Kriegsereignisse kennengelernt, obwohl ich vom ersten bis zum letzten Tage an der Front als Soldat dabei war, die sich so abgespielt hätten, wie wir sie in den Akten unserer Soko lesen können. Ich habe nie einen Gegner gehabt, der in der letzten Phase des kriegerischen Geschehens nackt vor mir gestanden hätte, und der brutal niedergeschlagen oder niedergeschossen worden wäre, ohne sich wehren zu können. Das was hier geschehen ist, das was wir aufklären wollen, sind zweifelsfreie Verbrechen an wehrlosen Menschen, die nur deswegen hingemordet worden sind, weil sie als Juden geboren wurden. Um die Aufklärung dieser weltweiten Verbrechen hat sich besonders ein Mann verdient gemacht. ...

Was die Arbeitslast der Soko des BLKA im Hinblick auf anhängige Verfahren betrifft, so haben wir insgesamt etwa 150 Fälle zur Bearbeitung gehabt, von denen mehr als die Hälfte erledigt sind. Diesen 150 Fällen stehen lediglich vier Urteile gegenüber. Es ist offensichtlich im Bereiche der Justiz nicht ganz so einfach, die Dinge zur HV zu bringen. Diese vier Urteile haben eine Gesamtzuchthausstrafe von 29 ½ Jahren ergeben. Wir dürfen deshalb den Mut nicht sinken lassen. Unsere Sache ist dennoch wichtig. Ich sage sogar, dass mir die Aufgabe der Soko eine der wichtigsten ist, die in meinem Amte wahrzunehmen ist. Ich weiß, dass die Mitarbeiter, die Ermittlungsbeamten der Soko, von Seiten der Kollegen mitunter einer recht herben Kritik ausgesetzt sind, einer Kritik, die ebenso unsachlich wie für den Sachbearbeiter bedrückend ist. Wir wissen sehr genau, dass man uns zum Teil ein unkollegiales Verhalten vorwirft, wenn wir nur unsere Pflicht erfüllen, nämlich Beschuldigte oder Zeugen, die naturgemäß vielfach Polizeibeamte sein werden, vernehmen. Diese Dinge lasten den Ermittlungsbeamten an, und ich glaube, dass es Aufgabe jedes Leiters der Soko, aber insbesondere auch des Behördenleiters ist, die Mitarbeiter zu unterstützen, ihnen zu sagen, dass ihre Aufgaben absolut rechtens sind und das, was wir tun, rechtsstaatlich eine Notwendigkeit ist. In diesem Sinne glaube ich, sollten wir unsere Aufgabe auffassen und in diesem Sinne wünsche ich Ihrer heutigen Tagung einen guten Verlauf.

KOI Thaler: Herr Präsident, meine Herren, ich möchte mich zuerst den Begrüßungsworten meines Amtschefs anschließen und allen meinen Kollegen aus den einzelnen Bundesländern Dank sagen für die ausgezeichnete Unterstützung, die sie jederzeit den Beamten der bayerischen Soko bei ihrer Ermittlung gewährt haben. Ich freue mich ganz besonders, dass die Kollegen aus Berlin in unserer Mitte sind und wir alle wünschen dieser Stadt und ihren Bewohnern für die Zukunft das Beste. ...

II. ... [weggelassen]

III. Referat über die Konferenz der Justizminister in Wiesbaden und Diskussion über Errichtung zentraler StA:

OStA Schüle bedankte sich zunächst für die Einladung zu dieser Tagung Er erwähnte dabei, dass es nun leider zur Seltenheit geworden ist, dass StA zusammen mit Kriminalbeamten an einem Tisch sitzen, um einen Erfahrungsaustausch durchzuführen. OStA Schüle stellte besonders heraus, dass ZSt. und die Sokos nicht Kriegsverbrechen, sondern NS-Gewaltverbrechen verfolgen und zitierte hierbei die Verwaltungsvereinbarung über die Errichtung der ZSt., wo es unter anderem wörtlich heißt: „Straftaten, die außerhalb des Kriegsgeschehens an der Zivilbevölkerung begangen worden sind." Zu den Ergebnissen der JuMiKo im November 1961 in Wiesbaden erläuterte OStA Schüle, dass der ZSt. sowohl durch den BJM als auch den hess. Ministerpräsidenten Zinn das volle Lob und die volle Anerkennung ausgesprochen wurde. Er (Schüle) sei verpflichtet, diese Anerkennung an die Sokos der Länder weiterzugeben, denn die ZSt. wäre ohne die Arbeit der Sokos ein Wasserkopf und sonst nichts. Damit zusammenhängend sprach Schüle den Dank für die wirklich gute Zusammenarbeit der ZSt. mit den einzelnen Ländern aus. Weiter wurde von OStA Schüle ausgeführt, dass der Eichmann-Prozess keine

Überraschung für die ZSt. gebracht hätte. Es gab nicht einen Namen und nicht ein Ereignis, das bei der ZSt. nicht bereits in Form eines Verfahrens erfasst gewesen wäre. OStA Schüle fasste zusammen, dass die JuMiKo unserer Arbeit größtes Interesse entgegengebracht habe. Ein Ministerium eines Bundeslandes hat einen sehr prominenten Vertreter nach Ludwigsburg entsandt und dort ein Verhandlungsprotokoll seines Landtages vorgezeigt, in dem ebenfalls der Dank für die Soko jenes Landes und die ZSt. enthalten war. OStA Schüle führte weiter aus, dass die Tätigkeit der ZSt. voraussichtlich im Jahre 1963 auslaufen werde, wobei aber zweifellos auch in der Folgezeit noch ein kleinerer Arbeitsstab erhalten bleiben muss, und zwar solange, als Verfahren bei StA anhängig sind. Derzeit seien in Ludwigsburg noch rund 350 Vorermittlungsverfahren anhängig, 90 davon von StA rückübertragen. ...

KOI Thaler stellte in diesem Zusammenhang fest, dass in Bayern kürzlich eine Ankündigung des Justizministers veröffentlicht worden sei, wonach die NSG-Verfahren beschleunigt abgeschlossen werden sollen. Er stellte an OStA Schüle die Frage, ob hierüber auch bei der Konferenz der JuMi in Wiesbaden gesprochen worden sei.

OStA Schüle erklärte dazu, dass dieser Punkt nicht zur Sprache kam, er selbst hätte jedoch mit seiner Anregung, in allen Bundesländern zentrale StA zu schaffen, ausdrücklich ausgeführt, dass diese Lösung der Straffung der Verfahren diene und letztlich auch eine Abkürzung der Ermittlungen herbeiführe. Ein eingearbeiteter StA könne auch die Kripo weitgehend unterstützen.

Präs. Schneider richtete an OStA Schüle die Frage, ob bei der JuMiKo in Wiesbaden auch die bayerischen Vertreter der Einrichtung von zentralen StA zugestimmt hätten. Präs. Schneider erinnerte, dass er mit KRat Nitzdorf sofort nach Aufstellung der Soko bei dem zuständigen Referenten des Bayer. StMin. d.J. die Gesichtspunkte (zentrale StA) vorgetragen habe. Damals glaubte man, aus Rechtsgründen die Schaffung einer zentralen StA in Bayern nicht befürworten zu können.

OStA Schüle: Die Ansicht einzelner Länder hat sich in der Zwischenzeit geändert, wie die Verhältnisse in Nordrhein-Westfalen beweisen. Auch Baden-Württemberg will ab 1.1.1962 diese Zentrale schaffen und der StA Stuttgart als besondere Abteilung angliedern, wie das in Nordrhein-Westfalen auch gemacht wurde (§ 145 GVG). OStA Schüle äußerte in diesem Zusammenhang seine Absicht, nach Ablauf der Tagung in dieser Angelegenheit mit Herrn MinDirig. Rösch (Bayer. StMin. d.J.) zu sprechen.

KK Seth brachte vor, dass die LJV in Niedersachsen unter Heranziehung von jungen StA bis etwa Mitte oder Ende 1962 den gesamten Komplex NSG erledigt haben möchte.

OStA Schüle erwiderte, dass der niedersächs. Justizminister bei der JuMiKo erklärte, er wolle sich der Anregung, die Verfahren zusammenzufassen, nicht verschließen und sprach von einer zentralen StA in Hannover oder Lüneburg.

KK Boixen betonte, dass die Angelegenheit in Hessen nicht einheitlich geregelt sei. Es gibt in Frankfurt die Dienststelle des GStA, der verschiedene Komplexe durch seine Referenten bearbeiten lässt – daneben aber auch die Tätigkeit der örtlich zuständigen StA. Der GStA in Frankfurt hat vor Jahresfrist zugesichert, dass er einige StA als sog. Sondersachbearbeiter vollkommen freistellen will. Dies ist jedoch noch nicht verwirklicht worden. Die Hauptlast der Arbeit liegt in Hessen nach wie vor auf den Schultern der Soko.

OStA Schüle bekundete, dass er noch im November zu einer Besprechung bei GStA Bauer in Frankfurt angemeldet sei, wobei die Verhältnisse in Hessen besprochen werden sollen.

KI Pischner: In Rheinland-Pfalz bisher keine zentrale StA; jedoch hat die StA Koblenz (ein StA) bis jetzt die wenigen Verfahren durchgeführt.

KK Seth: In Niedersachsen offiziell keine zentrale StA.

KK Hofmann: Die zentralen StA Dortmund und Köln haben am 1.10. bzw. 1.11.1961 ihre Tätigkeit aufgenommen. Bis jetzt sind allerdings nicht alle Verfahren dorthin abgegeben worden.

OStA Schüle äußerte dazu, dass bei diesen beiden zentralen StA zunächst einmal die organisatorischen Anlaufschwierigkeiten überwunden werden müssten. Bis Ende des Jahres dürften jedoch alle Verfahren den zentralen StA übertragen worden sein.

KK Göttsch: Keine zentrale StA, über künftige mögliche Lösung auch nichts bekannt.

KOI Thaler: In Bayern keine zentrale StA. Bisher offensichtlich auch wenig Neigung dazu erkennbar. Bei bayr. StA sind z.Zt. noch 78 NSG-Verfahren anhängig.

IV. Personalverhältnisse bei den einzelnen Sokos:

LKA Baden-Württemberg (KHK Weida): 18 Beamte und fünf Angestellte, sowie vier bzw. fünf Kfz, die ausschließlich der Soko zur Verfügung stehen. KHK Weida erläuterte, dass die Zahl der Beamten sehr wenig sage – das Entscheidende sei die Qualität – und da sieht es nicht gerade gut aus. KHK Weida vertrat die Ansicht, dass die Beamten von ihren Heimatdienststellen z.T. weggelobt oder aus anderen Gründen abgeordnet werden und demzufolge bei der Soko nicht immer „einschlagen".

PolPräsidium Berlin (KOK Eitner): Ein Kommissar, 11 Sachbearbeiter und drei Stenotypistinnen. Fahrzeuge nach Bedarf. KOK Eitner führte dazu aus, dass die Beamten auf Ersuchen von StA und Pol.-Dienststellen der Bundesländer auch Anfragen beim Document Center in Berlin und bei der Wehrmachtsauskunftsstelle zu bearbeiten hätten. So lagen allein vom Januar bis einschließlich September 1961 1800 Anfragen für DC vor.

LKA Bremen (KHK Prause): In Bremen sind keine größeren Verfahren in Bearbeitung, sondern es werden durchweg Amtshilfeersuchen erledigt. Ein politisches Dezernat führt diese Ermittlungen nebenbei (sechs Beamte und drei Schreibkräfte). Die Beamten, welche NSG bearbeiten, sind vom Senat bestimmt worden.

Hess. LKA (KK Boixen): Ein Oberbeamter, acht Beamte und eine Schreibkraft. Zwei Dienstfahrzeuge.

LKA Rheinland-Pfalz (KI Pischner): Drei Beamte und eine Schreibkraft. Zwei Kraftfahrzeuge. – Die Soko untersteht unmittelbar der StA und bearbeitet praktisch nur das Verfahren *Heuser.* Amtshilfeersuchen werden von der Soko nicht bzw.

nur in wenigen Einzelfällen erledigt. KI Pischner ergänzte, dass er bereits seit März 1961 von der Soko (Sitz Mainz) zu seiner Heimatdienststelle nach Kaiserslautern zurückbeordert worden sei. RegRat Lenhardt vom Innenministerium Rheinland-Pfalz leite ihm jedoch weiterhin alle auswärtigen Amtshilfeersuchen zu. ...

LKA Nordrhein-Westfalen (KK Hofmann): 25 Beamte, eine Schreibkraft, zwei Dienstfahrzeuge.

LKPA Schleswig-Holstein (KK Göttsch): Acht Beamte, keine Schreibkraft. Fahrzeuge nach Bedarf.

LKPA Niedersachsen (KK Seth): Gegenwärtig vier Beamte und eine Schreibkraft. Fahrzeuge nach Bedarf. – KK Seth ergänzte, dass das Ministerium des Innern in einem Schnellbrief an den RegPräs. in Niedersachsen für ein Verfahren die Abstellung von weiteren 18 Beamten beantragt habe.

Bayerisches LKA (KOI Thaler): Die Soko umfasst derzeit 29 Beamte und fünf Angestellte.

KHK Weida stellte zwei weitere Ursachen der „Fluchtaktion“ fest. Es sei einmal die kritische Beurteilung unserer Arbeit im Kreise der Kollegen, zum anderen aber auch die Tatsache, dass Beamte, welche sich bewähren, kaum eine Förderung finden.

KR Mitzdorf führte dazu aus, dass keiner von den abgeordneten Beamten aus freien Stücken kommt. Man darf nicht verhehlen, dass gerade diese abgeordneten Beamten soziale Nachteile haben, bestenfalls kommen diese Beamten alle zwei Wochen nach Hause. Man müsse aber aus diesen Schwierigkeiten das Beste herausholen. Er (KR Mitzdorf) könne nur die Empfehlung geben, wenn irgend möglich, auf abgeordnete Beamte zu verzichten.

KK Seth erklärte, er habe Mühe, seine Beamten bei der Soko zu behalten. Sie alle hätten „die Nase voll“. Auch er sehe sich vielen Angriffen ausgesetzt. KK Setz richtete an Herrn OStA Schüle die Bitte, diese personellen Schwierigkeiten auch den Länderjustizministern zu unterbreiten.

OStA Schüle erwiderte dazu, dass die Kripo den Innenverwaltungen unterstehe, er schlage deshalb vor, das Tagungsprotokoll den Innenministerien zuzuleiten. OStA Schüle werde von sich aus ein Tagungsprotokoll den Justizverwaltungen zuleiten und dabei zum Ausdruck bringen, dass die Beamten der Soko häufig nicht ihrer Leistung und ihrer schwierigen Arbeit entsprechend berücksichtigt werden. Schließlich sei auch noch auf die Schwierigkeiten hinzuweisen, denen die Beamten der Sokos ausgesetzt sind, weil sie nun in den eigenen Reihen „saubermachen“ müssen. Somit richtet sich die Kritik nicht nur gegen die Arbeit der Sokos im Allgemeinen, sondern auch gegen die einzelnen Beamten, welche NSG bearbeiten.

KK Hofmann: Auch die Soko in NRW arbeitet nur mit abgeordneten Beamten. Einige davon haben gleich bei Dienstantritt erklärt, dass sie bei der Soko nicht „alt“ werden würden.

KOI Thaler führte abschließend zur Personalsituation noch aus, dass er bei der Festlegung der Personalstärke in den einzelnen Ländern auch daran gedacht habe, ob künftig in vermehrtem Umfang Amtshilfeersuchen an die Sokos der einzelnen Länder gerichtet werden können. Dagegen wurden von nahezu allen Leitern der Sokos Bedenken geäußert und hierfür auch sachliche Gründe angeführt. Ein positives Vernehmungsergebnis sei meistens der einzige Beweisweg; das schließe jedoch nicht aus, dass Vernehmungen von weniger großer Bedeutung von der Soko oder im Einzelfall auch von der örtlich zuständigen Polizei eines anderen Landes durchgeführt werden können. Diese Frage zu prüfen, muss dem Leiter der Soko überlassen werden.

OStA Schüle erklärte dazu, dass abklärende Vernehmungen nicht unbedingt durch den Sachbearbeiter vorgenommen werden müssen. Dies bedeute ja letztlich auch eine Kosteneinsparung.

Dir. Schneider machte den Vorschlag zu prüfen, ob in weniger bedeutsamen Fällen nicht ein Sachbearbeiter ausreiche. In letzter Zeit sei es fast zur Regel geworden, dass grundsätzlich zwei Beamte einen Fall bearbeiten. Auch sei er der Ansicht, dass eine kleine schlagkräftige Gruppe von guten Kripo-Beamten wesentlich mehr leiste als personell starke Sokos.

KOI Thaler erwiderte dazu, dass bei zeitlich sehr langen Dienstreisen, die sich auf das ganze Bundesgebiet erstrecken, mitunter 20–30 Beschuldigte und Zeugen zu vernehmen sind. Man würde einen Sachbearbeiter überfordern. Zum anderen hat aus bayerischer Sicht gesehen, die zurückliegende Zeit bewiesen, dass die durch Krankheit, Lehrgänge und vorzeitige Rückbeorderungen verursachten Ausfälle von Beamten viel leichter auszugleichen sind, wenn man von vornherein gleich einen zweiten Beamten (Mitarbeiter) mit einem Fall vertraut macht. Das betrifft natürlich nur die umfangreichen Ermittlungsfälle, die zur Bearbeitung eine Zeit von ein bis zwei Jahren in Anspruch nehmen.

OStA Schüle führte zu diesem Punkt aus, dass sich auch die Referenten der StA selbst in die Ermittlungen einschalten sollen. Es sei absolut zumutbar, dass der sachbearbeitende StA beispielsweise einen leitenden Beamten der Kripo selbst vernimmt. Auch bei den Vorermittlungsverfahren der ZSt. werde dies so gehandhabt. Mit ein Grund zur Errichtung zentraler StA sei auch, dass die StA dann zur Unterstützung der Kripo sich an Ermittlungen beteiligen und selbst einmal an Ort und Stelle die Schwierigkeiten kennenlernen oder aber auch überwinden helfen.

V. *Verzeichnis der sämtlichen zurzeit bei den Sokos in Bearbeitung befindlichen bedeutsamen Verfahren: ...*

VI. Zahl der in Bearbeitung befindlichen Ermittlungsfälle (Stand 1.11.1961):

LKA BW: 48 Fälle. Amtshilfeersuchen von StA außerhalb des Landes BW sowie die Ersuchen in Vorermittlungssachen der ZSt. sind in dieser Zahl nicht enthalten.
Bayer. LKA: 57 Fälle. Am 1.1.1961 waren es noch 37 Fälle.
PP Berlin: Insgesamt 13 größere Verfahren.
LKA Bremen: Fünf Fälle.
Hess. LKA: 54 Fälle.
LKPA Niedersachsen: Sechs Fälle.
LKA Rh.-Pfalz: Ein Fall.
LKA NRW: 26 umfangreiche Ermittlungsfälle.
LKPA Schl.-Holst.: Sechs Verfahren.

KOI Thaler: Bei der Diskussion wurde festgestellt, dass in diesen Zahlen die Einzelersuchen von StA und Polizeidienststellen (Amtshilfeersuchen) zur Vernehmung von Zeugen, Aufenthaltsermittlungen und Aufenthaltsüberprüfungen nicht enthalten sind. Allein zur Bearbeitung dieser Einzelvorgänge sind bei der Soko Bayern ständig zwei bis drei Beamte eingesetzt. In der Bearbeitung dieser Einzelvorgänge lassen sich zeitliche Verzögerungen nicht vermeiden, da in der Regel die örtlich zuständigen Polizeidienststellen eingeschaltet werden müssen.

VII. Erfahrungen mit Formblattvernehmungen

Nach eingehender Diskussion wurde bezüglich der künftigen Regelung festgelegt: a) Falls in dem einen oder anderen Fall in einem anderen Bundesland mehrere Zeugenvernehmungen notwendig sind, die nicht durch die eigenen Sachbearbeiter getätigt werden können, sollte als Grundlage zur Vernehmung eine kurze zusammenfassende Sachverhaltsdarstellung gegeben werden. Diese sollte alle wesentlichen Punkte und Ergebnisse der bisherigen Ermittlungen enthalten, ähnlich den zusammenfassenden Berichten der ZSt. – b) Die wesentlichen Fragen, welche an den Zeugen zu richten sind, sollen aufgeführt werden. – c) Die hektographierten Ersuchen sollen künftig jeweils in der Anzahl an die betreffende Soko gesandt werden, als Zeugen in dem betreffenden Land zu vernehmen sind. Grundsätzlich wurde dazu noch vereinbart, dass die Vernehmung neuer, im Verlauf der Ermittlungen namentlich bekanntgewordener Zeugen nur dann erfolgen soll, wenn die ersuchende Polizeidienststelle ausdrücklich darum gebeten hat. Diese Entscheidung muss jeweils dem Sachbearbeiter vorbehalten bleiben.

VIII. *Inanspruchnahme des Fernschreibnetzes: …*

IX. *Aufenthaltsermittlungen und –überprüfungen: …*

X. *Fahndungsausschreibungen im BKBl. und in den LKBl. …*

XI. *Zeugenvorladungen bei Vernehmungen …*

XII. *Änderung der Anschriftenverzeichnisse …*

XIII. *Auswertung von Personalunterlagen beim Document Center in Berlin …*

XIV. *Feststellungen beim Bundesarchiv – Zentralnachweisstelle in Cornelimünster bei Aachen …*

XV. *Fortführung der Ermittlungen im Verfahren gegen die ehemaligen Führer und Teilkommandoführer des EK 8:*

KHK Weida stellte an KOI Thaler die Frage, wo künftig die Ermittlungen über die durch das EK 8 begangenen strafbaren Handlungen weitergeführt werden.

KOI Thaler erwiderte, dass im Verfahren gegen Dr. Otto Bradfisch (Führer des EK 8) die Tätigkeit des EK 8 von Juni 1941 bis 1.4.1942 ermittelt wurde. Mit Verurteilung des Hauptbeschuldigten Dr. Bradfisch und zwei seiner Teilkommandoführer ist für die StA München I für die weitere Sachbearbeitung keine Zuständigkeit mehr gegeben. Somit könnte auch die Soko des BLKA mit Abschluss dieses Verfahrens die kriminalpolizeilichen Ermittlungen nicht mehr fortführen. Zum Zeitpunkt der HV gegen Dr. Bradfisch sind bereits der Vertreter des Hauptbeschuldigten sowie weitere vier Teilkommandoführer (Hasse, Döring, Schönemann, Harnischmacher und Graalfs) ausgemittelt gewesen. Die StA München I hat alle diese Verfahren an die für den Wohnsitz der Beschuldigten zuständige StA abgegeben (Hamburg,

Bonn, Köln, Frankfurt und Kiel). Obwohl zwischen der Tätigkeit des Hauptbeschuldigten Dr. Bradfisch und seinen Teilkommandoführern eindeutig Sachzusammenhang besteht, haben die bayer. Justizbehörden immer darauf gedrängt, Dr. Bradfisch und einige in der Erstphase bekanntgewordene Teilkommandoführer vorweg anzuklagen. – Über den derzeitigen Sachstand der abgetrennten Verfahren ist nichts bekannt.

In diesem Zusammenhang führte KOI Thaler auch aus, dass auch das Verfahren EK 5 nach dem Selbstmord des Hauptbeschuldigten August Meier der StA Aschaffenburg an außerbayerische StA (Düsseldorf und Bremen) abgegeben wurde. Die StPO kenne eben keinen Gerichtsstand der Zweckmäßigkeit und auch der Gerichtsstand des Sachzusammenhanges lasse sich nur bis zur HV aufrechterhalten. Das Auseinanderreißen dieser Komplexe sei nicht nur vom ermittlungstechnischen Standpunkt aus unzweckmäßig (in jedem anderen Land müssen sich immer neue Sachbearbeiter mit der umfangreichen Materie befassen), sondern auch im Hinblick auf die finanzielle Mehrbelastung (Ermittlungskosten) bedauerlich.

Zum Verfahren Dr. Bradfisch hat KOI Thaler schließlich noch ausgeführt, dass der beim EK 8 tätig gewesene TK-Führer *Egon Schönpflug* in Österreich ausgemittelt und (nach Übersendung von Auszügen aus den vorhandenen Ermittlungsakten an die zuständigen österreichischen Justizbehörden) von einem österr. Gericht zu zwölf Jahren schweren Kerkers verurteilt worden ist. Dieser Hinweis wurde deshalb gegeben, weil sich vor allem im Verfahren gegen die ehemaligen Angehörigen des Polizeibataillons 316 erhebliche Belastungen gegen Polizeiangehörige ergeben haben, die ihren Wohnsitz vor dem Krieg und vermutlich auch jetzt in Österreich haben.

KK Hofmann wurde angeraten, dies der StA Bochum mitzuteilen, damit in dem dort anhängigen Verfahren (Pol.-Batl. 316) entsprechende Auszüge den österreichischen Justizbehörden zugeleitet werden. ...

XVI. Erfahrungen im Eichmann-Prozess in Jerusalem:

KOI Thaler stellt an OStA Schüle die Frage, ob aus dem Strafverfahren gegen Eichmann Erkenntnisse gewonnen worden sind, die evtl. für die im Bundesgebiet anhängigen Verfahren von Bedeutung sein könnten. – Er (Thaler) habe dabei insbesondere an das Verfahren über die Judendeportationen aus Holland gedacht, in welchem die Beweisführung äußerst schwierig sei, weil die Beschuldigten angegeben haben, dass sie seinerzeit nicht wussten, dass die Juden in Vernichtungslager kämen. Nachdem Herr StA Zeug als Prozessbeobachter in Jerusalem war, ergänzte KOI Thaler seine Frage auch dahingehend, ob StA Zeug während des Prozesses Material gesammelt hat.

OStA Schüle erklärte dazu zusammenfassend, dass die Vernehmung Eichmann durch StA Zeug wohl beabsichtigt war, Eichmann aber offensichtlich auf Anraten seines Verteidigers vor Abschluss seines Verfahrens keine Aussagen mehr machen wollte. OStA Schüle betonte weiter, dass zurzeit die Sassen-Protokolle (2000–3000 Blatt [Interviews mit Eichman durch W. Sassen, Niederländer]) von der Soko in Ludwigsburg ausgewertet werden. Gleiches geschieht mit den Aussageprotokollen Eichmanns vor der israelischen Polizei (sechs Aktenbände). OStA Schüle versicherte, dass die ZSt. sobald als möglich alle verwertbaren Erkenntnisse den einzelnen Sokos zukommen lasse. Auf Frage von KK Setz erwiderte OStA Schüle, dass der holländische Staatsangehörige Sassen SS-Ustuf. war und jetzt als Journalist tätig sei. Sassen hat Eichmann im Jahre 1955 oder 1956 in Argentinien aufgesucht. Später wurde das Interview in „Time and Life" veröffentlicht.

XVII. *Anlage der Ermittlungsakten in mindestens vierfacher Ausfertigung: ...*

XVIII. *Rechtzeitige Anmeldung von Dienstreisen nach Berlin ...*

XIX. *Kriminalpolizeilicher Meldedienst bei NS-Gewaltverbrechen und erkennungsdienstliche Behandlung von festgenommenen Beschuldigten: ...*

XX. *Referate durch die Leiter der Sokos über alle bedeutsamen und zurzeit noch in Bearbeitung befindlichen Verfahren:* Sämtliche Leiter der Sokos hielten Kurzreferate über die in ihrem Land anhängigen größeren Ermittlungsverfahren, an die sich allgemein informatorische Diskussionen anschlossen.

KOI Thaler hat insbesondere auf das Verfahren „Einsatzgruppe D" mit den Einsatzkommandos 10 a, 10 b, 11 a, 11 b und 12 hingewiesen. Aus diesem umfangrechen Ermittlungskomplex dürften sich weitere Verfahren gegen ehemalige Wehrmachts-, Feldgendarmerie-Einheiten sowie Orts- und Feldkommandanturen ergeben. Weiter hat das BLKA einige Verfahren im Zusammenhang mit dem Euthanasieprogramm in Bearbeitung. Bezüglich der in Bearbeitung befindlichen Verfahren „Aktion Reinhard – Vernichtungslager Belzec, Sobibor, Treblinka und Lublin" hat OStA Schüle angeregt, dass sich die kriminalpolizeilichen Sachbearbeiter der Länder NRW, Hessen und Bayern gelegentlich zu einer Besprechung mit StA Zeug bei der ZSt. in Ludwigsburg einfinden sollen, um die weiteren Ermittlungen zu koordinieren.

KK Boixen hat darauf hingewiesen, dass Prof. Dr. Heyde zu keinerlei Aussagen, weder in eigenen noch in anderen Verfahren, bereit ist.

KHK Weida hat darum gebeten, ihn zu benachrichtigen, falls sich bei irgendwelchen Ermittlungen Hinweise oder Erkenntnisse über das Außenlager Natzweiler finden sollten.

OStA Schüle hat angeraten, bei allen Verfahren, die Verbrechen in KZ betreffen, bei der ZSt. rückzufragen, weil Unterlagen über Personalbewegungen der Bewachungsmannschaften vorhanden sind. Die in den Vereinigten Staaten vorgefundenen Akten über das Außenlager Natzweiler enthielten auch Verpflichtungserklärungen, welche von den SS-Angehörigen jährlich unterschrieben werden mussten und sinngemäß lauteten: „Ich bin darüber belehrt worden, dass über das Leben und die Gesundheit sowie Freiheit eines Volksfeindes ausschließlich der Führer verfügt. Es ist mir bekanntgemacht worden, dass ich einen Häftling weder misshandeln noch töten darf". Diese Umstände seien für die subjektive Beurteilung einer Straftat oft von besonderer Bedeutung.

XXI. Durchführung von weiteren Arbeitstagungen ...

KOI Thaler erklärte abschließend, dass die Tagung auch außerhalb der im Protokoll festgelegten Einzelheiten Gelegenheit bot, die Schwierigkeiten in unserer künftigen Arbeit zu verringern. Es wurde noch einmal aufgezeigt, dass vor allem die personellen Verhältnisse die Arbeit der Sokos erheblich beeinträchtigen, und dass jedes Land von sich aus versuchen soll, bei den einzelnen Innenverwaltungen die bestmögliche Lösung zu erreichen. Die LKA würden es begrüßen, wenn baldmöglichst in allen Bundesländern zentrale StA zur Bearbeitung von NS-Gewaltverbrechen geschaffen würden. Damit wäre eine erhebliche Arbeitserleichterung und –vereinfachung verbunden. ...

Die Tagung wurde am 8.11.1961 um 18.15 Uhr beendet. In der Mittagspause waren die Tagungsteilnehmer Gäste des Bayerischen Staates im Hofbräuhaus in München. ...

III. 3. Arbeitstagung der Leiter der Sonderkommissionen zur Bearbeitung von NS-Gewaltverbrechen in der Zeit vom 28.-30.5.1962 in Berlin

Ausrichtende Dienststelle: Der Polizeipräsident in Berlin, Abteilung I

An der Tagung haben teilgenommen:
LKA Baden-Württemberg: KK Opferkuch
BLKA München: KOI Thaler, KOM Girlich
LKA Bremen: KHK Prause, KOK Wendt
LKA Hamburg (Kriminaldir. IV A): Ltd. KrimDir. Dr. Land, KK Matzik
HLKA Wiesbaden: KK Boixen
LKPA Niedersachsen: KOK Seth
LKA Nordrhein-Westfalen: KOK Hofmann, KK Junghans
LKA Rheinland-Pfalz: RR Dr. Lenhard
LKA Saarland: KK Egloff
LKPA Schleswig-Holstein: KOK Göttsch, KM u OBA Schulz
ZSt.L.: Ltd. OStA Schüle
Polizeipräsidium Berlin Abt. I: RegDir. Stich, ORR Friemel (nur 28.5.1962), KOK Eitner, KK Mahlow, KHM Brucker, KM Gilch, Frl. Aschekowsy als Protollführerin

Als Gäste nahmen an der Arbeitstagung teil: *Am 25.5.1962:* GStA bei dem LG Berlin: EStA Voigt, LKA Berlin: KOR Heinl, Polizeipräsidium Berlin Abt. I: KR Karow

Am 29.5.1962: GStA bei dem LG Berlin: OStA Neumann, Ger.Ass. Frl. Billstein LKPA Niedersachsen: KOK Müller

I. Beginn der Tagung und Begrüßung der Teilnehmer durch den Polizeipräsidenten. Die Tagung wurde am 28.5.1962 gegen 10.10 Uhr durch den Polizeipräsidenten in Berlin, *Duensing*, eröffnet. Als Hausherr hieß er die Tagungsteilnehmer herzlich willkommen und wünschte ihnen Erfolg in der sicherlich nicht einfachen Arbeit der Sokos.

Auf die besondere Lage Berlins eingehend, schilderte der Präsident die Schwierigkeiten im Dienst der Berliner Polizeibeamten an der Mauer anhand eines Grenzzwischenfalls vom 27.5.1962, bei dem ein 15jähriger Flüchtling von ostzonaler Transportpolizei, als er das Gebiet von Westberlin erreichen wollte, niedergeschossen worden war. ...

II. Begrüßung der Tagungsteilnehmer durch den Leiter der Abt. I, Berlin, RegDir. Stich: Im Namen der Abt. I begrüßte RegDir. Stich die Tagungsteilnehmer und hieß sie in Berlin herzlich willkommen. – RegDir. Stich wies darauf hin, dass z.Zt. vor dem Schwurgericht Berlin die Verhandlung gegen den ehemaligen Leiter des Einsatzkommandos 9, SS-Obersturmbannführer Dr. Filbert, sowie gegen weitere fünf Führer dieses Einsatzkommandos durchgeführt wird. Der vom niedersächsischen Innenministerium als Beobachter zu dieser Verhandlung entsandte KOK Müller (LKPA Niedersachsen) werde in Abänderung der Tagesordnung am 29.5.1962 um 16.00 Uhr einen Kurzvortrag über den bisherigen Verlauf der Verhandlung geben.

III. Tagungsablauf: Die Leiter der Sokos schilderten zunächst zusammenfassend die Situation einschließlich der Veränderungen in ihren Bereichen.

A. *KK Opferkuch* (Baden-Württemberg): ... Im Augenblick sind bei der Soko 23 Verfahren anhängig. In 31 anderen Verfahren der ZSt. wird – soweit die Bearbeitung den polizeilichen Sektor betrifft – die Soko zu Ermittlungen eingesetzt. Seit dem Jahre 1945 sind 598 Personen im Lande wegen ihrer Beteiligung an NS-Gewaltverbrechen rechtskräftig verurteilt worden. Weitere Urteile, wie etwa das gegen den Einsatzgruppenführer *Ehrlinger* in Karlsruhe, sind noch nicht rechtskräftig. – Die Überlastung der Sachbearbeiter mache sich immer mehr bemerkbar, da der augenblickliche Arbeitsanfall innerhalb der Soko ziemlich groß ist. – Auf Frage von KOK Eitner, ob abzusehen sei, wann bei der Soko des Landes Baden-Württemberg die Arbeit in NS-Sachen abgeschlossen ist, antwortete KK Opferkuch, dass er keinen festen Zeitpunkt nennen könne. – Ausgehend von einer Bemerkung des Sprechers, dass die Soko Baden-Württemberg Vernehmungen israelischer Zeugen im Ausland beschaffen könnte, entspann sich unter den Tagungsteilnehmern eine Diskussion über die auf dem Gebiet der Zeugenvernehmungen im Ausland gewonnenen Erfahrungen. KK Opferkuch erklärte auf Frage von RegDir. Stich, dass bisher grundsätzlich der Untersuchungsrichter die diplomatische Vertretung der BRD im betreffenden Land angesprochen und von dort durchaus brauchbare Vernehmungen erhalten habe. – Ltd. KrimDir. Dr. Land wies darauf hin, dass die Leiter der jüdischen Gemeinden durchaus einer Vermittlungstätigkeit zustimmen. Auf diesem Wege habe man sogar nach Polen Verbindung erhalten, woraufhin Zeugen, die eine Auslandsreise unternahmen, sich bei ihrem Aufenthalt in Deutschland zur Vernehmung zur Verfügung stellten. – Ltd. OStA Schüle erläuterte im Einzelnen die Wege, die zu gehen seien, um Rechtshilfe im Ausland zu erhalten. Für Zeugen, die in Israel leben, werden über eine Verbindung der ZSt. mit dem Botschafter der israelischen Mission die Ersuchen nach Tel Aviv weitergeleitet. Diese Vernehmungen werden pünktlich und rasch durchgeführt. Die Zeugen werden in Tel Aviv bei der dafür zuständigen Stelle sachgemäß vernommen. Auch bei Zeugen, die nicht in Israel leben, habe sich der Weg über die Organisation „World Jewish Congress" in New York als zuverlässig erwiesen. In den USA, und zwar den großen Städten wie Washington, Philadelphia usw., in denen deutsche diplomatische bzw. konsularische Vertretungen bestehen, sind bis auf wenige Ausnahmen Vernehmungen von Zeugen immer positiv verlaufen. In den meisten angelsächsischen Ländern sei dies der Fall. – Bei Vernehmungen in Norwegen wird vorgeschlagen, ein genaues Ersuchen der ZSt. zu übersenden, das Ergebnis wird dann nach 6–8 Wochen sicherlich zur Verfügung stehen. – Etwas schwieriger gestalten sich Vernehmungsersuchen in Frankreich. Die Erfahrungen der letzten Zeit zeigen jedoch, dass man Zeugen aus Frankreich zu einem Besuch nach Kehl oder Saarbrücken bestimmen konnte. Die Zeugen waren dann immer sehr interessiert, Aussagen zu machen. – Bei Vernehmungen in Österreich ist es ratsam, die jeweiligen Ersuchen um Vernehmung nach Ludwigsburg zu schicken. Alles Weitere wird von dort aus geregelt. – Sollten Dienststellen in Dänemark Zeugen zu vernehmen haben, so kann GStA Dr. Bauer in Frankfurt/Main angesprochen werden, der dann die Ersuchen nach Dänemark weitergibt.

B. KOI Thaler, BLKA München ... Die Soko in Bayern wurde am 1.11.1959 gegründet. Zum damaligen Zeitpunkt standen 17 Ermittlungsfälle zur Bearbeitung an. Am 1.1.1961 waren es 32 Vorgänge, am 1.1.1962 60 und im Augenblick sind 69 Ermittlungsverfahren in Bearbeitung. Für die genannten Vorgänge stehen als Sachbearbeiter gegenwärtig 30 Beamte zur Verfügung, wovon 16 der Kripo und der Rest dem uniformierten Vollzugsdienst angehören.

Zum Verfahren Einsatzgruppe B mit den Einsatzkommandos 10 a, 10 b, 11 a, 11 b und 12 sind in den letzten Wochen im ganzen Bundesgebiet Ermittlungen durchgeführt und bisher 15 Beschuldigte in Untersuchungshaft genommen worden. Nach dem augenblicklichen Sachstand sollen in Kürze sechs weitere Festnahmen erfolgen. Zu den Vernehmungen der Beschuldigten ist zu sagen, dass diese Männer das objektive Tatgeschehen im Wesentlichen zugeben. Es ist aber erstaunlich, wie die Beschuldigten aus früheren Verfahren gegen Angehörige von Einsatzkommandos gelernt, wie gründlich sie die eigene Verteidigung in subjektiver Hinsicht vorbereitet und wie sehr sie sich die Tendenz und das Verteidigungsvorbringen der in diesen Verfahren Freigesprochenen angeeignet haben. – Das Verfahren gegen die ehemaligen Angehörigen des Polizeiregiments 26 setzt umfangreiche Ermittlungen voraus. – Die Arbeit der bayer. Soko dürfte nach vorsichtiger Schätzung – wenn alles Vorliegende aufgearbeitet worden ist – in zwei Jahren beendet sein.

C. Ltd. KrimDir. Dr. Land, Hamburg erklärte, dass das zuständige Kommissariat im LKA ca. 30 NSG-Verfahren bearbeitet. Darunter sei besonders ein Verfahren zu nennen, das gewissermaßen als „Dachverfahren" angesehen werden könne. Dieses Ermittlungsverfahren erstreckt sich auf die gesamte Kriegsdauer. Der Hauptbeschuldigte befand sich ein Jahr in Untersuchungshaft, wurde dann aber freigelassen, weil Fluchtverdacht nicht mehr vorlag. Das Verfahren umfasse inzwischen 13 Bände, insgesamt seien ca. 2000 Personen zu vernehmen. Wann dieses Verfahren zum Abschluss kommen kann, ist noch nicht abzusehen. Ein weiteres größeres Verfahren hat 16 Bände Umfang, hierzu sind etwa 1000–1500 Personen noch zu vernehmen. – Aufgrund eines Ersuchens der ZSt. sollte die Polizeibehörde Hamburg feststellen, welche ihrer Beamten während des Krieges in Polen eingesetzt waren. Eine daraufhin durchgeführte Fragebogenaktion zeigte, dass 800–900 der in Hamburg beschäftigten Polizeibeamten für einen solchen Einsatz in Frage kamen und vernommen werden mussten. – Die Befragung ergab, dass es sich bei diesem Personenkreis überwiegend um ehemalige untere Dienstgrade in Polizeireservebataillonen handelt. Das Ergebnis wurde der ZSt. inzwischen mitgeteilt. – Ltd. OStA Schüle erwähnte in diesem Zusammenhang, dass der ZSt. laufend Listen mit bis zu

800 Namen von einzelnen Innenverwaltungen übersandt werden, um festzustellen, inwieweit diese Leute schon registriert sind. Hierdurch wird die Arbeit der ZSt. wesentlich belastet, da die Listen durchgesehen und ergänzt werden müssen. Es wäre wünschenswert, dass die einzelnen Länder Kriminalbeamte nach Ludwigsburg entsenden, um die Karteien selbst auszuwerten. Die ZSt. stellt alles Material zur Verfügung und ist bereit, auch jede sonst erdenkliche Hilfe zu leisten.

D. KOK Seth, LKPA Niedersachsen gab bekannt, dass die Soko auf neun Beamte verstärkt worden ist. Bei den StA in Niedersachsen sind bei zwölf Sonderdezernenten 58 Verfahren anhängig. Von der StA Braunschweig wurde ein größeres Verfahren übernommen, das die Erschießung von rund 15.000 jüdischen Bürgern im Raume Pinsk behandelt. – Die StA Osnabrück übersandte einen Ermittlungsvorgang über die Menschenversuche (Unterkühlung) in Ravensbrück. – Das Land Niedersachsen ist dazu übergegangen, im Dienst befindliche Beamte – sofern sie in Polizeibataillonen oder in sonstigen Stellen tätig gewesen sind – überprüfen zu lassen. Eine Fragebogenaktion hat man bisher nicht durchgeführt. Hierbei müssten etwa 12.000 Beamte überprüft werden. – Die Soko in Niedersachsen dürfte solange bestehen bleiben, bis die ZSt. ihre Arbeit einstellt. – KOK Seth beanstandete, dass Beamte anderer Bundesländer in Niedersachsen Festnahmen durchführten, ohne die für das Land zuständige Soko zu benachrichtigen. Die die Festnahme durchführenden Beamten hätten sogar verhindert, dass die Soko von den beabsichtigten Festnahmen unterrichtet wurde. Bei allem Verständnis für die u.U. notwendige Geheimhaltung erscheint es KOK Seth notwendig, zumindest den Leiter der jeweiligen Soko in Kenntnis zu setzen. ...

E. KK Boixen, BLKA Wiesbaden, brachte zum Ausdruck, dass die Soko den Schwerpunkt der Bearbeitung auf die Durchführung guter Vernehmungen legt, da tatsächlich der einzige Beweisweg die Vernehmung ist. Neun Beamte sind in der Soko tätig. Zurzeit ist in Bearbeitung das Verfahren Lublin, und zwar die Dienststelle des Kommandeurs, der damaligen Sicherheitspolizei. Die Akten befinden sich bei der StA Wiesbaden. Zu diesem Verfahren wäre zu sagen, dass hier sehr große Überschneidungen vorhanden sind mit den Vernichtungslagern Belzec und Sobibor. Die StA Wiesbaden ist beauftragt worden, die Erschießungen vom Monat November 1943 aufzuklären.

F. KOK Hofmann, LKA NRW: Die Soko besteht zurzeit aus 30 Beamten. An eine weitere Personalverstärkung ist nicht mehr gedacht. Aus diesem Grunde muss das eine oder andere Verfahren in der Bearbeitung zurückgestellt werden. In NRW werden ebenso wie in anderen Bundesländern die Beamten der Soko aus verschiedenen Kreispolizeibehörden abgeordnet. – Die Soko ist dazu übergegangen, einen großen Teil der Ersuchen, die aus anderen Bundesländern übersandt werden, an die zuständigen Ortspolizeibehörden weiterzuleiten, wenn es sich um weniger wichtige Vernehmungen handelt. Von den 30 eingesetzten Sachbearbeitern sind etwa 20 Beamte für bestimmte Verfahren als Bearbeiter eingesetzt. – In Bearbeitung befinden sich die Ermittlungsverfahren gegen Angehörige des EK 5 sowie des EK 6. Im Letzteren sind vor einiger Zeit drei Festnahmen durchgeführt worden.- Von der ZSt. wurde ein Ersuchen um Vernehmung von 40–50 Zeugen zum Komplex Poltawa übersandt. – Im „Sobibor-Verfahren" wurden zwei Angeklagte zu lebenslanger Haft verurteilt, jedoch ist mit der Anklage gegen etwa 20 weitere Personen zu rechnen. – Verschiedene Verfahren sind gegen ehemalige Angehörige von Polizeibataillonen anhängig. Das Verfahren gegen Angehörige des Polizeibataillons 320 ist abgeschlossen. Bei der StA Dortmund und Köln sind die Ermittlungsvorgänge Polizeibataillon 65 und 67 in Bearbeitung. Es ist aber bisher noch nicht gelungen, von dem Ltd. OStA ein Verzeichnis der tatsächlich anhängigen Verfahren zu erhalten. Es wird aber mit etwa 70 bis 80 Ermittlungsvorgängen gerechnet.

G. RR Dr. Lenhardt, LKA Rheinland-Pfalz teilte mit, dass die Soko Rheinland-Pfalz nicht mehr besteht. Sie war nur im Verfahren Heuser mit bis zu acht Beamten tätig. Lediglich zwei Beamte sind zurzeit mit der Klärung einzelner Fragen noch beschäftigt. Im Land Rheinland-Pfalz sind keine weiteren Ermittlungsverfahren mehr anhängig, so dass künftig nur noch Ermittlungsersuchen aus anderen Ländern zu bearbeiten sein werden. Mit den Ermittlungen zu derartigen Ersuchen werden bei den einzelnen Dienststellen im Lande jeweils die Beamten betraut, die bisher in der Soko tätig waren.

H. KK Egloff, LKA Saarland teilte mit, dass im Saarland keine eigenen Ermittlungsverfahren anhängig sind. Für die Ermittlungen aufgrund von Ersuchen anderer Länder steht nur ein Sachbearbeiter zur Verfügung. KK Egloff bat um Verständnis, falls sich dadurch gelegentlich Verzögerungen in der Bearbeitung ergeben sollten.

I. KOK Göttsch, LKPA Schleswig-Holstein stellte als seinen Nachfolger in der Leitung der Soko den zur Tagung anwesenden KM und OBA *Schulz* vor. – In Schleswig-Holstein ist beabsichtigt, die Soko in ihrer Stärke beizubehalten. Die Dienststelle ist mit acht Beamten besetzt, die zurzeit etwa zehn Verfahren bearbeiten. – In einem Euthanasie-Vorgang war Material von dem zuständigen Gesundheitsamt beizubringen. Die Amtsärzte sträuben sich fast einhellig, Material herauszugeben. Aus diesem Grunde wurden in Schleswig-Holstein die Standesamtsunterlagen der in der Landesanstalt verstorbenen Kinder durchgesehen. Auf diese Weise gelang es verschiedentlich, die Eltern zu ermitteln und zu befragen. Irgendwelche Besonderheiten sind aus dem Lande Schleswig-Holstein in der Bearbeitung von NSG-Verbrechen nicht zu berichten.

K. KK Mahlow, Abt. I, Berlin erklärte, dass es Personalveränderungen in der letzten Zeit nicht gegeben hat. Von der beabsichtigten Stellenveränderung im Bereich der Abteilung I werde wahrscheinlich auch das für die Bearbeitung von NS-Gewaltverbrechen zuständige Kommissariat betroffen. – Grundsätzlich wäre die Frage zu prüfen, inwieweit DC-Ermittlungen nicht durch Beamte der einzelnen Sokos der Länder selbst durchgeführt werden können, da künftig nur noch in den dringendsten Fällen ein Beamter des hiesigen Kommissariats dafür eingesetzt werden kann.

IV. *Kurzreferat des Ltd. OStA Schüle, ZSt.* (Auszug): Ich darf mich zunächst für die Einladung bedanken, die Sie mir zugesandt haben und die es mir ermöglicht, wieder an Ihrer Besprechung teilzunehmen. Es ist mir immer sehr wichtig, von Ihnen die Sorgen, Nöte und Schwierigkeiten zu hören, die es gibt, die mir ja bekannt sein müssen und zum Teil auch bekannt sind. Ich freue mich über jeden Besuch, den die Herren der Sokos mit abstatten, wenn sie bei der Soko in Ludwigsburg oder an anderen Orten des Landes Baden-Württemberg Ermittlungen durchführen. Ich darf Sie bitten, dies recht oft zu tun, damit der Kontakt erhalten bleibt. – Ich komme aus Bad Harzburg, wo ich mit den Herren GStA der Bundesländer zusammen gewesen bin. Ich hielt dort ein Referat, das sich mit der gegenwärtigen Situation der Verfolgung von NS-Gewaltverbrechen befasste. Ich mache mir sehr große Sorgen darüber, was mit der Bearbeitung der NSG-Verfahren wird und wie sie dann durchgeführt werden sollen, wenn sie aus den Händen der Sokos genommen werden. Es wurde mir aufgetragen – und dieser Pflicht entledige ich mich jetzt -, dass ich Sie von den GStA ausdrücklich grüßen soll, die sich über die Arbeit der Sokos sehr lobend ausgesprochen haben. – Ich darf sagen, dass der größte Teil der Arbeit mindestens getan ist. Selbstverständlich bleibt für Sie noch unendlich viel zu tun. Aber es hat sich gezeigt, wie schon in dem Eichmann-Prozess, dass sich die systematische Vorarbeit immer lohnt. Wir sind uns alle klar darüber, dass wir bald fertig werden wollen mit einem Kapitel, das doch mal abgeschlossen werden muss. Wir müssen einmal zu einem Abschluss kommen, der befriedigend ist. – Das Zentralproblem ist nach wie vor: Befehlsnotstand. Sie wissen, dass wir von Ludwigsburg aus versucht haben, durch eine Sammlung von Material zum Befehlsnotstand anhand von Beispielen objektiv zu zeigen, dass kein Fall bekannt ist, in dem eine Weigerung, an einer Massenvernichtung teilzunehmen, zu einer Gefahr für Leib oder Leben geführt hat, wie das bei der Nötigung oder dem Befehlsnotstand Voraussetzung ist. Das schließt nicht aus, dass subjektiv sehr wohl die Voraussetzungen für die irrtümliche Annahme eines Befehlsnotstandes gegeben sind. Dass irrtümlich der kleine Mann geglaubt hat: „Wenn ich mich widersetze, dann passiert mir etwas". Und Sie kennen aus dem Bradfisch-Verfahren und auch aus anderen Verfahren die Redensarten, in denen ausgeführt wurde: „Sie wissen ja, Sie stehen hier unter Kriegsrecht, und Sie wissen, was auf Befehlsverweigerung steht. Mehr brauche ich Ihnen nicht zu sagen."

... Wir können nachträglich die damalige Atmosphäre nicht mehr heraufbeschwören. Wir können nur in Vernehmungen den äußeren Ablauf klären, aber die innere Einstellung der Männer, die in Reih und Glied gestanden, abgesperrt, zugeführt und geschossen haben, werden wir nicht aufzeigen können. Ich habe auch bei den GStA darauf hingewiesen und bin auf Verständnis gestoßen. Man sollte rechtlich sein, ganz besonders in unseren Ermittlungen. Man sollte sagen: „Wenn Sie nicht darüber hinausgegangen sind, haben Sie nichts zu befürchten". Meine Herren, Sie erreichen damit, dass der kleine Mann die Dinge, die er trotzdem mit seinem Gewissen abzumachen hat, im Hinblick auf das Gesetz nicht mehr fürchtet und der Erfolg in 90 von 100 Fällen ist, dass dieser kleine Mann sich bereit erklärt, das auszusagen, was er wirklich erlebt hat. Mit den Aussagen dieses kleinen Mannes können dann die Leute überführt werden, die mit eigener Befehlsgewalt ausgestattet waren und die die Männer in diese ausweglose Lage gebracht haben. Wenn Sie nun hören, dass man von einer gewissen Seite aus einen Schutzverband gegründet hat, dass man eine Art „zentrale Rechtsschutzstelle" gegründet hat, so war dies doch zu erwarten. – Es kommt darauf an, dass wir bei den Ermittlungen die Umstände herauszuarbeiten, die die Schutzbehauptung, man habe unter Druck der Befehle gehandelt, widerlegen.

... Es wird immer wieder von jüdischer Seite aus darüber Klage geführt, dass man einen Beschuldigten nur wegen zweifachen Mordes angeklagt habe. Er habe viel mehr Morde auf dem Gewissen. Wenn Sie von einem Einsatzkommando, von Beschuldigten oder von einem KdS drei oder vier Erschießungen, Massenerschießungen, Erhängungen, Liquidierungen jeder Art herausgearbeitet haben, so dass sie hieb- und stichfest sind, dann sehe ich nicht ein, warum wir dann in epischer Breite nun Ermittlungen führen, die doch letzten Endes nur dazu führen können, dass wir die Verfahren nicht abschließen, das wir immer länger und immer mehr arbeiten, um neue Details zu bekommen, die dann vielleicht zu einer Überführung ausreichen – vielleicht aber auch in der HV durch das „Umfallen" der Zeugen nicht erwiesen sind. Man sollte bei aller Gründlichkeit der Ermittlungen nicht ins Uferlose gehen. Man sollte komprimieren, zusammendrücken, auf einen Fall zusammenarbeiten.

Ich danke Ihnen für die Zusammenarbeit zwischen Ludwigsburg und den einzelnen Sokos und werde diese Zusammenarbeit auch weiterhin fortsetzen, auch wenn ich nicht mehr so oft in Ludwigsburg angetroffen werde. Bei der StA Stuttgart erreichen Sie mich auf alle Fälle.

Fortsetzung der Tagung am 29.5.1962

V. Meldungen und Anfragen an die ZSt.: ...

VI. Fernschreibverkehr: ...

VII. Aufenthaltsermittlungen und DC-Auswertungen: ...

VIII. Verschiedenes: Ltd. OStA Schüle, ZSt., teilte mit, dass zu allen Verfahren, in denen die ZSt. die Vorermittlungen führte, bei Abgabe an die zuständige StA jeweils ein die Vorermittlungen abschließender Bericht gefertigt wurde, der zwischen 30–100 Seiten stark ist. Es war beabsichtigt, je einen dieser Berichte an alle Sokos zu geben. Die ZSt. ist wegen Arbeitsüberlastung nicht in der Lage, die Vervielfältigungen vorzunehmen. Die Tagungsteilnehmer erklärten sich damit einverstanden, dass die ZSt. nach eigenem Ermessen Abschlussberichte den einzelnen Sokos zustellt und die Sokos die Aufgabe übernehmen, die Abschlussberichte bzw. Sachverhaltsdarstellungen in der erforderlichen Anzahl zu vervielfältigen. Die Vervielfältigungen werden den anderen Sokos direkt, die Überstücke der ZSt. übersandt. – Die Leiter der Sokos vereinbarten, dass die Zweitschrift bei Ersuchen um Aufenthaltsermittlungen bei der ersuchten Dienststelle verbleibt.

KOK Müller vom LKPA Niedersachsen gab zum Abschluss einen kurzen Überblick über den Stand des zurzeit beim Schwurgericht Berlin lautenden Verfahrens gegen Dr. Filbert u.a. (in der Zwischenzeit wurde Dr. Filbert als Leiter des EK 9 wegen Mordes zu lebenslangem Zuchthaus verurteilt. Das Urteil ist noch nicht rechtskräftig). ...

IV. 4. Arbeitstagung vom 9./10.10.1963 in Wiesbaden

Ausrichtende Dienststelle: Hess. LKA V/SK
Teilnehmer:

ZSt. L.: Ltd. OStA Schüle
LKA Baden-Württemberg: KHK Weida, KK Opferkuch, KK Grätz
BLKA München: KOI Thaler
LKA Berlin: KOK Mahlow
LKA Bremen: KHK Prause
LKA Hamburg: KOK Matzik, KK Dzewas
LKA Niedersachsen: KOK Seth, KOM Otto
LKA Nordrhein-Westfalen: KOK Hofmann
LKA Rheinland-Pfalz: KOI Straß
LKA Saarland: KK Egloff
LKA Schleswig-Holstein: KK Schulz
HLKA Wiesbaden: RD Schneider, KOK Langanki, KK Boixen,
KOM Studer, KOM Sauerwein, PHW Hilpert
Als Gast nahm an der Arbeitstagung teil: *Am 10.10.1963:* OLG Frankfurt: GStA Dr. Bauer

I. Beginn der Tagung ...

RegDir. Urban (Hess. Min. des Innern) wies darauf hin, dass das Ministerium die Arbeit der Sokos zu schätzen wisse. Nur in ständiger Zusammenarbeit, besonders auch mit der ZSt., sei diese Tätigkeit erfolgreich abzuschließen. Mit dieser Arbeit gelte es, verletztes Recht wiederherzustellen und damit dem Ansehen Deutschlands in der Weltöffentlichkeit zu dienen. Von *RegDir. Urban* wurde anschließend die Frage aufgeworfen, inwieweit in anderen Bundesländern die Sokos etatisiert worden sind. Hierbei wurde festgestellt, dass in drei Bundesländern inzwischen eine Etatisierung durchgeführt worden ist.

II. Referate der Leiter der Sokos.

1. KK Boixen, HLKA Wiesbaden: ... Auf einige Verfahren, die von allgemeiner Bedeutung sind, wurde näher eingegangen. Es handelte sich hier um folgende: Lublin, Pinsk, Auschwitz, Prof. Heyde und Harnischmacher. Hinsichtlich der ergangenen Urteile fanden die Verfahren Pol.-Batl. 11 und 91 besondere Erwähnung. Anschließend wies *KK Boixen* darauf hin, dass auch in jüngster Zeit die Beobachtung gemacht werden könne, dass in einigen Verfahren die Ermittlungen mit der Vernehmung des Beschuldigten begännen. Mit einer derartigen Methode könne der Aufklärung der Sache nicht gedient werden. In Anbetracht der Tatsache, dass sich unter den zu Vernehmenden vielfach Polizei- und Kriminalbeamte, nicht selten auch juristisch vorgebildete Personen befänden, könne ein derartiges Vorgehen nur das Resultat haben, dass die Betroffenen vorzeitig von dem auf sie zukommenden Verfahren informiert würden, so dass ihnen die Möglichkeit bleibe, von sich aus Schritte zur Verdunkelung der Tatbestände zu unternehmen. Es habe sich immer wieder gezeigt, dass bekannte Persönlichkeiten aus der NS-Zeit bis zum heutigen Tage engen Kontakt gehalten hätten. Deshalb müsse es selbstverständlich sein, dass die Ermittelnden zunächst alle anderen Informationsmöglichkeiten erschöpften und erst bei Vorliegen von konkretem Beweismaterial auf die Beschuldigten zugingen. OStA Schüle wies darauf hin, dass von Best eine Denkschrift verfasst worden sei, die eine allgemeine Amnestie zum Ziele habe. Hierbei habe Best wesentliche Tatsachen entstellt. Besonders wies OStA Schüle auf einige entstellte Formulierungen aus der Rede Himmlers hin, die dieser in Posen vor höheren SS-Offizieren gehalten hat. …

2. KHK Weida, LKA Baden-Württemberg, leitete sein Referat mit Angaben über die derzeitige Personallage der Soko Baden-Württemberg ein. Die Soko besteht zurzeit nominell aus 17 Beamten und fünf Angestellten. Von den 17 Beamten sind drei Oberbeamte und acht Kriminalbeamte. Sechs Beamte kommen aus dem uniformierten Polizeivollzugsdienst. … Zur Arbeitslage gab KHK Weida Folgendes bekannt: Abgeschlossen seien die Verfahren gegen *Ehrlinger, Leibrandt, Schultz* aus Düsseldorf, *Schulz* aus Tübingen, *Uhl* und *Landau.* Anklagereif wären die Verfahren *Scherer, Benewitz, Ebner* und *Schulz.* Die Soko habe folgende Verfahren in Bearbeitung: Fünf Verfahren im Vorermittlungsstadium für die ZSt. Das größte davon sei das Verfahren gegen das EK 4 a, das außerdem das größte Ermittlungsverfahren gegen ein EK bisher überhaupt darstelle. Darin seien insgesamt etwa 800 Zeugen zu ermitteln, wovon ca. 400 bereits festgestellt wären; 268 Zeugen müssten noch vernommen werden. Das Verfahren soll bis zum Frühjahr 1964 soweit durchermittelt sein, dass die Haftfrage für die bisher feststehenden zwölf Beschuldigten geklärt sei. Zu diesem Zwecke würden in den nächsten Wochen einigen Sokos Ermittlungsersuchen zugeleitet werden. Zu den Verhaftungen in NSG-Sachen äußerte KHK Weida, dass er aufgrund seiner Erfahrungen nur noch Verhaftungen beantragen würde, wenn die Beweislage tatsächlich gesichert sei. – Er führte weiter aus, dass er noch 13 Verfahren für verschiedene StA Baden-Württembergs zu erledigen habe. Er erwähnte in diesem Zusammenhang die Verfahren gegen die SS-Reiterbrigade, weiterhin *Palische, Dilny, Weissmann, Dr. Heim, Groschek* und *Haupt.*

3. KOI Thaler, BLKA München: … Zur Personallage bei der Soko des BLKA äußerte er Folgendes: Zurzeit arbeite sie in Stärke von 1:22. Die Planstellen der Soko seien im neuen Haushalt wie folgt etatisiert: 1 A 11, 2 A 10, 2 A 9, 16 A 8 und 2 A 7. KOI Thaler gab bekannt, dass seine Dienststelle 65 Verfahren in Bearbeitung habe, wovon 30 Verfahren größeres Ausmaß hätten. In den letzten Monaten seien keine weiteren Verfahren der Soko des BLKA zugeleitet worden und der Eingang an Einzelersuchen habe nachgelassen. In den Verfahren, die die Soko seit ihrem Bestehen in Bearbeitung hatte, seien insgesamt 71 Personen in Untersuchungshaft gewesen. Davon seien 13 verurteilt, fünf befänden sich noch in U-Haft, vier hätten Selbstmord begangen und 33 Haftbefehle seien gegen zum Teil sehr massive Sicherheitsleistungen bis zu 250.000 DM außer Vollzug gesetzt worden. In zehn

Fällen wurde der Haftbefehl aufgehoben und in weiteren sechs Fällen wurde das Verfahren abgegeben.

Auf die Auswertungshilfsmittel der Soko des BLKA eingehend gab KOI Thaler bekannt, dass eine sog. Notkartei mit über 20.000 Karten auf seiner Dienststelle bestehe. Seit Kriegsende seien hier aus allen polizeilichen Fahndungsblättern die Namen von in NSG-Sachen erwähnten Personen festgehalten worden. Weiter führte er die sog. Registratur „S" an, eine Spruchkammerabwicklungsstelle beim AG München, bei der eine SS-Offiziersrangliste vorliege. Er erwähnte weiter die persönliche Auswertung beim Document Center, Anfragen bei der Wehrmachtsauskunftsstelle, sämtliche kriminalpolizeilichen Personenaktensammlungen der Polizeipräsidenten in der Bundesrepublik, vornehmlich das PP München. Anfragen beim Institut für Zeitgeschichte in München, die Finanzmittelstellen das Bayer. Staatsarchiv in Nürnberg, das Bundesarchiv in Koblenz und die Heimatortskartei. Außerdem verwies er auf das von der ZSt. herausgegebene Anschriftenverzeichnis, das alle weiteren wesentlichen Auskunftsstellen enthalte. – Das seit 1959 bei der bayer. Soko anhängige Verfahren gegen den Höheren SS- und Polizeiführer Russland-Mitte sei, da *Bach-Zelewski* in einem anderen Verfahren zu lebenslangem Zuchthaus verurteilt worden sei, nach § 154 StPO eingestellt worden. Von diesem HV sei ein Teilverfahren gegen Teile der Reiterbrigade *Fegelein* abgegeben worden. Ebenso sei das Verfahren gegen die weiteren Beschuldigten neben Bach-Zelewski an die StA in Mannheim abgegeben worden. KOI Thaler erwähnte ein Verfahren wegen Deportation von 100.000 Juden aus den Niederlanden und die Fälle *Dr. Herster* und *Rajakowitsch.* Der Komplex Belzec sei von der StA München angeklagt worden. Sokos, die wegen Parallelverfahren – vor allen Dingen Treblinka und Sobibor – an der Anklageschrift interessiert seien, könnten durch ihn Durchschriften zugestellt bekommen. Weiterhin erwähnte er das Verfahren gegen das Pol.-Btl. 133, das von August 1941 bis März 1943 in Galizien an der Ausführung von NS-Gewaltverbrechen beteiligt gewesen sei.

Das größte Verfahren, das die Soko des BLKA bearbeite, richte sich gegen die Einsatzgruppe „Dora", die den Raum Russland Süd – Krim – Kaukasus erfasst gehabt habe. Im Teilverfahren gegen den Gruppenstab gäbe es 16 beschuldigte SS-Führer, im Teilverfahren gegen das EK 10 a = 28, gegen das EK 10 b = 25, gegen das EK 11 a = 15, gegen das EK 11 b = 25 und gegen das EK 12 = 32 und somit insgesamt 141 beschuldigte SS-Führer im Verfahren gegen diese Einsatzgruppe. Jedoch wären in diesen Zahlen auch nicht greifbare Beschuldigte enthalten. Außerdem bestünden zehn Einzelverfahren gegen Ortskommandanturen und einzelne Wehrmachtsteile, ein Einzelverfahren gegen die Sipo wegen Massenerschießungen im Kreis Bromberg und ein Verfahren wegen Judenerschießungen durch die Sipo im Bereich der Außenstelle Hausewicze. Ein weiteres großes Verfahren, der Komplex Reichshof, stünde kurz vor der Anklage. In der Voruntersuchung befände sich das Verfahren gegen den SS-Obergruppenführer *Wolf.* Hier handle es sich im Wesentlichen um einen Dokumentenprozess, der sich vornehmlich auf den Briefwechsel zwischen dem ehem. Staatssekretär *Dr. Ganzenmüller* und *Wolf* über die Ingangsetzung der Judentransporte nach Belzec stütze. Ein weiteres umfangreiches Verfahren richte sich gegen die Feldgend.-Abt. 683 (mot) bei der EG „Dora“, hierin seien bisher 500 Personen bekannt geworden. Davon seien 130 Personen ermittelt und 80 vernommen. Ein Abschluss des Verfahrens sei bisher nicht abzusehen. Weiterhin erwähnte KOI Thaler die Verfahren *Wolf, Boltz* und ein Verfahren wegen Tötungen von 6000–8000 Personen in einem Zwangsarbeiterlager in Polen. Abschließend sprach er über die Verurteilungen in den abgeschlossenen NSG-Verfahren.

4. KOK Mahlow, PP Berlin: ... Auf die abgeschlossenen Verfahren eingehend erwähnte KOK Mahlow den Filbert-Prozess. Das Urteil „lebenslänglich Zuchthaus“ sei rechtskräftig geworden, während einige Urteile gegen andere Mitangeklagte sich in der Revision befänden. – KOK Mahlow gab bekannt, dass der Soko Berlin von der StA Berlin aufgetragen worden sei, in absehbarer Zeit die sog. Schreibtischtäter des RSHA auf ihre eigene Verantwortlichkeit in strafrechtlicher Hinsicht zu überprüfen. Bisher habe die StA Berlin 1300 Namen solcher Leute festgestellt. Die Vorermittlungen der Soko Berlin beschränkten sich zunächst auf DC- und Aufenthaltsermittlungen. Er machte darauf aufmerksam, dass durch das RSHA-Verfahren den Sokos der einzelnen Länder in absehbarer Zeit ein erheblicher Arbeitsanfall zukommen werde.

5. KHK Prause, PP Bremen erklärte, dass in Bremen keine Soko (NSG) existiere. Die auf diesem Sektor anfallende Korrespondenz werde von der Staatsschutzabteilung erledigt.

6. KOK Matzick, PP Hamburg: ... Zurzeit seien zwei größere Verfahren zu bearbeiten (Hahn und Michalsen). Im Verfahren *Hahn* sei der Hauptbeschuldigte schon längere Zeit wieder auf freiem Fuß. Es habe sich als sehr ungünstig erwiesen, dass dieser gleich zu Beginn der Ermittlungen gehört worden sei. Dann erwähnte KOK Matzick die Verfahren *Schaupeter* und Pol.-Batl. 101. Er wies schließlich darauf hin, dass in Hamburg Angehörige der Pol.-Batl. 101, 102, 103, 105 und 307 wohnen, wobei er die Frage aufwarf, ob die Soko Hamburg auch die Ermittlungen gegen die restlichen Batl. übertragen bekomme. Zur Klärung dieser Frage soll an die ZSt. herangetreten werden.

7. KOK Seth, LKPA Niedersachsen: ... Abgeschlossen sei das Verfahren gegen die Kav.-Brigade 2, *Fegelein,* das aus dem Komplex Pinsk entstand und in neun Monaten für die StA Braunschweig durchermittelt wurde. Die Voruntersuchung sei abgeschlossen, mit der HV werde Ende bzw. Anfang nächsten Jahres gerechnet. Es befänden sich fünf Beschuldigte in Haft. KOK Seth erwähnte weiter ein Verfahren gegen ein Reiter-Batl. und das Verfahren *Rosenstock,* das Erschießungen in Libau, Mitau und Windau zum Gegenstand hat. Das Verfahren *Stübner,* bei der StA Hannover anhängig, behandelt Erschießungen im Raume Hrubiszow. Das Verfahren *Erdmann* (Leiter der pol. Abt. im KZ Sachsenhausen) befindet sich in der Voruntersuchung. Die noch angeführten 13 größeren Verfahren behandeln mehr oder weniger Einzelhandlungen.

8. KOK Hofmann, LKA NRW, gab Folgendes bekannt: Die Soko des Landes NRW, das sog. Dezernat 15, hat seit ihrem Bestehen am 1.12.1959, 21 größere Verfahren beendet und 33 befinden sich noch in Bearbeitung. – Die Dienststelle besteht aus einem Oberbeamten und 23 Sachbearbeitern. Alle Beamte sind von den Kreisbehörden des Landes NRW zum LKA abgeordnet. Das liegt z.T. an der Organisationsform der nordrhein-westfälischen Polizei. Nach dem dortigen Organisationsgesetz besitzt das LKA nur sehr beschränkte Exekutivmöglichkeiten. Die Fluktuation der Beamten bei der Soko ist stark. – Auf die Verfahren eingehend, gab KOK Hofmann zuerst einen Überblick über die Verfahren, die durch gerichtliches Urteil abgeschlossen sind. Er erwähnte das Leibbrand-Verfahren, bei dem in erster Instanz ein Freispruch erfolgte. Das Verfahren *Döring* (Teilkommando des EK 8), der zu sechs Jahren Zuchthaus verurteilt wurde und Revision eingelegt hat. Weiter die Urteile im Kulmhof-Prozess. Von den zwölf angeklagten Personen wurden sechs freigesprochen und sechs zu Zuchthausstrafen zwischen dreieinhalb und 15 Jahren verurteilt. Der Prozess gegen *Mohr* u.a. (EK 6) ergab für Mohr acht Jahre Zuchthaus, für die Mitangeklagten vier bis fünfeinhalb Jahre. – Noch im Stadium der Voruntersuchung bzw. kurz vor der Anklage stünden die Verfahren *Haarmann* u.a., *Meier* u.a., ein Verfahren gegen die 4. Kompanie einer Panzernachrichteneinheit, das Verfahren gegen den Teilkommandoführer *Schönemann* im EK 8, ein Verfahren, das Handlungen im Vernichtungslager Sobibor zum Gegenstand hat, das Verfahren gegen die Außenstelle Tarnow des KdS Krakau und das Verfahren gegen das Pol.-Batl. 316. Anklage erhoben sei im Verfahren gegen *Kaiser* u.a. (KZ Sachsenhausen).

KOK Hofmann nannte folgende Verfahren, die beim Dez. 15 in Bearbeitung sind:

Das Verfahren gegen das Sonderkommando IV B – *Herrmann* u.a. – Hier konnte durch die Ordensverleihungslisten eine ganze Anzahl von Namen der Angehörigen dieser Einheit ermittelt werden. – das Verfahren gegen den Leiter der Außenstelle Dünaburg des KdS Riga. – Das Verfahren Außenstelle Radzyn, ein Nebenverfahren zu Lublin. – Das Verfahren gegen den KdS Stalino. – Das Verfahren gegen die Außenstelle Stanislau des KdS Lemberg konnte in die Voruntersuchung gegeben werden. – Das Verfahren gegen *Panzer* u.a. – Das Verfahren gegen *Sander* u.a. – KZ „Dora" – werde in Kürze in die Voruntersuchung gegeben. – Das Verfahren gegen Angehörige der 1. SS-Baubrigade im KZ Solstedt. Im Zusammenhang mit diesem Verfahren wies KOK Hofmann darauf hin, dass in NRW nationalsozialistische Massenverbrechen bei den ZSt. in Köln und Dortmund, Einzelverbrechen jedoch von den örtlich zuständigen StA bearbeitet werden. – Das Verfahren Majdanek, das in Köln anhängig ist.

Weiter erwähnte er ein Selbstschutzverfahren, das in drei Teilverfahren zergliedert sei. Anschließend machte KOK Hofmann Ausführungen zum Verfahren gegen das Sonderkommando „Zeppelin" und zu dem Verfahren gegen das Sonderkommando „R" (Transnistrien), das ein sehr großes Verfahren sei. In NRW seien eine ganze Anzahl von Verfahren gegen Polizeieinheiten anhängig. Kriminalpolizeilich abgeschlossen seien die Verfahren gegen die Pol.-Batl. 316 und 320. In Bearbeitung sei das Verfahren gegen das Pol.-Batl. 309, das Ereignisse in Bialystok zum Gegenstand habe. In diesem Verfahren sei von der Ermittlungsbehörde erkannt worden, dass zwischen den Beschuldigten und Zeugen klare Absprachen über zukünftige Darstellungen bei Vernehmungen getroffen worden wären.

9. KOK Straß, LKA Rheinland-Pfalz, führte aus, dass Rheinland-Pfalz keine Soko zur Verfolgung von NSG eingerichtet habe, da keine größeren Verfahren in NSG-Sachen in Rheinland-Pfalz anhängig wären. Anfallende Ermittlungsersuchen der StA des Landes, der Sokos anderer Länder sowie der ZSt. würden von den Sachbearbeitern in Staatsschutzdelikten in den Regierungsbezirken erledigt. – Er erwähnte die beim LG Koblenz anhängigen Voruntersuchungssache *Rickert* und *Schwarting,* wegen Verdachts von Tötungen in Griechenland.

10. KK Egloff, LKA Saarland, machte Ausführungen über die Situation im Saarland. Demnach ist dort bei der Abteilung Staatsschutz ein Sachbearbeiter für NSG-Sachen eingesetzt. Anschließend gab KK Egloff Erläuterungen zum Verfahren *Gebauer* (Ausbesserungswerk Lemberg). Er wies dann auf das in Saarbrücken ergangene Urteil gegen *Köllner* hin, das mit der Verurteilung des Hauptbeschuldigten zu lebenslangem Zuchthaus und dem Freispruch gegen *Peckmann* endete.

11. KK Schulz, LKA Schleswig-Holstein, machte zunächst Mitteilung über die Etatisierung der Soko, die für zwölf Angehörige folgende Stellen ergeben habe: (A 10: 1, A 9: 1, A 8: 4, A 7: 6) – Tatsächlich seien jedoch im Augenblick 15 Beamte tätig, wozu noch zwei Schreibkräfte kämen. – Dann machte KK Schulz Ausführungen über die Ermittlungen, die in Schleswig-Holstein über das Einsatz-Komm. 8 getätigt werden. Während *Richter* nicht aussage, habe sich *Hasse* ausführlich geäußert. Gegen *Graalfs* werde demnächst verhandelt. Anschließend kam KK Schulz auf weitere Ermittlungsverfahren zu sprechen, die in Schleswig-Holstein anhängig sind. Erwähnung fand auch das Urteil gegen *Fellenz,* das vier Jahre Zuchthaus betrage und wogegen Fellenz Revision eingelegt habe. Inzwischen liege wegen einer anderen Tat bereits ein neuer Haftbefehl gegen ihn vor. Es folgten weitere Angaben zum Verfahren *Reinefarth,* das NS-Handlungen während des Warschauer Aufstandes 1944 zum Gegenstand hat. Das Verfahren *Christoffel* und *Haas* sei deshalb interessant, da hier Juden im sog. natürlichen Ausleseverfahren getötet worden seien. Sie wurden solange zur Arbeit beim Bau der Durchgangsstraße 4 in Russland eingesetzt, bis sie durch Hunger und Entbehrungen aller Art starben. Von der StA Lübeck sei beabsichtigt, dieses Verfahren an die StA Hildesheim abzugeben. Mit Angaben über das Verfahren *Sonnenberg* und andere Verfahren gegen Selbstschutz-Dienststellen in Polen beendete KK Schulz seinen Bericht.

III. Referat Ltd. OStA Schüle (Auszug): Am Anfang seines Referats machte OStA Schüle die Tagungsteilnehmer mit folgendem Sachverhalt bekannt: Im Jahre 1960 ging im Auftrage der LJVW ein Arbeitsteam zur Auswertung von NS-Dokumenten in die USA. Das Ergebnis dieser Auswertung brachte alle einschlägigen Strafverfolgungsbehörden einen großen Schritt weiter in der Erkenntnis der Zusammenhänge und leistete bei ihrer Aufklärungsarbeit wertvolle Hilfe. Weitere Auswertungen fanden statt, bei der sich die Sokos verschiedener Länder, wie zuletzt in Koblenz, mit einigen Beamten beteiligten. In letzter Zeit wurden weitere Aktenbestände zurückgegeben. Es handelt sich hierbei um Bestände der ehemaligen deutschen Wehrmacht aus der Kriegszeit, die bisher im Gewahrsam der Vereinigten Staaten waren. Über dieses Aktenmaterial besteht ein in englischer Sprache gehaltener Führer, der übersetzt etwa lautet: „Berichte aus den besetzten rückwärtigen

Gebieten". Wir wissen alle, meinte OStA Schüle, dass in jenen Gebieten die entsetzlichsten Verbrechen ausgeführt wurden, die wir heute aufzuklären haben. Es ist bekannt, dass wichtige Tatsachen, die die Ermittlungsarbeit der ZSt. und der Sokos weitgehend beeinflussten, bisher aus ähnlichem Aktenmaterial entnommen wurden. Er verwies hierbei auf die Auswertung von Akten im Verfahren gegen die Einsatzgruppe „D". Es geht nun darum, jene aus den USA zur Verfügung gestellten Aktenbestände möglichst bald auszuwerten, um sie für alle nutzbar zu machen. OStA Schüle stellte zur Debatte, ob und wer von den Sokos durch Gestellung von ein oder zwei Beamten unter Leitung von StA Hinrichsen sich an dieser Auswertung beteiligen könne. Er vertrat die Ansicht, dass bei einer günstigen Besetzung der Auswertungsgruppe die Arbeiten in drei bis vier Wochen beendet seien. ... In der anschließenden Diskussion erklärten sich die Leiter der Sokos grundsätzlich bereit, die Abstellung der Beamten bei ihren Innenverwaltungen zu befürworten.

Danach gab der OStA einen kurzen Überblick über die Entwicklung der Verfahren in NSG-Verbrechen seit dem Bestehen der ZSt. im Jahre 1958. Er führte aus, dass seit dem 1.12.1958 von der ZSt. 640 Verfahren eingeleitet worden seien. Davon wären 460 Verfahren nach Abschluss der Vorermittlungen an die zuständigen StA abgegeben worden. Es blieben somit 180 Verfahren, die noch vorermittelt werden müssten. Davon würden 107 Verfahren die Voraussetzungen für ein tatsächliches Ermittlungsverfahren in sich tragen. Bei den restlichen 73 Verfahren seien die Beschuldigten bisher nicht ausreichend genug und es fehlten auch die nötigen Unterlagen und Beweismittel. Daher sei es ungewiss, was aus diesen Verfahren würde. Von den in Frage kommenden 107 Verfahren seien 46 bereits soweit vorermittelt, dass sie voraussichtlich in nächster Zeit an die StA der einzelnen Länder abgegeben werden könnten.

Die 46 Verfahren würden wie folgt verteilt: Baden-Württember = 3, Bayern = 8, Berlin = 1, Bremen = 1, Hamburg = 4, Hessen = 1, Niedersachsen = 8, Nordrhein-Westfalen = 15, Rheinland-Pfalz = 1 und Schleswig-Holstein = 2. Näheres über Größe, Art und Beschuldigten der Verfahren können die Sokos schriftlich von der ZSt. erfahren.

Auf eine Pressenotiz über das Ende der ZSt. eingehend, sagte OStA *Schüle*, dass bisher von der ZSt. gut zwei Drittel der Arbeit geleistet worden sei, die die JMK der ZSt. seit 1958 übertragen habe. Über den Kernpunkt besagter Pressenotiz sei Folgendes auszuführen. Die ZSt. werde im Laufe des Jahres 1964 verringert werden können. Die einzelnen Sachbearbeiter gingen, je nach Ablauf ihres Referates, zu ihren Heimatdienststellen zurück. Es bliebe nur ein Arbeitsteam nach diesem Zeitpunkt solange bestehen, bis der Großteil der Verfahren in der Bundesrepublik rechtskräftig abgeschlossen worden sei. Im Zusammenhang mit der Bewältigung der gestellten Aufgabe durch die ZSt. sagte OStA Schüle, dass es seiner Meinung nach für die Wiederherstellung des verletzten Rechts ebenso wichtig sei, nicht nur strafrechtliche Verfahren zu ermitteln, sondern auch dem Dienstherrn der Vielzahl der im öffentlichen Dienst stehenden, in NSG-Verfahren verwickelten Personen die betreffenden Erkenntnisse der ZSt. zuzuleiten, damit diese Maßnahmen disziplinarer Natur treffen können. Über das Ende der ZSt. dürfe somit zusammenfassend gesagt werden, dass, wenn nichts entscheidend Neues anfalle, diese etwa ab Mitte 1964 erheblich verringert in Ludwigsburg weiterarbeiten werde. Es bestehe jedoch kein Zweifel, dass die Einrichtungen der ZSt. funktionsfähig bleiben werden. Lediglich über die neue Form bestünden noch Unklarheiten.

In diesem Zusammenhang tauche öfters die Frage auf, wieso die Sokos vergrößern, wenn die ZSt. abbaue? Die einzelnen Länderverwaltungen stünden oft auf dem Standpunkt, dass bei einer Verringerung der ZSt. die Sokos nicht vergrößert bzw. auf dem alten Stand gehalten werden könnten. OStA Schüle vertrat die Ansicht, dass diese Feststellung an der Sache vorbeigehe. Bekanntlich gehe der Schwerpunkt der Verfahren nach Abschluss ihrer Vorermittlungen von der ZSt. auf die StA über. Diese würden jedoch angewiesen, auf die Erkenntnisse und Erfahrungen der einzelnen Sokos zurückzugreifen, um überhaupt fachgerecht arbeiten zu können. Es sei ein großes Anliegen der Justiz, diese Verfahren, bei aller gründlichen Aufklärung, der sie bedürfen, doch in möglichst absehbarer Zeit zum Abschluss zu bringen, meinte OStA Schüle. Die Soko müssten daher stark und schlagkräftig sein, um die verwehrten Aufgaben, die durch die StA in nächster Zeit auf sie zukämen, voll und relativ schnell bewältigen zu können. Nach diesen Ausführungen sprach OStA Schüle den Sokos seinen Dank dafür aus, dass trotz gewisser Schwierigkeiten in personeller und psychologischer Hinsicht in gegenseitiger Zusammenarbeit und in Zusammenarbeit mit der ZSt. so viel erreicht wurde. Er führte aus, dass es ihm ein Bedürfnis sei, dies einmal an dieser Stelle zu sagen, damit es allen Anwesenden, die die Sokos hier vertreten, auch die notwendige Kraft gäbe, diese schwerste Aufgabe, die der Justiz und der Kripo gleichermaßen gestellt wurde, vollends durchzustehen. Er rief den Tagungsteilnehmern zu: „Ihre Arbeit ist notwendig, um das deutsche Ansehen wiederherzustellen und um dem verletzten Recht Genüge zu tun."

IV. Ausführungen von GStA Dr. Bauer. Im ersten Teil seiner Ausführungen ging GStA Bauer in Erwiderung der Mitteilung von OStA Schüle über die voraussichtliche Dauer der Arbeit der ZSt. der LJVW auf die im Laufe der Tagung bereits mehrfach angeschnittene Frage ein, was die Sokos nach Lage der Dinge noch an Verfahren zu erwarten hätten, bzw. welche neuen Verfahren bei der Justiz im Gespräch seien. Dabei kam er auf den seiner Meinung nach äußerst umfangreichen und wichtigen Komplex eines großen RSHA-Verfahrens zu sprechen. Bei der StA Berlin geht es dabei um die Frage eines Verfahrens gegen das gesamte RSHA. Dies gäbe u.U. ein Verfahren mit einigen tausend Beschuldigten und Zeugen. Für die Aufnahme eines solchen Verfahrens in Berlin spricht, dass Berlin strafprozessualer Weise dazu verpflichtet wäre. Gegen die Durchführung eines solchen Verfahrens von Berlin aus sprächen die relativ geringe personelle Stärke der zuständigen Berliner Behörden und die durch die besondere politische Lage Berlins entstehenden sachlichen Schwierigkeiten. In einem solchen Falle müssten jeder StA und jeder Polizeibeamte von Berlin aus- und einfliegen. Zeugen könnten nicht nach Berlin kommen usw. Aus diesen Gründen wäre von der StA Berlin der Vorschlag unterbreitet worden, der ZSt. das Verfahren gegen das RSHA zu übertragen. Dem stehe das Länderstatut entgegen, das der ZSt. nur diejenige Verfolgung von NS-Straftaten überträgt, die außerhalb Deutschlands geschehen sind. Da Berlin deutsches Reichsgebiet ist, käme daher eine Zuständigkeit der ZSt. nicht in Betracht. Der Vorschlag von Berlin war daher, das Statut der ZSt. auszuweiten, so dass auch Taten, die in Berlin begangen wurden, von der ZSt. behandelt werden könnten.

In diesem Zusammenhang führte GStA Dr. Bauer weiter aus, dass eine systematische Durchkämmung und Durchermittlung aller Gestapostellen des „Großdeutschen Reiches" notwendig sei, da der Kreis der mit der „Endlösung der Judenfrage" Beschäftigten bei der Gestapo sicher viel größer war, als gemeinhin angenommen werde. – Auch sei bei der StA Berlin an eine grundsätzliche Aufnahme eines Verfahrens gegen sämtliche ehemaligen Teilnehmer der Wannseekonferenz gedacht. Hier könnten jedoch nur auf überlokaler Basis Ermittlungserfolge erzielt werden. Er verkenne nicht die Schwierigkeiten, die darin bestehen, gerade den sog. Schreibtischtäter zu überführen, verweise aber darauf, dass u.U. über die sog. Sprachregelung Erfolge zu erzielen seien. Der Weg zum Umbringen sei im NS-Staat z.T. klar und deutlich nachweisbar. Dafür wäre allerdings Ermittlungsarbeit auf überörtlicher Basis und u.U. der Weg über die Termini der Sprachregelung nötig. Als Beispiel wurden hier von ihm die Eintragungen in den sog. „Schutzhaftakten der Gestapo" angeführt. Im ehemals preußischen Staatsarchiv in Berlin sollen noch Hunderttausende solcher Akten liegen. Aus diesen Akten wird erkennbar, wie die sog. Ausbürgerung, Schutzhaft usw., der dem NS-Regime unliebsamen Personen beantragt, begründet und durchgeführt werden. Ein stets wiederkehrender Terminus war darin „Rückkehr unerwünscht". Der Kreis der Leute, die bei der Bearbeitung dieser Fälle mitgewirkt und die Sprachregelung gekannt habe, der Kreis dieser potentiellen Täter also, sei ziemlich groß. Selbstverständlich müssten zu diesem Zwecke sämtliche Schutzhaftakten durchgesehen werden, was sehr viel Arbeit erfordere und u.U. doch nur ein geringes Endergebnis erbringe.

In einer Erwiderung verwies *OStA Schüle* darauf, dass nach seiner Erfahrung ca. 98 % der Gestapo-Akten entweder in der letzten Phase des Krieges von den Nazis vorsätzlich vernichtet oder durch Kriegseinwirkung verlustig gegangen seien. Aus den Restbeständen könnten daher die in Rede stehenden Erkenntnisse nicht mehr beweiskräftig gewonnen werden. Er äußerte die Befürchtung, dass man bei den normalerweise zuständigen Stellen vor den vielen kleinen Verfahren zurückschrecke und riesige Zahlen nenne, um die ZSt. einzuspannen. Außerdem sei die Auswertung der Akten in Berlin durch die ZSt. nur unter großen sachlichen Schwierigkeiten durchzuführen. GStA Dr. Bauer verwies jedoch auf die Wichtigkeit der überörtlichen Aufklärung der in Frage kommenden Tatbestände. Er sagte, dass man auf Bundesebene zu ganz anderen Ermittlungsresultaten kommen werde. Aus dem Mangel einer bloß begrenzten Aufklärung rühre auch die Schwäche der vielen kleinen Verfahren in den 50er Jahren her, die lokal begrenzt und ohne Blick auf die großen Zusammenhänge durchermittelt worden wären. Dieser Umstand hätte der Verteidigung willkommene Gelegenheit gegeben, die Verfahren so weit in Betracht zu ziehen, dass jeder Überblick verloren gegangen sei und die HV nicht selten mit Freisprüchen geendet hätten. Diese größere Basis, auf der die Ermittlungen geführt werden müssten, wird daher auch von GStA Berlin vorgeschlagen.

Dieser erklärte sich dazu bereit, der ZSt. zwei StA zur Unterstützung zur Verfügung zu stellen. Er bittet aber die Länder, ebenfalls entsprechend nach Bedarf zu verfahren. GStA Dr. Bauer meinte, diesen Punkt abschließend, dass die endgültige Entscheidung über das Schicksal der genannten Verfahren jedoch bei den Justizministern der Länder läge, deren Entscheidung abzuwarten sei.

Im weiteren Verlauf seiner Darlegungen nahm GStA Dr. Bauer zu der Frage Stellung: „Was sagen Sie zu dem Unbehagen über die laufenden NSG-Prozesse und ihre Ergebnisse?" Er führte aus, dass dieses Unbehagen auch bei der StA, vor allen Dingen in Hessen vorhanden sei. In Bezug auf die zurzeit größten Verfahren in Hessen, nämlich 1. das Auschwitz-Verfahren, 2. der Ungarn-Komplex, 3. das Heyde-Verfahren, ging der GStA auf die Bestrebungen der Kreise in der Bundesrepublik ein, die eine allgemeine Amnestie solcher Taten befürworten. Diese Tendenzen dürften auch bei den Sokos nicht unterschätzt werden. Er verwies auf eine zurzeit in Hamburg stattfindende große Massenversammlung der Befürworter einer solchen Amnestie. Diese Anregungen könnten ein erhebliches Echo in weiten Kreisen der Öffentlichkeit auslösen. Bisher habe die Frage der Amnestie bei der Bundesregierung kein Echo finden können, da die politischen Folgen einer solchen Maßnahme im Ausland nicht ausgeblieben wären. Ende dieses Jahres werden es zehn Jahre, sagte GStA Dr. Bauer, dass die Menschenrechte in Straßburg angenommen wurden. In diesem Zusammenhang werde wahrscheinlich von maßgeblichen Kräften eine große politische Amnestie beantragt. Hierbei sei jedoch nicht an eine Amnestie in NS-Sachen gedacht, gedacht sei an Restbestände von OAS [Organis. amerik. Staaten ?], Algerien und politischen Verurteilten aus der Sowjetzone usw. Wenn aber in Strafverfahren gegen linksgerichtete Kräfte amnestiert wird, so muss – das könnte und wird die Verteidigung sagen, meinte GStA Dr. Bauer – auch nach „rechts" amnestiert werden, denn es herrscht Gleichheit [Lücke im Abzug] nicht um politische Täter handle, so könnte die Verteidigung argumentieren, dass beispielsweise auch Interpol diese Taten als politische Straftaten erklärt hat.

Auch die Verschleppung der NS-Prozesse hätte einen gewissen, nicht zu unterschätzenden Hintergrund.

Eine weitere Schwierigkeit sei, dass es bei den bisherigen Prozessen der Verteidigung gelungen sei, die Verhandlungen in kleine Teile zu zerstückeln, so dass weder die Geschworenen noch das Publikum oder die Öffentlichkeit ein Gesamtbild bekommen konnten. Bei jeder Gelegenheit sei ein strafprozessualer Antrag gestellt worden. Verschiedene Verhandlungen hätten mehr einer strafprozessualen Vorlesung zwischen StA – Verteidigung und Gericht geglichen, als einer HV eines Strafprozesses. Dabei sei der Blick auf das eigentliche Anliegen dieser Prozesse verloren gegangen. Im Auschwitz-Verfahren, bei dem es der StA Frankfurt/Main auch um eine Dokumentation in historischer, politischer und moralischer Einsicht gehe, könne die Gefahr genauso bestehen, dass der gesamte Prozess in eine Fülle von Beweisanträgen und Beweisstellungnahmen des Gerichts zerrissen werde, so dass der eigentliche Verhandlungsgrund, das Schicksal von zwei Mio. Juden, vollkommen in den Hintergrund gerate und über formalen Dingen vergessen werde. Um dem vorzubeugen und abzuhelfen, habe die StA in Hessen das Institut für

Zeitgeschichte mit der Abfassung großer Gutachten beauftragt. Solche Gutachten sollen dem Prozess ein gewisses Rückgrat geben. Ein Gutachten über die „Nazipolitik in Polen" von *Broschan* – z.B. – soll die Gesamtpolitik Deutschlands gegenüber Polen darstellen. Selbst auf die Gefahr hin, dass der StA die Veranstaltung eines Schauprozesses vorgeworfen werden könnte, soll die Verhandlung ein großes Bild des Gesamtrahmens der angewandten Politik geben. Dazu würden die vorkommenden Dokumente im Gerichtssaal nicht nur vorgelesen, sondern auf eine riesige Leinwand projiziert, so dass sie von allen Anwesenden betrachtet werden könnten.

Ganz ähnlich soll auch bei den Verhandlungen, die die Vernichtung der Juden zum Gegenstand haben, vorgegangen werden. Auch hier entstehen verschiedene Gutachten über das RSHA, die Geschichte des Kommissarbefehls usw. Es soll Sinn und Zweck der Gutachten sein, die wahren Absichten des NS-Regimes in Form von wissenschaftlichen Vorträgen dem Gericht und der deutschen Öffentlichkeit zugänglich zu machen. Daher werden z.B. die reinen Vorlesungen über die „Endlösung der Judenfrage" nicht von StA, sondern von Gutachtern gehalten. Dies scheint GStA Dr. Bauer das sicherste Mittel, um den Prozessen ein gewisses Gepräge zu geben und sie davor zu bewahren, prozessual in kleine Stücke zu zerfallen. Der GStA führte aus, dass dies jedoch nur kleinere Mittel seien, die die StA zur Verfügung habe und anwenden könne. Die Schwierigkeiten und damit das Unbehagen liegen, seiner Meinung nach, jedoch grundsätzlich darin, dass fast überall gegen eine Welt des Missverstehens, des Missverstehenwollens, angerannt werden muss. Das Phänomen sei folgendes: Das Publikum ist immer sehr hart und ruft z.B. nach einer Todesstrafe, wenn es sich um fremde, ihm unbekannte Täter handelt, wie z.B. bei Sittlichkeitsverbrechern oder Räubern. Die seelische Verfassung solcher Leute interessiert das Publikum kaum. Dreht es sich aber um Mitglieder der eigenen Familie oder ist es der Betreffende selbst, dann ist er plötzlich erfüllt von mildernden Vorstellungen. Dann begreift er alles, er begreift den menschlichen und sozialen Hintergrund, findet Entschuldigungen und versteht das ganze Verhängnis. Dieselbe Situation haben wir bei den NS-Delikten, meinte GStA Dr. Bauer, weil die breite Öffentlichkeit die NS-Verbrecher wesentlich besser verstehe, als z.B. einen Notzüchter, da sie ja alle mehr oder weniger durch das Dritte Reich impliziert waren und daher – wie wir alle – mehr oder minder einen Teil dieser riesigen Schuld tragen. Daher auch die verschiedensten Urteile, die sich je nachdem niederschlagen, wie sich StA, Richter und Geschworene mit dem Angeklagten selbst identifizieren. Soweit der psychologische Hintergrund.

Auf die Länge der Prozesse eingehend, meinte GStA Dr. Bauer, dass er das Gefühl habe, hier würde manchmal des Guten zu viel getan. Nach seiner Meinung könne der Auschwitz-Prozess in drei bis vier Tagen erledigt sein. Er begründet diese Meinung folgendermaßen: Es gab die Wannseekonferenz mit dem Beschluss zur Endlösung der Judenfrage. Sämtliche Juden in Deutschland sollten vernichtet werden. Dazu gehörte eine gewisse Maschinerie. Alle, die an dieser Vernichtung bzw. bei der Bedienung der Vernichtungsmaschine mehr oder minder beteiligt waren, werden daher angeklagt wegen Mitwirkung an der „Endlösung der Judenfrage". GStA Dr. Bauer bedauerte, dass leider alle bisherigen Verfahren wie

Einzeltaten behandelt worden seien. Daher gäbe es jetzt eine Fülle von Einzeltaten, zu deren Klärung die Vernehmung einer Unmasse von Zeugen erforderlich sei. Man hätte bei all diesen Verfahren die große Linie mehr im Auge behalten sollen. Damit wäre die Sache wesentlich einfacher geworden und man wäre dem Dritten Reich gerechter geworden. Bei der bisherigen Praxis der Verfahrensdurchführung träte die Grundfrage zu stark in den Hintergrund. Auch von diesen Umständen ginge ein Teil der Widerstände und damit des Unbehagens aus. Durch die breite Auspinselung des Kleinen würde ein solcher Prozess immer anfälliger gegen Kritik jeder Art. Dieses Thema abschließend bat er die Teilnehmer der Tagung, immer wieder in Vernehmungen auf die „große Linie" hin zu ermitteln, die von dem Beteiligten gekannt sein müsste.

Die Schwierigkeiten, die die Frage Mittäterschaft oder Beihilfe den Strafverfolgungsbehörden mache, wurde von GStA Dr. Bauer den Tagungsteilnehmern durch seine Ausführungen über die Problematik des Urteils des 3. Strafsenats des BGH gegen *Stachinsky* auseinandergelegt. Er verwies weiter darauf, dass sich Befehl und eigene Überzeugung des Befehlsempfängers im NS-Staat – wie auch in anderen totalitären Staaten – nicht selten deckten. In einem solchen Fall sei die Tat trotz Befehls in eigenem Interesse geschehen, daher sei der Befehlsempfänger Täter. Fanatismus, der eigene materielle oder immaterielle Vorteil, die Freude an der Qual der Opfer in Folge eines Hanges zum Sadismus seinen Dinge, die die Tat im eigenen Interesse geschehen ließen und daher für einen Täterwillen sprächen. In diesen Fällen hätte auch der sog. „kleine Mann" die Tat als eigene gewollt und sei Täter. Gehilfe sei nach seiner Meinung nur der, der zur Tat gezwungen worden sei, kein Nazi war und keinerlei Vorteile davon gehabt habe. Der Sinn der Ermittlungen in dieser Richtung sei daher, bei der Vernehmung mehr Psychologie anzuwenden, um das Grundsätzliche zu erfahren. Es müssten die Gründe für eine Zugehörigkeit zu einer NS-Organisation erkannt werden. „Warum waren Sie Nationalsozialist?" sei immer eine wesentliche Frage. Psychologisch sei es der Wunschtraum einer breiten Schicht in der Öffentlichkeit der BR, fast ein seelisches Trauma, bedingt durch die Sucht nach Verdrängung, nur als winzige Werkzeuge im totalitären Staat der NS-Zeit angesehen zu werden.

Dabei sei klar herauszustellen und nicht zu übersehen: Es gab Leute, die diese Dinge nicht getan haben, weil sie bloß Werkzeuge waren, sondern diese Dinge realisiert haben, weil sie sie für das Richtige hielten. Sie haben die Taten als eigene gewollt, entweder im Sinne eines Mittels zum eigenen Fortkommen oder der Erhaltung des sozialen Prestiges in der Gruppe. Das sei ein wichtiger Gesichtspunkt, den es bereits bei den Vernehmungen zu beachten gelte. Da ja die Klassifizierung – Mittäter oder Gehilfe – bei der Strafzumessung eine wesentliche Rolle spiele.

Weiterhin tat GStA Dr. Bauer grundsätzliche Äußerungen über die Grade des Verbotsirrtums. Er führte aus, dass dieser im Grunde eine juristische Frage sei und die Polizei nur am Rande berühre. Jedoch wäre er dankbar, wenn auf diese grundsätzlichen Fragen auch in den NSG-Vernehmungen eingegangen würde. Eine Kritik an der Rechtsprechung des BGH, der nach seiner Meinung in diesen Dingen etwas inkonsequent sei, konnte GStA Dr. Bauer nicht verhehlen.

Seine Ansichten zum Verbotsirrtum beruhen im Wesentlichen auf folgenden Überlegungen: Der größte Fortschritt, der in der Bundesrepublik und deren Rechtsprechung nach 1945 zu verzeichnen war, bestehe darin, dass sich Verfassungsgeber und BGH zu den allgemeinen Menschenrechten bekannten Diese ewigen Menschenrechte, wie Freiheit und Gleichheit aller Menschen, seien ein Naturrecht, das durch keine nationale Gesetzgebung außer Kraft gesetzt werden könne. Diese Auffassung sei praktisch die Akzeptierung des katholischen Naturrechts. Es gründe sich im Wesentlichen auf die zehn Gebote Moses und die Lehren des Apostels Paulus, der sagte, dass dieses unzerstörbare Recht in den Herzen aller Menschen und Völker lebe, auch wenn es nicht besonders offenbart sei. Das Naturrecht spiegele sich demnach im Gewissen eines jeden einzelnen Menschen wider als etwas, das niemand – auch kein totalitärer Staat – auszurotten imstande sei. Dieses Gewissen sage allen Menschen zwischen Nord, Süd, Ost und West, was eigentlich in den zentralen Dingen des Lebens rechtens ist; so auch zum Beispiel, dass man keine Kinder, Frauen und Männer unschuldiger Weise umbringen dürfe. Wohl gebe es, wie GStA Dr. Bauer betonte, viele Rechtsauffassungen auf dieser Erde, jedoch sage er als Jurist, der an dieses Recht gebunden ist, wenn man schon annähme, es gäbe nur ein Naturrecht und einen Gott auf dieser Welt, mit nur einem Gewissen, das sich in jedem Menschen widerspiegelt, dann solle die Frage des Verbotsirrtums gar nicht erst auftauchen.

Dann müsse man mit der klaren Fiktion des Naturrechts, die wir haben, auch zu der Fiktion kommen, es gibt keinen Verbotsirrtum. Die Tat und ihre Folgen müssten die Beschuldigten in jedem Falle erkannt haben. Es gebe also kein objektives Naturrecht ohne nicht gleichzeitig anzuerkennen, dass in jedem Menschen das Gewissen ist. Das wäre eine Fiktion wie viele andere in unserem Strafrecht auch. In diesem Zusammenhang führte GStA Dr. Bauer weiter aus, man solle bei den Vernehmungen mehr auf die kardinalen Dinge eingehen. Man solle etwa fragen: „Kanntet Ihr nicht die zehn Gebote?“! Wenn ja, was im Allgemeinen anzunehmen ist, dann müsstet Ihr doch an sich so etwas wie ein schlechtes Gewissen bei Eurer Handlungsweise gehabt haben? Richtiges psychologisches Vorgehen müsste dazu führen, dass viele Beteiligte eingestehen, wir kannten zwar das Gesetz, hatten aber doch Gewissensbisse, als wir die Tat ausführten. Im weiteren Verlauf seines Referats verwies der GStA darauf, dass alle diese NSG-Prozesse, die in breiten Kreisen der Bundesrepublik sozusagen als deutsches Novum dargestellt wurden, bereits vor hundert Jahren einen typischen Vorgänger hatten. Damals gab es einen berühmten Prozess, den sog. Andersonville-Prozess. Andersonville [Kriegsgefangenenlager in Georgia v. 1864/65] war ein reguläres KZ, das die amerikanischen Südstaaten im Sezessionskrieg errichtet hatten und in dem Soldaten der amerikanischen Nordstaaten zu 10.000 unter ähnlichen Umständen umgebracht wurden, wie die Häftlinge in den KZ der NS-Zeit. Er empfahl den Tagungsteilnehmern die Lektüre des stark an den Prozess angelehnten Schauspiels [The Anderson Trial (1959) v. Saul Levitt], das bereits die ganzen Fragen, denen wir uns heute in diesen Dingen gegenübersähen, offenbare.

Zum Abschluss führte GStA Dr. Bauer eine Szene des Schauspiels an, bei dem die Problematik des Befehlsnotstands krass zutage tritt. Hier wird gezeigt, dass jeder Mensch tief in seinem Innersten selbst die Entscheidung trifft, ob er einem Befehl gehorcht oder nicht. GStA Dr. Bauer betonte, dass das Schauspiel, das in seiner Bedeutung weit über den dargestellten Einzelfall hinausgehe, letztlich nur den Zweck haben könne, genauso wie sie die NSG-Prozesse haben müssten, in Zukunft solche Dinge zu verhüten und das menschliche Gewissen zu schärfen.

V. Abschluss …

gez. Boixen (Kriminalkommissar)

V. 5. Arbeitstagung vom 11.-13.5.1965 in Hannover

Tagungsteilnehmer:

Österr. Bundesinnenministerium, Wien: PolRat Dr. Wiesinger
Zentrale Stelle: Ltd. OStA Schüle
LKA Baden-Württemberg: KOR Bux, KR Weida
LKA Bayern: KA Thaler, KOI Rager
LKA Berlin, Abt. I: KK Wetzel
LKA Bremen: KHK Prause
LKA Hamburg: KOK Matzik, KOK Dzewas
LKA Hessen: RegDir. Schneider, KOK Walther
LKA NRW: KDir. Grasner, KOK Schaffrath, KOK Hofmann
LKA Rheinland-Pfalz: KA Strass
LKA Saarland: KM (KKA) Philippi, KM Becker
LKPA Schleswig-Holstein: ORKR Zillmann, KOK Schulz
LKPA Niedersachsen: Dir. Dr. Schulz, KOR Dahncke, KHK Seth, KOM Otto, KOM Daenekas
Als Gäste nahmen teil:
Nds. Ministerium des Innern: MinDir. Dr. Bendiek, RegDir. Hinrichs, ORR Behre, Amtsrat Ludwig, KR Reisacher
Justizministerium Baden-Württ.: MinRat Roth, ORR Meyer
Universität Göttingen: Dr. Seraphim
Staatsanwaltschaften:
OLG Braunschweig StA Dr. Kintzi; OLG Odenburg STA Wieting; LG Aurich StA Hoffmann; LG Braunschweig StA Focken, StA Retemeyer; LG Göttingen EOStA Reimann, StA Wolter; LG Hannover EOStA Landwehr, EStA Dr. Goetz, StA Ihle, StA Smiechowski; LG Lüneburg OStA Dr. Uecker, StA Hoehnisch; LG Stade EOStA Schroif; LG Verden StA Römhild.

Dir. Dr. Schulz eröffnete am 11.5.1965 die Tagung und hieß die Tagungsteilnehmer, insbesondere *MinDir. Dr. Bendiek* und die Herren seiner Begleitung sowie *MinRat Roth* vom Justizministerium Baden-Württemberg, *Dr. Seraphim* von der Universität Göttingen, *PolRat Dr. Wiesinger* vom Österr. Bundesministerium für Inneres und die Herren der StA als Gäste, willkommen.

Ltd. OStA Schüle führte zu der gegenwärtigen Situation bei der ZSt. der LJVW Folgendes aus: Herr Direktor, meine Herren! Ich danke für die Einladung, die mir Gelegenheit gibt, mit den Leitern der Sokos in Gedankenaustausch zu treten. Häufig kommen die Herren einzeln nach Ludwigsburg. Wir erfahren dort die einzelnen Nöte und Sorgen. Hier erfahren Sie aber auch unsere Ludwigsburger Sorgen und Nöte.

Wie Sie wissen, ist im November des vergangenen Jahres eine Welle des Interesses bei den Abgeordneten des Deutschen Bundestages, in den Ländern, aber auch außerhalb Deutschlands hochgekommen. Plötzlich hat man sich, und dies im Zusammenhang mit dem 8. Mai 1965 verstärkt, für die Verfolgung der nationalsozialistischen Gewaltverbrechen interessiert. In den vergangenen Jahren war dies nicht in diesem Ausmaß der Fall. Damals sind es die Sokos gewesen, deren Vorgesetzte und die StA sowie Ludwigsburg, die damit befasst waren. Sie wissen auch, dass der Aufruf der Bundesregierung an alle Nationen, die Archive zu öffnen, einen zwar weltweiten Widerhall gefunden hat, letzten Endes aber nicht zu dem Erfolg führte, den sich die Bundesregierung davon versprochen hat und dass die Archive nun bereitwillig, insbesondere in den Ostblockstaaten, geöffnet werden. Der Aufruf hat uns aber täglich waschkörbeweise Zuschriften von Einzelpersonen eingebracht, die zu 99,9 % einen unwesentlichen Inhalt hatten. Ich brauche darauf nicht näher einzugehen, denn der Grundtenor aller dieser Zuschriften lautete in etwa so, dass, um einige Beispiele zu nennen, in einem Betrieb ein Mann sei, der sich wie ein SS-Mann benehme und dessen Überprüfung gewünscht sei. In anderen Fällen kamen enttäuschte Hoffnungen abgelehnter Wiedergutmachungsansprüche zum Ausdruck, die nicht so gelaufen waren, wie es sich der Antragsteller gewünscht hatte. Aber auch aus der allgemeinen Kriminalität lagen Zuschriften vor, so z.B. „... bin ich da und da verurteilt worden. Der Richter hat einen Ton angeschlagen bei der Verhandlung, so dass ich den Eindruck habe, dass es sich bei ihm nur um einen Blutrichter handeln könne." Jedes einzelne dieser Schreiben muss aber überprüft und bearbeitet werden. Das Weizenkörnchen, da übrig blieb, hat die Arbeit jedoch lohnend gemacht. Es sind immerhin eine Reihe von innerdeutschen Einzelverfahren daraus entstanden.

Über Nachrichten aus dem Ausland von Einzelpersonen, die zur Einleitung von Verfahren geführt hätten, kann ich Ihnen nichts berichten. Es sind Personen genannt worden, die längst in Verfahren erfasst sind. Die betreffenden Einsender konnten bei ihrer weiteren Befragung zu näheren Einzelheiten nichts Positives mehr beitragen. Man hoffte damals, den immer stärker werdenden Druck aus dem Ausland aufzufangen und mit einer Dokumentation der Bundesregierung in Zusammenarbeit mit der ZSt. und den StA nachzuweisen, was zur Verfolgung nationalsozialistischer Gewalttaten geschehen war. Die uns verbliebene Zeit war aber zu kurz, zumal auch die StA Berlin darauf aufmerksam machte, dass die Obersten Reichsbehörden nicht systematisch überprüft seien, sondern dass eine solche Überprüfung des RSHA nur durch die StA Berlin bzw. durch die Arbeitsgruppe „RSHA" bei dem GStA bei dem KG Berlin erfolgt sei. Es führte dies dazu, dass die Verjährung insoweit unterbrochen ist und dass weitere Großkomplexe bekannt wurden. Nicht ausgeschlossen habe ich, dass eine Reihe von Exzesstätern uns nicht bekannt ist. Ich habe aber in diesem Zusammenhange auf die jedem Kriminalisten bekannte Dunkelziffer in der allgemeinen Kriminalität hingewiesen und dass eine solche Dunkelziffer in Kauf genommen werden müsse.

Die Bundesregierung und die Fraktionen des Deutschen Bundestages standen auf dem Standpunkt, die Überprüfungen der ehem. Obersten Reichsbehörden sofort in Angriff zu nehmen und dass die ZSt. auf das doppelte Personal verstärkt werden müsste. Die ZSt. ist dann auf 1/22 verstärkt worden, zuzüglich Angestellten und Schreibkräften. – Wir haben uns auch sofort an die Überprüfung dieser Obersten Reichsbehörde gemacht. Die uns zur Verfügung stehende Zeit ließ es nicht zu, hier rechtzeitig bis zum 1.3.1965 der Bundesregierung das zu geben, was sie glaubte, von uns erwarten zu müssen, nämlich eine Garantieerklärung. – Eine Garantieerklärung konnte ich nicht geben. Niemand wird sie geben können. Auch nach meiner vollen Überzeugung im Jahre 1969 nicht. Man wird sie auch nicht abgeben können, wenn die Verjährungsfrist aufgehoben werden sollte. Es ist nie auszuschließen, dass durch Ermittlungen und durch Zufall weitere Täter bekannt werden, im Wesentlichen Einzeltäter, aber auch kleinere Komplexe, die dokumentarisch nicht festgelegt waren.

Es ist Ihnen bekannt, dass am 28.4.1965 [s. oben S. 636 ff.] eine Konferenz der Justizminister und -senatoren in Bonn stattgefunden hat, bei der die neue Lage besprochen worden ist. Es wurde beschlossen, dass Ludwigsburg für alles zuständig sein soll, auch für die Tatorte im Inland. Bis Dezember 1964 war unsere Zuständigkeit ja nur für das Ausland gegeben. Ich darf Ihnen dazu noch später einige Erläuterungen geben.

Zunächst haben wir aber Verfahren nicht eingeleitet, sondern wir sind in eine Überprüfung getreten: Die Obersten Reichsbehörden, also Reichskanzlei, Parteikanzlei, AA, Reichsinnenministerium, Reichsjustizministerium, Reichsminister für die besetzten Ostgebiete und die dazugehörigen Verwaltungsdienststellen wie Reichskommissar und nachgeordnete Dienststellen, Persönlicher Stab des RFSS, Wirtschafts- und Verwaltungsamt der SS, Rasse- und Siedlungshauptamt der SS, dann Reichskommissar für die Festigung des deutschen Volkstums und summarisch sonstige Oberste Reichsbehörden und Dienststellen der NSDAP und ihrer Gliederungen, dazu der Führungsstab des Oberkommandos der Wehrmacht. Schon aus dieser Aufzählung sehen Sie, welche Arbeit hier entsteht. Was das Ergebnis dieser Arbeit sein wird, kann ich Ihnen heute noch nicht sagen. Ich persönlich bin der Auffassung, dass nicht sehr viel Beschuldigte übrig geblieben sind, nachdem in Nürnberg gerade diese Obersten Reichsbehörden sehr eingehend überprüft worden sind und viel Dokumentenmaterial vorhanden gewesen ist. Wir kommen nicht umhin, eine umfassende Dokumentation zu erstellen und nachzuweisen, dass nun wirklich die Verantwortlichen erfasst und dass gegen diese Verfahren eingeleitet werden. Ich hatte gesagt, dass wir in eine Überprüfung eingetreten sind. Wir haben das deshalb getan, weil sich diese Arbeitsmethode im Wesentlichen von unseren früheren Methoden unterscheidet.

Während wir früher von der Tat ausgehend den oder die Täter suchten, müssen wir nun – das haben die Justizminister und -senatoren ausdrücklich von mir verlangt – alle Angehörigen einer ehemaligen Behörde, z.B. RSHA, überprüfen und feststellen, wer ihr angehört hat und inwiefern eine Verantwortung bestanden hat. Die Abt. Gesundheitswesen im Reichsministerium des Innern z.B., deren Leiter der *MinDr. Dr. Linden* war und der Ihnen allen ein Begriff ist, war mit seiner Dienststelle an der Aktion T 4 beteiligt. Wer hat mit ihm gearbeitet und wie spinnen sich die Fäden weiter in andere Dienststellen des Reiches oder der NSDAP, um bei dem Beispiel der Euthanasie zu bleiben? In diesem Falle haben Frankfurt und Limburg bereits gründliche Arbeit geleistet. Dort ist nach den Grundsätzen, die wir immer wieder entwickelt haben und von denen wir immer wieder ausgehen müssen, verfahren worden, dass man ermittlungsmäßig sich auf einen umfassenden Täterkreis konzentrieren muss. Nur auf diese Weise ist es möglich, an die Schreibtischtäter heranzukommen. Ich brauche Ihnen nicht zu sagen, wie schwierig es ist, Schreibtischtäter, die von den Ministerien aus gearbeitet und die die Fäden gezogen haben, zu ermitteln und zu überführen. Es ist nur möglich, wenn wir weiter Dokumentenmaterial finden, insbesondere Material, das sich zweifellos im Gewahrsam des GStA der Ostzone befindet.

Ich habe für Ludwigsburg schon im Dezember den Auftrag erhalten, ostzonale Archive und Archive in den Ostblockstaaten grundsätzlich und generell auszuwerten. Ich muss es in diesem Zusammenhang und in diesem Kreis noch einmal betonen, erst zu diesem Zeitpunkt ist „grünes Licht" gegeben worden und Sie wissen, dass man in der Vergangenheit erhebliche Vorwürfe gegen Ludwigsburg und gegen meine Person erhoben hat, die Polen hätten schon 1960 die Auswertung der Archive angeboten. Aber der Herr Schüle sei ja nicht gekommen. Ich kann Ihnen dazu nur sagen, dass wir im Rahmen des uns gelassenen politischen Spielraums alles getan haben, was wir in dieser Beziehung nur tun konnten. Sie wissen auch, dass in den vergangenen Jahren einzelnes Material aus Polen über inoffizielle Kanäle von uns beschafft werden konnte. Aber erst im Dezember 1964 ist von der BR die Weisung erteilt worden, mit den Ostblockstaaten Verhandlungen aufzunehmen mit dem Ziel der Beschaffung von Archivmaterial. Ich bin in der Weihnachtswoche 1964 (18.12.1964) zusammen mit einem meiner Mitarbeiter in Warschau gewesen. Ich habe dort mit den zuständigen Stellen verhandelt, wobei uns zugesagt wurde, dass einer Auswertungsgruppe der ZSt. die Einreise im Januar 1965 gestattet und dass entsprechende Archivbestände zur Verfügung gestellt würden. Gleichzeitig habe ich noch an den ostzonalen *GStA Streit* geschrieben und ihn gebeten, einen Besprechungstermin zur Vorbereitung der Auswertung der Archive zu benennen, die sich in seinem Herrschaftsbereich befinden. Er hat mir durch einen beauftragten StA mitteilen lassen, dass er nur mit Vertretern der Bundesregierung verhandle. Die Zuständigkeit Ludwigsburg sei nur für ausländische Tatorte gegeben, hier handle es sich aber nur um inländische Angelegenheiten. Ich habe nur unter Hinweis auf das GVG mitgeteilt, dass die Verfolgung von strafbaren Handlungen Sache der zuständigen StA sei und dass die Justizhoheit bei den Ländern liege. Außerdem sei die ZSt. ermächtigt, solche Verhandlungen zu führen und sie sei jetzt auch für innerdeutsche Taten zuständig geworden. Hierauf habe ich keine Antwort erhalten. Die Oststaaten hatten abgesprochen, die Bundesregierung zu zwingen, die Verjährung zu verlängern und deswegen Archive nicht zu öffnen. Ich darf auf die sowjetische Note zu dieser Zeit verweisen, die sich ablehnend verhält.

Die Polen haben aber nach einigem Zögern die Auswertung gestattet. In den ersten acht Tagen haben wir nur Spielmaterial bekommen. Es handelte sich dabei um Auslieferungsanträge der Polen an die Alliierten. Im Ganzen mögen es wohl ca. 7000 Akten gewesen sein, in denen um die Auslieferung bestimmter Personen in der Bundesrepublik ersucht wurde. Ich habe einige dieser Vorgänge gefilmt, um sie später als Doc. Material mitzunehmen, denn es ist mit Sicherheit auch später mit Angriffen zu rechnen. – Der Schluss all dieser Auslieferungsanträge war, dass eine englische, französische oder amerikanische Stelle das polnische Begehren um Auslieferung der betreffenden Person abgelehnt hatte, und zwar aufgrund von Art. 3 ÜV. Ich habe versucht, dies den polnischen Gesprächspartnern klarzumachen. Nach dem dritten Tag habe ich Vorstellungen erhoben, man möge uns endlich an brauchbares Material heranlassen. Als diese mündlichen Vorstellungen fruchtlos blieben, habe ich mein Ersuchen schriftlich vorgetragen mit dem Erfolg, dass dann die Archive endlich für uns zugänglich gemacht wurden. Als Gesamtergebnis darf ich Ihnen sagen, dass meine Prognose, um derentwillen ich so heftig angegriffen worden bin, bis jetzt nicht erschüttert worden ist. Es hat sich zusätzliches und wertvolles Beweismaterial für bereits bekannte Verfahren ergeben. Es ist aber kein neuer Tatkomplex bekannt geworden, was aber nicht ausschließt, dass es bei einer weiteren Auswertung – wir sind bei weitem noch nicht durch mit der Auswertung der polnischen Archive – zu völlig neuen Beweisunterlagen kommt und dass damit neue Taten bekannt werden.

Die innerdeutschen Tatkomplexe und die damit auf uns zukommenden Aufgaben habe ich Ihnen mitgeteilt. Darüber hinaus hat sich nun die JMK zu einer weiteren klärenden Abgrenzung am 28.4.1965 entschlossen, dass die ZSt. grundsätzlich für die Untersuchung *aller* NS-Gewalttaten zuständig ist, auch soweit es sich um die Tatorte in der Bundesrepublik handle. Für eigentliche Kriegsverbrechen jedoch soll die ZSt. nicht zuständig sein, wie dies bisher der Fall war. Kommen ihr bei ihren Untersuchungen solche Kriegsverbrechen vor, wird sie den GBA bitten, eine zuständige StA zu bestimmen. Kommen sie allerdings im Zusammenhang mit unseren Untersuchungen in einem Einzelfall vor, so sollen sie im Rahmen dieser Ermittlungen mit aufgeklärt werden. Wenn also im Vorhinein feststeht, dass es sich um ein Kriegsverbrechen handelt, dann geben wir die Sache an den GBA ab. Wenn aber festgestellt wird, dass in einem KZ z.B. neben der Tötung von Häftlingen auch Kriegsgefangene getötet worden sind, dann untersuchen wir auch diese Verbrechen gegen Kriegsgefangene.

Ich sagte Ihnen schon, dass wir nach dem Berliner Vorbild die ehem. Obersten Reichsbehörden systematisch durchsuchen werden. Wir sind in Bonn darüber übereingekommen, dass diese systematische Überprüfung alle Dienststellen, die mit Sicherheit nicht an solchen Verbrechen beteiligt sind, von den Ermittlungen ausnimmt. Allerdings werden diese Dienststellen genauso systematisch auf ihre Nichtbeteiligung untersucht werden. Wir wollen weiterhin die früheren KZ in der jetzigen Bundesrepublik untersuchen. Ich habe bei der JMK erklärt, dass es sinnlos sei, wenn z.B. auf eine Anzeige über ein Verbrechen, das in Dachau begangen wurde, das gesamte Lager von uns überprüft wird, wenn für dieses Lager bereits die Zuständigkeit der StA München gegeben ist. Natürlich überprüfen wir in der ZSt. bei solchen Vorgängen unsere Kartei und teilen die Erkenntnisse daraus dann der StA München, um bei diesem Beispiel zu bleiben, mit. Sie wissen doch alle aus Ihrer eigenen Arbeit, dass ein Mann, der im Jahre 1939 oder 1940 im KZ Dachau gewesen ist, im Jahre 1941 durchaus im KZ Natzweiler auftauchen kann und 1943 in Auschwitz. Diese Erkenntnisse würden sich aus unserer Kartei ergeben, wenn sie so vollständig wäre, wie sie sein könnte. Wie Sie wissen, befasst sich die ZSt. in Köln ausschließlich mit KZ-Angelegenheiten. Auch für diese gilt entsprechend dasselbe.

Es ist auch sinnlos, wenn wir eine Anzeige bekommen, dass in X-Dorf im Jahre 1942 ein Pole wegen verbotenen Umgangs mit einer Deutschen durch die deutschen örtlichen Dienststellen zum Tode verurteilt und hingerichtet worden sei. Häufig genug ist dieser Tatbestand bei der zuständigen StA bekannt gewesen. In einem solchen Fall senden wir die Anzeige an die örtliche StA. Wir regen an, den Befehlsweg bei der Aufhängung solcher Fremdarbeiter zu untersuchen. Dieser ging von der örtlichen Gestapo zum RSHA und von dort zum RuS-Amt [Rasse- und Siedlungshauptamt]. Hier wurde festgestellt, ob der Betreffende eindeutschungsfähig war oder nicht. Dann ging der Weg wieder zurück an die örtliche Gestapo mit dem Auftrag, die Person in ein KZ zu überstellen, wenn sie eindeutschungsfähig war, oder aber sie hinzurichten, wenn sie dafür nicht in Frage kam. Sofern dieser Befehlsweg nicht eindeutig klar sein sollte, leisten wir jede Hilfe. Es ist der Grundsatz der Doppelermittlungen erörtert worden. Es wurde gesagt, dass Ludwigsburg geschaffen worden sei, um Doppelermittlungen zu verhindern. Ich brauche in Ihrem Kreise nicht zu wiederholen, dass es ganz einfach selbstverständlich ist, dass ein zusammengehöriger Tatkomplex durchermittelt werden muss, und zwar von einer einzigen federführenden StA. Wenn dann durchermittelt ist, kann man sich sehr wohl darüber unterhalten, ob man diese Großverfahren nicht in zwei oder drei historisch abgeschlossene Sachverhalte aufgliedern kann und ob für diese zwei oder drei StA zuständig sein können. Das darf aber erst geschehen, wenn restlos durchermittelt ist. So werden Doppelermittlungen vermieden.

Eine andere Ursache, die Ihnen auch bekannt ist, ist die, dass ein Verfahren durchgeführt wird, in dessen HV neue Beschuldigte bekannt werden oder Zeugen zu Beschuldigten werden u.a.m. Diese neuen Beschuldigten werden dann häufig nicht zu einem Komplex zusammengefasst, sondern auf verschiedene StA aufgeteilt. An einem Beispiel kann ich deutlich machen, dass allein zwölf StA mit dem Erbe eines Einsatzkommandos befasst sind, anstatt dass alle Beschuldigten in einer Sache erfasst werden. Die Herren Justizminister und Senatoren haben sich dieser Einsicht nicht verschlossen. Es wird künftig nicht mehr möglich sein, dass eine StA, die den Hauptkomplex geführt hat, und bei der nun ein Annex kommt, diesen an andere StA abgibt. Sie wird für die weitere Ermittlung zuständig sein. Wenn wir nicht so arbeiten, dann werden wir nie und nimmer mit der uns gestellten Aufgabe fertig werden und immer schlechtere Ergebnisse erzielen. Urteile wie *Krumey* und *Hunsche* sind m.E. verheerender, als wenn wir einen Tatkomplex überhaupt nicht in seiner Auswirkung entdecken.

Es hat Streitigkeiten zwischen StA wegen der Übernahme von Verfahren gegeben, insbesondere negative Kompetenzkonflikte. Nun, bisher war der Weg zum

GBA für Ludwigsburg verwehrt. Jetzt bin ich gehalten, mich an die beiden GStA unter gleichzeitiger Übersendung eines Schlussberichts zu wenden und die Herren zu einem gemeinsamen Besprechungstermin einzuladen. Dann wird besprochen, wer die Sache übernehmen soll.

Der Auftrag, ausländische Archive auszuwerten, ist erneuert worden. Im Juni ds. Jahres wird eine weitere Arbeitsgruppe der ZSt., verstärkt durch StA von daran interessierten StA, die ganz spezielle Großprobleme haben, erneut nach Warschau reisen. Inzwischen weiß ich, dass die Polen sehr rührig geworden sind.

Noch ein Wort zur bisherigen Tätigkeit. Wir haben auch tschechische Dokumente bekommen. Es sind hier keine neuen wesentlichen Tatkomplexe bekannt geworden, sondern nur eine Reihe von Einzelheiten mit erheblichen Belastungen. Ein Tatkomplex des Pol.-Bataillons 322 ist uns bekannt gewesen. Wir haben in Freiburg ein Verfahren durchgeführt, das mit Freisprüchen geendet hat. Die Tschechen haben diese Verfahren in der Presse zweifellos sehr genau verfolgt. Sie haben auch gelesen, dass die Beweislage für die StA Freiburg im Laufe des Verfahrens nicht besser geworden ist. Sie haben es aber nicht für nötig befunden, Kriegstagebücher, die in ihrem Besitz waren, an das Schwurgericht, an die ZSt. oder an die StA zu senden, nachdem die Freisprüche erfolgt waren. Erst dann kamen diese Kriegstagebücher. Mit ihrer Hilfe wird es nun möglich sein, ein neues Verfahren gegen die Verantwortlichen durchzuführen. Was in diesen Büchern steht, geht weit über das hinaus, was uns je bekannt geworden ist. Es sind neue Taten, aber immerhin im Komplex Pol.-Batl. 322, so dass die Strafklage nicht verbraucht ist. Vor solchen Überraschungen werden wir nie beschützt sein. In einem anderen Fall, den ich als Ltd. OStA in Stuttgart selbst erlebt habe (Felix Landau), ist während des Verfahrens von unbekannter Seite das bis dahin verschwundene Originaltagebuch des L. plötzlich übersandt werden, so dass es in den Prozess noch als Beweismittel eingeführt werden konnte. Sie sehen daraus, wie genau man in den Ostblockstaaten die Prozesse bei uns verfolgt. Eine Feststellung, die ich übrigens in Polen gemacht habe, wie genau man dort auf dem Laufenden über unsere Verfahren ist.

Ich möchte Ihnen nun sagen, dass wir außer den ehem. Obersten Reichsbehörden, die wir ermitteln, noch rund 90 Vorermittlungsverfahren haben. Davon sind 30 Verfahren aus Dokumenten polnischer Archive entstanden. Es sind auch einige tschechische Tatbestände gegen Einzelpersonen darunter. Wir haben diese Verfahren an den GBA zur Weiterleitung an den BGH zur Bestimmung eines zuständigen Gerichts vorgelegt, damit die Verjährung rechtzeitig unterbrochen wird. Diese Verfahren werden an die örtlich zuständigen StA mit dem Hinweis abgegeben werden, dass wir bereit sind, die Ermittlungen zu unterstützen. Meine Bitte geht dahin, uns die Verfahren zurückzugeben, wenn es für notwendig gehalten wird. Ich habe überall darauf hingewiesen, dass es den StA möglich sein sollte, diese Ermittlungen zu führen und sich der sachverständigen Sokos zu bedienen, die die nötigen Kenntnisse über Sachverhalt und Zusammenhänge haben. ...

In der anschließenden Aussprache wurde die Frage nach dem Ab- oder dem Ausbau der Sokos gestellt. Hierzu führte *Ltd. OStA Schüle aus:* ... Es handelt sich um die Frage, Abbau oder Ausbau der Sokos? Meine Herren, wer die JMK vom 28.4.1965 miterlebt hat, für den dürfte es keine Frage sein, was die Justizminister in Ausführung des Auftrags der Bundesregierung getan haben und was sie erwarten. Sie sehen schon aus der Verdoppelung der Sachbearbeiter der ZSt. auf 50 StA und des entsprechenden technischen Personals und der weiteren Tatsache, dass der ZSt. eine Kripo-Gruppe zugeteilt werden soll, was die Bundesregierung will. Mit aller Intensität soll ermittelt werden. Alles, aber auch alles soll systematisch erledigt werden. Unter diesem Gesichtspunkt gesehen, glaube ich, dass man nie von einem Abbau der Sokos, sondern nur von einer Verstärkung, und zwar von einer den Bedürfnissen entsprechenden kräftigen Verstärkung, sprechen kann. – Wir müssen uns darüber im Klaren sein, wenn die Bundesregierung im Jahre 1969 in dieser Frage bestehen soll, dann muss in der Zwischenzeit etwas geschehen sein. Darum geht es. Wir sind dazu aufgerufen, mitzuwirken. Die Aufgaben werden nicht geringer werden, sondern erheblich zunehmen. Der strafrechtliche Erfolg, meine Herren, steht auf einem anderen Gebiet, aber es geht jetzt darum, dass wir allen Spuren und Verdachtsgründen nachgehen und dass wir der Bundesregierung die Entlastung geben, die sie von uns auf diesem Gebiet erwarten kann und darf. Ich glaube, damit ist die Frage des Abbaus, Aufbaus oder Ausbaus beantwortet. ...

Ltd. OStA Schüle beantwortete alsdann die Frage nach den tschechischen Dokumenten. Die Tschechen hätten umfangreiches Material angeboten, von dem man noch nicht wisse, ob es für neue Verfahren ausreiche. Soweit hier nach den französischen Dokumenten gefragt sei, habe ein Vertreter der ZSt. bereits in Paris vorgefühlt. Ihm sei versichert worden, über alle bürokratischen Hindernisse hinweg helfen zu wollen. Für Bulgarien, Ungarn und Jugoslawien seien entsprechende Anträge über die Schutzmächte gestellt worden. – Auf die von *EOStA Schroif* vorgetragenen Zweifel und Rechtsunsicherheiten in der Behandlung der Unterbrechungsmaßnahmen vor dem 8.5.1965 erwiderte *MinRat Roth,* dass die Justizverwaltungen der Länder hier unterschiedlich gehandelt hätten. Einige hätten Erlasse herausgegeben, andere nicht. Durch das vom Bundestag verabschiedete Verlängerungsgesetz, wonach die Verjährung mit dem 1.1.1950 beginne, seien Zweifel nicht mehr vorhanden. – Nach einzelnen Fragen, die insbesondere von den Vertretern der StA über die Behandlung von Nebentätern und über die Anwendung von Rechtshilfeverträgen mit dem Ausland gestellt wurden, sowie mit der Erörterung bestimmter Fälle einzelner Ermittlungsverfahren, endete die Aussprache gegen 13.00 Uhr.

Nach der Mittagspause referierte *Dr. phil. Seraphim* von der Universität Göttingen über das Thema: *„Befehlsnotstand aus historischer Sicht“.* Nach den Ausführungen entwickelte sich eine lebhafte Aussprache, in der zumeist Einzelheiten von Gerichtsurteilen sowie die Stellung des Befehlsempfängers als Beschuldigter in den Ermittlungsverfahren besprochen wurden.

Im Anschluss an diese Aussprache trug *KR Weida* allgemein interessierende Erkenntnisse vor, die sich bei der Beschaffung von Beweismaterial des Militärgeschichtlichen Forschungsamtes in Freiburg/Brsg. ergeben und in diesem

Zusammenhang u.a. auch auf die Rundschreiben Nr. 14 und 15/64 der ZSt. verwies. – Gegen 17.00 Uhr endete der erste Arbeitstag.

12.5.1965 (2. Arbeitstag): Beschaffung von Beweismaterial ...

Die *Leiter des Sokos* erstatteten nunmehr *Bericht* über die bei ihnen geführten Ermittlungsverfahren, wobei es zu mehr oder weniger ausführlichen Erörterungen bei Sachzusammenhängen kam. Des Weiteren wurden die personelle Stärke und die Ausrüstung mit Kraftfahrzeugen behandelt. Die Einzelheiten hierzu wurden übersichtlich zusammengestellt und den Teilnehmern als Drucksache ausgehändigt. Es ergab sich dabei – jeweilig nach dem Stand vom 1.5.1965 – folgendes Bild:

Baden-Württemberg: Insgesamt wurden 56 Ermittlungsverfahren (im Nachfolgenden mit EV bezeichnet) bearbeitet, von denen 34 EV staatsanwaltschaftliche und 22 EV Anträge der ZSt. seien. Besondere Erwähnung fanden die EV gegen ehemalige Angehörige der Stapoleitstelle Kattowitz mit Tatorten in Auschwitz und Rybnik. *KR Weida* erbat Hinweise für dieses Verfahren, sofern andere Sokos Erkenntnisse besitzen. Von Bedeutung seien auch die EV 1005 a und 1005 b (Enterdung), Bellewitt (Warschauer Aufstand), Peiper (LSSAH in Norditalien) und Brettschneider, bei dem es um die Beteiligung der Krim.-Außenstelle Czortkow gehe. Als umfangreich bezeichnete KR Weida das EV gegen das 31. SS-Inf.Regt. (Lombard), bei dem Sachzusammenhänge mit dem Braunschweiger Verfahren (Magili, Zech-Nenntwich) bestünden. Ein weiteres EV befasse sich mit dem ehemaligen KZ-Arzt *Dr. Heim* wegen medizinischer Versuche.

Bayern: KA Thaler gab eine Übersicht über die seit 1960 ständig steigenden Aufgaben. Während zu diesem Zeitpunkt 17 EV bearbeitet wurden, seien es 1961 – 37, 1962 – 60, 1963 – 59, 1964 – 62 und 1965 – 73 EV gewesen. Davon entfallen auf die StA München I 25, auf München II neun und auf andere bayerische StA 40 EV. Auch die Zahl der Einzelersuchen habe sich gesteigert. Während 1964 insgesamt 1878 vorgelegen hätten, betrage die Zahl dieser Aufträge bereits im ersten Vierteljahr 1965 824. Mit der Erledigung dieser Einzelaufträge seien ständig drei Beamte beauftragt. Das Amt habe nicht die Absicht, zu verstärken. Die Soko habe einen eigenen Stellenplan, nachdem man mit den ständigen Abordnungen schlechte Erfahrungen gemacht habe.

Als größtes EV nannte KA Thaler das Verfahren gegen die ehemaligen Angehörigen der Einsatzgruppe „D" mit Stab, Einsatzkommando 10 a, 10 b, 11 a, 11 b und 12. Bisher habe man insgesamt 20 Festnahmen durchgeführt. Einige Haftbefehle seien inzwischen wieder aufgehoben. In einem Falle sei eine Kaution in Höhe von 3.640.000 DM geboten worden. Der Beschuldigte habe drei Rechtsanwälte. In dieses EV seien auch die Polizeieinheiten mit einbezogen. Moskau habe auf Ersuchen kürzlich 70 Zeugenvernehmungen übersandt. Von Juni bis September 1965 würden mehr als 40 Vernehmungen in Österreich durchgeführt.

Ein weiteres Verfahren befasse sich mit der 1. SS-Inf.Brigade, zu dem etwa 3000 Aufenthaltsermittlungen zum Versand kommen. Die weiteren besonderen Vorgänge richteten sich u.a. gegen SS-Kav.Brigade, Feldstraflager [Geh. Feldpolizei] II, Gendarmeriebeamte, Inf.Regt. 81, Jäger-Regt. 21 (Italien), gegen GFP-Einheiten und die Polizeibataillone Nr. 5, 45, 74, 303 und 314, sowie gegen das Polizeibataillon „Süd". – Hinsichtlich der GFP-Verfahren entstand eine längere Erörterung, da bei einzelnen Sokos gleiche EV vorliegen. Es wurde in diesem Zusammenhang auf Freiburg verwiesen, wo umfangreiche Aktenbestände über GFP-Einheiten vorliegen sollen.

Berlin: KK Wetzel stellte fest, dass im ersten Quartal 1965 2300 Ermittlungsaufträge bei der Abt. I vorgelegen hätten. – Als bedeutendste EV bezeichnete KK Wetzel die Verfahren gegen die ehemaligen Angehörigen des RSHA, der Stapoleitstelle Berlin und der Einsatzgruppe 4 (Beutel) in Polen. – Das RSHA-Verfahren umfasse jetzt 15 Tatkomplexe und sei formelles EV geworden. Tatort sei Europa, ausgenommen die UdSSR und Ungarn. Die Vorermittlung habe 49 Dokumentenbände mit 146 Beschuldigten erbracht. – Ein weiteres Verfahren behandle den Kommandostab der Einsatzgruppen und Einsatzkommandos, bei dem sich 20 Bände Ereignismeldungen mit 170 Beschuldigten befinden. Es untersuche die Tötung von ca. 5 Mio. Menschen der besetzten Ostgebiete.

Mit der Aussonderung von sowjetischen Kriegsgefangenen, Funktionären, Aufwieglern, fanatischen Kommunisten pp. befasse sich ein weiteres Teilverfahren im RSHA-Komplex, bei dem es um die Erschießung von ca. 100.000 Personen gehe (15 Dokumentenbände und 20 Beschuldigte). Das Besondere in diesem Verfahren sei die formelle Entlassung von sowjetischen Kriegsgefangenen aus der Gefangenschaft zum Zwecke der anschließenden Sonderbehandlung im Zusammenhang mit Nr. 9 des Befehls Heydrichs. – 53 Beschuldigte seien in einem weiteren Teilverfahren ermittelt worden, die den „Führerbefehl" vom 18.10.1942 auszuführen hatten. Gegenstand sei die Tötung einer bisher unbekannten Zahl von Angehörigen des Sabotagetrupps, die auch dann erschossen wurden, wenn sie Uniform getragen hatten. – Das Teilverfahren der Sonderbehandlung von Fremdarbeitern und Kriegsgefangenen wegen „Verstoßes gegen die Lebensführung" (ca. 1000 Opfer, sieben Bände und 106 Beschuldigte), das als sog. „Eindeutschungsverfahren" bekannt sei, führte zu Erörterungen mit einigen Sokos, die anregten, die bei ihnen geführten Untersuchungen (Bayern und StA Frankenthal) zu übernehmen. (Entsprechende Anträge sollen von den jeweiligen StA gestellt werden.) – KK Wetzel berichtete alsdann über weitere Verfahren (Tötung von 3000 bis 4000 katholischen Priestern = 57 Beschuldigte; Royal-Air-Force-Offiziere aufgrund des „Sagan-Befehls" = fünf Beschuldigte und der Tötung der polnischen Intelligenz einschließlich katholischer Priester mit etwa 10.000 Opfern und 44 Beschuldigten; Menschenversuche, „Rote Kapelle" u.a.m.) – *Ltd. OStA Schüle* stellte die Frage, wo das Verfahren „Jagdkommando *Skorzeny*" anhängig sei, worauf *PR Dr. Wiesinger* mitteilte, dass bei ihm drei Verfahren bearbeitet würden. Das Jagdkommando sei im Frühjahr 1945 vom Amt VI im RSHA gebildet worden.

Zur Frage, ob auch das Amt V (Reichskriminalpolizeiamt) irgendwie betroffen sei, wurde dies bestätigt. Aufgrund des „Sagan-Befehls" seien der Erkennungsdienst und das KTI [Kriminaltechn. Institut] des Reichskriminalpolizeiamtes beteiligt.

Zum EV der Stapoleitstelle Berlin teilte KK Wetzel mit, dass es hier drei Tatkomplexe gebe: 1. Die Deportation von 40.000 Juden und 252 Zigeunern nach

Theresienstadt in 68 Wellen zur Entjudung Berlins. 2. Deportationen von 154 Berliner Juden (Mai 1942) nach Sachsenhausen im Zusammenhang mit der Vergeltung nach dem Attentat auf Heydrich. 3. Tötung von acht Funktionären der Jüdischen Gemeinde Berlin, als Vergeltung untergetauchter Juden. Insgesamt gebe es in diesem Verfahren 175 Beschuldigte, die bis zum Kriminalsekretär herabreichen und die ebenfalls Entscheidungsbefugnisse hätten. Ca. 100 Juden hätten die Deportation zu Ziff. 1 überlebt.

Bremen: KHK Prause teilte mit, dass lediglich ein Ermittlungsverfahren (Hildebrandt) in Bremen anhängig sei. Dieses habe keinen überörtlichen Charakter. Im Übrigen leiste Bremen nur Amtshilfe.

Hamburg: ... Über die Arbeitslage in Hamburg teilte sodann *KOK Dzewas* mit, dass die Soko mit zehn größeren Verfahren befasst sei. Besondere Erwähnung fanden die EV gegen Dr. Hahn (Warschau), in dem bisher 284 Personen als Beschuldigte gelten mussten. Der Sprecher berichtete sodann über Einzelheiten sowohl dieses Verfahrens, als auch der Verfahren Michelsen (Lublin) und Maywald (Riga und NSG im Baltikum). Bei letzterem handle es sich um die Ermordung von ca. 50.000 Juden. Auch die weiteren Verfahren, Sonderkommando 1005 Mitte, Rosenbaum, Huber, EKzbV Lemberg, Polizeibataillon 101 und Volksdeutsche Mittelstelle Odessa fanden eingehende Beachtung und zu denen seitens interessierter Sokos Fragen gestellt wurden. ...

Hessen: ... Über die geführten EV berichtete *KOK Walther* sodann, dass das Verfahren *„Kielce"* inzwischen 36 und das EV Galizien mit *Kolomea I und II* über 30 Beschuldigte umfasse. Auch das EV *Tomaszow* sei gut vorangekommen. Des Weiteren würden gegenwärtig Polizeiregiment 25 (Lublin) und Polizeiregiment Russland-Mitte bearbeitet. Als größtes Verfahren bezeichnete der Ausführende das Verfahren Polizeiregiment „Böhmen und Mähren", in dem die Maßnahmen nach Heydrichs Tod untersucht würden. Die Ermittlungen würden gegen Polizeibeamte und Stapo gesondert geführt. Gleichfalls gesondert ermittelt werde bei den Untersuchungen der betreffenden KZ. – Im EK 4 a habe man bisher über 30 Täter ermittelt. Weitere Untersuchungen würden in den EV Polizeibataillon 314, NSG in Luxemburg (hier seien etwa 30–40 Vernehmungen demnächst in Österreich notwendig), Dr. Best (Buttlau) u.a.m. angestellt.

Niedersachsen: KHK Seth gab die Zahl der gegenwärtig zu bearbeitenden Verfahren mit 19 an. Darunter seien drei Großverfahren (Leibstandarte A. Hitler – Lago Maggiore, Reiterabteilung III im Polizeiregiment 25 und Stapostelle Osnabrück). Das Polizeibataillon 111 werde z.Zt. abgeschlossen. Für die StA Köln würden die Ermittlungen Hackmann (Adjutant Buchenwald) geführt. Dieses Verfahren werde nach Abschluss der Vorermittlungen einer niedersächsischen StA übertragen, wo es fortgeführt werde. – Zu erwarten seien mehrere mittlere bis größere Verfahren (u.a. Kohlmorgen von Braunschweig; Todesmarsch Palmnicken von Lüneburg), sowie 5–6 kleinere Verfahren der StA Göttingen, die aus den kürzlich vorgenommenen Untersuchungen in Osterode/Harz entstanden sind. – Über die Einzelheiten im LSSAH- und Stapo Osnabrück-Verfahren entstanden Erörterungen wegen anderer, etwa gleichlaufender Ermittlungen mit jedoch anderen Tatbeständen.

KOM Otto gab sodann einen Bericht über die Ermittlungen gegen die Angehörigen der Reiterabteilung III, zu denen StA Ihle, Hannover, und KR Weida weitere Ausführungen machten. ...

Nordrhein-Westfalen: KOK Schaffrath teilte mit, dass 76 Verfahren, davon 31 Komplexverfahren, bearbeitet würden. U.a. werde ermittelt gegen KdS Lemberg (Erdöl AG), Sonderkommando 4 b (Herrmann), BdS Italien, EG „L“ (Ardennenoffensive), SS-Division „Das Reich“ und die Polizeibataillone 65, 67, 91, 301 und 308, sowie gegen das Polizeiregiment 23.

Rheinland-Pfalz: KA Straß bemerkte, dass außer den Ermittlungen gegen die Angehörigen des EK 7 c keine weiteren Verfahren von überörtlicher Bedeutung vorhanden seien.

Saarland: KM (KKA) Philippi erwähnte, dass keine EV bei seinem Amt geführt würden. Die Inspektion I leist im Wesentlichen Amtshilfe und führe Einzelaufträge durch.

Schleswig-Holstein habe z.Zt. 50 Verfahren in Bearbeitung. Dazu kämen – so führte *KOK Schulz* aus – noch etwa 3–5 Verfahren, die die StA selbst ermitteln. – Nähere Einzelheiten führte KOK Schulz dann zu den Verfahren EG „B“, EK 8, Pol.-Batl. 307 (Nürnberg), DG 4 (= Durchgangsstraße 4) und GFP(Geheime Feldpolizei)-Einheiten aus.

Ltd. OStA Schüle nahm abschließend Stellung zu einzelnen Ausführungen der Sokos und stellte Folgendes heraus: ... Sie überprüfen insbesondere die Polizeibataillone. Einige führen zu Recht zur Einstellung aus Gründen der Putativ-Notwehr. Andere kommen zur Anklage. Vielleicht werden bei diesen nur 3–4 Beschuldigte oder einige mehr angeklagt. Niemand sieht jedoch die gewaltige Arbeit, die hierbei geleistet worden ist. Auch die Parlamente könnten sich keine Vorstellung von der ungeheuren Arbeit machen. Um Rechenschaft ablegen zu können, führen Sie deshalb Buch über den Befehlsnotstand der Personen, die ja als Beschuldigte gelten und über die Zahl der Überprüfungen. Stellen Sie auch eine Übersicht zusammen, was Sie in allen anderen Verfahren geleistet haben. Ich muss Sie deshalb darum bitten, weil mich *Dr. Zorn* vom BMJ gebeten hat, ihm bis zum März 1966 dieses Zahlenmaterial zur Verfügung zu stellen. Der Grund für diese Maßnahme liege darin, bei der zu diesem Zeitpunkt wieder zusammentretenden Tagung des Ausschusses für Menschenrechte der UNO in Genf das Zahlenmaterial vorzulegen, um den unberechtigten Angriffen der Ostblockstaaten entgegenzutreten. Bei der Tagung dieses Ausschusses im März 1965 habe Polen den Antrag gestellt, die UNO möge beschließen, dass Mord und Völkermord nicht der Verjährung unterliegen.

Mit dem Hinweis, am folgenden Tage bereits in Bonn an einer Sitzung des Rechtsausschusses des Bundestages teilnehmen zu müssen, verabschiedeten sich Ltd. OStA Schüle und MinRat Roth von den Tagungsteilnehmern. ...

13.5.1965 (3. Arbeitstag ...

(Tagungsende gegen 17.00 Uhr)

Anmerkung: Sämtliche Ausführungen, auch die des Ltd. OStA Schüle, sind auf das Wesentliche gekürzt.

VI. 6. Arbeitstagung vom 23.-25.5.1966 in Hamburg

Teilnehmer:

ZSt. L.: Ltd. OStA Schüle, KrimRat Weida
LKA Baden-Württemberg: KrimOR Bux, KHK Opferkuch
Bayr. LKA: KOI Rager
PP Berlin: KOK Wetzel
LKA Bremen: KHK Prause, KOM Redweik
Hessisches LKA: Ltd. KD Schneider, KHK Walther
LKPA Niedersachsen: KHK Seth
LKA Nordrhein-Westfalen: KHK Schaffrath, KK Aumann
LKA Rheinland-Pfalz: KrimR Seibel
LKA Saarland: KrimR Schwarz, KM Becker
LKPA Schleswig-Holstein: KOK Schulz
PP Hamburg: PolPräs. Dr. Frenzel, Ltd. KD Dr. Land, ORR Dr. Runge, KHK Matzick, KOK Dzewas, Steno: Grosbendtner
Als Gäste bzw. Referenten nahmen teil:
Österr. Bundesministerium für Inneres: PolR Dr. Wiesinger
Bundesarchiv Koblenz: Archivrat Dr. Boberach
StA Hamburg: OStA Dr. Koch, StA Dr. Klöckner, StA Danker, StA Tegge, StA Krämer u.a.

Tagungsbeginn und Begrüßung der Teilnehmer durch den Herrn Polizeipräsidenten Dr. Frenzel:

Die Tagung wurde am 23.5.1966 um 9.00 Uhr durch den Herrn Polizeipräsidenten eröffnet: ...

OStA Schüle führte u.a. aus: Herr Präsident, meine Damen und Herren! Zunächst darf ich mich recht herzlich bedanken für die Einladung, um noch einmal in Ihrem Kreise zu sein, dem ich so viele Jahre lang angehören durfte, ehe ich zurücktrete zu meiner StA Stuttgart, deren Chef ich ja bin, deren Leitung ich in einigen Wochen wieder übernehmen werde. Meine Herren, wenn ich Ihnen einen Überblick geben soll, einen Ausblick in die Zukunft, dann ist das außerordentlich schwierig. Lassen Sie mich am besten damit beginnen, Ihnen die gegenwärtige Lage der ZSt. zu schildern und wie die Entwicklung voraussichtlich weiter verlaufen wird, was sich abzeichnet, wie die ganzen Probleme, von der Ludwigsburger Sicht aus, sich ausmachen. Zunächst die Besetzung der ZSt. ist nach den Beschlüssen der Ministerkonferenz vom 24.11.1965 und vom 24.4.1966 ja erheblich aufgestockt worden. Wir sind z.Zt. 32 Sachbearbeiter, Richter und StA, 13 Kriminalbeamte, drei Beamte des gehobenen Dienstes, sieben des mittleren Dienstes, ein Wachtmeister und 22

Angestellte, das sind zusammen 78. Wir sollen ab 1.7. ein neues Gebäude bekommen, das ist im Umbau und sollen dann auf 50 Sachbearbeiter, 15 Kriminalbeamte und weitere Angestellte, insgesamt 116 Personen kommen. Dies alles im Hinblick auf das Hinausschieben des Verjährungstermins, im Hinblick auf die Erwartung der Bundesregierung, im Jahre 1969 um eine weitere gesetzgeberische Maßnahme herumzukommen bzw., dass eine weitere gesetzgeberische Maßnahme im Hinblick auf die Verlängerung der Verjährungsfristen nicht erforderlich sein wird.

Wir haben seit dem 1.12.1958, also seit dem Bestehen der ZSt., insgesamt 1033 VorEV eingeleitet, davon sind abgegeben 709 an die StA, in Bearbeitung sind noch 324 VorEV und etwas, was Sie besonders interessieren wird, seit dem 8.5.1965 wurden neu eingeleitet 177 VorEV. Diese 177 VorEV umfassen allein 80 Komplexe wegen der Erschießung von Kriegsgefangenen. Sie wissen, dass bis April letzten Jahres keine Zuständigkeit der ZSt. bestand, die Tötung von Kriegsgefangenen zu untersuchen. Bei den StA ist es nur ganz vereinzelt geschehen. Es wurde deshalb auf der Ministerkonferenz der Beschluss gefasst, auch insoweit die Zuständigkeit der ZSt. auszudehnen, es waren nun ganz umfassende Ermittlungen erforderlich. Sie sind sehr weit vorangetrieben worden. Eine Reihe von Verfahren, die die Tötung von Kriegsgefangenen betreffen, ist bereits bei den zuständigen StA. In diesen 177 Verfahren sind auch solche Verfahren mit enthalten, die sich aus der Auswertung der polnischen Archive ergeben haben. Die Polen haben uns nämlich zuletzt eine Zahl von über 1000 Auslieferungsakten vorgelegt, Fälle, in den sie die Auslieferung versucht haben bei den Alliierten. Es kommt hier dann das Problem des Art. 3 des Überleitungsvertrages, wenn beispielsweise Extratidions Courts [Auslieferungsgerichte] die Auslieferung abgelehnt haben, ob insoweit noch eine Tätigkeit deutscher Gerichte möglich sein wird. Wir prüfen in jedem Einzelfall diese Dinge nach, müssen dann aber die einzelnen Fälle an die zuständige StA abgeben, damit eine abschließende Verfügung getroffen werden kann. Erlauben Sie mir in diesem Zusammenhang eine Feststellung: Von den uns übergebenen Akten, Auslieferungsakten, waren wir in der Lage, auf Anhieb nach etwa drei Wochen 88 % in bereits laufende Verfahren abzugeben bzw. mit hineinzugeben. Also in diesem Fall waren die Beschuldigten bereits bekannt und die Verfahren waren bereits anhängig. Es wird für Sie, die Sie ja nun ständig mit diesen Dingen zu tun haben, auch eine gewisse Genugtuung sein, dass wir alle davon nicht überrascht worden sind, und dass insoweit Prognosen, die im Jahre 1964 und 1965 gestellt wurden, nicht erschüttert worden sind.

Wie Sie weiterhin wissen, ist die Zuständigkeit der ZSt. im Frühjahr 1965 ebenfalls ausgedehnt worden auf Oberste Reichsbehörden, weil sich mit diesen Behörden bis dahin niemand beschäftigt hatte. In dem Verfahren gegen Oberste Reichsbehörden lässt sich aufgrund des bis jetzt zur Verfügung stehenden Materials mit einer an Sicherheit grenzenden Wahrscheinlichkeit sagen, dass sich kaum große Tatkomplexe abzeichnen; es mag sein, dass einzelne Einzelpersonen noch verfolgt werden können. Bis jetzt jedenfalls liegen noch keine hinreichenden Tatverdachtsgründe gegen Einzelpersonen aus diesen Komplexen vor, die heute noch verfolgt werden könnten.

Meine Herren, ich darf daran anknüpfen, wir in Ludwigsburg und insb. ich, verfolgen mit einer gewissen Besorgnis eine Entwicklung, die sich da und dort abzuzeichnen beginnt, nämlich, dass Verfahren eingeleitet werden, ohne dass eine Schlüssigkeitsprüfung vorgenommen wird. Man erfährt irgendeinen Tatbestand, man prüft nicht nach, ob insoweit überhaupt noch verfolgbare Straftaten vorliegen und gibt die Dinge einfach an die Sokos, die weiß Gott schon überlastet genug sind und die dann ermitteln und ermitteln und am Schluss stellt sich heraus, dass es sich nur allerhöchstenfalls, bitte missverstehen Sie mich nicht, wenn ich „nur" sage, allerhöchstenfalls um Totschlag handelt, der bereits verjährt ist. Ein Ergebnis, das man hätte früher feststellen können, ohne dass man groß in die Ermittlungen eingestiegen wäre und Kräfte gebunden hätte, die zur Aufklärung anderer, wichtiger Tatkomplexe noch so dringend erforderlich sind. Ich denke hier insbesondere an Verfahren wegen Geiselerschießungen, an Verfahren wegen Vorkommnissen bei Partisanenkämpfen und an Vergeltungsmaßnahmen. Hier gibt es eine reichhaltige Literatur, hier sind Grundsätze auch in den Nürnberger Prozessen aufgestellt worden, die, wenn man sie beachtet, von vornherein große Ermittlungen und weite Ermittlungen ausschließen. Wir laufen nicht nur Gefahr, wenn wir das nicht tun, dass wir, wie gesagt, die Sokos zu sehr mit Dingen belasten, die sie von ihrer eigentlichen Tätigkeit abhalten, wir laufen darüber hinaus aber auch Gefahr, – und auch auf die Gefahr hin, dass ich missverstanden werde, sage ich es trotzdem, – dass wir unsere Arbeit bei den Leuten in Misskredit bringen, die uns nicht ablehnend gesinnt gegenübergestanden sind, auch das muss man einmal ja aussprechen. ...

Die CSSR hatte in Aussicht gestellt, eine Auswertergruppe Ende Mai dieses Jahres zu empfangen in Prag. Wir haben bis jetzt keine Nachricht, ich nehme aber an, dass Anfang Juni diese Nachricht eintreffen wird, denn meine Auswertergruppe hat in Polen erfahren, dass ein reger Meinungsaustausch zwischen Prag und Warschau stattgefunden hat, dass insb. die Prager Kommission von der Warschauer Kommission ermutigt worden ist, den deutschen Strafverfolgungsbehörden, d.h. der ZSt. zunächst einmal, die Archive zu öffnen. Die Vorbesprechungen in Prag haben stattgefunden, dabei haben meine Herren den Eindruck gewonnen, dass im Gegensatz zu Polen, das tschechische Material erfasst und auch verkartet, und systematisch geordnet ist, so dass man also dort in verhältnismäßig kurzer Zeit eine große Menge von Auswertungsarbeiten leisten könnte. Mit der UdSSR ist es nach wie vor so, dass ein Einzelverfahren über die StA Beweismaterial angefordert werden kann, mit unterschiedlichem Erfolg. Es dauert immer erheblich lange, und was dann kommt, ist teils beweiserheblich, z.T. ist sehr viel Propaganda mit dabei. Mit der Ostzone bestehen seitens der ZSt. keine Kontakte. Sie wissen, GStA Streit lehnt es ab, mit einem so schwer belasteten Mann wie mit mir, in Kontakt zu treten. Es werden sicherlich Mittel und Wege gefunden werden, auch an die Archive der Ostzone heranzukommen.

Neu ist, dass wir in Frankreich weiterhin auswerten müssen. Wir haben ja bereits die Archive in Meaux und Colmar ausgewirtet. Es sind aber noch Militärarchive in Bordeaux und noch zwei andere da. Diese auszuwerten ist deswegen notwendig geworden, weil in allerletzter Zeit der GS des BGH eine Entscheidung gefällt hat, zum Art. 3 des ÜV im Verhältnis zu den in Frankreich gefällten Abwesenheitsurteilen und nun in dieser Entscheidung hat der GS einen vollkommen neuen Weg beschritten, er bürdet nämlich die Beweislast den Beschuldigten auf, dass ein Verfahren stattgefunden hat, ein Abwesenheitsverfahren, und dass dieses Abwesenheitsverfahren Gegenstand der Punkte gewesen ist, die nun die deutschen Strafverfolgungsbehörden beschäftigen. Dass man einen Beschuldigten darauf nicht sitzenlassen kann, ist an sich klar. Dass hier die StA von sich aus ermitteln muss, ob die Taten, die sie verfolgen soll, mit den bereits im Abwesenheitsverfahren abgeurteilten Taten identisch sind, das ist ebenfalls sicher, und wir haben es für unsere Pflicht gehalten, bei den französischen zuständigen Behörden die globale Auswertung ihrer weiteren Archive zu erbitten. Die französischen Behörden haben bereits zugesagt, haben allerdings einen Vorschlag gemacht, der wohl nicht ganz den deutschen Verhältnissen Rechnung trägt. Sie haben nämlich zunächst vorgeschlagen, der zuständige Richter möge das auswerten. Er habe jederzeit die Möglichkeit, die Archive einzusehen. Wir stehen z.Zt. über das AA mit den französischen Behörden in Verbindung und ich glaube, dass hier in absehbarer Zeit, in einigen Wochen, eine Regelung gefunden wird, wie sie uns vorschwebt, nämlich, dass wir ganz grundsätzlich, wie in anderen Fällen auch, die Verfahren auszuwerten, Mikrofilme herstellen und die Prüfung vornehmen. Wenn die Taten im Abwesenheitsverfahren bereits erfasst waren, dann ergibt sich wieder einmal das Problem des Art. 3 des ÜV.

Ich darf abschließend noch zu unserer Tätigkeit insgesamt kommen. Ich habe Ihnen bewusst die Zahl der Verfahren genannt, die an die StA abgegeben sind. Sie haben gesehen, dass diese Zahl sehr groß ist.

Die restlichen Verfahren, auch dazu noch ein Wort, bei denen handelt es sich teilweise um neu eingeleitete Verfahren – ich habe Ihnen die Erklärung dafür gegeben –, teilweise handelt es sich aber auch um solche Verfahren, die wir aus prozessökonomischen Gründen zurückgestellt haben, lange zurückgestellt haben, weil praktisch wenig daraus zu erwarten war. Inzwischen sind, wie gesagt, teilweise neue Erkenntnisse eingelaufen, so dass ein Teil dieser Verfahren noch vorangetrieben werden kann. Der weitaus größte Teil dieser alten Verfahren wird aber zweifellos eingestellt werden müssen. Ich sprach von der Auswertungstätigkeit und habe dabei die Archive angesprochen. Ich muss aber auch ein Wort zur Auswertungstätigkeit innerhalb der ZSt. sagen. Zwei Drittel der Arbeitskraft meiner sämtlichen Sachbearbeiter, also StA, Richter, ebenso wie der Kriminalbeamten, ist damit in Anspruch genommen, auszuwerten, was nun im Rücklauf von den StA, den Untersuchungsrichtern und den Sokos kommt, um diese Erkenntnisse in den teilweise neu angelegten Karteien zu verwerten und sie für die übrigen Verfahren nutzbar zu machen. In diesem Zusammenhang muss ich noch einmal darauf hinweisen, dass die zur ZSt. abgeordneten Kriminalbeamten keine Soko darstellen, sondern eine Abteilung, eine integrierte Abteilung der ZSt., die als Hilfsreferent ebenso die Arbeit leistet, wie sie von StA und Richtern dort geleistet wird.

Ich darf also abschließend feststellen, eine Prognose zu geben, ist äußerst schwierig. Sie als Kriminalisten wissen alle sehr genau, dass es überall Dunkelziffern gibt. Ich glaube aber, nach den bisherigen Erfahrungen nach dem 8. Mai, dass diese Dunkelziffer nicht so hoch sein wird, dass wir vor neue große Komplexe in Zukunft gestellt werden. Wir werden sicherlich kleinere Komplexe noch irgendwie bekommen durch Auswertung weiterer Archive. Wir werden sicher weitere Einzeltäter bekommen, das ist nie ausgeschlossen worden, aber mit Sicherheit, das sage ich bewusst, können wir ausschließen solche Monsterverfahren wie BdS-Dienststellen, KdS-Dienststellen, Einsatzkommandos oder Massenverbrechen in bisher nicht bekannten KZ.

Über die Obersten Reichsbehörden habe ich Ihnen bereits meine Prognose gegeben. Ich darf abschließend Sie nun darum bitten, zu den von mir angeschnittenen, angerissenen Punkten Stellung zu nehmen und Fragen zu stellen, zu deren Beantwortung ich gerne bereit bin.

Nach kurzer Diskussion erhielt StA Dr. Klöckner das Wort zu seinem *Referat „Vernehmungen im Ausland"*.

Dr. Klöckner (Referatsauszug): Im Zuge der EV wegen NS-Gewaltverbrechen ergibt sich häufig die Notwendigkeit, Zeugen zu vernehmen, die im Ausland wohnen. Vielfach handelt es sich um jüdische Zeugen, die vorwiegend in den USA, Kanada oder Israel wohnen. – Gelegentlich sind auch österreichische Staatsangehörige zu hören, die während des letzten Krieges einer deutschen Dienststelle, Behörde oder sonstigen Organisationen angehörten. In derartigen Fällen bietet sich zunächst der Weg der üblichen Amtshilfe durch deutsche Konsulate oder der Rechtshilfe durch ausländische Gerichte oder Polizeidienststellen an. Der Sachbearbeiter wird in der Regel auch diesen Weg beschreiten, zumal er ja im Vorwege klären muss, ob der Zeuge überhaupt wesentliche Angaben machen kann. Ist das der Fall, so wird sich aber häufig, wenn es sich nicht nur um einen einfachen Tatkomplex handelt, herausstellen, dass die auf diesem Wege gewonnenen oder produzierten Vernehmungsniederschriften unbefriedigend und unzureichend sind. Die deutschen Konsulate und ausländischen Gerichte oder die Polizeidienststellen sind einfach überfordert und oft nicht in der Lage, die komplizierten und nicht leicht durchschaubaren Sachverhalte so zu überblicken, dass alles Wichtige aus dem Zeugen herausgefragt werden kann. Noch weniger vermögen sie auftretende Widersprüche zu anderen, ihnen unbekannten Zeugenaussagen zu erkennen und sofort anzusprechen. Es ist dabei aber auch nicht zu vergessen, dass die mit den Vernehmungen betrauten Konsularbeamten zwar durchweg Juristen sind, dass sie aber nicht unbedingt eine berufliche Praxis der hier erforderlichen Art aufweisen müssen. Unbefriedigenden Vernehmungsergebnissen hilft auch keineswegs mit Sicherheit eine weitere ergänzende Vernehmung ab. Es ist dringend davon abzuraten, es bei den Unklarheiten zu belassen und abzuwarten, was der Zeuge dann später in der HV zu bieten hat. Entpuppt er sich dort als unzuverlässig, so schwächt er die Position des Anklagevertreters und gibt der Verteidigung willkommene Gelegenheit, die Glaubwürdigkeit der Belastungszeugen ganz generell anzuzweifeln. Eine Überprüfung solcher Zeugen, die wichtige Aussagen machen und für die HV in Frage kommen, durch den Sachbearbeiter persönlich, kann nur immer wieder angeraten werden. Er wird dabei sehr wahrscheinlich zu dem Entschluss kommen, auf einige dieser Zeugen dann zu verzichten. Und schon das bringt die Kosten einer Auslandsreise, über die ja immer wieder diskutiert wird, herein.

Hat nun der StA, entsprechend auch vielleicht der Beamte der Soko, bei derartigen Zeugenvernehmungen im Ausland eine solche Bewegungsfreiheit, dass er dabei zu seinem Ziel gelangt? Das ist die Frage. Ich selbst habe in dieser Hinsicht Erfahrungen in Österreich, Kanada und Israel gemacht und kann aus diesen Erfahrungen heraus diese Frage nur mit einem eindeutigen Ja beantworten. Zunächst einige Worte über Österreich. Herr Polizeirat Dr. Wiesinger ist ja hier selbst anwesend und kann darüber weitaus mehr sagen als ich selbst, der ich ja nur bei einer Dienstreise dort Erfahrungen gesammelt habe. Es ist wohl sein Verdienst, dass in Österreich Schwierigkeiten überwunden wurden, die vorher im jetzt dort praktizierten Verfahren entgegen standen. Eines möchte ich sagen, abzuraten ist wohl von Vernehmungen durch österreichische Bezirksgerichte. Bei aller Anerkennung, auch der Bemühungen der dortigen Richter, ist das, was ich zunächst auf Rechtshilfeersuchen von österreichischen Bezirksgerichten zurückbekommen habe, ich muss einfach sagen, mehr oder weniger Makulatur. Es fehlt an massiven Vorhalten und energischem Zureden. Es wird einfach aufgenommen, was der Zeuge sagt, mag es noch so unglaubwürdig, sagenhaft und märchenhaft klingen. Es steht dann im Protokoll, man bekommt es und legt es eigentlich mehr oder weniger verärgert an die Seite. Es empfiehlt sich vielmehr ein Rechtshilfeersuchen an das österreichische Justizministerium mit der Bitte, die Durchführung der Vernehmungen dem Innenministerium zu übertragen und die Anwesenheit des deutschen StA zu gestatten. Falls Beamte der Soko reisen, ist das Verfahren ja noch wesentlich einfacher. Da braucht man diesen umständlichen Weg nicht einmal zu gehen. Es wird sodann ein Beamter des Innenministeriums der Abt. 18 mit den Vernehmungen beauftragt und das Übrige ist dann nur noch eine Frage der Technik, der Festsetzung der Termine. Und ich kann nur sagen, dass diese Abt. 18 mich in geradezu hervorragender Weise betreut hat.

Nun zu den Vernehmungen in USA und Kanada. Hier sind die Ergebnisse auch ausgezeichnet. Zur technischen Vorbereitung einer solchen Dienstreise nach USA und Kanada empfiehlt sich ein sehr rechtzeitiges Ersuchen an die deutschen Konsulate, die gewünschten Zeugen zu vernehmen, mit der Mitteilung, dass der Sachbearbeiter beabsichtigt, selbst zugegen zu sein und die Konsuln bei den Vernehmungen zu unterstützen. Es empfiehlt sich, die Konsulate zu bitten, die Zeugen schleunigst zu befragen, ob sie bereit sind zu erscheinen, weil es drüben lediglich vom guten Willen der Zeugen abhängt, ob sie kommen wollen oder nicht. Es gibt dort bei einigen Zeugen Ressentiments, so dass die Zeugen nicht gewillt sind, zu einem deutschen Konsulat zu kommen und sich von einem deutschen Konsul vernehmen zu lassen. Wenn das der Fall ist, dann ist die Sache noch keineswegs aus, sondern dann empfiehlt es sich, den Weltjudenkongress, Herrn Dr. Karbach in New York, einzuschalten, der unseren Bestrebungen gegenüber sehr aufgeschlossen ist und sich müht und plagt, das zustande zu bringen, was auf Anhieb nicht möglich ist. Herr Dr. Karbach hat natürlich ganz andere Möglichkeiten, auf Zeugen einzuwirken, die nicht gerne zum Konsulat kommen und tut das zumeist mit gutem Erfolg. Diese Dinge brauchen aber Zeit und deshalb ja auch der Vorschlag, recht früh solche Dinge vorzubereiten, damit dann, wenn der Zeuge sein „njet" zunächst einmal sagt, Herr Dr. Karbach auf ihn angesetzt werden kann, und zwar gilt das für ganz USA und Kanada. Herr Dr. Karbach hat dort einen sehr weiten Arm und bedient sich der entsprechenden jüdischen Kultusgemeinden oder wirkt auch persönlich auf den Zeugen ein.

Meistens klappt es dann, wenn der Zeuge zunächst sich auch unwillig gezeigt hat. Bei den meisten Konsulaten in USA und Kanada hat der deutsche StA bei den Vernehmungen weitgehende Bewegungsfreiheit, ich will das einmal so ganz vorsichtig und zartfühlend ausdrücken. Die deutschen Konsuln sind über die Unterstützung und Mitwirkung des deutschen Sachbearbeiters durchaus erfreut, denn sie werden der Notwendigkeit enthoben, sich sehr tief und intensiv in die Materie hineinzuknien, und das ist ihnen im Allgemeinen recht angenehm. Besonders großzügig ist es bei dem Generalkonsulat in New York, wo sich deutsche StA und Richter den Türdrücker in die Hand geben und immer ein großer Betrieb herrscht. Dort gibt es aber Schwierigkeiten mit Schreibkräften. Das Generalkonsulat ist nicht in der Lage, die angeforderten Schreibkräfte zu stellen, und man muss sich u.U. entschließen, diese Schreibkräfte durch das Generalkonsulat für Rechnung der StA engagieren zu lassen. Es stehen dort Jüdinnen aus Deutschland zur Verfügung, bei denen es also keinerlei Sprachschwierigkeiten gibt. Die Qualität der Zeugen, die ich in USA und Kanada vernommen habe, ist nicht so gut, und das kann ich jetzt rückschauend sagen, wie die der in Israel vernommenen Zeugen, und diese Erfahrung habe ich von mehreren Kollegen mir bestätigen lassen. Es ist ein Phänomen, das ich nicht ohne weiteres erklären kann, aber es hängt vielleicht etwas mit der Mentalität der dort jetzt lebenden Juden zusammen, die Aussagen sind also nicht ganz so gut, selbstverständlich immer noch besser, als wenn man diese Zeugen durch die Konsulate vernehmen lässt. Es ist m.E. besonders wichtig, sich den Zeugen persönlich anzugucken, mit ihm zu sprechen, um von ihm ein Bild zu gewinnen, und sich dann zu entschließen, will man den Zeugen zur HV kommen lassen oder lieber doch auf ihn verzichten.

Das Erscheinen deutscher StA, übrigens auch Richter, in den USA und Kanada ist im Übrigen auch ein Politikum, über das wir uns dort viel unterhalten haben. Die Tatsache, dass man sich von hier aus bemüht, dort Ermittlungsergebnisse zu erzielen, wird sehr positiv gewertet. Man erkennt, dass es den deutschen Justizorganen wirklich ernst ist mit der Verfolgung der NS-Verbrechen und diese Erkenntnis ist noch keineswegs dort überall Allgemeingut. Ich habe viel Gelegenheit gehabt, auch über diese Fragen mit den jüdischen Zeugen hinterher zu sprechen, und sie waren doch sehr befriedigt, dass man sich selbst von Deutschland aus herüberbemüht, um mit ihnen Kontakt zu bekommen und ihre Angaben dort anzuhören.

Mit der Aufnahme diplomatischer Beziehungen zwischen Israel und Deutschland trat zunächst eine Unsicherheit auf, wie bei den Vernehmungen israelischer Zeugen verfahren werden sollte. Dank des Entgegenkommens der israelischen Behörden hat sich aber ein denkbar einfaches und unkompliziertes Verfahren eingespielt. Der Dezernent, der Vernehmungen in Israel beabsichtigt, setzt sich am besten schon gleichzeitig mit der Einreichung seines Antrags auf Genehmigung der Dienstreise mit dem Landesstab der Polizei Israel, Leiter ist Oberstleutnant Dr. Lipp, ein ehemaliger Wiener Rechtsanwalt, in Verbindung und übersendet ihm unmittelbar ein Rechtshilfeersuchen mit der Bitte, die Anwesenheit bei den Vernehmungen zu gestatten. Einen Durchschlag des Rechtshilfeersuchens, das man an Dr. Lipp, also den Landesstab schickt, übersendet man dann der deutschen Botschaft mit der Bitte um Kenntnisnahme und der vorsorglichen Bitte um Unterstützung dort, soweit es notwendig werden sollte. Das genügt vollauf. Dazu gehört dann natürlich auch der übliche Antritts- und Abschiedsbesuch bei der deutschen Botschaft. Die Israel-Polizei unterstützt die deutschen Vernehmungsbeamten in großzügigster Form. Man findet dort eine sehr freundliche Aufnahme und die Zusammenarbeit mit den israelischen Vernehmungsbeamten hat sich geradezu herzlich gestaltet, möchte ich sagen. Es ist geradezu bewundernswert, wenn man bedenkt, dass diese Herren, die dort Dezernenten sind, während des letzten Krieges schwer gelitten haben und durchweg in Lagern waren und viele von ihnen nur durch einen mehr oder weniger großen Zufall dem Tode entronnen sind.

Es ist also erstaunlich, mit welcher Offenheit und Herzlichkeit diese Herren uns begegnen, unsere Arbeit unterstützen und im Übrigen auch, mit welcher Objektivität sie selbst ihre Vernehmungen durchführen. Ich habe es also erlebt, dass sie einen Zeugen viel härter herannehmen, wenn Unklarheiten auftreten, als man selbst es zu tun wagte. Bei den Vernehmungen selbst haben Sie auch wiederum die größte Bewegungsfreiheit. Ich möchte das mit Betonung sagen. Sie haben also jeden Einfluss auf die Protokollierung. Es gibt allerdings einige andere technische Schwierigkeiten, die daraus resultieren, dass der Landesstab eine Dienststelle ist, die nur spärlich mit Geldmitteln und Material ausgerüstet ist. Sie bringen also am besten Ihre Schreibmaschine selbst mit, oder Sie müssen sich eine anmieten. – Es war auch nicht ganz leicht, geeignete Schreibkräfte zu finden. – Die Dezernenten des Landesstabes verstehen und sprechen zwar deutsch, aber sie sind durchweg nicht in der Lage, ein Protokoll in deutscher Sprache abzufassen. Dazu sind sie im Allgemeinen auch nicht bereit, weil dieses Protokoll eben zu uneben und nicht glatt genug sein würde.

Die israelischen Dezernenten für die Verfahren, die in Polen spielen, protokollieren beispielsweise die Niederschriften eigener Vernehmungen handschriftlich, normalerweise in polnischer Sprache und lassen dann später davon eine Maschinenschrift durch ihre Kanzlei fertigen. – Abschließend kann ich also nur immer wieder empfehlen, möglichst schon recht früh im Stadium des EV, derartige Auslandsreisen durchzuführen und nicht erst die Voruntersuchung oder gar die HV abzuwarten. – Wenn Sie selbst derartige Reisen vorhaben, stehe ich Ihnen gerne auch noch mit weiteren Auskünften technischer Art zur Verfügung.

Nach Beantwortung einiger Anfragen erhielt *StA Tegge* das Wort zu seinem Referat *„Problematik der NS-Verbrechen“*. – Die Niederschrift des Referats mit der anschließenden Aussprache erfolgt nach Überarbeitung durch den Referenten zu einem späteren Zeitpunkt.

Nach der Mittagspause erhielt Herr *Kriminalrat Weida* das Wort zu seinem Referat *„Strafanzeigen der Oststaaten gegen Persönlichkeiten der Bundesrepublik und die Problematik ihrer politischen Hintergründe"*.

KRat Weida (Referatsauszug): Sie werden bei Erörterung dieses Themas sich etwas gedacht haben, und Sie werden sicherlich an die Anzeigen gegen den Herrn Bundespräsidenten *Dr. Lübke,* Sie werden auch an die Strafanzeige gegen die ehemaligen Vertriebenenminister *Oberländer* und *Krüger,* sowie den *StS. Vialon,* den Botschafter *Törk* und selbstverständlich auch an die Strafanzeige gegen den in unserer Mitte befindlichen Herrn *OStA Schüle* gedacht haben. Wir müssen uns bei dieser Problematik bewusst sein, dass es sich hierbei aber nur um wenige, nicht aus rechtlichen, sondern ausschließlich aus politischen Gründen betriebene Vorgänge handelt, und dass dadurch in der Weltöffentlichkeit eine erhebliche Wirkung, und zwar zum Nachteil der Bundesrepublik erzielt worden ist. Ideologische Grundlage dieses mit den Methoden des kalten Krieges betriebenen Diffamierungsfeldzuges ist, wie sollte das auch anders sein, die bolschewistische Lehre vom permanenten Klassenkampf gegen die monopolkapitalistischen und militaristischen Kräfte des Westens, insb. aber der Bundesrepublik. Objekt der öffentlichen Politik ist inzwischen, wie Sie auch wissen, auch die ZSt. in Ludwigsburg und deren Leiter geworden. Die ZSt., die ja als Institut für die Verfolgung von NS-Gewaltverbrechen, vor allen Dingen im westlichen Ausland, erhebliches moralisches und politisches Kapital für die Bundesrepublik gewonnen hat und auch darstellt. Es geht, auch das müssen wir ganz klar aussprechen, es geht im Osten nicht nur darum, etwa die angegriffenen Persönlichkeiten abzuschießen, sondern es geht vielmehr darum, das Ansehen der Bundesrepublik und ihrer rechtsstaatlichen Institutionen zu diskriminieren.

Das ist der eigentliche Sinn, der Zweck und das Ziel dieser ganzen politischen Vorgänge. Die zur Anwendung gebrachten politischen und pseudorechtlichen Mittel sind in ihrer Fernwirkung gut durchdacht, was sich auch ohne Schwierigkeiten nachweisen lässt. Ich darf in diesem Zusammenhang das sog. „Braunbuch" der SBZ erwähnen, das inzwischen in hohen Auflagen hergestellt und in Europa zur Verteilung gekommen ist. In diesem „Braunbuch" wird im Vorwort geradezu pathetisch jener Ungeist beschworen, von dessen Vorhandensein die Kommunisten sehr überzeugt sind. Es heißt dort wörtlich: „Möge dieses Braunbuch helfen, die Wahrheit über die westdeutschen Zustände zu verbreiten, denn das Licht der Wahrheit durchbricht das geheimnisvolle Dunkel, in dem sich die Bonner Verschwörer einhüllen, um wieder Nacht über Europa zu bringen." Das ist das wörtliche Vorwort in diesem Braunbuch. Ich hoffe, dass der eine oder andere das gesehen oder auch gelesen hat. Was will der Osten nachweisen? Er will verschiedene Dinge nachweisen. Zuerst, dass nach 1945 der größte Teil der Kriegs- und NS-Gewaltverbrecher in die westliche Besatzungszone geflüchtet ist. Zweitens, dass in der Bundesrepublik trotz einer Bevölkerungszahl, die dreimal so hoch wie die in der SBZ sei, bis zum 1.1.1964 nur 12.457 Personen wegen Kriegs- und NS-Gewaltverbrechen angeklagt worden seien. In der SBZ dagegen seien trotz einer Bevölkerungszahl, die nur bei 17 Mio. liege, bis Dezember 1964 über 16.572 Personen wegen Beteiligung an solchen Verbrechen angeklagt worden. Drittens, in der Bundesrepublik seien bis 1958 nur wenige derartige Verfahren durchgeführt worden und nach 1958, erst nachdem die sog. DDR durch ihre Empörungen Druck gemacht habe, erst dann habe sich die westdeutsche Justiz zu diesen Prozessen und zur Einrichtung der ZSt. entschließen müssen.

Wir alle kennen die Entwicklung, wir wissen, wie es gegangen ist. Ich darf zusammenfassen, dass diese Behauptung selbstverständlich auch unwahr ist, denn die Entschließung, die ZSt. zu errichten, ist ausschließlich auf eine Vereinbarung der Justizminister im Jahre 1958 zurückzuführen. Irgendwelche Einflüsse vom Osten sind dabei nicht feststellbar gewesen. Die eigentliche Ursache, ich darf das nochmals erwähnen, ist der Einsatzgruppenprozess „Tilsit" in Ulm. Die SBZ will aber noch weitere Dinge unter Beweis stellen. Es wird weiterhin behauptet, die NS-Gewaltverbrechensprozesse seien fast ausschließlich gegen die unteren Chargen der SS- und KZ-Mörder gerichtet. Die hochgestellten Persönlichkeiten, sog. Schreibtischtäter und deren Hintermänner seien unbehelligt geblieben. Und schließlich soll bewiesen werden, in den Verfahren seien haarsträubend milde Urteile erfolgt, und die wenigen Verfahren würden ohnehin nicht verhindern, dass Westdeutschland heute wieder ein Paradies der Nazi- und Kriegsverbrecher sei. Wesentlich klarer wird man die politische Zielrichtung dieser Kampagne erkennen können, wenn man sich die ersten drei Abschnitte dieses „Braunbuches" mal etwas genauer anschaut.

Der erste Abschnitt befasst sich mit den Industriemonopolen. Es wird da behauptet, die Industriemonopole seien erneut ein Hebel der Macht und würden also da sitzen und ihre Macht missbrauchen. Die Monopolkapitalisten seien die eigentlichen Auftraggeber und Nutznießer des Hitlerregimes gewesen. Sie hätten sich an der Arretierung bereichert und den Angriffskrieg vorbereitet, fremde Völker ausgeplündert, zur Sklaverei verschleppt, sich mit der SS verbündet und ungeheure Kriegsprofite erzielt. Heute seien diese Kapitalisten wieder im Rüstungsgeschäft. In diesem Stile werden rund 124 Persönlichkeiten, die heute in der Bundesrepublik wohnen und wirken, eingehend erwähnt.

Der zweite Abschnitt beschäftigt sich mit der Gestapo, der SS und dem SD in Staat und Wirtschaft. Hier wird behauptet, millionenfache Mörder seien in der Bundesrepublik herzlich willkommen. So der Mörder dänischer Patrioten, *Dr. Werner Beck,* und dessen Nachfolger Streckenbach, übrigens ein Hamburger, dann Dr. Rudolf Bilfinger, der Spezialist für die Endlösung der Judenfrage, *Krumrey,* der die Sonderbehandlung für die Kinder von Lidice veranlasst habe und Hunsche, der juristischer Berater Eichmanns gewesen sei.

Dem 3. Abschnitt, er beschäftigt sich mit der Justiz, kommt im „Braunbuch" eine besondere Bedeutung zu. Schon die Überschrift „Bonns Recht fußt auf Naziunrecht" lässt die politische Zielrichtung erkennen. Es wird also in diesem Abschnitt behauptet, die Justiz habe als eines der grausamsten Terrorinstrumente mit ihren Mitteln geholfen, der reaktionär-faschistischen Unterdrückung und der aggressiven Politik den Weg zu ebnen. Nur die DDR habe Ordnung geschaffen, und sie habe es auch stets als ihr Recht und ihre Pflicht angesehen, auf die gefährliche

Entwicklung in Westdeutschland hinzuweisen und eine konsequente Bewältigung der Vergangenheit zu fordern. In vielen deutschen Prozessen sei Rechtshilfe geleistet und den Justizbehörden 1580 Todesurteile übermittelt worden, an denen in Westdeutschland tätige Juristen beteiligt gewesen seien. Schließlich sei auf 1310 ehemalige Juristen von Ausnahmegerichten hingewiesen worden, die in Westdeutschland wieder zu Amt und Würden gekommen seien. So sei dem heutigen *StA Felmy* die Gestapo noch zu mild gewesen. Der StA Ottersbach, eine bekannte Persönlichkeit aus Lüneburg, ich glaube es wenigstens, habe Juden der Gestapo ausgeliefert, und der jetzige Leiter der ZSt. sei als verurteilter Kriegsverbrecher zum Bonner Nazijäger geworden.

Gleichgültig, ob die angezeigten Tatbestände zutreffen oder im Ermittlsv. bewiesen werden können, jedenfalls ist der durch solche Anzeigen in jedem einzelnen Falle angerichtete politische Schaden schwerwiegend. Eine Tatsache, mit der man sich auseinandersetzen muss, denn die infame politische Willensrichtung des Ostens lässt sich eben nicht mit objektivem Rechtsdenken allein wirkungsvoll bekämpfen. – Um präzise ansprechen zu können, was ich klar machen will, ist es erforderlich, aus der Vielzahl der Vorgänge ein für die Verhaltensweise des Ostens typisches Beispiel herauszugreifen, um dieses auf seine tatsächlichen und politischen Fakten konkret zu untersuchen. Wie Sie wissen, wurde im Sommer 1965 der Leiter, der zugegebenermaßen politisch recht empfindlichen ZSt. der LJVW in Ludwigsburg, *OStA Schüle,* durch eine russische Anzeige beschuldigt, er habe als Unteroffizier der 215. Infanterie-Division im Frühjahr und Sommer 1942 in Schudowo eine junge Russin auf der Straße erschossen und an der Erhängung eines jungen Russen maßgeblich mitgewirkt. Außerdem habe er einen älteren aus einem Kornfeld kommenden Russen eigenhändig erschossen. Dieser Russe habe eine Karakulmütze getragen, ich erwähne es, weil sie nachher noch eine Rolle spielt. Außerdem habe er diese Karakulmütze zusammen mit einer Uhr diesem erschossenen Russen weggenommen. Wie sieht es nun mit den Zeugenaussagen aus? Die Zeugenaussagen bedürfen zweifellos, abgesehen von ihrem fragwürdigen Beweiswert, ein Teil der Zeugen habe Unteroffizier Schüle in Schudowo überhaupt nicht gesehen, auch noch einer kriminalistischen Durchleuchtung. Die Zeuginnen versuchen auch, ihre besondere Glaubwürdigkeit durch eingehende Detailschilderungen zu unterstreichen. So gab eine Zeugin an, Unteroffizier Schüle sei schon im Herbst 1941 in Schudowo gewesen, sie habe ihn dort kennengelernt. Er sei damals Gefreiter oder Obergefreiter gewesen. Der spätere Unteroffizier Schüle sei in der Ortskommandantur Schudowo aus- und eingegangen. Eine Zeugin will das deshalb so genau wissen, weil sie in jener Zeit für einen dort ebenfalls tätigen Hauptmann Franz Martin als Dolmetscherin beschäftigt worden sei. Den Obergefreiten bzw. Unteroffizier Schüle wollen die Zeugen anhand eines 1965 aufgenommenen und in der Prawda veröffentlichen Lichtbildes wiedererkannt haben. Auf dem OStA Schüle, übrigens mit Karakulmütze, abgebildet wird. Den Namen des bis dahin nur vom Sehen gekannten Unteroffiziers Schüle wollen die Zeugen ebenfalls aus der Zeitungsnotiz entnommen haben. Zugleich wurde durch Publikationsmittel, u.a. auch durch das oben erwähnte „Braunbuch" der Weltöffentlichkeit verkündet, der

Leiter der ZSt. sei 1949 in Russland als Kriegsverbrecher verurteilt worden. Doch nicht genug. Man wollte bei dieser Verteufelung weder Mühe noch Kosten scheuen und erstellte auch noch das sog. Filmdokument „Herr Schüle ermittelt" oder „Die Sache von Erwin Schüle". Davon wurden zahlreiche Fotokopien an interessierte und weniger interessierte Länder kostenlos abgegeben.

Hinsichtlich der Erschießung des alten Russen wird in diesem Filmdokument übrigens dargestellt, der Erschossene habe auch noch einen Karakulmantel getragen, der ebenfalls von Unteroffizier Schüle weggenommen worden sei. Der Dokumentarwert dieses Films besteht im Grunde genommen darin, dass Aufnahmen der Stadt Schudowo und eines dort vermutlich 1964 geöffneten Massengrabs gezeigt werden, in dem offensichtlich gefallene deutsche Soldaten und wahrscheinlich auch während der Kämpfe umgekommene oder verstorbene russische Zivilisten bestattet wurden. Am Anfang und Ende des Films sind Lichtbilder des Kriegsgefangenen Oberleutnant Schüle aus dem Jahre 1949 sowie Teile aus 1965 in Warschau gedrehten Wochenschau-Aufnahmen eingeblendet worden. Man wollte offensichtlich durch die Verkuppelung von Lichtbildern des Betroffenen mit einem völlig fremden Tatgeschehen diesen Film interessanter machen und überhaupt erst zum Dokument erheben. Nun, wie hat die zuständige StA darauf reagiert? Die zuständige StA ist ja bekanntlich die StA Stuttgart, d.h. also der GStA. Dieser GStA entschloss sich zunächst aus rechtlichen Gründen, das Verfahren in zwei Fällen ohne weitere Ermittlungen einzustellen, da es sich bei diesen Tatbeständen um Totschlag – § 212 StGB – handeln würde, welcher nach § 67 StGB verjährt sei. Es war erforderlich, und das ist m.E. bemerkenswert, dass der Betroffene, also OStA Schüle, zugleich Anzeige gegen Unbekannt wegen falscher Anschuldigung erstattete, um auf diese Weise amtlich nachweisen zu lassen, dass er mit den angezeigten Vorgängen überhaupt nichts zu tun habe. Die StA ersuchte außerdem die russischen Behörden, die 1949 angelegten Akten oder Ablichtungen zu übersenden sowie zwecks Gegenüberstellung mit dem Beschuldigten die beiden Zeuginnen nach Stuttgart kommen zu lassen. Die Ersuchen blieben zunächst ohne Antwort. Nach Abschluss der Ermittlungen wurde erklärt, die Zeuginnen könnten nunmehr in Moskau vernommen werden.

Nun wollen wir doch mal ganz sachlich und nüchtern objektiv untersuchen, was in dem von OStA Schüle beantragten EV inzwischen objektiv festgestellt und ermittelt worden ist. Zunächst, der damalige Oberleutnant Schüle befand sich von 1945 bis 1950 mit zahlreichen Offizieren seiner Division in russischer Kriegsgefangenschaft. Die Russen erforschten bei dieser Gelegenheit im gesamten Osteinsatz dieser 215. Infanterie-Division. Sämtlichen Offizieren und Soldaten dieser Division wurde damals ausdrücklich bestätigt, sie hätten makellos gekämpft, an Kriegsverbrechen seien sie nicht beteiligt gewesen. Lediglich der Betroffene wurde als einziger Soldat dieser Division im Oktober 1949 in einem Fünf-Minuten-Verfahren wegen angeblicher Teilnahme an Greueltaten zu 25 Jahren Zwangsarbeit verurteilt. Die Greueltaten sollten darin bestanden haben, wie üblich, damals russisches Staatseigentum geraubt und zerstört zu haben. Dabei seien auch russische Menschen umgekommen.

Bereits im April 1950 wurde der Betroffene ohne Angabe von Gründen in die Heimat entlassen. In der russischen Anzeige wird darauf hingewiesen, OStA Schüle sei 1949 wegen Kriegsverbrechen in Russland verurteilt worden. Jeder rechtlich Denkende wird dabei annehmen, dieses Urteil sei auch rechtskräftig geworden, bemerkenswert ist aber, dass der Betroffene dieses Urteil nie anerkannte und deshalb auch keine Rechtsmittel dagegen einlegte. Daraufhin sah sich die NKWD gezwungen, von sich aus Rechtsmittel einzulegen. Dadurch wurde vermutlich auch die frühe Entlassung bewirkt. – Ein weiteres objektives Ermittlungsergebnis ist Folgendes. OStA Schüle war nie Obergefreiter. Er wurde mit Wirkung vom 1.12.1941 vom Gefreiten zum Unteroffizier befördert. Ausweislich der Kriegstagebücher der 215. I.D., sie befinden sich übrigens noch im amerikanischen Gewahrsam, und der eigenen Einlassungen, ist die Einheit des Unteroffiziers Schüle, die am 4. oder 5.12.1941 in Schudowo ausgeladen wurde, sofort in einen etwa 80 km ostwärts liegenden Frontabschnitt eingeschoben worden. Sodann war Unteroffizier Schüle bis zum 15.7.1942 beim Divisionsnachschub in Schudowo eingesetzt. Vom 16.7.1942 an wurde die gesamte 215. I.D. aus ihrem Frontabschnitt herausgelöst und kam dort in der Folgezeit nicht mehr zum Einsatz. Drittens, im rückwärtigen Gebiet des bewussten Frontabschnitts sind Erschießungen und Erhängungen russischer Zivilisten und Partisanen durch Feldgendarmen der Ortskommandantur und in diesem Bereich tätig gewesenen Angehörigen eines sicherheitspolizeilichen Einsatzkommandos vorgekommen. Mit diesen Vorgängen hatte Unteroffizier Schüle weder dienstlich noch persönlich etwas zu tun. Er konnte davon auch nichts wissen.

Wegen der Tätigkeit der Angehörigen dieser sicherheitspolizeilichen Einsatzkommandos in diesem Gebiet ist übrigens bei der ZSt. ein EV im Gang, das EV gegen ehem. Angehörige des EK 1. Viertens, ich erwähnte einen Hauptmann Martin. Dieser Hauptmann Martin war, von diesem übrigens selbst bestätigt, vom 19.1.1943 bis Nov. 1943 stellv. Ortskommandant in Schudowo. Diese Daten sind außerdem im Wehrpass des Martin eingetragen, der bei der Wast, Berlin, vorliegt und auch eingesehen wurde. Mit Unteroffizier Schüle konnte daher schon aus diesen zeitlichen Differenzen Hauptmann Martin überhaupt nicht in Berührung gekommen sein. Beide haben sich auch nicht auf andere Weise kennengelernt.

Zu einem Zeitpunkt, als die Russen erkennen mussten, dass diese Anzeige nicht den angestrebten Erfolg haben würde, wurde OStA Schüle erneut beschuldigt, er habe im Dez. 1943 in der Gegend von Nowgorod 241 Männer, Frauen und Kinder erschießen lassen. Die Leichen seien in einen Bach gefallen und vom Wasser fortgeschwemmt worden. Man habe deshalb auch nicht die Leichen der erschossenen Personen finden können. Bei dieser grotesken Behauptung muss bedacht werden, dass dieses im Dez. 1943 bei Nowgorod geschehen sein soll. Ob es zu jenem Zeitpunkt in diesem Raum noch ein Gewässer gegeben haben kann, das nicht zugefroren war, muss ohnehin bezweifelt werden. Erwiesen ist jedenfalls, dass sich der damalige Leutnant Schüle ab 5.3.1943 ununterbrochen in Frankreich aufhielt und Russland erst wieder nach dem Zusammenbruch, als Kriegsgefangener Oberleutnant, gesehen hat. – Soweit die objektiven Festellungen.

Ich komme nun zu meiner Schlussbetrachtung. Der politische Hintergrund dieses massiven russischen Vorgehens ist inzwischen auch weniger Einsichtigen klargeworden. Als Leiter der ZSt. der LJVW hat es OStA Schüle im Sommer 1964 gewagt, ich sage ausdrücklich: gewagt, wegen seiner Ermittlungserfolge wurde ihm auch von der Sowjetunion wohlwollende Anerkennung zu diesem Zeitpunkt zuteil, er hat es also gewagt, aus Überzeugung darauf hinzuweisen, dass aus tatsächlichen und rechtspolitischen Gründen eine Verlängerung der Verjährung der NS-Gewaltverbrechen über den 8.5.1965 hinaus nicht erforderlich sei. Nach Verjährungseintritt noch in ausländischen Archiven aufgefundene Dokumente würden nicht bewirken, dass weitere Verfahren eingeleitet werden müssten. Durch derartige Dokumente könne aber sehr wohl die Beweislage von bereits anhängigen EV verbessert werden.

Gestatten Sie mir in diesem Zusammenhang eine persönliche Einwendung zur Sache. Wie sehen wir diese Dinge heute? Wo stehen wir heute, zwei Jahre nach Abgabe dieser Erklärung? Es ist inzwischen klar geworden, dass diese Erklärung dem Osten nicht ins politische Konzept passte. Es ist das erklärte Ziel der Machthaber des Ostens, dass die Ermittlungen und Prozesse in NSG-Verfahren in der Bundesrepublik noch möglichst lange betrieben werden. Dadurch soll jenes Element der politischen Unsicherheit aufrecht erhalten werden, das bisher in unserem Lande eine rechtliche Befriedigung unmöglich machte. Es ist noch zu bemerken, dass schon im August 1965, etwa vier Wochen vor der offiziellen Übergabe der russischen Anzeige an den deutschen Botschafter in Moskau, einem deutschen Journalisten von maßgebender Stelle in Ostberlin gesagt wurde: Die Russen würden gegen OStA Schüle ein Ding hochgehen lassen, das den Leiter der ZSt. vollends zerreißen werde.

Im Februar 1965 wurde übrigens OStA Schüle außerdem in Warschau von einem international bekannten polnischen Strafrechtler unter Zeugen angesprochen, ob er immer noch für eine Verjährung von NS-Gewaltverbrechen zum 8.5.1965 eintreten würde. Dabei wurde zu bedenken gegeben, auf welche Weise man etwaige gegen einen Prominenten erhobene Vorwürfe, dieser sei an Kriegsverbrechen beteiligt gewesen, dann noch klären wolle. OStA Schüle bekräftigte auch bei dieser Gelegenheit nochmals seinen Standpunkt, ohne zu ahnen, dass er damit offensichtlich selbst gemeint war. Durch diese Vorgänge wird auch die Vermutung bestätigt, dass Strategie und Taktik solcher Anzeigen im kommunistischen Machtbereich offenbar gemeinsam geplant werden.

Meine Damen und Herren, der Fall Schüle zwingt uns zum Nachdenken. Den Russen ging es bei dieser Anzeige und geht es in allen anderen Fällen nur darum, auf Halbwahrheiten eine Legende aufzubauen. So wird z.B. die Zugehörigkeit der Betroffenen zur NSDAP oder einer ihrer Gliederungen dahingehend verdreht, es handle sich um alte Nationalsozialisten und Kriegsverbrecher. Die zuständigen Behörden sollen unter dem Druck der öffentlichen Meinung veranlasst werden, die so zum Schweigen gebrachten Angeschossenen aus ihren Dienststellungen zu entfernen. Der Mehrheit der Bevölkerung bleibt diese politische Absicht meist verborgen, wodurch der Wirkung solcher Anzeigen und Filmstreifen auf die Öffentlichkeit selbstverständlich keine Grenzen gesetzt sind. Dass es den Russen ausschließlich auf diese Wirkung und nicht etwa auf die Wahrheitsfindung ankommt, braucht sicherlich nicht sonderlich erwähnt zu werden. Es sei noch vermerkt, dass durch dieses russische Vorgehen auch internationale Gepflogenheiten bewusst verletzt wurden. So wurde, ohne das Ergebnis der Untersuchung abzuwarten, der Öffentlichkeit erklärt, OStA Schüle habe Kriegsverbrechen begangen. Hatte der Betroffene bei diesen massiven Beschuldigungen und der dadurch bewusst erzeugten vorgefassten Meinung in der Bundesrepublik und in der Weltmeinung überhaupt noch eine Chance, die Anschuldigungen wirkungsvoll zu widerlegen? Wie und auf welche Weise sollte er seine Unschuld nachweisen? Zumal er auch aus politischen Gründen, die er nicht zu vertreten hatte, zunächst stillhalten muss. Die Anschuldigungen sind inzwischen widerlegt worden. Welche Folgen wären für den Leiter der ZSt. eingetreten, wenn dieser Nachweis nicht möglich gewesen wäre? Der nunmehr vorgebrachte Einwand, es habe sich doch die Unschuld des OStA Schüle erwiesen, ist weder für die ZSt. noch für den Leiter ein ausreichender Trost. Der Osten operiert weiterhin mit dem Argument, es bleibe doch ein Rest von Misstrauen zurück, der schon deshalb die Ablösung des OStA Schüle als Leiter der ZSt. erforderlich mache.

Als Angehöriger der Justiz musste er zugleich noch gegen ein weiteres Übel ankämpfen, nämlich gegen die Meinung der Öffentlichkeit, auch noch in der Bundesrepublik, dass eine Krähe der anderen Krähe kein Auge aushacke. Ein maßgeblicher Jurist stellte das dahingehend richtig, indem er gewissermaßen öffentlich erklärte, wenn ein Justizangehöriger in den Verdacht gerate, an strafbaren Handlungen beteiligt gewesen zu sein, so dürfe er nicht besser behandelt werden als jeder andere Staatsbürger auch, er müsse sich aber dagegen verwahren, dass beschuldigte Justizangehörige schlechter behandelt werden.

Es ist dem Osten wiederum gelungen, Misstrauen gegen die Bundesrepublik zu erzeugen. Darüber hinaus wird behauptet, Justiz und Polizei seien immer noch mit Henkern und Mördern durchsetzt. Deshalb seien die Verfolgungsbehörden nicht ernsthaft gewillt und bereit, die Verfahren wegen NS-Gewaltverbrechen mit der entsprechenden Intensität durchzuführen. Es wäre daher m.E. an der Zeit, diese mit politischer Zielwirkung gedachten Anzeigen künftig sorgfältiger zu beachten. Freilich sollte man überlegen, wie und auf welche Weise es vermieden werden könnte, dass auf dem Umweg über den Verfolgungszwang unsere staatlichen Einrichtungen als Werkzeug östlicher Manipulationen zum Nachteil der Bundesrepublik missbraucht werden können.

Nach kurzer Diskussion erhielt Herr KHK Opferkuch das Wort zu seinem Kurzreferat „Kriminalpolizeiliche Probleme der Haftverschonung auch bei Mordverdacht". *KHK Opferkuch* (Referatsauszug): In Mordprozessen war es früher im Allgemeinen die Regel, dass gegen die Beschuldigten bzw. die Angeklagten bis zur HV Untersuchungshaft angeordnet war. Für die Begründung des Fluchtverdachtes genügte die Schwere der zu erwartenden Strafe. Wenige Ausnahmen, die es gegeben haben mag, würden diese Regel nur noch bestätigen. Mit der Einführung der Novelle zur StPO sind die Voraussetzungen für die Untersuchungshaft bekanntlich erheblich eingeschränkt worden. Der neu gefasste § 212 StPO lässt die Verhaftung eines Beschuldigten zu, wenn gegen ihn ein dringender Verdacht eines Verbrechens wider das Leben besteht. Die Untersuchungshaft ist nach Abs. 4 auch dann zulässig, wenn Flucht- und Verdunklungsgefahr nicht bestehen. Andererseits besagt diese Vorschrift nicht, dass die Untersuchungshaft auch angeordnet werden muss. Der Gesetzgeber stellt es lediglich in das pflichtgemäße Ermessen des Gerichts, ob es bei Fehlen oder bei Wegfall anderer Haftgründe den Beschuldigten, der der Beteiligung in einem Tötungsverbrechen dringend verdächtig ist, in Untersuchungshaft nehmen will. Dabei kann die Untersuchungshaft immer nur ihre Rechtfertigung darin finden, dass der Beschuldigte für die Durchführung des Strafverfahrens zur Verfügung des Gerichts gehalten wird. Noch schwerwiegender sind die, insbes. für NSG-Prozesse, bisherigen Erfahrungen mit dem geänderten § 121 StPO, der die Höchstdauer der Untersuchungshaft für den Regelfall auf sechs Monate beschränkt. Diese Frist kann bei NSG-Verfahren wegen der zwangsläufigen Dauer der umfangreichen Ermittlungen so gut wie nicht eingehalten werden.

Im Allgemeinen haben die OLG in Baden-Württemberg bisher die Untersuchungshaft im Verfahren wegen NS-Gewaltverbrechen über die im Gesetz vorgesehene Regelfrist von sechs Monaten hinaus für zulässig erklärt. In einem Fall ist es jedoch zur Haftentlassung gekommen. Das OLG Stuttgart hat z.B. mit Beschluss vom 27.12.1965 fünf Beschuldigte, die im Lemberg-Verfahren schon über fünf Jahre in Untersuchungshaft sind, mit dem Vollzug der Untersuchungshaft gegen Auflagen verschont und seine Entscheidung damit begründet, dass in diesem Falle bis zur HV die Untersuchungshaft der Beschuldigten das Zwölffache der vom Gesetzgeber als Regelzeit festgesetzten Haftzeit betragen würde. Dabei hat das Gericht festgestellt, dass die Gefahr einer Störung des Verfahrens durch die Angeschuldigten, insbes. durch die Flucht ins Ausland, nicht erkennbar sei, jedenfalls nicht beim derzeitigen Stand des Verfahrens und dass Bedenken in dieser Richtung durch die getroffenen Anordnungen die Auflagen weiter eingeschränkt würden. Verdunklungsgefahr im technischen Sinne des § 212 Abs. 2 Nr. 3 bestehe nicht. In einem anderen Falle der Haftverschonung aus jüngerer Vergangenheit, der mal durch die Presse bekanntgegeben wurde, ist das Verfahren gegen *Wenneker,* zu dem das BVerfG eine grundsätzliche Entscheidung gefällt hat. In diesem Falle hat, wenn die Presse richtig berichtete, das BVerfG auf eine Verfassungsbeschwerde den gegenteiligen Beschluss des HansOLG Hamburg aufgehoben und festgestellt, dass auch bei Verdacht des Verbrechens wider das Leben die Untersuchungshaft in Anordnung und Vollzug von dem Grundsatz der Verhältnismäßigkeit beherrscht sein müsse.

Der Bürger, in diesem Fall ist der Beschuldigte gemeint, habe den Eingriff in seine Freiheit nur dann hinzunehmen, wenn auf konkrete Anhaltspunkte gestützte Zweifel an seiner Unschuld bestehen und eine vollständige Aufklärung der Tat, sowie eine rasche Bestrafung des Täters nicht anders gesichert werden könne, als durch die Inhaftierung. In der Entscheidung wird ausdrücklich betont, dass mit der Untersuchungshaft keine anderen Zwecke verfolgt werden dürfen. Nun, in diesem einen Fall endete das Verfahren mit einem Freispruch. Über den Stuttgarter

Fall ist noch nicht entschieden. Ein Teil der Angeschuldigten hat nach Mitteilung der StA mit lebenslanger Zuchthausstrafe zu rechnen. Ähnliche Beispiele ließen sich in größerer Anzahl sicher noch aufführen. Nach diesen höchstrichterlichen Grundsatzentscheidungen werden künftig sicher noch mehr Beschuldigte von der Haft verschont werden. Solche Haftverschonungen werden üblicherweise von den Gerichten gemäß §§ 116 und 116 a StPO an bestimmte Auflagen gebunden, deren Durchführung meistens von der örtlichen Polizei zu überwachen sind. Mit diesen Auflagen geben sich aber die Gerichte und StA nicht immer zufrieden, mit der Begründung, dass durch diese Anordnungen die Fluchtgefahr nicht völlig gebannt sei. Auch wenn gegenwärtig noch keine Anzeichen dafür vorliegen, werden Dienststellen der Kripo ersucht, eine Überwachung der Beschuldigten zu veranlassen und mit diesem Ersuchen beginnen für uns die besonderen Probleme. Als Aufgabe wird gestellt, einmal einen Fluchtversuch der Angeschuldigten rechtzeitig zu erkennen und zum anderen, diesen Fluchtversuch durch Festnahme und erneute Invollzugsetzung des Haftbefehls zu vereiteln. Die Polizei hat also die undankbare Aufgabe, den Beschuldigten in Freiheit zu beobachten und solange in Freiheit zu belassen, bis dieser dann Anstalten macht, sich davonzuschleichen. Diesen Augenblick zu erfassen, ist schneller gesagt als getan. Rechtliche und praktische Gründe machen es einfach unmöglich, dem Beschuldigten bei Tag und Nacht einen Leibwächter zuzuteilen oder gar dessen lückenlose Observation durchzuführen. Sobald aber in der Beobachtung Lücken vorhanden sind, die einfach nicht vermieden können, sind die Fluchtmöglichkeiten nicht ausgeräumt, d.h. also, eine evtl. Flucht wird grundsätzlich erst dann erkannt werden können, wenn der Beschuldigte bereits verschwunden ist. Nach reiflicher Prüfung kam das LKA Baden-Württemberg daher zu dem Beschluss, zunächst folgende Maßnahmen zu veranlassen.

a) Eine vertrauliche Überprüfung der persönlichen Verhältnisse, und zwar familiäre Bindungen, Vermögenswerte, Geld, Transaktionen, Haus- und Grundbesitz usw.

b) Die Unterrichtung der zuständigen Ämter über Einzug von Pass und Personalausweis und die Unterrichtung darüber, dass solche Ausweise künftig nicht ausgestellt werden dürfen.

c) Hinweis auf angeordnete Auflagen und genaue Beachtung deren Befolgung. Eine Vereitelung der Flucht, wie sie von der StA erwünscht und erwartet wird, ist damit natürlich nicht völlig gewährleistet, aber das lässt sich wohl beim besten Willen auch nicht durchführen. Was wir aber tun können ist dies, dass wir Gerichte und StA auf diesen Umstand eindringlich hinweisen und dass wir diese Stellen von unseren Maßnahmen, die einfach nicht lückenlos sein können, unterrichten. Die StA Stuttgart hatte auch gegen die eingeleiteten Maßnahmen, welche insgesamt eine Fluchtmöglichkeit nicht verhindern können, nichts einzuwenden. Sie war sich auch im Klaren darüber, dass eine absolute Sicherheit durch den Auftrag an die Polizei nicht gewährleistet werden könne. Im Übrigen scheinen die Tatsachen dem Gerichtsbeschluss recht zu geben, denn bis heute ist keiner der Freigelassenen geflüchtet und konkrete Hinweise auf Fluchtabsichten konnten bisher nicht festgestellt werden. Ich möchte hoffen, dass es bei dieser erfreulichen

Feststellung auch bleibt. Vorwürfe und Suche nach dem Schuldigen würden sicher auch die Polizei packen, wenn einer der Freigelassenen sich durch die Flucht der Bestrafung entziehen würde und sich nicht dem Gericht stellen würde.

Danach wurde Herrn Ltd. KDir. Schneider das Wort zu dem Tagesordnungspunkt „Amtshilfe der Sonderkommissionen" erteilt.

Ltd. KDir. Schneider: ...

2. Tag: Herr Archivrat *Dr. Boberach* erhielt das Wort zu seinem Referat „Aufgaben und Möglichkeiten der Archive bei der Ermittlung von Dokumenten". ...

Es folgen die Berichte der Leiter der *Sonderkommissionen:*

KOK Schulz, LKPA Schleswig-Holstein: Das Land Schleswig-Holstein hat für die Soko seit einiger Zeit 14 eigene Planstellen eingerichtet. ... An erwähnenswerten Verfahren werden bearbeitet: Im Bereich Russland-Mitte die Verfahren gegen die ehem. Angehörigen der Einsatzgruppe B, des EK 8 und der GFP Gruppe 707. Ferner die Verfahren gegen die EG A in Russland-Nord und gegen die ehem. Angehörigen der Dienststelle HSSPF Ukraine (Degenhard). – Weiter sind noch anhängig: Zwei Verfahren, die sich aus dem Prozess gegen Fellenz (KdS Krakau) ergeben haben; ein Verfahren gegen vier Offiziere des Pol.Btl. 307, die Verfahren gegen den ehemaligen Kreishauptmann Dr. Asbach und gegen das Pol.Btl. Stanislau sowie die Komplexe im KL „Dora", Judendeportationen aus Kiel und Umgebung, Tötung von KG in den Wehrkreisen Dresden und Schleswig und Erhängung von Fremdarbeitern.

KHK Opferkuch, LKA Baden-Württemberg: Personalstärke lt. Stellenplan: 21 Stellen. An größeren Verfahren werden u.a. genannt: Die Komplexe SS Ausb. und Ers.Abt. Warschau, I. Lehr-Battr.Art.Schule Beneschau, Panzer-Grenadier-Rgt. 7, Flugzeugwerke Heinkel, Mielec, SD Außenstelle Uskow, KdS Lemberg, Stawitzky, Selbstschutz Tuchel, Pol.Btl. 85 (Meyer), Dulag 131, Slonim und zwei Verfahren gegen das EK 1 sowie die Komplexe Erschießungen von alliierten Fliegern in Elsass-Lothringen und Erschießung von elsässischen Deserteuren und Wehrunwilligen.

KHK Walther, Hessisches LKA ...

Ltd. KDir. Dr. Land, LKA Hamburg ...

KOI Rager, Bayer. LKA zur Personallage: [19 Beamte, 3 BAT-Angestellte ...]. Bearbeitet werden 102 EV, darunter die Komplexe BdS Niederlande (Dr. Harster, Zopf), EG D, Russland-Süd, SK 10 a, 10 b, 11 a, 11 b, 12; 1. SS-Inf.Brig.mot., Priepjetsümpfe; 1. SS-Kav.Brig.mot., Priepjetsümpfe; Pol.-Reg. Russland-Süd (Pol.-Reg. 10); Pol.-Btl. 45, 303, 314; Gen.Lt. von Kaiser wegen Tötung von russischen Kriegsgefangenen im Wehrkreis II u.a. ...

KOK Wetzel, PP Berlin: Die Dienststelle setzt sich planmäßig zusammen aus [14 Stellen]. Hinzu kommandiert sind Beamte der Schutzpolizei, die in Zivil ihren Dienst verrichten [30 Stellen]. – Zur Arbeitslage: Neben dem weitaus umfangreichsten Verfahren gegen die ehem. Angehörigen des RSHA, in dem 1/23 Beamte arbeiten, werden u.a. folgende Verfahren genannt: EG IV (Beutel) mehrere Verfahren gegen Angehörige EK 9, die sich aus dem Verfahren Dr. Filbert ergeben haben, Tötungen im Gestapo-Gefängnis Lehrter Straße kurz vor dem Einmarsch der Russen in Berlin (Opfer im Zusammenhang mit dem 20. Juli Festgenommene und noch nicht Abgeurteilte). Beschuldigt: Huppenkoten und Stawitzky.

KHK Prause, LKA Bremen: Bis zum Jahre 1965 wurden NSG-Vorgänge von der Staatsschutzdienststelle bearbeitet. Nunmehr ist eine Soko gebildet worden, zu der fünf Beamte der allgemeinen Kripo hinzu kommandiert worden sind. – Zur Arbeitslage führte *KOM Redweik* aus: Anhängig insgesamt 40 EV, darunter als Großverfahren u.a. NSG in Galizien, beschuldigt: Hildebrand und Mensinger; SK 7 a, Beschuldigter: Lehrer Wilhelm Bloß, Pol. Btl. 105, Verfahren gegen Unbekannt: Tötung von 200 kath. Priestern im Raum Danzig, Judendeportationen und -vernichtungen in Griechenland.

KHK Walther, Hess. LKA: Stärke der Soko: [22 Stellen davon zwei in Ludwigsburg] – Ab 1.1.1967 sind vorgesehen: 4/22/2. Bedingt durch den Arbeitsanfall sind vier Sachgebiete geschaffen worden: 1. UdSSR und Polen, 2. CSSR, 3. Reichsgebiet und Österreich, 4. Westen und sonstige besetzte Gebiete. An Großkomplexen sind u.a. anhängig: SK 4 a, KdS Chernikow, NSG in Kielce, Kolomea, Tomashow, KdS Lublin, Pol.-Btl. 322, Tötung der Einwohner von Lidice, Stapoleitstelle Prag, Judendeportationen aus Süddeutschland und Frankreich. ...

Am Nachmittag wurde nach der Besichtigung des Kommandoraums der Funkstreifenzentrale und der Zentralsteuerung im Polizeipräsidium mit den Berichten der Leiter der Sokos fortgefahren.

KHK Seth, LKPA Niedersachsen: Zur Personallage: Seit dem 1.1.1966 eigener Stellenplan [14 Stellen]: 1 KHK A 11, 1 KK A 9, unbesetzt, 1 KHM A 8 a, 3 KOM A 8, 7 7zugeordnete Beamte (alle A 7), 1 Steno BAT VIII. – Zur Arbeitslage: Insgesamt sind anhängig 23 Verfahren, darunter sieben Großkomplexe, u.a.: Ehem. Hiwi Angehöriger aus dem Raum Minsk, Fürst, ehem. Gendarmeriezugführer in Radom, Selbstschutz Schulitz/Posen, Hackmann, ehem. Adjutant KZ Buchenwald, Reiterabt. III, Stapoleitstelle Osnabrück und Begleit-Btl. RFSS wegen Tötungen im Elsass.

KHK Schaffrath, LKA NRW: Die Planstärke beträgt 1 KHK A 11, 1 KK A 9, 32 Sachbearbeiter, 2 BAT VII. – Zur Arbeitslage: Anhängig sind ca. 50 Großverfahren und ca. 50 kleinere EV, darunter: NSG in Transnistrien, Verfahren gegen mehrere Pol. Btl., Verfahren gegen die BdS in Italien, Frankreich und Dänemark, Stapoleitstelle Düsseldorf, NSG im KZ Ravensbrück (Männerlager), Erschießung von italienischen KG [wohl: Kriegsgef.] durch eine Gebirgsjägereinheit auf einer griechischen Insel. ...

KR Seibel, LKA Rheinland-Pfalz: ...

KR Schwarz, LKA Saarland: Im Saarland hat sich die Einrichtung einer Soko bisher noch nicht als notwendig erwiesen, weil bisher nur zwei Verfahren für die saarländische Gerichtsbarkeit anhängig waren. Alle Ermittlungen werden bei der Staatsschutzabteilung erledigt, die eigens für diese Zwecke zwei Beamte abgestellt hat. ...

KHK Matzick, PP Hamburg: Zur Personallage: Etatstärke 2/23/2. – *KOK Dzewas, PP Hamburg:* Zur Arbeitslage: Anhängig sind bei der Soko Hamburg z.Zt. 13 Großverfahren, u.a. das Verfahren KdS Warschau, Dr. Hahn. In diesem Verfahren ist durch den zuständigen StA (StA Richter) Verbindung mit der polnischen Untersuchungskommission in Warschau aufgenommen worden. StA Richter ist bereits einmal in Warschau gewesen und ist zum Herbst für ein zweites Mal nach dort eingeladen worden. Auf seinen Wunsch wird er bei der zweiten Reise von einem Sachbearbeiter der Soko Hamburg nach Warschau begleitet werden, für den durch den Senator die Dienstreise bereits genehmigt worden ist. – Den Großkomplex Warschau haben noch zwei weitere Verfahren zum Gegenstand, nämlich Pawiak-Gefängnis und Pol.Btl. 41. – Weitere Großverfahren: Michalsen u.a., SSPF Lublin, Beteiligung an den Aktionen „Reinhard" und „Erntefest"; Pol.Btl. 101, PHK Hoffmann, OHK Wohlauf und zwölf weitere ehem. Bataillons-Angehörige; NSG im Distrikt Lublin; Maiwald, Riga-Komplex und NSG im Baltikum; Huber, Angehöriger der KdS Dienststelle Kiew; Neubauer, Tötungen im UWZ-Lager Potulice; Raabe, Führer des EK 7 b, Tötungen im Bereich Russland-Mitte; Weinrich, SSPF Radom, Vernichtung der Bewohner der jüdischen Gettos in Radom; Stapoleitstelle Hamburg, Aussonderung von russischen KG im Wehrkreisbereich X aufgrund der Geheimbefehle Nr. 8, 9 und 14.

Ende des 2. Tages der Arbeitstagung.

3. Tag (Mittwoch, d. 25.5.1966): In der abschließenden Aussprache dankte Herr Polizeirat Dr. Wiesinger, Österr. Bundesministerium für Inneres, Wien, für das Vertrauen, das ihm dadurch entgegengebracht wurde, dass er als Ausländer Gelegenheit nehmen konnte, an dieser Arbeitstagung teilzunehmen. Er habe sehr viel profitiert und Erfahrungen gesammelt und wolle darüber seinem Innenminister berichten. Er habe auch den Auftrag, zu erklären, dass die österreichische Regierung an der Zusammenarbeit mit den deutschen Dienststellen bei der Aufklärung von NS-Gewaltverbrechen sehr interessiert sei und Amtshilfe-Ersuchen deutscher Dienststellen auch in Zukunft in gewohnter Weise ihre Erledigung finden werden.

Das abschließende Wort erhielt Herr *OStA Schüle, ZSt.:* Herr Direktor, meine Damen, meine Herren! Ich habe Ihnen bereits zu Beginn dieser Tagung gedankt, dass ich noch einmal an dieser Tagung der Sokos teilnehmen durfte und konnte. Mit diesem Dank möchte ich beginnen und möchte ich beschließen. Wie Sie wissen, trete ich in einigen Wochen von der Leitung der ZSt. zurück, um die Leitung meiner eigentlichen Behörde, der StA Stuttgart, zu übernehmen. Ich habe in all den Jahren so viel und so gut mit Ihnen zusammengearbeitet, dass es mir ein aufrichtiges Bedürfnis war, noch einmal hierherzukommen und in Ihrem Kreis zu weilen. Mehr möchte ich dazu nicht sagen. Bitte halten Sie weiterhin Kontakt mit Ludwigsburg und haben Sie dasselbe gute Verhältnis zu meinem Nachfolger, wie Sie es zu mir gehabt haben. Ich danke Ihnen. ...

Register

Quellennachweis

S. 19-589	Bundesarchiv, Außenstelle Ludwigsburg B 162/8, 9, 10, 12, 13
S. 511-611	Zentrale Stelle, Ludwigsburg
S. 615-656	Bundesarchiv Koblenz B 141/1880 Bl. 17-75, B 141/29076, Bl. 58-65 und B 141/29077 Bl. 19-67
S. 659-730	Zentrale Stelle, Ludwigsburg

Biografische Daten der Referenten, die nicht einzeln im Register aufgeführt sind (mit Ausnahme der Leiter der Zentralen Stelle und des aus Niedersachsen kommenden OStA Dr. Artzt), lassen dem „Handbuch der Justiz", Jahrgänge ab 1964 entnehmen.

Hingewiesen sei auf das Findbuch über die Bestände des Bundesarchivs, Außenstelle Ludwigsburg, das unter B 162 den Gesamtbestand der von der Zentralen Stelle abgegebenen Akten nachweist (u.a. umfangreicher Aktenbestand zum Befehlsnotstand).

www.ingramcontent.com/pod-product-compliance
Ingram Content Group UK Ltd.
Pitfield, Milton Keynes, MK11 3LW, UK
UKHW021815051026
8980IPUK00042B/247

9 783631 869499